UNIV.-PROF. DR. KARL GUTKAS
GESCHICHTE DES LANDES NIEDERÖSTERREICH

VERLAG
NIEDERÖSTERREICHISCHES PRESSEHAUS
ST. PÖLTEN-WIEN

Karl Gutkas

Geschichte des Landes Niederösterreich

Gewidmet dem Andenken meiner Eltern

6. durchgesehene Auflage
ISBN 3 85326 668 1

Satz und Druck: Niederösterreichisches Pressehaus, St. Pölten, Linzer Straße 3–7

Schutzumschlag: Motiv: Babenberger-Stammbaum im Stift Klosterneuburg;
Foto: Herbert Fasching, Wilhelmsburg; graph. Gestaltung: Othmar Schmidt, Krems

Nû wil mîn zung niht verdagen,
si well von Ôsterrîche sagen

. . . .

wan ich ez an der krônken vant,
dâ von ich ez ân widerstrît
hân brâht unz her an dise zit

Einleitung zu Jansen Enikels Fürstenbuch aus der 2. Hälfte des 13. Jahrhunderts.

Inhaltsverzeichnis

Bildteil

Vorwort

Die „Geschichte des Landes Niederösterreich" verfaßte ich in den fünfziger Jahren und habe für die immer wieder notwendig gewordenen Neuauflagen alle dazwischen erschienenen Publikationen verwertet. Aber auch die vielen manchmal sehr ergiebigen landeskundlichen Dissertationen und eigenen Forschungen ergänzten die bisherige Darstellung der Landesgeschichte. Darüber hinaus habe ich meine Tätigkeit in der Universität Wien zur Überarbeitung vieler Kapitel im Rahmen von Seminarübungen genutzt.

In den letzten Jahren konnte ich neuerlich einzelne Teile grundlegend überdenken, wobei mir die Erfahrungen bei der Gestaltung mehrerer historischer Ausstellungen zugute kamen. So wird diese 6. Auflage sich von den vorhergehenden in weiten Teilen unterscheiden.

Doch habe ich mich bemüht, die ursprüngliche Konzeption weiterhin beizubehalten und den Umfang nicht zu vergrößern. Auch die Lesbarkeit sollte nicht beeinträchtigt und trotz vieler neuer Erkenntnisse die bisherige Darstellungsart, wo immer möglich, beibehalten werden.

Zusammenfassende historische Werke der Landesgeschichte müssen meiner Meinung nach den Anschluß an die Gegenwart suchen und zeigen, wie das Land durch die Arbeit vieler Generationen sein heutiges Aussehen erhielt. Deshalb habe ich auch diesmal wieder die Darstellung unmittelbar an unsere Zeit herangeführt und die Jahrzehnte seit 1955 in zwei getrennten Kapiteln geschildert. Für jüngere Leser ist die Zeit bis etwa 1970 schon absolute Geschichte, daher habe ich die „zeitgeschichtliche" Epoche deutlich abgesetzt. Auch das Literaturverzeichnis wurde überarbeitet und Neuerscheinungen entsprechend berücksichtigt.

Dank gebührt allen, die mich bei der Erstellung und bei der nun fast schon drei Jahrzehnte währenden Betreuung des Buches unterstützt haben. Besonders möchte ich meinen Mitarbeitern im Stadtarchiv St. Pölten danken, die mir beim Lesen der Korrekturen und beim Erstellen des Registers halfen.

St. Pölten, im Mai 1983

Karl Gutkas

1. KAPITEL

Frühgeschichtliche Kulturen, Völker und Staatsbildungen im niederösterreichischen Raum

Die Spuren menschlichen Lebens lassen sich in Niederösterreich bis in die mittlere Altsteinzeit zurückführen. In der Gudenushöhle bei Hartenstein im Kremstal und in der Teufelslucken bei Roggendorf wurden neben Feuerstellen Faustkeile, grobe Abschläge, Handspitzen und Bohrer aus Horn oder Stein zusammen mit Knochen von Höhlenbären, der Höhlenhyäne, von Ren, Mammut und Wildpferd gefunden. Es sind dies die einzigen Nachweise für die Anwesenheit der Neandertalermenschen in Niederösterreich, die damals unter den Bedingungen einer Art Tundraklima leben mußten. Diese Funde sind etwa sechzigtausend Jahre alt. Aus der jüngeren Altsteinzeit, die nach der vierten und letzten Kaltzeit einsetzte, als der Mensch bereits bessere Jagdmethoden entwickelt hatte und Jagdwaffen besaß, ist eine Reihe von Fundplätzen erforscht worden. Der bekannteste befindet sich in Willendorf in der Wachau, wo eine 11 cm große Kalksteinplastik, die berühmte Venus, gefunden wurde. Diese Frauenstatuette ist wohl ein Fruchtbarkeitssymbol oder eine Göttin.

Aus dem Donaugebiet ist noch eine Reihe weiterer Funde bekannt geworden, vor allem aus der Wachau und dem Lößgebiet des nördlichen Niederösterreichs. Sie sind etwa in der Zeit von 40.000 bis 8000 vor Christus zu datieren. In der Wachau lagen die Siedlungsgebiete dort, wo Seitentäler vom Norden ins Donautal münden. Hier war die Lage geschützt und dauernde Jagdbeute gesichert. Obwohl die in einzelnen Siedlungsplätzen lebenden Gruppen oder Familien nicht mehr als 30 bis 100 Menschen umfaßt haben dürften, müssen sie doch große Streifgebiete benötigt haben und mußten jene Räume vorziehen, die nur von schütterem Wald bedeckt oder ganz baumfrei waren. Denn mit Sammeln und Jagen gewannen sie ihren Lebensunterhalt. Höhlen und überhängende Felsdächer waren wohl die ersten Siedlungsplätze dieser altsteinzeitlichen Menschen.

In der Mittelsteinzeit, die etwa von 8000 bis 4500 vor Christus zu datieren ist, stiegen die Temperaturen merklich an, die Lebensverhältnisse wurden besser, doch war noch immer das Sammeln von Früchten, die Jagd mit Pfeil und Bogen, der Fischfang mit Harpune, Angel und Netz die vorwiegende Lebens- und Wirtschaftsform. Aus dieser Zeit sind ebenfalls bedeutende Fundplätze bekannt, vorwiegend im weiteren Bereich der Horner Bucht (Galgenberg bei Horn, Burgschleinitz, Kamegg, Maissau, Limberg) und am Bisamberg. Damals wurde der Hund als Haustier und Jagdgefährte gezähmt und gezüchtet, Geräte aus Holz, Knochen oder Horn sowie größere Steinbeile hergestellt.

Die Jungsteinzeit, die etwa von 4500 bis 1800 vor Christus dauerte, war der Höhepunkt der Warmzeit. Damals ist in unserem Raum das Bauerntum entstanden, wurden Landstriche bewußt kultiviert, dauerhafte Häuser gebaut und Lebensmittel erzeugt. Der Anbau verschiedener Getreidearten wie Gerste, Emmer (Einkorn), später auch Roggen, Bohnen, Linsen, Erbsen und Mohn. Die Bearbeitung des Ackerbodens erfolgte mit dem Grabstock, Getreide wurde mit dem Mahlstein zerrieben, das Brot wurde neues Nahrungsmittel. Aber auch Obst, etwa Äpfel und Birnen, wurde bereits kultiviert. Weiters wurden Haustiere gezogen, vor allem Ziegen, Schafe und Schweine, bald auch das Pferd. Man lernte die Verarbeitung der Schafwolle und die Behandlung des Flachses, konnte also aus diesen Kleidungsstücke weben. Geschliffene und durchbohrte Steingeräte, meist aus größeren Steinen der Flüsse hergestellt, wurden für Geräte und Waffen verarbeitet, doch ist auch die perfektere Holzbearbeitung und die Herstellung gebrannter Tongefäße für die Jungsteinzeit charakteristisch.

Die Bauernsippen dieser Periode bevorzugten den fruchtbaren Boden der Lößgebiete, daher finden wir ihre Siedlungen vorwiegend im Weinviertel und in den östlichen Randzonen des Waldviertels, im Mündungsgebiet der Traisen und im Wiener Becken. Aus der Hütte und der zeltähnlichen Behausung wurde nun ein festeres Haus, das den Menschen als Wohnung diente, Schutz vor Nässe und Kälte bot und längeren Bestand hatte. Auch Ställe für Haustiere und Speicher für Vorräte waren diese Häuser, die in kleinen Gruppen als Weiler und Dörfer zusammengebaut wurden. In der späteren Folge kann man bereits Stämme und Völkerschaften erahnen, die Träger verschieden ausgeprägter Kulturen waren.

Die linearbandkeramische oder donauländische Kultur, die bis etwa 3900 vor Christus herrschte, kam vermutlich vom Balkan her an die Donau und in den böhmischen Raum. Die Menschen wohnten in Dörfern mit großen gleichartigen Häusern, die eine Sippe oder Großfamilie beherbergten. Meist wurden diese Dörfer mehrmals besiedelt und zwischendurch wieder aufgegeben, es war also das Wanderbauerntum vorherrschend. Durch Rodungen des Eichenmischwaldes im Lößgebiet schuf man das benötigte Kulturland, das später wieder versteppte. In Niederösterreich sind die Funde dieser Periode vorwiegend im Gebiet östlich des Kampes und westlich der March zu finden, aber auch südlich der Donau in Guntramsdorf, Sommerein und Mannswörth bei Schwechat.

Die Entwicklung der linearbandkeramischen Kultur wurde durch die auf der Balkanhalbinsel entstandenen bemaltkeramischen Lengyelkultur unterbrochen, die Tongefäße mit reicher Bemalung, aber auch Frauen- und Tierplastiken hervorbrachte. Sie bestand etwa tausend Jahre. Aus dieser Periode sind auch Beispiele von Kannibalismus bekannt.

Um die Mitte des dritten Jahrtausends wurde aber diese Lengyelkultur durch die Trichterbecherkultur abgelöst, die zu einer starken Umformung führte. Besonders im Gebiet von Retz und im mährischen Raum um Znaim ist diese wahrscheinlich frühnordische Kultur nachweisbar, die im Donauraum in die Badener Kultur überging. Diese war von 2200 bis 1800 vor Christus vorherrschend und besitzt in der Königshöhle bei Baden den namengebenden Fundort. Diese Kultur war mit erkennbaren sozialen Änderungen verbunden. Während kleinere Häuser auf das Vorherrschen von Kleinfamilien schließen lassen, weisen Höhensiedlungen auf adelige Führungsgruppen und zentrale Orte hin. Die älteste Wallburg wurde bei Falkenstein im Norden Niederösterreichs ergraben. Sie hatte 400 m Durchmesser und war von Wällen und Gräben umfangen. Auch im südlichen Wienerwald und im Traisental wurden Höhensiedlungen gefunden. Diese Menschen kannten bereits das Kupfer. Sie bestatteten ihre Toten oft in Hockerstellung.

Um 1900 vor Christus traten neuerlich Einflüsse von Norden her auf, es entstand die schnurkeramische Kultur, die durch Viehzüchter getragen wurde, die Herden von Pferden, Rindern und Schafen besaßen, große Gruppen der Vorbevölkerung assimilierten und dadurch selbst in das Bauerntum eintraten. Den Umformungsprozeß der späten Jungsteinzeit abschließend, erreichte die um 1800 vor Christus von Spanien ausgehende Glockenbecherkultur auch den niederösterreichischen Raum. Sie bildete wohl Lokalgruppen aus, was auf ein Aufgehen der Vorbevölkerung schließen läßt, wurde selbst aber von einem fremden Volkstum getragen.

In der späten Jungsteinzeit hatte sich auch die Siedlungsfläche wesentlich vergrößert und war auf Gegenden mit schlechterem Boden ausgedehnt worden. Bei Perchtoldsdorf, im Gebiet von Mödling, in Guntramsdorf und Wien wurden die wesentlichsten Fundstätten dieser Epoche und Kultur festgestellt.

Die Zeit von 1800 bis 800 nennt man die Bronzezeit. Sie ist in unserem Raum in drei Phasen geteilt und hat im östlichen Österreich verschiedene Kulturformen ausgeprägt. In der frühen Bronzezeit herrschte im nördlichen Niederösterreich die Aunjetitzerkultur vor, die aus der Glockenbecherkultur hervorgegangen ist, aber auch Elemente der bandkeramischen Kultur einschloß. Den Namen erhielt sie nach dem Ort Unětice bei Prag.

Im östlichen Niederösterreich war die Wieselburger Kultur vorherrschend, nach der westungarischen Stadt Magyarovar benannt. Über das westliche Niederösterreich waren Menschen einer Untergruppe dieser Kultur verteilt, die man nach dem Ort Unterwölbling bezeichnet. Diese verschiedenen Ausprägungen lassen auf die Bildung mehrerer Stämme schließen. Neuerlich gehörten die fruchtbaren Gebiete des Weinviertels und das südliche Mähren zum Hauptverbreitungsgebiet des Volkes, das diese Kultur besaß. Über die Donau griff das Verbreitungsgebiet einerseits im Wiener Becken, andererseits im Bereich der unteren Traisen und im Alpenvorland. Auch jetzt spielte die Landwirtschaft eine bedeutende Rolle, doch litt sie unter einer merkbaren Klimaverschlechterung. Auch die Wälder veränderten sich, Buche, Hainbuche und Tanne begannen den Eichenmischwald zu verdrängen. Charakteristisch ist aber die Ausprägung einer verbesserten Handwerkskunst, besonders die Verarbeitung der Bronze zu Waffen, Werkzeug und Schmuck stand auf hoher Stufe.

Die Waffen waren aus mehreren Kulturen kombiniert. Dolche mit Pfeil und Bogen, nicht selten noch mit Feuersteinspitze, aber auch Streitbeile kommen vor. Die Toten wurden in Schlafstellung hockend bestattet, es wurden ihnen Speisen und Trank und gelegentlich Schmuckstücke ins Grab gelegt.

In der im südlichen Mähren und über den größten Teil Niederösterreichs verbreiteten Věteřovkultur entstand eine einheitliche Kultur, die besonders in den Fundplätzen Böheimkirchen, Jetzelsdorf, Hippersdorf, Hohenau und Neusiedl an der Zaya ausgeprägt ist. Sie hat wohl viele Verbindungen zur vorhergehenden Aunjetitzerkultur, ist aber von ihr doch deutlich zu unterscheiden. Besonders auffällig sind die großen Mengen von Keramik, die sich an einigen Fundplätzen, insbesondere auf dem Hochfeld in Böheimkirchen, fanden. Dies läßt auf größere Siedlungen schließen.

Die mittlere Bronzezeit, die etwa von 1500 bis 1200 anzusetzen ist, nennt man die Zeit der Hügelgräberkultur. Diese entwickelte sich wahrscheinlich unter Einbeziehung südöstlicher Einflüsse aus verschiedenen frühbronzezeitlichen Kulturen im niederösterreichischen Raum und ist im Alpenvorland durch reich mit Bronze ausgestattete Grabstätten vielfach zu finden. Große Fundgruppen befinden sich im Gebiet von Pitten. Soziale Gliederungen lassen sich aus der Art der Bestattung gut herauslesen. Neben dem ziemlich ausgebreiteten Adel finden wir vorwiegend eine Bauernbevölkerung, der Ackerbau und Viehzucht als Ernährungsgrundlage diente. Aber auch das Handwerk hatte unterdessen steigende Bedeutung erlangt. Dies war durch die Bearbeitung des Metalls bedingt, der Bergmann und der Schmied wurden nun angesehene Handwerker. Andererseits waren auch schon offenbar weitreichende Handelsbeziehungen vorhanden. Zwei- oder vierrädrige Wagen und Wasserfahrzeuge dienten für die Beförderung des Handelsgutes.

Die späte Bronzezeit nennt man Urnenfelderkultur, sie dauerte etwa von 1200 bis 800. Die Grabsitte, die Toten mit Kleidern, Schmuck und Beigaben auf Scheiterhaufen zu verbrennen und die Reste der Leichen in tönernen Urnen zu sammeln und mit weiteren Beigaben in großen Gräberfeldern beizusetzen, war namengebend. Die Periode ist durch große Unruhen gekennzeichnet, die im Mittelmeerraum die dorische Wanderung auslösten und bis Ägypten spürbar waren. Trotzdem ist festzustellen, daß die Wurzeln dieser Kulturen im östlichen Mitteleuropa und im Karpatenbecken lagen und eine Reihe einheimischer Kulturformen im Laufe der Wanderungen überlagerten. Die Siedlungen bevorzugten wieder das fruchtbare Flachland, doch gab es auch zentrale Wallburgen als Zentren von Großsippen oder Stämmen. Solche bestanden in Stillfried an der March, in Gars am Kamp und am Oberleiser Berg. In Stillfried läßt sich sogar eine Revolution nachweisen. Ein Fürst wurde mit zwei Frauen und vier Kindern durch Gift beseitigt. Der Akkerbau gewann an Bedeutung, die Viehzucht ging hingegen zurück. Im nördlichen Niederösterreich, aber auch in den Tälern der Traisen, der Pielach, der Erlauf und der Ybbs und am Alpenostrand war die Velaticer-Gruppe verbreitet, die unter dem Einfluß der Hügelgräberkultur stand. Man darf annehmen, daß sich die Bevölkerung nicht wesentlich verändert hat, sondern nur neue Kultur- und Bestattungsformen annahm. An der March findet man gelegentlich Beweise einer anderen Kultur, der Lausitzer Kultur, die vielfach mit frühen Illyrern und Urslawen gleichgesetzt wird, wie man überhaupt die Urnenfelderkultur bereits als indogermanische bezeichnet. In dieser Periode hat im niederösterreichischen Gebiet der Kupferabbau bedeutende Formen angenommen. Im Gebiet von Rax und Schneeberg wurden zahlreiche frühgeschichtliche Bergbaue erschlossen, die um 1000 vor Christus begonnen haben, aber nur einige Jahrzehnte dauerten. Auch von der Verhüttung des Eisens sind zahlreiche Funde gemacht worden.

Das Eisen als neuer Werkstoff gibt der Zeit von 800 bis Christi Geburt den Namen. Die ältere Periode ist durch die großen Funde von Hallstatt gekennzeichnet. Die hallstattzeitliche Kultur entstand durch Umbildung der Urnenfelderkultur nördlich und östlich der Alpen, hatte aber auch Einflüsse aus Italien, Südosteuropa und durch ein Reitervolk aus dem Osten aufzunehmen. Wahrscheinlich hing dies mit der Vertreibung der Kimmerier durch die Skythen zusammen. Funde aus der Hallstattzeit lassen sich in allen Altsiedelgebieten Niederösterreichs nachweisen und gehören zum östlichen Kreis dieser Kultur. Im nördlichen Niederösterreich treten große Hügelgräber als Bestattungsstätten hochgestellter Persönlichkeiten, möglicherweise von Stammesfürsten, auf. Der höchste Grabhügel im Gesamtbereich der Hallstattkultur befindet sich in Großmugl und hat eine Höhe von 16 Metern. Er ähnelt skythischen Vorbildern. Im südlichen Niederösterreich, vor allem am Alpenostrand, gibt es eine Reihe bedeutender Fundplätze auf Anhöhen. Die größte Siedlung dieser Art stand auf dem Malleitenberg bei Fischau, aber auch auf dem Leopoldsberg bei Wien, bei Perchtoldsdorf, auf dem Kalenderberg bei Mödling, in der Nähe der Ruine Rauheneck bei Baden und auf dem Kienberg bei Bad Fischau gab es solche Höhensiedlungen, die vermutlich Sitze von Stammesfürsten oder hohen Adeligen waren. Die Siedlungen der Bauern waren Dörfer mit Grubenwohnungen und Blockhäusern. In dieser Periode ist auch die Kunst schon sehr ausgeprägt, die ihren Höhepunkt in der in Treibtechnik gearbeiteten figürlichen Verzierung von Bronzeeimern und Gürtelblechen erreichte. Diese Kunstübung nennt man nach den Gefäßen »Situlen-Kunst«. Im niederösterreichischen Raum wurde eine einzige »Situla« in Kuffern bei Herzogenburg gefunden.

Die Hallstattkultur wurde vom nordischen Volk der Illyrer getragen, das sich in zahlreiche kleine Völker gliederte. Sie haben nicht nur Bodenfunde hinterlassen, sondern auch einige Flußnamen. Illyrisch sind der Name »Arelape« für Erlauf und der Ortsname Carnuntum.

Um 400 drangen keltische Gruppen und Völkerschaften von Westen her nach Mitteleuropa vor. Sie trugen die jüngere Eisenzeit oder Latènekultur. In dieser Periode kam es zur Verbesserung von Bodenbau, Handel, Gewerbe und Verkehr sowie zu einem starken Ansteigen der Bevölkerung. Die von Süddeutschland her durch das Voralpenland nach Niederösterreich erobernd einströmenden Kelten haben vor allem das Hügelland der Ebene besetzt, ein großer Friedhof wurde bei St. Pölten gefunden. Im Alpengebiet hielt sich die illyrische Hallstattkultur länger. Die Kelten kannten schon die Töpferscheibe und stellten dadurch schönere Geräte her. In der Frühzeit begruben sie ihre Toten ebenfalls noch in Hügeln, während die von ihnen überschichtete illyrische Bevölkerung die Brandbestattung bevorzugte. Dadurch ist die keltische Oberschicht deutlich zu erkennen. Das kriegerische Volk gab den Verstorbenen oft Waffen ins Grab bei. Im 3. Jahrhundert übernahmen auch die Kelten die Brandbestattung, der Unterschied zwischen Illyrern und Kelten glich sich allmählich aus. Das Jahrhundert illyrisch-keltischer Mischkultur, das 1. Jahrhundert vor Christi Geburt, ist dadurch gekennzeichnet, daß im nördlichen Niederösterreich die Germanen Druck auf den keltischen Raum auszuüben begannen, während vom Süden her der römische Einfluß immer stärker wurde. Gegen diese Gefahren schützten sich die keltischen Stämme durch Hochsiedlungen, die es am Leopoldsberg bei Wien, auf dem Göttweiger Berg, auf dem Braunsberg bei Hainburg, auf dem Oberleiser Berg und auf dem Umlaufberg bei Altenburg am Kamp gab. Eine solche Höhensiedlung wurde »Oppidum« genannt, war ein befestigter militärischer Stützpunkt, manchmal nur eine Fluchtburg, oft aber auch eine zentrale Markt- und Kultstätte und diente als Versammlungsplatz der politischen Stände. Manchmal waren sie stadtähnliche Gebilde. Die Kelten gaben Orten und Flüssen ihre Namen, etwa der »Tragisa« = Traisen, dem Ort »Vindobona« und dem Ort »Lauriacum«. »Vindobona« hieß das Oppidum auf dem Leopoldsberg, das im Jahre 15 vor Christus durch die Römer geschleift wurde. Der Name wurde auf das neue römische Kastell in der Ebene übertragen.

Im Jahre 129 vor Christus wird das keltische Königreich Noricum als Verbündeter der Römer erwähnt. Der Hauptsitz befand sich auf dem Magdalensberg bei Klagenfurt in Kärnten. Dort haben im Jahre 113 vor Christus die durchziehenden germanischen Stämme der Kimbern und Teutonen die Römer besiegt. Der römische Druck auf das Königreich Noricum wurde in der Folge stärker, zumal von Norden her die Germanen ebenfalls an die Donau drängten und zur Abwanderung der keltischen Bojer in die pannonische Tiefebene beitrugen. Nun haben die Römer durch die Feldzüge des Drusus und des Tiberius im Jahre 15 vor Christus den Donaustrom zur Reichsgrenze gemacht und das keltische Gebiet in ihren Herrschaftsbereich einverleibt. In der Folgezeit bestimmte durch Jahrhunderte die Auseinandersetzung zwischen Römern und Germanen die Geschichte Niederösterreichs.

Etwa um das Jahr 8 vor Christus führte König Marbod den Stamm der Markomannen aus dem Maingebiet in das heutige Böhmen und organisierte einen Machtbereich durch Eingliederung benachbarter Stämme, hielt sein Reich durch Kriegszüge zusammen und stellte bald eine Bedrohung Roms dar. Ganze Volksstämme, die von Rom abgefallen waren, fanden bei Marbod Asyl. Nun begann man in Rom für das verbündete Königreich Noricum, für das östlich angrenzende Pannonien, aber auch für Italien selbst zu fürchten. Deshalb wurde im Jahre 6 nach Christus der Feldzug gegen Marbod eröffnet, der aber nie ausgefochten wurde, da im Rücken des römischen Heeres eine Revolution der pannonischen Bevölkerung aufflammte und den Armeeführer, den späteren Kaiser Tiberius, zum Rückmarsch und zu einem schweren Krieg zwang.

Erstmals war der Stützpunkt Carnuntum im Königreich Noricum der Ort eines römischen Aufmarsches. Dieser Ort war ein wichtiger Umschlagplatz am Übergang der Bernsteinstraße über die Donau. Nach der Schlacht im Teutoburger Wald begnügten sich die Römer mit dem Halten der Rhein- und Donaugrenze und begannen mit dem systematischen Aufbau einer Grenzbefestigung. Niederösterreich südlich der Donau wurde nun stärker in den römischen Einflußbereich einbezogen. Das Gebiet östlich des Wienerwaldes wurde als Provinz Pannonien militärisch organisiert und von einem General konsularischen Ranges als Statthalter verwaltet, der seinen Sitz in »Savaria« (Steinamanger) hatte. Um etwa 15 nach Christus wurde von Kaiser Tiberius eine Legion von Laibach/Ljubljana nach Carnuntum an den pannonischen Limes verlegt, die in Carnuntum ein Lager als dauernden Aufenthaltsort errichtete. Dieses stand durch fast 400 Jahre in Benützung und erlebte eine Reihe von Aus- und Umbauten. Entlang der Donau entstanden kleinere Lager in »Äquinoctium« (Fischamend), »Alanova« (Schwechat) und »Vindobona« (Wien). Diese Kastelle wurden mit Truppen zweiter Güte besetzt.

In Noricum, wo an die Stelle des Königs der römische Kaiser getreten war, herrschte zunächst sechs Jahrzehnte lang Okkupationszustand. Erst unter Kaiser Claudius (41–54) wurde es als römische Provinz organisiert. Im Norden bildete die Donau vom Kahlenberg an die Grenze, im Osten der Wienerwald, im Süden die Save, im Westen der Inn. An der norischen Donau begnügte man sich mit dem Bau kleinerer Stützpunkte. Doch wurde schon unter Claudius eine Anzahl von Siedlungen im Inneren mit dem Stadtrecht bedacht, im Donaugebiet unter Kaiser Hadrian (117–138) »Cetium« (St. Pölten) und »Ovilava« (Wels). In einer langen Friedensperiode kam es zu einer Romanisierung der Bevölkerung und des Lebens, die dem Land zu hoher Blüte verhalf. Die Römer beließen der einheimischen Bevölkerung Religion, Sprache, Sitte und Brauchtum, romanisiert wurde in erster Linie die Verwaltung. Durch den regen Handel mit dem Inneren des Reiches, durch den Austausch der Bevölkerung, vor allem aber durch die Verlegung neuer Truppen kamen immer neue Bevölkerungsteile in das Donaugebiet. Der Limes wurde durch eine Reihe von Kastellen ausgebaut, durch Wachtürme und Flottenstützpunkte gesichert und durch ein Straßennetz verbunden. Vor allem die pannonische Heerstraße von Aquileia nach Carnuntum und die Uferstraße entlang der Donau hatten größte Bedeutung.

Im beginnenden 2. Jahrhundert wurde vor allem die pannonische Grenze verstärkt und Vindobona zum Legionslager neben Carnuntum, Komorn und Budapest erhoben. Neben den Lagern entstanden die Canabae, Wohnsiedlungen, Geschäftshäuser, Bäder, in Carnuntum auch ein Amphitheater.

Die nördlich der Donau sitzenden Germanen gehörten den beiden Stämmen der Markomannen und der Quaden an. Hauptsiedelgebiet der Markomannen war Zentralböhmen, doch reichte ihr Siedlungsraum in Form von Inseln im Urwald bis an die niederösterreichische Donau. Im Flußgebiet der March, an der unteren Thaya und an der unteren Iglawa saßen vorwiegend Quaden. Beide Völker hatten wohl keltische Elemente mit übernommen, aber auf die städtischen Lebensformen verzichtet. Dörfer und Weiler waren die häufigsten Siedlungsformen, der Ackerbau und die Viehzucht herrschten vor, Handwerk und Handel traten hingegen zurück. Der Handel wurde weitgehend den Römern überlassen, wie die Münzfunde im nördlichen Niederösterreich zeigen. Nach Marbods Vertreibung, der nach Niederlagen gegen den Cherusker Arminius im Jahre 19 nach Christus fliehen mußte, sank die politische Bedeutung der Markomannen. Die Führungsrolle übernahmen die Quaden unter König Vannius. Dieses Volk verlegte sein Hauptsiedelgebiet weiter nach Osten und nahm markomannische Bevölkerung auf. So wurde vor einigen Jahren bei Bernhardsthal ein Markomannendorf ausgegraben, das vom ersten bis zum dritten Jahrhundert bewohnt war. Zum Schutz gegen Hochwasser war es mit einem Wall umgeben. Es fanden sich Zeugnisse der Hauswirtschaft, wie Webstühle, landwirtschaftliche Geräte und Objekte des Tauschhandels mit den Römern. Eine andere Siedlung bestand in den Donauauen der Lobau bei Wien.

Die Quaden kamen unter Vannius in immer stärkeren Kontakt mit den Römern und wurden von diesen schließlich abhängig. Als Vannius um 50 nach Christus von den thüringischen Hermunduren vertrieben wurde, folgten ihm seine Neffen Wangio und Sido, die aber ebenfalls in einem Klientelverhältnis zum Römerreich standen. Auch im 2. Jahrhundert wurden die quadischen Könige von Rom bestätigt.

Von kleineren Kämpfen abgesehen, war die Donaugrenze durch eineinhalb Jahrhunderte ruhig, der Romanisierungsprozeß im Süden konnte sich ohne wesentliche Behelligung vollziehen. Ausgelöst durch Unruhen in Innergermanien und begünstigt durch den Abzug römischer Grenztruppen aus dem Donautal in den Partherkrieg, überrannten 166 die Markomannen unter Ballomar und die Quaden den Limes in Noricum, konnten aber im folgenden Jahr zurückgedrängt werden. Die Führer des Unternehmens, darunter der Quadenkönig, wurden getötet. Der Ausbruch der Pest im römischen Heer führte aber 168 zu neuen Angriffen auf Noricum und im folgenden Jahr zu einem Zug der beiden Stämme nach Italien, wo sie Aquileia belagerten. Von Kaiser Marc Aurel wurden sie jedoch zurückgeschlagen und die Quaden durch römische Gegenangriffe 172 unterworfen, die Markomannen in der Nähe der Donau geschlagen, beide Völker zur Abtretung eines breiten Grenzstreifens gezwungen. Im Weinviertel wurden römische Stützpunkte geschaffen. Um den Grenzschutz in Noricum gegenüber einem organisierten Masseneinsatz germanischer Völkerschaften zu stärken, wurde eine weitere Legion an die Donau verlegt, die in Lauriacum an der Ennsmündung ihren festen Standort bezog. Zur selben Zeit übernahm anstelle des bisher dem Ritterstande angehörenden Statthalters nunmehr der Legionskommandant, ein Mann senatorischen Ranges, dieses Amt. Ein Teil der ihm unterstellten Behörde übersiedelte von Virunum nach Ovilava. In Lauriacum gründete Kaiser Caracalla in den Jahren 211 bis 217 neben dem Legionslager eine weitere Stadt auf norischem Boden.

Im 3. Jahrhundert wurde das römische Reich immer schwächer, die Bedrohung aus dem Norden, vor allem durch die Alemannen, nahm ständig zu. Nun wurden die Grenzlager Carnuntum, Klosterneuburg, Zeiselmauer und Mautern verstärkt und konnten bis zum 5. Jahrhundert weiterbestehen. Auch bisher unbefestigte Städte, wie Cetium (St. Pölten), wurden mit einer Mauer umgeben. Die Zivilbevölkerung baute ihre Häuser weitgehend innerhalb dieser befestigten Plätze. Unter Kaiser Diokletian (284 bis 305) wurde die Grenze gegen die Markomannen im Jahre 299 neuerlich gesichert und im Rahmen einer Verwaltungsreform die alten Provinzen unterteilt. Hiebei wurde in Noricum durch eine über den Kamm der Tauern verlaufende Grenzlinie eine nördliche Uferprovinz (Noricum ripense) mit der Hauptstadt Ovilava geschaffen. Das gesamte Verteidigungspotential von Passau bis Komorn wurde einem Grenzgeneral unterstellt, die Widerstandsfähigkeit der Donaufront durch Verlegung einer neuen Legion, durch den Ausbau der Befestigungsanlagen und durch Vermehrung einer Donauflottille gesichert.

Die archäologische Forschung hat das Leben des Volkes in der Spätantike weitgehend geklärt. Aus Töpferöfen wurden die wichtigsten Gerätschaften bekannt, wie Töpfe, Schüsseln und Becher. Wir kennen aber auch Gläser, Schmuck und Ziegel. Die Toten der romanischen Bewohner wurden meist unverbrannt bestattet, wobei sich sowohl Steinkistengräber und Ziegelplattengräber als auch einfache Erdgräber mit Holzeinbauten fanden.

Das Christentum hatte in Noricum erst im 3. Jahrhundert Fuß fassen können. Vielleicht waren schon im 2. Jahrhundert vereinzelt christliche Soldaten oder Kaufleute in das Donaugebiet gekommen, doch fehlt davon jede Kenntnis. Für die zweite Hälfte des 3. Jahrhunderts darf man bereits eine Anzahl christlicher Bekenner annehmen. Unter Kaiser Diokletian hat im Zuge der großen Christenverfolgung Noricum die ersten Blutzeugen des neuen Glaubens gestellt. Im Jahre 304 erlitt Florianus, ehemaliger Bürovorsteher des Statthalters von Ufernoricum, der bei Cetium im Ruhestand lebte, den Märtyrertod. Auf die Nachricht, daß vierzig seiner früheren Kameraden und Glaubensgenossen in Lorch einem Verhör unterzogen wurden, eilte er dorthin und bekannte sich vor dem Statthalter ebenfalls als Christ. Dies mußte er mit der Todesstrafe büßen; ein Stein wurde um seinen Hals gehängt und er von der Ennsbrücke in den Fluß gestürzt. Wenige Jahre später wurde unter Kaiser Konstantin im Jahre 313 in den Mailänder Vereinbarungen dem Christentum die Gleichberechtigung zugestanden. Im Jahre 343 ist zum ersten Mal von norischen Bischöfen anläßlich der Synode von Serdika (Sofia) die Rede. In diese Zeit fallen auch die frühesten christlichen Denkmäler in unserem Raum. Am Ende des 4. Jahrhunderts war die Missionierung Noricums abgeschlossen, und in den meisten alten Städten waren Bischofssitze errichtet.

Es gab auch im 3. und 4. Jahrhundert längere friedliche Perioden, in denen im Grenzland über den Strom hinüber und herüber Handel getrieben wurde. Die kriegerischen Zeiten nahmen aber ständig zu und sorgten für Unruhe.

Die Markomannen, die unterdessen an politischer Bedeutung eingebüßt hatten, überschritten im Jahre 253, als die Alemannen die obere Donaugrenze bedrohten, ebenfalls den Strom, doch wurde ein Teil des Volkes unter Attalus von der römischen Verwaltung in Pannonien angesiedelt. Jetzt wurden die Quaden politisch bedeutsamer, die um die Mitte des 3. Jahrhunderts ihr Klientelverhältnis zu Rom lösten und in den folgenden Jahrzehnten mehrmals Grenzprovinzen angriffen. Einen neuen Höhepunkt erreichten die Auseinandersetzungen im Jahre 374, als nach der Ermordnung des Fürsten Gabinius durch die Römer ein neuer Angriff der Quaden auf Pannonien erfolgte. Im folgenden Jahr konnte aber Kaiser Valentinian die Grenze wieder sichern. Zu dieser Zeit wird Carnuntum ein verfallenes und schmutziges Nest genannt, die ehemalige mächtige Grenzstadt war zur Ruine geworden. Im Jahre 295, als das Römerreich geteilt wurde und Noricum dem Westreich zufiel, ging auch das Wiener Becken mit den Festungen Vindobona und Carnuntum den Römern verloren, Markomannen und Quaden konnten sich nun in diesem Raum mit römischer Zustimmung ansiedeln.

Denn nun gefährdete die einbrechende Völkerwanderung alles, was sich in den letzten Jahrhunderten im österreichischen Gebiet entwickelt hatte. Das germanische Volk, das als erstes dem hunnischen Ansturm, der 375 die große Wanderbewegung auslöste, gegenüberzutreten hatte und ihm ausgeliefert war, waren die Ostgoten. Goten und Alanen kamen auf ihrem Rückzug auch in das niederösterreichische Donautal. In den Kastellen und Lagerfestungen am Limes, in Carnuntum, Vindobona und Klosterneuburg wurden aus dem letzten Viertel des 4. Jahrhunderts Tongefäße und Schmuckstücke gotischen Charakters gefunden. Nicht alle Funde lassen sich eindeutig einem Volkstum zuordnen. Nach dem Hunneneinfall haben sich nämlich auch Ostgoten im Marchfeld angesiedelt und wahrscheinlich die Quaden aus ihren alten Sitzen verdrängt, während nun Markomannen unter einem eigenen König im Süden des Stromes saßen und vermutlich ihren Sitz in Wien, dem damaligen Vindobona, hatten. Nach dem Zusammenbruch der pannonischen Donaugrenze war Noricum schutzlos geworden, und im Jahre 401 stießen Wandalen gemeinsam mit anderen Stämmen, die sich ihnen angeschlossen hatten, entlang der Donau vor, zerstörten Lauriacum und breiteten sich in Noricum aus. Noch einmal hat der 409 genannte römische Heermeister Generidus versucht, in Noricum die Römerherrschaft zu festigen. In Carnuntum, Vindobona und Klosterneuburg, vielleicht auch in Lauriacum, sind Spuren einer späten Bautätigkeit zu erkennen. Doch dies dauerte nicht lange. Waren bisher kleinere Hunnenscharen in römischem Sold gestanden, so traten sie 433 als Volk geschlossen auf und eroberten auch den österreichischen Donauraum. Hier hatte eine der bedeutendsten Persönlichkeiten des späten römischen Imperiums die Hunnenherrschaft begünstigt, der Heermeister Aetius. Er trat 433 Pannonien an die Hunnenfürsten ab, die Hunnen wurden wenige Jahre später, als Attila die Herrschaft erlangte, zur europäischen Großmacht. Das Zentrum von Attilas Reich lag im ungarischen Flachland an der unteren Theiß. Münzen, die von einer Tributzahlung der Römer zeugen, wurden in Ungarn gefunden. Die asiatischen Reiternomaden hatten durch ihre hervorragende Kampftechnik, vor allem durch überraschende Angriffe und Wendungen, Schrecken unter den germanischen Völkerschaften verbreitet und diese zu unterwerfen verstanden. Im Jahre 451 zog Attila mit seinen Scharen nach Gallien, unterlag aber dort der römischen Streitmacht. Im Zuge dieses Feldzuges wurde auch das westliche Niederösterreich, das Gebiet um die Stadt Cetium und um das Kastell von Zwentendorf bis nach Ovilava, zerstört. Nach Attilas Tod im Jahre 453 sollten die unterworfenen Völker unter seinen Söhnen aufgeteilt werden. Nun kam es zur Befreiungsschlacht am Flusse Nedao, in dem manche Forscher die Leitha, andere Save oder Theiß verstehen. Gepiden, Goten und Rugier kämpften unter König Anderich gegen die Hunnen und die mit diesen verbündeten Sweben, Alanen und Heruler und errangen einen großen Sieg. Das östliche Pannonien kam nun an die Gepiden, der österreichische Donauraum mit dem westlichen Pannonien unter die Herrschaft der Goten. Von 455, dem Jahr der Schlacht am Nedao, bis 471 waren die Goten Herren über Westpannonien, der Raum um den Neusiedler See das Zentrum ihres Reiches. Im Jahre 471 zogen sie aber ab.

Nun konnten sich andere Völkerschaften in diesen Landstrichen niederlassen. Es waren dies die Skiren und die Rugier. Die Rugier waren bisher nördlich der Donau im alten Markomannenland gesessen, überschritten nun den Strom und beherrschten das Tullnerfeld bis in die Gegend von Mautern. Ihren Königssitz hatten sie in Stein gegenüber dem Kloster des heiligen Severin. Das rugische Reich mit dem Zentrum am Ostausgang der Wachau ist das erste Herrschaftsgebilde eines germanischen Stammes in Niederösterreich, das historisch faßbar und beschreibbar ist. Dies danken wir der Lebensbeschreibung des heiligen Severin, die um 511 der Mönch Eugippius im Severinkloster zu Lucullanum bei Neapel niederschrieb. Er schildert eindringlich die Zustände im niederösterreichischen Donaugebiet am Ende der römischen Herrschaft. Demnach war Severin nach Attilas Tod aus dem Osten nach Ufernoricum gekommen. In Favianis (Mautern), einem noch bestehenden römischen Stützpunkt, wo ein römischer Tribun über einige wenige Soldaten verfügte, wurde er Bischof, gründete ein Kloster und erhielt bald großen Einfluß in dem von germanischen Völkerschaften bedrängten mittleren Alpenvorland.

An ihn wandte sich Odoaker, der junge Skirenfürst, um Rat, bevor er nach Italien zog und dort die Herrschaft übernahm. Besonders enge Verbindung hatte Severin zum Königshof der Rugier, deren König Fewa auch Tribut von den in Ufernoricum lebenden Romanen einhob. Im Jahre 482 starb Severin zu Favianis, sein Leichnam wurde nach Italien gebracht, als

Odoaker endgültig das Donauland aufgab.

Die neuere Forschung will in ihm einen früheren römischen Konsul sehen, der nach 461 in eine östliche Provinz ins Exil gegangen und 467 in die ihm von früher her vertrauten Donauprovinzen zurückgekehrt war. Hier vereinigte er als letzter kirchliche und weltliche Autorität in dem in voller Auflösung befindlichen römischen Ufernoricum.

Wenige Jahre nach Severins Tod, 487, hat Odoakers Bruder Hunwulf wohl das Königreich und damit die Herrschaft der Rugier zerstört, deren Herrscher und einen Teil des Volkes nach Italien abgeführt, gleichzeitig aber auch die romanische Bevölkerung aus den Donaustädten evakuiert und die römischen Garnisonen abgezogen. Somit entstand ein Machtvakuum, das noch verstärkt wurde, als sich auch die Goten nach Italien wandten. Der Ostgotenkönig Theoderich besiegte Odoaker und baute ab 493 ein neues Reich in Italien auf. Dadurch gelangten im heutigen Niederösterreich andere germanische Völkerschaften zu Macht und Hegemonie. Um das Jahr 500 waren dies die Heruler, von denen nicht klar ist, ob sie ein Stamm oder nur ein aus Mitgliedern verschiedener Stämme zusammengesetzter Heerhaufen waren. Jedenfalls bauten sie im ehemaligen Rugierland, im Alpenvorland und im Marchfeld ein Reich auf, das bis nach Pannonien ausgeweitet wurde. An sie erinnert die 832 im Raum Pöchlarn genannte Herilungoburg. Über welche Menschen sie herrschten, ist nicht klar. Die Bodenfunde zeigen, daß nicht nur Ostgermanen, sondern selbst Mongolen begraben wurden. Es muß also ein vielfältiges Völkergemisch im Donauraum gelebt haben. Nicht einmal Fürstengräber aus dieser Zeit lassen sich eindeutig zuordnen. So wurden aus Obersiebenbrunn im Marchfeld die Gräber eines Mannes, einer jungen an Hüftgelenkluxation leidenden Fürstin und eines Kindes bekannt, die, den reichen Grabbeigaben nach zu schließen, zur höchsten Oberschicht gehörten. Ein ähnliches Grab wurde in Südmähren entdeckt, auch aus Laa an der Thaya ist ein reich mit Edelmetallschmuck ausgestattetes Adeligengrab bekannt geworden. Daneben wurden gerade in Niederösterreich einige Kriegergräber geborgen, in denen Waffen aus verschiedenen Kulturkreisen enthalten waren.

Um 500 war den Herulern ein anderes Volk benachbart und wohl teilweise auch untertänig, das aus Skandinavien eingewandert war, die Langobarden. Diese sind nach dem Zeugnis der Bodenfunde etwa 490 im südlichen Mähren und im östlichen Weinviertel, vor allem im Marchfeld, ansässig geworden. Im Jahre 508 erhoben sie sich unter Führung des Königs Tato gegen die Heruler unter König Rodulf, besiegten sie und traten nun an deren Stelle die Herrschaft im östlichen und zentralen Niederösterreich an. Denn sie überschritten bald die Donau und besiedelten das »Feld«, wohl das heutige Tullnerfeld sowie das Gebiet um Wien. In diesen Gegenden sowie nördlich der Donau, im ehemaligen Rugiland wie im Weinviertel, sind zahlreiche Bodenfunde mit großer Aussagekraft gehoben worden. So wurde das Grab eines Goldschmiedes bei Poysdorf entdeckt, die Grabstätte einer jungen Fürstin, mit reichen Beigaben ausgestattet und selbst mit dem Geschirr zweier

Zugpferde versehen, fand man bei Hauskirchen. Die aus literarischen Zeugnissen bekannte Sozialordnung des Volkes läßt sich dadurch bestätigen. Die Freien, Arimanni genannt, wurden mit voller Ausrüstung bestattet, anders bewaffnet waren die Halbfreien, die teils auch anderen Völkerschaften angehörten, daneben gab es rechtlose Knechte. Obwohl sich das Bild ständig durch neue Funde verdichtet, ist bereits klar, daß die Langobarden in der ersten Hälfte des 6. Jahrhunderts einen beträchtlichen Teil des heutigen Niederösterreich besiedelten oder zumindest militärisch kontrollierten.

Unter König Wacho, der etwa von 510 bis 540 regierte, erlangten sie den Höhepunkt ihrer Macht im niederösterreichischen und burgenländischen Raum. Militärisch gut organisiert und infolge ihrer Tüchtigkeit auch wirtschaftlich gesichert, haben sie sich zu einem wahren Herrenvolk entwickelt, unter dem auch bereits Nordslawen siedelten. Unter König Audoin dehnten die Langobarden ihr Reich über Teile Pannoniens aus, wo die Gepiden herrschten, und schlossen sich eng an Byzanz an. Alboin hat im Jahre 568 ein Bündnis mit einem neuen, aus dem Osten kommenden reiternomadischen Volk, den Awaren, geschlossen und mit ihnen gemeinsam die Gepiden vernichtet. Nach diesem Siege führte er sein Volk, die Gefährlichkeit der Awaren erkennend, aus der Nähe der Steppenreiter weg und zog mit ihm nach Italien, um dort ein neues Reich aufzubauen.

Während im östlichen Niederösterreich die Langobarden herrschten, hat im westlichen Landesteil, sowohl im westlichen Alpenvorland als auch im oberen Donaugebiet, ein anderer Stamm seine Herrschaft entfaltet, die Bajowarii, die Männer aus dem Lande Baja. Reste der Rugier, Skiren, Sweben und Markomannen, germanische Bewohner des böhmischen Kessels und romanische, im Gebiet südlich der Donau verbliebene Volksteile waren mit westgermanischer Bevölkerung binnen weniger Jahrzehnte zu einem großen Stamm verschmolzen. In der ersten Hälfte des 6. Jahrhunderts standen die Bayern politisch unter langobardischem Einfluß, dann gerieten sie in Abhängigkeit von den Franken. Im Osten lag das Zentrum stärkster bayerischer Siedlungskonzentration im Gebiet der unteren Traun, doch war auch das Viertel ober dem Wienerwald wenigstens zum Teil altbayerisches Siedlungsgebiet, wenn auch kaum archäologisches Fundgut bekannt wurde und man auf das Zeugnis der Ortsnamen angewiesen ist. Der kleine Weiler und das lockere Haufendorf waren die bevorzugten Siedlungsformen der Bajuwaren. Daß sie Vorbevölkerung aufnahmen, beweist die Übernahme von illyrischen, keltischen und daneben auch römischen Ortsnamen. Auch romanische Bevölkerung hat sich in diesem Raum noch erhalten. Städtische Lebensformen wurden teilweise übernommen, etwa in Lorch, Wels, St. Pölten und anderen einst von den Römern gegründeten Siedlungsplätzen, besonders aber in ihren Hauptstädten, in Regensburg, Salzburg und Passau. Selbst der römische Bischofssitz Lorch dürfte von ihnen beibehalten worden sein. Die Führung des Stammes lag schon in der ältesten Zeit beim Geschlecht der Agilolfinger. Dieses war wahrscheinlich von den Frankenkönigen eingesetzt worden.

Als die Langobarden aus Niederösterreich abzogen, war der Platz für slawische Stämme frei geworden, die am Ende des 6. Jahrhunderts von Norden her im Gefolge und unter der Herrschaft der Awaren siedelten und sich offenbar rasch ausbreiten konnten. Auch von Süden und Osten sind durch die Täler Karantaniens und aus Pannonien kriegerische südslawische Stämme, die ebenfalls dem Awaren-Chagan untertan waren, in die Alpenländer vorgestoßen. An der Donau trafen Nord- und Südslawen aufeinander. Während besonders im Waldviertel, und hier wieder im Bereich der Thaya, im Kamptal, am oberen Kremsfluß und an den zur Donau abfallenden Tälern, slawische Berg- und Ortsnamen in größerer Zahl auftreten, finden wir südlich der Donau solche besonders im Gebiet der Buckligen Welt und im Raum südlich von Neunkirchen, im Triesting- und Piestingtal und am Ostrand des Wienerwaldes. Auch der Raum zwischen St. Pölten und Melk sowie der Südrand des Alpenvorlandes hat viele slawische Namen. Zwischen Traisen und Wienerwald kommen sie hingegen selten vor. Hier gibt es aber urkundliche Nennungen aus dem 8. und 9. Jahrhundert, etwa im Grunzwitigau und in Böheimkirchen. Aus Grabfunden im Tullnerfeld kann auch auf ein friedliches Nebeneinanderleben von Slawen und Bayern geschlossen werden.

Die awarische Herrschaft wurde von den beherrschten Stämmen als drückend empfunden. Im Jahre 623 empörten sich die Slawen des Donauraumes unter Führung eines fränkischen Adeligen namens Samo, der um 623 als Händler oder politischer Unterhändler in ihr Gebiet gekommen war, besiegten die Awaren und errichteten ein slawisches Reich. Dessen Ausdehnung und Schwerpunkte lassen sich nicht eindeutig identifizieren, es ist aber anzunehmen, daß das östliche Niederösterreich ebenfalls zu diesem slawischen Reich Samos gehört hat. Die westliche Grenze dürfte an der Melk gewesen sein. Dieser Name bedeutet Grenzfluß. Westlich davon gehörte alles bewohnte Gebiet zum Bereich der Bayern. Die Awaren, 626 vor Byzanz schwer geschlagen, konnten sich lange nicht gegen dieses Slawenreich durchsetzen. Nach dem Zusammenbruch der Samo-Herrschaft im Jahre 660 scheint es den Bayern gelungen zu sein, ihren Herrschaftsbereich bis zum Wienerwald auszudehnen. Das Gebiet östlich davon gehörte wieder den Awaren, die um das Jahr 700 einen Vorstoß nach Westen unternahmen, bis zur Traun kamen und Lorch zerstörten. Der awarische Herrschaftsbereich wurde nun auch im niederösterreichischen Raum durch Ansiedlung von Kriegern gesichert, der awarische Siedlungsbereich dehnte sich im 8. Jahrhundert vom Osten her bis zum Wienerwald und nach Norden bis ins Weinviertel aus. Gräberfunde im Raum von Mistelbach, bei Theben auf der slowakischen Seite der March, an den Pollauer Bergen und bei Mödling bezeugen dies. Das Gebiet westlich des Wienerwaldes kam zeitweise unter awarischen Einfluß, wurde aber von diesen Oberherren nicht dauernd besiedelt. Gräberfunde in Zeiselmauer zeigen, daß hier Germanen und Slawen nebeneinander wohnten. Im Jahre 740 wird berichtet, daß der Bayernherzog Odilo von den Slawen Karantaniens gegen die Awaren zu Hilfe gerufen wurde und gemeinsam mit den Slawen die reichen Nomaden besiegte. Unter Herzog Tassilo III. kam es nach 763 zu einem Abkommen zwischen Bayern und Awaren, das der bayerischen Kirche Missionsmöglichkeiten in Pannonien eröffnete. Bis zu Tassilos Absetzung durch Karl den Großen war der Alpenostrand die Westgrenze des awarischen Reiches gegen die Bayern, die nun zwischen Wienerwald und Enns stärker siedelten. In dieser Zeit entstand im Alpenvorland in St. Pölten das erste Kloster auf niederösterreichischem Boden, das von den Adeligen Autchar und Adalbert begründet und mit Benediktinern aus Tegernsee besiedelt wurde.

Die Bajuwaren waren bereits im 6. Jahrhundert christianisiert worden, der Ire Emmeram hatte den Herzog Theodo in seiner Hauptstadt Regensburg getauft. Bis zu seinem Tode 706 scheint er der einzige Bischof im Lande gewesen zu sein. Später trat Rupert auf, der Salzburg als Bischofssitz zugewiesen erhielt und dort das St.-Peters-Kloster gründete. Neben diesen Bischöfen wäre noch Corbinian in Freising zu nennen. Die endgültige Organisation des Kirchenwesens in Bayern vollzog der Angelsachse Winfried, der unter dem Namen Bonifatius als Legat in Bayern wirkte. Das Ergebnis war die Gründung der Bistümer Regensburg, Freising, Salzburg und Passau. Herzog Odilo, der in strenger fränkischer Abhängigkeit stand, starb im Jahre 748. Nun folgte sein Sohn Tassilo, der zu dieser Zeit noch unmündig war. Ihm gelang es nach 763, sich von der fränkischen Oberhoheit zu befreien. In dieser Zeit nahm die bayerische Außenpolitik mancherlei Kontakte mit den Awaren auf. Als Tassilo im Jahre 777 das Kloster Kremsmünster gründete, gab er ihm Güter im zentralen Niederösterreich. Wenn auch die Enns die »feste Grenze« des bayerischen Staates war, so ist das Gebiet zwischen Enns und Wienerwald unter seinem Einfluß gestanden.

Nachdem Tassilo im Jahre 781 neuerlich dem Frankenkönig den Lehenseid hatte leisten müssen, wurde er nach vergeblichem Versuch, mit awarischer Unterstützung dessen Herrschaft abzuwerfen, im Jahre 787 von Karl dem Großen abgesetzt, zu Ingelheim vor Gericht gestellt und lebenslänglich in ein Kloster verbannt. Die Awaren drangen ins Alpenvorland ein, wurden aber 788 auf dem Ybbsfeld besiegt und scheiterten auch im folgenden Jahr bei einem neuerlichen Versuch, nach Bayern vorzustoßen. Doch haben sie ihre Herrschaft für kurze Zeit bis zur Enns ausgedehnt, damit aber dem Frankenkönig bewiesen, daß sie ein dauernder gefährlicher Feind seines Reiches sein würden.

2. KAPITEL

Grenzland des Frankenreiches

Die Awarenzeit auf dem Boden Niederösterreichs ging zu Ende, als Bayern endgültig dem Frankenreich eingegliedert war. Karl der Große entschloß sich im Jahre 791, den unruhigen Nachbarn im Südosten des großen geeinten Germanen- und Romanenreiches unter fränkischer Führung den Krieg anzusagen, »den Hunnen ihre Untaten heimzuzahlen«, wie sein Biograph Einhard schreibt. Damit schlug für das Land, das wir heute Niederösterreich nennen, die Schicksalsstunde. Drei Heeresgruppen setzten sich von Regensburg und von Friaul aus in Bewegung. Die an der Donau konzentrierten Truppen stießen entlang der alten Römerstraße und durch den Nordwald gegen das Awarenland vor. Die Grenztruppen der Awaren wurden überall besiegt, das Hauptheer aber wich nach der Erstürmung von Befestigungsanlagen im Tullner Gebiet und am Kamp durch die Franken in den pannonischen Raum aus und verweigerte die Entscheidungsschlacht. So wurde dieser erste große fränkische Kriegszug in den Donauraum, der an der Raabmündung wegen einer Pferdeseuche abgebrochen werden mußte, ein Stoß ins Leere.

Dieser mißlungene Feldzug blieb aber kein einmaliges Unternehmen. Jahr für Jahr ließ der Frankenkönig seine Feldherren gegen die Awaren ziehen. Auch als im Jahre 795 Abgesandte des »Tudun, der im Volke und Reich der Awaren große Macht besaß«, Karl dem Großen die Unterwerfung anboten und den christlichen Glauben anzunehmen versprachen, wurde dies durch einen Feldzug des Markgrafen Erich von Friaul beantwortet, der andere awarische Stämme besiegte. Im Jahre 796 konnte dann des Königs Sohn Pippin die endgültige Unterwerfung des durch innere Machtkämpfe schwer erschütterten awarischen Reiches vollenden, den Sitz des Khagan, der Hring genannt wurde und zwischen Donau und Theiß lag, einnehmen und zerstören. Zwar kam es 799 noch einmal zu einem Aufbäumen der Awaren, wobei beide Präfekten des Ostlandes, Erich von Friaul und Graf Gerold von Bayern, fielen. Bis zum Jahre 805 hielten sich noch vereinzelte Stämme und leisteten den Franken zähen Widerstand, dann war ihre völkische Kraft zerbrochen.

Ein Teil wich zu den Bulgaren aus, ein anderer vermischte sich in Dalmatien mit Slawen, und in den Randgebieten ihres ehemaligen Reiches lebten Splitter noch länger fort, um dann in anderen Völkern aufzugehen. So will man bei Schädelmessungen noch in unserem Jahrhundert Spuren ihres

Volkstums im Gebiet von Pöggstall festgestellt haben. Der Hauptteil des Volkes trat nach der Ausrottung der Führungsschicht zum Christentum über und wurde nach 803 unter einem eigenen Khagan im heutigen Nordburgenland angesiedelt. Dort sind sie kaum zwei Jahrzehnte später, vermutlich durch eine große Seuche, stark dezimiert worden. »Sie starben alle weg«, schreibt der russische Chronist Nestor aus dem Höhlenkloster bei Kiew im 11. Jahrhundert, »und nicht ein Aware ist übriggeblieben. Noch immer geht in Rußland das Sprichwort: sie sind untergegangen wie die Awaren, kein Vetter, kein Erbe ist mehr von ihnen vorhanden.« Die Slawen aber, durch zwei Jahrhunderte von ihnen geknechtet, sahen in ihrem Schicksal eine Strafe Gottes für ihren übermäßigen Hochmut. So vollzog sich in erschütternder Weise ein Völkerschicksal auf dem Boden des östlichen Niederösterreichs. Die großen awarischen Gräberfelder des Nordburgenlandes (Zillingtal, Sauerbrunn, Großhöflein, Leithaprodersdorf und Edelstal) und des östlichen Niederösterreich (Zwölfaxing, Traiskirchen, Münchendorf und Wiener Neustadt) und viele kleinere Fundorte erinnern daran.

Das große Gebiet, das den Franken jetzt als Königsland zufiel, war verschieden dicht bevölkert, aber auch die ethnische Zugehörigkeit dürfte recht gemischt gewesen sein. Östlich der Enns bis zur Melk, in jenen Teilen des Alpenvorlandes, die schon früher bayerisches Volksland gewesen waren, siedelten vorwiegend Bajuwaren und Reste anderer Germanenvölker, wohl aber auch Slawen. Auch romanische Bevölkerung war noch vorhanden, wie wenige Ortsnamen bezeugen. In nestartigen Siedlungsgebieten des Waldviertels lebten ebenfalls noch germanische Volkssplitter, wie im Gebiet von Pöggstall, in der Horner und Raabser Bucht. Noch am Beginn des 10. Jahrhunderts wird das heutige Waldviertel Rugiland genannt, um 800 gründete ein Edler Ratkoz die Festung Raabs. Rund um diese Kerne, vor allem um Raabs, gibt es aber auch viele slawische Orts- und Flußnamen, ebenso dürften größere Siedlungen dieses Volkes im östlichen Alpenvorland, im Weinviertel und im Gebiet unter dem Wienerwald bestanden haben. Doch lebten auch im Waldviertel, so etwa im Gebiet um Mistelbach, noch größere Reste germanischer Bevölkerung, während man im Wiener Becken teilweise eine stark gemischte Bewohnerschaft aus Awaren, Germanen und Slawen angetroffen haben mag. Die nun folgende Siedlungsbewegung wurde vorwiegend von Bayern und Slawen getragen, wie die verzahnten Orts- und Flußnamen beweisen. Ein zentraler Ort dürfte in St. Pölten bestanden haben, wo im Jahre 799 ein »Treisma« genannt wird.

Auf diesen dürftigen Grundlagen mußten die Bevollmächtigten des Frankenkönigs aufbauen. Gleich anschließend an die endgültige Eroberung wurde das gesamte Gebiet vom Präfekten von Bayern, Karls Schwager Gerold, mitverwaltet. Nachdem dieser 799 im Kampfe gefallen war, wurden die Ostgebiete, das Awarenland, von Bayern getrennt und erhielten einen eigenen Präfekten. Mit dem Traungau als Rückhalt wurde das Gebiet zwischen Enns und Großer Tulln als »bayerischer Grenzabschnitt im Osten« eingerichtet, dessen Nordgrenze Schmida und Mittellauf des Kampes waren. Im Raum östlich des Wienerwaldes und in Oberpannonien in der Provincia Avarorum, auch Hunia oder Slavinia genannt, ließ man vorerst awarische Fürsten bestehen und diese durch Königsboten überwachen. Anfangs waren dies meist die Präfekten des bayerischen Grenzabschnittes, von denen 802 Gadaloc ebenfalls im Kampfe gefallen ist. Nach ihm hatten Werner bis 806 und Gotram bis 808 nur kurze Zeit beide Funktionen inne. Länger regierte Präfekt Gerold II., der von 811 bis 832 nachweisbar ist. Nach einigen Jahrzehnten, wahrscheinlich um 828, wurde die Verwaltungsorganisation verbessert und kleinräumigere, also effizientere Einheiten geschaffen, die sich von neu ausgebildeten politischen, militärischen wie kirchlichen Stützpunkten besser überwachen ließen.

Der bayerische Grenzabschnitt zwischen Traun und Wienerwald, Oriens und Osterlant genannt, die Urzelle des heutigen Landes Niederösterreich, wurde in zwei Grafschaften geteilt, die Enns bildete die Grenze. Eine wichtige Rolle als Stützpunkt der fränkischen Herrschaft spielte das Königsgut, wo sich kirchliches und politisches Leben konzentrierte. Die Martinspatrozinien von Kirchen weisen häufig auf solch altes Königsgut hin. Denn die hauptsächliche Aufgabe der fränkischen Epoche war die stärkere Besiedlung und Aufschließung des neugewonnenen Landes. Da jede mittelalterliche Siedlung grundsätzlich im Verband erfolgte, ist von entscheidender Bedeutung, wer die Grundherren waren, die nun ihre Bauern in die dünn bevölkerten oder gar menschenleeren Landstriche führten. Denn nach fränkischem Recht gehörte alles neu eroberte Land dem König, der frei darüber verfügen konnte. Daher wurden schon frühzeitig Verleihungsurkunden des Königs über Grundbesitz an geistliche und weltliche Große ausgestellt. Die nächstgelegenen Bistümer Salzburg, Passau, Regensburg und Freising standen an erster Stelle. So erhielt der Erzbischof von Salzburg schon von Karl dem Großen und dessen Nachfolgern Besitzungen von Traismauer bis Reidling, bei Hollenburg und Loiben und bei Winklarn an der Ybbs südlich von Amstetten. Das Bistum Passau war im Raume St. Pölten reich begütert, an der Pielach und Erlauf, in der Wachau und im Tullnerfeld, wo es 836 von Ludwig dem Deutschen die spätere Hofmark Zeiselmauer erhielt. Es hatte auch Besitzungen am Wagram nördlich der Donau. Regensburg oder das mit dem Bistum eng verbundene Stift Sankt Emmeram trat als Kolonisator in der Nähe von Tulln, in Michelhausen an der Perschling, vor allem aber an der Erlaufmündung auf, wo es einen geschlossenen Bezirk in der Nähe der alten Herilungoburg – das ist das heutige Pöchlarn – innehatte. Auch am Mittellauf der Erlauf bestand in der Karolingerzeit größerer regensburgischer Besitz. Das Bistum Freising hatte um 830 in der Wachau Besitzungen und war seit der Mitte des 9. Jahrhunderts auch bei Stiefern im Kamptal begütert. Um 869 erhielt es ausgedehnte Ländereien östlich des Wienerwaldes im Raume von Pitten und war auch in der näheren Umgebung von Melk als Grundherr vertreten. Am Ende des 9. Jahrhunderts konnte es in Hollenburg erheblichen Besitz erwerben.

Aber auch viele bayerische Klöster waren während der Karolingerzeit im östlichen Grenzabschnitt begütert. So wurde die Tassilogründung Kremsmünster im Grunzwitigau nordwestlich von St. Pölten, später am Spratzbach im Pittener Land, am unteren Kamp (Grafenwörth), bei Zwentendorf, bei Abstetten an der Großen Tulln und an der nördlichen Grenze des Karolingerreiches, im Schmidagebiet, reich mit Landbesitz ausgestattet. In der Spätzeit der Karolinger hatte es viele dieser Güter, darunter auch solche an der Ybbs, die an der Perschling und am Kamp, nach der Vernichtung der Wilhelm-Engelschalk-Sippe erhalten. Das Kloster Metten war im unteren Traisental (Gau Treismafeld), im Gebiet von Rossatz und an der Erlauf zwischen Wieselburg und Steinakirchen verankert. Das oberbayerische Stift Moosburg finden wir um Hollenburg, Mattsee in der Buckligen Welt, Herrieden an Melk und Pielach begütert. Auch das bayerische Kloster Niederaltaich hat während der Karolingerzeit seinen Besitz in Niederösterreich ausgebildet. Wir finden es an der Schmida zwischen Donau und Wagram (bei Absdorf), im Ennswald zwischen Donau, Ybbs und Url, in Persenbeug, in der Wachau (von Spitz bis Aggsbach), an der Pielachmündung und im Dunkelsteinerwald (Aggstein–Aggsbach–Wolfstein) vertreten.

Weniger gut sind wir über die Besitzungen der weltlichen Grundherren informiert. Die Urkunden nennen aus dieser Zeit recht wenige Namen. Als reicher Grundherr ist der Graf Ratbod zu nennen, der aus dem altbayerischen Geschlecht der Housi stammte und als Grenzgraf eine bedeutende Rolle spielte. Er war um Tulln und Pitten, aber auch in Westungarn mit weiträumigen Gütern versehen. Einige Grafen mit Namen Theoderich sind bekannt, und um Herzogenburg besaß ein Witigovo größeren Besitz, auf dem dessen Sohn Heimo später eine Burg errichtete. Den größten Grundbesitz hatten die beiden Grenzgrafen Wilhelm und Engelschalk, die in der zweiten Hälfte des 9. Jahrhunderts wie kein anderes Geschlecht im Lande verankert gewesen zu sein scheinen. Der Untergang ihrer Sippe im letzten Jahrzehnt des 9. Jahrhunderts führte zu zahlreichen Besitzveränderungen, bei denen vor allem das Stift Kremsmünster den Löwenanteil davontrug.

Die Schenkungen sind, wie wir sehen konnten, im Viertel ob dem Wienerwald am häufigsten, doch ist auch östlich des Wienerwaldes karolingische Kolonisation feststellbar. Hier sind besonders die Ortsnamen auf -ing (Grinzing, Hietzing, Penzing, Ottakring) im Wiener Raum und die vielen auf -dorf endenden Ortsnamen zu erwähnen. In ihnen stecken vielfach noch die Namen der Grundherren des 9. Jahrhunderts.

Alle Siedlungen der Karolingerzeit lagen im besten Ackerland und waren fast durchwegs Dörfer und Großweiler. Zur Siedlungsabfolge läßt sich feststellen, daß die Kolonisation unter Karl dem Großen noch vereinzelt erfolgte, unter Ludwig dem Deutschen aber dann durch umfangreiche Schenkungen und Belehnungen ihren Höhepunkt erreichte. Gegen Ende des 9. Jahrhunderts war das Königsgut schon weitgehend vergeben, die Neubelehnungen hörten auf, und die Urkunden künden nur mehr von Besitzwechsel. Um diese Zeit finden wir auch schon die ersten Rodungen.

In der ersten Hälfte des 9. Jahrhunderts war den Bauern das Land ohne bestimmtes Maß zugewiesen worden, daher finden wir in der Flurform dieser früh besiedelten Gebiete die Blockbildung. Auch in den Schenkungsurkunden werden bis zur Jahrhundertmitte keine Angaben von Größenverhältnissen gemacht, während in Altbayern schon um 800 die fränkische Hufenordnung galt.

Die Wirtschaftsform war damals schon allgemein die Dreifelderwirtschaft mit dem jährlichen Wechsel von Wintergetreide, Sommergetreide und Brache. Weide und Wald waren noch durchwegs gemeinsames Eigentum der Bewohner einer Siedlung, der Markgenossenschaft.

Es lassen sich in dieser Periode keine Märkte oder Städte und nur wenige Burgen – diese meist in der Spätzeit – als zentrale Orte nachweisen. Solche Zentralfunktionen hatten auch die kirchlichen Stützpunkte, die mit den Zentren weltlicher Macht eng verbunden und am gleichen Ort in engster Nachbarschaft zu diesen aufgebaut wurden. Über diese kirchlichen Organisationen ist aber sehr wenig bekannt. Im Lande selbst wurde während der Herrschaft der Karolinger kein neues Kloster errichtet, denn das von St. Pölten war schon im zweiten Drittel des 8. Jahrhunderts von zwei fränkischen Adeligen gegründet und von Benediktinermönchen aus Tegernsee besiedelt worden. Wir kennen wohl verschiedene Kirchen westlich und östlich des Wienerwaldes, können aber keine Pfarrorganisation erschließen. Die wenigen urkundlich genannten Kirchenbauten standen zu Traismauer (St. Martin), zu St. Andrä vor dem Hagentale, zwei andere vermutlich in Rust und in Neidling. Die Kirchen von St. Martin im Ybbsfeld, Winklarn an der Ybbs, Spitz, Wilhelmsburg, Hadersdorf am Kamp, Absdorf und Hausleiten (St. Agatha) sind mit einiger Sicherheit zu erschließen.

Im Rahmen der Bistumsorganisation wurde das bayerische Grenzgebiet Passau unterstellt. Im Jahre 829 regelte Ludwig der Deutsche die Missionssprengel und bestimmte den Unterlauf der Raab und den Spratzbach als Grenze zwischen dem Passauer und Salzburger Interessengebiet. Es sind uns jedoch keine Nachrichten über besondere Missionserfolge Passaus im pannonischen Raum während des 9. Jahrhunderts bekannt. Wohl werden die Namen einiger Landbischöfe genannt, die im Auftrag des Passauer Bischofs östlich der Enns tätig waren, wie 833 Anno, 860 Albrich und 904 Maldavin, doch wissen wir nicht, ob sie aufeinander folgten. Als Ausgangspunkt ihrer Missionsarbeit dürfen wir Tulln ansehen.

Seit der Mitte des 9. Jahrhunderts wurden die Grenzlande von den slawischen Nachbarn stark beunruhigt. Solange das Reich der Karolinger einig und mächtig war, hatten an den Grenzen Ruhe und Ordnung geherrscht. Lokale Aufstände wurden stets rasch niedergeschlagen. Als sich aber Karls Enkel gegen den Vater Ludwig den Frommen empörten, gewannen die Slawen zusehends an Macht.

Die Slawenstämme, die schon im 6. Jahrhundert in Mähren eingedrungen waren, standen im niederösterreichischen Raum zwischen Donau und Thaya vor dem Ende des 8. Jahrhunderts unter awarischer Herrschaft, nördlich davon lebten freie Stämme, die sich im frühen 8. Jahrhundert durch

Aufstellung von Reiterverbänden und durch Anlage weiträumiger Burgwälle gegen die Awaren schützen konnten. Gegen Ende des 8. Jahrhunderts dürften sie teilweise zum Christentum übergetreten sein. Während nach dem Zusammenbruch des Awarenreiches das Süddonaugebiet unter fränkische Hegemonie kam, wurden die an der March lebenden Völkerschaften frei und entwickelten politische Macht und eine eigenständige Kultur. Das Zentralgebiet dieses Siedlungsbereiches, das im späten 9. Jahrhundert zum Großmährischen Reich wurde, lag im Bereich der Mündung der Thaya in die March, wo Burgwälle auf felsigen Landzungen oder im Überschwemmungsgebiet der Flüsse die Stützpunkte bildeten. In diesen Siedlungen wurden Zeugnisse landwirtschaftlicher und gewerblicher Tätigkeit gefunden. In Mikulcice bei Göding, offensichtlich dem Hauptort, stand die Fürstenburg der Mährer, in Nitra (Neutra) in der Westslowakei ein anderer slawischer Fürstensitz. Ihre Gebiete reichten in das nordöstliche Niederösterreich herüber.

Die Missionierung der Mährer erfolgte im beginnenden 9. Jahrhundert von Regensburg und Aquileia aus, während im Herrschaftsbereich des Fürsten Priwina in der Slowakei Salzburg missionierte. Missionsarbeit des Bistums Passau läßt sich ebenfalls bei diesen Slawen feststellen.

Der Pöltenberg bei Znaim ist dafür ebenso ein Beweis wie Bleikreuze, die man sowohl in Niederösterreich als auch in Südmähren als Grabbeigaben fand. Sie wurden von bayerischen Missionaren als Taufgeschenke ausgegeben. Vorwiegend erstreckte sich aber die Missionstätigkeit Passaus über die Slawen innerhalb des fränkisch-bayerischen Machtbereiches.

Über das Leben der einfachen Menschen des 9. Jahrhunderts geben uns die erschlossenen Siedlungen und Gräberfelder Auskunft. Dorfsiedlungen und zugehörige Friedhöfe wurden in Sommerein, Pitten, Tulln und St. Pölten-Pottenbrunn untersucht, eine befestigte Anlage in Gars-Thunau am Kamp ausgegraben.

Die Häuser, kaum besser als Hütten, hatten einen Grundriß von 12 bis 16 Quadratmeter, waren in Ständertechnik aus Holz gebaut und in Streulage angeordnet. In einer Ecke stand ein aus Lehm gebauter Kachelofen. Man fand Reste von Webstühlen und Gerätschaften aus Ton, Holz, Eisen und Knochen. Diese Gegenstände sind ebenso wie der in Gräbern gefundene Schmuck bescheiden ausgeführt und regional verschieden gestaltet. Die Toten wurden nicht mehr verbrannt, sondern auf Friedhöfen in Holzsärgen bestattet. Auf keinem Friedhof wurden innerhalb von 70 Jahren mehr als 200 Tote bestattet.

Zu stärkeren Auseinandersetzungen der freien Slawenstämme mit den Franken kam es, als der Mährerfürst Moimir im Jahre 833 den Fürsten Priwina aus seiner Burg Nitra vertrieb, dieser bei den Franken Schutz suchte, auf salzburgischem Gebiet in der Martinskirche von Traismauer getauft wurde und einen Herrschaftsbereich am Plattensee zugewiesen erhielt, wo er die Moosburg (Zalavár) gründete. Die Franken übten nun einen stärkeren Druck auf die Slawen aus, erreichten 845 den Übertritt von vierzehn Fürsten der Böhmen zum Christentum und zwangen ein Jahr später Moimir zum Rücktritt. Sein Neffe Rastislav wurde von Ludwig dem Deutschen zum Fürsten der Mährer eingesetzt.

Aber das alte Gesetz des Macht- und Unabhängigkeitsstrebens wirkte sich auch bei ihm aus. Im Jahre 855 erhob er sich gegen die Franken, die Strafexpedition Ludwigs des Deutschen blieb erfolglos, und im Jahre 856 wurde erstmals ein Präfekt der Ostmark, Ratbod, wegen verräterischer Beziehungen zum slawischen Feind abgesetzt.

In dieser bedrohlichen Stunde betraute Ludwig der Deutsche seinen Sohn Karlmann mit der Verwaltung der Ostgebiete, der »marchia orientalis«. Die fränkische Hufenverfassung wurde allgemein eingeführt. Dies hatte einschneidende Änderungen der Siedlungsverfassung und vermutlich auch der sozialen Ordnung im Gefolge. Denn die Hufenzahl bildete seit Karl dem Großen die Grundlage der Heeresverfassung sowohl für den Dienst zu Fuß als auch den zu Pferd. Da Kriegsdienst erst mit einem Besitz von mehr als vier Hufen zu leisten war, waren die Eigentümer eines größeren Gutes waffenberechtigt, die ärmeren jedoch nicht. Damit wurde eine größere Zahl kleiner deutscher Grundherren geschaffen, während die noch geringen Romanensplitter, die im Donaugebiet recht zahlreich siedelnden Slawen, aber auch viele bayerische Siedler in Knechtschaft absanken. Denn Waffenrecht und Freiheit bedeutete im Mittelalter das gleiche. Der Begriff Hube, das ist ein Besitz von 30 bis 45 Joch, ist im bäuerlichen Sprachschatz der Alpenländer noch heute verbreitet und wurde oft für Familiennamen abgeleitet.

Diese Durchbildung der Wehrverfassung nach fränkischem Muster zeigt auch, daß sich die Lage im bayerischen Grenzabschnitt geändert hatte, daß er wieder von äußeren Feinden bedroht war. Die sicheren Zeiten unter Karl dem Großen und seinem ersten Nachfolger waren zu Ende. Das bedrohte Grenzland wurde nun systematisch durch Festungen geschützt. An der Donau wurden Wien und Tulln Grenzburgen, an der Traisenlinie entstanden die Herzogenburg und die Wilhelmsburg, Vorgänger der gleichnamigen Orte und vermutlich beide von den Grafen Wilhelm und Engelschalk, den »duces Carlmanni«, wie sie eine fränkische Quelle nennt, begründet.

Die Belehnung Karlmanns war kein sehr glücklicher Griff. Er strebte nach mehr Macht, brach 858 einen Feldzug ab und schloß mit Rastislav von Mähren Frieden. Auch die Angehörigen des Königs wurden aus ihren Positionen verdrängt. Es bestand für Ludwig den Deutschen Gefahr, daß ihm sein Sohn das gleiche Schicksal wie einst er und seine Brüder ihrem Vater Ludwig dem Frommen bereiten würde. So wurde der rebellierende Sohn abgesetzt und die Mährer im Jahre 864 zum Gehorsam gezwungen. Karlmann bekam zwar wieder das Regiment im Osten zugesprochen, doch hielten die chaotischen Zustände an. Graf Werner und Karlmanns Vasall Gundacker begingen Hochverrat und mußten ebenfalls abgesetzt werden. Nur die Söhne des um 855 gestorbenen Wilhelm, Wilhelm II. und Engelschalk, waren treu geblieben und lieferten den Mährern siegreiche Gefechte.

Unterdessen war das mährische Reich auch innerlich erstarkt. Um sich völlig vom fränkischen Einfluß zu lösen, hat 863 der Großfürst Rastislav aus Byzanz Missionare erbeten und auch bereitwilligst erhalten. Zum ersten Male wurde damit oströmischer Einfluß in unserem Heimatlande wirksam.

Die deutschen Priester sahen höchste Gefahr. Denn bisher war das Slawengebiet in Mähren, im heutigen niederösterreichischen Weinviertel und in der Slowakei, ihr Missionsfeld gewesen. Die neuen griechischen Missionare Kyrill und Method waren gegenüber den Deutschen sehr im Vorteil, denn sie verstanden die Landessprache. Kyrill hatte eine slawische, noch heute nach ihm benannte Schrift entwickelt, und beide Brüder übersetzten die Evangelien in die altslawische Sprache. In Rom erhielt Method die Erlaubnis, den Gottesdienst in slawischer Sprache zu halten und wurde zum Bischof der Mährer und der pannonischen Slawen ernannt. Somit hatte sich um 870 nicht nur die politische, sondern auch die geistige Situation im Osten wesentlich geändert. Es ist im gleichen Jahre den Ostfranken nochmals gelungen, mit Hilfe des mährischen Stammesfürsten Swatopluk den Herzog Rastislav gefangenzunehmen und sein Reich zu unterwerfen. Die Grenzgrafen Engelschalk und Wilhelm II. wurden mit der Beaufsichtigung der Mährer betraut. Ein Jahr später wurden sie vom gleichen Swatopluk, der früher die Franken gerufen hatte, überfallen, ihre Truppen aufgerieben und sie selbst getötet. Eine Kette wüster Kämpfe folgte, jede neue Schlacht unglücklicher als die vorige für die fränkischen Waffen. Im Jahre 874 mußte im Vertrag von Forchheim den Mährern, die ihren Herrschaftsbereich bereits ins Wiener Becken und über die Slawen in Ungarn ausdehnten, die Unabhängigkeit zugestanden werden.

Als nach dem Tode Ludwigs des Deutschen (876) sein Sohn Karlmann, der durch seine unverständliche Politik so viel Unglück über Pannonien und die östlichen Grafschaften gebracht hatte, Bayern als Königreich erhielt, wurde sein Sohn Arnulf Verwalter der Ostlande: den östlichen bayerischen Grenzabschnitt aber erhielt Graf Aribo. Er beherrschte neuerlich das Gebiet von der Traun bis zur Raab. Er wurde Stammvater mächtiger Adeliger des bayerisch-österreichischen Hochmittelalters, wurde Grenzgraf und Markgraf genannt und war eine mächtige Persönlichkeit. In die fränkische Lehensverfassung war aber das Erbrecht schon so sehr eingedrungen, daß sich im Jahre 882, als sich König Karl der Dicke, der wieder ganz Ostfranken berherrschte, mit den Kräften des gesamten Reiches auf einem Kriegszug gegen die Normannen an der Maas befand, die unterdessen wehrhaft gewordenen Söhne der Grafen Wilhelm und Engelschalk erhoben und von Aribo die Würden und Besitzungen ihrer Väter zurückverlangten. Nur im Bündnis mit Großfürst Swatopluk, der somit zum Eingreifen in innerbayerische Angelegenheiten aufgefordert wurde, konnte sich dieser retten. Als sich auch König Karl auf die Seite des bedrohten Grafen stellte, nahm sich Herzog Arnulf von Kärnten der Wilhelm-Engelschalk-Söhne an. In einem allgemeinen Krieg zwischen Arnulf und den Mährern, der daraufhin ausbrach, ging 884 das westliche Pannonien und das Land östlich des Wienerwaldes den Franken verloren. An der Kleinen Tulln wurde Frieden geschlossen. Als aber Arnulf 887 König wurde, blieb Aribo Grenzgraf, und die Wilhelminer wurden anderweitig entschädigt. Die Eigenmächtigkeit des bayerisch-fränkischen Adels führte im 9. Jahrhundert zu vielen Wirrnissen, wobei Allodialisierung und Familiarisierung von Amtsbefugnissen und Amtsbereichen eine große Rolle spielte.

Der bayerische Grenzabschnitt im Osten, nun wieder im Norden und Osten von den Slawen bedroht, mußte stärker befestigt werden. Die Traisenlinie mit Wilhelmsburg, St. Pölten und Herzogenburg wurde stärker ausgebaut, und im Jahre 888 errichtete der Mundschenk Heimo, Sohn des Grafen Witigovo, im Grunzwitigau nördlich von St. Pölten, wahrscheinlich dort, wo heute die Ruinen der Traunleiten stehen, eine Burg, die als Zufluchtsort für die Bewohner der Umgebung dienen sollte.

Solche Fluchtstätten hatten die Menschen nun dringend nötig. Obwohl im Jahre 890 König Arnulf und der Mährerfürst Swatopluk I. zu Omuntesberg, einem nicht zu identifizierenden Ort wahrscheinlich des Tullnerfeldes, einen Vertrag geschlossen hatten, wurde doch schon zwei Jahre später wieder Krieg geführt. An diesem nahmen erstmals Ungarnscharen teil, die bei Wien auftraten und jetzt die Stelle der Awaren einnahmen.

Ein Jahr später wurde die Wilhelm-Engelschalk-Sippe ausgerottet. Mehrere Mitglieder der Familie waren in den Jahren zuvor gefallen. Engelschalk II. wurde nun von einem Adelsgericht zur Blendung verurteilt, sein Vetter Wilhelm III. wegen seiner Kontakte zu den Mährern verurteilt und geköpft, der Letzte des Geschlechtes mitsamt seinem Gefolge vom Mährerfürsten umgebracht. Große Teile ihres Besitzes beiderseits der Donau kamen an das Kloster Kremsmünster, andere Güter erhielten verwandte Geschlechter, die Sighardinger und die Burggrafen von Regensburg. Die Machtposition des Grenzgrafen Aribo im Donauland schien größer denn je zu sein, obwohl in Bayern ein zweiter Markgraf in den Vordergrund trat, Liutpold, wohl ein Vorfahre der Babenberger. Er versuchte einige Jahre später, Bayern vor den Ungarn zu retten und ging dabei zugrunde.

Über die wirtschaftlichen Zustände, vor allem den Handelsverkehr auf der Donau in den letzten Jahren der Frankenherrschaft, unterrichtet uns die Zollordnung von Raffelstätten, die zwischen 904 und 906 entstand. Unter dem Vorsitz des Markgrafen Aribo trat in diesem Dorf des Traungaues eine Kommission zusammen, um gerechte Zollsätze für alle jene festzulegen, die ihren Weg in die östlichen Gegenden nahmen. Mautern war nach den Angaben des Protokolls dieser Tagung die östlichste Station in fränkischer Hand. Zwischen Bayern und Slawen fand ein reger Handelsverkehr statt. Die von Westen kommenden Kaufleute brachten vor allem Salz mit, während die Slawen Rinder, Lebensmittel, Wachs, Honig, Pferde und Sklaven anboten. Der Wasserweg war die bevorzugte Verkehrsstraße. Ybbs und Mautern waren Zollstationen im fränkischen Niederösterreich. Abseits der großen Heerstraße an der Donau ging das Leben weiter. In Gars-Thunau am mittleren Kamp bestand ein zentraler befestigter Platz, wo ein slawischer Adeliger namens Joseph, der »Rugierfürst«, residierte und im Jahre 902/3 Schenkungen

seiner Vorfahren zu Stiefern dem Bistum Freising erneuerte. Auch in Mödling ist der Chorbischof Madalwin im Jahre 903 als Eigentümer von Besitz
erwähnt. Insgesamt war es im bayerischen Grenzland aber recht unsicher
geworden.

Während dieses letzte Jahrzehnt der fränkischen Zeit ständig von inneren
Wirren erfüllt war, tauchte in Pannonien eine neue Gefahr auf. Die Kolonisation war um 900 schon zum Stillstand gekommen, und es bestand nun die
Gefahr, daß alle Errungenschaften der fränkischen Zeit, die Mährerkriege
und innere Kämpfe überlebt hatten, durch das neu aufgetauchte Nomaden-
volk vernichtet werden könnten. Den Bemühungen von vier Generationen
war es nicht gelungen, den Südosten des bayerischen Stammesgebietes wirklich dauerhaft zu organisieren. Nur unter Ludwig dem Deutschen war das
ostfränkische Reich diesem Ziele nahe, persönliche Interessen seiner Nachfolger und der Großen des Landes machten schließlich seine Arbeit zunichte. Da nach Swatopluks Tod auch das einst so stattliche Mährerreich innerlich zerrissen war, wurde der Donauraum reif für das Eingreifen einer neuen
Macht.

3. KAPITEL

Die Ungarn. Vordringen und Rückschlag

Als im Jahre 881 die Franken und Bayern in der Nähe von Wien zum ersten Male Reiterscharen abzuwehren hatten, die den von ihnen vor hundert Jahren besiegten und bald darauf ausgestorbenen Awaren in Aussehen und Sitten ganz ähnlich waren, glaubte wohl niemand, daß sich der Gang der Geschichte wiederholen und die Zeit vor den Awarenkriegen Karls des Großen wiederkehren würde. Die Ungarn hatten damals ihr Kernland in Etelköz, wie es die Stammessage nennt, in den Ebenen zwischen Donaumündung und Don. Von dort unternahmen sie seit 862 vereinzelte Streifzüge nach Mitteleuropa und beunruhigten bald auch Italien. Als sie von einem beinahe noch wilderen Volksstamm, den Petschenegen, bedrängt wurden, verlegten sie am Ausgang des 9. Jahrhunderts, nach der Sage wäre es 897 gewesen, endgültig ihre Sitze in die ringsum von Gebirgen umgebene pannonische Tiefebene, vor allem in das Land zwischen Theiß und Donau. Jetzt waren sie wohl in unmittelbare Nähe des bayerischen Landes gerückt, wurden aber noch immer nicht als direkte Bedrohung angesehen, da zwischen ihnen und Ostfranken das Großmährische Reich lag, wo nun Swatopluks Enkel Moimir II. und Swatopluk II. gemeinsam regierten. Obwohl die Ungarn immer wieder die Grenzlande belästigten und im Jahre 899 auch einen schweren Angriff auf Norditalien unternahmen, unterschätzten die Bayern die Gefahr.

Im Jahre 900 konnte Markgraf Liutpold, der immer stärker als Heerführer hervortrat, eine Ungarnschar bei Linz besiegen, 902 kämpften Bayern und Mährer erfolgreich gegen die Feinde, 903 gab es eine größere Schlacht zwischen den Bayern und den Ungarn, deren Ausgang nicht bekannt ist, und im Jahre 904 forderten die Bayern die Rache der Ungarn geradezu heraus, als sie einen Anführer zu einem Gastmahl luden und erschlugen.

Grundsätzlich änderte sich die Situation, als die Ungarn in den Jahren 904 bis 906 die Mährer besiegten und deren Staat wie ein Kartenhaus zusammenbrach. Erst jetzt, nachdem keine Barriere mehr vorhanden war und die Bayern unmittelbare Nachbarn der Magyaren geworden waren, wurden sie sich der Gefahr bewußt. Im Frühjahr des nächsten Jahres zog der bayerische Heerbann unter Führung des Markgrafen Liutpold aus, die Ungarn zu vernichten und die Ostgrenze zu sichern. Nördlich der Donau und östlich der March bei Preßburg/Bratislava, das bei dieser Gelegenheit zum ersten Male als Brezalauspurc in der Geschichte genannt wird, kam es zur Schlacht, die nach dem Willen der Bayern eine Entscheidung bringen sollte. Das tat sie auch! Am 4. Juli 907 wurde das Bayernheer vernichtet und aufgerieben. Nicht nur der Markgraf Liutpold fiel, auch der Erzbischof Theotmar von Salzburg, die Bischöfe Zacharias von Säben und Udo von Freising deckten mit der Blüte des bayerischen Adels die Walstatt. »Bellum pessimum« nennen die Salzburger Annalen diese Schlacht, die alemannischen Jahrbücher aber stellen fest, daß mit diesem Feldzug »der abergläubische Hochmut« der Bayern gefällt wurde. Das Schicksal Niederösterreichs war damit für das nächste halbe Jahrhundert entschieden. Denn jetzt mußte die Herrschaft über das Land östlich der Enns aufgegeben werden, die im Jahre 900 errichtete Ennsburg wurde Grenzfeste, Markgraf Aribo gebot hinfort nur mehr über den Traungau und nicht mehr über drei Grafschaften. Eine formelle Abtretung fand aber nicht statt, und der nun in der Stunde höchster Not zum bayerischen Herzog ausgerufene Arnulf, Sohn des gefallenen Markgrafen Liutpold, nannte sich »Herzog der Bayern und der umliegenden Länder«. Auch sein Nachfolger Heinrich führte den Titel Markgraf weiter, ein Symbol für die aufrechten Ansprüche auf das Ostland.

Während das Gebiet östlich des Wienerwaldes zum eigentlichen magyarischen Kernland kam und sich dort in den Gräbern Spuren ungarischen Kultureinflusses finden, ist das Land seiner früheren Bevölkerung nicht entblößt worden. Dafür zeugt das Weiterleben karolingischer Ortsnamen westlich von Wien, das als Festung in ungarischer Hand wohl weiterbestanden hat. Denn die hochmittelalterliche Stadt baute ebenso auf römischer Grundlage auf, wie sich in St. Pölten eine Kontinuitätssiedlung erhalten hat. In Traismauer bestand ständig eine Ortschaft innerhalb des ehemaligen Kastells, und auch der Fortbestand weiterer Orte an der Stelle ehemals römischer Kastelle ist gesichert. Auch eine Grafschaft zwischen Enns und Wienerwald gab es weiterhin, sie war aber von Bayern losgetrennt und wurde von einem Adeligen geleitet, der ungarischer Vasall war. Ein ungarischer Statthalter stand ihm zur Seite, anfangs Üllo, der Sohn des Ungarnherrschers Arpad. Er sollte die Bewohner der neuen Grenzgebiete überwachen und könnte hier gestorben und begraben worden sein. Vielleicht hat die hartnäckige Überlieferung, Arpads Grab habe sich im Traisen-Pielachgau befunden, so ihren realen Hintergrund.

Die Meinung, die karolingische Grafschaft habe unter ungarischer Herrschaft weiterbestanden, ist eigentlich uralt. Im Nibelungenlied wird schon berichtet, daß die Tulln die Grenze der Hunnen gegen Westen war und daß zwischen Enns und Tulln ein germanischer Markgraf als hunnischer Vasall saß: Rüdiger von Bechelaren. Es ist also wahrscheinlich, daß Rüdiger einer der zur Ungarnzeit tätigen Grafen gewesen ist.

Wenn Bischof Drakulf von Freising im Jahre 928 auf einer Fahrt durch den Donaustrudel bei Grein ertrunken ist, so zeigt dies, daß auf dem Donaustrom ein Schiffahrtsverkehr weiterbestand und nicht das Leben vernichtet war. Es wird auch allgemein angenommen, daß Bischof Drakulf die Besitzungen des Hochstiftes in Niederösterreich besuchen wollte, daß also die Besitztitel weiterbestanden haben. In Vergessenheit sind sie keinesfalls geraten, davon zeugt auch, daß sie sofort nach der Vertreibung der Ungarn wieder aufgelebt sind. Aber auch die meisten karolingischen Orts- und Flurnamen und einige Kirchenpatrozinien haben sich im Viertel ob dem Wienerwald erhalten, so daß von einer Unterbrechung der Siedlung keine Rede sein kann. Wir müssen sogar annehmen, daß die Ungarn das einzige Kloster des Landes, die noch aus der Zeit Tassilos III. stammende Benediktinerabtei St. Pölten, bestehen ließen. Denn kurz nach der Vertreibung der Ungarn bestand sie wieder und wird 976 gemeinsam mit Kremsmünster und St. Florian in einer Urkunde genannt. Die Magyaren waren ja auch zu dieser Zeit nicht mehr durchwegs Heiden. Bis in die höchsten Schichten hatte das Christentum, allerdings von Byzanz her, bereits Verbreitung gefunden, und Bulcsu, der Oberfeldherr der Lechfeldschlacht, war ein Christ. Im allgemeinen dürfte die Bewohnerschaft der Karolingerzeit, also Deutsche und Slawen, wenn auch dezimiert, die Ungarnzeit überlebt haben. Sie wurden von den Magyaren zur Ernährung der Kriegerscharen bei den Zügen nach dem Westen ausgenützt.

Solche Züge haben die Ungarn nach der siegreichen Schlacht bei Preßburg fast alljährlich unternommen. Schon aus dem Jahre 909 erfahren wir, daß ihnen der Bayernherzog Arnulf an der Rott eine Niederlage beibringen konnte, was sie aber nicht hinderte, noch im gleichen Jahre nach Schwaben vorzudringen. Im folgenden Jahre 910 schlugen sie ein deutsches Heer unter nomineller Führung des jungen Königs Ludwig (des Kindes) bei Augsburg, und im gleichen Jahr ist Herzog Gebhard von Lothringen gegen sie gefallen. Nur dem Bayernherzog Arnulf gelang es immer wieder, sich ihrer zu erwehren. 912 konnte er sie an der Enns besiegen, und als sie im Jahre 913 in Bayern und Schwaben einfielen, wurden sie auf dem Rückmarsch am Inn durch die Grafen Berthold und Erchanger von Schwaben und Herzog Arnulf von Bayern gestellt und schwer geschlagen. Nur dreißig Mann sollen entkommen sein. Zwei Jahre später hat sich das Verhältnis zwischen den Bayern und den Ungarn wesentlich gebessert.

Herzog Arnulf schloß mit ihnen ein Abkommen, so daß sie nun gegen Zahlung eines Tributes sein Land verschonten. Dieses Einvernehmen hat anscheinend bis zum Tode des Herzogs angehalten und ist zweifellos für die in Niederösterreich lebenden bayerischen Bewohner von Vorteil gewesen. Herzog Arnulf ist auch im Jahre 916, vertrieben durch den König Konrad I., zu den Ungarn geflohen und kehrte im folgenden Jahre mit dem Magyarenheer zurück, als dieses nach Westen zog, Schwaben und Lothringen ausplünderte und das Elsaß verwüstete, Bayern aber verschonte. Vielleicht hat Arnulf sogar zeitweise die Mark bis zum Wienerwald beherrschen können. Denn Abt Hermann, der um die Mitte des 13. Jahrhunderts die Gründungsgeschichte des Klosters Niederaltaich schrieb, berichtet, daß Arnulf auch die Güter des Klosters in Österreich an seine Vasallen verteilt hat. Durch die Neuvergebung der Kirchengüter hat er sich einen schlagkräftigen Heerbann geschaffen, den auch die Ungarn respektiert haben dürften. Kein König hat bis 955 solche Erfolge gegen die Ungarn erzielt wie die bayerischen Herzoge Arnulf, Berthold und Heinrich.

Denn auch nach Thüringen und Sachsen, nach Italien und Frankreich erstreckten sich deren Züge. Durch Schlesien und das Sorbenland gelangten sie nach Sachsen, fielen um 908 in Thüringen ein, wo Graf Burchard, der Stammvater der Wettiner, gegen sie gefallen ist, und erreichten im Jahre 919 sogar Bremen. Erst 924 schloß König Heinrich I. einen Waffenstillstand durch neun Jahre für das gesamte Reich und hat in dieser Zeit die Kriegstechnik der deutschen Stämme der ungarischen Taktik angepaßt. Denn bisher waren die meist zu Fuß kämpfenden Europäer, die Deutschen ebenso wie die Langobarden und Franzosen, den schnellen, mit ihren Pferden verwachsenen, Pfeil und Bogen meisterhaft handhabenden Reiterscharen nicht gewachsen gewesen. Als die Aufrüstung soweit gediehen war, wurde auf der Synode zu Erfurt 932 der Ungarnkrieg beschlossen, und im März des folgenden Jahres gelang es Heinrich tatsächlich, an der Unstrut bei Allstedt einen größeren Heerhaufen so zu schlagen, daß die Magyaren in Hinkunft Sachsen nicht mehr aufsuchten.

Dafür wandten sie sich nach dem Tode des Herzogs Arnulf (937) gegen Bayern. Aber auch hier begegneten sie starkem Widerstand. Im August 943 hat Herzog Berthold, Arnulfs Bruder, im Traungau bei Wels, knapp nach dem Betreten des Bayernlandes, ein kleineres Heer besiegt.

Als Berthold, der letzte Liutpoldinger, im Jahre 947 starb, belehnte König Otto der Große seinen Bruder Heinrich mit dem Herzogtum Bayern. Aber auch dieser aus Sachsen kommende Fürst mußte die Grenzen Bayerns schützen und die Ungarn zwischen 948 und 950 mehrmals bekämpfen. Er hat sie auch zweimal, 948 bei Floß am Entenbühl an der Waldnaarn und 950 in Italien am Tessin, geschlagen. Seit 952 war ihm auch das ehemals langobardische Herzogtum Friaul unterstellt, doch empörte sich wenig später der bayerische Stammesadel gemeinsam mit dem Königsohn Liudolf gegen die sächsische Herrschaft. Bischof Ulrich von Augsburg vertrat damals mit Härte die Interessen des Königs Otto, und er wurde auch zur Säule des Widerstandes, als die Ungarn neuerlich zu einem Schlage gegen Bayern ausholten.

Durch die inneren Kämpfe im Reiche Ottos des Großen ermutigt, versuchten die Magyaren, ihre immer mehr erlahmende Stoßkraft wieder aufleben zu lassen und einen Feldzug wie schon lange nicht zu unternehmen. Im Frühjahr 954 drangen sie unter Führung des Feldherrn Bulcsu nach Süddeutschland vor, übersetzten den Rhein und fielen in Nordfrankreich und Brabant ein. Mit reicher Beute beladen, kehrten sie über Burgund und Norditalien heim. Die wirren inneren Verhältnisse in Deutschland, wo Ottos Sohn Liudolf und sein Schwiegersohn Konrad der Rote von Lothringen im Aufstand gegen den König lagen, die ständigen Kriege der Potentaten in Italien und die Schwäche des karolingischen Königtums in Frankreich hatten ihnen einen leichten Erfolg ermöglicht. Herzog Heinrich von Bayern und Liudolf von Schwaben beschuldigten sich gegenseitig, wohl beide zu Unrecht, die Ungarn herbeigerufen zu haben. Ohne Zweifel hatten ihnen aber der Aufstand Liudolfs und Konrads die Aussicht auf sicheren Erfolg geboten. Als die Ungarn im Lande waren, hatten sich die Empörer tatsächlich mit ihnen eingelassen. Liudolf von Schwaben gab ihnen Führer nach Franken mit, und Konrad der Rote schloß sogar mit ihnen einen Vertrag. Dieses Verhalten kostete die Aufständischen viel Sympathie, so daß sie stark an Boden verloren. Im Frühjahr des Jahres 955 konnte Herzog Heinrich auch Bayern beruhigen. Als die Ungarn im Sommer dieses Jahres mit einem gewaltigen Heer, größer als die bisherigen, unter Führung von Bulcsu und Lél in Süddeutschland einfielen, trafen sie trotzdem vorerst auf wenig Widerstand. Denn Herzog Heinrich lag todkrank zu Regensburg darnieder. Erst vor den Mauern des festen Augsburg, das Bischof Udalrich mit den Adeligen der Umgebung verteidigte, fanden sie entschlossene Gegenwehr. Trotz starker Bemühungen konnten sie die Stadt nicht erstürmen.

Auf den Hilferuf seines Bruders Heinrich von Bayern hin hatte König Otto das Reichsheer aufgeboten und bei Ulm gesammelt. Die stärksten Abteilungen stellten naturgemäß die Bayern und die Schwaben, die am ärgsten betroffen waren, aber auch die Franken waren vertreten. Wegen der ständigen Kämpfe gegen die Slawen im Norden war das Aufgebot der Sachsen nur schwach, dafür hatte der Böhmenherzog ein Kontingent von tausend Mann geschickt. Nur die Lothringer waren nicht erschienen. Sie sollten den Rhein decken, falls die Ungarn eine Schlacht vermeiden und nach Westen ausweichen wollten. Als die Magyaren von einem Überläufer, dem Sohn des ehemaligen bayerischen Pfalzgrafen Arnulf, vom Herannahen der Deutschen erfuhren, brachen sie die Belagerung von Augsburg ab und zogen diesen entgegen. Noch in Sichtweite der Stadt, auf dem Lechfelde, trafen am Laurentiustage, dem 10. August, die beiden Heere aufeinander. Nach schweren Verlusten – Konrad der Rote und Diepold, der Bruder des Bischofs Udalrich von Augsburg, waren unter den Gefallenen – errang Ottos Heer einen vollständigen Sieg. Die Ungarn ließen ihr Lager im Stich, flüchteten ostwärts an Augsburg vorbei über den Lech und wurden in den nächsten Tagen in Bayern vollständig aufgerieben. Der Sage nach sollen nur sieben Ungarn die Heimat wiedergesehen haben. Auch die beiden Feldherren Bulcsu und Lél wurden gefangen und in Regensburg von ihrem grimmigen Feinde, dem Herzog Heinrich von Bayern, gehängt.

Das siegreiche Heer rief auf dem Schlachtfeld König Otto zum Kaiser aus, wie es die Sachsen nach der Unstrutschlacht mit Heinrich I. getan hatten, und die Geschichtsschreiber vermerkten mit Genugtuung das Geschehene. »Seit zweihundert Jahren«, schrieb der sächsische Chronist Widukind von Corvey, seit Karl Martell bei Poitiers die Araber geschlagen, »hat kein König solchen Sieges sich erfreut.«

Tatsächlich hat dieser Sieg die weitere Geschichte aller österreichischen Länder, vor allem aber Niederösterreichs, entscheidend bestimmt. Zwar hat sich in den nächsten Jahrzehnten die Reichspolitik und mit ihr das Interesse der Geschichtsschreiber nicht mehr viel mit dem Schicksal der Magyaren beschäftigt, so daß wir über die Geschehnisse der folgenden Jahre nicht sonderlich gut unterrichtet sind. Jedenfalls steht fest, daß sich der König nur die Vertreibung der Ungarn aus Deutschland zum Ziel gesetzt hat, nicht aber ihre Vernichtung als Volk, wie es Karl der Große vor hundertfünfzig Jahren mit den Awaren getan hatte. Für die kommenden achtzig Jahre war die Auseinandersetzung mit den Ungarn eine lokale Angelegenheit der Bayern, auch die Wiedergewinnung und Erschließung Niederösterreichs. Dies ist für die weitere Geschichte unseres Heimatlandes von ganz entscheidender Bedeutung. Denn es erhielt damit nicht nur die Magyaren zum dauernden östlichen Nachbarn, auch der bayerische Charakter der niederösterreichischen Bevölkerung wurde dadurch festgelegt.

Da die Angriffskraft der Ungarn, vor allem der westlich der Donau lebenden Stämme, für eine Generation gebrochen war, räumten sie den ehemaligen bayerischen Grenzabschnitt der Karolingerzeit bis zur Großen Tulln kampflos. Quer durch das östliche Niederösterreich errichteten sie jetzt eine mit primitiven Mitteln, wie verwüstetes Land und Verhaue, ausgeführte Sperrlinie, die an verschiedenen Stellen durch Grenzwächter(gyepü-)siedlungen gesichert war. In der Gegend von Staatz im nördlichen Weinviertel können wir an den dicht beisammen liegenden Orten Gaubitsch, Schoderlee, Ungerndorf und Fallbach, deren Namen aus dem Ungarischen abzuleiten sind, eine solche Gyepüsiedlung noch heute erkennen. Auch in Niederösterreich südlich der Donau werden solche bestanden haben, etwa im Gölsental, wo der Ortsname Hainfeld so gedeutet werden könnte.

Die schweren Verluste der Lechfeldschlacht änderten die Struktur der Ungarn völlig. Das Volk wurde seßhaft, und nach mancherlei Rückschlägen, die in den Jahren 984/85 ihren Höhepunkt erreichten und 991 zu neuen Einfällen in den bayerischen Herrschaftsbereich führten, setzte sich unter Fürst Geza (ca. 972–997) weitgehend das Christentum durch. Er begann, einen Staat nach deutschem Vorbild aufzubauen und sich erfolgreich gegen jene Partei durchzusetzen, die sich an Byzanz anlehnen wollte. Großen Einfluß erhielt der heilige Adalbert aus dem böhmischen Geschlecht der Slavnikinger, der zu Weihnachten 996 Gezas Sohn Waik in Anwesenheit Kaiser Ottos III. in Köln taufte. Stephan, wie er nunmehr hieß, erhielt eine Nachbildung der Heiligen Lanze des Deutschen Reiches verliehen. Nachdem er die heidnische Reaktion durch einen Sieg bei Vesprem überwunden hatte, vermählte er sich 997 mit der bayerischen Prinzessin Gisela, der Tochter Heinrichs des Zänkers. Im August 1001 wurde er zu Gran durch den Legaten des Papstes Silvester II. mit einer von Kaiser Otto III. gespendeten Apostelkrone zum König gekrönt. Damit war Ungarn in das abendländische Staatensystem aufgenommen.

Zentrum des Reiches wurde noch unter Geza die Burg Gran (Esztergom), während Stuhlweißenburg (Székesfehérvár) nach dem Vorbild von Aachen zum geistlichen Reichsmittelpunkt ausgebildet wurde. Dort wurde Stephan der Heilige auch begraben und steht auch sein Grabdenkmal.

Bald nach der Lechfeldschlacht war Herzog Heinrich I. von Bayern gestorben. Die Nachfolge trat sein vierjähriger, gleichnamiger Sohn Heinrich (der Zänker) in »ducatu et marca« an, wobei man darunter die Mark Verona verstehen muß. Wann dieser selbständig zu regieren begann, ist nirgends überliefert, es wird aber um 967 gewesen sein. Herzog Heinrich war es, der alsbald militärische Aktivität gegen Ungarn entfaltete, und vermutlich ist die Entstehung der Mark Österreich auf ihn zurückzuführen. Denn in den siebziger Jahren des 10. Jahrhunderts werden an der Ostgrenze des bayerischen Herzogtums eine Reihe von Marken genannt, an der mittleren Mur, an der Drau, an der San, an der Save und an der Donau. Erster Markgraf im Donautal wurde Burchard, Burggraf von Regensburg, ein Schwager des Herzogs. Er war mit Judith, einer Tochter des Bayernherzogs Arnulf und Schwester von Herzog Heinrichs Gattin, verheiratet, daher sowohl mit dem Hause der Ottonen als auch mit dem der Liutpoldinger verschwägert. Urkundlich wird er zuerst während der Regierungszeit des Passauer Bischofs Adalbert, der 971 gestorben ist, aber schon seit 945 regierte, und wieder 972 als Markgraf bezeugt.

Die Besitztitel aus der Karolingerzeit, soweit man sich daran erinnern konnte, wurden von Bistümern, Klöstern und den Nachfahren weltlicher Herren nun wieder in Anspruch genommen. Das Erzbistum Salzburg hatte solche Besitzungen außer in Traismauer und Hollenburg im Grunzwitigau nordwestlich von St. Pölten, an Ybbs und Url und in der Wachau, das Bistum Passau in der Wachau, in und um St. Pölten sowie im Tullnerfeld, Regensburg um Pöchlarn und Steinakirchen und Freising in der Wachau und im Kamptal. Auch die Klöster Kremsmünster und Niederalteich finden wir bald wieder im Besitz von Gütern in Niederösterreich. Die Besitzungen weltlicher Herren sind von den Nachfahren wieder reaktiviert worden. Als Nachfolger der ehemaligen Markgrafen Wilhelm und Engelschalk fanden sich die Grafen von Ebersberg in Ybbs und Persenbeug, auf anderen Gütern sind die Formbacher schon im 10. Jahrhundert nachweisbar, und ein Graf Sizzo vom Chiemseegau, Bruder des Salzburger Erzbischofs Friedrich und Vogt des Bischofs von Freising, besaß Güter im Pielachgau, in Weitenegg und in der Wachau und hat im Osten vor allem auch die Burg Sitzenberg und den Ort Sieghartskirchen gegründet.

Denn Sizzo ist ein Diminutiv von Sigehard und der Graf der Ahnherr des später in unserem Lande mächtigen Geschlechtes der Sighardinger. Beherrschende Plätze hat sich der König selbst vorbehalten und sie in der Regel erst in der ersten Hälfte des 12. Jahrhunderts aus der Hand gegeben, wie den wichtigen Donauübergang Krems, wo schon 995 eine Burg genannt wird, oder Tulln, wo die älteste städtische Gemeinschaft im Niederösterreich der Babenbergerzeit schon im 11. Jahrhundert auftritt, weiters die weiten Strekken unbebauten Landes, die nach und nach in andere Hände zum Ausbau der Siedlung oder zur Urbarmachung übertragen wurden. Denn hörige Siedler gab es im 10. Jahrhundert noch viel zu wenige. Erst allmählich, vor allem während des 11. Jahrhunderts, füllte sich das Land mit Menschen.

Über das Leben des Volkes während und nach der Ungarnzeit unterrichten Gräberfelder. Zu Köttlach im Bezirk Neunkirchen wurde ein Friedhof ausgegraben, dessen erste Bestattungen noch auf vorchristlichen Kult hinweisen. Dann wurde eine halb christliche, halb nach anderen Riten lebende Bevölkerung bestattet, die aus früher ansässigen Slawen und aus deutschen Kolonisten bestand. Auch eine nun aufkommende Pfarrorganisation wurde deutlich. In Zwentendorf im Tullnerfeld wurde im Ostteil des römischen Lagers ein Friedhof mit 254 Gräbern entdeckt. Es war hier bereits christliche Bevölkerung vorhanden, der Friedhof dürfte bereits von deutschen Kolonisten des 10. Jahrhunderts angelegt worden sein. Keramikgegenstände wurden vorwiegend im Türkenkogel zu Poppendorf bei Markersdorf an der Pielach gefunden, einer aufgeschütteten kleinen Grenzfeste des ausgehenden 10. Jahrhunderts. Bedeutende Burgen standen in Zeiselmauer und Pöchlarn. Andere lagen bei Wantendorf und Herzogenburg, dann bei Böheimkirchen und ein Ungarnhaag an der Tulln.

Für Herzog Heinrich II. läßt sich aus zeitgenössischen Quellen der Name des Zänkers nicht belegen. Allerdings war er bereits 974, ein Jahr nach dem Regierungsantritt Ottos II., in eine Verschwörung gegen den kaiserlichen Vetter verwickelt und wurde in Haft genommen.

Als er Anfang 976 aus Ingelheim entfliehen konnte, entbrannte ein neuer Aufstand in Bayern, dem sich auch Markgraf Burchard in der Ostmark, Bischof Abraham von Freising und die Angehörigen und Freunde der liutpoldischen Familie, so Graf Sizzo, anschlossen. Die Kämpfe in Bayern konnte der Kaiser im Juli 976 durch die Eroberung von Regensburg für sich entscheiden. Im Anschluß daran wurden die Verhältnisse im Osten neu geordnet, die Mark an der Donau Burchard aberkannt und dem Grafen Liutpold vom Donaugau verliehen, dem Stammvater der österreichischen Babenberger. Nun wurden auch Kärnten und die seit 952 dazugehörigen Marken von Bayern getrennt und bildeten fortan ein eigenes Herzogtum, das an einen Zweig der liutpoldischen Familie verliehen wurde.

Graf Liutpold war ein Nachkomme des gleichnamigen, 907 gefallenen bayerischen Markgrafen, stammte aber auch von jenem (älteren) Babenberger Adalbert ab, der im Jahre 906 hingerichtet worden war. Sein Bruder Berthold war Markgraf im bayerischen Nordgau, seine Gattin Richardis (oder Richwara) war vermutlich eine Tochter des Grafen Ernst vom Salafeldgau bei Eichstätt und damit aus dem Hause der Eppensteiner gebürtig. Andere Forscher sehen allerdings in ihr eine Schwäbin und verweisen auf die bedeutende Rolle ihres Sohnes im Herzogtum Schwaben. Jedenfalls war der neue Markgraf, der wenige Tage nach der Eroberung von Regensburg durch Otto II., am 21. Juli 976, erstmals urkundlich genannt wird, ein Vertrauensmann des Königs und ein führender Adeliger.

Liutpold mußte das ihm übertragene Land erst erobern, weniger gegen die Ungarn als gegen die Anhänger des Bayernherzogs Heinrich. So nahm er dem Grafen Sizzo die Burg Melk ab, die das Donauland am Eingang zur Wachau und die Pforte zum östlichen Alpenvorland beherrschte. Dies war eine an der Stelle des heutigen Konventes stehende Wallanlage mit einem Hafen an der Donau. Westlich davon errichtete sich der Babenberger eine Burg, während in der Wallburg im 11. Jahrhundert ein Kanonikatstift eingerichtet wurde.

Die Mark Österreich war im Jahre 976 ein relativ schmaler Streifen Landes zwischen der Enns und der Traisen und hat bis etwa 985 den Wienerwald erreicht, wobei Greifenstein der östlichste Ort war. Auch am nördlichen Donauufer waren bereits einige Stützpunkte vorhanden, wie etwa die 995 genannte urbs Chremisa und der Wagram bis in die Gegend von Stockerau.

Wir müssen annehmen, daß sich die ersten Markgrafen vorwiegend auf die dem König zustehenden Güter stützen mußten, da sie selbst in der Mark kaum begütert waren. Der Markgraf hatte auch das Amt des Grafen inne und war darüber hinaus in erster Linie Vertrauter des Königs und des bayerischen Herzogs. Er verwaltete die Interessen des Reiches, verfügte dazu über die Einnahmen aus dem Königsgut und später über einen immer größer werdenden eigenen Güterkomplex. In militärischer Hinsicht stand ihm Befehlsgewalt über die anderen Grafen und Dynasten im Lande zu. Zur Bestreitung der militärischen Erfordernisse konnte er eine Steuer einheben, das Marchfutter, eine Haferabgabe, die den Zweck hatte, das militärische Aufgebot und die dafür verwendeten Pferde zu erhalten. Die Ausübung der Herrschaft im Bereich der Mark erfolgte im 10. und wohl teilweise auch noch im 11. Jahrhundert durch Stützpunkte, in denen die weltliche und die geistliche Macht konzentriert war, wohin man sich in Zeiten der Bedrohung zurückziehen konnte. In neuerer Zeit wurde festgestellt, daß dieses Stützpunktsystem mehrstufig war, daß sowohl der Markgraf als Vertreter des Reiches als auch Bistümer oder weltliche Adelige solche Burgbezirke verwalten und erhalten konnten. Verständlicherweise war innerhalb eines Burgbezirks freier Wirtschaftsverkehr notwendig und daher möglich gemacht, war Zoll- und Mautfreiheit gegeben. Zur Erhaltung der zentralen Burg waren die Bewohner des Umlandes zur Burgwerkleistung verpflichtet. Diese Pflicht wurde manchmal durchlöchert, etwa die Passauer und Freisinger Untertanen von der Burgwerkleistung auf Königsgut befreit. Die Verpflichtung zum Burgenbau war ein wichtiges Reichsrecht, das im 12. Jahrhundert auf den Markgrafen überging. Wir können solche Burgbezirke im 10. Jahrhundert auch außerhalb der Mark feststellen, sie waren keine Erfindung der Babenberger. In Österreich läßt sich seit ihren Anfängen der Aufbau neuer Bezirke und ihrer Zentren im Licht der Urkunden zeigen.

Das eindrucksvollste Denkmal aus der früheren Zeit ist der Kirchenberg von Wieselburg an der Erlauf. Dort hat Bischof Wolfger von Regensburg auf einem schon früher besiedelten Platz, der ihm von Kaiser Otto II. zu diesem Zweck geschenkt worden war, ein castellum, eine Wallburg, errichtet, um den Bewohnern des Umlandes, die Bayern oder Slawen waren, eine Zufluchtsstätte zu schaffen. Inmitten des Erdwalles erbaute er eine Rundkirche, die noch im heutigen Kirchenbau erhalten ist.

Zentren alter Burgbezirke waren auch die um 900 genannte Ennsburg, die

Styraburg, die Ybbsburg. Einen ähnlichen Burgbezirk besaßen auch der Ort Pöchlarn, Nachfolgesiedlung des antiken Kastells Arelape und der Herilungoburg, das »castrum munitissimum« Melk, die passauischen Stützpunkte St. Pölten, Mautern und Zeiselmauer, das salzburgische Traismauer und Tulln als Nachfolger des antiken Comagenae. Nördlich der Donau sind Zentren solcher Bezirke aus slawischer Zeit übernommen worden, etwa in Gars am Kamp oder auf den Leiser Bergen, bald kamen neue hinzu wie in Krems, in Eggenburg, in der Ungarnmark Laa und, als letzte kaiserliche Großburg, Hainburg, östlich des Wienerwaldes (Kloster-)Neuburg und Mödling.

Ob die Mark Österreich in dieser Periode aus einer einzigen Grafschaft bestand oder in mehrere Grafschaften unterteilt war, ist nicht geklärt. Es heißt wohl in Königsurkunden des öfteren, ein genannter Ort sei »in der Mark und in der Grafschaft« des Markgrafen gelegen, ob es sich um idente Gebilde handelt oder ob und ab wann die Babenberger in Österreich über mehrere echte Grafschaften verfügten oder die Mark aus mehreren solchen bestand, ist fraglich.

In den Julitagen des Jahres 976 hat Kaiser Otto II. nicht nur den Grafen Liutpold zum Markgrafen bestellt, sondern auch durch verschiedene Maßnahmen eine neue Ordnung im Grenzraum installiert. Dem Bistum Passau, dessen Bischof Pilgrim offenbar treu zu ihm gehalten hatte, stellte er in den nächsten Tagen mehrere Urkunden aus, in denen auch die Eigenklöster Kremsmünster, St. Florian und St. Pölten bestätigt wurden. Ein Jahr später erhielt dieses Bistum die Ennsburg und 985 die Burgwerksleistungen für seine Stützpunkte St. Pölten, Mautern und Zeiselmauer. Kurze Zeit später hat Herzog Heinrich von Bayern die Rechte des Bistums gegenüber dem Markgrafen Leopold in einem Weistum besonders festgehalten. Nach wechselhaftem Schicksal war es nämlich Herzog Heinrich im Jahre 985 gelungen, neuerlich das Herzogtum Bayern zurückzubekommen. Später erhielt er sogar noch das Herzogtum Karantanien und konnte noch einmal das ganze Gebiet des bayerischen Reiches vereinigen. Im Jahre 991 gelang ihm ein Sieg über die Ungarn. Damit wurde das Viertel unter dem Wienerwald, besonders der Raum um Wien, ein Teil der Mark Österreich.

In hohem Maße wurde die innere Entwicklung der babenbergischen Mark auch von der bayerischen Kirche mitgestaltet, etwa dem Erzbischof von Salzburg, den Bischöfen von Regensburg, Freising und Eichstätt, besonders aber von Bischof Pilgrim von Passau (971–991). Dieser suchte durch Fälschung mehrerer Urkunden die alten Ansprüche seines Bistums auf Österreich nachzuweisen. Aber auch bayerische Klöster vertraten ihre Interessen, und es ist kein Zufall, daß die beste schriftliche Quelle für die Geschichte Österreichs in diesen Jahrzehnten die Annalen des Klosters Niederaltaich sind. In einer der Kaiserurkunden dieser Periode wird unser Land erstmals mit seinem heutigen Namen genannt. Am 1. November 996 erhielt das Bistum Freising ein Gebiet von 30 Königshufen von Kaiser Otto III. geschenkt. Diese lagen im Orte Neuhofen (an der Ybbs) »in der Gegend, die in der Volkssprache Ostarrichi« heißt. Bereits zwei Jahre später wurde wiederum in einer Königsurkunde Ostarrichi genannt und diesmal schon eindeutig auf die Mark der Babenberger als Gesamtheit bezogen. »Ostarrichi« bedeutete »ein nach Osten hin liegendes Gebiet«. Dieser Name wurde schon im 9. Jahrhundert, zur Zeit Ludwigs des Deutschen, in der Vorrede zur Evangelienharmonie des Otfried von Weißenburg für das ganze ostfränkische Reich gebraucht, jetzt wurde er auf die Babenbergermark lokalisiert. Weitere frühe Namen für die »regio Ostarrichi« waren »plaga orientalis«, »partes orientales«, »provincia orientalis« oder »marca orientalis«. Seit dem 12. Jahrhundert überwiegen die Formen »ducatus Austrie« oder »terra Austria«, in deutschen Dichtungen kommt die Version »Osterlant« vor. Damals war aber Markgraf Leopold I. schon tot. Am 10. Juli 994 war er in Würzburg ermordet und im dortigen Dom begraben worden.

4. KAPITEL

Die Besiedlung unter den bayerischen Markgrafen

Um die Jahrtausendwende endete die Epoche der raschen Eroberungen im österreichischen Raum. In Ungarn hatte das Christentum überraschend schnell Eingang gefunden, der junge Magyarenfürst Stefan heiratete eine bayerische Prinzessin, in Gran (Esztergom) erhielt Ungarn ein eigenes Erzbistum und war damit nicht mehr auf Missionare aus Passau oder Salzburg angewiesen. Zwar bestanden auch in den folgenden Jahrzehnten die auswärtigen Beziehungen des deutschen Königs, des bayerischen Herzogs und des österreichischen Markgrafen im Donaugebiet meist in kriegerischen Verwicklungen mit Ungarn, entscheidende Veränderungen waren aber nicht mehr möglich.

Nicht so eindeutig war hingegen die Nordgrenze. Zwischen der ursprünglichen Mark im Alpenvorland und dem böhmischen Zentralland, wo sich im ausgehenden 10. Jahrhundert ein Herzogtum aufgebaut hatte, bestand der breite und wohl auch dichte Gürtel des Nordwaldes, nur von wenigen Wegen durchzogen und durch einige Siedlungskerne und Herrschaftszentren um alte Burgen, wie etwa Horn oder Raabs, aufgelockert. Das Viertel unter dem Manhartsberg, ein Altsiedelland, war nach dem Rückzug der Ungarn in mehrfacher Hinsicht Grenzraum geworden und wurde durch einige ungarische Militärsiedlungen im Raume von Staatz gedeckt. Die Babenbergermark hatte auch hier bereits um 985 über die Donau bis zum Wagram gereicht, um 1012, als man dort den der Spionage verdächtigen irischen Pilger Koloman auf einem Holunderstrauch erhängte, verlief die Grenze nördlich von Stockerau. Dort stieß in den nächsten Jahrzehnten die Babenbergermark auf die Südgrenze des sich bildenden böhmisch-polnischen Großreiches. Die erste Schenkung, die 1002 dem österreichischen Markgrafen durch König Heinrich II. gewährt wurde, umfaßte 20 Königshufen in diesem Grenzraum zwischen Kamp und March sowie einen Teil des Wienerwaldes zwischen Dürrer Liesing und Triesting, wohl die Gegend um Heiligenkreuz, Kleinmariazell und Alland. Aber auch die ersten babenbergischen Pfarrgründungen, zu denen Kaiser Heinrich II. 1014 durch Grundstücksschenkungen die Voraussetzung schuf, lagen in diesem grenznahen Raum, zu Krems, Tulln, Herzogenburg, Altenwörth an der Donau (später nach Kirchberg verlegt) und Stockerau. In Zusammenwirken mit dem Bischof von Passau wurden dem heiligen Stefan geweihte Pfarrkirchen gebaut und große Pfarrsprengel eingerichtet, die noch aus der Karolingerzeit vorhandene oder später geschaffene Pfarren ergänzten. Zur Zeit Markgraf Heinrichs ist auch eine deutliche Siedlungsverdichtung im alten Markbereich des Alpenvorlandes erkennbar, da der auch dort noch häufige Königsforst verschenkt und dadurch im Gebiet von Haag, im Ybbstal und in den Strengbergen die Anlage neuer Siedlungen möglich gemacht wurde.

Markgraf Heinrich, Liutpolds Sohn, der nach dem Zeugnis des Chronisten Thietmar von Merseburg die »Mark zwischen Ungarn und Bayern gelegen« innehatte, war ein tapferer Kriegsmann und starb am 24. Juni 1018. Ob er verheiratet war, ist nicht bekannt, es dürften ihn auch keine Kinder überlebt haben. Nachfolger als Markgraf wurde sein Bruder Adalbert, der schon vorher dem Vater als Graf im unteren Donaugau gefolgt war und in dieser Funktion bis 1051 nachweisbar ist. Er war der letzte österreichische Markgraf, der auch im altbayerischen Gebiet eine Grafenfunktion ausübte.

Ob Markgraf Liutpold in Pöchlarn residiert hatte wie wohl sein Vorgänger Burchard, läßt sich ebensowenig nachweisen wie ein Herrschersitz dieses ersten Babenbergers in Melk. Heinrich hingegen dürfte in Melk seine Residenz gehabt haben, da er die Leiche Kolomans in der Melker Peterskirche bestatten ließ. Den Grabinschriften zufolge hätte er ebenfalls dort seine Ruhestätte gefunden, doch konnte sein Leichnam nicht mehr festgestellt werden. Nachweisbar setzten die Melker Bestattungen erst mit Markgraf Adalbert, seiner Familie und seinen Nachkommen ein, die zahlreicher waren, als die bisherigen Stammtafeln angeben. Die Untersuchung und anthropologische Bearbeitung der Skelette der in Melk begrabenen Babenberger ergab, daß insgesamt 15 Personen während der Barockzeit in einer Steinkiste beigesetzt worden sind, wobei die Skelette von acht Personen ziemlich vollständig erhalten blieben. Von den übrigen sieben Personen konnten nur einzelne Skeletteile aufgefunden werden. Unter den männlichen Personen, deren Skelett vollständig erhalten blieb, war eindeutig Markgraf Adalbert zu identifizieren. Er war etwa 1,80 m groß, starb als Sechzigjähriger und dürfte in höherem Alter als Folge eines Bruches mit späterer Gelenksversteifung der linken Hüfte gehinkt haben. Weiters litt er an Arthrosis, die praktisch alle Gelenke erfaßt hatte. In Melk sind auch die Skelette von vier Frauen identifiziert worden. Eine davon könnte die Markgräfin Froiza sein, die zweite Gattin Markgraf Adalberts, die ihn überlebte und nach 1058 etwa im Alter von 55 Jahren gestorben ist. Sie stammte aus dem Geschlecht der Orseoli in Venedig und war die Schwester des ungarischen Königs Peter.

Adalberts erste Gemahlin war hingegen die Sächsin Glismond gewesen, die Schwester des Bischofs Meinwerk von Paderborn und Mutter jenes jungen Markgrafen Leopold, der 1043 in Trier gestorben ist und dort von seinem Onkel Poppo bestattet wurde. Dieser junge Babenberger, in der neuen Herrscherreihe nicht berücksichtigt, hatte besonderen Anteil an den Kämpfen gegen Böhmen unter Heinrich III.

Mit dem Tode Heinrichs II., des letzten sächsischen Kaisers, im Jahre

1024 und der Thronbesteigung des fränkischen Saliers Konrad II. (1024–1039) änderte sich sowohl die deutsche Ungarnpolitik wie die Rolle der Babenberger selbst. Konrads Sohn Heinrich wurde 1027 zehnjährig Herzog von Bayern, doch auch der Ungarnkönig Stefan und seine Gattin Gisela sollen für ihren Sohn Emmerich als Nachkommen der Liudolfinger diese Herzogswürde gefordert haben. Ob dies der Grund des Feldzuges von 1030 war, ist ungeklärt. Jedenfalls endete dieser Krieg mit einer völligen Niederlage König Konrads II. und der Gefangennahme seines Reichsheeres bei Wien, das als »Vienni« erstmals wieder seit dem Jahre 881 urkundlich genannt wird. Der Friede, den der vierzehnjährige Herzog Heinrich schloß, brachte den Verlust des Grenzgebietes an Leitha und March. Während dieser Zeit hören wir ein Jahrzehnt nichts vom österreichischen Markgrafen.

Erst in den letzten Lebensjahren Konrads II. und unter Heinrich III. (1039–1056) traten die österreichischenen Babenberger wieder stärker hervor. Dieser König hatte schon als junger Bayernherzog in Ungarn interveniert, jetzt richtete er sein Augenmerk wie kein anderer Herrscher zuvor auf die Ostgrenze.

In erster Linie wandte er sich gegen Böhmen. Ab 1039 wurden mehrere Feldzüge gegen diesen nördlichen Nachbarn geführt, und 1041 wird besonders der Markgrafensohn Liutpold hervorgehoben, der eine an der Grenze Böhmens gelegene Burg erobern konnte, die früher dem Markgrafen entrissen worden war. Sie wurde dem Erdboden gleichgemacht, ein Teil der Einwohner und der Sohn des Hauptmannes fielen dem Babenberger in die Hände, der mit reicher Beute beladen heimkehrte. Diesen Bericht der Annalen des Klosters Niederalteich ergänzen die Ausgrabungen in Thunau bei Gars. Dort stand wohl jene Festung, dort hat der Babenberger unter schrecklichen Grausamkeiten seine Siege errungen und die Bewohner, auch Frauen mit ihren Kindern, in den Tod stürzen lassen.

König Heinrich III. errichtete an der Ostgrenze einen Kranz neuer Marken. Eine entstand nun 1041 im Pulkautal und reichte nach Norden bis zur Thaya. Im Jahre 1055 hatte ein Graf Adalbert diese »Böhmische Mark« inne.

Die Mehrzahl der Feldzüge Heinrichs III. und des Markgrafen Adalbert richtete sich aber gegen Ungarn, wo nach dem Tode Stefans des Heiligen 1038 schwere Thronwirren, verbunden mit Aufständen der heidnischen Partei, ausgebrochen waren. Im Jahre 1040 hatten darunter die österreichischen Länder zu leiden, als König Peter einfiel, ein Jahr später floh der gleiche König vor seinem Rivalen Aba nach Österreich. Im folgenden Jahr drangen die Ungarn weit ins Zentrum der Mark, bis über die Traisen und ins Tullnerfeld vor, und 1043 zog dann König Heinrich selbst gegen die Magyaren und erreichte die Abtretung des Landes bis zur March und Leitha.

Dort wurde eine weitere neue Mark eingerichtet, die man Ungarnmark nennen könnte, mit ihr wurde der junge Leopold belehnt. Doch starb dieser bald darauf. Ein Feldzug Heinrichs III. im Jahre 1044 führte zur Anerkennung der Lehenshoheit des Kaisers über Ungarn, doch wurde diese bald wieder bestritten.

Neben Markgraf Adalbert war wohl Siegfried, der neue Markgraf der Ungarnmark, Hauptstütze des Kaisers. Doch dürfte er bald gestorben sein, denn 1049 leitete Bischof Gebhard von Regensburg den Feldzug und erbaute ab dem folgenden Jahr eine Reichsfeste »Heimenburg« in Deutsch Altenburg, die dann um 1060 an die Stelle des heutigen Hainburg verlegt wurde.

Die Ungarnkriege nahmen auch kein Ende, als Markgraf Adalbert 1055 und ein Jahr später Kaiser Heinrich III. starben. Das gute Verhältnis zwischen Kaiser und Markgraf kam auch in einer Reihe von Schenkungen zum Ausdruck, die Adalbert, seine Gemahlin Froiza oder andere Empfänger erhielten. Besonders reich bedacht wurde Siegfried, der zweite Markgraf der Ungarnmark; 1045 erhielt er 150 Hufen zwischen Fischa und Leitha und wenig später reichen Besitz im Marchfeld und in der nördlichen Ungarnmark. Dieser Markgraf stammte wohl aus dem Rheingebiet und war mit der Rheinländerin Swanhilde vermählt, die nach seinem Tode um 1050 den Markgrafensohn Ernst von Österreich heiratete. Diesem übergab sie die Ungarnmark, nachdem ihr Sohn aus erster Ehe gefallen war. Unter jenen Personen, deren Skelett in Melk vollständig erhalten ist, befindet sich auch ein 18 Jahre alter Jüngling, der durch einen Schwerthieb getötet wurde. Dieser ist in den bisherigen, auf Grund der schriftlichen Quellen erstellten Genealogien der Babenberger nicht zu finden. Neuere Forscher sind der Meinung, daß es sich um einen Sohn des Markgrafen Siegfried und der Markgräfin Swanhilde handelt. Aber auch das Skelett dieser Swanhilde dürfte erhalten sein. Sie ist im Alter von vierzig Jahren gestorben und hat dem Stift Melk ein kostbares Tragaltärchen geschenkt, das ihren Namenszug trägt. Aus ihrem Besitz stammen auch jene Güter im Marchfeld, die Markgraf Ernst dem Stift Melk schenkte. Ernst gab dem Kloster auch die Mauritiuslanze, die nicht mehr erhalten ist. Zu ihr gehörte auch jene Kreuzpartikel, die im 14. Jahrhundert in das Melker Kreuz übertragen wurde. Auch der Ulrichsbecher, mit einem Medaillon des Bischofs Ulrich von Passau auf dem Boden geschmückt, soll von diesem Babenberger gestiftet worden sein.

In der Periode der salischen Könige und Kaiser konzentrierten sich die Schenkungen immer mehr auf östlich gelegene Gebiete. Konrad II. gab in Urkunden zwischen 1033 und 1035 Güter an Freising im alten Markgebiet, an Eichstätt zwischen Wienerwald und Liesing und an den Markgrafen Adalbert zwischen Piesting und Triesting. Noch häufiger beurkundete Kaiser Heinrich III. Güterschenkungen im österreichischen Raum. Dann war aber der Großteil des freien Landes vergeben, unter König Heinrich IV. war die alte Mark weitgehend verteilt.

Die zweite Generation der österreichischen Babenberger, Heinrich I. (994–1018) und sein Bruder Adalbert (1018–1055), hat die Herrschaft des Geschlechtes gefestigt, zu ihrer Zeit wurden im Osten und Nordosten mit Leitha, March und Thaya die künftigen Grenzen des babenbergischen Herrschaftsbereiches abgesteckt.

Unter diesen beiden Markgrafen wurden auch in weiten Teilen Niederösterreichs viele Dörfer und marktähnliche Siedlungen von Zuwanderern errichtet. Sie verschmolzen mit der bereits vorhandenen Bevölkerung, die Bodenfunde des 11. Jahrhunderts lassen keine Unterscheidung von Deutschen und Slawen mehr zu.

Als Leiter der Kolonisation traten Adelige aus allen Teilen des bayerischen Volksstammes und viele Klöster auf, die zu Grundherren wurden. Die Rolle dieser Grundherren war schon bei der Besiedlung überragend, zumal der Siedlungsvorgang in Gruppen und Verbänden erfolgt sein muß, später wurden sie zur mitherrschenden gesellschaftlichen Schicht. Die wichtigste Rolle bei der Kolonisation des Landes spielten in der Frühzeit meist aus Bayern stammende hochadelige Familien: Die Grafen von Ebersberg, die schon 1045 ausstarben, waren die Freisinger Hochstiftsvögte, die Herren von Lengenbach Domvögte von Regensburg; aus dem Salzburgischen kamen die Grafen von Peilstein, die 1168 im Erbgang die Grafen von Burghausen und Schala beerbten. Große Bedeutung erlangten im 11. Jahrhundert die Grafen von Formbach-Ratelnberg, deren Hauptbesitz westlich der Traisen und im Raum von Wien lag, die Vohburger und die Grafen von Sulzbach.

Im 11. Jahrhundert entwickelte sich die mittelhochdeutsche Sprache. Damals entstanden die vielen Dörfer und die ersten marktähnlichen Siedlungen. Daß im 11. Jahrhundert die Verteidigung eine überragende Rolle spielte, geht aus den Dorfanlagen im östlichen und nördlichen Niederösterreich hervor, wo das Angerdorf mit dem breiten Sammelplatz, der kurzfristig als Viehweide verwendbar war, und dem Teich als Wasserreserve in der Mitte des Ortes vorherrscht. Die Dorfgemeinschaft erforderte eine gesellschaftliche Ordnung, es entstanden die Dorfgerichte. Zu diesen Dorfsiedlungen gesellte sich eine Ausgestaltung der Pfarrorganisation unter den Bischöfen Berengar (1012–1045) und Eigilbert (1045–1065). Jetzt entstanden neue Stefanspfarren, gründeten auch Rodungsherren und andere Grundeigentümer Pfarren als Zentren ihrer Besitzung. Für die weltlichen Großen war dies gleichzeitig die Möglichkeit, jüngere Familienmitglieder zu versorgen.

Als Gründer von Pfarrgruppen sind auch die Bistümer Regensburg, Freising und Passau auf eigenem Grund und Boden zu finden. Im Markgebiet nördlich der Donau und östlich des Wienerwaldes setzte die Gründung neuer Pfarren etwa um 1050 ein, hier wären jene fünf Pfarren zu nennen, die im Jahre 1113 dem Stift Melk geschenkt wurden: Ravelsbach, Wullersdorf, Weikendorf, Mödling und Traiskirchen, dann jene 13, die 1135 als babenbergische Eigenpfarren aufscheinen. Eigene Gruppen bilden auch die fünf Pfarren des Ungarmarkgebietes sowie eine Anzahl alter Pfarren um Wien, die durch die vorbabenbergischen Grundherren geschaffen wurden.

Die Mutterpfarren des Waldviertels und des Rodungsgebietes im Alpenbereich entstanden meist erst im 12. Jahrhundert und sind aus dem Rodungsvorgang, manche auch aus Rivalitäten verschiedener Grundherren zu erklären.

Ebenfalls im 11. Jahrhundert kam es zur Gründung neuer Klöster, die alle im Altsiedelland standen. Neben St. Pölten, das schon in vorkarolingische Zeit zurückreichte und als Benediktinerkloster die Ungarnperiode überstanden hatte, entstand unter der Schirmherrschaft des Bistums Freising nach 1049 das Kollegiatstift zu Ardagger. Um 1072 gründete Bischof Altmann ein Chorherrenstift in Göttweig, das 1094 in ein Mönchskloster umgewandelt wurde. Zur gleichen Zeit wurde auch St. Pölten ein Chorherrenstift, und in Melk, wo als typisches Burgkloster neben dem Sitz des Markgrafen am Beginn des 11. Jahrhunderts ein Kanonikerstift entstanden war, wurden 1089 Benediktiner aus Lambach angesiedelt.

Die Verbindung von Kirche und Wehrfunktion kam in der Anlage von vielen Kirchensiedlungen zum Ausdruck. Kirchen wurden auf Anhöhen verlegt und als »Wehrkirchen« befestigt. Wo die Natur keine solche Möglichkeit bot, errichtete man die Kirche auch auf einem künstlichen Hügel, wie etwa in Sachsengang im Marchfeld, wo Heinrich II. 1021 dem Kloster Weihenstephan Güter übereignet hatte.

Auf diesen künstlich angelegten Hügeln, sogenannten Hausbergen, wurden meist kleine »Burgställe« angelegt. Sie sind im westlichen Wienerwaldgebiet und im Raum von Zaya und March relativ häufig. In den meisten Dörfern stand ein mit Türmen bewehrter und mit stärkeren Mauern versehener Hof. Die Inhaber dieser Höfe waren zum berittenen Kriegsdienst verpflichtet, und aus ihnen ist ein neuer Kleinadel, der Ministerialenstand, erwachsen. Meist waren diese Dienstmannen dem Gefolge des Markgrafen zugeordnet, doch hatten auch Grafen und andere Hochfreie ihre Ministerialen. Jene Dienstmannen, die in den damals neu erbauten Festen die Burghut übernahmen oder am Hof des Landesfürsten Funktionen ausübten, genossen größeres Ansehen, und darum haben auch oft Freie, wie Azzo, ein aus Bayern oder Sachsen stammender Freier, bekannt als der Ahnherr der Kuenringer, markgräfliche Dienste angenommen. Im Jahr 1056 erhielt er Güter im Dorf Hecimanneswisa, wo er seine Stammburg Kühnring erbaute.

In der weiteren Folge entstanden in der zweiten Hälfte des 11. Jahrhunderts anstelle der einfachen Burgställe aus Steinen errichtete mächtige »feste Häuser«, Burgen, die oft auf schwer zugänglichen Bergeshöhen erbaut wurden und echte Festungen darstellten. Meist hatten sie anfangs einen rechteckigen Grundriß und wurden allmählich mit Höfen, Türmen und Ringmauern versehen und erweitert. Solche Burgen entstanden sowohl an beherrschenden Stellen der alten Mark als auch besonders zahlreich am Kamp, an der Thaya, an der Leitha und im Viertel unter dem Wienerwald. Wo Anhöhen fehlten, umgab man sie mit einem breiten Wassergraben. Diese Burgen machten ein neues Sozialsystem erforderlich. Anstelle der alten großräumigen Burgbezirke mußten kleinere Einheiten geschaffen werden, in denen man die lokale Verteidigung und den Schutz der Menschen organisierte, Recht sprach und die Ordnung garantierte. Die umwohnende Bevölkerung mußte mit Dienstleistungen verschiedener Art die wirtschaftliche Existenz der Herren und der Mannschaften dieser Burgen sichern. So entstanden die Grundherrschaften.

Vom 11. Jahrhundert bis herauf zum Jahre 1848 waren sie für die soziale Gliederung des größten Teiles der Bevölkerung von entscheidender Bedeu-

tung. Heute sind Grund und Boden auf eine Vielzahl von Besitzern aufgeteilt, die nach persönlichem Gutdünken frei verfügen können. Damals gab
es aber nur zwei Gruppen von landbebauender Bevölkerung: Eine kleine
Anzahl waren die Inhaber oder Lehensträger der Grundherrschaften, meist
Adelige oder Klöster, denen eine große Masse abhängiger Untertanen gegenüberstand. Die Grundherrschaft ist nicht mit dem heutigen Großgrundbesitz identisch, sondern war ein viel komplizierteres Gebilde. Sie setzte sich
aus verschiedenen Rechtstiteln am Boden oder an dessen Erträgnissen zusammen und beinhaltete auch Arbeitsleistungen jener Personen, an die der
Grundherr einen Teil seines Bodens zur Bearbeitung und Nutzung weiterge-
geben hatte. Daneben übte die Grundherrschaft auch viele andere Funktionen aus, die heute der Staat, die Länder, die Gemeinden oder die Gerichte
durchführen, nämlich die gesamte untere Verwaltung und Gerichtsbarkeit.
Die Grundherren haben einen Teil ihres Bodens in Meierhöfen selbst bearbeitet. Alte Grundherrschaften, vor allem im Gebirgsland, hatten weithin
geschlossenen Besitz, viele andere wieder, namentlich die klösterlichen, bestanden aus Streubesitz, der sich oft über das ganze Land erstreckte. Besonders im fruchtbaren Alpenvorland, im Tullnerfeld oder im Weinbaugebiet
des Wiener Beckens kam es in späteren Jahrhunderten zu starker Zersplitterung des Besitzes.

Der mittelalterliche Bauer hat andere Feldfrüchte anbauen müssen als der
des 20. Jahrhunderts. In weiten Gebieten des Landes war der Hafer das häufigste Mehlgetreide, da er sich auch auf Rodungsboden anbauen ließ und
überall Ertrag lieferte. Dann erst folgte der Roggen, während Weizen in den
raueren Landstrichen überhaupt keine, aber auch in den wärmeren wenig
Rolle spielte. Hülsenfrüchte, Erbsen und Bohnen, ferner Rüben und Kraut
waren für die Ernährung der Landbevölkerung von großer Bedeutung. Sehr
weit verbreitet war vor allem in den nördlichen Landesteilen der Mohn.
Auch Obstgärten fehlten nicht. In den Hausgärten wurde Safran angebaut,
der als Gewürz und Färbemittel verwendet wurde.

Auch der Anbau von Flachs und Hopfen spielte eine größere Rolle, da
grobes Leinen im bäuerlichen Haushalt selbst erzeugt und in Gebieten, wo
kein Wein gedieh, Bier gebraut wurde. Das Rindvieh spielte eine wesentlich
geringere Rolle als heute, dagegen war die Schafzucht sehr verbreitet. Die
genügsamen Tiere fanden auf den schlechten Weiden und in den Brach-
feldern ihre Nahrung. Auch Schweinezucht wurde betrieben.

Die Verlagerung des Schwergewichtes kam auch zum Ausdruck, als die
Markgrafen ihren Sitz weiter ostwärts, nach Tulln und Gars, verlegten. Unter Markgraf Ernst (1055–1075) war noch immer Melk das Zentrum.

Der streitbare Babenberger hat vor allem zu Sachsen enge Beziehungen
unterhalten, von wo er sich aus dem Hause eines Hochadeligen seine Frau
holte. Dort ist er bald nach Ausbruch des Investiturstreites, der mit einem
Aufstand in Sachsen begann, als treuer Vasall des Königs Heinrich IV. am
9. Juni 1075 bei Homburg an der Unstrut, von schweren Wunden entstellt,
gefallen. Das Skelett weist vier schwere, zum Teil tödliche Verletzungen

auf. Das Jochbein wurde durch eine Streitaxt durchschlagen, ein schwerer Schlag mit einem Streitkolben ist ebenfalls vorzufinden, und dem vom Pferde Sinkenden wurde durch einen Schwerthieb der linke Schenkelhals durchtrennt. Der Leichnam des für damalige Begriffe riesenhaften, über 1,80 Meter großen Markgrafen wurde nach Österreich gebracht und in Melk, wo schon seine Eltern und andere Mitglieder des Hauses ruhten, beigesetzt.

Durch stete Treue zum ottonischen und zum salischen Haus hatten die Markgrafen sich die Gunst der Könige erhalten, die trotz der Abhängigkeit Österreichs vom Herzog von Bayern immer wieder zum Wohlergehen der Bevölkerung der Mark ihre Sorge angedeihen ließen. Da große, zentral gelegene Landstriche nach wie vor Königsbesitz waren, banden materielle Interessen die Herrscher des Reiches weiterhin eng an Österreich. Unter dem Sohn des Markgrafen Ernst, Leopold II., stellte sich nun Österreich erstmals gegen den König, als ein großer geistiger Streit die gesamte Christenheit zur Stellungnahme zwang.

Der Kampf zwischen dem deutschen König und dem Papsttum, der gemeinhin als Investiturstreit bezeichnet wird, da er sich an der Frage der Bischofseinsetzung entzündete, war in Wirklichkeit viel mehr. Denn bald nach seinem Ausbruch enthüllte er schonungslos, daß prinzipielle Fragen über Aufgabe, Stellung und Vorrang der beiden kämpfenden Parteien, zwischen »regnum«, der Königsgewalt, und »sacerdotium«, der geistlichen Macht, die wirklichen Ursachen waren. Ein solch entscheidender Kampf, der ganz Deutschland und Italien erfüllte und geistig entzweiriß, konnte auch an der Markgrafschaft Österreich nicht spurlos vorbeigehen, zumal gerade hier zwei der entschiedensten Anhänger des Papstes Gregor VII., der Schwabe Erzbischof Gebhard von Salzburg und Bischof Altmann von Passau, ein Westfale, ihre Amtssprengel hatten. In Bischof Altmann begegnen wir nach langer Zeit, seit Pilgrims Tod, wieder einer Persönlichkeit von stärkster Wirkung und entschiedenstem Wollen auf dem Passauer Bischofsstuhl. Dank einer Biographie, die um 1135 in seiner Gründung Göttweig geschrieben worden ist, wissen wir Näheres über Herkunft und Taten. Aus dem trotzigen Sachsenlande gebürtig, war er in allen Belangen hartköpfig und zielbewußt. Als Propst von Aachen war er 1065 von der bayerischen Herzogin und Kaiserinwitwe Agnes zum Bischof von Passau und damit des österreichischen Raumes bestellt worden. Gemeinsam mit dem Bischof Adalbero von Würzburg aus dem Hause der Wels-Lambacher und dem Erzbischof Gebhard von Salzburg wurde er zur entscheidenden Stütze der Gregorianer, der päpstlichen Partei, in Südostdeutschland. Altmann erwies sich vorerst als großer Kirchenreformer, besonders bei Chorherren und Mönchen. Seine Lebensbeschreibung schildert die Reform in St. Florian und St. Pölten: »Dort lebten die Kleriker wie Verheiratete und waren auf irdischen Erwerb bedacht«, die Benediktiner in St. Pölten »waren dem Fraß, der Trunksucht, der Wollust und dem Wucher verfallen«. In beide Klöster wurden nun Augustiner-Chorherren eingewiesen. Ebenso wurde bald darauf Kremsmünster reformiert. Vor Passau gründete Altmann um 1070 das

Chorherrenstift St. Nikola, das auch in Österreich reich begütert war, und im Zentrum des Landes zur gleichen Zeit Göttweig, dessen Eretrudiskirche 1072 geweiht wurde. Auch dort waren anfangs Augustiner-Chorherren ansässig, erst 1094 wurde es Benediktinern übergeben. Zur Ausstattung von St. Nikola erhielt Altmann im Lande ob der Enns vier Pfarren vom Bistum Bamberg. Göttweig übergab er ebenfalls einige wichtige Pfarren: Mautern, Mühlbach im Rodungsland des Nordwaldes, Pyhra und Kilb im Grenzbereich »hin gegen Karantanien«. Im 12. Jahrhundert hat Göttweig weitere Pfarren erhalten und andere gegründet.

Auf Bischof Altmann dürften auch alle Pfarren mit dem Patrozinium Simon und Juda zurückgehen, wie Altlengbach, Kilb, Weißenkirchen an der Perschling, Gars, Vösendorf bei Wien, in Oberösterreich Palting, Pabneukirchen und Traiskirchen.

In seiner Lebensbeschreibung wird auch geschildert, daß bei seiner Ankunft noch fast alle Kirchen des Landes hölzern gewesen seien und nun durch Steinkirchen ersetzt wurden. Wie diese Holzbauten ausgesehen haben, wissen wir nicht, weil keine erhalten sind. Auch die archäologischen Funde sind auf diesem Gebiete dürftig.

Als auf der Fastensynode des Jahres 1074 in Rom Papst Gregor VII. dem Ämterkauf (Simonie) den Kampf ansagte und die Ehelosigkeit der Priester (Zölibat) verpflichtend machte, war auch Altmann anwesend. Als er dann zu Weihnachten dieses Jahres zu Passau die Dekrete verkündete, stieß er beim Säkularklerus auf größten Widerstand und wäre fast erschlagen worden, hätte er sich nicht durch die Flucht gerettet.

Geschah dies alles noch zur Zeit des Markgrafen Ernst, so kam der Investiturstreit doch erst bei seinem Nachfolger zur Auswirkung, bei Leopold II., Sohn von Ernst und wohl der Swanhilde, der von 1075 bis 1095 Markgraf war. Seine erste Gemahlin namens Mechthild ist schon im Alter von 23 Jahren gestorben und liegt ebenso in Melk begraben wie ein achtjähriges Kind namens Judith. Er selbst hat im Jahre 1089 diese Burg und das Kollegiatstift in ein Kloster umgewandelt und dorthin Benediktiner aus Lambach berufen. Seinen Sitz nahm er später auf der Burg Gars am Kamp, wo er auch begraben wurde.

Leopolds Amtszeit ist völlig vom Investiturstreit überschattet. Gleich zu Beginn seiner Regierung erreichte der Konflikt seinen ersten Höhepunkt. Während der König im Jänner 1076 auf der Wormser Synode den Papst für abgesetzt erklärte, sprach Gregor VII. den Kirchenbann aus und entband Heinrichs Untertanen ihrer Eide. Bischof Altmann und Erzbischof Gebhard von Salzburg, die für Österreich zuständigen Kirchenfürsten, standen auf päpstlicher Seite. Altmann mußte aus seiner Diözese nach Westfalen flüchten. Markgraf Leopold war hingegen zu dieser Zeit noch dem Salier treu, nahm an einem Hoftag in Nürnberg teil und trat erst im Juni 1078 auf die Seite des Gegenkönigs Rudolf von Schwaben, weil er von Heinrich »etwas beleidigt« worden war. Doch wurde er im folgenden Jahr durch einen Feldzug Heinrichs zur Umkehr genötigt und hat sich auch in der Folge nicht an

Kämpfen beteiligt.

Da die Probleme aber nicht gelöst waren, berief Markgraf Leopold im Juli 1081 seine Ministerialen zu einer Versammlung nach Tulln ein, einem Ort, der damals schon einer städtischen Siedlung nahekam und überdies wegen seiner Donauüberfahrt wichtig war. Später wurde Tulln sogar als erste Hauptstadt des Landes bezeichnet, wobei nicht klar ist, ob es jemals eine solche Funktion hatte.

Bei dieser Ministerialenversammlung, die man als ersten bekannten Landtag bezeichnen könnte, stellten sich die Österreicher ganz auf die Seite Altmanns, der vorher aus Schwaben zurückgekehrt war. Auch die zweite Gemahlin Leopolds, Itha aus dem Hause der Formbach-Ratelnberger, einem betont gregorianisch gesinnten Geschlecht, hat Einfluß auf die Entscheidung genommen. Die Österreicher sagten sich vom König los und vertrieben in der Folge dessen Anhänger. Bald stellte sich Leopold auf die Seite des neuen Gegenkönigs Hermann von Salm.

Dies hatte jedoch einen Gegenschlag Heinrichs IV. zur Folge, der die Mark Österreich dem böhmischen Herzog Wratislaw verlieh. Zwischen Österreich und Böhmen bestanden an der Thayagrenze, also in Südmähren, schon seit längerer Zeit gespannte Verhältnisse, Beschwerden des mährischen Fürsten soll Leopold mit »aufgeblasenem Stolze« abgewiesen haben.

»Eben dort, wo nicht Berge und Wald, sondern ein kleiner Fluß die Menschen voneinander scheidet, haben schon immer Räuber Viehdiebstähle durchgeführt«, meldet der gleichzeitige böhmische Chronist Cosmas von Prag. Diese kleinen Grenzfehden, bei denen alle Verständigungsversuche nach dem Zeugnis des Cosmas an der »superbia Teutonicorum«, am Übermut der Deutschen, gescheitert waren, benützte Heinrich IV. nun, um die beiden Nachbarländer miteinander in Konflikt zu bringen. Die Böhmen fielen ins Weinviertel ein und schlugen am 12. Mai 1082 das österreichische Aufgebot vernichtend bei Mailberg, das deswegen von späteren österreichischen Geschichtsschreibern noch lange »Mordberg« genannt wird. Viele österreichische Hochadelige und die Blüte des Ministerialenstandes sind dort gefallen. Das Land bis zur Donau wurde von den Böhmen verheert, bis es Leopold gelang, durch ein allgemeines Volksaufgebot – bis zum Schweinehirten sei alles zu den Waffen geströmt, meldet ein Chronist – den Feind aus dem Lande zu drängen.

Gegen Abtretung eines Gebietes an der Thaya, das dem mährischen Burgbezirk Znaim zugewiesen wurde, konnte sich der Markgraf den Frieden erkaufen. Im Jahre 1084 kam Kaiser Heinrich selbst ins Land, um den Babenberger zu unterwerfen. Damals scheint ein Vergleich geschlossen worden zu sein, der eine Art Neutralität zur Folge hatte. Der Böhme wurde mit dem Königstitel belohnt. Leopold behielt die Macht und beteiligte sich künftig an keinen politischen Aktionen mehr, doch fanden die Gregorianer auch weiterhin bei ihm Schutz und Zuflucht. Besonders Altmann, der neuerlich aus seiner Bischofsstadt vertrieben worden war, wo vorerst kaiserlich gesinnte Gegenbischöfe residierten, konnte in Göttweig und in Zeiselmauer ungestört wirken. In Göttweig weihte er im Jahre 1083 die Marienkirche, auch die Reform von Kremsmünster wurde vollendet. Als er im Jahre 1091 in Zeiselmauer gestorben war, wurde in Passau mit dem Domherrn Ulrich von Augsburg wieder ein päpstlich gesinnter Bischof gewählt.

Seit der Mitte des 11. Jahrhunderts kam es zu einer neuen Durchgliederung der Siedlungslandschaft durch Schaffung von neuen zentralen Orten, in denen sich das Wirtschaftsleben konzentrierte und die oft unmittelbar neben einer Burg, wo dies aber nicht möglich war, auch unter der Burg erbaut wurden. Es waren dies die Marktorte, meist in den Quellen *mercatum*, später *forum* genannt. Solche Marktorte waren weitgehend identisch mit Kirchorten, denn der sonntägliche Kirchenbesuch war der traditionelle Treffpunkt der Bevölkerung. Daher sind die frühesten Jahrmärkte meist identisch mit dem Kirchweihtag.

Genauso wie sich der bayerisch-fränkische Siedlungszug im Donautal und Alpenvorland konzentrierte und hier am weitesten nach Osten vordrang, bevor er sich den Gebieten zuwandte, die dem Strome entfernter lagen, ist auch die Entwicklung der Orte am Donaustrom als der Hauptverkehrsader am schnellsten fortgeschritten.

Krems, Tulln, St. Pölten, Neuburg, Wien, Hainburg und Baden können wir als die ältesten Märkte Österreichs ansehen, wie nicht nur urkundliche Nennungen, sondern auch die Siedlungsformen bezeugen. Die städtische Vorsiedlung, also die Verstärkung des Handwerks- und Kaufmannscharakters der Bevölkerung, das Herausragen als Zentrum des sicher noch spärlichen Wirtschaftsverkehrs, geht bei allen noch ins 11. Jahrhundert zurück. Bei Krems und Tulln läßt sich noch annehmen, daß sie in salischer Zeit zu Marktorten wurden, etwa gleichzeitig mit St. Pölten, Wels oder Villach, weil in beiden Orten zu Simon und Judas die ersten Märkte feststellbar sind.

Nach der Aufschließung und Verteilung des Altsiedellandes wurde mit der Rodung der großen Waldgebiete begonnen. Diese Wälder waren zum guten Teil Laubwälder aus Eichen und Buchen, nicht ganz so weg- und siedlungsfeindlich wie der heute noch bekannte Urwald. Manche Gegenden waren auch schon durch Pfade erschlossen. Trotzdem ist es schwer möglich, sich eine wirkliche Vorstellung vom Aussehen und Zustand des Waldlandes vor der Rodung zu machen. Wilde Tiere, vor allem Wölfe, bildeten die größte Gefahr für die Siedler; die Rodung weiter Landstriche, das stumme und harte Werk bäuerlicher Fäuste, von dem kein zeitgenössischer Geschichtsschreiber kündet, ist die grundlegende geschichtliche Tat des 11., 12. und 13. Jahrhunderts.

Schon vom 9. Jahrhundert an lassen sich im Raume Raabs, um Horn und Drosendorf, mit dem südböhmischen Raum zusammenhängender Waldbauernsiedlungen erahnen, während im Kamptal südlich von Stiefern ein dem Süden zugeordnetes slawisches Volkstum greifbar ist. Es ist möglich, daß im Waldviertel auch Reste germanischer Siedlungen die Jahrhunderte überlebt hatten. In der Mitte des 11. Jahrhunderts wurde mit der Anlage von Stützpunkten und der planmäßigen Erschließung begonnen, wobei das

Burgbezirksystem neuerlich zur Geltung kam und geschlossene Einheiten entstanden.

In diesen Rodungsgebieten Niederösterreichs und des Mühlviertels kamen Geschlechter zu Ansehen, die weniger bekannt waren und oft auch keine Verankerung in Bayern besaßen. Teils waren sie noch freie Adelige, meist aber schon Ministerialen der Babenberger.

Daß Rodung Herrschaft erzeugte, geht aus der Entwicklungsgeschichte der Grafen von Raabs und späteren Burggrafen von Nürnberg hervor, die an der alten Verkehrsstraße zwischen Österreich und Böhmen das »Castrum Rakouz« als Ausgangspunkt einer Rodungsgrafschaft nahmen. Ebenfalls im Waldviertel entstand die Rodungsherrschaft der Plainer Grafen um Hardegg sowie die Grafschaft Pernegg, wo vielleicht eine Seitenlinie der Babenberger Fuß fassen konnte.

Im oberösterreichischen Marchland nördlich der Donau finden wir die Herren von Perg und Machland, die als Vögte zahlreicher österreichischer Klöster und des Bistums Passau große Bedeutung erlangten. Die Grafen von Poigen-Rebgau hatten sowohl in Oberösterreich als auch im Horner Becken und südlich der Donau zwischen Sierning und Traisen Besitzungen, die sie mit ihren Gütern im Lande ob der Enns vereinigten.

In den südlichen Tälern des Nordwaldes war ein Herrschaftszentrum um die Burg Ranna entstanden. Dort wurden auch einige Pfarren neu errichtet. Als der Inhaber Waldo von Grie erkrankte, gab er allen Besitz innerhalb Bayerns dem Markgrafen Leopold. Wieder gesundet, wollte er zugunsten seiner Familie und Göttweigs verfügen, schließlich kam es auf einem Taiding zu Gars zu einer Lösung. Im Gebiet des oberen Kamp haben die Kuenringer als Vertrauensleute der Markgrafen mit der Rodung und dem Aufbau eines neuen Herrschaftsgebietes mit den Zentren Krumau und Zwettl begonnen.

In ähnlicher Weise erfolgte die Durchdringung der südlich gelegenen Gebirgslandschaften, wobei nun die verwandtschaftlichen Beziehungen der Babenberger zu den neuen Fürsten der Steiermark, den Traungauer Ottokaren, wichtig wurden. Leopold hatte wohl aus beiden Ehen mehrere Töchter, die mit Fürsten benachbarter Länder, aber auch mit Hochadeligen seines Bereiches vermählt wurden. Als Elisabeth, die Älteste, um das Jahr 1085 den steirischen Markgrafen Ottokar heiratete, übergab ihr der Markgraf das Gölsen- und das innere Traisental sowie die anschließenden Gebirgsgegenden als Heiratsgut. Dort begannen steirische Ministerialen zu roden, Burgen und Kirchen zu bauen. Auf diese Weise ist das Gebiet um Lilienfeld und Hainfeld erschlossen worden. Die Burg Hohenstauf bei St. Veit, die später bei der Gründung des Klosters zerstört wurde, war die erste Feste dieses Raumes, Altenburg und Hohenberg folgten. Hier erhielten auch den Traungauern nahestehende Klöster Besitz, so Garsten, eine Stiftung Otakars II. aus dem Jahre 1080.

Als Markgraf Leopold II. am 26. Oktober 1095 starb, konnte ihm sein einziger gleichnamiger Sohn, um 1075 von der Markgräfin Itha geboren, nachfolgen. Die ersten zehn Jahre der Regierung Leopolds III. sind arm an Nachrichten, wir wissen nicht, auf welcher Seite der junge Markgraf stand.

Diese Jahre überschattete wohl ganz der Eindruck des ersten Kreuzzuges. Waren bisher nur Pilgerscharen durch Österreich ins Heilige Land gezogen, so kamen 1096 bewaffnete Gruppen unter Führung Peters von Amiens. Es dürften keine ausgewählten Scharen gewesen sein, die ersten Kreuzritter, vielmehr waren Abenteurer und Gestrauchelte in der Mehrzahl. Doch dürfte auch manche Anregung und mancher Kontakt sowohl mit Westeuropa als auch mit den östlichen Ländern zustande gekommen sein. Einige Jahre später, 1101, wurde sogar aus Bayern ein Kreuzzug organisiert, an dem die hohen Kirchenfürsten Erzbischof Thiemo von Salzburg und Bischof Ulrich von Passau, aber auch der bayerische Herzog Welf, Graf Friedrich von Bogen und die Markgräfin-Witwe Itha teilnahmen. Von allen kehrte nur mehr der Passauer Bischof heim, alle anderen ereilte der Tod. Von der Markgräfin wurde sogar erzählt, sie sei in den Harem eines Sarazenenfürsten gekommen.

Ob auch Markgraf Leopold III. an diesem Zug hätte teilnehmen wollen, ist nicht gesichert. Er dürfte zu dieser Zeit mit einer Frau aus dem Hause der Grafen von Perg vermählt gewesen sein, von der sein ältester Sohn Adalbert stammte. Vielleicht wurde sie noch in Melk bestattet und ist mit der etwa 30- bis 40jährigen Frau identisch, deren Gebeine vorher in Erde bestattet waren.

Zwei seiner Schwestern verheiratete der Markgraf mit Fürsten umliegender Länder, im Jahre 1100 Gerberga mit dem Herzog Boriwoy von Böhmen und Itha mit dem Markgrafen Lutold von Znaim.

Unterdessen war der Investiturstreit auf einem recht seltsamen und traurigen Höhepunkt, einem Kampf zwischen Kaiser Heinrich IV. und seinem gleichnamigen Sohne, angelangt. Der Markgraf wurde zur Stellungnahme in einer internen Auseinandersetzung des salischen Hauses gezwungen. Bei Regensburg standen sich 1105 die Heere des Kaisers und seines von der Kirchenpartei geförderten Sohnes gegenüber, die Österreicher waren im Lager des älteren Heinrich. Da trat Leopold gemeinsam mit dem Böhmenherzog auf die Seite des Sohnes über und entschied damit den Streit. Kaiser Heinrichs Heer lief auseinander. In Ingelheim wurde der Kaiser in strenger Haft gehalten und starb im August 1106 in Lüttich/Liege, zur selben Zeit als Leopold sich mit seiner Tochter Agnes vermählte. Der jüngere Heinrich hatte nämlich dem Markgrafen Leopold für den Frontwechsel bei Regensburg die Hand seiner Schwester, der Witwe nach dem Schwabenherzog Friedrich, versprochen und seinem Land noch manch andere Vorteile gewährt. Diese Haltung mag vom Standpunkt der Treue, auf der das mittelalterliche Staatswesen aufgebaut war, recht anfechtbar sein, der Markgraf erwies sich aber damit als Realpolitiker. Im Jahre 1108 kam Kaiser Heinrich V. nach Österreich, um einen Feldzug gegen Ungarn einzuleiten. Damals erfolgten die letzten Schenkungen aus dem Königsgut, erhielt Göttweig eine Besitzbestätigung und dürften alle Reichsrechte und Reichsgüter dem Markgrafen übergeben worden sein. Damit war die Grundlage für dessen fürstliche Stellung geschaffen. Mit Heinrich V. verband Leopold bestes Einvernehmen, mehrmals war er bei Hoftagen anwesend. Er hat dann auf der Seite seines kaiserlichen Schwagers treu ausgeharrt, als dieser in die Fußstapfen seines Vaters trat und den Papst ärger bekämpfte als jemals Heinrich IV.

Leopolds Ehe mit Agnes entstammten der österreichischen Tradition nach achtzehn Kinder, doch könnten zehn davon auch der ersten Ehe der Kaiserstochter mit Herzog Friedrich von Schwaben zuzuzählen sein. Zum Zeitpunkt der Eheschließung mit dem Babenberger war sie nämlich schon 31 Jahre alt. Von den Babenbergersprößlingen erlangten vier Söhne Bedeutung, die späteren Herzöge Leopold IV. und Heinrich II. sowie die beiden Kirchenfürsten Otto (von Freising) und Konrad (von Passau und Salzburg). Von den Töchtern heirateten zu Lebzeiten des Vaters Agnes den Piasten Wladislaw II. von Polen/Schlesien und Judith den Markgrafen Wilhelm von Montferrat. Auch um seine Schwestern mußte er sich kümmern. Die Jüngste, Sofie, war in erster Ehe mit Heinrich, dem letzten Eppensteiner-Herzog von Kärnten, vermählt gewesen und heiratete nach dessen Tod den Grafen Sighard II. von Burghausen-Schala, während Euphemia mit dem benachbarten Grafen Konrad von Peilstein vermählt wurde. Beide Ehen waren Ursache, daß die Babenberger später die Gebiete südlich von Melk (Grafschaft Peilstein und Schallaburg) erbten. Auch seine Schwester Gerberga mußte er versorgen, als ihr Gatte vertrieben wurde und sie nach Österreich zurückkehrte. Die in seine Hand gelangte Burg von Oberranna und die Besitzungen des Waldo von Grie wurden ihr zugewiesen.

Als Kaiser Heinrich V. im Jahre 1125 starb, zog Leopold mit dem bayerischen Aufgebot zur Neuwahl nach Mainz. Dort wurden als Kandidaten der einzelnen Stämme die Herzöge Friedrich von Schwaben, Lothar von Sachsen und als Vertreter der Bayern Markgraf Leopold von Österreich genannt. Der Österreicher hat aber schon vor Beginn der eigentlichen Wahlhandlung mit Hinweis auf sein hohes Alter und die große Zahl seiner Söhne verzichtet, so daß Lothar von Supplinburg gewählt wurde. Dieser war mit österreichischem und bayerischem Adel, besonders mit den Formbachern, verwandt, und es ist kein Zufall, daß diese Wahlhandlung von einem Augenzeugen ausführlich dem Abt von Göttweig geschildert wurde. Den Babenberger verband auch Freundschaft mit dem neuen Kaiser, obwohl der unterlegene Kandidat sein Stiefsohn war.

Leopolds Herrscherzeit war ungewöhnlich friedlich. Nur aus dem Jahre 1118 wird von einem Rachefeldzug berichtet, den er nach einem Einfall des Ungarnkönigs Stefan II. unternahm. Damals wurde Eisenstadt verbrannt und die Umgebung verwüstet. Nach dem Tod König Stefans im Jahre 1131 griffen die Österreicher in die ungarischen Thronwirren ein, wobei Leopolds Sohn Adalbert die Feldzüge anführte. Er war nämlich ein Schwiegersohn des verstorbenen Königs.

Dank dieser friedlichen Zeiten konnte sich das Land Österreich besser entwickeln als je zuvor. Dies läßt sich sowohl im materiellen als auch im geistigen Bereich feststellen. Unter dem Königsgut, das Markgraf Leopold um

1108 übergeben worden war, befanden sich auch die im 11. Jahrhundert aufgeblühten Donauorte Krems, Tulln, Neuburg, Wien und Hainburg. Wohl hatte sie der Markgraf schon bisher kraft seiner Funktion verwaltet, nun aber konnte er über diese zentralen Burgkomplexe voll verfügen. Es ist sicher kein Zufall, daß nunmehr diese Orte als Städte erscheinen. Tulln und die Gesamtsiedlung Neuburg, neben Kloster und Babenbergerpfalz entstanden, werden 1136 »oppida« genannt. In Wien, dessen Entwicklung ebenfalls um 1100 einsetzte, bestanden zwei Marktplätze und zwei Kirchen (St. Ruprecht und St. Peter). 1137 tauschte Leopold IV. für das Wiener Pfarrpatronat von St. Peter einen Teil des Pfarrgutes ein, auf dem Rest wurde die 1147 geweihte Stefanskirche errichtet. 1137 erscheint der Ort als civitas. Die große Entwicklung der Stadt begann aber erst einige Jahrzehnte später. Zur Zeit Leopolds III. war Krems die bedeutendste städtische Siedlung, in der 1131 ein »praepositus marchionis«, ein Pfleger des Markgrafen, genannt wird. Der zweifache Flußübergang und der Donauhafen mit Mautstätte in Stein sowie der Stützpunkt des Bischofs von Passau im rechtsufrigen Mautern erhöhten die Bedeutung dieses Raumes und damit der Stadt. In Krems begann der Landesfürst um 1120 eigene Münzen schlagen zu lassen. Der Einfluß und die Macht des österreichischen Markgrafen wurden auch durch die Erwerbung weiterer Besitzungen vergrößert. Zu dem ihm übergebenen Königsgut gehörten auch die großen Forste westlich von Wien und bei Gföhl. Weiters fiel ihm offenbar reicher Besitz zu, als um 1125 die österreichische Linie der Formbach-Ratelnberger und ein Jahrzehnt später die Schwarzburg-Nöstacher ausstarben. Besonders eindrucksvoll war die Kirchenpolitik dieser Zeit, die sich in der Ausbildung des Pfarrsystems und besonders in Klostergründungen zeigte. Es gibt eine Gruppe von Klöstern, die entweder vom Landesfürsten selbst gegründet wurden oder doch von ihm entscheidende Förderungen erhielten, während gleichzeitig eine zweite Gruppe von Klöstern ohne landesfürstliche Hilfe entstand. Zur ersten Gruppe zählt Klosterneuburg, das zwar vielleicht auch schon um 1100 von einem Grafen Walter von Chling als Kollegiatstift begründet worden war, dann aber durch Leopold besondere Förderung erhielt. Zwischen 1114 und 1136 erbaute er anstelle eines älteren Gotteshauses die heutige Stiftskirche, neben der er sich eine Burg errichtete. 1133 wandelte er das Kollegiatstift in ein Augustinerkloster um und machte es unter Propst Hartmann von Chiemsee zu einem Zentrum der Kirchenreform.

Dieser aus Passau stammende Geistliche wirkte durch sieben Jahre in Klosterneuburg und wurde 1140 als Vertrauensmann der Staufer Bischof von Brixen. Bei der Umwandlung Klosterneuburgs war der Einfluß des Markgrafensohnes Otto maßgebend gewesen. Dieser war als Jüngling 1126 Propst von Klosterneuburg geworden. Die Einkünfte des Kollegiatstiftes hatten zur Finanzierung seines Studiums in Paris gedient, wo Peter Abaelard, Hugo von St. Victor und Gilbert de la Porée seine Lehrer waren. Auf der Rückreise aus Paris trat er 1132 mit fünfzehn Freunden in das burgundische Zisterzienserkloster Morimond ein, kehrte aber bald nach Österreich zurück, wo er seinen Vater zur Gründung eines Zisterzienserklosters in Heiligenkreuz anregte. Im September 1133 wurde diese Zisterze von Mönchen aus Morimond bezogen. Die dritte landesfürstliche Gründung war Mariazell im Wienerwald, zu dessen Ausstattung Leopold Güter verwendete, die er von den Schwarzburg-Nöstachern erhalten hatte. Auch die Sicherung Melks als babenbergisches Kloster erfolgte erst unter Leopold III. Anläßlich der Weihe des neuen, sicher schon von seinem Vater begonnenen Klostergebäudes im Oktober 1113 übereignete er Burgkloster und fünf Pfarren nebst anderen Gütern den Benediktinern. Mit besonderem Nachdruck hat der Markgraf die Vogteien über die im Lande befindlichen passauischen Klöster beansprucht. Sein ältester Sohn Adalbert wurde mit der Betreuung dieser Vogteien beauftragt. Im Jahre 1119 erscheint er auch als Vogt des Bischofs. Bei jenen Klöstern, die von Adelsfamilien errichtet wurden, stellte in der Regel die Gründerfamilie den Vogt. Die Gruppe jener Klöster, die in der ersten Hälfte des 12. Jahrhunderts entstanden, ist ziemlich groß. Hier wären im Westen Seitenstetten und Erla zu nennen. Um 1109 gründeten Reginbert von Hagenau und sein Schwager Udalschalk von Stille in St. Veit an der Url ein Kanonikatstift, das aber nicht gedieh und von Udalschalk 1112 in Seitenstetten als Benediktinerkloster mit Mönchen aus Göttweig neu begründet wurde. Ungefähr um 1130 errichtete der Hochadelige Otto von Machland eine Benediktinerinnenabtei in Erla und setzte seine Schwester als erste Äbtissin ein. Vom gleichen kinderlosen Adeligen wurde 1141 auf seiner Burg in Baumgartenberg ein Zisterzienserkloster errichtet und von Heiligenkreuz besiedelt. Im Zentrum des Landes gründete 1112 Bischof Ulrich von Passau ein Augustiner-Chorherrenstift, das in der Folge ständig von den Hochwässern der Donau bedrängt und deshalb 1244 nach Herzogenburg verlegt wurde.

Die neu errichteten Klöster waren nicht nur geistliche Stützpunkte, sondern für die gesamte Entwicklung des Landes von größter Bedeutung. Die sozialen Funktionen der mittelalterlichen Landklöster sind groß gewesen. Von dort nahm damals alles, was die Menschheit in Kultur und Zivilisation an Fortschritten erfand, seinen Ausgang: Schulwesen, landwirtschaftliche Musterbetriebe, Kunstpflege ebenso wie soziales Wirken.

Die ersten Regungen geistiger Kultur in Österreich finden wir nämlich ebenfalls zur Zeit Leopolds III., und sie konzentrierten sich verständlicherweise in den Klöstern. Dies gilt sowohl für die bescheidenen Zeugnisse der deutschsprachigen Literatur als auch für das ungleich häufigere lateinische Schrifttum. Als erste Dichterin wird Frau Ava, Klausnerin im Donautal (gestorben 1127), genannt, die über die sieben Gaben des Heiligen Geistes, das Leben Jesu, den Antichrist und das Jüngste Gericht schrieb. Im babenbergischen Österreich war auch der sogenannte Heinrich von Melk beheimatet, der ein »Priesterleben« und »Erinnerung an den Tod« (»von des todes gehugede«) dichtete. Das Melker Marienlied und die Mariensequenz aus Seckau wären ebenfalls zu erwähnen; aus der ersten Hälfte des Jahrhunderts stammt auch der »Baumgartenberger Johannes Baptista« und der um 1130 entstandene »Johannes Baptista« eines nicht näher zu lokalisierenden Priesters Adelbrecht. Diese Denkmäler sind schon mittelhochdeutsch abgefaßt.

Wesentlich bedeutender sind die in lateinischer Sprache abgefaßten Heiligenlegenden, die gegen Ende des Jahrhunderts im »Magnum Legendarium Austriacum« gesammelt wurden. Als Geschichtsquelle wesentlich bedeutsamer sind aber die Annalen, die in österreichischen Klöstern seit dem beginnenden 12. Jahrhundert aufgezeichnet wurden. Den Anfang dürfte man um 1115 in Göttweig gemacht haben, 1123 folge Melk, dann begannen Kremsmünster, Lambach, Heiligenkreuz, Zwettl, Klosterneuburg und die Schotten zu Wien mit der Führung von Annalen. In Melk entstand im »Breve Chronicon Austriacum Mellicense« um 1170 die älteste Darstellung der Geschichte der Babenbergerzeit, natürlich in die Geschichte des Klosters eingebunden.

Die interessanteste Geschichtsquelle der Zeit Leopolds III. ist aber die um 1135 in Göttweig über Veranlassung des Abtes Chadalhoch geschriebene Lebensbeschreibung des Bischofs Altmann von Passau. Zwar erfahren wir über das Leben des Bischofs selbst wenig, dafür werden die Zustände im Lande angedeutet. So wird von einem eigenständigen Recht des Landes (ius illius terrae) gesprochen, werden erstmals die Großen des Herrschaftsbereiches des Markgrafen (maiores sui regiminis) erwähnt. Damit kam zum Ausdruck, daß unter Leopold III. Österreich nahezu ein eigenständiges Fürstentum geworden war, für das der Markgraf selbst in einer Urkunde den Begriff »fürstliche Herrschaft« verwendete.

In diesen letzten Lebensjahren des Markgrafen kommt auch ein neuer Name für die Markgrafschaft vor, sie wird 1130/5 erstmals »Austria« genannt und dieser Name 1147 auch in eine Kaiserurkunde übernommen.

Die Weihe der Stiftskirche von Klosterneuburg am 29. September 1136 war das letzte große Ereignis in Leopolds Leben. Am 15. November dieses Jahres ist er im Alter von etwas über 60 Jahren gestorben, vermutlich auf der Jagd getötet worden. Dafür spricht, daß bei der Untersuchung der Reliquien festgestellt wurde, daß der rechte Teil des Unterkiefers abgebrochen ist und dies möglicherweise schon zu Lebzeiten geschah.

Die Untersuchung seines Skelettes ergab, daß auch dieser Babenberger etwa 1,77 bis 1,80 m groß war. Ein athletischer Körperbau zeichnete ihn aus, im Alter litt er ebenfalls unter Arthritis am Kniegelenk und am rechten Fußgelenk.

Leopold III. fand seine Ruhestätte vor der Nikolauskapelle im Kapitelsaal von Klosterneuburg, dort wurden auch seine Gemahlin Agnes († 1143) und sein Sohn Adalbert († 1138) bestattet.

Nach Leopolds Tod scheint in der Familie einige Unruhe und Unsicherheit über die Nachfolge geherrscht zu haben. Der ältere Sohn Adalbert, weil aus nicht ebenbürtiger Ehe stammend, wurde von der Nachfolge ausgeschlossen, ebenso der zweitälteste, Heinrich. Markgraf wurde Leopold IV. (1137–1141), von seinem Vater mehr geliebt als die anderen.

Verschiedene Hinweise, wie ein Kondolenzschreiben des Papstes, in dem er die Markgräfin und ihre Söhne zu Frieden und Eintracht mahnt, oder eine

Zusammenkunft in Tulln deuten darauf hin, daß um eine Lösung hart gerungen werden mußte. Adalbert wurde schließlich mit der Vogtei über die passauischen Eigenklöster abgefunden, Leopold wurde Markgraf, von Heinrich ist nicht die Rede. Er dürfte damals schon außer Landes gewesen sein.

Die Söhne des Markgrafen Leopold III. traten dank ihrer Verwandtschaft mit den Staufern wieder in die Reichspolitik ein. Als am 3. Dezember 1137 Kaiser Lothar auf der Rückreise aus Italien in Reutte starb, übergab er seinem Schwiegersohn Heinrich von Bayern die Reichsinsignien und bestimmte ihn damit zum Nachfolger. Die Fürsten wählten aber den Staufer Konrad III. zum König. Dieser begann sofort, alle freiwerdenden Posten mit seinen Leuten, insbesondere mit seinen Verwandten, zu besetzen.

Als erster kam Otto, seit 1136 Abt von Morimond, zum Zug: er wurde Bischof von Freising. Der nächste war Markgraf Leopold IV. selbst. Heinrich dem Stolzen wurden seine Herzogtümer aberkannt und der österreichische Markgraf mit Bayern belehnt. Der dritte war Heinrich, der 1140 Pfalzgraf am Rhein wurde; im gleichen Jahr wurde der Propst Hartmann von Klosterneuburg zum Bischof von Brixen bestellt.

Da Herzog Heinrich der Stolze bald starb und sein gleichnamiger Sohn erst zehn Jahre alt war, hatte Leopolds Kampf um Bayern Erfolg. Er unterlag zwar im August 1140 dem Grafen Welf bei Vallei, doch konnte er nach dessen Niederlage gegen König Konrad bei Weinsberg Regensburg erobern und das Land bis zum Lech beherrschen. Alle seine Handlungen zeigen ihn als getreuen Gefolgsmann Konrads, mit diesem gemeinsam sicherte er die Kuenringergründung Zwettl.

Herzog Leopold IV. ist schon am 18. Oktober 1141 zu Niederaltaich gestorben und wurde in Heiligenkreuz begraben. Nachfolger in der Mark wurde sein Bruder Heinrich (1141–1177), der später den Beinamen Jasomirgott erhielt. Auch er war beim Tode des Vaters übergangen worden, obwohl er ein Sohn der Agnes war. Nun hatte er in den Rheinlanden gewirkt und war im Zuge des großen »staufischen Revirements« 1140 Pfalzgraf am Rhein geworden. Nach Leopolds Tod dachte König Konrad an eine Aussöhnung mit den Welfen und vermittelte die Heirat der Mutter Heinrichs des Stolzen, der jetzt 29jährigen Gertrude (von Supplinburg) mit Markgraf Heinrich. Deren 14jährigem Sohn Heinrich dem Löwen gab er Sachsen zurück, Bayern behielt er als Reichsland. Zu Beginn des Jahres 1143 wurde aber der Österreicher zu Goslar nach Verzicht Heinrichs des Löwen doch mit Bayern belehnt. Auf der Rückreise nach Österreich starb aber Gertrude nach der Geburt einer Tochter und wurde in Klosterneuburg, später in Heiligenkreuz bestattet.

Zu dieser Zeit schien die staufisch-babenbergische Partei in Süddeutschland fest im Sattel zu sitzen, ihre Mitglieder begannen aber untereinander zu streiten. Bald wendete sich das Blatt. Herzog Welf erkannte den Verzicht seines Neffen nicht an und konnte in Bayern Bundesgenossen finden: den Erzbischof Konrad von Salzburg, den Bischof Heinrich von Regensburg, den Markgrafen Ottokar II. der Steiermark und andere österreichische Lehensträger. Dadurch wurden Fehde und Zerstörung auch in das Land Österreich getragen. Zwar konnte König Konrad im Juni 1146 zu Regensburg eine Versöhnung und die Lösung Herzog Heinrichs von dem vom Salzburger Erzbischof ausgesprochenen Kirchenbann erwirken, doch wurde dieser nun in eine schwere Fehde gegen die Ungarn verwickelt. Er hatte bei einem Thronstreit durch die Entsendung österreichischer Ritter unter Führung der Grafen Hermann von Poigen-Rebgau und Liutpold von Plain-Hardegg eingegriffen und wurde vom Ungarnkönig Geza deshalb des Friedensbruches beschuldigt. Östlich von Wien wurde das bayerische Heer schwer geschlagen, der Herzog-Markgraf konnte sich nur mit Mühe in die Stadt Wien retten.

Die Auseinandersetzungen wurden jäh beendet, als in den nächsten Wochen die Agitation für den zweiten Kreuzzug einsetzte. Auf einem Hoftag zu Regensburg beschloß König Konrad im Februar 1147, an diesem Zug teilzunehmen. Der Bayernherzog und Markgraf Heinrich, sein Bruder Otto und die Bischöfe von Regensburg und Passau schlossen sich an, ebenso Markgraf Ottokar III. der Steiermark, Hadmar von Kuenring, der Regensburger Domvogt Friedrich von Lengenbach und viele Ministerialen. Um Pfingsten zog das deutsche Heer unter Führung des Königs durch Österreich nach Osten, im August folgten die Franzosen unter König Ludwig VII. mit den Bischöfen von Metz, Toul und Troyes. Der Kreuzzug endete im Sommer 1148 in Kleinasien mit einem Mißerfolg. Bischof Otto entging mit Mühe dem Tode, Bischof Reginbart von Passau starb. An seiner Stelle wurde ein Bruder des Herzogs nun auch auf den Passauer Stuhl berufen, Konrad, bisher Dompropst in Utrecht und Hildesheim. Der Herzog selbst kehrte mit einer jungen Frau aus Konstantinopel zurück: Theodora, der fünfzehnjährigen Nichte des Kaisers Manuel.

Bis zum Tode Konrads III. hielt sich Herzog Heinrich vorwiegend in Österreich auf, wo eine bemerkenswerte Aktivität auf dem Bausektor entfaltet wurde. Vor seinem Kreuzzug hatte sich der Herzog-Markgraf jene 90 Mark Silber von Heiligenkreuz ausgeliehen, die ein St. Pöltner Kaufmann dorthin gestiftet hatte, nun baute er dafür das Kloster neu. Damals entstand das Querschiff der Kirche und wurde unter Abt Heinrich ab 1148 der Münsterbau durch einen neuen Baumeister vorangetrieben, ebenso der Neubau des Refektoriums und weiterer Teile des Klosters. Im Jahre 1150 wurde auch die Klosterkirche von St. Pölten neu geweiht, und in Zwettl entstanden das alte Dormitorium und der anschließende domus necessarius, die romanische Latrinenanlage.

Diese Periode ist durch eine Anzahl neuer Klostergründungen ausgezeichnet. Am bemerkenswertesten mag die Neugründung von Zwettl im Nordwald sein, das Hadmar von Kuenring nicht wie vorher geplant in Krumau, sondern weiter kampaufwärts in der Nähe seiner Hauptburg errichtete. Im Jahre 1139 wurde die Gründungsurkunde ausgestellt. An keiner Stiftung hat ein König größeren Anteil genommen als Konrad III. an der

Entwicklung von Zwettl. Wenig später haben Hildegard von Poigen-Rebgau und ihr Sohn Hermann an der Stelle ihrer »Alten Burg« über dem Kamp ein Benediktinerkloster gegründet und mit Mönchen aus St. Lambrecht in der Steiermark besiedelt. Um 1150 folgte Graf Ulrich von Pernegg mit der Gründung des Klosters Geras, das Prämonstratensern übergeben wurde, und der Stiftung eines Frauenklosters in Pernegg. Kurz vor seinem Tode im Jahre 1148 hatte der Hochfreie Walter von Traisen dem Bischof von Passau Güter mit der Auflage übergeben, dafür zu St. Andrä ein Kloster zu errichten. Gegen anfänglichen Widerstand des Bischofs Konrad konnte dann Walters Verwandter Otto von Lengenbach die Errichtung dieses Chorherrenstiftes im Jahre 1160 durchsetzen. Der Gründer von Baumgartenberg und Erla, Otto von Machland, mit einer Peilsteinerin in kinderloser Ehe vermählt, gründete 1147 im Mühlviertel das Chorherrenstift Waldhausen, während ein Jahr zuvor Zisterziensermönche aus Rein in der Steiermark in das von den Brüdern Ulrich und Cholo gestiftete Wilhering eingezogen waren.

Die bedeutendste Klostergründung ist aber Herzog-Markgraf Heinrich selbst zuzuschreiben. Im Jahre 1155 stiftete er vor den Toren Wiens nach dem Vorbild von St. Jakob vor Regensburg das Schottenkloster, das für die Entwicklung der Stadt von großer Bedeutung sein sollte.

Es mag bemerkenswert scheinen, daß gerade um diese Zeit viele »alte Burgen« in Klöster umgewandelt wurden. Der Burgenbau erlebte nämlich eine starke Veränderung, die neue Mode verlangte ein »festes Haus« mit einem oben liegenden Saalbau, eine daneben stehende Kapelle, und das Ganze von einem Bering umgeben. Nach Möglichkeit sollte diese Burg auf einem schwer zu bezwingenden Berg stehen.

Die Mitte des 12. Jahrhunderts schien den Zeitgenossen eine traurige Zeit zu sein, und Bischof Otto von Freising war von tiefstem Pessimismus erfüllt, als er seine »Chronik oder die Geschichte von den beiden Reichen« schrieb. Ihm schien das Weltende nahe, und das achte Buch seines Werkes ist eine Vision vom Weltuntergang und vom Jüngsten Gericht. Die älteste Handschrift dieses Werkes ist mit Illustrationen versehen, die als Ereignis der babenbergischen Geschichte den Übertritt Leopolds III. am Regen darstellen.

Erst später, in seinem zweiten Werk »Gesta Friderici imperatoris«, in dem er die Taten Friedrich Barbarossas beschreibt, wird Otto wieder optimistischer. Bis es aber soweit war, hatte der österreichische Markgraf noch schwere Jahre durchzustehen, denn in seinen ersten Regierungsjahren wandte Friedrich Barbarossa seine Gunst vom Babenberger ab.

5. KAPITEL

Die Babenberger als Herzöge Österreichs

Die Markgrafen Leopold IV. und Heinrich II. (als Bayernherzog XI.) sind des etwas unerwartet erlangten Herzogtums Bayern niemals froh geworden und konnten sich dort auch nicht richtig durchsetzen. Wohl hatte der Welfe Heinrich der Löwe 1143 darauf verzichtet, doch nur für die Dauer des zweiten Kreuzzuges, und er erhob 1150 neuerlich Ansprüche. Als Friedrich Barbarossa, selbst Sohn einer Welfin, im Jahre 1152 den deutschen Thron bestieg, wollte er diesen langwierigen und unerfreulichen Streit um Bayern endgültig beilegen. Heinrich Jasomirgott stellte sich bei verschiedenen Versuchen Barbarossas, ihn zur freiwilligen Rückgabe Bayerns zu bewegen, taub und erschien zu zwei Hoftagen nicht, wo darüber verhandelt werden sollte. So wurde ihm 1154 zu Goslar das Herzogtum aberkannt und dem Welfen zugesprochen.

Der Österreicher, der sich nur im östlichen Bayern halten konnte, mußte schließlich nach langwierigen Verhandlungen auf das Herzogtum verzichten und zufrieden sein, als Teilerfolg eine Rangerhöhung seines Landes Österreich zu erreichen. Das Herzogtum Bayern wurde geteilt, indem die Mark Österreich ausgegliedert und zum selbständigen Herzogtum umgewandelt wurde. Auf dem Reichstag zu Regensburg fanden am 8. September 1156 die Verhandlungen mit einem Festakt ihren feierlichen Abschluß.

Über den Staatsakt berichtet Otto von Freising, ein Bruder des neuen Herzogs Heinrich, der selbst bei den Verhandlungen zugegen war und am Abschluß des Kompromisses aktiv mitgewirkt hatte. Sieben Fahnen waren das Symbol des Herzogtums Bayern. Sie stellte Heinrich von Österreich zum Zeichen seines Verzichtes dem König zurück, der sie Heinrich dem Löwen übergab. Nun leistete der neue Bayernherzog auf zwei dieser Fahnen, die Österreich und die damit verbundenen Grafschaften symbolisierten, zugunsten des Kaisers Verzicht, worauf dieser nach dem Urteil der Fürsten aus der Ostmark ein Herzogtum machte und die beiden Fahnen Heinrich Jasomirgott und seiner Gemahlin übergab.

In Regensburg wurde am 17. September 1156 eine Urkunde ausgestellt, die als »Privilegium minus« im Gegensatz zu dem von Rudolf IV. hergestellten größeren Privileg (Privilegium maius) bekannt ist. Diese Urkunde ist der Geburtsbrief einer eigenständigen Entwicklung Österreichs als Staat, denn mit der Erhebung zum Herzogtum wurde nicht nur die Trennung der drei ehemaligen Marken Österreich, Ungarnmark und Böhmische Mark von

Bayern endgültig vollzogen, sondern dem neuen Herzog außerordentliche Vorrechte zugesprochen, die ihn und sein Land über die anderen Fürsten des Reiches erhoben. Der Herzog und seine Gemahlin sollten, falls sie kinderlos blieben, das Recht haben, den Nachfolger dem Kaiser verbindlich vorzuschlagen. Dieses »ius affectandi« war einmalig, so daß über die Echtheit dieser Bestimmung viele Zweifel laut wurden. Auch die Mitbelehnung der Herzogin Theodora war ein Recht, das während des 12. Jahrhunderts in Deutschland nicht üblich war. Andere Artikel, wie die Beschränkung der Hoffahrtspflicht auf Bayern und der Heerfahrtspflicht auf die Österreich benachbarten Reiche und Länder, gaben dem österreichischen Herzog eine freizügigere Stellung, als sie jeder andere Reichsfürst hatte. Die Gerichtsbarkeit des Herzogs wurde auch über die Wald- und Wildgrafschaften des Waldviertels, Pernegg, Raabs und das Poigreich und andere Grenzbereiche des Landes ob der Enns ausgedehnt. Es ist wahrscheinlich, daß bei diesem wichtigen Rechtsakt mit Rücksicht auf die griechische Frau des Herzogs auch byzantinische Rechtsanschauungen mitspielten; das »Privilegium minus« ist aber auch die Zusammenfassung einer Reihe von Rechtsmöglichkeiten, die im Jahre 1156 im deutschen Verfassungs- und Lehensdenken vorhanden waren. Dem neuen Herzogtum Österreich war mit seiner Errichtung eine im Sinne der Reichspolitik Barbarossas liegende Aufgabe gestellt, die sich deutlich aus der Hof- und Heerfahrtspflicht ergibt. Das »Privilegium minus« ist nicht nur unter dem Gesichtspunkt der Eigenständigkeit und der Entfaltung des Herzogtums Österreich zu sehen, sondern ebenso im Zusammenhang mit der Politik Friedrich Barbarossas. Österreich hatte nach der Absicht des Stauferkaisers als Herzogtum in noch stärkerem Maße denn als Markgrafschaft den Schirm des Reiches gegen die Königreiche im Donauraum zu übernehmen. Denn im Verhältnis zum Reiche trat praktisch keine Änderung ein. Österreich war weiterhin Bestandteil des deutschen Königreiches und trat als zehntes zu den bisher neun Herzogtümern.

Seine griechische Frau Theodora, Nichte des Kaisers Manuel, hatte Heinrich vom zweiten Kreuzzug mitgebracht. Dies hob das Ansehen Heinrichs und des babenbergischen Geschlechtes und brachte einen Strom byzantinischer Kulturgüter in das Donauland. In mancher klösterlichen Schatzkammer haben sich Objekte eindeutig byzantinischer Provenienz erhalten, in anderen wieder Stücke, die von Kreuzfahrern heimgebracht wurden. Anläßlich der Vermählung entstand ein Hochzeitslied, das dem Dichter Theodoros Pródromos zugeschrieben wurde. Es ist im Jahre 1203 neuerlich verwendet worden, als Heinrichs Enkel Leopold VI. in Wien wieder eine Byzantinerin namens Theodora heiratete. Damals soll Walther von der Vogelweide das Lied vorgetragen haben.

Herzog Heinrich stand um 1160 vor einer ähnlich heiklen Entscheidung wie einst sein Großvater Leopold II. während des Investiturstreites. Er war aber vorsichtig und konnte deshalb sein Land vor ärgerer Mitleidenschaft schützen, als neuerlich der Kampf zwischen Kaisertum und Kirche, jetzt vertreten durch Friedrich Barbarossa und Papst Alexander III., entbrannte.

Diesmal traten nicht nur im Lande selbst Parteiungen auf, sondern der Zwist ging mitten durch die Familie der Babenberger. Heinrichs Bruder Konrad, seit 1148 Bischof von Passau, war 1164 Erzbischof von Salzburg geworden. Er erklärte sich vom ersten Tage an für Papst Alexander III., den Feind Friedrich Barbarossas.

Herzog Heinrich hingegen blieb dem Staufer treu. Zwischen 1157 und 1160 hatte er sich mehrmals in der Umgebung des Kaisers aufgehalten, und 1162 nahm er trotz der Befreiung von der Heerfahrtspflicht am Feldzug Friedrichs gegen Mailand teil. Nun kam der Kaiser selbst nach Wien, um ihm den Eid abzunehmen, und gewann ihn auch zur Teilnahme am Feldzug. Es waren österreichische Truppen unter dem Befehl des Grafen von Plain, die Salzburg einäscherten. Diese Haltung hat dem Herzog manche Feindschaft eingetragen. Denn im Herzen waren doch die meisten Klöster des Landes – nur St. Pölten und St. Florian bildeten eine Ausnahme – Anhänger des Papstes Alexander und standen auf der Seite ihres Metropoliten. Daher sind die meisten Verfasser von Klosterannalen dieser Zeit auf den Herzog schlecht zu sprechen. Die stauferfreundliche Haltung, die Heinrich eingenommen hatte, blieb bei den Babenbergern auch in Hinkunft Tradition, wenn sich auch Heinrich selbst nur mehr ein einziges Mal in Regensburg 1174 zu einem Hoftag einfand, wo auch schon sein Sohn Leopold mit Österreich belehnt wurde.

Während Heinrichs Regierung wurde auch ein neuer Herrschersitz erbaut. Nun spielten die Städte eine immer größere Rolle, in Österreich traten die an der Donau liegenden städtischen Siedlungen stärker hervor. Heinrich trug der wachsenden Bedeutung Wiens Rechnung und verlegte seine Residenz aus der väterlichen Pfalz in Klosterneuburg in diese Stadt, wo er sich »Am Hof« eine neue Burg erbauen ließ. Die Schotten erhielten von ihrem Stifter neben den beiden Pfarren Pulkau und Eggendorf im Thale auch die alten Kapellen in Wien, Krems und Tulln, ihre Klosterkirche wurde von Heinrich für sich und seine Gattin als Begräbnisstätte gewählt.

Herzog Heinrich führte sein ganzes Leben hindurch Kriege mit seinen Nachbarn, obwohl er mit den meisten verwandt war. Besonders gegen Ende seiner Regierungszeit häuften sich die Feldzüge. So war 1172 sein Schwiegersohn Stefan III. von Ungarn gestorben, dessen Brüder Bela III. und Geza stritten um die Nachfolge, wobei Geza nach Österreich floh. Obwohl Heinrichs Sohn Leopold sich mit deren Schwester Helene vermählt hatte, kam es doch zu Kämpfen, wobei jeder Teil Bündnisse mit anderen Nachbarn schloß. Mit den Ungarn wandten sich auch die Steirer und Böhmen gegen Österreich. Daß der Herzog nun zwei »steirische« Orte, Fischau und Enns, verbrannte, mag als besonderes Zeichen der Zeit gelten.

Die Auseinandersetzung mit Böhmen hatte andere Ursachen. Die Rodungen im Nordwald waren durch die Tatkraft mächtiger Adelsgeschlechter, wie der Grafen von Raabs und Pernegg im nördlichen Teil und der Kuenringer im Gebiet von Weitra, in den letzten Jahrzehnten ständig fortgeschritten. Während im Gebiet von Litschau noch immer ein Waldstreifen bestand, sind in der Gegend von Gmünd und Weitra die österreichischen Siedler bereits an den Rand der Budweis-Wittingauer Bucht gelangt und waren dort auf die slawische Siedlung gestoßen. Böhmen beanspruchte das Gebiet von Weitra für sich. Während dieses Feldzuges ist Heinrich bei Znaim im November 1176 auf einer morschen Brücke vom Pferd gestürzt und am 13. Jänner 1177 an den Folgen gestorben. Vor dem Altar des Schottenklosters wurde sein Grabmal, mit einem in Stein gehauenen Bildnis geschmückt, aufgestellt. Im Jahre 1183 wurde dort auch die Herzogin Theodora und später deren Tochter Agnes, Witwe des Ungarnkönigs Stephan III. und Gattin des Herzogs Hermann von Kärnten, beigesetzt.

Die Fehde mit Böhmen konnte erst sein Sohn und Nachfolger Leopold V. zwei Jahre später erfolgreich beenden. Auf dem Reichstag zu Eger/Cheb setzte Kaiser Friedrich Barbarossa 1179 eine Grenzlinie fest, die in großen Zügen der heute gültigen Grenze gegen die Tschechoslowakei folgte. Nur im äußersten Nordwesten, im Gebiet von Neubistritz-Landstein/Nová Býstřice/Lanstejn, wo die Grafen von Raabs zu roden begonnen hatten, reichte österreichisches Gebiet ins heutige Böhmen hinein. Auch die Landschaft um Weitra gehörte hinfort unbestritten zu Österreich.

Leopold V. (1177–1194) war seinem Vater in vielem überlegen, vor allem in organisatorischer Hinsicht. Er hat sich ganz konsequent an Friedrich Barbarossa angeschlossen und weilte in jungen Jahren oft an dessen Seite. So war er 1177 Zeuge des Friedensschlusses des Kaisers mit Papst Alexander III., nahm 1179 in Eger und Augsburg, 1181 in Erfurt und 1183 in Nürnberg an Hoftagen teil. Es ist wahrscheinlich, daß damals schon dem Babenberger die Erwerbung neuer Besitzungen und die Belehnung mit einem weiteren Reichsland zugestanden wurde. Denn Ottokar IV., der Fürst der Steiermark, durch seine babenbergische Urgroßmutter mit seinem Hause entfernt verwandt, litt an Aussatz und hatte weder Frau noch Kinder. Nach dem Sturz Heinrichs des Löwen im Jahre 1180 wurde der kranke Markgraf für volljährig erklärt und zum Herzog erhoben, da er sich weigerte, einen neuen Bayernherzog über sich anzuerkennen.

Alle lehensrechtlichen Bindungen an den bayerischen Herzog – 1177 war der Traungau noch ein Teil Bayerns – erloschen damit, die »terra ducis Styrensis« war zum Territorium geworden und hatte den Namen der Hauptburg der Ottokare im Traungau angenommen.

Da bei der Heirat der Babenbergerin Elisabeth mit Ottokar II. wohl auch ein Erbübereinkommen geschlossen worden war, hatte Leopold V. die Aussicht, ein reiches Erbe anzutreten. Auf dem St.-Georgs-Berge bei Enns wurden im August 1186 Verhandlungen durch einen Erbvertrag abgeschlossen. Die weitreichenden ottokarischen Eigengüter, die zahlreichen Ministerialen auf diesen Gütern und die mannigfachen Kirchenvogteien sollten nach dem Tode des Traungauers an die Babenberger fallen. Damit erhielten sie ein solches besitzmäßiges Übergewicht in der Steiermark, daß kein anderes Geschlecht dort als Landesfürst denkbar war. Herzog Ottokar IV. hat in ganz vornehmer Weise für seine Ministerialen gesorgt und ihnen im Georgenberger Vertrag Vorrechte zusichern lassen, die weit über denen der österreichischen Adeligen lagen. Den Babenbergern sollte daraus noch manche Schwierigkeit erwachsen.

Denn unerwartet rasch, bereits im Jahre 1192, wurde die Georgenberger Handfeste realisiert. Der letzte Traungauer starb am 8. Mai, die Babenberger Leopold V. und Friedrich konnten widerspruchslos nachfolgen; auch mit den Reichslehen wurden Leopold und sein ältester Sohn Friedrich belehnt. Damit ist auch ein Teil des niederösterreichischen Alpengebietes, die Mark Pitten mit dem Zentrum um Neunkirchen und Aspang, das Gölsental, das obere Traisental bis heraus nach Ochsenburg und das Pielachtal bis Rabenstein, das damals noch zum Herzogtum Steiermark gehörte, an die Babenberger gefallen.

In der zweiten Hälfte des 12. Jahrhunderts wurden zwar keine neuen Klöster gegründet, hingegen wurden schon früher begonnene Bauten vollendet, so etwa der Kapitelsaal in Zwettl. Damals entstanden die vielen Steinkirchen, von denen etwa die von Tulln und Deutsch Altenburg hervorragen. Sie erhielten ebenso Türme wie die neuen Steinburgen ihre Bergfrite. Neben Kirchen und Klöstern wurden Karner errichtet, etwa in Petronell oder im steirischen Hartberg. Der bedeutendste Kirchenbau dieser Periode der Hochromanik ist die 1186 geweihte Stiftskirche von Heiligenkreuz, von Bauleuten ausgeführt, die aus dem Oberrheingebiet gekommen sein dürften.

Um diese Zeit entstand in Wien auch das Schottenkloster, an dem seit 1161 gebaut wurde und an dessen Kirche die in Heiligenkreuz gewonnenen Erfahrungen verwertet wurden. Im Jahre 1200 hat der Bischof von Passau diesen mächtigen Kirchenbau geweiht. Von einem aus Verdun stammenden Künstler namens Nikolaus ließ im Jahre 1181 Propst Wernher von Klosterneuburg für die Klosterkirche eine Wand in Emailmalerei herstellen, ursprünglich als Verkleidung der Kanzel gedacht. Es ist nicht nur das umfangreichste Emailwerk, sondern mit seinen 51 Darstellungen auch das umfassendste Programm, das aus dem 12. Jahrhundert in Europa erhalten geblieben ist. Im Jahre 1331 wurde diese Wand zu einem Altar umgebaut.

Im Jahre 1187 hatten die Mohammedaner unter Sultan Saladin Jerusalem zurückerobert. Die Kreuzfahrerstaaten in der Levante, am Ende des 11. Jahrhunderts gegründet und seither meist von französischen Rittern gehalten, mußten um ihren Bestand bangen. In diesem Augenblick begrub das Abendland allen Zwist, und die Blüte der Ritterschaft zog aus ins Heilige Land. Die Deutschen unter Führung Friedrich Barbarossas wählten wiederum den Landweg entlang der Donau. Ein mächtiges Heer, gefolgt von einem gewaltigen Troß, strömte durch das Alpenvorland und verübte auch manche Gewalttat, wenn es nicht das erhielt, was es wollte. Herzog Leopold V. von Österreich, der laufend über den Kreuzzug unterrichtet wurde, folgte erst im August 1190 mit kleinem Gefolge auf dem Seeweg nach, als Friedrich Barbarossa im Flusse Saleph ertrunken war. Nachdem Akkon im Juli 1191 kapituliert hatte, ließ der englische König Richard Löwenherz das Banner der Österreicher von den Zinnen der Stadt entfernen und schloß die

Deutschen und Italiener von der Beute aus. Später eroberte er Zypern, das einem byzantinischen Verwandten des österreichischen Herzogs gehörte. Daraufhin verließ der Babenberger das Kreuzheer und zog heim. Der englische König entging jedoch seiner Rache nicht. Auf dem Heimweg verschlugen ihn Stürme an die Küste Istriens, und er mußte den Landweg durch feindliches Gebiet einschlagen. Unerkannt hoffte er nach Sachsen zu gelangen, mit dessen Herzog er verwandt war. Durch Zufall wurde er in Friesach und neuerlich in Erdberg bei Wien erkannt und von Leopold in der Burg Dürnstein gefangengehalten. Nur durch hohes Lösegeld in Edelmetall, so hoch wie sein Erlös für Zypern, das er den Maltesern verkauft hatte, konnte er die Freiheit wiedererlangen. Die Hälfte davon, 11.690 Kilogramm Silber, für dessen Aufbringung in England die Kirchenschätze eingeschmolzen werden mußten, fiel dem Herzog zu, die andere Hälfte dem deutschen Kaiser Heinrich VI., dem Richard 1193 ausgeliefert wurde.

Diese Summe verwendete Leopold zur Anlage einer neuen Stadt Wiener Neustadt, an der österreichisch-steirischen Grenze 1194 durch Verlegen des Marktes von Neunkirchen gegründet, die nun eine Klammer zwischen Österreich und der Steiermark bilden sollte. Weiters wurde die Ausgestaltung und Befestigung anderer Grenzstädte, wie Hainburg, vorangetrieben. Denn unter der Regierung dieses Herzogs ist ein neuer Festungstyp in Österreich üblich geworden, die befestigte Burgstadt. Waren bereits seit dem Ende des 11. Jahrhunderts Gürtel starker Steinburgen zur Sicherung des Landes errichtet worden, so hatte dieser neue Festungstyp den Vorteil, daß mehr Verteidiger zur Verfügung standen, die nicht nur durch das Lehenswesen zum Kampfe verpflichtet waren, sondern ihren Besitz, ihre Familie, kurz alles, was ihnen gut und teuer war, schützen mußten.

In Zeiten der Not konnten in diesen Städten auch viele Bewohner des flachen Landes mit ihren Familien und ihrem Vieh Zuflucht finden. Unter Leopolds Regierung wurden Zwettl, Horn und Eggenburg im Waldviertel sowie Bruck und Wiener Neustadt an der Ungarngrenze planmäßig angelegt und besiedelt. Mit Bürgern aus dem ganzen Land, nicht allein aus der Umgebung, versehen, bildeten sie das Rückgrat einer Art Militärgrenze. Darüber hinaus übernahmen die im Besitz des Herzogs befindlichen Städte die Ausübung der hohen Gerichtsbarkeit im Auftrag des Landesfürsten.

Offensichtlich wurde der Abstand der kleinen Städte zu Wien, das in der zweiten Hälfte des 12. Jahrhunderts nach Süden und Osten hin erweitert wurde, immer sichtbarer. Die 1172 »civitas metropolitana« genannte Stadt war ein wichtiges Handelszentrum geworden, in dem fremde Kaufleute eine bedeutende Rolle spielten. Im Jahre 1192 hat Herzog Leopold den Regensburger Kaufleuten – in der Urkunde als Gäste bezeichnet – Gerichts- und Handelsvorrechte verbrieft. Vor allem konnten sie die gewünschten Waren frei einkaufen. Im Jahre 1194 machte der Herzog den Juden Sclom zu seinem Münzmeister. Dieser begründete die Institution der Münzer-Hausgenossen in Wien. Damit wurde diese Stadt die bedeutendste Münzstätte der babenbergischen Länder, gegen die Fischau, Wiener Neustadt und Enns stark zurückstanden.

Das bis 1192 den Traungauern zugehörige Enns war ein weiteres wichtiges Handelszentrum der Zeit, wo unter der Leitung des Regensburger Hansgrafen vor Pfingsten durch 14 Tage internationale Märkte stattfanden. Auch außerhalb von Städten waren Marktplätze vorhanden, etwa seit 1142 in Petronell in Fortsetzung der Funktion des antiken Carnuntum oder in Aschbach. Am wichtigsten waren aber doch die an der Donau liegenden Stadt- und Marktorte, da durch sie der internationale Handelsverkehr zog.

Die Träger der Kultur dieser Zeit waren nicht die Bürger, sondern die Ritter. Das Rittertum ist durch schärfere ständische Gliederung im 12. Jahrhundert entstanden. Die Ministerialen hatten sich im 12. Jahrhundert völlig vom Bauernstand gelöst und waren mit den ärmeren unter den freien Adeligen zu einem Stand der »Milites«, der Ritter, verschmolzen. Sie stellten die eigentliche Wehrkraft des Herzogs dar. Auf dem Hoftag Heinrichs VI. zu Mainz im Jahre 1184 erschien Leopold V. mit einem stattlichen Gefolge von 500 Rittern. Aus den Reihen dieser Ritter nahm nun auch der Landesfürst seine Ratgeber und Hofbediensteten, die dadurch im Ansehen stiegen und den Nobiles, den freien Hochadeligen, nahekamen. Denn sie erhielten auch passives Lehensrecht, d. h. sie konnten auch andere Ritter als Lehensleute haben. Die kleinen Ritter aber, die kein Gefolge haben durften, die »Einschildigen« in der mittelalterlichen Lehenshierarchie, gaben dieser Zeit weitgehend das Gepräge. Ritterliches Wesen und Lebensart, nicht so fein, wie es in romantischen Darstellungen oft gesehen wird, aber doch edel und hehr in einer an und für sich rauhen Zeit, waren das Sinnbild der Kultur des 12. Jahrhunderts. Schönsten und höchsten Ausdruck fand diese ritterliche Kultur im Minnesang. Der Hof Leopolds V. war eine der bedeutendsten Pflegestätten in Süddeutschland. Hier wirkte Reinmar der Alte, die »Nachtigall von Hagenau«, dessen Tod Gottfried von Straßburg in seinem »Tristan« 1210 beklagte; seine formvollendeten Gedichte, reich an sinnigen Herzensworten, pflegten vor allem die wehmütige Klage über unerhörte Liebe. Als Leopold V. starb, legte er dessen Witwe Helene ein rührendes Trauerlied in den Mund und bescheinigte dem Herzog, man habe ihn nicht einen Tag traurig gesehen.

Der Tod dieses Babenbergers war tragisch. Die Gefangennahme eines Kreuzfahrers hatte ihm den päpstlichen Bann eingetragen. Englische Chroniken dieser Zeit, auf Österreich besonders schlecht zu sprechen, berichten von einer Anzahl Katastrophen im Lande und sehen darin eine Strafe Gottes für die Handlungen des Herzogs. Tatsächlich haben in den letzten Lebensjahren Leopolds ein Brand in Wien, Überschwemmungen der Donau, gefolgt von Hungersnot und Pest, stattgefunden. Mitten in heiterer Festtagslaune, beim Turnier oder bei einem Ausritt auf vereister Straße, stürzte der Herzog am 26. Dezember 1194 in Graz vom Pferde und brach sich ein Bein. Die ärztliche Kunst der Zeit wußte dafür keine Rettung mehr. Wenige Tage später ist er gestorben, nachdem er noch auf dem Sterbebette die Zusicherung gegeben hatte, daß der Rest des Lösegeldes an England zurückgezahlt werden würde. Dafür wurde er vom Banne gelöst. In Heiligenkreuz wurde er begraben, sein einfacher Grabstein ist erhalten.

Nach den Bestimmungen der Georgenberger Handfeste sollten Österreich und die Steiermark stets von einem Fürsten gemeinsam regiert werden. Doch wies noch auf dem Totenbett Leopold V. Friedrich, seinem Erstgeborenen, das Herzogtum Österreich und Leopold VI. die Steiermark zu. Friedrich hat die Tradition seines Vaters fortgesetzt und vor allem den Größten aller Minnesänger und ritterlichen Dichter des Mittelalters, Walther von der Vogelweide, kräftig gefördert.

Damals stand der Stern des mittelalterlichen Kaisertums der Staufer im Zenit. Heinrich VI., der mächtige Sohn Friedrich Barbarossas, beherrschte beinahe die gesamte westliche Christenheit. Ein glänzender Kreuzzug sollte die Herrschaft über alle Mittelmeerländer besiegeln. Auch der österreichische Herzog Friedrich zog, begleitet von seinem Onkel Heinrich von Mödling, geistlichen Würdenträgern wie dem Passauer Bischof Wolfger und hohen Adeligen nach Italien und fuhr mit der Vorhut von Messina ab. Da starb der Kaiser plötzlich, der Kreuzzug unterblieb, die ausgesandten Truppen kehrten zurück. Nur Herzog Friedrich wollte noch länger in Palästina bleiben. Da starb auch er plötzlich, noch jung an Jahren, am 16. April 1198 fern der Heimat an Malaria. Treue Freunde brachten den Leichnam nach Österreich zurück, wo er an der Seite seines Vaters in Heiligenkreuz begraben wurde.

Unter der Herrschaft seines jüngeren Bruders, Leopolds VI. (1198–1230), der nun Österreich und die Steiermark gemeinsam besaß, erlebten die babenbergischen Länder im ersten Viertel des 13. Jahrhunderts eine wirtschaftliche und kulturelle Blüte, wie sie später lange nicht mehr erreicht werden sollte. Das Charakterbild dieses größten Babenbergers, der zugleich einer der bedeutendsten Herrscher Österreichs überhaupt war, ist niemals fraglich gewesen, denn schon am Ausgang des Mittelalters hat Ladislaus Sunthaym für ihn den Beinamen »Der Glorreiche« geprägt.

Leopold VI. war der zweitgeborene Sohn des Herzogs Leopold V. Um 1180, vielleicht auch etwas später, geboren, erhielt er den Bischof Ulrich von Passau als Lehrer. Schon als Knabe kam er an den Kaiserhof, wo seine Ausbildung vollendet wurde, nahm am Italienzug des Kaisers Heinrich VI. teil und erlebte damit den Gipfelpunkt des mittelalterlichen Kaisertums. Nach dem plötzlichen Tode seines Vaters wurde er in die Heimat gerufen, um die Regierung im Herzogtum Steiermark anzutreten. Als steirischer Herzog ist er wenig hervorgetreten. Als er 1198 nach dem Tod seines Bruders auch die Regierung des Herzogtums Österreich übernehmen mußte, war er trotz seiner Jugend zu einem der mächtigsten Fürsten des Reiches geworden. Im gleichen Jahre brach das stolze Kaisertum Heinrichs VI. nach dessen jähem Tod zusammen, und Deutschland erlebte das zweite Doppelkönigtum seiner Geschichte. Die Babenberger waren stets Parteigänger der Staufer, ihrer Verwandten, gewesen. Leopold schloß sich daher auch an König Philipp von Schwaben an, nahm an dessen Feldzug gegen Köln teil und blieb bis zu dessen Ermordung 1208 ein treuer Anhänger der staufischen Partei. Nach Philipps Tod leistete er wohl dem nun allgemein anerkannten Welfen Otto IV. den Treueid, hat sich aber nach dessen Bannung im Jahre 1211 wieder abgewandt. Im Jahre 1213 hat er sich wieder als einer der ersten deutschen Fürsten für das »Kind von Apulien«, den Staufer Friedrich II., entschieden und dessen Schilderhebung kräftig gefördert. Bis 1217 nahm er alljährlich an Hoftagen teil, zog 1214 mit auf den Feldzug gegen Aachen und leistete Reichsdienste. Dann zog er sich vom Kaiserhof zurück. Wie schon vorher bei Kaiser Otto IV. Kreuzfahrten gegen die Katharer in Südfrankreich und die Mauren in Spanien als Ausrede verwendet worden waren, wenn er sich vom Hofe fernhalten wollte, war in den Jahren 1217–1219 sein Kreuzzug ins Heilige Land und nach Damiette in Ägypten Ursache, ihm die Anteilnahme an der Reichspolitik zu verwehren. Aber auch nach seiner Rückkehr widmete er sich einige Jahre nur seinen Ländern. Erst im Jahre 1224, als Leopold seine Herrschaft ausgebaut hatte und der angesehenste Reichsfürst geworden war, trat wieder eine starke Annäherung ein, und Margarethe, die Tochter des Österreichers, um die sich auch der englische König Heinrich III. beworben hatte, vermählte sich mit dem 14jährigen Heinrich (VII.), dem Sohne des Kaisers. Obwohl diese verwandtschaftliche Beziehung den Babenbergern wenig Nutzen brachte, da sich Heinrich gegen den Vater empörte und gefangengesetzt wurde, ist deshalb doch keine Entfremdung zwischen Kaiser und Landesfürsten eingetreten; als Friedrich wieder mit dem Papst in Streit geraten und gebannt war, fungierte Leopold mit anderen süddeutschen Landesherren und Kirchenfürsten als Friedensvermittler. Der Herzog war also stets kaisertreu, hat es aber trotzdem verstanden, sich nicht tiefer in die Gegensätze zwischen Krone und Kurie verwickeln zu lassen und die päpstliche Partei nicht zu verstimmen.

Einen bedeutsamen Wandel vollzog Herzog Leopold hingegen in seiner Kirchenpolitik, wo er stets »mit der Zeit ging«. Im Jahre 1202 hat er mit Lilienfeld das letzte österreichische Kloster alten Typs gegründet und blieb dieser Stiftung stets besonders verbunden. Er stattete das Kloster reich aus und gab ihm Land, das bis zum Ötscher nach Westen reichte. Auch für die ersten Bauabschnitte sorgte er vor, und es mag kein Zufall sein, daß die Weihe der ersten Altäre mit seinem Begräbnis zusammenfiel, denn im Chor der Kirche von Lilienfeld fand er seine Begräbnisstätte.

Ein weiteres Zisterzienserstift, Schlägl im Mühlviertel, wurde um 1209 von Kalhoch von Falkenstein gegründet, während Leopold die zugrunde gegangene Kartause Gairach (Jurkloster) in der Untersteiermark wieder reaktivierte.

Daneben förderte er auch andere Neugründungen, etwa die Ansiedlung des Deutschen Ritterordens. 1210 wird erstmals der Hof des Deutschen Ordens in der Singerstraße in Wien erwähnt, doch wird angenommen, daß die Wiener Kommende, eine der ältesten Niederlassungen des Ordens auf deutschem Boden, vor 1204 entstanden ist. Bei der Gründung des Ordens in Akkon war 1198 Herzog Friedrich I. anwesend. Der Gründer der Kommende war Herzog Leopold VI. Eine weitere Kommende des Deutschen Ordens entstand zur Zeit der Babenberger in Wiener Neustadt.

Als weiterer Ritterorden sind 1209 die Johanniter in Wien heimisch geworden. Sie erhielten nun auch Güter in Fürstenfeld in der Steiermark, nachdem Mailberg zu ihrer Hauptniederlassung in Österreich geworden war. Dort hatte ihnen schon um 1140/45 Kadold von Harras Zogelsdorf und den Wald um Mailberg geschenkt. Heinrich III. und Friedrich Barbarossa hatten dies auf dem Tag zu Regensburg 1156 bestätigt. Der erste Versuch, in Österreich einen Bischofssitz zu errichten, ging gegen Ende des 12. Jahrhunderts vom Passauer Bischof Wolfker aus. Leopold VI. nahm die Idee auf, wies in Rom auf die zahlreichen aus der großen Ausdehnung der Passauer Diözese resultierenden Mißstände in der kirchlichen Administration hin und hat bei Papst Innozenz III. auch eine positive Einstellung erreicht. Doch scheiterten seine Bemühungen am heftigen Protest des Salzburger Oberhirten sowie an dem Plan, dem künftigen Bistum das Schottenkloster zu inkorporieren.

Nachdem Leopolds Wunsch, ein Landesbistum in Wien zu errichten, nicht erfüllt worden war, hat er seine Stellung zur Kirche geändert. Zu seiner Zeit bahnten sich im kirchlichen Leben viele Wandlungen an, es setzten Bewegungen ein, deren Anhänger sich als Ketzer in Lehre und Praxis von der Kirche entfernten und die von ihr bekämpft wurden. Der österreichische Herzog wurde bald als »Ketzersieder« bekannt, denn im Jahre 1210 verfolgte er die Katharer im eigenen Land und beteiligte sich zwei Jahre später an einer Kreuzfahrt gegen die Albigenser, wie man die Katharer auch nannte, nach Südfrankreich.

Zur Bekämpfung der Sekten wurden die neuen Bettelmönche angesiedelt. Sie lebten vorwiegend in den Städten, sammelten keine Reichtümer und hatten Kontakt mit der Bevölkerung. Da sie überdies der bischöflichen Jurisdiktion entzogen waren, mußten sie sich enger an den Landesfürsten anschließen. Die Dominikaner kamen vor 1227 nach Wien, die Minoriten erbauten noch unter Leopold VI. ein Kloster außerhalb der Stadtmauern. In Wien entstand um 1230 vor dem Schottentor ein Kloster der Magdalenerinnen, eine Gründung Rudolfs von Worms. Hier sollten ehemalige Straßendirnen, die ihren Lebenswandel geändert hatten, Unterkunft finden. Um 1237 wurde noch ein Dominikanerkloster in Krems gegründet, um 1230 entstand ein Minoritenkloster in Tulln. Darüber hinaus hat Leopold VI. noch in jeder Beziehung die Unabhängigkeitsbestrebungen des Landesklerus gegen das Bistum Passau gefördert und konnte in der Durchsetzung der Vogteirechte über die Landeskirche beachtliche Erfolge erzielen.

Den Besitz des Landesherrn hat Leopold wesentlich erweitert. Als die Babenberger nach Österreich kamen, waren sie primi inter pares gewesen, ein Grafengeschlecht neben vielen anderen, doch bei weitem nicht das reichste. Leopold III. hatte als erster mit großem Erfolg begonnen, die Besitzungen ausgestorbener Hochadelsgeschlechter einzuziehen, so daß die Landesfürsten zum größten Grundbesitzer des Landes geworden sind. Auch Leopold

V. konnte während des Kreuzzuges Hochadelige beerben, so den im Heiligen Land verstorbenen Friedrich von Perg und die Grafen Sigehard und Heinrich von Schala.

Leopold VI. hat diese Politik fortgesetzt, im Gebiet ob der Enns und im Grenzbereich seine Stellung zu stärken verstanden. Vom Würzburger Bischof Otto erwarb er die Herrschaft Lambach und damit Wels, das zur Stadt ausgebaut wurde, von Gottschalk von Haunsberg kaufte er die Stadt Linz und umliegende Güter sowie um 1220 von Otto von Schleunz die Grafschaft Waxenberg. Die wichtige Grafschaft Raabs im Nordwald erwarb er von der Witwe des letzten Grafen und deren Sohn Konrad, Burggraf von Nürnberg. Darüber hinaus waren durch das Aussterben von Hochadelsgeschlechtern große Besitzungen herrenlos geworden, die nun an die Babenberger fielen, etwa die Grafschaft Peilstein im zentralen Niederösterreich, die Güter der Grafen von Clam im Machland, der Nebenlinie in Mödling und die der Hohenburger im Horner Gau. Von diesen übernahm er wohl auch sein neues Wappen, den Bindenschild. Nicht immer ging die Übernahme friedlich vor sich. Graf Ulrich von Pernegg wurde als »blödsinnig« vertrieben und flüchtete nach Böhmen, wo es seine Nachkommen zu hohem Ansehen brachten.

Wenn Leopold den Klöstern viele Schenkungen bestätigte und für sie zahlreiche Urkunden ausstellte, ist doch unverkennbar, daß ihn in erster Linie die Anerkennung seiner obersten Vogtei interessierte. Ebenso hat er sich bemüht, seinen Einfluß auf die Städte, deren Ausbau er in besonderer Weise förderte, zu stärken. Beispiele dafür mögen die Stadtrechte von Enns und Wien sein. Das Ennser Stadtrecht des Jahres 1212 ist das erste erhaltene ausführliche Verfassungsprivileg eines österreichischen Landesfürsten für eine seiner Städte, das der Stadt Wien von 1221 das umfangreichste dieser Zeit. Straf- und Privatrecht, Polizei-, Markt- und Handelsprobleme wurden ebenso geregelt wie Verfassung und Verwaltung. Im Wiener Recht ist die Bevorzugung der einheimischen Bürger gegenüber den »Gästen« besonders hervorgehoben. Das damals gewährte Stapelrecht sollte Wiens Handel besonders fördern. Nun bekam auch ein Ausschuß von Bürgern, sechs in Enns, vierundzwanzig in Wien, Mitspracherecht an der Verwaltung der Stadt neben den vom Stadtherrn eingesetzten Richtern. Urkunden stadtrechtlichen Inhaltes hat Leopold VI. auch für Zwettl, Laa, Tulln, Eggenburg, Freistadt und Triebensee ausgestellt.

Die planmäßig ausgebauten und privilegierten Städte, soweit sie vom Landesfürsten und nicht von Grundherren errichtet wurden, erhielten neben der Wirtschafts- und Verteidigungsfunktion auch eine Rolle als Gerichtssitze. Hier waren wie in den älteren Städten als Wahrer der landesfürstlichen Interessen und gleichzeitig als Stadtrichter Ministerialen ansässig, die im ganzen Einzugsgebiet der Stadt Autorität besaßen. So wurden aus deren Funktionsbezirken allmählich Landgerichte, diese waren vielfach die Nachfolger der Burgbezirke.

Obwohl die Quellen nicht mehr selten sind, sagen sie doch sehr wenig aus über das wirkliche Leben in den Städten, den baulichen Zustand der Häuser, die wirtschaftlichen und sozialen Probleme. Es dürfte aber doch feststehen, daß in den österreichischen Städten dieser Zeit der Handel nur für eine geringe Bevölkerungsschichte von Bedeutung war, daß hingegen das Handwerk und die Landwirtschaft eine große Rolle spielten. Wahrscheinlich waren für die meisten Bewohner mehrere Wirtschaftsformen maßgebend, wobei im Donautal und insbesondere im Raum um Wien der Weinbau und demnach der Besitz von Weingärten wichtig waren.

Viele Städte wurden nun planmäßig erweitert, manche wie St. Pölten mit einem ganzen Stadtviertel um einen Rechteckplatz, die meisten um neue Straßenzüge. Die wenigen erhaltenen Denkmäler deuten auf die solide Bautätigkeit hin, wobei in den größeren Städten wie in den Klöstern auch schon der gebrannte Dachziegel Verwendung fand. Bescheiden waren hingegen die Gemeinschaftseinrichtungen. Eine der ersten dürfte in den Städten die Badstube gewesen sein, gleichzeitig Tätigkeitsort für den Barbier und den Wundarzt. Denn nur für den Herzog selbst gab es einen Arzt, wenn auch über die Ausbildung dieses »magister Heinrich« wenig bekannt ist. Daneben war er noch in der herzoglichen Kanzlei beschäftigt. Das Wohlfahrtswesen lag in dieser Zeit ganz in der Hand der Kirche, bei den meisten Klöstern bestanden Spitäler und Armenhäuser, in Klosterneuburg besteht noch die Anlage des 12. Jahrhunderts. Selbst weltliche Stiftungen, wie das 1160 gegründete Spital am Cerwald, dem Semmering oder das seit dem 12. Jahrhundert bestehende Spital am Pyhrn, wurden von der Kirche verwaltet. In Wien gründete Leopold VI. 1211 ein Spital, das er dem Heiligen-Geist-Orden zur Betreuung übergab, ein anderes, in der Stadt Krems gegründetes wurde dem Stift Lilienfeld übertragen.

Ein erstes Bürgerspital entstand in Wien, ist aber erst 1257 erwähnt. Häufiger dürften vor den Mauern der Städte errichtete Leprosenheime gewesen sein, denn der Aussatz, meist von Kreuzfahrern oder Pilgern aus dem Morgenland eingeschleppt, war eine gefürchtete Seuche, der man durch Absonderung der Kranken begegnen wollte. Selbst in Dichtungen der Zeit fand die Beschreibung dieser Krankheit Eingang.

Um 1200 trat im österreichischen Raum eine neue Art der Dichtkunst in den Vordergrund, das Heldenlied. Damals schuf der »schriber meister Kuonrat«, wohl identisch mit dem Pfarrer von Großrußbach, Schreiber und Notar des Bischofs von Passau und Mitarbeiter der herzoglichen Kanzlei in Wien, ein gigantisches episches Werk, das Nibelungenlied, in dem die Kenntnis der geographischen Situation des Donautales zwischen Passau und Wien mit historischen Ereignissen aus Österreichs Vergangenheit in einen umfangreichen Stoffkreis eingearbeitet wurde. Am Ende der Babenbergerzeit entstand auch in der »Kudrun« ein weiteres Heldenepos, das aber niemals populär werden konnte.

Hingegen ist zur Zeit Leopolds VI. der Minnesang zurückgetreten. Walther von der Vogelweide mußte den Hof des Babenbergers verlassen und konnte hier nicht mehr heimisch werden, so sehr er sich auch darum bemühte. In seinem Sinne dichteten der Rheinländer Reinmar von Zweter zeitweise in Österreich und der aus der Gegend von Eggenburg stammende Ulrich von Sachsendorf, der noch 1249 bezeugt ist. In den Vordergrund trat der aus Bayern stammende Ritter Neidhart von Reuenthal, der von Herzog Friedrich II. ein Gut bei Melk, später eines bei Tulln erhielt. Seine derbbäuerlichen Weisen waren auch bei Hof beliebt geworden.

Walther von der Vogelweide war zum letzten Mal 1203 bei der Hochzeit des Herzogs mit der byzantinischen Prinzessin Theodora aufgetreten. Diese Prinzessin, Enkelin des geblendeten Kaisers Isaak Angelos, kam nach Österreich, als ihre Heimat von Thronstreitigkeiten zerklüftet war und wenig später auch die Stadt Konstantinopel durch ein Kreuzheer geplündert wurde. Es scheint, daß aus diesem Grunde die Verbindungen kultureller Art geringer waren als bei der ersten Theodora.

In der Baukunst der Zeit sind nämlich kaum oströmische Einflüsse erkennbar, hingegen hat sich der Herzog für seine monumentalen Bauten einem genialen Meister aus Westeuropa verschrieben, der französisch-burgundische Frühgotik an die Donau verpflanzte. Ein besonderes Beispiel war die 1799 abgerissene Capella speciosa in Klosterneuburg, nur aus Abbildungen bekannt. Dieser 1222 geweihte Bau war von den Marienkapellen französischer Kathedralen beeinflußt. Bedeutende Werke sind auch die Kreuzgänge von Klosterneuburg sowie die der Zisterzienserklöster Heiligenkreuz, Lilienfeld und Zwettl. Obwohl Zwettl nicht vom Herzog, sondern von Hadmar II. von Kuenring finanziert wurde, fanden dort moderne Formen Anwendung, während andere vom Hof nicht beeinflußte Klöster wie Wilhering oder Baumgartenberg noch Stilformen des 12. Jahrhunderts weiterverwendeten. Die bedeutendste architektonische Leistung der Epoche war aber die Stiftskirche von Lilienfeld, »eine Synthese von Ordenskirche und Kathedrale«.

Wenn also die Periode Leopolds VI. schon von Zeitgenossen als »glorreiche« für seine Länder bezeichnet wurde, hatte dies seinen Grund. Er war ein großer Realist, konnte alle Probleme und Krisen mit fester Hand lösen, stets die Gunst der streitenden Obergewalten sich und seinem Lande erhalten. Im Inneren vermochte er durch Aufzeichnung seiner Güter, den ältesten Fassungen der landesfürstlichen Urbare Österreichs und der Steiermark, und durch die schriftliche Fixierung eines eigenen österreichischen Landrechtes die Ausbildung der Landeshoheit weitgehend abzuschließen.

Am 28. Juli 1230 ist Herzog Leopold VI. zu San Germano in Süditalien, wo er beim Friedensschluß zwischen Kaiser und Papst teilnahm und noch fünf Tage zuvor die Einhaltung aller Verhandlungspunkte durch den Kaiser mitbeschworen hatte, im Alter von 50 Jahren gestorben. Während man Teile des Leichnams in Monte Cassino bestattete, brachte man die Gebeine nach Österreich, wo sie am 30. November 1230 in der Klosterkirche von Lilienfeld unter Anwesenheit von Fürsten und Bischöfen bestattet wurden. Die Untersuchung der Skelette im Chor der Stiftskirche zeigte, daß der Babenberger, körperlich mit 1,80 m fast ebenso groß wie seine Ahnen, nicht unter dem barocken Marmorgrab ruht, sondern in einer Seitennische des Chores neben seiner Tochter Margarethe.

Dieser große Mann hat wenig Glück mit seinen Söhnen gehabt. Leopold, der ältere, ist im Jahre 1216 im Kindesalter in der Klosterneuburger Pfalz von einem Baum gefallen und daran gestorben. Heinrich, der Zweitgeborene, erhielt den Beinamen »der Grausame«. Im Jahre 1226 unternahm er einen Aufstand gegen seinen Vater, bemächtigte sich der Stadt Hainburg, konnte aber überwältigt werden und starb noch zu Lebzeiten des Herzogs. Leopolds jüngster Sohn, Friedrich II., der Streitbare, war ebenfalls ein unruhiger Geist. Schon 1224 als »junior dux Austria et Stire« bezeichnet, hatte er bald mit großen Problemen zu kämpfen.

Vielleicht waren schon die letzten Lebensjahre Leopolds VI., als seine starke Hand lockerer wurde, schuld daran, daß kurz nach dem Tode des Herzogs die Ministerialen unter der Führung der beiden Brüder Heinrich und Hadmar von Kuenring, Söhne Hadmars II. und Herren mehrerer Herrschaften nördlich der Donau und in der Wachau, sich erhoben und dem neuen Landesherrn die Fehde ansagten. Da sich ihre Aktionen vor allem gegen die kirchlichen Besitzungen und die Städte richteten, brachten sie klar zum Ausdruck, welchen Ständen gegenüber sie sich benachteiligt fühlten. Der junge Herzog gab aber gleich eine Probe seines Mutes und seiner raschen Entschlußkraft. Mit einem schwachen Heer drang er ins Zentrum des Aufstandes vor, brach die Burgen Aggstein und Dürnstein, Zwettl und Weitra und unterdrückte nach kurzem Feldzug die Empörung. Mit dem Anführer Heinrich von Kuenring ging er gnädig um und beließ ihm sogar das Marschallamt, andere Teilnehmer ließ er hängen. Dadurch gewann Herzog Friedrich nicht an Beliebtheit und mußte stets neue Aufstände befürchten. Das Gefühl der Unsicherheit blieb selbst hinter den Mauern der Burgen bestehen, der Landfriede konnte vom Herzog nicht gewährleistet werden, durch Willkür und Übergriffe gab er selbst ein schlechtes Beispiel. So wurde ihm vorgeworfen, er habe Bürgerfrauen vergewaltigt. 1235 wurde auch von der Wiener Bevölkerung geklagt, Jugendliche hätten nach Zechgelagen Passanten überfallen und beraubt.

Kriege gab es auch mit den Nachbarn Böhmen und Ungarn. Friedrich war in den ersten Jahren seiner Herrschaft nicht imstande, seine Länder vor Einfällen zu schützen, konnte aber trotzdem die Grenzburgen Lockenhaus und Bernstein erobern und in seiner Hand behalten.

Auch mit Kaiser Friedrich II. geriet der Babenberger bald in Konflikt. Ein Treffen im babenbergischen Pordenone in Friaul konnte wohl erste Zwiste lösen, eine weitere Zusammenkunft in Neumarkt in der Steiermark führte im Mai 1235 aber zur Vertiefung der Gegensätze. Auf dem folgenden Reichstag zu Mainz regnete es daher Beschwerden gegen den mit Berufung auf das Privilegium minus mehrmals zu Hoftagen nicht erschienenen Babenberger, der auch jetzt der kaiserlichen Vorladung nicht gefolgt war. Diese gipfelten darin, er habe sogar die Ermordung des Kaisers durch die Assassinen angestrebt. Auch die Ausschreitungen des Herzogs gegenüber Angehörigen seiner Familie, wie das Verhalten gegen die Mutter, die aus Angst vor ihm von Klosterneuburg nach Mähren flüchtete, oder die Erpressung seiner Schwester Konstanze in der Hochzeitsnacht, kamen zur Sprache. Als Folge dieser Kampagne wurde die Reichsacht über den Herzog verhängt und mehrere Nachbarn mit der Vollstreckung beauftragt. Als diese aber nichts ausrichteten, zog Kaiser Friedrich Ende des Jahres 1236 selbst in die babenbergischen Länder. Die meisten Ministerialen, ihres Treueides entbunden, gingen zu ihm über, die Städte öffneten vor dem kaiserlichen Heere die Tore oder wurden eingenommen wie Graz. In dieser Stunde höchster Gefahr brachte Friedrich den Schatz und die Hausprivilegien auf der von Deutschen Ordensrittern bewachten Burg Starhemberg in Sicherheit und zog sich in den Schutz der Mauern von Wiener Neustadt zurück. Der Kaiser rückte in Wien ein und gewährte der Stadt ein neues Recht, das sie zur Reichsstadt machte. Die babenbergischen Länder betrachtete er als erledigte Reichslehen und gedachte sie später seinem Hause zuzueignen. Bevor er das Land verlassen mußte, um sich anderen Reichsgeschäften zu widmen, gewährte er den steirischen Ministerialen eine Bestätigung ihrer Vorrechte und bestellte einen obersten Landrichter. Zur Verwaltung der Länder ernannte er Statthalter.

Nach seinem Abzug begann Herzog Friedrich mit der Rückeroberung Österreichs, verbündete sich zu diesem Zwecke mit dem König von Böhmen, dem er die nördliche Hälfte seiner Länder versprach, und verheiratete seine Schwester Gertrude mit dem Landgrafen Heinrich Raspe von Thüringen, dem späteren Gegenkönig. Wien und die Steiermark konnte er aber erst 1239 zurückgewinnen, nachdem Kaiser und Papst neuerlich in Streit geraten waren. Doch betrieb er nun wieder staufische Politik, riskierte damit den Kirchenbann für sich und das Interdikt für seine Länder und kämpfte gegen Böhmen, dessen König er die Stadt Laa wieder abnahm. Er weigerte sich auch, seine Nichte Gertrude mit dem Böhmenfürsten Wladislaw zu vermählen, wie er es vorher versprochen hatte.

Großen Ruhm erwarb er sich, als es ihm gelang, die Mongolenheere, die ganz Osteuropa und Ungarn verheerten, von Österreich abzuwehren. Den Fall des ungarischen Reiches hatte er dazu benützt, sich Grenzfestungen verpfänden zu lassen. Jetzt wurde auch im österreichischen Grenzgebiet ein Burgengürtel aufgebaut, oft Wasserburgen wie Pottendorf oder Asparn an der Zaya, aber auch Höhenburgen wie Starhemberg und Gutenstein wurden besonders gründlich befestigt. Vielleicht konnte der Herzog auch aus Ungarn flüchtende Bauleute aufnehmen, die aus dem italienisch-normannischen Raum stammten, bisher etwa an der Burg in Gran oder an der Benediktinerkirche Jak gearbeitet hatten und nun die Bauwerke der ausgehenden Babenbergerzeit beeinflußten: die Stadttore von Hainburg, Portale in Kleinmariazell, Mödling, Tulln, Wels und Wiener Neustadt, das Riesentor der Wiener Stephanskirche und die Stiftskirche von Kremsmünster, den Karner von Tulln.

Aus diesen Beispielen ersehen wir, daß auch von Friedrich dem Streitbaren trotz seiner vielen Kriege die Baukunst gefördert wurde. Beispiele aus dieser Periode, die allerdings nicht vom Babenberger selbst, wohl aber von seinen Ministerialen gebaut wurden, sind die Kirchen von Schöngrabern und Deutsch Altenburg oder die vom Dompropst Heinrich von Passau erbaute Kollegiatstiftskirche von Ardagger.

Besonders symbolhaft mag sein, daß für diesen Babenberger eines der ersten figürlichen Grabdenkmäler unseres Raumes geschaffen wurde. Es befindet sich im Kapitelsaal zu Heiligenkreuz und hat ein Gegenstück im Tumbagrab des letzten Traungauers Ottokar IV. in St. Heinrich bei Marburg/Maribor.

Zu Beginn der vierziger Jahre begann das Nachfolgeproblem in den Babenbergerländern akut zu werden. Herzog Friedrich II. war kurze Zeit mit Sophie, der Stieftochter des Kaisers Theodor I. Laskaris von Nikaia, vermählt gewesen, hatte sich von ihr aber schon 1229 getrennt. Kurze Zeit später heiratete er Agnes von Meranien, die Erbtochter aus dem Hause Andechs. Aber auch dieser Ehe entsprang keine Nachkommenschaft. Während der Notzeit am Ende der dreißiger Jahre waren die Ehegatten sogar getrennt gewesen, Agnes lebte beim Patriarchen Berthold von Aquileja. Im Jahre 1243 erreichte Friedrich nun auf einer Synode zu Friesach die Ehescheidung. Nun wollte er sich mit einer Tochter des Herzogs Otto von Bayern vermählen, erhielt auch die päpstliche Dispens, doch ging das Verlöbnis in Brüche.

Die Kinderlosigkeit des Herzogs machte nun seine weiblichen Verwandten interessanter. Seine Schwester Margarethe hatte nach dem Tode ihres Gemahls, des Staufers Heinrich VII., 1242 den Schleier genommen, besaß aber zwei minderjährige Söhne, Heinrich und Friedrich. Des Herzogs Nichte Gertrude war noch immer unverheiratet, das Verlöbnis mit Wladislaw von Böhmen bestand noch immer. Nun gedachte Kaiser Friedrich Gertrude zu heiraten. Eine Zusammenkunft von Kaiser und Herzog im Jahre 1245 in Verona sollte die Heirat und gleichzeitig die Erhebung Österreichs zum Königreich bringen. Die Urkunde war schon vorbereitet, doch die 19jährige Gertrude weigerte sich, den 51jährigen Kaiser zu ehelichen. So unterblieben Heirat und Rangerhöhung, dem Herzog wurde lediglich das Privilegium minus neu bestätigt.

Parallel zu den Verhandlungen mit dem Kaiser hatte Herzog Friedrich aber auch mit der Kurie Kontakte gepflogen und versucht, den Plan eines Landesbistums zu realisieren. Unterdessen hatte 1218 die Steiermark in Sekkau ein eigenes, allerdings Salzburg unterstelltes Bistum erhalten, die österreichischen Pläne waren hingegen nicht vorwärtsgekommen. Zuerst bemühte sich der Herzog, einen Kult um den für heilig angesehenen Pilger Koloman, an dessen Leichnam sich Wunder ereigneten, aufzubauen und erhielt auch das Recht, den Jahrestag künftig als Festtag zu begehen. 1245 sollten drei Äbte österreichischer Klöster die Bistumsfrage im Auftrage der Kurie neu untersuchen, kamen aber zu keinem Ergebnis, da unterdessen der letzte Babenberger gefallen war.

Der Herzog hatte auch in den vierziger Jahren ein gestörtes Verhältnis zu

Böhmen und Ungarn. Dabei war die Ungarnfrage eng mit dem Mongolen-einfall verbunden. Friedrich mußte wohl schon 1242 die besetzten Grenzko-mitate Preßburg, Wieselburg und Eisenburg wieder herausgeben, einige Fe-stungen hat er aber behalten. Doch ist nicht klar, ob es deshalb im Sommer 1246 neuerlich zum Kriege kam. Als König Bela IV. im Juni 1246 in Öster-reich einfiel, kam es unweit Wiener Neustadts zur Schlacht, bei der die Un-garn besiegt wurden. Später fand man den Herzog unter den Gefallenen, ein Lanzenstich hatte seinen Kopf durchbohrt, die Kämpfenden waren über ihn hinweggeritten. Diese Art des Todes ließ bald Vermutungen aufkommen, der Herzog sei nicht von einem Ungarn, sondern von einem eigenen Krieger getötet worden.

An diesem Tage, dem 15. Juni des Jahres 1246, endete nicht nur das Ge-schlecht der Babenberger im Mannesstamm, es ging auch eine Periode der niederösterreichischen Geschichte zu Ende.

6. KAPITEL

Der Kampf um das Erbe der Babenberger

Der Tod des letzten Babenbergers auf dem Feld bei Wiener Neustadt war das Ende einer Epoche, denn nun gab es keinen männlichen Babenberger mehr. Auch von Herzog Friedrichs Schwestern waren zu diesem Zeitpunkt zwei gestorben, Konstanze und Gertrude, nur mehr die Königinwitwe Margarethe war am Leben. Eine weitere mögliche Erbin war Friedrichs Nichte Gertrude, Tochter seines Bruders Heinrich. Diese beiden Frauen teilten sich nun das Privatvermögen, wobei Teile des Schatzes auch Heinrich von Meißen, dem Witwer nach der Babenbergerin Konstanze, zufielen. Was mit den von Friedrich hinterlassenen Ländern geschehen würde, war aber noch völlig ungeklärt.

Nach den Bestimmungen des Privilegium minus, die aber keine große Rolle spielten, hätte Margarethe, einst Schwiegertochter Kaiser Friedrichs II., die größten Ansprüche besessen. Sie war nach dem Tode ihres Gatten 1242 Nonne geworden und lebte nun in Hainburg. Sie hatte auch zwei Söhne, Heinrich und Friedrich. Obwohl diese staufischen Blutes waren, wurden sie vom Großvater, dem Kaiser, nicht berücksichtigt.

Kaiser Friedrich II. erkannte die Ansprüche der Babenbergerinnen und der Kinder Margarethes von vornherein nicht an, erklärte die Herzogtümer für erledigt und ernannte Reichsverweser. Auf Albero von Kuenring, der sich bald nach Friedrichs des Streitbaren Tod »capitaneus Austriae« nannte, folgte Graf Otto von Eberstein als Verweser des Heiligen Römischen Reiches. Nach 1248 wurde Otto von Bayern zum Statthalter ernannt.

Die päpstliche Kurie, mit dem Kaiser auf Leben und Tod verfeindet, unterstützte dagegen Gertrudes Anwartschaft, deren Ehe mit dem Herzog Wladislaw von Böhmen wurde nun geschlossen. Als dieser aber schon im Jänner 1247 starb, vermittelte man ihr in Hermann VI., Markgrafen von Baden, einen neuen Gemahl und beauftragte die in Österreich tätigen Minoriten, diesen zu unterstützen. Hermann von Baden gelang es wohl, in Österreich Fuß zu fassen, manche Hochadelige für sich zu gewinnen und vom Gegenkönig Wilhelm von Holland die Belehnung zu erhalten. Er hat sich aber durch rücksichtsloses und brutales Vorgehen gegen Klöster und Städte, wobei vor allem Eggenburg schwer gelitten hat, alle entgegengebrachten Sympathien rasch wieder verscherzt. Bereits im Jahre 1250 ist er vermutlich an Gift gestorben, von niemandem in Österreich beweint. Das Land war aber wieder einmal ohne Herrn.

Im Jahr 1250 traf der Tod auch Kaiser Friedrich II., der auf dem Totenbett noch seinen Enkel Friedrich – Heinrich war ebenfalls kurz vorher verstorben – zum Erben einsetzte. Aber auch der junge Friedrich ist bald darauf in Apulien, angeblich von König Konrad IV. vergiftet, gestorben. So gab es nun am Beginn des Jahres 1251 nur mehr drei Anwärter auf das Erbe: Margarethe, Gertrude und ihren Sohn Friedrich aus der Ehe mit Hermann von Baden, der aber noch in den Windeln lag. Dieser »Friedrich von Österreich« wurde im Jahre 1268 gemeinsam mit dem letzten Staufer Konradin zu Neapel hingerichtet, während seine Schwester Agnes den Herzog Ulrich von Kärnten und in zweiter Ehe den Grafen Ulrich von Heunburg heiratete.

Nach dem Tode Kaiser Friedrichs II. ist die staufische Partei arg geschwächt worden, die beiden großen weltanschaulichen Richtungen im Reiche verloren ihr Interesse an der Besetzung des österreichischen Herzogstuhles. Die Landherren, worunter man die wenigen noch vorhandenen Hochadeligen und die vornehmsten Ministerialen des Herzogs, vor allem die Inhaber der Hofämter verstand, nahmen das Schicksal Österreichs zum ersten Male in der Landesgeschichte selbst in die Hand und begannen einen neuen Landesherrn zu suchen. Sie fühlten sich als »ministeriales Austrie« für das Schicksal des Landes verantwortlich.

Die Zukunft der Länder schien auch äußerst düster zu sein. Wer irgendwie Macht hatte, suchte sich zu bereichern und Güter anzueignen. »Alle Adeligen, vielleicht noch mehr die Nichtadeligen, taten, was sie wollten, ohne Furcht vor Gott und den Menschen«, klagt der Chronist Hermann aus dem Kloster Niederaltaich. Die Sehnsucht nach einer Obergewalt, die Recht und Ordnung wahren konnte, wurde immer größer, je mehr die Verwirrung stieg.

Unter den verschiedenen Kandidaten, die in Frage kamen, gewann der junge Markgraf Otakar von Mähren immer mehr Anhänger, zumal alle jene, die auf ihn setzten, sicher sein konnten, daß er notfalls auch die Macht habe, sich mit Gewalt durchzusetzen. Besonders die reichen Landherren unter der Führung Alberos V. von Kuenring, dem Begründer der Dürnsteiner Linie des Geschlechtes, waren für diese Lösung.

Diese waren es nun, die sich an den Böhmenkönig Wenzel I. wandten, der sie wieder an seinen Sohn Otakar, der damals die Markgrafschaft Mähren verwaltete, verwies. Natürlich folgte der Böhme gern diesem Ruf und rückte 1251 in Oberösterreich, bald darauf auch in Wien ein. Das erste Wirken war recht angenehm für die Landesbewohner. Eine Flut von Privilegien für Kirchen, Klöster, aber auch für Städte wurde erteilt, und dabei war er gar nicht wählerisch. Er bewilligte alles, was man von ihm verlangte und prüfte gar nicht, ob es zu Recht bestand. Manchmal ließ dieser »marchio Moraviae et dux Austriae«, wie er sich alsbald nannte, sein Siegel auch an fragwürdige Urkunden hängen.

So erhielt Wiener Neustadt ein selbstverfaßtes Stadtrecht beglaubigt. Otakar wollte damit offenbar die Herzen seiner neuen Untertanen gewinnen. Diesem Ziele ordnete er alles unter. Um im Lande auch besitzmäßig und rechtlich festen Fuß zu fassen, heiratete er 1252 die Babenbergerin Margarethe, die Schwester Friedrichs des Streitbaren, obwohl zwischen dem Paar ein Altersunterschied von nahezu zwanzig Jahren bestand. Die Gattin übergab ihm die Privilegien des Landes, ein Jahr später nahm er das Land von König Wilhelm (von Holland) zu Lehen. Tatsächlich konnte Otakar sich mit allen diesen Maßnahmen eine Gruppe ergebener Anhänger im Lande schaffen. Seine Methoden bewährten sich schon nach kurzer Zeit, als auch die Ungarn Ansprüche auf die österreichischen Herzogtümer erhoben. Die junge Gertrude, die andere noch lebende Babenbergerin, binnen weniger Jahre zweimal Witwe geworden, hatte sich nämlich in dritter Ehe mit einem Verwandten des Magyarenkönigs Bela IV., dem Fürsten Roman von Halics, vermählt. Der Papst, der auf Otakars Gesinnung wenig Vertrauen setzte, ermutigte die Ungarn. Bereits 1252 begannen sie in Österreich einzufallen, wieder zeichneten im östlichen Landesviertel Raub und Brand die Spuren der Eindringlinge. In der Kirche von Mödling allein sollen eintausendfünfhundert Menschen umgekommen sein. Viele andere wurden verschleppt und niemand weiß, wie sie endeten. Die Ungarn hatten allerdings auch Anhänger in den babenbergischen Ländern, vor allem in der Steiermark waren sie einem großen Teil des Adels eher willkommen als die Böhmen.

Schließlich vermittelte der Papst ein Ende des Kampfes, und 1254 wurde in Ofen/Buda die Beute geteilt: den größten Teil der Steiermark behielt König Bela, König Otakar, der kurz zuvor seinem Vater gefolgt und auch König von Böhmen geworden war, bekam zum Herzogtum Österreich alle steirischen Gebiete nördlich der Wasserscheide von Donau und Mur. Damit kamen die Mark Pitten mit Wiener Neustadt und Neunkirchen, das Piestingtal um Gutenstein, das Gölsen- und das obere Traisental zu Niederösterreich, das zum ersten Male seine heutige Südgrenze erhielt. Aber auch der Traungau wurde von der Steiermark gelöst, einem eigenen »Hauptmann ob der Enns« unterstellt und damit der Grundstein für ein neues Verwaltungsgebiet, das Land Oberösterreich, gelegt. Daß Niederösterreich gegenwärtig Anteil am Gebirge hat, verdankt es diesem Frieden von Ofen/Buda und der damals beschlossenen Länderteilung.

Otakar hat nach der Sicherung des Besitzes an die Maßnahmen der Babenberger direkt angeknüpft und ist nicht in den Fehler vieler fremder Herrscher verfallen, die Ratgeber aus ihrer Heimat mitbrachten. Die Beamten und Würdenträger aus der Zeit Herzog Friedrichs blieben im Amt, in der Verwaltung sind keine wesentlichen Änderungen vorgenommen worden. Zur besseren Rechtsprechung setzte er nach böhmischem Muster für jede Landeshälfte nördlich und südlich der Donau zwei obere Landrichter ein, deren Amtsbereiche sich räumlich aber nicht weiter abgrenzen lassen. Ob daraus die Vierteleinteilung des Landes hervorgegangen ist, läßt sich nicht genau sagen, es ist aber wahrscheinlich. Diese Maßnahme ist ebenso wie die Anerkennung eines Landherrenkollegiums, der conciliarii regis, als seine Stellvertreter und als eigentliche Regenten im Lande in einem Landfriedensgesetz niedergelegt, das mit den Großen des Landes ausgehandelt und 1254 veröffentlicht worden ist. Nach dem Muster des in ganz Deutschland gültigen Mainzer Landfriedens entworfen, ist es nicht mehr in der damals in Urkunden allgemein üblichen lateinischen, sondern in deutscher Sprache abgefaßt. Damit wurde wieder für Ordnung im Inneren gesorgt und alle Auswüchse lokaler Herren abgestellt, die in der regentenlosen Zeit eingerissen waren.

Aber auch wo Burgen errichtet werden durften und wer solche Befestigungen anlegen konnte, wurde geregelt. Die Güter des Landesfürsten, die seit dem Tode Friedrichs II. veruntreut worden waren – das waren nicht wenige –, mußten zurückgegeben werden. Das war für viele Adelige nicht angenehm und es gelang ihnen auch, diese Maßnahme vorerst zu verwässern. Um die verschiedenen Güter und Einkünfte besser überblicken zu können, wurde ein Verzeichnis neu angelegt, das schon unter Leopold VI. begonnen worden war. Heute erscheint es uns selbstverständlich, daß jedes Fleckchen Erde im Grundbuch eingetragen ist, damals aber hat man erst begonnen, Besitzaufzeichnungen – sie wurden Urbare genannt – für notwendig zu erachten. Auf Grund dieser geregelten Verwaltung hatten die österreichischen Herzöge das höchste Einkommen eines Fürsten im ganzen Reich.

Im Jahre 1260 schlug Otakar in einem Krieg die Ungarn bei Groissenbrunn im Marchfeld und nahm ihnen sodann die Steiermark ab. Damals sind neuerlich hochadelige Geschlechter, die Plain, Reichsgrafen auf Hardegg, und die Truchsesse von Feldsberg/Valtice, gefallen und ausgestorben. Die führenden Ministerialengeschlechter sind so allmählich zum höchsten Adel geworden. Dies benützte aber Otakar, der an eine Eingliederung der nördlichen Landstriche Niederösterreichs in Böhmen dachte, um seinen Getreuen frei gewordene Besitzungen zukommen zu lassen. So sind die nördlichen Grenzherrschaften systematisch an böhmische Hochadelige vergeben worden. Bereits 1252 wurde der tschechische Burggraf Bozek von Znaim, vielleicht ein Enkel des 1220 vor den Babenbergern nach Böhmen entflohenen »blödsinnigen« Grafen Ulrich von Perneck, zum Grafen von Pernegg-Drosendorf eingesetzt, und sein Bruder Smilo folgte nach seinem Tode als »rector provinciae Berneckensis«. Die Grafschaft Raabs, die nach dem Aussterben der Grafen im Mannesstamm frei wurde, verlieh er einem Ministerialen aus dem Hause der Witigonen, des bedeutendsten Adelsgeschlechtes Böhmens. Dieser Wok von Rosenberg erhielt daneben auch die Grafschaft Litschau, die den bayerischen Grafen von Hirschberg abgesprochen worden war. Die Witwe des letzten Plain, Wilbirgis, heiratete einen Otakar nahstehenden mitteldeutschen Hochadeligen, den Burggrafen Heinrich von Dewin, und brachte ihm die Reichsgrafschaft Hardegg zu. Natürlich haben die Österreicher diese Entwicklung, die ohne viel Aufhebens vor sich ging, mit scheelen Augen betrachtet: ». . . rechte als der bir (Mißwurz) wurzet in dem acker, also want der kunig Ottackar sine Beheim hie phlanzen«, charakterisierte der Reimchronist Otachar ouz der Geul, ein steirischer Ritter und Lehensmann der Liechtensteiner, die Lage.

Jetzt, nachdem Otakar das gesamte babenbergische Erbe beherrschte und von keiner Seite mehr gefährdet war, hat er seinen Regierungsstil grundlegend geändert. Er, der auf die Empfindungen der österreichischen Bevölkerung bisher größte Rücksicht genommen hatte, hat jetzt ganz nach eigenem Willen und Gutdünken regiert. Er brauchte auch den Ehebund mit der alternden Babenbergerin Margarethe nicht mehr, der seiner Herrschaft einen Mantel des Rechtes umgehängt hatte. Ein Vorwand für die Scheidung war schnell gefunden, und es störte Otakar keineswegs, wenn dieser lächerlich war: sie habe einst das Klostergelübde abgelegt und deswegen sei die (seit zehn Jahren bestehende) Ehe ungültig. Der Papst gab seine Dispens und die Scheidung wurde 1261 durchgeführt. Die Babenbergerin zog sich nach Krumau am Kamp zurück, wo sie 1266 starb. An der Seite ihres Vaters wurde sie in Lilienfeld begraben.

Aber auch gegen die Landherren nahm Otakar entschieden Stellung. Alle Trutzburgen, die seit dem Tode Friedrichs des Streitbaren erbaut worden waren, sollten gebrochen, alle Güter, die sich die Adeligen angeeignet hatten, zurückgegeben werden. Vor einigen Jahren war ein ähnlicher Befehl ergangen, damals aber auf die Durchführung nicht gedrungen worden. Die Herren, die Otakar gerufen hatten, mußten mit großer Enttäuschung eine Entwicklung beobachten, die gar nicht nach ihrem Sinne stand. Der Landesfürst bevorzugte in seiner Kanzlei vorwiegend kleine rittermäßige Leute. Diesen unteren Adel, der schon während der Regierungszeit der letzten Babenberger eine wichtige Rolle gespielt hatte, betrachtete er als Gegengewicht zu den Hochadeligen. Waren es aber nicht die großen Ministerialen, die Landherren, gewesen, die Otakar die Herzogswürde in Österreich verschafft hatten? Es ist nur folgerichtig, daß sich der König damit eine Menge unversöhnlicher Feinde schuf. Der Mißmut der Zurückgesetzten äußerte sich erstmals 1265 in einer Verschwörung, an deren Spitze der obere Landrichter Otto von Maissau stand. Sie wurde entdeckt, die Anführer wurden hingerichtet. Otakars Gunst gehörte neben den Rittern von nun an den Städten. Gerade um diese Zeit konnte eine Reihe kleinerer Städte Niederösterreichs, wie Zwettl, Horn, Tulln und St. Pölten, Erweiterungen erleben, und andere Orte erhielten den Stadtrang. Otakar selbst hat in der Nähe der Marchmündung die Stadt Marchegg gegründet, die großzügig für zehntausend Einwohner gedacht war. Immer aber haben die Häuser nur einen Bruchteil des ummauerten Raumes ausgefüllt, und so wurde diese Stadt zum Muster einer willkürlichen Gründung ohne Beachtung der geographischen Gesetze. Reiche Bürger wurden von ihm auch als Beamte verwendet, mit besonderer Vorliebe in der Finanzverwaltung. So waren Paltram aus Wien, der Stadtrichter Gozzo aus Krems oder Konrad von Tulln die mächtigsten Männer in Otakars späteren Regierungsjahren. Auf eine Stadt allerdings war Otakar böse: auf Wien. Es erhielt von ihm keinen Gnadenakt, denn es scheint, daß sich hier eine starke Partei hielt, welche die Babenbergerzeit nicht vergessen konnte. Der Wiener Bürger Jans Enikel lobt in seiner Reimchronik die vergangene Zeit in überschwenglichen Worten und sah insgeheim immer noch die Babenbergerin Gertrude als rechtmäßige Herrin an. In den letzten Regierungsjahren Otakars wurde allerdings auch das Verhältnis zu dieser Stadt besser. Bürgerliche Truppen aus Wien und Wiener Neustadt unterstützten den König bei einem Krieg gegen Ungarn im Jahre 1273. Die Bürger hatten auch nicht zu klagen. Das große Herrschaftsgebiet Otakars, der 1269 auch die Sponheimer in Kärnten und Krain beerbt hatte und neben seinen Stammländern noch den ganzen deutschen Südosten beherrschte, stellte ein einheitliches Wirtschaftsgebiet dar, in dem innerer Friede und wirtschaftlicher Aufschwung herrschten. Die böhmischen Silberminen, mit deren Ausbeutung damals begonnen wurde, waren das Rückgrat einer wirtschaftlichen Blüte. Vom Riesengebirge bis zur Adria konnte der Kaufmann ungehindert ziehen, und Niederösterreich als Kernland des Donauraumes spielte natürlich jetzt eine wichtige Rolle.

Die steigende Macht des Böhmenkönigs erfüllte aber die deutschen Fürsten mit schwerer Sorge. Als daher einer der beiden Schattenkönige auf dem deutschen Thron, Richard von Cornwall – er hatte Otakar 1262 schriftlich mit Böhmen, Mähren, Österreich und der Steiermark belehnt –, im Jahre 1272 starb, schritten die Fürsten zur Neuwahl und machten »der kaiserlosen, der schrecklichen Zeit«, wie Schiller in seiner Ballade vom Grafen von Habsburg jene verwirrten Jahrzehnte treffend charakterisiert, ein Ende. Der Böhme wurde bei der Wahl völlig ausgeschaltet, obwohl ihm eine Stimme unter den Kurfürsten zugestanden wäre. Die westdeutschen Fürsten aus den Rheinlanden gaben den Ausschlag, und sie erwählten einen aus ihrer Heimat, den fünfundfünfzigjährigen schwäbischen Grafen Rudolf von Habsburg, der in seiner Jugend an den Zügen Kaiser Friedrichs II. teilgenommen hatte. Wohl war er in staufischer Tradition verwurzelt, doch hatte sein ghibellinischer Sinn ihm nicht den Blick für die Heimat getrübt, und er hatte erkannt, daß die Interessen Deutschlands nicht nur in Italien lagen. Er zählte nicht zu den mächtigen Fürsten des Reiches, galt aber in seiner südwestdeutschen Heimat als einer der reichsten Dynasten. Als König war er aber vorerst machtlos.

Eine seiner ersten Taten war, alles seit des Staufers Friedrich II. Tod erledigte Reichsgut zurückzufordern. Nur die Kurfürsten sollten davon ausgenommen sein. Das traf viele kleine Adelige, aber auch manche große Herren. Besonders schwer hätte der Böhmenkönig darunter zu leiden gehabt, denn die Herzogtümer Österreich, Steiermark und Kärnten waren ganz eindeutig solch herrenlos gewordenes Gut. Da aber Otakar nicht einmal um die verfassungsmäßig vorgeschriebene Belehnung seiner eigenen Länder, nämlich Böhmens und Mährens, ansuchte, stellte er sich entschieden ins Unrecht und proklamierte Gewalt vor Recht.

In Österreich begann es jetzt zu gären. Die Landherren hätten das harte Regime des Böhmenkönigs jeden Tag lieber abgeschüttelt, denn seine guten Grundbücher und vielen Landschreiber waren ihnen ein Greuel. Nur die reichen Geschlechter in den Städten hielten zu ihm. Unter dem Volk fand der neue deutsche König in den redegewaltigen Mönchen der Bettelorden, den Dominikanern und den beim Volk sehr beliebten Minoriten, die sich früher ganz auf Otakars Seite gestellt hatten, einflußreiche Agitatoren. 1269 hatte Albrecht von Feldsberg auch ein Dominikanerinnenkloster in Imbach gegründet. Otakar versuchte diese Regungen durch harte Maßnahmen zu unterdrücken. Eine Sperrkette wurde gegen das Reich errichtet, Briefe von dort erbrochen, Boten aufgefangen, und der Spionage beschuldigte Männer verfielen dem Rad und dem Galgen. Die Landherren und verdächtigten Städte mußten Geiseln stellen. Es half aber nicht viel. Als 1276 die Reichsacht gegen den Böhmen verhängt wurde und Rudolf mit einem kleinen Heer gegen Niederösterreich vorrückte, gingen nicht nur die Bundesgenossen im Reich zu Rudolf über, sondern auch die Untertanen in Österreich fielen von Otakar ab. Scharenweise ritten die österreichischen Adeligen in das Lager des deutschen Königs, an ihrer Spitze der greise Landrichter Otto von Haslau, dann Wernhart von Wolkersdorf, Ulrich von Viehofen. Nur die auf Weitra sitzenden Kuenringer, Vater und Sohn mit Namen Heinrich, fühlten sich als böhmische Lehensleute und verharrten an Otakars Seite, während sich Leutold von der Dürnsteiner Linie dem Habsburger anschloß.

Die Städte, die auf Rudolfs Weg lagen, Enns, Ybbs, selbst das vielfach von Otakar begünstigte Tulln, öffneten die Tore. Nur der Widerstand Wiens rettete die rasch abbröckelnde Macht Otakars vor dem gänzlichen Verfall. Aber auch dort wuchs täglich die Opposition der kleinen Leute, vor allem der Handwerker, die unter dem Einfluß der Minoriten standen. Immer mehr Österreicher desertierten aus Otakars Heer und verstärkten Rudolfs Armee, die in Klosterneuburg stand. Der Böhme, aus mächtiger Höhe jäh gestürzt, mußte Verhandlungen anknüpfen und einen Frieden suchen, der am 21. November ausgehandelt wurde. Auf alle Neuerwerbungen mußte er verzichten, dagegen behielt er Böhmen und Mähren als Lehen des Reiches. Durch eine Doppelhochzeit der Kinder beider Fürsten sollte der Vertrag besiegelt werden. Die Zeitgenossen erzählten noch lange, wie Rudolf vor Wien im schlichten grauen Rock von dem auch jetzt noch prunksüchtigen Otakar den Lehenseid nahm, und Grillparzer hat durch sein großes Drama diesen geschichtlichen Augenblick volkstümlich gemacht.

Rudolf erließ noch im Dezember 1276 einen neuen Landfrieden, der den kriegsbedingten Ausnahmezustand beendete und die Hochadeligen stark begünstigte. Sie durften ihre gebrochenen Burgen wieder aufbauen und erhielten verstärkte Macht über ihre Untertanen, um deren Abströmen in die Städte zu verhindern. Auch die Städte behielten des Königs Huld, Tulln, Enns, Bruck an der Leitha, Krems, Eggenburg, Laa und Wiener Neustadt erhielten wichtige Privilegien, die alte Rechte bestätigten und neue Vorrechte zusprachen. Von besonderer Bedeutung war, daß bei ganz wichtigen Regierungshandlungen hoher Adel und landesfürstliche Städte um ihre Zustimmung ersucht wurden. Damit wurde der Grundstein für die Institution der Stände gelegt, die in den nächsten Jahrhunderten der Landesgeschichte das Gepräge geben sollte.

Die vorzügliche Verwaltungsorganisation, vor allem auf dem Gebiete der Finanzen, die Otakar geschaffen hatte, behielt der neue König bei. Auch die hohen Beamten, wie Gozzo von Krems und Konrad von Tulln, blieben im Amt. Rudolf brachte zwei Neuerungen mit, welche die Freude mit seiner Regierung bei vielen Bewohnern des Landes rasch gedämpft haben werden: Im Jahre 1277 mußte man in Österreich zum ersten Male Grundsteuer zahlen. Wer einen Hof besaß, zahlte davon 60 Pfennige, von einem Joch Weingarten wurden 30 Pfennige eingehoben. Die zweite Finanzmaßnahme war die Verpfändung von Einkünften und Gütern. Da der König stets zuwenig Geld hatte, erhielten kapitalskräftige Personen, die ihm Kredit gewährten, Güter auf bestimmte Zeit zugesprochen, um aus den Erträgnissen den Schuldbetrag zurückzuerhalten. Die Gläubiger wurden dadurch reich, da sie soviel als möglich herauspreßten, die Güter aber wertloser und die Finanznot des Königs nicht kleiner.

Die Beziehungen zwischen Rudolf und Otakar hatten sich unterdessen wieder arg verschlechtert. Die Fehden der Parteigänger beider Fürsten dauerten vor allem in den nördlichen Landesvierteln an, und Rudolfs Anhänger eroberten auf diese Weise Stützpunkt um Stützpunkt in jenen Gebieten, die als Heiratsgut von Rudolfs Tochter an Böhmen fallen sollten. Auch in anderen Beziehungen wurde der Vertrag von 1276 nur teilweise erfüllt, und die Ernüchterung, die Rudolfs Steuerpolitik den Österreichern brachte, mochte dem Böhmenkönig neue Hoffnungen gegeben haben. Eine starke Partei unter der Führung des Marschalls Heinrich des Jüngeren von Kuenring, dessen Gemahlin eine uneheliche Tochter Otakars war, und des Wiener Bürgers Paltram war noch immer für ihn. Selbst in den Klöstern hatte er Anhang. Der Geschichtsschreiber jener Tage, der Heiligenkreuzer Mönch Gutolf, stand mit seinen Sympathien auf Otakars Seite.

Der Kuenringer war es auch, der die erste Kriegsfackel warf und verschiedene Orte im Norden eroberte. Dabei sollen in Waidhofen an der Thaya 1700 Menschen umgekommen sein. Im Sommer 1278 marschierten wieder die Heere. Diesmal kam es zur Entscheidungsschlacht. Am Weidenbach zwischen Dürnkrut und Jedenspeigen verlor Otakar am 26. August Herrschaft und Leben. Den flüchtenden König erschlug Offo von Mahrenberg, dessen Onkel in der Haft in Prag 1271/72 ermordet worden war. Der Leichnam des Königs wurde von Troßknechten oder Kumanen beraubt.

Während Rudolf am 16. Oktober 1278 zu Kuttenberg/Kutna Hora mit der Königinwitwe Kunigunde Frieden schloß, traf Otakars Anhänger in Österreich die Strafe des Siegers. Die beiden Heinriche von Kuenring-Weitra mußten zu ihrem Verwandten nach Troppau/Opawa emigrieren, ihren Besitz erhielt Leutold von Dürnstein. Damit blieben Weitra und das Umland endgültig österreichisch.

Die Grafschaften im Norden der Donau an der böhmischen Grenze wurden neuen Männern verliehen, den dort unter Otakar angesetzten böhmischen Großen die Besitzungen entzogen. Die Rosenberger mußten Raabs und Litschau aufgeben, das die Grafen von Hirschberg zurückerhielten. Da den Witigonen aber das Gebiet um Landstein und Neubistritz für ihren Abfall von Otakar belassen wurde, wo Heinrich von Rosenberg Burg und Stadt

Neuhaus (Jindřichův Hradec) gründete, ist damals der nordwestlichste Teil Niederösterreichs bei Böhmen geblieben und die heutige Grenze festgelegt worden. Der dritte Gemahl der Hardeggerin Wilbirgis, Graf Berthold von Rabenswalde aus Thüringen, erhielt die Grafschaft Hardegg und gründete als neuen Mittelpunkt die Stadt Retz. Burggraf Friedrich von Nürnberg, der sich um Rudolfs Regierungsanfang und Sieg verdient gemacht hatte, wurde mit der Herrschaft Seefeld belehnt.

Rudolf von Habsburg hatte das Land Österreich endgültig dem Reiche gesichert, war aber von Anfang an entschlossen, es seinem Hause zuzuwenden. Denn der Begriff »Reich« hatte im spätmittelalterlichen Deutschland keinen wahren Gehalt mehr. Ohne starke Hausmacht des Königs gab es keine Herrschaft über die Fürsten, ohne diese Herrschaft keine Macht des Reiches. Zäh und umsichtig ging Rudolf an die Ausführung des Planes, den er schon lange genährt und für dessen Durchführung er schon vorgearbeitet hatte. Er überhörte den Vorwurf der Fürsten, daß er eigensüchtige Privatpolitik treibe, konnte aber ihrem Argwohn erst nach langen Verhandlungen die »Willebriefe« abringen, ohne die er keine Verfügung über Reichsgut treffen konnte. Das aber dauerte Jahre, wenn er auch zwischendurch die ersten realen Maßnahmen für die Besitzübertragung durchführte. Bereits seit 1277 hat er österreichische Lehen der süddeutschen Bistümer seinen Söhnen zugewendet und durch Begünstigung der maßgebenden Stände einen günstigen Boden vorzubereiten versucht. Als er 1281 Österreich verlassen mußte, ließ er in Wien, »des riches hauptstadt in Österreich«, seinen Sohn Albrecht als Statthalter zurück, der von einem Rat aus zwanzig Mitgliedern des Hochadels unterstützt wurde.

Vorher hat er aber noch in einem Landfrieden, der in seinen Bestimmungen an die unter Otakar weitergeführten österreichischen Rechtsanschauungen anknüpfte, ein grundlegendes Gesetzeswerk hinterlassen, dessen Text allerdings verlorenging. Städte, Ritter und Knappen beschworen diesen zehnjährigen Frieden und traten dabei erstmals als geschlossene politische Gruppen auf.

Ein Jahr später, im Dezember 1282, konnte er auf dem Reichstag zu Augsburg die Belehnung seiner Söhne Albrecht und Rudolf mit den Herzogtümern Österreich und Steiermark durchführen. Niederösterreich war nicht mehr Reichsland, sondern gehörte einer Dynastie und hatte zwei Fürsten zugleich. Jetzt schalteten sich die Landherren ein. Eine Abordnung trug dem König ihre Bedenken vor, da eine Doppelbelehnung nicht nur ungewohnt war, sondern auch wegen innerer Reibereien gefährlich erschien. Daher erhielt 1283 im Vertrag von Rheinfelden Albrecht als der Ältere Österreich und die Steiermark allein, sein Bruder Rudolf II. sollte mit einem anderen Land entschädigt werden. Als dies nicht eingehalten wurde, ermordete im Jahre 1308 Rudolfs Sohn Johann Paricida seinen Onkel, den nunmehrigen deutschen König Albrecht.

7. KAPITEL

Die Habsburger werden in Österreich heimisch

Wenn ein Land einen fremden Herrscher bekommt, begegnet diesem allerorten Mißtrauen. Wenn er dazu noch landfremde Ratgeber mitbringt und nach den Gewohnheiten seiner Heimat zu regieren sucht, steigert sich dieses Mißtrauen bald in Neid und Eifersucht der zurückgesetzten heimischen Würdenträger, was nicht selten zu offenen Rebellionen führt. So erging es auch dem ersten Habsburger in Österreich, Albrecht I. Der Herzog stand, als er 1283 die Alleinregierung in Österreich übernahm, in der Blüte seines Lebens. Siebenundzwanzig Jahre alt, zeichnete er sich durch Tatkraft, Unbeugsamkeit und Konsequenz in allen Handlungen aus. Ein ausgeprägtes Selbstbewußtsein, der ständige Ernst des Antlitzes nebst schroffem und herrischem Benehmen verhinderten tiefere menschliche Kontakte. Dagegen war er ein vortrefflicher Familienvater, ein tapferer Krieger wie kühner Feldherr und verstand es auch, als Staatsmann schwierige Lagen zu meistern.

In den habsburgischen Besitzungen in Schwaben bestand ein gut organisiertes Verwaltungssystem. Dieses nach Österreich zu übertragen, war eines der Ziele des neuen Herrschers. In seiner Kanzlei wurden die Urkunden fast ausschließlich in deutscher Sprache geschrieben, als Schreibbehelf verwendete man das Papier. Mit Hilfe seiner Schreiber ließ er das Verzeichnis der landesfürstlichen Besitzungen revidieren und legte damit die Grundlage für die Zurückgewinnung von Gütern, die im letzten halben Jahrhundert auf irgendeine Weise dem Herzog entfremdet worden waren.

Dem hohen Adel des Landes begegnete er vom ersten Tag an mit Mißtrauen. Der Marschall Hermann von Landenberg und Eberhard IV. von Wallsee zählten zu seinen engsten Beratern, unter denen sich kein Österreicher befand. Daher standen die Träger der Erbämter zu ihnen in natürlichem Gegensatz: Stephan von Maissau als Marschall, Friedrich von Lengenbach, später Albero von Puchheim als Truchsesse, Otto von Perchtoldsdorf als Kämmerer, Leutold von Kuenring als Schenk. Neben vier Brüdern aus dem Hause der Wallseer befanden sich andere schwäbische Adelige im Gefolge des neuen Herzogs, von den einheimischen Herren mit großem Mißtrauen betrachtet. Albrecht scheute sich auch dann nicht, gegen sie vorzugehen, wenn sie sich große Verdienste um den Sieg seines Vaters erworben hatten, wie Konrad von Summerau. Im Jahre 1284 ließ er dessen Festen Freienstein bei Ybbs und Werfenstein im Strudengau brechen, um zu beweisen, wer der Herr im Lande ist. Die Zerstörung unbequemer Adelsburgen blieb auch im 14. Jahrhundert üblich.

Albrecht war anfangs mit auswärtigen Streitigkeiten sehr beschäftigt, so daß er seine strenge Hand gegen die Einheimischen etwas lockern mußte. Mit dem Herzog von Bayern beendete er eine Fehde siegreich, mit dem Erzbistum Salzburg hatte er Reibereien wegen Besitzungen im Ennstale, vor allem aber beanspruchten die Vorgänge in Ungarn sein ganzes Interesse. Dort hatten die selbstbewußten Magnaten in ständigen Kämpfen gegen den König immer mehr Macht gewonnen, vor allem die Herren von Güssing, Besitzer weiter Landstriche an der ungarisch-österreichischen Grenze im heutigen Burgenland. Mehrmals griff Albrecht in diese Auseinandersetzungen ein. Die Rivalität zwischen den Schwaben und den österreichischen Landherren trat bei diesen Feldzügen offen zutage, und im Jahre 1287 kam es zum ersten Aufruhr, bei dem sich die Stadt Wien an die Spitze stellte. Der Herzog hatte nämlich entgegen ihrem Niederlagsrecht die oberdeutschen Kaufleute begünstigt, das nahmen ihm die Wiener übel. Albrecht aber blieb hart, Wien mußte sich im Februar 1288 wieder unterwerfen und auf die Reichsprivilegien, die Rudolf der Stadt bestätigt hatte, förmlich verzichten. Das Stadtrecht wurde aber nicht geschmälert.

Die Landherren hatten sich bei dieser Empörung zurückgehalten, da sie die Macht des Herzogs besser überblicken konnten, und ließen die Bürger beim Widerstand allein. Insgeheim konspirierten sie aber weiter und leisteten selbst bei akuter Gefahr für das Land passiven Widerstand. Als 1289 Albrecht, den sein Vater mit diesem Land belehnte, in einen Krieg mit Ungarn verwickelt war, ging das Lehensheer des Landadels beim Herannahen der Erntezeit im folgenden Jahre einfach auseinander, und die Ritter kehrten heim auf ihre Güter. Nur die Treue der Stadt Wien, deren Mauern dem ungarischen Reiterheere Trotz boten, bewahrte das Land vor einer größeren Katastrophe. Als im Jahre 1295 das Gerücht verbreitet wurde, der Herzog liege nach dem Genuß vergifteter Speise krank darnieder, kam die Empörung, an deren Spitze Leutold von Kuenring stand, zum offenen Ausbruch. Vor einem direkten Bund mit dem Böhmenkönig Wenzel II., aber auch mit dem deutschen König Adolf von Nassau schreckten die meisten Landherren aber doch zurück, und ihr unentschlossenes Zaudern nützte Albrecht aus, um den Adelsbund zu spalten. Nur die Rebellen im Norden der Donau mußten schließlich mit Heeresgewalt niedergeworfen werden, die anderen waren selbst abgebröckelt. Schnell und ohne großes Aufgebot wurde dieser Aufstand, vom Reimchronisten Otachar ouz der Geul als »törichte Geschichte« bezeichnet, von Albrechts Anhängern unterdrückt. Leutold von Kuenring, der mächtigste Herr des Waldviertels, mußte die Grafschaft Litschau vom Landesfürsten zu Lehen nehmen und diesem Burg und Stadt Weitra, eine wichtige Grenzherrschaft im nordwestlichen Niederösterreich, abtreten. Auch den Wallseern übergab er einige seiner Burgen. Die politische Bedeutung der Kuenringer war damit zu Ende, obwohl sie erst 1594 ausgestorben sind. An ihre Stelle sind neue Geschlechter getreten.

Da waren einmal die schwäbischen Wallseer, die an den Feldzügen Rudolfs von Habsburg teilgenommen hatten und mit Albrecht ins Land gekommen waren. Eberhard IV. wurde Landrichter ob der Enns, erhielt aber auch Güter und Schlösser in Niederösterreich, vor allem von den Summerauern und den Kuenringern. Dieses, in der künftigen mittelalterlichen Geschichte Österreichs wichtige Geschlecht bildete mehrere Linien, die in Linz, Enns, Graz und Drosendorf saßen und nach diesen Orten benannt wurden. Der niederösterreichische Zweig ist aber unter diesen der ärmste geblieben. Nachdem die Wallseer 1331 alle schwäbischen Güter den Habsburgern verkauft hatten, sind sie völlig zum österreichischen Geschlecht geworden und hatten im 14. sowie in der ersten Hälfte des 15. Jahrhunderts den Höhepunkt. Ihr Lehenbuch zeigt die Vielfalt ihrer Mannschaft und damit ihrer Macht.

Im Besitz der Reichsgrafschaft Hardegg folgten auf Heinrich von Dewin der dritte Gemahl der Plainerin Wilbirgis, der Graf Berthold von Rabenswalde, und nach ihm die Burggrafen von Maidburg, die schon früher Verwalter der Burg Weitra gewesen waren. Diese Maidburger sind während des 14. und 15. Jahrhunderts das vornehmste Hochadelsgeschlecht Österreichs geworden und unterhielten auch enge Beziehungen zum Hof des deutschen Königs, als die böhmischen Luxemburger die Krone trugen.

Von den alteingesessenen österreichischen Geschlechtern sind die Maissauer an die vorderste Stelle gerückt; sie haben die Kuenringer nicht nur im Marschallamt, sondern auch besitzmäßig beerbt. Das Geschlecht, das im Waldviertel und im Weinviertel begütert war, ist im 14. Jahrhundert zu ungeheurem Reichtum gelangt. Um 1380, als es zur Zeit Heidenreichs auf dem Höhepunkt der Macht stand, betrugen seine Einkünfte vom Grundbesitz nicht viel weniger als in den landesfürstlichen Urbaren des ausgehenden 13. Jahrhunderts verzeichnet ist, dazu kamen noch die Honorare aus den verschiedenen Ämtern, die sie innehatten. Man hat das jährliche Einkommen dieses Geschlechtes zur Zeit seiner Blüte auf 4000 bis 4500 Pfund Pfennige geschätzt, das sind mindestens 50 Millionen Schilling in heutiger Währung. Die vier Städte Horn, Maissau, Allentsteig und Staatz waren in ihrem Besitz, die Wachauklöster Dürnstein und Aggsbach ihre Gründungen.

Das Erbtruchsessenamt hatten die Puchheimer inne, die bereits im 13. Jahrhundert in Niederösterreich nachweisbar sind und aus dem oberösterreichischen Rebgau, von wo auch einst die Grafen von Poigen gekommen waren, stammten. Sie haben 1348 ihre oberösterreichischen Güter gegen die Herrschaften Litschau und Heidenreichstein im Waldviertel vertauscht und dazu die Grafschaft Raabs an der Thaya erhalten. Unter Albero III., der unter drei Herzögen zwischen 1340 und 1380 als Feldherr, Diplomat und Verwaltungsbeamter vor allem in den Vorlanden tätig war, sind sie zu einem der führenden niederösterreichischen Geschlechter aufgestiegen und haben sich später in mehrere Linien geteilt. Ein Bruder Alberos war Erzbischof von Salzburg.

Die Pottendorfer waren die Haupterben nach den Truchsessen von Feldsberg und haben nebst anderen reichen Gütern im außer- und inneralpinen Wiener Becken die Städte Zistersdorf und Ebenfurth besessen. Sie waren allerdings lange Zeit von den Hofämtern ausgeschlossen, da nach einer Tradition ein Mitglied dieses Hauses einen Habsburger auf der Jagd versehentlich getötet haben soll. Mittelalterliche Geschichtsschreiber haben dies ausgeschmückt und berichten, daß Herzog Friedrich der Streitbare von einem Pottendorfer umgebracht worden sei.

Von den Kuenringern erhielten auch die Liechtensteiner, die während des 14. Jahrhunderts Stadtherren von Zwettl, Gmünd und Feldsberg waren, reichen Besitz. Sie haben ihr Herrschaftsgebiet vor allem im mährischen Grenzland mit dem Zentrum um Nikolsburg/Mikulov aufgebaut. In der Gegend von Hollabrunn, aber auch um Asparn an der Zaya, waren die Herren von Sonnberg reich begütert, die unter Hadmar in der ersten Hälfte des 14. Jahrhunderts ihre Machthöhe erreichten, südlich der Donau saßen die Ebersdorfer, die 1298 das Kämmereramt in Österreich erwarben und es von da an erblich im Besitz behielten. Im Viertel ober dem Wienerwald waren die oberösterreichischen Zelkinger reich begütert. Damit haben wir die wichtigsten Geschlechter des 14. Jahrhunderts genannt.

Die Verbesserungen in der Verwaltung, die Herzog Albrecht in Österreich nach schwäbischem Muster einführte, halfen, die neue Zeit, in der nicht mehr die Naturalwirtschaft, sondern die Geldwirtschaft dominierte, ebenso wie den Territorialstaat moderner Prägung vorzubereiten. Zu den wesentlichsten Maßnahmen des Herzogs gehörte die Ersetzung des großen Rates der Landherren, wie er ihn von seinem Vater übernommen hatte, durch einen engeren geheimen Rat mit vier seiner vertrautesten Mitarbeiter. Auch schuf er den ersten Ansatz für einen dem Landesfürsten allein verantwortlichen Beamtenapparat. In der Finanzverwaltung nahm der Landschreiber die erste Stelle ein, der Hubmeister verwaltete und kontrollierte die landesfürstlichen Güter, die in einer Neubearbeitung der Urbare zusammengefaßt wurden. Vogtei- und Patronatsrechte über Kirchengüter hat Albrecht, wo immer sich die Möglichkeit bot, rücksichtslos an sich gezogen und damit die Kirche stärker seiner Aufsicht untergeordnet. Seine Bemühungen um die Vergrößerung der Hausmacht, die auch über die Reichsgrenzen hinausgriffen und neben Böhmen auch Ungarn erfaßten, sind durchwegs erfolglos geblieben.

Erstmals stammte der neue Landesfürst Österreichs aus einem Geschlecht, das die deutsche Königskrone getragen hatte. Daß die Fürsten nicht ihn als den ältesten Sohn des verstorbenen Königs, sondern den Grafen Adolf von Nassau im Jahre 1291 zum Nachfolger gewählt hatten, konnte Albrecht nicht verwinden. Nicht nur persönliche Gründe waren für das Übergehen des Habsburgers ausschlaggebend gewesen. Die Zielstrebigkeit dieses Hauses unter Rudolf hatte das Geschlecht reich gemacht und die Kurfürsten für die zukünftige Entwicklung in Sorge versetzt. Da die Fürsten aber auch in König Adolf nicht das gefügige Werkzeug fanden, das sie erwartet hatten, arbeiteten manche auf seinen Sturz hin. Jetzt erschien der

Habsburger, als man einen tatkräftigen Kandidaten suchte, der Adolf überwinden könnte, höchst wünschenswert als Gegenkönig. Im Juni 1298 wurde Adolf abgesetzt und Albrecht von Österreich an seiner Stelle gewählt. Wenige Wochen später, am 2. Juli, verwundete dieser seinen glücklosen Gegner in der Schlacht am Hasenbühel bei Göllheim, andere Mitkämpfer töteten den Nassauer. Damit trug mit Albrecht I. neuerlich ein Habsburger die Krone Deutschlands, nach seinem Willen sollten die beiden ebenfalls babenbergischen Länder Stammbesitzungen einer neuen Herrscherdynastie werden.

Da König Albrecht mit Reichsangelegenheiten genug beschäftigt war und die Verwaltung des Hausbesitzes nicht selbst besorgen wollte, übertrug er seinem mit 17 Jahren zwar schon volljährigen, aber als Erbe seiner Mutter Elisabeth von Tirol kränkelnden Sohn Rudolf III. die Regierung Niederösterreichs. Auf dem Reichstag in Nürnberg wurde er noch 1298 gemeinsam mit seinen Brüdern Friedrich, Leopold und den noch minderjährigen jüngeren zur gesamten Hand belehnt, doch erklärte der Vater, der Älteste solle allein »euer Herr« sein. Die zweite Generation der Habsburger ist hier schon völlig heimisch geworden, war in Sprache und Sitten nicht mehr von den Landesbewohnern zu unterscheiden; sie waren keine Schwaben mehr. Von 1298 bis 1358 hat diese Generation das Land regiert und Voraussetzungen geschaffen, die für die fernere Zukunft von größter Wichtigkeit sein sollten.

Rudolf III. konnte allerdings nie richtig in Erscheinung treten, denn die Zügel der großen Politik hielt sein Vater auch weiter in der Hand, dem Sohne blieb nur die kleine Verwaltungsarbeit. Während seines kurzen Lebens hatte er aber ein wichtiges Gesetz erlassen, durch Gärungen im Volke gezwungen. In den letzten Jahrzehnten des 13. Jahrhunderts hatten vor allem die Klöster durch Vermächtnisse und Stiftungen gewaltigen Grundbesitz erworben. Wenn man die Klosterurkunden dieser Zeit durchblättert, kann man sich des Staunens über die Vielfalt von Besitzvermehrungen nicht enthalten. Seit damals erstreckten sich die großen Klosterherrschaften als Streubesitz über alle vier Landesviertel, und auch in den Städten haben Klöster Häuser erworben. Dies führte zu einer Minderung und Verarmung des wehrhaften Standes, zumal die geistlichen Güter keinerlei Leistung für Herzog und Land erbrachten. Daher verfügte Rudolf III. im Jahre 1303, daß Geistliche hinkünftig in Österreich nur mit landesfürstlicher Zustimmung Besitzungen oder Einkünfte erwerben dürfen, auch wenn sie solche geschenkt erhielten. Auf dem Lande wurden diese Bestimmungen allerdings bald umgangen und durchlöchert, die Städte aber merkten sie sich gut und haben streng für die Einhaltung gesorgt.

Gegen die Besitzvermehrung in der toten Hand konnte die Bevölkerung nicht aufstehen, daher wurden die Juden, die durch umfangreiche Geldgeschäfte große Vermögen erworben und manchen Landmann und Ritter an den Bettelstab gebracht hatten, als Ventil der Volkswut benützt.

In St. Pölten kam es zu Massakern, die Albrecht mit Waffengewalt niederschlagen mußte. Die Stadt sollte sogar zerstört und die Bewohner sollten in Pottenbrunn angesiedelt werden.

Im privaten Leben wie im politischen Bereich stand der junge Herzog ganz im Banne seines Vaters. Über dessen Wunsch vermählte er sich im Jahre 1300 mit der französischen Königstochter Blanche von Valois, die aber schon 1305 starb. Nach ihrem Tode heiratete er die junge Königinwitwe Elisabeth von Böhmen und wurde von seinem Vater auch mit dem přemyslidischen Erbe belehnt. Schon Jahre vorher hatte er Feldzüge gegen Böhmen und Mähren geführt, bei denen auch Teile Niederösterreichs von verbündeten Kumanen verwüstet worden waren. Die böhmische Königskrone trug Rudolf III. aber nicht lange. Im Juli 1307 starb er bei der Belagerung der Burg Horaždovice bei Pisek und wurde im St.-Veits-Dom in Prag bestattet.

Sein Bruder Friedrich, schon nach Rudolfs Königswahl aus den Vorlanden nach Österreich berufen, hatte zu dieser Zeit die Zügel fest in der Hand. Aber bald brach für die jungen Landesfürsten eine schwere Zeit an. König Albrecht wurde von seinem Neffen Johann am 1. Mai 1308 ermordet, nachdem er sich vorher bei den Fürsten noch unbeliebter gemacht hatte als sein Vorgänger. Die Österreicher kamen daher für die Nachfolge auf dem deutschen Thron nicht in Frage. Wieder suchte man sich einen westdeutschen Kandidaten und fand ihn in Heinrich von Luxemburg. Der wieder war von vornherein ein erklärter Feind der österreichischen Habsburger. Schon sprachen die Zeitgenossen davon, daß er dieses Geschlecht aus Österreich verdrängen wolle. Gerade damals hatten die Habsburger keine überragende Persönlichkeit aufzuweisen. Die fünf Söhne Albrechts, Friedrich, Leopold, Heinrich, Albrecht und Otto, waren noch jung, der älteste knapp zwanzigjährig.

Von einer Vertreibung des Hauses aus Österreich konnte im Ernst natürlich keine Rede sein, der König sah in ihnen lediglich die ärgsten Konkurrenten bei der Erwerbung des Königreiches Böhmen, das er seinem Hause zugedacht hatte und worin er schließlich auch erfolgreich blieb. Jedenfalls nützten die österreichischen Adeligen diese schwache Stellung der Habsburger, deren Belehnung erst nach längeren Verhandlungen erfolgte, zu einem neuerlichen Aufstand gegen die »Schwaben«. Unterstützt vom Bayernherzog Otto hat eine kleine Gruppe, zu der die Pottendorfer, die Zelkinger und der Wiener Schützenmeister Berthold zählten, »Österreichs Ehre und Unabhängigkeit vergessend«, sich der jungen Herzöge Albrecht und Otto bemächtigen wollen, wurde aber von Ulrich von Wallsee besiegt und hart bestraft. Nach diesem erfolglosen Aufstand hat man sich endgültig mit dem neuen Herrschergeschlecht abgefunden.

Herzog Friedrich hat sich, ähnlich wie sein verstorbener Bruder, um eine Frau aus einem westeuropäischen Fürstengeschlecht beworben. Im November 1311 überbrachte der Deutschordenskomtur Konrad von Verbehang König Jayme II. von Arragon die Werbung des österreichischen Herzogs um dessen Tochter Isabel. Bei den folgenden Verhandlungen wurde von seiten der Spanier die Garantie der Erzbischöfe, Prälaten, des Adels und der Städte des habsburgischen Bereiches verlangt, so daß erstmals die späteren Stände des Landes in einer Frage aktiv werden mußten, die über den engeren Bereich hinaus Bedeutung hatte. Insbesondere die Bedeutung der Städte wurde nun betont.

Um diese Zeit hatten die meisten niederösterreichischen Städte bereits Stadtrechtsprivilegien, die ihre Verfassung festlegten, ihre wirtschaftlichen Interessen schützten und das Verhältnis zum umliegenden Land regelten. Um 1200 waren die Stadtrechtsurkunden noch kurz und allgemein gehalten gewesen. Beispiele dafür sind die Rechte von Wien und Zwettl aus dieser Zeit. Erst unter den letzten Babenbergern wurden ausführliche Verfassungsinstrumente gebräuchlich. Damals erhielten neben Enns und Wien, wo die Urkunden erhalten sind, noch nachweisbar Tulln, Hainburg, Wiener Neustadt, Triebensee und Laa Stadtrechte durch den Landesfürsten. Unter Rudolf von Habsburg ist dann versucht worden, eine einheitliche Rechtsentwicklung der österreichischen Städte zu erzielen. Grundlegend sollte das Wiener Recht sein. Tatsächlich haben einige in der Folgezeit verliehene Urkunden, wie die von Korneuburg, Krems und wahrscheinlich auch von Klosterneuburg, enge Verwandtschaft mit Wien. Im 14. Jahrhundert wurde nun eine Gruppenbildung in der Rechtsentwicklung bemerkbar. Die Stadtrechte von Weitra, Waidhofen an der Thaya und Drosendorf einerseits, die von Hainburg, Bruck und Marchegg andererseits haben gemeinsame Züge. Aber auch die hohen Adeligen haben im 14. Jahrhundert ihren Städten Rechte verliehen, wie die Kuenringer ihrer Stadt Dürnstein. Auch bei den Stadtrechten spielte das Gewohnheitsrecht eine große Rolle.

Als Vertreter der Bürgerschaft ging aus dem Rat der Bürgermeister hervor, der ursprünglich bei städtischen Urkunden an zweiter Stelle gestanden hatte, bald aber den Stadtrichter überflügelte. Zum ersten Male in Österreich wird 1285 ein Bürgermeister in Wiener Neustadt genannt, 1287 erscheint er zum ersten Male in Wien. Auch viele andere kleine landesfürstliche Städte haben während des 14. Jahrhunderts einen Bürgermeister erhalten, während er bei den herrschaftlichen, d. h. bei solchen Städten, deren Stadtherr ein weltlicher oder geistlicher Großer war, seltener vorkommt. Interessant ist, daß überall dort, wo ein Bürgermeister mit landesfürstlicher Bewilligung gewählt werden durfte; wie in Krems oder Korneuburg, das Amt bald wieder verschwunden ist. Eine solch überragende Stellung wie in Wien, wo er den Stadtrichter beinahe ganz verdrängte, hat der Bürgermeister aber in keiner anderen niederösterreichischen Stadt während des Mittelalters erhalten.

Die überragende Rolle Wiens, das Albrecht I. durch Beseitigung der Sonderrechte, durch die Verlegung des Hoftaidings als ständige Institution in die Stadt und durch den Ausbau des schon von Otakar II. begründeten Residenzbezirkes zur Hauptstadt seiner Fürstentümer gemacht hatte, ist im 14. Jahrhundert, wo keine der kleinen Städte mehr nennenswert wuchs, sondern im Gegenteil die Bevölkerungszahl manchmal zurückging, noch stärker zur Geltung gekommen. Friedrich III. schuf 1327 durch Ansiedlung der Augustiner-Eremiten in nächster Nähe der Residenz ein Pfalzgotteshaus und einen geistigen Mittelpunkt. Mit der Augustinerkirche entstand eines der bedeutendsten gotischen Baudenkmäler Wiens.

Jetzt sind nur mehr ganz wenige Orte zu Städten erhoben worden (Hardegg, Litschau, Maissau, Dürnstein, Feldsberg, Ebenfurth und Allentsteig). Alle waren im Eigen- oder Lehensbesitz von Adeligen. Dagegen sind jetzt die Märkte immer zahlreicher geworden. Die Städte waren um diese Zeit durchwegs befestigt, aber nun sind auch mit Erlaubnis des Stadtherrn oder des Landesfürsten Märkte mit Mauern oder Palisadenzäunen umgeben worden. 1276 erhielt der Bischof von Passau die Erlaubnis, Amstetten zu befestigen, 1312 ist der Markt Wilhelmsburg bereits von einem Graben umgeben gewesen und erhielt vor 1330 einen Mauerring, 1396 durfte Bischof Berthold von Freising Großenzersdorf und 1398 Rudolf von Wallsee den Markt Asparn befestigen. Diese Markt- und Stadtbefestigungen waren in ihren Qualitäten recht verschieden. Finanziell gut situierte Städte konnten sich starke Ringmauern leisten, während die Befestigung anderer höchstens vor einer Räuberschar Schutz bot, aber keinem Heer trotzen konnte.

In der gesellschaftlichen Zusammensetzung der Stadtbevölkerung trat in den ersten Dezennien dieses Jahrhunderts eine Klärung ein. Wohl herrschten noch immer die reichen Erbbürger, die oft den Rittern gleichgestellt waren und deren wirtschaftlichen Rückhalt Grundbesitz und Handel bildeten. Aber schon seit den letzten Jahrzehnten des 13. Jahrhunderts haben sich in einzelnen Orten oder Gebieten die Handwerker gleichen Berufes zu Vereinigungen zusammengeschlossen, deren Mitgliedschaft jetzt für die Berufsausübung zwingend notwendig wurde. Diese Verbände hießen Zechen. Ein langsamer, durch Jahrzehnte führender Weg kennzeichnet ihre Entwicklung, bis sie plötzlich ein innerstädtischer Machtfaktor ersten Ranges wurden. Nicht selten waren sie ursprünglich zu religiösen Zwecken gegründet worden, sollten ein geschlossenes Auftreten der Handwerker bei den Fronleichnamszügen erreichen, das Altarsakrament pflegen oder für ein würdiges Leichenbegängnis der Handwerkskollegen sorgen. Im Stadtbuch von St. Pölten ist noch um die Mitte des 15. Jahrhunderts verzeichnet worden, in welcher Reihenfolge die einzelnen Zechen bei Prozessionen aufziehen sollten. Bald, und zwar bei manchen Berufen noch im 13. Jahrhundert, traten die praktischen Bedürfnisse in den Vordergrund: die Versorgung und Hilfe der Handwerkskollegen bei Arbeitsmangel, Krankheit oder Tod. Damit wurden die Zechen zu wirtschaftlichen Selbsthilfeorganisationen, die Lehrjungen, Gesellen und Meister vereinigten und aus regelmäßigen Einzahlungen in eine gemeinsame Kasse die Mittel für ihre Unterstützungen erhielten. Viele dieser Zechen haben seit dem 13. Jahrhundert von den Stadtherren ihre Satzungen bestätigt erhalten, die damit ein Bestandteil der Stadtverfassung wurden. Natürlich ging nicht bei allen Berufsgruppen die Entwicklung gleich schnell, manche haben erst im 15. Jahrhundert zum Zusammenschluß gefunden. Wie es bei Selbsthilfeorganisationen, die eine gewisse Stärke und Anerkennung erreicht haben, üblich zu sein pflegt, strebten auch die mittelalterlichen Zechen nach einer Monopolstellung. Wer ihnen einmal angehörte, war aber für sein ganzes Leben Mitglied und damit geschützt. Dagegen war es nicht besonders leicht, aufgenommen zu werden. Die Zahl der Meister wurde in den einzelnen Berufszweigen beschränkt, zumal das Meisterrecht an das Bürgerrecht gebunden war, so daß ein Geselle, wenn er nicht Sohn eines Meisters war, warten mußte, bis eine Stelle durch Abwanderung oder Tod frei wurde. Der sicherste Weg war dann, die Witwe eines Meisters zu heiraten. Aus diesem Grunde können wir in den niederösterreichischen Städten bis ins 18. Jahrhundert immer wieder in Handwerkerkreisen die Erscheinung beobachten, daß zwischen den Ehepartnern große Altersunterschiede bestanden.

Die Lage der Bauern war in der ersten Hälfte des 14. Jahrhunderts noch günstig. Um 1300 hatte unter ihnen ein gewisser Wohlstand geherrscht, der von den kleinen Rittern oft mit Neid und Bitterkeit beobachtet worden war. Immer mehr der alten Grundherrschaften haben ihre in Eigenregie verwalteten Höfe in kleine Besitzeinheiten aufgelöst und um Zins vergeben. Die Besitzer solcher Zinsgüter konnten noch recht gut leben, da ihnen genügend Boden zur Verfügung stand. Der Zins war auch relativ niedrig. Die Naturalabgaben wurden immer mehr durch Geldzinse ersetzt, das Burgrecht, eine besonders günstige Leiheform, die dem Inhaber größere Rechte einräumte und Schutz gewährte, trat immer mehr in den Vordergrund. Der Besitz der bäuerlichen Lehen wurde erblich, sie konnten auch schon frei gegen Bezahlung der »Ablait« verkauft werden. Allerdings sind bereits die ersten Anzeichen einer bedenklichen zukünftigen Entwicklung aufgetreten, die dann in der zweiten Hälfte des 14. Jahrhunderts voll einsetzte und im 15. Jahrhundert zu einer Verarmung der Bauern führte: das freie Erbrecht hatte eine Zersplitterung der Wirtschaften im Gefolge, die von Erben oft in Hälften oder Viertel geteilt wurden und dann ihre Besitzer nur mehr schwer ernähren konnten.

Eine zweite bedenkliche Erscheinung war, daß die wenig intensiven Bewirtschaftungsmethoden den Boden stark ausnützten. Vielen Generationen hatte der durch Jahrtausende aufgespeicherte Humus Ertrag geliefert. Doch von Jahr zu Jahr wurden die Ernten geringer, die Flächen, die einer Familie das tägliche Brot liefern sollten, mußten größer werden. Die Rodung war aber vollendet. Nur mehr in wenigen Gebieten standen neue Flächen zur Verfügung, wie im Wienerwald oder im Erlauftal. Dort errichteten die Herzöge zwei neue Klöster. 1313 gründete Friedrich der Schöne Mauerbach, das Kartäuser aus Seitz/Žiče in der Steiermark besiedelten. Sein Bruder Albrecht II. schuf im Jahre 1330 den Kartäusern in Gaming eine neue Niederlassung als Erfüllung eines Gelübdes für die Freilassung Friedrichs aus bayerischer Gefangenschaft. Dieses Kloster erhielt durch die Habsburger umfangreiche Besitzungen um den Ötscher bis hinein ins Ennstal mit dem Markt Scheibbs als Mittelpunkt. Bald wurde es zum größten Kartäuserkloster Deutschlands und entfaltete eine segensreiche Tätigkeit. Ein drittes Kartäuserkloster gründete 1380 der Landmarschall Heidenreich von Maissau in Aggsbach.

In vielen Fällen traten im 14. Jahrhundert jüngere Mitglieder von größeren oder kleineren Adelsgeschlechtern in solche Klöster ein und erlangten dank ihrer Beziehungen zu den führenden Familien des Umlandes nicht selten Würden von Äbten oder Pröpsten. Diese enge Verflechtung zwischen den größeren Klöstern und den Adeligen, meist ritterlichen Familien des Landes, ist für das 14. Jahrhundert in Österreich charakteristisch.

Die Ritter und insbesondere die »edlen Knechte« waren in keiner beneidenswerten Lage. Ihre soziale Stellung kostete meist viel Geld, die zu Lehen erhaltene oder als freies Eigen innegehabte Burg mußte aber nicht selten die Familien mehrerer Söhne beherbergen, wurde also ebenso geteilt wie ein Bauerngut. Obwohl also manche Bürger in den größeren Städten »rittermäßig« leben oder als Ritter geachtet sein wollten, war ihre wirtschaftliche Lage in der Regel ungleich besser als die der berufsmäßigen Ritter. Am besten lebten diese noch als Burgvögte in größeren Burgen des Landesfürsten oder hoher Herren. Denn diese meist unstürmbar gewordenen Burgen hatten einen besseren Standard als die kleinen Anlagen, sie ermöglichten auch den armen Schildknechten der Ritter ein einigermaßen erträgliches Leben. Diese Ritter und Edelknechte stellten noch immer den Kern der Heere, auf die sich die österreichischen Landesfürsten stützten. Wie verwundbar die schwer gepanzerten Reiter waren, zeigte sich bei ihrem Einsatz gegen das Fußvolk der Schweiz. Erstmals ist ein solches Ritterheer im Jahre 1315 bei Morgarten aufgerieben worden. Nunmehr wurde immer häufiger eine Gruppe von Fußsoldaten, mit einer langen Lanze bewaffnet, den Rittern beigegeben, um sie abzuschirmen, doch waren auch weiterhin größere Erfolge spärlich.

Unter Herzog Friedrich III. wurde nämlich durch zehn Jahre die Blüte des österreichischen Ritterstandes und der ganze Reichtum des Landes zur Erringung der deutschen Königskrone eingesetzt. Friedrich war nach dem Tode Kaiser Heinrichs VII. im Jahre 1314 von einem Teil der Kurfürsten zum König gewählt worden, während die zweite Partei den Wittelsbacher Ludwig von Bayern erhob. Die schon Jahre anhaltende Rivalität der beiden Herrscherhäuser, die 1313 bei Gammelsdorf in der Nähe von Moosburg zu einer größeren, für die Österreicher unglücklichen Schlacht geführt hatte, erreichte damit einen Höhepunkt. Der Krieg der beiden Könige hielt jahrelang das Land in Atem. Aus den betroffenen Gebieten, erzählt eine Chronik, wanderten Scharen von zu Bettlern gewordenen Menschen durch Österreich. Am 28. September 1322 ist Friedrich mit seinem Ritterheere endgültig bei Mühldorf am Inn den verbündeten Bayern und Böhmen unterlegen und wurde mit seinem Bruder Heinrich und fast allen seinen Rittern gefangengenommen. 1100 Tote bedeckten das Schlachtfeld. Für Heinrichs Freilassung mußten die Städte Weitra, Laa und Eggenburg an Böhmen verpfändet werden. Friedrich blieb noch jahrelang in bayerischer Gefangenschaft auf der Burg Trausnitz an der Naab in der Oberpfalz. Er war eben »in seinen Kriegszügen niemals vom Glück begünstigt«, wie ein Zeitgenosse schreibt. In Verhandlungen zwischen beiden Königen wurde 1325 die Freilassung Friedrichs festgelegt, wenn seine Brüder dem Abkommen zustimmen würden. Als ihm dies nicht gelang, kehrte er nach München in die Gefangenschaft zurück.

Während Friedrich der Schöne seine Königspläne verfocht, hatten seine Brüder Albrecht und Otto die Besitzungen in Niederösterreich verwaltet, während der energische Leopold in den Vorlanden regierte, bis er 1326 in jungen Jahren starb. Als Friedrich endlich im Jahre 1327, gebrochen an Körper und Geist, nach Österreich zurückkehrte, behandelte Otto den gedemütigten Bruder rücksichtslos. Er verlangte, daß er sich mit dem Königstitel begnüge, für sich aber die Verwaltung der Vorlande und der Stadt Hainburg. In diesem inneren Streit des Herrscherhauses, der wieder böhmische Truppen ins Land brachte, die Feldsberg, Marchegg, Eggenburg und Drosendorf besetzten, behielt er auch recht. Friedrich hat die Regierung nicht mehr wesentlich beeinflußt. Er verbrachte seine Tage meist bei den Kartäusern in Mauerbach und zog sich schließlich ganz in die Burg Gutenstein zurück, wo er ohne männlichen Erben im Jänner 1330 starb.

Er hatte sich als glückloser Fürst erwiesen, der persönlich tapfer, wohl auch gutmütig und bieder war, aber komplizierte politische Situationen nicht überblicken konnte. Viel von dem, was sein Vater erwirtschaftet hatte, wurde unter ihm vertan.

Zu seiner Zeit war die Verpfändung von landesfürstlichen Gütern der einzige Ausweg, die Finanzen in Ordnung zu halten. Unerhört lang war schon 1314, am Höhepunkt dieser Entwicklung, die Liste der zu Pfand gegebenen Besitzungen. Auch Neubelehnungen erfolgten, um die Gläubiger des Herzogs befriedigen zu können. Manche Ministerialengeschlechter profitierten daraus sehr. Den Wallseern wurden zum Beispiel 1314 der Markt Gföhl, 1327 Drosendorf und Weikertschlag überlassen, aber auch die Maissauer, die Sonnberger und die Liechtensteiner haben sich bereichert. Nicht nur Burgen und Grundbesitz, auch Gerichtshoheiten und viele Naturaleinkünfte verfielen den Pfandschaften. Auch die Stadtgerichte wurden dem Meistbietenden überlassen, der dann als Stadtrichter fungierte, auch wenn er nicht Bürger war.

Da auch keiner der Söhne Albrechts I. Kinder hatte, bestand im Jahre 1330, bei Friedrichs Tod, das bisher so zahlreiche Haus Habsburg nur mehr aus dessen beiden jüngsten Söhnen, dem 32jährigen Albrecht II. und dem 29jährigen Otto. Diese haben die Hauspolitik grundlegend geändert. Nachdem die Krone des deutschen Königs Österreich so wenig Glück gebracht hatte, zogen sie sich völlig aus der Reichspolitik zurück und widmeten sich voll und ganz ihren Besitzungen. Im Vertrag von Hagenau entsagten sie 1330 gegenüber den Wittelsbachern formell ihren Ansprüchen auf Krone und Reich und bereinigten damit die jahrzehntelange Auseinandersetzung mit dem westlichen Nachbarn. Sie brauchtes es nicht umsonst zu tun, denn sie erhielten dafür im Jahre 1335 nach dem Aussterben der Meinhardiner das Herzogtum Kärnten und die Markgrafschaft Krain. Damit haben sie nicht nur ihre Besitzungen beträchtlich vergrößert, sondern auch nach langer Zeit den ersten großen außenpolitischen Erfolg errungen. Dieser brachte zwar eine neue Auseinandersetzung mit den Luxemburgern in Böhmen, die aber glücklich endete. Wie einige Jahre zuvor, als man im Frieden von Wien

1332 die Rückgabe der neun Jahre verpfändeten Burgstädte Eggenburg, Laa und Weitra erreichen wollte, hat er 1336 die Erwerbung Kärntens anerkannt.

Herzog Albrecht II., früher von seinem Bruder Friedrich zum Bischof von Passau bestimmt gewesen, aber am Widerspruch des Papstes Johannes XXII. gescheitert, war zur gleichen Zeit, als Friedrich starb, schwer erkrankt. Wie einst sein Vater, hatte auch er bei einer Mahlzeit Gift oder verdorbene Speisen erhalten. Die Folgen waren dauernde Lähmungserscheinungen. Vom Lehnstuhl aus, den er nicht mehr verlassen konnte, regierte er seine Länder, im Krankensessel leitete er Feldzüge. Natürlich konnte sich der Herzog dadurch in keine besonders waghalsigen Unternehmungen einlassen. Die Ruhe, die während der längsten Zeit seiner Regierung herrschte, hätte dem Land wohlgetan, wenn es nicht mit Naturkatastrophen größten Ausmaßes geradezu überschüttet worden wäre. Albrecht war einer der gebildetsten Fürsten seiner Zeit, war er doch von Kindesbeinen an für den geistlichen Stand bestimmt gewesen. Klug und bedächtig, jede Chance abwägend, waren seine Handlungen. Die Diplomatie hat zu seiner Zeit eine große Rolle gespielt.

Von Kriegen blieb das Land auch während seiner Regierung nicht verschont. 1331 und wieder 1336 fielen die Böhmen ein und verwüsteten die nördlichen Landesteile. Dazu kam jetzt eine Ballung von Naturkatastrophen, wie sie selten in der Geschichte Niederösterreichs vorgekommen sind. Mißwachs, mit Hungersnot im Gefolge, war bei der wenig entwickelten Wirtschaft des Mittelalters keine Seltenheit, und um 1330 herrschten triste Verhältnisse. Jetzt kam aber Jahr für Jahr eine neue Katastrophe. 1338 fielen Heuschreckenschwärme vom Osten ein und fraßen ganze Landstriche kahl. Drei Jahre lang dauerte die Bekämpfung der sich rasch vermehrenden Scharen. Der Zwettler Chronist vermerkt mit Schrecken, sie seien so zahlreich gewesen, daß sich die Erde verdunkelt habe und die Sonne die dichten Schwärme nicht mehr zu durchdringen vermochte. In diesen Jahren herrschten überdies ungewöhnlich lange und kalte Winter, die im Frühjahr der Jahre 1342 und 1347 riesige Überschwemmungen auslösten. 1337 war schon die ganze Feldfrucht verdorben, weil der Sommer so kalt und regnerisch war, daß nichts reifen konnte. Im folgenden Jahrzehnt verwüstete ein Erdbeben von solchem Ausmaße, wie es den Lebenden bisher unbekannt gewesen war, ganz Süd- und Mitteleuropa. Vor allem Kärnten, die Steiermark, Krain und Friaul, wo 40 Burgen und Städte in Trümmer sanken, sind am 28. Jänner 1348 schwer verwüstet worden. In Niederösterreich war der direkte Schaden nicht so hoch, der Schrecken über solche Ereignisse erschütterte aber die Menschen. Um den Jammer voll zu machen, drang im Sommer 1349 die Pest in Niederösterreich ein und wütete besonders in den Städten. Es herrschten dort arge sanitäre Zustände, Licht und Luft hatten in die engen, verschmutzten Straßen kaum Zutritt. Allein in Wien sollen durch Monate manchmal 700 Menschen an einem Tag gestorben sein. Die Folgen dieser Katastrophen waren schwere seelische Krisen, die sich einerseits in übesteigerten religiösen Übungen, andererseits in völliger Abkehr zeigten. Gruppen von sich selbst peinigenden Menschen durchzogen das Land, die »Geißler«. Sie wollten durch ihre harte Buße den Himmel versöhnen.

Krankenpflege war auch zu dieser Zeit nur in wenigen Orten üblich. Wohl hatte man an Bergstraßen und Pässen Pilgerspitäler errichtet, wie am Semmering und bei Weitra, Klöster hatten im 13. Jahrhundert mancherorts ein »domus infirmariae« für kranke Mitbrüder errichtet, doch erst um 1300 setzte sich allmählich das Laienspital durch. Meist waren Klösterbrüder die Betreuer, wie in Altenburg oder in Weitra, wo 1298 die Übergabe an die Johanniter erfolgte. Neben den ersten Bürgerspitälern entstanden aber auch bei größeren Orten Siechenhäuser, in denen man nicht nur die Aussätzigen von der übrigen Bevölkerung absonderte, sondern auch Hilflosen und Alten einen Lebensabend ermöglichte. Denn die Aussätzigen, die Leprosen, waren noch ein großes Problem, durch Absperrung von der übrigen Bevölkerung konnte man aber der Ausbreitung der Krankheit Herr werden.

Die Katastrophenjahre hatten für die Bevölkerungsentwicklung des Landes verheerende Folgen. Die Pest hatte sich ihre Opfer vor allem in den älteren Jahrgängen geholt. Der ursprüngliche Bevölkerungsverlust dürfte ungefähr 20 Prozent betragen haben. Die biologischen Nachwirkungen waren aber noch viel schlimmer und blieben lange Zeit fühlbar. Die Menschen, die in der Kindheit die Pest überstanden hatten, blieben dauernd geschwächt. Die Folge davon war, daß auch die Geburtenziffern in den nächsten Jahrzehnten stark absanken.

Die primäre Folge dieser Ursachen war ein allgemeiner Bevölkerungsrückgang, der sich sowohl in den Städten als auch auf dem flachen Lande bemerkbar machte. Wohl ist diese Erscheinung in ganz Europa zu beobachten und blieb nicht auf unser Heimatland beschränkt. Die riesigen Brandkatastrophen, die beim sorglosen Bau der Feuerstätten und bei der mangelhaften Löschtechnik oft ganze Dörfer oder Stadtviertel einäscherten, die vielen Kriege und die wirtschaftliche Depression trugen ihren Teil dazu bei. Damals hat jene Verödung von Dörfern begonnen, die während des ganzen Mittelalters anhielt. Wir kennen die Namen vieler Siedlungen und Einzelhöfe, von denen keine Spur mehr vorhanden ist, die irgendwann einer Katastrophe zum Opfer fielen. Es gibt in Niederösterreich keinen Landstrich, wo nicht einst solche »abgekommenen Orte« bestanden hätten. Manchmal kann man an der Ausdehnung der Katastralgemeinden, an der »Freiheit«, noch die Lage solcher Dorfstätten erkennen.

Natürlich hatte jene Schicht, die vom Geldverleih lebte, vor allem die Juden, die allgemeine Not weidlich ausgenützt. Die Zinsen betrugen damals 173 Prozent, waren also von vornherein für den Schuldner unerschwinglich. Durch landesfürstliche Verfügung wurde der Zinsfuß auf 65 Prozent herabgesetzt, aber dieses Gesetz wurde nur zu oft umgangen, wenn drückende Not rasch Kapital erforderte. Kein Wunder, daß sich das zur Verzweiflung getriebene Volk aufbäumte und seinen Unwillen in grausamen Pogromen abreagierte. Unbewiesene Gerüchte über Hostienfrevel waren der unmittelbare Anlaß. In Eggenburg, Pulkau, Retz, Horn, Zwettl, Klosterneu-burg, auch in Krems und Stein, wurden viele Juden hingemordet und ihr Vermögen geplündert. Doch an den Geldgeschäften änderte sich nichts. Auch der Adel, selbst Kirchen und Klöster waren oft den Juden verschuldet. Der Landesfürst, dessen Kammerknechte die Juden waren, hat sich ihrer öf-ter bedient, um ihm unangenehmen freieigenen Besitz lehenspflichtig zu machen. Von einer Besitzbeschränkung der Juden in Österreich konnte während des 14. Jahrhunderts also keine Rede sein.

Während der Regierungszeit Herzog Albrechts hat sich auch das Herr-scherhaus rasch verändert. Durch zahlreiche Todesfälle wurde es immer einsamer um den Landesfürsten. Schon 1339 war sein Bruder Otto verstor-ben, in rascher Folge traf dieses Schicksal nicht nur dessen beide Söhne, sondern auch die Frauen des Hauses, von denen die bedeutendste Albrechts Tante, die Königinwitwe Agnes von Ungarn war. Sie hatte lange im Kloster Königsfelden in der Schweiz gelebt, der Begräbnisstätte der frühen Habsburger.

Agnes hatte auch die Heirat Albrechts II. mit Johanna von Pfirt/Ferrette vermittelt, die neuerlich einen Habsburger in Verbindung mit einem west-europäischen Geschlecht brachte. Nach jahrelanger kinderloser Ehe gebar Johanna 1339 ihren ersten Sohn, Rudolf IV., dem noch weitere fünf Geschwister folgten.

Dies machte im Jahre 1355 ein neues Erbgesetz notwendig. Die österrei-chischen Länder sollten künftig unteilbar sein und einhellig von allen männ-lichen Mitgliedern gemeinsam regiert werden. »In tugenden und in bruderli-cher lieb veraynt« sollten seine Söhne »ewichlich mit einander beleiben«.

Aber auch Herzog Albrechts Erfolge um die Festigung und Erweiterung der staatsrechtlichen Stellung Österreichs im Reichsverband sind Meilen-steine auf dem langen Weg des Herzogtums von der bayerischen Grenzmark zum selbständigen Staat. Im Jahre 1348 erhielt er von Karl IV. das »Privilegi-um de non evocando«, das eine Vorladung des Herzogs oder eines seiner Un-tertanen vor ein fremdes Territorialgericht oder das Reichsgericht aus-schloß. Die Belehnung erhielt er von Karl IV. in Seefeld, welches branden-burgisches Lehen in Österreich war, wodurch Programmpunkte des späte-ren Privilegium maius vorweggenommen wurden. Die Beziehungen zum be-nachbarten König in Böhmen, dem Luxemburger Karl IV., der nun die Kro-ne des Reiches trug, wurden zum ersten Male unter Albrecht wirklich freundschaftlich. Ein starkes Band war die Heirat des ältesten Sohnes des Herzogs, Rudolfs, mit Karls IV. Tochter Katharina, die schon im frühesten Kindesalter geschlossen und 1353 tatsächlich vollzogen wurde. Damit ha-ben die Habsburger eine neue Linie in ihre Außenpolitik gebracht, die ihnen allerdings durch die Feindschaft zwischen Wittelsbachern und Luxembur-gern erleichtert wurde. Aus diesem Gegensatz, der sich um Tirol entzündete, sind sie zweimal, 1335 durch die Erwerbung Kärntens und 1363 durch die Gewinnung Tirols, als siegreiche Dritte hervorgegangen.

8. KAPITEL

Niederösterreichs spätmittelalterliche Blütezeit

Nahe dem siebzigsten Lebensjahr, was im Mittelalter ein patriarchalisches Alter war, ist Albrecht II. am 20. Juli 1358 in Wien gestorben. Drei Jahre vorher hatte er in einem Hausgesetz festgelegt, daß die österreichischen Länder von allen Söhnen gemeinsam regiert werden sollten. Die Landherren und die landesfürstlichen Städte hatten diese Urkunde beglaubigt und sollten im Falle eines Zwistes unter den Fürsten gegen den Partei nehmen, der gegen dieses Gesetz verstoßen würde.

Vorerst bestand keine Gefahr. Denn von Albrechts Söhnen war nur der älteste, Rudolf IV., der bereits seit einem Jahr die Vorlande verwaltete, großjährig, die anderen drei, Heinrich, Albrecht und Leopold noch Kinder. Mit diesem neunzehnjährigen Rudolf erhielt Österreich seinen genialsten, umstrittensten und doch anziehendsten Herrscher im Spätmittelalter. Er war so ganz anders als seine Vorgänger. Nichts besaß er von der Bedächtigkeit und staatsmännischen Klugheit seines Vaters. Als wüßte er um die Kürze seines Lebens, setzte er in rascher Folge Taten, denen aber nur zu oft der wohldurchdachte Plan fehlte, so daß sich die Maßnahmen überstürzten, auf halbem Wege steckenblieben, abgeändert oder abgebrochen wurden. Irgendwie hat sein Geist gegen die scholastische Enge seiner Zeit revoltiert. Der Mut zum großen Wurf war ihm in hohem Maße eigen, mit ihm wurde er zum »Stifter« vieler Einrichtungen, die zu seiner Zeit oft nur mangelhaft funktionierten, denen aber doch die Zukunft gehörte. Wie später am Ausgang des 18. Jahrhunderts Joseph II., der ihm in vielen Belangen stark ähnelt, hat auch er manches geschaffen, das seinen Tod nicht überlebte, aber vieles, was bis heute besteht. Fünf Jahrhunderte war er das einzige Genie, das die Habsburger neben vielen mittelmäßigen Persönlichkeiten hervorbrachten.

Seine erste Tat war ein diplomatischer Vorstoß, um Österreich wiederum eine ähnlich führende Stelle im Reich zu sichern, wie es sie in den Tagen der großen Babenberger besessen hatte. Unterdessen hatten nämlich die sieben Kurfürsten 1356 in einem Reichsgesetz, das wir als »Goldene Bulle« bezeichnen, große Vorrechte für ihre Länder erhalten. Das dem deutschen Territorialrecht noch fremde Prinzip der Unteilbarkeit wurde festgesetzt, der König überließ den Kurfürsten innerhalb ihrer Territorien uneingeschränkt die Regalien und hob den Rechtszug an alle Gerichte einschließlich des Reichshofgerichtes auf. Daß damit sein Land tief unter die Kurfürstentümer gesunken war, konnte Rudolf nicht verschmerzen. In aller Stille ging er ans

Werk. Angeregt durch den Grafen Ulrich von Schaunberg, »seinen Verführer«, wie ihn österreichische Klosterchronisten nennen, ließ er in seiner Kanzlei unter der Anleitung des Kanzlers Johann von Platzheim, Bischof von Gurk, Brixen und Chur, eines jener Geistlichen, denen Politik in allen ihren Formen näher war als ihr geistlicher Stand, die im »Harnisch die Weihnachtsmette lasen«, eine Reihe von Verfassungsurkunden anfertigen und legte diese bieder seinem Schwiegervater, dem Kaiser Karl in Prag, zur Bestätigung vor. Sogar Cäsar und Nero wurden beschworen. Schon sie hätten den damaligen Fürsten Österreichs in Urkunden Vorrechte zugebilligt, die dann Heinrich IV. im Jahre 1058 bestätigt und in eine Urkunde inseriert hätte. Das war aber nur die Ouvertüre. Den Angelpunkt bildete die Urkunde Friedrich Barbarossas über die Erhebung Österreichs zum Herzogtum aus dem Jahre 1156. Hier wurde die echte Urkunde vernichtet und statt ihrer eine technisch vorzüglich gelungene Nachahmung hergestellt, an der das echte Siegel hängt.

Eine Reihe neuer Bestimmungen sollte Österreichs Stellung wesentlich heben. Die Herzöge könnten den Titel »Pfalzerzherzog« führen, brauchten die Hoftage des Kaisers nicht mehr zu besuchen und hätten das Recht, die Belehnung in ihrem eigenen Lande hoch zu Roß sitzend und nicht mehr vor dem König kniend entgegenzunehmen. Im Gerichtswesen und beim Heeresdienst gegenüber dem Reiche sollte der österreichische Landesfürst eine Ausnahmestellung genießen. Seine Gerichtsbarkeit sollte sich auf alle im Lande Ansässigen erstrecken, wie er auch die oberste Lehensherrlichkeit über alle innerhalb Österreichs liegenden Güter oder Gerichte beanspruchte. Wie in der »Goldenen Bulle« für die Kurfürstentümer, wurde in Kaiser Friedrichs Urkunde auch die Teilung Österreichs verboten. Diesen beiden gefälschten Urkunden schloß er noch weitere an, aus denen hervorging, daß einst die Staufer Heinrich VII., Friedrich II. und Rudolf von Habsburg diese Vorrechte bestätigt hätten. So ausgezeichnet die Arbeit war, die Rudolf von seiner Kanzlei geliefert erhielt, wo man echte Urkunden der betreffenden Herrscher als Vorlage genommen und die Originale dann vorsorglich vernichtet hatte, hegte Karl IV. doch Zweifel an der Richtigkeit und befragte den Humanisten Petrarca. Zu auffällig waren die Ziele des Herzogs und zu direkt der Weg, auf dem er sie zu erreichen suchte. Wenn wir Urkundenfälschung im Mittelalter auch nicht mit unseren modernen Maßstäben beurteilen dürfen – Fürsten, Bischöfe und Klöster benützten sie als diplomatisches Mittel –, ist Rudolf, was Großzügigkeit anbelangt, in der deutschen Geschichte doch einzig dastehend. Der italienische Gelehrte Petrarca erkannte auch Methode und Ursprung und nannte jeden, der diese Machwerke für echt hielt, einen Erzschelm, brüllenden Ochsen und schreienden Esel. Das war für Rudolf und seinen Kanzler nicht gerade schmeichelhaft. Natürlich lehnte Karl IV. daraufhin die Bestätigung ab, und erst viel später hat sie König Sigismund unter dem Druck der Verhältnisse im Jahre 1421 durchgeführt, ohne daß daraus größere Folgen gezogen worden wären. Erst als das Privilegium maius durch Friedrich III. im Jahre 1442 königliche und 1453 kaiserliche Bekräftigung erlangt hatte, wurde es allgemein gültiges Gesetz und blieb die Grundlage für die Stellung Österreichs im Reich.

Als Folge der Ablehnung entstand zwischen Rudolf und seinem Schwiegervater eine arge Verstimmung. Der Herzog rächte sich dadurch, daß er mit Ungarn ein Bündnis und einen Erbvertrag schloß, der Kaiser wieder erhob auf dem Reichstag zu Nürnberg 1362 schwere Anklagen gegen den Österreicher und bewog die Kurfürsten zur Verpflichtung, nach seinem Tode auf keinen Fall einen Habsburger zum deutschen König zu wählen. Unterdessen errang Rudolf aber einen anderen großen Erfolg, als es ihm, beraten vom ersten Magister der Universität, seinem Kanzler Berthold von Wehingen, Bischof von Freising und Stifter der Wehinger-Kapelle in Klosterneuburg, gelang, Margarethe Maultasch zu seinen Gunsten zum Verzicht auf Tirol zu bewegen. Damit besaß er eine nur durch Salzburg unterbrochene Länderbrücke von der französischen Grenze bis zur mittleren Donau. Mit diesem Erwerb konnte Rudolf voll zufrieden sein, und er mußte an die Sicherung denken, da die Wittelsbacher ihm das »Land im Gebirge« streitig machen wollten. Deswegen kam es im Februar 1364 auf einem Fürstenkongreß in Brünn/Brno zu einer Versöhnung mit dem Kaiser. Auch mit den Luxemburgern wurde ein Erbvertrag besiegelt, für dessen Garantie wiederum die landesfürstlichen Städte bürgten.

Rudolf IV. hat seinen Namen durch Gründungen verewigt, die ihm bis heute einen Ehrenplatz in der Geschichte Niederösterreichs sichern. Im Jahre 1359 legte er den Grundstein zum Wahrzeichen der Stadt Wien, zum Neubau des gegenwärtigen spätgotischen Langhauses des Stephansdomes. An die Stelle des aus otakarischer Zeit stammenden romanischen Baues, von dem nur die unteren Teile der Westfassade mit dem Riesentor erhalten blieben und an den Albrecht I. und sein gleichnamiger Sohn zwischen 1305 und 1340 einen dreischiffigen Hallenchor angeschlossen hatten, trat nun ein spätgotischer Bau. Auch dieses Werk Rudolfs ist erst lange nach seinem Tode, um 1450, fertiggestellt worden, zugleich mit dem Südturme, dem Steffel.

Natürlich nahm er wieder die alten Bemühungen der österreichischen Landesfürsten auf, ein Bistum in Wien zu errichten, zumal die Erhebung von Prag zum Erzbistum im Jahre 1344 seinen Ehrgeiz geweckt hatte. Doch scheiterte dieser Plan neuerlich am Bischof von Passau. Es gelang ihm aber doch eine wichtige Vorstufe. Ende 1359 bestätigte Papst Innozenz VI. das vom österreichischen Herzog in Wien gestiftete und von der bischöflichen Gewalt Passaus exempte Kollegiatskapitel für einen Propst und vierundzwanzig Kanoniker in Wien. Dieses wollte der Herzog besonders hervorheben. Für den Dompropst sollte ein eigener österreichischer Fürstenstand geschaffen werden, und den Mitgliedern des neu gegründeten Kollegiatstiftes ließ er rote Kleider nach der Art der Kardinäle schneidern. Auch die Heiligsprechung Leopolds III. hat er erstmals betrieben. Seine zweite wichtige Gründung, ebenfalls durch den leidenschaftlichen Ehrgeiz des Herzogs angeregt, ist die Wiener Universität. Es gab in Niederösterreich seit der zweiten

Hälfte des 13. Jahrhunderts bereits einige Schulen, so in den größeren Städten Wien, Wiener Neustadt und Krems lateinische Stadtschulen. In den Klöstern St. Pölten, Herzogenburg, St. Andrä, Melk, Seitenstetten, Altenburg, Ardagger und Klosterneuburg bestanden Klosterschulen, in Göttweig ein Konvikt für adelige Zöglinge, in St. Blasien bei Göttweig und in Klosterneuburg auch Mädchenschulen. Zu einer Zeit, als ein Buch ein Landgut wert war, waren diese Schulen keine allgemeinen Volksschulen in unserem Sinne, sondern wollten einige Zweige der mittleren Bildung lehren, waren also in gewissem Sinne Vorläufer unserer Gymnasien.

Universitäten, wie sie in Italien und Frankreich schon seit dem 13. Jahrhundert bestanden, haben in Deutschland erst um die Mitte des 14. Jahrhunderts Eingang gefunden. Im Jahre 1348 hat Karl IV. in Prag die erste deutsche Universität gegründet und damit den Hochschulgedanken für Mitteleuropa in die Tat umgesetzt. Herzog Rudolf wollte nun beweisen, daß die Habsburger ebensoviel vermögen wie ihre nördlichen Nachbarn, daß Wien in nichts der Moldaustadt nachstehe. Auf einem glänzenden Hoftag wurde am 12. März 1365 der Grundstein in Gegenwart von acht Bischöfen und sechs Prälaten gelegt. Rudolf hegte größte Pläne. Die Hochschule sollte nach dem Muster der berühmten Sorbonne organisiert, ein eigenes Universitätsviertel zwischen dem Schottenkloster und der Burg mit selbständiger Gerichtsbarkeit und Steuerfreiheit errichtet werden. Den ersten Wermutstropfen goß der Papst in den Becher, als er wohl die drei weltlichen Fakultäten genehmigte, nicht aber die theologische, den Mittelpunkt jeder mittelalterlichen Hochschule. Die Pläne Rudolfs waren wohl hochgesteckt, die Realität blieb dahinter bescheiden zurück. Als der Gründer bald darauf starb, existierte nicht einmal ein Hörsaal, von einem eigenen Studentenviertel ganz zu schweigen.

Daß sich der Herzog verschiedene Titel, wie den eines Reichsjägermeisters, zulegte, daß er ein eigenes großes Siegel nach der Art der Kaiser führte, wird niemand bei seinem auf Prestige abgestimmten Charakter verwundern. Unter ihm ist auch das jetzige Wappen Niederösterreichs, die fünf goldenen Adler im blauen Schild, zum ersten Male verwendet worden und wurde als der »Schild Altösterreich« bezeichnet, das Bindenschildwappen dagegen als »Neuösterreich«. Erst im 15. Jahrhundert sind irrtümlicherweise statt der Adler Lerchen in den Schild gesetzt worden. Und dieser Irrtum wird gelegentlich bis heute beibehalten.

Es hieße aber, die Bedeutung dieses Herzogs Rudolf IV. zu verzerren, würde man nur Gewicht auf die Äußerlichkeiten legen, so bezeichnend sie auch sein mögen. Die inneren Reformen des Herzogs waren aber vielleicht viel nachhaltiger als seine Bemühungen zur Vergrößerung des äußeren Ansehens Österreichs. Vor allem der Stadt Wien, die zu einer würdigen Residenz ausgestaltet werden sollte, gehörte sein Herz, tot und lebend wollte er dort verbleiben, wie er sich selbst in einer Urkunde ausdrückte. Die Stadt sah damals auch nicht gerade metropolenhaft aus. Zu der großen Entvölkerung durch die Pest hatte sich 1361 ein Brand gesellt, bei dem beinahe zwei

Drittel aller Häuser eingeäschert worden waren. Da damals auch schlechte Weinernten waren, stockte der Handel. So hat der Herzog in einem Gesetz festgelegt, daß alle verödeten Häuser binnen Jahresfrist aufgebaut werden sollten. Dafür erhielten die Besitzer drei Jahre Steuerfreiheit. Alle nicht wieder bebauten Baugründe verfielen dagegen dem Landesfürsten. Die Abgaben und Leistungen, auch die Grundzinse, sollten in Hinkunft durch Geld ablösbar sein, wodurch Bürger und Handwerker unbelastete Häuser erwerben konnten. Diese Gesetze wurden auch auf andere landesfürstliche Städte wie Krems und Stein, Enns, Klosterneuburg, Tulln und Wiener Neustadt ausgedehnt. Wichtig war, daß nun alle Grundbesitzer in den Städten ohne jede Ausnahme, also auch Kirchen und Klöster, für ihre Gebäude mit den Bürgern Steuern zahlen mußten. Besitzungen, die Kirchen oder Geistliche durch Vermächtnisse erhielten, mußten sie binnen Jahresfrist weiterverkaufen. Wir verstehen daher, daß die Geistlichkeit auf den Herzog schlecht zu sprechen war. Der Propst von Herzogenburg, Nikolaus Würmla, klagte bitter über die Bedrängnisse, die sein Stift durch Steuerlasten seit dem Regierungsantritt Rudolfs zu erdulden hatte. Alle Klöster des Landes habe der Herzog ausgepreßt und das Erbgut Christi in Soldgeld verwandelt. Die klösterlichen Chronisten seiner Zeit verglichen Rudolf IV. mit dem Ketzerkaiser Friedrich II. oder nannten ihn einen neuen Nero. Gegen den Bischof von Passau soll er sich ärger betragen haben als ein Wolf.

Die Ungnade der Klöster als der bedeutendsten Weinproduzenten des Landes brachte dem Herzog die Erfindung einer neuen Steuer ein. Damals wurden die Münzen jährlich außer Kurs gesetzt und gegen neue ausgetauscht, was Handel und Wandel nicht gerade förderlich war. Der Herzog verzichtete auf die Münzerneuerung gegen Einführung einer allgemeinen zehnprozentigen Getränkesteuer, des Ungeldes. Das war an und für sich kein neuer Gedanke, denn schon früher hatten Grundherrschaften, aber auch landesfürstliche Städte, diesen Weinzehent gelegentlich bezahlen müssen. Neu war, daß jetzt der Landesfürst generell diese Steuer einhob. Der Wirt mußte den entsprechenden Wein oder den Erlös beiseite legen und warten, bis die landesfürstlichen Beamten die Steuer abholten. Dazu wurde das Land in Ungeldbezirke eingeteilt, die später verpfändet worden sind. Wie jede indirekte Steuer wurde das Ungeld auf die kleinen Verbraucher abgewälzt. Es blieb ein Bestandteil der österreichischen Finanzpolitik und ist in geänderten Formen auch in unserer Steuergesetzgebung noch vorhanden.

Rudolf hat sich nicht gescheut, auch in die Entwicklung des Handwerks nachhaltig einzugreifen. So hob er 1361 alle Zechen auf und erklärte alle bestehenden Handwerksordnungen für ungültig, auch die vom Landesfürsten bestätigten waren nicht ausgenommen. Zum ersten Male in der Geschichte Niederösterreichs wurde die Gewerbefreiheit verkündet. Drei Jahre später hat man allerdings deren üble Wirkungen bereits klar erkannt und ist von der uneingeschränkten zur bedingten Gewerbefreiheit übergegangen. Die künftigen Meister und Mitbürger mußten wiederum verschiedene Forderungen erfüllen, die später ständig erweitert worden sind. Der Weg zum

Wiederaufleben der Handwerkerzechen war damit nicht mehr weit, sie wurden nach Rudolfs Tod wieder eingeführt.

Mitten in seinen regsten Plänen ist nämlich der Herzog im Feldlager vor Mailand am 27. Juli 1365 im Alter von 26 Jahren gestorben. Vermutlich war Lungenkrankheit die Todesursache. Es ist wahrscheinlich, daß er schon lange vom Tode gezeichnet war. Jedenfalls läßt sein Bildnis, das älteste erhaltene Fürstenporträt der deutschen Geschichte, diesen Schluß zu. Es stellt einen stark gealterten Mann mit müdem Blick dar. Wohl wegen seiner Krankheit hat er im Jahre 1364 die Hausordnung seines Vaters erneuert, wobei nicht neues Recht geschaffen wurde, sondern das alte Herkommen, wie es schon seit den Tagen Friedrich des Schönen bestanden hat, näher erläutert und genauer umschrieben worden ist. Er hat ein reiches Werk hinterlassen, das trotz seiner Mängel zum Ausgangspunkt des modernen Verwaltungsstaates in Österreich geworden ist.

Wiederum traten zwei Fürsten die Regierung Österreichs an, die kaum dem Knabenalter entwachsen waren: Albrecht III. und Leopold III., Rudolfs Brüder und jüngere Söhne Albrechts II. Sofort schlossen sie sich enger an den Kaiser Karl IV. an und verzichteten auf das Bündnis, das Rudolf mit Ungarn eingegangen war. Das war auch dringend nötig, denn die Auseinandersetzungen mit Bayern wegen Tirol waren 1364 neu aufgelebt und drohten verhängnisvoll zu werden. Es gelang aber den vereinigten Bemühungen der Habsburger und Luxemburger, die Wittelsbacher abzuwehren. 1369 wurde in Schärding auch vom westlichen Nachbarn die Erwerbung Tirols anerkannt.

Die beiden Brüder waren zu verschiedene Charaktere, als daß sie sich dauernd vertragen hätten. Der ältere, Albrecht, war ruhiger und mehr auf die Stammlande im Donauraum bedacht. Der ehrgeizigere, aggressivere Leopold wollte in den Spuren staufischer Traditionen wandeln und sah vor allem in den Vorlanden, wo österreichischer Besitz durch die Freiheitsbestrebungen der Schweizer bedroht war, sein Betätigungsfeld. Was war natürlicher, als daß an eine Teilung der Verwaltungsaufgaben gedacht wurde. Im Jahre 1373 schlossen die beiden Brüder ein Abkommen, nach dem Albrecht Österreich unter und ob der Enns, Leopold alle übrigen Besitzungen, also die Steiermark, Kärnten, Krain, Tirol und die Vorlande betreuen sollte. Die Einkünfte aus allen Ländern sollten aber zu gleichen Teilen vergeben werden. Geistliche und weltliche Große haben angesichts der drohenden Zerwürfnisse vermittelnd eingegriffen und diese Lösung ermöglicht. Leopold aber war mit dieser Verwaltungsteilung noch immer nicht zufrieden und erhob ständig neue Forderungen. Albrecht ist letzten Endes so weit zurückgewichen, daß er 1379 im Vertrag von Neuberg in eine völlige Besitzteilung einwilligen mußte, bei der er territorial nicht besonders gut abschnitt, wenn auch die wirtschaftliche Kraft Wiens manches aufwog. Ihm verblieben nämlich nur Österreich unter und ob der Enns, und das nicht einmal ganz. Das Gebiet um die Stadt Wiener Neustadt wurde damals noch zur Steiermark gerechnet, während verschiedene Burgen in der »Mark« Pitten Albrecht behalten konnte. In den Hauptzügen war aber trotzdem wieder die Piesting und nicht der Semmering die Grenze, womit alte Verwaltungseinteilungen, die in den kirchlichen Grenzen noch weiter bestanden, neu auflebten. Jeder der Brüder konnte weiterhin Wappen, Titel und Banner aller habsburgischen Länder führen. Die Teilung entsprach aber nicht nur dem Willen beider Brüder, sondern hatte auch realistische Ursachen. Die Interessen der Länder waren nicht gleich, die Donauländer tendierten stark nach Böhmen und Ungarn hin, zur luxemburgischen Interessenssphäre, die Alpenländer nach Westen und Süden, an den Oberrhein und nach Friaul, wo ein Zugang zum Meer gewonnen werden konnte.

Während Albrechts Regierungszeit (1379–1395) wurde in Österreich viel Gutes geschaffen. Auswärtige Kriege führte er kaum, nur ein Feldzug nach Preußen zur Erlangung der Ritterwürde ist während dieser Zeit zu verzeichnen. Im Innern war er allerdings auf seine Macht äußerst bedacht und hat ganz konsequent den Ideenkreis, den sein Bruder Rudolf im Privilegium maius niedergelegt hat, weiterverfolgt. Vor allem hat er bei der Aufsagung reichsunmittelbaren Besitzes in Niederösterreich große Erfolge erzielt. Er machte nicht nur die mächtigen Grafen von Schaunberg an der Westgrenze des Landes ob der Enns nach einer langwierigen und von ihm zäh geführten Fehde lehenspflichtig, sondern nützte auch eine günstige Gelegenheit, die Landesunmittelbarkeit der Grafschaft Hardegg in greifbare Nähe zu rücken. Diese Reichsgrafschaft in der Hand der Maidburger, die auch zum Kaiserhof in Prag rege Beziehungen unterhielten und mit Hofämtern ausgezeichnet waren, war tief verschuldet. Die Grafen wollten es wahrscheinlich den bedeutend reicheren verwandten Fürstenfamilien gleichtun und lebten über ihre Verhältnisse. Gegen Übernahme der Schuld verschrieben nun 1392 die Maidburger dem Herzog Albrecht ihren Gesamtbesitz in Österreich für den Fall des Aussterbens im Mannesstamme. Dieser hat auch die Lehenschaft Rehberg zum landesfürstlichen Lehen gemacht und demütigte im Jahre 1395 die Familie seines mächtigen und einflußreichen Hofmeisters Hans von Liechtenstein. Die Liechtensteiner, eines der großen Grenzgeschlechter, die auch in Mähren Besitzungen hatten, haben zum böhmischen Hof Beziehungen unterhalten und mochten schon deshalb dem Herzog gefährlich erscheinen. Hans von Liechtenstein wurde aber in die Intrigen um den böhmischen und deutschen König Wenzel verwickelt. Im Jahre 1393 hatte nämlich Herzog Albrecht III. mit Wenzels Brüdern Sigismund von Ungarn und Jost von Mähren zu Znaim einen Vertrag geschlossen, der dem Habsburger den Weg zur deutschen Königskrone öffnen sollte. Dies war aber nur der Auftakt zu einem Bruderkrieg im Hause der Luxemburger. Als Jost im folgenden Jahr mit Unterstützung böhmischer Adeliger den König gefangennahm, brachte man ihn zuerst nach Krumau in Südböhmen (Cesky Krumlov), dann auf die österreichische Burg Wildberg bei Linz. Mit Hilfe des Liechtensteiners, der sich von des Königs Anhängern kaufen ließ, konnte er aber entfliehen und nach Böhmen zurückkehren. Das erbitterte Albrecht so sehr, daß der Adelige in Ungnade fiel. Der baldige Tod des Herzogs, der am 29. August 1395 im Alter von 45 Jahren in Laxenburg starb, verhinderte eine Ausweitung dieser Affäre, beendete aber auch das neuerliche Streben eines Habsburgers nach der deutschen Königskrone.

Da sich die Diözese Passau über Bayern und Österreich erstreckte, war die Besetzung des Bischofstuhles für beide Länder von wesentlichem Interesse. Als im Jahre 1388 Bischof Hermann Digni die Regierung niederlegte, kam es zu einem erbitterten Streit hinter den Kulissen. Albrecht unterstützte den Grafen Georg von Hohenlohe und konnte durch einen diplomatischen Schachzug von Papst Urban VI. erreichen, daß er dem Gegenkandidaten Rupert von Berg das Bistum Paderborn verlieh. Damit hatte er in diesem Streit, der in Hinkunft bei fast jeder Bischofeinsetzung Regel wurde, einen großen Sieg errungen.

Alle diese Maßnahmen dienten einem Ziele: der Durchsetzung des Privilegium maius im Innern des Landes. Somit war Albrecht III. nicht nur der ruhige, vor allem auf Kunst und Wissenschaft bedachte Fürst, wie es vor Erkennen dieser Zusammenhänge schien. Er wußte die landesfürstlichen Rechte wohl zu wahren und zu festigen und hatte viele Wesenszüge seines Vaters Albrecht II. bei der Wahl seiner Mittel.

Albrechts Wirken auf geistigem Gebiet gehört zu dem bedeutendsten eines österreichischen Herrschers im Mittelalter. Rudolf der Stifter hatte wohl die Gründung der Wiener Universität durchgesetzt, doch besaß die Hochschule keine theologische Fakultät, damals Kern und Sinn einer solchen Anstalt. Auch räumlich und materiell stand die neue Gründung vor dem Nichts. Beraten von Berthold von Wehingen, hat Albrecht III. die päpstliche Erlaubnis zur Errichtung der theologischen Fakultät erwirkt und eine neue Unterkunft für das »studium generale« in der Nähe des Dominikanerklosters errichtet. 1384 wurde in einem neuen Stiftsbrief die Universität als autonome Körperschaft, deren Rektor aus einer beliebigen Fakultät stammen konnte, fixiert. Der Herzog, der die hohe Schule auch ausreichend dotierte, wird daher mit Recht als der zweite Gründer der Universität Wien gefeiert. Um den Ruf der Hochschule zu heben, berief er einige berühmte Professoren, wie Heinrich Heinbuche von Langenstein, einst Vizekanzler der Universität Paris, einen hervorragenden Kirchen- und Staatspolitiker, Theologen, Astronomen und Naturwissenschaftler, der als Lehrer und Prediger auf ganz Österreich und Süddeutschland Einfluß ausgeübt hat. Mit ihm wurde die Universität zur Pflegestätte der Spätscholastik.

In seinem neu erbauten Schloß Laxenburg liebte Albrecht die Gartenarbeit, richtete Tiergarten und Fischweiher ein, hatte aber auch für Astronomie und Theologie viel Verständnis.

Er liebte Bücher über alles und kann als der erste Bibliophile seines Hauses bezeichnet werden. Damals ist in Mitteleuropa die Neigung aufgekommen, die Geschichte des eigenen Landes seit den Uranfängen der Welt darstellen zu lassen. So beauftragte der Herzog den Franziskanermönch Leopold Stainreuter aus Wien, nach dem Muster böhmischer und ungarischer Werke eine österreichische Chronik zu schreiben. Auf diese Weise entstand die Fabelchronik der 95 Herrschaften, von denen nur einige historisch existent, die vorigen von der Zeit Abrahams bis zum Beginn der Babenberger aber frei erfunden sind. Albrecht ließ sich auch noch andere historische Werke ins Deutsche übersetzen.

Auf dem Gebiet der schönen Literatur hatte Niederösterreich dagegen während des ganzen 14. Jahrhunderts wenige berühmte Namen aufzuweisen. Nachklänge des Minnesanges waren die Schwänke des Pfaffen vom Kahlenberg und die späteren Neidhartschwänke. Der gelehrte Arzt Heinrich von Wiener Neustadt dichtete mit dem Versroman »Appolonius von Tyrland« den letzten großen Liebes- und Abenteuerroman der späthöfischen Zeit. Mit der religiösen Lehrdichtung »Von Gottes Zukunft« schrieb er eine Heils- und Erlösungsgeschichte von der Menschwerdung bis zum Jüngsten Gericht. Um 1350 war in Österreich das erste deutsche Lustspiel über die Geschichte von Neidhart mit dem Veilchen beim Wiener Veilchenfest entstanden. In der zweiten Jahrhunderthälfte dichtete der Wiener Heinrich der Teichner einige hundert Reimreden, die uns das Sittenleben der Zeit anschaulich schildern. Als strenger Moralist trat er gegen die fahrenden Sänger auf, die noch immer die alten Heldengedichte oder Liebeslieder vortrugen. Den Herzog Albrecht III. begleitete auf seinem Heidenkreuzzug gegen die Preußen der Nachfolger des Teichners, Peter Suchenwirt (ca. 1330–1395), und beschrieb diese Fahrt in einem Preisgedicht. Er wurde zum Festdichter des herzoglichen Hofes und ersetzte durch seine Spruchgedichte die heutigen Zeitungen. Doch ist unverkennbar, daß mit dem Glanz des höfischen Lebens auch die ritterliche Dichtung am Ausgang dieses Jahrhunderts erlosch.

Die Kunst dieser Zeit war reichhaltig von Böhmen beeinflußt. Seit etwa 1360 sind die böhmischen Komponenten in der Buchmacherei stärker geworden. Insbesondere in den Miniaturen des um 1385 für Albrecht III. geschriebenen »Rationale divinorum officiorum« kommt dies voll zum Durchbruch. Auch manche Skulpturen zeigen Stilmerkmale der Prager Parler-Schule. Der Darstellungsmodus der Prager Hofkunst, der die Figuren plump und häßlich erscheinen läßt, findet sich auch in Plastiken von Wiener Neustadt. Doch sind diese Zeugnisse eher selten und unbedeutend.

Trotz dieser kulturellen Leistungen dürfen wir die ruhige Regierungszeit Albrechts nicht als unbeschränkt glücklich ansehen. Die Landesfinanzen waren total zerrüttet, die Unsitte der Verpfändungen hatte einen neuen Höhepunkt erreicht. Als im Jahre 1370 einem Kapitalistenkonsortium auf vier Jahre die gesamte Finanzverwaltung samt der Ernennung der Beamten und dem Recht der Steuerausschreibung verpfändet wurde, war die Finanzkrise auf dem Höhepunkt angelangt. Auch die schädlichen Münzerneuerungen, die Rudolf IV. abgeschafft hatte, wurden jetzt wieder eingeführt, an die Aufhebung des Ungeldes aber dachte niemand. Die Juden wurden schikaniert, um aus ihnen Geld herauszupressen. Als nach dem Tode von Albrechts Bruder Leopold III. in der Schlacht bei Sempach 1386 große finanzielle Anforderungen an die herzogliche Kasse gestellt wurden, mußten neue

Steuern ausgeschrieben werden, zu denen auch der Klerus in hohem Maße herangezogen wurde. Dies brachte Albrecht den Bannfluch durch Papst Bonifaz IX. ein, was ihn aber nicht sonderlich störte.

Im späten 14. Jahrhundert verfiel das Rittertum als militärische Notwendigkeit und als Lebensform, wenn auch nicht als Stand. Häufige Verschuldung als Folge der schwindenden wirtschaftlichen Grundlage war nicht die alleinige Ursache. Die politischen und militärischen Aufgaben, die das Rittertum im 14. Jahrhundert zu erfüllen gehabt hatte, fielen allmählich weg. Die Regierung bediente sich geschulter Beamten, wobei es nicht auf ritterliche Tugenden, sondern auf Verstand, Wissen, Schulung und Erfahrung ankam. Leistung und Pflichterfüllung rechtfertigten nicht mehr die privilegierte Stellung der Ritter, denn auch als Wehrstand waren sie überholt. Mehr als einmal waren die österreichischen Ritterheere den Fußtruppen der Schweizer unterlegen. Die Schlachten bei Sempach 1386 und bei Näfels 1388 zeigten die Unterlegenheit der ritterlichen Heere gegen die mit langen Spießen bewaffneten Fußsoldaten der Schweiz. In Hinkunft haben die Österreicher ebenfalls Fußtruppen eingesetzt, diese Heere waren aber nicht nur von den Lehensleuten gestellt, sondern Freiwillige mußten angeworben und besoldet werden. Ihnen, die sonst kein Einkommen besaßen, war der Kriegsdienst Lebensunterhalt. Meist stammten die Söldner aus bäuerlichen Schichten, waren rauflustige, arbeitsunwillige Gesellen. Nach den Feldzügen wurden sie regelmäßig wieder entlassen. Wenn sie keine Beschäftigung finden konnten, das heißt, wenn in keinem der Nachbarländer Krieg herrschte, schlossen sie sich zu Banden zusammen und lebten vom Ertrag ihrer Räubereien. Diese Entwicklung muß man berücksichtigen, wenn man das Verhalten des Ritterstandes in den nächsten Jahrzehnten verstehen will.

9. KAPITEL

Die Stände werden zur politischen Macht

Wenn wir mit dem Tode Albrechts III. im Jahre 1395 ein neues Kapitel in der Geschichte Niederösterreichs beginnen, so deshalb, weil jetzt die lokalen Kräfte, die Stände, zum entscheidenden Durchbruch gelangten. Sie trieben auf eigene Faust Politik, gelangten zu Macht und Selbstbewußtsein und wurden zum wichtigen Faktor in der Landespolitik.

Unter Ständen verstehen wir den hohen Adel, die Ritterschaft, die hohe Geistlichkeit, vor allem die Prälaten der grundbesitzenden Klöster und die Vertreter der Städte und Märkte. Diese Gruppen verkörperten die größte wirtschaftliche Kraft und waren die sozial führenden Schichten. Es liegt in der natürlichen Entwicklung, daß sie nach politischem Einfluß verlangten und ihn in Perioden schwächeren Landesfürstentums auch erhielten. Ihre Entwicklung bis zum politischen Machtfaktor erstreckt sich durch mehr als ein ganzes Jahrhundert. Wir haben gesehen, daß die Landherren, hochfreie Geschlechter und Ministeriale, seit dem 13. Jahrhundert schon öfter wichtige Entscheidungen mitbestimmt hatten. Als militärische Führer, als Diplomaten und Beamte waren sie eine unentbehrliche Stütze des Landesfürsten. Seit dem 14. Jahrhundert wurde ihr Rat bei allen wichtigen Angelegenheiten gehört und mancher Vertrag in seiner Gültigkeit ausdrücklich auf ihre Zustimmung und Garantie zugeschnitten. Otakar von Böhmen hat die Zahl der ratgebenden Hochadeligen auf zwölf beschränkt, Albrecht I. wollte sie ausschalten und schuf sich einen geheimen Rat mit wenigen Vertrauten. Unter seinen Nachfolgern ist dann diese Beschränkung wieder aufgehoben worden, und bei allen wichtigen Verhandlungen innerer und äußerer Angelegenheiten wurden Mitglieder des hohen Adels beigezogen. Dagegen haben die niedrigen Adeligen, die Ritter, keine solche politische Bedeutung erlangt, obwohl sie die Gleichstellung mit den Landherren forderten und manchem von ihnen auch der Aufstieg gelang. Da sie aber auch als militärische Helfer unentbehrlich waren und überdies ein nützliches Gegengewicht bei überspitzten Forderungen der Landherren darstellten, wurde auch gelegentlich ihr Rat eingeholt. Die landesfürstlichen Städte, deren Bürger im Zeitalter zunehmender Geldwirtschaft als vermögende Schicht immer mehr in den Vordergrund traten, hatten besonderes Gewicht, da sie immer als Gesamtheit, als Kollektiv, auftreten konnten. Auch als Festungen spielten die Städte eine größere Rolle, da sie mehr Verteidiger stellen konnten als die Burggrafen und Ritter. Bei wichtigen Staatsakten wurden daher auch sie zur Beglaubigung herangezogen. Die hohe Geistlichkeit, vor allem die Äbte der Klöster besaßen kraft ihres Amtes hohen moralischen Einfluß. So wurden auch Vertreter aus ihrer Mitte zur Beratung mancher Fragen, vor allem, wenn es sich um geistliche Besitzungen handelte, gehört. Alle diese Vertreter verschiedenster Richtungen hatten eines gemeinsam: sie repräsentierten die unteren Verwaltungsorgane, hatten also jene Bedeutung, die heute den Gemeinde- und Bezirksverwaltungen und den Bezirksgerichten zukommt. Diese Stellung war das gemeinsame Band der Stände. Aus diesem Grunde hatten jene sozialen Schichten, die keine Verwaltungsfunktionen ausübten, vor allem die Bauern und die Bürger jener Städte, die Grundherren gehörten, keine Vertretung unter den Ständen und bei den späteren Landtagen. Der mittelalterliche Landtag war nämlich im Gegensatz zum heutigen keine Volksvertretung, sondern eine Versammlung der niederen Verwaltungsbehörden, repräsentiert durch die Stände. Da es aber um diese Zeit kaum mehr freie Bauerngemeinden gab, die auch Verwaltungsfunktionen durchgeführt haben, ist der Bauernstand völlig übergangen worden. Die Reste freien Bauerntums in Raxendorf, im Yspertal, im Tal Wachau, in Loosdorf, zu Gleißenfeld und Buchberg waren im Verhältnis zur Größe des Landes vollkommen unbedeutend. Da die unterste Verwaltungsorganisation die Grundherrschaft war, nicht aber Markt oder Stadt, haben nur die landesfürstlichen Städte, die keiner Grundherrschaft unterstanden, am Landtag im Rahmen des vierten Standes teilnehmen können.

Die Stände hatten weder innerhalb ihrer Standesgruppen noch untereinander eine Organisation, es bestand auch kein Recht, wie für den Landesfürsten keine Verpflichtung, sie an den Regierungshandlungen teilnehmen zu lassen. Doch haben schon seit der Mitte des 14. Jahrhunderts einzelne Mitglieder des Herrscherhauses den Ständen verschiedene Rechte zugebilligt. Albrecht II. gewährte in seinem Hausgesetz von 1355 den Landherren und Städten ein Widerstandsrecht gegen jene Söhne, die dieses Gesetz nicht einhalten sollten. Rudolf IV. dehnte in seinem Hausvertrag das Widerstandsrecht auch auf die Ritter aus. Weiters hatten schon 1373 bei den Streitigkeiten zwischen Albrecht III. und Leopold III. die Landherren interveniert und eine Einigung herbeigeführt.

Mit dem Tode Albrechts III. brach über Niederösterreich neuerlich eine schwere Zeit herein. Sein gleichnamiger Sohn Albrecht IV. (1395 bis 1404) war erst 18 Jahre alt und besaß keine Spur von Herrschertalent. Seine Lieblingsbeschäftigung war das Tischlerhandwerk, daneben gab er sich auch in der Kartause Mauerbach mönchischen Übungen hin. Die steirische Linie der Habsburger besaß dagegen in Leopolds III. Sohn Wilhelm einen tatkräftigen Vertreter, der die Gesamtregierung beanspruchte. Die Stände, denen jetzt ein Entscheidungsrecht zukam, waren nicht einig. Weder die Landherren noch die um ihre Handelsverbindungen nach Venedig besorgte Stadt Wien hatten Interesse an kriegerischen Auseinandersetzungen. So vermittelten die Landherren einen Vertrag, der 1395 in Hollenburg geschlossen wurde und eine gegenseitige Mitregierung der Mitglieder beider Linien in allen Ländern vorsah. Deshalb sollten alle Würdenträger und Beamten beiden Herzögen Treue schwören, und die Einkünfte wurden wiederum geteilt. Damit war der Zustand der Jahre von 1373 bis 1379 wiederhergestellt.

Die wirtschaftliche Lage des Landes war am Ende des 14. Jahrhunderts nicht ungünstig. Vor allem sind die Städte und Märkte, und hier wieder die landesfürstlichen, in den vergangenen Jahrzehnten zu steigendem Reichtum gelangt. Der Handel hatte mit der Ausdehnung der habsburgischen Territorien seinen Weg nach Süden und Westen genommen, wo vor allem Venedig der große Umschlagplatz wurde. Zwar haben durch die unsicheren Wegverhältnisse die Handelsbeziehungen zu Böhmen, Mähren und Polen stark gelitten, und 1387 hatte König Wenzel ein formelles Handelsverbot seiner Untertanen mit österreichischen Städten erlassen. Die Kaufleute von Prag und Breslau/Wroclaw hinderten fremde Händler, ihren Weg nach Österreich zu nehmen. Da aber die Österreicher die Semmeringstraße ängstlich hüteten, saßen sie auf dem längeren Hebelarm und wurden mit dem Venedighandel reich. Allerdings durfte nicht jeder Bürger direkt nach Italien ziehen, sondern nur Bewohner privilegierter Städte. Daneben waren aber Ungarn und Oberdeutschland nach wie vor einträgliche Partner und Märkte von Österreichs Handel. Nach Westen wurden allein jährlich etwa 100.000 Hektoliter Wein ausgeführt. Denn im Mittelalter wurde in Niederösterreich in vielen Landstrichen Wein gebaut, wo heute schon lange keine Traube mehr reift. Bis hinauf in den Traungau und in die Voralpen zogen sich die Weingärten. Amstetten oder Wilhelmsburg waren damals genauso Weinbaugebiete wie heute Krems oder Traismauer, wenn auch die Sorten, die dort gezüchtet wurden, unserem heutigen verwöhnten Gaumen kaum munden dürften. Für den Weinexport war das Land in bestimmte Zonen geteilt. Das Gebiet südlich der Piesting um Wiener Neustadt exportierte nach der Steiermark, die nördlich der Donau gebauten Weine gingen meist nach Böhmen, Mähren und Schlesien. 60.000 Hektoliter wurden jährlich von den österreichischen Händlern in den Hauptlagerplätzen Wien, Klosterneuburg, Krems, Stein und Ybbs eingeschifft und nach Süddeutschland gebracht, weitere 40.000 Hektoliter als Ertrag für eingeführte Waren von auswärtigen Kaufleuten aus Österreich mitgenommen. Diese Zahlen stammen aus dem Jahre 1400. Daneben wurden aus der Gegend um Waidhofen an der Ybbs auch viele Eisenfertigwaren, Klingen, Sensen und andere Artikel des täglichen Gebrauches ausgeführt. Dagegen kamen vor allem feine Tuche aus Oberdeutschland, ja selbst aus Flandern ins Land. Manche Waren, vor allem grobes Leinen, wurden im bäuerlichen Haushalt selbst hergestellt, doch hat auch der Bauer seinen Sonntagsstaat aus importiertem Tuch anfertigen lassen. Schon um 1300 klagte ein aus dem Waldviertel stammender satirischer Dichter, daß sich die Bauern mit Tuch aus Gent kleiden. Im Lande selbst war stärkere Tucherzeugung nur in St. Pölten und Tulln zu finden.

Der Handel hat zu allen Zeiten gute Transportverhältnisse als Voraussetzung. Die Straßen im Flachland waren schlecht, denn systematischen Straßenbau kannte man im Mittelalter nicht. Trotz jahrhundertelangen Verfalles war das römische Straßennetz südlich der Donau noch immer das Rückgrat des Verkehrswesens. Besonders die Überquerung der Flüsse war ein schwieriges Problem. Brücken gab es fast keine, höchstens Stege für die Fußgänger. Die Wagen mußten Furten benützen, die sich ständig änderten. Im Gebirge herrschte der schmale Saumpfad vor. Dadurch kam der Flußschiffahrt erhöhte Bedeutung zu. Die Donau war die wichtigste Straße des Landes, zumal Flöße und Schiffe mehr Fracht tragen konnten als Saumtiere oder Wagen. Für die Bergfahrt mußten Menschen und später Pferde vorgespannt werden. Die Seitenflüsse der Donau konnten nur streckenweise mit Flößen befahren werden, da die ungeräumten Flußbette jedes Schiff zerschellen ließen. Auf Ybbs, Erlauf und Traisen spielte die Holzflößerei eine bedeutende Rolle.

Das binnenländische Handelsleben spielte sich im Mittelalter weitgehend auf den Jahrmärkten ab. Die Abhaltung solcher Jahrmärkte war eine alte Gepflogenheit und machte einen Ort für Tage oder Wochen zum wirtschaftlichen Mittelpunkt. Seit dem 14. Jahrhundert erhielten immer mehr Orte das Recht, Jahrmärkte abzuhalten, manche drei- oder viermal jährlich. Die Besucher dieser Märkte genossen erhöhten Rechtsschutz für die Hin- und Rückreise und auch für Aufenthalt und Rechtsgeschäfte während der Marktzeit. Die Marktprivilegien waren so abgestimmt, daß sie naheliegenden Orten nicht allzu starke Konkurrenz machten. Die Händler zogen so von Ort zu Ort, von Jahrmarkt zu Jahrmarkt. Daneben hatten auch Gewerbetreibende die Möglichkeit, ihre Erzeugnisse in benachbarten Orten während der Marktzeit anzubieten.

Das bedeutendste Handelsgut im Inland war das Salz, als Konservierungsmittel für Fleisch, Kraut und Rüben wie auch als Genußmittel in Stadt und Land unentbehrlich. Ursprünglich wurde das Salz meist aus Hallein bei Salzburg oder Schellenberg bei Berchtesgaden bezogen. Seit 1300 spielte die im habsburgischen Bereich liegende Saline Hallstatt eine ständig steigende Rolle für die Versorgung Niederösterreichs. Um die Mitte des 14. Jahrhunderts teilten die Landesfürsten das Handelsgebiet. Das Land südlich der Donau wurde von Hallstatt, Wein- und Waldviertel von Hallein versorgt. Im Alpenvorland war auch der Provianthandel zur Versorgung des obersteirischen Eisengebietes ein beträchtlicher wirtschaftlicher Faktor. Im 14. Jahrhundert haben verschiedene Städte manche Erzeugungs- und Handelssparten besonders gepflegt. St. Pölten war bekannt wegen seiner Tuchwalker und Lederer, in Tulln spielte der Fischfang eine große Rolle, in und um Waidhofen an der Ybbs konzentrierte sich die Eisenverarbeitung, Krems und Korneuburg lebten in erster Linie vom Binnenhandel mit Wein, Salz und Getreide. Bruck, Hainburg und Marchegg wiederum führten ungarische Waren, vor allem Vieh, ein. Kein Wunder, daß die Städte ängstlich über ihre Vorteile wachten und an der Wertbeständigkeit des umlaufenden Geldes größtes Interesse hatten. Als daher 1397 der Landesfürst wieder einmal einen Münzumtausch plante, protestierten zwölf nieder- und oberösterreichische Städte in einer gemeinsamen Resolution.

Um 1400 hat eine große Gärung den gesamten Donauraum, Böhmen, Ungarn und Österreich erfaßt. In Böhmen und Mähren bekämpften sich die Söhne Karls IV. Weil die Luxemburger seit 1387 auch Ungarn beherrschten, war die gesamte Nord- und Ostgrenze Niederösterreichs von Unruhe erfüllt. Da damals die Grenze noch nicht jene Bedeutung als Abschluß eines Landes hatte wie heute, andererseits Böhmen und Mähren genauso wie Niederösterreich ein Teil des Reiches waren, griffen die Fehden immer wieder nach Österreich über. Hier haben sich einzelne Ritter ihren Lebensunterhalt damit verdienen wollen, daß sie Straßen unsicher machten, Reisende und Kaufleute beraubten, den Nachbarn Fehde ansagten und dabei deren Untertanen ausplünderten. Diese Methoden griffen so stark um sich, daß die Regierungsgewalt entschieden eingreifen mußte. Im Jahre 1402 erließen daher die Herzöge Albrecht und Wilhelm mit Zustimmung der Prälaten, Herren, Ritter und Städte einen Landfrieden und beschlossen, die Ordnung im Lande wiederherzustellen und schädliche Elemente auszurotten. Unter dem Vorsitz des Landmarschalls und unterstützt von vier Vertretern der Stände wurden dreihundert Reisige, dreißig Schützen und fünfzig Wagen mit Belagerungsmaschinen aufgeboten, also eine Art Einsatzpolizei geschaffen und das Land systematisch durchkämmt. Die Bewohner eines Landstriches wurden ohne Ausnahme an einem bestimmten Ort zusammengerufen und unter Eid befragt, ob ihnen ein Dieb oder Räuber bekannt sei. Erwischte man einen Übeltäter, wurde er gleich an Ort und Stelle aufgehängt. Aber auch größere Aktionen waren notwendig. Eine Gruppe solcher Raubgesellen hatte sich der Burg Hohenau bemächtigt und von dort aus das Land terrorisiert. Sie wurden ausgeräuchert und gleich fünfundvierzig auf den Galgen geknüpft.

Trotz dieser Maßnahmen trat keine wesentliche Besserung ein, da nach der Absetzung des Königs Wenzel im Jahre 1400 die politischen Verhältnisse immer verworrener wurden. Der abgesetzte König und sein Bruder Jost von Mähren hatten einige Ritter, unter ihnen Johann von Lamberg, der »Sokol« (Falke) genannt wurde und im Österreichischen unter dem verballhornten Namen »Schecken« noch nach Jahrhunderten ein Kinderschreck war, in Sold genommen. Von Znaim aus beunruhigte er gemeinsam mit dem »Dürnteufel«, einem anderen Raubritter, das Land. Herzog Albrecht zog im Bunde mit Wenzels Bruder Sigismund, König von Ungarn, gegen sie. Bei der Belagerung brach im Heere die Ruhr aus, der auch der österreichische Landesfürst im Alter von siebenundzwanzig Jahren zum Opfer fiel.

Das Jahrzehnt, das jetzt folgte, zählt zu den traurigsten in Niederösterreichs bewegter Geschichte. Denn Albrecht IV. hinterließ als Erben einen siebenjährigen Knaben, den späteren Albrecht V. Wer sollte für diesen nun der Vormund sein? Herzog Wilhelm von der steirischen Linie nahm als Ältester des Hauses dieses Recht in Anspruch. Aber Leopold, sein jüngerer Bruder, beanspruchte ebenfalls einen Anteil und bekämpfte im Bündnis mit dem jüngeren Bruder Ernst den Erzherzog Wilhelm. Auf Leopolds Seite stand ferner noch der Ungarnkönig Sigismund. Die Folge dieser Gruppierung war eine arge Schädigung Österreichs. Von den Ungarn ermuntert, haben die räuberischen Ritter ihre Züge ungehindert über die österreichische Grenze ausgedehnt. Sechs Wochen lang plünderten sie das Wiener Becken, während im Norden Johann und Albrecht von Vöttau Burg und Stadt Drosendorf einnahmen. Diese Bande wurde schließlich durch ein Aufgebot von Rittern, Bürgern und Bauern unter der Führung des Grafen Johann von Hardegg und des Landmarschalls Otto von Maissau völlig aufgerieben und jeder, dessen man habhaft werden konnte, erschlagen.

Herren und Ritter schlossen sich angesichts der immer mehr um sich greifenden Unsicherheit zu einem Bund zusammen. Als dann im Juli 1406 Herzog Wilhelm starb, griffen die Stände zur Selbsthilfe und trafen zum ersten Male Entscheidungen über die künftige Regierung des Landes. Am 6. August 1406 versammelten sich zwei Bischöfe (von Freising und Passau), 24 Prälaten, 81 Herren und Ritter nebst den Vertretern von 22 Städten Nieder- und Oberösterreichs in Wien, schlossen einen Bund, erkannten den achtjährigen Albrecht V. als ihren Landesherrn an und betrauten einen aus Vertretern der vier Stände zusammengesetzten Ausschuß mit der Entscheidung in der Vormundschaftsfrage. Dieser Schritt war für die Verfassungsentwicklung Niederösterreichs von entscheidender Bedeutung. Damit sind die Stände zum ersten Male als voll ausgebildete Organisation in Erscheinung getreten. Die für die Vormundschaft in Frage kommenden Söhne Leopolds III. (Leopold IV., Ernst und Friedrich IV. mit der leeren Tasche) beugten sich auch dem Spruch des Ständeausschusses, der allerdings recht zurückhaltend entschied. Es wurde festgesetzt, daß der junge Herzog mit 14 Jahren bereits mündig erklärt werden und daß der Hausschatz bis zu diesem Zeitpunkt versperrt bleiben und damit vor jeder Minderung geschützt werden sollte. Die Privilegien und Gewohnheiten aller Bewohner des Landes, worunter die Stände natürlich in erster Linie ihre eigenen Vorrechte verstanden, sollten nicht angetastet werden.

Wer aber von den drei Brüdern der steirischen Linie des Hauses Habsburg die Vormundschaft übernehmen sollte, blieb unausgesprochen, ja man stellte den beiden sowieso schon hadernden Herzögen Leopold und Ernst die Entscheidung anheim.

Überraschenderweise kamen diese auch bald zu einem Entschluß. Leopold übernahm die vormundschaftliche Regierung Österreichs, Ernst die Verwaltung der Steiermark. Aber auch Leopolds Regierung war nicht glücklicher als die seiner Vorgänger. Im Jahre 1407 bemächtigte sich der berüchtigte Sokol der Stadt Laa, trotzte einer Belagerung durch den Herzog und nahm sogar eine gegen ihn entsandte Schar gefangen. Die Macht dieses mährischen Ritters wurde immer größer, er baute im Marchfeld mit den Städten Zistersdorf und Marchegg als Zentrum ein kleines Reich auf und beherrschte das Land bis vor die Tore Wiens.

Die Lage des Herzogs Leopold war keineswegs beneidenswert. Die Stände waren mit den Mißerfolgen seiner Regierung höchst unzufrieden, und sein Bruder Ernst benützte die Situation, um Forderungen zu stellen. Nur die

Ritter und die Handwerker in den Städten waren weiterhin auf seiner Seite. Die Landherren, Prälaten und die regierenden Bürger in den Städten riefen den Herzog Ernst ins Land, vor dem sich Leopold nach Wr. Neustadt zurückziehen mußte. Mit besonderer Heftigkeit brach der Bürgerkrieg aus, bei dem es wohl nicht zu Schlachten großer Heere, sondern nur zu Scharmützeln kleiner Scharen kam. Es läßt sich kaum beschreiben, wie manche Landstriche, vor allem das Weinviertel, das Marchfeld, aber auch die Gegend um St. Pölten, litten. In Wien kam es zum Ausbruch eines heftigen Parteienstreites. Dort ließ der Bürgermeister Konrad Vorlauf im Jahre 1408 fünf Räte aus dem Handwerkerstand, die Leopolds Partei ergriffen hatten, hinrichten. Als sich die Herzöge dann vorübergehend einigten und Leopold wieder in Wien einziehen konnte, nahm die Handwerkerpartei grausame Rache. Der Bürgermeister und zwei der angesehensten Ratsherren wurden enthauptet, mehrere andere führende Bürger zu schweren Geldstrafen verurteilt.

Darob herrschte allerorten große Verbitterung, die Kämpfe lebten wieder auf. Es scheint geradezu, als ob damals die Abenteurer aus ganz Europa in Österreich zusammengeströmt wären. Jeder kleine Adelige führte seinen Privatkrieg, viele scheuten sich nicht, dem Landesfürsten Fehdebriefe zu schicken, es herrschte das vollendete Chaos. Vor allem die Bewohner des flachen Landes litten schrecklich unter diesen Zuständen, denn die Städte und befestigten Märkte konnten hinter ihren Mauern wenigstens das Leben der Einwohner sichern. Der Bauer aber wußte niemals, ob er nicht des Nachts ausgeraubt oder auf dem Feld erschlagen werden würde.

Die beiden Herzöge Leopold und Ernst verwalteten Niederösterreich nicht im Interesse ihres Mündels, sondern verfolgten eigennützige Ziele. Nur wenn sie ihre Vorteile gefährdet sahen, einigten sie sich schnell. Das Schicksal des jungen Albrecht, um dessen Besitz der ganze Streit ging, war ihnen völlig gleichgültig. Da wurde es den Ständen aber zu bunt. Als in Wien eine gefährliche Seuche ausbrach, erreichten sie, daß Albrecht V. aus der Stadt gebracht wurde. Als die beiden steirischen Habsburger den Termin der Mündigkeitserklärung ungenützt verstreichen ließen und in ansonsten seltener Einigkeit Niederösterreich weiterhin verwalten wollten, griffen die Stände zu einer List. Für Pfingsten 1411 wurde ein Landtag in die wohlbefestigte Stadt Eggenburg ausgeschrieben. Einige Adelige entführten Albrecht und brachten ihn auf Umwegen dorthin. Gegen den Willen der Vormünder sprachen die versammelten Stände den jungen Fürsten nach österreichischem Landrecht mündig und huldigten ihm. Als Herzog Leopold das erfuhr, packte ihn solche Wut, daß er vom Schlage gerührt wurde und starb. Herzog Ernst verfolgte, als sich auch König Sigismund Albrechts Sache annahm, die Vormundschaftsfrage nicht länger, sondern zog sich in die Steiermark zurück.

Nach sechsjährigen Wirren hatten die Stände den Streit beendet und durch beherztes Zupacken die Situation mit einem Schlage bereinigt. Somit hatten die unteren Verwaltungsorgane eine Machthöhe erreicht, wie dies eben nur in Zeiten der Anarchie möglich ist. Wir wollen uns ersparen, den Zustand des Landes nach diesem Jahrzehnt zu schildern. Er war traurig genug. Wen nimmt es wunder, daß gerade damals die Zahl der Wüstungen, der abgebrannten und entvölkerten Bauerndörfer, stark zunahm. Wir stehen an einem Tiefpunkt der niederösterreichischen Landesgeschichte, aber trotzdem noch nicht am Ende schwerer Zeit. Die folgenden Jahrzehnte brachten wenig Sonne. Immer neue Schatten zogen über das Land, neue Schrecken lösten einander ab und machten schließlich einer ganz großen Gefahr Platz: dem Türkensturm.

10. KAPITEL

Hussitensturm und Ständemacht

Da der neue Herzog Albrecht V. erst 14 Jahre alt war und die Stände seine Großjährigkeit durchgesetzt hatten, mußte man befürchten, daß jetzt eine Ständeherrschaft die Vormünder ablösen würde, und sich einzelne Gruppen um den größeren Einfluß bekämpfen würden. Nichts von alledem trat ein. Albrecht V. erwies sich als bemerkenswert frühreifer junger Mann, als eine starke und begabte Persönlichkeit, als ein Herrscher, wie ihn Niederösterreich seit den Tagen Rudolfs IV. nicht mehr erlebt hatte. Die allgemeine Erschöpfung der Finanzen, die Verwüstungen weiter Landstriche im vorangegangenen Bürgerkrieg und das Stocken des Handels ergaben für ihn eine äußerst ungünstige Ausgangsposition, wie sie schlechter kaum hätte sein können. Er verstand es aber, sich von Anfang an mit fähigen Helfern zu umgeben, wie dem obersten Hofmeister Reinprecht von Wallsee, dem Kanzler Andreas Plank, Pfarrer von Gars, der schon sein Erzieher gewesen war, und dem weisen Pilgrim von Puchheim. Die Vertreter der Stände haben sich ganz in den Dienst des neuen Landesfürsten gestellt, der jener Herr war, den sie sich gewünscht hatten. Der junge Herrscher erfreute sich aber auch der Gunst des mächtigsten Nachbarn, des Luxemburgers Sigismund, der 1411 zum deutschen König gewählt worden war. Die zweijährige Tochter des Königs, Elisabeth, wurde mit dem österreichischen Herzog verlobt und damit neuerlich der Wunsch zur engen Verbindung der beiden Geschlechter ausgedrückt. Da Sigismund keine Söhne besaß, war nach dem Brünner Vertrag von 1364 und der Verschwägerung Albrechts Nachfolge in Böhmen und Ungarn damit beschlossene Sache.

Ein neuer Landfrieden, der gleich nach dem Regierungsantritt erlassen wurde, war erfolgreich und nützlich, die allgemeine Steuer, die der Landesfürst einheben lassen mußte, zwar nicht populär, aber doch als notwendig anerkannt. Bald waren die inneren Zustände so gut, daß der Chronist Thomas Ebendorfer bemerken konnte, man hätte damals Geld ohne Gefahr vor Räubern offen über Land tragen können. Eine umfassende Gerichtsreform, für den Herren- und Ritterstand bestimmt, war eine der ersten großen Maßnahmen. An die Stelle des alten Hoftaidings trat das landmarschallische Gericht, kurz Landrecht genannt. Der Landmarschall hatte sich als Gerichtsinstanz beim Geräune, bei den Polizeiaktionen gegen die Räuber unter Albrecht IV., bewährt. Es war aber auch ein Zugeständnis an die oberen Stände. Nicht mehr als Stellvertreter des Herzogs wirkte der Landmarschall,

125

wenn er über Vertreter des Herren- und Ritterstandes zu Gericht saß, sondern kraft seines Amtes. Um Zwistigkeiten zwischen Herren und Rittern aus dem Wege zu gehen, wurde festgesetzt, daß der Untermarschall, der Stellvertreter des dem Herrenstand entstammenden Landmarschalls, ein Ritter sein müsse. Vor allem auf dem Zivilgerichtssektor setzte sich das landmarschallische Gericht immer mehr durch. Das Hofgericht, bei dem der Herzog den Vorsitz führte, wurde zum Kriminalgericht des Adels, zum allgemeinen Gerichtsstand der reichsunmittelbaren Würdenträger, der hohen Geistlichkeit, der Klöster und aller jener, die eine gerichtliche Ausnahmestellung hatten.

Die finanzielle Seite der Landesverwaltung rückte durch den großen Bedarf an Söldnern besonders stark in den Vordergrund. Im Hubmeister (Finanzminister) Berthold von Mangen, der von 1412 bis 1436 das Amt leitete, hatte Albrecht einen ungemein fähigen Mann mit der Verwaltung der Landesfinanzen betraut. Da dessen Rechnungen noch erhalten sind, können wir die Finanzlage Niederösterreichs und den Rahmen des Landesbudgets dieser Zeit rekonstruieren. Das Landesbudget betrug in den ersten vier Jahren der Regierungszeit Albrechts zirka 41.000 Pfund Pfennige, das würde einem Kaufwert von zirka 250 Millionen Schilling entsprechen und hat die Höhe des gegenwärtigen Budgetumfanges einer nicht besonders gut fundierten Mittelstadt. Die Einnahmen ergaben sich aus den Erträgnissen der landesfürstlichen Besitzungen, der Bürger- und Judensteuern, aus dem Ungeld und den Erträgnissen von Zöllen, Mauten, Salinen, den Gerichten und der Münze. Auf der Ausgabenseite waren die Hauptposten die Kosten des Hofstaates, die Besoldung der Beamten und Räte, die Bezahlung einer Söldnertruppe, welche die Polizeifunktionen im Innern ausübte, und die Kosten der Landesverteidigung. Darunter war neben dem Sold für das Militär die Ausgabepost für die Erhaltung und den Neubau von Burgen am höchsten. In den Kriegsjahren 1424 und 1425 erreichte das Landesbudget eine Summe von 100.000 Pfund Pfennigen und sank in den folgenden Jahren wieder auf 70.000 Pfund Pfennige herab. Die Einnahmen und Ausgaben sind also auf das Doppelte gestiegen.

Der Herzog hat alle Maßnahmen seiner Regierung der Staatsraison untergeordnet, auch die gegen die Kirche und gegen die Juden. Die Kirche war in Österreich schon seit dem 13. Jahrhundert in stärkerem Maße vom Landesfürsten beherrscht worden, vor allem hinsichtlich der Vermögensverwaltung und der Gerichtsbarkeit. 1375 hatte Albrecht III. weltliche Aufsichtsorgane für Melk eingesetzt, und im Jahre 1402 wurde der Abt von Zwettl vom Landesfürsten abgesetzt. Durch Albrecht V. erhielten Kremsmünster, die Schotten und der Landkomtur des deutschen Ritterordens landesfürstliche Anwälte. Auch auf die Bestellung der Visitatoren für Kirchen und Klöster nahm er Einfluß. Natürlich waren auch die Provinzial- und Diözesansynoden sowie die Provinzialkapitel der Orden nicht mehr frei von landesfürstlicher Mitsprache. Im Jahre 1424 verbot er dem Bischof von Passau, eine ihm unangenehme Verordnung zu publizieren. Um den Passauer Bischofstuhl selbst ist im Jahre 1424 ein besonders heftiger Streit zwischen Österreich und Bayern ausgebrochen. Obwohl der bayerische Kandidat Leonhard Layminger nicht nur gewählt, sondern auch vom Papst bestätigt wurde, lehnte der Herzog dessen Wahl ab. Er argumentierte, daß ein Bischof, der nicht Österreicher sei, ihm gefährlich werden könne, da der überwiegende Teil des passauischen hochstiftlichen Besitzes in Österreich gelegen sei und ihm gegenüber die Pflicht bestünde, die Burgen im Kriegsfalle zu öffnen. Würde nun ein bayerischer Kandidat gewählt, so hätte er den Feind schon im Lande stehen. Der Streit zog sich noch jahrelang hin, doch hatte der Herzog mit seinen Versuchen, mit Layminger ebenso zu verfahren wie einst Albrecht III. mit Bischof Rupert von Berg, in Rom kein Glück. Als er einsah, daß er nicht durchdringen könne, kam 1428 ein Friede zustande.

Die Kirche verdankt dem Herzog aber auch nachhaltigste Unterstützung in einem Reformwerk, dank dem die Mehrzahl der Klöster später die Reformation überstanden hat. Als das Konstanzer Konzil eine Reform der Augustiner- und Benediktinerklöster forderte, griff der österreichische Landesfürst mit der ihm eigenen Energie den Plan auf und erreichte, daß 1418 in Melk die neuen, strengeren Regeln eingeführt wurden, denen sich bald Göttweig, Klosterneuburg, die Schotten, Kleinmariazell und Seitenstetten unterwarfen. Selbst als der Passauer Bischof die Einstellung der Reformaktion verlangte, ließ sich der Herzog nicht beirren.

Recht durchsichtig waren allerdings die Maßnahmen der österreichischen Regierung gegen die Juden. Immer, wenn der Schuldenstand einen besonders hohen Grad erreicht hatte, ist es im Mittelalter zu Judenpogromen gekommen. Als 1420 in Wien drei Knaben verschwanden, die vermutlich auf dem Eise der Donau verunglückt waren, bezichtigte man die Juden des Mordes. Der Herzog griff ein, ließ alle Juden an einem Tag festnehmen, ausweisen und zog ihre Güter ein. Das war ein ganz trefflicher Schachzug vom Standpunkt der Landesfinanzen, denn die herzogliche Kasse war mit einem Schlage gefüllt. Solche Maßnahmen waren ansonsten in Österreich nicht bekannt, und gerade die Juden hatten hier durch ein Jahrhundert besonderen Schutz genossen, sich aber dadurch auch dementsprechend unbeliebt gemacht.

Geld aber war damals für das Land mehr denn je nötig. Denn die ruhigen Zeiten, die ein Jahrzehnt gedauert hatten, gingen endgültig zu Ende. Die Hinrichtung des Jan Hus in Konstanz hatte 1419 in Böhmen zu einem Aufstand seiner Anhänger geführt, der bald von nationalistischen Parolen getragen wurde. Das Tschechentum stand auf gegen die Deutschen und das deutschblütige Königsgeschlecht. Denn nach dem Tode des Königs Wenzel im Jahre 1419 hat sein Bruder Sigismund, der schon die Kronen von Deutschland und Ungarn trug, Böhmen geerbt. Gegen ihn, der die Verbrennung des Hus nicht verhindert und am tschechischen Reformator wortbrüchig geworden war, richtete sich der Haß. Albrecht als künftiger Schwiegersohn war der Hauptverbündete des Königs. Schon 1420 nahmen österreichische Truppen am erfolglosen Feldzug gegen die Hussiten teil, im folgenden

Jahre stand ein österreichisches Heer von 30.000 Mann in Mähren, da dem Herzog die Städte Budweis/České Budějovice, Iglau/Jihlava, Jamnitz/Jemnice, Znaim und Pohrlitz/Pohořelice verpfändet waren. Auch im Sommer 1422 war Albrecht der einzige deutsche Fürst, der wirklich gegen die Hussiten vorging, zumal ihn Sigismund zum Statthalter von Mähren gemacht hatte. Die österreichischen Prälaten mußten das Kreuz predigen, der Hussitenkrieg sollte zu einem heiligen Krieg gegen die Ketzer werden. Die deutschen Heere waren aber gegen die Böhmen vollkommen machtlos, jeder neue Feldzug endete mit einem größeren Fiasko als der vorhergegangene. Diese Überlegenheit der Hussitenheere, die tatsächlich niemals entscheidend besiegt worden sind, beruhte auf ihrer neuen Kriegstaktik, die der Feldherr Jan Žižka von Trocnov ausgebildet hatte. Sie stützten sich auf verschanzte Wagenburgen, die ihren meist aus Bauern zusammengesetzten Fußtruppen einen sicheren Rückhalt gegen Angriffe von Reiterheeren erlaubten. Durch religiösen Fanatismus getragen, entwickelten sie eine Disziplin, wie sie andere Heere dieser Zeit nicht kannten.

Solange die Kriege nach Böhmen und Mähren getragen wurden, war dies zwar eine kostspielige Angelegenheit für Niederösterreich, berührte das Land aber doch weniger. Die schweren Zeiten begannen erst, als die Böhmen 1424 nach Žižkas Tode sich nicht mehr mit der Verteidigung begnügten, sondern zum Angriff übergingen und die Nachbarländer zu verheeren begannen. 1425 suchten sie zum erstenmal Österreich heim, eroberten Retz und zerstörten es ebenso wie 30 weitere Orte der Umgebung. Bei dem furchtbaren Blutbad in der Stadt sollen 1000 Menschen umgekommen sein. Der Stadtherr Graf Johann von Hardegg wurde in die Gefangenschaft geführt und starb nach zwei Jahren in Prag.

Das Pulkautal erlebte so als erstes niederösterreichisches Gebiet die Schrecken der Plünderung durch diese fanatisierten Scharen, die im folgenden Jahr gleich an zwei Stellen in das Land einfielen. Eine Abteilung drang nach der Zerstörung von Nikolsburg/Mikulov und Feldsberg/Valtice von einem neu errichteten Stützpunkt Lundenburg/Břeclav in das Weinviertel ein, eine zweite verwüstete das nördliche Waldviertel und brannte das Kloster Zwettl nieder. Im folgenden Jahr 1427 wurden die Österreicher bei Zwettl besiegt und diesmal Altenburg ausgeplündert und verwüstet. Im Mai und Juni 1428 drang ein Hussitenheer über Stockerau bis vor die Tore Wiens, errichtete vor der Donaubrücke eine Festung und beschoß Nußdorf am rechten Donauufer. Auch die Stadt Eggenburg wurde in diesem und dem darauffolgenden Jahre belagert. 1430 erfolgte der größte Einfall, als zu Ostern der »große Tabor« mit 10.000 Mann Stärke das Waldviertel überflutete und den Markt Thaya sowie das Stift Altenburg zerstörte. 1431 war ihre Stoßkraft schon im Nachlassen, und es gelang den Österreichern ein größerer Sieg bei Waidhofen an der Thaya, wo 1000 tote Hussiten das Schlachtfeld bedeckten. Dafür unternahmen sie im Winter einen Rachefeldzug und brannten Litschau nieder. Erst 1432 haben die Einfälle aufgehört, denen wertvolle Kulturgüter zum Opfer gefallen waren und die weiten Landstrichen namenloses Elend gebracht hatten. Nur langsam und zögernd erholten sich die Gebiete nördlich der Donau von diesem Schrecken und den Verheerungen.

Nicht alle Ständemitglieder haben immer voll und ganz bei der Bekämpfung des Feindes mitgeholfen. Ein Beispiel dafür ist der mächtige Erbmarschall und Erbschenk Otto von Maissau, der 1430 auf Befehl des Herzogs eingekerkert, eines großen Teiles seiner Güter verlustig erklärt wurde und den Rest zu Lehen nehmen mußte. Vor dem Hofgericht war vom Landesfürsten die Anklage erhoben worden, der Erbmarschall habe mit den Feinden freundschaftlichen Verkehr unterhalten, seine Schlösser bei drohenden Hussiteneinfällen nicht genügend ausgerüstet und auch sonst seine Pflichten als oberster Marschall nicht erfüllt. Die Schwester des Maissauers war mit einem hohen tschechischen Herrn vermählt. Vermutlich hatte Otto über diesen Weg versucht, seinen eigenen Besitz vor Verwüstung zu schützen. Ob dies der einzige und wahre Grund zum Sturze war, oder ob dem Herzog der ungeheuer reiche Maissauer zu gefährlich schien, wie ein Johann von Liechtenstein dem Herzog Albrecht III., wird wohl niemals geklärt werden können.

Die Stände waren in diesem dritten Jahrzehnt des 15. Jahrhunderts zu neuer Machtfülle gelangt. Bei der Beschaffung der Geldmittel für die Kriegsführung mußten sie helfen und verlangten demgemäß auch das Recht, jährlich einmal zu einem Landtag berufen zu werden. Während der vielen Feldzüge des Landesfürsten wurde eine Verweserschaft eingerichtet, die allerdings nicht rein ständischer Natur war, sondern in mancher Hinsicht Beamtencharakter trug. Ihr gehörten der Landmarschall, der Hofmeister, der oberste Kämmerer und die drei angesehenen Hochadeligen Johann von Maidburg/Hardegg auf Retz, Hertneid von Pottendorf und Pilgrim von Puchheim an.

Mit den Söldnern und Rittertruppen konnte während dieser schweren Kriege nicht das Auslangen gefunden werden. Auch die bäuerliche Bevölkerung mußte zum Wehrdienst herangezogen werden. Deshalb wurde im Jahre 1431 vom Herzog und von den Ständen eine Wehrordnung erlassen, die zur Verteidigung des Landes »wider die Ketzer von Böhmen« diente. Je neun Bauern hatten einen zehnten auszurüsten und zu erhalten, für seine Bewaffnung zu sorgen und während seiner Abwesenheit seine Felder zu bestellen. Das Aufgebot erfolgte nach Pfarren, und in jeder Pfarre wurde ein Hauptmann eingesetzt. Diese Pfarrkommandanten wieder unterstanden einem der vier Viertelhauptleute. Es wurde nämlich die von Otakar von Böhmen einst geschaffene Vierteleinteilung für Zwecke der Landesverteidigung reorganisiert. Seit dieser Zeit blieb jene Einteilung Niederösterreichs erhalten. Die Organisation der Landesverteidigung lag selbstverständlich in den Händen der Stände, da ihnen die untere Verwaltung zustand. Die Herrschaftsbesitzer sollten die Wehrmänner persönlich zu den Sammelplätzen führen, sechs Mitglieder der Stände übernahmen die höchsten Kommandostellen, aus ihrer Mitte wurde ein oberster Feldhauptmann gewählt. Nur die Geschütze stellte der Herzog bei. Damit haben die Heere des 15. Jahrhunderts Stärken erreicht, wie sie während der Ritterzeit und auch bei den Söldnerscharen nicht bekannt waren. Sehr brauchbar sind diese Truppen aber nicht gewesen. Das Volksaufgebot hat sich nicht bewährt. Zur finanziellen Stütze mußten während der Kriegszeit Sondersteuern eingeführt werden. So war schon 1421 eine Weingartensteuer ausgeschrieben worden, 1422 und in den folgenden Jahren wurde über alle kirchlichen Vermögen eine Abgabe von 10 Prozent des Wertes verhängt, und seit 1426 bewilligten die Stände regelmäßig den »gemeinen Anschlag«, wonach ein Graf 25, ein Freiherr 15, ein Ritter fünf und ein Edelknecht drei Gulden zu entrichten hatte. Weltgeistliche und Mönche mußten ebenso wie die Juden von 20 Gulden Vermögen einen, die Bürger und Bauern von 200 Gulden Vermögen einen halben entrichten. Daneben wurden aber unter dem Druck der Not immer wieder außerordentliche Hussitensteuern ausgeschrieben. 1433 mußten die Städte und Prälaten eine Sondersteuer zahlen, die das Stift und die Stadt Klosterneuburg je 2000 Gulden, die Stadt Wien 16.000 Gulden kostete. Ferner wurden bei den Städten, aber auch bei einzelnen Bürgern riesige Anleihen aufgenommen, und die Verpfändungen von landesfürstlichem Gut nahmen seit 1429 unheimliche Formen an. Am Ende der Hussitenkriege war Niederösterreich finanziell vollkommen ruiniert.

Die Beamten, die mit der Verwaltung dieser landesfürstlichen Einnahmen betraut waren, sind reich geworden, da ein strenges Verrechnungssystem damals noch nicht bestand und in der Regel der Hubmeister den gesamten Betrag im voraus dem Landesfürsten zahlte und bei der Eintreibung der Steuer sein Darlehen abdeckte. Natürlich waren die Schätzungen der voraussichtlichen Eingänge immer so vorsichtig, daß der Hubmeister nie aus der eigenen Tasche zuschießen mußte. Es wurde auch gar nicht verlangt, daß die Beamten sich selbst ruinieren sollten, sondern diese Art der Finanzverwaltung war bei uns die übliche Form des Geldgeschäftes. So ist aufgrund dieser Steuerpolitik ein Mann zu ungeheurem Reichtum gelangt, der zwischen 1435 und 1458 die Landespolitik stark beeinflußt hat: Ulrich von Eyczing. Er entstammte einem kleinen Rittergeschlecht aus dem Innviertel, nahm aber einen kometenhaften Aufstieg. Er heiratete die Tochter eines reichen Wiener Bürgers und erwarb zwischen Pulkau und Retz mit dem Mittelpunkt Schrattenthal ausgedehnte Güter. 1437 ist der gewandte Geschäftsmann als Nachfolger Bertholds von Mangen Hubmeister geworden.

Unterdessen hatte sich die Stellung des niederösterreichischen Landesfürsten wesentlich geändert. Als König Sigismund 1437 starb, erhob Albrecht als Schwiegersohn und gemäß des Nachfolgevertrages von 1421 Ansprüche auf sein Erbe. Tatsächlich konnte er in den Ländern der Wenzels- und Stephanskrone volle Anerkennung erreichen. Im Jahre 1438 wurde er auch zum deutschen König gewählt. Damit war Österreich und sein Herrschergeschlecht an einem Wendepunkt angelangt. Zum ersten Male seit mehr als einem Jahrhundert schmückte die Krone des Reiches, die von jetzt an bis zur Auflösung im Jahre 1806 fast immer ein Vertreter des österreichischen Hauses tragen sollte, wieder einen Habsburger. Die Vereinigung mit Böhmen und Ungarn, wenn sie auch nur kurze Zeit gehalten hat, blieb doch ein Programm für die Zukunft. Die kommende Gestaltung des Donauraumes bahnte sich an.

Das Erbe der Luxemburger verwickelte Albrecht in zahlreiche Kriege, und fortan konnte er sich um Österreich nur wenig, um Deutschland gar nicht kümmern. Auf seinem Feldzug gegen die Türken in Ungarn brach im Heere die Ruhr aus. Albrecht selbst trat, von der Krankheit ergriffen, die Rückreise nach Österreich an, starb aber im Oktober 1439 in Nésmely, das damals Langendorf hieß und in der Nähe von Gran/Esztergom liegt, im Alter von 42 Jahren. Seine Persönlichkeit ragt wie ein Fels aus den mittelmäßigen Herrschergestalten des 15. Jahrhunderts. Von hohem und festem Wuchs, war er nicht liebenswürdig, sondern eher ernst und verschlossen. Das Kriegslager war sein liebster Aufenthalt, Tapferkeit und Gerechtigkeitssinn seine Hauptstärken, seine Bildung dagegen mehr als bescheiden. Doch genoß er großes Ansehen, und selbst der böhmische Chronist Bartoš von Drahoniz, ein erbitterter Feind alles Deutschen, mußte zugeben: »Obwohl ein Deutscher, war er gut, tapfer und mild.«

Wieder war die albertinische Linie ohne Erben, denn der Sohn des Königs, Ladislaus, wurde erst nach dem Tode des Vaters geboren. Für die Verwaltung des Landes war vorläufig gesorgt.

Albrecht hatte, als er 1438 nach Ungarn zog, einen Ständeausschuß mit der Statthalterschaft betraut, der noch immer im Amte war, aber natürlich nur die unmittelbare Verwaltung besorgte. Auf einem sofort nach des Königs Tod einberufenen Landtag haben die Stände, die jetzt die erste Geige spielten, Herzog Friedrich von der steirischen Linie, den ältesten Habsburger, als Verweser, und für den Fall, daß Albrechts Witwe Elisabeth einen Sohn gebären würde, als Vormund anerkannt. Als die Königin tatsächlich einem Knaben das Leben schenkte, betraute sie aber Friedrichs (der unterdessen als Friedrich IV. König geworden war) Bruder Albrecht VI. entgegen dem letzten Willen des verstorbenen Königs mit der Vormundschaft. Dieses Testament Albrechts V. ist wohl echt, wurde aber in keiner der drei Ländergruppen eingehalten. Die Spannung zwischen den beiden Brüdern Friedrich und Albrecht, zwei vollkommen entgegengesetzten Charakteren, die schon vor dieser Rivalität nicht gefehlt hatte, nahm zu. Das Land war tief verschuldet, denn Albrechts V. Unternehmungen hatten schweres Geld gekostet und waren vielfach noch nicht bezahlt. Die Stände traten in immer kürzeren Abständen zusammen und regelten die dringendsten Angelegenheiten, da sich die Vormünder kaum im Lande zeigten. Ständische Ausschüsse, deren Mandat bis zur Bezahlung der Landesschulden lautete, regierten das Herzogtum Österreich. Unter den Ständen erreichte damals die Stadt Wien den Höhepunkt ihrer politischen Macht.

Die Sicherheit im Lande nahm natürlich sofort wieder ab, die Zahl der Fehden stieg bedenklich an. Die Verhältnisse erinnerten an die Zustände vor dem Regierungsantritt Albrechts V. Es »begannen mit jenen Tagen unverbesserliche Schäden für das unglückliche österreichische Land, das die Ungarn ausbrannten, die Mährer ausplünderten, die Polen verwüsteten und das, was das Betrüblichste war, die eigenen Landeskinder als Räuber zerpflückten und knechteten«, klagte der österreichische Patriot Thomas Ebendorfer, der Geschichtsschreiber jener Tage. Da die nationale Partei in Ungarn den Polenprinzen Wladislav zum König wählte und damit das Erbe des Kindes Ladislaus schmälerte, entbrannte ein Krieg mit dem östlichen Nachbarn. Daneben ging ein eigentümlicher Kleinkrieg einher, den der polnische Söldnerführer Pankraz vom Zaune brach. Er setzte sich in Holitsch/Holič in der Slowakei fest und errichtete einen Räuberstaat mit befestigten Plätzen in Niederösterreich und Westungarn. Ganz objektiv, von keiner völkischen Vorliebe geleitet, unternahm er Raubzüge nach Österreich und Ungarn. Unter seiner Protektion standen kleine einheimische Adelige und tschechische Söldnerführer, die meist Geldansprüche gegen den Landesfürsten zu stellen hatten und diese, da ein anderer Weg nicht möglich war, durch Beute bei Fehden hereinbringen wollten. Der übel beleumundete Johann von Leuchtenberg auf Vöttau, ein Mitglied des mährischen Hochadels und ebenfalls ein Gönner kleiner niederösterreichischer Ritter, die auf diese Weise zu Geld kommen wollten, war eine richtige Landplage, Benesch Cernahorsky von Boskowitz plünderte 1443 das Weinviertel. Der königliche Vormund Friedrich verhielt sich trotz der häufigen Klagen der Stände diesem Treiben gegenüber mehr oder weniger passiv. Aber auch die Stände selbst sind über endlosen Beratungen zu keinem Ergebnis gekommen. Viele Worte setzten sie, wo wenige Taten genügt hätten, um gründlich Abhilfe zu schaffen. Immer mehr drangen sie darauf, daß König Friedrich als Vormund zurücktrete, Ladislaus ihnen zur Erziehung übergeben werde und ein ständischer Vormundschaftsrat das Land regiere. Sie wollten nicht, daß der junge Prinz zum Steirer erzogen werde. Er sollte ein Österreicher werden.

Die Böhmen und Ungarn hatten ähnliche Anliegen und forderten ebenfalls die Auslieferung des Thronerben. Friedrich reagierte gar nicht auf solche Ansinnen, sondern wollte den jungen Landesfürsten im Herbst 1451 auf seine Krönungsfahrt nach Rom mitnehmen, was er dann auch tat. Darob herrschte natürlich große Erregung unter den Ständen. Ulrich von Eyczing, der mit Friedrich auch persönlich verfeindet war, schob sich immer mehr in den Vordergrund und spielte den Wortführer. Er suchte bald den einen, bald den anderen Landherrn auf und beklagte sich, daß das Land schlecht regiert, Ladislaus seinen künftigen Untertanen entfremdet werde und überdies in der Obhut des Oheims darben müsse. Es gelang ihm im Jahre 1451 bei einer Versammlung in Mailberg, einen Adelsbund gegen Friedrich ins Leben zu rufen, der anfangs zwar nur 39 Mitglieder umfaßte, aber immer neuen Zustrom erhielt. Damit war der Stein ins Rollen gebracht worden. Auf einer großen Versammlung der Stände in Wien wurde Ulrich von Eyczing als oberstem Landeshauptmann die Regierung übergeben und ihm zwölf Landverweser zur Seite gestellt. Eine Reihe von Städten schickte Friedrich Absagebriefe. Das war die offene Revolution. Als Friedrich im Juni 1452 aus

Rom mit der Kaiserwürde zurückkehrte und wieder in Wiener Neustadt seine Residenz aufschlug, wurde er von einem ständischen Heere belagert und mußte schließlich den jungen Prinzen ausliefern. Im Triumphzug wurde er nach Wien gebracht und als Landesfürst gefeiert. Kaiser Friedrich III. hingegen hat, als er nun in Österreich keinen Einfluß mehr besaß, die österreichischen Freiheitsbriefe des Herzogs Rudolf IV., wie schon im Jahre 1442 als König, nun als Kaiser bestätigt. Den Titel Erzherzog durfte aber nicht der österreichische Landesfürst Ladislaus führen, er wurde den Mitgliedern der steirischen Linie, also Friedrich und seinem Bruder Albrecht VI., vorbehalten.

Mit der Freilassung des Ladislaus hatten die Stände einen großen Sieg errungen, sie waren jetzt die wahren Herren des Landes. Ulrich von Eyczing wurde aber bitter enttäuscht. Denn auf den jungen Ladislaus hatte sein Oheim, Graf Ulrich von Cilli/Celje, den größten Einfluß. Dieser Reichsfürst besaß hohe staatsmännische Begabung, eine durch keine Schranken und Hindernisse gehemmte Tatkraft, eine bewundernswerte Größe im Guten wie im Bösen und war ein unbedingter Anhänger der absoluten landesfürstlichen Gewalt. So standen sich zwei ehrgeizige Männer, die beide nach der tatsächlichen Beherrschung des Landes strebten, gegenüber. Die Rivalität zwischen ihnen führte zur Parteiung der Stände, der hohe Adel hielt zu Ulrich von Cilli, der niedere, der Klerus und die Städte zum Eyczinger. Deren energischem Auftreten gelang es, 1453 den dreizehnjährigen Fürsten zur Ausweisung des Cilliers zu bewegen, da er als Fremder in Österreich nichts zu suchen habe. Durch diesen Handstreich war Ulrich von Eyczing wieder obenauf. Die Häupter der Stände in den drei Ländern des Ladislaus, Johann Hunyadi in Ungarn, Georg von Podiebrad in Böhmen und Ulrich von Eyczing in Österreich, arbeiteten sich nun gegenseitig in die Hände, der junge König aber war zwischen ihnen eine machtlose Schachfigur.

Die Ständeregierung führte aber wiederum zu keinem guten Ziel. Der wirkliche Herr des Landes, Ulrich von Eyczing, sah zu sehr auf die eigene Tasche, und seine Parteigänger wollten es ihm gleichtun. So konnte Ulrich von Cilli im Jahre 1455 wieder die Gunst des jungen Königs erwerben, den Eyczinger verdrängen und die Landesregierung im Namen des Ladislaus leiten. Er war ein wesentlich besserer Diplomat und ein begabterer Verwaltungsmann als der Eyczinger, aber auch kein hochstehender Charakter. Schmollend verließ Ulrich von Eyczing Wien und hegte finstere Pläne. Ulrich von Cilli ist nach kurzer Zeit Opfer eines Intrigenspieles geworden. Bei einem Besuch des Königs in Ungarn wurde er in Belgrad von einem Verbündeten des Eyczingers, Ladislaus Hunyadi, ermordet. Damit war die letzte Persönlichkeit gefallen, welche die Kraft besessen hätte, Ordnung in die verlotterten politischen und wirtschaftlichen Zustände zu bringen. Denn der neue erste Ratgeber des jungen Herzogs, der Hubmeister Konrad Hötzler, der ein Günstling Graf Ulrichs gewesen war, besaß nicht die Kraft zu größerem politischen Konzept. Er ist bald ein Opfer eines neuerlichen Umschwunges geworden, als sich König und Herzog Ladislaus an Georg von

Podiebrad anschloß und in dessen Mantelfalten der Eyczinger wieder zum mächtigsten Mann in Niederösterreich wurde. Obwohl der König nun schon 18 Jahre alt war, hatte er noch kein selbständiges Urteil, sondern war ein Werkzeug seiner jeweiligen Ratgeber. Dies erklärt das Schwanken in der landesfürstlichen Politik jener Tage. Bald darauf, im November 1457, ist Ladislaus Posthumus an der Beulenpest in Prag gestorben. Damit war die niederösterreichische Linie des Hauses Habsburg, die Albertiner, im männlichen Stamme erloschen. Ein Kapitel österreichischer Geschichte, das mit dem Regierungsantritt Albrechts V. so hoffnungsvoll begonnen hatte, endete wie viele andere vor- und nachher mit einem großen Unbehagen unter den Menschen, vor allem bei denen, die am stärksten bei der Unsicherheit jener Tage zu leiden hatten.

Das waren in erster Linie die Bauern. Deren Lage hatte sich in diesem Zeitraum wesentlich verschlechtert. Denn die zahlreichen Fehden wurden auf ihrem Rücken ausgetragen. Um den Gegner zu schädigen, wurde ihnen Haus, Stall und Scheune angezündet, das Vieh geraubt und die Feldfrüchte vernichtet. Wenn sie mit dem nackten Leben davonkamen, war es ein besonderer Glücksfall. Es nimmt daher kein Wunder, daß die geplagten Leute gelegentlich zur Selbsthilfe griffen und im Jahre 1405 bei Drosendorf den Ritter Albrecht von Vöttau und seine Helfer auf grausame Weise erschlugen. Während der Hussitenzeit hatten die Bauern der nördlichen Landesviertel direkt unter den feindlichen Einfällen zu leiden, denen südlich der Donau ging es etwas besser, obwohl die Grundherren die vorgeschriebenen Steuern sofort wieder auf die Untertanen abwälzten. Damals sind an vielen Orten versteckte Erdställe angelegt worden, in die sich die verschreckten Bewohner bei überraschenden Überfällen flüchteten. Man findet sie in Niederösterreich auch heute noch recht häufig.

Einige Städte, vor allem das mächtige Wien, haben damals noch eine Nachblüte erlebt. Wien verkörperte die Kapitalskraft des Landes schlechthin. Die Früchte einer jahrhundertelangen zähen Arbeit der Vorväter sind damals gereift. Der Wiener Stapelplatz war für ganz Ungarn maßgebend, Handel und Zwischenhandel nach Oberdeutschland noch weitgehend in der Hand der Einheimischen, und der Venedighandel blühte. In politischer Hinsicht waren die landesfürstlichen Städte recht vorsichtig, obwohl auf Grund der stabilen Wiener Verhältnisse die Versuchung zu stärkerem Eingreifen groß gewesen sein mag. Herren und Ritter haben in erster Linie die ständischen Interessen wahrgenommen, die Prälaten und die Städte sind bewußt zurückgetreten.

Fruchtbar war dieses Zeitalter auf geistigem Gebiet. Zwar hat das mittlere Schulwesen damals kaum wesentliche Fortschritte gemacht. Wir verdanken lediglich einer Schulordnung der Wiener Stephansschule, die 1416 entstanden ist, wesentliche Kenntnisse über Form und Inhalt des mittelalterlichen Schulunterrichts. Die Wiener Universität dagegen war in der ersten Jahrhunderthälfte eine Säule der Scholastik. Viele der führenden Gelehrten stammten auch aus Niederösterreich, wie der 1402 verstorbene Johann von

Retz, Petrus Tschech aus Pulkau (gest. 1425), der Abgesandte der Universität auf den Konzilen von Pisa und Konstanz, Stefan Marguardi aus Stockerau (gest. 1427), Urban von Melk (gest. 1436), Wolfgang von Eggenburg (gest. 1469), Michael Puff aus Schrick (gest. 1473) und Thomas Wölferl von Wullersdorf (gest. 1478). Zur Zeit Albrechts V. und Ladislaus' war die Hochschule von 700 bis 800 Studenten aus vielen Ländern bevölkert. Vor allem Mathematik und Naturwissenschaften sind zu hoher Blüte gelangt. Der berühmteste Gelehrte dieses Faches war Johann von Gmunden (gest. 1442), aus Oberösterreich gebürtig, der das Werk Langensteins fortsetzte. Er war der zweite große Astronom Wiens, der Schöpfer eines immerwährenden Kalenders und zahlreicher astronomischer und mathematischer Traktate. Wie es damals in der Medizin üblich wurde – im Jahre 1404 führte der Italiener Galeazzo de Santa Sofia erstmals anatomische Übungen in Wien durch –, hat auch Johann von Gmunden die Wissenschaft auf Beobachtung aufgebaut.

Sein Werk führte Georg von Peuerbach (1423–1461) fort, der 1440 in Wien Magister wurde, mit Nikolaus von Kues befreundet war und im Jahre 1454 zum Astronomen des jungen Herzogs Ladislaus ernannt worden ist. Kurze Zeit später war er auch als Lehrer für Mathematik und Astronomie an der Universität tätig, wo er sich zum weltbekannten Gelehrten entwickelte und als erster den Sinus benützt hat. Von seinen Schülern hat der aus Königsberg in Franken stammende Johann Müller, genannt Johannes Germanus oder Regiomontanus, sein Werk auf dem Gebiet der Algebra und Trigonometrie mit Erfolg fortgesetzt und vollendet. Er war auch als Mechaniker berühmt und hat über seine Wissenschaft zahlreiche Werke veröffentlicht. Allerdings war er nur in seinen jungen Jahren in Österreich tätig und hat bereits 1461 die Universität Wien verlassen.

Peuerbach und Regiomontanus waren bereits mit dem Ideengut des Humanismus vertraut. Seitdem im Jahre 1443 der Italiener Enea Silvio Piccolomini, der spätere Papst Pius II., in die Kanzlei Friedrichs III. gekommen war, hat diese neue Geistesströmung, die in Italien schon in hoher Blüte stand, bei uns Eingang gefunden. Zwar schien dem verwöhnten Italiener das Leben in Österreich elendig und armselig, ja er fühlte sich hier im Barbarenlande. Nur das Bewußtsein, daß er, der keine sehr tiefe humanistische Bildung besaß, in Deutschland als Licht in der Finsternis leuchten konnte, daß er der erste entscheidende Künder des neuen italienischen Geistes war, gereichte ihm zu starkem Trost, wie er in einem seiner Briefe schrieb. Worin bestand nun dieser neue Geist? Nach Enea war es sein besonderes Merkmal, daß man alles für das Leben Nötige aus der Literatur lernen könne. Man müsse viel gelesen und gesehen haben, dann könne man Staatskunst ebenso wie häusliches und berufliches Leben meistern. Nicht nur die geistliche, auch die weltliche Literatur müsse dem gebildeten Menschen bekannt sein. Weltliche Bildung statt geistlicher Gelehrsamkeit, Erfahrung in allen Lebenslagen und eigenes Urteil waren das Ziel dieser Bildung. Der Weg dazu war die Lektüre der antiken Schriftsteller und der Umgang mit gleichgebildeten Leuten.

Der Humanismus schlug um die Jahrhundertmitte in Österreich bereits die ersten Wurzeln. Auch der Lehrer des Prinzen Ladislaus, Kaspar Wendel, huldigte ihm. Die Mehrzahl der einheimischen Gelehrten blieb aber dem scholastischen Ideale treu. Wir wollen auf geistlichem Gebiet drei Hauptvertreter nennen, die diesen Jahrzehnten auf dem Gebiet der theologischen Wissenschaft ihren Stempel aufdrückten. Der Retzer Dominikaner Franz (gest. 1427), der Gesandte beim Konzil von Pisa und langjährige Dekan der theologischen Fakultät, wäre als erster zu nennen. Er hat 1411 in einer langen Rede den Regierungsantritt Albrechts V. warm begrüßt. An wissenschaftlicher Kapazität überragte ihn der Schwabe Nikolaus von Dinkelsbühl (gest. 1433), der auf dem Konstanzer Konzil eine bedeutende Rolle spielte. Die geistige Haltung dieser Jahrhunderthälfte verkörperte am besten der Theologe und Historiograph Thomas Ebendorfer. 1387 in Haselbach bei Stockerau geboren, wurde er schon in jungen Jahren Professor an der Universität und hat seit den Tagen Albrechts V. dank seiner hervorragenden administrativen Talente als Vertreter der Herzöge oder der Universität wichtige Missionen zu erfüllen gehabt. So war er 1431 nach Basel zum Konzil entsandt worden, führte die Unterhandlungen vor der Königswahl Friedrichs III. und begleitete diesen 1451/52 zur Kaiserkrönung nach Rom. Als Pfarrer in Falkenstein und später in Perchtoldsdorf behielt er stets Verbindung mit dem Volke und kannte dessen Lage besser als andere Gelehrte. Für unsere Kenntnis jener Zeit ist dieser Umstand in Ebendorfers Lebenslauf besonders wichtig. Denn neben zahlreichen Predigten und einem fünfbändigen theologischen Werk schrieb er wichtige historische Bücher: eine Geschichte der Päpste, eine Chronik der Bischöfe bzw. Erzbischöfe von Lorch, eine Chronik der römischen Könige, vor allem aber eine österreichische Chronik, die er im Jahre 1451 begann. In diesem für die Wiener Studentenschaft verfaßten Lehrbuch der Geschichte Österreichs schildert er die Geschicke des Landes von den Urzeiten bis herauf in die Gegenwart. Er schrieb kein solch gewandtes Latein wie Enea Silvio, befleißigte sich aber dafür einer freimütigen Darstellungsweise, so daß seine Chronik für die Zeit zwischen 1404 und 1463 die Hauptquelle für die Darstellung der Geschichte Niederösterreichs ist. Im Jahre 1464, knapp nachdem Friedrich III. unbestritten die Regierung in Niederösterreich angetreten hatte, ist dieser Mann, dem auch in den wirrsten Zeiten die Heimat oberstes Leitziel blieb, gestorben.

11. KAPITEL

Der Herbst des Mittelalters in Niederösterreich

Während durch den Tod des Ladislaus Posthumus das lose Band zwischen den drei Ländergruppen des Donauraumes wieder zerriß, Böhmen und Ungarn eigene Wege gingen und einheimische Könige wählten, hat in Niederösterreich die Nachfolgefrage die Gemüter heftig erregt. Denn mit Ladislaus war 1457 der letzte Albertiner gestorben, die steirische Linie mußte die Länder übernehmen. Dafür kamen drei Fürsten in Betracht: einmal der Kaiser Friedrich, dann sein Bruder Albrecht VI. und weiters noch Sigismund von Tirol, der Sohn Friedrichs mit der leeren Tasche. Die beiden jüngeren Vertreter des Hauses, Albrecht und Sigismund, machten gemeinsame Front gegen den Kaiser, dessen Interessen nun Ulrich Eyczinger als einflußreichstes Mitglied des ständischen Verwaltungsausschusses vertrat. Er wurde von Albrecht gefangen, neue Kämpfe entbrannten, bis es dann zu einer Einigung kam. Albrecht erhielt Oberösterreich, Friedrich das Land unter der Enns. Wien sollte allen drei Fürsten die Huldigung leisten. Als Friedrich im folgenden Jahr die unter Ladislaus ausgegebenen Lehen einziehen wollte, kam es neuerlich zu einem Bündnis der Adeligen unter Führung des am stärksten betroffenen Ulrich von Eyczing, der sich mit den Böhmen verbündete und zu Göllersdorf am 4. Juli 1460 einen neuen Bund aufrichten wollte. Diesmal scheiterte er aber und starb wenige Monate später. In Niederösterreich hatte sich unterdessen aber alle Ordnung gelöst, die Fehden begannen wieder wie während der Jugendzeit des Ladislaus. Die verderblichste für das Land war die des angesehenen Ritters Gamaret Fronauer gegen Kaiser Friedrich. Gamarets Bruder war im Dienste des Kaisers gefallen, und er beanspruchte als Erbe Schloß und Herrschaft Orth im Marchfeld, die Lehen vom Landesfürsten waren. Als Friedrich die Rückgabe forderte, sagte ihm der Fronauer Fehde an und eroberte nicht nur viele Orte und Burgen im Marchfeld, sondern auch im Tullnerfeld und in der Gegend von St. Pölten. Er erpreßte eine ungeheure Summe Geldes von den Bewohnern, denen er drohte, die Häuser anzuzünden. Im Herrscherhaus brach bald ein neuer Streit aus. Der ehrgeizige Albrecht war mit seinem Anteil nicht zufrieden und rückte 1461 in Niederösterreich ein, wo sich ihm einige Städte und ein Teil des Adels anschlossen. Kaiser Friedrich erhielt 486 Absagebriefe. Die Stadt Wien wurde belagert, erst nach einem Waffenstillstand konnte Friedrich sie wieder betreten. Dort erfolgte aber nach einem mißglückten Friedenslandtag im Sommer 1462 ein Umschwung, der die Partei Albrechts ans Ruder brachte. Friedrich wurde, da er »wider göttliches Recht seine Pflichten gröblichst vernachlässigt hatte«, von den Bürgern Wiens Fehde angesagt und er mit seinen Anhängern und seiner Familie im Spätherbst 1462 sieben Wochen lang in der Hofburg belagert. Nur die Hilfe des unterdessen zum Böhmenkönig gewählten Georg von Podiebrad ermöglichte einen für den Kaiser noch halbwegs günstigen Vergleich, in dem Albrecht die Verwaltung Niederösterreichs auf acht Jahre überlassen wurde. Tief verfeindet schieden die beiden Habsburger, der Kaiser verhängte die Reichsacht über Wien.

Während dieser dramatischen Auseinandersetzung mit seinem Bruder und den österreichischen Landleuten suchte sich Friedrich mit seinen Nachbarn zu einigen. Die Wahl Georgs von Podiebrad zum König von Böhmen wurde von ihm anerkannt und mit dem neuen König sogar ein Bündnis geschlossen. Hingegen konnte er sich mit der Wahl des jungen Matthias Hunyadi (Corvinus) zum König von Ungarn nicht anfreunden. Noch seit den Anfängen seiner Funktion als Vormund des Ladislaus verwaltete er westungarische Grenzgebiete, auch besaß er die ungarische Krone, die ihm Elisabeth, des Ladislaus Mutter, übergeben hatte.

Er hatte im Lande auch Anhänger. Diese Gruppe wählte ihn 1459 in Güssing zu ihrem König, so daß auch er nun den Titel eines Ungarnkönigs führen konnte. Matthias suchte aber den Ausgleich mit Friedrich und wollte die ungarische Krone haben, denn nur diese schien seine Herrschaft zu legitimieren. Friedrich forderte für ihre Auslieferung immer höhere Summen. Schließlich kam es aber doch im Jahre 1463 zu einem Vergleich, der von Friedrich zu Wiener Neustadt unterzeichnet wurde. Um 80.000 Gulden erhielt Matthias die Krone, doch führte Friedrich weiterhin den Titel eines Ungarnkönigs. Er adoptierte Matthias und dieser stimmte zu, daß Friedrich oder dessen Nachfolger Ungarn erhalten sollte, falls Matthias ohne legitimen Erben stürbe. Auch die westungarischen Herrschaften Eisenstadt, Kobersdorf, Forchtenstein, Güssing und Ödenburg durfte er behalten. Dieser in Wiener Neustadt abgeschlossene Vertrag wurde später die Grundlage für die Erwerbung Ungarns durch die Habsburger. Am 24. Juli 1463 nahm eine ungarische Abordnung in Wiener Neustadt die Krone in Empfang.

Daß sich dies alles in Wiener Neustadt abspielte, ist kein Zufall, denn Friedrich liebte diese Stadt über alles und hatte hier eine seiner bevorzugten Residenzen. Schon seiner Mutter Cimburgis von Masovien war diese Stadt zweite Heimat geworden, hier hatte Friedrich den Großteil seiner Kindheit verbracht. Als er Herzog der Steiermark geworden war, ließ er die Burg ausbauen, gründete 1443 das Zisterzienserstift Neukloster und ein Jahr später ein Stift weltlicher Chorherren. Die Krönung fand seine Bautätigkeit in der St.-Georgs-Kirche, an deren Außenfassade sein Baumeister und Bildhauer Peter Pusika auf einer Wappenwand die Geschichte Österreichs darstellte. In Wiener Neustadt fanden wichtige Handlungen seiner Regierungstätigkeit statt, auch ist seine Gemahlin Eleonore in der Liebfrauenkirche begraben worden. Im Bild der Stadt und in vielen Denkmälern ist diese Zeit der kaiserlichen Residenz noch zu finden.

Kaiser Friedrich konnte den Verlust der Stadt Wien nicht verschmerzen und suchte sie dadurch zu schädigen, daß er der Doppelstadt Krems und Stein gleiche Rechte verlieh, wie sie die Hauptstadt hatte: Niederlagsrecht und Führung des Doppeladlers als Wappen. Aber auch in der Stadt Wien war eine Partei für ihn, angeführt von Bürgermeister Holzer. Dieser ließ am Karsamstag 1463 kaiserliche Söldner ein, doch hielt die Bevölkerung Albrecht VI. die Treue. Bürgermeister Holzer wurde gefangen und vom Gericht zum Tode durch Vierteilen verurteilt. Gleichzeitig wurden fünf weitere Bürger aus angesehenen Familien enthauptet.

Bevor aber das Jahr 1463 noch zu Ende ging, starb auch Erzherzog Albrecht VI., und Friedrich konnte die Regierung des Landes unangefochten übernehmen. Er war nun etwas klüger als vor zwei Jahrzehnten, wirkte ausgleichend auf die Stände und konnte tatsächlich eine gewisse Beruhigung erwirken. Die Fehden ebbten zwar ab, hörten aber natürlich noch lange nicht auf. Denn es war den Rittern bereits zur lieben Gewohnheit geworden, jährlich einem ihrer Nachbarn den Fehdehandschuh oder dem Herrn den Absagebrief zuzustellen. Vor allem die Söldnerführer hatten noch größere Forderungen zu stellen und bestanden auf Bezahlung der aufgelaufenen Schulden. Da ihre zügellosen Scharen eine wahre Landplage darstellten, waren diesmal die Stände großzügig und bewilligten die nötigen Mittel. Aber erst im Jahre 1469 konnte diese dringende Frage, die nicht ohne kleine Feldzüge abging, endgültig bereinigt werden. Unterdessen hatte sich aber daraus ein neuer Krieg entwickelt, als im Jahre 1468 Prinz Viktorin, der Sohn des Böhmenkönigs Georg, Friedrich als Fürsten von Österreich Fehde ansagte und in das nördliche Niederösterreich einfiel. Da die Böhmen damals auch mit den Ungarn Konflikte hatten, glaubte Friedrich, er könne König Matthias den Schutz des Landes überlassen. Er plante nämlich schon seit längerer Zeit einen zweiten Romzug, zu dem er auch im gleichen Jahre aufbrach. Während ihm dort die Errichtung der Bistümer Wien, Wiener Neustadt und Laibach/Ljubljana gelang, nahmen die Ereignisse in Niederösterreich einen schlechten Verlauf. Wohl wurde Viktorin aus dem Lande vertrieben, der Ungarnkönig, dem als Ersatz der Kriegskosten für ein Jahr lang alle Einkünfte überlassen worden waren, knüpfte enge Kontakte mit unzufriedenen Österreichern und Steirern. So unterstützte er offen eine Fehde österreichischer Adeliger unter der Führung des Andreas Baumkirchner. Deshalb wurde Friedrichs Haltung auch zunehmend unfreundlicher. Ein Treffen beider Fürsten in Wien im Februar 1470 endete neuerlich mit tiefer Verstimmung, und er ließ die frondierenden steirischen Adeligen Andreas Baumkirchner und Ulrich Gravenecker hinrichten. Er unterstützte auch nach dem Tode des Königs Georg die Bestrebungen des Matthias nicht, in Böhmen zum Nachfolger gewählt zu werden, sondern freute sich eher über die Schilderhebung des polnischen Prinzen Wladislav. Daß Matthias von einer Gruppe böhmischer Adeliger in Olmütz zu ihrem König gewählt wurde und in Konflikt mit Wladislav geriet, lenkte ihn von Österreich etwas ab.

Da der Kaiser sich unterdessen stark um neue Kontakte zu Burgund bemühte und die Heirat seines Sohnes Maximilian mit der Tochter des Herzogs Karl dem Kühnen einleiten konnte, blieb es in Österreich wenigstens nach außen hin ruhig. Im Inneren gab es aber neue Konflikte, zumal der Kaiser selbst seine engsten Helfer unter den Adeligen schlecht entlohnte. So geriet er etwa mit Heinrich und Georg von Puchheim sowie mit Georg und Friedrich von Pottendorf in Fehde. Die unsichere und unkonsequente Haltung des Kaisers ermunterte manche Herren und Ritter zu solchen Handlungen der Selbstjustiz, die große Unsicherheit und wirtschaftlichen Verfall brachten. Niemand wagte es, Pläne für die Zukunft zu machen, zumal er nicht wußte, ob das Haus, das er gebaut, am anderen Tage noch stehen würde. Fehdeführende Adelige, unbezahlte Söldnerscharen oder plündernde Landesfeinde bedrohten in diesen Jahren beständig Leben und Gut der Menschen in Österreich.

Der Kaiser war aber auch weiterhin kein Freund des Matthias von Ungarn. Er warf ihm vor, den widerstrebenden österreichischen Adel zu unterstützen und vorwiegend gegen Böhmen tätig zu sein, anstatt einen entschiedenen Kampf gegen die immer weiter vordringenden Türken zu führen. Als nun im Jahre 1476 ein enger Vertrauter des Ungarnkönigs, der aus Schlesien stammende Erzbischof Johann Beckensloer von Gran (Esztergom), mitsamt dem Kirchenschatz floh und von Friedrich in Österreich freundlich aufgenommen wurde, vertieften sich die Gegensätze neuerlich. Auch die österreichischen Adeligen bildeten eine immer stärker werdende Opposition und arbeiteten bereits offen mit dem Ungarnkönig zusammen. Als Friedrich energisch gegen sie einschreiten wollte, kam es 1477 zum Kriege mit Matthias. An die 30 Städte und Märkte und 100 Burgen wurden binnen kurzer Zeit von den Truppen des ungarischen Königs erobert, nur Wien, Hainburg und Krems konnten sich halten. Da der Feldzug solch überraschenden Erfolg für den Feind gebracht hatte, war der Kaiser bald zum Friedensschlusse bereit, und auch Matthias war ans Ziel seiner Wünsche gekommen. Er wurde als Böhmenkönig anerkannt, seine Anhänger in Österreich mußten wieder in Gnaden aufgenommen werden. Weiters wurde ihm eine Kriegsentschädigung von 100.000 Gulden zugestanden, als man noch im Jahre 1477 in Gmunden Frieden schloß und sich der Kaiser mit dem Ungarnkönig anschließend in Korneuburg traf. Friedrich befand sich daraufhin in ärgsten Geldverlegenheiten, zumal jetzt schon beinahe alle Einkünfte auf lange Zeit verpfändet und die dafür erlegten Summen bereits im voraus verbraucht waren. So mußte er denn wieder an die Stände um neue Steuern herantreten und erhielt diese auch bewilligt. Da aber unterdessen auch große Anstrengungen nötig waren, die lange vernachlässigten Verteidigungsanlagen, vor allem die Mauern der Städte, instand zu setzen, damit sie zukünftigen Stürmen besser trotzen könnten und das Land nicht wieder in wenigen Wochen überrannt werden würde, lasteten auf Bauer und Bürger harte Abgaben. Das alte Spiel der ständigen Fehden war natürlich auch nicht zum Abschluß gekommen, da es immer auswärtige Mächte gab, die höchstes Interesse daran hatten, die Glut, aus der man so schön bei Gebrauch ein Feuer schüren konnte, nicht zum Verlöschen kommen zu lassen. Daß der Ungarnkönig wieder seine Hand im Spiel hatte, wird verständlich, da der Kaiser nur einen Teil der vertraglich festgelegten Summe bezahlte und mit dem Rest des von den Ständen bewilligten Geldes die Hochzeit seines Sohnes Maximilian mit Maria von Burgund finanzierte. Matthias hat sich in diesen Jahren auch eine neue Art der Beherrschung des Landes ausgedacht, die zweifellos erfolgversprechend war und sich auch an das Recht hielt. Als es wegen der Salzburger Erzbischofswürde zu einem Streit mit dem Kaiser kam, der dem früheren Erzbischof Johann Beckensloer von Gran das Erzbistum Salzburg verschaffen und dafür den bisherigen Würdenträger Bernhard von Rohr zur Abdankung bewegen wollte, erhielt Matthias wieder Grund zum Einschreiten, was er um so lieber tat, als Johann von Gran sein Feind war. Bernhard von Rohr suchte bei Matthias Schutz und räumte ihm das Besatzungsrecht in den befestigten Plätzen Salzburgs und in der Steiermark ein. Ob auch das im Besitz Salzburgs befindliche Traismauer mit verpfändet wurde, ist nicht bekannt. Dafür sollte Matthias Salzburgs Besitz gegen die Türken und »andere Feinde« beschützen. Nachdem diese Verpfändung 1479 erfolgt war, übergab der österreichische Hochadelige Hans von Hohenberg seine Besitzungen im Traisental dem Ungarnkönig, und 1481 verpfändete der Bischof Friedrich Mauerkircher von Passau ebenfalls seine in Österreich gelegenen Besitzungen, darunter die Städte St. Pölten und Mautern, an Matthias. So gab es plötzlich eine Anzahl ungarischer Stützpunkte im Lande, in denen mitten im Frieden ungarische Söldner stationiert waren. Im Jahre 1482 sagte Matthias Kaiser Friedrich als Herzog von Österreich den Krieg an und eroberte in den nächsten Jahren Stadt um Stadt, Burg um Burg. Im Juni 1485 mußte auch Wien kapitulieren, nachdem vorher noch der Bürgermeister Lorenz Haiden hingerichtet worden war. Matthias zog mit Gattin und dem von einer Österreicherin stammenden unehelichen Sohn Johann in Wien ein und schlug in der Stadt seine Residenz auf. Friedrich verließ Wiener Neustadt, übersiedelte nach Graz und wenig später nach Linz, wo die ausgebaute Burg seine Residenz wurde. Schließlich eroberte der Ungarnkönig noch die Stadt Eggenburg und das sich heldenmütig wehrende Wiener Neustadt. Vermutlich hat er damals als Anerkennung und Versöhnungsgeste den prunkvollen goldenen Becher gespendet, der noch immer der Stolz der Stadt ist. Im Donautal blieben Melk, Krems und Ybbs die Stützpunkte der Kaiserlichen.

Seit der Eroberung Wiens fühlte sich Matthias als Herr des Landes, nannte sich Herzog von Österreich und führte eine luxuriöse Hofhaltung mit Heranziehung italienischer Künstler und Gelehrter. Wohl hat er die österreichischen Verwaltungseinrichtungen beibehalten und die Landesbewohner zu Beratungen einberufen, aber doch die leitenden Posten mit ergebenen Leuten besetzt. Wenn auch die einheimischen Adeligen für viele einflußreiche Beamtenstellen herangezogen wurden, so verwaltete während seiner zeitweisen Abwesenheit ein Ungar als Statthalter Niederösterreich. Ansonsten versuchte er die Einheimischen nicht zu übergehen. Unermüdlich erneuerte er den Städten ihre alten Freiheiten und versuchte damit bewußt an die bisherige Herrschaftstradition anzuknüpfen. In den Urkunden für Österreich bediente er sich der deutschen Sprache, nahm also mit politischer Klugheit auf die lokalen Empfindungen Rücksicht. Anfangs war die Bürgerschaft der Städte, vor allem Wiens, wo die Hofhaltung die Geschäfte belebte, mit der neuen Herrschaft nicht unzufrieden. Bald aber war der Steuerdruck größer als jemals zuvor, die Möglichkeiten, durch Ausreden und Verzögerungen der Zahlung zu entgehen, infolge der strafferen Verwaltung unmöglich geworden. Die hohen Kontributionen, mit denen der König sein Söldnerheer erhalten mußte, drückten das flache Land vielleicht noch ärger als die Städte, wurden sie doch mit bisher unbekannter Rücksichtslosigkeit eingetrieben. Die Feindseligkeiten mit dem Kaiser hatten Ende 1487 aufgehört, zwischen den kämpfenden Parteien war zu Markersdorf und St. Pölten ein Waffenstillstand geschlossen worden, der in den nächsten Jahren mehrmals verlängert wurde. Die Ungarn hatten ihr Ziel großteils erreicht, und Friedrich, der in Linz saß, besaß weder Geld noch Soldaten, um sie aus dem Lande vertreiben zu können. Seinem jungen und tatkräftigen Sohn Maximilian ließ er nur geringen politischen Freiraum und sah es ungern, daß sich dieser mit dem Ungarnkönig im September 1489 in Melk treffen wollte. Matthias wollte um drei Millionen Gulden Steiermark und Kärnten dem Kaiser zurückgeben, Niederösterreich aber unbedingt behalten. Das Treffen fand nicht statt, Friedrich und Matthias blieben unversöhnlich. Die ungarische Herrschaft schien auch nicht gefährdet zu sein.

Wie aber geschichtliche Wenden oft rasch und unerwartet für alle Beteiligten eintreten, hat auch hier eine höhere Macht plötzlich die Lösung der gesamten ungarischen Frage herbeigeführt. Am 6. April 1490 erlag Matthias in Wien einer plötzlichen Erkrankung, und damit brach sein weitgestrecktes, aber doch auf seine Person allein aufgebautes Reich wie ein Kartenhaus zusammen. König Maximilian hat daraufhin sofort mit der Wiedereroberung Niederösterreichs begonnen. Dies war um so leichter möglich, als verschiedene Söldnerführer des ungarischen Heeres nun für die Zukunft zu bangen begannen und sich in den Dienst des Habsburgers stellten. Im ganzen Lande war man nun froh, die Ungarn los zu werden. Jede fremde Besatzung wird sich im Laufe der Zeit den Haß der Einheimischen zuziehen. Man wird auch dann, wenn man sie kaum bemerkt, den Tag ihres Abzuges mit Sehnsucht erwarten. Die ungarischen Truppen hatten aber durch ihr Verhalten und ihre großen Ansprüche sich so verhaßt gemacht, daß man froh war, sie endlich los zu werden. Als Maximilian im Sommer 1490 über den Semmering ins Land einrückte, waren die Stunden der Fremdherrschaft gezählt. In wenigen Tagen brach das ungarische Regiment zusammen, überall öffneten die Bürger den Österreichern die Tore. Am 19. August konnte Maximilian in Wien einziehen. Die ungarischen Besatzungen ergaben sich alle oder traten zum Habsburger über, die letzten verließen aber erst nach dem Frieden von Preßburg das Land.

Der anschließende Feldzug gegen Ungarn verlief unglücklich. Es half Maximilian wenig, daß er sich als echten Ungarn bezeichnete, weil er in

Wiener Neustadt, fast schon auf ungarischem Boden, geboren worden war. Im Frieden von Preßburg vom 7. November 1491 konnte er aber das Abkommen von Wiener Neustadt aus dem Jahre 1463 erneuern und festlegen, daß er und seine männlichen Nachkommen in Ungarn erbberechtigt sein sollten. Diese Bestimmung war von weittragender Bedeutung für die Zukunft.

Das Hauptkennzeichen dieser Periode war ein allgemeiner wirtschaftlicher Rückgang, der sich für manche Stände katastrophal auswirkte. Die Ursachen dieses wirtschaftlichen Zusammenbruches lagen auf monetärem Gebiet. Die Kämpfe Friedrichs III. mit seinem Bruder Albrecht VI. um den Besitz Niederösterreichs verursachten beiden Parteien solch hohe Kosten, daß sie diese nur durch massenhafte Ausprägung schlechter Münzen, die der Volksmund verächtlich »Schinderlinge« nannte, decken konnten. Der Kaiser verlieh nicht nur dreien seiner Kämmerer, sondern auch Adeligen, denen er Geld schuldete, das Recht, Münzen zu prägen. »Wer viel alter Kessel hatte«, klagt der Zeitgenosse Jakob Unrest, »der münzte desto besser.« Das hatte zur Folge, daß der Goldkurs zwischen 1456 und 1460 von einem Pfund auf acht Pfund stieg und die Münzen von Tag zu Tag leichter wurden, bis sie schließlich niemand mehr annehmen wollte. In den Folgen dieses Geldsturzes werden wir eine wesentliche Ursache des wirtschaftlichen Niederganges sehen müssen.

Die österreichischen Städte, allen voran Wien, die schon schwer unter den politischen Wirren, vor allem unter den ungarischen Kriegen, litten, sind in diesen Jahrzehnten aus der Reihe der kapitalkräftigen und unternehmungslustigen Städte ausgeschieden. Zur gleichen Zeit, als die österreichische Wirtschaft und vor allem der Handel an dieser schweren Krise litten, vollzog sich der Aufstieg des oberdeutschen Bürgertums. Augsburg, um 1450 handelspolitisch noch gleich wichtig wie die Donaustadt, überflügelte Wien nun um das Zweifache. Es schob sich immer mehr in den Vordergrund und stieg im ersten Drittel des 16. Jahrhunderts zur Führerschaft nicht nur im süddeutschen, sondern im gesamten mitteleuropäischen Wirtschaftsleben empor. Der zu ungeheurem Reichtum gekommene oberdeutsche Bürger und Handelsmann dehnte seine Unternehmungen auch auf Niederösterreich aus. In Schwaben und Franken war nicht nur das nötige Kapital vorhanden, sondern auch der Unternehmergeist. Dieser übermächtigen Konkurrenz war der ausgeplünderte, in seinen Verbindungen und Barmitteln geschmälerte österreichische Kaufmann nicht gewachsen. Er blieb hinfort dem Ausland fern und überließ vorerst den Exporthandel völlig den Oberdeutschen. Dadurch war unausbleiblich, daß diese auch den Großhandel in der Stadt Wien übernahmen, gefördert durch ein kaiserliches Privileg. Das alte Stapelrecht Wiens wurde damit so verschlechtert, daß es kaum mehr praktischen Wert besaß. Der Handel Wiens verlor seinen großräumigen Charakter und wurde provinziell. Natürlich sind die kleineren Städte von dieser Entwicklung noch stärker betroffen worden. Der Unterschied zwischen ihnen war auch ganz gewaltig. So zahlte zum Beispiel im Jahre 1469 Wien 1700 Pfund Steuer, Krems und Stein zusammen 360, Klosterneuburg 270, St. Pölten 200, Langenlois 170 und Korneuburg 100 Pfund. Die Doppelstadt Krems und Stein war also noch immer die wirtschaftlich wichtigste Stadt nach Wien. Und doch ist hier die Verleihung großer Privilegien im Jahre 1463 völlig wirkungslos geblieben. Die Bürgerschaft der kleinen Orte besaß eben nicht die Kraft, daraus Nutzen zu ziehen.

In baulicher Hinsicht sind die Städte, wie uns die Tafelbilder der Spätgotik zeigen, aus soliden Steinmauern errichtet gewesen. Die Ecken waren aus Steinquadern gefügt, die Fassaden verputzt, färbig bemalt und mit Flacherkern auf Konsolen gegliedert. Auch in den kleineren Städten gab es drei- bis viergeschossige Häuser, die teilweise heute noch erhalten sind, wie in Krems und Stein, Tulln, Waidhofen an der Ybbs und Korneuburg. Fachwerkbauten, wie sie für deutsche Städte charakteristisch sind, hat es offenbar nicht gegeben. Das städtische Haus war zur Straße hin schmal, häufig war die Dreifensterfront. Im Erdgeschoß befand sich neben der tiefliegenden Einfahrt ein gleich tiefer, schlecht belichteter Wirtschaftsraum, das Gewölb, früher mit hölzernen Flachdecken, später mit Gewölben ausgestattet.

Die Obergeschosse hatten große, durchlaufende Räume, im Spätmittelalter verdrängte die Rundtreppe die früher steile Stiege. Steile Dachformen, mit Krüppelwalm oder Treppengiebel der Straße zugekehrt, belebten die Straßenfront. Zwischen den Häusern bestanden schmale Zwischenräume, die Reichen, in die das Dachwasser ablief.

Innerhalb der Städte wurde während dieses Zeitraumes eine bedenkliche soziale Entwicklung bemerkbar. Die Erstarrung der Zechen führte zu einer Zuspitzung des Verhältnisses von Meistern und Gesellen. Die Mehrzahl der Gesellen hatte bei der Beschränkung der Gewerbe keine Aussicht, jemals selbständig zu werden, zumal die Meisterkinder eindeutig bevorzugt wurden. Der Gesellenzustand, ursprünglich als Übergangsform gedacht, war für viele zur dauernden Lebensform geworden. Den alternden Gesellen wurde die ewige Abhängigkeit zuwider, die verheirateten konnten mit den kargen Löhnen die Familie kaum ernähren. So schlossen sich auch die Gesellen zu Bruderschaften zusammen, die vom Stadtrat und den Meisterzünften mit scheelen Augen betrachtet wurden. Die Freizügigkeit der Gesellen wurde aber doch gewahrt, ein Vorteil des städtischen Lebens. So war es zum Beispiel verboten, daß der Meister an die Gesellen Geld im Hinblick auf den künftigen Lohn verlieh.

Die Schwierigkeiten des Gewerbestandes waren nämlich dadurch vergrößert worden, daß durch die noch zu schildernden Verschlechterungen der Lage des Bauernstandes viele Bewohner des flachen Landes gezwungen waren, zum Nebenerwerb Zuflucht zu nehmen. Schon seit dem 14. Jahrhundert wurde teilweise die Tuch- und Leinenweberei auf der Grundlage einer reichen Schafzucht im Waldviertel ausgebildet, im Wienerwald entstanden die ersten Glashütten, die grobes Glas, sogenanntes Waldglas, erzeugten. Erst vor wenigen Jahrzehnten ist ein solcher Glasofen im Kreisbachtale auf dem Boden der Grundherrschaft Lilienfeld ausgegraben worden. Im Piesting-, Gölsen- und Traisental wurden dank der günstigen Wasserkraft zahlreiche Hammerschmieden errichtet. Die Städte versuchten wohl, im näheren Umkreis um ihre Mauern jegliches Handwerk zu unterbinden, doch scheiterte dies nicht zuletzt an der starken Zersplitterung der Grundherrschaften, die Interesse hatten, ihren Untertanen ohne Rücksicht auf die Gesamtwirtschaft Lebensmöglichkeiten zu bieten. Denn auch der Bauernstand hatte unter der großen Inflation zu leiden. In neueren Jahrhunderten pflegten sich Geldentwertungen zugunsten der bäuerlichen Bevölkerung auszuwirken, vor allem dann, wenn diese Inflation von einem allgemeinen Mangel an Grundnahrungsmitteln begleitet war und der Bauer seine Erzeugnisse zu überhöhten Preisen absetzen konnte. Dies war aber bei der Inflation des 15. Jahrhunderts nicht der Fall. Der Bauer wäre von der Geldentwertung auch wenig berührt worden, hätte sich nicht während des 15. Jahrhunderts die Ablöse der wesentlichen Zinse und gewisser Robotleistungen durch Geld schon allgemein durchgesetzt. Die zahlreichen Sondersteuern wurden in Geldform auf die Bauern, für die damals der Begriff Untertan allgemein aufkam, überwälzt. Die feststehenden Zinse wären ja durch die Inflation wesentlich verringert worden, hätten nicht die Grundherren gesteigerte Leistungen verlangt, zum Teil durch die Ungunst der eigenen Lage dazu gedrängt. Die Neigung zur Ausbreitung der bäuerlichen Lasten war allgemein vorhanden und wurde durch das Fehlen einer oberen Regierungsgewalt kräftig gefördert. Andererseits geriet der Edelmann auch seinerseits durch das Ausbleiben der Lieferungen seiner Untertanen in arge wirtschaftliche Verlegenheit. Um dies abzustellen, haben die Grundherrschaften in das Wirtschaftsleben der Landbevölkerung stark eingegriffen. Sie forderten von den Bauern das Anfeilrecht. Darunter verstand man die Pflicht der Untertanen, alles, was sie an Lebensmitteln, vor allem an Vieh und Getreide, über den Eigenbedarf hinaus erzeugten und dem Verkauf zuführen wollten, vor der Feilbietung am Markt oder an Händler der Grundherrschaft zum Kaufe anzubieten, von der dann der Kaufpreis festgesetzt wurde. Das drückte künstlich die Preise. Andererseits hatten Städte und Märkte das Fürkaufrecht, das heißt, die Bauern aus der Umgebung einer Stadtsiedlung mußten den dortigen Bewohnern ihre Produkte anbieten, bevor sie fremden Händlern überlassen werden sollten. Auf diese Weise blieben die Lebensmittelpreise bei einer allgemeinen außerordentlich großen Teuerung verhältnismäßig niedrig und stiegen nur auf das Doppelte. Bares Geld hatte der Bauer aber mehr denn je notwendig. Nicht nur seine Steuern und Abgaben mußte er damit decken, sondern auch das Erbrecht war damals schon allgemein üblich. Der Bauer konnte gegen Bezahlung eines bestimmten Betrages, der in der Regel ziemlich hoch war, sein Gut vererben. Das erforderte wieder viel bares Geld. Die Vermarktung der Produkte und nicht mehr die vorwiegende Erzeugung für den Eigenbedarf war das Kennzeichen der bäuerlichen Entwicklung. Durch die Schere zwischen den geringen Einnahmen und den hohen Pflichtausgaben wurde einerseits der Lebensstandard der bäuerlichen Bevölkerung schwer gedrückt, andererseits stieg die Verschuldung. Produktionssteigerung durch Intensivierung des Anbaues und Steigerung der Hektarerträgnisse durch Düngung war aber dem Mittelalter fremd. Sie wäre der einzige Ausweg gewesen.

Zum Sinken des bäuerlichen Lebensstandards trug aber auch die Besitzzerstückelung bei. In der zweiten Hälfte des 15. Jahrhunderts überwogen in Niederösterreich, wie uns die alten Urbare berichten, die Halb- und Viertellehen. Die ursprüngliche bäuerliche Besitzeinheit war also durch Erbschaft ein- oder zweimal geteilt worden. Damit waren viele Güter an der Grenze der Lebensfähigkeit angelangt. Die neuen Lasten, die von der Grundherrschaft erdacht wurden, zielten auf Leibeigenschaft ab. Oft wurde damals schon ein Kopfzins erhoben, der jährlich zu entrichten war. Bei Abwanderung mußte eine Gebühr entrichtet werden, und bei Todesfällen wurde vom Grundherrn das Besthaupt genommen, worunter gewöhnlich die Ablieferung des besten Stückes Vieh oder des besten Kleides zu verstehen war. Das war eine besonders harte Maßnahme, da die Abgabe von den Hinterbliebenen in Zeiten persönlicher Trauer gefordert wurde.

Wir haben gesehen, daß die fortschreitende Geldwirtschaft für das Unglück der Bauern im Spätmittelalter allein nicht verantwortlich gemacht werden kann. Es wirkten viele Momente zusammen, daß es zu dieser Entwicklung gekommen ist.

Im 15. Jahrhundert ist gerade in Niederösterreich die Überlieferung des örtlichen bäuerlichen Rechtes allgemein üblich geworden. Wir nennen solche Aufzeichnungen Weistümer und verstehen darunter die schriftliche Niederlegung des in der Versammlung aller Dorfgenossen unter Einfluß der Gerichtsherrschaft, der Ortsobrigkeit, aufgestellten örtlichen Rechtes und seiner jeweiligen Auslegung. Auf einer Versammlung der Dorfgenossen, die regelmäßig stattfinden mußte, wurden das alte Recht festgestellt und neue Bestimmungen angefügt. Somit sind diese Weistümer durch Jahrhunderte lebendes örtliches Recht gewesen und waren gemäß den Bedürfnissen der Zeiten ständigen Änderungen unterworfen. Im Prinzip wurde auf der Versammlung der Bauern das geltende Recht festgelegt, doch hat die Ortsobrigkeit darauf Einfluß genommen, wie auch bestehende Gesetze und Privilegien in diesen Weistümern ihren Niederschlag gefunden haben. Aus Niederösterreich sind Aufzeichnungen aus 488 Orten überliefert, das sind nahezu zwei Drittel aller in Österreich bekannten Weistümer. Ihr Inhalt entspricht der reichen Mannigfaltigkeit des bäuerlichen Zusammenlebens und der sozialen Struktur der Dörfer.

Kaiser Friedrich III. hat während seiner Regierungszeit auf kirchlichem Gebiet manche Erfolge erzielt. Es gelang dem Kaiser, die schon seit Rudolf IV. anhängige Kanonisation des Markgrafen Leopold III. im Jahre 1485 in Rom durchzusetzen. Klosterneuburg wurde nun eine besondere Pflegestätte des Kultes um den heiliggesprochenen Markgrafen. Der gelehrte Historiker und Wiener Domherr Ladislaus Sunthaym verfaßte im Auftrag des Stiftes das Büchlein »Der löblichen Fürsten und des Landes Österreich Altherkom-

men und Regierung«, das 1491 in Basel gedruckt und gleichzeitig auf acht
große Pergamentblätter geschrieben wurde. Am Grab des Heiligen waren sie
ausgehängt. Dieser Text der »Klosterneuburger Tafeln« war auch Grundlage
für einen großformatigen Stammbaum der Babenberger. Das dreigliedrige
Tafelgemälde zeigt im Mittelteil in 27 Rundbildern Porträts aller Babenberger in der Kleidung des 15. Jahrhunderts und als Hintergrund Stadt- oder
Klosteransichten. Die beiden Flügel zeigen die Frauen der Babenberger, die
aus Blütenkelchen wachsen. Dieses Werk entstand 1489–1492, einer der
drei Maler hieß Hans Part. Im Jahre 1505 wurde ein weiterer Leopoldi-Altar
von Ruland Frueauf d. J. gemalt, von dem vier Bilder erhalten sind. Der Humanist Dr. Johannes Fuchsmagen bestellte in Brüssel anläßlich der Reli-
quienübertragung des heiligen Leopold im Jahre 1506 einen großen Bilder-
teppich, den er dem Chorherrenstift St. Dorothea in Wien schenkte.

Einer der Lieblingswünsche der Landesfürsten seit den Tagen der Baben-
berger ging auch in Erfüllung: Niederösterreich erhielt Landesbistümer.
Schon bei seiner Krönung in Rom im Jahre 1452 hatte Friedrich III. mit
Papst Nikolaus V. über die Errichtung eines Bistums in dem von ihm so geliebten Wiener Neustadt verhandelt und die Zusage einer positiven Erledigung erhalten. 1468 hat er neuerlich bei seinem römischen Aufenthalt die
Bistumsgründung betrieben und jetzt auch die Erhebung Wiens erstrebt.
Während früher jeder Erfolg ausgeblieben war, konnte der Kaiser nun
durchdringen. Am 18. Jänner 1469 errichtete Papst Paul II. das Bistum Wien
und bestimmte die Stephanskirche zur Kathedrale. Die neue Diözese umfaßte aber lediglich die drei Wiener Stadt- nebst einigen Landpfarren und
reichte nur bis Mödling. Das ganze Gebiet nördlich der Donau blieb weiterhin bei Passau. Am gleichen Tage wurde auch das Gebiet der Stadt Wiener
Neustadt zum Bistum erhoben und die dortige Liebfrauenkirche zur Kathedrale bestimmt. Obwohl die beiden neuen Bistümer, vor allem Wiener Neustadt, geradezu winzig an Ausdehnung waren, erhob Bischof Ulrich III. von
Passau doch so energischen Protest, daß die neuen Bischöfe erst nach seinem
Tod (1479) inthronisiert werden konnten. Der Lehrer Maximilians, Peter
Engelbrecht, wurde erster Bischof von Wiener Neustadt. Beide Bistümer waren exempt, und der Kaiser erhielt das Vorschlagsrecht bei der Neubeset-
zung, wie er es seit 1447 schon für Brixen, Trient, Gurk und Pedena besessen hatte, auf die neuen Gründungen ausgedehnt. Friedrich wollte den Wiener Neustädter Bischof überdies zum Großmeister des von ihm gegründeten
St.-Georgs-Ritterordens machen, doch erwuchsen daraus große Schwierigkeiten. Wiener Neustadt war ja noch weniger lebensfähig als Wien, und es
nimmt kaum wunder, daß während des Mittelalters lange Zeit Sedisvakanz
herrschte. Doch waren die Gründungen deswegen von großer Bedeutung,
weil damit erstmalig der Einbruch in die Rechte des Bischofs von Passau gelungen war.

Auf geistigem Gebiete brachten diese Jahrzehnte wenige Fortschritte. Mit
dem Tode Georgs von Peuerbach und dem Weggang Regiomontans trat die
humanistische Bewegung in Niederösterreich in eine nahezu ein Jahrzehnt

währende Stagnation. Seit 1469 gab es an der Universität auch wieder humanistische Vorlesungen, wenn auch die Lehrer jetzt keine so ausgeprägten Charaktere waren wie die der früheren Generationen. Briccius Prepost aus Cilli/Celje, Bernhard Perger aus Stainz in der Steiermark, Ulrich Eberhardi aus Klosterneuburg und der deutsche Humanist Peter Luder waren die führenden Köpfe. Die Universität hat in den schweren und unruhigen Zeiten überaus schwer gelitten. Zwischen 1480 und 1484 sanken die jährlichen Einschreibungen auf ihren tiefsten Stand seit der Gründung der Hochschule von über dreihundert auf achtzehn, im Sommersemester 1484 sogar auf fünf Studenten. 1489 sagte der medizinische Dekan Dr. Andreas Voberger, daß die Vorlesungen lässig und die Disputationen noch lässiger gehalten würden und die Fakultät und die ganze Universität bergab ginge. Dies, obwohl König Matthias mit der Hochschule auf relativ gutem Fuße stand und sie nicht geschädigt hat. Vielleicht war es der überwiegende Einfluß humanistischer und sonstiger italienischer Gelehrter auf Matthias Corvinus, der ihn nicht zum großen Förderer der Universität werden ließ. Auf jeden Fall haben damals die Wiener zum ersten Mal eine humanistische, prunkhafte Hofhaltung kennengelernt, die sich von der fast kleinbürgerlichen Lebensführung des alten Kaisers Friedrich stark abhob.

Auch im 15. Jahrhundert hatte die Dichtkunst in Niederösterreich keinen Höhepunkt aufzuweisen. Die Umschmelzung des Nibelungenliedes in sangbare Strophen, die geistlichen Mysterienspiele, vor allem die Passionsspiele bei St. Stephan, die seit 1435 bekannt sind, und verschiedene, in diesem Jahrhundert in unserem Lande entstandene Volkslieder, wie »Es liegt ein Schloß in Österreich«, gehörten schon zu den beachtenswertesten Erscheinungen. Die wenigen Persönlichkeiten, wie der Spruchdichter Kipfenberger, der im Dienste Albrechts V. stand, die Wiener Bürgerin Helene Kottaner, die in anschaulichem Deutsch erzählte, wie sie als Kammerfrau der Witwe Albrechts V. die ungarische Krone unter Lebensgefahr aus der Plintenburg (Visegrad) nach Österreich brachte, oder Hans Wispeck, der den Tod des Prinzen Ladislaus beschrieb, hatten keine nachhaltige Wirkung. Die größte Bedeutung erlangte noch der deutsche Meistersinger Michel Behaim, »unseres herrn des römischen Kaiser teutscher poet und tichter«, der die Wiener Universität besang und in einem langen Epos von der Belagerung des Kaisers durch die Wiener Bürger in der Hofburg erzählte.

Die große Erfindung Gutenbergs, der Buchdruck, hat sich zu Kaiser Friedrichs Zeiten in Wien und Niederösterreich noch nicht praktisch ausgewirkt. Wohl befanden sich unter den Gesellen, die 1462 Mainz verlassen mußten, auch drei Wiener, die aber nach Italien gingen. In den Jahren 1482 bis 1486 wurde erstmals in Wien gedruckt, doch hat jener Meister keine Bleibe gefunden. Erst zehn Jahre später, im Jahre 1492, ließ sich der Buchdrucker Johann Winterburger aus Winterburg unweit Kreuznach in der Grafschaft Sponheim hier dauernd nieder. Aus seiner Druckerei stammt auch jener erste gedruckte österreichische Zeitungsbericht, der von Kaiser Friedrichs Totenfeier erzählt.

12. KAPITEL

An der Schwelle einer neuen Zeit

König Maximilian ist in Niederösterreich allenthalben mit größten Erwartungen begrüßt worden. Von ihm erhoffte man sich wieder bessere Zeiten, ein Wiedererstehen der wirtschaftlichen Prosperität, Sicherheit im Innern, kurzum alles, was man seit den sagenhaften Zeiten Albrechts V. so sehr vermißt hatte. Zwar hatte der mißtrauische Kaiser Friedrich III. seinem Sohne nur die Einkünfte aus dem Lande übertragen, es aber nicht völlig aus der Hand gegeben. Maximilians Aufgaben und Interessen lagen auch stärker im Westen, in der burgundischen Erbschaft seiner Gemahlin Maria. So mußte er das Land Österreich bald verlassen. Nach altem Brauche wurde eine Verweserschaft eingesetzt. Diese Verwaltungsbehörde war nicht, wie 1440 oder 1451, aus Vertretern der Stände zusammengesetzt, sondern König Maximilian berief in sein »Regiment« einen obersten Hauptmann und mehrere Räte, die »des römischen Königs Statthalter und Regenten« hießen. Sie sollten an seiner Stelle die laufenden Regierungsgeschäfte nach einer Instruktion erledigen, doch erlosch mit dem Erscheinen des Landesfürsten in ihrem Sprengel das Mandat des Regiments. In immer stärkerem Maße wurden Juristen in die Regierung berufen.

Diese Verwaltungseinrichtung Maximilians müssen wir deswegen näher besprechen, weil in ihr die Anfänge unserer modernen Landesverwaltung wurzeln. Maximilian hatte in Burgund, aber auch in Tirol, bessere und zweckmäßigere Einrichtungen kennengelernt, als sie bisher in Österreich bestanden hatten. Neben dem Regiment wurde daher ein Beamter ernannt, der die Einhebung der Steuern aus dem Lande kontrollierte und unter dem Generalschatzmeister stand. Stärker durchzugreifen war Maximilian aber zu Lebzeiten seines Vaters nicht gegönnt.

Als Kaiser Friedrich III. am 19. August 1493 gestorben war, trat Maximilian auch in Niederösterreich in den Vollbesitz der landesfürstlichen Rechte. Die Amtsdauer der Statthalter war jetzt nicht mehr begrenzt und erstreckte sich über das heutige Niederösterreich hinaus. Denn es wurde damals ein anderer Begriff »Niederösterreich« geprägt, indem die fünf Erbländer Österreich unter und ob der Enns, Steiermark, Kärnten und Krain unter diesem Namen als Verwaltungseinheit zusammengefaßt wurden, während die westlichen Hausbesitzungen der Habsburger, geographisch vom Osten durch Salzburg getrennt, als »Oberösterreich« mit dem Verwaltungsmittelpunkt Innsbruck organisiert wurden. Als 1512 Reichskreise geschaffen wurden, faßte Maximilian seine gesamten Erbländer zum »österreichischen Kreis« zusammen, bildete also aus ihnen eine lose Einheit innerhalb des Reiches. Dies war die erste Zusammenfassung der österreichischen Länder.

Maximilian hat seine Behördenorganisation immer wieder abgeändert. Seine wichtigste Maßnahme war aber, daß er die Finanzverwaltung von der Justizpflege und der allgemeinen Verwaltung trennte. Jedes Land erhielt anstelle des bisherigen Finanzbeamten, der in Niederösterreich Hubmeister, in der Steiermark Landschreiber hieß, einen Vizedom, der wiederum der Schatzkammer in Innsbruck untergeordnet war. Dieser Vizedom war Vorgesetzter aller Amtsleute, Pfleger und Verwalter der Habsburger und betreute die Einkünfte aus den landesfürstlichen Besitzungen, den Zöllen, Mauten und Steuern. Um eine Übersicht des landesfürstlichen Besitzes zu gewinnen, wurden neue Urbare angelegt. Bei allen diesen Maßnahmen spielten geschulte Beamte des neuen Stils, vor allem die Juristen, die erste Rolle. Die Stände wurden stark zurückgedrängt und in manchen Zweigen völlig ausgeschaltet. Daraus erwuchs bald eine gewisse Opposition, die schon auf einem Landtag im Jahre 1493 zum Ausdruck kam. Die Stände hatten es nämlich im vergangenen Jahrhundert als so selbstverständlich erachtet, bei der Landesregierung mitzuwirken, daß sie über den Regierungsstil Maximilians vorerst verblüfft, dann aber sehr erbost waren und schließlich Gegenmaßnahmen einleiteten.

Im Jahre 1501 wurde das Regiment auf eine neue, definitive Grundlage gestellt. Gemeinsam für die fünf niederösterreichischen Lande wurden Kollegialbehörden geschaffen, nämlich das Landregiment, das landesfürstliche Hofgericht, die Hofkammer, die Hauskammer und der Hofrat. Diese Behörden sollten auch dann im Amte sein, wenn sich der Landesfürst in ihrem Bereich aufhielt, während früher die Regierung nur mit der Stellvertretung im Falle seiner Abwesenheit betraut gewesen war. Die erste der fünf Kollegialbehörden, die zuerst Landregiment, dann kurz Regiment, einige Zeit Hofrat der niederösterreichischen Lande, Repräsentation und Kammer, Landesregierung, Landesstelle und Statthalterei hieß, ist der Vorläufer unserer heutigen Landesregierung. An der Spitze des Landregiments stand ein oberster Hauptmann und Regent, dem drei Statthalter zugeordnet waren. Dieses Landregiment hatte vorerst seinen Sitz in Enns und wurde bald nach Linz verlegt. Zum ersten obersten Hauptmann wurde Wolfgang von Polheim berufen. Obwohl das Geschlecht eigentlich aus Oberösterreich stammte, hatte der Polheimer mit unserem Lande dadurch Verbindung, daß Wolfgangs Mutter die Letzte und damit Erbin des Geschlechtes der Totzenbacher bei St. Pölten war. Das Hofgericht, seit 1502 Kammergericht genannt, das in Wiener Neustadt saß, übte die oberste Justizhoheit aus.

In den Jahren 1502 bis 1510 war Wiener Neustadt Sitz der obersten Justizbehörde der fünf Länder und des Hofgerichtes. Ein Hofrichter und zwölf ständige Beisitzer befaßten sich mit Streitsachen in zweiter Instanz. Gegen diese bald Kammergericht genannte Behörde wandten sich die Stände mehrerer Länder, so daß es 1510 wieder aufgehoben wurde.

Als sich nun der Geist der neuen Verwaltungsorganisation als landesfürstliche Einrichtung klar manifestierte, nahmen die Stände entschlossen den Kampf gegen die Staatsgewalt um die Länderautonomie auf. Heimisches Gewohnheitsrecht und mittelalterliches Privilegienwesen kämpften gegen das neue römische Recht. Als 1502 die Stände der fünf niederösterreichischen Lande in Wiener Neustadt zu einem Generallandtag zusammentraten, wurde der Unzufriedenheit offen Ausdruck verliehen. Die Stände versuchten, in den landesfürstlichen Behörden Fuß zu fassen und den Rechtsgelehrten ständische Vertreter an die Seite zu stellen. 1508 wurde schon verlangt, daß auch die Pfleger und Hauptleute den Landleuten entnommen werden sollten. Zweifellos hat die Amtsführung der neuen Behörden mancherlei Anlaß zu Klagen gegeben. Vor allem das Hofgericht in Wiener Neustadt und das Regiment in Linz waren die Hauptangriffspunkte. Die Niederösterreicher waren überdies tief beleidigt, daß alle diese Ämter ihren Sitz im »Ausland« hatten, denn auch Wiener Neustadt wurde damals noch zur Steiermark gezählt. Niederösterreich aber fühlte sich als das Kernstück der Erblande, besser und würdiger als die anderen »minderen« Provinzen. Aber erst 1509, als Maximilian in einen Krieg mit Venedig verwickelt wurde, erzielten die Stände Teilerfolge. Das Kammergericht wurde aufgehoben, und das Regiment mußte nach Wien übersiedeln, wo seine Kompetenz beträchtlich erweitert wurde, da ihm auch Aufgaben der Rechtsprechung zugeteilt werden mußten. Damit war das große Reformwerk in wesentlichen Punkten verwässert, wenn auch eine der Kernforderungen der Stände, nämlich die Besetzung des Regiments mit ihren Mitgliedern, auch jetzt entschieden abgelehnt wurde. Die Zentralisierung der Finanzen in Innsbruck blieb bestehen, wodurch der Vizedom von Niederösterreich als oberster Finanzbeamter erhöhte Bedeutung erhielt. Hier befand sich mit Lorenz Saurer ein Mann an der Spitze, der bei Maximilian in so hoher Gunst stand, daß er auch auf die Amtsführung des Regimentes kräftig Einfluß nehmen konnte.

Da die Kriege und die große Hofhaltung viel Geld verschlangen, war die Finanzlage des Kaisers wenig erfreulich. Das Kammergut war am Ende seiner Regierungszeit völlig erschöpft, verkauft oder verpfändet. Daher erreichten die Stände auf dem Innsbrucker Generallandtag von 1518, dem ersten gesamtösterreichischen Parlament, die Zusage zu einer weitgehenden Verwaltungsreform, die aber wegen des baldigen Todes des Kaisers nicht verwirklicht worden ist.

Aber auch die Stände haben die Notwendigkeit, sich der neuen Lage anzupassen, rechtzeitig erkannt. Die Organisation wurde straffer gestaltet, und an die Stelle der bisherigen Zerfahrenheit und Dezentralisation trat ein ständiges Exekutivorgan. Seit dem Jahre 1508 unterhielten auch sie einen ständigen Ausschuß, dessen Mitglieder ebenso wie die landesfürstlichen Beamten ein Kollegium bildeten, besoldet waren und damit Beamteneigenschaft gewannen. Da unter Maximilian die Ständesteuer eine dauernde Einrichtung wurde, mußten alle Ständemitglieder genaue Verzeichnisse ihres Besitzes und ihrer Einkünfte als Grundlage dieser Besteuerung einsenden.

Dies waren die Gülteinlagen, daraus wurden die Gültbücher gestaltet. Im Jahre 1513 haben die Stände des Landes unter der Enns das Liechtensteinische Freihaus auf der Hochstraße (Herrengasse) in Wien erworben und zum eigentlichen Stände- oder Landhaus umgestaltet. Seither tagte die Ständevertretung in der Herrengasse in Wien, und die Landtage, die bisher immer an anderen Orten abgehalten wurden, hatten einen ständigen Sitz gewonnen. Die Amtsräume der Ausschüsse und die ständische Buchhaltung wurden in diesem Hause eingerichtet, eine Registratur und ein Archiv angelegt und somit eine dauernde Geschäftsführung erzielt.

Wenn wir dieses Kapitel als Beginn einer neuen Epoche angekündigt haben, so ist dies nicht allein aus den Verwaltungsänderungen zu verstehen. Diese hatten als Voraussetzung eine Änderung des Rechtsdenkens, die in vieler Beziehung einen Bruch mit dem Althergebrachten darstellte: Das römische Recht wurde wieder in Verwaltung und Justiz gebräuchlich und trat neben das überlieferte einheimische Gewohnheitsrecht, das in Österreich seit Jahrhunderten entwickelt worden war.

Die Rechtszersplitterung seit dem 13. Jahrhundert, das Nebeneinander zahlloser Rechtsquellen, die Unterschiede der einzelnen Stammes-, Stadt- und Landrechte weckten das Bedürfnis nach einem gemeinsamen Recht. Die humanistische Geisteshaltung und das Bewußtsein vom Zusammenhang des antiken mit dem deutschen Kaisertum förderten die Rezeption weiterhin. So hat sich die Wiederaufnahme des römischen Rechtes vielfach ebenfalls auf dem Wege der Gewohnheit vollzogen. Als in der Mitte des 15. Jahrhunderts die am römischen Recht geschulten Gelehrten als Berater der Fürsten in der Rechtsprechung und in der Verwaltung immer mehr Geltung erlangten, wurden römische Rechtssätze ins deutsche Leben übertragen. Die Fürsten sahen darin ein Mittel, mit Hilfe eines Beamtenkörpers die übermäßige Macht der Stände einzudämmen. Selbst wenn diese Beamten adeligen Amtsleuten nur als Hilfskräfte beigegeben wurden, erlangten sie auf Grund ihrer größeren Sachkenntnisse bald überragenden Einfluß. Gegenstand der Rezeption waren auf dem Gebiete des Zivilrechtes das Corpus iuris civilis und das Corpus iuris canonici, auf dem Gebiet des Lehenrechtes das lombardische Lehenrechtsbuch und im Gerichtsverfahren der Prozeß des Corpus iuris canonici. Allerdings wurden diese Rechtsbücher nicht in der Originalfassung übernommen, sondern in der Umdeutung und Weiterführung, in der die oberitalienischen Kommentatoren das römische Recht den Zeitverhältnissen angepaßt hatten. In das Handelsrecht und in das Rechtsleben des Bauernstandes ist das römische Recht nicht eingedrungen. Die niederösterreichischen Weistümer sind völlig unbeeinflußt geblieben.

Als Zeit der Einführung des römischen Rechtes in Niederösterreich ist das Jahr 1493 anzusehen, in welchem Maximilian den berühmten Rechtslehrer Hieronymus Balbi von Venedig nach Wien an die Universität berief. Er hat zwar keinen großen praktischen Einfluß ausgeübt, da er lieber Gedichte las und humanistische Abhandlungen schrieb, als das römische Recht zu verbreiten, ein Anfang war aber gemacht.

Auch der Humanismus ist im Zeitalter Maximilians in seine Blütezeit eingetreten. An der Universität Wien war der scholastische Schulbetrieb im Sinne einer stärkeren Hervorhebung des Humanismus reformiert worden. Im Jahre 1495 besaß die Universität bereits eine humanistische, das heißt poetisch-rhetorische, und eine römisch-rechtliche Lehrkanzel. Seit 1499 mußten alle Studenten durch ein halbes Jahr humanistische Vorlesungen hören. Wir können also feststellen, daß mit diesem Jahr die humanistische Periode der Universität begann. Sie erlebte damals eine neue Blüte, denn die Zahl der neu aufgenommenen Studenten war von 189 im Jahre 1490 auf 554 im Jahre 1500 gestiegen. Dazu versammelte sich eine Anzahl berühmter Gelehrter in Wien und wirkte an der Universität. Es waren aber jetzt nicht mehr die italienischen Humanisten maßgebend, diese wurden sogar offen abgelehnt, sondern der deutsche Humanismus erlebte seine Blütezeit. Die bedeutendste Persönlichkeit unter diesen Männern war Konrad Celtis, der Pickel hieß und aus dem Mainlande stammte. Er kannte Italien ebenso wie Norddeutschland, Polen und Ungarn durch weite Reisen. Als ersten Deutschen hatte ihn Friedrich III. im Jahre 1487 in Nürnberg zum Dichter gekrönt. Im Jahre 1497 wurde er von Maximilian auf einen Wiener Lehrstuhl berufen und damit der bedeutendste Humanist dieser Zeit an die Donaustadt gebunden. Waren die bisher in Niederösterreich im neuen Geist wirkenden Gelehrten in der Regel Philologen und Pädagogen gewesen, so war Celtis der erste Deutsche, der wirklich als Humanist gelebt hatte, die ersehnte große Persönlichkeit, fähig zu begeistern und mitzureißen. Er faßte ebenso wie früher am Rhein die Humanisten an der Donau von Budapest bis Augsburg in einer gelehrten Gesellschaft, der »Sodalitas literaria Danubiana«, zusammen.

Wie Celtis stammte auch der zweite bedeutende Humanist Österreichs, Johann Cuspinian (eigentlich Spießheimer; 1473–1529), aus Mitteldeutschland. Er war die hervorragendste Erscheinung der maximilianischen Hofhistoriographie und einer der ersten, die sich für das spätgriechische und byzantinische Schrifttum interessierten. Auch als Diplomat war er tätig und bereiste in wichtigen Missionen Ungarn, Böhmen und Polen. 1500 wurde er Rektor der Universität Wien, wirkte dann auf Lebenszeit als ihr Superintendent und stand im Mittelpunkt der gelehrten Donaugesellschaft. Auf seinen Reisen sammelte er Handschriften und gab als erster die Werke Ottos von Freising heraus.

In seinen Hauptwerken, der Kaisergeschichte und der Geschichte Österreichs (Austria), stand er teilweise seinen Quellen kritisch gegenüber, benützte aber streckenweise noch ausgiebig fabulose Darstellungen des Mittelalters. Auf Grund seiner Dichtungen über den heiligen Leopold wurde er 1493 mit dem Dichterlorbeer ausgezeichnet. An Celtis Seite wirkte der Oberösterreicher Stabius (Johannes Stab), den Celtis 1502 zum Poeten krönte. Auch der Schwabe Ladislaus Sunthaym und der gebürtige Bregenzer Dr. Josef Mennel zählten zu diesen Hofhistoriographen. Deren Arbeiten, die Maximilian bewußt förderte, verfolgten alle den Zweck, die Geschichte seines Hauses glanzvoll zu untermauern.

Zu Maximilians Zeiten gab es zwei Haupthypothesen über die Abstammung der Habsburger, wobei in jedem Falle versucht wurde, das Geschlecht aus dem Altertum abzuleiten. Die eine Richtung wählte dabei altrömische Geschlechter als Ausgang, etwa die Pierleoni oder die Colonna. Die andere Theorie führte den Stammbaum auf die Franken zurück, die ihrerseits wieder von den Trojanern abstammen sollten. Maximilian lehnte die Römertheorie ab und entschied sich für die trojanisch-fränkische Habsburgersage, die den Vorteil hatte, ganz Europa, vor allem auch die edlen Geschlechter Burgunds, in Beziehung zum Haus Habsburg zu bringen. So konnte er darlegen, daß sich alles edle Blut des Kontinents in ihm vereinigt hatte. Mennel mußte weite Reisen unternehmen, um das nötige Material zu sammeln. In seinem umfangreichsten Werk, der »Fürstlichen Chronik, genannt Kaiser Maximilians Geburtsspiegel«, legte Mennel in sechs Bänden die Stammfolge von Hector herauf dar. Ein dazugehöriges Bilderbuch, »Kaiser Maximilian besonder Buch, genannt der Zaiger« betitelt und 1518 vollendet, enthält auf fast 60 Seiten Aquarelle verschiedener Stammbäume. Zum Teil berühmte Künstler haben diese Stammbäume illustriert, etwa Hans Burgkmair.

Damit glaubte Maximilian seinen Nachkommen ein nutzbringendes Vermächtnis zu hinterlassen und sich selbst ein gutes Angedenken zu bewahren. Denn er wollte nicht mit dem letzten Glockenton seines Begräbnisses vergessen sein. So hat auch sein Geheimschreiber Max Treitz-Sauerwein nach Diktaten des Kaisers dessen Selbstbiographie, den »Weißkunig«, geschrieben. Dieses Buch umfaßt die Lebensgeschichte des Kaisers, allerdings mit pseudonymer Namensgebung und Umstellung der Orte. Es beginnt mit der Vermählung seines Vaters Friedrich III. und führt über die Jugendgeschichte Maximilians, wobei der Erziehung weiter Raum gewidmet ist, bis hinauf zu den Taten des Kaisers. Im Epos »Theuerdank« wird ebenfalls in allegorischer Weise der Brautzug Maximilians nach Burgund als Rittergedicht geschildert.

Dem gleichen Streben entstammte auch Maximilians Plan, seine Regierung in großen, künstlerisch gestalteten Werken darstellen zu lassen. Die gesamte Künstlerschaft Augsburgs und Nürnbergs wurde damit beschäftigt. Im Jahre 1512 erhielt Albrecht Dürer den Auftrag, nach den Entwürfen von Maximilians künstlerischem Berater Johannes Stabius Holzschnitte für den ersten Teil, die »Ehrenpforte«, zu liefern. Das riesige Werk, das bedeutendste, das jemals für den Holzschnitt geschaffen wurde, zeigt den Stammbaum Maximilians, 102 Wappen von Ländern, die dem Habsburger untertan waren, und auf 24 Feldern die Taten und Kriegszüge des Kaisers. Der zweite Teil des großen Holzschnittwerkes zur Verherrlichung der Person Maximilians ist der »Triumphzug«, der ebenfalls unter Dürers Beteiligung entstand und zu dem der Humanist Willibald Pirkheimer den Plan entworfen hatte. Gleich einem antiken Imperator zieht der Kaiser im Triumphwagen einher, umgeben von seinen Ahnen und einem zahlreichen Gefolge.

Österreichs spätere große musikalische Tradition hat um die Wende zum

16. Jahrhundert ihre erste Vorblüte erlebt. Am kaiserlichen Hofe wirkte der führende deutsche Komponist dieser Zeit, Heinrich Isaak, aus Flandern gebürtig, der auch in Florenz am Hofe der Medici eine führende Stellung als Musiker und Diplomat eingenommen hatte. Er wurde im Jahre 1495 in den Dienst des Kaisers berufen und wirkte bis zu seinem Tode (1517) als Hofkomponist. Seine kirchlichen Werke, Motetten und Messen, sind im Stile der damals führenden Niederländer gehalten und zeichnen sich durch Streben nach Einfachheit und Würde aus. Isaaks Nachfolger am Kaiserhofe war der Schweizer Ludwig Senffl, bahnbrechend auf dem Gebiete der Choralmette, der dann nach Maximilians Tode nach Bayern abwanderte. Der Salzburger Paul Hofhaimer war der dritte große Musiker in Maximilians Künstlerkreis, der die Hofkapelle in Innsbruck, einen für heutige Begriffe allerdings bescheidenen Chor, zu großem Ansehen brachte.

So bedeutend die Leistungen des Humanismus für viele Wissenschaften waren, er blieb doch nur auf einen kleinen Kreis beschränkt. Zwar tauchte, angeregt durch Konrad Celtis, auch die Idee des Volksunterrichtes um die Wende zum 16. Jahrhundert auf. Aber schon das ganze Wesen des Humanismus stand einer praktischen Verwirklichung dieses Gedankens entgegen, und solange die weltlichen und geistlichen Autoritäten dies nicht zu ihren Aufgaben zählten, mußten solche Ideen zwecklos bleiben. So ist die Zeit Maximilians für den allgemeinen Schulunterricht ohne jeden Nachhall geblieben.

Hingegen wurde von den Humanisten auch die deutsche Sprache zu Maximilians Zeiten kräftig gefördert. Alle wichtigen Staats- und Rechtsinstrumente der Kanzlei mußten in der Volkssprache ausgefertigt werden, und bei den kaiserlichen Landsknechtstruppen war die deutsche Sprache allgemein üblich. Durch die von ihm beeinflußten Dichtungen in deutscher Sprache gab er wertvolle Anregungen, und noch Christian Hoffmann von Hoffmannswaldau sagt in der Vorrede seiner Gedichte, er habe aus dem »Theuerdank« das deutsche Silbenmaß erlernt. Johann Krachenberger, der Protonotar der Universität Wien vor Cuspinian, arbeitete an einer deutschen Sprachlehre, der Hofkaplan Maximilians, Ladislaus Sunthaym, wollte eine Beschreibung Deutschlands in deutscher Sprache verfassen und sammelte für diese »Germania illustrata« umfangreiches topographisches Material.

Auf dem Gebiet der materiellen Kultur wurden einige Einrichtungen geschaffen, die heute aus unserem Leben nicht wegzudenken sind. Hier wäre in erster Linie die Post zu nennen. Kaufleute, kirchliche Orden oder Zünfte haben bisher ihre privaten Boten halten müssen. Im Jahre 1500 hat Franz von Taxis die erste ununterbrochene Postverbindung für den Verkehr zwischen dem Hof Maximilians in Wien und dem seines Sohnes Philipp in Brüssel eingerichtet. Auf Grund eines Privilegs stand den Taxis der Ausbau des gesamten Postwesens in Deutschland zu, doch ist dieser erst richtig zur Zeit Karls V. erfolgt.

Da Maximilian in finanzieller Hinsicht stark von den oberdeutschen Handelshäusern, vor allem von den Fuggern in Augsburg, abhängig war, haben diese eine überragende Rolle im Wirtschaftsleben der gesamten Erblande eingenommen. Ihr Einfluß auf Niederösterreich war allerdings deswegen geringer, weil dieses Land keine Edelmetallgewinnung besaß und sich das Interesse der Fugger in erster Linie auf die Silbergruben Tirols und der Slowakei konzentrierte.

Trotzdem machte sich diese Übermacht in einem weiteren Absinken des einheimischen Handels bemerkbar. Das Niederlagsprivileg für die Stadt Wien zum Beispiel ist jetzt endgültig gefallen. Nachdem es den Wienern 1512 nochmals gelungen war, in ihrem neuen Stadtrecht eine Bestätigung der Niederlagsrechte zu erlangen, ließ sich das Rad der Zeit doch nicht mehr zurückdrehen. Im Jahre 1515 wurde endgültig die Handelsfreiheit hergestellt.

In der Bestätigung des Wiener Stadtrechtes machte sich auch erstmals die Tendenz geltend, auf die Wahl der städtischen Behörden von seiten der Regierung Einfluß zu nehmen. Der Kaiser behielt sich das Recht vor, die von den Genannten vorzunehmende Wahl des Bürgermeisters und des Rates zu überprüfen und ihm ungeeignet scheinende Personen durch andere zu ersetzen.

Auch auf dem Gebiet des Militärwesens hat Maximilian mit sicherem Blick Neues geschaffen. Er verstand es nicht nur, das absterbende Rittertum in neue Formen überzuleiten, sondern wandte dem Fußvolk sein besonderes Augenmerk zu. Unter ihm sind die Landsknechte aufgekommen, mit Schwert und Spieß bewaffnetes Fußvolk, dem Maximilian ritterlichen Anstrich zu geben verstand. Besondere Sorgfalt verwendete er für die Organisation der Artillerie, die er zu einer militärischen Organisation machte. Auch die ersten Lazarette sind unter Maximilian errichtet worden.

Er ist demnach der erste große Schirmherr aller Künste in unserem Lande geworden, hat Regierungsbaumeister mit der Herstellung verfallender Burgen betraut und in Wiener Neustadt und Wien Umbauten vornehmen lassen, um die herzoglichen Burgen wohnlicher zu gestalten. In Wiener Neustadt ließ er auch den von seinem Vater ererbten, nicht unbeträchtlichen Schatz verwahren und inventarisieren.

Diesem Manne, der alle seine Vorgänger an weltoffenem Wesen, Unternehmungslust, Begeisterung für Großes und Edles und an Vielseitigkeit weit übertraf, der ein leidenschaftlicher Jäger und Bergsteiger, ein Freund der Natur, der ritterlichen Künste und der geistigen Dinge war, ist es vergönnt gewesen, die Grundlage zur Ausbreitung seines Hauses über mehrere Erdteile zu schaffen. Die neuerliche Vereinigung aller habsburgischen Länder in einer Hand war der erste Schritt. 1496 hat sich sein Sohn Philipp mit Johanna, der Tochter des spanischen Herrscherpaares, vermählt, unbewußt wurde dadurch der Grundstein zum habsburgischen Weltreich des 16. Jahrhunderts gelegt.

Auch im österreichischen Bereich wurden bedeutende Entwicklungen eingeleitet. Böhmen und Ungarn waren mit der Regierung des Jagellonen Wladislaw nicht recht glücklich. Wenn sie auch die Schwäche des Herrschers schätzten, gab es doch in dem von den Türken bedrängten Ungarn Momente, in denen man sich nach einem tatkräftigen König sehnte. Der schlechte Gesundheitszustand Wladislaws drängte nach einer Regelung der Nachfolge, wobei nationale Tendenzen wieder die Oberhand bekamen. So beschlossen im Jahre 1505 die Ungarn, künftighin keinen Fremden mehr als König zu dulden.

Maximilian hat dafür 1506 durch einen Feldzug Rache nehmen wollen, daneben aber immer wieder weiter verhandelt, wobei bereits ein Ehebündnis zwischen seinem Enkel Ferdinand und der Prinzessin Anna von Ungarn ins Auge gefaßt wurde. Später, als dem ungarischen König ein Sohn geboren worden war, wurden erstmals Pläne für eine Doppelhochzeit erwogen, und seit 1510 gab es zahlreiche Verhandlungen, die der Humanist Johann Cuspinian für Maximilian leitete. Da Ungarn 1514 durch einen mächtigen Bauernaufstand der Kuruzzen unter Führung des Szeklers Georg Dosza erschüttert und ebenso wie der verwandte Polenkönig durch ein Bündnis Maximilians mit dem russischen Großfürsten Wassilji III. besorgt gemacht wurde, suchten die Jagellonen nach einem Ausgleich und willigten nun in eine Doppelheirat mit den Habsburgern ein.

Während sein Intimus Bischof Matthäus Lang schon im Frühjahr 1515 die endgültigen Verträge zu Preßburg formuliert hatte, kam der damals erkrankte Kaiser im Juli nach Wien und lud auch die Könige Wladislaw von Ungarn und Sigismund von Polen ein. Im Rahmen glänzender Feste gelang es Maximilian, am 22. Juli die Unterzeichnung der Verträge zu erreichen. Der ungarische Kronprinz Ludwig wurde mit Maximilians Enkelin Maria vermählt, und der alte Kaiser heiratete selbst die Prinzessin Anna, doch mit der Auflage, daß diese Ehe ungültig sein sollte, wenn einer seiner Enkel, Karl oder Ferdinand, binnen einem Jahr Anna heiraten sollte. Denn vollzogen sollten diese Ehen erst werden, wenn die Gatten ein entsprechendes Alter erreicht hätten. Dies geschah erst im Jahre 1521, wobei nun Ferdinand Annas Gemahl wurde. Den ungarischen Kronprinzen nahm Maximilian, um ihn noch enger zu binden, an Sohnes Statt an. Die Heiratsverbindung und der Wiener Kongreß von 1515, damals anscheinend rasch improvisiert, sind für das Haus Habsburg von größter Bedeutung gewesen, denn sie legten den Grundstein zur Bildung der österreichisch-ungarischen Monarchie nach dem Jahre 1526.

Maximilians größte Idee, der Kampf des Abendlandes gegen die Türken unter seiner Leitung, ist über Manifeste und literarische Darstellungen nicht hinausgekommen. Der St.-Georgs-Ritterorden, im Jahre 1467 als Instrument des Türkenkampfes geschaffen und im Jahre 1479 aus Millstatt in Kärnten nach Wiener Neustadt übertragen, hatte sich als unfähig erwiesen. Für den Sommer des Jahres 1518 hat Maximilian I. nochmals einen Reichstag nach Augsburg berufen, wo neben dem Türkenkrieg über die Nachfolge seines Enkels Karl im Reich und über die Schlichtung der durch Luther aufgeworfenen Religionswirren verhandelt werden sollte. Voll von Todesahnungen, brach er von dort auf, um über Innsbruck nach Wels zu reisen, wo er sich mit führenden Beamten in den ersten Wochen des Jahres 1519 beraten wollte. Dort angekommen, mußte er das Bett hüten, von dem er sich nicht mehr erheben sollte. Seit dem Jahre 1514 hatte er ständig seinen Sarg mit sich geführt, hier in Wels sollte er ihn brauchen. Am Morgen des 12. Jänner 1519 starb er noch vor Vollendung des 60. Lebensjahres an Mastdarm- oder Dickdarmkarzinom. In seinem Letzten Willen hatte er knapp vor seinem Tode bestimmt, daß er in Wiener Neustadt in jener Georgskirche, in der er getauft worden war, auch bestattet werden wolle. Weil die Georgskirche im 1. Stockwerk der Burg liegt und man vermutlich das große Gewicht der Plastiken fürchtete, wurde das in Innsbruck angefertigte Grabmal nicht in Wiener Neustadt aufgestellt, sondern blieb in der Hofkirche zu Innsbruck. Maximilian wurde aber am 27. Jänner 1519 in seiner schlichten Gruft über der Einfahrtshalle der Wiener Neustädter Burg, unter dem Hochaltar der Georgskirche, beigesetzt.

Als Maximilian gestorben war, wurde wieder die Frage der Landesregierung akut. Denn sein einziger Sohn Philipp war schon lange tot, und seine beiden Enkel befanden sich außer Landes; der eine weilte in Spanien, der andere in Flandern. Als bekannt wurde, daß in einem Anhang von Maximilians Testament die Bestimmung enthalten war, daß bis zum Eintreffen der Enkel in Österreich die bestehenden Regimenter in den Erbprovinzen die Geschäfte weiterführen sollten, erhob sich sofort ein heftiger Widerstand der Stände. Das niederösterreichische Regiment hatte zu dieser Zeit auch keinen besonders fähigen Kopf an der Spitze. Georg von Rottal, der ab 1512, seit dem Tode Wolfgangs von Polheim, unter dem Titel Landhofmeister das Regiment leitete – er entstammte einem aus dem Grazer Bürgerstand aufgestiegenen Geschlecht –, war seiner Aufgabe in keiner Weise gewachsen.

Dem Regiment gehörten noch der Kanzler Dr. Johannes Schneidpöck, der Wiener Bischof Georg Slatkonia, Propst Georg II. von Klosterneuburg, drei Adelige und der Vizedom Lorenz Saurer an. Rottal und einigen Mitgliedern sagte man nach, sie seien Bestechungsversuchen zugänglich.

Gleich nach Maximilians Tod ließ sich das Regiment durch den Bürgermeister von Wien den Treueid schwören und teilte dem in Brüssel weilenden Erzherzog Ferdinand mit, daß es die Regierung übernommen habe. Die Stände sahen aber jetzt ihre Stunde gekommen, gegen das unbeliebte Beamtenregime aufzustehen. Sie bezweifelten die Echtheit der Zusätze im Testament des verstorbenen Kaisers, stellten sich auf den Standpunkt, daß sie erst die Huldigung zu leisten hätten, wenn die Landesprivilegien vom neuen Fürsten bestätigt seien und überließen die Entscheidung über die weiteren Maßnahmen der Stadt Wien.

Wenn auch ein solcher Beschluß im ersten Moment seltsam erscheint, hatte dies doch seinen guten Grund. Die Stadt Wien hatte sich nämlich unter Maximilians Regierungszeit nicht ganz zu Unrecht arg vernachlässigt gefühlt, und es bestand dort eine starke Partei, die besonders radikal gegen das Regiment eingestellt war. Angeführt wurde diese vom gelehrten Humanisten Dr. Martin Kolonitz, nach seiner Herkunft Siebenbürger genannt. Er stand bei der Bürgerschaft in hohem Ansehen, war mehrmals Dekan der Juristenfakultät und ein Jahr lang auch Stadtrichter in Wien gewesen. Als der Ständebeschluß bekannt wurde, drang eine Abordnung der radikalen Partei in den Landtagssitzungssaal ein und zwang den Wiener Bürgermeister, seine Entscheidung im Sinne der Opposition zu fällen. Das war eine glatte Revolte gegen die bestehende Regierung, die sich auch nach Wiener Neustadt zurückzog, wo sie fortan ein Schattendasein führte.

In Wien wurde von den Ständen ein Regiment mit 64 Mitgliedern eingesetzt, in dem die acht Vertreter der Stadt Wien unter der Führung Siebenbürgers den Ton angaben. Der geschäftsführende Ausschuß bestand aus 16 Personen, seine Mitglieder führten den Titel Landräte. Die neue Regierung verwaltete das landesfürstliche Kammergut, besetzte die Beamtenstellen mit Anhängern und ließ sogar Münzen prägen.

Die Stände der fünf niederösterreichischen Erbländer entsandten eine Delegation nach Spanien, die aber von Karl V. in Barcelona schlecht aufgenommen wurde und nichts erreichte. Unterdessen waren nämlich bereits weitgehende Maßnahmen getroffen worden, von denen diese Delegation nichts wußte. König Karl entzog dem alten Regiment sein Vertrauen und betraute das Reichsregiment in Augsburg mit der Führung von Verhandlungen.

Nun leisteten die anderen niederösterreichischen Erbländer die Huldigung, auch der Großteil der Niederösterreicher folgte, wenn auch zögernd. Nur die Stadt Wien beharrte auf ihrem Widerstand, obwohl sich die Reihen der Ständepartei zusehends lichteten.

Unterdessen hatten die beiden Enkel Maximilians im April 1521 zu Worms einen Teilungsvertrag geschlossen, in dem Ferdinand die fünf niederösterreichischen Lande zugesprochen wurden. Dieser reiste sofort nach Niederösterreich, hielt zu Linz Hochzeit mit Prinzessin Anna von Ungarn und nahm in Ybbs Verhandlungen mit den Ständen des Landes unter der Enns auf. Umgeben von seinen niederländischen und spanischen Ratgebern, unter denen Gabriel von Salamanca die führende Rolle spielte, trat er den Ständen kühl gegenüber. Er verstand nicht einmal die Sprache der Einheimischen. In der strengen Etikette des spanischen Hofes seines Großvaters Ferdinand von Aragon aufgewachsen, erschienen ihm die freimütigen Reden der Ständemitglieder als offene Empörung.

Während die Verhandlungen weitergingen, reiste Ferdinand zu seinem Bruder nach Brüssel, mit dem er im Februar 1522 zwei Verträge schloß, die ihm den Besitz der gesamten deutschen Erblande sicherten.

Unterdessen hatten sich die Stände von Österreich unter der Enns weiterhin wenig entgegenkommend erwiesen. Vor allem in der Frage der Türkenhilfe für Kärnten und Krain zeigten sie sich äußerst zugeknöpft. Als Ferdinand im Sommer nach Österreich zurückkehrte, schlug er seinen Sitz in Wiener Neustadt auf und erklärte den Ständen, er werde jetzt ein Versprechen erfüllen, an das sie ihn so oft gemahnt hatten, nämlich Gerechtigkeit zu üben. Auf einer großen Versammlung, zu der alle diejenigen, die beim

»Revolutionslandtag« von 1519 teilgenommen hatten, aber auch die Mitglieder des alten Regimentes und insbesondere Bürgermeister und Rat von Wien vorgeladen wurden, hat der neue Landesfürst mit harter Hand ein Exempel statuiert. Ein durchwegs aus fremden Juristen zusammengesetzter Gerichtshof, dessen Mitglieder keinerlei Beziehung zum Lande und seinen Sorgen hatten, untersuchte unter Ferdinands Vorsitz die Vergehen der Stände und fällte am 23. Juli 1522 auf dem Marktplatz der Stadt drastische Schuldsprüche. Die Rädelsführer bei diesen Ereignissen, Hans von Puchheim, Michael von Eyczing, Dr. Martin Siebenbürger und fünf Räte der Stadt Wien wurden festgenommen, zum Tode verurteilt und hingerichtet. Der erste Entscheidungskampf zwischen ständischen Vorrechten und absoluter Fürstenmacht in Niederösterreich war zu Ende. Die Vertreter der Stände waren unterlegen und hatten ihr Vorgehen mit dem Leben bezahlt.

Abb. 1 Römerzeitlicher Flaschenhals
aus St. Pölten

Abb. 2 Ausgrabungen in der Römerstadt Carnuntum

Abb. 3 Markgraf Leopold III. besichtigt den Bau des Stiftes Klosterneuburg.
Darstellung auf dem Leopoldialtar von Rueland Frueauf

Abb. 4 Kremser Pfennig aus dem
3. Viertel des 12. Jahrhunderts

Abb. 5 Herzog Heinrich II. Jasomirgott, Glasgemälde im Stift Klosterneuburg

Abb. 6 Fassade der Stiftskirche in Heiligenkreuz, erbaut in der 2. Hälfte des 12. Jahrhunderts

Abb. 7 Darstellung Friedrichs II. auf dem Babenbergerstammbaum in
Klosterneuburg. Im Hintergrund eine Abbildung der Stadt Wien

Abb. 8 Detail des
romanischen plastischen
Schmuckes der Kirche von
Schöngrabern

Abb. 9 Die romanische
Kirche von Schöngrabern

Abb. 10 Zeitgenössisches Porträt Herzog Rudolfs IV. im erzbischöflichen
Diözesanmuseum in Wien

Abb. 11 Ladislaus Posthumus,
Herzog von Österreich.
Verlobungsbild mit
Magdalena von Frankreich

Abb. 12 Grabstein des Historikers
Thomas Ebendorfer in der Pfarrkirche
Perchtoldsdorf

Abb. 13 Die Kirche von
Friedersbach mit dem Karner
aus dem 15. Jahrhundert

Abb. 14 Darstellung einer
Meßfeier mit Spende an einen
Bettler auf einem Flügelaltar
des späten 15. Jahrhunderts

Abb. 16
Der Corvinus-Becher aus dem
Besitz der Stadt Wiener Neustadt

Abb. 15
Die Messerer-Monstranz aus dem
15. Jahrhundert in der Pfarrkirche
Waidhofen an der Ybbs

Abb. 17 Die Flucht
nach Ägypten.
Darstellung auf
dem Altar des
Schottenmeisters mit
Ansicht von Wien

Abb. 18 Das Bild
„Kreuztragung"
des gleichen Altars
mit Ansicht der
Stadt Krems im
Hintergrund

Abb. 19 König Matthias
Corvinus von Ungarn,
der Friedrich III. das Land
Österreich abnehmen wollte

Abb. 20 Wappendarstellung
auf dem Wappenbrief des
Königs Matthias Corvinus
von Ungarn für die Stadt
St. Pölten aus dem Jahre 1487

PHAS FRATER · CARNALIS · IO ·
II MARITI DIVAE VIRG MARIÆ·

JACOBVS · MINOR · EPVS · MARIA CLEOPHÆ · SORO
HIEROSOLIMITANVS · VIRG MAR PVTATIVA MA
TERTERA · D · N

IOSEPH IVSTVS · SIMON ZELOTES CONSO·
BRINVS DNI NRI &

Abb. 21 Kaiser Maximilian I. mit seiner Familie, Gemälde von Bernhard Strigel

Abb. 22 Hinrichtung der
verurteilten Ständemitglieder
in Wiener Neustadt
im Jahre 1522. Gemälde aus
dem 18. Jahrhundert im
Stadtmuseum
Wiener Neustadt

Abb. 23 Ferdinand I.
als römischer König im
Jahre 1531. Kupferstich
von Bartel Behaim

Abb. 24 Türkische Greueltaten im
Wienerwald. Nach der Federlithographie von
Erhard Schön – Hans Guldenmundt

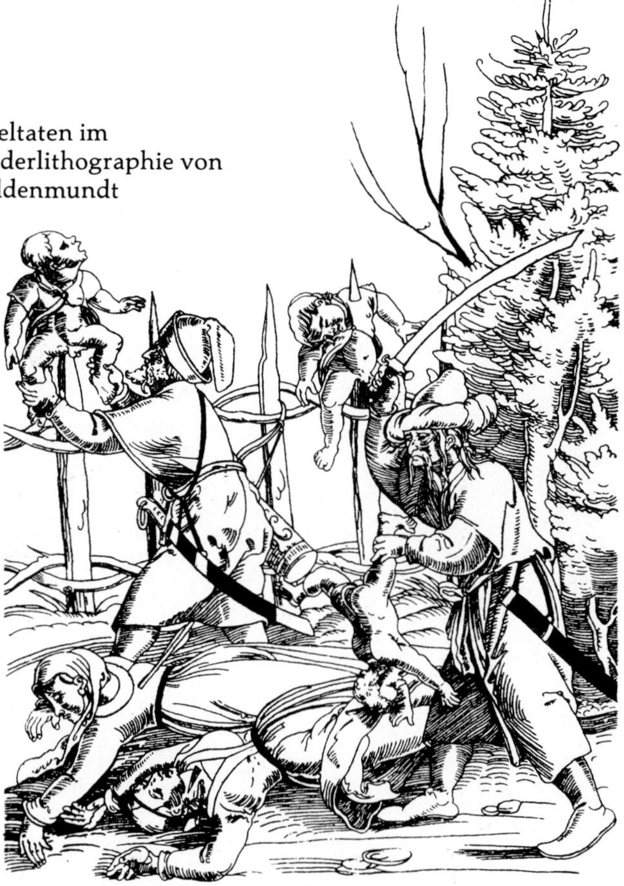

Abb. 25 Bedrängnis der Stadt Waidhofen an der Ybbs durch die Osmanen im
Jahre 1532, Detail aus einem Gemälde des 16. Jahrhunderts

13. KAPITEL

Die Einigung des Donauraumes

Das dritte Jahrzehnt des 16. Jahrhunderts bildet in mehrfacher Hinsicht einen ganz bedeutsamen Einschnitt in der Geschichte unserer Heimat. Das Wiener Neustädter Blutgericht war innenpolitisch ein Markstein, da nun die in Spanien übliche Regierungsart die österreichische Verwaltung beeinflußt hat und die Macht der Stände für einige Jahrzehnte gebrochen war. Aber im großen gesehen war dieses Ereignis nur eine winzige Episode neben dem bedeutenden Geschehen, das sich in den folgenden Jahren anbahnte. Für unser Land von großer Wichtigkeit, schon deshalb, weil er die physische Existenz jedes einzelnen Einwohners bedrohte, war der Einbruch der türkischen Großmacht in den Donauraum, der im Jahre 1529 seinen ersten Höhepunkt in der Belagerung Wiens erreichte. Fast ebenso stark wirkte auch die gewaltige geistige Revolution, die Martin Luther 1517 in Wittenberg entzündet hatte und der sich in den folgenden Jahrzehnten kein deutscher Volksstamm entziehen konnte. Weil hier in Österreich die Reformation nicht sofort wie in anderen Gebieten Deutschlands siegreich war, sondern nach hundertjährigem geistigen und politischen Ringen abgewiesen wurde, waren die Auseinandersetzungen besonders groß. Denn alles Streben der führenden Persönlichkeiten war lange Zeit vorrangig den religiösen Fragen gewidmet.

Zu den ersten Regierungsmaßnahmen Ferdinands gehörte die Ordnung der Finanz- und Vermögensverwaltung. Diese Aufgabe hatte die 1522 geschaffene niederösterreichische Raitkammer zu erfüllen. Alles landesfürstliche Kammergut wurde in den Jahren 1523/24 von beauftragten Bediensteten »beritten« und neue Urbare angelegt. Die Aufsicht über die Verwaltung dieses Kammergutes, das etwa 15 Prozent der Herrschaften des Landes umfaßte, und die Rechnungskontrolle nebst der Rechtsprechung in allen diese Güter betreffenden Angelegenheiten war die künftige Aufgabe der Raitkammer. In drei Abteilungen gegliedert, von einem Kollegium geleitet, unterstand ihr auch der niederösterreichische Vizedom, als Nachfolger des Hubmeisters der eigentliche Kammergutverwalter im Lande unter der Enns. Ebenso wurde als Folge des Sturzes der Stände die Verfassung der Selbstverwaltungskörper, vor allem der landesfürstlichen Städte, im Sinne einer strafferen obrigkeitlichen Beaufsichtigung geändert und neue Zentralbehörden gebildet.

Die Verfassungsänderungen sind in der Praxis nicht so einschneidend gewesen wie sie in der Theorie aussahen. Wohl wurde in Wien die Regierung der Stadt einem Kreis von 100 Männern übertragen, aus denen die zwölf Beisitzer für das Stadtgericht und die zwölf Stadträte gewählt wurden. Die restlichen 76 bildeten den äußeren Rat. Dessen Mitglieder wurden nun nicht mehr von der Bürgerschaft gewählt, sondern vom inneren Rat berufen. Das mußte zu einer Bürgeroligarchie führen. Überdies ließ der Landesfürst die Stadt durch einen von ihm bestellten Stadtanwalt überwachen, der nicht der Bürgerschaft angehören durfte. Auch in den kleineren Städten, wie in Tulln, Krems, Eggenburg oder St. Pölten, wurden Verfassungsänderungen durchgeführt, vor allem wurden die Richterwahlen durch landesfürstliche Kommissäre überwacht. Sobald die zweijährige Amtsperiode von Richter und Rat abgelaufen war, erschien eine Kommission, die meist aus Adeligen der Umgebung bestand und vom städtischen Kommissär angeführt wurde. Sie überprüfte die Finanzgebarung und rief, wenn alles in Ordnung befunden wurde, die Bürger des Ortes zur Richter- und Ratswahl zusammen. War gegen die Erwählten nichts einzuwenden, erfolgte ihre Bestätigung durch das Regiment und die Belehnung des Richters mit Blut und Bann. Diese Einführung wäre wahrscheinlich bald wieder verwässert worden, wenn keine ständigen Behörden bestanden hatten. Grundsätzlich anders als im Mittelalter war aber, daß von nun an kontinuierlich eine vom Landesfürsten bestellte Regierung über seine Interessen wachte und im Zweifelsfall entschied, was wirklich rechtens war, also zum ersten Male wirksam Friede und Recht im Lande gesichert waren. Damit wurden das Fehderecht und verschiedene andere Freiheiten der Zwischengewalten, vor allem der Grundherrschaften und Städte, entwertet, denn vor das Regiment konnten auch die Untertanen der Herrschaften Beschwerden bringen, wenn es auch in praxi nicht immer ratsam gewesen sein mag. Auf die Bestellung der Richter und Geschworenen der untertänigen Städte und Märkte nahm die Regierung keinen Einfluß, sondern überließ dies ganz den Herrschaftsbesitzern.

Wie war nun diese kontinuierliche Regierung beschaffen? Bis zum Jahre 1515 wurden die niederösterreichischen Lande von einer gemeinsamen Behörde, dem Hofrat, regiert, an dessen Spitze ein Statthalter, seit 1524 ein Vizestatthalter stand. Dieser Hofrat war mit sechs bis elf vom Landesfürsten bestellten Räten beschickt, die zum Teil Juristen waren. In mehrere Sektionen gegliedert, oblag ihnen die gesamte politische und militärische Verwaltung sowie die oberste Justizpflege. Die politische Verwaltung bestand vor allem in der Vergebung und Ausübung von Acht und Bann, Bestätigung der Privilegien und Vergebung der Lehen. Als nun Ferdinand König von Ungarn und Böhmen geworden war, mußte er auch seinen Behördenapparat den höheren Anforderungen anpassen. Im Jahre 1527 wurde daher eine Reihe von Hofbehörden gebildet, von denen eine den Namen Hofrat erhielt und deren ausführendes Organ die Hofkanzlei war. Die Regierung für die niederösterreichischen Lande büßte damit ihre Spitzenstellung, aber auch ihren Titel ein und wurde fortan wieder Regiment genannt. Ähnlich wie heute die Landesregierung, wurde das Regiment zu einer Mittelbehörde, gegen deren Urteile man noch an den Hofrat appellieren konnte. In der Zusammensetzung der Behörde änderte sich ansonsten nicht viel. An der Spitze stand der Statthalter, der alle Sitzungen des Regimentes zu präsidieren hatte. Neben ihm gab es den Kanzler und eine Anzahl von Räten. Der Kanzler, der die inneren Geschäfte leitete, die Herstellung der Vorakte und die Ausfertigung der Erledigungen zu überwachen hatte und die Beamten beaufsichtigte, mußte Jurist sein. Er hatte vor allem die Pflicht, allen Sitzungen der Justizsektion beizuwohnen. Denn das Regiment bestand aus zwei Gruppen, denen die vom Landesfürsten ernannten Räte zugeteilt waren, einer politischen, der die Ausübung der landesherrlichen Rechte und die Besorgung der Regierungsgeschäfte oblag, und einer judiziellen. Diese Organisation der mittleren Verwaltung erwies sich in großen Zügen auch als zweckmäßig und blieb bis in die Tage Maria Theresias fast unverändert bestehen.

Im Statthalteramt wechselten im ersten Jahrzehnt die Personen sehr oft. Von 1523 bis 1524 stand Siegmund von Dietrichstein an der Spitze der Verwaltung. Er hatte einst den Aufstand der windischen Bauern unterdrückt, sich in Kärnten und in der Steiermark in den Diensten des Landesfürsten bewährt und betrachtete, wie viele andere nach ihm, den Posten eines Statthalters der niederösterreichischen Lande nur als Durchgangsstation. 1525 wurde er mit der Unterdrückung der steirischen Bauern an der Salzburger Grenze und dann in Oberösterreich betraut und ist später zu wichtigen Missionen herangezogen worden. Auch seine Nachfolger, die Vizestatthalter Leonhard von Harrach und Cyriak von Polheim, stammten aus der Steiermark oder aus Oberösterreich. Erst nach ihnen, im Jahre 1527, wurde mit Georg von Puchheim auf Raabs und Krumbach ein Niederösterreicher Statthalter. Er war ein umsichtiger und tapferer, im Militärdienst emporgekommener Krieger. Er bewährte sich im Schicksalsjahr 1529 vortrefflich. Im Jahre 1531 ist er gestorben. Aus der Beamtenschaft ragte der spätere Kanzler Markus Beck von Leopoldsdorf hervor. Aus Mengen in Schwaben gebürtig, war er 1510 nach Wien gekommen, trat 1513 beim niederösterreichischen Landrecht als Prokurator ein, wurde 1522 Kammerprokurator bei Ferdinand I., 1526 Vizedom in Österreich, 1535 Rat der niederösterreichischen Lande und Kanzler. 1523 hatte er die Feste Leopoldsdorf gekauft und war geadelt worden. Im Jahre 1553 starb er im Alter von 62 Jahren. Sein Sohn Hieronymus legte eine bedeutende Bildnissammlung an.

Gleichzeitig mit dem landesfürstlichen Regiment wurde auch die ständische Verwaltung durchgebildet, die ihren Sitz im Landhaus hatte. Als solches diente seit 1510 ein im Besitz der Stände befindliches Haus am Graben in Wien, seit 1513 das ehemals Liechtensteinsche Freihaus in der Herrengasse. Das Verwaltungsorgan bestand aus einer kollegialen Behörde, den Verordneten, die seit 1508 nachweisbar sind. Anfangs acht an der Zahl, aus jedem Stande zwei Personen, waren es seit 1528 nur mehr sechs, weil der Bürgerstand infolge sinkender Steuerkraft der Städte künftig von der ständischen Landesverwaltung ausgeschlossen war. Ursprünglich nur von einem Landtag zum anderen bestellt, wurden die Verordneten bald auf ein Jahr gewählt und hatten seit 1612 eine vierjährige und seit 1682 eine sechsjährige

Amtsperiode. Die ständig wachsenden Geschäfte bedingten die Bestellung einer größeren Anzahl von weiteren Funktionären, wie den sechs Raitherren, welche mit der Steuereinhebung betraut waren, und von Beamten, die der Landschaftssyndikus zu leiten hatte. Sie waren in erster Linie im Landhaus selbst bedienstet, doch gab es seit der zweiten Hälfte des 16. Jahrhunderts auch Personal im Außendienst, vor allem im Gesundheitswesen und in der Finanzverwaltung. Von einem Landtag zum anderen bestellt, wurden auch sie bald auf ein Jahr angestellt und besoldet.

Zur Vorbereitung der Landtage wurden meist Ausschüsse von mehreren Mitgliedern aus jedem Stand bestellt, doch trat auch hier die Bürgerschaft in den Hintergrund. Ferdinand I. hat ab 1530 bis zu seinem Tod im Jahre 1564 über 60 Landtage der Stände unter der Enns und 13 Ausschußlandtage mit Vertretern mehrerer Länder einberufen, also besonders in den ersten Jahren mehrere jährlich.

Auf diesen Landtagen nahm der Prälatenstand den ersten Rang ein. Ihm gehörten die Äbte und Pröpste von Benediktiner-, Zisterzienser- und Prämonstratenserklöstern, von Chorherrenstiften und Kartausen an, weiters die Vorsteher der Kollegiatsstifte St. Stephan, Ardagger und Eisgarn. Gelegentlich wurden auch der Propst von Gloggnitz, der Dechant von Kirnberg an der Mank, der Hochmeister des St.-Georgs-Ordens, der Landkomtur des deutschen Ritterordens in Wien oder die Johanniter von Mailberg eingeladen. Zu den Landtagen kamen aber meist nur zehn bis fünfzehn Vertreter, an schlecht besuchten Tagen oft nur drei bis fünf. Im 16. Jahrhundert zählten die Bischöfe von Passau, Regensburg und Freising sowie der Erzbischof von Salzburg zum Herrenstand, der politisch am einflußreichsten war. Dieser hat sich durch Neuaufnahmen sehr stark verändert, ist auch zahlenmäßig bei den Landtagen mit meist 20 Abgeordneten am stärksten vertreten gewesen. Einmal kamen sogar 32 Herren zu einer Ständeversammlung. Am größten war die Zahl der Ritter auf den Landtagen. Im Jahre 1536 zählte man 115 Vertreter dieses Standes, meist waren aber 30 bis 40 Ritter bei den Landtagen zu finden. Da manche Rittergeschlechter zu Reichtum gekommen waren, übertrafen sie die Herren an Aufwand und Ansehen. Meist wurden solche Geschlechter sehr bald in den Herrenstand aufgenommen, wie die Jörger, die Herberstein, Dietrichstein, Breuner, Althann, Sinzendorf, Teufel und Thonradel.

Nur bei den Städten war dies anders. Hier bildeten die Bürgermeister oder Richter der 18 landesfürstlichen Städte, zu denen noch vier Markte kamen, die Vertretung. Die Hälfte dieser Abgeordneten des vierten Standes konnte die Stadt Wien stellen, so daß sie nie in die Minderheit geraten konnte. Im 16. Jahrhundert wurden in immer größerem Maße kleinere Städte aus den Landtagen herausgenommen und zu den Herrschaften gezogen, etwa Drosendorf und Marchegg. Bei Litschau und anderen Städten sowie bei den Märkten Herzogenburg, Hadersdorf, Wullersdorf und Pulkau kann die Zugehörigkeit zu den Ständen nicht nachgewiesen werden. St. Pölten war ebenfalls nicht im Landtag vertreten, weil es als bischöflich-passauische

Stadt und Pfandgut der Habsburger nicht zum eigentlichen landesfürstlichen Besitz zählte. Die Städte weigerten sich im 16. Jahrhundert, für ein Viertel der Landesanlagen aufzukommen und traten dadurch auch politisch immer stärker in den Hintergrund. Bald wurden ihnen auch die beiden Verordneten aberkannt, so daß dieses Kollegium seit der Mitte des Jahrhunderts nur mehr aus sechs Personen bestand.

Am Beginn des dritten Jahrzehntes ist die Reformation auch in Niederösterreich eingedrungen. Sie ist hier viel mehr als anderswo die Summe verschiedenartigster Probleme, die alle die religiösen Wirren zum Vorwand benützten, um rasch und radikal zur Lösung zu drängen. Da waren einmal die berechtigten sozialen Forderungen der schwer bedrängten Bauern, die nach Abhilfe verlangten und öfters Meutereien als Mittel dazu benützen wollten. Schon im Jahre 1517 hatte das Kloster Zwettl mit unbotmäßigen Untertanen zu kämpfen gehabt. Als sich nun im Jahre 1525 in Oberösterreich die Bauern erhoben, desertierten aus den Scharen Dietrichsteins, der den Aufstand niederwerfen sollte, viele Landsknechte. Sie sagten, es sei gegen ihr Gelübde, gegen die Bauern zu kämpfen; vielfach werden es eben Bauernsöhne gewesen sein, in denen die Herkunft rebellierte. Diese flüchteten meist nach Niederösterreich und wirkten als unfreiwillige Agitatoren, indem sie vor allem die Flugschrift der oberösterreichischen Bauern mit dem Titel: »Die gründlichen und rechten haupt artikel aller paurschafft und hintersassen der geistlichen und weltlichen Obrigkeiten von welchen sie sich beschwert vermeinen« verbreiteten. Daher entschloß sich im Juni 1525 die Regierung, alle Kirtage mit Ausnahme der wirtschaftlich unumgänglich notwendigen Jahrmärkte zu verbieten, damit ein Zusammenströmen von Bauern verhindert werde. Es kam auch in Niederösterreich zu keinem zusammenhängenden Aufstand, sondern nur zu Einzelunternehmen, die oft den Charakter eines Krawalls nicht überschritten. Die Untertanen des Stiftes Zwettl in der näheren Umgebung des Klosters machten wieder den Anfang, indem sie Beamte vertrieben, Meierhöfe plünderten und drohten, das Kloster zu stürmen, worauf der Abt schnell einen Zug Landsknechte anwarb. Die Garstener Untertanen in Münichreith und Gastern im oberen Waldviertel, aber auch die Seitenstettner bei Weistrach, Behamberg und St. Johann zu Engstetten, die St. Pöltner in der Wachau und die Göttweiger im Gölsental wurden unruhig. Die Gebirgsbauern des Stiftes Lilienfeld verjagten den Abt, der auf den Annaberg flüchtete. Wir sind aber über die näheren Ursachen der einzelnen Erhebungen, vor allem darüber, ob in der Folgezeit die Wiedertäufer eine Rolle spielten und ob wirklich religiöse Momente mithalfen, recht schlecht unterrichtet. Merkwürdig bleibt aber, daß gerade geistliche Grundherrschaften von der Erhebung berührt worden sind.

Aber auch das Bürgertum in den kleinen Landstädten war mit seiner wirtschaftlichen Lage unzufrieden, denn es war ganz auf den lokalen Markt angewiesen, konnte fast keinen Fernhandel treiben und nahm daher ständig ab. So waren im Jahre 1532 in St. Pölten 35 von 279 Häusern öd und unbestiftet. Diesen schwer um ihr tägliches Brot ringenden Volksschichten stand eine Kirche gegenüber, die vor allem in den Klöstern über gewaltigen Grundbesitz verfügte, wenn dieser auch in der Regel nicht soviel abwarf, wie er eigentlich sollte. In allen Ständen war die Unzufriedenheit mit der Kirche groß. Schon auf dem Innsbrucker Ausschußlandtag von 1518 waren gegen sie zahlreiche Beschwerden vorgebracht worden, wenn sie auch manchmal recht durchsichtig waren und eigennützigen Zwecken dienen sollten. So forderte der Adel, daß in den Stiften die Prälaturen und gutdotierten Pfarren vor allem einheimischen Edelleuten zufallen sollten und daß ihre Aufnahme »umb gottes und kainen gelts willen«, also nicht gegen Mitnahme des Vermögens, erfolgen solle. Ernster waren die Vorwürfe, die von verwahrlosten Kirchen und Pfarrhöfen, von nicht gehaltenem Gottesdienst sprachen. Die gestifteten Jahrtage wurden oft geändert oder gar »radiert«, also nicht mehr gehalten, hieß es. Diese Beschwerden waren nicht unberechtigt, denn die Seelsorge, die eigentliche Domäne der Kirche, wurde oftmals von mangelhaft gebildeten Klerikern ausgeübt, die in der Rolle von Pfarrgesellen oder Gesellpriestern nicht viel besser gestellt waren als Bauernknechte. In diesen für einen Umbruch gut vorbereiteten Boden drang nun eine geistige Bewegung von außen her ein, die in raschem Siegeszug alle deutschen Lande durcheilte und gleichsam über Nacht ein Volk von Ketzern geschaffen hatte.

Das Einsickern des Luthertums in Österreich war vorerst wenig auffällig. Schon Jahre bevor die ersten Berichte über Predigten im Sinne der neuen Lehre oder Maßnahmen der Obrigkeit vorlagen, mögen gedruckte Predigten und Traktate ziemlich verbreitet gewesen sein. Denn die deutsche Reformation hat sich als erste geistige Bewegung der Weltgeschichte in reichlichstem Maße des erst 70 Jahre alten Buchdrucks zur Verbreitung ihrer Ideen bedient. Luther selbst hat unablässig Traktate verfaßt, seine Anhänger und Gegner standen ihm kaum nach. Wanderprediger und junge Adelige, die an deutschen Hochschulen studierten, Einblattdrucke, die auf Jahrmärkten verkauft wurden und deutsche Truppenkörper, die als Türkenhilfe ins Land kamen, brachten die Reformation mit. Da sie importiert war, fehlten ihr noch führende einheimische Persönlichkeiten.

Das erste öffentliche Auftreten des Luthertums fällt in das Jahr 1521. Um die Weihnachtszeit kam der Schwabe Dr. Paul Speratus, der schon in Würzburg als reformatorischer Prediger aufgetreten und in Salzburg ausgewiesen worden war, nach Wien und erhielt, obwohl ein verheirateter Priester, vom Bischof Georg von Slatkonia die Erlaubnis, im Stephansdom zu predigen. Seine Angriffe gegen das Mönchsgelübde von der ehrwürdigen Domkanzel sind der offizielle Anfang der Bewegung in Österreich. Bald darauf erhielt die neue Lehre auch schon die ersten Märtyrer. Im Jahre 1522 wurde in St. Pölten ein Bürger vom Stadtrichter in den Kerker geworfen, weil er lutherische Anschauungen vertreten hatte. Der Wiener Bürger Kaspar Tauber trat zur gleichen Zeit mit einer kleinen Schrift hervor, in der er die päpstlichen Lehrsätze verwarf. Trotz wiederholter Versuche war er nicht zum Widerruf zu bewegen und wurde vom Stadtrichter in Ketten gelegt, als hartnäckiger Ketzer zum Tode verurteilt und 1524 hingerichtet. Was aber war die Folge? Ein Volkslied verkündete sein Schicksal, Luther feierte ihn als Blutzeugen seiner Lehre, und die Wiedertäufer rechneten ihn zu den Ihren.

Unterdessen war nämlich diese Sekte, die vornehmlich sozial betont war, immer zahlreicher geworden. Sie wurde von einigen Grundherren, wie von Leonhard von Liechtenstein auf Schloß Nikolsburg/Mikulov, gefördert, von den meisten aber strikte abgelehnt. 1526 übernahm der gemäßigte Balthasar Hubmayr ihre Führung. Er wurde aber vom Regiment nach Wien zitiert, gefangengesetzt und im Frühjahr 1528 in Erdberg dem Scheiterhaufen überliefert, seine Gattin mit einem Stein um den Hals von der Donaubrücke hinabgestürzt. Nach der Hinrichtung Hubmayrs wurden die Wiedertäufer auch in Niederösterreich heftig verfolgt und ausgerottet. Mit Luther liebäugelten dagegen viele Mächtige des Landes; der Landadel war vielleicht der entscheidende Helfer der Reformation, weil er sich davon die Möglichkeit, Klostergüter zu erwerben, versprach. Bereits 1525 wurde von Übergriffen der Puchheimer auf Horn gegen das Stift Altenburg berichtet, und ähnliche Fälle, die mit Religion in der Regel gar nichts zu tun hatten, mehrten sich in zunehmendem Maße und wurden mit immer größerer Gehässigkeit geführt. Zu Beginn des Jahres 1526 haben dann die Stände des Erzherzogtums Österreich unter der Enns im Verein mit den anderen österreichischen Erbländern auf einem gemeinsamen Landtag in Augsburg zum ersten Male vom Landesfürsten die Zulassung der evangelischen Lehre verlangt.

Im Jahre 1523 hatte Erzherzog Ferdinand erstmals in den Kirchenstreit eingegriffen und ein Edikt gegen den Gebrauch der lutherischen Bücher erlassen. Anscheinend nahm weder die Regierung noch die Bevölkerung diese Maßnahme richtig ernst. Nachdem aber im Jahre 1524 in Deutschland durch Ereignisse wie den Aufstand Sickingens und den fränkischen Bauernkrieg die neue Lehre als politisch gefährlich erkannt worden war, begann man sie mit anderen Augen zu sehen. 1527 erschien das erste zusammenfassende Mandat gegen die Protestanten. Dies alles hatte aber recht wenig Erfolg, denn ohne Zweifel sympathisierte die Mehrheit aller Stände mit dem Luthertum. Die für uns Menschen des 20. Jahrhunderts unverständliche Erhitzung des Gemütes des kleinen Mannes um Fragen, die subtilster theologischer Natur waren, und die Tatsache, daß vornehmlich in Trinkstube und Wirtshaus »hynter dem Weine« religiöse Probleme erörtert wurden, erklärt die geistige Reife von Leuten, die meist Analphabeten waren, in schwierigen religionsphilosophischen Fragen. Man versuchte in Österreich auch von seiten der Regierung durch Visitation von Kirchen und Klöstern eine Bestandsaufnahme in Glaubensdingen durchzuführen und die Verwaltung von Pfarren und Kirchen zu verbessern. Die erste Visitation fand im Jahre 1528 statt. Sie brachte triste Zustände innerhalb der katholischen Kirche zutage, einen erschreckenden Priestermangel sowie eine schlechte Besoldung und soziale Diskriminierung der Geistlichen. Das Verhältnis des einfachen Volkes zur katholischen Kirche hatte sich in diesem Jahrzehnt tiefgreifend gewandelt. Eine Untersuchung über die Stiftungen und Legate der St. Pöltner

Bürger zeigte, daß nach 1524 die Zahl der Testamente, die Legate für die Kirche enthielten, rasch abgesunken war, vor allem die Stiftungen für Gottesdienste.

Wenn der Landesfürst entschiedener auftreten hätte können, wäre die Reformation in Niederösterreich wohl niemals zum Zuge gekommen. Er war jedoch in schwerster außenpolitischer Bedrängnis und mußte froh sein, wenn die Untertanen auch nur einigermaßen zu ihm hielten. Im August 1526 hatte Sultan Soliman der Prächtige das ungarische Heer bei Mohacs zerschlagen; König Ludwig II., der letzte Jagellone, war gefallen. Die Stephanskrone Ungarns und der Wenzelsthron in Böhmen fielen durch die Erbverträge Kaiser Maximilians den Habsburgern zu. Dieses Erbe war in keiner Hinsicht beneidenswert, denn die trostlose Lage Ungarns, in dem der Feind stand, war kein Grund zur Ermutigung. Wie in vielen wichtigen Stunden ihrer Geschichte, konnten sich die Magyaren auch diesmal nicht zu nationaler Einheit aufraffen. Es fehlte nicht an Stimmen unter den einflußreichen Würdentragern, die rieten, dem türkischen Sultan zu huldigen. So wählte denn auch nur ein Teil des Reichstages Ferdinand von Österreich zum König, während eine andere Reichsversammlung, auf welcher der niedere Adel überwog, in Stuhlweißenburg den Wojwoden von Siebenbürgen, Johann Szapolyai, erkor und eiligst krönen ließ. Somit entflammte im schwergeprüften ungarischen Land wohl kein Bürgerkrieg im modernen Sinn, sondern ein auf den Adel beschränkter Parteigängerkampf. Zu Ferdinand hielten anfangs nur die Städte Preßburg/Bratislava, Ungarisch-Altenburg/Magyarovar und Ödenburg/Sopron; als er dann ein kleines, aber schlagkräftiges Heer sammeln konnte, eroberte er im Jahre 1527 Westungarn und konnte in Ofen/Buda einziehen. Graf Niklas Salm übersetzte die Donau, schlug den Wojwoden bei Tokaj und jagte ihn nach Siebenbürgen zurück. So konnte Ferdinand, der schon 1526 ungehindert die böhmische Krone erlangt hatte, auch am 3. November 1527 zum Ungarnkönig gekrönt werden, in diesem Augenblick scheinbar vom ganzen Land anerkannt.

Die Erfolge des österreichischen Herrschers gegen Siebenbürgen riefen aber die führende Großmacht des Balkans auf den Plan, die Türkei. Im Februar 1528 schloß Szapolyai mit dem Sultan einen Vertrag, in dem wohl die Unterstützung Siebenbürgens, aber auch die Tributpflicht Ungarns festgelegt war. Die führenden Kreise Österreichs waren sich stets im klaren, daß Ungarn nicht durch Erfolge gegen Szapolyai, sondern erst nach einem siegreichen Krieg gegen die Türken endgültig gesichert war. Man wollte die Gegensätze wohl vorerst auf friedlichem Wege ebnen und schickte deshalb im Jahre 1528 eine Gesandtschaft zur Hohen Pforte nach Istanbul. Diese verhielt sich aber undiplomatisch und erhielt vom ergrimmten Sultan eine klare Kriegserklärung als Antwort: Alles Land, das die Pferde seiner Sipahi betreten haben – und das war in Ungarn geschehen –, gehöre ihm. Zwar waren auch die Vorbereitungen der Türken noch nicht so weit gediehen, daß sie gleich mit dem Kampfe hätten beginnen können, aber im Herbst 1528 fiel Szapolyai wieder in Ungarn ein und scharte viele Adelige um sich, die sich aus dem Eingreifen der Türken eine Verschiebung der Chancen zu seinen Gunsten erwarteten. Auch Ferdinand trug sich mit dem Gedanken, einen Angriffskrieg zu führen, die deutschen Erbländer und Böhmen waren auch bereit, Lasten für ihre Sicherheit zu tragen, und die niederösterreichischen Stände sagten auf dem Landtag von 1528 die Hälfte der jährlichen Rente zu, die Städte ein Viertel der sich daraus ergebenden Gesamtsumme. Im Deutschen Reich war das Interesse an dem Unternehmen begreiflicherweise sehr gering.

Im Mai des folgenden Jahres waren die Siebenbürger wieder aufgebrochen. Die niederösterreichischen Ständemitglieder bewilligten aber nur für 100 Pfund Einkommen ein gerüstetes Pferd, die Städte und Märkte gemeinsam 1500 Fußknechte. Stark wurde dagegen das Kirchengut in Anspruch genommen. Die niederösterreichische Regierung stand auf dem Standpunkt, daß die Fürsten von Österreich die Besitzungen der Geistlichen stets als ihr Kammergut betrachtet hätten und darüber auch verfügen könnten. Schon 1523 hatte Ferdinand ein Drittel aller geistlichen Einkünfte eines Jahres gefordert und 1526 die Ablieferung und den teilweisen Verkauf der Hälfte aller Kirchenkleinodien befohlen. Viele der abgelieferten Gegenstände aus Edelmetall hatten künstlerischen Wert, und manche wertvolle Schätze der Gotik mögen damals eingeschmolzen worden sein. Der Landesfürst ging aber noch einen Schritt weiter. Mit Zustimmung des Papstes sollte ein Viertel des gesamten Kirchengutes in den Erbländern verkauft und der Erlös für die Türkenhilfe verwendet werden. Die Prälaten protestierten zwar gegen diese Konfiskation, doch die weltlichen Stände waren froh, einmal andere zahlen zu sehen, und unterstützten sie nicht. Schließlich mußten die Prälaten froh sein, mit einer Pauschalsumme von 36.000 Gulden davonzukommen. Da aber das Regiment schwerfällig arbeitete und die Stände dann doch in völliger Mißachtung der ernsten Lage aus formellen Gründen in Opposition traten und die Durchführung dieses Auftrages verzögerten, wurde die ganze Aktion ein Mißerfolg.

Bevor man zu streiten aufhörte, waren die Türken im Lande, und erst 1530 konnte die Aktion fortgesetzt werden. Doch dauerte es noch Jahre, bis wenigstens die Hälfte der Betroffenen gezahlt hatte. Man mußte also, da diese Methode versagt hatte, zu anderen Geldquellen greifen und nahm bei den Fuggern und Baumgartnern in Augsburg eine Anleihe von je 24.000 Gulden auf. Doch war damit der Plan, einen Angriffskrieg zu führen, gescheitert. Rasch versuchte man noch, den Türken einen Waffenstillstand anzubieten, und Nikolaus Juritschitsch begab sich über Krain ins Land des Sultans. Dieser war aber schon am 10. Mai 1529 mit einem Heer von 270.000 bis 300.000 Mann, unter denen allerdings nur 100.000 gut bewaffnet waren, in Konstantinopel aufgebrochen und rückte unterdessen gegen Ofen/Buda vor. Fünfkirchen/Pécs, Stuhlweißenburg/Székésfehérvár und die anderen kleinen Orte unterwarfen sich freiwillig. Ofen wurde am 8. September nach kurzer Belagerung eingenommen und unter Verteidigern und Zivilbevölkerung ein grausames Blutbad angerichtet, denn die Türken kannten nur den totalen Krieg. Soliman hielt sich nicht lange in Ungarn auf und wollte gleich nach der Erntezeit, wenn in Österreich die Scheunen gefüllt waren, das Land betreten und so Proviant für die Überwinterung gewinnen. Wohl hatte Ferdinand alle seine Truppen, die in der Südsteiermark und in Krain (jetzt Slowenien) operierten, nach Niederösterreich gezogen und um Bruck versammelt, die Schar blieb aber trotzdem recht klein. Eilig wurden an der Leitha Befestigungen angelegt und die Mauern der Städte ausgebessert. Am 26. August, als sich die Erntezeit auf dem Höhepunkt befand, wurde ein Patent erlassen, die Städte und Burgen zu verproviantieren, geschützte Orte aufzusuchen und die Kreidfeuer vorzubereiten. Die meisten Schutzmaßnahmen sind aber trotzdem nur auf dem Papier geschehen. Denn bevor noch Entscheidendes geleistet werden konnte, streunten schon in breiter Front die Akindschi in Niederösterreich ein und stießen in mehreren großen Gruppen um den 20. September gegen Wien und Wiener Neustadt vor. Unterdessen war auch das türkische Hauptheer am südlichen Donauufer vorgerückt, nahm ohne Gegenwehr Hainburg ein, dessen Besatzung schon bei Annäherung der Türken über die Donau geflohen war, und legte bis 26. September einen Ring um Wien. Die Brucker und Trautmannsdorfer zogen sich diplomatisch aus der Schlinge, indem sie dem Sultan Unterwerfung versprachen, wenn er Wien erobert haben werde.

In der Stadt Wien sind unterdessen merkwürdige Dinge geschehen. Von den viereinhalbtausend gemusterten wehrfähigen Einwohnern blieben nur einige Hundert in der Stadt, die meisten flohen mit ihren Familien nach Westen, hatte aber teilweise das Unglück, auf dem Tullnerfeld von streifenden Akindschischaren eingeholt und niedergemetzelt zu werden. Selbst die meisten Ratsherren hatten das Weite gesucht. Es war ein Glück, daß wenigstens der Bürgermeister Wolfgang Treu ausharrte. Wien wurde in erster Linie von regulärem Militär unter dem Kommando von Graf Niklas Salm verteidigt. 800 Häuser der Vorstädte wurden niedergebrannt, um den Osmanen keine Stützpunkte zu bieten.

Die Akindschi waren in einer Stärke von 30.000 Mann auch ins Viertel ob dem Wienerwald vorgestoßen und hatten das Gebiet bis zur Enns, vor allem aber den Wienerwald und das Weinbaugebiet am Ostabfall des Wienerwaldes, schwer verwüstet. Befestigte Plätze wie Städte, Burgen oder Klöster meidend, suchten sie offene Orte und Einzelgehöfte überfallsartig auf und wüteten durch Brand, Mord, Plünderung und Verschleppung. Jahrzehntelang wiesen Ruinen von abgebrannten Höfen und Dörfern ihre Spuren. Man schätzt die Opfer dieses Türkeneinfalles auf 100.000 Menschen. Die gründliche Arbeit, die von den ortsunkundigen Scharen geleistet wurde, ließ die Vermutung aufkommen, daß Einheimische aus den unterdrückten Schichten gemeinsame Sache mit den Türken gemacht und, teils gezwungen, teils aber aus Feindschaft gegen die Grundherren, schutzlos liegende Siedlungen und wehrlose Menschen der türkischen Züchtigung überliefert haben.

Das nördliche Niederösterreich konnten die Türken mit Ausnahme einiger Uferorte im Marchfeld deswegen nicht einnehmen, weil einige entschlossene Landherren mit Bauernaufgeboten den Strom bewachten. So stand Graf Julius von Hardegg mit zirka 1000 Landleuten in Korneuburg und vertrieb die Türken aus dem Marchfeld, die Kuenringer beschützten mit ihren Bauern und den Bürgern von Stockerau die Urfahre im Tullnerfeld, und ein Übergangsversuch in der Wachau wurde durch Kurfürst Friedrich abgewiesen.

Während die Akindschi durch das Alpenvorland preschten, verschlimmerte sich nicht nur der Zustand der Stadt Wien, sondern auch der des türkischen Belagerungsheeres. Die Furcht vor dem herannahenden Winter und dem Eintreffen eines Entsatzheeres ließ es Sultan Soliman und dem Großwesir ratsam erscheinen, durch einen Generalangriff die Stadt bald zu bezwingen. Die großangelegten Angriffe vom 9. bis 14. Oktober verliefen jedoch ergebnislos, wenn auch Graf Niklas Salm verwundet wurde. So zogen denn am 15. Oktober die Türken von Wien ab und wandten sich in Eilmärschen heimwärts.

Als die Gefahr vorüber war, kehrten auch die Wiener Flüchtlinge wieder heim. Als Strafe mußten sie einen Geldbetrag für die Herstellung der Festungswerke leisten, die Ratsherren aber wurden neu gewählt, wobei keiner der Geflohenen mehr zu Amt und Würden gelangte. Weite Strecken des flachen Landes waren entvölkert, viele Gehöfte standen leer, ganze Ortschaften im Gebiet von Bruck waren ohne Menschen. Es war natürlich, daß in diese Landstriche im Viertel unter dem Wienerwald und im Marchfeld, die von den Deutschen nicht wieder besiedelt werden konnten, da keine da waren, Kroaten einströmten, von den Herrschaften, denen an der Wiederbesiedlung und landwirtschaftlichen Nutzung ihres Landes gelegen war, gerne aufgenommen. Seit etwa 1500 hatten große Teile des kroatischen Volkes begonnen, nach Norden abzuwandern und eine neue Heimat zu suchen. Diese Bewegung nützten manche Herrschaftsinhaber aus. So hat vor allem der Verteidiger von Wien, Graf Niklas Salm, auf seinen von den Türken verwüsteten Besitzungen im Marchfeld, besonders zahlreich in Orth, kroatische Gefangene, die den Türken abgenommen worden waren, angesiedelt. Um 1530 sind auch in den Bezirk Bruck Kroaten eingezogen. Somit begann als Folge der Türkenkriege eine geringe nichtdeutsche Unterwanderung Niederösterreichs.

Die tödliche Gefahr, in der vor allem die Stadt Wien geschwebt war, weil man ihre Festungswerke sorglos hatte verfallen lassen, bewirkte aber doch, daß nun größere Anstrengungen im Festungsbau unternommen wurden. In den Jahren 1530 und 1531 wurde dafür das Vermögen der einige Jahre vorher aufgehobenen Zechen verwendet. Nicht nur Wien, auch Landstädte wie St. Pölten konnten die Güter und Grundstücke der Zechen verkaufen und mit dem Erlös ihre Festungswerke ausbessern. Eine Aufgebotsordnung sollte die Verteidigungsbereitschaft heben. Dies schien auch dringend nötig zu sein, denn die Verhältnisse an der Ostgrenze besserten sich nicht. Vorläufig war wohl Westungarn, das die Türken so leicht überrannt hatten, wieder von österreichischen Truppen besetzt worden. Da keinem der beiden ungarischen Könige ein entscheidender Fortschritt gelang, wurden langsam auch die Ungarn der unleidlichen Zwietracht überdrüssig und suchten nach einem Arm, der imstande war, das Land zu verteidigen.

Eine Versammlung in Stuhlweißenburg/Szekésfehérvár, die von Anhängern beider Könige besucht war, erhob auch schwere Beschuldigungen gegen beide Herrscher, von denen jeder seine Parteigänger enttäuscht hatte. Ferdinand und das Haus Habsburg waren im übrigen Europa, vor allem in Deutschland, in immer größere Bedrängnis geraten. In seiner schlechten Lage versuchte er, der 1530 zum deutschen König gewählt worden war, seine Länder durch ein Abkommen mit dem Sultan vor einer neuerlichen Bedrohung durch die Türken zu schützen, doch wurde die Gesandtschaft im Jahre 1532 wieder übel aufgenommen. Wie schon drei Jahre vorher waren wiederum die Osmanen zu einem Zug nach Westen gerüstet. Langsam bewegte sich ein mächtiges Heer durch Ungarn, was in Niederösterreich im Juni bekannt wurde. Doch hat die Besetzung der kleinen Festung Güns/Köszeg vier Wochen lang die Türken aufgehalten, so daß sich der Sultan zurückzog, als er vom Umfang der Rüstungen in Österreich und im Reiche hörte. Diesmal hatten nämlich sowohl das Deutsche Reich als auch Spanien und der Papst eine ansehnliche Truppenmacht ausgerüstet, die sich zwar erst sammelte, deren Vorhuten aber doch bereits im Donauraume eintrafen. Kaiser Karl V. hatte selbst die Führung übernommen. Bei Krems, später zwischen Korneuburg, dem Bisamberg und der Donauinsel Wolfsau, lagerte das Heer, bei Kreuzenstein die Spanier. Weit und breit suchten die Truppen die Ortschaften heim und benahmen sich nicht wie Retter aus der Türkennot. Raub und Plünderung zeigten an, wo sie gewesen waren. Ein Teil der Stadt Krems ist abgebrannt, als die Spanier dort einquartiert waren, mehr als 150 Bürgerhäuser waren durch die Soldaten geplündert worden, und viele Weingärten wurden vernichtet. Damals lernte Niederösterreich die Landsknechte kennen, die ebenso plünderten wie die Söldner des 15. Jahrhunderts.

Ins Alpenvorland war unterdessen eine Streifschar der Akindschi in der Stärke von 16.000 Mann unter Führung jenes Kasim Beg, der schon 1529 die Verwüstungsangriffe geleitet hatte, eingebrochen. Sie drangen bis ins Ybbstal vor, verbrannten den Markt Ybbsitz, wurden aber vor Waidhofen durch die tapfere Bürgerschaft und die Schmiede der Umgebung geschlagen. Während Feuer von den Bergeshöhen ins Tal leuchteten, erfuhr Kasim Beg vom Rückzug des Sultans. Am Rande der Voralpen zog die Schar in Eilmärschen nach Osten, wurde aber im Triestingtal am 18. September im Dunkel der Nacht vom Hauptmann Sebastian Schertlin von Burtenbach angegriffen und zersprengt. Tags darauf wurde sie von einer Abteilung des Reichsheeres völlig vernichtet. 6000 bis 8000 Akindschi sollen gefallen sein, ein Teil wurde noch in den folgenden Tagen im Steinfeld und in der Steiermark aufgerieben. Da kein Feind mehr zu bekämpfen war, löste sich das große Reichsheer auf.

Das Ergebnis dieses entscheidungsreichen Jahrzehnts war also für die einzelnen Gebiete Niederösterreichs recht verschieden. Während durch die Vereinigung mit Böhmen für die nördlichen Landesviertel ein volles Jahrhundert der Ruhe und des Friedens angebrochen war, war der Süden stellenweise arg heimgesucht worden. 1535 berichtete der Prior der Kartause Gaming, daß von 1529 bis 1532 300 behauste Güter des Klosters verwüstet wurden, und Georg Agricola schilderte die Schäden mit humanistischer Rhetorik: Das österreichische Land sei weit und breit von toten Körpern bedeckt, desgleichen die Gewässer mit Blut verfärbt, die Fluren verwüstet, Dörfer und Flecken verbrannt, der heilige Glaube verlacht und verspottet.

14. KAPITEL

Dreißig Jahre Krieg um Ungarn

Da sich im Herbst des Jahres 1532, nach Solimans eiligem Abzug, auch das kaiserliche Heer schnell verlief, arbeitete König Ferdinand auf einen neuerlichen Waffenstillstand hin. Der unglückliche Feldzug in Ungarn und Erfolge der kaiserlichen Flotte unter Andrea Doria im östlichen Mittelmeer hatten auch den Sultan friedliebender gestimmt. Schon im Jänner des folgenden Jahres konnte der österreichische Gesandte aus Konstantinopel/ Istanbul melden, der Sultan habe Ferdinand zu seinem Sohne angenommen und für die Lebenszeit beider Herrscher auf Grund des gegenwärtigen Besitzstandes einen Frieden zugestanden. Selbst der Großwesir Ibrahim, sonst die treibende Kraft zu kriegerischen Abenteuern, sagte, Ferdinand könne so lange Frieden haben, als er ihn nicht bräche. Aber die Abtretung ganz Ungarns, wie die kaiserlichen Gesandten meinten, könne der Sultan schon deswegen seinem »Sohne« nicht bewilligen, weil er es dem König Johann gegeben habe. Versprechen aber müsse man halten. Wenn die Österreicher Szapolyai zur freiwilligen Abtretung seines Anteiles bewegen könnten, sei dagegen nichts einzuwenden.

Da sich aber die Verhandlungen lange hinzogen, weil um jede Vollmacht ein Kurier nach Wien reisen mußte, waren sie auch den Wandlungen des politischen Klimas ausgesetzt. Im Sommer 1534 war die Stimmung schon schlechter geworden, denn Szapolyai dachte gar nicht daran, auf seinen Besitz zu verzichten, sondern wollte selbst ganz Ungarn haben. So dauerte denn der faule Friede an, bis sich im Winter 1536 die Österreicher zu einer neuerlichen Offensive aufrafften, die aber so jämmerlich scheiterte, daß man die Generäle vor ein Gericht stellte. Die Verhandlungsbereitschaft war dadurch doch so gehoben worden, daß im Frühjahr 1538 zu Großwardein/ Oradea Friede mit Szapolyai geschlossen wurde. Ferdinand sollte nach dem Tode des Gegenkönigs ganz Ungarn bekommen.

Während nun auf der einen Seite mit den Türken verhandelt werden mußte, damit sie den Großwardeiner Frieden anerkannten, versuchten die Österreicher weiterhin, Ostungarn mit Güte, mit Geld oder mit Gewalt zu gewinnen. Diese Politik mit doppeltem Boden konnte nicht gut enden, weil sie einer wesentlich stärkeren Macht gegenüber angewandt wurde. Nach einem mißglückten Angriff der Österreicher auf Ofen/Buda brach im Jahre 1541 wieder ein türkisches Heer gegen die Donauebene auf. Bevor es ankam, wollten die Österreicher noch schnell Ofen einnehmen, konnten die

Stadt aber nicht bezwingen. Ein türkisches Heer entsetzte sie unter Soliman und vernichtete im August 1541 Ferdinands Armee, die unter dem Befehl des greisen Wilhelm von Rogendorf stand, völlig. Obwohl nun dem Sultan neuerlich der Weg nach Wien offen gestanden wäre, bewog ihn die vorgeschrittene Jahreszeit – es war unterdessen wieder die zweite Augusthälfte angebrochen – zur Heimkehr. Doch behielt er die Stadt Ofen/Buda und mit ihr das ganze Gebiet an der mittleren Donau, die Kernlandschaft Ungarns. Von dort aus konnte er nicht nur die deutschen Lande bedrohen, sondern auch Böhmen und Polen. In den folgenden Jahren bauten die Osmanen ihre Donaustellung immer weiter aus, indem sie einige Festungen wie Fünfkirchen/Pécs, Gran/Evtergom und Stuhlweißenburg/Szekésvehérvár eroberten. Dies machte auch in Niederösterreich neue Verteidigungsmaßnahmen nötig. Büchsenschützen für die Armee, Wagen und Pferde für die Hilfstruppen wurden beansprucht. In den Jahren 1542 und 1543 fürchtete man überdies ein neuerliches Eindringen der Türken in Niederösterreich und ließ an der Leithagrenze Schanzen aufwerfen, wozu die Städte und Grundherrschaften Schanzknechte stellen mußten. Die Zufluchtsorte mußten verproviantiert werden und erhielten die Aufforderung, bei Gefahr die Landbevölkerung einzulassen. Von Wien bis Linz richtete man überdies eine Poststafette auf, damit die Oberösterreicher rechtzeitig erführen, wenn feindliche Verbände die niederösterreichische Grenze überschritten.

Nun setzte sich auch in den führenden Kreisen Österreichs die Meinung durch, daß vorläufig an eine Wiedereroberung Ungarns nicht zu denken sei, ja man mußte sogar froh sein, das bisher Gewonnene nicht Stück für Stück zu verlieren. Man suchte daher wiederum ein Übereinkommen, das aber erst im Jahre 1547 in Form eines fünfjährigen Waffenstillstandes zustandekam. Alle drei Teile sollten behalten, was sie in ihren Besitz gebracht hatten, überdies mußte aber König Ferdinand dem Sultan ein jährliches »Ehrengeschenk« von 30.000 Dukaten zugestehen. Nach zwanzigjährigen Kämpfen hatte also das Haus Habsburg nur den ungarischen Königstitel und kaum die Hälfte des Landes gesichert, überdies aber eine direkte Grenze mit der stärksten Macht des Balkans erhalten. Denn gegen die in den zentralen Landschaften Ungarns stationierten türkischen Truppen war ständige Bereitschaft notwendig.

Die Absichten König Ferdinands richteten sich alsbald wieder gegen Siebenbürgen, den Besitz des Hauses Szapolyai, das von der Witwe König Johanns für ihren minderjährigen Sohn verwaltet wurde. In Deutschland hatten die Habsburger nun freie Hand, da Kaiser Karl V. die protestantischen Fürsten im Jahre 1547 bei Mühlberg (östlich von Leipzig) besiegt hatte. Man versuchte es zuerst einmal auf diplomatischem Wege. Tatsächlich verzichtete Königin Isabella im Jahre 1551 auf Siebenbürgen und erhielt dafür das schlesische Herzogtum Oppeln/Opole und ein jährliches Einkommen von 25.000 Dukaten garantiert. Durch diesen Vertrag fühlten sich aber die Türken hintergangen, da ihre Stellungen im Zentrum Ungarns nun auch von Osten bedroht werden konnten. Die kleinen Kämpfe lebten wieder auf, aber auch allerlei Ränke, selbst Meuchelmord und ähnliche bei der Diplomatie dieses Jahrhunderts gebräuchliche Mittel, wurden angewendet. Keine der Parteien konnte aber dadurch entscheidende Erfolge erringen, und auch Verhandlungen führten zu keinem Ergebnis. Da wurde es den drei Nationen Siebenbürgens zu bunt, sie vertrieben die Österreicher und riefen 1556 die Szapolyais wieder ins Land zurück. Der Kleinkrieg zwischen Österreichern, Ungarn und Türken verlegte sich wieder nach Nord- und Westungarn, bis endlich im Jahre 1562 nach langwierigen Verhandlungen die von kurzfristigen Waffenstillständen unterbrochenen Kämpfe ein Ende nahmen und ein Friede für acht Jahre geschlossen wurde. Der Status quo blieb aufrecht, auch der Tribut von 30.000 Dukaten mußte weiterbezahlt werden.

Das also war der Hintergrund für das Leben einer ganzen Generation, für dreißig Jahre niederösterreichischer Geschichte: ein dauerndes Donnergrollen in Ungarn. Es wäre aber falsch, würde man die Bedeutung dieser Kleinkriege überschätzen. Zwar verschlangen sie eine Unmenge Geldes, doch waren die Menschen schon so daran gewöhnt, daß sie nichts Besonderes mehr daran fanden. Entscheidend war doch, daß während dieser drei Jahrzehnte keines Feindes Fuß Niederösterreichs Boden betrat, daß es mit Ausnahme von 1541 auch niemals in Gefahr geriet, Opfer einer neuerlichen Invasion zu werden.

Um die Ausgaben für die Landesverteidigung tragen zu können – vor allem die Besatzungen der ungarischen Grenzfestungen Ungarisch-Altenburg/Magyarovar, Ödenburg/Sopron, Raab/Györ, Komorn/Komarom, Sárvar und Güns/Köszeg verschlangen alljährlich riesige Summen –, mußten ergiebige und verläßliche Steuerquellen gesucht werden. Wie gegenwärtig die Umsatzsteuer die Säule des Staatshaushaltes ist, hat man damals der Getränkesteuer, dem Ungeld, als stets sicher einlaufender Geldquelle eine führende Rolle zugedacht. Dieses Ungeld wurde so bemessen, daß seit 1530 der Eimer Wein nicht mehr zu 32, sondern zu 35 Achtering ausgeschenkt und die drei weiteren als Steuer eingehoben wurden. Als die Finanzlage des Landesfürsten sich stark verschlechterte, bewilligten die Stände im Jahre 1557 die Einführung des Zapfenmaßes, also neben der landesfürstlichen auch eine ständische Getränkesteuer in gleicher Höhe. Der Eimer wurde nun zu 38 Achtering ausgeschenkt und sechs davon als Steuer eingehoben, die Zapfenmaße also entscheidend kleiner gemacht. Den Höhepunkt erreichte diese Getränkesteuer 1568, als das doppelte Zapfenmaß oder die »Täz« als Steuer abgeliefert werden mußte. Die Erträgnisse waren dadurch ziemlich bedeutend geworden und ergaben in Niederösterreich jährlich 50.000 Gulden. Dieses landesfürstliche Ungeld wurde von den Landständen gegen eine bestimmte Summe übernommen und von diesen wieder an Städte, Klöster oder Herrschaften gemeinsam mit der Täz in Bestand gegeben. Natürlich hatten die Pächter einen beträchtlichen Nutzen. Da sie aber die Lokalverhältnisse kannten, waren sie eher in der Lage, die Beträge einzutreiben; die Regierung ersparte sich einen Beamtenapparat und konnte überdies mit einer fixen Summe rechnen. Darüber hinaus nahm der Landesfürst Steuern vom landständischen Grundbesitz in Anspruch, die von den Herrschaftsbesitzern bezahlt werden sollten. Trotz aller Beteuerungen wurde ein Großteil davon auf die Untertanen überwälzt, denn die Stände hatten die Summen zu bewilligen, aufzuteilen und durch Viertelbereiter und Vierteleinnehmer einheben zu lassen. Diese Steuern beanspruchten die Bauernschaft gewaltig und wurden zu einer schweren Bedrückung. Überdies steigerten die Herrschaften die Robot, weiteten die Eigenbetriebe aus und verlangten von ihren Bauern die Bewirtschaftung dieser Güter. Die Hand- und Spanndienste wurden oft so ausgedehnt, daß der Bauer kaum seine eigenen Felder bestellen konnte. Nicht nur dies führte zu einer Krise des Verhältnisses zwischen Herrschaft und Bauern, sondern auch der allgemeine Funktionswandel. Der moderne Staat mit seinen landesfürstlichen Behörden nahm den Herrschaften die Funktion von »Schutz und Schirm« der Untertanen ab. Die Bauern mußten sich nun fragen, wozu sie dienten, wo sie doch keine sichtbare Gegenleistung von der Herrschaft mehr erhielten. So hat denn die erste Hälfte des 16. Jahrhunderts ein Mißtrauen zwischen Herrschaft und Bauern geschaffen, das nicht mehr beseitigt werden konnte.

Die wirtschaftliche Situation Niederösterreichs entwickelte sich in diesen drei Jahrzehnten recht günstig. Der Weinbau erreichte einen ersten Höhepunkt, zumal auch die Ausfuhr nach den böhmischen Ländern wieder offen stand. Aus dem Jahre 1540 wird erzählt, daß ein Edelmann seinen alten Wein von den Bauern im Wege der Fronarbeit austrinken ließ, so dringend brauchte man für die gesegnete Ernte dieses Jahres Platz in den Gebinden. Im Weinbau lag, wie es im Wiener Stadtrecht von 1526 heißt, auch der »stat Wienn meiste narung«. Aber auch manche Herrschaften, wie etwa das Stift Göttweig, hatten aus dem Weinverkauf die bedeutendsten Einnahmen. Man war sogar gezwungen, den Weinbau etwas einzuschränken. So wurde 1559 bestimmt, daß Handwerksleute keine neuen Weingärten zu ihren schon bestehenden dazukaufen dürfen, sonst müssen sie ihr Handwerk aufgeben und sich ganz dem Weinbau widmen. Auch ledige Knechte durften keine Weingärten besitzen. Um eine Vorstellung von der Größe der Produktion zu bekommen, wurde im Jahre 1559 auch eine »Weinbeschreibung« vorgenommen.

Die Rechtsverhältnisse des Weinbaues regelten die Weinbauordnungen. Zu diesem Zwecke wurde Niederösterreich in drei Gebiete mit den »Vororten« Wien, Krems und Falkenstein geteilt. Auf Veranlassung des niederösterreichischen Regimentes haben im Jahre 1534 jene Orte, die besonders durch die Türkeneinfälle gelitten hatten, also vor allem die Gegend um Wien und am Osthang des Wienerwaldes, eine neue Weinbauordnung zusammengestellt. Neben dieser Wiener Ordnung galt die 1548 den Städten Krems und Stein gegebene für die Wachau, das Kamptal und sogar nach Norden bis Retz und Pulkau, nach Südosten bis Sieghartskirchen und nach Westen über Pöchlarn hinaus. Für das Weinviertel östlich des Klippenzuges war wie schon seit dem 14. Jahrhundert Falkenstein der Vorort und hatte als Bezirk das Gebiet um Mailberg, Mistelbach, Poysdorf und Zistersdorf zugeteilt.

In diesen Weinbauordnungen wurden die Löhne der Arbeiter ebenso festgelegt wie die Preise der Nebenprodukte. Überreiter sorgten dafür, daß sie auch eingehalten wurden. Trotzdem sind sie meist übertreten worden, denn wer sich an die Vorschriften hielt und nur die vorgeschriebenen Löhne zahlte oder daneben keine Verpflegung reichte, bekam fast nie Arbeiter. Die Bürger der Weinbauorte waren mit den Ordnungen zwar zufrieden, die Hauerschaft »redete aber fast schimpflich« von ihnen, vor allem der südliche und westliche Teil des Kremser Überwachungsgebietes war »widersässig«. Welche Bedeutung der Weinbau in diesem Jahrhundert für die niederösterreichische Volkswirtschaft hatte, mögen einige Zahlen beweisen. In Krems wurden jährlich 15.000 Eimer geerntet, das Stift Klosterneuburg verkaufte 5000 Eimer, in Retz wurden jährlich 50.000 bis 60.000 Eimer nach Böhmen und Schlesien verkauft, und der Eigenverbrauch der Stadt Wien betrug in den Jahren 1581–1588 durchschnittlich 83.000 Eimer. Die Produktion des ganzen Landes wird auf dreieinhalb Millionen Eimer geschätzt. Allerdings ging in der zweiten Hälfte des Jahrhunderts die Weinproduktion stark zurück, vor allem die Anlagen der weit entfernt liegenden Klöster waren verwahrtlost. Die bayerischen Stifte wurden dadurch gezwungen, ihre Weingärten in Halb- oder Drittelbau an einheimische Hauer zu vergeben. Diese übernahmen die Rebanlagen und lieferten als Pacht beim Drittelbau jährlich ein Drittel und beim Halbbau die Hälfte der Ernte an den Eigentümer ab. Trotz der großen Weinproduktion wurde in manchen Gegenden, vor allem im Waldviertel, viel Bier gebraut. Die Ungeldverzeichnisse dieser Bezirke bezeugen, daß dort viel mehr Bier als Wein konsumiert wurde. Bauern und Müller durften allerdings nicht selbst brauen, dies war vielmehr den Bürgern der Städte und Märkte vorbehalten, wenn nicht einzelne Personen Sonderprivilegien hatten.

Es scheint fast, als habe der ausgedehnte Weinbau die Erzeugung von Brotgetreide stark beeinträchtigt, zumal noch immer in weiten Teilen des Landes der Anbau des wenig anspruchsvollen Hafers überwog, Roggen, Gerste und Weizen hingegen in viel geringerer Menge angebaut wurde. Wir lesen auch im 16. Jahrhundert immer wieder von drohender Hungersnot und knapper Getreideversorgung. Im Jahre 1534 ist als Folge einer schlechten Ernte eine gewaltige Teuerung entstanden, die beinahe zu einer Hungersnot, jedenfalls aber zu einer empfindlichen Störung des Handelsverkehrs führte. Eine Preissteigerung von 50 Prozent bei Getreide wäre schon deswegen nicht nötig gewesen, weil die Ernte in diesem Jahre ziemlich gut geraten war. Man gab daher dem Fürkauf der Lebensmittel die Schuld und bestand darauf, daß Getreide nur auf den Jahrmärkten verkauft und eingekauft werden dürfte. Aber die Not hatte schon in früheren Monaten begonnen. In einem Briefwechsel zwischen den Städten Krems und St. Pölten wurde schon im Mai dieses Jahres darüber geklagt, daß es in beiden Orten nur Mangel, Hunger und Jammer gäbe. Um die Mitte der vierziger Jahre tauchten wiederum Heuschreckenschwärme in Niederösterreich auf und richteten große Schäden in Getreidefeldern und Wiesen an. Im Jahre 1547 gelang es dann, größere Verluste der Körnerfrucht durch systematische Bekämpfung der Schädlinge zu verhindern. Damit die im Herbst ausgesetzte Brut nicht neuerlich Schaden anrichten könne, wurden im Viertel ob dem Wienerwald, wo die Plage am ärgsten war, eigene Kommisäre bestellt, welche die Bekämpfung leiten sollten. Im Museum von Waidhofen an der Ybbs hängt ein Gemälde, das die Heuschreckeninvasion neben der Türkengefahr als eine der großen Plagen darstellt, denen die Stadt im 16. Jahrhundert ausgesetzt war. Der Mißwachs der Körnerfrüchte wiederholte sich 1551, doch konnte mit Ausfuhrverboten und Einschränkung der Bierbrauerei die Gefahr einer Hungersnot überwunden werden. Zu einer solchen ist es dagegen im Jahre 1570 gekommen. Schon im Mai des Vorjahres waren die Vorräte zu Ende gegangen, und die Preise stiegen, worauf die Ausfuhr aus Nieder- und Oberösterreich verboten wurde. Nun wurde durch künstliche Hortung von Getreide die Not unbeschreiblich groß. Das Regiment ließ die Bestände aufnehmen und konnte feststellen, daß genug vorhanden wäre, um einigermaßen bis zur nächsten Ernte durchzukommen. Auch die Aufhebung von Maut, Zoll und Dreißigst (dem ungarischen Grenzzoll) für Brot, Getreide und Mehl hat die Not nicht lindern konnen, da die Wirtschaft des 16. Jahrhunderts noch zu unbeweglich und der Warentausch zu schlecht organisiert war, um wirksame Maßnahmen zu ermöglichen.

Nicht nur Niederösterreich, sondern auch ganz Oberdeutschland war schon in diesem Jahrhundert in der Fleischversorgung auf Ungarn angewiesen. Einheimische Händler kauften dort das Rindvieh zusammen und trieben es herdenweise nach Österreich, wo in Schwechat, Laxenburg, Fischamend, später auch in Marchegg, vor allem auf dem »Ochsengries« in Wien, große Märkte stattfanden. Hier erwarben niederösterreichische Viehhändler und Fleischhauer von den Ungarn die Rinder, aber auch aus Oberdeutschland und Oberösterreich kamen Händler auf diese Märkte. In Herden von fünfzig bis vierhundert Stück wurde dieses Vieh dann auf zwei Wegen durch Niederösterreich getrieben. Eine dieser Straßen, die sich noch mancherorts durch den Riednamen »Ochsenstraße« belegen läßt, führte durchs Alpenvorland entlang des Hauptverkehrsweges zwischen Wien und Linz, wo beiderseits der Straße große Weide- und Lagerplätze bereitgehalten werden mußten. Zwischen fünfzehn- und zwanzigtausend Ochsen passierten jährlich die Maut in Markersdorf an der Pielach. Wegen des leichter zu findenden Futters ging der zweite Viehtriebweg über Tulln, Krems nach Zwettl und durch den Freiwald nach Königswiesen, Prägarten und Linz. Nach den Mautregistern von Prägarten stammten die Händler aus Augsburg, Regensburg, Schwäbisch-Hall, Nürnberg, Meiningen, Passau, München, Vilshofen, Deggendorf, Straubing, Landshut, Ingolstadt, aber auch aus manchen Orten Oberösterreichs. Die österreichischen und oberdeutschen Händler durften allerdings nicht selbst das Vieh aus Ungarn holen, da es in diesem Falle nach den Angaben der landesfürstlichen Patente stark verteuert worden wäre. Das Gebiet des heutigen nördlichen Burgenlandes um den Neusiedler See, aber auch die Gegend bei Ungarisch-Altenburg, die Bezirke um den Plattensee, selbst türkisches Hoheitsgebiet, waren Einzugsdistrikte des Viehhandels nach Österreich. Besonders wichtig als Rohstoff war das Fett der Rinder, das Unschlitt. Es gibt keinen Gegenstand, mit dem sich mehr Mandate des 16. Jahrhunderts befaßt haben. Nicht nur zur Seifenerzeugung brauchte man es, vor allem die Bergwerke benötigten ebenso wie die Städte Unmengen von Kerzen. Auf dem Lande war der Verbrauch wesentlich geringer, dort genügte der Kienspan zur kargen Beleuchtung der Wohnungen. Da aber auch in Böhmen der Bedarf an Unschlitt gewaltig war, kamen immer wieder Händler von dort nach Österreich, die sich um keine Verbote kümmerten und diesen Rohstoff aufkauften. Dadurch wurden nicht nur die Kerzen teurer, auch die Arbeit in den Bergwerken der Slowakei stockte. Deshalb wurde ab 1550 laufend die Ausfuhr von Unschlitt verboten und dabei tatsächlich scharfe Maßnahmen ergriffen. 1562 wurde nach einem Bürger aus Zlabings/Slavonice in Mähren gefahndet, der in der Umgebung von Krems große Mengen von Unschlitt für die Bergwerke in Joachimsthal zusammenkaufte, und 1569 wurde ein St. Pöltner Bürger festgenommen, weil er um 400 Gulden Unschlitt aufgekauft hatte, um es nach eigenen Angaben nach Weitra und Böhmisch-Budweis/Česke Budejovice zu führen. Die Ware wurde beschlagnahmt und in das Bergwerksgebiet von Neutra/ Nitra in der Slowakei geführt, wo sie dringend benötigt wurde. Die Mautner und Zöllner erhielten strenge Aufträge, das Gepäck von Händlern nach Unschlitt zu durchsuchen, das in der Wachau und im Alpenvorland aufgekauft wurde. Selbst die oberösterreichische Regierung in Innsbruck bemühte sich um die Erlaubnis, im westlichen Niederösterreich Unschlitt für die Tiroler Bergwerke aufkaufen zu dürfen, woraus wir wohl ersehen können, wie kostbar dieser Rohstoff war. In Wien selbst wurde die »Schmelz« weitab von der Stadt zum Auslassen des Unschlittes bestimmt, da im Sommer ein horrender Gestank und Seuchengefahr damit verbunden waren. Aus Niederösterreich konnten dagegen Pferde ausgeführt werden, wenn auch der Bedarf der in Ungarn stehenden Truppen sehr groß war und der Landesfürst und seine Regierung deshalb die Pferdeausfuhr nicht gerne sahen. Vor allem nach Italien wurde ein schwunghafter Handel getrieben, der aber schließlich die Verteidigung des Landes gefährdende Formen annahm. Man mußte deshalb den Pferdehandel auf die Erbländer beschränken, die ihrerseits wieder Ausfuhrverbote erließen.

Der Fernhandel lag in diesem Jahrhundert noch ausschließlich in den Händen der oberdeutschen Kaufleute, vor allem der Augsburger. Die Fugger hatten Gruben von Neusohl/Banská Bystrica inne und konnten sie dank ihrer Kapitals- und Organisationskraft so ausbauen, daß sie zum finanziellen Rückgrat der habsburgischen Politik wurden. Sie waren die ausschließlichen Geldgeber der landesfürstlichen Kammer, finanzierten den Tuchhandel nach Ungarn ebenso wie den Export von Kleineisenprodukten, den Ochsentrieb und natürlich auch die Kriege im Osten. Die Wiener Zwischenhändler, die nach dem alten Niederlagsrecht für den Ungarnhandel zuständig gewesen wären, fungierten nur mehr als Strohmänner. Lediglich die

Wiener Neustädter Firma Alexius Funck, aus Memmingen stammend und mit diesem Ort enge Verbindung haltend, hat zwischen 1515 und 1540 eine bedeutende Rolle gespielt, bis die Türkengefahr einen schweren Rückschlag brachte und das Ungarngeschäft verdarb. Die Firma brachte nämlich vorwiegend Tuche und Leinwand nach Ungarn, Wein, Honig, Wachs und steirisches Eisen nach Schwaben, mischte aber auch im Italienhandel mit. Denn dieser war noch völlig in der Hand einheimischer Kaufleute, hatte aber keinesfalls imponierende Kapazität. Man importierte in erster Linie Südfrüchte, wie Feigen, Zitronen, Öl, Mandeln, und Gewürze, wie Kümmel, Anis, Ingwer, Pfeffer, Muskatin, und seit der zweiten Hälfte des Jahrhunderts viel Zucker. Daneben kamen Glaswaren aus Venedig und Schwefel aus Sizilien nach Wien. In die Gegenrichtung wurden vor allem drei Produkte transportiert: Rinderhäute, Wachs und slowakisches Kupfer.

Der lokale Handelsverkehr spielte sich vorwiegend, ja in den Landgebieten nahezu ausschließlich auf den Wochen- und Jahrmärkten oder den Kirtagen ab. Die Zahl der Marktorte stieg auch in diesem Jahrhundert, jede Grundherrschaft wollte nach Möglichkeit selbst Märkte besitzen. Daher kam es in herrschaftlich zersplitterten Gebieten, wie in der Umgebung von Krems, zu einer starken Häufung von Marktorten, die einander Konkurrenz machten und sich mit scheelen Augen betrachteten.

Das Regiment hat zwar vor jeder Neuverleihung eines Jahrmarktes die umliegenden Marktorte zu Stellungnahmen aufgefordert und zu verhindern getrachtet, daß zwei benachbarte Orte zur gleichen Zeit Markt hielten, die Häufung der Rechte ließ es aber nicht vermeiden, daß manche Marktorte aus ihren Privilegien keinen Nutzen ziehen konnten. Wie solche lokale Händler tätig waren, zeigt das Schuldbuch des St. Pöltner Tuchhändlers Phillip Leimpämb, der nur das Tullnerfeld bereiste und vorwiegend auf Märkten und Kirtagen seine Geschäfte abschloß. Während die billigste Ware Bauernloden mit drei bis acht Kreuzern per Elle war, bewegte sich der Preis der mittleren Tuchsorten zwischen 30 und 60 Kreuzern per Elle; englisches Tuch oder Mailänder Scheye kosteten sogar 182 und 220 Kreuzer. Diese Produkte wurden nicht im Lande hergestellt, sondern kamen aus Neurode in Schlesien, Braunau/Berun in Böhmen, Iglau/Jihlava in Mähren, Zwickau in Sachsen, Tabor und Neuhaus/Jindřichuv Hradec in Südböhmen, aber auch aus London oder Mailand. Bezogen hat Leimpämb seine Ware wieder auf den großen, einige Wochen dauernden Märkten in Linz oder Krems.

Die wirtschaftliche Verbindung der Länder des Donauraumes und Böhmens, die sich im 16. Jahrhundert anbahnte, versuchte die Regierung bei anderen Artikeln durch Zwangsmaßnahmen zu erreichen. So wurde vor allem den einheimischen Zinngießern durch das in Nürnberg verarbeitete Zinn starke Konkurrenz gemacht. Deshalb wurde 1550 die Einfuhr von Zinn verboten; die einheimischen Handwerker sollten den Rohstoff aus Böhmen beziehen, wo er zu Schlackenwald bergmännisch abgebaut wurde.

Besonders stark versuchte der Landesfürst den Salzhandel zu lenken, zumal hier auch die Erzeugung in ärarischer Regie betrieben wurde. Es sollte in ganz Niederösterreich seit der ersten Hälfte des 16. Jahrhunderts nur mehr Gmundener Salz verkauft werden; die Einfuhr aus Aussee wurde auf die inneren Täler der Ybbs und Erlauf beschränkt, wohin es über den Mendlingpaß von den Eisen- und Provianthändlern gebracht werden durfte. Der Semmering wurde für den Salztransport ganz gesperrt, die Einfuhr aus Bayern oder Polen schwer verpönt. Das Gmundener Salz wurde in Küffeln oder als Stocksalz in die Salzladestätten an der Donau gebracht und von dort an die Salzkammern der Städte und Märkte weitergeliefert. Der gesamte Salzhandel sollte der öffentlichen Hand vorbehalten bleiben, denn auf diese Weise glaubte man, den Schmuggel einigermaßen unterbinden zu können. Doch ist gerade ins Viertel ob dem Wienerwald immer wieder durch die Provianthändler und Fürkäufer fremdes Salz gebracht worden, das vor allem bei den Bauern den Salzkammern starke Konkurrenz machte. Trotzdem blieb der Salzhandel eine große finanzielle Stütze für die Städte und Märkte.

Der neue Nordzug des Handelsverkehres war für manche Waldviertler Stadt von großer Bedeutung. Diese im Mittelalter, besonders im 15. Jahrhundert, stiefmütterlich behandelten und von vielerlei Unheil heimgesuchten Orte begannen jetzt wirtschaftlich aufzuholen. Schöne Bürgerhäuser im Renaissancestil in Retz, Eggenburg, Horn oder Gmünd sind Zeugen dieser Entwicklung. Innerhalb der Städte ist insofern eine Verschiebung eingetreten, als Wiener Neustadt nun seinen Rang als zeitweilige Residenz völlig einbüßte und wieder zurücksank in die Stellung einer kleinen Landstadt. Denn seit etwa 1530 nahm Ferdinand dauernd seinen Sitz in der Wiener Burg. Diese war in ihrem damaligen Bauzustand für einen Landesfürsten und König dreier Reiche nicht gerade würdig, wie überhaupt die ganze Stadt Wien einen recht baufälligen Eindruck machte. Erst nach unbedingt nötigen Befestigungsarbeiten und nach der Renovierung der Stadt konnte er im Jahre 1533 seinen Hofstaat von Prag nach Wien kommen lassen. Nach 1540 konnte endlich mit der Ausgestaltung der Burg begonnen werden, die nun ein repräsentatives Aussehen erhielt.

Wien hatte um 1529 noch eine geringe Ausdehnung, der Kranz der Häuser reichte nicht weit über die Mauern hinaus, die wichtigste Vorstadt war die Neulucke am Wienfluß vor dem Kärntner Tor. Ein großer Brand im Jahre 1525 hatte viele Häuser eingeäschert, beim Rückzug der Türken im Oktober 1529 wurden die Reste der Vorstädte völlig verwüstet und als Ruinen und Brandstätten zurückgelassen. Ein großzügiger Wiederaufbau mußte also erfolgen. Dazu wurden italienische Festungsbaumeister nach Wien berufen, so der schon in Klagenfurt erprobte Domenico Lalio und Francesco di Poco aus Mailand. Unter ihrer Leitung wurden ab 1544 die Türme größer und massiver gebaut und vier neue Basteien angelegt. In den letzten Regierungsjahren Ferdinands begannen aber die Arbeiten aus Geldmangel wieder zu stocken.

Diesen Baumaßnahmen fiel eine Anzahl bürgerlicher Häuser in Wien zum Opfer, so daß die Zahl der Bauten innerhalb der Mauern am Ende des 16. Jahrhunderts etwa 1200 betrug. In den Vorstädten, wo erst um 1568 eine bedeutendere Bautätigkeit eingesetzt hatte, mußten auf Befehl Rudolfs II. alle Gebäude, die nicht achthundert bis tausend Schritte vom Stadtgraben entfernt waren, niedergerissen werden, um ein Glacis zu schaffen. Trotzdem übertraf die Häuserzahl der Vorstädte bald die der städtischen Gebäude und betrug etwa 1350. Die Zahl der Einwohner Wiens stieg bis zum Jahrhundertende auf etwa 50.000 Personen an.

Die Erhebung zur Residenzstadt mag für manche Wiener Handwerker vorteilhaft gewesen sein, doch wurden auch viele soziale und kommunale Probleme aufgeworfen. Besonders häufig versuchten hohe Adelige und Klöster Freihäuser zu erwerben, von denen keine bürgerlichen Lasten zu tragen waren. Im Jahre 1552 wurde wohl die Zahl der Freihäuser mit 113 festgelegt, doch 1566 gab es schon wieder 205 steuerfreie Häuser, denen 987 Bürgerhäuser gegenüberstanden. Neben dem Adel, der nun zunehmend in die Stadt strömte, kam noch eine Schar von vielen Hunderten anspruchsvollen, rücksichtslos auftretenden, oft landfremden Höflingen und Beamten, die nur zum geringen Teil in der Burg unterkommen konnten, nach Wien. Man hat sie auf Grund des dem Herrscher zustehenden, aus dem Mittelalter stammenden Quartierrechtes bei den Bürgern unter hartem Druck von oben und oft unerhörten Opfern der bodenständigen Bevölkerung untergebracht. Vor allem die mittleren Bürgerschichten wurden belastet, denn die Miete für das Hofquartier machte nur ein Drittel des normalen Zinses aus. Es kam, so berichtet der berühmte kaiserliche Hofbibliothekar Hugo Blotius, der selber durch seine Ehe reichen Hausbesitz in Wien hatte, nicht selten vor, daß Bürger Scheinmietkontrakte schlossen, ganze Teile der Häuser versperrten, vermauerten oder unausgebaut ließen, durch Herausreißen der Fenster und Öfen unwohnlich machten, nur um dem Hofquartier zu entgehen.

Die Lage der kleinen Landstädte – vom späten Mittelalter bis ins 19. Jahrhundert hat kein weiterer Ort Stadtrang erhalten – änderte sich nicht wesentlich. Manche von ihnen sind im 16. Jahrhundert wirtschaftlich aktiv geworden, beteiligten sich an Unternehmungen oder gründeten selbst Betriebe, wie Hammerwerke, Ziegelöfen oder Brauereien. Krems nützte seine bedeutenden Jahrmärkte, Waidhofen seine günstige Lage in der Eisenwurzen, Klosterneuburg pflegte den Weinbau. Die Möglichkeit, die Grundherrschaft über sich selbst zu erwerben, nützten neben Wien nur Mödling und Krems, auch die hohe Gerichtsbarkeit erhielten nur Waidhofen an der Thaya und Eggenburg. Die Häuser- und Einwohnerzahlen änderten sich nicht stark. Trotzdem sind nun bedeutende kommunale Leistungen zu bemerken. Neben der Erhaltung der Stadtmauern und der Ausgestaltung von Rathäusern kam es nun zur Gründung von städtischen Schulen und zur Errichtung neuer Bürgerspitäler. Städte und Märkte waren noch immer vorwiegend Wohnsitz der kleinen Handwerker, denen nun auch die Sorge des Landesfürsten galt.

Ferdinand I. hat nämlich in die Organisation keines anderen Standes so eingegriffen wie in den der Handwerker. Die Handwerkerordnung von 1527 war ein wuchtiger Schlag gegen die Zechen, die nun ganz den städtischen Obrigkeiten und den Grundherrschaften unterstellt wurden. Die »Handwerke« sollten keine Versammlungen haben, die nicht von Bürgermeister und Rat genehmigt waren, und keine »Satz und Ordnungen« erlassen. Die Verbände blieben wohl bestehen, doch wurden sie den städtischen Behörden unterstellt, über die wiederum das landesfürstliche Regiment wachte. Das genossenschaftliche Prinzip sollte möglichst eingeengt werden, Streitigkeiten wurden von Richter und Rat der Städte entschieden.

Der Anstoß zu diesem Patent war von den oberen Ständen ausgegangen, die schon 1518 auf dem Innsbrucker Ausschußlandtag darauf bestanden hatten. Auf dem Augsburger Ausschußlandtag von 1525/26 wurde die Reform durchberaten und beschlossen. Viele Bestimmungen hätten für das Handwerk ohne Zweifel Fortschritte bedeutet, doch war die Zeit dafür noch nicht reif. Die engen Zunftschranken hätten fallen sollen, die Zahl der Lehrjungen und Gesellen, die jeder Meister halten durfte, hätte die Zunft nicht beschränken können, auch hätte jeder, der nicht »ehrlos« war und das Handwerk erlernt hatte, es auch als Meister ausüben dürfen. Die Sozialeinrichtungen der Zechen sollten dagegen bestehenbleiben, wodurch für kranke und arbeitsunfähige Meister und Gesellen ein bestimmtes Maß sozialer Sicherheit vorhanden gewesen wäre. Aber die Handwerkerschaft hatte für Gewerbefreiheit kein Verständnis, und der Landesfürst hat auch zur Durchführung des Mandates nichts getan. Das Regiment erhielt sogar die Weisung, die Ordnung nicht zu realisieren. Gerade in der Mitte des 16. Jahrhunderts gelangte das Zunftwesen mit all seinen Nachteilen, wie kleinlicher Kastenpolitik, Engherzigkeit und Rücksichtslosigkeit, zur Blüte und brachte damit das ganze System in Verruf. Altes, tief eingewurzeltes Brauchtum blieb in Geltung, lediglich das Vermögen der Zechen war vielerorts bei den Reformversuchen kassiert worden.

Inzwischen hatte sich der räumliche Bereich der Zünfte weit über die Städte auch auf das flache Land ausgebreitet. Reichte schon in den größeren Landstädten die Zahl mancher Handwerker nicht aus, um eine selbständige Zeche zu bilden, so war dies in den Märkten und größeren Dörfern, wo überall Vertreter der wichtigeren Konsumgewerbe saßen, noch weniger der Fall. Sie waren darauf angewiesen, sich der Zunft einer nahe gelegenen Stadt anzuschließen. Darüber hinaus erwuchs im 16. Jahrhundert eine territoriale Zunftorganisation, das System der Viertel- und Hauptladen. Während die südlichen Bezirke von Wien abhängig waren, zeigte die nördliche Landeshälfte eine größere Unabhängigkeit. Sie wurde in vier Viertel geteilt, die mit den Landesvierteln nichts gemein hatten. An ihrer Spitze standen die Viertelstädte Mistelbach, Korneuburg, Eggenburg und Krems, später kam Waidhofen an der Thaya als fünfte »Viertelstadt« dazu. Die Bezirke waren nicht territorial gegliedert, sondern die Städte mit dem kräftigsten Gewerbe gaben den Ausschlag.

Wenn vorhin schon erwähnt wurde, daß die Grundherrschaften untertanigen Orten Markrechte verliehen oder diese damit ausstatten ließen, so ist dies nur ein Teil der neuen wirtschaftlichen Bestrebungen der Herrschaftsbesitzer gewesen. Im 16. Jahrhundert wurde manche Grundherrschaft zu einem Wirtschaftsbetrieb, der Landwirtschaft in Eigenregie, Tavernenbetrieb und örtlichen Handel mit den Produkten der untertänigen Bauern einbezog. Bergmännische und industrielle Unternehmungen, wie sie dann im 17. Jahrhundert vorkommen, wurden erst vereinzelt gegründet. Eine Ausnahme war Wilhelm von Rogendorf, der führende Adelige dieser Jahrzehnte, der bei der Erhebung in den Reichsfreiherrenstand auch das Recht erhalten hatte, auf seinem Gebiet Bergwerke zu errichten, nach Schätzen zu graben sowie Münzen zu prägen. Tatsächlich wollte er im Jahre 1525 bei Pöggstall Eisenerz schürfen lassen, wurde aber abgewiesen, da die Regierung bei Aufblühen neuer Bergwerke eine Schädigung der Gewerkschaft des Erzberges fürchtete.

Der bedeutendste einheimische Rohstoff, den die Grundherrschaften nutzen konnten, war das Holz. Bauholz für Wien und die anderen Städte, meist Lärchen, wurde hauptsächlich aus Oberösterreich bezogen. Steyrer und Welser Holz waren auf den Märkten feste Begriffe. Aus der Wachau kamen in erster Linie Eichenstämme, Schindeln aus dem Gföhlerwald. Für den Brennholzbedarf der Stadt Wien wurde weitgehend der Wienerwald herangezogen. Die großen Gebirgswälder im Süden waren für die Holzversorgung Wiens noch nicht erschlossen, sie dienten in erster Linie der Erzeugung von Holzkohle, wofür das Eisengewerbe großen Bedarf hatte. Im Waldviertel, vorwiegend im Gföhlerwald, im Dunkelsteinerwald, im Wienerwald, in der Buckligen Welt und in den Voralpen, den Hauptwuchsgebieten der Rotbuche, standen zahlreiche Kohlenmeiler. Die aufkommende Glaserzeugung hatte einen ungeheuren Holzbedarf und mußte den schlagreifen Beständen nachwandern. Unter diesen großen Schlägerungen änderte sich im 16. Jahrhundert der Waldbestand, indem der Laubwald vom Nadelwald immer stärker verdrängt wurde. Besonders im Waldviertel traten an die Stelle der Eichen und Buchen ausgedehnte Fichten- und Föhrenbestände.

Nach Wien wurde das Holz vorwiegend auf der Donau geflößt. Diese Transportart war nicht nur billig, sondern bei den schlechten Straßenverhältnissen auch die einzige Möglichkeit. Denn gerade die Straßen waren in einem so schlechten Zustand, daß sie kaum mehr benützt werden konnten. Vor allem haben die damals in Gebrauch stehenden Anzenwägen, bei denen die Pferde nicht paarweise nebeneinander, sondern hintereinander eingespannt waren, die Wege aufgewühlt. In einigen Mandaten aus den Jahren 1546 und 1549 wurde der Gebrauch dieser Anzenwägen überhaupt verboten, wenn sie mit mehr als einem Pferd bespannt waren. Es wird in diesen Mandaten geklagt, daß vor allem im Viertel ob dem Wienerwald der Straßenzustand so schlecht sei, daß Deichselwagen kaum mehr durchkommen können. Die Straßen- und Brückenerhaltung war vollkommen den Grundherrschaften überlassen, die von den Bauern im Wege der Robot die notwendigen Arbeiten durchführen ließen. Natürlich wurde meist wenig getan.

Überdies waren die Sicherheitsverhältnisse auf den Straßen sehr schlecht. Während des Krieges in Ungarn desertierten oft Landsknechte und machten auf dem Weg in ihre Heimatländer die Straßen unsicher. So sind 1541 vor allem aus den Truppenkörpern des Markgrafen von Brandenburg und der Städte Augsburg und Nürnberg massenhaft Desertionen vorgekommen, im folgenden Jahre wieder rückten Einheiten der kaiserlichen und päpstlichen Truppen ohne Erlaubnis aus Ungarn ab. Diese zogen nach Niederösterreich, rotteten sich scharenweise zusammen, plünderten und beschwerten die Untertanen durch allerlei Untaten. Der Bauer war keineswegs waffenlos, er durfte seine Wehr aber nur zu Hause halten und nicht mit Büchse und Stahl bewaffnet über Land ziehen. Schlimmer litt der reisende Kaufmann, der oft auf einsamen Straßenstücken überfallen und ausgeplündert wurde. Um die Sicherheit zu heben, haben im Jahre 1542 die Stände und das Regiment der niederösterreichischen Lande zusammen eine Polizeiordnung ausgearbeitet und publiziert, die zehn Jahre später erneuert und erweitert wurde. Zwei Jahre darauf wurde aber schon wieder geklagt, daß dieser Ordnung nicht nachgelebt werde und daß die Obrigkeiten sie nur lässig handhaben. Im Jahre 1552 wurde sie deshalb gedruckt in einer Anzahl von Exemplaren allen Herrschaften und städtischen Obrigkeiten zugesandt, damit sie überall angeschlagen und verkündet werden könne. Dies war auch nötig, denn man wußte sich oft der Raubgesellen nicht zu erwehren. So haben im Jahre 1548 Mordbrenner das Land so stark beunruhigt, daß man Prämien auf ihre Ergreifung aussetzen mußte. Wer einen Brandstifter, Straßenräuber oder Mörder der Verhaftung zuführte, sollte 50 Taler, für einen Auftraggeber dieser Leute sogar 100 Taler bekommen. Zehn Jahre später wurde eine Truppe von vierzig Mann angeworben, um den Wienerwald von räuberischem Gesindel zu säubern.

Um die Sicherheit auf den Straßen zu erhöhen, erging der Befehl an die Herrschaften, die Wege und Straßen zu verbreitern, Gehölz und Sträucher, hinter denen sich die Räuber verstecken und den Wanderer unversehens überfallen konnten, auf beiden Seiten acht Klafter weit wegzuschlagen. Denn dann konnte sich der Angegriffene zur Wehr setzen, und Räuberei, Mord und Angriff waren mit größerem Risiko verbunden. Im Jahre 1559 haben dann die Stände gebeten, die abgeholzten Streifen neben den Straßen auf zwölf Klafter, also zwanzig Meter, zu verbreitern und dies binnen drei Monaten auszuführen; ansonsten war nicht nur das Gehölz, sondern auch der Grund verfallen.

Mitschuldig an diesen unsicheren Zuständen waren auch die Gerichte, die selten fachkundig vorgingen. Manche Herrschaften empfanden das Landgericht als lästig und kamen nur säumig ihren Pflichten nach. Andererseits leisteten sie sich oft schreckliche Übergriffe, die ein Einschreiten der Regierung herausforderten. Das Landgericht Falkenstein hat im Jahre 1570 einen armen Mann unter Diebstahlsverdacht festgenommen, ohne zu ergründen, ob der Verdacht auch stark genug sei, auf die Folter geworfen und so lange gequält, bis er daran gestorben ist. Den Leichnam hat man dann, obwohl noch immer kein Beweis seiner Schuld erbracht war, auf den Galgen gehängt. Dieser Vorfall gab der Regierung Anlaß, die Landesgerichtsinhaber daran zu erinnern, daß das Recht über das Blut landesfürstliches Regal sei. Wenn es mißbräuchlich gehandhabt werde, müßte sich der Fürst entschließen, Landgericht und Obrigkeit wieder an sich zu ziehen. Nicht nur die Gerichtsinhaber, auch manche Bewohner konnten sich mit einer strafferen Aufsicht über die Rechtspflege nicht abfinden.

Noch immer versuchten einige, sich mit der Anwendung der im Mittelalter üblichen Fehde Recht zu verschaffen. Im Jahre 1541 hat der mährische Ritter Wenzel Schärowetz von Schärowa dem Landesfürsten und dessen Untertanen Fehde angesagt, im Jahre 1578 wollte ein gewisser Sebastian Gutschera aus Wiechnaw, dem seiner Meinung nach in einem Rechtsstreit mit dem Kremser Bürger Benedict Weinperger Unrecht geschehen war, seinen Widersacher, die Städte Krems und Stein und alle Orte acht Meilen in der Länge und vier Meilen in der Breite, befehden und schickte an sie Absagebriefe. Einige Jahrzehnte vorher, 1530, hat ein gewisser Jörg Reisinger, der Streit mit einem St. Pöltner Ratsherrn hatte, eine Bande um sich gesammelt und der ganzen Stadt St. Pölten Fehde angesagt. Diese Versuche wurden scharf unterdrückt und in der 1559 publizierten Landesgerichtsordnung erstmals das gesamte Strafrecht im Sinne der 1532 veröffentlichten und im ganzen Reich gültigen »Constitutio Carolina Criminalis«, der peinlichen oder Halsgerichtsordnung Karls V., geregelt. Die Gerichtsinhaber verloren die Freude am Rechtsprechen, es kam vor, daß erledigte Gerichte unanbringlich waren und stückweise verkauft oder zu Lehen gegeben werden mußten. Mit Vorliebe verpachteten die Gerichtsinhaber ihre Landgerichte, um dieser nunmehr lästig gewordenen Pflicht zu entgehen. Das Verfahren regelte weiterhin die noch von Maximilian herrührende Landgerichtsordnung, die 1540 von König Ferdinand bestätigt und 1551 vom gleichen Herrscher erneuert wurde.

Für den ständischen Adel waren nicht die Landgerichte, sondern das Gericht des Landmarschalls, das »Landrecht«, zuständig. Es war Personalinstanz für den landständischen Adel und Realinstanz für Gültenbesitz. Das Verfahren vor dem Landrecht wurde 1536 zusammengefaßt und bis 1557 noch mehrmals geändert. Jährlich sollte es zwei- bis viermal unter dem Vorsitz des Landmarschalls tagen. Dieser wurde vom Landesfürsten auf Grund eines Vorschlages der Stände aus der Mitte des Herrenstandes ernannt und von den Ständen besoldet. Sein Vertreter, der Untermarschall, wurde aus dem Ritterstand genommen. Beide waren zugleich oberste Vollzugsbeamte des Landesfürsten und Haupt der Stände, beiden durch Eid verpflichtet, und nahmen somit eine Doppelstellung ein. Die Stände hatten den Tiefpunkt ihres Einflusses überwunden und waren dank des Krieges in Ungarn wieder zu altem Ansehen gelangt. Der bedeutendste Edelmann dieser Epoche war Wilhelm von Rogendorf. Am Hofe Erzherzog Philipps des Schönen zu Mecheln und Brüssel erzogen, wurde er in der Schule seines späteren Schwiegervaters Niklas Salm ein tüchtiger Offizier, zog in jungen Jahren nach Spanien und führte als Oberstfeldhauptmann 1507 die Truppen Maximilians vor Venedig, 1524 jene Karls V. in Frankreich und hatte 1541 noch als alter Mann den Oberbefehl gegen die Türken inne. Bei der Niederlage vor Ofen verwundet, starb er an den Folgen. Sein Sohn Christoph ist 1546 in die Türkei entflohen und in die Dienste des Sultans getreten, ohne selbst Moslim zu werden. Als Beamte oder Offiziere sind neue Adelsgeschlechter in Niederösterreich heimisch geworden, die später eine große Rolle spielen sollten. So waren die Hoyos mit den Habsburgern aus Spanien gekommen. Johann Baptist Baro ab Hoyos war Generalfeldzeugmeister, Gesandter und Hofkriegsrat, erwarb in Niederösterreich Tribuswinkel, sein Sohn 1549 Stixenstein. Die Breuner wurden 1535 in den Herrenstand aufgenommen und stammten aus der Gegend von Köln, waren aber schon im 14. Jahrhundert in der Steiermark ansässig geworden. Aus dem Steirischen kamen die Windischgrätz und die Herberstein; die Trautson wieder waren eines der ältesten Geschlechter Tirols. Einen beachtlichen Aufstieg als Beamte erlebten die Schönkirchen. Johann Schneidpeck, der Kanzler des »alten Regiments«, war 1522 geadelt worden, sein Sohn Joachim wurde unter Maximilian II. Statthalter, war aber auch von 1559 bis 1564 Landmarschall. Auch ein Breuner und ein Trautson wurden noch im 16. Jahrhundert mit diesem höchsten niederösterreichischen Amt betraut.

Die Statthalter der Epoche von 1532 bis 1564 waren durchwegs Hochadelige. Die ersten drei, der Laibacher Bischof Christoph von Rauber (1532–1536), nach seinem Tode der Statthalteramtsverwalter Trojan von Auersperg (1536–1542) und sein Nachfolger Hans Ungnad Freiherr von Soneck (1542–1543) stammten aus Krain. Erst mit Christoph von Eyczing (1544–1552), einem der sechzehn Kinder des im Jahre 1522 zu Wiener Neustadt hingerichteten Michael von Eyczing, und mit seinem Nachfolger, dem Statthalteramtsverwalter Gabriel Ritter von Kreuzer (1552–1564), wurde die Reihe jener niederösterreichischer Edelleute eingeleitet, die von nun an meist an der Spitze des Regimentes standen.

Zwei von ihnen, nämlich Christoph von Eyczing und Joachim Herr von Schönkirchen, waren auch Landmarschälle, also Vorsitzende der Stände. Ansonsten war dieses Amt fest in der Hand der alten Geschlechter. Neben den vier Puchheimern Christoph (1522), Georg (1527), Wilhelm (1540) und Andre (1556), hatten auch die beiden Rogendorfer Wolfgang (1532–1540) und Hans Wilhelm (1566–1596) das Amt inne.

In diesen drei Jahrzehnten hat der Protestantismus in Österreich gewaltige Fortschritte erzielt. Denn der Landesfürst konnte, in ständiger Sorge um Ungarn, sich der religiösen Frage nicht in dem Ausmaß widmen, wie er es gerne gewollt hätte, und seinen Landsleuten nicht so seinen Glauben aufzwingen, wie es die protestantisch gewordenen Fürsten Deutschlands ihren katholischen Untertanen taten. Seinen Geldforderungen für den Türkenkrieg stellten die weltlichen Stände seit den vierziger Jahren immer wieder den Wunsch nach Religionsfreiheit entgegen. Auf dem Prager Generallandtag 1541/42 forderten die Stände in einer vom lutherischen Theologen Justus Jonas verfaßten Supplikation freie Predigt des Evangeliums und den Laienkelch. Neben den Adeligen unterzeichneten diese auch Vertreter von acht Ständen. Grundherren hatten ihre Söhne an Universitäten in Mittel- und Norddeutschland, insbesondere nach Wittenberg, geschickt, wo sie ganz im Geiste orthodoxen Luthertums erzogen wurden. Manche hielten auf ihren Schlössern Prädikanten, die in Wittenberg, Rostock oder an anderen reformierten Universitäten studiert hatten und übten einen evangelischen, dem katholischen in vieler Beziehung noch ähnlichen Gottesdienst. Dazu luden sie nicht nur Untertanen und Gesinde, sondern auch Bewohner der nahe gelegenen Städte ein. Das alles war aber nur möglich, weil trotz aller landesfürstlichen Fürsorge die katholische Kirche in Niederösterreich in Agonie lag.

Der starke Unterschied in der wirtschaftlichen Lage des Klerus, wo es ne- ben einigen Pfründnern mit geradezu fürstlichem Einkommen eine große Masse darbender Landpfarrer gab, die sich von ihrer Hände Arbeit ernähren oder betteln mußten, führte fast zur Auflösung des Standes. Zwar kämpften die Wiener Bischöfe Johann Fabri (1530–41) und Friedrich Nausea (1541–1552) dagegen an, ihr Einfluß war aber gering, weil der größte Teil des Landes zur Diözese Passau gehörte. Eine landesfürstliche Visitation stellte schon 1528 fest, daß die meisten Klöster stark geschrumpft waren, nur Klosterneuburg war noch in Ordnung. Acht Jahre später stellte man be- reits einen weiteren Niedergang fest. Die Visitation des Jahres 1544 zeigte ein erschütterndes Bild. Viele Pfarren und Benefizien waren unbesetzt, das Volk mußte ohne Taufe, ohne Beichte und ohne Sakramente leben und ster- ben. Die Zahl der Mönche hatte in einer Weise abgenommen, daß vielen Klöstern die Lebensberechtigung fehlte. Nicht nur Weltpriester, sondern auch Mönche und Äbte lebten im Konkubinat. Viele Klöster, meist materiell schlecht gestellte Exposituren der Bettelorden, wurden aufgelassen oder wa- ren vorübergehend unbesiedelt. Die Visitation des Jahres 1555 zeigte erst- mals einen starken Abfall der Geistlichen, in den Jahren 1561 und 1563 kon- zentrierten sich die Reformbestrebungen ohne Erfolg auf die Klöster. Es war nun für den Landesfürsten sogar schwierig geworden, eine Kommission für Visitationen zusammenzustellen.

Das Hauptübel war also, daß die katholische Kirche zu wenige Geistliche besaß. Es war auch nicht sehr angenehm, in dieser Zeit als katholischer Prie- ster zu wirken. Die Lehensherren schikanierten sie, wo sie nur konnten, ver- langten Robotsarbeit, rissen die Nachlässe an sich und belasteten Pfarren und Benefizien mit unerschwinglich hohen Pensionen. Es war auch nicht modern, katholischer Geistlicher zu werden. Es fehlte also der Nachwuchs, es mangelte aber auch an gelehrten und geschickten Pfarrern, die das Wort Gottes nach katholischer Lehre zu verkünden und den Sekten Paroli zu bie- ten verstanden hätten. So kamen denn die seltsamsten Verhältnisse zustan- de. Manche ehemals katholischen Priester entfernten sich immer stärker von ihrem Glauben, bis sie eines Tages evangelisch waren. Da sie aber ihre bis- herigen Pfarren behielten, nahmen sie Gotteshaus, Kirchengut und Gläubige mit in die neue Lehre. Auch in manchen landesfürstlichen Städten, wie in Zwettl, Tulln, Eggenburg, Bruck oder Waidhofen an der Thaya, wurden protestantische Pfarrer angestellt, dies war in den herrschaftlichen Städten, wie Horn, Gmünd, Litschau, und in vielen Märkten und Dörfern selbstverständlich.

Wir haben schon früher betont, daß die Adeligen die ersten Stützen der Reformation in Niederösterreich gewesen sind. Natürlich sind nicht alle Edelleute völlig evangelisch geworden, manche hielten noch lange an den überkommenen religiösen Formen fest. Um die Mitte des Jahrhunderts traten aber immer stärkere religiös motivierte Gegensätze auf. Herren- und Ritterstand spalteten sich in konfessionelle Parteien, und die Spannungen traten nicht nur im Landhaus, wo erstmals wieder im Jahre 1555 ein kräftiger Vorstoß erfolgte, oder bei Disputationen zutage, sondern auch bei weniger schicklichen Anlässen, wie bei einer Adelshochzeit in St. Pölten im Jahre 1557. Im Herrenhaus der Stadt, wo einst der Amtmann des Bischofs von Passau gewaltet hatte, fand am 8. April 1557 eine große Hochzeit statt. Drei protestantische Landherren, Leopold Grabner auf der Rosenburg, Leonhard Kirchberger von Viehofen und Achaz Enenkel von Albrechtsberg, verheirateten eine ihrer Basen mit dem Herrn von Neideck, einem Katholiken. Der Prädikant des Grabners und Kirchbergers hielt im Herrenhaus eine Predigt, wo sich die Protestanten versammelten, die Braut in ihrer Mitte, während der Bräutigam mit seinen Glaubensgenossen in die Pfarrkirche zur Messe ging. Auch die Frau des Hofmeisters Jörg von Mäning blieb beim Prädikanten, was ihren Gemahl zu der Bemerkung veranlaßte, »er wolt sein Weib einmauern lassen«. Dieses große gesellschaftliche Ereignis fand in aller Öffentlichkeit in einer landesfürstlichen Stadt zwei Jahre nach dem Augsburger Religionsfrieden statt, der dem Landesherrn das Recht gegeben hatte, die Religion seiner Untertanen zu bestimmen. Der Prädikant, der diesen Zwischenfall veranlaßt hatte, war nachmals einer der berühmtesten protestantischen Geistlichen in Österreich, der »deutsche Papst« Christoph Reuter, später einer der Bearbeiter der protestantischen Kirchenverfassung in Österreich.

König Ferdinand, der ein Jahr später zum Kaiser gewählt wurde, hat sich vergeblich bemüht, einen Ausgleich zwischen beiden Religionen zu finden. Er machte gar keinen Versuch, den Religionsfrieden durchzuführen. Als er 1556 das Verbot des Laienkelches aufgehoben und den Ständen zugesagt hatte, er werde sich in Hinkunft in Religionsfragen so verhalten, daß sie sich nicht mehr zu beschweren brauchten, erhielt die Reformation neuen Auftrieb. Zwar hat er immer wieder versucht, den alten Glauben zu erhalten und mit der Berufung der Jesuiten nach Wien die Saat der Gegenreformation gelegt. Als er im Jahre 1564 starb, glich aber Wien nach den Worten des Jesuiten Canisius einem zweiten Wittenberg oder Genf. Die Kirchenvisitationen, die er in seinen letzten Lebensjahren durchgeführt hatte, brachten wenig erfreuliche Zustände in der katholischen Kirche ans Tageslicht. In den 122 Klöstern der fünf niederösterreichischen Lande (Ober- und Niederösterreich, Kärnten, Steiermark und Krain) lebten 340 Mönche, 160 Schwestern, 199 Konkubinen, 55 Ehefrauen und 443 Kinder. Dazu waren fast alle Klöster tief verschuldet.

Großen Anteil am offensichtlichen Nachwuchsmangel an katholischen Priestern hatten neben vielen anderen Ursachen auch die tristen Verhältnisse an der Wiener Universität. Dieses Institut und seine Mitglieder waren beim Regierungsantritt Ferdinands in schlechter finanzieller Lage, die Stiftungsvermögen entwertet. Die Gehälter der Professoren wurden nur unregelmäßig ausbezahlt, die Frequenz ging immer mehr zurück. Ab 1530 konnte die Hochschule kaum ihre Existenz fristen, einzelne Fakultäten hatten fast keine Hörer und Dozenten mehr. Der wissenschaftliche Elan war ebenfalls verlorengegangen. Als im Jahre 1524 Erzherzog Ferdinand anläßlich des Reichstages zu Speyer eine Zusammenfassung der strittigen theologischen Fragen verlangte, war das ganze Institut dazu nicht imstande. Die Professoren erklärten, sie hätten sich an die landesfürstlichen Anordnungen gehalten und die umstrittenen Bücher nicht gelesen. Mit Müh und Not konnte dann die theologische Fakultät das gewünschte Gutachten ausarbeiten. Dies war aber der unmittelbare Anlaß zu einer Reform der Universität, denn Ferdinand war durch den augenscheinlichen Niedergang peinlich berührt und wollte ihm abhelfen.

Da dieser aber nicht zum geringsten Teil auf wirtschaftliche Ursachen zurückzuführen war, wurden nach mehrfach mißglückten Versuchen, die fehlenden Geldmittel durch Inkorporation von Klostergütern zu verschaffen, im Jahre 1528 die Prälaten von Nieder- und Oberösterreich, später auch die von Innerösterreich zu jährlichen Beiträgen nach Maßgabe ihrer Einkünfte verpflichtet. Diese sogenannte Prälatenhilfe, die fortan im Budget der Universität eine große Rolle spielte, betrug 1535 rechnungsmäßig tausend Gulden, war allerdings in Wirklichkeit weit geringer, da die meisten Stifte mit der Bezahlung jahrelang zögerten oder sie ganz schuldig blieben. Damit konnten aber doch in den drei oberen Fakultäten einige Lehrkanzeln besetzt werden. Darüber hinaus gehörten auch die Erträgnisse der Ybbser Maut zum Unterhalt der Universität, so daß deren Einkünfte im Jahre 1538 immerhin zweitausend Gulden betrugen, noch immer um ein Drittel zu wenig, um alle Gehälter zu decken. Auch der Lehrplan wurde reformiert, die Zahl der Lehrstühle zunächst vermindert, um die Professoren besser honorieren zu können. Aber auch diese Maßnahmen erwiesen sich bald als ungenügend, da die Finanz- und die Religionsfragen vom Standpunkte des Staates noch immer nicht zufriedenstellend gelöst waren. Die Universität war mit Ausnahme der theologischen Fakultät der in jener Zeit so typischen Mischreligion ergeben, die wohl in den Hauptlehren schon protestantisch war, aber noch viele katholische Glaubenssätze als Relikte bewahrt hatte. Im Jahre 1554 wurde der Universität die »Nova Reformatio« gegeben, eine Verfassung, die nun zwei Jahrhunderte in Kraft bleiben sollte. Die bisherigen Beiträge des Prälatenstandes blieben bestehen, doch ging die ganze Geldgebarung über das Budget des Landesherrn. Die Organisation der Universität wurde wesentlich straffer gestaltet, die Lehrbefähigung der Lizenziaten und Doktoren fiel fort, an die Stelle der Lizenz trat die Promotion zum Doktor. So wurde die Universität nun eine Staatsanstalt, der katholische Glaube aber durch die Heranziehung der Jesuiten gestärkt.

Um der katholischen Religion einen neuen Rückhalt zu geben, hatte sich König Ferdinand im Jahre 1550 an den Stifter des Jesuitenordens mit der Bitte gewandt, ihm gelehrte Männer zu senden, von denen eine Jugenderziehung im Sinne des wahren Glaubens erreicht werden könne. Schon im Mai des folgenden Jahres kamen zwölf Patres nach Wien, ausschließlich Romanen. Sie gaben vorerst nur Privatunterricht, gründeten aber 1554 eine öffentliche Schule und errichteten 1558 auch ein Seminarium, ähnlich dem in Rom. Gleich nach ihrer Ankunft in Wien hatten sich die Patres auch an der Universität immatrikulieren lassen und erhielten zwei Professuren. Die maßgebende Persönlichkeit war Petrus Canisius, der allerdings nur bis zum Jahre 1556 in Wien wirkte. Er hatte 1555 einen Katechismus herausgegeben, in dem er auf nur 193 Seiten leidenschaftslos und sachlich den katholischen Glauben erläuterte und ein Lehrbuch erstellte. In Dutzende Sprachen übersetzt, in Hunderten von Auflagen verbreitet, zwei Jahrhunderte lang der katholische Hauptkatechismus, wurde dieses Buch der Grundstein zur katholischen Restauration in Niederösterreich.

Das Wiener Jesuitenkollegium, das im Jahre 1562 schon achtzig Mitglieder zählte und in seinem Seminar eine Art Gegenuniversität aufzog, die der staatlichen Anstalt bald Konkurrenz machte, weil sie bessere Lehrer und zündende Lehrmethoden besaß, wurde der geistige Angelpunkt zur Wiederherstellung des katholischen Glaubens. Im Gegensatz zur Universität kümmerte sich der Landesfürst kaum um das mittlere und niedere Schulwesen, vor allem auf dem Lande, wo dessen Förderung noch ganz den Kirchen, Herrschaften und Ständen überlassen blieb. Das Volksschulwesen war, wenn überhaupt vorhanden, äußerst mangelhaft, die Lehrer schlecht dotiert und oft vom guten Willen der Pfarrer abhängig, die Klosterschulen nach 1540 meist geschlossen. Aber auch die Protestanten interessierte das Volksschulwesen wenig, viel stärker schon die Organisation von mittleren Schulen, die auch für die Söhne des Adels in Frage kamen. In diesem Jahrhundert wurden durch die Initiative einzelner Landherren Gymnasien errichtet, die dann in der zweiten Jahrhunderthälfte zur Entfaltung kamen. Überdies gründeten im Jahre 1546 die Stände Niederösterreichs auf dem Minoritenplatz in Wien eine Schule, die wohl anfänglich katholisch war, bald aber in eine protestantische umgewandelt und deshalb 1555 geschlossen wurde. 1560 hat Kaiser Ferdinand für die Jugend des Herren- und Ritterstandes eine Akademie bei den Jesuiten am Hof gegründet. Auch in den Städten bestanden Schulen, die zum Teil in protestantische Hände gelangten, wie die in Krems. In St. Pölten entstand neben der Lateinschule des Chorherrenstiftes eine deutsche Schule, die von der Stadt unterhalten wurde, in Wiener Neustadt bestellte der Rat den Schulleiter der lateinischen Bürgerschule. Diese Schulen waren meist einklassig, nur die größten in Wien und Krems fünfklassig. Die Lehrer waren manchmal recht tüchtig, oft auch an der Wiener Universität graduiert, aber nicht selten Personen, die ein Unterkommen suchten. 1551 hatte ein Generalmandat des Landesfürsten festgestellt, es komme häufig vor, daß Leute Schulen errichten, die keine Vorbildung besitzen und überdies »die Jugend mit ketzerischen Lehrmeinungen verführen«. In Hinkunft müsse jeder Lehrer entweder von der Wiener Universität graduiert oder vom Bischof oder dem geistlichen Ordinariat der betreffenden Diözese auf wissenschaftliche Eignung und katholische Gesinnung geprüft sein. Die Übertreter sollten des Landes verwiesen werden.

Daß in solchen geistigen Umbruchszeiten kein günstiger Boden für die Wissenschaften vorhanden war, ist verständlich. Es sind aus diesen Jahrzehnten recht wenige Namen von solcher Bedeutung bekannt, daß sie verdienten, genannt zu werden. Der bekannteste, trotz seiner umstrittenen Rolle, war der Historiograph Wolfgang Lazius (1514–1565). In Wien als Sohn schwäbischer Eltern geboren, wurde er wie sein Vater Arzt und Professor an der Universität. Zweimal war er auch Rektor, Rat und Leibarzt Ferdinands I., Vorstand der Hofbibliothek, und wurde der erste Geschichtsschreiber der Stadt Wien. Sein in lateinischer Sprache verfaßtes Werk »Vienna Austriae« wurde 1546 in Basel gedruckt. Die übrigen Werke betreffen die Geschichte Österreichs, Genealogie und Numismatik. Da er schnell und flüchtig arbeitete, unterliefen ihm viele Fehler, so daß der Benützer seiner Werke immer wieder von Zweifel geplagt wird, was er richtig und was er falsch abgeschrieben hat. Es fehlte ihm überdies der Sinn für wissenschaftliche Kritik.

Lazius war auch der erste Kartograph unseres Landes. Im Jahre 1545 vollendete er die erste Karte Niederösterreichs und überreichte sie zu Weihnachten mit einer auf Pergament geschriebenenen Interpretatio dem König Ferdinand. Sie ist aber ebensowenig erhalten wie eine andere Karte des Erzherzogtums, die er 1545 zu Nürnberg und 1552 in Wien erscheinen ließ. Dagegen kennen wir zwei Karten Niederösterreichs im ersten Atlas Österreichs, in seinen 1561 fertiggestellten »Typi chorographici Provin(ciae) Austriae«, von denen eine die »Fränkische Ostmark« von Linz bis Komorn, die andere das Land östlich der Pielach und Traisen umfaßt. Auch der Nürnberger Ingenieur Augustin Hirschvogel, der 1547 einen Plan der Stadt Wien geschaffen hatte, arbeitete an einer Karte Niederösterreichs, die aber auch nicht erhalten ist. Schon einige Jahre vorher, in lateinischer Fassung 1511 und in deutscher Übersetzung 1512, war die erste Reiseschilderung Niederösterreichs im Druck erschienen, in der vom Kremser Stadtmedicus Wolfgang Windberger (Anemorinus) eine Fahrt zu den warmen Quellen in Baden beschrieben wird. Diese Heilquellen, schon seit dem Mittelalter wieder bekannt und benützt, sind gleich nach dem Türkeneinfall vom Landesfürsten der Stadt Baden übertragen worden und waren seither ein Zentrum der Gesundheitspflege in Niederösterreich, in diesen Jahrhunderten natürlich nur auf die obersten Schichten beschränkt.

Schließlich sind in dieser Epoche zum ersten Male auch Maßnahmen für die Gesundheitspflege der unteren Volksschichten ergriffen worden. Schon im Mittelalter haben einzelne Klöster, Adelige bei Stiften oder Städte Hospitäler errichtet. Im 16. Jahrhundert wurde diese Übung fortgesetzt, und die Stiftsbriefe einiger angesehener Bürgerspitäler Niederösterreichs stammen aus dieser Zeit, wie in St. Pölten (1539), das allerdings mittelalterliche Vorgänger hat, Drosendorf (1550), Gmünd (1560), wahrscheinlich auch Stockerau. Ferdinand hat nämlich einige Patente erlassen, die den Grundherrschaften, Städten und Märkten die Erhaltung von Spitälern zur Pflicht machten. Die Verwaltung dieser Häuser war in den Städten zwei Bürgern anvertraut, die Spitalamtsverwalter hießen. Die Spitäler bildeten mit ihrem Vermögen eigene Fonds, die aus Stiftungen von Mitbürgern entstanden und meist in Grundbesitz angelegt waren. Aus deren Erträgnissen mußten sie sich selbst erhalten. Die Aufnahme war noch nicht auf Mitbürger beschränkt, sondern auch Leute vom Land konnten, falls sie Vermögen mitbrachten, in städtischen Bürgerspitälern unterkommen. Späterhin, meist schon im 16. Jahrhundert, hat man die Aufnahme schwieriger gestaltet und nur auf Bürger eingeschränkt, selbst städtische Inleute waren ausgeschlossen. Die Erhaltung dieser Spitäler war oft ein großes Problem. Denn sie waren einerseits weitgehend auf die Nächstenliebe angewiesen und benötigten eine ständige Vergrößerung des Stiftungsvermögens, sollten sie gedeihen können. Andererseits nahmen arbeitsscheue Elemente die von den Spitälern gewährte Hilfe in Anspruch, oft in ungestümer Form, und zogen bettelnd von einem Spital zum anderen.

In Wien hat Ferdinand I. auch die erste niederösterreichische Findelversorgung eingerichtet. Im Bürgerspital vor dem Kärtner Tor wurden diese bedauernswerten, meist unehelichen Kinder zusammengezogen und gemeinsam mit den alten Bürgern und den Irrsinnigen aus der unter der Leitung des Magistrates stehenden Bürgerspitalsstiftung verpflegt. So blieb es bis in die Zeit Josephs II. In Vollstreckung des Testamentes Maximilians I. wurde auch in Wien auf dem Platz zwischen Minoritenkirche und Burg ein Hofspital errichtet, der Bau aber erst nach Ferdinands Tod vollendet.

Ein großes Problem waren die fast alljährlich auftretenden Seuchen, die meist im Herbst vor der Obsternte oder Weinlese grassierten. So ist aus Berichten bekannt, daß die Pest 1541 in vielen Orten Niederösterreichs wütete, 1542 in der Gegend von St. Pölten, 1551 in Baden, Enzesfeld und im Alpenvorland, 1557 in einigen nicht näher bezeichneten Orten des Landes, 1561 von Wiener Neustadt ausgehend, meist südlich der Donau. Damals wurden, um eine weitere Ausbreitung zu verhindern, das Grabgeleit für Personen, die an der Seuche gestorben waren, Begräbnisgelage und Branntweinschenken eingestellt und öffentliche Bäder geschlossen. Die Stadt Wien erhielt 1562 eine Infektionsordnung, nach der alle Personen, nur Adel, Prälaten und Stadtobrigkeiten ausgenommen, beim Betreten der Stadt eine Bestätigung vorweisen mußten, aus denen hervorging, daß sie aus unverseuchten Orten kamen. Nicht immer war es die Pest, manchmal dürften auch Typhus, Ruhr oder andere Krankheiten aufgetreten sein, ohne daß man den Unterschied erkannte. Die im Jahre 1568 angeblich aus der Lausitz und Böhmen eingeschleppte

Krankheit, die im folgenden Jahre in Wien, Korneuburg und Klosterneuburg, Ybbs, Amstetten, St. Pölten und Tulln auftrat, war ohne Zweifel die Ruhr. Wacholderbeeren, Nüsse, Feigen und Weintrauben wurden als Gegenmittel empfohlen. Die Stadt Wien hat, da sie als Residenzstadt auch fremde Diplomaten beherbergte und um ihren Ruf besorgt war, Sanitätspersonal bestellt. So wurde seit dem Jahre 1540 ein Magister sanitatis besoldet, dessen Amt die Urform der heutigen Stadtphysikate darstellt. Seine Rolle war nicht beneidenswert. Wie der Freimann von aller Welt gemieden, ohne ärztliche Privatpraxis auf kargen Sold angewiesen, der sehr oft gar nicht ausbezahlt wurde, oblag ihm einzig und allein die Pflicht, Pestkranke zu behandeln. In den Jahren 1552–1554 hatten drei Personen das Amt inne, von denen zwei selbst an der Seuche starben.

15. KAPITEL

Die Evangelischen vor dem Siege

Am 25. Juli 1564 starb Ferdinand I., dem es so schwer gemacht worden war, die habsburgischen Erblande gut zu verwalten. Schon ein Jahrzehnt vorher war festgelegt worden, daß die Länder unter seinen Nachfolgern geteilt werden sollten. Die Donauländer erhielt nun sein ältester Sohn Maximilian II., dem auch die Thronfolge in Böhmen und Ungarn sowie die römisch-deutsche Krone zufielen. Ihm und seinem Bruder Karl, der Innerösterreich, nämlich die drei Länder Steiermark, Kärnten und Krain, bekam, fiel die Hauptlast des Türkenkrieges zu.

Obwohl nach türkischer Anschauung ein Abkommen hinfällig war, wenn einer der Partner starb, wollte die Pforte nach dem Tode Ferdinands I. doch den vor zwei Jahren geschlossenen Frieden verlängern, falls der ausständige Tribut bezahlt würde. Da brach in Siebenbürgen neuerlich der Krieg aus, weil der unterdessen erwachsene Johann Sigismund Szapolyai zwar mehr Anlagen zum Säufer als zum ernstzunehmenden Regenten hatte, aber doch sein Herrschaftsgebiet bis zur Theiß ausweiten wollte. Als er aber in Schwierigkeiten geriet, gelang es ihm, die Türken zu seiner Unterstützung zu bewegen, so daß im Jahre 1565 wieder der Krieg in Nordungarn und Kroatien ausbrach. Für das folgende Jahr wurde ein Feldzug des türkischen Heeres gegen Österreich erwartet, der Krieg weitete sich rasch aus. Schnell wurden Anleihen bei den Reichsstädten, bei deutschen und italienischen Fürsten und beim Papst aufgenommen, die Länder gewährten Sondersteuern, nur Ungarn selbst leistete wenig. Aus Spanien, Frankreich und Italien kamen Hilfstruppen nach Österreich, und Maximilian II., der Sohn und Nachfolger Ferdinands, hatte bald eine Armee von 40.000 Mann gesammelt. Sultan Soliman hatte sich entschlossen, trotz Alters und Krankheit noch einmal persönlich ein Heer anzuführen und die Niederlage der Türkei vor Malta vergessen zu machen. Obwohl er nicht mehr reiten konnte, und seine Begleitung glaubte, wegen seiner Wassersucht und Gicht könne er jeden Tag sterben, legte er sich mit seinem Heer vor die Festung Sziget/Szigetvár, die Nikolaus Zrinyi heldenhaft verteidigte, und eroberte überdies Gyula. Während das kaiserliche Heer untätig um Raab/Györ konzentriert war und die Offiziere zu keinem Entschluß kamen, ob sie Sziget retten oder Gran/Esztergom belagern sollten, starb Soliman im Feldlager; der Großwesir konnte aber den Tod des Sultans den eigenen Truppen und den Österreichern verheimlichen und eroberte am 8. September 1566 die Festung.

Das Heer des Kaisers war unterdessen durch Seuchen und Desertionen stark geschwächt worden. Ohne alle Ursache zogen im August die italienischen Hilfstruppen aus Ungarn fort. In Niederösterreich sollten die Obrigkeiten die Gesunden einsperren und ins Feldlager zurücksenden, die Kranken aber passieren lassen. Im Oktober löste sich das Heer ganz auf. Da Sultan Selim, der Nachfolger Solimans, unkriegerisch war und das Leben im Harem mehr liebte als die Aufregungen des Kriegslagers und Maximilian nach seinen Mißerfolgen solche Scheu vor weiteren Feldzügen hatte, daß er um des Friedens willen auch große Zugeständnisse gemacht hätte, gelang es nach mehr als einjährigen Verhandlungen im Februar 1568 in Adrianopel/Edirne Frieden zu schließen. Acht Jahre lang sollte der gegenwärtige Besitzstand des kaiserlichen Teiles Ungarns, Siebenbürgens und der Türkei unverändert erhalten bleiben, der Kaiser wurde aber verpflichtet, den Tribut auch weiterhin zu bezahlen.

Den österreichischen Ländern hatte dieser Feldzug wieder schwere Lasten aufgebürdet. Die Landtage bewilligten seit 1564 die doppelte Gült, eine Verstärkung der Truppen durch Zuzug des Adels, und Aushebung des dreißigsten Mannes als Büchsenschützen war ebenfalls zugestanden worden. Weiters sollte eine Kriegsanleihe zur Finanzierung des Feldzuges dienen. Es wurden Sammelstellen für bestimmte Bezirke eingerichtet, doch zeigte sich der Kaiser enttäuscht, als die Summen im Frühjahr 1567 noch immer nicht eingelangt waren. Obwohl die Bevölkerung von Kommissaren aufgeklärt worden war, hatte nur der geringste Teil dem Aufruf Folge geleistet. Der Kaiser beschwor die Betreuer der Sammelstellen, die Untertanen zu überzeugen, das Geld werde nur gegen die Türken, also für ihr eigenes Wohl, verwendet und würde überdies zurückgezahlt werden. Die Städte mußten sich verpflichten, eine ziemlich hohe Summe Geldes für ihre Bewohner in drei Jahresraten zu garantieren. Würden die Bürger die Beträge nicht aufbringen, habe es die Gemeinde zu tun. Wenn mehr eingehe als verlangt worden sei, nehme es der Kaiser gerne und befehle, das eingezahlte Geld sofort abzuliefern. Auch an die geistliche Unterstützung dieses Feldzuges war gedacht worden. Ein Generalmandat vom Juli 1566 hatte befohlen, daß im ganzen Lande anläßlich des Türkenkrieges alltäglich am Morgen, im Sommer um sechs Uhr, im Winter um sieben Uhr eine Viertelstunde lang die Glocken zu läuten seien und während dieser Zeit die Arbeit zu ruhen habe. Jedermann solle auf den Knien Gottes Hilfe für den Kriegszug erflehen. An allen Feiertagen solle eine Bußpredigt gehalten werden, in der aber nur zu einem bußfertigen Leben ermahnt werden dürfe.

In den folgenden Friedensjahren wurde mit der dauernden Sicherung der ungarischen Grenze begonnen und auch Niederösterreich verpflichtet, seinen Beitrag zum Unterhalt der Garnisonen zwischen Donau und Plattensee zu leisten. Vor allem die Hauptfestung Raab/Györ, aber auch kleinere Grenzfestungen wie Devecser, Pápa, Vasony/Nagyvászony, St. Martinsberg/Pannonhalma, später Veszprem und Totis/Tata mußten erhalten werden. Von der Besatzung Raabs wurden 400 Husaren und 400 ungarische

Trabanten von den niederösterreichischen Städten bezahlt, von der Besatzung von Pápa im Jahre 1567 270 Husaren und 300 Trabanten und in St. Martinsberg 17 Husaren und 150 ungarische Reiter. Nach der Eroberung von Veszprem und Totis, von denen das erstere übrigens völlig verfallen und verödet war, kamen auch die beiden Festungen auf das Kontingent des Erzherzogtums unter der Enns: in Veszprem lagen 200 Husaren und 300 Fußknechte. Überdies mußte Hilfe für die bauliche Ausgestaltung von Raab geleistet werden. Da aber bei den niederösterreichischen Ständen große Geldnot herrschte, bekamen dies die Festungsbesatzungen zu spüren. Die Truppen waren meist elend verpflegt und schlecht bezahlt, sieben Monate Soldrückstand war nichts Besonderes. Kein Wunder, daß oft die Hälfte der Mannschaft entlaufen war. Die Stände haben die Auszahlung manchmal weit über Gebühr verzögert, und es bedurfte großer Zähigkeit von seiten der Regierung, ihnen dann doch wieder Geld zu entlocken. Im Jahre 1580 drohte eine Meuterei der Besatzung von Raab, weil die Stände mit der Besoldung schon ein Jahr im Rückstand waren. Die Zustände in den Festungen waren auch dementsprechend. Zur Jahreswende 1581 schickten die Soldaten der Raaber Garnison ein Schreiben an den Statthalter Erzherzog Ernst, in dem sie klagten, die Not unter ihnen sei so groß, daß sie nichts zum Leben haben, fast nackt oder völlig zerrissen herumlaufen und bei der Schildwache einer dem anderen seine Kleider borgen müsse. Kein Wunder, daß die wackeren Streiter Kanonen, Gewehre und Rüstungen versetzten, den Reitern die Pferde zugrunde gingen und die restlichen Waffen verdarben.

Der Grenzschutz wäre also im Ernstfalle nicht viel wert gewesen, und es ist ein besonderes Glück, daß bei solch schlechter Verteidigungsbereitschaft nicht mehr Unheil angerichtet worden ist. Die Grenzwehr war schon deshalb wichtig, weil die Überfälle der türkischen Befehlshaber in den Grenzprovinzen auch während des Waffenstillstandes nicht völlig aufhörten. Der Kaiser gab sich alle Mühe, eine Verlängerung des Friedens herbeizuführen, was im November 1574 auch gelang. Da aber bald darauf Sultan Selim starb und mit seinem Nachfolger Murad III. neuerlich verhandelt werden mußte, kam ein neuer Vertrag erst im November 1575 zustande. In der Zwischenzeit hatten aber die Osmanen im Neograder Komitat mehrere Burgen eingenommen und Streifscharen nach Kroatien entsandt. In Österreich war man gewillt, den Krieg neuerlich aufleben zu lassen und rüstete. Um allen Eventualitäten vorzubeugen, ließ man die Zufluchtsorte und Kreidfeuer instand setzen und den dreißigsten, zehnten und fünften Mann ausmustern. Diese Maßnahmen führten im Juli im Tullnerfeld zu einer Panik. Während der Getreideernte setzte plötzlich eine Massenflucht in die Stadt Tulln ein, und die Bauern ließen sich von der Stadtbevölkerung nicht abweisen, da sie die Türken schon in der Nähe glaubten. Aus der Gegend von Herzogenburg und Traismauer flohen mehr als tausend Personen nach Krems, selbst die Donaubrücke zwischen Mautern und Stein wurde abgetragen. Die Ursache dieser Panikstimmung ist nicht bekannt, es dürften aber mutwillig einige Kreidfeuer im Wienerwald entzündet worden sein, wodurch die Bevölkerung alarmiert wurde. Um in Zukunft solche Fälle zu vermeiden, wurde durch ein Generalmandat befohlen, daß die Feuer im Falle einer Gefahr erst entzündet werden sollten, wenn die kontrollierten Kreidschüsse abgefeuert worden seien. Dadurch ist aber das Meldesystem seiner Wirksamkeit beträchtlich beraubt worden.

Die Übernahme von ständigen Verteidigungspflichten in Ungarn und die trostlos gewordene Lage des Kaisers verlangten große finanzielle Opfer. Kaum eine andere Epoche war so erfinderisch in der Entdeckung neuer Steuerquellen. Um die kaiserlichen Schulden bezahlen und die verpfändeten Kammergüter einlösen zu können, bewilligten die Stände Niederösterreichs auf dem Landtage von 1568 gegen große Zugeständnisse in der Religionsfrage, die wir später noch ausführlich besprechen werden, ein »Notopfer« von zweieinhalb Millionen Gulden. Nicht nur die Täz, das doppelte Zapfenmaß, wurde eingeführt, alle über zehn Jahre alten Personen wurden mit einer Leibsteuer belastet, von der nur die Prälaten, Herren, Ritter und deren Gesinde sowie jene, die sich von Almosen erhielten, ausgenommen waren. Diese Leibsteuer betrug wöchentlich zwei Denare für Landbewohner, in den Städten und Märkten vier Wiener Pfennige. Die Landherren und Prälaten sollten von zehn Gulden Herrengült einen Gulden zahlen, der auf die Untertanen nicht überwälzt werden durfte. Nobilitierte, also Neuadelige, die nicht in die Landtafel eingetragen waren, wurden mit einem Promille ihres Vermögens belastet. Diese neue Klasse, der auch kaiserliche Beamte, Doktoren, Advokaten und Prokuratoren, Sekretäre, Amtsleute und Kanzleipersonen zugezählt wurden, waren durch das bisherige Steuersystem nicht erfaßt worden. Denn dieses beruhte im Grunde auf der Eintragung in der Landtafel. Nun hatten viele dieser Neuadeligen nur ganz geringen oder überhaupt keinen Gültenbesitz, trotzdem aber großes Barvermögen. Da ihnen die besondere Eifersucht des alten landständischen Adels sicher war und sich ergab, daß die Leibsteuer der Nobilitierten nichts einbrachte, wurde im Jahre 1570 beschlossen, daß alle, die ihren Adel nicht von den Eltern übernommen, sondern selbst erworben hatten, in jeder Woche einen Schilling, das waren dreißig Denare, bezahlen sollten. Die Stadtobrigkeiten, bei denen diese Leute meist wohnten, hatten Listen der Nobilitierten anzulegen und sie von dem Steuersystem zu verständigen. Dieser »Wochenschilling« war vierteljährlich an die Verordneten der Stände zu übergeben; wer sich der Steuerzahlung entzog, konnte den Adel verlieren.

Die Steuermoral war in diesen Tagen überaus schlecht. Die Stadt Wiener Neustadt war zwölf Jahre im Rückstand, und auch die meisten anderen Städte waren nicht viel bessere Zahler. 1575 wurden sie deswegen in scharfen Mandaten ermahnt, keine solch großen Steuerschulden aufzuhäufen, da es in Hinkunft den Bürgern unmöglich sein werde, alles auf einmal zu bezahlen. Überdies gerieten dadurch die Stände selbst wieder in Zahlungsschwierigkeiten, waren mit Zinsen überhäuft und konnten ihren Verpflichtungen an der Raaber Grenze nicht nachkommen. Die Rückstände der mitleidenden Städte und Märkte betrugen noch 1582 aus diesen 1575 erstmals eingemahnten Schulden 37.189 Gulden. Deshalb haben die Stände beim Landesfürsten auch die Durchführung der Exekution beantragt. Es ist nicht leicht zu entscheiden, wie die Finanzlage der Städte und ihrer Bewohner damals wirklich war. Schenkte man ihren Berichten und Bittgesuchen Glauben, wären alle Orte am Verhungern, ihre Mauern verfallen, das Gewerbe verkommen gewesen, und der Großteil der Bürgerschaft hätte am Hungertuch genagt. Da aber der Landesfürst damals die Städte zur Begebung von Anleihen zwang, hatten diese Klagen wohl auch einen realistischen Hintergrund, und man kann recht schwer entscheiden, wo die Zwecklügen endeten und die Wahrheit begann. Das Vorgehen der Regierung war nicht sanft. Mit eindeutiger Entschiedenheit wurden der Richter und einige Räte nach Wien zitiert – gebrauchten sie Ausflüchte, um die Reise zu verzögern, drohte man mit schweren Strafen – und ihnen dort die Kreditwünsche des Landesfürsten in einer ihnen ungewohnten Umgebung in einer Weise vorgetragen, daß sie kaum entrinnen konnten. Daheim angelangt, mußten sie nun der aufgebrachten Bürgerschaft, die alles in ganz anderem Lichte sah, ihren Standpunkt und das Verhandlungsergebnis klarmachen. So hat die Stadt St. Pölten im Jahre 1568 dem Kaiser ein Darlehen von dreitausend Gulden gewähren müssen, aus dem der Bürgerschaft ein fünfzigprozentiger Verlust erwachsen ist. In einer Denkschrift forderten die Genannten das öffentliche Verhör des Stadtrichters. Die Stadt Korneuburg mußte für die Hofkammer im Jahre 1574 die Bürgschaft für sechstausend Gulden übernehmen und den Zinsendienst leisten, der niederösterreichischen Kammer eintausend Gulden vorstrecken, die aus den Erträgnissen des Salzverkaufes zurückerstattet werden sollten und überdies zwei Jahre später dem Kaiser selbst für die Reise zum Reichstag nach Regensburg zweitausend Gulden borgen.

Während die kleinen landesfürstlichen Städte, wie Bruck, Marchegg, Laa oder Weitra, immer stärker der Bevormundung durch die im gleichen Orte sitzenden Herrschaftsbesitzer ausgesetzt waren und zur Wahrung ihrer Autonomie oft langwierige Prozesse führen mußten, wollten andere unter der Leitung einer unternehmungslustigen Obrigkeit neue Geldquellen schaffen. Die Stadt St. Pölten hat sich am Ausbau eines neuen Eisenbergwerkes in Lilienfeld, für dessen Erschließung im Jahre 1572 ein Hans Khauffinger Privilegien erhalten hatte, finanziell beteiligt. Man versprach sich von diesem Waldbergwerk große Ergiebigkeit und hoffte, Hämmer und Schmiede des ganzen Traisentales von der Eisenzufuhr unabhängig machen zu können. Das Unternehmen erwies sich aber als Fehlspekulation, weil der Bergsegen unergiebig war.

Die am 1. Mai 1553 von Ferdinand I. für die niederösterreichischen Lande erlassene Bergordnung hatte Auffindung und Abbau von Bodenschätzen umfassend geregelt. In 208 Artikeln wurde den Bergobrigkeiten und den Berggenossen erläutert, daß die landesfürstliche Hoheit sich auf »alle Bergwerk und Fünd« erstrecke und niemand ohne besondere Erlaubnis berechtigt sei, Bergwerke zu eröffnen und zu betreiben. Darunter waren Salz, Quecksilber, Alaun und Eisen zu verstehen, wobei besonders die Eisenverarbeitung und der Eisenhandel einen wichtigen Wirtschaftszweig darstellten.

Die landesfürstlichen Eisenordnungen der Jahre 1544 bis 1574 und die Scheibbser Marktordnungen von 1574 regelten endgültig den Eisenhandel in Niederösterreich, womit die bedeutendsten wirtschaftspolitischen Maßnahmen des ganzen 16. Jahrhunderts getroffen waren. Denn die Ordnung des Eisenwesens griff in die Lebensverhältnisse Tausender Niederösterreicher ein. Die Eisengewinnung war durch Kaiser Ferdinand I. und Maximilian II. zum Staatsmonopol erklärt und Eisenerz, Leoben und Vordernberg mit ihrem unerschöpflichen Reichtum zum Kammergut bestimmt worden. Vor allem das Gebiet des Erzberges, der Innerberg, der verkehrsmäßig sehr ungünstig lag, mußte durch ein künstlich aufgebautes System erhalten werden. Einmal mußte das im Innerberg gewonnene Roheisen einer Verwendung zugeführt und somit der Absatz der Produktion gesichert, dann aber wieder die dort beschäftigten Arbeiter mit Lebensmitteln versorgt werden. Denn im 16. Jahrhundert wohnten allein fünfhundert bis sechshundert am Berg beschäftigte Personen in Eisenerz, wozu noch Frauen und Kinder kamen. Außerdem hielten die Radmeister sechshundert bis siebenhundert Pferde zum Eisen- und Kohletransport, die ebenfalls mit Futter versorgt werden mußten. Nachdem schon im 15. Jahrhundert die Dreimärktestraße über den Grubberg bei Lunz errichtet worden war, wurde unter Ferdinand I. von 1544 bis 1561 um 28.000 Gulden ärarischen Geldes eine Straße durch die Mendling gebaut. Nun konnte diese Strecke, an der früher nur ein Saumpfad geführt hatte, auch von Pferdewagen benützt werden. Die aus dem 15. Jahrhundert stammende, zur Proviantbeschaffung gegründete Gäuverbindung der niederösterreichischen »Proviantmärkte« löste sich, begünstigt durch die Länderteilung von 1564, auf. An ihre Stelle trat nun die »Widmung«. Durch diese wurde der ehemals große Gäu, der nach Osten bis zur Erlauf reichte, bis zur Pielach erweitert und im Jahre 1583 in zwei Bezirke mit den Hauptorten Scheibbs und Waidhofen geteilt. Der Scheibbser Bezirk hatte vier Meilen im Umkreis und erstreckte sich südlich der Donau von der Pielach bis zur Ybbs; westlich davon lag der Waidhofener mit einem Drei-Meilen-Umkreis, und anschließend an diesen war in Oberösterreich das Gebiet von Weyer ebenfalls zum »Widmungsgebiet« erklärt worden. In diesen Bezirken durften keine Hauptnahrungsmittel, das waren Getreide, Mehl, Schlachtvieh, Pferde, Schmalz, Butter, Käse, Eier, Obst, Most, Essig und Branntwein, ohne besondere Erlaubnis ausgeführt werden, sondern mußten auf den Wochenmärkten in Scheibbs, Waidhofen, Steyr und Weyer gesammelt und von den Provianthändlern den Eisengebieten zugeführt werden. Dafür brachten diese bei der Rückfahrt Roheisen nach Niederösterreich, erhielten aber nicht das beste Eisen, sondern nur die sogenannten »Proviantsorten«, schlechtere Eisenarten, die in den Hämmern in und um Lunz, Göstling, Gaming, Gresten und Scheibbs verarbeitet wurden. Das bessere Eisen wurde auf der Straße und auf den Flößen entlang und auf der Enns ins Gebiet von Steyr geführt und hier in Landl, Großreifling, Weyer,

Reichraming, Hollenstein und Waidhofen verarbeitet. Diese Orte bildeten das »innerbergische Hammergebiet«, im Gegensatz zum »vordernbergischen«, das seine Rohprodukte aus Vordernberg bezog und im Mürz- und Murtal seinen Sitz hatte. Dazu kamen geringe Mengen im Ybbstal gefördertes Waldeisen, das im 16. Jahrhundert abgebaut wurde.

Zum Verständnis soll die technische Seite dieses Produktionsprozesses erzählt werden. Das beim Schmelzprozeß, der Verhüttung, gewonnene Eisenstück enthielt Stahl und Weicheisen noch ungeschieden. Bevor dieses Rohprodukt zur weiteren Verarbeitung geeignet war, mußten die Sorten voneinander getrennt und alle Schlacken beseitigt werden. Dazu wurden die Maß mit Hilfe des Blasebalges nochmals aufgeheizt und sodann der aus Stahl bestehende Kern mit Hilfe des Hammers von den äußeren, aus Weicheisen bestehenden Teilen geschieden. Diese Hämmer, die mit Wasserkraft betrieben wurden, nannte man Deutschhämmer. Im 16. Jahrhundert wurde eine Arbeitsteilung eingeführt. Große, schwere, langsam gehende Hämmer, die man Welschhämmer nannte, hatten nur die Scheidung des Stahlkernes vom Weicheisen durchzuführen, die weitere Bearbeitung der verschiedenen Sorten erfolgte in leichten und rasch gehenden Hämmern, den sogenannten Zainhämmern. Drei welsche Hämmer bestanden zu Anfang des 16. Jahrhunderts schon in Hollenstein, einer wurde in der Mendling und drei in Waidhofen errichtet. Die alten Deutschhämmer hielten sich nur mehr im Gebiet des Erlauf-, Ybbs- und Traisentales, sie wurden zur Verarbeitung der »Proviantsorten« verwendet und nun Zerennhämmer« genannt.

Das so gewonnene Roheisen wurde entweder weiterverkauft oder im selben Gebiet verarbeitet. Die Klingenindustrie erzeugte nicht nur alle Messer und Dolche, sondern auch Säbel, Degen und Stechmesser. Sie war vor allem um Steyr konzentriert und beschäftigte drei Handwerkergruppen, die Klingenschmiede, Schleifer und Messerer. Die von den Klingenschmieden erzeugten Rohklingen wurden den Schleifern übergeben. Zum Schluß fertigten die Messerer Griffe und Schalen an und machten die Stücke verkaufsfertig. Ein anderer wichtiger Zweig der eisenverarbeitenden Gewerbe waren die Erzeuger von Sensen, Sicheln und Strohmessern, die im Gebiet von Waidhofen, aber auch um Hainfeld und Türnitz saßen. Es gab darunter Betriebe, die bis zu zehn Gesellen beschäftigten und täglich siebzig Sensen erzeugten. Darüber hinaus wurden in Ybbsitz viele Hacken, im Erlauftal Hufeisen, Pfannen und Blechwaren, wie Pflugbleche oder Radbleche, erzeugt. Das nicht verbrauchte Eisen der »Widmungsbezirke« wurde im Viertel ob dem Wienerwald an Schmiede, Herrschaften und Klöster verkauft, der Überschuß nach Pöchlarn transportiert und von dort auf der Donau nach Krems, Korneuburg oder Wien geflößt. Das nördliche Niederösterreich und Wien wurden darüber hinaus auch von Steyr versorgt, wobei Holz- und Eisentransporte kombiniert wurden. Auf Flößen aus Holzstämmen wurde Eisen in die Ladestätten Emmersdorf, Krems, Stein und Wien gebracht. Von Krems ging das Eisen weiter nach Böhmen, Mähren und Schlesien, wobei jährlich durchschnittlich 20.000 Zentner in dieser Stadt allein verhandelt wurden. Dagegen war das Alpenvorland für Eisen und Eisenwaren aus dem Vordernberger Hammerbezirk und für Waldeisen aus dem Gebiet von Mariazell verschlossen. Nur über den Semmering durfte dieses Eisen nach Wiener Neustadt gebracht werden, das die Vorherrschaft im Eisenhandel nach Ungarn durch oftmals engherzige Auslegung seines Niederlagsrechtes behaupten konnte. In Wien trafen sich alle Eisensorten. Dagegen wurde streng darauf geachtet, daß kein Eisen über den Seeberg und aus der Gegend von Mariazell über den Annaberg oder das Gscheid ins Viertel ob dem Wienerwald gebracht wurde, denn das Traisen- und Gölsental gehörte noch zum Versorgungsgebiet von Scheibbs.

Natürlich ist immer wieder gegen diese Patente verstoßen worden. Dieses Wirtschaftssystem fand auch in der Siedlungsform der Täler seinen Niederschlag. Der starke Verkehr auf den Straßen, die Bindung an die schmalen Talsohlen und an die Wasserkraft der Flüsse und Bäche als Energiespender bedingten die noch heute charakteristischen Kettensiedlungen, wo ehemalige Hammerwerksanlagen, Huf- und Nagelschmieden sowie Gasthöfe, Arbeiterkeuschen und vereinzelte Bauernanwesen fast ohne Unterbrechung sich in den Tälern aneinanderreihen. Die drei Märkte Purgstall, Scheibbs und Gresten wurden das Zentrum des niederösterreichischen Eisen- und Provianthandels, und wer die Namen der Marktrichter dieser Orte durchsieht, findet immer wieder Proviandhändler mit dieser Funktion betraut. Trotzdem sind keine übermäßig reichen Kapitalistendynastien in jenen Gebieten erwachsen. Ein Denkmal an diese Zeit ist das Amonhaus in Lunz, das im Jahre 1551 vom Hammerherrn Martin Ofner erbaut wurde und um 1590 den reichen Sgraffito-Schmuck erhielt.

Wichtige Abnehmer österreichischer Eisenwaren waren der Balkan und Ungarn. Große Posten von Messern gingen über Siebenbürgen in die Walachei, während der Handel mit der Türkei seit dem Jahre 1544 eingeschränkt war. Sensen und Sicheln, die nach damaliger Auffassung nicht nur Material zur Herstellung von Waffen ergaben, sondern selbst als Waffen verwendet werden konnten, durften nicht in die Türkei verkauft werden. Dabei war die Nachfrage nach diesen Qualitätswaren sehr groß, seit im Jahre 1585 der im oberösterreichischen Almtale lebende Sensenschmiedemeister Konrad Eisvogel den Wasserbreithammer erfunden hatte, mit dem die Sensenerzeugung rationeller und billiger gestaltet werden konnte. Es durfte auch kein Roheisen in die Türkei gebracht werden, weil es als Material für die Waffenerzeugung diente. Natürlich hielten die Händler aus der Steiermark und aus der Gegend von Wiener Neustadt manchmal Geschäftsgeist höher als Patriotismus, und nur zu oft gelangten von dort aus Eisen und Eisenwaren zu den Türken.

Trotz verschiedener Reformversuche, welche die durch die Wirrnisse im Währungssystem hervorgerufene Krise der Betriebe steuern wollten, war das Innerberger Eisenwesen am Ende des 16. Jahrhunderts schlechter gestellt als jemals zuvor. Gegenreformation und Bauernaufstand zehrten am Mark eines Wirtschaftsverbandes, der Ruhe und Frieden nötig gehabt hätte;

Eisenarbeiter, Kohlenbauern und die Landwirtschaft des Voralpenlandes standen vor Not und Ruin. Aus diesem Grunde wurden im Jahre 1625 die Einzelbetriebe aufgehoben und das ganze Eisenwesen in der »Innerberger Hauptgewerkschaft« zu einer großen Genossenschaft zusammengeschlossen, womit ein neues Kapitel der niederösterreichischen Eisenwirtschaft begann.

Gerichts- und Polizeiwesen wurden während der Regierungszeit Maximilians II. weitergebildet und darin auch ein großer Fortschritt erzielt. Um die Sicherheit zu gewährleisten, sollten die Landgerichtsinhaber monatlich ihren Bezirk durchstreifen lassen und die allgemeinen Straßen regelmäßig abreiten. Dies hatte aber wenig Sinn, wenn nicht die benachbarten Gerichte es am gleichen Tage taten oder wenn die Grundobrigkeiten ihre Untertanen für die Streifungen nicht zur Verfügung stellten. Da die Landgerichte also dieser Verpflichtung sehr schlecht nachkamen, hat das Regiment im Jahre 1570 auf vielfaches Drängen der Stände die Anstellung eines Landprofosen angeordnet, der einen Leutnant, zwanzig Reiter, zwanzig Soldaten und vier Stekkenknechte zur Verfügung hatte. Die Zahl dieser Ordnungshüter war aber zu gering, um wirkliche Sicherheit gewähren zu können. Im März 1582 begannen wieder die Klagen über verwegene Untaten verdächtigen Gesindels, das nicht nur Reisende überfiel und in Gehöfte einbrach, sondern sich zu großen Räuberbanden zusammenschloß. Ein Steckbrief gegen 33 Räuber, die alle einer Gesellschaft, die sich »Mausköpfe« nannte, angehörten, nennt als Aufenthaltsorte dieser Bande die Umgebung von Wien, Sommerein und die Landschaften um Preßburg und Korneuburg. Obwohl Wirte und Herbergen überwacht wurden, verschlimmerten sich die Zustände so sehr, daß in den Jahren 1591 und 1592 die Leute selbst in der Stadt Wien nicht mehr sicher waren. Man hat sich deshalb zur Einführung eines Meldezettels entschlossen, den alle Ortsfremden sogleich nach ihrer Ankunft beim Bürgermeister oder Ortsrichter abzugeben hatten.

Ein Mandat des Jahres 1567 regelte dann auf Grund der Landgerichtsordnung das Vorgehen der Gerichte bei der Urteilsvollstreckung. Die Strafen für die schwersten Verbrechen, wie Raub, Mord und Brand, konnten sogleich vollzogen werden, ohne der Regierung zu berichten. Die mittleren Verbrechen, auf die Tod oder Galeerenstrafe stand, wie großer Diebstahl oder Totschlag, waren abzuurteilen, doch durfte das Urteil nicht sogleich vollstreckt werden, sondern die Geständnisse waren dem Regiment zu übersenden und dessen Entscheidung abzuwarten. Die geringeren Missetaten, auf die nicht Tod oder Galeerenstrafe stand, sondern die mit Stadt- oder Landesverweisung bestraft werden konnten, sollten gleich gesühnt werden, außer es wurde Landesverweisung ausgesprochen. Immer sollte aber die Untersuchung des Verbrechens sorgfältig geführt und mit der Urteilsfindung und Vollstreckung nicht übereilig vorgegangen werden. Denn das Gerichtswesen war trotz aller Maßnahmen zu seiner Verbesserung noch immer nicht einwandfrei. Zwischen den Landgerichten herrschte nicht selten Rivalität, und manchmal wurde sogar benachbarten Gerichten jede Rechtshilfe verweigert. Der Abt von Lilienfeld hat zum Beispiel im Jahre 1601 einem fremden Landgericht, das einen seiner Untertanen als Zeugen anforderte, die Auslieferung abgelehnt, da seine Leute vor keinem anderen Gericht zu erscheinen bräuchten. Er war lediglich bereit, selbst ein Verhör vorzunehmen und das Protokoll zu übersenden.

Eine Neueinführung der Zeit Maximilians II. war die Galeerenstrafe. Schon vor seinem Regierungsantritt hat er die Absicht der Einführung dieses Strafvollzuges geäußert, sie aber erst im Jahre 1567 durchgeführt, als die Landgerichte den Befehl erhielten, der Regierung Verzeichnisse von allen in Haft befindlichen Verbrechern einzuschicken, die auf Grund ihrer körperlichen Stärke in der Lage wären, auf den Galeeren verwendet zu werden. Diese transportierte man dann in die spanischen Provinzen Süditaliens. Ansonsten wurden Verbrecher zu Arbeiten bei Befestigungen herangezogen, etwa im Wiener Stadtgraben, wo man auch gelegentlich türkische Kriegsgefangene verwahrte.

Die Epoche Maximilians II. war auch für die Entwicklung des niederösterreichischen Gesundheitswesens bedeutungsvoll, doch ging jetzt für einige Jahrzehnte die Initiative von den Ständen aus, die sich im Jahre 1564 an Dr. Philobrius wandten, den Leibarzt Erzherzog Ferdinands, der nach dem Regierungsantritt seines Herrn als Landesfürst von Tirol in Wien verblieben war. Er sollte gegen einen jährlichen Sold von zweihundert Gulden in den Dienst der Stände treten und Landleute, die seiner bedurften, behandeln. Er sollte in Wien wohnen und für die Behandlung eines Patienten pro Tag einen halben Taler erhalten. Wenn er aber aufs Land gerufen werde, bekam er Fuhre und Unterkunft sowie für jeden Tag einen Taler vergütet. Daraus kann man schon ersehen, daß sich nur hohe Adelige oder Prälaten einen Arzt leisten konnten; der Landschaftsmedicus war also wirklich nur für die »Landschaft« bestimmt. Trotzdem hatte diese Einrichtung solchen Erfolg, daß im Jahre 1577 mit Hilfe der Wiener medizinischen Fakultät eine über das ganze Land reichende Organisation aufgebaut wurde, indem außer dem Wiener Landschaftsmedicus noch vier Viertelmedici zu den gleichen Bedingungen bestellt wurden. Sie saßen in Melk, Wiener Neustadt, Waidhofen an der Thaya und Mistelbach. Am Ende des 16. Jahrhunderts gab es sogar in jedem Viertel schon zwei solcher Medici, und zwar in Melk (das allerdings einige Male mit Ybbs wechselte), St. Pölten, Baden, Wiener Neustadt, Stokkerau, Mistelbach, Horn und Krems. In den gleichen Orten wurden auch Landschaftsapotheken errichtet und Barbiere angestellt. In den größeren Städten wirkten überdies private Ärzte, die meist an ausländischen Hochschulen, vor allem in Straßburg, ausgebildet worden waren.

Die Regierung hat lediglich den einzelnen Obrigkeiten, besonders denen im Viertel unter dem Wienerwald und im Waldviertel, die Errichtung von neuen Spitälern und Siechenhäusern empfohlen. Die Beschränkung der bestehenden Einrichtungen auf Bürger oder eigene Untertanen war vor allem für kranke und verwundete Soldaten ein großer Nachteil, denn die Truppen hatten keine Lazarette, sondern die Verwundeten wurden vor dem Dreißigjährigen Krieg noch sich selbst überlassen. Es sollte nicht vorkommen, heißt es in einem landesfürstlichen Patent von 1596, daß arme Kranke und verwundete Soldaten mangels einer Unterkunft in Spitälern ohne Labung und Hilfe auf offenen Straßen und Gassen liegen und dort sterben müssen. Zum Unterhalt der verwundeten Krieger sollten auf den Schlössern von den Herrschaften Truhen aufgestellt werden, um Lebensmittel und Kleider zu sammeln. Ebenso sollte bei Hochzeiten und auch von Haus zu Haus gesammelt werden. Mit unserer Zeit verglichen, war das 16. Jahrhundert wohl unsagbar grausam und herzlos, wie aus diesen Verfügungen hervorgeht. Trotzdem gab es schon einen Fortschritt, im Gegensatz zu jenen Jahrhunderten, in denen dieses Elend wohl auch schon bestand, aber niemand die Absicht hatte, es zu mildern.

Die große Visitation des Jahres 1562 hatte einen Überblick vom Stande der beiden Kirchen in Niederösterreich erbracht, dessen Ergebnis für die Katholiken niederschmetternd gewesen sein mußte. Knapp ein Achtel der Einwohner war noch wirklich dem alten Glauben zugetan, die überwiegende Mehrheit schon evangelisch mit allen Konsequenzen, eine ziemlich große Randschicht im Begriffe, es zu werden. Dies war kein Wunder beim Zustand selbst der großen, reichen und angesehenen Klöster: in Herzogenburg, Melk und Klosterneuburg hatten sich selbst die Äbte alle Erleichterungen, die Luther den Priestern zugestanden hatte, gewährt, in Göttweig, Pernegg oder Zwettl war kein Konvent mehr, in Geras der allein im Stifte weilende Abt mehr lutherisch als katholisch. Die Nonnen von Minbach, Erlakloster und Ybbs waren verschrien, im Frauenkloster St. Bernhard bei Horn hatten adelige Junker der Umgebung ihre Absteigquartiere. Die wirklich gut geführten Häuser, wie Seitenstetten, waren in der Minderzahl. Auch die Mehrheit des hohen und niederen Adels, die Träger solch klangvoller Namen wie Eyczing, Puchheim, Grabner, Rogendorf, selbst Reichard Streun von Schwarzenau, der Freund des Kaisers, waren Protestanten. Sie waren im Heere, in der Verwaltung, sogar in der näheren Umgebung Maximilians in der Überzahl. Auch viele Städte, namentlich auch landesfürstliche, vollzogen bedenkenlos den Umschwung ins evangelische Lager.

Zur selben Zeit, erstmals um 1561, sind radikal gesinnte Personen als Prädikanten nach Niederösterreich gekommen, die in anderen evangelischen Ländern mit organisiertem Kirchenwesen »von wegen ihres zänkischen Samens und Pflanzung gehässiger Haderei und Zwietracht«, wie sich Maximilian in einer Antwort auf eine Ständepetition ausdrückte, vertrieben worden waren. In Österreich, wo kein solches Kirchenwesen existierte, fanden diese »sektischen Rottengeister« Aufnahme und wirkten nun zum Schaden der evangelischen Sache. Besonders die Flacianer, die Anhänger des temperamentvollen Istrianers Matthias Vlacich (Flacius Illyricus), die selbst die von Melanchthon vertretene vermittelnde Richtung als »Papismus« mit den härtesten Worten verfolgten, taten sich durch ungezügelten Radikalismus hervor und standen an religiösem Fanatismus den Jesuiten nicht nach. Diese beiden Richtungen unterminierten mit Erfolg jede Einigungsbestrebung.

Die immer stärker werdende Glaubensänderung der Landesbewohner hatte auch einen Wandel selbst in Kaiser Ferdinands I. Gesinnung bewirkt. Er habe alles getan, um die Ketzer auszurotten: sie verbrennen, hängen und köpfen lassen, aber je härter die Strafen waren, um so mehr seien ihrer geworden, sagte er selbst zum päpstlichen Nuntius Hosius. Immer stärker hatte er sich deshalb um einen ehrlichen Ausgleich bei den Konfessionen bemüht, aber der Papst war nur zur Bewilligung des Laienkelches zu bewegen gewesen. Auch sein Sohn Maximilian II., von dem man oft annimmt, nur die Rücksicht auf das spanische Erbe habe seinen offenen Übertritt zum Luthertum verhindert, arbeitete anfangs unermüdlich auf einen solchen Ausgleich hin. Er war ein erklärter Gegner aller harten Maßnahmen in Religionssachen und wollte sich beiden Konfessionen gegenüber die Unabhängigkeit bewahren. Bei den Landtagen, wo jedesmal die Religionsfragen erörtert wurden, sind die Vertreter der Städte mit den beiden oberen Ständen der Herren und Ritter konform gegangen. Seit 1566 durften sie dies nicht mehr, da der Kaiser nicht duldete, daß sich »sein Kammergut so gebärde«. Dadurch wurden die landesfürstlichen Städte von den übrigen evangelischen Ständen getrennt und konnten zwanzig Jahre später zum ersten Stützpunkt der Gegenreformation werden.

Da sich die Religionsfrage immer stärker in die Landtage verlagerte und mit anderen Problemen verknüpft wurde, war es unausbleiblich, daß der Kirchenkampf völlig zum Politikum wurde. Den Huldigungslandtag von 1564 hatten die Stände dazu benützt, freie Religionsausübung zu fordern, ein Jahr später wollten sie schon die Abschaffung der katholischen Religion durchsetzen. Der Kaiser wieder nützte die schlechte Lage der Klöster, diese seiner Oberaufsicht zu unterstellen, und gründete 1568 den Klosterrat als ständige Behörde, welche die Wirtschaftsführung der Stifte und landesfürstlichen Patronatspfarren zu überwachen hatte. Seine schlechte finanzielle Lage machte ihn dem Druck der Stände gegenüber im Laufe der Zeit nachgiebiger. Zudem hatten sich andere katholische Staaten wie Frankreich im Frieden von Amboise (1563) und Polen (für Livland und den Adel Litauens) zur Religionsfreiheit für protestantische Minderheiten entschlossen. Als ihm nun die Stände in finanziellen Dingen sehr entgegenkamen und ihn aus einer unangenehmen Lage befreiten, bewilligte er am 18. August 1568, als Antwort auf eine neuerliche Petition, den Adelsständen den Gebrauch der augsburgischen Konfession auf ihren Schlössern, Häusern und Gebieten auf dem Lande für sich und ihre Untertanen. Somit waren nur mehr die Bewohner der zwanzig landesfürstlichen Städte und Märkte sowie die Bauern auf den landesfürstlichen Gütern von der Religionsfreiheit ausgeschlossen; aber auch hier war der Protestantismus schon weit vorgedrungen.

Die Gewährung der Religionskonzession von 1568 rief begreiflicherweise in der ganzen katholischen Welt, die davon völlig überrascht worden war, einen Sturm der Entrüstung hervor, die protestantischen Länder aber frohlockten. Ähnlich war die Stimmung auch im Lande selbst. Während die evangelischen adeligen Stände dem Monarchen »aus inbrünstigem Herzen«

ihren »höchsten, demütigsten, untertänigsten« Dank aussprachen, zeigte der katholische Hofrat Dr. Georg Eder dem kaiserlichen Hofprediger Eisengrein »mit ganz betrueptem Herzen und weinenden Augen« diese Nachricht an. Es wurde auch von den Katholiken nicht ganz zu Unrecht behauptet, die evangelischen Stände der Landstube hätten sich die Konzession gekauft und der Kaiser habe einen Kuhhandel mit der Religion getrieben. Maximilian II. hat selbst kein Hehl daraus gemacht, daß die Konzession wider seinen Willen und aus äußerster Not gegeben wurde. Die dem Adel gewährte Religionsfreiheit ist aber, als Ganzes gesehen, doch ein geradezu ungeheures Zugeständnis zu einer Zeit, als Toleranz noch ein unbekanntes Vokabel war. Es war mehr, als irgendein protestantischer Reichsfürst sich jemals hatte abringen lassen, denn nach dem Augsburger Religionsfrieden von 1555 hatte jeder Fürst das Recht, den Untertanen seinen eigenen Glauben aufzuzwingen. Es konnte also vorkommen, und ist in Brandenburg und in der Pfalz auch geschehen, daß der Fürst vom Luthertum zum Kalvinismus übertrat und alle Landesbewohner ihm darin folgen mußten. An diese Religionskonzession waren aber zwei Bedingungen geknüpft, ohne deren Erfüllung sie keine Gültigkeit erlangen sollte: Einmal durfte die katholische Religion nicht geschmäht, angetastet und ihren Bekennern kein Schaden zugefügt werden. Weiters mußte eine Norm zur Durchführung der Gottesdienste und der Organisation der lutherischen Kirche geschaffen werden. Diese zweite Forderung, die so leicht erfüllbar aussieht, war der Anfang vom Ende des lutherischen Glaubens in Österreich. Einige Gelehrte sollten mit der Ausarbeitung der »Agende« betraut werden. Schon bei ihrer Auswahl ergaben sich große Schwierigkeiten: Manche Adelige huldigten immer mehr dem schroffsten Luthertum, wie es von den in Mittel- und Norddeutschland vertriebenen Predigern gelehrt wurde. Bald durchwühlten erbitterte Fraktionsfehden die evangelische Kirche. Gezänk und Streit brach unter den Prädikanten aus, und die Anhänger wußten oft selbst nicht mehr, was rechtens war und was ketzerisch. Es wurde sogar behauptet, zur selben Zeit hätte es in Österreich so viele Sekten gegeben wie protestantische Pfarren. Es lassen sich jedoch sechs Gruppen erkennen, von denen die »Flacianer« die radikalsten waren.

Da die Religionskonzession erst in Kraft trat, wenn dieses gemeinsame Handbuch für den Gottesdienst, die Agende, vorhanden war, ist in den folgenden Jahren ein solches Werk ausgearbeitet worden. Neben dem angesehenen österreichischen Prädikanten Christoph Reuter wurde der Rostocker Professor David Chyträus nach Niederösterreich berufen, um die Kirchenordnung zu verfassen. Sie ist im Jahre 1571 unter dem Titel »Christliche Agenda, wie sie von den zwyen Ständen der Herren und Ritterschaft im Erzherzogtum Österreich unter der Enns gebraucht wird« gedruckt worden. Ihr Erscheinen bedeutet einen Höhepunkt in der Geschichte des österreichischen Protestantismus, den es nun zu behaupten galt. Nach der Herausgabe dieser gedruckten Agende war der Vorbehalt der Religionskonzession erledigt, und ihre »Assekuration« konnte erfolgen, sie wurde gültig. Hier war nun die Formulierung, die bei der Konzession noch vielfach unklar gewesen war, eindeutig: den Ständen wurde die freie Religionsausübung gestattet, »auf und in allen Schlössern, Häusern und Gütern, doch außer unseren (den landesfürstlichen) Städten und Märkten, für sich und ihr Gesinde und ihre Angehörigen; auf dem Lande aber und bei ihren zugehörigen Kirchen zugleich auch für ihre Untertanen«. Damit wäre eigentlich die Voraussetzung für eine einheitliche evangelische Kirchenorganisation gegeben gewesen. Aber viele Prädikanten waren nicht zufrieden, verfaßten Schmähschriften gegen die Agende und mußten des Landes verwiesen werden. Als Maximilian im Jahre 1576 starb, war Niederösterreich wohl beinahe ein protestantisches Land, das Luthertum hatte aber trotzdem noch keine Organisationsform gefunden. Kaiser Maximilian war hingegen Katholik geblieben und hatte auch seine Söhne, insbesondere Rudolf und Ernst, in Spanien streng katholisch erziehen lassen. Sein Sommersitz wurde das »Neugebäude« östlich von Wien, ein Renaissanceschloß nach italienischem Vorbild. In drei Gärten wurden seltene Pflanzen und Blumen gehalten, doch der Elefant, den er als Kronprinz aus Italien über Brixen, Linz und Wien nach Kaiserebersdorf treiben ließ, ging schon 1554 ein.

16. KAPITEL

Der Beginn der Gegenreformation

Als Maximilian II. am 12. Oktober 1576 die Augen schloß, glaubten wenige Menschen im Reich, daß sein in Spanien streng erzogener Sohn Rudolf II. zum Nachfolger gewählt werde. Doch zeigte sich, daß die katholische Partei einig und fest, die protestantischen Reichsfürsten hingegen zersplittert und uneins waren. So ging der Habsburger als Sieger hervor. Diese Wahl war die erste große Demonstration und der erste wichtige Sieg der katholischen Restauration seit der Abdankung Karls V. Für den österreichischen Protestantismus wurde sie zur Lebensfrage.

Vorerst noch eine Darstellung jener Bewegung, die der katholischen Kirche binnen kurzer Zeit die neue innere Festigkeit verliehen hatte. In den lateinischen Ländern ist, als der Sieg der deutschen Reformation immer größer wurde, der Kampf gegen den inneren Niedergang der Kirche mit Erfolg aufgenommen worden. Das Papsttum hob sich selbst durch die Reform der römischen Kurie aus seinem Verfall und führte die katholischen Länder zur alten Disziplin zurück. Unterstützt vom Trienter Konzil (1545–1563), das in seinen Glaubensdekreten einen dogmatischen Damm gegen die Neuerungen aufgerichtet und die Glaubensspaltung zwischen katholischen und evangelischen Christen für die Zukunft besiegelt hatte, und von den neuen, militant organisierten Orden wie den Jesuiten für die höheren, den Kapuzinern für die niederen Volksschichten, konnte es die Reformation von Spanien und Italien abhalten. In Deutschland erwuchsen Musterbischöfe und restaurationsfreudige Landesherren, dazu eine entschlossene Fürstenpartei, welche die Verwirrung der früheren Jahrzehnte überwunden hatte. Der Kampf um Köln sollte dies beweisen. Im Reich standen einander die beiden Parteien beinahe gleich stark und mit wachsender Entschlossenheit gegenüber. Konnte dies ohne Auswirkung auf die innere Gestaltung der österreichischen Länder bleiben?

In Niederösterreich hatte man von einer Festigung der katholischen Partei bisher recht wenig bemerkt. Wohl waren die Jesuiten 1551 in Wien eingezogen, ihre Tätigkeit erstreckte sich jedoch über keine weiteren Kreise. Es gelangen ihnen einzelne Bekehrungen, auch bildeten sie eine feste Zelle des katholischen Glaubens im umstrittenen Land, über Teilerfolge kamen sie aber vorerst nicht hinaus.

Rudolf II. hatte bald nach der Wahl zum Kaiser Probleme mit seinem Bruder Matthias, der sich nicht abfinden lassen wollte und in die Niederlande zog, schließlich in Linz residierte, aber auch König von Polen werden wollte. Nach einer schweren psychischen Krankheit zog sich Kaiser Rudolf völlig nach Prag zurück und betraute im Jahre 1583 seinen streng katholischen Bruder Ernst mit der Stellvertretung in Österreich. Nun begann binnen kurzer Zeit eine breit angelegte, nicht mit allzu großer Wucht, aber doch zäh vorgetragene Offensive der katholischen Partei. Als Ernst in die Wiener Hofburg einzog, war die Lage keinesfalls rosig. Im Landhaus hatten die Adelsstände ein regelrechtes Kirchenministerium eingerichtet, die zivilen und militärischen Spitzenpositionen waren zum Großteil mit Protestanten besetzt. Selbst in den Hof, in die nächste Umgebung des Erzherzogs, waren sie eingedrungen. Unter diesen Umständen durfte es der Statthalter nicht einmal wagen, kaiserliche Verordnungen gegen die Reformierten zu publizieren. Die Stände waren auch über die Zugeständnisse der Assekuration von 1571 weit hinausgegangen und hatten fast alle Städte protestantisch gemacht. Ein dichtes Netz von evangelischen Pfarren überzog Niederösterreich, obwohl es nicht gelingen wollte, die Einheitlichkeit der Lehre herzustellen.

Was der Hof also vorerst tun konnte, waren Maßnahmen gegen einzelne Reformierte. Es begann ein zäher Kleinkrieg, der aber die Regierung bereits im Vormarsch sah. Durch fein ersonnene Maßnahmen politischer Natur, die vom Standpunkt des formalen Rechtes kaum angefochten werden konnten und keineswegs gegen die maximilianischen Konzessionen verstießen, wurden die Stände immer mehr zurückgedrängt und, wie sich später zeigen sollte, tödliche Spitzen in den Lebensnerv des Protestantismus getrieben. Es begann 1578 mit der Sperre der Gottesdienste im Landhaus, wo der radikale Flacianer Josua Opitz, ein gebürtiger Sachse, der kaum älter als 30 Jahre war und vorher schon aus Regensburg vertrieben worden war, predigte. Dann folgte die Schließung der evangelischen Landhausschule und die Ausweisung des Prädikanten Opitz und der anderen Prediger aus der Hauptstadt. Nach Wien, wo es 1578 anläßlich der Fronleichnamsprozession zu einem Zusammenstoß gekommen war, bei dem kein Blut, nur einige Kannen Milch vergossen und Marktbuden umgeworfen worden waren, legte man eine Garnison unter einem katholischen Stadthauptmann. Einige kaiserliche Beamte, die als Protestanten bekannt waren, wurden entlassen. Dies hatte zur Folge, daß manche vom Hofdienst lebende evangelische Adelige konvertierten. In Hernals wurde die Kirche auf dem Rittergut der Brüder Adam und Balthasar Geyer, die von den Ständen für die Wiener Bevölkerung nach der Sperre der Landhausgottesdienste erworben worden war, geschlossen, weil das dortige Kirchenlehen ohne Zustimmung des Kaisers verkauft worden war. Dies sind nur einige Beispiele aus einer ganzen Reihe kleiner Maßnahmen, die von der Regierung ergriffen wurden.

Vorläufig sah es bei den Ständeversammlungen noch nicht nach einem Sieg der katholischen Richtung aus. Auf dem Landtag von 1579 unternahmen die landesfürstlichen Städte einen neuen Vorstoß und verlangten die Zulassung des protestantischen Gottesdienstes innerhalb ihrer Mauern.

Man sollte meinen, daß dieser neue Angriff, der weit über die Assekuration von 1571 hinausging, von seiten der protestantischen Adelspartei kräftigste Unterstützung erhalten hätte und daß die Ständemitglieder in hellen Scharen herbeigeeilt wären, um diese wichtige und entscheidende Frage mit allen Mitteln durchzusetzen. Dem war aber nicht so. Bei der entscheidenden Sitzung des Landtages waren von den zweihundert protestantischen Ständemitgliedern nur zwanzig anwesend. Dies war ein Signal für die Regierung, daß es mit der Einheit innerhalb der Lutheraner nicht zum besten bestellt war. Diese Interesselosigkeit eines Großteils der Stände, die tatsächlich schwer an innerer Zerfahrenheit litten, war der Auftakt für die ersten planmäßigen gegenreformatorischen Maßnahmen in Niederösterreich. Erzherzog Ernst hatte unterdessen einen Berater gefunden, dem keiner der protestantischen Führer gewachsen war: Melchior Khlesl.

1552 in Wien als Sohn eines protestantischen Bäckermeisters geboren, trat der junge Khlesl während seines Universitätsstudiums unter dem Einfluß des Tiroler Jesuiten Georg Scherer, der in Wien als Prediger wirkte, zum Katholizismus über. Diese Bekehrung sollte der größte Erfolg werden, den die Jesuiten während ihrer Tätigkeit zur Zeit des Vormarsches der Reformation in Österreich erzielen konnten. Denn der junge Theologe Khlesl ist bald zum Vorkämpfer der katholischen Sache in Niederösterreich geworden, konnte alle Kräfte mobilisieren und damit einem weiteren Vordringen des Protestantismus zunächst Einhalt gebieten. Sein Aufstieg war kometenhaft. Er war vorerst als guter Prediger tätig und feierte manchen Sieg in Disputationen mit protestantischen Geistlichen. Von den Jesuiten am kaiserlichen Hof und später bei Erzherzog Ernst in der Wiener Hofburg warm empfohlen, wurde er 1579 zum Dompropst von St. Stephan und damit zugleich zum Kanzler der Universität ernannt.

1581 wurde er Offizial des Bischofs von Passau und Generalvikar für den niederösterreichischen Teil der Diözese, die mit Ausnahme Wiens, Wiener Neustadts und des Wechselgebietes das ganze Land umfaßte. Als er 1588 mit der Administration des winzigen Bistums Wiener Neustadt betraut wurde, war er de facto geistliches Oberhaupt der neunhundert Priester des Landes. Angeblich fand er bei seinem Amtsantritt nur fünf eifrig katholisch verwaltete Pfarren vor, doch ließ er sich dadurch nicht entmutigen. In ihm hatte die katholische Kirche endlich den Mann gefunden, den sie ein Jahrhundert lang entbehrt hatte: einen Draufgänger, einen unermüdlichen Kämpfer, der die Ausdauer, Geduld und Organisationsgabe besaß, in jahrelanger Kleinarbeit die Kirchenorganisation in Niederösterreich wieder aufzubauen. Er wandte sich ebenso fanatisch gegen die Landesregierung, wenn sie in seine Jurisdiktion eingriff, wie er die Evangelischen überall und auf allen Gebieten bekämpfte. Seiner zielbewußten Persönlichkeit hatten die Protestanten keinen gleichwertigen Mann entgegenzustellen.

Die evangelischen Adeligen Niederösterreichs hatten keine so mächtige Persönlichkeit, wie es zu dieser Zeit Georg Erasmus Tschernembl in Oberösterreich oder Karl von Zierotin in Mähren waren, in ihren Reihen. Der großen Masse von völlig desinteressierten Ständemitgliedern standen wohl eine Anzahl aktiver gegenüber, wie Veit Albrecht von Puchheim in Horn, Wilhelm von Hofkirchen auf Kollmitz und Drösiedl oder Helmhard Jörger auf Kreisbach, Araburg, Hohenberg, Gutenbrunn, Walpersdorf, Zagging, später auch auf Judenau und Hernals. Sie alle aber waren schon alt, der Puchheimer starb 1584, der Hofkirchner 1586, der Jörger 1594. Hans Adam von Hofkirchen, Wilhelms Sohn, war 1591 in eine Mordaffäre an Niklas von Puchheim auf Raabs verwickelt und mußte nach Polen flüchten. Die junge Generation hat also keinen starken, zum Führer geeigneten Vertreter mehr hervorgebracht. Der Oberösterreicher Georg Erasmus Tschernembl bestimmte daher auch den Kurs der Evangelischen im Lande unter der Enns. Auch unter den protestantischen Predigern war kein überragender Mann zu finden, der an Khlesl auch nur einigermaßen herangereicht hätte. Wohl haben die evangelischen Stände im Jahre 1580 durch den Rostocker Gelehrten Lukas Backmeister eine Visitation ihrer Pfarren vornehmen lassen, die aber, mit Ausnahme einer Aufzeichnung des Zustandes der Kirche in Österreich, kein positives Ergebnis hatte. Die Kommission, die in der Puchheimischen Stadt Horn tagte, prüfte wohl die religiösen Ansichten der protestantischen Prediger, konnte aber vorerst keine einheitliche Lehrmeinung erarbeiten. Nach 1590 verschwanden jedoch die Flacianer von den Pfarren, die Geistlichen waren nun theologisch einheitlich ausgerichtet. Aber es gab nicht mehr jene Persönlichkeiten, wie es etwa der Pastor Paul Hillemeir gewesen war, der seit 1574 bei den Hofkirchnern als Prädikant beschäftigt war.

Khlesl dagegen hat Pfarre um Pfarre bereist, schlechte Priester abgesetzt und die Kirchen mit neuen Geistlichen besetzt. Die rekatholisierte Wiener Universität und die gesäuberten Klöster lieferten ihm einen Stock neuer Männer. Nach kurzer Zeit konnte er behaupten, er habe allen Pfarren einen Priester gegeben.

Das Jahr 1580 kann als entscheidende Wende in der Geschichte der Religionskämpfe in Österreich angesehen werden. Es bildete sich im Landtag allmählich eine katholische Ständefraktion, die von Erzherzog Ernst kräftig gestützt wurde. Dieser ordnete für Wien eine Büchervisitation an, bei der allen Buchführern die nichtkatholischen Werke weggenommen und vernichtet werden sollten. Bedenkt man, welche große Rolle der Buchhandel bei der Verbreitung der neuen Lehre gespielt hatte, so erkennt man die Bedeutung dieser Aktion. Der nächste Schritt war eine für die Stände ungünstige Auslegung der vielen unklaren und zweifelhaften Bestimmungen der Assekuration von 1571. Mit Strenge wurde gegen die protestantischen Prediger in den landesfürstlichen Städten vorgegangen. Hier war ein ganz klarer Übergriff von seiten der Protestanten erfolgt. Die Prediger wurden rücksichtslos ausgewiesen, auf die Richter- und Ratswahlen durch landesfürstliche Kommissäre stärkster Einfluß genommen. In Hinkunft wurden Vertreter, die nicht das katholische Glaubensbekenntnis ablegten, von der Regierung nicht mehr bestätigt. Damit trat eine entscheidende Änderung in der Verwaltung dieser Städte ein. Hatten sie bisher mancherorts katholischen Bürgern die Aufnahme verweigert, so geschah nun das Gegenteil. Waren Richter und Rat einmal katholisch, so mußte auch ein Teil der Bürgerschaft aus wirtschaftlichen Interessen wenigstens äußerlich folgen. In einzelnen Städten, wie in Ybbs, Korneuburg, Eggenburg oder Retz, haben die Bürger die protestantischen Prediger entfernt oder doch keine neuen mehr angestellt. Der Widerstand der protestantischen Bürgerschaft wurde damit gebrochen, zumal auch in anderen Städten, wie in Bruck an der Leitha, Tulln und später auch in Wiener Neustadt, Exempel statuiert wurden. Im Jahre 1586 mußten der Bürgermeister, der Stadtschreiber und einige Ratsherren aus Bruck ins Exil gehen, nachdem sie abgesetzt worden waren, in Wiener Neustadt wurden vierzig Bürger ausgewiesen, in Tulln waren es deren zwölf. In manchen anderen beschwor die Gegenreformation gefährliche Tumulte herauf, wie in Krems oder Waidhofen an der Ybbs. In Krems kam es im Februar 1589 zu einer Rebellion von 600 Bürgern, als die Gegenreformation durchgeführt werden sollte. Vier Rädelsführer wurden 1593 in den Stadtgraben nach Wien verurteilt, die Privilegien und die Verfassung der Stadt kassiert und ihr eine hohe Geldsumme als Buße auferlegt. Bis 1613 wurde sie von einem eingesetzten Stadtanwalt regiert, erst dann kam sie wieder in den Genuß ihrer Privilegien. In Waidhofen wurde wegen eines ähnlichen Aufruhrs der alte Rat im Jahre 1588 zu einer hohen Geldstrafe verurteilt, einige Ratsherren ausgewiesen, der Stadtschreiber erhielt lebenslänglichen Kerker. Natürlich war es nicht immer möglich, unter den zahlenmäßig relativ schwachen Katholiken geeignete Leute für die freigewordenen Stellen zu finden. Im Jahre 1608 beklagten sich die Protestanten, daß man Witwen und Waisen ihr Erbgut vorenthalten, den Städten zum Teil unehrliche Leute als Stadtschreiber aufgezwungen und statt wohlhabender ehrlicher Bürgersleute hergelaufenes, zum Teil des Lesens und Schreibens unkundiges Gesindel auf Richter- und Ratsposten gesetzt habe. Man habe den Bürgern ferner ihre freien Wahlen genommen, sie in ihren Rechten und Privilegien beschränkt, so daß die Städte jetzt weniger Bevölkerung und viele öde Häuser hätten. Manchen Eltern habe man überdies ihre Kinder gegen ihren Willen verheiratet. Zweifellos sind im Zuge dieser Umgestaltung viele unwürdige Personen zu Amt und Würden gekommen, während viele tüchtige und charakterfeste das Land verlassen mußten. Je stärker der Druck wurde und je länger er anhielt, umso mehr Bürger konvertierten. Die junge Generation zumal hatte nur mehr wenig Begeisterung für den evangelischen Glauben übrig.

Solange in der Umgebung der Städte noch protestantische Kirchen geöffnet waren, blieben alle Verordnungen über den Besuch des Gottesdienstes in den Städten und über die Ausweisung der Prediger illusorisch. Die protestantisch gebliebenen Bürger besuchten jetzt den evangelischen Gottesdienst außerhalb der Städte. Deshalb richteten sich die neuen Aktionen gegen das »Auslaufen«. Wir hörten schon, daß die Regierung die Kirche in Hernals gesperrt hat. Der Erfolg war, daß Helmhard Jörger, einer der führenden protestantischen Adeligen, die Herrschaft erwarb und die Kirche wieder öffnete. Damit hatte die Bevölkerung Wiens von neuem Gelegenheit, eine protestantische Kirche zu besuchen. So hielten es auch die Kirchberger auf Viehofen für die Bevölkerung St. Pöltens, die Rueber und nach ihnen die Jörger auf Judenau für die Tullner und die Eyczinger auf Schrattenthal für die Bewohner von Retz, um nur einige Beispiele zu nennen. In Judenau ereignete sich überdies ein Zwischenfall, der bezeichnend ist für die Stärke beider Parteien. Nachdem Helmhard Jörger im Jahre 1581 die Herrschaft erworben hatte, ließ er die kleine Kirche niederreißen, in der auch die Protestanten bisher ihre Gottesdienste gehalten hatten, und in der Nähe eine neue erbauen. Khlesl versuchte, die Sperre dieser Kirche zu erwirken. Der Jörger aber erklärte, diese Kirche heiße nach wie vor Schloßkirche, er sei der Lehensherr und könne Kirchen in der Art bauen, wie es ihm beliebe. Er habe als Kirchenpatron somit nicht gegen die Konzession gehandelt: Khlesl konnte ihm aber nachweisen, daß er gegen seine katholischen Untertanen äußerst hart vorgehe: er bedrohe sie mit der Abstiftung, verweigere ihnen die Heiratserlaubnis, kurz, er nütze alle Gelegenheiten aus, um sie unter Druck zu setzen. Auch konnte er den Adeligen zu Recht beschuldigen, daß alle Einkünfte der Kirche durch den Pfleger für den Gutsherrn eingehoben wurden. Trotzdem gelang es Khlesl nicht, durchzudringen.

So löste sich die Gegenreformation in kleine Gefechte auf, lokale Maßnahmen, die den Ständen nicht so bedeutungsvoll erschienen, die aber doch die Todesdrohung in sich trugen. Das wußte nur Khlesl, der seit 1590 an der Spitze der Reformationskommission stand und 1602 Bischof von Wien und Kardinal wurde. Auch beim neuen Statthalter Erzherzog Matthias, der seit 1595 als Vertreter des Kaisers in Wien residierte, stand er in großer Gunst. Es ist unwahrscheinlich, um welche Kleinigkeiten er sich kümmern konnte und mußte. So hat der Rat von Wiener Neustadt, nachdem er durch einige Jahre die Bürgerschaft durch Aufforderung von Haus zu Haus wissen ließ, jedermann müsse zur Beichte gehen, von Khlesl 1598 eine Liste zugesandt erhalten, in alle Bürger verzeichnet waren, die dem Befehl nicht nachgekommen waren. Der Stadtrat hat jeden dieser Bürger mit zweiunddreißig Dukaten Geldstrafe bedacht. Ähnliche Verhältnisse bestanden natürlich in vielen Orten. Der Erfolg blieb nicht aus. Allmählich gewann die katholische Kirche einen neuen Stock von Anhängern, die den Protestanten die Waage halten konnten. Man wagte sich jetzt schon an Adelige. Im Jahre 1603 wurde der Freiherr von Hofkirchen, der von den Ständen zu den protestantischen Reichsfürsten entsandt worden war, um dort Fürsprache beim Kaiser zu erwirken, bei der Rückkehr als Staatsgefangener behandelt und erst 1609 wieder freigelassen. Im Jahre 1604 war es dann soweit, daß Khlesl dem Statthalter Erzherzog Matthias empfehlen konnte, beim Kaiser Rudolf zu erwirken, die Zugeständnisse des Kaisers Maximilian für die Adeligen und ihre Untertanen ganz aufzuheben, denn die Festsetzung des Glaubens sei Sache der Landesherren, und jeder Regent könne die den Untertanen gewährten Privilegien wieder aufheben.

Es steht außer Zweifel, daß die Protestanten ursprünglich im Schulwesen mehr leisten wollten, als es die Katholiken getan hatten. Der Erfolg der nunmehr meist deutschsprachigen Schulen war aber nur in den Städten, wo der protestantisch gewordenen Bürgerschaft mehr daran lag, einigermaßen zufriedenstellend. In der Regel waren die Verhältnisse in den von protestantischen Patronen erhaltenen Landschulen aber nicht rosig. Im Jahre 1580 hat Dr. Lukas Backmeister neben den Kirchen auch die evangelischen Schulen visitiert und einen Bericht verfaßt, der nicht gerade lobend war. Im Viertel unter dem Wienerwald schrieb er die Schuld den Patronen zu, denn er fand elende und vernachlässigte Schulgebäude mit Kindern ohne Lehrer oder Lehrern ohne Kinder. Die Schulmeister wurden daneben als Boten oder Bader verwendet. Im Viertel ob dem Wienerwald lag die Schuld mehr auf seiten des Volkes, das kein Interesse hatte. Hier mußten manche Patrone die Eltern zwingen, ihre Kinder in die Schule zu schicken, wie Achaz und Wilhelm von Losenstein zu Frankenfels. Am schlechtesten waren die Verhältnisse im Viertel unter dem Manhartsberg, am besten noch im Waldviertel, wo etwa in Horn zwischen 1551 und 1620 meist aus Deutschland stammende Schulmeister bekannt sind. Aus der Familie Hillemeir stammten sowohl Schulmeister als auch Prädikanten oder Stadtschreiber. In St. Pölten, Ybbs und Wiener Neustadt bestanden auch lateinische Schulen unter protestantischem Einfluß.

Auch die katholischen Elementarschulen hatten, wo es noch solche gab, sich nicht wesentlich gebessert. Tüchtige und brave Schullehrer gab es nur selten, da die geringen Einkünfte und die ständigen Zwistigkeiten mit den Pfarrern keine Lockung waren. Wie waren nun die materiellen Verhältnisse der Lehrer wirklich? Als Beispiel soll die Schule des Marktes Stockerau herangezogen werden. Der Schulmeister wurde dort im 16. Jahrhundert gegen vierteljährliche Kündigung vom Rat auf ein Jahr aufgenommen. Sein Gehalt betrug für drei Monate achtzehn Gulden und wurde gegen Ende des Jahrhunderts, als das Geld immer mehr an Wert verlor, um sechs Gulden aufgebessert. Das war etwas mehr als der Wert eines Schlachtochsen, doch hatte der Lehrer dafür auch noch den Dienst in der Kirche zu verrichten; brauchte er dazu oder für den Unterricht einen Gehilfen, mußte er ihn selbst bezahlen. Ähnlich mögen die Verhältnisse wohl auch in vielen anderen Orten gewesen sein. Für den mittleren Unterricht, der zum Besuch der Universität vorbereitete, hatten die Protestanten mehr übrig, weil sie dorthin ihre Söhne schicken wollten. Hier scheuten die Stände, die meist die Schulerhalter waren, weder Kosten noch Mühen. Die adelige Landschaftsschule der Stände in Wien sowie die Gymnasien in Feldsberg/Valtice, Horn, Katzelsdorf und Loosdorf bei Melk waren am bedeutendsten. Die ständische Schule in Wien, im Jahre 1568 von der protestantischen Fraktion neu errichtet, obwohl der Kaiser 1565 die alte Adelsschule wieder den Jesuiten abgenommen hatte und durch kaiserliche Kommissare verwalten ließ, damit sie auch von den Evangelischen besucht werden konnte, bestand mit kurzer Unterbrechung bis 1592. Die Schule in Feldsberg, um 1580 errichtet, war eine Gründung des Fürsten Hartmann von Liechtenstein und wurde später durch eine jährliche Subvention der Stände in der Höhe von fünfhundert Gulden gestützt. Als sie um 1600 von Karl von Liechtenstein katholisiert wurde, scheint sie bald untergegangen zu sein, da die protestantische Ständefraktion keine Zuschüsse mehr bewilligte. Auch die ständische Schule in Horn wurde durch eine Subvention von 300 Gulden erhalten. Das glänzendste Beispiel evangelischen Schulwesens befand sich aber in Loosdorf. Dieses Gymnasium ist durch Christoph von Losenstein schon im Jahre 1524 geplant worden, wurde tatsächlich aber erst fünfzig Jahre später durch seinen Sohn Hanns Wilhelm von Losenstein, Herr der Herrschaft Schallaburg, im Jahre 1574 errichtet und bestand bis zum Jahre 1627. Während des Dreißigjährigen Krieges mußte diese »Hohe Schule« nach der Ausweisung aller evangelischen Geistlichen und Lehrer geschlossen werden. Die gedruckte, aber nur mehr in wenigen Exemplaren erhaltene Schulordnung stellt derart strenge Anforderungen an den moralischen Charakter, das Wissen, die Methode und den Fleiß der Lehrer, daß sie jeder modernen Pädagogik entnommen sein könnte.

Mit den Religionswirren wurde auch die Kalenderreform in Zusammenhang gebracht. Auf Anordnung Rudolfs II. sollte der neue Gregorianische Kalender im Oktober 1583 in Gültigkeit treten, wozu man diesen Monat auf einundzwanzig Tage verkürzte, da zehn Tage wegfallen mußten. Diese Verordnung war Anlaß zu einer gewaltigen Verwirrung, da sich vorerst niemand auskannte, vor allem das einfache Volk wußte damit nichts anzufangen. Zudem haben die protestantischen Adeligen, weil der Papst den neuen Kalender festgelegt hatte, auf der alten Einteilung beharrt, so daß in diesem Jahre zu verschiedenen Zeiten Weihnachten gefeiert wurde. Gedruckte Kalender, mit Glückstafeln, Aderlaßanweisungen, Markt- und Meßanzeigen, aber auch Bauernregeln und Abhandlungen über gelehrte Dinge, die ansonsten niemals dem einfachen Mann, auch wenn er lesen konnte, vor Augen gekommen wären, ausgestattet, waren schon recht häufig. Sie verbreiteten auch religiös-politische und sozialpolitische Tendenzen, da sie unter anderem den Sturz von Klerus und Herrentum voraussagten und viel zur Vorbereitung des Bauernkrieges beigetragen haben mögen. Der gewandteste österreichische Kalendermacher dieses Jahrhunderts, ein Vielschreiber mit großem journalistischem Talent, war Johann Rasch. Er kam als ein »freigeborener Österreicher« 1540 in Pöchlarn zur Welt, studierte an der Wiener Universität und fand als Organist im Schottenkloster eine Stelle. Am bekanntesten wurde er durch sein »Weinbuch«, das 1582 erschien und das erste theoretische Werk über den Weinbau in Niederösterreich ist.

Einer der bizarrsten Auswüchse der Religionskämpfe, der aber von der Gegenreformation oftmals eifrig ausgenützt wurde, war der Hexenglaube. In den letzten Jahrzehnten des 16. Jahrhunderts begannen die Hexenprozesse in Niederösterreich. Sie erreichten im dritten Jahrzehnt des 17. Jahrhunderts ihren Höhepunkt, um dann zu Beginn des 18. Jahrhunderts auszuklingen. Der größte niederösterreichische Prozeß wurde gegen Elisabeth Plainacherin aus Mank geführt. Deren Enkelin, das sechzehnjährige Mädchen Anna Schlutterpauer, litt an Anfällen von zeitweiligem Irrsinn. Der Vater meinte, das Kind sei vom Teufel besessen und strengte den Prozeß ge-

gen die siebzigjährige Großmutter an, die das Mädchen einige Jahre erzogen
hatte. Es sagte die schrecklichsten Dinge über den Verkehr der Großmutter
mit dem Teufel aus, und nach dreimaligen Folterqualen scheint auch die alte
Frau den Verstand verloren zu haben, denn nun gestand auch sie, auf dem
feurigen Stecken auf den Ötscher geflogen zu sein, wo große Zusammenkünfte der Hexen stattgefunden haben sollen. Sie wurde am 27. September
1583 unter den Weißgerbern zu Wien verbrannt, und in Landshut rühmte
sich ein Jesuit, man habe aus dem Mädchen 12.562 Teufel ausgetrieben, darunter Luthers Lehrer.

Die Pflege der Wissenschaft erfolgte in den letzten Jahrzehnten des 16.
Jahrhunderts überwiegend am Kaiserhof, wo Maximilian II. ein eifriger Protektor war und vor allem die Naturwissenschaften auffallend stark förderte.
Uns heute selbstverständliche Pflanzen wie die Roßkastanie, der Flieder, die
Tulpe und exotische wilde Tiere wurden erstmals nach Österreich gebracht
und in Ebersdorf und schließlich im Neugebäude, das in der Nähe des heutigen Zentralfriedhofes stand, untergebracht. Damals lernten die Wiener auch
den ersten lebenden Elefanten kennen. Im Jahre 1584 wurde vom Botaniker
Clusius und dem Hofmechaniker Fabricius der Ötscher bestiegen; der eine
wollte die Botanik des Berges studieren, der andere die Karte von Niederösterreich rektifizieren. Einige Jahre später ist unter Führung Reichard
Streuns von Schwarzenau, Herrn auf Freydegg, eine mit größeren Hilfsmit-
teln ausgerüstete Expedition aufgebrochen, um im Auftrag Rudolfs II. die
Ötscherhöhlen zu durchforschen, vor allem nach Gold. Es ging nämlich das
Gerücht, daß welsche Schatzgräber reiche Beute in Kraxen vom Berge her-
untertrügen. Um diesen Gerüchten auf die Spur zu kommen, sollte Streun
auch einen Goldsucher mitnehmen. Dieser Aufstieg, von Lackenhof unternommen, war aber keine Erstbesteigung, denn den Einheimischen war der
Gipfel dieses Berges schon lange kein Geheimnis mehr. Als Streun dort an-
langte, fand er auch die Spuren von abgebrannten Kreidfeuern.

Ebenso stark wie das Interesse für Naturwissenschaften war das des Kaisers Maximilian II. für Musik und das Bibliothekswesen. Die Hofbibliothek
in Wien (heute Nationalbibliothek) verdankt ihm entscheidende Förderung.
Die Liebe zum gedruckten Buche ist damals überhaupt stark gewachsen,
auch manche Adelige und reichere Bürger, vor allem in Krems, haben einen
größeren Bücherschatz besessen. Dazu waren Buchdruckereien erforderlich,
von denen auch mehrere auf dem flachen Land errichtet wurden. Schon seit
1521 bestand in Schrattenthal eine Druckerei, im Schloß Wildberg bei Horn
unterhielten die Puchheimer von 1580 bis 1622 eine Druckerei, die dann der
Gegenreformation zum Opfer fiel. Es wurden nachweislich einige evangelische Schriften gedruckt, etwa die Kriegsgebete des Raabser Schloßpredigers
Magister Kaspar Volgnad, weiters theologische Schriften des Horner Predi-
gers Magister Christophorus Irenäus und verschiedener meist aus Sachsen
und Thüringen stammender protestantischer Geistlicher. Für den Druck der
Agende wurde von Christoph Reuter, dem führenden Prädikanten, im
Scheibenhof bei Spitz und später in Stein eine Druckerei eingerichtet. Im

Jahre 1582 bestand eine solche auch in Wiener Neustadt, wo die »Geschichte des Michael Huber aus Neunkirchen« gedruckt wurde, der sich dem Teufel verschrieben hatte und zu Neustadt hingerichtet worden ist. 1589 hat Sebastian Fuchs, Abt des Klosters Bruck bei Znaim/Louka zur Bekämpfung der Ketzer eine katholische Druckerei eingerichtet.

Der protestantische Adel hatte auch schöpferische geistige Interessen. Zwei Brüder aus dem Geschlechte der Enenkel waren schriftstellerisch tätig: Georg Achaz (1573–1610) übersetzte des Thukydides Geschichte des Peloponnesischen Krieges aus dem Griechischen ins Lateinische, schrieb einen Traktat über Rechtsprivilegien, einen über Rechte der Fürsten und der Stände und hinterließ vier Bände alter Handschriften. Sein Bruder Job Hartmann (1576–1627) durchforschte Archive nach Quellen zur österreichischen Adelsgeschichte, zur Geschichte des Landes selbst und schrieb viele erzählende Quellen ab. Ein anderer Adeliger dieser Zeit, Hans Wilhelm Greyß zu Wald, auf Sitzenberg ansässig, befaßte sich in seinen freien Stunden ebenfalls mit historischen und genealogischen Arbeiten und schrieb eine sechsbändige Geschichte Österreichs, von der nur der zweite Teil, das späte Mittelalter umfassend, als Handschrift erhalten ist.

Der bedeutendste Gelehrte jener Epoche, daneben aber auch ein hochgeachteter Staatsmann und trefflicher Diplomat, war Reichard Streun von Schwarzenau (1538–1600). Aus uraltem Adel stammend, studierte er in Padua und Straßburg, trat 1564 in kaiserliche Dienste und wurde schon 1567 Hofkammerpräsident. Als solcher und als Freund Maximilians II. war er der eigentliche Urheber der Religionskonzession von 1568, konnte aber trotzdem die Gegenreformation unter Rudolf II. nicht aufhalten. Er hat unter beiden Herrschern großes Ansehen genossen, zahlreiche politische Gutachten abgegeben und war Hofmeister des Thronfolgers Matthias. Er hat eine Reihe von diplomatischen Sendungen auf sich genommen, darunter drei große Reisen nach Polen für die Bewerbung der Habsburger um die polnische Krone, und war zuletzt kaiserlicher Kommissär beim Bauernaufstand von 1596/97. In Freydegg bei Amstetten hat er sich ein prächtiges Renaissanceschloß errichtet, geschmückt mit Symbolen aus der österreichischen Geschichte. Dort ereignete sich am 24. September 1581 ein schweres Unglück, als bei seiner Heirat mit Regina von Tschernembl die Decke des Saales einbrach und einige Hochzeitsgäste den Tod fanden, andere verletzt wurden. Die katholische Ständepartei wollte in dieser verunglückten Protestantenversammlung ein Gottesurteil sehen. Obwohl Protestant, wurde Reichard Streun nie zum religiösen Fanatiker, war ein Freund von Künstlern und Humanisten und selbst ein hochgelehrter Jurist sowie bedeutender Historiograph. Im Auftrag der Stände arbeitete er bei einer Kommission mit, welche die Landtafel herausgeben sollte, um das heimische deutsche Recht gegen das eindringende römische aufzuzeichnen und festzuhalten.

Im Jahre 1564 hatte Maximilian II. den Ständen, die ihre Ausschüsse schon gewählt hatten, die Abfassung einer Landtafel gestattet. Eine elfgliedrige Kommission aus vier Rechtsgelehrten und Mitgliedern der Stände, darunter Reichard Streun und Dr. Melchior Hofmayr, sollte die Arbeit durchführen. Die Beratungen waren aber, wenn sie überhaupt zustande kamen, unfruchtbar, bis dann 1573 Dr. Wolfgang Püdler einen Entwurf vorlegte, der in vier Teilen Prozeßrecht, Kontrakte, Erbrecht und jura incorporabilia behandelte, nicht aber die Privilegien der Stände. Über die Beratung dieses Entwurfes vergingen weitere elf Jahre, worauf Hofmayr um einen neuen Entwurf ersucht wurde, der aber erst dann zustande kam, als sich Streun, der über die Rechte der Stände zu wachen hatte, zusammen mit Dr. Johann Baptista Linsmayer der Arbeit unterzog und sie 1594 fertigstellte. 1588 erhielt er von den Ständen überdies den Auftrag, eine Landhandfeste zusammenzustellen, eine Sammlung von Urkunden, welche das Recht der Stände gegen den vordringenden Absolutismus festhalten sollte. Diese Arbeit konnte er nicht mehr vollenden. Eine Geschichte Oberösterreichs, eine Kaiserhistorie in drei Bänden und eine Genealogie des österreichischen Adels, alles eigentlich nur Materialsammlungen, waren seine weiteren historischen Abhandlungen, die alle von der Liebe zur Heimat getragen waren. Streun war kein Geschichtsschreiber, sondern eher ein Forscher und Sammler von Büchern, Urkunden, Inschriften und Münzen, also in jeder Hinsicht das ständische Gegenstück zu dem im Hofdienst stehenden Lazius.

In den Ständen trat eine neue Gliederung auf. Die Herren und Ritter, die in diesen Jahrzehnten tonangebend waren, da man die Städte des politischen Einflusses beraubt und die Prälaten an Ansehen verloren hatten, strebten nach einer Unterteilung. Immer mehr Adelsgeschlechter, die oft ausländischer Herkunft waren und ihre adelige Abstammug schwer nachweisen konnten, wurden landsässig. Von 1500 bis 1549 waren nur zehn Geschlechter in den Herrenstand aufgenommen worden, genauso viele wie im nächsten Jahrzehnt alleine. Bis zur Jahrhundertwende wurde deren Zahl noch um zweiunddreißig Familien vermehrt. Es bestand Gefahr, daß die alten Geschlechter, die »Landesapostel«, die 1620 nur mehr aus sechzehn Namen bestanden, hoffnungslos in die Minderheit gedrängt würden. So wurde denn 1572 durch ein Generalmandat Maximilians II. die Anlegung einer Herren- und Ritterstandsmatrikel zugestanden, die im Jahre 1582 vom ständischen Archivar Fischerberg zusammengestellt wurde. Durch ein Privileg Rudolfs vom Jahre 1588, das 1593 bestätigt worden ist, wurde der Herrenstand in den alten oder sogenannten Rudolfinischen und in einen neueren geteilt. Die für die künftigen Geschicke Österreichs wichtigsten Hochadelsgeschlechter, die jetzt in den Herrenstand aufstiegen, wurden dem neueren zugeteilt, wie die Khevenhüller, Palffy, Althann, Trauttmansdorff, Kuefstein und Sinzendorf, nur die Jörger, Harrach, Hofmann, Landau, Heissenstein und die Gera wurden ex favore aus dem neuen in den alten Herrenstand überführt. Allerdings mußten mindestens vierundzwanzig Mitglieder des alten Herrenstandes für eine derartige Aufnahme stimmen. Später teilte sich der Herrenstand sogar in vier Grade. Während ständig neue Geschlechter aufstiegen, sind andere wie die Kuenringer ausgestorben. Mit dem Tode des Hans Lasla am 9. Dezember 1594 ist dieses Geschlecht erloschen, die kuenringischen Wappenschilder wurden zerbrochen und zu dem Toten ins Grab geworfen. Viele Porträts von Adeligen dieser Zeit enthält ein Codex mit 240 Bildnissen, den Hiernoymus Beck von Leopoldsdorf nach Originalgemälden anfertigen ließ und der sich später im Schloß Ottenstein befand. Bei den Rittern war die Ergänzung des Standes ohne Probleme. Hier kamen immer mehr Angehörige des nobilierten Briefadels durch den Kauf eines Edelmanngutes in den landständischen Adel.

Über den Besitz der einzelnen Ständemitglieder und die Größe der Grundherrschaften am Ende des 16. Jahrhunderts unterrichtet ein »Bereitungsbuch«, das ebenfalls im Schloßarchiv Ottenstein erhalten blieb und jetzt im niederösterreichischen Landesarchiv aufbewahrt wird. In den Jahren 1590 und 1591 ritt Hanns Zölcher im Auftrag der Stände im Lande herum und legte dieses Ortsverzeichnis an, das von jedem Dorf die Anzahl der Holden jeder Grundherrschaft und den Inhaber der Ortsobrigkeit angibt. Dazu wurde noch ein Herrschaftsverzeichnis, das auf dieses Buch Bezug nimmt, angelegt. Das Bereitungsbuch hat manche Gebiete vergessen, wie die Gegend um Spitz und Dürnstein; ebenso sind die Aufzeichnungen über das Tullnerfeld nicht erhalten, sie lassen sich aber rekonstruieren. Die mächtigsten Grundherrschaften hatten ihren Sitz im Viertel ob dem Wienerwald, wie die Stifte St. Pölten mit 621 Holden, Melk (852), Göttweig (1096), Lilienfeld (1492), Herzogenburg (826), Gaming (783 Untertanen); aber auch einige mächtige Adelige wie Helmhart Jörger auf Walpersdorf und Gutenbrunn (790) oder Volkhard von Auersperg auf Weichselbach und Wolfpassing (613) müssen genannt werden. Auch hatten auswärtige Hochstifte gerade in diesem Landesviertel reichen Besitz. Der Bischof von Freising besaß in der Herrschaft Waidhofen 990 Holden, in Ulmerfeld 655 und in Hollenburg 159, das Bistum Passau, trotz der großen Verluste im 15. Jahrhundert noch immer 1021, Regensburg in Pöchlarn 361 und Salzburg vor allem in Traismauer 438 Untertanen. Auch im Viertel unter dem Wienerwald waren zwei Klosterherrschaften, nämlich Klosterneuburg mit 1469 Holden und Heiligenkreuz mit 563, neben Christoph von Puchheim auf Krumbach (757) und der Herrschaft Seebenstein (575), die größten Grundherren. Im Viertel unter dem Manhartsberg überwogen die Herrenstandsgeschlechter: die Liechtensteiner mit verschiedenen Herrschaften, die Eyczinger auf Schrattenthal, die Hardegger, die Teufel in Guntersdorf, Eustachius von Althann in Aspersdorf, die Fünfkirchen in Steinabrunn oder die Herrschaft Ernstbrunn. Diese Geschlechter hatten mehr als 400 Holden. Im Waldviertel wieder überragte das Kloster Zwettl mit 1146 Holden in 91 Orten alle anderen Herrschaften, gefolgt von Andreas von Puchheim auf Heidenreichstein (630) und Dietrich von Puchheim auf Horn mit 470 Holden. Während der Besitz der weltlichen Herrschaften meist um den Herrensitz konzentriert war, hatten die Klöster oft in drei Landesvierteln Untertanen, was natürlich eine kostspielige Verwaltung verursachte.

Die politische Macht des Adels kam am besten in seinen Schloßbauten zum Ausdruck. Wohl wurde im 16. Jahrhundert dabei noch der Wehrhaftigkeit Rechnung getragen, gleichzeitig forderte aber das steigende Bedürfnis nach repräsentativen und behaglichen Wohnräumen andere Bauformen. Nur drei Bergburgen wurden im 16. Jahrhundert erbaut: Freydegg, Hohenegg und Weitra. Hingegen entstanden 52 Wasserburgen, die meist rechteckige Form hatten. Neu war im 16. Jahrhundert das Schloß in der Ebene. Die früheste Anlage ist Breiteneich bei Horn, Rosenau und Loosdorf bei Mistelbach folgten. Seit etwa 1540 kamen auch Arkadenhöfe, die schon früher bei bürgerlichen Bauten zu finden waren, in Mode. Am bedeutendsten sind aber die oft prachtvollen Ausgestaltungen mittelalterlicher Burgen. So hat etwa 1593–1597 Sebastian Grabner der Rosenburg einen zweiten Hof angeschlossen. Hans Wilhelm von Losenstein schuf in der Schallaburg zwischen 1576 und 1600 eine prächtige neue Burg mit Arkadenhof, einige Jahre zuvor war die Burg Raabs durch einen weiteren Vorhof und einen Turnierhof in Renaissanceformen umgestaltet worden. Aber auch die Schlösser Greillenstein, Gmünd, Artstetten, Aspang oder Ebenfurth gehören zu den bedeutenden Beispielen der Baukunst dieser Epoche.

Waren sich die Herren und Ritter über ihre Gliederung und Würde manchmal uneins, in ihrem Verhältnis zum Bauernstand herrschte völlige Einmütigkeit. Über die Änderung im Wesen der Grundherrschaft ist schon in früheren Kapiteln gesprochen worden. Besonders stark ausgeprägt wurde am Ende des 16. Jahrhunderts das völlig bewußte soziale Hinabdrücken des Untertanen zu einer Zeit, als er wichtigste staatserhaltende Person als Steuerträger oder aber auch als Soldat und Ernährer wurde. Der Untertan war in den Augen der Herrschaftsbesitzer reiner Sachwert wie Gut, seine Kinder und Hausangehörigen. Als in der zweiten Hälfte des 16. Jahrhunderts infolge einer Bevölkerungsabnahme und eines Rückganges der Kinderzahl ein Gesindemangel herrschte, wurden die Töchter und Söhne der Bauern zu Diensten bei den Herrschaften beansprucht. Nicht nur die schlechte Behandlung, geringer Lohn und schmale Kost, sondern diese neuerliche Beschränkung der persönlichen Freiheit hat die Bauern sehr verbittert. Da hatte nun ein Landmann eine Anzahl Kinder unter großen Opfern aufgezogen; wenn sie zur Arbeit brauchbar gewesen wären, beanspruchte sie die Grundherrschaft. Unter Ferdinand I. war es den Adeligen nicht gelungen, die landesfürstliche Sanktion für solches Vorgehen zu erlangen, Maximilian II. hat aber schon in seinen ersten Regierungsjahren ein für die Herrschaften günstiges Generalmandat erlassen. Im Jahre 1576 ging man noch weiter, indem man die Verpflichtung zum Herrendienst auch auf die Waisen der Holden ausdehnte. Ein anderer Grund zur Unzufriedenheit war der trotz aller Verbote eifrig gehaltene Fürkauf, demzufolge die Untertanen ihre Artikel nicht auf dem Markt zu normalen Handelspreisen, sondern zu geringeren den Herrschaften verkaufen mußten, die sie dann als Zwischenhändler weitergaben. Besonders aber waren die Bauern mit der Rechtspflege durch die Herrschaftsinhaber und ihre Pfleger unzufrieden. Die verhängten Strafen schienen hart und ungerecht, die Urteilsfindung willkürlich. Das Freigeld, die An- und Ableit bei Ankauf oder Verkauf eines Gutes, das Todesfallsgeld und andere Taxen wurden willkürlich erhöht. Im Jahre 1589 hatte die Regierung ein Generalmandat erlassen, das darauf hinwies, daß im Gebiet gegen Oberösterreich bis zu zehn Prozent des Vermögens bei Todesfällen als Besthaupt verlangt, daß die Schreib- und Siegeltaxen bei Dokumenten willkürlich erhöht wurden und die Herrschaftskanzleien von sich aus für solche Arbeiten die Gebühren festsetzten. Diese Verordnung hat aber wenig genützt, wie die Klagen Reichard Streuns von Schwarzenau in seinem Gutachten über den Bauernaufstand beweisen. Auch die Robotverpflichtungen waren nunmehr fest ins Rechtsleben verankert worden. Im Jahre 1581 hatte ein Generalmandat Rudolfs II. bestimmt, daß die Inhaber aller Güter, die bisher nicht mit Robot belegt waren, ein jährliches Robotgeld von zwölf Schillingen bezahlen müßten, wobei jedoch die Leistungen nach dem Vermögen aufgeteilt werden sollten.

Diese Zustände machen es begreiflich, daß die Bauernschaft tief unzufrieden war und dies auch in Empörung lokaler Art zeigte. Im Jahre 1565 haben abgestiftete Bauern den Pfleger der berüchtigt harten Herrschaft Merkenstein im Triestingtal erschossen, und der Gutsherr fühlte sich seines Leibes und Lebens nicht sicher. Scharenweise liefen die Bauern dieser Herrschaft davon, die binnen weniger Jahre von dreihundert behausten Untertanen auf einhundertsiebzig zurückfiel. Als nun im Jahre 1595 eine Rüststeuer für den Krieg in Ungarn eingetrieben werden sollte, kam es im Mostviertel, insbesondere in der Herrschaft St. Peter in der Au, zu Zusammenrottungen. Es ist nicht uninteressant, festzustellen, daß gerade jene Gegenden, wo immer schon die reichsten »Körndlbauern« saßen, wo die Bauernhöfe gleich Burgen auf den Höhen stehen, mit der allgemeinen Erhebung begannen. Nach dem Vorbild der oberösterreichischen Bauern faßten auch sie den Beschluß, ihre Beschwerden dem Kaiser in Prag vorzutragen. Ihre Abgesandten erreichten in Prag nichts, es wurde ihnen nur befohlen, den Bund wieder aufzulösen. Zur Untersuchung der Beschwerden sollte eine Kommission eingesetzt werden, die aber dann aus Mitgliedern jener Kreise bestand, gegen die sich die Unzufriedenheit in erster Linie richtete. Die Bauern des westlichen Alpenvorlandes behielten ihr Bündnis deshalb bei und waren daher im November des folgenden Jahres, als die Fackel des bewaffneten Aufruhres von Steyr durchs Land getragen wurde, die ersten, die sich anschlossen. Ein neuerliches Rüstgeld und höhere Steuern waren der Funke ins Pulverfaß gewesen. Bald griff der Aufruhr auch auf die Holden Volkhards von Auersperg auf Weichselbach, Purgstall und Wolfpassing, also ins Erlauftal, über.

Im gleichen Monat November 1596 haben sich auch die Bauern der Hoyos in Persenbeug und der Rogendorf in Pöggstall, zweier berüchtigt harter Herrschaften, zusammengetan, zeichneten ihre Beschwerden auf und ermunterten auch andere Untertanen zu gleichem Handeln. Da nun den Waldviertlern im 75jährigen Weber und Bauern Andreas Schrembser aus Dobersberg, dem Schuster Adam Pirschhaimer aus Pöggstall, den Bauern Georg Göth aus Arbesbach, Jakob Hainrichsmann aus Vitis, Leonhard Gassner aus Weitra, vor allem aber in Georg Prunner, Schneider aus Emmersdorf, agitationskräftige Führer entstanden, breitete sich die Bewegung bald über das ganze Viertel ob dem Manhartsberg aus. Prunner zog überall herum und bewog die Bauern zur Aufzeichnung ihrer Beschwerden.

Südlich der Donau ging die Ausbreitung langsamer vor sich, es fehlte hier anfangs führende Persönlichkeiten, die hier niemals aus dem Bauernstand selbst gewonnen werden konnten. Die Anführer wurden Hans Markgraber, ein Binder aus Gossam bei Emmersdorf, der Schulmeister Georg Steinhauer aus Neuhofen an der Ybbs, der Richter Rauchberger aus Haag und der Gastwirt Christian Haller aus Puchenstuben. Mitte Jänner 1597 standen in diesem Viertel auch Haufen bewaffneter Bauern, die Ybbs und Pöchlarn einnahmen, einige Schlösser eroberten und ausplünderten, aber im Grunde genommen nicht recht wußten, was sie wollten. Die Waldviertler Bauern erließen ebenfalls ein Aufgebot, doch konnte trotz einer Verbindung beider Organisationen kein gemeinsamer Operationsplan gefunden werden.

Zur gleichen Zeit versuchten verschiedene ständische Kommissionen zu vermitteln, wobei lediglich die vom vierten Stand, den Städten, eingesetzte mit den Bauernführern in fruchtbare Gespräche kam. Gegen die anderen hatten die Aufständischen berechtigtes Mißtrauen. Im Ybbs- und Erlaufgebiet hat deren Auftreten aber doch bewirkt, daß viele Bauern heimzogen; im Waldviertel war mit gleichem Erfolg ein kaiserlicher Herold, Peter Fleischmann, tätig.

Da aber unterdessen ständische Reiterei unter dem Kommando von Wenzel Morakschy von Noskau auf Litschau zusammengezogen wurde, die sich wie die Türken benahm, und im Traisengebiet eine Reihe von Schlössern mit Landsknechten versehen wurden, reizte man die Bauern neuerlich. Eine Empörung im Tullnerfeld flammte auf, und ein allgemeines Aufgebot im Waldviertel und Alpenvorland wurde erlassen. Auch auf das Gebiet der Klosterherrschaften Gaming und Lilienfeld, also ins Gebirge, griff der Aufstand nun über, trotzdem war die Begeisterung nicht sehr groß. Die Erzarbeiter des Innerberges und die Holzknechte hatten einen Zuzug von 60.000 Mann versprochen, es ließ sich aber niemand blicken. Am ehesten waren noch desertierte Soldaten und viele Handwerksgesellen bereit zu kämpfen. Diese ehemaligen Landsknechte brachten auch einigermaßen militärische Zucht in die Bauernhaufen.

Im Gebiet der Kampmündung, bei Straß im Straßertale, kamen die Bauern des Waldviertels, die die Stadt Krems berennen wollten, weil sie die kaiserlichen Truppen mit Munition und Proviant versorgt hatte, im März 1597 in Gefechtsberührung mit einer an Zahl viel kleineren Reitertruppe und unterlagen schmählich. Eiligst zogen sich die aufgelösten Verbände in den Gföhlerwald zurück und gingen ganz auseinander. Die weitere Folge war der Zusammenbruch der ganzen Bewegung im Waldviertel, so daß Wenzel Morakschy, der Anfang April einen Zug durchs Waldviertel unternahm, von den einzelnen Pfarrorten ohne jeden Kampf Unterwerfungsrevers bekam und die Rädelsführer gefangensetzte.

Südlich der Donau waren die aufgebotenen Bauern gegen das Stift Lilienfeld marschiert. Sie zogen sich aber vorerst nach Gaming zurück, um dann Ende des Monats März neuerlich vorzurücken, als Morakschy mit seinen Reitern ins Alpenvorland kam. Am 3. April nahmen sie den Markt Wilhelmsburg ein, zogen am folgenden Tag gegen die Stadt St. Pölten und belagerten sie. In der Nacht zum Ostersonntag, am 5. April 1597, wurden sie aber von einer Reiterschar angegriffen, flüchteten nach Wilhelmsburg und lieferten dort ihre Anführer aus. Damit war der Bauernkrieg auch zu Ende, verständlicherweise, denn unterdessen war das Frühjahr gekommen, und die Bauern hatten keine Zeit mehr, Revolution zu machen. Die schwarzen Reiter Morakschys durchzogen die Viertel ob dem Wienerwald und ob dem Manhartsberg, forderten die Waffen ab und nahmen die von den Bauern meist selbst gefangenengesetzten Anführer in Empfang. 140 Gefangene führten sie bald mit sich, von denen täglich einige hingerichtet wurden. Die Hauptträdelsführer wurden nach Wien gebracht und dort abgeurteilt. Insgesamt sind 46 Todesurteile gefällt worden; der Aufstand der Bauern wurde im Blute erstickt.

Dieser Bauernaufstand war die größte soziale Revolution, die jemals auf niederösterreichischem Boden mit den Waffen ausgekämpft wurde. Er mußte scheitern, weil den Bauern politische Ziele fehlten und die Abstellung von Beschwerden kein Endziel war, weil die Bauernscharen überdies zu schlecht organisiert und bewaffnet waren und keine bedeutenden Führer besaßen. Es war also nur eine Frage der Zeit, daß die Staatsgewalt so erstarkte, um sich wieder völlig durchzusetzen.

Obwohl die Grenzsicherung gegen die Türken in Ungarn gleich nach dem Frieden von Adrianopel des Jahres 1568 organisiert worden war, erkannte man, daß man im Falle eines türkischen Einbruches auch Niederösterreich selbst imstande sein müsse, Truppen zu stellen. Dies sollte die Defensionsordnung des Jahres 1579 ermöglichen, welche die Organisation eines »Landsturmes« vorsah. Alle Untertanen sollten binnen einem halben Jahr bewaffnet werden, denn bei einem feindlichen Einfall habe jedermann zum Schutz der Heimat zu wirken. Alljährlich sollte zu Georgi und Bartholomäi der dreißigste Mann gemustert werden, die anderen neunundzwanzig Untertanen sollten ihn ausrüsten. Fünfhundert Mann, nach Herrschaften gegliedert, bildeten ein Fähnlein, dem ehemalige Soldaten als Offiziere zugeteilt wurden. In jedem Viertel wurde ein Fußhauptmann bestellt, dem ein Feldwebel beigegeben war; das Kommando über das Landesaufgebot stand dem Landmarschall zu. Die Adeligen hatten für hundert Pfund Herrengült einen Reiter, die Städte zusammen ein Fähnlein Fußsoldaten zu stellen. Fünfzig bis hundert Mann sollten zur besseren Übung ständig an der Ostgrenze Dienst versehen.

Diese war nämlich trotz des beschworenen Friedens nie ruhig. Oftmals obwalteten Mißverständnisse, die im verschiedenen Steuersystem begründet waren. Türkische Lehensträger beanspruchten Steuern auf königlichem Gebiet, und Grundherren auf der habsburgischen Seite Ungarns wollten wiederum von Untertanen, die jetzt in türkischem Hoheitsgebiet wohnten,

Abgaben beanspruchen. Das war der Fluch des Landes, das durch eine Grenze, die zwei Welten schied, zerrissen war. So inszenierten beide Seiten fortgesetzt kleinere Überfälle auf Befestigungsanlagen sowie Erkundungs- und Beutezüge tief ins Land des Nachbarn. Im Jahre 1583 fürchtete man, daß die Türken im Herbst die Grenzfestungen überrumpeln und in Nieder-österreich einbrechen wollten. Schnell wurden Munition und Proviant in die Zufluchtsorte gebracht, deren Befestigungen ausgebessert und den Land-herren aufgetragen, sich bezirksweise abzusprechen, um Wege und Straßen zu verrammeln und den Feinden in den Wäldern Widerstand leisten zu kön-nen. Im Februar 1587 haben wieder die Österreicher einen Beutezug über den zugefrorenen Plattensee unternommen, wurden aber geschlagen. Als nun 1592 die Grenzscharmützel zu einem Kleinkrieg ausarteten und die Türken im Jahre 1593 bei Sissek/Sisak an der Save geschlagen wurden, be-stand nur mehr dem Namen nach Friede zwischen beiden Staaten.

Der Sieg von Sissek wurde der Bevölkerung von den Kanzeln verkündet, in die Freude mischte sich aber Entsetzen, als die Türken ihn zum Anlaß nahmen, den Scheinfrieden aufzukündigen, und ein neuer großer Türken-krieg mit allem Leid bevorstand. Noch im selben Jahr 1593 ging die Festung Veszprem verloren, die Gefahr wurde aber erst allen bewußt, als ein Jahr später die gesamte Grenzverteidigung zusammenbrach und die Türken nach der Eroberung Raabs und Papas sowie anderer kleiner Festungen freien Weg nach Wien vorfanden. Schnell wurde Ungarisch Altenburg/Magyarovar als neue Hauptfestung ausgestattet, in Niederösterreich die Ernte versorgt und der zehnte und fünfte Mann aufgeboten, wie es in Zeiten höchster Gefahr vorgesehen war. Die Bevölkerung wurde kopflos, eine regelrechte Flucht nach Oberösterreich setzte ein, selbst die zur Bewachung der Pässe und Ge-hege bestimmten Mannschaften verließen ihre Posten, so daß das Verteidi-gungssystem schon zusammengebrochen war, bevor es noch in Aktion tre-ten konnte. Nachdem in den folgenden Jahren die Bedrohung ausgeschaltet werden konnte, wandte sich das Kriegsglück wieder den Kaiserlichen zu. Am 29. März 1598 bezwangen Graf Niklas Palffy, der Feldhauptmann Un-garns, und Adolf von Schwarzenberg mit fünftausend Mann durch einen überraschenden Handstreich die Festung Raab. Hatte man die Kommandan-ten des Jahres 1594 hingerichtet, wurden die Sieger nun geehrt. Denn groß war die Erleichterung, die Land und Herrscher nach dieser Waffentat emp-fanden, die den Grundstein zum Aufstieg des Hauses Schwarzenberg legte, denn der Freiherrntitel und 40.000 Gulden wurden dem Sieger als Präsent verehrt. Kaiser Rudolf II. aber befahl, überall Marterln aufzurichten und mit der Inschrift zu versehen: »Sag Gott, dem Herren, Lob und Dank, daß Raab wieder kommen in der Christen Hand.« Auch Totis/Tata, Palota/Vár-pulota und Veszprem wurden zurückgewonnen, und im Herbst wurde sogar Ofen/Buda belagert. Erst im Jahre 1600 ging wieder eine Welle der Angst durch das Land, als die Türken Kanizsa/Nagykanizsa, die Vormauer zur Steiermark, einnahmen und die Festung nicht zurückerobert werden konn-te. Denn der Mangel an Geld und die Erschöpfung der materiellen Hilfsquellen verbot beiden Seiten in den kommenden Jahren größere Aktionen. Die Schulden des Kaisers bei seinem Bankier, dem aus Leutschau in der Zips/Levoča stammenden Wiener Großkaufmann Lazarus Henckel von Donnersmarck, der als erster nach mehr als hundert Jahren den oberdeutschen Finanzgewaltigen ebenbürtig zur Seite treten konnte, waren zu gigantischen Zahlen angewachsen. Die Unzufriedenheit wegen der sinnlosen Erschöpfung des Landes und der dauernden Belastung war nicht nur in der Bevölkerung tief verwurzelt, sondern ergriff auch jüngere Mitglieder des Herrscherhauses, die vom Kaiser endlich den Abschluß eines Friedens erzwangen.

17. KAPITEL

Machthöhe und Sturz
der protestantischen Stände

Als im Jahre 1606 der langandauernde Türkenkrieg endlich mit dem Frieden von Zsitva-Torok beendet worden war, weigerte sich der Kaiser, ihn anzuerkennen. Niederösterreich war aber unterdessen wieder in Bedrängnis geraten. Die Ungarn unter Stephan Bocskai hatten sich im Herbst 1604 erhoben, und im Sommer 1605 war eine Abteilung Heyduken von Kirilo/Gajary aus über die March gegangen und hatte einen Streifzug nach Niederösterreich unternommen, wobei mehrere Ortschaften geplündert wurden. Noch 1615 befand sich zu Raab/Györ eine Gefangene dieses Feldzuges aus Zistersdorf. Unter dem Eindruck dieser Gefahren war der sofortige Abschluß des Friedens unbedingt nötig. Daher beschlossen im Jahre 1606 die Erzherzöge, Rudolf II. wegen Unfähigkeit und geistiger Verwirrung nicht mehr als Oberhaupt des Hauses anerkennen zu können, sondern Matthias, der bisher in Linz residiert hatte, ohne eine Funktion zu besitzen, an seine Stelle zu setzen. Diesem Beschluß folgten aber zunächst keine Taten. Erst als die Verzögerung des Türkenfriedens und die Heydukenaufstände in Ungarn zu einer neuerlichen großen Bedrohung der Erblande auszuarten schienen, berief Matthias die Stände aller Erbländer nach Preßburg. Da aber die Katholiken, die sich »zur Verhütung des Unterganges der katholischen Religion« in einem formellen Bündnis vereinigt hatten, zum Kaiser hielten, war Matthias auf die Protestanten angewiesen, denen er einige unbestimmte Zusicherungen machen mußte. Hierauf zogen sie mit ihm nach Böhmen, wo Rudolf am 24. Juni 1608 zum Verzicht auf Mähren, Österreich und Ungarn gezwungen werden konnte. Heimgekehrt, präsentierten die Stände die Rechnung: Einstellung der Gegenreformation, Rückkehr zu den Verhältnissen unter Maximilian II., überdies Religionsfreiheit für die Städte. Der Erzherzog wollte diesen Forderungen auf keinen Fall zustimmen, ja, die Regierung entschloß sich zu einer argen Provokation und spitzte so die Situation zu. Der Ritter Hans Adam Geyer zu Inzersdorf hat die evangelische Kirche des Ortes, die Erzherzog Ernst während der ersten gegenreformatorischen Welle hatte schließen lassen, wiedereröffnet und ließ protestantischen Gottesdienst halten. Er rechtfertigte sich damit, daß die Kirche auf Befehl des Kaisers geschlossen worden sei, dieser aber jetzt in Österreich nichts mehr zu befehlen habe und die Stände durch die Revolution des Matthias aller Pflichten gegen Rudolf enthoben seien. Diese Herausforderung beantwortete die Regierung mit einer anderen: der Ritter wurde bei Nacht und Nebel aus dem Bett geholt, verhaftet und nach Wien transportiert. Die protestantischen Stände, die zur Leistung der Huldigung nach Wien berufen worden waren, schrien vor Empörung auf. Am 12. September 1608 überreichten 180 Herren und Ritter einen Beschwerdebrief, in dem sie geharnischten Protest gegen diese Behandlung eines Standesgenossen einlegten. Durch die Erfahrung gewitzigt, wollten sie ohne schriftliche Zusicherung der Religionsfreiheiten nicht die Huldigung leisten, doch Matthias war zu keinen Konzessionen bereit. Darauf erklärten die Stände, sie könnten mündlichen Zusagen kein Vertrauen mehr schenken, die Verhaftung Geyers machte sie um ihre eigene Sicherheit besorgt und sie seien willens, die Stadt zu verlassen.

Tatsächlich zogen am 14. September die protestantischen Adeligen mit Ausnahme von zweien, die in Wien blieben, nach Horn, das Adam von Puchheim, einem Mitverschworenen, gehörte. Dort schlossen sie am 3. Oktober 1608 einen Bund gegen Matthias, den 166 Adelige unterzeichneten. Sie hoben Steuern ein, warben Söldner an und boten die Untertanen auf. An die Stände der anderen Erbländer, an die protestantischen Reichsstände, auch an den frohlockenden Kaiser wandten sie sich um Hilfe. Unterdessen huldigten 78 katholische und zwei protestantische Herren und Ritter sowie die Vertreter der landesfürstlichen Städte in Wien dem König Matthias. Es zeigte sich nun die Frucht der Khleslschen Arbeit; die Städte stärkten die katholische Fraktion und nahmen durch ihre Vorgangsweise den Adeligen das Recht, für sie zu sprechen.

Die Horner Stände wurden noch in anderer Hinsicht enttäuscht. Die Mährer und Ungarn gewann Matthias durch Zugeständnisse, die protestantischen Reichsstände bewiesen Gleichgültigkeit, der Kaiser tat nichts wie immer, wenn auch Matthias fürchtete, daß geheime Fäden zwischen Prag und Horn gezogen würden. So kam es zu Verhandlungen zwischen dem König und den Horner Ständen, und am 19. März 1609 kam ein Vergleich zustande, der in vielen Punkten über die Assekuration von 1571 hinausging: den Herren und Rittern des Augsburgischen Bekenntnisses wurde freie Religionsausübung auf ihren Schlössern, Häusern und Landgütern bewilligt, auch für ihre Frauen, Kinder und Untertanen. Die landesfürstlichen Städte und Märkte sollten gnädig behandelt werden und ihre alten Privilegien behalten. In die Regierung, in den Hofrat, d. h. in alle Zweige der Verwaltung, sollten einheimische protestantische Adelige aufgenommen werden. Diese Zugeständnisse, von den leicht zu Überschwang neigenden Protestanten mit Jubel aufgenommen, wurden »Religions-Kapitulation« genannt. Den denkenden Zeitgenossen mußte aber klar sein, daß damit die Religionsfrage nicht gelöst war. Dazu war der Landesfürst zu sehr unter Druck gestanden. Die katholischen Stände und Bischof Leopold von Passau, ein Bruder des Erzherzogs Ferdinand von der Steiermark, verwahrten sich sogleich gegen diese Zugeständnisse, und der Papst erklärte, Matthias und seine Ratgeber seien im Kirchenbann. Dazu kam, daß beide Parteien die Abmachungen nicht ehrlich meinten. Die Protestanten glaubten, im Laufe der Zeit das Errungene weiter ausbauen zu können, der König sann aber sogleich nach einer Möglichkeit, die Evangelischen zu hintergehen und seine Versprechen zurückzunehmen. Wer die Entwicklung der letzten vierzig Jahre überblickte, konnte nicht daran zweifeln, daß sich die Lage der katholischen Kirche seither wesentlich gebessert hatte und der König trotz seiner augenblicklichen Bedrängnis auf dem längeren Hebelarm saß. Die Fronde der Stände hatten die Fronten so sehr versteift, daß eine endgültige Entscheidung nicht lange auf sich warten lassen konnte.

Die Religionskapitulation von 1609 war vorerst nur der Anlaß zu weiteren Auseinandersetzungen zwischen dem König Matthias und den katholischen Ständen mit den Protestanten. Da die Evangelischen wieder Aufwind verspürten, forderten sie die Entlassung Khlesls oder zumindest seine Entfernung aus dem Rat des Königs. Auf der anderen Seite hielt auch der Hof die Bestimmungen der Kapitulation nicht ein. Die Urkunde wurde nicht veröffentlicht, woraus leicht zu ersehen war, daß die Regierung keine Absicht hatte, die Zusagen auch zu verwirklichen; die Städte wurden als vierter Stand nicht anerkannt, sondern man hielt an der These fest, daß sie als Kammergüter unmittelbar dem Landesherrn zu gehorchen hätten. Das war eine leicht zu widerlegende Argumentation. Denn seit die Stände in Österreich bei der Regierung mitzureden hatten, das war seit dem Beginn des 15. Jahrhunderts, waren die 18 landesfürstlichen Städte und vier Märkte als eigener vierter Stand dort vertreten. Erst im 16. Jahrhundert war ihr Einfluß unter stillem Einvernehmen zwischen Landesfürst und oberen Ständen zurückgegangen. Wie wertvoll aber ihre Anwesenheit sein konnte, hatte der Bauernkrieg gezeigt, wo sie allein positive Vermittlungsarbeit leisten hatten können. Das erste Ergebnis des Vertrages vom März 1609 war also beiderseits gesteigertes Mißtrauen und tiefe Verstimmung. Die erstarkte katholische Ständepartei ging jetzt auch zu einer eigenen Politik über. Sie verweigerte die Anerkennung der Kapitulationsresolution, da sie ihr gar nicht bekannt sei. Im Februar 1610 schlossen sich die Katholiken enger zusammen: 16 Prälaten, 29 Herren und 18 Ritter errichteten ein Bündnis auf drei Jahre, das wieder verlängert wurde.

Als die Zahl der katholischen Adeligen durch Neuaufnahme in die Landesmatrikel und durch die Konversion weiter wuchs und nach dem Tod von Hans Wilhelm von Rogendorf die Funktion des Landmarschalls durch katholische Herren ausgeübt wurde, war die Spaltung der Stände vollendet. Die Gegenreformation hatte einen wesentlichen Erfolg errungen, wobei die Abnahme des religiösen Engagements in der jungen Generation der lutherischen Edelleute und das Vordringen der absolutistischen Idee maßgebend waren. Die evangelischen Stände waren nunmehr Religionspartei im Landhaus. In der Landschaftskasse wurden die Religionsausgaben speziell zusammengestellt, Beratungen über Fragen der kirchlichen Organisation fanden außerhalb des Landtages statt. Auf den Landtagen selbst ergaben sich zunehmende Reibereien, da der Landesfürst mehr und mehr Weisungen in Kirchensachen erteilte. Die katholischen Stände wurden immer mehr zu Sprechern der kaiserlichen Wünsche und vertraten in Einzelfragen oft noch entschiedener die gegenreformatorische Position als der Hof.

Der österreichische Streit hatte nur gelegentlich über die Grenzen des Landes hinausgegriffen. Jetzt, in seiner letzten Phase, nahm er immer breitere Formen an. Die Stände mehrerer Kronländer, vor allem die Oberösterreichs und Mährens, mengten sich ein, schließlich auch die Ungarn. Führer der Protestanten wurde der oberösterreichische Adelige Georg Erasmus von Tschernembl, Herr auf Schwertberg, der aber auch dem niederösterreichischen Herrenstand angehörte. Er war ein gewandter Diplomat, in Geschichte und Recht des ständischen Wesens bestens versiert, dabei aber als Calviner ein rücksichtsloser religiöser und politischer Fanatiker. Nach Eingreifen des ungarischen Palatins und auf Grund seiner Vermittlung kam aber doch noch ein Kompromiß zustande, der besagte, daß die Veröffentlichung der »Kapitulationsresolution« durch Verlesung im Landtag vorgenommen werden sollte und die Städte als vierter Stand anerkannt werden müßten. In den Städten sollten die Bekenner der katholischen und evangelischen Religion untereinander Frieden bewahren. Die Erwartungen der evangelischen Adelspartei bezüglich der Städte erfüllten sich nicht. Die Gegenreformation hatte dort schon so große Erfolge errungen, daß die Duldung ihrer Konfession den Protestanten nicht viele Übertritte einbrachte. Das ist ja der große Unterschied zur Religionskonzession von 1568, daß nun das Volk keinen Anteil mehr am Schicksal der protestantischen Bewegung nahm. Die Stände waren in ihrem Denken eben nicht mehr auf der Höhe der Zeit. Sie lebten geistig noch immer in den fünfziger Jahren des vergangenen Jahrhunderts, wo eine mit dem ganzen Ungestüm ihrer jugendlichen Kraft vorstoßende Idee gegen die von der Lauheit der eigenen Mitglieder unterhöhlte katholische Kirche allzuleicht Erfolge erzielt hatte, und glaubten, daß sich dies wiederholen werde, wenn die Religionsübung frei wäre. Unterdessen war aber die Saat, die Canisius gesät und Khlesl durch Jahrzehnte gehegt hatte, prächtig gediehen: die katholische Restauration hatte die Kirche soweit gefestigt, daß keine Abfallsbewegung mehr bestand. Es zeigte sich überdies, daß es den Protestanten weniger um die Religion als um die Macht in der Landstube ging.

Die Haltung des Kaisers Rudolf, der den Protestanten Versprechungen machte für den Fall, daß er wieder die Herrschaft in Österreich erlangte, sein unbändiger Haß gegen seinen Bruder Matthias und die geheime Waffenhilfe der protestantischen Reichsstände stärkten den Rücken der Adeligen. Vorläufig verliefen aber einige Jahre in relativer Ruhe, gemessen an den Verhältnissen der vergangenen Jahrzehnte; nur einige Plänkeleien fanden statt. Eine der jetzt aufgerollten Streitfragen war die Bezahlung der ständischen Schulden. Die Protestanten hatten, als sie 1608 nach Horn gezogen waren und Truppen geworben hatten, Darlehen aufgenommen, die noch nicht bezahlt waren. Sie beschlossen nun, zur Tilgung eine Kontribution auszuschreiben. Diese Steuern sollten durch die Landschaft eingehoben werden, was die Katholiken natürlich verweigerten. Die Protestanten drängten nun auf Teilung der gemeinsamen ständischen Kasse. Jede der Parteien sollte eine eigene Finanzverwaltung haben, eigentlich eine absurde Idee, die nur aus der Not des Augenblicks geboren sein konnte und die Einheit der Stände als Körperschaft ernstlich bedrohte. Vor Jahren, als die Katholiken die schwächere Partei waren, hatten sie Gleiches gefordert, die Protestanten hatten es damals verweigert. Jetzt, einige Zeit nach der Religionskapitulation, hatten sich die Machtverhältnisse so geändert, daß die Protestanten in mehrfacher Hinsicht bereits deutlich ins Hintertreffen geraten waren. Endlich wurde aber doch soweit Einigung erzielt, daß 1616 beschlossen wurde, die Untertanen der Katholiken und jener protestantischen Herren und Ritter, die 1608 gehuldigt hatten, von der Kontribution zu befreien. Die Gelder – es handelte sich um mehr als 570.000 Gulden – wurden durch die Landschaft eingehoben.

Ein zweiter großer Streit entstand um die Organisation eines unparteiischen Gerichtshofes, der den Protestanten in der Kapitulation versprochen worden war. Die Katholiken verweigerten seine Errichtung, und die Regierung benützte den Anlaß, die ihr nicht mehr genehme Angelegenheit auf die lange Bank zu schieben. Dazu kam eine Reihe anderer Beschwerden, es wurde ja nicht mehr um den Geist der Kapitulationsresolution gestritten, sondern um den direkten Wortlaut. Auf allen Linien machte sich um 1615 wieder das energische Vorgehen der Gegenreformation bemerkbar. Es brachen für die Evangelischen Zustände herein, die genau an ihre bedrängte Lage zu Beginn des 17. Jahrhunderts vor dem Ausbruch des Bruderzwistes erinnerten. Die Kirchen von Inzersdorf, Hernals und St. Ulrich wurden neuerlich gesperrt, Untertanen, die sich zur Augsburger Konfession bekannten, aus dem Lande verwiesen, Erdbegräbnisse für Protestanten verweigert und neuerlich auf die Stände starker Druck ausgeübt. Wenn wir die Entwicklung zwischen 1610 und 1618 also zusammenfassend überblicken wollen, so sehen wir, daß in den ersten Jahren die Regierung schwächer auftrat, da vorerst der Bruderzwist im Hause Habsburg eine Einheit des Landes erforderte, nach dem Tode des Kaisers Rudolf (1612) sich die Interessen des neuen Kaisers Matthias und seines engsten Ratgebers »Direktor des geheimen Rates und erster Minister« Melchior Khlesl auf die Verhältnisse in Böhmen und im Reich konzentrieren mußten. Trotzdem wurden auch in diesen Jahren den Protestanten alle Vorteile, die sie durch die Zwistigkeiten im Herrscherhaus erlangt hatten, entwunden. Als durch die Ereignisse in Böhmen die bisher träge dahinlaufenden Auseinandersetzungen in schnellen Fluß kamen und auch in Niederösterreich die Entscheidung nahte, war infolge der zähen Beharrlichkeit der Regierung unter Khlesls Leitung und der katholischen Ständepartei die Stellung der Protestanten ungünstiger als im Jahre 1609 und glich den Verhältnissen zu Beginn des Jahrhunderts. Im weiteren Verlauf schien sich der Ablauf der Ereignisse des Jahres 1608 wiederholen zu wollen, das Ergebnis war aber ganz anders.

Am 23. Mai 1618 kam die große Wende, eingeleitet durch eine robuste Gewalttat, die Aufsehen in ganz Europa erregte: den Prager Fenstersturz und den Beginn der Ständerebellion in Böhmen. Jetzt überstürzten sich die

Ereignisse im Nachbarland, und auch in Niederösterreich kamen die Aktionen wieder in Fluß; die bisher träge dahingleitenden Verhandlungen erreichten eine bedenkliche Verschärfung. Am Tage vor dem Fentersturz hatten die niederösterreichischen Protestanten wieder eine ihrer unzähligen Denkschriften überreicht, worin sie über die Verletzung des Vertrages von 1609, besonders bezüglich der Städte, klagten. Als die Böhmen zum offenen Aufstand übergingen, glaubten die radikalen Kräfte unter den Protestanten ihre Zeit gekommen und machten aus ihren Sympathien für die Böhmen kein Hehl. Sie erboten sich aber, an der gemeinsamen Verteidigung mitzuarbeiten, doch müßten vorher ihre Beschwerden abgestellt werden. Da ihre Eingabe keine Erledigung erfuhr, erzwangen im September 1618 85 Adelige eine Audienz beim Kaiser Matthias in Ebersdorf, wo zum ersten Male Andreas von Thonradel als Wortführer auftrat, einer der Hitzköpfe aus der mittleren Generation. Der Ton, den dieser anschlug, war nicht gerade unterwürfig. Die Antwort des Kaisers war beschwichtigend, brachte aber weder vollendete Klarheit noch eine entscheidende Änderung der Verhältnisse. Um den Kaiser zur Nachgiebigkeit zu zwingen, verweigerten die Evangelischen auf dem folgenden Landtag jede Unterstützung.

Unterdessen hatten aber die Böhmen den Krieg nach Österreich getragen und mitten in der Nacht das Grenzstädtchen Zwettl überrumpelt und besetzt. Nun erschien das Verhalten der frondierenden Stände im neuen Licht. Als sie jetzt auch noch Truppen warben, um sich vor den greulichen Plünderungen des kaiserlichen Kriegsvolkes zu schützen (das war die offizielle Version, das wahre Motiv: Schutz vor der kaiserlichen Armee selbst), war das ein recht bedenklicher Akt. Es war kein Glaubenskampf mehr, sondern grenzte an Hochverrat. Jetzt proklamierten sie nach außen hin die Neutralität, von dem Weg, den sie einmal beschritten hatten, konnten sie aber nicht mehr zurück, sondern verrannten sich immer tiefer im Gegensatz zur Regierung. Somit hatten sie aber das Schicksal des Protestantismus in Österreich mit dem der böhmischen Rebellen verknüpft, ja, ihr Untergang war damit bereits gesichert. Denn selbst wenn die Habsburger die Länder der böhmischen Krone verlieren sollten, was bei der Ausbreitung des Aufstandes zu befürchten war, würden sie sich wohl an den treulosen Ständen des eigenen Landes früher oder später um so ärger rächen.

Neben dem Calviner Tschernembl als politischem Führer traten in dieser schicksalschweren Zeit noch andere Männer in den Vordergrund. In militärischen Fragen war Georg Andreas von Hofkirchen auf Kollmitz und Drösiedl, mit 56 Jahren eines der ältesten Ständemitglieder, der führende Kopf, während einige jüngere, aber ganz radikal gesinnte Männer – einer davon ist der uns schon bekannte Andreas von Thonradel – sich weiter in den Vordergrund schoben, nicht immer zum Vorteil der Sache, die sie vertraten.

Der Tod des Kaisers Matthias am 20. März 1619 schuf eine ganz neue Situation. Da keiner von des Kaisers Brüdern Kinder hatte und der einzige noch Lebende unter ihnen, Erzherzog Albrecht, auf den Thron verzichtete, kam die von Maximilians II. Bruder Karl abstammende steirische Linie mit

Erzherzog Ferdinand zur Thronfolge in Österreich. Wohl kaum wird ein Fürst unter schwierigeren Bedingungen zur Regierung gelangt sein als er. Wie ihn die Protestanten einschätzten, zeigt eine Äußerung des Wolf von Hofkirchen, der ihn 1601 einen Sklaven der Jesuiten nannte, der nichts verstünde und nur zu Blutvergießen und Tyrannei neige. Als nun die Frage der Huldigung an die Stände herantrat, zeigten sich, wie schon 1608, die alten radikalen Tendenzen in ihrer ganzen Schärfe. Die Evangelischen wollten vom katholischen Teil klare und eindeutige Zusicherungen bezüglich der Religionsfreiheit haben. Die Verbitterung stieg, da die Katholiken nur unklare Formulierungen abgaben, obwohl die Böhmen unter Thurn, aus Mähren kommend, das nördliche Niederösterreich besetzt hatten und schon vor Wiens Tore rückten. Endlich riß den Protestanten die Geduld. Nach erfolglosen Verhandlungen zwischen beiden Fraktionen begab sich eine Abordnung von 50 Adeligen am 8. Juni 1619 unter der Führung von Paul Jakob Graf Starhemberg zu Erzherzog Ferdinand in die Burg, um ihn zu drängen, Frieden mit den Böhmen zu schließen und ihnen Religionsfreiheit zu gewähren. Diese Begegnung ist äußerst dramatisch dargestellt worden. Der Freiherr Andreas von Thonradel habe den Herrscher beim Wams gefaßt und ihn angeschrien, indem er ihm gleichzeitig eine Feder in die Hand drückte, damit er ihre Forderung bestätige: »Nandel, willst unterschreiben?«

Dies scheint wohl tendenziös übertrieben zu sein, wenn auch die Sprache der Stände in diesen Verhandlungen, die vom Vormittag bis in die Abendstunden währten, eindeutig und energisch gewesen sein mag. Dagegen ist richtig, daß in dem Moment, als die Stände am stärksten nach Erfüllung ihrer Forderungen drängten, eine Kürassierabteilung des Dampierreschen Regimentes unter Führung Gilberts von Saint Hilier zufällig in die Burg einritt. Natürlich waren die Stände darob sehr betroffen und änderten sofort ihren Ton. Die Sturmpetition endete recht friedlich und ohne sichtbares Ergebnis, der Landesfürst erlangte wieder seine volle Entscheidungsfreiheit. Die Protestanten beharrten aber weiterhin auf Konföderation mit den Böhmen, die Ferdinand unter allen Umständen verhindern wollte. Jetzt warben sie wiederum eigene Truppen an, was die katholischen Ständemitglieder natürlicherweise arg beunruhigte. Dazu verwendeten sie Kassenbestände der Landschaft. Die Böhmen zogen sich zwar wenig später von Wien zurück, doch erregte weiter böses Blut, daß ihre ungezügelte Soldateska die Güter der Untertanen der katholischen Ständemitglieder besonders verwüstet hatte, während die Evangelischen relativ glimpflich davongekommen waren. Der Erzherzog erließ nun auch ein strenges Verbot der eigenen Truppenwerbung durch die Stände, was die Protestanten, die immer eindeutiger den Weg des Hochverrates gingen, in keiner Weise beeindruckte. Ja, sie zogen sich wiederum – die Parallelität der Ereignisse ist bestechend – in das Städtchen Horn zurück und setzten ein Verteidigungsdirektorium aus je acht Mitgliedern des Herren- und des Ritterstandes ein; hier hatten ihnen unverkennbar die böhmischen Rebellen das organisatorische Vorbild gegeben. Weitere Truppen wurden angeworben, direkte Verbindung mit den Böhmen aufgenommen, aber doch nicht alle Brücken zum Hof und zur katholischen Partei abgebrochen. Sie wollten ihre Maßnahmen vor allem dazu benützen, einen massiven Druck auf den Hof auszuüben, konnten aber in diesem abgeschiedenen Landstädtchen auch viel besser mit den Böhmen, den Protestanten im Reich und in den anderen Kronländern verhandeln, ohne daß man in Wien sogleich davon erfuhr. Erzherzog Ferdinand, der zur Kaiserwahl nach Frankfurt reisen mußte, ließ durch seinen energischen Bruder Leopold im August 1619 die Huldigung vollziehen, die allerdings nur vier evangelische Ständemitglieder leisteten. Die anderen standen weiterhin abseits. Diese hatten vielmehr in aller Form mit den Böhmen ein Bündnis geschlossen, mit den gleichen Leuten, die vier Tage später ihren König Ferdinand feierlich absetzten und den Kurfürsten Friedrich von der Pfalz zum König ausriefen. Am gleichen Tag wählten die oberungarischen Städte und Adeligen den Fürsten Bethlen Gabor von Siebenbürgen zum König von Ungarn. Die oberösterreichischen adeligen Stände, noch energischer als die Niederösterreicher, schlossen mit Böhmen und Ungarn ein Bündnis und setzten sich nach Osten in Marsch, um an der gemeinsamen Eroberung Wiens mitzuhelfen. Die Niederösterreicher wurden in diese offene Empörung mitgezogen. Zwar wurde, als dieser Plan scheiterte, eine Zeitlang noch verhandelt und getan, als wäre nichts geschehen, die Unterwerfung der Stände war aber jetzt doch nur mehr eine Frage der Zeit. Kaiser Ferdinand II. war sich darüber klar, daß die Entscheidung nicht in seinen österreichischen Erbländern, sondern in Böhmen fallen mußte. Er war aber zu schwach, allein den Kampf wagen zu können. Er suchte und fand Bundesgenossen. Der Herzog von Bayern und der Kurfürst von Sachsen stellten sich auf seine Seite, der große Feldzug gegen die Böhmen konnte beginnen. Dazu war es aber nötig, den Rücken frei zu haben. Ferdinand konnte sich nach der Kaiserkrönung ganz seinen Erblanden widmen. Es wurde also weiter mit den frondierenden Ständen verhandelt. Und jetzt gelang ein ganz großer diplomatischer Schachzug: die Spaltung der Protestanten. Ein neuer Huldigungslandtag wurde ausgeschrieben, alle, die dazu nicht erschienen, sollten als ungetreue und ungehorsame Untertanen erklärt und mit Gewalt dazu gezwungen werden. Er ging sogar weiter, als alle, die ihn kannten, für möglich gehalten hätten. Am 28. Mai 1620 wurde eine endgültige Entscheidung veröffentlicht, die für das fernere Schicksal der Protestanten maßgebend war. Der Kaiser erklärte sich bereit, nicht nur den gesamten Ständen ihre Freiheiten vor der Erbhuldigung zu bestätigen, sondern auch die Anhänger der augsburgischen Konfession bei ihrer Religionsfreiheit zu belassen. Er verlangte nur eines: Vorher mußten sie alle Bündnisse und Verpflichtungen aufgeben, vor allem die Konföderation mit den meineidigen böhmischen Rebellen. Ferdinand waren solche Zugeständnisse gewiß nicht leicht gefallen, die Staatsräson hatte über das Gewissen gesiegt. Das Ziel wurde auch erreicht. Das Lager der Protestanten spaltete sich sofort. Die Radikalen unter ihnen, die als Versammlungsort Retz gewählt haben, lehnten am 20. Juni das Angebot ab und verlangten Anerkennung der Konföderation mit Böhmen, Abschluß eines allgemeinen Waffenstillstandes und Bestätigung aller politisch-religiösen Freiheiten oder was sie darunter verstanden. Viele aber reisten schleunigst heim, um sich so aus der Affäre zu ziehen. Als dann am 13. Juli 1620 die Huldigung stattfand, waren von den Protestanten 33 Mitglieder des Herrenstandes und 37 aus dem Ritterstand neben den 19 Prälaten, den Abgesandten der Städte und Märkte und den 32 katholischen Herren und 39 Rittern erschienen. Meist stammten diese gemäßigten Evangelischen aus den südlichen Landesvierteln. An die 150 waren aber weiterhin trotzig ferngeblieben. Ihnen wurde eine Gnadenfrist von vierzehn Tagen gewährt, dann sollten sie zu Rebellen erklärt werden. Die meisten ließen diesen Termin verstreichen, gingen gegen die Güter einiger Abtrünniger vor und wollten König Friedrich von Böhmen als ihren Schutzherrn einsetzen.

Unterdessen änderte sich die allgemeine Lage rasch. Ferdinands Bündnis mit der katholischen Liga, das er auf der Heimreise von der Kaiserkrönung geschlossen hatte, wurde jetzt wirksam. Am 8. September 1620 vereinigten sich die Ligatruppen unter dem Kommando des bayerischen Generals Tilly mit der kaiserlichen Armee unter dem aus Belgien stammenden Obrist-Feldmarschall Charles des Longneval, Comte de Buquoy bei Neupölla im Waldviertel und marschierten gemeinsam gegen die Böhmen, Ferdinand konnte mit Beruhigung in die Zukunft blicken. Einige Tage später, am 12. September, wurden 31 Adelige, die sich zu huldigen geweigert hatten und mit ihren Truppen zum Feind übergegangen waren, geächtet und ihre Güter konfisziert. Am 14. Oktober wurde eine zweite Proskriptionsliste herausgegeben. Diesmal waren 35 Personen betroffen, unter ihnen auch einige Wiener Bürger. Georg Andreas von Hofkirchen, der Heerführer der Fronde, Herr auf Kollmitz und Drösiedl, wurde mit seinen beiden Söhnen Wilhelm und Hans Bernhard geächtet, ebenso die Brüder Georg und Erasmus von Landau auf Rappottenstein, Zistersdorf, Dürnkrut, Angern und Marchegg, Hans Bernhard von Fünfkirchen auf Steinabrunn, Eibisthal, Poysbrunn und Falkenstein, Ludwig und Martin von Starhemberg auf Albrechtsberg an der Krems, Andreas Thonradel auf Ebergassing, ein Kuefstein auf Greillenstein, ein Grabner auf der Rosenburg, ein Hardegger, um nur einige der bekanntesten Namen zu nennen. Der Schuldigste von allen, Helmhard Jörger, wurde in Wien festgenommen und wegen Hochverrates verurteilt, vom Kaiser aber begnadigt. Am ärgsten getroffen aber wurden die Puchheimer auf Horn, Wildberg und Weinern, aus deren Geschlecht nicht weniger als sieben Mitglieder in die Acht fielen. Meist waren es also Adelige aus den nördlichen Landesteilen, die von den Strafen getroffen wurden. Einige der Rebellen wurden allerdings bereits im folgenden Jahr pardoniert, bei anderen die Gütereinziehung in Geldstrafe umgewandelt. Manche von ihnen, die sich am meisten hervorgetan und daher keine Verzeihung zu erwarten hatten, gingen ins Ausland, wie Andreas von Thonradel, Georg Andreas von Hofkirchen, Ludwig von Starhemberg. Aber auch die Stadt Horn, die so lange Sitz der Rebellen gewesen war, ging nicht straflos aus. Durch Einquartierungen wurden in den nächsten Monaten 4460 Gulden aus der kleinen Stadt herausgepreßt, in der damals nur mehr fünfzig Häuser bewohnt waren, während viele öde lagen. Dazu kamen eine Schuldenlast von einigen tausend Gulden, die von den Ständen hinterlassen worden war, verwüstete Felder und ein zerrüttetes Gewerbe.

Denn unterdessen hatten die Truppen des Kaisers und der Liga am 8. November 1620 auf dem Weißen Berg (Bila Hora) westlich von Prag die Böhmen besiegt, Friedrich von der Pfalz zur Flucht gezwungen und den böhmischen Aufstand mit harter Hand unterdrückt. Das wirkte auf Österreich zurück.

Waren im Jahre 1597 zur Freude des Adels die Bauern unterlegen, so hatte nun die Herren ihr Schicksal ereilt. Auch in Niederösterreich wurde der Weg zum fürstlichen Absolutismus frei. In der Auseinandersetzung des dualistischen Systems Landesfürst – Stände schlug nun die Waage, bisher auf seiten der Stände geneigt, zugunsten des Landesfürsten aus. Bis ins 19. Jahrhundert war die ständische Macht gebrochen kam in großen Fragen kaum mehr zur Geltung.

18. KAPITEL

Der Dreißigjährige Krieg in Niederösterreich

Die Zeit des Dreißigjährigen Krieges kann man in Niederösterreich in vier Perioden gliedern. In den ersten Jahren, bis etwa 1625, wurden die Folgen des böhmischen und ungarischen Krieges sowie der Adelsrevolte zur Not beseitigt, dann folgte eine kurze Ruhepause von einigen Jahren, in der die inneren Probleme, vor allem die Gegenreformation, wieder in den Vordergrund traten. Seit dem zweiten Generalat Wallensteins wurde Niederösterreich in stärkerem Maße als Etappenraum für die Kriegsführung herangezogen und ist schließlich in den letzten Jahren des großen Ringens selbst zum Kriegsschauplatz geworden.

Die erste Epoche wurde durch den Triumph der kaiserlichen Waffen in der Schlacht auf dem Weißen Berg vom 8. November 1620 in Böhmen eingeleitet, wo nun die Rache auf den abtrünnigen Adel niederprasselte. Auch die Güter der in Niederösterreich geächteten Führer der Fronde wurden teilweise eingezogen und neuen Geschlechtern, meist Günstlingen des Kaisers, übergeben. Einige dieser Herren häuften ein riesiges Vermögen an, wie der General Rudolf von Teuffenbach, der 1622 fast den gesamten Besitz der Brüder Landau, nämlich Angern mit Ollersdorf und Velm, Stillfried, Ebenthal, Dürnkrut, Zistersdorf und Althöflein, erwarb. Er entstammte einem alten steirischen Adelsgeschlecht, war ursprünglich Protestant gewesen und hat später als Feldherr im Heere Wallensteins, den er aber rechtzeitig verließ, eine bedeutende Rolle gespielt. Ein anderes neues wichtiges Geschlecht, das der Montecuccoli, stammte aus Italien. Graf Ernst von Montecuccoli, der ebenso wie Wallenstein die Kriegskunst beim neapolitanischen General Bassa erlernt hatte, war einer der tüchtigsten kaiserlichen Generäle während des Dreißigjährigen Krieges, und sein Bruder Hieronymus Geheimer Rat und kaiserlicher Kämmerer. Sie erwarben im Jahre 1629 die Herrschaft Hohenegg, die 1624 den lutherischen Herren von Neuhaus und Enenkel abgenommen worden war. Der kaiserliche Kammerrat Vinzenz Muschinger, einer der größten Kriegsgewinner dieser Zeit, hat die Rosenburg und 1622 die Herrschaften Horn, Gars und Rana um 80.000 Gulden erworben. Erst sein Vater war geadelt und er 1607 in den niederösterreichischen Ritterstand aufgenommen worden. Im Jahre 1628 ist er gestorben, seine Güter gingen auf seinen Schwiegersohn, den Grafen Kurz, über, den wir noch als einen der ersten Vertreter merkantilistischer Wirtschaftspolitik kennenlernen werden. Gilbert von Saint Hilier, der im Juli 1619 mit seinen Reitern den Kaiser in der Hofburg gerettet hatte, bekam im Jahre 1623 die Jörgersche Herrschaft Gutenbrunn, ein anderer Geldmann, Hieronymus de Bonacia, der dem Kaiser 70.000 Gulden vorgestreckt hatte, wurde dafür mit Ebergassing, das dem Andreas von Thonradel abgesprochen worden war, belohnt. Er stammte von einem reichen venezianischen Handelsherrn ab, der sich als Geldwechsler in Wien niedergelassen hatte. Auch einige Stifte haben große Güter erworben. Lilienfeld rundete seinen Besitz im Traisen- und Gölsentale durch den Kauf der Jörgerschen Herrschaften Araburg, Bergau und Kreisbach ab, das Stift Göttweig kaufte das Gut Wolfstein mit Gurhof im Dunkelsteinerwald, das einst Ludwig von Starhemberg gehört hatte, und das Stift Melk vergrößerte seinen Besitz mit Albrechtsberg und Pielach. Das Wiener Domkapitel kam in den Besitz der Jörgerschen Herrschaft Hernals, und seiner Gemahlin schenkte der Kaiser die Herrschaft Walpersdorf, die bald darauf auf die Sinzendorf überging.

Die Folge der Ausschaltung der evangelischen Familien war ein verstärktes Nachrücken neuer Geschlechter. Zwischen 1620 und 1720 sind 103 inländische und 109 ausländische Adelsfamilien in den Herrenstand aufgerückt, so die Batthyani, Czernin, Esterhazy, Fürstenberg, Kaunitz, Kinsky, Lobkowitz, Montecuccoli, Schönborn, Seilern und Wilczek unter den Ausländern, die Berchtold, Cobenzl, Geyer, Kuenburg, Leisser, Mallenthein, Neideck, Schwarzenburg, Stürghk und Tinti unter den Inländern. Wohl legten die Stände dem Vordringen des romanischen Adels alle möglichen Hindernisse in den Weg, doch waren der Hofdienst, vor allem auch Beamtenposten in der Finanzverwaltung, und Kriegsdienst häufige Aufstiegspositionen. »Durch den Krieg und andere ursach« zu Reichtum gelangte Familien konnten oft zur Spitze durchstoßen und künftig große Bedeutung erlangen.

Auch gegen die Bürger in den Städten ist die Regierung mit Beschlagnahmen vorgegangen. Die Stadtobrigkeiten unterstützten sie dabei natürlich kräftigst, denn die Ungnade des Landesherrn hätte den Städten schwere Nachteile bringen können. Der Bürgermeister und der Rat von Wien haben im September 1624 in einem Mandat darauf hingewiesen, daß die unkatholische Bürgerschaft durch ihre Zusammenkünfte, Verhandlungen und Verabredungen sowie durch das Auslaufen nach Hernals die Ungnade des Kaisers auf die Stadt gezogen habe, worunter auch die katholisch gebliebenen Bewohner zu leiden hätten. Die Garnison sei verstärkt und der Stadt mancherlei Abgaben auferlegt worden, die ansonsten hätten vermieden werden können. Deshalb habe die Bürgerschaft und Stadtvertretung in Hinkunft alles zu vermeiden, was dem Landesherrn neuerlich zu Mißtrauen Anlaß geben könnte. Der Besuch nichtkatholischen Gottesdienstes sei bei schwersten Strafen verboten. Wer nicht katholisch werden wollte, mußte auswandern und zehn Prozent seines Vermögens an die Hofkammer abliefern. Im Jahre 1625 ist diese Aktion in Wien durchgeführt worden. Sie brachte 24.500 Gulden Abfahrtsgeld, im folgenden Jahr noch einmal 7230 Gulden, woraus man ersehen kann, wie viele Bürger abgewandert sind. Namentlich konnten bisher 250 Wiener Exilanten festgestellt werden, die nahezu allen Berufen angehörten, wenn auch die Kaufleute überwogen. Meist waren es die charakterlich wertvollsten Menschen, die das Los der Emigration auf sich nahmen. Von den kleineren Städten fehlen die Angaben, doch wissen wir, daß auch in Eggenburg im Jahre 1623 dreizehn Bürger fortgezogen sind. Den Städten hat man nun verboten, Unkatholische als Bürger aufzunehmen. Da das Bürgerrecht aber nicht erblich war, mußte auch der Sohn eines Stadtbürgers um die Neuverleihung ansuchen und das väterliche Haus scheinbar kaufen. So war die junge Generation um ihrer Existenz willen zur Konversion gezwungen. Ins Zentrum des Protestantismus, nach Horn, wurden die Jesuiten als Pfarrer gesetzt. Als sie in dieser Stadt, wo 1620 nur eine oder zwei Personen katholisch waren, bei ihren Bekehrungsversuchen wenig Erfolg hatten und die Bürger weiterhin evangelischen Gottesdienst besuchten, wurden fünf Schwadronen Soldaten in die Stadt gelegt, die so lange bleiben sollten und von der Bürgerschaft ausgehalten werden mußten, bis die Einwohner fanden, Herr im eigenen Haus zu sein, sei eine Messe wert. Aus diesen Jahren stammt das noch heute verbreitete Sprichwort: »Du wirst schon noch katholisch werden.« Auf dem Lande wurden manche Bauerngüter der Religion halber im Stiche gelassen. Sie wurden oftmals verständnislos an Leute vergeben, die sich unterwürfig zeigten; ob sie wirtschaften konnten, ist weniger gefragt worden.

Der böhmische Aufstand und die damit zusammenhängenden verheerenden Kriegszüge ins nördliche Niederösterreich haben im Land schreckliche Verwüstungen hinterlassen. Der Krieg in Ungarn hat aber weiter angedauert, wenn auch die Erfolge in Böhmen sich auf dem östlichen Kriegsschauplatz auswirkten. Wohl war der kaiserliche General Dampierre am 9. Oktober 1620 bei einem Überfall auf Preßburg gefallen, doch wurde Bethlen Gabor im Winter von ganzen Scharen seiner Anhänger verlassen, die zum Kaiser übertraten. Trotzdem lebten im Sommer 1621 die Einfälle wieder auf, der Krieg nahm gleich wie 1619 eine bedenkliche Wendung für den Kaiser, und neuerlich wurde im August 1621 der östliche Teil des Weinviertels von feindlichen Scharen überfallen. Besonders die Gegend von Zistersdorf ist am 11. und 12. August schwer verwüstet worden. Gegen zwanzig Dörfer sollen eingeäschert worden sein, so daß der Feuerschein bis Wien sichtbar war. Die rebellischen Ungarn, heißt es in einem kaiserlichen Patent, die den christlichen Namen und ihre Religion ganz vergaßen und sich mit den Türken verbündeten, seien mit Hilfe von Türken und Tataren in das Erzherzogtum unter der Enns eingefallen und haben die armen Untertanen auf dem Lande nach tyrannischer und türkischer Art mit Feuer und Schwert verfolgt, Mann und Weib hinweggeführt und den Türken übergeben. Einige Teile dieser zwei schönsten und wohlgebauten Landesviertel unter dem Manhartsberg und unter dem Wienerwald seien verheert und samt aller Fechsung in Asche gelegt. Teuerung, Hunger und Pest seien als weitere Folgen nach diesen schweren Heimsuchungen zu befürchten. Es sei auch nicht ausgeschlossen, daß die Türken die Uneinigkeit der christlichen Länder ausnützten und mit Heeresmacht heranziehen. Wiederum sei täglich eine Viertelstunde die Türkenglocke zu läuten, und eine allgemeine Besserung der Sitten und des Lebens sei nötig, um weitere Plagen abzuwehren.

Wohl wurde in den nächsten Monaten zu Nikolsburg/Mikulov Friede geschlossen, was die Ungarn aber nicht hinderte, mit Unterstützung türkischer Grenzpaschas neuerlich den Kleinkrieg aufzunehmen. Von direkter feindlicher Bedrohung blieb Niederösterreich aber verschont, obwohl im August 1623 ein neuerlicher Einfall befürchtet und die Zufluchtsorte für die Landbevölkerung und Flüchtlinge bestimmt wurden. Endgültig kam im Mai 1624 zu Wien der Friede mit den Siebenbürgern zustande.

Die Einquartierungen von Truppen, Durchmärsche, Rekrutierungen und Entlassung der Soldaten waren für die Zivilbevölkerung eine schwere Last. Damals bezahlte man noch den Soldaten den Sold in Geld, sie mußten die Lebensmittel bei der Bevölkerung selbst kaufen, wodurch der Willkür und Gewalt Tür und Tor geöffnet waren. Durch diese Methode war das Land bald ausgesaugt, und allerorten trat empfindlicher Mangel auf. Schon wurden durch Großhändler – Fürkäufer nannte man sie – Lebensmittel aufgekauft, wobei sich manche als Abgesandte des Hofes ausgaben und gefälschte Zettel und Ausweise mit sich führten, um den Bauern ihr Getreide abschwatzen zu können. Dadurch wurde aber die Lebenshaltung der Städter ungebührlich verteuert. Schon im Mai 1622 ist überdies großer Fleischmangel eingetreten, und bald darauf hatte man auch zuwenig Getreide, denn das Vieh war von den Soldaten geschlachtet worden, und wegen der Kriegswirren hatte man nur einen kleinen Teil der Felder anbauen können. Die Hoffnung, daß die Einbringung der neuen Ernte die Situation bessern werde, war trügerisch. Schon im Herbst wurden für den Metzen Korn vier bis fünf Gulden verlangt, ein bisher unerhörter Preis. Im Marchfeld wurde von den Ungarn, vor allem von den Bewohnern aus Preßburg, das Getreide aufgekauft und gehortet. Vor Weihnachten 1622 ist eine Reihe scharfer Mandate an die Herrschaften, Prälaten und Klöster gerichtet worden, alles für den eigenen Bedarf nicht benötigte Getreide hungernden Mitmenschen abzugeben. Aber die Besitzer hofften auf weitere Teuerung und hielten die Ernte zurück. Deshalb wurde noch im Dezember eine Reihe von amtlichen Höchstpreisen festgesetzt. In Wien und allen anderen Orten sollte der Metzen Weizen nur fünf Gulden, Roggen drei Gulden vierzehn Kreuzer und Gerste zwei Gulden kosten.

Die Preise von Mehl und Grieß sollten diesem Schema angepaßt sein. Im Gebiet von Seitenstetten kostete dagegen ein Metzen Winterweizen zur Zeit der ärgsten Teuerung achtzehn Gulden, und für einen Eimer Wein bezahlte man dreiundzwanzig Gulden, ein Achtel Schmalz wurde in Wien um zehn Gulden gehandelt, und für ein Pfund Fleisch, das bisher drei Kreuzer gekostet hatte, mußte man jetzt zwanzig bis dreißig Kreuzer bezahlen. Der Erfolg dieser amtlichen Preisfestsetzung war natürlich negativ. Daraufhin ist nämlich die gesamte Getreideversorgung der Städte zusammengebrochen, man konnte auch um bares Geld kein Brot bekommen. So wurde denn im ganzen Land die Suche nach Lebensmittelvorräten, vor allem nach Mehl, Getreide und Wein, aufgenommen und im Jänner 1623 auch für eine Reihe anderer Produkte Höchstpreise bestimmt, wie für Linsen, Erbsen, Heu und Stroh. Vom Landesfürsten wurde eine Viehhandelsgenossenschaft gegründet, die das Monopol auf den Märkten zu Wien und Auspitz/Hustopeče erhielt. Doch scheint auch dadurch die Situation nicht gebessert worden zu sein, denn durch den ungarischen Aufstand blieb der Viehtrieb aus diesem Lande völlig aus. Erst 1624 kam wieder Vieh aus dem Osten, der Preis des Fleisches wurde aber trotzdem nicht gesenkt. Durch diese großen Preissteigerungen und das Einströmen fremder kleiner Münzen ist eine Inflation eingetreten, die gewaltiges Ausmaß erreichte. In Böhmen hatten zunächst die Gegner des Kaisers minderwertige Münzen geprägt, und seit 1621 folgten auch die kaiserlichen Münzstätten, die meist an Geldleute verpachtet waren, diesem üblen Beispiel. Das Geld wurde mehr aus Kupfer hergestellt, denn aus Silber und noch dazu mit einer höheren Wertziffer versehen. Die neuen Taler nannte man Kippertaler, die alten wertvollen dagegen Reichstaler. Gustav Freytag hat in seinen »Bildern aus der deutschen Vergangenheit« diese »Kipper- und Wipperzeit« oder die Periode des »langen Geldes« meisterhaft geschildert. Die alten Taler stiegen fortwährend im Kurs und wurden durch Münzwechsler und Juden oder deren Beauftragte gegen haufenweis eingeführte Kleinmünzen aufgekauft und außer Landes gebracht. Deshalb ist die Wertminderung auch von der Kammer zur Kenntnis genommen worden, doch blieben die offiziellen Kurse lange hinter den wahren Marktkursen weit zurück. Ein Patent vom 14. Dezember 1623 erklärte den Staatsbankrott, damals »Münz-Calada« genannt. Der Wert der im Umlauf befindlichen kaiserlichen Kippermünzen wurde auf dreizehn Prozent herabgesetzt, wodurch die Besitzer einen achtzigprozentigen Verlust erlitten. Ein neuer Taler mit etwas geringerem Schrott (= Gewicht) und Korn (= Feingehalt an Silber) wurde geprägt, das Kippergeld sollte binnen dreier Monate eingelöst werden. In der Praxis war dies aber unmöglich, weil erst die guten Münzen geprägt werden mußten. Schnell wurden neue Münzstätten errichtet, so in Preßburg und St. Pölten, es mußte die Frist für den Geldumtausch trotzdem bis Ende des Jahres 1625 erstreckt werden. Wie jede Inflation war auch diese mit einer großen Minderung der Vermögen verbunden gewesen. Um das wirtschaftliche Gefüge ins Gleichgewicht zu bringen, hat die Regierung am 8. Juli 1627 ein umfangreiches Patent in ganz Niederösterreich publizieren lassen, in dem versucht wurde, durch Festsetzung von Löhnen und Preisen aller Waren die durch die Inflation aus den Angeln gehobene Preisrelation wieder ins Gleichgewicht zu bringen. Der Landesfürst ging selber mit gutem Beispiel voran und reduzierte die Preise für Eisen und Salz, Monopolprodukte der Hofkammer.

Die Fortsetzung der Gegenreformation hat wohl gleich nach der Niederwerfung des Aufstandes eingesetzt, wenn auch nicht so direkt wie in Böhmen oder Oberösterreich. Denn es konnte hier nicht wie dort der protestan-

tische Adel einfach aus dem Lande ausgewiesen werden, weil sich der Großteil durch die rechtzeitige Erbhuldigung des Jahres 1620 die weitere Duldung seiner Religion gesichert hatte. Aber man konnte die Protestanten natürlich auch anders treffen. Sie erhielten keine einflußreichen Stellen bei
Hof mehr und wurden auch sonst mit keinerlei Gnadenbeweisen bedacht.
Zu einem bedeutungslosen Leben als Landadelige verurteilt, mochten sie auf
ihren Schlössern grollen und neiderfüllt auf ihre katholischen Nachbarn
blicken, die nun an den Kaiserhof berufen wurden oder sich als Beamte und
Offiziere Ruhm und Reichtum erwerben konnten. Auch aus den ständischen Ämtern wurden sie allmählich ausgeschaltet. Da sie überdies seit 1627
ihre Glaubensübungen nicht mehr frei und öffentlich abhalten konnten,
sind manche jüngere Mitglieder der protestantischen Häuser konvertiert.
Die Zahl der lutherischen Adeligen ging immer mehr zurück, aber immerhin
waren im Jahre 1647 von 450 Mitgliedern des ständischen Adels noch 170
evangelisch.

Die Besitzenteignungen nach 1620 haben auch viele evangelische Pfarren
wieder unter das Patronat katholischer Herren gebracht. Im Waldviertel
sind auf diese Weise neunzehn Pfarren, das waren 33 Prozent der protestantischen von 1620, in katholische Hände gekommen, im Weinviertel gar 29
oder 47 Prozent und im Viertel ob dem Wienerwald 26 Prozent des ehemals
protestantischen Pfarrbestandes. Nur im Viertel unter dem Wienerwald
wirkte sich dies nicht aus, da es dort auch vorher nur 31 protestantische
Pfarren gegeben hatte. Wo aber die protestantischen Adeligen Patronatspfarren behielten, wurde ihnen jeder Einfluß auf die Religion der Untertanen untersagt. Trotzdem lebte der Protestantismus in den unteren Volksschichten weiter, da der indirekte Einfluß der Gutsherren nicht zu unter-
schätzen und der Arm des Kaisers weit weg war.

Daher ordnete Ferdinand II. am 24. September 1626 die Ausweisung aller
protestantischen Prediger und Schulmeister an, die sich bis dahin noch auf
den Besitzungen des protestantischen Adels gehalten hatten. Binnen vier
Tagen sollten sie das Land verlassen haben, nur wer wegen des herrschenden Hochwassers nicht reisen konnte, bekam bis zum 6. Oktober Aufschub.
An ihrer Stelle mußten die Grundherren für alle Lehenspfarren binnen
sechs Wochen dem Bischof von Passau katholische Priester präsentieren.
Dies geschah auch, aber meist so, daß sich Geistliche, die bereits eine Pfarre
innehatten, auch für andere präsentieren ließen und damit in den Besitz von
drei oder vier Pfründen kamen, ohne sie wirklich betreuen zu können. Die
Regierung war auch viel zu sehr damit beschäftigt, den Krieg finanzieren zu
können, als besonderen Nachdruck auf Religion zu legen. Sie beschränkte
sich darauf, durch Patente den geheimen protestantischen Gottesdienst zu
untersagen und hat auch hier nur in Einzelfällen wirklich durchgegriffen.
Um die schweren Mängel der katholischen Seelsorge abzustellen, wurde im
Jahre 1630 eine Generalreformkommission ausgerüstet. Unter Führung der
Dechante wurden lokale Kommissionen eingesetzt und mit Mitgliedern des
katholischen Adels besetzt. Diese stellten fest, daß die Städte nun wohl ganz

katholisch waren, die bisherigen Maßnahmen bei den konservativen Bauern aber ohne Erfolg geblieben waren. Diese gingen zwar in die Kirche, waren aber nicht zu bewegen, nach katholischer Art die Sakramente zu empfangen. Es gelang den Kommissionen zwar, Scheinkonversionen zu erreichen, wirklichen Erfolg hatten sie aber nicht. Sie haben allerdings mit eindeutiger Klarheit gezeigt, daß die Armut der Pfarrer ein wesentlicher Grund für die Mißerfolge war. Die von den protestantischen Herren eingezogenen Kirchengüter wurden auch dann nicht zurückgegeben, wenn der Herrschaftsbesitzer wieder katholisch geworden war. Unterdessen war ja viel Zeit verflossen und der Nachweis der Entfremdung im Prozeßfalle schwer zu führen. Überdies sind natürlich viele Besitzungen weiterverkauft worden, so daß es immer hoffnungsloser wurde, festzustellen, wer eigentlich für den Schaden aufkommen sollte. Rückgabe von Grund und Boden nach Jahrzehnten führt zu allen Zeiten zu großen Schwierigkeiten und Härten.

In den folgenden Jahren, als sich der Kaiser immer mehr auf die Kriegsführung konzentrieren mußte, hat der Hof wohl den Anspruch auf Rekatholisierung nicht aufgegeben, aber doch keine aktiven Maßnahmen dazu ergriffen. Zur Gewissensberuhigung Ferdinands II. und seines 1637 nachfolgenden Sohnes wurden die Reformationspatente immer wieder erneuert und die Initiative auf die niederösterreichische Regierung überwälzt. Man wußte, daß der Geheimprotestantismus blühte, daß Laienpredigten gehalten wurden, lutherische Postillen nach wie vor zahlreich waren und auch Geheimprädikanten im Lande herumzogen. Die Beherbergung der Prädikanten war allerdings unter schwerste Strafe, wie Ausweisung und Güterverfall, gestellt. Die Regierung hatte aber keine Organe, um ihre Maßnahmen zu überprüfen, sondern war lediglich auf die Anzeigen einzelner Pfarrer angewiesen.

Zum Zeichen, daß sich die Verhältnisse in den Klöstern unterdessen grundlegend geändert hatten, wurde 1629 auch der Klosterrat als selbständige Behörde aufgehoben und seine Geschäfte der niederösterreichischen Regierung übertragen. Er war unter Rudolf II. zu einem Machtinstrument des Hofes geworden, als der Bischof von Passau und in seiner Vertretung Melchior Khlesl als Offizial von Wien die Ordnung in der Diözese herzustellen versuchten und vertrat die nationalkirchlichen Anschauungen gegen die tridentischen universalen Reformideen. Aber nicht nur in den alten Klöstern hatten sich die Verhältnisse gebessert, auch zahlreiche neue Konvente sind damals entstanden, man kann mit vollem Recht von einer »Klosteroffensive« sprechen. Als im Jahre 1619 die Böhmen ins Land kamen, hatten sich vor allem die Franziskaner in Zistersdorf und Eggenburg bewährt und tapfer Hohn, Schmähungen und andere Mißhandlungen von seiten der Soldateska und des Volkes auf sich genommen, während die Pfarrer meist davonliefen.

Sie hatten allerdings dazu guten Grund, denn das Schicksal des Dechanten Peter Solterer von Retz, der anläßlich der Bewirtung des kaiserlichen Generals Dampierre von dessen aufwartenden Soldaten vergiftet wurde, weil er ihnen seine sechs braunen Pferde nicht überlassen wollte, ist wohl typisch gewesen. Nach einer anderen Version ist er allerdings einem Schlaganfall erlegen. Während des Dreißigjährigen Krieges sind nun in Wien und Niederösterreich 21 Männerklöster und zwei Frauenklöster neu gegründet worden. Sieben Häuser gehörten den Kapuzinern und lagen in Wien, Wiener Neustadt, Bruck, Korneuburg, Mödling, Tulln und Waidhofen an der Ybbs, die drei Franziskanerklöster in Stockerau, Neulengbach und Ybbs, drei Barnabitenkonvente in Wien, Mariahilf und Mistelbach. Unbeschuhte Augustinereremiter kamen nach Wien und Mariabrunn, Minoriten nach Asparn und Neunkirchen, Serviten nach Wien und Maria Langegg, Unbeschuhte Karmeliter und Paulaner nach Wien. Viele dieser Klöster hatte der Kaiser selbst gegründet, andere wieder stammten von katholischen Adeligen, wie den Hoyos, Breuner oder Harrach, deren große Zeit nun gekommen war.

In diesen Jahren ist auch dem eifrigen Gegenreformator Niederösterreichs, Melchior Khlesl, Gerechtigkeit widerfahren. Knapp nach Ausbruch des großen Krieges, im Juli 1618, war er in Wien verhaftet und nach Tirol gebracht worden. Im Schloß Ambras bei Innsbruck, im Kloster Georgenberg zu Fiecht und schließlich in der Engelsburg in Rom wurde er verwahrt, bis ihm 1623 Ferdinand II. die Rückkehr erlaubte. Als er 1627 nach Österreich kam, wurde er wieder als Bischof von Wien und Wiener Neustadt eingesetzt, starb aber schon im September 1630 im Alter von 78 Jahren. Sein Herz wurde im Dom von Wiener Neustadt, sein Leichnam in St. Stephan in Wien bestattet.

Schon in der ersten Hälfte des großen Krieges wurde die Belastung durch herumstreifende abgedankte oder desertierte Soldaten als unangenehm empfunden. Sie verbanden sich mit anderen unehrlichen Leuten, die sich zu ihnen gesellten, und überfielen als Banden ganze Dörfer, um sie auszuplündern. Manchmal hoben sie geradezu Steuern ein, indem sie von jedem Haus einen Kreuzer »Laufgeld« verlangten. Auch die aktiven Soldaten waren nicht viel besser. Im Jahre 1627, als kein Feind im Lande war, wurde den Bauern empfohlen, nur gemeinsam die Felder zu bestellen, damit sie bei plötzlichen Überfällen einander beistehen könnten. Sollte dies nicht möglich sein, solle jeder Bauer bei der Feldarbeit einen Buben mit einem Gewehre bei sich haben, um sich nötigenfalls verteidigen zu können. Besonders fürchtete man die neugeworbenen Rekruten, die vor ihrem Abgang zur Armee noch Dörfer überfielen oder jeden ihnen begegnenden Reisenden ausplünderten. Seit 1628 sollten deshalb die Werber nur mit höchstens 15 Mann reisen, keine abgelegenen Dörfer aufsuchen und von jedem Richter eine Bestätigung einholen, so daß sich der Weg des Trupps verfolgen ließ. Aber alle Patente haben nichts geholfen, denn bei den Rekruten handelte es sich vielfach um Elemente, die sich selbst außerhalb des Gesetzes stellten und nicht willens waren, sich an irgendeine Verfügung zu halten. Man konnte sich nur damit trösten, daß man, waren sie einmal außer Landes bei ihren Regimentern, wieder einen Trupp Gesindel losgeworden war.

Die Klagen der niederösterreichischen Stände über große Belastung durch Steuern, Durchmärsche und Rekrutierungen waren bis zum Jahre 1630 schon derart laut, daß man glaubte, das Land wäre zu weiteren Leistungen nicht mehr fähig. Die Städte und Märkte, von denen genauere Berichte vorliegen, waren durch den Ständekrieg und die Inflation so tief in Schulden geraten, daß sie die ihnen anvertrauten Waisengelder angegriffen hatten und nun nicht mehr in der Lage waren, den Zinsendienst zu leisten, von einer Rückzahlung der Kapitalien ganz zu schweigen. So hat der Rat von St. Pölten im Jahre 1629 der Regierung berichten müssen, man habe 1624 3000 Gulden »eilige Hilfe« und überdies dem Kaiser aus Waisengeldern ein Darlehen von 9200 Gulden gewährt, die Rückzahlung dieser Summe trotz vieler Vorstellungen jedoch nicht erreichen können, so daß sich die Stadt, deren Mauern verfallen, deren Pflaster ruiniert war und deren öffentliche Bauten nach Erneuerung verlangen, in ärgster Bedrängnis befinde. Denn ein Drittel der Häuser sei öde, und nirgends winke auch nur eine Spur von Hoffnung auf baldige Besserung am Horizont. Daß diese Zahlen richtig waren, zeigte eine generelle Schadensaufnahme im ganzen Lande aus dem Jahre 1631. Von den 69.731 grundherrschaftlichen Häusern – die dem Vizedom unterstellten wurden nämlich nicht mitgezählt – waren 8980, also 13 Prozent, öde und unbestiftet. Davon hatte das Waldviertel mit 26 Prozent am stärksten gelitten, und auch im Viertel unter dem Manhartsberg betrug der Prozentsatz zwanzig und war somit immer noch beträchtlich. Selbst im Viertel unter dem Wienerwald gab es immerhin 835 abgebrannte Häuser, während im ganzen Viertel ob dem Wienerwald von mehr als 18.000 bestehenden nur 290 öde waren, für damals ein ganz normaler Prozentsatz bei den vielen Bränden, die auch in Friedenszeiten wüteten. In den folgenden Jahren ist aber erst die schwere Belastungsprobe über Niederösterreich hereingebrochen. Sie begann am Weihnachtstage 1631, als den niederösterreichischen Ständen mitgeteilt wurde, daß acht Regimenter der Wallensteinschen Armee im Lande Winterquartiere beziehen werden. Fünf Monate lang lagen diese Truppen hier, auf die mit Mauern umschlossenen Orte verteilt, damit sie leichter überblickt und kontrolliert werden könnten. Hätte man die Soldaten in den offenen Dörfern eingelegt, wäre unvorstellbares Unglück über die Bevölkerung gekommen. So mußten die Dörfer für die Verpflegung und Versorgung der Pferde aufkommen, die Städte und Märkte aber für das Quartier. Die Stände gewährten ihnen Naturalverpflegung und behielten dafür zwei Drittel des Soldes. Es galt ja als oberster Grundsatz, daß sich die Truppen von dem Land, in dem sie sich aufhielten, auch ernähren sollten. In den Jahren 1632 und 1633 wurde fleißig die Werbetrommel für das neue Wallensteinsche Heer gerührt und allein in der Umgebung von Krems 3000 Mann geworben. Im folgenden Winter wurden wiederum 6700 Reiter und 3800 Fußsoldaten in niederösterreichische Quartiere gelegt. Auch im Jahre 1634, als sich Wallensteins Schicksal in Nordböhmen vollzog und die Hauptmacht der kaiserlichen Truppen dort stationiert war, hatte unser Land eine größere Truppenmacht zur Versorgung zugeteilt erhalten, die sich besonders schwere Übergriffe leistete.

Im zweiten Jahrzehnt des Krieges beanspruchte auch der Kaiser immer wieder Truppen aus seinen Stammländern. Der Menschenverbrauch war sehr groß, wobei allerdings die Verluste bei den Kämpfen minimal waren im Vergleich zu den Ausfällen durch Krankheit und Desertion. Im Jahre 1632 wurde den Ständen anheimgestellt, entweder Soldaten zu werben oder das Aufgebot zu erlassen, jedenfalls müßten 500 Reiter und 3000 Fußknechte aufgebracht werden. Nach langen Verhandlungen gelang es aber, diesen Auftrag wieder rückgängig zu machen. Dagegen sind 1634 doch 3000 Mann als Ersatz für die im Lande liegenden Regimenter und die Truppen an der türkischen Grenze angesprochen worden, die auch gestellt werden mußten. Die Mannschaft wurde von den Herrschaften ausgehoben, war aber so wenig begeistert vom Militärdient, daß zehn Prozent noch als Rekruten desertierten und neuerlich zusammengefangen werden mußten. Auch im folgenden Jahre 1635 wurden wieder 3000 Mann ausgehoben und auf die kaiserlichen Regimenter verteilt. Zur gleichen Zeit mußten Fuhrknechte gestellt werden, man brauchte dringend Büchsenmacher, und der Pferdebestand des Heeres war arg zusammengeschmolzen und sollte aus Niederösterreich ergänzt werden.

Als im Jahre 1634 die Stadt Regensburg von den Kaiserlichen belagert wurde und viele Soldaten verwundet worden waren oder erkrankten, mußte Niederösterreich 2000 Mann übernehmen und ausheilen. Ständische Kommissare teilten die Mannschaften auf die Städte und Märkte auf, die ihnen Quartiere und Verpflegung geben mußten und jede Woche zu berichten hatten, wie viele gestorben oder gesund geworden. Wer wieder marschfähig war, sollte zu seinem Rgiment zurückgesandt werden. Die Kosten dieser Einquartierung wurden von der Landschaft ersetzt.

Mit dem Beginn der Winterquartiere im Jahre 1631 stiegen auch die finanziellen Leistungen sprunghaft an. Im Jahre 1634 wurden 400.000 Gulden gefordert, ein Jahr später sogar 700.000, und auch in den folgenden Jahren fielen die ständischen Leistungen nie unter 200.000 Gulden. Überdies darf nicht vergessen werden, daß auch die Verteidigungslasten in Ungarn bestehenblieben und dauernd am wirtschaftlichen Mark des Landes zehrten. Viele Millionen waren im Laufe der Jahrzehnte für die Befestigung von Raab/Györ und der anderen Grenzorte aufgewendet worden, trotzdem befanden sich diese weiterhin in erbärmlichem Zustand. Wieviel von den 138.000 Gulden, welche allein die Festung Raab die Stände alljährlich kostete, in trübe Kanäle geflossen sein mag, kann man nur erahnen. Die Angst vor türkischen Einfällen blieb weiterhin bestehen, obwohl der Friede von Vasvar immer wieder verlängert wurde. Im Jahre 1628 leitete der Freiherr Hans von Kuefstein eine kaiserliche Großbotschaft nach Istanbul und ließ bei dieser Gelegenheit Bilder vom Leben in der Türkei anfertigen. Die Blicke der Niederösterreicher blieben trotz des Krieges in Deutschland stets mehr nach Osten gerichtet als nach Norden. Ein Patent aus dem Jahre 1631 hatte festgestellt, daß von den Türken und anderen Feinden des Kaisers verdächtige Leute ins Land geschickt wurden, die, als Bettler oder Wallfahrer verkleidet, aber auch mit Büchsen bewaffnet und mit falschen Patenten ausgestattet, herumstreifen. Einige von ihnen seien bereits im ungarischen Grenz-gebiet und in Mähren verhaftet worden, hätten nach peinlichen Verhören gestanden, türkische Spione zu sein und wurden als Brenner hingerichtet. Auf den Jahr- und Wochenendmärkten sowie den Kirtagen sollten daher Gerichtsinhaber und Herrschaftsbeamte in aller Stille auf verdächtige Leute achten.

Im Jahre 1635, als sich der Krieg nach dem Frieden mit Sachsen weiter entfernte, konnten sich Kaiser und Regiment auch wieder anderen Fragen widmen. Neuerlich war die Währung in Schwierigkeiten geraten. Die voll-wertigen groben Silber- und Goldmünzen wurden aus dem Lande geführt, während geringhaltige kleine ausländische Münzen massenweise einström-ten. Der Kurs dieser kleinen Münzen wurde daher zuerst amtlich festgelegt, dann aber im Oktober 1637 alle ausländischen Münzsorten binnen vierzehn Tagen außer Kurs gesetzt. Ebenso machte dem Regiment und der Kammer große Sorgen, daß die Kriegswirren den Salzhandel in Unordnung gebracht hatten. Das Gmundener Salz, in fast ganz Niederösterreich mit Ausnahme einiger südwestlicher Teile als Monopolartikel gehandelt, wurde im Süden durch Ausseer, im Norden durch polnisches Salz immer stärker zurückge-drängt. Deshalb sind 1639 neuerlich die Orte Wien, Korneuburg, Stein, Hol-lenburg, Traismauer, Tulln, Klosterneuburg, Spitz, Melk, Ybbs, Ardagger und Grein als Salzladestätten festgelegt und den Salzhändlern bestimmte Straßen zugewiesen worden.

Der Begriff Niederösterreich, der seit dem Jahre 1564, als die Habsburger ihre Besitzungen teilten, und die drei südlichen Länder Steiermark, Kärnten und Krain mit dem Sitz in Graz ein eigenes Herrschaftsgebiet unter dem Na-men »Innerösterreich« bildeten, nur mehr auf das heutige Nieder- und Ober-österreich bezogen wurde, ist während des Dreißigjährigen Krieges einige Jahre weiter verengt und auf das Land unter der Enns beschränkt gewesen. Das Land ob der Enns war nämlich von 1619 bis 1628 aus der Verwaltungs-gemeinschaft mit Niederösterreich ausgeschieden, da es an den Herzog von Bayern verpfändet war und während dieser Zeit seine letzten großen Bau-ernaufstände durchfocht, die nicht auf Niederösterreich übergegriffen ha-ben. Eine Grenzänderung war im Osten erfolgt. Die ungarischen Herrschaf-ten Forchtenstein, Eisenstadt, Hornstein und Kobersdorf, also wesentliche Teile des heutigen Burgenlandes, waren schon seit dem 15. Jahrhundert im Besitz der Habsburger und von diesen an österreichische Adelige weiterver-pfändet worden, so daß man sie allmählich zu Österreich gehörig betrachte-te. Nun verpfändete Ferdinand II. im Jahre 1622 Eisenstadt und die Graf-schaft Forchtenstein an Nikolaus Esterhazy, sie sollten aber weiterhin »er-gänzende Teile« Österreichs bleiben; doch wurde die Grafschaft Forchten-stein und die Herrschaft Kobersdorf schon 1626, Eisenstadt und die anderen Grenzherrschaften 1647 wieder zum Königreich Ungarn geschlagen.

Statthalter in Niederösterreich während des großen Krieges war von 1621 bis 1626 Leonhard Helfried Graf von Meggau, im Jahre 1610 Hauptmann der Grenzherrschaften Eisenstadt und Forchtenstein, der dann vor allem mit

Bethlen Gabor zu verhandeln gehabt hatte. Er wurde durch Seifried Christoph Freiherr von Breuner (1626–1640) abgelöst, der 1618 den Kardinal Khlesl gefangengesetzt und nach Ambras ins Exil gebracht hatte und deshalb von Matthias selbst verbannt worden war. Unter Ferdinand II. wurde er dann 1620 Landmarschall des Erzherzogtums unter der Enns, Generallandobrist und 1626 Statthalter. Er genoß das besondere Vertrauen Ferdinands II. und seines Nachfolgers Ferdinands III. und gelangte im Staatsdienst zu hohen Ehren und Reichtum. Die Herrschaft Staatz und die zur Grafschaft erhobene Herrschaft Asparn an der Zaya gehörten ihm. Dort stiftete er ein Spital und ein Minoritenkloster. In Mähren besaß er überdies die drei Herrschaften Lomnitz/Lomnice, Grusbach/Hrušovany und Höflein/Hevlin. Nur zwei Jahre lang hatte nach ihm Georg Teufel zu Guntersdorf das Statthalteramt inne, ein in jungen Jahren zum Katholizismus konvertierter Vertreter dieses protestantischen Adelsgeschlechtes, der stets als Beamter im landesfürstlichen Dienst gewirkt und schon in frühen Jahren die Statthalter vertreten hatte. Im Jahre 1642 ist er gestorben. Landmärschalle waren während des Krieges Hans Balthasar Freiherr von Hoyos (1623–1630), nach ihm Sigmund Adam von Traun (1632–1637), Hans Franz Trautson zu Falkenstein (1637–1642) und Georg Achatz von Losenstein (1642–1651).

Als im Jahre 1636 Kaiser Ferdinand II. nach Regensburg reiste, um die Königswahl seines Sohnes Ferdinand III. auf dem Kurfürstentag durchzusetzen, wurde sein Sohn Leopold Wilhelm mit der Stellvertretung beauftragt. Als der Kaiser aber am 15. Februar 1637 starb und auch der Landmarschall kurz vorher verstorben war, befahl er dem aus dem Ritterstand genommenen Untermarschall, den Landtag zu präsidieren. Als Ferdinand III. als gewählter römischer König und nunmehriger Kaiser nach Wien zurückkehrte, war die Funktion des Stellvertreters erledigt.

Der Krieg in Deutschland, der immer mehr die Form wilder, sich rasch verlagernder Feldzüge annahm, näherte sich wieder im Jahre 1639 den Grenzen Niederösterreichs, als der schwedische General Banér bis Prag vordrang. Viele Orte brachten ihre Urkunden und Wertsachen in Sicherheit, andere richteten sich für eine längere Belagerung ein. Mit Ausnahme neuer Werbungen und verstärkter Forderungen für die Armee blieb das Land aber verschont. Weil der Ankauf von Pferden für die Truppen nicht den gewünschten Erfolg brachte, wurde im gleichen Jahre eine Steuer von zehn Gulden für jedes vorhandene Pferd eingefordert. Wenn man bedenkt, daß der Preis der besten Pferde damals fünfzig Gulden betrug, für schwache nur dreißig, erkennt man wohl, daß jedes nicht benötigte Tier verkauft wurde, um dieser drückenden Abgabe zu entgehen.

Die schwerste Periode des ganzen Krieges war aber ohne Zweifel die Zeit von 1641 bis 1648. Im ersten Jahre rückte der schwedische Feldmarschall Lienhart Torstenson mit seinen Truppen in Mähren ein und wollte den Kriegsschauplatz an die Donau, in die Kernländer der kaiserlichen Macht, verlegen. Bis nach Oberösterreich und vor die Tore Wiens schwärmten seine

Reitervorhuten. Manche Orte haben wieder ihre Urkunden in Sicherheit gebracht, wie der Markt Stockerau, der sie in Wien einlagerte, doch vorläufig wurde das Land von einer Invasion noch verschont, weil ein Krieg Schwedens gegen Dänemark ausbrach und Torstenson aus Mähren abziehen mußte. Im Winter 1642/43 sind wieder acht Regimenter des kaiserlichen Heeres mit riesigem Troß auf alle vier Landesviertel verteilt worden. Das Regiment Piccolomini hatte allein einen Anhang von dreihundert Weibern und Buben. Im folgenden Winter sind gar dreizehn Regimenter einquartiert worden, wobei erstmals auch die Stadt Wien herangezogen wurde. Es blieb also nur mehr das Gebiet von Scheibbs und Waidhofen frei von Einquartierungen, denn diese Landstriche waren das Waffenarsenal der kaiserlichen Armee und wurden deshalb geschont. Seit 1603 waren die Eisenwurzen von jeder Einquartierung befreit, und 1642 wurde dieses Privileg erneuert. Nur in äußersten Notfällen wurden Truppen dort untergebracht, nach Möglichkeit dies aber vermieden, denn die Widmungsbezirke mußten weiterhin ihren Proviant einzig und allein in das Bergwerksgebiet liefern, und die Schmiede in den Gebirgstälern Schwerter und Spieße für die Truppen herstellen.

Die Werbungen, die unterdessen fortgesetzt wurden, so daß im Jahre 1643 die Stände klagten, es seien schon mehr als 12.000 waffenfähige Männer aus dem Land geführt worden, die ständig wiederkehrenden Lieferungen von Pferden und Wagenmaterial, welche die hohen Verluste den Armeen ersetzen mußten, die bedeutenden Kriegsdarlehen, die beispielsweise im Jahre 1642 die Stände veranlaßten, für jeden Rauchfang einen Gulden einzuheben, die Bedrohung der Bevölkerung bei den Durchmärschen, das alles sollte in den nächsten Jahren noch weit übertroffen werden. Im Februar 1645 rückte der schwedische Feldmarschall Lienhart Torstenson wiederum in Böhmen ein, fest entschlossen, den Kaiser diesmal im Herzen seiner Macht zu treffen, den Krieg zu entscheiden und zum endgültigen Abschluß zu bringen. Am 6. März schlug er ein kaiserliches Heer bei Jankau, unweit der von Tabor nach Beneschau/Benešov führenden Straße, und öffnete sich damit den Weg nach Niederösterreich. Jetzt überfluteten die Reste der kaiserlichen, bayerischen und sächsischen Armee das Land und erlaubten sich ärgste Plünderungen und Ausschreitungen. Entsetzt floh die Landbevölkerung in die befestigten Orte, die wegen des großen Flüchtlingselends bald übervölkert waren. Schnell wurden die festen Plätze an der Nordgrenze, wie Drosendorf, Laa, Krems, Stein, und einige Schlösser mit Waffen und Besatzung versehen und vor allem für Wien alles Nötige vorgekehrt. Ein allgemeines Aufgebot wurde erlassen, demzufolge je 20 Häuser binnen 14 Tagen einen bewaffneten Mann zu stellen hatten. Bevor diese Befehle durchgeführt werden konnten, überschritt Torstenson, über Iglau/Jihlava und Znaim vorrückend, am 17. März die niederösterreichische Grenze und schlug in Schrattenthal sein Hauptquartier auf. Drei Tage später war seine Vorhut schon in Haugsdorf, Wullersdorf und Hollabrunn, während die Hauptmacht gegen Stein und Krems vorrückte, die sich nach einigen Tagen Belagerung am 26. und 29. März ergeben mußten. Nachdem einige Versuche der Schweden, das rechte Donauufer zu gewinnen, indem sie bei Dürnstein eine Brücke schlugen und auch von Krems aus einen Vorstoß gegen Göttweig unternahmen, gescheitert waren, marschierte Torstenson am linken Donauufer abwärts, nahm am 8. April Korneuburg und stand am 14. vor der äußersten Donaubrücke Wiens. Schnell haben manche Orte ihre wertvollen Gegenstände ins Wiener Rathaus geschafft, andere, wie Wiener Neustadt, waren noch vorsichtiger und brachten ihre Urkunden in Bruck an der Mur unter. Stände und Hof ergriffen aber entschlossen Verteidigungsmaßnahmen für die südlichen Landesteile und Wien, zogen alle verfügbaren Truppen zusammen und errichteten Befestigungen.

Vor Wien geriet nun der Siegeslauf Torstensons ins Stocken. Denn Georg Rákóczy, der Fürst von Siebenbürgen, der schon 1643 mit den Schweden ein Bündnis geschlossen hatte, ließ den Feldmarschall jetzt im Stich. So wagte dieser keinen Angriff auf die Stadt und zog sich ins Weinviertel zurück, wo er in Mistelbach sein Hauptquartier aufschlug und in die größeren Orte Besatzungen legte. Diese unterhielt er durch Kontributionen oder Schutzgelder und widmete sich nun der Belagerung von Brünn/Brno, während sich die schwedischen Truppen mit kaiserlichen Stützpunkten im Waldviertel, wie Ottenstein, Rappottenstein, Waidhofen, Weitra oder Litschau, herumbalgten. Erst im Herbst kehrte Torstenson wieder nach Niederösterreich zurück, ließ die Gegend von Nikolsburg/Mikulov plündern, das Zeltlager bei Mistelbach in Brand stecken und die in Krems stationierten Truppen die Umgebung verheeren. Wieder mußten die Dorfbewohner ihre Heimstätten verlassen, um im Dunkel der Wälder Zuflucht zu suchen. Damals sind im Weinviertel, wo es diese Zufluchtsmöglichkeiten nicht gab, meist unter den Häusern viele Erdställe entstanden. Bei ihrer Rückkehr von der Flucht fanden die Bewohner oft Haus und Hof geplündert vor; hatten sie sich ein notdürftiges Ersatzquartier geschaffen, begann das grausame Spiel neuerlich. Korneuburg wurde zu einem festen Stützpunkt ausgebaut, dann führte Torstenson seine Hauptarmee nach Mähren ins Winterquartier. Vor dem Rückzug ließ er aber noch die Burg Kreuzenstein in die Luft sprengen.

Während dieses Winters war in den südlichen Landesvierteln die gesamte kaiserliche Macht zusammengedrängt. Überdies mußten noch vier in Ungarn stehende Regimenter verpflegt werden. Um das Unglück vollzumachen, brach noch die Pest aus und forderte während des Winters viele Opfer. Für die Abwendung der Seuche hat die Stadt St. Pölten alljährlich eine Wallfahrt nach Mank gelobt, die heute noch durchgeführt wird. Im Frühjahr 1646 faßte dann Graf Johann Christoph von Puchheim die gesamten kaiserlichen Truppen zusammen, säuberte, vom Marchfeld kommend, die südlichen Teile des Weinviertels mit Ausnahme von Korneuburg und eroberte Anfang Mai die Stadt Krems. Erst nach zwei Monate dauernder Belagerung konnte Korneuburg eingenommen werden, so daß am Ende des Monats August kein feindlicher Soldat mehr in Österreich stand. Das Weinviertel war nach Abschluß dieses Feldzuges vollkommen verwüstet, mehr als die Hälfte der Häuser zerstört. Trotzdem mußte Niederösterreich auch im folgenden Winter wiederum sechs Regimenter zu Pferd und drei Regimenter zu Fuß ins Quartier nehmen. Das Land wurde dadurch so ausgepreßt, daß man im letzten Kriegswinter auf Einquartierung größerer Truppenmassen verzichten mußte. Selbst mit ärgsten Drohungen konnte nichts mehr aus der Bevölkerung herausgeholt werden. Als im Winter des Jahres 1648 Rekruten des Regimentes Traun in St. Pölten einquartiert waren und einige benachbarte Herrschaften verpflichtet wurden, zum Unterhalt beizusteuern, zeigte sich so recht die ungeheure Not. Da die Stadt die aufgewendeten Mittel von diesen Herrschaften nicht hereinbringen konnte, wandte sie sich in ihrer Not an die ständischen Quartierkommissare. Diese erließen ein Mandat an die säumigen Herrschaften Oberwölbling, Göttweig und Hollenburg, in dem sie militärische Exekution androhten, wenn sie nicht sofort die Gelder aufbrächten. In solchen Fällen wurden Soldaten in die Häuser geschickt, die alles mitnahmen, was sie nur vorfanden.

Man sollte meinen, daß diese massive Drohung die zahlungsunwilligen Säumigen zur Erlegung ihrer Schulden veranlaßt hätte, doch das Gegenteil war der Fall. Der Rentmeister des Stiftes Göttweig, Jakob Forsthuber, schrieb an den Stadtrichter von St. Pölten, er werde sich wohl bemühen, die Rückstände der Göttweiger Untertanen in der Höhe von fünfhundert Gulden hereinzubringen, könne sich aber nicht vorstellen, woher die ausgeraubten blutarmen Bauern diese Beträge nehmen könnten. Vierzehn Tage später schickte er das Geld mit dem Bemerken, er habe die Summe persönlich vorschußweise aufgebracht, da er von den Untertanen keinen Pfennig bekommen konnte, ihnen aber die Exekution ersparen wollte. Auf den Besitzungen des Klosters Nonnberg in Unterwölbling konnte nur die Hälfte des schuldigen Geldes eingetrieben werden, und die Herrschaft Hollenburg war nicht imstande, die notwendigen hundert Gulden aufzutreiben und dankte inbrünstig, daß man die militärische Exekution noch einmal aufgeschoben hat. Mit diesen Beispielen soll gezeigt werden, wie groß die Not der Landbevölkerung geworden war, auch in solchen Gebieten, in die niemals feindliche Besatzung kam. Der Pferdebestand war vollkommen verschwunden. Viele Häuser waren von durchmarschierenden Soldaten zerstört worden. Diese Durchzüge waren fast noch gefürchteter als Einquartierungen, besonders wenn es sich um ungarische, spanische oder polnische Hilfstruppen handelte. Man hat diesen Verbänden wohl Marschwege vorgeschrieben, ihnen aufgetragen, daß sie nur eine Nacht im gleichen Ort verbringen sollten und dies durch Bestätigung der zuständigen Ortsrichter nachweisen mußten, doch haben sie sich nicht an diese Befehle gehalten. Gegen Ende des Krieges begleiteten ständische Kommissäre, meist Mitglieder des Prälatenstandes, die Truppen und erhielten in den letzten Kriegsjahren auch die Befehlsgewalt über sie, solange sie sich auf dem Marsch befanden. Das war mehr als einmal mit Lebensgefahr verbunden.

Als am Ende des Krieges eine Bestandsaufnahme durchgeführt wurde, um zu ermitteln, was überhaupt noch vorhanden war, zeigte sich, daß um 10.804 Häuser mehr verwüstet waren als 1631, also 19.784 oder durchschnittlich 28 Prozent öde lagen, wobei aber die vizedomischen Güter nicht gezählt wurden. Wenn man bedenkt, daß während dieser dreißig Jahre manche Gebäude aufgebaut und einige wohl auch zweimal zerstört worden sind, so kann man annehmen, daß mindestens ein Drittel des Landes kriegszerstört war. Dabei verteilten sich die Schäden auf die einzelnen Viertel ganz verschieden. Am stärksten verwüstet war das Weinviertel, das 58 Prozent seines Hausbestandes verloren hatte, dann folgte das Waldviertel mit sechsunddreißig Prozent. Diese beiden vom Feinde heimgesuchten Gebiete hatten also eindeutig am stärksten gelitten. Die sechzehn Prozent Verluste im Viertel ober dem Wienerwald gingen ausschließlich auf das Konto der kaiserlichen Armee und konzentrierten sich auf das Gebiet zwischen Pielach und Wienerwald. Das Viertel unter dem Wienerwald dagegen hatte nur geringfügige Verluste, die ein Prozent ausmachten. In diesen beiden Landesvierteln gab es sogar in der letzten Kriegsphase eine bedeutende Bautätigkeit. Viele frühbarocke Denkmäler, wie die Universitätskirche, die Schottenkirche, das Erzbischöfliche Palais und die Kalvarienbergkirche in Wien, entstanden in diesen Jahren. Im Lande wurden große Teile der Stifte St. Pölten, Lilienfeld und Heiligenkreuz gebaut. Trotzdem ist wohl zur Genüge bewiesen, daß gerade die letzten Jahrzehnte des Dreißigjährigen Krieges für Niederösterreich einen ungeheuren Aderlaß an Gut und Blut bedeuteten. Manche Teile Deutschlands, vor allem aber Böhmens, waren noch länger Kriegsschauplatz gewesen als Niederösterreich, doch hatte auch hier der Krieg, insbesondere im nördlichen Landesteil, tiefe Spuren hinterlassen.

19. KAPITEL

Die Überwindung der Kriegsfolgen

Mit dem Abschluß des Friedens von Münster und Osnabrück im August 1648 waren wohl die Kampfhandlungen des Dreißigjährigen Krieges zu Ende, doch konnten seine militärischen Probleme erst Jahre später völlig gelöst werden. Denn in Mähren standen noch bis 1650 schwedische Besatzungstruppen, gegen die auch Kaiser Ferdinand III. (1637–1657) eine größere, schlagkräftigere Wehrmacht bereit halten mußte. So ist das in Niederösterreich stehende Heer von 62 Kompanien bis zum Ende des Jahres 1649 nur um vierzehn Einheiten verringert worden. Wegen der andauernden Gefahr neuer Kriege in Nordeuropa und Spanien hat der Kaiser einen Teil seiner Streitkräfte auch weiterhin als stehendes Heer immer unter Waffen behalten, und manche Städte oder Märkte mußten nun zusehen, Quartiere für diese ständigen Garnisonen zu finden. Schon 1655 wurden neuerlich im Lande Truppen mit Bewilligung der Stände geworben und die vorhandenen neu ausgerüstet. Da in den angrenzenden Ländern bald wieder Krieg herrschte, wurde 1659 die kaiserliche Streitmacht nochmals verstärkt und dazu von den niederösterreichischen Ständen außerordentliche Geldmittel bewilligt. Die großen Aufwendungen machten die Einführung einer neuen Steuer nötig, die Beamte, Offiziere, Bediente, Handwerksgesellen, Inleute und Taglöhner belastete, also auf die lohnempfangenden Schichten zurückgriff. Während Beamte und Offiziere den zehnten Teil ihres Einkommens geben mußten, verlangte man von den anderen jährlich einen Gulden. Zu den vielen Aufschlägen aus der Kriegszeit, lauter indirekten Steuern, die den gemeinen Mann ebenso stark belasteten wie den Reichen, kam also jetzt diese Lohnsteuer, die nur Arbeitnehmer traf. Sie ist später abgeändert worden, indem die Reicheren von jedem Gulden zwei Groschen, die Armen von einem Gulden Einkommen einen Groschen Steuer zu bezahlen hatten. Eine besondere Härte war, daß Witwen genauso stark belastet wurden wie Familien, deren Ernährer am Leben war, daß überdies das Vermögen der Waisen dieser Besteuerung unterzogen wurde.

Die schlechte Ernte des Jahres 1649 – alle Faktoren, wie verminderter Anbau, verwüstete Felder, Mangel an Zugtieren und Saatgut, aber auch schlechtes Wetter hatten zusammengeholfen – verzögerte ebenfalls den Beginn friedensmäßiger Zeiten. Aber in anderen Ländern des Reiches war die Not noch größer, und so entschloß sich die Regierung trotz aller Knappheit im September 1649, zweitausend Mut (etwa 3700 Tonnen) Getreide zur

Ausfuhr freizugeben. Zur Verhütung einer Teuerung durften diese Mengen aber nicht auf den Wochenmärkten oder direkt bei den Bauern gekauft werden, sondern aus den Getreidekästen der Herrschaften und Klöster. Bei der Maut zu Ybbs mußte dann über den Einkaufsort eine Bestätigung vorgelegt werden. Erst im Jahre 1650 ist wirklich Frieden eingezogen. Durch die Aufstellung neuer Marterl auf allen Straßen, Plätzen und Wegkreuzungen sollte man seiner auf ewige Zeiten gedenken, denn sie waren mit der Inschrift zu versehen: »Lob, Preis und Dank dem Friedensgott, der uns geführt hat aus der Kriegsnot.« Die Behebung der Kriegsschäden nahm aber ein ganzes weiteres Jahrzehnt in Anspruch.

Eine der ersten großangelegten Maßnahmen der Regierung nach Eintreten halbwegs normaler Zustände war die endgültige Durchsetzung der Gegenreformation in Niederösterreich. Bei den Friedensverhandlungen in Münster und Osnabrück hatten die Schweden und die evangelischen Reichsstände eine völlige Restituierung des Protestantismus in den österreichischen Ländern zu erreichen versucht. Aber die kaiserlichen Diplomaten hatten entschiedenen Widerstand geleistet, besonders dann, als sich einige evangelische Adelige Niederösterreichs in die Unterhandlungen einzuschalten versuchten. Man einigte sich schließlich auf einen Kompromiß, der den protestantischen Adeligen Schlesiens und Niederösterreichs gewisse Rechte einräumte. So durfte der ständische Adel nicht der Religion halber zum Verlassen seiner Wohnsitze und zur Aufgabe der Güter gezwungen werden, sondern konnte seine religiösen Übungen in Nachbarländern, in unserem Falle in Ungarn, verrichten. So sind denn in Hinkunft die Protestanten zu Taufen, Hochzeiten und anderen Festen in ungarische Grenzorte gezogen, vor allem ins heutige Burgenland oder nach Preßburg/Bratislava. Gegen die übrigen evangelischen Bewohner ging jetzt der Kaiser entschieden vor. Am 4. Jänner 1652 erschien neuerlich ein Reformationspatent, das aber nun energischer durchgeführt wurde als die früheren, unter dem Einfluß der Kriegswirren stehenden Verfügungen. Schon um 1650 hatten die Vorbereitungen für diese Generalreformation begonnen, als die Priester angewiesen worden waren, ihre nichtkatholischen Pfarrkinder aufzuzeichnen und die Listen einzuschicken. Wie bei vielen anderen Gelegenheiten zeigte sich, daß die Geistlichen gar keine oder schlechte Berichte zusammenstellten, so daß daraus kein Überblick gewonnen werden konnte. Nun wurde für jedes Landesviertel eine Kommission bestimmt, die aus einem Prälaten und einem niederösterreichischen Regierungsrat bestand. Im Waldviertel waren der Abt Benedikt Leisser von Altenburg und Joachim Enzmilner, Freiherr von Windhag, tätig, im Weinviertel der Propst Josef von St. Andrä, später der Abt Matthäus Kohlweis von Lilienfeld und Siegmund Christoph von Kirchberg; für das Viertel ob dem Wienerwald wurden der Abt von Göttweig und Philipp Jakob Unverzagt bestimmt. Im Viertel unter dem Wienerwald wurden der Bischof von Wiener Neustadt und Eustach von Althann mit der Durchführung der Gegenreformation beauftragt. Diese Kommissionen sollten im Lande herumziehen und den noch vorhandenen

Evangelischen drei Möglichkeiten bieten: entweder die baldige Bekehrung, befristete Bedenkzeit oder Auswanderung. Wie immer sie sich aber entschließen sollten, mußten sie sechs Wochen lang in der katholischen Religionslehre unterrichtet werden. Aus dieser gründlichen Vorbereitung ersieht man schon, daß diesmal klare Ergebnisse geschaffen werden sollten. Nicht nur die Bekehrung der Protestanten war das Ziel, sondern überdies eine durchgehende religiöse Belebung und Besserung der Sitten. Deshalb folgten auch Patres aus den neu eingesetzten Orden, vor allem Kapuziner, den Kommissionen, um das Bekehrungswerk zu vollenden und zu vertiefen. In den Instruktionen wurde den Kommissionen aufgetragen, den Leuten die Auswanderung nach Möglichkeit zu erschweren, denn Menschen waren in diesen Jahren überall kostbar, und man ließ sie nur ungern ziehen. Es wurde deshalb allen, die sich nicht bekehren wollten und hartnäckig auf Auswanderung bestanden, geschildert, welch hartes Los sie in der Fremde erwarte, wie schlecht sie ihren Besitz verkaufen und wie schwer sie sich in Deutschland einleben könnten. In der Tat waren viele der früher Emigrierten nach völligem Verlust von Hab und Gut bitter enttäuscht zurückgekehrt, froh, wenn auch verarmt, doch wieder in der Heimat leben zu können. Manche aber wurden angesehen, wie zwei Söhne des Waldviertler Bauern Mänhardtsberger, die zu Begründern einer Bleistifterzeugung in Nürnberg wurden. So wurde denn die Auswanderung durch bürokratische Prozeduren so erschwert, daß viele hartnäckige Evangelische, vor allem Bauern, die im verwüsteten Mittel- und Norddeutschland genug Siedlungsmöglichkeiten erwartete, das Land heimlich verließen. Die Mautstellen und Landgerichte wurden angewiesen, an den Grenzen nach solchen Flüchtlingen zu fahnden und sie wieder zurückzubringen. Aus der dem Freiherrn von Leyser gehörigen Herrschaft Reichenau am Freiwald sind fünfzig Bauernfamilien »entwichen«, teilweise sogar unter Zurücklassung des Viehs in den Ställen. Ihre Häuser wurden leergeräumt, Vieh, Vorräte und Fahrnisse in die nächstgelegenen Gutshöfe gebracht und die Häuser an Zuwanderer weiterverkauft. Jedenfalls wurde durch diese Massenflucht die Herrschaft so entwertet, daß sie 1653 der Freiherr von Windhag um einen Spottpreis kaufen konnte.

Die Stände, auch die katholischen, waren über diese Reformationsbewegung nicht sonderlich erfreut, da sie mit Recht fürchteten, es könnten zu viele Untertanen abwandern, was bei den immer höher werdenden Steuerforderungen zur wirtschaftlichen Katastrophe hätte führen müssen. So konnten die evangelischen Adeligen, denen Ferdinand II. im Jahre 1627 ausdrücklich verboten hatte, nochmals in Religionssachen an den Landesfürsten heranzutreten, und die sich nicht mehr zu fraktioneller Beratung unter Ausschluß der Katholiken treffen durften, da alle Versammlungen einer Gruppe von Ständen vom Landmarschall einberufen werden mußten, nochmals das Interesse aller Ständemitglieder für ihre Angelegenheiten wecken, wenn auch mit geringerem Erfolg. Der Landtag von 1652 versuchte nämlich, die Steuersumme von zweihunderttausend Gulden von der Bedingung abhängig zu machen, daß nicht zu viele Bauern das Land verlassen. Ferdinand III. hat diese Verbindung von Steuerbewilligung und Religion schroff zurückgewiesen, und wie immer in solchen Fällen seit 1620, waren die Stände auch diesmal gehorsam. Das letzte Mittel der Protestanten war die Entsendung einer Delegation auf den Reichstag von Regensburg im Jahre 1653, wo sich der Kurfürst von Sachsen und vor allem die Vertreter Schwedens ihrer Wünsche annahmen. Sie zogen sich aber den Unwillen des Kaisers zu und erhielten den Befehl, Regensburg unverzüglich zu verlassen. Von nun an verstummten sie völlig.

Aus den erhaltenen Berichten und Akten der Reformationskommissionen geht hervor, daß der Protestantismus noch am stärksten im Waldviertel verbreitet war. Am Ende des Jahres 1654 zählte man dort in 140 Pfarren 77.319 Katholiken und 22.224 Lutheraner und Neubekehrte. Dabei war die Mehrzahl der Protestanten auf wenige Zentren zusammengeballt, die alle westlich der Linie Krems–Zwettl–Gmünd lagen. Das Kerngebiet war der Raum um Großgerungs, Rappottenstein und Pöggstall, wo geschlossene protestantische Herrschaften der Zinzendorf, Landau, Polheim und des Achaz Heckelberger auf Arbesbach bestanden. Trotzdem hatte die Kommission auch dort Erfolg. Nur in der Wachau und den angrenzenden Landstrichen gab es Schwierigkeiten.

In den drei anderen Landesvierteln waren die Reformierten viel geringer an Zahl, und die Kommissionen hatten deswegen auch leichtere Arbeit. Im Weinviertel waren nur Hollabrunn und Guntersdorf stärker durchsetzt, im Viertel unter dem Wienerwald gab es nur mehr vierhundert Protestanten südlich von Wiener Neustadt in einigen Orten der Buckligen Welt. Nur im Viertel ober dem Wienerwald westlich der Traisen saßen mehr und hartnäckigere Protestanten. Der Zwischenbericht von 1654 meldete die Bekehrung von 18.000 Personen im Waldviertel und 3000 in den anderen drei Landesteilen. Die Kommissionen sind in ihrer ursprünglichen Besetzung bis zum Jahre 1657 fortgeführt und im Jahre 1659 in ähnlicher Form wieder aufgestellt worden, diesmal mit der Befestigung des Glaubens beauftragt. Man darf aber nicht glauben, daß alle Bekehrungen auch wirklich echt waren. Der Geheimprotestanismus hielt sich noch lange Zeit sowohl unter der städtischen Bevölkerung als auch unter der Bauernschaft. Von den 154 lutherischen Herren aus 43 Geschlechtern, darunter den Auersperg, Puchheim und Starhemberg, und den 76 evangelischen Rittern aus 29 Familien war nur ein Teil wirklich bekehrt worden. Diese hinderten manchmal ihr Gesinde an der Ausübung des katholischen Gottesdienstes oder verlangten von den Untertanen an katholischen Feiertagen die Robot. Noch im Jahre 1690 rief der Pfleger von Sitzendorf die Bauern zusammen und verlas ihnen die protestantische Postille. Vom wahren Umfang des Geheimprotestantismus gibt uns der Bericht Auskunft, den der Heiligenkreuzer Geistliche Kleinschrott über seine Flucht vor den Türken im Jahre 1683 schrieb. Das prächtige und großartige Auftreten der katholischen Kirche um 1700 hat aber den Protestantismus Niederösterreichs tatsächlich erstickt; die letzten evangelischen Adeligen wanderten freiwillig aus oder lebten im Reiche, wo sie ihren niederösterreichischen Sitz bald verloren, wie die Zinzendorf oder die Stockhorner. Im 18. Jahrhundert war noch ein protestantischer Erzieher bei den Kornfail in Würmla und den Auersperg in Purgstall tätig, doch waren dies nur mehr Ausnahmeerscheinungen. Die Reformation war endgültig besiegt.

Die zwangsweise, polizeimäßige Bekehrung großer Teile der Bevölkerung führte zu einer starken Betonung der Äußerlichkeiten im katholischen Gottesdienst, da die Konvertiten ihr Bekenntnis öffentlich zur Schau tragen mußten, um sich vor Verdächtigungen und Verfolgungen zu schützen. Zudem hatte die Kirche schon in den ersten Jahrzehnten des 17. Jahrhunderts erkannt, daß sie die Seelen des Volkes nur dann wieder dauernd an sich binden kann, wenn sie nicht nur alle Erscheinungen des täglichen Lebens und des Jahresablaufes, sondern die gesamte sichtbare Umwelt des Menschen mit ihrem Geist durchdringt und so den Anblick katholischer Kultstätten und Kulthandlungen zur Gewohnheit macht. Bauernheilige wie St. Leonhard kamen in Mode, an Brücken wurden mit Vorliebe Statuen des heiligen Johannes Nepomuk aufgerichtet, der alle bisherigen Brückenheiligen verdrängte. Die Marienfeiertage wurden bis zur wirtschaftlichen Tragbarkeit vermehrt und Wegkreuzungen, Anhöhen und auffallende Punkte in der Landschaft mit Kreuzen, Kapellen oder Kirchen geziert. Stätten, an die sich der Wundergedanke oder Aberglaube des Volkes oft seit uralten Zeiten klammerte, wie Quellen, Brünnl oder markante alte Bäume, wurden in den Dienst der Kirche gestellt, alte Legenden oder Sagen ins Christliche umgedeutet oder neue an sie geknüpft. Viele Bäume wurden mit Marienbildern geschmückt, an die sich oft Legenden über den Kampf gegen das Luthertum rankten und von denen einige zu Wallfahrtsstätten ausgestaltet wurden. Die drei bedeutendsten neuen niederösterreichischen Wallfahrtsorte der Gegenreformationsbewegung gingen aus Marienbildern hervor, die einst auf Bäumen befestigt waren: Maria Taferl, Maria Dreieichen bei Horn und der Mariahilferberg bei Gutenstein. Im Jahre 1642 stellte der Ortsrichter Alexander Schinagl aus Krumnußbaum eine kleine Statue der Schmerzhaften Muttergottes in eine Nische auf einer Eiche, da ihm ein Traum bedeutet hatte, er werde dadurch gesund werden. Dort soll schon ein Jahrzehnt vorher ein Holzfäller, der den Baum umhacken wollte, schwer verwundet und beim Anblick des darauf befestigten Marienbildes geheilt worden sein. Im Jahre 1651 habe die schon verdorrte Eiche, so erzählt die Legende weiter, plötzlich wieder zu grünen begonnen. Dies war der Anfang von Maria Taferl. Dem Horner Bürger Matthias Weinberger, der ebenfalls lange krank gewesen war, träumte im Jahre 1656, er werde gesunden, wenn er ein Marienbild auf dem Molderberg an einer dreigeteilten Eiche befestige, und im Jahre 1661 erhielt Sebastian Schlager aus Gutenstein im Traum die Weisung, ein Bild zu malen und es auf dem Berg Buchschach bei Gutenstein an einem Baum zu befestigen. Bei diesen drei Bildern entstanden bald Kapellen, die von immer mehr Pilgern besucht wurden und schließlich zu großen Kirchenbauten Anlaß gaben. Um dieselbe Zeit sind bestehende Wallfahrtskirchen ausgebaut worden, wie auf dem Sonntagberg, dessen Gnadenbild im Jahre 1614 gemalt wurde, und in Hoheneich ereignete sich im Jahre 1621 ein Wunder, das den Ort ziemlich berühmt machte: Die vom protestantischen Gutsherrn und dessen Prädikanten verrammelte Tür der Wallfahrtskirche soll sich vor einer Schar böhmischer Pilger selbst geöffnet haben. Viele andere, schon vergessene Wallfahrtsorte, wie Maria am Gebirge in Salapulka, Maria Laach am Jauerling, Waldenstein bei Gmünd, waren wieder aufgelebt und in Mode gekommen. Mit Ausnahme von Maria Lanzendorf sind aber sämtliche noch heute bedeutende Wallfahrtsorte im 17. Jahrhundert entstanden.

Das Wallfahrtswesen war auch von großer wirtschaftlicher Bedeutung. Handwerker und Wirte an den Wallfahrtsstraßen profitierten davon, und die Bruderschaften lebten wieder auf, da die Handwerksmeister ihre Wallfahrten vorwiegend in Genossenschaften abhielten. Die überragende Zahl der Wallfahrer waren Kleinbürger und Bauern, denn nur sie konnten jene gigantischen Menschenmassen stellen, die vornehmlich in der ersten Hälfte des 18. Jahrhunderts, als das Wallfahrtenwesen seinen Höhepunkt erreichte, alljährlich die bekannteren Gnadenstätten aufsuchten.

Der berühmteste Wallfahrtsort, vor allem für die Wiener, wurde in diesen Jahrzehnten Mariazell, wo die heutige große Kirche im Jahre 1647 durch Ferdinand III. begonnen und bis 1690 fertiggestellt wurde. Der systematische kultische Ausbau der »Heiligen Straße« über Mödling, Alland, Altenmarkt, Kaumberg, Hainfeld, Lilienfeld, Türnitz, Annaberg, Josefsberg, wo alljährlich Zehntausende von Pilgern zu Fuß nach Mariazell wanderten, fällt auch in diese Jahrzehnte. 1644 ließ das Stift Lilienfeld auf dem Saurüssel eine Kapelle erbauen, die der Anfang von Josefsberg wurde, um 1652 errichtete Graf Joachim Slavata eine Kapelle, die heute noch Joachimsberg heißt, und im Jahr 1653 hat der Müllnermeister Pankraz Reichhart aus Fischamend, der auf der Fahrt nach Mariazell durch das Scheuen der Pferde in Lebensgefahr geriet, auf dem Hafnerberg eine Säule aufstellen lassen, die 1716 in eine Kapelle und 1729 in die heutige schöne Barockkirche umgewandelt worden ist. So wurde damals die uns heute so vertraute niederösterreichische »Sakrallandschaft« ausgebildet, die sich vor allem in der Umgebung bekannter Wallfahrtsorte verdichtet.

Das Bauwesen dieser Epoche war weitgehend auf diese kleinen kirchlichen Monumente beschränkt, mit wenigen Ausnahmen ließ die wirtschaftliche Lage keine Großbauten zu. Während nämlich noch im ersten Jahrzehnt des großen Krieges erstaunlich viele Bauten ausgeführt worden waren – als die monumentalsten Sakralbauten seien das Stift Geras oder die Pfarrkirchen von Poysdorf und Krems genannt –, wurde in den ersten Jahren nach dem Westfälischen Frieden nur das Gebäude des Chorherrenstiftes in St. Pölten, Bibliothek und Gästeflügel in Heiligenkreuz oder die Kapuzinerkirche in Waidhofen an der Ybbs errichtet, also in Gegenden, die vom Krieg weitgehend verschont geblieben waren. Von den vielen zerstörten Burgen und Schlössern, die im Waldviertel meist schon im Jahre 1620 der Verwüstung anheimgefallen waren, wie Gars, Krumau am Kamp, Roregg bei Isper, Albrechtsberg an der Krems oder Kirchberg am Wald, oder von anderen, vorwiegend im Weinviertel gelegenen (wie Falkenstein, Staatz, Asparn an der Zaya, Kreuzenstein, Senftenberg, Schönberg am Kamp oder Greifenstein), erst 1645 durch die Schweden ruiniert worden waren, ist in dieser Epoche lediglich Asparn (1651) aufgebaut worden, während Ernstbrunn 1654 neu errichtet wurde. Die Bautätigkeit an solchen Ruinen begann meist erst um 1670 (Greifenstein 1670, Gars 1673, Schloß Orth 1675, Krumau 1667, Roregg 1670), als sich die Wirtschaftslage besserte. Viele große und ehemals mächtige Burgen blieben aber Ruinen, zu denen sich bald neue gesellten, wie Scheuchenstein (seit 1672), Droß (seit 1671) oder Hardegg seit 1635.

Ferdinands III. Regierung verdankt Österreich auch eine gründliche Reformierung der Rechtspflege, die unter dem Dreißigjährigen Krieg arg gelitten hatte und in Verwirrung geraten war. So stellte im Jahre 1631 die Wiener Universität in einem Gutachten fest, daß die Rechtsunsicherheit erschreckend sei. Alle Juristen, heißt es darin, auch jene, die schon über 20 Jahre praktizieren, könnten sich nicht erinnern, daß in Österreich jemals eine gedruckte Gerichtsordnung publiziert worden sei. Sie hätten den Gerichtsbrauch nur durch lange Tradition und ständigen Gebrauch erlernt. Vor allem seien jene, die von fremden Ländern oder auswärtigen Universitäten kommen, völlig verwirrt, da sie nicht wissen, was gilt und was nicht. So sehr war die Landgerichtsordnung, die Ferdinand I. im Jahre 1559 zum zweiten Mal erneuert hatte und die formell niemals abgeschafft worden war, in Vergessenheit geraten. Deshalb ließ der Kaiser durch eine Kommission aus den drei oberen Ständen und deputierten kaiserlichen Räten unter dem Vorsitz des Rechtsgelehrten Johann Baptista Suttinger von Thurnhof eine »Neue peinliche Landgerichtsordnung in Österreich unter der Enns« ausarbeiten, die am 30. Dezember 1656 publiziert wurde. In hundert Artikeln ist dieses markante Gesetzwerk gegliedert, das für die Laienrichter in Hinkunft ein Anhaltspunkt sein konnte. Jetzt wußten diese, wie sie Verhöre anzustellen und Urteile abzufassen, wann sie von der Folter Gebrauch zu machen und wie sie bei speziellen Verbrechen vorzugehen hatten. Es ist bemerkenswert, mit welcher Sorgfalt sich in den nächsten Jahrzehnten die Kriminalakten an die Bestimmungen dieser Landesgerichtsordnung hielten. Meist ließen sich die Gerichte durch einen Advokaten oder Juristen vor der Urteilsfindung ein Gutachten ausarbeiten, um sich vor dem Regiment in Justizsachen, dem die meisten Urteile vorgelegt werden mußten, nicht bloßzustellen.

In schweren Fällen konnte die verhängte Todesstrafe unmittelbar vollzogen werden, schien eine Begnadigung möglich, hatte eine Meldung an die Regierung zu erfolgen. Die Verbrennung bei lebendigem Leib und das Vierteilen hörten auf, schwerste Strafe war nun die Zerschlagung der Gliedmaßen des auf dem Boden festgebundenen Verbrechers durch ein eisenbeschlagenes Rad, häufigste Hinrichtungsart der Galgen und das Enthaupten durch das Schwert. Zwischen 1637 und 1699 wurden in Wien 202 Todesurteile an Männern und 111 an Frauen vollstreckt. In kleineren Landgemeinden, die sich meist den in Krems wohnenden Freimann kommen ließen, wurden ebenfalls zahlreiche Todesurteile verhängt.

Das Gesetzgebungswerk Ferdinands III. wurde ergänzt durch eine Einschränkung der Immunität der Kirchen, eine Exekutionsordnung für »Prozesse in liquidierten Schuldsachen« vom Jahre 1655 und eine Revisionsordnung der Prozesse. Um manchen üblen Praktiken der Advokaten zu begegnen, hat er eine neue, für das ganze Land gültige Advokatenordnung herausgegeben. Nur die Arbeiten an der Landesverfassung, deren Fortführung seit dem Ableben Reichard Streuns von Schwarzenau ins Stocken geraten waren und die nun durch eine Landesordnungskommission aus vier Doktoren unter der Leitung des Johann Baptista Suttinger fortgesetzt wurden, konnten zu keinem erfolgreichen Abschluß gebracht werden. Dies, obwohl der Regierung sehr viel daran gelegen war, weil sie im Zuge der Vereinheitlichungstendenzen der einzelnen Länder eine Musterlandesordnung gerne zur Verfügung gehabt hätte.

Einem dringenden Bedürfnis der Zeit ist die Infektionsordnung des Jahres 1654 entsprungen, weil seit dem Jahre 1653, zuerst im Waldviertel, später im ganzen Land und besonders auch in Wien, immer wieder Pestfälle auftraten. Zahlreiche Todesfälle gab es auch in der Umgebung von Krems, Göttweig und St. Pölten. In der Hauptstadt starben etwa 1500 Menschen. Die lange Dauer der Epidemie störte den Handelsverkehr empfindlich. Obwohl in dieser Ordnung, die uns Einblick in das tägliche Leben der Menschen gibt, als nicht zweifelhaft angenommen wurde, daß Sünde und Laster und der dadurch hervorgerufene Zorn Gottes die Ursache aller Plagen und Beschwerungen ist, wurde doch darauf hingewiesen, daß unordentliches Leben, vor allem Unsauberkeit, eine Quelle der Krankheit darstellt. An Sonn- und Feiertagen durfte vor dem Gottesdienst kein Wirtshaus geöffnet haben, im Sommer mußten alle Keller um 9 Uhr, im Winter um 8 Uhr abends gesperrt werden. Ohne Erlaubnis des Pfarrers sollten an Sonntagen keine Arbeiten verrichtet und keine Kaufgeschäfte getätigt werden, außer mit Fischen, Fleisch und Brot. Neben diesen kirchlich-moralischen Geboten wurde auch darauf aufmerksam gemacht, daß man im Sommer nicht zuviel Schweinefleisch oder unreifes Obst essen solle. Ferner solle geschlachtetes Vieh nicht warm ausgehackt und gekocht werden. Vor allem wurde den Städten vorgehalten, daß noch immer totes Vieh in den Straßen herumliege, der Unrat nicht weggeräumt werde und die Straßen nicht sauber seien. Sollte aber die Pest auftreten, müssen von der Obrigkeit Ärzte zur Verfügung gestellt und Lazarette eingerichtet werden, wohin die Erkrankten mit ihrem Bettzeug gebracht werden sollten, auch dann schon, wenn der bloße Verdacht auftete. Wenn die Patienten am Leben bleiben sollten, hätten sie für die Behandlungskosten selbst aufzukommen, ansonsten die Herrschaften, die auch für anständige Beerdigung zuständig seien.

Die Pfarrer sollten ihre Schäflein nicht verlassen. Dort, wo mehrere Priester sind, müsse sich einer ganz den Kranken widmen. Um die Pest nicht nach Wien einzuschleppen, wurde um die Stadt ein Kontumazgürtel gelegt. Jeder Reisende mußte sich in Tulln, Königstetten, Guntramsdorf, Retz,

Korneuburg oder Waidhofen an der Thaya, die als Kontumazorte bestimmt waren, einer gründlichen Untersuchung mit Quarantäneaufenthalt unterziehen.

Trotz der großen Bevölkerungsverluste hat die Binnenkolonisation, die Erschließung großer Waldgebiete, vor allem des Wienerwaldes und des Gföhlerwaldes, in diesen Jahren beachtliche Fortschritte erzielt. Im Gföhlerwald hatten schon in den letzten Jahrzehnten des 16. Jahrhunderts, als die Greiß zu Walde dort Pfandherren waren, die Rodung durch Holzknechte aus Bayern, Schwaben, Salzburg und der Pfalz begonnen. Das ganze Gebiet wurde in vierzehn Ämter geteilt und so die Einzelgehöfte zusammengefaßt, die sich auf den Hochflächen und an den Talgehängen entwickelten. Im Jahre 1605 bestanden erst 19 solcher Waldhütten, meist Forsthäuser, denen alsbald Zinshütten für Holzfäller folgten. Daneben wurden Köhlerei und Glasschleiferei eingeführt. Die Abgabe von Waldgrundstücken mit Rodungserlaubnis zur Erbauung eines Hüttels ging unvermittelt in den nächsten Jahrzehnten weiter, und immer häufiger wurde die Rodung durchgeführt. Aus den ursprünglichen Holzhauern wurden allmählich kleine Bauern.

Im Jahre 1669 zählte man schon 167 Siedlerstellen mit 2050 Joch Rodeland. Die Entwicklung war aber zu diesem Zeitpunkt noch lange nicht abgeschlossen, sondern ist bis ins 18. Jahrhundert fortgesetzt worden. Auch im Wienerwaldgebiet wurden, um der Landwirtschaft Niederösterreichs keine kostbaren Arbeitskräfte zu entziehen, Holzknechte aus der Steiermark, Oberösterreich, Salzburg, Bayern und Schwaben angesiedelt. Das landesfürstliche Waldamt stellte die nötigen Geldmittel für die Siedlungsbauten zur Verfügung. Es wurden Holzhauerhütten errichtet, welche die Grundlage vieler heute bekannter Wienerwaldorte bildeten, wie von Preßbaum, Rekawinkel und mehrerer Orte im Gemeindegebiet von Tullnerbach, Gablitz und Purkersdorf. Am Ende des Jahres 1658 gab es bereits 184 Waldhütten.

Auch drei Beispiele gewerblicher, heute würden wir sagen industrieller Siedlungen, lassen sich in diesen Jahrzehnten finden. Bei Pöggstall war 1590 eine Eisenniederlage eingerichtet worden, wohin während des Dreißigjährigen Krieges, der eine Hausse in Eisenwaren brachte, Schmiede zugezogen waren. Diese wurden 1629 auf herrschaftlichem Grunde als eigene Gemeinde angesiedelt, und so entstand das »Messerer Gericht«, das 54 Häuser umfaßte.

Der Wunsch nach besseren Gewehren – die im Gebiet von Steyr erzeugten Waffen waren handwerklich nicht immer hervorragend ausgeführt – hatte schon im Jahre 1639 die Regierung auf den Plan gebracht, in Wiener Neustadt eine neue Waffenproduktion zu errichten. Im Jahre 1656 sind auf kaiserlichen Befehl 23 Meister und 38 Gesellen des Waffenschmiedehandwerkes aus Lüttich, Aachen, Setterich und Solingen nach Wr. Neustadt berufen worden«, wo sie in ihrer »niederländischen Armaturmeisterschaft«, einer Fabrikationsgenossenschaft, die bis in die Mitte des 18. Jahrhunderts bestand, Waffen für die kaiserlichen Truppen, vor allem für das stehende Heer, erzeugten. Da hier die Errichtung einer Siedlung zu lange gedauert

hätte, wurden für die Meister und Gesellen Wohnungen in zwei alten leer-
stehenden Freihäusern, die früher dem St.-Georgs-Ritterorden gehört hatten, adaptiert. In der Stadt Horn dagegen, einst dem stärksten Bollwerk des
Protestantismus, die nun besonders darniederlag, hat Muschingers Schwiegersohn, Reichsgraf Ferdinand Kurz, zur Hebung der verarmten Bevölkerung die Tuchmacherei eingeführt und dazu aus Mähren und Deutschland
Fachleute berufen. Zu deren Unterbringung ließ er am Rande der Stadt eine
Zeile mit dreißig Siedlungshäusern erbauen, die ersten uniformen städtischen Einfamilienhäuser Niederösterreichs. Die Tuchmacherei hat tatsächlich eine neue Blüte dieser Stadt bewirkt, da sie aus der Verbäuerlichung
herausführte. Wie weit diese noch vorhanden war, zeigt das Beispiel St. Pöltens. Dort waren 56 Prozent der Bürger nur mit Handwerk und Handel, also
rein bürgerlichen Gewerben, beschäftigt, 44 Prozent betrieben daneben
noch Landwirtschaft, darunter zwei mit mehr als 60 Joch Ackerland. Reine
Bauern waren in der Stadt keine vorhanden. Mitschuld an der Abwärtsbe-
wegung hatte die schwere Verschuldung vieler Städte und Herrschaften, die
für lange Zeit deren Initiative und wirtschaftlichen Elan zunichte gemacht
hat. Als besonders drastisches Beispiel die Stadt Tulln herangezogen, die im
Jahre 1652 noch Steuerrückstände aus den Jahren 1630 bis 1651 im Betrage
von 9441 Gulden hatte, die durch Exekution hereingebracht werden sollten.
Den Ständen schuldete sie überdies noch den Geld-, Hafer-, Getreide- und
Weinanschlag von 1630 bis 1635, was an Kapital und Zinsen weitere 21.253
Gulden betrug. Dagegen hat die Regierung gar nicht daran gedacht, ihre
Schulden zurückzuzahlen. 1684 hat die Stadt der Hofkammer deswegen
vorgerechnet, sie habe im Jahre 1564 dem Kaiser Maximilian 833 Gulden
vorgestreckt, die niemals zurückgezahlt worden sind. Die Zinsen für 130
Jahre betrugen nun 5460 Gulden.

In Wien war auch im 17. Jahrhundert die Überfremdung des Bürgerbesit-
zes nicht aufgehalten worden, und 1644 standen 643 Bürgerhäusern 582
Freihäuser gegenüber. Zahlreiche neue Klöster und Kirchen waren unter
Ferdinand II. entstanden. Auch das Einstandsprivileg von 1623, das Wiener
Bürgern den Kauf von Hausbesitz landesverwiesener oder hingerichteter
protestantischer Adeliger genehmigte, hatte kaum eine Bedeutung. Die Umbauten im Adelsviertel um die spätere Herrengasse setzten gegen Ende der
ersten Hälfte des 17. Jahrhunderts in größerem Umfang ein. Vorher bot dieses Viertel wie die übrigen Teile der Stadt einen spätmittelalterlichen Anblick mit engen, winkeligen Gassen, schmalbrüstigen und oft nicht mehr als
einstöckigen Bürgerhäusern. Große, freie Plätze gab es kaum. Die Vorstädte
waren in einem elenden Zustand. Die Verwaltung geschah durch den Rat,
der aus einem äußeren Rat aus hundert Migliedern und dem inneren Rat bestand. Vom inneren Rat wurden zwölf Mitglieder vom Kaiser als Landesfürsten ernannt, zwölf vom Stadtrat gewählt. Die zwölf Gewählten des inneren
Rates bildeten das Kollegium der Beisitzer des Stadtgerichtes. Der Bürgermeister wurde vom gesamten Rat gewählt. Er mußte schon vorher dem inneren Rat angehört haben, durfte kein Handwerker und mußte behaust

sein. Der Kaiser hat sich das Bestätigungsrecht der Mitglieder des inneren Rates und des Bürgermeisters vorbehalten. Die Ratsherren des äußeren Rates wurden aus allen Kreisen der Bevölkerung genommen, doch mußten sie Bürger sein und ein ehrbares Leben führen. An der Spitze der Verwaltung stand der Stadtschreiber, ein vom Kaiser ernannter Beamter. Jeder, der sich in Wien niederlassen wollte, konnte Bürger der Stadt werden. Die einzige Bedeutung war die Ablegung des Bürgereides. Als Inwohner bezeichnete man auch in Wien solche Leute, die nicht Bürger werden konnten, wie Adelige, Geistliche, Militärpersonen, deren Angehörige und Bediente.

In der Epoche bis 1665 sind also die Aufbauleistungen recht bescheiden gewesen, in acht Jahren hat sich der Bestand der aufrechten Häuser im ganzen Land nur um 400 vermehrt. Als Beispiele seien einige Städte aus den am meisten zerstörten Landesteilen herangezogen: in Retz waren 1665 von 109 Bürgerhäusern 28 aufrecht, 51 baufällig oder halböde und 30 ganz öde, in Zistersdorf waren von den 173 Häusern nur mehr 123 übriggeblieben, und auch davon waren noch 21 öde. Kein Wunder, daß manche Städte keine Delegierten mehr auf die Landtage entsandten, um die Reisekosten zu sparen.

20. KAPITEL

Die Auswirkungen des Merkantilismus

Es war ein besonderes Glück für Österreich, daß die Zeit des Dreißigjährigen Krieges von einer Schwächeperiode des Türkischen Reiches begleitet war. So herrschte im Osten Ruhe, während in Deutschland gekämpft wurde. Erst in den letzten Regierungsjahren Kaiser Ferdinands III., der 1657 gestorben ist, wurde die Situation wieder kritisch, das Verhältnis zur Türkei verschlimmerte sich. Der Zankapfel war wieder einmal Siebenbürgen, wo der Adel und die drei Nationen in der Frage der Fürstenwahl tief zersplittert waren. Im Jahre 1661 war Österreich zum Krieg gegen die Türken entschlossen, es ist in Siebenbürgen auch mancherorts zu Kämpfen gekommen, vorläufig blieb aber der Friede noch erhalten. Endlose Verhandlungen knüpften sich daran, die so nachlässig geführt worden sind, daß im Frühjahr 1663 doch der allgemeine Krieg ausbrach. Jetzt war die Situation nicht günstig für Kaiser Leopold I., den Nachfolger Ferdinands III. Dem Türkenheer von 60.000 Mann konnte er eine Feldarmee von kaum 6000 Soldaten gegenüberstellen, da die Mehrzahl der Truppen auf die vielen Festungen von Krain bis in die Slowakei verteilt war. Überall konnten nämlich kleine Kontingente der Türken angreifen, und die Länder verlangten Sicherung vor feindlichen Einfällen. Das ungarische Aufgebot aber, das in erster Linie zu kämpfen bestimmt gewesen wäre, versagte dem Habsburger den Dienst.

Niederösterreich war also wieder voll des Entsetzens. Die Fama verdoppelte rasch die Zahl der Türken und verbreitete Angst und Schrecken. Am 10. Juni befahl das Regiment, für die Landesverteidigung Vorsorge zu treffen. Die Viertelshauptleute erhielten den Auftrag, die als Zufluchtsorte bestimmten Städte, Schlösser, Kirchen und Klöster zu untersuchen, Waffen und Munition anzuschaffen und nötigenfalls das Aufgebot zu erlassen. Die Untertanen wurden wiederum verpflichtet, durch drei Tage Robot die Befestigungen der Zufluchtsorte instand zu setzen. Der Großwesir hatte aber keinen Einfall in Niederösterreich beabsichtigt, sondern wollte nur die Festung Neuhäusel/Nové Zamky in der Slowakei erobern. Er konnte auch ein kaiserliches Heer besiegen und am 26. September die Festung einnehmen. Die dem Türkenheer vorauseilenden Tataren streiften diesmal nicht in unser Land, sondern durch die Slowakei nach Mähren und Schlesien bis Olmütz/Olomouc hinaus. Der Norden Niederösterreichs wurde dadurch in große Aufregung versetzt, viele Menschen flüchteten sich in die Wälder, manche Adelige und Geistliche sogar nach Böhmen. Die Bauern fürchteten, wieder einmal von den Regierenden verlassen zu werden, versagten den Herrschaften den Gehorsam und drohten, ihre flüchtenden Herren zu erschießen. Im Kloster Altenburg wurde alles zur Flucht nach Lilienfeld, Göttweig und Melk fertiggemacht. Der Abt verpflichtete 116 Söldner zur Verteidigung und ließ die Befestigung instand setzen. Nachdem schon im Sommer der dreißigste, zwanzigste und zehnte Mann aufgeboten worden war, mußte am 25. September auch der fünfte Mann gestellt werden.

Während des folgenden Winters handelte das Regiment dem Ernst der Lage gemäß. Bei Strafe von hundert Reichstalern mußten im Jänner die Kreidfeuer auf den dazu bestimmten Plätzen instand gesetzt werden, der Ausbau der Zufluchtsstätten wurde eingeschärft, die Befestigung von Wiener Neustadt vorgetrieben und die Wälder im Norden und Osten, besonders der Wienerwald bei Kaumberg, am Kahlenberg und bei Greifenstein, der Enzersdorfer Wald, aber auch der Reinberg bei Litschau und der Gföhlerwald, durch Verhaue und Schanzen gesichert, die durch Blockhäuser gestützt werden sollten. In Ungarn wurde ein schlagkräftiges Heer aufgestellt, da der Verlust Neuhäusels auch auswärtige christliche Mächte zur Hilfe bewogen hatte. Aus dem Reich, ja selbst aus Frankreich kamen Kontingente nach Ungarn. Mit dieser Armee wurden im Mai die Operationen begonnen. Als aber die Türken ihre zerstreut im Winterquartier liegenden Truppen gesammelt hatten, wurde die Lage der Österreicher wieder kritisch. Nur die Unfähigkeit der türkischen Armeeführung und die Unbeweglichkeit der mit Verpflegungsschwierigkeiten kämpfenden feindlichen Truppen verhinderten einen größeren Rückschlag des kaiserlichen Heeres. Da konnte Feldmarschall Raimund Graf Montecuccoli am 1. August 1664 mit einem zahlenmäßig stark unterlegenen Heere einen Teil der türkischen Armee zwischen Mogersdorf im Burgenland und St. Gotthard (Szentgotthard) an der Raab so empfindlich schlagen, daß diese sich bei strömendem Regen und aufgeweichten Straßen auflöste und in größter Verwirrung zurückflutete. Alle Angriffspläne auf Niederösterreich mußten vom Großwesir aufgegeben werden, und im Herbst wurde zu Eisenburg/Vasvár der Friede geschlossen, bei dem die Pforte im Besitz von Neuhäusel/Nové Zamky, Neograd/Nyregyhaza und Großwardein/Oradea blieb. In wirtschaftlicher Hinsicht war von Bedeutung, daß diesmal auch ein Handelsvertrag mit dem Osmanenreich abgeschlossen werden konnte. Den größten Schaden erlitt Niederösterreich jetzt bei Abschluß des Friedens. Im Oktober klagte der Abt Maurus des Klosters Altenburg, daß die »die Auxiliarreichsvölker bei ihrem Rückmarsch sehr übel hausen, plündern und rauben«.

Als im Jahre 1670 ein gegen das Haus Habsburg gerichteter Bund ungarischer Adeliger aufgedeckt wurde, wurden vier Magnaten in der Burg von Wiener Neustadt gefangengehalten und zwei von ihnen, der Banus von Kroatien Peter Zriny und dessen Schwager Franz Christoph Frangepany, am 30. April 1671 im Zeughaus hingerichtet. Als sich darauf die Kuruzzen erhoben und ein grausamer Bürgerkrieg das ungarische Land durchwühlte, als zudem noch die kaiserliche Regierung mit Gewalt die Gegenreformation in Ungarn durchzudrücken versuchte, war Niederösterreich davon wohl nicht unmittelbar betroffen, aber doch in ständiger Angst vor neuerlicher Bedrohung seiner Grenzen durch Streifscharen oder durch ein etwaiges Eingreifen des türkischen Nachbarn. Dazu waren seit 1673 die Kräfte der Erbländer für den Krieg gegen Frankreich angespannt, der bis zum Jahre 1679 dauerte. Über 48 Millionen Gulden hat das Land zwischen 1657 und 1690 an ordentlichen Steuern und an außerordentlichen Auflagen aufbringen müssen, das waren durchschnittlich eineinhalb Millionen jährlich, eine ganz gewaltige Summe.

In diesen Jahren bemühte sich Kaiser Leopold, das Landesbewußtsein zu heben. Im Jahre 1663 ordnete er an, »daß der hl. Leopoldus als ein Patron und Schutzherr unseres ganzen Landes Österreich, in demselben durchgehends mit sonderbarer Andacht« geehrt werde. Sein Sterbetag wurde zum Landesfeiertag und ist dies bis zur Gegenwart geblieben. Darüber hinaus wurde im Jahre 1675 der hl. Joseph zum »Universalpatron in allen Ländern« erklärt und auch der 19. März als Feiertag eingeführt.

Seit der Mitte des 17. Jahrhunderts ist das Amt eines niederösterreichischen Statthalters sichtlich an Ansehen gestiegen. Denn von nun an wurde es nicht mehr als Durchgangsposten betrachtet, sondern die Inhaber waren lange, meist bis an ihr Lebensende, im Amt. Das war schon der Fall bei Johann Franz Trautson Graf zu Falkenstein (1642–1663), unter dessen Regierungszeit viele Klagen über die Saumseligkeit des Regiments laut geworden waren. Das wurde bei seinem Nachfolger Konrad Balthasar Graf von Starhemberg (1663–1687) anders, der fast während der ganzen hier besprochenen Epoche, ja darüber hinaus, das Amt eines Landeschefs innehatte. Eine schwere Verwundung in der Schlacht bei Jankau hatte den erfolgreichen und tapferen Offizier, der schon im Alter von 23 Jahren zum Oberstleutnant befördert worden war, gezwungen, sich dem zivilen Beamtendienst zu widmen. Im Hofstaat Kaiser Ferdinands, dann als Vizeoberhofmeister seiner Gemahlin beschäftigt, wurde er schon 1657 Vizestatthalter und 1663 nach Trautsons Tode Statthalter. Er, der Vater des berühmten Verteidigers von Wien, Ernst Rüdiger von Starhemberg, war ein tüchtiger, beliebter und ausgezeichneter Beamter, der sich vor allem während der Pestzeit und des Türkeneinfalles große Verdienste erwarb und deshalb mit dem Orden des Goldenen Vlieses ausgezeichnet wurde. Das Ansehen und die Bedeutung der Beamten war auch deswegen gestiegen, weil sich nun der Absolutismus, der Wille des Herrschers, verkörpert durch das Regiment, voll und ganz durchsetzte und den Ständen immer stärkere Konkurrenz machte. Diese waren wohl damals noch zu keinem Schattendasein verurteilt und wahrten ängstlich ihre Vorrechte, wenn sie sich auch den finanziellen Forderungen des Kaisers meist unterwarfen. Einige Jahre vorher, 1656, hatte der Landtag festgelegt, welcher Art die ständischen Verordneten und die Raitherren sein sollten. Die Wahl sollte bei den zwei oberen Ständen nicht durch Zettel, sondern mündlich vor sich gehen. Ein solcher Verordneter mußte guten Leumund haben, sollte im Lande reichlich begütert sein und nach Möglichkeit den älteren Geschlechtern angehören. Er durfte nicht viele persönliche Schulden haben und überdies weder im Hofdienst noch im Dienst eines fremden Fürsten stehen.

Der führende Adel des Landes war völlig anders strukturiert als in den Jahrhunderten zuvor, nur mehr ein Ministerialengeschlecht, die Puchheimer, waren als Erbtruchsessen im Besitz eines Erbamtes. Oberster Erbland-Hofmeister war ein Trautson, Erb-Landmarschall der Fürst von Eggenberg, der Erbkämmerer der Graf Breuner, Erbstallmeister der Graf von Harrach, Erb-Mundschenk der Graf von Hardegg, Erb-Silberkämmerer der Graf von Kuefstein, Erblandjägermeister der Graf von Zinzendorf, Erbkuchelmeister Baron Hegemüller, Erb-Türhüter der Graf von Schönkirchen und Erbmünz-meister der Graf von Sprintzenstein.

Auch die Erblandmarschälle stammten in dieser Periode aus bedeutenden Familien. Ab 1620 war dies Seifried Christoph Breuner, ab 1623 Hans Balthasar von Hoyos, ab 1632 Sigmund Adam Herr von Traun, ab 1637 Johann Franz Trautson zu Falkenstein, ab 1642 Georg Achaz Graf von Losenstein, ab 1651 Ernst Graf von Abensberg und Traun, ab 1668 Ferdinand Max Graf von Sprintzenstein, ab 1679 Johann Balthasar Graf von Hoyos, ab 1681 Franz Max Graf zu Mollardt und ab 1690 Otto Ehrenreich Graf von Abensberg und Traun.

Der Herrscher und der Adel hoben sich immer mehr vom Volk ab, es entstand eine tiefe Kluft zwischen Herrschenden und Beherrschten. Auch dem Ritterstand wurde nun eine Auszeichnung zuteil, indem seit 1652 seine Mitglieder den Titel »Edelgestreng« führen durften.

Die soziale Gliederung war in diesem Jahrhundert für unsere Begriffe merkwürdig verzerrt. Die landesfürstlichen und kaiserlichen Beamten wurden im Verhältnis zum Bauern- und Bürgerstand ungemein hoch eingeschätzt. Die Polizeiordnung des Jahres 1671 teilte die Bevölkerung, mit Ausnahme der Mitglieder der drei oberen im Landtag vertretenen Stände, in fünf, also insgesamt in acht Klassen ein. Nach Prälaten, Herren und Rittern bildeten die erste Klasse die höheren kaiserlichen und landesfürstlichen Beamten und Hofbediensteten, soweit sie nicht Mitglieder des Adels waren, wie Vizedome, Hof- und Kriegszahlmeister, der Salzamtmann, Eisenamtmann, Hansgraf, Waldmeister, Hofquartiermeister, die Landschreiber, Sekretäre, Doktoren der Rechte und der Medizin, Nobilitierte, die Landgüter besaßen, der Hof- und niederösterreichische Kammerbuchhalter, der kaiserliche Stadtanwalt in Wien, der Schatzmeister, die Kammerdiener, die Burggrafen sowie der Bürgermeister und der Stadtrichter von Wien. Der zweiten Klasse zugeteilt wurden die Nobilitierten, die keine Landgüter besaßen, die Rechnungsräte der niederösterreichischen Buchhalterei, Herolde, Hofmusiker, Waldschaffer, die Mitglieder des inneren Rates von Wien, die Bürgermeister und Richter der anderen landesfürstlichen Städte und Märkte, weiters der Münzmeister, die Hofkammerdiener, die Oberpfleger, Hofmeister, Stallmeister und Kammerjungfrauen der oberen Landstände sowie die Hofrichter der Klöster. In der dritten Klasse standen neben Buchhaltereibediensteten, Kellermeistern, Türhütern, Kammerheizern, Trompetern und Wagenmeistern die vornehmen bürgerlichen Handelsleute und die vornehmen Bürger, die kein Handwerk betreiben, die Künstler, wie die Buchdrucker, Maler, Bildhauer und Kupferstecher, die Pfleger und Schreiber des Landadels, auch die Mitglieder der Ratskollegien der landesfürstlichen Städte und Märkte samt den Stadtschreibern. Der vierten Klasse wurden die niedersten Hofbediensteten, wie Falkner, Jäger, Sattler, Torsteher, Sänftenträger, die gewöhnlichen Bürger und Handwerker in den Städten, die Schulmeister, Mesner und Kirchendiener, zugeteilt. Der untersten Klasse gehörten die Bauern, die ländlichen Inleute, die Tagwerker und »das übrige gemeine Volk« an.

Diese Polizeiordnung hatte nicht den Zweck, die Menschen in Kasten einzuteilen, sie wollte vielmehr den Luxus steuern, der eingerissen war. In der Präambel heißt es nämlich, daß schädlicher Luxus und Verschwendung von unten her seinen Ausgang genommen habe, indem die geringeren Standespersonen sich Kleidung anmaßten, die nur dem Höheren gebühren und daß so einer den anderen so hoch getrieben habe, daß die oberen Stände schließlich weder im Material noch in der Form Kleidungsstücke ersinnen können, die von den unteren Schichten nicht sofort nachgemacht würden. Da aber die meisten dieser Materialien eingeführt werden müßten, erwachse dem Land gewaltiger Schaden. So wurde denn die Einteilung getroffen, daß die Mitglieder der zwei unteren Klassen vorwiegend solche Kleidung tragen sollten, deren Stoff im Inland erzeugt wurde, daß der zweiten Klasse nur mehr gewöhnliche türkische oder andere billige Teppiche bewilligt wurden, während die dritte beispielsweise keine ausländischen Teppiche mehr besitzen durfte.

Bei dieser Verordnung kommt bereits merkantilistisches Ideengut zum Tragen. Es war auch bereits im Jahre 1666 der führende Merkantilist Deutschlands, Johann Joachim Becher (1635–1682), von München nach Wien gekommen und hatte zur Errichtung eines Kommerzkollegiums beigetragen. Schon einige Jahre vorher, 1664, hatte Wilhelm von Schröder (1640–1699), Sohn eines sächsischen Kanzlers, der schon vorher Mitglied der englischen Akademie der Naturwissenschaften geworden war, österreichische Dienste angenommen und die gleichen oder ähnliche Ideen mitgebracht. Der dritte bedeutende Merkantilist dieser Epoche war Philipp Wilhelm von Hörnigk (1640–1714). Als Sohn des Leibarztes des Kurfürsten Johann Philipp von Schönborn in Frankfurt geboren, lernte er schon in jungen Jahren Becher kennen, der sein Schwager wurde, und kam als Begleiter des Bischofs Christoph de Royas y Spinola, eines der betriebsamsten kaiserlichen Diplomaten dieser Zeit, nach Österreich und verwaltete anfangs dessen Pfarre Hartberg in der Steiermark. Später trat er in die Dienste des Bischofs von Passau. Berühmt wurde er durch sein 1684 erschienenes Buch »Österreich über alles, wenn es nur will«, wo er erstmals eine österreichische Staatsidee vertrat. Die Merkantilisten wollten die Volkswirtschaft der Länder dadurch heben, daß sie vor allem jene Waren, die vom Ausland eingeführt werden mußten, im Lande selbst erzeugen lassen wollten. Dagegen sollten möglichst viele Waren, aber keine Rohstoffe, ausgeführt und somit eine aktive Handelsbilanz geschaffen werden. Die Folge dieser Bestrebungen war eine Reihe von Gründungen, welche das Wirtschaftsleben des Landes beeinflussen sollten, wenn sie es auch nicht immer taten.

Die wirtschaftliche Situation war ein Jahrzehnt nach dem Dreißigjährigen Krieg nicht mehr so ungünstig. Wir stellen auf vielen Gebieten eine rege Unternehmungslust fest. Vor allem Bergbaubetriebe entstanden im 17. Jahrhundert in Niederösterreich in zahlreichen Orten, wenn sie auch wenig ergiebig waren. Man suchte bei Neunkirchen, bei Mauerbach, Payerbach, Gloggnitz, Gaming, Kirchberg am Walde, Limbach, Otterthal und im Preintal nach Gold und Silber, bei Spitz und Reichenau nach Kupfer, zu Mauerbach, Krumbach, Hochneukirchen und Drosendorf nach Blei, in Krems und Drosendorf nach Alaun. Ergiebiger waren die Eisenvorkommen am Otterberge, bei Starhemberg, Stixenstein, Gutenstein, Pitten, im Marchgraben bei Waidhofen an der Ybbs und bei der Mollenburg. Für die Gegend von Eggenburg wurde nun das Steinhandwerk wichtig, das auf der Rohstoffbasis des Zogelsdorfer Sandsteines fußte. Die vielen Denkmäler der Gegenreformation haben diesen Bruch, dessen Besitzer die Herrschaft Harmannsdorf war, zu Blüte gebracht, selbst die Wiener Steinmetzmeister mußten ihren Stein über Eggenburg beziehen.

Unter dem Einfluß der merkantilistischen Literatur setzte sich in diesen Jahrzehnten auch eine sprachliche Unterscheidung in der Bezeichnung der Gewerbe durch. Man nannte jetzt alle jene Arten, die wegen ihrer Produktionskapazität exportfähig waren oder die Aussicht boten, es zu werden, die also unbehindert von Zunftschranken frei aufblühen sollten, um den Reichtum des Landes zu vermehren, Industrie. Unter Bechers Einfluß und nach seiner Anregung ist im Jahre 1666 in Walpersdorf bei Herzogenburg, das dem Hofkammerpräsidenten Graf Sinzendorf gehörte, eine Seidenfabrik errichtet worden. Die Rohseide für diese Anlage wurde aus Italien bezogen, hier versponnen, dann die gezwirnte Seide im nahen Einöd gefärbt und teils in Traismauer zu Bändern verarbeitet, teils wurden in einer eigenen Strumpfmühle in Walpersdorf Fertigprodukte daraus erzeugt. Die Seidenarbeiter wurden aus München engagiert, wo Becher eine ähnliche Fabrik errichtet hatte, und ein Färber in Venedig verpflichtet. Als aber Sinzendorf als Hofkammerpräsident gestürzt wurde, kamen die Betriebe in Schwierigkeiten, und 1682 stellten sie die Arbeit völlig ein, die Arbeiter zerstreuten sich, ein hoffnungsvoller Anfang war zerstört. Im Jahre 1667 rief Becher eine orientalische Handelskompagnie ins Leben, die den Handel mit Ungarn und der Türkei steuern sollte, wozu der Friede von Vasvár die Grundlage geboten hatte. Die Handelsbilanz mit Ungarn war wegen der Vieheinfuhren stets passiv, und der ganze Handelsverkehr ließ viele Wünsche auf beiden Seiten offen. Die orientalische Kompagnie hat nun zum ersten Male die Fleischversorgung Wiens im 18. Jahrhundert sichergestellt, wenn sie auch den Zwischenhandel nach Oberdeutschland nicht aufnehmen konnte. Die

Unruhen in Ungarn schädigten sie aber bedeutend, so daß der Viehhandel wieder aus ihren Händen glitt. Im Jahre 1670 hat sie unter der Leitung des Wiener Niederlägers Bartlme Triangl das Privileg zur Errichtung von Fabriken zur Färbung von Tuchen nach holländischer und englischer Art erhalten. Damit wollte man den eigenen Bedarf decken und der Konkurrenz dieser Länder im Orient erfolgreich entgegentreten. Triangl hatte in Schwechat bereits den Platz zur Errichtung einer Manufaktur gekauft und sich im Auslande fachkundige Meister und Gesellen bestellt. Doch wurde die Kompagnie durch unglückliche Spekulationen, der ständigen Sorge des Hofkriegsrates wegen der Ausfuhr von Metallwaren nach der Türkei, womit sie den chronischen Absatzschwierigkeiten des Innerberges ein Ende bereiten wollte, sowie durch das geringe Entgegenkommen des Staates in finanzieller Hinsicht schwer gehemmt, bis ihr der Türkensturm von 1683 völlig den Garaus machte. Becher, der ab 1670 wieder in Wien als alchimistischer und wirtschaftlicher Berater Kaiser Leopolds wirkte, der sich dann als politischer Publizist betätigte und somit eine glänzende, wenn auch stark angefeindete Stellung am Hof errang, hat im Jahre 1675 in Wien auf dem Tabor ein »Manufakturhaus« gegründet. Er wollte dort wie die Engländer und Franzosen besondere Waren erzeugen, sogar Stoffe aus Baumwolle spinnen, weben und färben nach englischer Art, eine Schmelzhütte und eine venezianische Glashütte errichten und die dazu nötigen Fachkräfte ausbilden. Doch gedieh das Unternehmen nicht, und Becher, der wohl ein großer Theoretiker, aber ein schlechter praktischer Wirtschafter war, lag in ständigem Streit mit der Kammer. Als er 1676 eine Reise ins Reich antrat, wo er tüchtige Manufakturmeister anwerben wollte, kehrte er nicht mehr zurück, sondern führte ein unstetes Wanderleben, bis er 1682 in England starb. Sein Nachfolger als Direktor des Manufakturhauses wurde Wilhelm von Schröder, der ebenfalls nutzlos Zeit und Geld verschwendete und mit den Hofkammerpräsidenten Sinzendorf und Abele in ständigem Kampf stand. Als das Werkhaus im Türkensturm von 1683 abbrannte, hat er den Wiederaufbau geradezu sabotiert und erhielt dann den Posten eines ungarischen Hofkammerrates. Bechers weitere Pläne, die auf die Errichtung einer Oczidentalkompagnie, womit er österreichische Weine nach Holland ausführen wollte, auf die Einführung einer Handwerkersteuer und die Errichtung einer Gewerbestatistik hinausliefen, gelangten nicht mehr zur Durchführung. Durch das Versprechen von Exklusivprivilegien und anderen Lockungen versuchte man, ausländische Unternehmer und Meister nach Österreich zu bekommen. 1676 gelang es, einen venezianischen Meister für Glaserzeugung namens Bernardo Marinetti zu gewinnen, der die Glashütte des Hofkammerpräsidenten Sinzendorf einige Jahre lang betrieb. Auch auf Schloß Neuhaus wurden solche Versuche unternommen, allerdings mit recht wenig Glück. Bei diesen Bemühungen fiel der Hof manchen zweifelhaften Existenzen herein, wie einem Francois de Pullenoy und manchen anderen, die auf Kosten des Staatssäckels gut leben wollten. Oft hatten sie aber mehr guten Willen als Geld und scheiterten wie Heinrich Christian Pasché, der in Wiener Neustadt von 1695 an durch zwei Jahre Damaszenerklingen erzeugte.

Ausgesprochen feindlich standen die Merkantilisten den geschlossenen Zünften mit festgelegter Meister-, Gesellen- und Lehrjungenzahl, geregelter Produktion und innerer Stagnation gegenüber. Becher vertrat noch die gemäßigte Richtung, da er für die Beibehaltung des einmal bestehenden Zunftwesens eintrat und es nur für die Ziele des Merkantilismus nutzbar machen wollte. Eine eigene Kommission sollte die Zunftregulierung durchführen, wobei das stark entwickelte lokale Zunftwesen zu Hauptzünften zusammengefaßt wurde und sich auf alle Handwerker erstrecken sollte. Die für den Fernhandel arbeitenden Berufe sollten bevorzugt behandelt werden, während die auf den Binnenmarkt angewiesenen Schneider, Kürschner, Hut- und Bandmacher, Lederverarbeiter, Schlosser, Schmiede, Tischler, Wagner und Drechsler aus dem Zunftverband herausgenommen und mit einer Umsatzsteuer belegt werden sollten. Wilhelm von Schröder hat in seinem Hauptwerk »Die fürstliche Schatz- und Rentkammer« eine sehr scharfe Sprache gegen die Zünfte geführt und wollte sie ganz ausgeschaltet und verboten wissen. Der dritte der großen Merkantilisten, Wilhelm von Hörnigk, hat die Zünfte von den neu zu gründenden Manufakturen, wie Seiden- und Stoffmacherei, ausgeschaltet wissen wollen.

Doch blieben alle diese Ideen Theorie und das Gewerbe in seiner bisherigen Art bestehen. Wer sich in einer Stadt, in einem Markt oder aber auch auf dem Lande als Meister niederlassen wollte, mußte ein Haus besitzen. Dieses konnte man ebensowenig wie das Meisterrecht erben, sondern mußte es in allen Fällen mit Zustimmung der Obrigkeit kaufen. Das war nicht jedermanns Sache zu einer Zeit, wo beispielsweise der Geselle bei den Schleifern im Jahre 1665 wöchentlich zehn Kreuzer verdiente oder bei den Wagnern im Jahre 1638 sechsunddreißig Kreuzer Wochenlohn hatte. Wer Meister werden wollte, mußte ein teures Meisterstück anfertigen, das sich nur wenige leisten konnten. So kostete im Jahre 1620 ein Meisterstück bei den Wagnern durchschnittlich 100 Pfund. Überdies waren Meistertaxen zu erlegen, und der neue Meister hatte ein Mahl zu geben, das oft so aufwendig gestaltet wurde, daß die Regierung dagegen einschritt und sechs Gulden als Höchstsumme festsetzte. Die einzige Möglichkeit, wollte ein Geselle sozial aufsteigen, war die Heirat mit einer verwitweten Meisterin. In diesem Falle war er von den Mutjahren befreit, die bestimmten, daß ein jeder Meisterrechtswerber eine gewisse Zeit lang, manchmal ein oder zwei Jahre, bei den Hufschmieden sogar drei Jahre, am selben Ort bei geringstem Lohne arbeiten und ja trachten mußte, sich nichts zuschulden kommen zu lassen. So kam es nun, daß junge Gesellen meist schon Witwen heirateten, diese ihrerseits wieder überlebten und dann wieder ganz junge Frauen nahmen. Die Matriken und Ratsprotokolle der Pfarren und Städte des 17. Jahrhunderts zeigen einen ewigen Lauf in diesem Rhythmus. In den Familien wuchsen oft Kinder auf, die miteinander nicht verwandt waren.

Da die Wirtschaft stets von Energiequellen abhängig ist, sei darauf hingewiesen, daß zu dieser Zeit die Gewässer meist schon seit dem Mittelalter mehr oder weniger rationell ausgenützt wurden. Aus dem Jahre 1661 stammt ein Verzeichnis aller Mühlen, aus dem wir ersehen, daß allein im Waldviertel 1682 Mühlen bestanden. Dort, im Gebiet der Dorfsiedlungen, wo die Mühlen in den tief eingeschnittenen und siedlungsarmen Tälern lagen, war ihre Zahl noch geringer als im Voralpengebiet, wo fast jedes Bauernhaus seine eigene Hausmühle besaß. Die kleinsten Bäche und Rinnsale wurden zum Treiben eines Wasserrades herangezogen. Dabei bestand schon seit dem Ende des 16. Jahrhunderts ein Verbot, neue Mühlen mit Ausnahme von Hausmühlen zu errichten. Daneben wurden die Wasserkräfte auch zum Betrieb von Eisenhämmern, die verstreut bis ins obere Waldviertel zu finden waren, für Sägen und auch für Papiermühlen verwendet. Dem gesteigerten Bedarf entsprechend wurden neue Papiermühlen errichtet. Noch ins 15. Jahrhundert reichen die Betriebe in Leesdorf bei Baden und in Stattersdorf bei St. Pölten zurück, jetzt wurden solche in Obereggendorf um 1650, in Rosenburg am Kamp 1670 und in Schottwien 1675 eingerichtet. Im letzten Jahrzehnt dieses Jahrhunderts entstanden die Papiermühlen in Oberbrühl bei Weitra und in Raabs an der Thaya. Der stärkere Papierverbrauch ging in erster Linie von den Druckereien aus, die auch in Provinzorten schon häufiger vorkamen. So machte sich 1678 in Krems der aus Passau stammende Buchdrucker Christian Walter seßhaft, der vor allem für das Jesuitengymnasium lateinische Schulbücher herstellte, aber auch Musikalien druckte. In Wildberg bei Horn war von 1677 bis 1692 der katholische Buchdrucker Matthäus Franz tätig, und in Wiener Neustadt ist 1689 der Buchdrucker Johann Matthäus Knie bezeugt, von dessen Tätigkeit sich aber nur eine einzige deutsche Predigt erhalten hat.

Diese Tätigkeit seltener Gewerbe in Provinzstädten muß deswegen hervorgehoben werden, da die Rolle Wiens als Haupt- und Residenzstadt auf künstlerischem und kulturellem Gebiet überragend wurde und kleineren Städten bald jede andere als örtliche Bedeutung nahm. Hat es in Wien 1566 1265 Häuser gegeben, so zählte man um 1664 nur 1116. Das war darauf zurückzuführen, daß viele Parzellen zusammengezogen wurden und die Häuser höher, oft schon drei und vier Stockwerke hoch, gebaut worden sind. Im Jahre 1566 waren nur 299 Häuser unbürgerlich gewesen, also im kaiserlichen, adeligen, geistlichen Besitz oder von landesfürstlichen und ständischen Beamten, Hofhandwerkern und Hofbediensteten erworben, bis zum Jahre 1664 war die Zahl dieser Häuser schon auf 467 gestiegen, die Zahl der bürgerlichen von 912 auf 649 gesunken. Die Gewerbetreibenden wurden immer mehr in die aufblühenden Vorstädte abgedrängt, und Wien erhielt ein ganz neues gesellschaftliches Gefüge mit einem Publikum, in dem besonders die Italiener immer zahlreicher wurden.

Die Stadt Wien hat im achten Jahrzehnt dieses Jahrhunderts eine neue Vorstadt erhalten, die Leopoldstadt, die auf dem Boden des alten jüdischen Ghettos erbaut wurde. In den Jahren 1669 und 1670 sind nämlich wieder einmal alle Juden aus Wien und Niederösterreich vertrieben worden. Es gibt aus dem 16. und 17. Jahrhundert eine große Anzahl von Judenausweisungsmandaten. So hat König Ferdinand schon im Jahre 1543 einen Ausweisungsbefehl erlassen, der 1564, 1567, 1572 und 1575 erneuert wurde. Seit 1536 mußten die Juden überdies einen gelben Fleck, seit 1551 auf dem linken Arm ein Zeichen, das aus einem runden gelben Kreis bestand, tragen, wodurch sie für jedermann deutlich erkennbar wurden. Die Ausweisungsdekrete hatten aber wenig Wirkung, weil kein Nachdruck dahinter stand. Seit dem Jahre 1587 haben die Stände immer wieder die Ausweisung aller Juden verlangt, und so sind 1597, 1600, 1611, 1625, 1639, 1650 und 1652 Ausweisungspatente ergangen. Doch wanderten immer neue Judenfamilien ins Land. Seit den Zeiten Ferdinands II. hat sich die Zahl der Juden in Wien stark vergrößert. So hat die Wiener Judengemeinde im Jahre 1571 nur sieben und 1624 vierzehn Judenfamilien gezählt. Seit dem Jahre 1624 war in Wien das Ghetto angelegt worden, das immer stärker bevölkert wurde, so daß es im Jahre 1669 aus fünfhundert Familien mit 1346 Personen bestand. In Niederösterreich hat es immer einige Gemeinden im Marchfeld gegeben, in denen sich Judenfamilien mit landesfürstlicher Genehmigung wohnlich niedergelassen haben. Auch ihre Zahl nahm im 17. Jahrhundert stark zu. 1662 zählte man 352 Familien, 1669 schon 479. Sie wohnten vor allem nördlich der Donau und im Viertel unter dem Wienerwald. So waren im Waldviertel im Gebiet von Waidhofen-Dobersberg 22 Familien ansässig, im Weitersfeld 32 Familien, in Langenlois 15, in Grafenwörth 18, in Feldsberg 14, in Marchegg 17, in Bockfließ, wo eine eigene »Judenstadt« bestand, 16 Familien, in Großschweinbarth 22 Familien. Unter dem Wienerwald saßen in Achau 21, in Ebenfurth 45, in Zwölfaxing 25, in Tribuswinkel zwölf und in Oberwaltersdorf 15 Judenfamilien, die übrigen waren auf einzelne Orte verteilt. Das Grenzgebiet gegen Mähren, die Slowakei und Ungarn, wo ein deutliches Kulturgefälle bestand und größere Verdienstmöglichkeiten winkten, aber auch Orte entlang der wichtigeren Handelsstraßen, wurden von ihnen bevorzugt.

Diese Landjuden beschäftigten sich in erster Linie mit Hausierhandel, vor allem mit Fellen, Federn, Häuten, Wolle, Werg, Hanf, Unschlitt, Wachs und Abfallprodukten, besuchten die Jahrmärkte und wanderten von Ort zu Ort. Sie brachten Pferde aus Mähren, Ochsen und Schafe aus Ungarn; die Langenloiser Juden handelten mit Wein, andere mit Tuch, Schmalz, Käse, Getreide oder Hafer. Während die ärmeren mit Packen beladen oder selbst Karren ziehend von Dorf zu Dorf zogen, gab es auch reiche, wie Moyses Kirchberg zu Weitersfeld, der die Rolle eines Rothschild spielte. Sie hatten autonome Verwaltung, die sich vor allem mit der Steueraufteilung zu befassen hatte, und um 1660 einen Landrabbiner sowie in verschiedenen Orten Synagogen. Den Juden wurden schwere Steuerbürden auferlegt, und ohne Zweifel hatten die Ausweisungsdekrete manchmal den Zweck, sie zu größeren finanziellen Leistungen anzuspornen. Im Jahre 1669 wurde nun vor allem von der Bevölkerung Wiens die Ausweisung verlangt. Man argumentierte, die Juden seien Spione von Türken und Franzosen und schädigten Kaiser und Vaterland. Kaiser Leopold ging auf das Verlangen nicht aus rassischen oder wirtschaftlichen, sondern aus religiösen Ursachen ein, gab ihnen aber Paßbriefe mit, in denen vermerkt war, daß sie nicht wegen vollbrachter Übeltaten, sondern weil sie der Kaiser hinfort in seinen Landen nicht dulden wollte, ausgewiesen wurden. Seit August 1669 mußten sie das Land verlassen und zogen vor allem nach Deutschland. Eine große Anzahl wurde 1671 in Brandenburg aufgenommen und legte den Grundstein zur jüdischen Großgemeinde Berlin, andere wieder zogen nach Fürth in Bayern. Die niederösterreichischen Landjuden, vor allem die ärmeren, haben es sich leichter gemacht. Sie ließen sich fast durchwegs in Mähren nieder und gründeten in der Nähe der österreichischen Grenze, in Schaffa, Jamnitz, Pullitz, Piesling und Allharts ausgesprochene Judensiedlungen, von wo sie weiterhin den niederösterreichischen Markt aufsuchen konnten, denn die Verbindungen waren doch zu eng, und im Jahre 1673 erhielten die mährischen Juden, vorläufig nur die, welche nicht aus Niederösterreich ausgewiesen worden waren, die Erlaubnis, die Jahrmärkte in Laa, Krems, Retz und Mistelbach zu besuchen. Damit waren sie bald wieder in ihrer Gesamtheit in das Wirtschaftsleben eingegliedert, denn die großen Jahrmärkte, vor allem die in Krems, wurden stets von vielen Tausenden Käufern und Verkäufern aufgesucht und dauerten vierzehn Tage lang. Die Stadt Krems bezog jährlich vierhundert Gulden Standgelder an direkter Einnahme von den Jakobi- und Simonimärkten und hat im Jahre 1622 der Regierung 65.000 Gulden bezahlt, damit ein Marktzoll von vier Pfennigen pro Gulden Verkaufswert aufgehoben wurde und die großen Märkte nicht nach Znaim abwanderten. Wie der St. Pöltner Tuchhändler Leinpämb im 16. Jahrhundert, hat noch nach 1700 eine Ybbsitzer Eisenhändlerfamilie das Hauptgeschäft auf den großen Jahrmärkten gemacht und hatte, wie heute die wichtigen Industrieunternehmen bei den internationalen Messen ihre Kojen, in Wien, Krems und Graz ihre ständigen Markthütten und Warenlager an denselben Orten. Von dort versorgte sie kleinere Händler bis nach Schlesien oder Ungarn, denn Zuckmantel, Ziegenhals, Jägerndorf, Stuhlweißenburg, Ödenburg, Temesvar, Varasdin, Fünfkirchen und Esseg sind immer wiederkehrende Namen in ihren Geschäftsbüchern.

Die Lage der Landwirtschaft dagegen war nicht sehr günstig. Seit der Mitte des 17. Jahrhunderts steckte die gesamte Agrarwirtschaft Europas in einer schweren Krise, die hundert Jahre anhalten sollte. Niedrige Preise für ihre Produkte, dagegen hohe für gewerbliche Erzeugnisse, machten ihr schwer zu schaffen. Dazu kam, daß die Intensivierung der Landwirtschaft sehr geringe Fortschritte gemacht hat. Es gab wohl schon teilweise eine verbesserte Dreifelderwirtschaft, indem statt der Brache Futterpflanzen, vor allem Klee, angebaut wurden. Hackfrüchte, wie Futterrüben und Kartoffeln, waren dagegen noch nicht eingebürgert. Denn die Kartoffel, die 1588 durch Clusius erstmals nach Wien gebracht worden war, hat man damals nur als Zierpflanze geschätzt. Im Garten des Stiftes Seitenstetten ist sie um 1620 so angebaut worden. Das Fehlen dieser Hackfrüchte verhinderte auch eine entscheidende Verbesserung der Viehhaltung durch intensivere Fütterung. Es herrschte nämlich in den nördlichen Vierteln und unter dem Wienerwald noch immer die Weidepflicht auf Brache und Hutweiden vor, dagegen war nur im heureichen Viertel ober dem Wienerwald die Stallfütterung bereits bekannt. Es ist interessant, daß dies damals als Nachteil und nicht als Fortschritt gewertet wurde. Auch haben in diesem Viertel einzelne Grundherrschaften schon Verbesserungen des Viehstandes vorgenommen, indem zum Beispiel das Stift Gaming 1673 Vieh aus der Schweiz eingeführt hat, um den heimischen Schlag zu verbessern. Dieses heimische Rindvieh war auch sehr unansehnlich. Als Normalgewicht eines schlachtfähigen Ochsen galt damals 300 Kilogramm, einer Kuh 150 Kilogramm, eines Kalbes gar nur 17 Kilogramm. Man hat wohl auch versucht, Wiesen zu verbessern, indem Bäche aufgestaut wurden, doch war die Düngung noch keine Selbstverständlichkeit. Im Gebiete der Dreifelderwirtschaft wurde als Wintersaat überwiegend Roggen, weniger Weizen, im Sommerfeld zumeist Hafer angebaut. Nur beiderseits der Donau, von Krems bis zum Wienerwald, überwog die Gerste. In den beiden östlichen Vierteln wurden Weizen und Roggen gemischt gebaut, was man Halbgetreide nannte, westlich der Ybbs hat man mit Vorliebe Linsen in die Gerste gemengt und als Brotgetreide verwendet. An neuen Pflanzen ist weiters der Mais zu erwähnen, der über die Türkei von Westindien um 1660 nach Österreich kam. Mit Vorliebe wurde der Mais in aufgelassenen Weingärten oder aber auch zwischen Weinstöcken gepflanzt und schon als Brotfrucht verwendet. Der Weinbau ist nämlich nach dem Dreißigjährigen Krieg stark zurückgegangen. Er reichte zwar im Alpenvorland noch bis Amstetten, doch verschwand er damals vom nördlichen Donauufer von der Yspermündung bis zum Weitenbach, aus dem Weitentale selbst und dem Nordrand der Sandsteinzone, der Gegend von Kilb, Hofstetten und Wilhelmsburg, sowie aus den westlichen Teilen der Horner Bucht. Die Ursache bestand einesteils in Absatzschwierigkeiten im verwüsteten Ausland, wofür man in Holland einen Ersatz zu finden glaubte. Johann Joachim Becher begab sich selbst dorthin, um für den Wein zu werben, hatte aber keinen Erfolg. Andererseits hat im Inland selbst der Branntwein dem Wein verschärfte Konkurrenz gemacht. Man erzeugte ihn aus Getreide, vor allem aus Weizen, aus Hollunderbeeren, Obst, Kräutern und verschiedenen Samen. Man hat zwar versucht, das Branntweinbrennen einzuschränken, da ja dadurch die Brotfrucht weniger wurde, aber wie die meisten dieser Mandate ist auch dieses nicht eingehalten worden. Aus Weizen wurde auch das Bier gebraut, das man allerdings vier Meilen im Umkreis von Weingebieten nicht erzeugen durfte.

Auf ein enges Gebiet beschränkt blieb der Anbau einer anderen neuen Pflanze, des Tabaks. Während des Dreißigjährigen Krieges war das Rauchen in Niederösterreich eingebürgert worden, schriftlich erwähnt wird es erstmals 1649 in Waidhofen an der Thaya. Der aus Bayern eingewanderte Schneider Hans Härtinger führte nun in unserem Lande den Tabakbau ein, indem er vorerst Pflanzen in seinem Garten zog und dann die Bürger von Neumarkt an der Ybbs im Tabakbau unterwies. In Hausgärten und auf freiem Felde wurde er daraufhin im großen Stile gepflanzt und nach Niederösterreich, Oberösterreich, Kärnten und Krain verhandelt. Seit dem Jahre 1676 begann sich aber der Staat aus fiskalischen Gründen für den Tabakanbau zu interessieren und erteilte dem bürgerlichen Handelsmann Johann Geiger das Privileg, in Enns eine Tabakfabrik zu errichten. Außer ihm durfte sich niemand mit der Tabakverarbeitung befassen, und die Rohprodukte mußten ihm zu festen Preisen geliefert werden. Der gesamte Handel mit Tabak und Tabakwaren wurde 1678 Graf Leopold Wilhelm von Königsegg verliehen, der allerdings allen in Niederösterreich geernteten Tabak übernehmen mußte. Die Neumarkter, um ihr einträgliches Geschäft gebracht, verarbeiteten zwar einen Teil ihrer Produkte schwarz und ließen sie durch Hausierer heimlich bei Krämern und Holzknechten im Gebirge oder bei Jahrmärkten und Kirtagen absetzen, mußten sich aber schließlich doch dem Drucke beugen, den die Obrigkeit ausübte.

Die Seidenerzeugung ermunterte auch zum Halten von Seidenraupen und zum Pflanzen von Maulbeerbäumen. Einen Versuch mit der Einführung von Raupen hatte schon im Jahre 1569 der kaiserliche Diener Johann Franz Rizo gemacht, doch hatte er damit kein Glück gehabt. Nun waren in den ersten Jahrzehnten des 17. Jahrhunderts Versuche im nordöstlichsten Niederösterreich in den Herrschaften Feldsberg und Bischofswarth gemacht worden. Im Jahre 1623 standen dort schon 1118 Maulbeerbäume, ebenso in der Herrschaft Eisgrub/Lednice eine beträchtliche Anzahl, wo 1612 insgesamt 1384 Bäume ausgesetzt worden waren. Maulbeerbäume wurden auch von der Herrschaft Walpersdorf angepflanzt.

Waren alle diese Versuche, die wirtschaftliche Kapazität des Landes zu heben, doch nur Episoden, so sollte sich die Einführung der Hausweberei im Waldviertel, die ebenfalls in den ersten Jahrzehnten dieses Jahrhunderts erfolgt war, als besonders segensreich erweisen. Im Jahre 1628 bestanden schon zwanzig Zünfte, von denen einige, wie Gmünd, Gars oder Vitis, schon in das 16. Jahrhundert zurückreichen. Bis 1687 sind weitere dreizehn Zünfte dazugekommen, im Jahre 1700 waren es schon 36. Die Zunftbezirke waren meist mit den Landgerichten identisch, doch erstreckten sich manche, wie der Vitiser Bezirk, auch über mehrere Landgerichtssprengel.

In diesen Jahrzehnten wurde auch die erste landwirtschaftliche Maschine konstruiert. Im Jahre 1662 sandte Josef Locatelli, vielleicht der 1664 zum Kommandanten von Wiener Neustadt bestellte Oberst Locatelli de Locatell, das Modell einer Sämaschine ein, das aber nicht verwertet wurde.

Vier Jahre später ist Seyfried Christoph Freiherr von Breuner mit einer ähnlichen Erfindung aufgetreten, die auch wesentlich besser als die von Locatelli war. Er hat für die Herstellung ein Privileg erhalten, doch wissen wir nicht, ob sie tatsächlich auch in der Praxis verwendet wurde. Das Verhältnis der Grundherrschaften zu ihren untertänigen Bauern und die Lage der Bauern war in diesen Jahrzehnten nicht gut. Man hat sich allerdings zu Unrecht angewöhnt, vom »Bauernstand« zu sprechen und vergißt ganz, daß die wirtschaftliche Situation der Bauern verschieden war. Denn manche Abgaben, wie der Hausgulden oder das Robotgeld, wurden von jedem Untertanen, ob er nun einen großen oder kleinen Besitz hatte, in gleicher Höhe gefordert. Ein Ganzlehner hatte nur das Eineinhalbfache des Halblehners zu bezahlen, die Progression der Abgaben war also so, daß der Reichere stark begünstigt war. Dadurch war vor allem das Los der kleineren Bauern, der Viertellehner und der Kleinhäusler, sehr schwer, sie waren meist hoch verschuldet, und die immer wiederkehrende Floskel in Bittgesuchen, man müsse Haus und Hof verlassen, weil man die Abgaben nicht aufbringen könne, war keine Formel, sondern oft bittere Wahrheit. Abraham a Sancta Clara charakterisierte die Rolle der Bauern nur mit den Ausdrücken: Unterdrückung, Erpressung, Aussaugen bis aufs Blut. Die hohen Herren kümmerten sich seiner Meinung nach nicht um die Not ihrer Untertanen, sondern preßten ihnen unbarmherzig das Letzte ab für Paläste, Bankette, Pferde und Hunde. Rücksichtslos habe man den Wildbann ausgenützt, die Jagdleidenschaft habe die Weinberge durch Wildschweine verwüsten lassen. Die starken Übergriffe der Grundherren haben zu einem Einschreiten des Landesfürsten führen müssen. So hat Ferdinand III. im Jahre 1654 gegen das Bauernlegen Stellung genommen und verboten, daß an Leibeigene ausgegebener Grund willkürlich mit Dominikalgrund vereinigt werde. Im Jahre 1661 wurde festgelegt, die Bauern sollten nicht mehr gezwungen werden, ihre Produkte dem Grundherrn anzubieten. Vor allem war aber das Vorgehen der Herrschaften bei der Einbringung der Urbarsteuern ärgerniserregend. Man forderte von den Untertanen mehr, als der Anschlag besagte, man hat auch das eingeforderte Geld liegenlassen und nicht an den Vizedom abgeliefert, den Untertanen aber die Strafzinsen wegen dieser Säumigkeit berechnet, obwohl die Herrschaft allein die Schuld traf. Die Gültgebühren, welche die Grundherrschaften aus eigener Tasche zu bezahlen hatten, wurden ebenfalls auf die Untertanen überwälzt. Deshalb hat die Regierung 1667 festgelegt, daß die Grundherrschaften die Urbarsteuern und Anschläge nicht selbst einfordern, sondern die Bauern sie durch ihre Richter und Geschworenen selbst an das Vizedomamt erlegen sollten.

Die Rechte der Grundherrschaften, noch frei von der Beschränkung der Autonomie durch den Landesfürsten, sind in dem 1679 veröffentlichten, nach jahrzehntelangen Vorarbeiten von der Regierung und den Ständen zusammengestellten »Tractatus de juribus incorporabilibus« festgelegt worden. In achtzehn Kapiteln wird hier über die geistlichen Lehenschaften, die Vogteien, die Dorf- und Grundobrigkeit, über Robot, Zehent, Bergrecht, Leibgedinge, Jagd und Fischereien, über verborgene Schätze, strittige Grundmarken und andere für das bäuerliche Leben wichtige Angelegenheiten gehandelt. Dieser Tractatus hatte von allen Kodifikationen des 17. Jahrhunderts die größte Bedeutung, da er Materien regelte, um die am häufigsten prozessiert wurde. Er blieb auch lange in Geltung und ging teilweise ins Allgemeine bürgerliche Gesetzbuch über, die Bestimmungen öffentlich-rechtlicher Art blieben bis 1848 in Geltung. Die zweite wichtige Quelle über Grundherrschaft und Bauer im 17. Jahrhundert ist das um 1650 entstandene Buch

»Georgica curiosa oder Adeliges Land- und Feldleben« des kleinen niederösterreichischen Landadeligen Wolf Helmhart von Hohberg (1612–1688),
das für die Landwirtschaft dieselbe theoretische Bedeutung erlangte wie die
Werke Bechers und Schröders für Gewerbe und Industrie. In diesem vielbe-
nutzten Lehrbuch der Landwirtschaft legte der Verfasser die um das Haus
konzentrierte Lebens- und Wirtschaftsvorstellung des bodengebundenen
Adels nieder und umfaßte nochmals einheitlich die ganze Kultur des landsässigen Adels unmittelbar vor der Ablösung durch den landesfürstlichen
Zentralismus. Es waren ja auch in der Grundherrschaft des 17. Jahrhunderts
starke Veränderungen erfolgt. Die kleinen Rittergüter wurden in steigendem Maße von den größeren Herrschaften aufgesogen, da sie bei den gesteigerten Lebensanforderungen des Adels nicht mehr existenzfähig gewesen
sind. Wir wollen als erstes Beispiel einen typischen Emporkömmling anfüh-
ren: Joachim Enzmilner, aus Säckingen stammend, gelangte während des
oberösterreichischen Bauernkrieges zu Macht und Einfluß und durch geschickte Transaktionen zu großem Reichtum. 1636 hatte er die Herrschaft
Windhag im Mühlviertel erworben, 1653 die Herrschaft Reichenau im Freiwald im Nordwesten Niederösterreichs Langschlag und Großpertholz, 1656
Großpoppen, 1658 die Herrschaften Neunzen und Rosenburg und 1659
Rausmanns. Nicht ganz so schnell ging es bei einem anderen, auch erst im
17. Jahrhundert nach Niederösterreich gekommenen Geschlecht, den Gra-
fen, später Fürsten von Montecuccoli, die im Jahre 1668 zu ihrem Stammsitz
Hohenegg die Herrschaft Osterburg, 1687 das Gut Haindorf und 1710 die
Herrschaft Mitterau dazugekauft hatten. Seit 1675 bestand das Fideikom-
miß, zu dem auch ein Palais in der Schenkenstraße in Wien sowie Haus und
Garten im »unteren Werd«, der jetzigen Leopoldstadt, gehörte. Raimund
Montecuccoli lebte aber nicht vom Ertrag seiner Herrschaften, denn er war
Feldmarschall der kaiserlichen Armee, Präsident des Hofkriegsrates. Der
König von Spanien verlieh ihm 1678 die Fürstenwürde, der Kaiser bestellte
ihn zum geheimen Rat und erhob ihn 1689 in den Reichsfürstenstand. Ein
anderes Beispiel, wie geschäftstüchtige Adelige einen ganzen Strauß von
Herrschaften sammelten, lieferten die Lamberg auf Schloß Ottenstein. Erst
1641 hatten sie die Reichsgrafenwürde erhalten, und 1680 besaßen sie schon
zwanzig Herrschaften und Güter. Leopold Josef von Lamberg eignete sich
wegen seines gewinnenden Auftretens, seiner Freigebigkeit und Prachtliebe
besonders für den diplomatischen Dienst. Er konnte 1690 dem Staat ein
Darlehen von 100.000 Gulden gewähren, wurde erster österreichischer Gesandter auf dem Reichskonvent zu Regensburg, vertrat den Kaiser bei den
Friedensverhandlungen Ryswik und zog 1699 als Gesandter an den päpstlichen Hof zu Rom. Er stattete Schloß Ottenstein mit einer großen Gemälde-
sammlung aus. Eine andere kulturell bedeutende adelige Persönlichkeit dieses Jahrhunderts war Hans Ludwig Freiherr von Kuefstein (1582–1656), zuletzt Landeshauptmann in Oberösterreich, der eine Reihe von Werken aus
dem Spanischen übersetzte.

Das Kloster Altenburg im Waldviertel, von den Schweden schwer mitgenommen, auf dessen Besitzungen angeblich von 440 untertänigen Häusern 1665 noch 162 ganz verödet waren, hat nicht nur gewaltige Bauten aufgeführt und war 1681 beim Tode des Abtes absolut schuldenfrei, sondern hat noch 1665 die Herrschaft St. Marein, 1687 die beiden adeligen Sitze Mühlfeld und Reith, 1690 drei Freihöfe in Nußdorf, 1692 die Herrschaft Drösiedl und 1699 den Freihof des Stiftes Pernegg in Laa dazugekauft.

Ansonsten hat sich die kulturelle Blüte dieser Epoche immer stärker um die Kirche und den Hof konzentriert. Jetzt erreichte das Jesuitendrama in Wien seinen Höhepunkt. Mit eucharistischen und anderen geistlichen Spielen hat es im 16. Jahrhundert begonnen und erlebte nun einen ganz großen Aufstieg. Das Wiener Kollegium am Hof erhielt um 1620 seine eigene Bühne, glänzender war aber das akademische Theater des Ordens, das 1650 erbaut wurde und zwei Bühnen für die eigene Schulkomödie und die öffentlichen Aufführungen enthielt. Oft waren diese von dreitausend Personen besucht, auch der Hof befand sich unter dem Publikum. Der führende Dichter war Nikolaus Avancinus (1612–1686), der einem Südtiroler Adelsgeschlecht entstammte und in Wien Rhetorik, Philosophie und seit 1646 Theologie lehrte. Er gestaltete für den Wiener Hof das Jesuitendrama im Wetteifer mit der großen Oper zum prächtigen Schauspiel um (ludus Cäsareus). Mächtige Bühnenbilder, Musik und komische Zwischenspiele bannten Auge und Ohr auch jener Teile des Publikums, die des Lateinischen nicht so mächtig waren, daß sie die Rede hätten verstehen können. Im Jahre 1659 wurde unter Anwesenheit des Kaisers sein Hauptwerk »Pietas victrix« aufgeführt, das den Sieg des christlichen Herrschers Konstantin über Maxentius, den Zauberer und Dämonen vergeblich unterstützen, darstellt. Avancinus schrieb vierzig Stücke, von denen 27 dem Titel nach bekannt sind, und hat vor allem biblischen, legendären, sagenhaften und historischen Stoff verwendet. Immer aber war Sieg und Triumph der Kirche Ziel der Handlung.

Nicht nur in Wien, auch in Krems wurde seit 1617 in einem Theatersaal des Jesuitengymnasiums gespielt. Das Publikum bestand aus den Eltern der Schüler sowie aus geistlichen und weltlichen Honoratioren der Stadt Krems und ihrer Umgebung, den Prälaten von Göttweig, Herzogenburg, Dürnstein und St. Pölten sowie dem landsässigen Adel. Die Piaristen, die seit dem Jahre 1657, von Graf Kurz berufen, in Horn ein Gymnasium unterhielten, machten es den Jesuiten nach, blieben aber schlichter und schulgemäßer.

Unter Kaiser Leopold I. erlebte nicht nur das barocke Drama, sondern auch die italienische Oper in Wien ihre Blütezeit. Hier bedeutete die Festoper »Il pomo d'oro«, deren Text von Francesco Sbarra, deren Musik von Padre Cesti stammt, den Höhepunkt. Sie wurde 1666 anläßlich der Hochzeit Leopolds mit der Infantin Margarethe glänzend aufgeführt. Für diese Darstellung wurde vor der Burg auf dem Platz, wo heute die Nationalbibliothek steht, von Burnacini ein eigenes Theatergebäude errichtet. Zum Inhalt hat diese Hochzeitsoper den Streit der drei Göttinnen um den Parisapfel, den Jupiter an sich nimmt, bis er eine Göttin gefunden hat, welche die Vorzüge der drei Streitenden in sich vereinigt. Diese ist nun gefunden in der kaiserlichen Juno Margarethe. Für das gemeine Volk waren diese Aufführungen nicht geschaffen. Für dieses gab es Komödiantentruppen nach englischem Vorbild oder auch unter englischer Leitung selbst. 1658 gastierte der deutsche Bandenführer Embker im Ballhaus in der Himmelpfortgasse, seit 1669 spielte der Sachse Tüllmann in Wien Theater, und auch der Wiener Peter Hütler hat 1670/71 beweisen wollen, daß die Deutschen den Italienern hierin nicht nachstehen. Andreas Elenso besuchte seit 1673 Wien so oft, daß er sich in anderen Städten rühmend »Komödiant von Wien« nennen konnte.

Das eigentliche Volksschauspiel, meist als »Paradeisspiel«, wie man zusammenfassend alle Schauspiele um Adam und Eva und den Sündenfall nennt, trat seit dem Mittelalter auf und nahm im 17. Jahrhundert große Selbständigkeit an. In St. Pölten zogen, wie für 1647 bezeugt ist, junge Gesellen durch die Stadt, die zu sechst das »Adam und Eva Gespill« aufführten. Einen wirklichen Aufschwung und Fortschritt erlebte das Volksschauspiel, als 1700 der aus Graz gebürtige Zahnarzt Josef Anton Stranitzky sich mit seiner Truppe in einer Bretterbühne auf dem Neuen Markt und dann im hölzernen Ballhaus in der Teinfaltstraße niederließ. Er führte die Figur des Hanswurstes im Kostüm eines Salzburger Bauern in der Rolle des Dieners ins Volksstück ein. Derbe und zynische Späße waren die Würze dieser Stücke, die auch gerne von reicheren Leuten besucht wurden, denn die Bürger klagten, die Wagenauffahrt sei so groß, daß sie die ganze Straße verstopfe.

Zur gleichen Zeit herrschte am Wiener Hof gänzlich die italienische Sprache vor, während an den anderen deutschen Fürstenhöfen meist französisch gesprochen wurde. Der toskanische Gesandte Lorenzo Magalotti schrieb 1675 an den Großherzog Cosimo III., er habe hier gar keine Gelegenheit, sich im Gebrauch der deutschen Sprache zu üben. Dies änderte sich erst nach dem Türkenkriege. Es gab in dieser Zeit aber auch Dichter und Prosaisten der deutschen Sprache. Der gewaltigste ist ohne Zweifel Abraham a Sancta Clara (1644–1709) gewesen, ein Gastwirtssohn aus Kreenheinstetten in Baden. 1662 kam er als Novize der Augustiner Barfüßer nach Mariabrunn und wurde 1677 kaiserlicher Hofprediger. Während der Pestzeit war er der große Tröster und Helfer der Kranken. »Merk's Wien«, heißt seine große Predigt zu diesem Thema, in »Auf, auf ihr Christen« warnte er 1683 vor der Türkengefahr. Fülle, Gewandtheit und Macht seines Wortes, dazu eine temperamentvolle Mimik, verschafften ihm bei den Zuhörern eine durchschlagende Wirkung. Wie alle Schriftsteller des Barocks, beherrschte er die Kunst des Fabulierens in allen Registern. Ein erstaunliches Wissen und tiefe Kenntnis der Sorgen und Nöte des großen und kleinen Mannes sowie des wirtschaftlichen, sozialen, aber auch seelischen Zustandes des Volkes waren die Grundlage seiner Werke, von denen der vierbändige Roman »Judas, der Erzschelm« am bedeutendsten ist.

Einem ganz anderen Milieu, dem kleinen Adel, entstammte der niederösterreichische Ritter Wolf Helmhart von Hohberg (1612–1688), ein Evangelischer, der wegen seines Glaubens von allen Staats- und Landtagsämtern ausgeschlossen war und vom Ertrag seiner kleinen Güter leben mußte. 1664 übersiedelte er nach Regensburg und ist dort auch gestorben. Er gehörte neben anderen österreichischen Adeligen, wie Rogendorf, Dietrichstein und Stubenberg, seit 1652 der »Fruchtbringenden Gesellschaft« Ludwigs von Anhalt-Köthen an und schrieb mehrere Werke neben seinen landwirtschaftstheoretischen Arbeiten. In der 1661 entstandenen »Unvergnügten Proserpina« schildert er ein Ballspiel der Nymphen mit zwei Orangen, im »Habsburgischen Ottobert« die Taten des sagenhaften Ahnherren der österreichischen Herrschergeschlechter, der in der Merowingerzeit gelebt haben soll. Sein tolerantes Luthertum zeigte er in seiner Psalmenübersetzung und in der »Historia mortis et passionis Jesu Christi«, sein natürliches dichterisches Empfinden wieder kam am besten in der »Georgica« in Versen zum Ausdruck.

Italiener, von den Architekten bis zu den Maurern und Steinmetzen, errichteten die großen Bauten, die der Kaiserhof und der Hofadel aufführen ließen. Giovanni Coccapani schuf 1631 das erzbischöfliche Palais, Filiberto Luchese 1660 bis 1668 den leopoldinischen Trakt der Hofburg, den dann Burnacini fortsetzte. Die Paläste der Starhemberg und Dietrichstein wurden nach dem Türkensturm in der gleichen Art errichtet.

Das höhere Schulwesen wurde in dieser Periode ganz der Kirche überlassen. Die Piaristen gründeten ein Gymnasium in Horn und wurden damit zu Konkurrenten der Jesuiten. Denn diese errichteten neben ihrem Gymnasium in Krems im Jahre 1666 auch eines in Wiener Neustadt. In sechs Grammatikalklassen wurde der Unterricht erteilt.

Auch die Pflege der Wissenschaft stand ganz unter dem Einfluß des Hofes. Das Interesse für Naturwissenschaften war aber in den Hintergrund getreten und wurde von der Geschichte überlagert. Jedoch wurde nicht die wissenschaftliche Geschichtsforschung gepflegt, sondern jene panegyrischmonumentale Verherrlichung des Herrscherhauses, wie es die Art des kaiserlichen Hofhistoriographen Conte Galeazzo Gualdo-Priorato war. Ein echter wissenschaftlicher Fortschritt ist dagegen auf topographischem Gebiet erzielt worden. Im Jahre 1649 hatte Matthäus Merian (1593–1650), ein gebürtiger Schweizer, im Rahmen seiner Topographiea Germaniae eine österreichische Topographie herausgebracht, in der Bilder und Beschreibungen der wichtigsten Städte und Märkte Ober- und Niederösterreichs geliefert wurden. Übertroffen wurde er durch den ausgezeichneten Topographen Georg Matthäus Vischer (1628–1696), einem gebürtigen Tiroler, seit 1666 Pfarrer in Leonstein in Oberösterreich. Im Jahre 1668 hatte er sich gegenüber den niederösterreichischen Ständen erbötig gemacht, eine neue Karte des Erzherzogtums anzulegen. Innerhalb von weniger als zwei Jahren stellte er diese gewaltige Arbeit fertig und gab sie 1670 in Augsburg in Druck. Nur von einem Diener begleitet, war er durch Niederösterreich gezogen und hatte die Landesaufnahme durchgeführt, wobei als Nebenprodukt die Bilder der einzelnen Städte, Klöster und Schlösser entstanden sind, die heute bekannter sind als seine Karte. Strenge Naturtreue darf man von ihnen wohl nicht verlangen, doch vermitteln sie eine Vorstellung von vielen Burgen, die heute nur mehr Ruinen sind. Merians Sohn Caspar gab im Jahre 1656 die »Topographia Windhagiana« heraus, eine der ersten Herrschaftstopographien Österreichs, die der schon öfter genannte Joachim Enzmilner in Auftrag gegeben hatte. In ihrer zweiten Auflage sind auch die niederösterreichischen Güter dieses Geschlechtes enthalten.

21. KAPITEL

Niederösterreich besteht Pest und Türkensturm

Die hoffnungsvolle Entwicklung der letzten Jahrzehnte, die wohl dem Staate keinen Frieden, durch die große Entfernung des Kriegsschauplatzes aber doch dem Lande selbst Ruhe gebracht hatte, wurde jäh durch zwei Katastrophen unterbrochen, wie sie ärger nicht hätten sein können: Dem Auftreten einer gewaltigen Pestepidemie folgte ein verheerender Einfall der Türken, der die Eroberung der Stadt Wien und damit auch ganz Niederösterreichs zum Ziele hatte.

Einzelne Pestfälle hatte es in diesem und auch im vorigen Jahrhundert immer wieder gegeben, das hat die Menschen zwar beunruhigt, aber doch nicht mehr als viele andere Dinge. Im Laufe der Zeit gewöhnte man sich daran. Da rückte plötzlich vom Orient eine Pestwelle heran, die man hier schon lange mit Bangen verfolgt hatte. Im Jahre 1671 warnte ein Mandat vor der Pest in der Türkei, bis 1673 war sie bis an die Donau nach Bulgarien vorgerückt und 1678 hieß es, daß sie in Ungarn »gewaltig grassiere«. Im Herbst 1678 kam sie urplötzlich auch nach Niederösterreich und breitete sich vor allem in Wien um die Mitte des Monats Juli 1679 mit rasender Schnelligkeit aus, um dann im September und Oktober ihren Höhepunkt zu erreichen. Ohne Zweifel haben die schlechten sanitären Verhältnisse in der Stadt der Ausbreitung der Seuche Vorschub geleistet. Die Straßensäuberung in Wien wurde zwar schon seit 1615 durch die Kärler und Säuberer des städtischen Unterkammeramtes durchgeführt, aber da es noch allgemein üblich war, allen Unrat, auch tote Tiere, wie Hunde und Katzen, einfach auf die Straßen zu werfen, diese »große Sümpf und Gruben« aufwiesen, der Kehricht aus den Häusern, vor allem den Freihäusern, kaum weggeschafft wurde, hat man zur Genüge ideale Herde für epidemische Krankheiten geschaffen.

So konnte sich denn die Pest rasch in der Stadt ausbreiten. Sofort traten dort Versorgungsschwierigkeiten auf, da einige Herrschaften ihren Untertanen verboten, nach Wien zu fahren. Als nun im Spätsommer die Zahl der Toten gewaltig anstieg, hat der Magistrat den berühmten Arzt Dr. Paul Sorbait zum obersten Sanitätsbeamten bestellt, die Landschaft beauftragte Dr. Wolfgang Plöckner mit der Leitung der Sanitätsangelegenheiten für Niederösterreich. Kaiser Leopold aber hat mit dem Hofstaat am 9. August Wien verlassen und sich auf den Kahlenberg geflüchtet, dann am 23. September weiter nach Heiligenkreuz; als auch in seiner Begleitung Pestfälle vorkamen, reiste er am 26. September nach Mariazell und dann weiter nach Böhmen, wobei er in Retz seinen Hofstaat zu vierzehntägiger Kontumaz zurückließ.

Die panische Angst in Wien trieb viele Menschen hinaus aufs Land, wo sie oft auf freiem Felde starben. So sind in Kahlenbergerdorf elf unbekannte Personen, im Gemeindegebiet von Korneuburg eine ganze Anzahl in den Auen und auf Straßen tot aufgefunden und beerdigt worden. In Wien selbst wurden die Leichen, deren man im September und Oktober nicht mehr Herr werden konnte, in Massengräbern zu vielen Hunderten ohne Sarg aufeinandergeworfen und mit ungelöschtem Kalk zugedeckt. Trotzdem blieben viele unbeerdigt und waren so recht die weiteren Verbreiter der Krankheit.

Die Wien umgebenden Landgemeinden, vor allem um Baden und um die Stadt Wiener Neustadt, erreichte die Krankheit mit unheimlicher Geschwindigkeit zur Weinlesezeit. Auch beiderseits der Donau nach Osten und an den Poststraßen nach der Steiermark bis Aspang und nach Linz bis St. Pölten konnte sie sich ausbreiten. Die Zahl der Todesopfer war hier allerdings weit geringer. Im Spätherbst hat sie dann noch einzelne verstreute Orte in ganz Niederösterreich heimgesucht und ist auch in Wien im Dezember abgeflaut. Als man sie schon überstanden glaubte, kehrte sie im Sommer des Jahres 1680 aus Böhmen und Mähren wieder in die nördlichen Landesteile zurück und war vor allem nördlich der Linie Mistelbach, Hollabrunn, Horn, Gmünd äußerst bösartig. Wieder hat sie sich über einzelne Orte Niederösterreichs verbreitet, ist aber dort nur mehr vereinzelt aufgetreten, im Oktober 1680 waren aber immerhin noch fünfundzwanzig Orte betroffen, im Jänner des folgenden Jahres waren es sogar 87 Ortschaften. Die Stände haben dieser Entwicklung nicht untätig zugesehen. Sie sandten im Herbst 1680 in die infizierten Orte Bündtknechte, das waren Bader und Badergehilfen, sowie Siechknechte, die verpflichtet waren, den kranken Bewohnern ihres Einsatzortes unentgeltlich beizustehen, an sie mitgegebene und von den Ständen bezahlte Arzneien kostenlos auszuteilen und allwöchentlich dem Viertelarzt einen Bericht über den Stand der Seuche zu geben. Trotz gutem Willen konnte aber nicht viel geholfen werden, da die medizinische Wissenschaft der Krankheit noch ohnmächtig gegenüberstand. Wie groß mag nun die Zahl der Pesttoten gewesen sein? Wir kennen nur von einigen Orten die Zahlen, die aber in den meisten Fällen zu hoch sein werden. Die Todesopfer in Wien werden zum Beispiel zwischen 75.000 und 150.000 angegeben. Diese Zahlen sind ohne Zweifel gewaltig übertrieben, denn Wien dürfte damals nicht viel mehr als 100.000 Einwohner besessen haben. Wenn also eine der letzten Untersuchungen die Zahl der Verstorbenen mit 10.000 annimmt, ist dies immer noch genug, wenn man bedenkt, daß damit schon zehn Prozent der Gesamtbevölkerung gestorben sind. Der Verlust an Volkskraft ist darüber hinaus noch viel größer gewesen.

Auch aus einzelnen Orten Niederösterreichs liegen Zahlen vor, die erfunden sind. Retz gibt zum Beispiel 2223 Pesttote an, das sind mehr als die Stadt Einwohner hatte. Dagegen werden die Zahlen für Pulkau oder Horn – in jedem Orte 200 Menschen – wohl auf Richtigkeit beruhen, wie auch die aus der Umgebung der Stadt Wien, wo in Hernals 400, in Klosterneuburg über

1000, in Mauer 300, in Brunn 153, in Ottakring 199 Tote gemeldet wurden.

Manche Orte haben während des Wütens der Seuche die Aufrichtung von Säulen gelobt und in der Regel auch gehalten. Einige, wie Mistelbach oder Retz, erbauten diese sogleich, andere, wie Wien oder Tulln, errichteten die Mahnmale erst nach dem Türkenkrieg, manche wieder gar erst nach Jahrzehnten. Fast jeder größere niederösterreichische Ort besitzt aber eine Pestsäule aus dieser Epoche.

Um die gleiche Zeit lebte der Krieg gegen die ungarischen Rebellen neu auf. In Imre Tököly, der die Witwe des 1671 im Zeughaus von Wiener Neustadt hingerichteten Grafen Peter Zriny geheiratet hatte, fanden sie einen tatkräftigen und unternehmungslustigen Führer, der die Türken, allen voran den Großwesir Kara Mustapha, für die Lage seines Landes zu interessieren wußte. Schon im Jahre 1682 war jedermann klar, daß ein neuer Krieg mit der Türkei vor der Türe stand. Die Rüstungen wurden auf beiden Seiten kräftig betrieben, und die Spionage blühte. So haben die aufständischen Ungarn dem Großwesir einen genauen Plan von Wien beschaffen können. Am 2. Jänner 1683 wurden im Serail des Sultans in Adrianopel/Edirne die Roßschweife gegen Ungarn zu aufgestellt. Ein gewaltiges Heer sammelte sich, das aber doch nicht so kriegstüchtig war, wie es aussah. Von einem ungeheuren Troß begleitet, brachen Sultan Mohammed IV. und Großwesir Kara Mustapha nach Belgrad auf. Das kaiserliche Heer hatte sich Ende April in der Stärke von 40.000 Mann unter Karl von Lothringen auf der Heide bei Kittsee versammelt und wollte gegen Gran/Esztergom und Neuhäusel/Nové Zamky vorgehen. Karl von Lothringen legte sich auch vor diese beiden Plätze, bezog aber, als ihm das Herannahen des Türkenheeres in der Stärke von 200.000 Mann gemeldet wurde, im Schutze der beiden kaiserlichen Festungen Komorn/Komarom und Raab/Györ Stellung und wollte hier eine Feldschlacht liefern. Den Großwesir zog es aber nach Wien, dessen Befestigungen ihm schwach und verfallen geschildert wurden. Am 1. Juli durchbrachen Tatarenschwärme in der Stärke von 20.000 Mann die Sicherungen am Raabfluß und drangen ins königliche Ungarn nach Norden bis ins Gebiet des Neusiedler Sees vor. Der kaiserliche Feldherr wurden dadurch gezwungen, den Rückzug anzutreten, da er sonst im Rücken gefährdet worden wäre. Während die Infanterie am Nordufer zurückmarschierte, blieb er selbst mit der Kavallerie am rechten Donauufer, um die Tataren abzuwehren. Diese schwärmten schon am 4. Juli ins nördliche Burgenland ein, verbrannten die Dörfer und töteten die Einwohner. Die Bevölkerung des Viertels unter dem Wienerwald, welche die Feuersäulen im Osten aufsteigen sah, aber ebensowenig wußte wie der kaiserliche Hof, was eigentlich vor sich ging, erfaßte tiefe Unruhe. Wilde Gerüchte schwirrten herum, aber niemand wußte, was wirklich vorging. Wie wenig man auf Gefahr gefaßt war, beweist, daß der Kaiser in den ersten Julitagen noch im Wienerwald auf die Jagd ging und beinahe den Tataren in die Hände gefallen wäre. Am 7. Juli griff bei Petronell ein feindlicher Schwarm den Troß des kaiserlichen Heeres an und stiftete große Verwirrung.

Die Aufregung in Wien und Umgebung in diesen Tagen war unbeschreiblich. Am Abend des 7. Juli flüchtete der Kaiser mit seinem Hofstaat aus Wien über Korneuburg nach Krems, da am rechten Ufer die Straßen nicht mehr sicher waren, und zog dann über Melk und Seitenstetten nach Linz und Passau weiter. Mit ihm verließen fluchtartig die gesamte reichere Bevölkerung, der Adel, die Geistlichkeit, die Insassen der Klöster und viele Bürger die Stadt sowie die östlichen Landesviertel. Ununterbrochen wälzten sich die Wagenkolonnen nach Westen und Norden, um über Krems ins Waldviertel zu gelangen. Ein Drittel der Bevölkerung, zirka 30.000 Menschen, sollen allein der Stadt Wien den Rücken gekehrt haben. Dafür flohen viele Handwerker aus den Vorstädten mit Hab und Gut hinein in die Festung Wien, um sich zu retten. Unter der Leitung des Bürgermeisters Liebenberg organisierten einige beherzte Männer die Instandsetzung der Befestigungen, zu der schon seit dem Frühjahr die Herrschaften des ganzen Landes den zwanzigsten Mann hätten entsenden sollen. Die Vorstädte wurden zum Teil niedergebrannt, um den Feinden keine Schlupfwinkel zu gewähren, die Glacis von Wien und anderen verteidigungsbereiten Orten von Scheunen, Hütten und Zäunen entrümpelt. Aber wie jedesmal ist vorher verhältnismäßig wenig geschehen und das gesamte Sicherungs- und Kreidfeuersystem sang- und klanglos zusammengebrochen. Niemand dachte nämlich daran, die Feuer zu entzünden, ja, es zeigte sich, daß diese meist gar nicht aufgerichtet, sondern vermodert waren. Die Stände hatten kein Geld, um Waffen und Munition für das Aufgebot bezahlen zu können, und waren selbst die Kriegskontribution für das kaiserliche Heer, die sie im Jänner hatten bewilligen müssen, noch schuldig. Denn die Haussteuer von 30 Kreuzern durch drei Monate, die sie ausgeschrieben hatten, war auch nur sehr lässig eingegangen.

Karl von Lothringen warf schleunigst alle verfügbaren Truppen nach Wien, das Ernst Rüdiger von Starhemberg als Kommandanten erhielt. Aus der Umgebung wurde Vieh und Getreide in die Stadt geführt, um sie einigermaßen zu verproviantieren. Denn Zeit war mehr als kostbar. Schon in den nächsten Tagen verwüsteten die Tataren den Brucker Bezirk, während das türkische Hauptheer sich langsam in täglich fünfstündigem Marsch nach Westen bewegte. Am 10. Juli stand der Großwesir noch bei Magyarovar und kam am 14. Juli im Lager vor Wien an, wo am Tage vorher schon der Ring um die Stadt geschlossen worden war. Während die Belagerung begann, die Feinde sich in den Vorstädten einrichteten und Gräben um den Mauerring zogen, drangen die Tatarenhorden ins Viertel ober dem Wienerwald ein. Hatten sie am 7. Juli die Verbindung zwischen Wien und der Steiermark unterbrochen, so stürmten sie am folgenden Tag schon in den Wienerwald, streiften in den nächsten Tagen ins Triestingtal und ins Tullnerfeld. Die Landbevölkerung hatte wohl die Pässe durch Baumsperren und Schanzen zu verteidigen versucht, doch wurden damit geringe Erfolge erzielt. Ungeheure Wut und Haß erfaßte die Bauern gegen Adelige und Geistliche, und nicht selten wurden Flüchtlinge aus diesen Kreisen mit dem Tode bedroht. Die Verbitterung war auch verständlich. Jahrelang hatten sie Türkensteuer zahlen müssen, und jetzt in den Stunden der Not standen sie allein. Vor allem den Jesuiten und den anderen Mönchen galt der allgemeine Haß. Ihnen gab man die Schuld, daß sie durch die Gegenreformation in Ungarn den Türkenkrieg heraufbeschworen hätten. So wurden denn die Wiener Jesuiten auf der Flucht im Tullnerfeld zu Baumgarten bei Judenau angegriffen, mit Steinwürfen auseinandergetrieben und einer von ihnen schwer verwundet. Auf Umwegen mußten sie über Herzogenburg und St. Pölten in die Steiermark flüchten.

Unterdessen waren die Tataren am 13. Juli nach Mödling gelangt, zerstörten das Kloster Maria Loretto, hatten Perchtoldsdorf angegriffen, besetzten am 14. Heiligenkreuz, Kleinmariazell und Altenmarkt und drangen von Brand-Laaben aus über die Durlaßhöhe unvermutet ins Gölsental ein, wo die Leute ahnungslos beim Kornschneiden beschäftigt waren. Die Haupttruppe wollte aber den Kaiser auf der Flucht nach Linz einholen und stürmte gegen Westen vor. Am 14. Juli stand sie vor St. Pölten, am 16. in St. Leonhard, am 17. in Neumarkt an der Ybbs und am folgenden Tage in Neuhofen. Eine besonders verwegene Abteilung gelangte bis Weyer und Gaflenz, wurde aber vom erbitterten Volk im Prollingtale bei Opponitz am 21. Juli eingeschlossen und konnte nur unter Zurücklassung der Pferde die steilen Felswände erklimmen und sich teilweise retten. Die Mehrzahl fiel den Bauern in die Hände. Bei Purgstall, Hafnerbach, Obritzberg, dann auf dem Steinfeld zwischen St. Pölten und Wilhelmsburg, bei Königstetten, Laxenburg und an der Leitha hatten sie kurze Zeit Lager, wo sie die Beute sammelten und durch gefangene Bauern die in reichem Erntesegen stehenden Felder abmähen ließen. Die Dörfer der Umgebung wurden in Brand gesteckt, die Einwohner umgebracht oder in Gefangenschaft geschleppt. Von diesen Tatarenhorden wurden die größten Grausamkeiten verübt. Die schwersten Blutopfer hatte wohl der Markt Perchtoldsdorf zu bringen. Dort hatten sich die Bewohner in die Wehrkirche zurückgezogen und waren bereit, sich zu verteidigen. Da verlangte der Anführer einer türkischen Schar, der sich Hussein Pascha von Damaskus nannte, Unterhandlungen, da ihm der Ort vom Großwesir zum Lehen gegeben sei und er Interesse habe, die Einwohner zu schonen. Als nun am 16. Juli früh die wehrhaften Männer sich auf dem Platz versammelten und ihre Waffen abgaben, um zu huldigen, wurden sie ausnahmslos hingemordet, dann die Kirche gestürmt und die darin befindlichen Alten, die Frauen und die Kinder ebenfalls ermordet oder in Gefangenschaft weggeführt. Noch im November, also einige Monate später, fand der Heiligenkreuzer Priester Balthasar Kleinschrott über dreihundert Leichen unbeerdigt auf dem Hauptplatz liegen. Das türkische Kriegstagebuch behauptet allerdings, es seien irreguläre Streifzügler gewesen, von denen sich einer als Hauptmann ausgab. Wo die Bevölkerung rechtzeitig in Zufluchtsorte flüchten konnte und wo beherzte Männer die Verteidigung leiteten, wagten die Tataren, die nur wenige Geschütze besaßen, keinen Angriff. So sind die meisten Zufluchtsorte, wie die Städte und Märkte Traismauer, Herzogenburg, St. Pölten, Wilhelmsburg, Bruck, Wiener Neustadt, aber auch viele Schlösser sicher gewesen, ja nicht einmal angegriffen worden. Sie hatten allerdings oft unter Seuchen zu leiden, weil zu viele Menschen auf engstem Raum zusammengedrängt leben mußten. Auf dem Schöpfl haben sich die Bauern unter der Leitung des Ortsrichters von Brand zurückgezogen und angreifende Türken durch Stein- und Blochlawinen erfolgreich abgewehrt, auf ähnliche Art im kleinen Ort Murstetten. Der Abt von Lilienfeld, Matthias Kohlweis, gab ein Beispiel, wie es hätte sein können, und hat mit seinen Bauern erfolgreich das Kloster verteidigt, sogar Ausfälle bis Kleinzell und Eschenau unternommen. Dadurch wurde hier der Zugang zur Obersteiermark ebenso gesperrt wie durch die Bauern des Erlauftales in der Enge zwischen Scheibbs und Gaming, wo sie mit einer bewachten Mauer das Tal absperrten und siebentausend Tataren den Zutritt zum Innerberg verwehrten. Andere Orte wieder, wie Ebreichsdorf, Pottendorf, Ebenfurth und Schottwien, huldigten den Türken oder den Ungarn, stellten je acht Männer als Geiseln und erhielten kleine türkische Besatzungen als salva guardia. Wo sich aber die Bevölkerung vor Schrecken in die Wälder flüchtete und den Kopf verlor, wurde sie durch Bluthunde aufgespürt. Die Donau konnten die Türken dagegen nicht überschreiten, weil die kaiserlichen Truppen Vorhuten aufstellten und den Strom bewachen ließen.

Die Landesangelegenheiten hat während dieser Zeit ein ständischer Ausschuß geleitet, der in Krems saß und aus dem Abt Johann von Göttweig, dem Grafen Otto Ehrenreich von Abensberg-Traun, Hans Georg Graf zu Kuefstein und Karl Hackelberger zu Höhenberg bestand. Ihnen gesellte sich noch der Landmarschall zu. Sie haben die Verbindung von Zivilverwaltung und der nördlich der Donau sich sammelnden kaiserlichen Armee hergestellt, eingegriffen, wenn es zu Zusammenstößen zwischen der Bevölkerung und den Flüchtlingen kam und die nötigen Verwaltungsangelegenheiten geleitet. Es bestand Gefahr, daß sich die Unruhe der Bauern wieder in einem allgemeinen Aufstand Luft machen könnte; davor hatten aber die Herren mehr Angst als vor den Türken.

Es waren auch nicht lauter Tataren, die raubten und plünderten. Ungarische Rebellen, katholische und evangelische, waren in ihren Reihen. Wie oft waren die Leute überrascht, als sie von Tataren deutsch angesprochen wurden, die alle Wege und Orte genau kannten. So sind schon vor dem Eintreffen der Feinde einige dieser Leute in die Wälder geritten, als ob sie kaiserliche Kommissäre wären, die inspizieren sollten, ob man die Wege verhacke und Pässe verschanze, in Wirklichkeit aber, um zu spionieren. Die Bauern bei Gaaden haben einen solchen Menschen erschlagen, der mit Federn auf dem Hut und gutgekleidet herumgeritten ist. »Es waren dies Verbrecher oder Schelme, die den Galgen verdient, aber noch rechtzeitig sich nach Ungarn durchgeschlagen hatten, aber auch solche, die sich nur an ihren Herren rächen wollten.« Durch sie waren die Türken bestens unterrichtet; in Heiligenkreuz waren sie sogar über die privaten Gewohnheiten einiger Patres informiert.

Während nun diese wilde Jagd über Niederösterreich hinwegbrauste und ungeheuren Schaden verursachte, ist die Stadt Wien in immer größere Bedrängnis geraten. Durch Minen wurden die Befestigungen in Mitleidenschaft gezogen, die Besatzungstruppen hatten schwere Verluste und Mangel an Lebensmitteln, und allgemeine Verzagtheit breitete sich unter der Bürgerschaft aus. Mitte August waren den Belagerern größere Erfolge gelungen, die einen völligen Sieg in greifbare Nähe rückten. Es war ein Glück, daß nur die türkischen Kerntruppen, die zwischen Schotten- und Burgtor angriffen, wirklich kriegstüchtig waren, während andere die Belagerung weniger ernst nahmen. Einmal haben türkische Viehhändler einige hundert Rinder in die Stadt getrieben, und armenische Feldbäcker verkauften Brot an die Belagerten. Langsam sammelten sich immer größere Truppenmassen um Krems und im Tullnerfeld. Bayerische und sächsische Verbände, Reichstruppen und endlich auch die Polen stießen zum Heere des Lothringers. Das hatte vorerst den Vorteil, daß die westlichen Teile Niederösterreichs von den Tataren gesäubert wurden. Um den 20. August zog ihre Hauptmacht mit dem Khan an der Spitze durch das Gölsental gegen Wien zurück. Ein Teil wurde Tököly nach Preßburg zu Hilfe gesandt; ein anderer übersetzte die Donau, um ins Weinviertel einzudringen. Dort wurden sie und andere türkische Verbände aber am 24. August bei Bisamberg völlig aufgerieben. Die allzu reiche Beute hatte ihre Kampfkraft geschwächt.

Mit der Niederlage der Tataren am linken Donauufer, heißt es im türkischen Kriegstagebuch, wandte sich das Kriegsglück vom Heere des Sultans. Selbst bei den Kerntruppen zeigte sich in zunehmendem Maße Unlust, weil die Janitscharen nur vierzig Tage vor einer belagerten Festung liegen sollten, durch die Zerstörung der Umgebung die Ernte auf den Feldern verwüstet worden war und es an Verpflegung und Futter fehlte. So mußten alle Lebensmittel von Ungarn herbeigeschafft werden. In der ersten Septemberwoche, als die Türken sich über die Sammlung des Entsatzheeres nicht mehr im unklaren sein konnten, zogen sie die vor der Festung Raab liegenden Truppen heran, riefen die Tataren zurück und verdoppelten ihre Anstrengungen, Wien einzunehmen. Wohl wollte der Großwesir auch Klosterneuburg einnehmen lassen, um dem christlichen Heere den Weg zu versperren, doch ist dies mißlungen. Am 9. September wurde im Türkenlager großer Kriegsrat gehalten, doch keiner der Generäle hatte den Gedanken, die Höhen des Kahlenberges zu besetzen, die von den Vortruppen des christlichen Heeres eingenommen wurden. In unbändigem Hochmut erklärte Kara Mustapha, die drei- oder viertausend Polen und die fünf- oder zehntausend Deutschen seien nicht zu fürchten. So vollzog sich ungestört der Aufmarsch des Entsatzheeres auf den Höhen des Wienerwaldes, während die Stadt Wien in größte Bedrängnis geriet und hart um ihr Leben rang. Am 4. September konnte nur mehr durch persönliches Eingreifen Starhembergs der Fall der Festung verhindert werden, als die Türken durch eine Minensprengung eine breite Bresche in die Mauer schlagen konnten. Nacht für Nacht ließen die Verteidiger Raketenbündel hochsteigen, um den Rettern ihren Zustand zu berichten.

Jetzt mußten auch einige zivile Kompanien eingesetzt werden, weil die Zahl der kampffähigen Soldaten immer kleiner wurde. Am Morgen des 12. September, einem strahlend schönen Herbstsonntag nach regnerischen Tagen, trat die Armee des Kaisers, des Reiches und Polens unter dem nominellen Oberbefehl König Johann Sobieskis zum Angriff gegen die recht sorglos zur Abwehr in den westlichen Randorten des heutigen Wien aufgestellten türkischen Truppen an. Nach der Schilderung ihres Tagebuches bedeckten die Christen Berg und Feld und formierten sich in sichelförmiger Schlachtordnung: »Es war, als wälze sich eine Flut von schwarzem Pech bergab, die alles, was sich ihr entgegenstellt, erdrückt und verbrennt.« Während der linke an die Donau angelehnte Flügel unter dem Kommando Karls von Lothringen rasch vorwärts kam, hatte das Zentrum und der rechte, meist von polnischen Reitern gebildete Flügel gegen schwieriges Gelände und stärkeren Widerstand zu kämpfen. Der linke Flügel hat auch schließlich den Tag entschieden. In regelloser Flucht wandte sich das türkische Heer nach Osten, allen voran der Großwesir. Das ganze Heerlager blieb zurück, die Verbände, die noch in den Gräben vor der Stadtmauer standen, wurden überrannt und zum großen Teil gefangengenommen. Nur mit großer Mühe konnte der Tatarenführer Murad-Giraj II. die Heilige Fahne des Propheten retten. Nirgends in der riesenhaften Zeltstadt wurde ernsthafter Widerstand geleistet, dagegen fand man noch viele blutige Spuren von der Rache, die im letzten Augenblick an christlichen Gefangenen geübt worden war. Eine große Anzahl von Frauen und Kindern dagegen konnte befreit werden. Das ganze riesige, teilweise sogar üppig ausgestattete Lager mit gewaltigen Mengen an Kriegsgerät fiel der siegreichen Armee und den Verteidigern Wiens zu. Man fand Speisen auf den Tischen, Brot in den Backöfen, Fahnen, Standarten und Roßschweife, mehr als hundert Geschütze, riesige Getreidemagazine und gewaltige Herden von Zug- und Schlachtvieh. Allein der aufgefundene Kaffeevorrat reichte aus, um dieses Genußmittel in Europa allgemein bekanntzumachen. Das Prunkzelt des Großwesirs, das mit Gärten, Springbrunnen, Bädern, mit gold- und silberdurchwebten Diwanen und mit allem Luxus des Orients ausgestattet war, nahm der Polenkönig in Beschlag. »Allah bewahre uns vor Unheil – es war das eine Niederlage und eine Katastrophe, wie sie das Reich seit seinem Bestand noch niemals erlitten hat«, schreibt das türkische Kriegstagebuch zum 12. September. Die zahllosen Händler, die dem Heere gefolgt waren, die große Beute und die lange Dauer der Belagerung, die Entkräftung der Pferde wie auch die Sorglosigkeit, mit der der Kampf geführt worden war, wurde von den Türken als Schuld angenommen. »Die Festung Wien hat an Stärke und Festigkeit einem Berg von Granit geglichen und hat sechzig Tage Belagerung ausgehalten.«

Die Verluste, die Niederösterreich durch diesen Einfall erlitten hatte, waren gewaltig. Manche Gebiete, vor allem die heutigen Bezirke Bruck und Baden, die Umgebung Wiens, das Wienerwaldgebiet und das Gölsental waren nicht nur schwer verwüstet, sondern auch weitgehend von Menschen entblößt. Eine Beschreibung der Schäden, die wenige Wochen später von den

Ständen veranlaßt wurde, hat ergeben, daß im ganzen Land 7757 Häuser abgebrannt und dazu keine Bewohner vorhanden waren, daß bei 5880 Häusern wohl die Bewohner erhalten geblieben, die Gehöfte aber zugrunde gegangen waren und daß weitere 7667 Häuser geplündert worden sind. Im ganzen Lande blieben nur 35.736 unbeschädigte Häuser stehen. Zahlenmäßig am stärksten verwüstet war das Viertel ob dem Wienerwald, hier waren mehr Häuser ohne Bewohner als unter dem Wienerwald. Während dieses Feldzuges sollen 6000 ältere Leute, 11.200 Frauen, 13.800 Mädchen, 204 adelige Fräulein und 56.000 Kinder aus Niederösterreich und Ungarn in Gefangenschaft geführt worden sein. Durch die Tataren waren 30.000 Menschen niedergemetzelt worden. Im Kloster Lilienfeld waren von 1229 untertänigen Häusern nur 233 unbeschädigt, bei 402 war kein Besitzer mehr vorhanden. Durch Tod hatte es 360 Personen, durch Gefangenschaft 1008 Menschen verloren. Eheleute, von denen der eine Teil vermißt war, lebten mit anderen zusammen und ließen sich von den Seelsorgern davon nicht abmahnen; wenn dann der Ehegatte zurückkehrte, was nicht selten geschah, entstanden größere Verwicklungen. Kinder, denen die Eltern geraubt waren, strolchten herum, allerorten verwilderten die Sitten.

Die Stadt Wien selbst hat eigentlich weniger Schaden erlitten. Der Großwesir, der die Stadt zu seiner Residenz machen wollte, hat sie sicherlich verschont und wollte sie nicht als Trümmerhaufen übernehmen. Deswegen hat er vor allem den Minenkrieg angewandt, auf das Bombardement aber verzichtet. Insgesamt sind in Wien im Kampf und durch Krankheit 617 Zivilpersonen, eigentlich recht wenige, ums Leben gekommen. Davon starb die Mehrzahl, nämlich 553, an epidemischen Krankheiten, gefallen sind im Kampfe nur 64 Zivilpersonen, davon zehn Bürger und 39 aus den Reihen der nichtbürgerlichen Kompanien, wie Gewerbegesellen, Fleischhauer, Handelsangestellte, Studenten. Nur fünfzehn Personen sind durch Bomben ums Leben gekommen. Die bürgerlichen Kompanien kamen lange Zeit überhaupt nicht in Feindberührung, sondern sind als Feuerwehr, Ordnungspolizei, zu Straßenreinigung, Schanzarbeit, Transport und Verwundetenpflege herangezogen worden. Den Hauptteil des Kampfes hatten die Soldaten zu tragen, von denen sechstausend Mann, das sind 36 Prozent des Gesamtstandes, gefallen sind und namenlos in Massengräbern bestattet wurden. Aus diesem Grunde ist es auch verständlich, daß die Stadt Wien selbst für die ausgestandene Belagerung vom Kaiser keinerlei Belohnung erhalten hat. Erst im Jahre 1687 hat man einigen Ratsherren goldene Ehrenketten und klingende Titel verliehen. Der Kaiser erklärte den verdutzten Wienern, es habe sich um eine wohlverdiente Strafe Gottes gehandelt, die veranlassen solle, Haß, Neid, Zank, Kleiderpracht und jede Art von Unzucht in Hinkunft zu unterlassen. Geldzuschüsse für die Wiederherstellungsarbeiten oder Freijahre wurden nicht gewährt. Dagegen wurden auf dem Land allen jenen Häusern, die abgebrannt und deren Hauswirt verschollen war, acht Freijahre gewährt, nur so war es möglich, in die entvölkerten Landstriche neue Menschen aus anderen Gegenden zu bringen. Vor allem aus der Steiermark, aber auch aus Oberösterreich, Salzburg, Bayern, Schwaben und Tirol, weniger aus der Schweiz, der Pfalz, Brandenburg, Böhmen, Mähren, Schlesien oder Ungarn kamen Neusiedler, von den Einheimischen oft mit scheelen Augen betrachtet. In den Brucker Bezirk, wo die seit 1529 meist kroatische Bevölkerung stark dezimiert worden war, sind vor allem Schwaben eingewandert und haben dieses Gebiet wieder überwiegend deutsch gemacht. Mancher Heimkehrer aus der Gefangenschaft fand, da man schon 1684 mit der Neubestiftung begann, seinen alten Besitz von anderen eingenommen. Unbehagen bemächtigte sich der alteingesessenen Bevölkerung. Man nannte die neuen Siedler hergelaufenes Gesindel, man nörgelte, daß sie vom Weinbau nichts verstünden, vergaß aber, daß sie durchwegs aus Gegenden kamen, wo kein Wein wuchs. Manchmal mögen die Klagen berechtigt gewesen sein, doch waren unter diesen Zuwanderern auch schöpferische Menschen, wie der Maurermeister Jakob Prandtauer, ein gebürtiger Tiroler, der aus seiner Heimat Stanz ins verwüstete Tullnerfeld kam. Hier hatten schon im 16. und 17. Jahrhundert Träger seines Namens gelebt, die nun im Türkensturm alle ausgestorben sind. Vermutlich war einer seiner Ahnen von Niederösterreich nach Tirol gewandert. Als Bildhauer bei der Herrschaft Thalheim erstmals nachweisbar, übersiedelte er 1692 nach St. Pölten und schuf in den kommenden Jahrzehnten manche stolze Baudenkmale des Hochbarocks.

Der Sieg vor den Toren Wiens bedeutete einen Wendepunkt im Verhältnis Österreichs zur Türkei. Seit zweihundert Jahren hatten die Türken angegriffen, von nun an wurden sie in die Verteidigung gedrängt. Im ganzen Abendland hat er denn auch gewaltigen Eindruck gemacht und für Österreich den Weg zur Großmachtstellung freigelegt. Für Niederösterreich war damit endgültig die Gefahr aus dem Osten gebannt. Denn noch im Herbst des Jahres 1683 wurde der schwer geschlagene Feind über Raab zurückgejagt und das Ziel des so jäh unterbrochenen Sommerfeldzuges erreicht. Nach sechstägiger Belagerung konnte am 28. Oktober die Felsenfestung Gran eingenommen werden. Im folgenden Jahre hat die bisherige antitürkische Abwehrkoalition unter Zuziehung der seemächtigen Republik Venedig ein Angriffsbündnis geschlossen, um die Türkei auf breitester Front anzugreifen. Die kaiserlichen Truppen belagerten hundertneun Tage lang Ofen, die Hauptstadt des türkischen Ungarns, konnten es aber genausowenig einnehmen wie die Türken im Vorjahre Wien. Einzig und allein Neuhäusel war der Gewinn dieses Jahres, wenn man davon absieht, daß die Herrschaft des Kuruzzenkönigs Tököly völlig zusammenbrach. Erst im Juni des Jahres 1686 setzte sich die kaiserliche Armee wieder gegen Buda in Marsch, fand auch auf dem Weg dorthin keine Gegenwehr und die Festung selbst nur mit geringer Besatzung. Trotzdem hielt sie sich lange, obwohl am 22. Juni ein hochgehendes Magazin mit achttausend Zentnern Pulver gleich einem furchtbaren unerwarteten Naturereignis Freund und Feind erschütterte. Erst am 2. September konnte sie gestürmt und somit Stadt und Festung Ofen nach hundertfünfzig Jahren türkischer Herrschaft wieder in kaiserliche Hände gebracht werden. Der Verteidiger der Stadt Mehmed Çolak Beğ wurde in Wiener Neustadt interniert und trat 1699 mit seiner Familie zum Christentum über. Der Maler Charles Herbel zeigte, welches Blutbad die kaiserlichen Truppen dort anrichteten. Wie jämmerlich die türkische Armee geführt wurde, zeigt, daß ein Entsatzheer unweit davon stand und der unfähige Großwesir nicht wußte, was er tun sollte. Ihm blieb nichts anderes übrig, als sich zurückzuziehen, worauf noch Szegedin/Szeged und Esseg/Osijek erobert wurden und das kaiserliche Heer an der Theiß und Maros Quartier beziehen konnte. Im Juli 1687 hat Karl von Lothringen mit der gesamten Armee beim Berge Harsán, unweit des Schlachtfeldes von Mohacs, das türkische Heer in offener Feldschlacht besiegt, und am 6. September des folgenden Jahres konnte Kurfürst Max Emanuel von Bayern, der geradewegs auf Belgrad losmarschierte, diese Pforte des Orients in gewaltigem Ansturm einnehmen. Innere Krisen erschütterten das Osmanenreich, 1687 hatte schon Sultan Mohammed vor der Volkswut den Thron räumen müssen, da auch die beiden Nachfolger Kara Mustaphas versagt hatten. In dem letzten Großwesir aus dem Stamme der Köprülü, Mustapha, erwuchs dem kaiserlichen Heer nochmals ein ebenbürtiger Gegner, der es aus Serbien verdrängen und 1690 sogar die Festung Belgrad zurückerobern konnte. 1691 konnte Ludwig von Baden bei Slankamen/Stari Slankamen aber wiederum die Initiative an die kaiserlichen Fahnen heften, Mustapha Köprülü ist in dieser Schlacht gefallen. In den folgenden Jahren ist mit Prinz Eugen von Savoyen ein neuer Stern im kaiserlichen Heerlager entstanden, der die Türken 1697 bei Zenta/Senta schlug. Auf der Grundlage des gegenwärtigen Besitzstandes ist dann im Jahre 1699 zu Karlowitz/Sr. Karlovci der Friede geschlossen worden, in dem ganz Ungarn und Siebenbürgen, mit Ausnahme des Temeser Banates, kaiserlich wurden und bis vor den Toren Belgrads die Feldwachen Prinz Eugens standen. Alle deutschen Stämme, Bekenntnisse und Reichsfürsten hatten sich an diesem erhabenen Sieg mit Erfolg beteiligt.

Um den finanziellen Anforderungen dieser großen Unternehmungen gerecht werden zu können, mußte eine Kopfsteuer ausgeschrieben werden, die dann bei ungefähr gleichbleibendem Schlüssel im 18. Jahrhundert oft wiederholt wurde. Ein Fürst oder Bischof hatte 1000 Gulden, Prälaten der großen Landklöster 800, Grafen 500, Freiherren 300, Hofbefreite und bürgerliche Handelsleute 150, Bürger der landesfürstlichen Städte 2½, der herrschaftlichen 1½ Gulden, Handwerksgesellen 30 Kreuzer, Tagwerker 18 Kreuzer und Bauern 12 Kreuzer zu erlegen. Die Frauen zahlten die Hälfte, Kinder ein Viertel dieses Betrages. Bei diesen Steuern gab es also keine Befreiung der privilegierten Stände mehr, doch konnten diese in der Praxis wiederum ihre Untertanen belasten.

Was in der österreichischen Literatur den Türken so übel genommen wird, nämlich, daß sie vor allem junge Leute verschleppten und als Sklaven verkauften, hat, wenn auch in kleinerem Stile, die Gegenseite ebenfalls getan. Aus vielen Orten ist bekannt, daß dort einzelne getaufte Türken lebten, die als Kriegsgefangene nach Österreich gekommen waren, in Wien gab es eine ganze Anzahl, sogar der schwedische Gesandte am Wiener Hof hatte einen türkischen Sklaven. Ein später geflüchteter Dolmetscher namens Osman Aga schilderte seine nicht immer erfreulichen Erlebnisse als gefangener Türke in Österreich.

Eine Ausnahme bildete das Schicksal des Vizepaschas Mehmed Czonkabeg, der im Jahre 1686 bei der Eroberung von Ofen/Buda gefangengenommen wurde. Man brachte ihn nach Wiener Neustadt, wo er nach zehnjährigem Aufenthalt sich mit seiner Familie taufen ließ. Dieses Ereignis wurde groß herausgestellt. Man brachte den vornehmen Gefangenen mit seinen Angehörigen in die Hofburgkapelle, Kaiser Leopold, seine Gattin und zwei seiner Kinder fungierten als Taufpaten. Er nannte sich später Leopold Joseph von Zungenberg und kämpfte im spanischen Erbfolgekrieg als Oberst und Führer eines Husarenregimentes. Im Winter 1705/06 starb er. Auch sein Sohn wurde kaiserlicher Offizier.

22. KAPITEL

Zentrum einer Großmacht

Kaum hatten die großen Feldherren des Kaisers Leopold, Herzog Karl von Lothringen, Markgraf Ludwig von Baden und schließlich der sie alle überragende Prinz Eugen von Savoyen, ihm sein ungarisches Königreich gewonnen und Niederösterreich damit aus seiner durch nahezu zwei Jahrhunderte dauernden Grenzlage zum türkischen Erbfeind befreit, wurde das Haus Habsburg schon wieder in einen langen Krieg, diesmal um das Erbe der spanischen Verwandten, mit Frankreich verwickelt. Die Siege des Prinzen Eugen in Südwestdeutschland und Italien in den Jahren 1704 und 1706 sicherten Niederösterreich zwar vor Einfällen bayerischer und französischer Truppen aus dem Westen, setzten es aber doch neuen Gefahren durch die von Frankreich aufgehetzten ungarischen Aufständischen aus. Von dieser neuerlichen ungarischen Verschwörung hatte der kaiserliche Hof auf höchst merkwürdige Weise Nachricht erhalten. Der französische Gesandte verlor bei einer Audienz beim Herausziehen des Taschentuches ein Papier, auf dem Aufzeichnungen über die ungarische Bewegung enthalten waren. So wurde denn der Anführer Franz II. Rákóczi am 18. April 1701 auf seiner Burg Saros verhaftet und in Wiener Neustadt interniert, wo ihm aber nach einigen Monaten mit Hilfe des Hauptmannes seiner Wache die Flucht gelang. Unterdessen nahm die Gärung in Ungarn, vor allem in den östlichen Teilen, immer stärkere Formen an, indem sich unzufriedene, bedrückte Bauern, alte Tökölianer, ausgediente Soldaten, die jetzt nach dem Karlowitzer Friedensschluß und dem Wegfall vieler Grenzplätze beschäftigungslos herumzogen, sowie Räuberbanden, die von jeher die Slowakei unsicher gemacht hatten, zusammenschlossen und sich vorerst gegen den eigenen Adel wandten. Dieser verstand es aber, sich an die Spitze zu stellen und aus der sozialen Erhebung eine nationale zu machen, obwohl auch Slowaken, Rumänen und Deutsche den Aufständischen angehörten. Seit 1703 griffen die kriegerischen Unternehmungen dieser Kuruzzen auch nach Niederösterreich über, wo schon Jahre vorher die Verteidigungsanlagen und Zufluchtsorte, vor allem die Furten durch die Grenzflüsse March und Leitha, von den Herrschaften gesichert werden mußten. Am 22. Dezember 1703 wurde Hof am Leithagebirge zerstört und im Laufe dieses Winters, in dem sich die Bewegung über nahezu ganz Ungarn mit Blitzesschnelle ausdehnte, auch andere Orte im Leithagebiet, wie Mannersdorf, Hainburg, Petronell und Rohrau heimgesucht. Im März brannten längs der Donau alle Orte von Hainburg bis

Schwechat, selbst bis St. Marx vor Wien kamen einige verwegene Vortrupps. Um die Vorstadtbevölkerung, die seit dem Türkenkrieg wiederum recht zahlreich geworden war, zu schützen, ließ Prinz Eugen in weitem Bogen um die Vorstädte von St. Marx bis Lichtenthal den Linienwall aufwerfen, dem ein Graben vorgelagert war und der in elf Wochen vollendet wurde. Gefährdete Strecken wurden auch mit Palisaden verstärkt. Natürlich genügte dieser Wall nur zur Abwehr leichter Reiterscharen, für mehr war er auch nicht gedacht. In Friedenszeiten diente er als Viehweide. Alle Stadtbewohner zwischen 18 und 60 Jahren, die Insassen der Gefängnisse und gefangene Kuruzzen waren für diese Arbeiten herangezogen worden.

Dieses Jahr 1704, in dem Mitte Juni auch ins Weinviertel die ersten Einfälle unternommen wurden, wobei Sierndorf, Jedenspeigen, Drösing und Waltersdorf verwüstet wurden, brachte in ganz Ungarn heftige Kämpfe, da kaiserliche Truppen ins Land einmarschierten und nun ein heftiger und grausamer Partisanenkrieg entbrannte. 30.000 Menschen sollen in diesem Jahre in Nordungarn umgekommen sein. Auf dem Brückenkopf bei Angern hielten die Soldaten förmlich Märkte mit der Beute, die sie vom Feldzug mit nach Hause brachten. Im Jahre 1705 wurde Rákóczi auf einer Nationalversammlung in Szécseny zum Führer der ungarischen Konföderation gewählt; die Friedensbemühungen, die der neue Kaiser Joseph I. (1705–1711) gleich nach seinem Regierungsantritt einleiten ließ, waren ohne Erfolg. Doch wurden in diesem Jahre die Einfälle nach Niederösterreich seltener, zumal damals das noch nicht verwüstete Mähren Hauptziel der Angriffe war, obwohl der Kaiser im September im Prater von Kuruzzen beschossen wurde. Im Jahre 1706, als sich die Kuruzzen nicht mehr auf Bauernhaufen, sondern auf reguläre Verbände, die gut ausgebildet und organisiert waren, stützen konnten, wurde im Oktober von einer Truppe aus 16.000 Mann unter Anführung des Grafen Simon Forgatsch die Stadt Zistersdorf nach kurzem Kampf gestürmt und im Schlosse an die 400 Personen ermordet. Die überlebenden Einwohner führte man in die Gefangenschaft ab. Für diese Untat wurde Forgatsch wohl von seinen eigenen Leuten abgesetzt und verurteilt, die Stadt Zistersdorf war aber so schwer hergenommen, daß ihr 20 Freijahre gewährt werden mußten. Um die Bevölkerung vor weiteren Einfällen zu schützen, wurde durch Landrobot ein Wall von Petronell bis Wiener Neustadt aufgeworfen. Im Jahre 1706 sind diese Schanzen erst bis Rohrau fertig geworden, dann änderte man den Plan und zog sie bis zum Neusiedler See durch. Es war ein Erdwall mit vorgelegtem Graben, der wie der Wiener Linienwall stellenweise durch Palisaden verstärkt wurde. Weiters wurden einige Redouten angelegt, von denen die Sternschanze bei Parndorf und die Taborschanze bei Neusiedl am See noch heute zu sehen sind. Die Kuruzzen haben die Arbeit an diesem Wall wohl gestört, konnten aber doch nicht mehr so leicht vordringen.

Der Übergang der Herrschaft auf den Sohn Leopolds I. vollzog sich völlig reibungslos. Am 22. September 1705 fand die Erbhuldigung vor dem jungen Landesfürsten und Kaiser Joseph I. statt. Nachdem tags zuvor der Erzherzogshut aus Klosterneuburg abgeholt worden war, versammelten sich um 6 Uhr früh alle Landesmitglieder im Landhaus. Im feierlichen Zug über den Graben begaben sich alle nach St. Stephan zum Gottesdienst. Der Bischof von Wien hielt das Hochamt, der Dompropst und der Abt der Schotten assistierten. Nach dem Gottesdienst kehrte man in die Burg zurück, wo in der Ritterstube die Huldigung stattfand. Auf die Bitte der Stände um Huld und Gnade versprach der Herrscher, die Freiheiten und das alte Herkommen zu bestätigen. Dann schwor »die gemeine Landschaft treu, gehorsam und gegenwärtig« zu sein und erhielt die Privilegienbestätigung ausgefolgt. Am 8. November 1712 erfolgte die Erbhuldigung der niederösterreichischen Stände für Karl VI. in ähnlicher Weise. Denn Kaiser Joseph I. starb schon im Alter von 33 Jahren, sein Bruder, bisher König von Spanien, folgte ihm als Kaiser und Landesfürst nach.

Unterdessen war im Jahre 1707, auf dem Tage von Onod, die Feindschaft der ungarischen Aufständischen, mit denen man lange vergeblich verhandelt hatte, zum Hause Habsburg als endgültig und unauslöschlich hingestellt worden, indem man Kaiser Joseph I. als Ungarnkönig absetzte. Die Krone wurde dem mit dem Kaiser verfeindeten und von diesem geächteten Kurfürsten Max Emanuel von Bayern angeboten. Dies war zugleich der Höhepunkt des Aufstandes, der nun immer stärker sichtbarem Unbehagen in den eigenen Reihen ausgesetzt war. Nur durch ärgsten Terror konnte die Begeisterung aufrechterhalten werden. Seit dem Jahre 1709 hörten die kleineren Einfälle im Leithagebirge völlig auf, denn nun erzielten die kaiserlichen Truppen unter Feldmarschall Heister und später unter Graf Palffy so große Fortschritte, daß die Befriedung Ungarns in großen Zügen vollendet werden konnte. Da die militärische Kraft der Rebellen durch die seit 1708 von Osten eingeschleppte Pest stark geschwächt worden war, wurde der Aufstand im Jahre 1711 durch den Frieden von Szatmár endgültig abgeschlossen.

Die Pestwelle, die 1709 ganz Ostungarn zwischen Donau und Theiß sowie Siebenbürgen überflutet hatte, konnte in den folgenden Jahren durch große Vorsichtsmaßnahmen von unserem Lande abgehalten werden. Alles aus Ungarn eingetriebene Vieh mußte vor dem Grenzübertritt geschwemmt werden, kein ungarischer Viehhändler durfte niederösterreichischen Boden betreten. Doch hörte die Pest 1711 ziemlich auf, worauf die Grenze wieder geöffnet wurde. Da trat sie plötzlich auch in einigen Orten Niederösterreichs auf, zuerst in Theiß, Landersdorf und Grunddorf bei Krems. Schnell wurden diese Dörfer von Grenzreitern umstellt, damit niemand hinein- und herauskam, und hermetisch abgeschlossen. Das half aber wenig. Denn zur gleichen Zeit ist sie von Preßburg nach Bruck an der Leitha eingeschleppt worden und breitete sich, obwohl auch dorthin Siechknechte und Medikamente entsandt worden waren und ein Reiterkordon die Stadt hermetisch absperrte, über das ganze Land aus. Die Regierung versuchte zwar, aufklärend zu wirken, indem der niederösterreichische Gesundheitsrat ein Büchlein mit dem Titel: »Ansteckender Seuche, welche dises 1713. Jahr in das

Erztherzogthum Nieder-Österreich eingeschlichen, gründlich und ausführliche Nachricht, sondernbar auf das Land, sambt benöthigter Hülffs-, Rettungs- und Verwahrungsmitteln« herausgab und befahl, daß die Häuser Tag und Nacht mit Wacholderholz ausgeräuchert werden sollten und den Bewohnern strengstens verboten wurde, in andere Orte zu gehen. Diese Pest war sehr hartnäckig, so daß zwei Drittel der davon befallenen Menschen gestorben sind. Sie unterschied sich dadurch sehr von der des Jahres 1679, wo die Ansteckung viel mehr Menschen erfaßt hatte. In Wien sind 8664 Personen, in Stockerau 102, in Traiskirchen 46, in Hollabrunn 185, in Zellerndorf 82 Personen gestorben. Die Grenze Niederösterreichs gegen Mähren, Böhmen, Oberösterreich und Steiermark wurde abgeschlossen und die Orte Hohenruppersdorf, Poysdorf, Laa, Retz, Drosendorf, Waidhofen, Weitra und Marbach, Saubersdorf und Neunkirchen als Kontumazplätze für Ausreisende erklärt. Außerhalb der Landesgrenzen wurde ein neuer Kontumazgürtel errichtet. Im Jänner 1714 ist aber die Seuche so schnell, wie sie gekommen war, wieder abgeklungen, nur mehr einzelne Fälle in Wien, Mannersdorf, Herzogenburg und Radlberg wurden in diesem Jahre bekannt. Die Krankheitssperre über Wien wurde aufgehoben, die Lazarette geschlossen, die an den Linien in Wien aufgestellten schwarzen Tafeln, auf denen alle Orte verzeichnet waren, in denen die Pest gewütet hatte, wieder entfernt.

Im selben Jahre brach zwischen der Türkei und Venedig ein neuer Krieg aus, und die Markusrepublik sprach auf Grund der Heiligen Liga von 1684 die Hilfe des Kaisers an. Seit Juli 1716 war deshalb Österreich wiederum im Kriegszustand mit der Türkei, Prinz Eugen konnte noch im gleichen Jahre das türkische Heer bei Peterwardein (bei Novisad) schlagen und die Festung Temesvar/Timişoava erobern. Am 18. August 1717 mußte sich auch Belgrad ergeben, nachdem der Feldherr des Kaisers zwei Tage vorher ein stark überlegenes türkisches Entsatzheer vernichtend geschlagen hatte. Das war der Höhepunkt der glänzenden Waffenerfolge des »edlen Ritters«, der damit die Türkengefahr endgültig bannte. Als im Jahre 1718 zu Passarowitz/ Pažorevac Friede geschlossen wurde, hatte Österreich seine größte Ausdehnung erreicht. Von Sizilien bis nach Niederschlesien, vom Rhein bis zum großen Karpatenbogen, ins serbische Bergland und in die Tiefebene der Walachei reichte die Macht Kaiser Karls VI., des letzten Habsburgers.

Während des langen Krieges sind die Sicherheitsverhältnisse im Lande äußerst schlecht geworden. Viele Soldaten wurden abgedankt, heirateten meistens nach ihrer Entlassung und hatten Kinder. Als Gerichtsdiener und Abdecker suchten sie sich fortzubringen, viele streiften aber herum und konnten selbst dann keine Arbeit bekommen, wenn sie solche suchten. Im Jahre 1717 waren von den in Ungarn, vor allem gegen die Grenzen der deutschen Erbländer zu liegenden Regimentern so viele Soldaten desertiert, daß sie eine Landplage wurden. Die Verfolgung durch die eigenen Truppenkörper blieb erfolglos, so daß der Verdacht auftauchte, die Einwohner seien ihnen bei ihrer Flucht behilflich gewesen. Sie mußten sich vorwiegend als Räuber fortbringen, da sie von der menschlichen Gesellschaft ausgeschlossen waren. Selbst in den Wiener Vorstädten hielten sich in diesen Jahren einige Horden auf, gegen die das Regiment eine berittene Wache aufstellen wollte, doch hat man sich schließlich mit zwei Kompanien Dragonern, die Streifendienst besorgten, begnügt.

Die in der zweiten Hälfte des 16. Jahrhunderts organisierte Wiener Stadtguardia, die meist aus angeworbenen Handwerkern bestand, ein Mittelding zwischen Garnison und Polizei darstellte und dem Hofkriegsrat unterstand, hat sich so herrisch benommen, daß die Klagen über sie nicht aufhören wollten und sie 1741 endgültig aufgelöst werden mußte, nachdem dies schon zwanzig Jahre vorher beschlossen worden war. Auch die 1688 organisierte Rumorwache, die den Charakter einer städtischen Sicherheitswache hatte, konnte nur die Ordnung in der Stadt selbst aufrechterhalten. Im Oktober 1719 mußte sich die Regierung endlich zu Ausnahmemaßnahmen entschließen, weil »Räubergesindel, Zigeuner« und landstreichendes Troßgesindel« an Zahl ständig zunahmen und sogar die Straßen um die Hauptstadt gefährdeten. Schon vorher hatte man sich bemüht, Zigeuner und herumwanderndes Gesindel unter Kontrolle zu halten, insbesondere sollten die Schafflerhöfe und das dort beschäftigte Personal von den Eigentümern kontrolliert werden. Die Landgerichte erwiesen sich als unfähig, einen wirksamen Schutz zu bieten, weil sie die Übeltäter immer nur bis zur Grenze ihres Bezirkes verfolgten. Deshalb hat die Regierung eine Generallandesvisitation angeordnet, zu der im Jahre 1721 über eintausend Mann Kavallerie und vierhundert Infanteristen neben dem Aufgebot der Gemeinden unter dem Kommando des Oberstwachtmeisters Caspar Josef von Lentulus eingesetzt wurden. Offiziell sollten nur Zigeuner und Diebe verfolgt werden, doch hat man diesen Begriff sehr weit gefaßt und jeden Bettler, Mörder oder Räuber als Zigeuner betrachtet. Der Erfolg dieser Aktion, die schlagartig am 22. Oktober einsetzte, ist nicht bekannt. An einigen Stellen kam es zu Kämpfen, wobei die aufgebotenen Bauern meist reißaus nahmen, wenn es ernst wurde. Jedenfalls waren die Räuber oft früher und besser über die geplanten Maßnahmen unterrichtet als die Akteure selbst. Man hatte zwar Standgerichte aufgestellt und zu diesem Zweck Beichtväter und Scharfrichter mitgenommen, doch hatten diese nicht viel zu tun. In den beiden unteren Vierteln ist diese Generalstreifung im folgenden Jahre wiederholt worden, und langsam scheint damit doch Erfolg erzielt worden zu sein. Auf Grund der gewonnenen Erfahrungen ist eine neue Landgerichtsinstruktion erlassen worden, in der die Landgerichtsverwalter verpflichtet wurden, die Streifungen monatlich durchzuführen und sie bis zum letzten Tage geheimzuhalten. Auf abgedankte Soldaten, Bettler, umherziehende Geistliche, auf die nirgends ansässigen Bänder- und Kurzwarenkrämer, auf arbeitslose Halter, Abdecker und Schergen sowie Dienersleute sei besonderes Augenmerk zu wenden. Werde ein überführter Verbrecher erwischt, so könne man ihn gleich standrechtlich verurteilen und nach vollzogener Beichte hinrichten lassen. Schon im Jahre 1716 war, da die kaiserliche Flotte in Neapel Ruderer brauchte, die Ferdinandeische Landgerichtsordnung abgeändert worden, indem starken Männern nicht mehr die Hand abgehackt wurde, sondern sie auf die Galeeren geschickt werden sollten. Auch die Rutenstrafe wurde in eine Arbeitsstrafe umgewandelt und zur Galeerenarbeit nicht fähige Männer zur Abbüßung der Strafen in Arbeits- und Zuchthäuser eingewiesen. Während vorher die Regelung galt, daß jemand, der beispielsweise die Urfehde brach, das erste Mal in einem Grenzhaus gefangengehalten wurde, wo er Schanzarbeiten leisten mußte, bei nochmaliger Straffälligkeit als Galeerensklave verwendet und, wenn er auch dies überlebte und nochmals das Gesetz brach, hingerichtet wurde, hat man 1726 diese Straffolge abgewandelt, indem er, wenn er körperlich schwach war, auch beim zweiten Mal Arbeitshaus, verbunden mit regelmäßiger Züchtigung, schmälerer Kost und härterer Arbeit, erhielt. Personen, die nicht im Land geboren worden waren oder sich dort noch keine zehn Jahre aufhielten, wurden abgeschoben. Seit 1716 erhielten sie ein R in den Rücken gebrannt, die Galeerensklaven den Buchstaben G. Wenn Abgeschobene heimlich zurückkehrten, wurden sie zu schweren Strafen verurteilt. Die Frauen hatten im Inland in Band und Eisen in Spitälern oder bei Herrschaften zu arbeiten. Die Landgerichtsinhaber waren von der Möglichkeit, lästige Esser auf so billige Weise los zu werden, so begeistert, daß im Jahre 1728 die Aktion gedrosselt werden mußte, weil in Neapel bereits an die 800 Häftlinge aus den deutschen Erblanden saßen, die nicht an den Ruderbänken gebraucht wurden. Als neuer Strafvollzug wurde deshalb Bergwerksarbeit in der Slowakei eingeführt, wobei es ebenfalls drei Härtegrade gab. Es konnten auch die Grenzhäuser nicht mehr im gleichen Umfang beschickt werden wie bisher, weil man anscheinend weniger Wert auf Schanzarbeiten legte, die Häuser überfüllt waren und keine Besserung bewirkten. Die leichteste Art der Sträflingsarbeit in Bergwerken unterschied sich wenig von der Tätigkeit freiwilliger Taglöhner, doch bekamen sie, wurden sie zu härteren Graden verurteilt, weniger zu essen und mußten mehr und gefährlicher arbeiten.

Nun gab es aber in dieser Zeit, wo der Unterschied zwischen arm und reich größer war und vor allem mehr auffiel als jemals zuvor, viele Bettler, abgedankte Soldaten oder Handwerksburschen, die keine frischen Pässe besaßen. Diese wurden seit 1723 an bestimmten Tagen in den Sammelplätzen Melk, Korneuburg, Horn und Baden zusammengetrieben und über die Landesgrenzen abgeschoben, wenn sie nicht im Lande geboren, hier verarmt waren oder lange genug – man verstand darunter mindestens zehn Jahre – in Niederösterreich gelebt hatten. Die einheimischen Armen hatten – es war die einzige Fürsorgemaßnahme des 18. Jahrhunderts – das Recht, betteln zu gehen. Wer alt und gebrechlich und deshalb arbeitsunfähig war, konnte sich seinen Lebensunterhalt auf diese Weise verdienen. Auf Grund landesfürstlicher Patente mußten die Obrigkeiten, bei denen sie verarmt oder in deren Zuständigkeitsbereich sie geboren waren, ihnen Aufenthalt und Unterkunft gewähren. Ein Notquartier samt Elementarverpflegung, »Dach und Fach« nebst Hausmannskost, stand ihnen zu. Dehnte der Bettler seine Tätigkeit auf andere Orte aus, bekam er Scheine und Urkunden. Wien hatte für seine

Bettler schon 1611 Stadtzeichen, kleine ovale Scheiben aus Blei oder Kupfer, die aufgenäht wurden, eingeführt. Dort lag die Armenpolizei in den Händen der Bettelrichter, seit 1693 haben überdies die Überreiter täglich das Gelände zwischen der Stadt und den Vorstädten durchstreift, die Bettler auf ihre Abzeichen geprüft und die nicht berechtigten Personen aufgegriffen und ins Zuchthaus gebracht. Denn neben dem Militärdienst, den man für junge, gesunde Bettler vorgesehen hatte, gab es überdies noch die Zwangsarbeit, für die man in der Leopoldstadt ein Zuchthaus errichtete, wo Arbeitsscheue, stellenlose Dienstboten, müßiggehende Handwerksbursche und leichtfertige Frauen eingewiesen wurden. Seit 1726 wurden dort 500 Personen untergebracht, darunter auch Waisenkinder.

Die Zunahme der Bettelei hing mit der Arbeitslosigkeit am Ende der langen Kriege zusammen. Prinz Eugen ließ seinen Sommersitz Schloßhof erbauen, um 4000 Veteranen seiner Armeen Beschäftigung zu geben. Auch manch überdimensionierter Schloß- oder Klosterbau mag aus Gründen einer bescheidenen Beschäftigungspolitik durchgeführt worden sein. Reiche adelige Damen waren vielfach die Finanziers.

Sicherheit und Straße standen in den ersten Jahrhunderten der Neuzeit stets in engem Zusammenhang. Aber auch anderweitig boten die Straßen zu Beginn des 18. Jahrhunderts Grund zu großer Unzufriedenheit. Sie waren nämlich in solch schlechtem Zustand, daß am Verkehrsproblem der Ausbau der Wirtschaft, wie es im Sinne des Merkantilismus lag, scheitern mußte. Überdies wurde ihre Benützung durch viele Privatmauten verteuert und erschwert. Im Viertel ob dem Wienerwald bestanden damals sieben Mauten, unter dem Wienerwald zwanzig, im Waldviertel sechzehn und im Weinviertel gar 34 Mautstationen.

Unter der Regierung Karls VI. ist zur Verbesserung des Verkehrswesens Großes geleistet worden. Der Plan, die Donau mit der Oder zu verbinden, war schon 1702 aufgetaucht. Die March sollte schiffbar gemacht werden, damit man »den Oderfluß in die Donau leiten« könne. Bezeichnend war aber, daß man dazu die Einwohner durch das Aufgebot der Landrobot heranziehen wollte. Ein solch gewaltiges Werk, über das bis zum heutigen Tage nur Pläne vorliegen, kostenlos bewerkstelligen zu wollen, war aber doch eine arge Verschätzung der Realität. Dagegen ist damals das Fundament zu den Kaiserstraßen gelegt worden, die dann im 19. Jahrhundert ausgebaut worden sind. Eigentlich hat erst Karl VI. den Grund zum niederösterreichischen Straßenwesen gelegt und auf diesem Gebiet Leistungen vollbracht, die nur in Frankreich überboten wurden. Entlang dieser neuen Straßen wuchs der Staat zur großen Wirtschafts- und Handelseinheit zusammen, das wirtschaftliche Hinterwäldlertum und die Engstirnigkeit der privilegierten Orte wurden durch sie überwunden. Das Straßenpatent vom Jahre 1720 sollte der Anfang sein, doch bewegte es sich noch immer in den alten Bahnen, wo mit Hilfe der Landrobot schnell die Wege etwas ausgebessert wurden, wenn ein hoher Gast oder der Kaiser selbst auf Reisen ging. Erst 1723 wurde dem bisherigen Schlendrian zu Leibe gerückt und die Instandsetzung und Ausbesserung der Straßen einer eigenen Hofkommission übertragen. In erster Linie waren es die großen Postlinien, die den Hauptverkehr zu tragen hatten. Sie gingen von Wien aus und führten über St. Pölten, Amstetten und Linz ins Reich, über Stockerau und Hollabrunn, Pulkau, Frattings und Zlabings nach Prag und Hamburg, über Wolkersdorf, Mistelbach und Nikolsburg nach Brünn und Breslau, über Fischamend und Hainburg nach Preßburg und in die Zips, über Schwadorf und Bruck nach Ofen, über Achau, Hornstein, Ödenburg/Sopron und Steinamanger/Szombathely nach Südungarn und Kroatien und über Traiskirchen, Wiener Neustadt und den Semmering nach Triest und Venedig. Daneben war noch die Straße über Maissau und Horn nach Südböhmen von großer Wichtigkeit. Dies waren die wichtigsten Straßenzüge, die nun zu Kommerzialstraßen erklärt, von Ingenieuren ausgemessen und durch Taglöhner, Robotleute und Bettler unter finanzieller Hilfe der Stände ausgebaut wurden. Über die wasserreichen Flüsse, wie die Traisen, Pielach, Erlauf oder Ybbs, wurden Brücken errichtet und ansonsten die Überfuhren verbessert. Besondere Mühe wurde auf die Horner Straße und den Semmering aufgewendet, doch gingen die Arbeiten nicht recht weiter. Erst als der Kaiser im Jahre 1728 ans Meer reiste, ist die Semmeringstraße, bei der man vorher in jahrelangen Arbeiten wenig Fortschritte erzielt hatte, in 48 Tagen fertiggestellt worden. Zur Erhaltung dieses Straßennetzes wurden seit 1724 Weggelder an den Landesgrenzen und Vorstadtlinien eingehoben, meist ein Kreuzer je Zugtier, bei schweren ausländischen Güterwagen zwei Kreuzer je Tier. Der Hofstaat und das Gefolge des Kaisers waren von der Entrichtung dieses Weggeldes befreit.

Seinen Höhepunkt erreichte das Straßenbauprogramm im Jahre 1731, als sich herausstellte, daß die anderen Länder bereits größere Fortschritte als Niederösterreich aufzuweisen hatten. Man hat deswegen Straßenarbeiter aus Krain herangezogen, damit das Werk beschleunigt werden könne. Aber wie bei allen anderen Einrichtungen ist auch auf diesem Gebiet der Elan im letzten Jahrzehnt der Regierung Karls VI. verlorengegangen, und die Arbeiten gerieten ins Stocken. Trotzdem hat das Mittelalter seine Zeit im niederösterreichischen Straßenbau überwunden.

Dadurch war vor allem der Post die Arbeit erleichtert und wurde die Möglichkeit zur Ausdehnung des Postwagenverkehrs geschaffen. Das Postwesen war schon im 16. Jahrhundert errichtet worden. Nach 1564 wurde auch die Post geteilt und ein niederösterreichisches Postmeisteramt in Wien eingerichtet. Im Jahre 1582 gab es sieben Postboten zwischen Wien und Linz, die in Purkersdorf, Sieghartskirchen, St. Pölten, Melk, Amstetten, Strengberg und Enns saßen und den Postdienst besorgten. Seit dem Jahre 1624 war das niederösterreichische Postwesen ein Lehen der Grafen Paar. Sie hatten im 17. Jahrhundert das Postnetz durch die Anlegung zahlreicher Poststationen, die Schaffung der „ordinari-fahrenden Posten" und die Einführung des Briefposttarifes organisiert. Daneben hatte aber das Postwesen mit Privatposten zu kämpfen, da die Boten aus Regensburg, Brünn, Nürnberg, Krems, Preßburg und Breslau Briefe einsammelten und mitnahmen. Man-

che gingen so weit, daß sie die Briefe durch eigene Briefträger sammeln ließen, Botenstuben unterhielten, Botenmeister anstellten und somit ein eigenes Privatpostnetz errichteten. Aus diesem Grunde hat Karl VI. im Jahre
1722 das Postregal in Österreich mit Ausnahme von Tirol und den vorder-
österreichischen Ländern als ausschließlich königliches Reservatrecht erklärt und somit verstaatlicht. Graf Paar behielt die Administration des Postwesens, bekam jährlich ein Äquivalent von 66.000 Gulden und den Titel eines Obrist-Reichs-Hof- und General-Erblandpostmeisters. An Posteinrich-
tungen bestanden um das Jahr 1730 die Ordinari-Posten, das waren Reiter
zur Beförderung von Briefen im Postfelleisen, die Extraordinari oder Estafet-
ten, das war die Eilpost, und die »ordinari-fahrende Post« zur Beförderung
von Personen und Waren. Als Beförderungsmittel war die Post im 17. Jahrhundert eingerichtet worden. Die Stationsboten mußten damals lediglich
reitend ankommenden Reisenden die Pferde wechseln, ihnen die Möglichkeit zum Übernachten geben und sie zum nächsten Postboten begleiten.
Nun waren im 17. Jahrhundert die ersten Reisewagen aufgekommen, die
wesentlich zum späteren Reichtum der Postbeförderer und Postmeister beitrugen. Die Postordnung bestimmte, daß zur Aufrechterhaltung eines guten
Betriebes jede Poststation mindestens sechs Pferde und zwei Kaleschen zu
halten habe, daß die Pferde nicht zu schwerer Feldarbeit verwendet werden
sollten und daß die Postmeister ehrliche, katholische Leute sein müßten, denen man allgemein vertrauen könne. Die Postboten und Postwagen hatten
bestimmte Wege zu benützen und durften kein zu großes Gepäck mitnehmen; auch Übergriffe der Reisenden wurden nicht erlaubt, wie Bediente vorn
und hinten auf den Wagen zu setzen, die ständig »mit der Peitsche auf Post-
knecht und Pferd einhauen«.

Das ausgebaute Postwesen war die Voraussetzung für die Herausgabe
von Zeitungen. Jeden Freitag kam in Wien die »Ordinaripost« an und brachte Nachrichten aus aller Welt mit, seit dem Jahre 1644 war auch die Eilpost
oder Extraordinari eine ständige Einrichtung, die wöchentlich am Dienstag
eintraf. So erschienen am Samstag und Mittwoch gedruckte Nachrichten-
blätter, die von der Zensur genehmigt waren. Seit dem Jahr 1621 gab der
Buchdrucker Matthäus Formaci die »Ordinari Zeitung« heraus, die seit 1624
»Ordinari Reichszeitung« genannt wurde. Seit 1622 hat der gleiche Unternehmer die »Ordentlichen Postzeitungen« erscheinen lassen, die auch In-
landsnachrichten brachten. Diese beiden Blätter erschienen am Samstag.
Seit 1644 fügte sein Schwiegersohn Matthäus Cosmerovius die »Extraordinari Mittwochs Postzeitungen« hinzu, so daß es nun drei Blätter in Wien gab.
Alle drei gerieten um 1700 in Verfall. Dem starken italienischen Einfluß am
Wiener Hof trug der Niederländer Johann Baptist Hacque Rechnung, indem
er seit 1671 einen »Corriere ordinario« in italienischer Sprache erscheinen
ließ. Als nun die ersteren drei Zeitungen eingingen, hat seit dem Jahre 1702
Paul Sedelmayr auf direkte Anregung des Hofes den »Posttäglichen Mercurius« herausgebracht, dem seit 8. August 1703 das »Wienerische Diarium«
des Buchdruckers Johann Baptist Schönwetter zur Seite trat. Es ist der Vor-

läufer der noch heute bestehenden »Wiener Zeitung«. Das Diarium hat 1724 die Konkurrenz des Mercurius überwunden, und auch der »Corriere ordinario« ist bis 1728 verschwunden. Die Lektüre einer Zeitung war aber damals noch auf wenige Menschen beschränkt, für die meisten reiner Luxus. Die Nachrichten aus dem Ausland und aus Übersee waren aber wesentlich besser als die Inlandsberichte. Hier überwogen simple Hofberichte, während Meldungen über Ereignisse im Lande eher selten waren. Doch war das Diarium schon äußerst vielseitig und pflegte verschiedene Nachrichtengebiete, unter anderem nach wenigen Jahren seines Bestehens auch bereits die Anzeige, insbesondere auf künstlerischem und literarischem Gebiet.

In den ersten Jahrgängen des Wienerischen Diariums finden sich keine Nachrichten über die Wirtschaft. Dies ist sehr bedauerlich, ist doch die Zeit Karls VI. gekennzeichnet durch intensive Gründung von neuen Anlagen. Die Saat Bechers und seiner Nachfolger ging erst jetzt auf. Voraussetzung war allerdings die Regelung der Finanzierungsgrundlagen und die Schaffung eines vertrauenswürdigen Kredites. Gerade hier war nämlich der österreichische Staat bittersten Erfahrungen ausgesetzt gewesen. Der erste Jude, der nach der großen Ausweisung von 1669 wieder zugelassen wurde, war Samuel Oppenheimer, der aus der Rhein-Main-Gegend stammte und sich bald ein Monopol für die Geldbeschaffung des Hofes wie für sämtliche Hof- und Heereslieferungen schaffen konnte. Er überspannte aber seinen Kredit, und das Bankhaus brach nach seinem Tode im Jahre 1703 zusammen. Im Jahre 1683 war die Kammer mit 52.000 Gulden in seiner Schuld gestanden, 1692 war sie schon mehr als eine Million schuldig und 1695 dreieinhalb Millionen. Man kann sich vorstellen, welch schwerer Erschütterung der österreichische Staat durch den Zusammenbruch dieses Bankhauses ausgesetzt war. Unter Ausnützung des großen Kredites der Stadt Wien und unter Leitung ihrer wohlgeordneten Finanzverwaltung wurde 1706 die »Wiener Stadtbank« gegründet, die trotz zweier schwerer Krisen 1717 und 1733 doch stets unerschüttert blieb. Die Staatseinnahmen brauchten nun nicht mehr im gleichen Ausmaß wie früher verpfändet, der Zinsfuß konnte gesenkt werden. 1714 hatte Kaiser Karl VI. daneben noch die »Bancalität« geschaffen, welche die staatliche Kreditpolitik führen und sichern sollte und überdies einige bisher der Hofkammer vorbehaltene Agenden übernahm. Trotzdem durch Bancalpatente von 1714 bis 1718 bestimmt wurde, daß alle im Hofdienst stehenden Personen und die kaiserlichen Schutz genießenden Juden ihr jährlich eine Summe Geldes anzuvertrauen hätten, wie die Fürsten und wirklichen geheimen Räte zweihundert Gulden, die Titulargeheimräte hundertfünfzig Gulden, bis herunter zu den niedersten Chargen mit jährlich drei Gulden, damit auf diese Weise die Kapitalsbildung gefördert werde, erhielt sie durch diese Zwangsanleihen doch keine Beliebtheit und erwarb kein rechtes Vertrauen. Bis zu ihrer endgültigen Aufhebung im Jahre 1745 wurde sie immer mehr zur staatlichen Zentralkasse.

Die Steuerleistungen, die in diesen Jahren den Erbländern zugemutet wurden, waren wahrlich ungeheuer, auch dann, wenn man eine beträchtliche Geldentwertung in die Rechnung miteinbezieht. So mußte Niederösterreich im Friedensjahre 1700 noch 103.000 Gulden nebst 15.000 für den Nußdorfer Wasserschutz und die ungarische Grenze bezahlen, im folgenden Jahre stiegen die Anforderungen schon auf 610.000 Gulden nebst 30.000 für den Unterhalt des Hofstaates; dazu kam 1702 eine Vermögenssteuer, die alle Einwohner betraf, mit Ausnahme der Bauern und derjenigen Personen, deren Vermögen weniger als fünfhundert Gulden betrug. Die Steuersumme wurde bis zum Jahre 1713 auf 900.000 Gulden gesteigert und die Erhaltung der Festungen, die Stellung von 2314 Rekruten und 700 Pferden sowie die Gratislieferungen von 20.000 Zentnern Mehl und 20.000 Metzen Hafer an die in Ungarn stehende Armee daneben noch verlangt. Besonders die Prälaten wurden in den Kriegsjahren rücksichtslos zu hohen Darlehen herangezogen, von denen sie kaum einen Groschen zurückbekamen. Das Stift Altenburg hatte dem Kaiser zur Erbauung der Festung Arad 10.000 Gulden geschenkt und erhielt dafür die Abtei Tyhany in Ungarn zugewiesen. Aber schon 1705 forderte Kaiser Joseph eine Anleihe von 10.000 Gulden, die sich das Kloster selbst aufnehmen mußte, und 1713 wurden neuerlich 15.000 Gulden verlangt. Allerdings kamen diese gewaltigen Geldsummen, die natürlich auch andere Häuser leisten mußten, teilweise doch wieder der einheimischen Wirtschaft in Form von Rüstungsaufträgen zugute.

Die Regelung des Bankwesens ermöglichte eine Höherentwicklung der einheimischen Wirtschaft, die, verglichen mit westeuropäischen Verhältnissen, trotz der emsigen Versuche noch recht hinterwäldlerisch und provinziell war. Seitdem österreichische Truppen und Beamte in den Niederlanden eine aufs Weltweite ausgerichtete Wirtschaft gesehen hatten, wie sie in England, Frankreich, Belgien und Holland schon vorhanden war, hat die staatliche Wirtschaftspolitik sich mit geradezu fanatischem Eifer neuen industriellen Gründungen zugewandt, dabei aber oft arge Mißgeschicke erlitten. Die Kapazität dieser neu gegründeten Unternehmen war aber doch ganz beträchtlich.

Die Gründungen dieser Epoche waren verschiedener Art. Neue Papiermühlen, wie die 1703 in Rehberg von Graf Salburg gegründete, die 1732 in Rannersdorf von der Stadt Wien und 1735 in Rittersfeld bei Traismauer errichtete, nützten die Wasserkraft ebenso aus wie die 1729 in Betrieb genommene Tabakwarenfabrik in Hainburg, die in den Räumen des kaiserlichen Provianthauses, wo bis 1561 ein Minoritenkloster bestanden hatte, untergebracht wurde, um Pfeifen- und Schnupftabak zu erzeugen. Italiener und Spanier waren die Pächter des Tabakgefälles, bis es im Jahre 1784 vom Staat in Eigenregie übernommen wurde. Zugunsten dieser Fabrik wurde der freie Tabakhandel verboten. In Wien entstand eine Seidenfabrik in den Räumlichkeiten des Armenhauses vor dem Schottenkloster, die 1709 den Titel einer kaiserlichen Fabrik erhielt und zur Linzer Wollzeugfabrik gehörte. 1717 gründete der Genfer Dunant auf der Wieden eine Taffetfabrik und verlegte sie nach einem Brand in das Mauthaus vor dem Tabor. Er verpflichtete sich, die Rohseide aus kaiserlichen Ländern wie Neapel, Südtirol oder Friaul zu beziehen. Die Seidenarbeiter wohnten meist auf der Wieden vor den Toren der Stadt. Von großer Bedeutung wurde die Porzellanfabrik in der Roßau, die 1718 der Hofkriegsagent Dupagnier ins Leben rief. Die Erfolge waren aber nicht sehr groß und der Begründer verarmte. 1744 wurde sie Staatsfabrik unter Aufsicht der Hofbancodeputation. Auf Schloß Neuhaus bei Wiener Neustadt wurde 1701 unter finanzieller Beteiligung der Hofkammer eine Spiegelfabrik gegründet, die aber unter Mangel an Kapital und ausgebildeten Facharbeitern litt. Die interessierten Kreise waren ungeduldig und wollten möglichst bald Nutzen ziehen. Die fremde Konkurrenz wurde von der Regierung nicht ausgeschaltet, nicht einmal ein Patent zum Schutz der Erzeugnisse wurde publiziert. So ist sie dann nach Jahren bitterster Not im Jahre 1725 in den Pfandbesitz der Wiener Stadtbank übergegangen. Eine andere Gründung war die Fabrik für kostbare Stoffe, die im Jahre 1726 Matthias Heyberger in der Vorstadt Neubau errichtete und binnen einem Jahre auf hundert Stühle ausbaute, wobei die Vergrößerung auf 300 Stühle geplant war. Im gleichen Jahre wurde an Georg von Prunner, Johann Jacob Isenflam und Melchior Muraltor aus Zürich ein Privileg zur Erzeugung von Gold- und Silbergespinsten vergeben, doch ist nicht sicher, ob die Produktion zustande kam. Dagegen ist 1729 eine Gewehrfabrik in Hainfeld von Anton Penzeneder, ein Kupferhammer in Ernstbrunn und 1737 auf dem Rutzenhof bei Hirschstetten vom Grafen Wurmbrand eine Schmiedewerkstätte neu errichtet und mit Privilegien ausgestattet worden. Die Schleier- und Dünntüchelerzeugung des Josef Lantes, die 1737 in Wien eingerichtet worden ist, hat nicht recht florieren wollen.

Infolge des Friedens von Passarowitz wurde den Untertanen Österreichs und der Türkei der gegenseitige freie Aufenthalt zugesichert. Dadurch ließen sich einige türkische Kaufleute, aber auch spanische Juden als türkische Untertanen, in Wien nieder und importierten verschiedene Waren aus der Türkei, selbst aus Westeuropa über die Türkei. Österreich hat seine Handelsinteressen im Orient und in der Levante durch die 1719 errichtete zweite orientalische Handelskompagnie wahren lassen wollen. Sie hat im Jahre 1722 die schon lange bestehende Linzer Wollzeugfabrik erworben, führte den Kattundruck in Österreich ein und gründete 1723 in Schwechat eine Fabrik. Diese Industrie war auf dem Verlagsystem aufgebaut, das heißt, die bäuerliche Bevölkerung, vorwiegend des Wald- und oberösterreichischen Mühlviertels, spann und wob das ihr zugeteilte fremde Rohmaterial. 1726 hat die Kompagnie in Waidhofen an der Thaya eine Spinnfaktorei errichtet und damit diesen Ort zum Mittelpunkt eines Hauswebbezirkes gemacht. Weitere Faktoreien entstanden in Raabs mit 760 Spinnern, in der Wiener Vorstadt Josefstadt, die ihren Namen von Kaiser Joseph I. erhielt, mit 771, in Gumpendorf und anderen Vorstädten wie auch in Wiener Neustadt, weiters auch in Lilienfeld, Gars und Greillenstein. Diese Weber arbeiteten meist im Nebenberuf, wobei die Kinderarbeit eine für unsere Begriffe unerhörte Rolle spielte. Noch hundert Jahre später, im Jahre 1843, waren von 10.000

Webern in Niederösterreich ein Viertel erst zwölf bis achtzehn Jahre alt. Das verarbeitete Gewebe mußten die Weber zu meist einseitig festgesetzten Preisen an die Fabrik abliefern, wo es dann bedruckt wurde. Nachdem die orientalische Handelskompagnie in Schwierigkeiten geraten war, ging das Schwechater Unternehmen 1741 auf ein Konsortium von Handelsleuten über.

Die Hausweberei war, wie schon früher ausgeführt wurde, in Niederösterreich seit dem 17. Jahrhundert weit verbreitet und wurde durch die Fabriken und Verlagssysteme nur zusammengefaßt, wodurch nun ihre Kapazität besser ausgenützt wurde. Im Jahre 1715 hatte ein Patent festgestellt, daß ungelernte Arbeiter, wie Viehhüter, Spielleute und andere Personen, die im Winter keine Beschäftigung hatten, aber auch Gewerbetreibende, wie Schuster, Schneider, Fleischhauer, Bäcker, Wirte, Hauer und Bauern, das Garn zusammenkauften, Zwirn und Leinwand daraus machten und mit einem Packen Leinwand beladen von Haus zu Haus gingen und es ellenweise verkauften.

An die 1719 zu Ostende gegründete ostendische Kompagnie hat Graf Ferdinand Mallenthein sein wirtschaftliches Schicksal gebunden, der seinen Besitz Groß-Siegharts im Waldviertel mit den Herrschaften Kirchberg an der Wild und Thuma, den Gütern Karlstein und Blumau sowie dem Amt Puch vergrößert hatte. Er wollte das Dorf Groß-Siegharts zu einem blühenden Ort mit eintausend Häusern machen und dort die Leinwanderzeugung einführen. Aus Schwaben ließ er Werkmeister kommen, aus Brabant Färber und Schafwollarbeiter, aus Sachsen Tuchmacher. Wie einst Graf Kurz in Horn, nur in viel größerem Stile, erbaute er in Groß-Siegharts eine Siedlung mit 160 Arbeiterhäusern und hat 1725 den Betrieb aufgenommen. Er richtete ein Manufakturenamt ein und ließ die ostendische Kompagnie Baumwolle herbeischaffen, um daraus Barchent, Kattun und Leinwand erzeugen zu lassen. Die einheimische Schafwolle wollte er für die Erzeugung von Hüten, Socken und Tuch verwenden. Groß-Siegharts wuchs bis zum Jahre 1727 rasch, erhielt eine Reihe von sozialen Einrichtungen und wurde zum Markt erhoben. Als aber die ostendische Handelskompagnie im Jahre 1727 über Einfluß der Westmächte suspendiert und 1731 aufgelöst werden mußte, stockte der Absatz der Erzeugnisse, und große Not breitete sich im später »Bandlkramerlandl« genannten Bezirk um Groß-Siegharts aus. Mallenthein selbst verlor sein gesamtes Vermögen und mußte 1731 seine Güter verkaufen.

Erst nach dem Untergang der ostendischen Kompagnie, als die dadurch hervorgerufene Wirtschaftskrise sich stärker auswirkte, hat Kaiser Karl VI. Schutzmaßnahmen für die heimische Industrie ergriffen. Im Jahre 1728 sollte ein Patent die Textilerzeugung schützen, indem nur solche Stoffe getragen werden durften, die im Inland erzeugt wurden. Stoffe, die ganz oder zur Hälfte aus Baumwolle hergestellt waren, durften schon vorher nicht eingeführt werden. Jetzt wurde das Verbot auch auf solche ausgedehnt, die mehr Wolle als Seide enthielten, ebenso auf Kalbs- und Schafleder, ausgenommen moskowitische Juchten, Saffian und Dorduan. Von nun an durften auch keine brokat-, gold- oder silberdurchsetzten Stoffe, Spalieratlas und ähnliche Waren importiert werden. Die Kaufleute durften solche Produkte nicht mehr bestellen, vorhandene Mengen mußten sie anmelden.

Zur Hebung der Sensenindustrie sollte der Aufschlag von zweihundert Gulden je Faß mit achthundert Stück für die schlesischen Kaufleute, welche diese Sensen in nordische Staaten brachten, auf drei Gulden herabgesetzt werden. Im Laufe der Zeit war nämlich auch die Widmung wieder erstarrt, was Handwerkern wie Händlern Anlaß zu mancherlei Klagen gab. Denn nicht mehr nach Bedarf erhielt der Eisen- und Provianthändler das Rohmaterial aus dem Innerberg, sondern er mußte wöchentlich ein bestimmtes Quantum, zwölf oder achtzehn Zentner, dem Hauptverlag entnehmen. Da er aber dadurch auch den Forderungen seiner Schmiede nicht genügen konnte, litten diese ebenfalls schwer darunter, und die Blüte der Eisenindustrie hatte im 17. Jahrhundert zu welken begonnen. Die Zünfte setzten jeder noch so segensreichen Neuerung härtesten Widerstand entgegen und wurden immer formalistischer. Karl VI. und Maria Theresia versuchten vergeblich, dem Eisenhandwerk wieder neues Leben einzublasen, doch erzeugten ihre Bemühungen nur Unzufriedenheit. Als 1736 ein neues Zunftgesetz erlassen wurde, kam es in Waidhofen, Scheibbs und anderen Eisenorten des Ötschergebietes sogar zu Aufständen der Eisenarbeiter.

Die engstirnige Politik der Zünfte brachte in diesen ersten Jahrzehnten des 18. Jahrhunderts neue Bewegung in die Handwerkerschaft, zumal die Regierung nicht ungern die Zunftschranken durchbrach. Zu diesem Zwecke hatte man schon in den letzten Jahrzehnten die »Hoffreiheit« geschaffen, indem Handwerker, die für den Hof arbeiteten, keiner Zunft angehören mußten. Diese blieb natürlich nur auf Wien beschränkt, wie überhaupt die nun kommenden Maßregeln in erster Linie für die Städte bestimmt waren. Daneben wurden Fabriksprivilegien ausgegeben, die das ausschließliche Recht zur Herstellung und zum Vertrieb gewisser Produkte zum Inhalt hatten. Diese Fabrikanten konnten Arbeiter aus verschiedenen Berufen beschäftigen, Lehrlinge ausbilden und Gesellen halten. Im April 1725 ist ein einschneidendes Gewerbepatent erschienen, das die Zünfte in vieler Beziehung überging, indem nun an Handwerker, die ihr Gewerbe erlernt hatten, aber keine Meister waren, an solche, die ehelicher Geburt waren, das Handwerk erlernt hatten, aber Geburts- und Lehrbrief verloren hatten, auch an einzelne, die das Handwerk nicht fertig erlernt hatten, es aber mit Meisterschaft beherrschten, sogenannte Dekrete, die auf ein Jahr befristet waren, verliehen werden konnten. Auch Künstler, die helvetischer oder augsburgischer Konfession waren, konnten auf diese Weise die Arbeitserlaubnis erhalten. Ein »Dekreter« durfte Lehrlinge und Gesellen halten. Dagegen sind die vielen ohne Genehmigung arbeitenden Handwerker, die Störer, unnachsichtig verfolgt worden. Sie waren nämlich sehr zahlreich. In Wien wurden 1734 7809 Gewerbsleute gezählt, darunter 2640 Bürger, also zünftige Meister, 2800 Dekretisten und 1966 Störer. Darunter waren in erster Linie Schneider und Schuster, aber auch eine Anzahl Bäcker und 13 Schulmeister.

Man muß aber den Handwerkern, den zünftischen wie den hofbefreiten, zugute halten, daß ihr Spielraum sehr gering war. Eine umfassende Preisregelung aus dem Jahre 1689, die eine größere Teuerung verhindern sollte, bestimmte die Preise praktisch aller Produkte, von Lebensmitteln über Kleider und Hausbedarf bis zu den Dienstleistungen, wie etwa den Fahrtkosten von Wien in irgendeinen Ort des Landes.

In dem großen Handwerkspatent von 1732, einer Ausfertigung der Reichshandwerksordnung für die österreichischen Erbländer, wurde versucht, die in ihrer Autonomie theoretisch ohnehin schon sehr beschnittenen Zünfte völlig dem absoluten Staat unterzuordnen und dienstbar zu machen. Ohne Wissen der Obrigkeit durften sie keine Versammlungen abhalten, ihre Handwerksartikel, Gebräuche und Gewohnheiten nur handhaben, wenn sie vom Landesfürsten bestätigt waren und die Meister- und Gesellenzahl nicht mehr willkürlich beschränken.

Vor allem hatte dieses Patent auch das Gesellenwesen geregelt. Im Jahre 1715 war es nämlich in Wien zu einem Streik der Schuhknechte gekommen, und 1723 streikten die Maurer und Zimmerleute wegen eines Patentes vom 20. Juni 1722, in dem das Streiken oder die Anleitung zum Streik oder Abhaltung von der Arbeit mit drakonischen Strafen bedroht wurde. Auf immer zur Meisterschaft untauglich sollten solche Gesellen erklärt werden, die Anführer konnten aber als Verbrecher behandelt, in Eisen und Ketten in ein Grenzhaus geschafft und nötigenfalls auch mit dem Tode bestraft werden. Als nun Anfang April die Maurer und Zimmerleute aus Protest gegen dieses Patent in den Streik traten, wurden gegen sie scharfe Maßnahmen ergriffen, alle Zusammenkünfte untersagt, Wirte, Grundrichter und Bewohner der Vorstädte, die ihnen Zusammenkünfte erlaubten, mit den gleichen Strafen bedroht wie die sich zu Geheimbünden versammelnden Gesellen selbst. Es ist daher verständlich, daß auf Lehrjungen und Gesellen nun besonders Obacht gegeben wurde.

Wenn sie irgendwo aus der Arbeit traten und auf Wanderschaft gingen, mußten sie von der Zeche einen Brief mitbekommen, aus dem hervorging, wo sie zuletzt gearbeitet hatten. Dieser wurde dem Gesellen, wenn er irgendwo Arbeit bekam, abgenommen, war das nicht der Fall, wurde dies darauf vermerkt. Der Brief blieb in der Zechlade liegen, beim Austritt bekam er einen neuen. Die einzelnen Zünfte haben sich im Laufe des 18. Jahrhunderts Formulare mit schönen Ansichten ihrer Städte anfertigen lassen. Wir kennen aus Wien allein 20 verschiedene Stadtansichten dieser Art, aber auch von kleinen Städen wie Wiener Neustadt, Krems, Waidhofen an der Ybbs, St. Pölten und Retz sind solche erhalten. Dadurch wurde verhindert, daß ein Streikender auch nur irgendwo neuerlich Arbeit erhielt. Dies hat vor allem bei den Eisenarbeitern des Waidhofener Gebiets so große Erbitterung erregt, daß dort neue Streiks vorkamen.

Im Gegensatz zum Gewerbe machte die Landwirtschaft in diesem Zeitraum nicht nur keine Fortschritte, sondern wurde mit Ausnahme der immer wiederkehrenden Fürkaufspatente, gelegentlichen Ausfuhrverboten für Getreide, Vieh oder Pferde, auch mit wenig Aufmerksamkeit bedacht. Lediglich einer bedenklichen Erscheinung mußte die Regierung ihr Augenmerk widmen: Im Jahre 1711 war über Ungarn aus der Ukraine und der Walachei durch übergroße Sorglosigkeit die Rinderpest eingeschleppt worden, die sich bald zu einer wirtschaftlichen Katastrophe für Bauern und Herrschaften entwickelt hatte, zumal sie niemals ganz zum Erlöschen gebracht werden konnte. Als sie 1729 wiederum stärker auftrat, hat die Regierung aus Berichten, die von Herrschaften eingegangen waren, eine Viehordnung zusammenstellen lassen und gab sie im Drucke heraus. Geholfen hat dies natürlich nicht viel, weil wohl einerseits die Bekämpfungsmethoden mangelhaft waren und andererseits die überwiegende Mehrzahl der Bauern nicht lesen konnte. Von 1739, als sie wiederum stärker wurde, bis zum Jahre 1760 fielen ihr jährlich einige tausend Rinder zum Opfer. Es gibt eine Anzahl von Votivbildern in Museen oder Kirchen, die an diese Seuchen erinnern.

In den Bauerndörfern sind seit dem 17. Jahrhundert allmählich viele »Kleinhäusler« entstanden, das waren landwirtschaftliche Arbeiter, Taglöhner oder Handwerker, die sich ein kleines Haus, zu dem eventuell später ein Acker kam, erwarben oder erbauten. Hausbesitzer waren nämlich vom Militärdienst befreit, so daß die Herrschaften Interesse an der Errichtung solcher Kleinhäuser hatten, da sie damit ihre besseren Taglöhner behielten. Die Herrschaft Unterstinkenbrunn hat solche Neustifte in Baumgarten und Unterstinkenbrunn anlegen lassen. Deren Inhaber waren Freistifter, die bei Weitervererbung zwar keine Stiftsgelder zu zahlen brauchten, aber auch jederzeit ihr Haus verlieren konnten.

Die Inhaber der Grundherrschaften, der geistlichen wie der weltlichen, hatten ebenso wie der Hof in diesen zwei Jahrzehnten eine bisher unerhörte Bautätigkeit entwickelt, die nicht selten ihre Finanzkraft überschritt. Die Hauptwerke der Barockarchitektur Österreichs, vorwiegend Klosterbauten, Kirchen und Adelspaläste, sind in diesen Jahren errichtet worden. Vier große Baumeister haben neben zahlreichen kleineren die hohe Kunst des Barocks in Niederösterreich vorrangig getragen. Der 1686 von Graz nach Wien gekommene Johann Bernhard Fischer von Erlach (1656–1723), der das Wissen um das große Bauerbe der Welt in sich trug, erbaute in Wien das Schloß Neuwaldegg, die Palais Althann in der Roßau, Eckardt in der Josefstadt, Batthany und Strattmann, die Böhmische Hofkanzlei in der Wipplingerstraße, das Schloß Schönbrunn, die Karlskirche, die Hofstallungen (heute Messepalast) und entwarf die Nationalbibliothek, die sein Sohn Josef Emanuel (1693–1742) ausführte. In Niederösterreich schuf er das Schloß Niederweiden im Marchfeld. Sein kongenialer Zeitgenosse Johann Lukas von Hildebrandt (1668–1745), in Genua als Sohn eines deutschen Vaters und einer italienischen Mutter geboren, der als Feldingenieur in kaiserlichen Diensten stand und 1696 nach Wien kam, hat überwiegend für den hohen Adel, weniger für den Hof gearbeitet. Für die Grafen Schönborn entstand das Palais in der Laudongasse in Wien und das Schloß bei Göllersdorf, für Prinz Eugen das Belvedere und das als Sommersitz gedachte Schloßhof an der March, den Daun errichtete er ein Palais in Wien, den Harrach ein Schloß in Bruck an der Leitha und Paläste in der Hauptstadt. Eine Reihe von Bürgerhäusern in Wien, das Bundeskanzleramt und der Reichskanzleitrakt der Hofburg, aber auch das Stift Göttweig haben ihn zum Erbauer. Ein zweites Zentrum barocker Baukunst entstand in St. Pölten um Jakob Prandtauer (1660–1726). Es blieb auf den Westen Niederösterreichs beschränkt, beide Kreise überschnitten sich kaum. Prandtauer war kein höfischer Baumeister, sondern in erster Linie Klosterarchitekt. Im Stift Herzogenburg, vor allem in Melk, wo er sein prächtigstes Werk schuf, in St. Pölten mit der Umgestaltung des Domes und der Errichtung des Karmeliterinnenklosters, auf dem Sonntagberg, in Haitzendorf, Dürnstein, Joching, Ravelsbach und Wullersdorf hat er seine bekanntesten Bauten aufgeführt. Sein Schüler und Nachfolger Josef Munggenast (1680–1741), ebenfalls ein gebürtiger Tiroler, hat in Seitenstetten, Zwettl, Altenburg, Herzogenburg, Geras und St. Pölten gebaut, Prandtauers Werke in Melk, Herzogenburg und auf dem Sonntagberg fertiggestellt. Andere kleinere Baumeister haben die barocken Landkirchen, Bürgerhäuser und kleinen Adelspaläste auf dem Lande oder in den niederösterreichischen Städten geschaffen. In St. Pölten hatten beispielsweise die Montecuccoli, Kriechbaum, Trautson, Herberstein und Wellenstein ihre Stadtpaläste, wo sie den Winter verbrachten, um im Sommer wieder auf ihre Schlösser in der Umgebung zu ziehen.

Der Bau von großen Wallfahrtskirchen wie in Maria Taferl oder in Maria Dreieichen, die Ausstattung vieler Schlösser, die Errichtung von Dreifaltigkeitssäulen, Wegkapellen und Mariensäulen, von Statuen auf Brücken und Kalvarienbergen hat dem Baugewerbe und allen mit ihm in Zusammenhang stehenden Berufen großen Auftrieb gegeben. In wenigen Jahrzehnten ist das Donautal mit seinen herrlichen Kloster- und Kirchenbauten zu seiner heutigen künstlerischen Schönheit ausgestaltet worden.

Die Baumeister unterstützten Plastiker und Maler, die mit den Mitteln ihrer Kunst die Wirkung der Bauwerke noch zu steigern trachteten. Neben italienischen Meistern, die anfangs noch unumstritten das Feld beherrschten, kamen auch einheimische Künstler auf, die es bald zu hoher Meisterschaft brachten. Daniel Gran (1694–1757), Johann Michael Rottmayr (1654–1730) und Paul Troger (1698–1762) als Maler und Freskanten, Georg Raphael Donner (1693–1741) und Matthias Steindl (1640–1727) als Bildhauer, wären in dieser Epoche besonders zu nennen.

Viele gotische Landkirchen wurden ihrer Inneneinrichtung beraubt und mit barocken Altären, Kanzeln oder Bildern versehen, meist zu ihrem Vorteil, manchmal auch zum Nachteil. Die gotische Einrichtung wurde meist so rücksichtslos zerschlagen, daß nur relativ wenig übrigblieb. Nur in kleineren Kirchen blieben oft schöne Kunstwerke stehen, wie die prachtvollen Schnitzaltäre in der Heiligenblutkirche in Pulkau oder in Mauer bei Loosdorf. Kein Zeitalter ist so rücksichtslos gegen die Zeugen vergangener Kulturepochen vorgegangen wie das Barock.

Die Prälaten und Hochadeligen, welche die großen Kunstwerke in Auftrag gaben, waren wohl alle vom »Bauwurm« besessen. Wenn sie gut wirtschaften konnten, wie Berthold Dietmayr in Melk, der jährlich 30.000 Gulden für den Stiftsbau ausgab, Placidus Much in Altenburg oder Hieronymus Übelbacher in Dürnstein, der trotz der bescheidenen Mittel seines Hauses das herrliche Gebäude samt Kirche errichten lassen konnte, ist alles gut gegangen. Manchmal wurden die Kräfte auch überspannt, wie von Propst Michael Führer des Chorherrenstiftes in St. Pölten, der ohne Wissen seines Konventes eine Schuldenlast von 300.000 Gulden anhäufte. Er hat sich auch nicht gescheut, fingierte Siegel und Unterschriften des Klosterkapitels auf Urkunden zu setzen. Im Jahre 1739 wurde er im kaiserlichen Auftrag abgesetzt und nach Ochsenburg, Korneuburg und schließlich nach Bruck an der Leitha verbannt. Aber auch in Göttweig, wo Hildebrandt alle alten Klosterteile, auch die Kirche, durch Neubauten ersetzen wollte, blieb mehr als die Hälfte unvollendet, die großartigen Befestigungen wurden nicht einmal trassiert. Was uns in Klosterneuburg durch Weiträumigkeit und Monumentalität in Erstaunen setzt, ist nur der bescheidene, ausgeführte Rest eines großartigen Plans, der aus diesem Stift eine Art österreichischen Escorial, auch als kaiserliche Residenz verwendbar, machen sollte. Im Jahre 1755 mußten aber auch hier die Arbeiten aus Geldmangel eingestellt werden.

Denn auch der Prälatenstand wurde in diesen Jahren in hohem Maße für Kriegssteuern herangezogen. 1704 mußte er 60.000 Gulden an Vermögenssteuer an das Kriegszahlamt entrichten und überdies das meiste Gold und Silber aus den Kirchen an das Münzamt abliefern, wofür später Entschädigung geleistet wurde. 1713 verlangte Karl VI. vom Prälatenstand ein Darlehen von 600.000 Gulden, das in zehn Jahresraten vom Jahre 1714 an aus den allgemeinen Landesanlagen ersetzt werden sollte. Aber schon 1716 wurde dem Kaiser erlaubt, drei Jahre von allen Klöstern und Propsteien den zehnten Teil der jährlichen Einkünfte zu beziehen, wofür die Prälaten eine jährliche Abfindungssumme von 40.000 Gulden bezahlten. 1723 brachte eine neue Anleihe von 125.000 Gulden, 1728 eine Einforderung in der gleichen Höhe, 1733 von 312.000, 1735 von 650.000 Gulden. Auch in den Jahren 1738–1740 bewilligte der Papst, daß vom gesamten Klerus der Erblande zur Vertreibung des Erbfeindes Subsidien gegeben werden. Davon entfielen auf den niederösterreichischen Prälatenstand 1738 24.000 Gulden, 1739 17.000 Gulden, und 1740 gab er wieder eine Anleihe von 500.000 Gulden. Zu diesen Kosten kamen hohe Beiträge als Befestigungssteuer. Die Prälaten unter der Enns mußten 1724 zur Befestigung von Belgrad und Temesvar 40.000 Gulden bewilligen. Ein Jahr später erlangte der Kaiser ein Breve, das ihn ermächtigte, von allen geistlichen Gütern fünf Jahre hindurch 60.000 Gulden jährlich zum gleichen Zweck zu fordern. Als Entschädigung wurden den Klöstern weite Ländereien in Ungarn gegeben, die aber nur mit hohen Kosten urbar gemacht und aufgebaut werden konnten.

Neben den großen Prälaten wirkten die beiden Landesbischöfe in Wien und Wiener Neustadt mehr als bescheiden. Der größte Teil des Landes wurde noch immer vom Bistum Passau kirchlich administriert, nur die Bucklige

Welt gehörte zum Erzbistum Salzburg. Wien zählte damals 114.000 Einwohner, hatte als Residenzstadt einen kräftigen Aufschwung genommen und sollte nun durch ein Erzbistum ausgezeichnet werden. Der Beschluß, das Bistum zu einem Erzbistum zu erheben, muß nach der Berufung des Bischofs Sigismund Kollonitz auf den Wiener Bischofsstuhl im Sommer 1716 gefaßt worden sein und drang bald an die Öffentlichkeit. Das Bistum Passau wehrte sich wohl dagegen, doch hat Karl VI. seine Meinung nicht geändert, sich vielmehr über die vielen Schwierigkeiten, die der Bischof machte, gewundert. Am 16. Dezember 1717 erging das offizielle Gesuch des Kaisers nach Rom, wo noch im Jahre 1721 eine positive Erledigung erfolgte. Trotz verschiedener Gegenmaßnahmen Passaus, aber auch des Erzbischofs von Salzburg, blieb es bei diesem Beschluß. In der Erzbistumsbulle vom 1. Juni 1722 wurde das Bistum Wiener Neustadt zum Suffragan von Wien erklärt. Die Pläne, Melk, Klosterneuburg und Göttweig zu Viertelsbistümern und Suffragansitzen zu erheben, wurden hingegen fallengelassen. Der Bischof von Passau wurde für seine Zustimmung exemt, wegen der Vergrößerung des Erzbistums kam es aber zu langen Verhandlungen, bis dann im Jahre 1729 der passauische Anteil des Viertels unter dem Wienerwald zum Erzbistum Wien kam.

Die drei übrigen Landesviertel gehörten weiterhin geschlossen zu Passau, am Viertel unter dem Wienerwald aber hatten nun vier Diözesen Anteil: Wien, Salzburg, Wiener Neustadt und Raab mit fünf Pfarren im Leithagebirge.

Das kirchliche Leben dieser Zeit war von einem merkwürdigen Gegensatz erfüllt. Während einerseits die Aufklärung selbst in die großen Stifte langsam Einzug hielt, während dort ob des großen Wohlstandes das Leben immer gemächlicher wurde, die Prälaten gleich Königen herrschten und walteten, hat in den unteren Volksschichten die Frömmigkeit der Gegenreformation erst ihren Höhepunkt und anschließend auch ihren ehrlichsten Ausdruck bekommen. Die Wallfahrten erreichten gigantische Zahlen, die Klöster waren durchwegs stark besetzt, ja es wurden selbst jetzt noch neue errichtet. So kamen die Englischen Fräulein 1706 nach Sankt Pölten und 1722 nach Krems, die Karmeliterinnen ließen sich ebenso wie ihr männlicher Orden und die Piaristen in St. Pölten nieder, die Serviten kamen, nachdem sie schon 1694 in Jeutendorf angesiedelt worden waren, im Jahre 1752 nach Gutenbrunn bei Herzogenburg.

Während die Literatur und die anderen Wissenschaften nicht gerade blühten, erhielt in diesen Jahrzehnten die Geschichtswissenschaft einen großen Auftrieb, zumal nun an den Universitäten und Gymnasien der Geschichtsunterricht eingeführt wurde und die benötigten Kompendien verfaßt werden mußten. So schrieb der Jesuit Franz Wagner ein Lehrbuch für die Jesuitengymnasien der österreichischen Provinz. Den bis heute gültigen Fortschritt in der Forschung haben aber die Historiker der großen niederösterreichischen Klöster geliefert. Dort wurde von ungeheuer emsigen, gelehrten Männern die Vergangenheit der Heimat erstmals quellenmäßig erfaßt. Der Begriff des Geschichtsforschers im Gegensatz zum Geschichtsschreiber kam auf. An der Schwelle zum 18. Jahrhundert erschien das »Chronicon Mellicense« des Anselm Schramb, in dem nur die Geschichte des Stiftes Melk behandelt wird, sondern auch die Urzeit Österreichs bis zurück zu Noah. Dieser hat also die Quellen noch ganz kritiklos übernommen, im Gegensatz zu seinem Mitbruder Philibert Hueber, der in seinem Werke »Austria ex archiviis Mellicensibus illustrata« ausschließlich Archivalien des reichen Melker Klosterarchives verwendet hat und damit das erste gedruckte Urkundenwerk lieferte. Damit war er ein Vorläufer des Göttweiger Abtes Gottfried Bessel geworden, der unter Anlehnung an französische Erfahrungen die Urkundenlehre und ihre Kritik in seinem monumentalen »Chronicon Gottwicense« wesentlich förderte. Seine führende Stellung innerhalb der klösterlichen Geschichtswissenschaft blieb dem Kloster Melk durch die Brüder Bernhard und Hieronymus Pez gesichert. Bernhard hat auch andere Bibliotheken besucht und die dort gefundenen Quellen im sechsbändigen, heute noch jedem Historiker geläufigen Werk »Thesaurus anaedoctorum novissimus« niedergelegt. Sein Bruder Hieronymus erfüllte einen alten Wunsch der österreichischen Geschichtsschreiber und hat in den »Scriptores rerum Austriacarum« die wichtigsten erzählenden Quellen zur österreichischen Geschichte, die Chroniken und Annalen, herausgegeben. Selbst in unseren Tagen ist dieses Werk noch unentbehrlich. Der Bibliothekar des Klosters St. Pölten, Raimund Duellius, hat Auszüge aus Handschriften nebst einer Verarbeitung der Urkunden des Chorherrenstiftes herausgebracht. Klostergeschichte wie sie der Zwettler Abt Bernhard Linck während des Dreißigjährigen Krieges in seinen »Annales Austro-Claravallenses« verfaßt hatte, wurde jetzt nirgends mehr geschrieben. Denn Bessels »Chronicon Gottwicense« trägt seinen Namen zu Unrecht. Es ist keine Göttweiger Hausgeschichte, sondern eine Urkundenlehre, erläutert an den Beispielen der deutschen mittelalterlichen Kaiser- und Königsurkunden, die erste deutsche Diplomatik. Der zweite Teil wieder behandelt die Geographie des Mittelalters.

Wie stark die Rivalität zwischen den einzelnen Klöstern war und welche Blüten mißverstandener Ehrzeiz gebar, zeigt das Schicksal des überaus gelehrten Lilienfelder Bibliothekars Chrysostomus Hanthaler, der in seinem Werke »Fasti Campililienses« eine Fülle von wertvollem Material zur Stiftsgeschichte bringt, in die viele Nachrichten über die Babenbergerzeit eingeflochten sind. Weil er aber in seinem Stift keine Annalen oder Chroniken wie in Melk vorfand, hat er sie einfach selbst angefertigt und in Druck gegeben. Ungeheure Verwirrung haben diese Fälschungen in der Geschichte der Babenbergerzeit angerichtet, bis in unser Jahrhundert herauf wirkten ihre Spuren nach.

Der Adel hatte in diesem Zeitraum zwei Persönlichkeiten aufzuweisen, die sich historisch betätigten. Der Landmarschall Johann Joachim von Aichen (1664–1729) hat zwischen 1726 und 1729 aus den ständischen Matrikeln ein Wappenwerk des niederösterreichischen Ritterstandes zusam mengestellt. Ebenso hat er dem ständischen Archiv 64 Bände Handschriften vermacht, und seine Sammlung von alten, namentlich genealogischen Büchern und Handschriften ist der Grundstock der heutigen niederösterreichischen Landesbibliothek. Johann Wilhelm Graf von Wurmbrand (1670–1750) hat in seinem Werk „Collectanea genealogico-historica« noch lebende niederösterreichische Adelsgeschlechter behandelt, indem er aus dem ständischen Archiv und aus Privatarchiven Urkunden zu ihrer Geschichte zusammentrug. Der schon genannte Duellius hat in seinen »Excerpta genealogico-historica« Siegel und Urkunden, Hanthaler in seinem »Recensus diplomatico-genealogicus Archivii Campililiensis« Urkunden zur Geschichte des Adels aus den von ihnen betrauten Archiven geboten.

Die topographischen Bestrebungen sind durch eine »Germania Austriaca« fortgesetzt worden, die den Jesuiten Karl Granelli und Ignaz Reiffenstuel zugeschrieben wird. Dieses Werk ist nur durch Landkarten illustriert. Die nächste bedeutende Arbeit der gleichen Art ist die 1728 erschienene »Austria mappis distincta« des Sebastian Inprugger.

Eine Sammlung der zur Zeit Leopolds I. ergangenen oder noch von früherer Zeit her gültigen Generalien, Mandate, Patente und Ordnungen hat im Jahre 1704 Franz Anton Edler von Guarient und Raal im Druck herausgegeben. Er war niederösterreichischer Regimentsrat, seit Dezember 1689 niederösterreichischer Landschreiber und von 1702 bis 1705 österreichischer Hofrat, geheimer Sekretär und Referendar. Dieser »Codex Austriacus« ist 1748 bis 1752 in zwei Bänden von Sebastian Gottlieb Herrenleben und abermals in zwei Bänden 1777 durch Thomas Ignaz Freiherrn von Böck bis zum Jahre 1770 fortgesetzt worden. So wertvoll diese Sammlung für die Richter und Verwaltungsbeamten des 18. Jahrhunderts gewesen sein mag, für die Historiker des 20. Jahrhunderts ist sie eine unschätzbar wertvolle Quelle geworden.

23. KAPITEL

Kampf um den Zusammenhalt der Erblande

So gewaltig die Hochflut an Gedanken und Taten nach den großen Tür-
kensiegen eingesetzt hatte, so rasch und unvermutet sank die Begeisterung
wieder in sich zusammen. Um 1730 ist plötzlich ein Nachlassen der Spann-
kraft zu bemerken, auf allen Gebieten trat eine Stagnation auf, der Unter-
nehmungsgeist ging verloren; es war, als ob die junge Großmacht jetzt
schon einem Alterungsprozeß ausgesetzt sei. Aber nicht der Staat und seine
Einrichtungen waren alt geworden, sondern die Männer, die ihn geschaffen
hatten und noch immer trugen. Die großen Baumeister der Monumental-
bauten, Fischer von Erlach und Prandtauer, waren bereits gestorben, der
Baumeister des Staates, Prinz Eugen, hatte den Zenit seines Lebens schon
lange überschritten und war ein vorsichtig abwägender Greis geworden, der
am 21. April 1736 in seinem Winterpalais in der Himmelpfortgasse in Wien
im Alter von 72 Jahren starb. Der Kaiser, nie besonders aktiv, widmete sich
nur mehr der Jagd in den Wäldern um Wien, sein Haus war alt geworden
und sollte demnächst im Mannesstamm erlöschen.

Unterdessen war nämlich klar geworden, daß Karl VI. der letzte männli-
che Habsburger sein werde. Nachdem er vorher schon die Zustimmung der
einzelnen Länder zur Nachfolge seiner ältesten Tochter Maria Theresia erhalten hatte, stellte er nun seine gesamte Außenpolitik in den Dienst des Zie-
les, alle europäischen Mächte zur Anerkennung dieser Pragmatischen Sanktion zu bewegen. Der niederösterreichische Landtag hatte mit einer Erklä-
rung vom 25. April 1720 – im gleichen Jahre wie die meisten anderen Länder
– die Sanktion anerkannt und überdies nach der Versicherung unauslöschli-
cher »Treue und Devotion« auch ihrer Nachkommen gegen die »gesamte
Durchleuchtigste Herrschaft« angeregt, der Kaiser möge, sobald auch die
anderen Länder ähnliche Erklärungen abgegeben hatten, prüfen, »ob nicht
eine solche Erb-Verbrüderung weiters zu errichten wäre, damit ein Land das
andere zur Einhaltung der Sukzessionsordnung animiere und nötigenfalls
gegenseitige Assistenz zusichere und gelobe«. Es zogen sich aber die Verhandlungen mit Ungarn, Siebenbürgen und den österreichischen Niederlanden noch jahrelang hin. Niemand wird es dem Kaiser verargen können, daß
er auf diplomatischem Wege, oft unter schmerzhaften Zugeständnissen, die
Anerkennung der anderen Mächte zu gewinnen suchte. Sein Fehler war,
daß er den Rat des Prinzen Eugen in den Wind schlug, eine schlagkräftige
Armee und gefüllte Staatskassen als Garantie der Staatsverträge zu erhalten.

England zuliebe hob der Kaiser 1731 die Handelskompagnie von Ostende auf und schädigte damit die aufstrebende Textilindustrie des Waldviertels. Österreich ließ sich sogar, um dem Herzog von Sachsen dienstbar zu sein, der Ansprüche auf das Erbe hätte erheben können, in den polnischen Erbfolgekrieg gegen Frankreich verwickeln (1733–1738) und verlor dabei seine unteritalienischen Besitzungen. Aber noch unheilvoller gestaltete sich ein neuerlicher Türkenkrieg, der erste, bei dem Österreich und Rußland im Bundesverhältnis zur Bekämpfung der Pforte standen. Schon das erste Kriegsjahr 1737 brachte die Kaiserlichen öfters in arge Verlegenheit. In den beiden folgenden Jahren konnten ebenfalls keine entscheidenden Erfolge erzielt werden, schließlich wurden die Österreicher in Belgrad wochenlang belagert. Die Diplomaten benahmen sich noch ungeschickter als die Generäle. Österreich mußte 1739 im voreilig abgeschlossenen Frieden auf Nordserbien, seinen Anteil an der Walachei, vor allem aber auf die Schlüsselfestung Belgrad verzichten. Die Unfähigkeit der führenden Männer war so offensichtlich zu Tage getreten, daß sie für manche Nachbarn eine Ermunterung gewesen sein mag, die Pragmatische Sanktion gegebenenfalls nicht anzuerkennen. Schon im Juni 1739 hatte Kurfürst Karl Albert von Bayern bei einem Besuch in Melk und einem Treffen mit dem Kaiser in Purkersdorf dies für sein Land angekündigt. Er wollte die Heirat seines Sohnes Maximilian Joseph mit Karls VI. jüngerer Tochter Maria Anna erreichen. Ein langer Aufenthalt in Melk, bei dem man mit der Kaiserinwitwe Maria Amalia zusammentraf, führte zu einer Unterredung mit Karl VI. in Purkersdorf, die aber negativ verlief.

Als Karl VI. am 20. Oktober 1740 nach kurzer Krankheit im Alter von 58 Jahren unerwartet starb und seine Tochter Maria Theresia die vielfachen Würden übernahm, fand sie kein schönes Erbe vor. Die Bevölkerung war mißgestimmt, die Provinzen durch die hohen Kriegssteuern der letzten Jahre verarmt, das Heer desorganisiert und ohne tüchtige Generäle, die Minister und leitenden Beamten meist Greise. Der niederösterreichische Statthalter Sigmund Friedrich Reichsgraf von Khevenhüller war seit dem Jahre 1711 im Amt und unterdessen 74 Jahre alt geworden. Die Landbevölkerung der Gegenden um Wien betrauerte auf ihre Weise das Aussterben des Herrscherhauses: Da Karl VI. ein fanatischer Jäger gewesen war, ist zu seiner Zeit das Wild zu einer großen Plage geworden. Auf die Kunde von seinem Tode hin begannen die Bauern das Wild auszurotten und die kaiserlichen Jäger zu verfolgen, so daß das Regiment, um diese Bewegung wieder in geordnete Bahnen zu lenken, nach dem Einsatz von Militär selbst die Reduzierung des Wildbestandes befahl.

Am 22. November huldigten die niederösterreichischen Stände nach feierlichem Zug über den Graben der jungen Landesherrin. Seit Beginn des 17. Jahrhunderts war es üblich, daß dabei der in Klosterneuburg aufbewahrte österreichische Erzherzogshut vorangetragen wurde. Zu diesem Zwecke wurde er feierlich aus dem Stifte abgeholt, wobei sich die Bevölkerung der Stadt zum Spalier aufstellen mußte und die Bürgerschaft mit klingendem

Spiele und mit Fahnen auszurücken hatte. Ein prunkvolles Werk mit wertvollen Kupferstichen überlieferte den festlichen Tag der Nachwelt. Dieser Huldigung war schon die der obersten Behörde vorangegangen, bei der es zu Volksaufläufen in Wien kam und die kostenlose Verteilung von Brot und Wein verlangt wurde.

Die gereizte Stimmung war von bayerischen Emissären ausgenützt worden, um gegen die junge Herrscherin zu intrigieren. Denn Bayern und Sachsen, deren Fürsten mit Töchtern Kaiser Josephs I. verheiratet waren, machten nun trotz des seinerzeitigen Verzichtes dieser beiden Prinzessinnen auf das Erbe und trotz der diplomatischen Anerkennung der Sanktion Ansprüche geltend. Der erste, der die Pragmatische Sanktion als ein Blatt Papier betrachtete und sich Länder der Habsburger aneignen wollte, war aber der junge Preußenkönig Friedrich II., der auf Grund unsicherer Reichstitel die Abtretung Schlesiens forderte und schließlich mit Waffengewalt erzwang. Noch im Dezember 1740 besetzte er diese Provinzen und schlug im April 1741 ein österreichisches Heer bei Mollwitz. Sein Vorgehen ermunterte auch die anderen Nachbarn. Bayern und Sachsen fanden in den beiden von Bourbonen beherrschten Ländern Spanien und Frankreich Unterstützung und erklärten Maria Theresia den Krieg. Nur England stellte sich auf die Seite Österreichs, das nun eine mächtige Koalition zu bekämpfen hatte. Ein bayerisch-französisches Heer rückte im Sommer 1741 in Oberösterreich ein und besetzte Mitte September Linz, wo die Stände des Landes ob der Enns dem Kurfürsten von Bayern als neuem Landesherrn huldigten.

Das niederösterreichische Ennsufer sollte gegen eine Invasion von Westen durch Schanzen und Gräben gesichert und bis zum Eintreffen eiligst aufgebotener Truppen von Landleuten verteidigt werden. Als aber die Kunde von der kampflosen Besetzung Oberösterreichs eintraf, wurden die kaum begonnenen Schanzwerke im Stiche gelassen, und völlig schutzlos bot sich das Land dem anrückenden Feinde dar. Maria Theresia begab sich auf den ungarischen Landtag nach Preßburg und ließ auch den kleinen Kronprinzen nachkommen. Die Mitglieder der kaiserlichen Familie und hohe Adelige verließen die Hauptstadt.

Nachdem sich der bayerische Herzog in Oberösterreich Anerkennung verschafft hatte, zog er mit seiner Armee gegen Niederösterreich. Über Strengberg, Amstetten und Kemmelbach rückten seine Truppen binnen acht Tagen kampflos bis Melk vor. Die schwachen österreichischen Verbände wagten keinen ernsteren Widerstand, sondern zogen sich in den Wienerwald zurück. Am 14. Oktober stand der Kurfürst schon in St. Pölten. Hier aber wurde Karl Albert ratlos und konnte sich nicht entschließen, ob er weitermarschieren und Wien belagern oder aber über Krems nach Böhmen rücken sollte. Wien hätte kaum Widerstand leisten können, denn die Wälle waren seit der Türkenbelagerung verfallen, die Besatzung schwach und die Einwohner zu keiner besonderen Tapferkeit entschlossen. Als nun die feindlichen Patrouillen bis Sieghartskirchen an den Fuß des Wienerwaldes vorrückten, herrschte in Wien Verwirrung und Schrecken. Da wurde Graf

Ludwig Khevenhüller, ein Verwandter des Statthalters, ein alter Haudegen und Schüler Prinz Eugens, mit dem Oberbefehl in Niederösterreich betraut. Er befestigte die Stadt Wien notdürftig, zog Militär heran und erwartete das ungarische Aufgebot, das Maria Theresia zugesichert worden war. Während Kurfürst Karl Albert immer noch untätig im Lager bei St. Pölten verharrte, stießen ungarische und kroatische Reiter bis an die Traisen vor. Die Bayern und Franzosen zogen sich zuerst langsam, dann immer rascher nach Oberösterreich zurück, während die Hauptmacht nach Böhmen marschierte, wo sich der Kurfürst zum König krönen ließ.

Im Gegensatz zu Oberösterreich waren nämlich weder die Stände noch die Bevölkerung Niederösterreichs geneigt gewesen, die Bayern zu unterstützen. Die ausgeschriebenen Lieferungen wurden so zaghaft aufgebracht, daß das Heer bald Not litt und zu drakonischen Maßnahmen greifen mußte. Vor allem die Franzosen, weniger die gemütlicheren Bayern, führten sich nun als Feinde auf und plünderten zuerst im Gebiet zwischen Enns und Erlauf, später auch zwischen Melk und St. Pölten. Das Stift Melk mußte ein Zwangsdarlehen von 30.000 Gulden geben. Die Prälaten anderer Klöster, so auch der schwerkranke Abt Gottfried Bessel von Göttweig, wurden als Geiseln eingezogen. Als die Truppen abgezogen waren, standen in manchen Dörfern keine Pferde mehr, denn viele Bauern mußten als Vorspann nach Böhmen mitziehen und wurden dort ihrer Fuhrwerke beraubt, während man sie selbst laufen ließ. Ebenso hat man Beamte als Geiseln mitgenommen.

Die aus Mähren heranrückende österreichische Armee konnte im Raum von Budweis/České Budějovice Stellung beziehen und das Land gegen die feindliche Armee absichern, bis sie im April 1742 neuerlich gegen die Preußen marschieren mußte.

Noch im Winter des Jahres 1741 sind die inzwischen in Niederösterreich zusammengezogenen Truppen gegen die Bayern vorgerückt. Am 24. Jänner 1742 nahmen sie Linz ein und drangen bis München vor. Damit war die feindliche Bedrohung Niederösterreichs während des österreichischen Erbfolgekrieges abgewehrt. Zwar streiften während des neuerlich aufgeflammten schlesischen Krieges im Jahre 1742 preußische Reitervorhuten durch Mähren bis Retz und ins Marchfeld und hoben von der Stadt Horn Brandschatzung ein, zu einer großen feindlichen Invasion kam es aber nicht mehr. Der Erbfolgekrieg endete erst 1748, nachdem es Maria Theresia gelungen war, die Hauptmasse ihrer Besitzungen ungeschmälert zu erhalten.

Die eigenen Truppen, die im Lande geworben wurden, bestanden auch zu dieser Zeit keineswegs aus den edelsten Elementen. Müßiggänger wurden, wenn sie tauglich waren, als Rekruten zusammengefangen, ebenso sollten Leute, die wegen nicht allzugroßer Vergehen oder während langer Untersuchungshaft in den Gefängnissen lagen, der königlichen Miliz zugeführt werden. Natürlich haben manche die Gelegenheit benützt und sind schon bei der Anwerbung desertiert. Aber nicht nur den Österreichern ging es so, auch aus dem preußischen Heer desertierten die Soldaten haufenweise, von denen während des schlesischen Krieges viele nach Niederösterreich kamen.

ROSENPERG

Abb. 27 (oben) Die in der 2. Hälfte des 16. Jahrhunderts erbaute Rosenburg bei Horn. Stich von M. Vischer, 1672

Abb. 28 (unten) Der Hof der Schallaburg bei Melk nach der Restaurierung im Jahre 1974

Abb. 26 (linke Seite) Predigt des Nuntius Cornelius Musso in der Wiener Augustinerkirche. Gemälde von Jacob Seisenegger, 1561

Abb. 31 (rechte Seite) Der
österreichische Erzherzogshut
aus dem Jahre 1617, aufbewahrt
im Stift Klosterneuburg

Abb. 29 Bildnis von Melchior
Khlesl auf dem Grabdenkmal im
Stephansdom in Wien

Abb. 30 Dem abgesetzten Rat
der Stadt Waidhofen an der
Ybbs wird am 9. Mai 1588
das Urteil verkündet.
Aquarell im Stadtmuseum
Waidhofen an der Ybbs

Abb. 32
Kaiser
Ferdinand II.

Abb. 33 Der in der
1. Hälfte des
Dreißigjährigen
Krieges geprägte
St. Pöltner Taler mit
dem Bildnis Kaiser
Ferdinands II.

Abb. 34 Darstellung eines
Ziegelofens, Stich bei Wolf
Helmhard von Hohenberg,
Georgica Couriosa, 1684

Abb. 35 Figur eines
Schäfers. Portalplastik auf
dem Schwaighof in
St. Pölten

Abb. 36 Türkisches
Übergabeschreiben an die Stadt
Wiener Neustadt aus dem Jahre 1683

Abb. 37 Bedrängung
von Wiener Neustadt im Jahre 1683
durch Türken und Tataren. Gemälde im
Stadtmuseum Wiener Neustadt

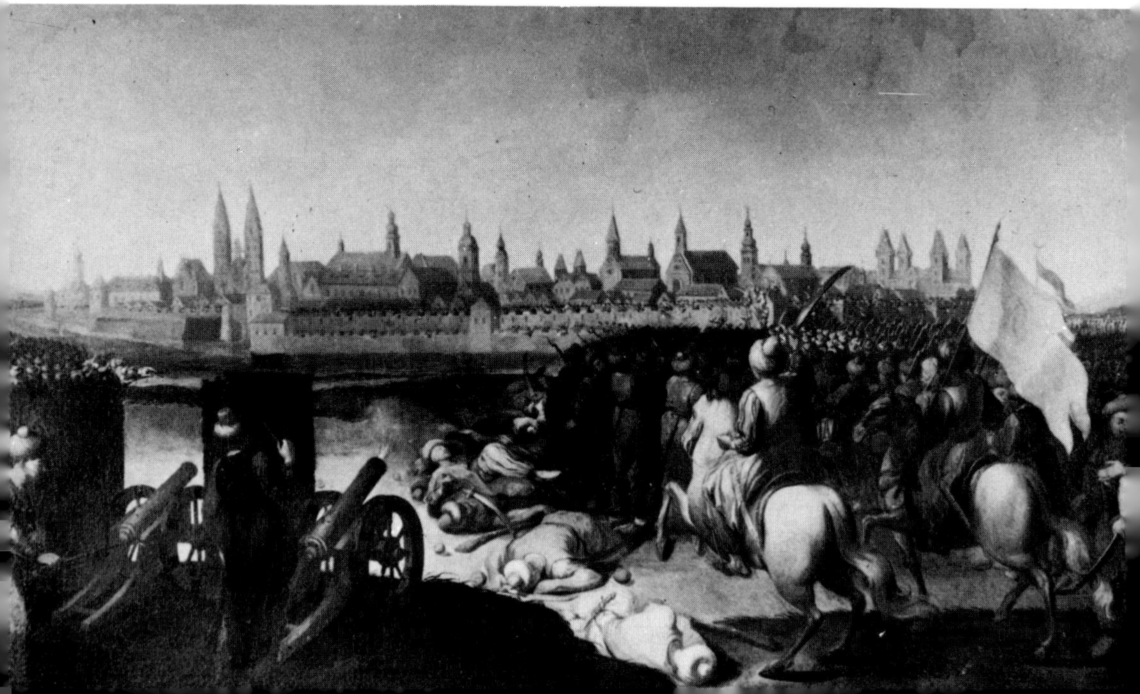

Abb. 38
Der Barockbaumeister
Jakob Prandtauer

Abb. 39 Prandtauers Plan
für den barocken Neubau
des Stiftes Herzogenburg

Abb. 40 Zunfttruhe
der Zimmerleute aus dem Jahre 1723

S.EGIDIUS   S.URBAN

Abb. 41
Zunftzeichen der Faßbinder
aus dem 18. Jahrhundert

Abb. 42 Maria Theresia als
König von Ungarn

Abb. 43 Erste Verleihung
des Militär-Maria-
Theresia-Ordens an
General Graf Daun im
Jahre 1758

Abb. 44 Kaiser
Joseph II., Porträt
von Josef Hickel im
Stadtmuseum
St. Pölten

Abb. 45 Fabrik der
Josephinischen Zeit
in Klosterneuburg

Abb. 46 Porträt Joseph
Haydns von Christian
Ludwig Seehas 1785 im
Museum Schwerin

Abb. 47 Das Geburtshaus
Joseph Haydns in Rohrau

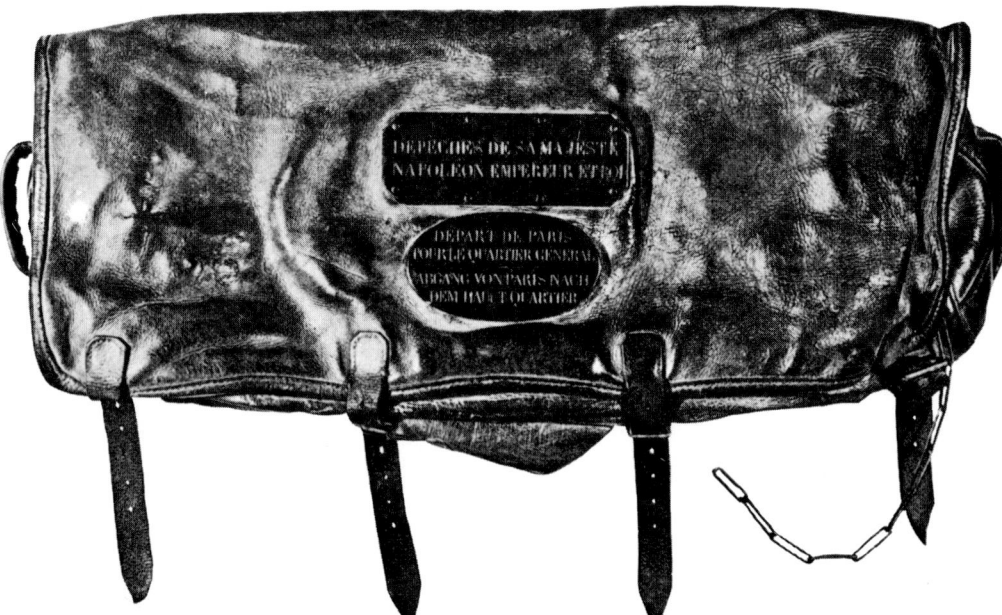

Abb. 48 Russische Truppen übersetzen im Jahre 1799 bei Stein die Donau.
Ölgemälde im Stadtmuseum Krems

Abb. 49 Tasche eines 1809 abgefangenen französischen Kuriers

969 PASSEPORT. | Reisepaß.

Pour Antoine Freimuth et Louis Ritzi marchands de Waidhofen

Signature du porteur | dessen eigenhändige Unterschrift

Il voyage de Waidhofen par St. Pölten à Vienne | derselbe reiset von Waidhofen über St. Pölten nach Wien

En affaire de sa famille

Ce passeport est valable pour quinze jours pour le voyage et le retour | dieser Paß ist gültig auf 14 Tage

Toutes les autorités Civiles & Militaires sont requises de laisser passer librement le porteur de ce passeport & de lui prêter l'assistance nécessaire.

Es werden demnach alle Civil- und Militärbehörden ersucht, Vorzeigern dieß aller Orten frey und ungehindert passiren, und denselben allen Vorschub angedeihen zu lassen.

Par la direction du Cercle Oberwienerwald. | Von dem k. k. Kreisamte des V.O.W.W.

St. Pölten le 20. Septembre 1809 | St. Pölten den 20. Sept. 1809

Vu par nous Adjudant Commandant chargé du Commandement de St. Pölten & du Cercle Oberwienerwald. | Gesehen von mir Adjudanten Commandanten der Stadt und des Kreises Oberwienerwald.

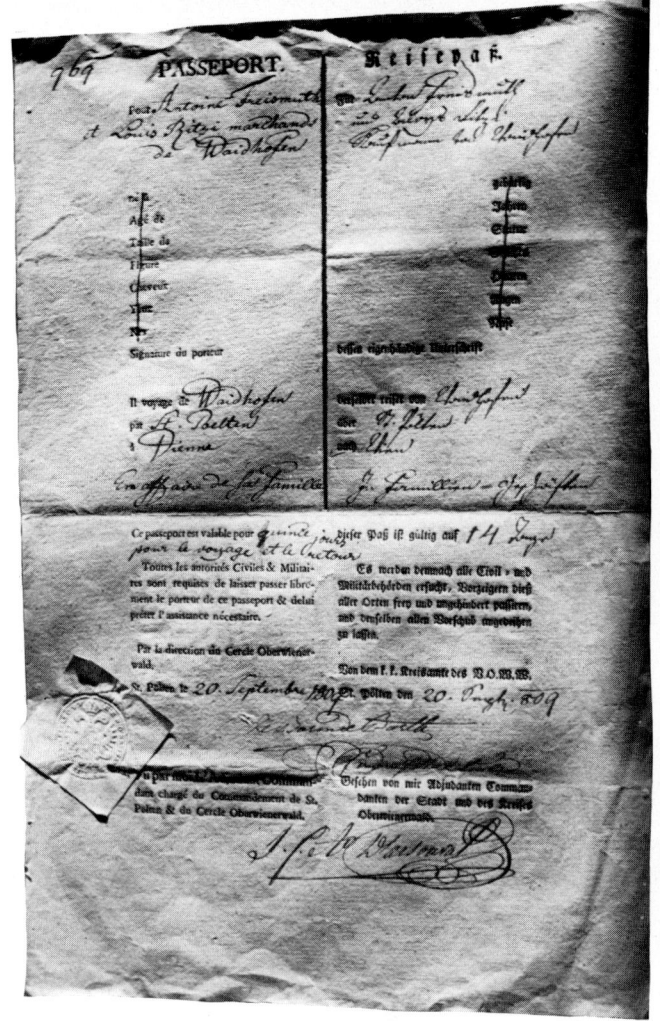

Abb. 50 Reisepaß eines Bürgers in der französischen Besatzungszone 1809

Abb. 51 Erzherzog Karl in der Schlacht bei Aspern

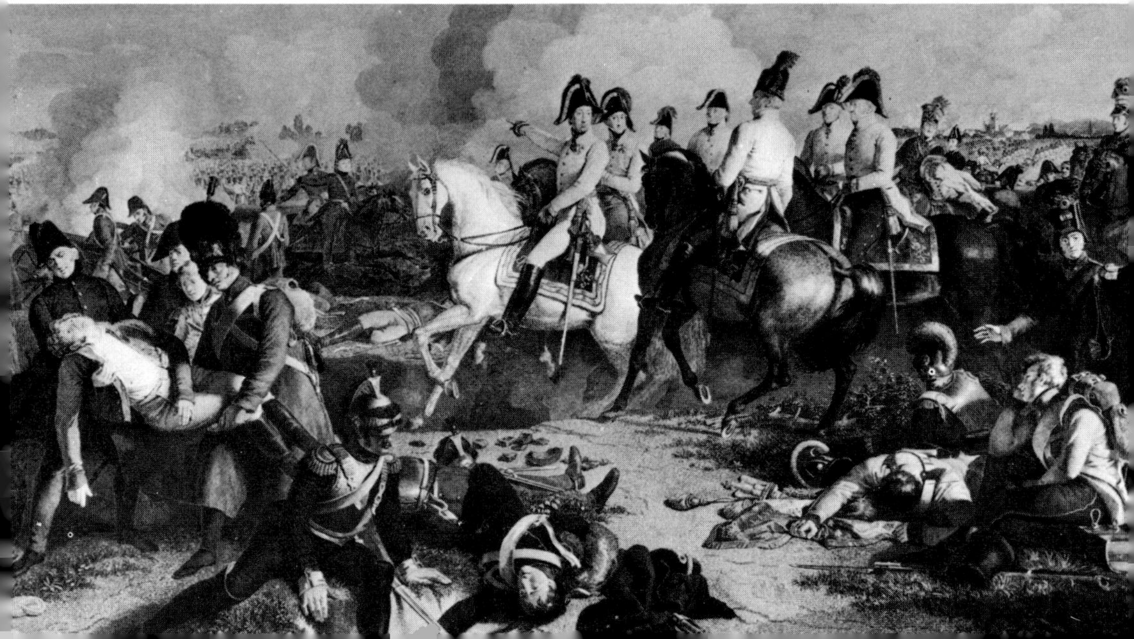

Abb. 52 Tuch mit Erinnerungsbildern an die Völkerschlacht bei Leipzig
Abb. 53 Empfang verbündeter Monarchen bei der Anreise zum Wiener Kongreß

Abb. 54 Wirtshausschild mit Postkutsche aus dem Jahre 1815 im Stadtmuseum
St. Pölten

Abb. 55 Erste Eisenbahnfahrt in Österreich am 13. November 1837

Abb. 56 Johann Josef Prechtel, der Gründer
des Wiener Polytechnikums
(Technische Universität)

Abb. 57 Medaille auf die Gründung des
Polytechnikums 1815

Sie wurden hier entweder wiederum angeworben und dienten nun unter österreichischen Fahnen oder wurden nach Innerösterreich oder nach Italien abgeschoben. Gingen sie wieder zum Militär, wurden sie den in Ungarn stehenden Regimentern zugeteilt. Gerne sind die eigenen Deserteure wieder in ihre Heimatorte zurückgekehrt, wo man sie, wenn sie anständig und arbeitsam waren, natürlich recht gerne sah und selbst die Obrigkeiten kein Interesse hatten, sie wieder auszuliefern. 1743 und 1744 mußte man, da Strafandrohungen sichtlich nichts nützten, sogar dazu übergehen, den Deserteuren, die sich innerhalb dreier Monate nach Erlassung der Amnestiepatente wieder bei ihren Truppen einstellten, nicht nur völlige Straffreiheit, sondern sogar, wenn sie einen Kameraden mitbrachten, vier Gulden Belohnung pro Mann versprechen. Da auch dies keine Zugkraft ausübte, wurde in neuen Mandaten jedem, der einen Deserteur ablieferte, 32 Gulden Belohnung und für die Anzeige des Quartiergebers eines Deserteurs drei Gulden zugesagt. Ob man damit dieses große Problem lösen konnte, ist nicht bekannt.

Zur Finanzierung der mächtigen Heere war trotz bedeutender Unterstützung Englands die Anspannung aller Kräfte des Landes nötig. Im Jahre 1743 mußte Maria Theresia deshalb eine Vermögenssteuer ausschreiben, von der nur Bauern oder Inleute befreit waren. Zehn Prozent vom Wert des gesamten Eigentums mußten als Steuer bezahlt werden. Sich gleichsam entschuldigend, meinte sie, es ginge einfach nicht anders, überdies fordere sie nur die Hälfte der in früheren Kriegen üblichen Summen. Die Kriege im letzten Jahrzehnt Karls VI. hatten tatsächlich von seinen Ländern unerhörte Opfer verlangt. Während des Spanischen Erbfolgekrieges wurde nur zweimal, in den Jahren 1702 und 1712, Vermögenssteuer eingehoben, seit 1734 war sie zum alljährlichen Brauch geworden. Die Steuerforderung dieses Jahres haben die Stände um eine Pauschalsumme von 225.000 Gulden abgelöst, indem sie von jedem Haus einen Gulden und von jedem Pfund Herrengült einen weiteren Gulden einforderten. Diese Summe sollten die Herrschaftsinhaber selbst tragen, die Untertanen, die mit Steuern und Abgaben bis zur Grenze der Leistungsfähigkeit belastet waren, sollten verschont bleiben. Aber noch im Herbst des Jahres 1734 war angesichts der angespannten Kriegslage eine doppelte Vermögenssteuer ausgeschrieben worden, die wiederum von den Ständen, diesmal um eine halbe Million Gulden, abgelöst wurde. Die Stadt Wien mußte als »halber vierter Stand« 100.000 Gulden übernehmen. Als Kaiser Karl VI. im Jahr 1735 neuerlich diese Summe verlangte, war das Land schon weitgehend erschöpft, ferner wollten sich die Stände für die Zukunft sichern. Sie dokumentierten ihre Zahlungsunfähigkeit dadurch, daß sie ein Darlehen aufnahmen und die Abtragung dieser neuerlichen Steuer auf vier Jahre verteilten. Sie hatten nämlich dem Kaiser die Versicherung abgerungen, es werde keine neue Vermögenssteuer mehr ausgeschrieben werden. Diese Zusage hat er auch gehalten. Denn die Steuer wurde, übrigens in der gleichen Höhe wie die doppelte Vermögenssteuer, wiederum von den Ständen um eine halbe Million Gulden abgelöst. Sie hieß nun in den folgenden drei Jahren „Türkensteuer" und wurde zur

Finanzierung des Türkenkrieges bestimmt. Nun aber war die Finanzkraft erschöpft und wird uns die Schwäche des Staates beim Regierungsantritt Maria Theresias auch klar.

Eine der ersten wichtigen Maßnahmen Maria Theresias war die Verbesserung der Verwaltung der Städte und vizedomischen Güter. Hervorgerufen wurde diese Aktion von den Bürgern des Marktes Stockerau, die mit der Gebarung ihres Richters und Rates unzufrieden waren. Als der Marktrichter im Jahre 1735 Bürger einsperren lassen hatte, wandte sich die empörte Bevölkerung an den Vizedom in Wien, der aber keine Untersuchung einleitete, worauf die Bürgerschaft den Kaiser um Hilfe bat. Nun erhielt der Vizedom wohl den Auftrag, die Angelegenheit zu untersuchen, er benötigte aber sechs Jahre, bis er nach Stockerau kam. Die Prüfung der Bücher im Jahre 1741 ergab nun einige bedenkliche Dinge, so daß der Vizedom bei der Hofkammer eine Untersuchung der Verhältnisse in Stockerau beantragte. Nun wurde unter der Leitung des Hofkammerrates Anton Grafen von Gaisruck eine Hofkommission eingesetzt. Maria Theresia hatte unterdessen grundsätzliche Bedenken über die Güte und Zweckmäßigkeit der vizedomischen Verwaltung bekommen und hob am 14. September 1745 das niederösterreichische Vizedomamt auf. Mit der Führung seiner Agenden wurden die Regierung und die Hofkammer betraut. Da man nicht zu Unrecht fürchtete, die Verwaltung der landesfürstlichen Städte werde nicht viel besser sein als die der vizedomischen Güter, wurde eine eigene Kommission gegründet und Gaisruck mit der Überprüfung der Finanzgebarung aller Städte betraut. Stockerau, Krems und Stein wurden noch 1745, Retz, Mödling und Tulln 1746, Klosterneuburg und St. Pölten 1747 kontrolliert und erhielten ausführliche Instruktionen, in denen die bisherigen Mängel festgestellt und Anweisungen über die Reform der Verwaltung, vor allem der Buchhaltung und der Finanzgebarung, gegeben wurden. In Retz wird die Arbeit der Kommission ausführlicher beschrieben, denn es war für kleine an der Grenze weitab vom Zentrum liegende Orte ein besonderes Ereignis, wenn eine Regierungskommission kam. Mit Pauken und Trompetenschall, mit fliegenden Fahnen und unter Lösung des Geschützes wurde sie eingeholt und von Richter, Rat und Bürgerschaft an der Stadtgrenze feierlich begrüßt. Sie ließ die Häuser und Gründe aufschreiben, hörte die Beschwerden des Rates und der Bürgerschaft an und ließ Neuwahlen durchführen. Dann wurden die städtischen Finanzen geprüft und die städtischen Ämter geordnet. Bei solch feierlichem Empfang konnte sie sich vor der Abreise nur wohlgefällig über die Stadtverwaltung äußern. Diese Gaisruckschen Instruktionen, die für jede kontrollierte Stadt erlassen wurden, sind der Anfang der vielen Verwaltungsverbesserungen in allen Instanzen, die Maria Theresias Regierungszeit bringen sollte.

Die vizedomischen Güter, also die landesfürstlichen Besitzungen, wurden im Jahre 1748 ohne Ausnahme zum Verkauf ausgeschrieben und sollten an die Meistbietenden versteigert werden. Es waren dies eine ganze Anzahl Märkte, wie Traiskirchen, Guntramsdorf, Himberg, Hadersdorf, Stockerau,

Gaweinsthal und Hohenruppersdorf, einige Dörfer und viele einzelne Untertanen, verstreut im ganzen Land, vorwiegend jedoch im Weinviertel. Von großer Bedeutung wurde ein Patent vom 28. Februar 1749, in dem die Regierung bestimmte, daß sich ganze Herrschaften, Märkte, Dörfer, aber auch einzelne Untertanen selbst kaufen, also von der Untertänigkeit freikaufen könnten. Dies ist deswegen so bemerkenswert, weil nach langen Jahrhunderten allgemeiner Unfreiheit Orten oder auch Gruppen von Personen die Möglichkeit geboten wurde, sich aus dem Grundherrschaftsverband zu lösen und selbst zu verwalten. Die Märkte Stockerau, Pulkau, Röschitz, Hohenruppersdorf, Gars, Aspang am Wechsel und Himberg, die Dörfer Dietmannsdorf, Großmugl, Ottendorf, Zausenberg, Matzelsdorf, Stiefern, Thürnneustift und die Lehnergemeinde Weinzierl bei Krems haben sich freigekauft: Sie sollten unter der niederösterreichischen Kammer stehen und bei ihren Banntaidingen nur dann Kommissare zugesandt erhalten, wenn unkorrekte Vorgänge zu erwarten waren. Dadurch waren sie in mancher Hinsicht unabhängiger als die im Landtage vertretenen »mitleidenden Städte und Märkte«. Es gab also seither in Niederösterreich drei Arten von Orten oder Gemeinden: mitleidende, untertänige und »freie« Gemeinden.

Während der ersten Epoche Maria Theresias regierten drei Statthalter. Sigmund Friedrich Khevenhüller, der, nun schon uralt geworden und jedes Einflusses beraubt, bei Hof immer mehr vereinsamte und fast vergessen wurde, ansonsten ein milder Herr und bis ins hohe Alter ein schöner Mann war, starb am 8. Dezember 1742. Sein Nachfolger Leopold Johann Victorin Reichsgraf von Windischgrätz (1742–1746), ein großer Freund und Gönner von Kunst und Wissenschaft, der die Errichtung einer Lehrkanzel für Algebra an der Wiener Universität erwirkt hatte, trat prunkvoll auf und verbrauchte sein gesamtes Vermögen bei der Bestreitung der ihm vom Hofe zugeteilten Ämter und Aufgaben. Am 19. Dezember 1746 raffte ihn ein Schlaganfall plötzlich dahin. Als neuen Chef des Regimentes bestellte die Kaiserin den Grafen Johann Ferdinand von Kuefstein (1746–1749), der vorher Vizekanzler der Hofkanzlei gewesen war. Bis zur Trennung der Justiz von der Verwaltung im Jahre 1749 blieb er Statthalter, im April dieses Jahres resignierte er und zog sich ins Privatleben zurück.

Die vielen Ungelegenheiten und die geringe Leistungsfähigkeit Österreichs während des Krieges um ihr Erbe hatten Maria Theresia zur Überzeugung gebracht, daß die Verwaltung und innere Gestalt der Erbländer der Zeit nicht mehr entsprachen. Durch den Grafen Friedrich Wilhelm Haugwitz, der binnen kurzer Zeit aus dem Österreich verbliebenen Rest Schlesiens ein blühendes Land gemacht hatte, ließ sie sich überzeugen, daß daran die Verzögerungstaktik und die Macht der Stände in militärischer und finanzieller Hinsicht schuld sei. Damit hatte er nicht ganz unrecht, denn die ständische Verwaltungskörperschaft, das Verordnetenkollegium, das zur Durchführung der Landtagsbeschlüsse bestellt war, sah nur das eigene Land, aber nicht die Gesamtheit. An den Landesgrenzen endete selbst in Fragen der Landesverteidigung ihr Interesse.

Damit konnte man aber keine Großmachtpolitik betreiben, wie drei Kriege zur Genüge gezeigt hatten. Haugwitz schlug daher vor, die Stände sollten auf ihr Recht, der Regierung alljährlich Truppen und Geld zu bewilligen, verzichten und einen zehn Jahre gültigen Rezeß abschließen, in dem sie sich zur Bezahlung einer bestimmten Summe fest verpflichteten. Die Gesamtaufbringung sollte eher erhöht werden, dafür aber keine Nebenleistungen für das Militär, wie Verpflegung, Pferde oder Ausrüstung mehr zu stellen sein. Die Geldsummen seien in monatlichen Raten zu bezahlen, so daß die Regierung fest damit rechnen könne. Auch die Aufbringung der Steuern müsse gründlich reformiert werden, vor allem habe die Befreiung von Adel und Geistlichkeit sowie einzelner Städte, wie Wiener Neustadts, zu entfallen.

Obwohl der ärgste Hemmschuh dieses Planes nicht so sehr die recht zahmen Stände, sondern einzelne Minister der Kaiserin waren, hat Haugwitz seinen Vorschlag vorerst in Böhmen und Mähren klaglos durchgesetzt. Die niederösterreichischen Stände machten größere Schwierigkeiten, vor allem der stellvertretende Landmarschall Graf Friedrich Harrach stellte sich an die Spitze der Opposition. Nur durch seine Absetzung und die Ernennung Haugwitz' zum landesfürstlichen Kommissar bei den Ständen konnte die Opposition gebeugt werden. In Form und Zusammensetzung des Landtages trat keine Änderung ein, wenigstens vorläufig nicht, die reale Macht hatte er aber völlig eingebüßt. Der Dualismus war damit in Österreich durch den Sieg der landesfürstlichen Macht zugunsten des Absolutismus überwunden.

24. KAPITEL

Provinz des absolutistischen Staates

Während der Regierungszeit Maria Theresias wurden jene Verwaltungs-reformen durchgeführt, die Österreich zu einem neuzeitlichen Staat mach-ten. Als erster Herrscher unseres Landes stellte sie bewußt den Staat über die Stände, das Reich über die Provinzen, eben das Ganze über die Teile. Die Verwaltungsorgane erhielten die Aufgabe, den Willen des Herrschers, der nach dem Zurückdrängen der Stände entscheidend geworden war, durchzu-setzen. Darüber hinaus griff der Staat auch stärker als bisher in das wirt-schaftliche, soziale und kulturelle Leben ein, wollte den Untertanen helfen, für bessere Ausbildung und effektvollere Ausnützung der wirtschaftlichen Möglichkeiten Sorge tragen.

Anlaß für die Reformen waren die großen Anforderungen, die an die Ver-teidigungskraft des Staates gestellt wurden. Um sich der vielen Feinde er-wehren zu können, sollten alle natürlichen Hilfsquellen der Länder ausge-schöpft werden, viel mehr als dies bisher geschehen war. Dies war aber nur möglich, wenn die unteren Verwaltungsinstanzen, die einzig und allein in den Ständen und der von diesen geschaffenen Verwaltung bestanden hat-ten, nicht mehr gegen die Regierung arbeiten oder Anordnungen sabotieren konnten, falls eine Maßnahme ihnen oder ihren Interessen schadete.

Um eine bessere Verwaltung aufzubauen, mußten nicht nur die zentralen Behörden stärker spezialisiert, es mußten auch nach unten greifende Ämter errichtet werden. Daß sich die Verfügungen der Kaiserin und ihrer Berater nicht immer bewährten, zeigen die vielen Änderungen innerhalb kurzer Zeit. Manche Behörden hatten sich kaum eingearbeitet, als sie schon wieder umgestaltet oder aufgehoben wurden. Doch ging nun eine Epoche zu Ende, die Ferdinand I. eingeleitet hatte.

Auch der niederösterreichischen Regierung ging es nicht viel besser. Sie war 1749 in eine »Niederösterreichische Regierung in Justizsachen« und in eine »Regierung in publicis« geteilt worden, ihr Zuständigkeitsbereich wur-de auf das Land unter der Enns beschränkt. Denn in den Ländern war es ei-ne der ersten Verwaltungsmaßnahmen, die Justiz von der politischen Admi-nistration zu trennen. In Niederösterreich, wo die Herrscherin und die Zen-tralstelle, das »Directorium in publicis et cameralibus« saßen, wurde diese politische Landesbehörde »Regierung in publicis« genannt, die aber schon 1750 den Namen »Repräsentation und Kammer« erhielt. Sie bestand aus ei-nem Präsidenten, einem Stellvertreter, acht Räten aus dem Herren- sowie elf aus dem Ritter- und Gelehrtenstand. Ein Kanzler wurde nicht mehr bestellt, die Geschäfte wurden auf die einzelnen Räte verteilt.

Für die künftige Stellung der Länder wurde aber damit eine Periode eingeleitet, in der im Laufe eines Jahrhunderts die Stellung der Länder vollkommen verändert wurde. Hatten sie bisher noch die Funktion eines Staates, so wurde nun zielbewußt durch den gemeinsamen Landesfürsten ein Gesamtstaat aufgebaut. Die ständische Verwaltung behielt in ihrem Bereich weiter die Betreuung der autonomen Aufgaben, die landesfürstliche Landesverwaltung wurde aber zu einem vorwiegend weisungsgebundenen Instrument der Zentralverwaltung und hatte nur mehr geringe Initiativen. So wurden die Länder zu Provinzen.

Zu den Aufgaben dieser Regierung gehörte nach der ihr 1753 erteilten Instruktion die Durchführung der landesfürstlichen Gesetze, die Aufsicht über Sicherheit und Polizei, Dienstboten- und Stiftungswesen, die Kontrolle der Religionsangelegenheiten – hier wieder war besonders die Gebarungsprüfung der Kirchengelder hervorgehoben –, des Unterrichts- und Lehenswesens und der ökonomischen Angelegenheiten der Städte. Aber auch mit militärischen Belangen hatte sie sich zu befassen, vor allem mit dem Vorspanndienst, der Verpflegung der Truppen und der Aushebung der Rekruten. Erstmals gehörte zu den Aufgaben einer landesfürstlichen Behörde der Schutz der Untertanen gegen Bedrückung durch Herrschaftsbeamte.

Die Regierung (Repräsentation und Kammer) sollte also ziemlich tief ins wirtschaftliche und soziale Leben eingreifen. Um ihr dies zu ermöglichen und ihr mehr Kontakt mit der Bevölkerung zu verschaffen, wurden nach altem böhmischen Vorbild Kreisämter eingerichtet, also regionale Behörden geschaffen, die der Regierung unterstellt waren. Seit 1753 besaß jedes Landesviertel ein solches Kreisamt mit einem Kreishauptmann an der Spitze. Der für das Viertel unter dem Wienerwald zuständige Beamte saß ursprünglich in Wien, unter Joseph II. wurde dann Traiskirchen Behördensitz. Der Kreishauptmann des Viertels ob dem Wienerwald saß in St. Pölten, der des Waldviertels in Krems. Im Viertel unter dem Manhartsberg wurde ursprünglich in dem damals Gaunersdorf heißenden Gaweinsthal ein Kreisamt eingerichtet, das später nach Würnitz und schließlich nach Korneuburg verlegt wurde. Die Stadt Wien wurde aus der Kreiseinteilung ausgenommen und einem Stadthauptmann unterstellt, der seit 1782 als fünfter Kreishauptmann von Niederösterreich galt. Sein Amtsbereich lag innerhalb des Linienwalles, des heutigen Gürtels.

Die Kreisämter waren personell noch recht schwach besetzt: Drei Kreiskommissäre, ein Sekretär, ein Kanzlist, ein Bote und drei Landdragoner sollten die gesamte Arbeit leisten. Den Kreishauptleuten wurde zur Pflicht gemacht, ihre Bezirke nicht nur vom Schreibtisch aus zu verwalten, sondern sie wenigstens einmal im Jahr zu bereisen oder durch die Kreiskommissäre visitieren zu lassen. Dabei sollten sie nicht nur Verwaltungsorgane sein, sondern ihr Augenmerk allen Erscheinungen widmen, auch physikalischen, politischen und ökonomischen Entdeckungen, auf die Naturgeschichte des

Landes, auf den Stand der Wirtschaft, des Gewerbes, der Kultur und der Sitten, auf die Beschäftigung der Bevölkerung, vor allem aber auf die Landeskultur achten. Sie sollten die Bauern bei der Verbesserung ihrer Wirtschaften beraten, bei der Verwendung und dem Nutzgenuß ihres Besitzes schützen, die Bearbeitung und Fruchtbarmachung öder Landstriche veranlassen, das Überhandnehmen des Wildes verhindern, den Anbau von Klee und Futterpflanzen anregen und darüber stets der Regierung Bericht erstatten. Die Funktion der Kreisämter konnte also von ungeheurer Wichtigkeit sein, und einem interessierten Kreishauptmann war ein Arbeitsfeld eröffnet, wie es bisher noch kein Beamter gehabt hatte. Ansonsten durften die Kreishauptleute nicht selbständig vorgehen, sondern waren an die Weisungen der Repräsentation und Kammer gebunden. Sie bezogen ihr Gehalt vom Staat und durften kein anderes, vor allem kein herrschaftliches oder ständisches Amt bekleiden.

Beschnitten auf allen Linien wurde dagegen die politische Funktion der Landstände. Es half ihnen nichts, daß sie sich auf ihre wohlerworbenen Rechte beriefen. Durch die sogenannten Rezesse – Übereinkommen, mit denen sie die Steuern für zehn Jahre bewilligten – wurde ihre stärkste Position unterhöhlt. Bald griff der Staat auch in ihre Verwaltungsorganisation ein, und im Jahre 1764 wurden die ständischen Ausschüsse, das Raitkollegium und die Viertelskommissäre aufgehoben. Nur das aus sechs Mitgliedern bestehende Verordnetenkollegium blieb im Amt, erhielt aber vom Hof eine Instruktion und wurde der landesfürstlichen Verwaltung angeglichen. Die niederösterreichischen Stände leisteten keinen besonderen Widerstand, da sie einsehen mußten, daß es ihnen wenig genützt hätte. Das Ständewesen war seines Inhalts völlig beraubt, nur mehr die Schale blieb bestehen. Die Kaiserin war aber klug genug, an den Äußerlichkeiten nicht zu rühren.

Schon während des Siebenjährigen Krieges wurde die niederösterreichische Regierung neuerlich geändert. Unter dem Einfluß des Grafen Breuner hob die Kaiserin die Repräsentation und Kammer auf, trennte das Finanzwesen von der politischen Verwaltung und betraute die Landesbehörde wiederum mit der Besorgung der Justizangelegenheiten. Diese Behörde hieß nun wieder »Niederösterreichische Regierung« und wurde neuerlich mit der Verwaltung Oberösterreichs betraut. Sie bestand aus einem Statthalter, einem Vizestatthalter, dem niederösterreichischen Regierungskanzler und einer großen Anzahl von Räten. Ursprünglich stellte der Herrenstand 16, der Ritterstand 20 und der Gelehrtenstand 12 Mitglieder, doch wurde im Laufe der Jahre vor allem die Zahl der Juristen weiter vermehrt. Diese Behörde hielt täglich Ratssitzungen ab, war also wieder auf dem kollegialen Prinzip aufgebaut. Aus ihrer Mitte bestellte sie eine städtische Kommission, die zur Überwachung der wirtschaftlichen Lage der landesfürstlichen Städte berufen war, und ein Raitkollegium, das alle Fonds und Abrechnungen überprüfte. Als Justizbehörde wurden der Regierung die gleichen Funktionen, die sie vor 1749 besessen hatte, zugewiesen.

Der erste Präsident der Repräsentation und Kammer war Philipp Josef

Graf Orsini und Rosenberg gewesen, ein Lebemann, der vorwiegend im diplomatischen Dienst tätig gewesen war und sich für dieses Amt nur wenig geeignet hatte. Er war 1753 durch Heinrich Wilhelm Freiherrn von Haugwitz ersetzt worden, einen konvertierten schlesischen Protestanten und Vetter des Ministers, der aber zu seinem Verwandten in ständigem Gegensatz stand und deshalb auch 1758 abberufen worden war. Franz Ferdinand Graf von Schrattenbach (1758–1770) führte nun wieder den Titel Statthalter und war jener Beamte, der den neuerlichen Umbau der Verwaltung durchführte und vor allem das Stiftungswesen ordnete. Von früher her ein Gegner van Swietens, stand er mit diesem mächtigen Berater Maria Theresias in ständigem Streit. Abgelöst hat ihn Christian August Graf von Seilern und Aspang (1770–1779), zu dessen wichtigsten Aufgaben die Neuorganisation des Schulwesens zählte. Er wurde später von Joseph II. zum obersten Justizpräsidenten, sein Nachfolger Johann Josef Graf von Herberstein (1779–1782) nach kurzer Amtszeit zum Präsidenten des neu errichteten niederösterreichischen Appellationsgerichtes ernannt.

Unterdessen hatte sich sowohl die äußere Situation als auch der innere Zustand der habsburgischen Länder wesentlich verändert. Maria Theresia war nicht gewillt, auf Schlesien, die Perle unter ihren Ländern, bedingungslos zu verzichten. Da sie aber mit ihrem bisherigen Bundesgenossen England nicht die besten Erfahrungen gemacht hatte, begann man sich in Wien nach dem Friedensschluß von Aachen mit der Möglichkeit eines Bündnisses mit Frankreich zu befassen. Der Gegensatz zu England in Nordamerika brachte diesen Staat, der sich seit 1754 in einem Kriege mit dem Inselreich befand, den österreichischen Wünschen, die vom neuen Staatskanzler Graf Wenzel Kaunitz vertreten wurden, näher, und im Jahre 1756 wurde zu Versailles ein Bündnisvertrag zwischen beiden Staaten geschlossen. Angesichts der nun schon jahrhundertelangen Feindschaft beider Herrscherhäuser war dies ein epochales Ereignis. Auch Rußland und Schweden wurden in dieses antipreußische Bündnissystem einbezogen. Friedrich II. von Preußen hatte aber durch Spionage Kenntnis von den diplomatischen Vorbereitungen erhalten und eröffnete im Herbst 1756 den Präventivkrieg gegen das mit Österreich verbündete Sachsen. Da keiner der Angegriffenen schon zu diesem Zeitpunkt gerüstet war, konnte Preußen in den ersten Jahren große Erfolge erzielen. Der preußische König konnte durch raschen Zugriff das sächsische Heer ausschalten und trug im Jahre 1757 den Krieg nach Böhmen, wo er im Mai die Österreicher in der mörderischen Schlacht bei Prag besiegte. Nun aber wendete sich das Blatt. Wenige Wochen später, am 18. Juni 1757, konnte Feldmarschall Graf Leopold Daun, der neue österreichische Feldherr, den Preußenkönig bei Kolin schlagen. Zwar wurde im Herbst bei Breslau dieser Erfolg wiederholt, doch verloren die Österreicher bald darauf bei Leuthen westlich von Breslau/Wroclav eine weitere Schlacht. In den folgenden Jahren wurde Preußens Lage immer bedrängter, besonders als Daun am 14. Oktober 1758 die Preußen bei Hochstätt und General Laudon am 12. August 1759 bei Kunersdorf/Kunovice nächst Frankfurt an der Oder den

König vernichtend schlugen. Preußen überlebte aber diese harten Schicksalsschläge, da die Koalition seiner Feinde zu zerbröckeln begann und sich auf beiden Seiten Ermattungserscheinungen zeigten. Vor allem fiel Rußland als Verbündeter Österreichs aus. Frankreich war auf dem europäischen Kriegsschauplatz nie recht in Erscheinung getreten. So erkannten beide Seiten, finanziell völlig erschöpft, daß sie keinen entscheidenden Erfolg mehr erringen konnten und wurden schließlich zum Frieden geneigt. Er wurde in Hubertusburg bei Leipzig am 15. Februar 1763 unterzeichnet und ließ die territorialen Verhältnisse unverändert. Dies war für die Kaiserin eine Niederlage, denn sie hatte ihr Kriegsziel nicht erreicht und mußte erkennen, daß Schlesien endgültig verloren war, nachdem es zwei Jahrzehnte schon von den Preußen besetzt war.

Eine lange und äußerst fruchtbare Friedensperiode folgte diesem großen Waffengang. Österreichs Außenpolitik wurde seit 1765 immer stärker vom Mitregenten Kaiser Joseph II. beeinflußt, der Erfolge suchte. Dies brachte dem Staat weitere Vergrößerungen. Österreich hat 1772 bei der ersten Teilung Polens die Zips, die nun wiederum mit Ungarn vereinigt wurde, die ehemals schlesischen Herzogtümer Zator und Auschwitz, den südlichen Teil Kleinpolens und einen Teil der von Ruthenen bewohnten östlichen Ukraine mit nahezu 2,5 Millionen Einwohnern erhalten, die unter dem Namen Galizien und Lodomerien zusammengefaßt wurden. Zur Verbindung Galiziens mit Siebenbürgen und zur Beherrschung der russischen Zugänge zur Balkanhalbinsel hat Österreich im Jahre 1774 den nördlichen Teil des Fürstentums Walachei, das ein Teil des Türkischen Reiches war, militärisch besetzt. Im folgenden Jahr trat das Osmanenreich, das sich einem Kriege nicht gewachsen fühlte, diesen Landesteil an Österreich ab. Er führte hinfort den Namen Bukowina. Die letzte Erwerbung im Zeitalter Maria Theresias war das oberösterreichische Innviertel, der Erfolg des Versuches, Bayern nach dem Aussterben der wittelsbachischen Hauptlinie zu erwerben. Dies hatte zu einem neuerlichen kurzen und wenig ereignisreichen Krieg mit Preußen geführt, dem Bayerischen Erbfolgekrieg, in Österreich als »Zwetschkenrummel«, in Preußen als »Kartoffelkrieg« bekanntgeworden. Im Frieden von Teschen (1779) mußte Österreich auf seine bayerischen Ambitionen verzichten, erhielt aber das Innviertel.

Auch für Niederösterreich hatte dieser Friedensschluß Bedeutung. Der Preußenkönig war nämlich als Markgraf von Brandenburg Lehensherr einer Anzahl von Herrschaften in Niederösterreich, Rechten, die ins 13. Jahrhundert zurückreichten. Zu diesen »Brandenburger Lehen« gehörten die Herrschaften Stetteldorf, Seefeld, Göllersdorf, Wolkersdorf, Dürrenleis, Neusiedl an der Zaya, Großschweinbarth, der Markt Schwadorf und einzelne weitere, im ganzen Land verstreute Orte. Nun verzichtete Preußen auf diese Rechte, die Ausgestaltung des Flächenstaates, der durch keine fremden Hoheitsrechte mehr unterbrochen war, ging dem Ende entgegen. Abgeschlossen wurde dieser Prozeß dann im sogenannten Reichsdeputationshauptschluß von 1803, als die geistlichen Fürstentümer säkularisiert wurden und ihre verstreuten Besitzungen den Staaten, in denen sie lagen, zufielen. In Niederösterreich hatten die bayerischen Hochstifte Freising (die Städte Waidhofen an der Ybbs und Großenzersdorf, den Markt Hollenburg), Regensburg (die Stadt Pöchlarn), Passau (die Stadt Mautern und den Markt Amstetten) und Salzburg (den Markt Traismauer und eine Anzahl Dörfer) solche Güter besessen. Wir erinnern uns, daß sie noch im 16. Jahrhundert zu den größten Grundbesitzern des Viertels ob dem Wienerwald gehört hatten. Nun fiel ihr Besitz dem österreichischen Staate zu, alle fremden Sonderrechte, die des Landesfürsten Hoheitsgebiet durchlöchert hatten, waren beseitigt.

Die meisten Verwaltungsmaßnahmen der ersten Regierungsepoche Maria Theresias hatten den Zweck gehabt, die militärische Schlagkraft durch ein höheres Steueraufkommen des Staates zu heben. Dazu gehörte die Steuerregulierung, die 1749–1754 durchgeführt worden war und eine gerechtere Verteilung der Lasten bezweckte, indem die weitgehend steuerfreien Klassen, Adel und Geistlichkeit, einer stärkeren Besteuerung unterzogen wurden. Aller fruchtbarer Grundbesitz wurde nach seinem wahren Wert geschätzt und neu beschrieben, wobei bei bäuerlichem Besitz kein Unterschied mehr zwischen Hausgründen und Überlandäckern gemacht wurde. Zwei Schätzmänner aus dem Orte und drei auswärtige Schätzer haben alle Felder, Wiesen, Waldungen, Weingärten, Mühlen, Sägen, Hausgewerbe und allen Hausdienst mit ihren jährlichen Erträgen und Lasten verzeichnet. Dies waren die sogenannten Rustikalfassionen. Aber auch das Herrenland wurde durch Kommissionen von fünf Schätzmännern und einem Herrschaftsbeamten aufgezeichnet, wobei nicht nur die in Eigenregie bewirtschafteten Felder, Wiesen und Weingärten, sondern auch die Teiche, Bergrechte, Brauhäuser, Mautgelder, Urfahrnutzungen, Schenken, Fischwasser, Standgelder, Naturalrobot, Grundbuchs- und Abhandlungserträge festgehalten wurden. Von diesen in den Dominikalfassionen eingetragenen Erträgnissen der Herrschaften wurden 25 Prozent als Wirtschaftsaufwand abgezogen und der Rest ebenfalls besteuert. Bis 1819 war diese Maria Theresianische Fassion die Grundlage der Besteuerung, denn die Neufassionierung, die Joseph II. ab dem Jahr 1785 durchführen ließ, wurde wohl fertig, doch wurde sie von Leopold II. aufgehoben, bevor sie wirksam geworden war. Als Geschichtsquelle sind sowohl die Maria Theresianische Fassion wie der Josephinische Kataster von großem Wert, weil sie einen geschlossenen Überblick vom Zustand des Landes geben und in die innere Struktur der Ortschaften wie der Herrschaften hineinleuchten. Zur Zeit der Erarbeitung der Fassion Maria Theresias war allerdings die Häusernumerierung noch nicht durchgeführt. Sie erfolgte erst seit 1770 im Zuge der Aufstellung von Konskriptionsbezirken. Diese »Konskriptionsnummern«, die noch heute als Zähleinheit der Katastralgemeinden in Verwendung sind, wurden ohne Berücksichtigung der herrschaftlichen Zugehörigkeit der Dörfer vergeben, so daß man den Umfang der Orte aus der geschlossenen Folge erkennen kann. Später entstandene Häuser wurden nach ihrer Fertigstellung zugezählt. Allerdings haben manche größere Orte schon im 19. Jahrhundert eine neue Durchzählung ihrer Häuser vorgenommen, andere Dörfer in unserem Jahrhundert. Im 19. Jahrhundert begannen größere Städte und Märkte auch mit der Einführung von Orientierungsnummern nach offiziell benannten Straßen und Plätzen.

Eine weitere Folge dieser Häusernumerierung war die Bildung der Katastralgemeinden. Im geschlossenen Siedlungsgebiet bildete jede Ortschaft eine derartige Gemeinde, im Streusiedelgebiet wurde von zu kleinen Einheiten abgegangen und im Hofdekret Josephs II. von 1784 festgelegt, daß Gemeinden mit etwa 40 Häusern zu bilden seien, die den Namen der größten Siedlungseinheit tragen sollten. Die dann als geschlossener Körper vermessene Katastralgemeinde war fortan die Grundlage der Verwaltung, auf ihr baute die neuzeitliche Gemeindeverfassung auf.

Auch die erste Volkszählung, Seelenbeschreibung genannt, ist zu Beginn des Jahres 1754 von den Magistraten und Herrschaften durchgeführt worden und hatte für Österreich unter der Enns 929.576 Einwohner ergeben. Wenige Wochen später wurden auch die Ortschaften und bewohnten Häuser in den deutschen Kronländern gezählt. Eine zweite, von den Pfarren im Jahre 1762 besorgte Volkszählung hatte ein weit geringeres Ergebnis, denn es wurden nur 783.000 Personen vermerkt. Im Jahre 1770 ist eine neue Volkszählung durch kreisamtliche Kommissäre und Offiziere erfolgt, die den Zweck hatte, die Grundlage für die Rekrutenaushebung zu schaffen. Nun zählte man gar 1,6 Millionen niederösterreichische Einwohner. Es werden daher Zweifel an der Richtigkeit dieser so stark abweichenden Ergebnisse am Platz sein, und erst die unter Joseph II. durchgeführten Zählungen brachten einigermaßen glaubwürdige Daten. Demnach hatte unser Land im Jahre 1781 987.000 Einwohner, davon lebten 190.500 innerhalb des Linienwalles der Stadt Wien.

Fünf Jahre später lag die Einwohnerzahl schon knapp über der Millionengrenze, bis zum Tode des Kaisers war sie auf 1,286.000 angestiegen. Das Wachstum der Bevölkerung, im 19. Jahrhundert besonders augenscheinlich, setzte also schon in diesen Jahrzehnten kräftig ein.

Auf diesen Zählungen aufbauend, wurde nun in Hinkunft die Militäraushebung neu geregelt. Im Jahre 1773 wurden die Länder in Werbebezirke der einzelnen Regimenter gegliedert und jedes Regiment wieder in 16 Kompanien unterteilt. Vom Soldatenstand frei blieben aber weiterhin alle Geistlichen, Adeligen, landesfürstlichen Räte und Beamten wie auch die höheren Bedienten, die Bürger der landesfürstlichen Städte und Märkte für ihre Person und Söhne, in Munizipalstädten dagegen nur die Bürgermeister, Stadtrichter, Kämmerer und Syndici, die herrschaftlichen Beamten, die Meister, Söhne und Gesellen der Kommerzialhandwerker, alle Bankiers und Handelsleute, alle besonderen Künstler, die Doktoren und Baccalaurei der inländischen Universitäten, ebenso alle Bergarbeiter, die Köhler und Holzmeister, Pflastermeister und ihre Gesellen, Holzknechte, Untertanen in Dörfern, Städten und Märkten mit nur einem Sohn, falls sie ein Haus besaßen.

In Friedenszeiten sollten Verheiratete möglichst vom Militärdienst befreit werden. Vagabunden konnten zwar nicht mehr von den Grundherrschaften, dafür aber von den Kreisämtern zu den Soldaten gesteckt werden, doch wurde die Rekrutierung nicht mehr als Strafe angesehen, wenn sie auch die Ausgehobenen als schweren Schicksalschlag empfunden haben mögen. Denn wer einmal dem Soldatenstand angehörte, kam nur dann wieder los, wenn er ein Haus erbte.

Niederösterreich wurde nun auf Konskriptionsbezirke verschiedener Regimenter aufgeteilt: Im Viertel ob dem Wienerwald gehörten fünf Städte, 47 Märkte und 1044 Dörfer zum Regiment Nr. 49 (Pellegrini), eine Stadt, zwölf Märkte und 537 Dörfer zum Regiment Nr. 59 (Jordis). Das Regiment Nr. 14 (Klebeck) bekam das Waldviertel zugewiesen, im Weinviertel hatte das Regiment Nr. 3 (Erzherzog Karl), das auch im nordöstlichen Teil des Viertels unter dem Wienerwald rekrutierte, seinen Werbebezirk, während das Regiment Nr. 23 (Großherzog Ferdinand) seine Rekruten aus beiden nördlichen Landesteilen bezog. In Wien, in den Vorstädten und im Viertel unter dem Wienerwald waren die Rekruten der beiden Regimenter Nr. 4 (Deutschmeister) und Nr. 24 (Preiß) beheimatet.

Es mag überraschen, daß so einfache Berufe wie Köhler oder Holzknechte von der Rekrutierung ausgenommen wurden. Es hat dies seinen Grund in den Schwierigkeiten, denen man sich plötzlich bei der Brennstoffversorgung gegenübersah. Bis herauf in die Mitte des 18. Jahrhunderts war der Wald in Niederösterreich nicht sonderlich geschätzt worden. Holz war im Überfluß vorhanden, man rodete noch immer große Waldgebiete und machte sie für die Landwirtschaft nutzbar. Jetzt aber trat plötzlich Holzmangel auf, die Versorgung Wiens und mancher Industrien mit Brennstoff war problematisch geworden. Wir haben gesehen, daß immer mehr Flüsse und Bäche zum Transport des Holzes ausgebaut wurden. Im Wienerwaldgebiet wurden 1756 an der Schwechat eine Hauptklause mit einer fünfeinhalb Meter hohen Sperrmauer und 13 Nebenklausen für die Brennholztrift geschaffen, selbst in Bächen des Waldviertels, an Ysper und Weiten, wurden Schwemmanlagen gebaut, doch war dem Holzmangel damit nicht abzuhelfen, man mußte zu strengeren Maßnahmen greifen. Im Jahre 1754 wurde verfügt, daß künftig das Erdgeschoß der Wohnhäuser aus Steinen oder Ziegeln zu erbauen sei, was das Aussehen vieler Dörfer und Einzelgehöfte veränderte. Die Waldordnung von 1766 erklärte, der Wald sei ein großes Kleinod des Landes, man müsse ihn schützen und hegen. Nunmehr sollte weniger Streu gewonnen werden, bei Abstockungen sollte man Samenbäume stehen lassen, die abgeholzten Strecken durfte man nicht abbrennen, um das Wachstum der Jungpflanzen nicht zu vernichten, schlecht nutzbare Wiesen und Äcker sollten mit Wald bepflanzt werden, ja selbst Bachufer und Sumpfgebiete. Jedem Haus wurde zur Pflicht gemacht, jährlich mindestens 20 Bäume, nicht nur wertvolle Holzsorten, sondern auch schnellwachsende, wie Birken und Weiden, zu setzen. Selbst die Wege und Straßen sollten nach französischem Beispiel mit Bäumen bepflanzt werden, eine Übung, die wir heute noch auf unseren Landstraßen sehen können. Vor allem aber durften nur ausgereifte Wälder als Weiden für Ziegen, Schafe und Schweine Verwendung finden. Betriebe mit großem Holzverbrauch, wie Glashütten und Eisenschmelzereien, sollten nur mehr in jenen Gegenden entstehen, von denen das Holz nur schwer oder überhaupt nicht nach Wien gebracht werden konnte. Um dem allgemeinen Mangel an Bau- und Brennholz in der Haupt- und Residenzstadt abzuhelfen, wurden zwei Maßnahmen ergriffen. Einmal mußten sich seit etwa 1760 die Ziegelöfen im Raume um Wien auf Steinkohle umstellen, deren Verwendung langsam eingebürgert wurde, seit 1756 wurde dies auch den Eisenwerkstätten zur Pflicht gemacht. Daneben stellte man Versuche mit Torfkohle an, die in Böhmen gewonnen wurde. Die Regierung setzte Preise für die zweckmäßige Verwendung des Torfes als Energiequelle im Gewerbe aus. Außerdem wurden neue, bisher fast völlig ungenützte Waldgebiete im Gebirge erschlossen. Holzknechte aus dem Salzkammergut, insbesondere aus Gosau, kamen ab 1760 in das Ötscherland, im Neuwald und in den angrenzenden Gebirgsteilen entstanden die Luftkeuchen der Holzknechte in Herrschaftswaldungen. Dort hat ein Mann fast legendären Ruhm erworben, der »Raxkönig« Georg Huebmer, der zu den »Helden der Arbeit« Niederösterreichs zählt. Aus dem Gosautal (Salzkammergut) gebürtig, wanderte der junge Holzknecht mit seinem Bruder 1772 nach Niederösterreich. Er arbeitete im Weinsberger Forst und später unter dem Kloster Gaming, wo die beiden Brüder als Partieführer die Urwälder der Herrenalpe am Dürrenstein nutzen halfen. Mit Holzknechten aus der Heimat vollführten sie dieses schwierige Werk und erhielten 1779 als neue Aufgabe, den Bannwald des Naßwaldgebietes um die Rax für die Eisenwerke des Tales von Reichenau auszuwerten. Dazu mußten sie das Höllental erst begehbar machen und für die Trift räumen, dann aber begannen sie im menschenleeren Wald mit der Arbeit. Dort haben sie die Siedlung Naßwald errichtet. Um die Wende zum 19. Jahrhundert hat Graf Johann Philipp Hoyos, der Besitzer der Herrschaften Gutenstein und Hohenberg, Huebmer beauftragt, seine ausgedehnten Waldbestände im Schneeberggebiet und in den südwestlich davon anschließenden Gebirgsgegenden bis zum Mürztal auszuwerten. Den Kern dieses Urwaldes bildete der Neuwald um Gippel und Göller.

Um das Holz aus dem Mürztal über das Gscheidl in das Schwarzatal zu bringen, von wo man es dann nach Wien schwemmen konnte, waren umfangreiche Vorarbeiten nötig, die zu den technischen Hochleistungen ihrer Zeit zählten. Zur Ermöglichung dieser Holztrift hat Huebmer, den Schicksalsschläge nicht beugen konnten, von 1822 bis 1827 einen Stollen durch das Gscheidl schlagen lassen, damit mit dem Wasser der Mürzquelle das Holz in den Preinbach geführt werden konnte. Diese Holzknechtskolonien im Gebirge wurden neue Zentren des Protestantismus, wie sich nach dem Toleranzpatent von 1781 zeigte. Noch heute haben diese Landstriche eine beachtliche evangelische Minderheit.

Die ausgedehnte Förderungstätigkeit des absoluten Staates in wirtschaftspolitischen Fragen brachte Niederösterreich eine wesentliche Umwandlung seiner Wirtschaftsstruktur und legte den Grund zu einer allmählichen Industrialisierung einzelner Landstriche, insbesondere des Wiener Beckens. Das Ziel dieser Wirtschaftspolitik war, die Länder an der Donau durch Aufbau eines »Universalkommerzes«, einer möglichst engen wirtschaftlichen Verschmelzung aller habsburgischen Länder, zu einem autarken Wirtschaftskörper zu machen und ihre wirtschaftliche Kraft dem fortgeschrittenen westeuropäischen Status möglichst anzugleichen. Dem stand »das gotische Gebäude« der Zunftverfassung, dessen Mitglieder »um ihre gerechte Nahrung« bangten, im Wege. Wohl hatten verschiedene Zweige der handwerklichen Produktion eine hohe Stufe erreicht, so die Sensen- und Sichelerzeugung in den Gebirgstälern, die Papiermühlen, Sägen und Ziegelöfen. Die Grenze der Ausbaufähigkeit war aber noch lange nicht erreicht. Deshalb wurde 1754 eine Scheidung der Gewerbe in »Polizei- und Kommerzialgewerbe« vorgenommen. Polizeigewerbe dienten dem lokalen Bedarf, Kommerzialgewerbe waren alle jene, die für den Absatz außerhalb des Erzeugungsortes arbeiteten. Gewerbeberechtigungen für Kommerzialgewerbe wurden auch dann vergeben, wenn es den Zunftsatzungen widersprach. Neuerlich wurden ausländische Fachleute ins Land gerufen, wie die Franzosen Fleuriet, Tetier und Gautier nach Wien, um die noch ganz unbedeutende Samtproduktion zu heben. Die Grenobler Handschuhmacher sollten ihr Gewerbe in Österreich einbürgern, die Engländer Rosthorn und Lightowler die Knopffabrikation und die Erzeugung platinierter Waren verbreiten, die Schweizer Känel und Lutz die Seidenbandproduktion bekanntmachen. Dadurch wurde die noch in den Anfängen steckende Wiener Mode-, Geschmacks- und Luxusindustrie gefördert. Die Aufhebung der zünftischen Schranken vieler Gewerbe, die sich bald zu Industriezweigen ausgestalten konnten, ermöglichte die erste industrielle Welle in Österreich.

Hatte in früheren Jahrzehnten der Staat mit Vorliebe selbst Industrien gegründet und betrieben, so zog er sich jetzt als Unternehmer immer mehr zurück. Zwar entstand noch 1751 in Nadelburg bei Wiener Neustadt eine mit Staatsgeldern errichtete Fabrik, die unedle Metalle verarbeitete und vorwiegend Nadeln und Messingartikel erzeugte, doch überließ man die Initiative nunmehr vorwiegend privaten Unternehmern, die man vor allem in den kleinen Landstädten zu Industriegründungen anregte. Denn dieses Zeitalter stand auf dem Standpunkt, die Industrie gehöre auf das Land. Dies war auch wegen der Energieversorgung, die weitgehend auf der Ausnützung der Wasserkraft beruhte, notwendig.

Die Industriegründungen dieser Jahrzehnte waren mannigfaltig. So verdient die 1773 errichtete Papierfabrik des Thomas von Trattner in Ebersdorf ebenso Erwähnung wie die Eisen-, Draht- und Feilenfabrikation, die Jakob Fischer 1776 in Krems gründete und drei Jahre später nach St. Aegyd am Neuwald verlegte. Eine leoninische Drahtwarenfabrik entstand in Mannersdorf am Leithagebirge, eine andere Drahtfabrik in Fahrafeld, und in St. Aegyd hat Martin Miller 1782 die erste Fabrik des Kontinentes errichtet, die Gußstahl erzeugte. Vor allem wurde Niederösterreich das führende Land der Baumwollverarbeitung, während die Erzeugung von Schafwollwaren weiterhin Monopol der Linzer Fabrik blieb. Diese errichtete in Meidling eine Zweigfabrik, deren Rohmaterial große Schäfereien in Theresienfeld und Meidling liefern sollten.

Als 1762 das Privileg der Schwechater Fabrik ablief, entstanden weitere wollverarbeitende Betriebe. Als erste hat 1763 eine Neugründung in St. Christian bei Enns, die wenig später nach Himberg verlegt wurde, das Monopol Schwechats durchbrochen. Im Jahre 1765 hat dann Heinrich Kajetan Graf von Blümegen in Kettenhof, in nächster Nachbarschaft von Schwechat, eine Zitz- und Kattunfabrik errichtet, die um die Jahrhundertwende Schwechat überflügelte und 36.000 Spinner, 2600 Spulerinnen, insgesamt etwa 40.000 Menschen, zum Teil allerdings nur in Nebenarbeit, beschäftigte. Schon früher, 1751, hatte Johann Fries, aus Mühlhausen in der Schweiz gebürtig, in Fridau bei Obergrafendorf eine Barchentfabrik errichtet, neben der 1764 mit tatkräftiger Unterstützung des aus Kippenheim stammenden Oberkriegskommissars Johann Anton Georg Grechtler, Besitzer der Herrschaften des Pielachtales, Johann Georg Labhart eine Kattunfabrik gründete. In Ebreichsdorf am Moos war 1773 eine weitere Fabrik dieser Gattung entstanden, deren Besitzer sich auf Kinderarbeit spezialisieren wollte, was aber die Regierung wegen der drückenden Arbeitsbedingungen dieses Unternehmens verhinderte. Sonst war man aber in dieser Hinsicht keineswegs zimperlich und wies Soldatenkinder, die Sprößlinge armer Leute, vorwiegend aber Waisen- und Findelkinder, den Textilfabriken zu, wo sie ab dem 8. Lebensjahr bei kargem Lohn harte Arbeit verrichten mußten und in großer Zahl an Tuberkulose starben. Die letzte große Gründung dieser Branche war die Zitz- und Kattunfabrik von St. Pölten, die 1787 von dem aus Hamburg zugewanderten und vorher in Fridau tätigen Christian Friedrich Reinke gegründet wurde. Ihr Besitzer errichtete außerhalb der Stadtmauern das Neugebäude, ein großes Arbeiterwohnhaus. Andere Gründungen haben oft nur wenige Jahre bestanden, so die 1766 in Guntramsdorf entstandene Baumwollzeug-Fabrik, die nach ihrem ersten Zusammenbruch von der Wiener Weberschaft übernommen wurde, aber trotzdem schon 1773 endgültig schließen mußte. Auch die 1766 gegründete Barchent-Fabrik des Emanuel Bozenhardt in Klosterneuburg florierte nur bis 1771 und wurde dann in eine Spitzenfabrik umgewandelt. Ein ähnlich kurzes Leben hatten die Fabriken von Brunn bei Horn, später in ein leeres Klostergebäude von Eggenburg eingewiesen, von Waidhofen an der Thaya und im Wiener Vorort Wieden. Neben der Baumwollverarbeitung traten die anderen Produktionszweige ganz zurück, wie etwa die Manchestererzeugung in Perchtoldsdorf.

Die Spinnarbeit der St. Pöltner Fabrik mußte bereits ins oberösterreichische Mühlviertel vergeben werden, weil die niederösterreichischen Arbeitskräfte voll ausgelastet waren. Jede Fabrik hatte einen »Spinnbezirk« zugewiesen erhalten, in dem Faktoreien das Material an die Heimarbeiter ausgaben und verarbeitet wieder einsammelten. Diese Spinner und Weber waren

Taglöhner, Keuschler, Bauern und Landhandwerker, die im Winter dadurch eine schlechtbezahlte Nebenbeschäftigung fanden. Denn um 1770 wurden die Löhne durch eine Teuerung, die in eine zwei Jahre währende Hungersnot mündete, sehr gedrückt.

Die Schwierigkeiten, die neu gegründete Textilfabriken mit der Zuteilung von Heimarbeitern hatten, bewogen die Regierung, die Entstehung von Spinn- und Webeschulen zu fördern. Im Jahre 1765 erschien nach umfangreichen und gründlichen Vorarbeiten das sogenannte »Spinnpatent«, das bestimmte, daß in allen Städten und Märkten, in denen die Spinnerei noch nicht eingeführt war, in Winterkursen Unterricht im Spinnen erteilt werden sollte, wofür die Magistrate die Räumlichkeiten zur Verfügung stellen mußten. Nicht nur die Waisen und Kinder armer Leute, auch die Handwerkerkinder vom siebenten bis zum 15. Lebensjahr sollten zum Besuch dieser Schulen angehalten werden. Diese Maßnahmen hatten, so segensreich sie gemeint waren, nur geringen Widerhall, da man ihre Bedeutung nicht erkannte. Nur dort, wo ein Unternehmer Interesse daran hatte, ist daraus Nutzen erwachsen. So sind durch die Enns-Himberger Fabrik schon 1764 neun Spinnschulen im Marchfeld unterhalten worden, und Johann Anton Grechtler ließ 1766 in seiner Herrschaft Fridau 171, in Kirchberg und Weißenburg 211 Kinder in solchen Schulen ausbilden.

Als dann aus England die dort schon in Verwendung gekommenen Spinnmaschinen eingeführt wurden, wandelte sich der Charakter der Textilindustrie. Die Heimarbeit ging zurück, die Fabrik im modernen Sinn mit all ihren Vor- und Nachteilen entstand. Durch das Zusammenströmen vieler Menschen kam es zur Bildung der Proletariersiedlungen, mit all den sozialen Problemen, die dann im folgenden Jahrhundert mit voller Deutlichkeit an die Oberfläche drängten, deren Wurzeln aber schon im Jahrzehnt Josephs II. liegen. Denn schon damals hat der kapitalistische Geist sich die Errungenschaften der Technik zunutze zu machen begonnen, ist jener Typ des bürgerlichen Unternehmers entstanden, der die industrielle Produktion der Kontrolle des Staates vollkommen entzog. Josephs Hauptziel, die Erreichung der Wettbewerbsfähigkeit der österreichischen Waren, förderte den Wirtschaftsliberalismus, der bald seine eigenen Gesetze erzwang.

Ein Opfer dieses Wirtschaftsliberalismus wurde die »Widmung«, im 16. Jahrhundert zur Versorgung der Bewohner um den Erzberg mit Proviant geschaffen. Die Proviantthändler von Scheibbs, Gresten und Purgstall führten im 17. Jahrhundert so viel Korn und Schmalz »zum Berg«, daß damit etwa 4000 Personen versorgt werden konnten, überdies noch Leinen, Wein und Holzkohle. Da aber die Lieferungen der Widmung den Bedarf nicht völlig deckten und die Innerberger Gewerkschaft durch freien Einkauf in den angrenzenden Teilen Nieder- und Oberösterreichs die fehlende Menge besorgen mußte, versprach man sich im 18. Jahrhundert vom Freihandel mehr und hob 1736 die Widmung probeweise auf. Nach vier Jahren wurde sie aber wieder eingeführt und im Eisengenerale von 1748 sogar neue Produkte, vor allem Schlachtvieh, Obst, Most und Kraut, Butter, Käse und Eier, einbe-

zogen. Da sich die Inhaber der Zerennhämmer stärker in den Provianthandel einschalten wollten, da sie hofften, dadurch günstiger zu Eisen zu
kommen, verlangten sie die Aufhebung der Widmung und erhielten im Dezember 1781 recht. Von dieser Zeit an begann der Niedergang der Eisenverarbeitung in den Tälern der niederösterreichischen Eisenwurzen.

Um die Mitte des 18. Jahrhunderts war in Karlstein im Waldviertel von
Wanderhändlern und Kleinhäuslern die Uhrmacherei begonnen worden.
Die Produkte wurden durch Hausierer in den Donauländern, in Böhmen,
Ungarn und Mähren vertrieben. Zur Blütezeit dieses Gewerbes um 1840 be-
schäftigten sich etwa 300 Familien im Tal der Deutschen Thaya mit der
Uhrmacherei und erzeugten jährlich etwa 140.000 hölzerne »Schwarzwäl-
deruhren«. Dann ging das Gewerbe unter dem Konkurrenzdruck der neu
aufblühenden Industrie des Schwarzwaldes und der Schweiz rasch zurück.
Seit etwa 1780 begann sich auch in Wien die Erzeugung von Taschen- und
Großuhren nach Genfer Vorbild auszuweiten, so daß es 1816 in der Stadt
40 bürgerliche und 108 befugte Kleinuhrmacher sowie 80 bürgerliche und
24 befugte Großuhrmacher gab. Auch in den meisten kleinen Landstädten
siedelte sich ein Uhrmacher an, der für den Bedarf der Adeligen und Bürger
arbeitete.

Den Hauptgewinn an der beginnenden Industrialisierung hatte die Stadt
Wien, denn dort, vorwiegend in den Vorstädten, entstanden zahlreiche größere und kleinere Unternehmen, lockten Menschen an, die Arbeit und Brot
zu finden hofften, und leiteten so die Großstadtperiode der »kaiserlichen
Haupt- und Residenzstadt« ein. 1785 zählte man hier schon 260 Fabriken,
und die Einwohnerzahl der Stadt erreichte 1790 207.000 Personen und stieg
in den Folgejahren rasch weiter. In den Vorstädten, wie in der Leopoldstadt,
auf der Wieden und auf der Landstraße in Sankt Ulrich, in Neubau und im
Schottenfeld, wurden zahlreiche neue Häuser gebaut und der Raum innerhalb des Linienwalles weitgehend besiedelt.

So erfolgreich die ersten Industrialisierungsprojekte verliefen, mit den
Versuchen, neue Bodenschätze im niederösterreichischen Raum zu erschließen, hatte man nur wenig Glück.

Im Jahre 1751 hatte der Gastwirt Johann Burger aus Annaberg bei der
Hollereralm am Hocheck silberglänzende Steine entdeckt, die einen bedeutenden Silbergehalt besaßen. Schon im folgenden Jahr wurde die St.-Anna-
Fundgrube, 1753 die St.-Joachim-Grube eröffnet. Da auch Blei und Zink
gefunden wurden, erbaute man 1756 eine Messingfabrik, zu der Kupfer aus
Spitz gebracht wurde, auch eine Silberschmelzhütte entstand im Lassingtal.
Bleifunde machte man 1762 in Weißenburg und 1771 am Schwarzenberg
bei Türnitz. Aber der Silberbergbau war bald passiv und wurde 1805 eingestellt, 1813 versiegten auch die Türnitzer Bleierzgruben. Zu erwähnen wäre
noch der 1758 begonnene Kohlenbergbau mit Alaungewinnung in Thallern,
der in den folgenden Jahrzehnten ausgebaut werden konnte, das 1790 eröffnete Steinkohlenbergwerk des Grafen Hoyos in Schauerleiten und die Entdeckung einer Quelle von schwarzem, unreinem Bergöl bei Gaming, das

man für Tierarzneizwecke verwendete.

Der Industrialisierung und den Versuchen, das heimische Gewerbe zu heben, mußte auch die Handelspolitik angepaßt werden. Hier war allerdings vom Wirtschaftsliberalismus wenig zu spüren, denn das Prohibitivsystem, das schon seit Leopold I. geübt und unter Karl VI. ausgebaut worden war, erhielt nochmals eine wesentliche Verstärkung. Obwohl Maria Theresia manchmal Bedenken an der Richtigkeit dieser Handelspolitik hatte, hielt sie doch daran fest. Als Joseph II. Einfluß auf die Geschäfte erhielt, wurde der Schutzzollgürtel weiter verstärkt.

Ein Fortschritt in der Vereinheitlichung des Wirtschaftsgebietes war die Mautordnung für Niederösterreich von 1755, die bestimmte, daß die Gebühren nur einmal eingehoben werden sollten. Trotzdem verteuerten die binnenländischen Mautstätten die Waren noch beträchtlich, denn in der Regel betrug die Maut 20 bis 30 Prozent des Warenwertes. Seit 1762 wurde die Frage erörtert, ob nicht die inländischen Mauten mit Ausnahme von Tirol, Vorderösterreich und Ungarn überhaupt abzuschaffen seien. Der neu begründete Hofkommerzienrat, eine Regierungsstelle, die sich lediglich wirtschaftlichen Fragen widmen sollte, wurde damit beschäftigt, denn noch immer waren die industriellen Erzeugnisse des einen Kronlandes in den anderen wenig bekannt. Der Warenaustausch nicht nur mit dem Ausland, sondern auch zwischen den Alpenländern und den böhmischen Provinzen, war nicht zufriedenstellend. Aber viele Jahre geduldigen Verhandelns waren nötig, bis man sich einigte, daß ab 1775 die österreichischen Donauländer, Innerösterreich und die Länder der böhmischen Krone ein einheitliches Zollgebiet bilden sollten, in dem sämtliche Abgaben, Aufschläge, die Stückmauten und Zölle, ob sie nun landesfürstlich, städtisch oder privat waren, aufgehoben wurden. Beibehalten hat man bloß die Passatmaut und alle zur Erhaltung der Straßen und Wasserwege eingehobenen Weg-, Brücken- und Wassermauten. Ebenso wurden die städtischen Niederlagsgebühren für Durchzugsgüter beseitigt. Die ungarische Zollinie blieb aber bestehen. Tirol, die Vorlande und die italienischen Provinzen bildeten ein drittes Zollgebiet.

Dadurch konnten endlich benachbarte Provinzen in einen regeren Güteraustausch ohne Behinderung durch die Lokalinteressen einzelner Herrschaftsbesitzer oder Städte treten. Um die Kaufleute mit der einheimischen Produktion bekanntzumachen, wurden Listen von Waren, die im Inland erzeugt wurden, angefertigt und die Kaufleute verpflichtet, bei Einfuhren aus dem Ausland auch bestimmte Posten einheimischer Güter zu übernehmen. Doch konnten dadurch die fremden Erzeugnisse nicht ganz verdrängt werden, denn schon damals hielt man in Österreich die Waren, die aus dem Ausland kamen, für besser. Es waren allerdings, wie von der Regierung angeordnete Untersuchungen zeigten, diese Waren oft in der Qualität schlechter und im Preis höher. Aber nicht nur die fremden Waren, auch die ausländischen Kaufleute sollten von den österreichischen Märkten ferngehalten werden. In einem Patent von 1764 wurde ihnen der Handel nur auf den großen Jahrmärkten und Messen in Wien und Krems, wo sich die einheimischen Kaufleute mit Waren versorgten, gestattet. Um den Handel mit Ungarn zu fördern, sollte Krems zur freien Niederlage für ungarische und siebenbürgische Waren werden, doch kam dieser Plan nicht zur Ausführung.

Damit der Warenaustausch im Lande erleichtert werde, wurde das Straßenbauprogramm, das Karl VI. begonnen hatte, fortgesetzt und nach Böhmen, Mähren und Triest neue Straßenstücke gelegt. Eine weitere für das Wirtschaftsleben wichtige Maßnahme war die Einführung von gleichen Maßen und Gewichten durch sechs Patente zwischen 1751 und 1777. Während in Wien ein Hauptzimentierungsamt errichtet worden ist, mußten auf dem Lande die Magistrate von Krems, Eggenburg, Waidhofen an der Thaya, Zwettl, Stockerau, Laa, Marchegg, Tulln, St. Pölten, Ybbs, Hainburg, Wiener Neustadt und Bruck die Eichung und Überprüfung der Gewichte alle zwei Jahre durchführen. Dort wurden Normmaße aufbewahrt, nach denen die lokalen Einheiten geeicht wurden.

Der allgemeinen Bewegung, die in diesen Jahrzehnten die Wirtschaftsentwicklung erfaßt hatte, konnte sich auch die wichtige Berufsgruppe des Bauernstandes nicht entziehen, dem noch immer die große Mehrheit der Bevölkerung angehörte, der aber seit Jahrhunderten nur wenige Fortschritte in seinen Bewirtschaftungsmethoden erlebt hatte. Die Verbesserung der Wirtschaftsführung des einzelnen Bauern, nicht nur der Grundherrschaften, mußte auch im Interesse der Regierung liegen, und sie verwendete viel Energie, dem Bauernstand die bessere Ausnützung seiner Felder zu ermöglichen. Lag doch noch in den meisten Gebieten ein Drittel der gesamten Ackerfläche brach und war für die Produktion verloren. Jetzt wurde durch Werbung und Ermunterung fortschrittlicher Betriebe die Bebauung dieser Flächen, vorwiegend mit Klee, angeregt, einer Pflanze, die den bisher ausschließlich durch Kornanbau genutzten Boden nicht verschlechterte. Der k. k. ökonomischen niederösterreichischen Gesellschaft, die 1765 über Veranlassung des Landesverordneten Graf Wenzel Breuner gegründet wurde, hat man die Aufklärung der Bauernschaft zur Pflicht gemacht. In ihrem Dienste sollten Theoretiker und Praktiker zusammenarbeiten. Kleesaatgut wurde kostenlos abgegeben, und im Auftrage der Gesellschaft schrieb der Gutsinspektor Schmidt eine Abhandlung über den Kleeanbau. Die zweite wichtige Frucht, die damals allgemein bekannt wurde, war die Kartoffel. Im Waldviertel war sie schon früher eingebürgert worden, denn bereits 1757 ist im Urbar der Pfarre Gmünd verzeichnet, daß die Zehentholden von Dietmanns sechs Metzen Erdäpfel zu liefern haben, das ergab eine Ernte von fünf Metzen für einen Ganzlehner. Im nahen Pyhrabruck wird schon um 1740 ein Kraut- und Erdäpfelzehent erwähnt, nach Arbesbach soll der Glasführer Andreas Kreuzer die Kartoffel gebracht haben. Im Weinviertel führte sie um 1760 der aus Holland stammende Pfarrer Eberhard Jungblut, der in Prinzendorf wirkte, ein. Er ließ sich Samen aus der Heimat bringen und lehrte die Bauern den Anbau. Trotz anfänglichen Widerstandes – man fand, »sie riechen und schmecken nicht, und nicht einmal die Hunde wollen sie fressen« – lernte man sie in den Hungerjahren 1770/71 schätzen. Damals war mehrmals eine

Mißernte des Getreides erfolgt, man mußte Ersatznahrungsmittel propagieren, von denen die Kartoffel sich am besten durchsetzte. Nun verdrängte sie bald das früher massenhaft angebaute Kraut. In andere Gegenden wurde die Kartoffel aus Siebenbürgen gebracht. Dem Pfarrer Jungblut haben im Jahre 1834, lange nach seinem Tode, seine Pfarrkinder ein Denkmal errichtet, das »Kartoffeldenkmal« genannt wird.

Ebenso unternahm man Versuche zur Verbesserung des Flachsbaues, baute erstmals neue Ölpflanzen an, verbesserte die Rinder- und Pferdezucht, letztere durch die Errichtung staatlicher Beschälstationen, und führte Mutterschafe zur Hebung der heimischen Schafzucht ein. Versuche zur Verbesserung des Düngers, die Verwendung des Gipses als erster Kunstdünger, wurden propagiert und landwirtschaftliche Maschinen begutachtet, so 1769 eine Sämaschine, 1773 eine Getreidetrockenmaschine, 1781 eine Dreschmaschine, 1782 ein Schneepflug. Im Bereiche der Gutsherrschaft Wolkersdorf sollte eine Güterbeamtenschule errichtet werden, an der Wiener Universität wurde auf Anregung der Gesellschaft eine Lehrkanzel für ökonomische Wissenschaften errichtet. Viele dieser Maßnahmen dienten in erster Linie der Hebung der Gutsherrschaften, nicht den kleinen Bauern, doch haben diese wieder aus den Fortschritten der Güter lernen können. Viele Herrschaftsbesitzer haben aber, als die Steuerleistung eingeführt wurde, ihre Meierhöfe aufgelassen und die Felder gegen besondere Pachtgebühren an Bauern verteilt, auf manchen auch Kleinhäuslersiedlungen errichtet, da viele Landarbeiter nach einem eigenen Haus strebten, um dem Militärdienst zu entgehen. Ihre Besitzer übten natürlich daneben ein Handwerk aus, das auf dem Lande gefragt war, wie Zimmermann, Maurer, Schneider oder Schuster. Solche Siedlungen – in manchen Orten waren es nur wenige Häuser, in anderen ganze Zeilen – hatte fast jedes Dorf, besonders groß waren sie im Wiener Becken und im unteren Thayaland. Selbständige Orte dieser Art sind Lerchenau im Weinviertel, Karlsdorf bei Haugsdorf, Leopoldsdorf im Marchfeld, Karlsdorf bei Enzersdorf, Wittmannsdorf, Oeynhausen, die Holzhackersiedlungen im Waldviertel und im südlichen Gebirgsland, wie Lackenhof am Fuße des Ötschers, Mitterbach, Neuhaus am Dürrenstein, Kernhof, Terz und Lahnsattel.

Durch einige Herrschaften wurden Sumpfgebiete trockengelegt, wie über Anregung der nö. ökonomischen Gesellschaft über sechshundert Joch bei Ebergassing, zu Moosbrunn oder Walpersdorf. Im Marchfeld pflanzte man 98.000 Pappeln zur Bekämpfung des Flugsandes. Auch das öde Steinfeld wurde kolonisiert. Am Schotterkegel der Piesting nördlich von Wiener Neustadt, wo gänzlich unfruchtbarer Boden war, entstand Theresienfeld, das bekannteste Kolonistendorf dieser Epoche. Einwanderer aus Tirol wurden angesiedelt, durch kulturtechnische Maßnahmen, wie die Errichtung einer Bewässerungsanlage, für die das Wasser aus der Piesting bei Wöllersdorf entnommen und durch den fünf Kilometer langen Tirolerbach dem Orte zugeleitet wird, wollte man dem Boden Fruchtbarkeit abtrotzen. Aber viele der Siedler verließen den Ort wieder, nur wenige Familien blieben.

Zur gleichen Zeit ging die letzte deutsche Ostsiedlerwelle durch unser Land, um das ungarische Tiefland, vor allem das Banat, zu erschließen und Siedlungen in Galizien anzulegen. Diese Menschen kamen aus der Pfalz und den schwäbischen Gebieten, viele aus den österreichischen Vorlanden. Unter ungeheuer schweren Bedingungen – man sagte, im ersten Jahre harre der Tod, im zweiten die Not, erst im dritten gäbe es wieder Brot – wurden die ausgedehnten Sümpfe gerodet und fruchtbar gemacht. Niederösterreicher haben sich nicht sehr zahlreich an diesem Kolonisationswerke beteiligt, denn das Land hatte keinen Bevölkerungsüberschuß; dieser wurde durch die Industrialisierung und die Kleinhäuslersiedlungen völlig aufgesogen. Nur wem zu Hause der Boden zu heiß geworden war oder strafweise dahin verschickt wurde, nahm an der Besiedlung Niederungarns teil, so eine Schar Bauern aus den Waldämtern des Gföhlerwaldes, die sich gegen die Robotleistung aufgelehnt hatten.

Im Jahre 1769 war es nämlich zu einem Konflikt zwischen dem Besitzer der Herrschaft Gföhl, Franz Wenzel Graf Sinzendorf, und seinen Bauern gekommen, als der Herrschaftsbesitzer, um einen Holzlieferkontrakt nach Wien einhalten zu können, eine Erhöhung der Robot verlangte. Obwohl die Rädelsführer eingekerkert und samt ihren Familien verschickt wurden, haben die Bauern doch den passiven Widerstand nicht aufgegeben, auch als ihnen Militär eingelegt und sie mit strengen Strafen bedroht wurden. Eine Deputation ihrer Frauen, die nach Wien zur Kaiserin ging, konnte keine Gerechtigkeit erhalten, auch nicht das Kreisamt, selbst als die Untersuchungen keinesfalls für die Herrschaft sprachen. Viel Leid, Demütigung und Schmerz brachten die zehn Jahre passiver Resistenz den Bauern des Gföhlerwaldes. Diese Ereignisse werfen aber auch einen dunklen Schatten auf das Reformwerk der Kaiserin, denn trotz der Anhörung der bäuerlichen Klagen und der gesetzlichen Verurteilung herrschaftlicher Zwangsmaßnahmen wurden die Grundsätze vergessen, wenn der betroffene Grundherr wie Sinzendorf ein Günstling des Hofes war.

Maria Theresia hat verschiedene Maßnahmen zum Schutze der bäuerlichen Untertanen erlassen. So wurde 1769 die Verhängung der Zuchthausstrafe durch die Herrschaft von der Genehmigung des Kreisamtes abhängig gemacht, 1770 wurde die zwangsweise Dienstleistung junger Leute, die Abforderung von Gebühren für Niederlassung außerhalb der Herrschaft, für Ausübung eines Gewerbes, die Auferlegung willkürlicher Geldstrafen, der Zwang, nicht früher als der Grundherr die Produkte zu verkaufen, abgeschafft. Auch über den Frondienst, »im gemeinen Leben Robot genannt«, erschienen zahlreiche Verordnungen. Das erste umfangreiche Gesetz von 1772 setzte fest, daß jeder Untertan dem Grundherrn die Robot zu leisten habe, allerdings nur von seinem behausten Gut, Inleute durften nur zu zwölf Tagen Handrobot veranlaßt werden, die Ganzlehner hatten eine vierspännige Zugrobot, die Halblehner eine zweispännige, die Viertellehner und Hauer aber nur die Handrobot zu leisten. Dort, wo noch ungemessene Robot üblich war, durften nur mehr 104 Tage verlangt werden, wobei in der

Woche nur zwei Tage beansprucht werden konnten. Die Grundherren konnten sich aber auch die Frondienste für immer ablösen lassen. Dieses Gesetz wurde im folgenden Jahr dahin verbessert, daß kein Untertan, der nicht schon vor 1772 Frondienste zu leisten hatte, nunmehr neu zur Robot angehalten werden durfte, Handrobot wurde mit 208 Tagen Höchstausmaß festgelegt. Um die Unklarheiten nach Möglichkeit auszuschalten, wurden jetzt die Frondienste an die Steuerleistung gebunden. So hatte zum Beispiel ein behauster Untertan, der nur 57 Kreuzer Steuer zahlte, jährlich 26 Tage, wer sieben Gulden siebeneinhalb Kreuzer bezahlte, wöchentlich zwei Tage, ein Inmann jährlich 13 Tage, wer als Halblehner zwischen 15 und 28 Gulden bezahlte, wöchentlich durch drei Tage mit zwei Stück Vieh zu fronen. Unter Joseph II. wurden dann diese Maßnahmen noch weiter fortgesetzt, die Lasten der Untertanen waren aber trotz der gesetzlichen Beschränkung noch immer mehr als hart.

Auf geistigem Gebiet hat der absolute Staat Aufgaben übernommen, die sich zum Segen des ganzen Volkes gestalteten. Denn Maria Theresia erklärte das Schulwesen zum »Politikum«, zur Angelegenheit des Staates. Bisher war es überwiegend in den Händen der Kirche gelegen, auch manche Orden hatten sich stets um das niedere Schulwesen große Verdienste erworben. Auf dem Lande gab es damals schon fast bei jeder Pfarrkirche eine Schule. Die Zustände waren aber nicht zufriedenstellend, vor allem war keine einheitliche Regelung und kein System erkennbar. Auch fehlte dem Lehrerstand die nötige Vorbildung, und die Volksschullehrer mußten, um ihren Lebensunterhalt fristen zu können, als Wirtshausmusiker, als Markt- oder Stadtschreiber, als Handwerker, Boten, Künstler oder Vorsinger bei Wallfahrten tätig sein. Es fehlte nicht nur die Systematik der Methoden, es mangelte auch an Schulbüchern, und nicht selten wurde der Unterricht in der Mesnerwohnung oder in Gasthäusern gehalten. Sämtliche schulpflichtigen Kinder vom fünften bis zum zwölften oder dreizehnten Lebensjahr und alle, die wirklich Unterricht genossen, wurden im Jahre 1770 in Wien und allen vier Landesvierteln gezählt. Das Ergebnis zeigte die ganze Unzulänglichkeit des Schulsystems auf. Selbst in Wien besuchten von 19.314 Kindern nur 4666, also knapp ein Viertel, eine öffentliche Schule.

Es war also verständlich, daß sich die Reformtätigkeit der Zeit auch auf das Volksschulwesen erstreckte. Den Anstoß gab eine Denkschrift des Bischofs Leopold Ernst Graf Firmian von Passau, der in seiner Diözese den Volksunterricht heben wollte. Obwohl die niederösterreichische Regierung, zur Stellungnahme aufgefordert, ein negatives Gutachten abgab, hat der Staatsrat, entrüstet über solch grobes Desinteresse in einer wichtigen Angelegenheit, der Kaiserin einen Resolutionsantrag vorgelegt, der von ihr genehmigt wurde und zur Gründung der niederösterreichischen Schulkommission führte. Diese erhob die statistischen Daten und regte die Gründung einer Normalschule in Wien an, die als Lehrerbildungsanstalt und Musterschule diente und 1771 eröffnet wurde. Die weitere Ausgestaltung des Volksschulwesens wurde dem Abt Johann Ignaz Felbiger des Augustiner-

Chorherrenstiftes Sagan in Preußisch-Schlesien übertragen, der weit über die Grenzen seines Heimatlandes hinaus als Kapazität bekannt war und den schon viele österreichische Lehrer aufgesucht hatten, um von seiner Methode zu lernen. Er arbeitete eine Schulordnung aus, die am 6. Dezember 1774 die Unterschrift der Kaiserin erhielt und ein epochales Werk darstellte. Die Landesstelle hatte demnach eine eigene Schulkommission zu errichten, die aus zwei bis drei Räten, einem Vertreter des kirchlichen Ordinariates und dem Direktor der Normalschule bestand. Sie hatte das gesamte Schulwesen des Landes zu überwachen und bei Gebrechen einzuschreiten. Die Schulen wurden in drei Gruppen geteilt, in Normalschulen, Hauptschulen und Trivialschulen. Normalschulen nannte man solche, die Richtschnur für alle anderen Schulen sein sollten. Sie bestanden aus einem Direktor und bis zu fünf Lehrern, für jede Klasse einen. Deutsche Hauptschulen wurden den größeren Städten, und zwar in jedem Viertel mindestens eine, zugeteilt, in allen kleineren Städten und Märkten sowie wenigstens in allen Pfarrorten entstanden Trivialschulen. Dort wurden Religion aus dem Lesebuch, das Kennen der Buchstaben, das Lesen geschriebener und gedruckter Bücher, die Kurrentschrift und einfaches Rechnen gelehrt. Das Recht der Lehrerausbildung und Prüfung blieb den Normalschulen vorbehalten, in jedem Schulgebäude sollten so viele Lehrer beschäftigt werden wie Klassenräume vorhanden waren. Man dachte in erster Linie daran, die bestehenden Schulen zu organisieren, und nicht so sehr, neue zu begründen. Vom sechsten bis zum dreizehnten Lebensjahr sollten die Kinder die Schule besuchen, in den Städten das ganze Jahr über mit dreiwöchiger Unterbrechung, auf dem Lande aber nur vom beginnenden Dezember bis Ende März, weil dann die Kinder der Bauern zur Arbeit benötigt wurden. Weiters waren Fortbildungskurse an Sonntagen bis zum 20. Lebensjahr vorgesehen.

Als Handbuch der Lehrer wurde 1775 das von Felbiger erarbeitete »Methodenbuch für Lehrer der deutschen Schulen in den kaiserlich-königlichen Erblanden, darinn ausführlich gewiesen wird, wie die in der Schulordnung bestimmte Lehrart ... bey jedem Gegenstand ... soll beschaffen seyn« gedruckt. Eine Kurzfassung und ein übersichtlicher Auszug wurden 1777 als »Kern des Methodenbuches, besonders für die Landschulmeister in den kaiserlich-königlichen Staaten« veröffentlicht.

Die Schulorganisation machte rasche Fortschritte, und 1779 gab es in Wien bereits eine Normalschule, neun Haupt- und 62 Trivialschulen sowie vier Klosterschulen, in denen 10.600 Kinder unterrichtet wurden. Auf dem Lande bestanden auch schon neun Hauptschulen (in Bruck, Klosterneuburg, Wiener Neustadt, St. Pölten, Melk, Waidhofen an der Ybbs, Ernstbrunn, Krems und Horn) sowie 761 Trivialschulen und zwei Klosterschulen, die von den Englischen Fräulein in Krems und St. Pölten unterhalten wurden. Obwohl diese Schulen schon 22.462 Kinder unterrichteten, besuchte doch erst ein Drittel der schulpflichtigen Landkinder den Unterricht. Unter diesen Landschulen gab es 23 Musterschulen, auch in kleinen Orten, wie Pyhra, Kirchschlag, Ferschnitz, Enzersdorf im Thale, Pyhrawarth,

Maissau, Eggenburg, Japons oder Schrems. Bis zum Jahre 1780 wurden weitere dreißig Trivialschulen errichtet.

Die Kosten des Schulwesens wurden aus einem eigens dafür gegründeten Fonds bestritten, dem die bisherigen Einkünfte der Elementarschulen, eine Verlassenschaftssteuer, freiwillige Beiträge und Stiftungen sowie der Gewinn des Schulbücherverlages zuflossen.

Wenn auch die Regelung des Volksschulwesens die größte Tat der Kaiserin auf kulturellem Gebiet war, denn sie hat damit allen Schichten der Bevölkerung die Möglichkeit geschaffen, sich ein gewisses Maß an Bildung anzueignen, wäre es doch ungerecht, würde man die Reformen der Mittel- und Hochschulen übersehen. Die Gymnasialstudien leiteten durchwegs geistliche Orden, vorwiegend die Jesuiten und die Piaristen. Als nun 1773 der Jesuitenorden aufgehoben wurde, vollzog sich hier ein Wandel. Das Wiener Neustädter Gymnasium hörte auf zu bestehen, das Kremser erhielten die Piaristen, die mit ihrer 1751 gegründeten St. Pöltner Schule in die Donaustadt übersiedelten. Ebenso wurde diesem Orden das sogenannte Akademische Gymnasium in Wien überlassen. Hinfort durften andere Orden keine Gymnasien mehr leiten, nur Melk erhielt dank dem Einfluß seines Prälaten Abt Urban II. eine Ausnahmestellung und konnte später sein Gymnasium wieder führen, das aber zwischen 1790 und 1804 nach St. Pölten verlegt war.

Aufsichtsorgan dieser Gymnasien wurde die Studienhofkommission, aus dem Vermögen der Jesuiten wurde ein eigener Studienfonds gebildet. Es ist aber doch unverkennbar, daß die Maßnahmen der Regierung auf dem Gebiet der Gymnasialstudien weniger tiefgreifend waren als im Volksschulwesen.

Daneben gründete man schon berufsbildende höhere Schulen. Im Jahre 1747 entstand im vormaligen kaiserlichen Sommerpalast auf der Wieden eine der adeligen Jugend gewidmete Ritterakademie, das Theresianum, das anfangs ebenfalls von den Jesuiten betreut wurde. Dagegen ist die mehr als 200 Jahre alte Landschaftsakademie geschlossen worden, die Schüler wurden in die neu errichtete Savoysche Akademie übergeführt, die, von der Herzogin Maria Anna Felicitas von Savoyen 1748 in der heutigen Stiftskaserne gegründet, von den Piaristen verwaltet wurde. Wenige Jahre später, 1754, gründete die Kaiserin die Orientalische Akademie, in der die Jugend für den diplomatischen Dienst im Orient herangebildet werden sollte. Ihr sind im Laufe ihres Bestandes bedeutende österreichische Diplomaten entsprossen. Als im Jahre 1770 eine Handlungsschule errichtet wurde, die im folgenden Jahr den Namen Real-Handelsakademie erhielt, war auch für den Nachwuchs auf kaufmännischem Gebiet gesorgt. Aber auch für die Ausbildung des Offiziersnachwuchses sind mehrere Schulen entstanden. In der kaiserlichen Burg von Wiener Neustadt gründete Maria Theresia 1752 eine Kriegsschule, eine Ingenieurschule in Gumpendorf wurde 1754 zur Ausbildung der Genieoffiziere eingerichtet, die Kriegsakademie auf der Laimgrube dagegen 1770 aufgelassen.

Die Reform der Wiener Universität ist bald nach dem Friedensschluß von Aachen in Angriff genommen worden. Vom katholischen Holländer Gerard van Swieten, ihrem Leibarzt (1700–1772), beraten, hat die Kaiserin mit Erfolg versucht, diese Stätte der Wissenschaft zu verbessern, ohne aber grundlegende und abrupte Änderungen vorzunehmen. Die Ernennung der Professoren wurde vom Staate übernommen, die gesonderte Rechtsprechung der Universität beseitigt. Als erste Fakultät wurde die medizinische reformiert. Hier hatte van Swieten, ihr Direktor und Präses, Gelegenheit, weitere Erfahrungen zu sammeln, so daß er 1752 den Antrag auf Reform der anderen Fakultäten stellen konnte. Studiendirektoren standen an der Spitze der Fakultäten, diese wieder wurden mit Ausnahme der Juristen dem Erzbischof von Wien als Protektor der philosophischen und theologischen Studien unterstellt. Aber schon 1760 wurde der geistliche Einfluß stark eingeschränkt, als die Studienhofkommission, eine Art Unterrichtsministerium, die Aufsicht über die Universität übernahm, die knapp vorher ein neues Gebäude erhalten hatte, das heute Sitz der Akademie der Wissenschaften ist. In der juridischen Fakultät wollte der neue Beamtenstaat seine Diener erzogen wissen, der Unterricht im Naturrecht wurde in den Vordergrund gestellt, das rein theoretische Studium von römischem und kirchlichem Recht aber wesentlich beschnitten. An der philosophischen Fakultät war vorerst der Einfluß der Jesuiten noch überwiegend. Nach der Aufhebung des Ordens begann auch die Verweltlichung dieser Fakultät.

Die Arbeit einiger Wissenschaftszweige muß besonders gewürdigt werden. Auf dem Gebiete der Naturwissenschaften bedeutete es einen großen Fortschritt, daß das vom Gemahl der Kaiserin mit hohen Kosten eingerichtete Hofmineralienkabinett der öffentlichen Benützung und den Studien geöffnet wurde. Im Jahre 1773 wurde von Franz Messmer und Ludwig Kohl ein Gemälde vollendet, das jetzt im Naturhistorischen Museum aufbewahrt wird und den damals schon verstorbenen Kaiser Franz I. inmitten seiner Sammlungen und umgeben von deren Direktoren Gerard van Swieten (Hofbibliothek), Valentin Jamerai Duval (Münzkabinett), Jean de Baillou (Naturalienkabinett) und Abbé Johann Marcy (Physikalisches Kabinett) zeigt. Es gibt in der historischen Ikonographie wohl wenige Bilder, auf denen ein Kaiser nicht von Staatsmännern und Feldherren, sondern von Gelehrten umgeben dargestellt ist.

Das Studium der Mineralogie wurde aus praktischen Gründen besonders gefördert und Ignaz de Born, seit 1776 mit der Ordnung des Mineralienkabinetts beauftragt, zum ersten Direktor berufen. Er war auch Hofrat für Münz- und Bergwesen bei der Hofkammer. Andreas Stütz (1747–1806), Mitglied des Chorherrenstiftes bei St. Dorothea und später Professor an der Real-Handlungsakademie, hat als erster die Mineralienvorkommen in Niederösterreich erforscht. Er schrieb vor allem über den Silberbergbau in Annaberg und über die ganze Geschichte der Mineralogie in unserem Land in seiner »Oryktographie von Unterösterreich«. Die Botanik erhielt durch den Niederländer Nikolaus Joseph Freiherr von Jacquin, der 1752, von van

Swieten eingeladen, nach Wien kam, hier sein »Specimen Florae Austriacae« schrieb und 1768 Professor für Chemie und Botanik an der Universität wurde, neuen Auftrieb. Van Swieten, der große Organisator des medizinischen Unterrichtes, gründete in Wien eine praktische Arzneischule, verbunden mit einer Krankenheilanstalt, deren erster Direktor der Niederländer Anton de Haen (1703–1776) wurde. Dieser führte sie zu europäischem Rufe empor. Sein Nachfolger und Schüler, der Schwabe Maximilian Stoll (1742–1787), hat das Ansehen der Wiener Klinischen Schule durch seinen alles belebenden Geist zu halten vermocht, nach seinem Tode welkte es aber dahin. An der Jesuiten-, später Universitäts-Sternwarte, hatte sich rege mathematische und astronomische Forschung entfaltet. Der Linzer Jesuit Josef Franz, 1776 gestorben, war durch zwanzig Jahre Vorstand dieser Sternwarte und natürlich auch Professor an der Universität. Das große Interesse Franz I. an den Naturwissenschaften förderte natürlich alle ihre Zweige.

Die theoretische Untermauerung der Verwaltungsarbeit erfolgte ebenfalls an den Hochschulen, wo das Gebiet der inneren Staatsverwaltung unter dem Namen Polizeiwissenschaft gelehrt wurde. Vor allem zwei Gelehrte haben jenen wissenschaftlichen Bestrebungen ihren Stempel aufgedrückt: der 1750 an die Theresianische Ritterakademie berufene sächsische Hofrat J. G. von Justi, ein bedeutender juristischer Schriftsteller, dessen Werke »Grundsätze der Staatswissenschaft«, »Die Polizeiwissenschaft« (1756) und »System des Finanzwesens« (1766) grundlegender Natur waren. Nicht minder fruchtbar war das Wirken Josef von Sonnenfels' (1732–1817), der seit 1763 die Lehrkanzel für Kameral- und Polizeiwissenschaft an der Universität innehatte. Er ergänzte in mancher Hinsicht die Lehren von Justi und erwarb sich auch Verdienste um die Reform des veralteten Strafrechtes; berühmt wurde vor allem seine Schrift über die Abschaffung der Folter. Als typischer Vertreter des aufgeklärten Absolutismus genoß er bei Joseph II. großes Ansehen.

Die Arbeiten an einem neuen Strafrecht hatten schon 1752 begonnen, doch erst am 31. Dezember 1769 wurde der Entwurf unterfertigt und damit die »Constitutio criminalis Theresiana«, auch »Nemesis Theresia«, die Peinliche, genannt, als Gesetz in Kraft gesetzt. In zwei Kapiteln wurde beschrieben, wie die Tortur »in der Residenzstadt Wien und in den österreichischen Ländern vorzunehmen ist«. Denn in dieser neuen Ordnung, die noch weitgehend auf der peinlichen Halsgerichtsordnung Karls V. beruhte, war vom neuen Geist der Humanität wenig zu spüren. Unter dem Einfluß des Mitregenten Joseph II. wurden aber bald einige Härten gemildert, 1776 die Tortur aufgehoben und die Hexenverfolgung, der Hunderte Frauen im Laufe der Jahrhunderte zum Opfer gefallen waren, beseitigt.

Das Naturrecht lehrte der Tiroler Karl Anton Martini (1726–1800), ein vielseitig beschäftigter Gelehrter, der daneben noch in der Bücherzensurkommission, in der Studienhofkommission, als Lehrer mehrerer Prinzen, als Hofrat der obersten Justizstelle und besonders in der Hofkommission für geistliche Geschäfte verwendet wurde und doch noch Zeit fand, viele Werke in deutscher, lateinischer und französischer Sprache zu schreiben. In der Geschichtswissenschaft endlich hat der Piarist Adrian Rauch die Texteditionen der ersten Jahrhunderthälfte fortgesetzt, der Jesuit Siegmund Calles schrieb eine Geschichte der Babenbergerzeit, sein Ordensbruder Anton Steyrer erforschte die Geschichte des späten Mittelalters, wie überhaupt auf diesem Gebiet die Jesuiten eindeutig dominierten und Männer mit großem wissenschaftlichem Ernst stellten, wie Josef Benedikt Heyrenbach oder Markus Hansiz. Der Erforschung der österreichischen Geschichte widmeten sich auch die Bibliothekare Adam Franz Kollar, Philipp Jakob Lambacher oder der Pauliner Matthäus Fuhrmann. Die Arbeit der Topographen setzte der sächsische Schauspieler Friedrich Wilhelm Weiskern fort, der seine freie Zeit der Erforschung der Topographie Niederösterreichs widmete und darüber in den Jahren 1769/70 ein dreibändiges Werk in Lexikonform veröffentlichte.

In der Dichtkunst stand Österreich unter dem Einfluß des mächtig aufblühenden mitteldeutschen Kulturideals, Gottsched und seine Sprachreform, Klopstock und Lessing übten nachhaltigen Einfluß, ohne daß Gleichwertiges auf heimischem Boden geschaffen worden wäre. Der eifrigste Missionär Gottscheds in Österreich, Franz Christoph Scheyb, ein gebürtiger Schwabe, seit 1739 Sekretär der Landstände in Wien, wo er 1753 die Tabula Peutingeriana in einer prächtigen Ausgabe der Öffentlichkeit bekanntmachte, griff mit zahlreichen polemischen Artikeln in den Literaturbetrieb der Zeit ein. Seine »Theresiade«, ein panegyrisches Lobgedicht auf die Kaiserin, machte ihn aber am weitesten bekannt, obwohl es eine weit ausgesponnene Allegorie mit mehr als 7600 Alexandrinern ist. Sein volksnahes Gegenstück war Thomas Aschbrenner aus Wolkersdorf (1712–1789), der Verfasser von Geburts- und Hochzeitsgesängen. In die Fußstapfen Scheybs trat anfangs auch Michael Denis (1729–1800), der Hausdichter der Theresianischen Akademie, der später völlig in den Einflußbereich Klopstocks und der Bardendichtung geriet und sich für die altdeutsche Dichtung erwärmte. In den »Liedern Ossians und Sineds« lieferte er einige altnordische Übersetzungen.

Zu seinem Kreise gehörten auch Joseph Franz von Ratschky und Gottlieb Leon, die seit 1779 einen Wienerischen Musenalmanach herausgaben, der Exjesuit Alois Blumauer (1755–1798), ein geborener Parodist, der zu Kaiser Josephs Zeit als polemischer Schriftsteller eine große Rolle spielte, sowie Leopold Lorenz Haschka, der Textdichter der Volkshymne, aber ansonsten ein haltloser Mensch, der immer das war, was ihm gerade modern erschien: Vorkämpfer Roms, Freimaurer, Kirchenfeind, Republikaner, reaktionärer Monarchist. Wenn wir bedenken, welch große Hoffnungen um die Jahrhundertmitte das literarische Deutschland, Klopstock, Lessing und Gottsched, auf Wien gesetzt hatten, war das Ergebnis alles in allem dürftig.

Dagegen ist vom Theater her Wiens Weg als deutsches Kulturzentrum mit Entschlossenheit beschritten worden. Seit 1741 wurde im Ballhaus nächst der Burg Theater gespielt, meist von einer französischen Truppe, welche die Klassiker des französischen Dramas, Corneille, Racine, Crebillon

347

und Voltaire, dem Wiener Publikum bekanntmachte. Auch der italienische Einfluß blieb weiterhin, vor allem in der Oper, überragend, bis sich 1750 Christoph Willibald Gluck in der Kaiserstadt niederließ. Seit 1764 Opernkapellmeister, hat die Aufführung seiner Oper »Alceste« im Jahre 1767 in Wien den Sieg der deutschen Oper vorbereitet, der durch die Pariser Aufführung seiner »Iphigenie in Aulis« im Jahre 1774 entschieden wurde. Aber mit dem Burgtheater, das nach dem Brande des Kärntnertortheaters auch das deutsche Schauspiel pflegte, wollte es nicht so recht klappen. Als sich 1772 die französische Truppe auflöste und die Stadt verließ, dachte man daran, Lessing als Theaterdirektor nach Wien zu berufen. Als auch dieser Plan scheiterte, hat Kaiser Joseph II. im Jahre 1776 das Burgtheater zum Hof- und Nationaltheater erklärt, für dessen Erhaltung mit öffentlichen Mitteln gesorgt wurde. Damit begann ein steiler Aufstieg dieses Theaters, das nun auch vorwiegend das deutsche Schauspiel pflegte, daneben aber dem deutschen Singspiel und der italienischen Oper breiten Raum gewährte. Auf musikalischem Gebiet begann sich nun Wiens und Österreichs Vorherrschaft im deutschsprachigen Raume deutlich abzuzeichnen. Joseph Haydn, als Sohn armer Eltern 1732 im kleinen Orte Rohrau geboren, mit 32 Jahren Vizekapellmeister bei Fürst Paul Anton Esterházy, wurde zum Vater der epischen Symphonie, des Streichquartetts und während der dreißig Jahre Fürstendienst unversehens zum berühmtesten Musiker der Erde. 1762 war das sechsjährige Wunderkind Wolfgang Amadeus Mozart nach Wien gekommen und hatte vor dem Hof gespielt, doch ließ er sich erst 1781 in Wien nieder, wo ihm aber der große Erfolg versagt blieb. 1788 trieb ihn die wirtschaftliche Not, sein Glück anderswo zu suchen. Aber überall blieb ihm die Anerkennung versagt, und im Dezember 1791 starb er einsam in Wien, einsam wurde er in einem Armengrab beigesetzt.

In der bildenden Kunst hat diese Epoche den Ausklang der österreichischen Barockkunst gebracht. Seit 1740 begegnet uns der Ornamentstil des Rokoko, der aber nicht jene Verwendung fand wie in Bayern. Überwiegend als Dekorationsstil erhielt er Bedeutung, weniger als Baustil; was man baute, war im Grunde genommen alles barock, nur waren die Profile und Gliederungen weniger wuchtig. Neben dem Rokoko begann sich auch bereits der Klassizismus durchzusetzen, in Wien besonders durch den französischen Baumeister Jean Nikolas Jadot, der die alte Universität schuf, im Lande vielleicht am besten durch die mächtige Fassade der Stiftskirche von Göttweig repräsentiert.

In der Malerei erlebte die niederösterreichische Barockkunst durch zwei große Meister, Franz Anton Maulpertsch (1724–1796) und Martin Johann Schmidt (1718–1801), einen letzten Höhepunkt. Maulpertsch, der kühne und gewandte Freskant, dessen Deckengemälde in Heiligenkreuz-Gutenbrunn, Mistelbach, Schwechat, Korneuburg und Wien Klarheit und Ausgewogenheit der Komposition verraten, hat im ganzen Gebiet der alten Monarchie Werke geschaffen und sich der politischen und geistigen Situation anzupassen verstanden. Die Altarblätter des Kremser Schmidt, eines überaus fruchtbaren Künstlers, der niemals eine eingehende künstlerische Schulung erfuhr, sondern sich an dem bildete, was er an Kunstwerken zu sehen bekam, finden wir nicht selten auch in kleineren niederösterreichischen Kirchen, gingen aber auch in fremde Länder. Er blieb stets seinem Stil treu und machte keinerlei Konzessionen. Die Wiener Malerakademie, seit 1748 im Hofstallgebäude untergebracht, wollte nicht so recht gedeihen. Es begann eine Periode hektischer Reformen, bis Fürst Kaunitz das Protektorat übernahm und mit Joseph Hauzinger als Professor für Historienmalerei, Johann Christian Brand (1722–1795) als Lehrer für Landschaftsmalerei und Johann Baptist Hagenauer als Leiter der Bildhauerklasse moderne Künstler berufen wurden. Nun brachte sie mit dem Bildermaler Johann Heinrich Füger (1751–1818, seit 1783 Vizedirektor) und dem Bildhauer Franz Zauner (seit 1782) zwei Künstler hervor, die neue klassische Ideen eindrucksvoll verwirklichten. Aber auch die Porträtmaler Joseph Hickel (1736–1807) und Johann Baptist Lampi (1751–1830) schufen bedeutende Werke, während Vinzenz Fischer die Übertragung der kaiserlichen Gemäldegalerie ins Belvedere im Jahre 1781 im Bilde festhielt. Besonders die 1768 von Jakob Mathias Schmutzer (1733–1811) begründete Kupferstecherakademie, von verschiedenen Persönlichkeiten gefördert, hat einen erfreulichen Aufschwung genommen und der Malerakademie fast den Rang abgelaufen. Im Jahre 1782 wurden beide Institute vereinigt. Nun begann die große Zeit der Porträtmalerei, die uns die wichtigsten Persönlichkeiten der Zeit im Bild überlieferte.

Gegenüber der Kirche hat die Kaiserin trotz ihrer tiefen Religiosität doch stets eine starke Hand bewahrt, seit 1746 auch das Placetum regium strenger gehandhabt. Kirchen und Klöstern wurde die Verbindung zu ausländischen Oberbehörden untersagt, die Geistlichkeit zur Steuerleistung herangezogen und die kirchlichen Behörden und Anstalten der staatlichen Aufsicht untergeordnet. Anfangs den Jesuiten gut gesinnt, deren Einfluß aber allmählich zurückging, hat sie 1773 der Aufhebung des Ordens durch Papst Clemens XIV. zugestimmt, sein Vermögen für den Staat beansprucht, den Mitgliedern aber staatliche Pensionen ausgesetzt.

Über ihr Einschreiten wurden vom Papst einige Feiertage aufgehoben, die Prozessionen und Bruderschaften eingeschränkt, die Klosterkerker beseitigt und öffentliche Kirchenbußen abgeschafft. Aus volkswirtschaftlichen Gründen wurde der Eintritt in Klöster erschwert und die Ablegung der Gelübde an die Vollendung des 24. Lebensjahres gebunden. Da ihr der katholische Glaube der einzig richtige erschien, hat sie erst in ihren letzten Lebensjahren den Protestanten Duldung – wenn auch keine gesetzliche – gewährt, die nun auch den Doktorgrad erwerben konnten. Auch Mischehen wurden zugelassen.

Das entschlossene Vorgehen gegen den Aberglauben, aber auch gegen Volksbräuche, entsprach ganz dem Geiste der Aufklärung. Wir verstehen wohl, daß ab 1754 die Kalender keine abergläubischen Geschichten enthalten durften, daß der Verkauf von Traumbüchern, die Beschäftigung mit Alchimie verboten wurde, und daß man das Volk über das Törichte des Zauber- und Hexenglaubens aufklären wollte. Dabei wurden aber auch die verschiedensten Volksbräuche, wie Faschingbegraben, Kripperlspiele, Dreikönigsspiele und Lichtmeßspiele, verboten.

Am 29. November 1780 ist Maria Theresia gestorben, ihr ältester Sohn, Kaiser Joseph II., wurde Alleinherrscher in den immer häufiger »österreichische Monarchie« genannten habsburgischen Ländern.

Von vielen mit größten Erwartungen begrüßt, begann er auch bald mit Feuereifer viele Reformen, die aber so überstürzt erfolgten, daß sie oft nicht ausreifen konnten. Rücksichtslos beschritt er den Weg zum Einheitsstaat, betrachtete die Landstände als reaktionäre Einrichtungen ohne Sinn und Zweck in der modernen Zeit und ging einen Schritt weiter als seine Mutter. Er nahm keine Erbhuldigungen mehr entgegen und ließ den in Klosterneuburg aufbewahrten Erzherzogshut in die Schatzkammer der Hofburg nach Wien bringen. Damit war das Herrschersymbol des Landes aus der Aufbewahrung der Stände in den Besitz des Hofes übernommen. Die Ständeversammlungen wurden nicht mehr einberufen. Die ständischen Behörden wurden auf vier Verordnete reduziert und mit der landesfürstlichen Verwaltung vereinigt, der Landmarschall leitete hinfort unter dem Titel »Regierungspräsident und Landmarschall« die gesamte Verwaltung. Im Jahre 1782 wurde die Justizverwaltung neuerlich von der politischen getrennt und im folgenden Jahre in Linz eine »oberennsische« Regierung errichtet. Dies bedeutete, daß nun das Land ob der Enns endgültig eine eigene Provinz bildete und die Befugnisse des Regierungspräsidenten in Wien sich nur über Österreich unter der Enns erstreckten. Der frühere Landmarschall Johann Anton Graf von Pergen, der schon beim Aufbau des Schulwesens in Niederösterreich tätig gewesen war, wurde 1782, als der Kaiser die landesfürstliche und ständische Verwaltung vereinigte, zum Präsidenten der Landesregierung bestellt und baute im Auftrag Josephs später auch die Staatspolizei auf. Damit war er der erste österreichische Polizeiminister.

Joseph II. hat wohl den äußeren Aufbau der Behörden nicht verändert, sie aber innerlich vollkommen umgestaltet und das kollegiale System abgeändert. Seit 1781 wurden Konduitlisten der Beamten geführt, die Landeschefs waren für die Tätigkeit ihres Amtes und ihrer Beamten verantwortlich, sie konnten nach ihrem Belieben den einzelnen Regierungsbeamten ihren Wirkungskreis zuweisen, waren also sowohl nach außen wie nach innen mit großen Befugnissen ausgestattet. Nur so ist auch die rasche Durchführung mancher Patente zu erklären.

Die Verwaltungsreform setzte sich nach unten fort und ergriff die städtischen Organe. In den bedeutendsten Städten des Landes, in Wien und Wiener Neustadt, wurden »organisierte Magistrate« geschaffen, bei denen die gesamte Stadtverwaltung aus Männern mit juristischer Bildung bestehen mußte. Dies hatte zur Folge, daß die Magistratsangehörigen nicht immer aus dem Bürgerstand der betreffenden Stadt stammen konnten. In den kleineren Städten Hainburg, Korneuburg, Krems und Stein, Bruck, Baden, St. Pölten, Tulln, Eggenburg, Ybbs, Klosterneuburg, Laa, Waidhofen an der

Thaya, Weitra, Retz, Zwettl, aber auch in den ehemals mitleidenden Märkten Mödling, Perchtoldsdorf, Gumpoldskirchen und Langenlois, in den freien Märkten Stockerau, Gars, Pulkau, Aspang, Hohenruppersdorf sowie in den herrschaftlichen Städten Gmünd, Feldsberg, Horn, Waidhofen an der Ybbs, Pöchlarn und Zistersdorf wurden die Magistrate mit Hofdekret vom 24. Februar 1785 »reguliert«. Ihre Verwaltung hatten ein Bürgermeister, drei Ratsmänner und ein Syndikus zu besorgen, denen Hilfspersonal beigegeben war. Bürgermeister und Ratsmänner wurden gewählt, aber nicht in direkter Wahl, sondern die Bürgerschaft hatte einen achtköpfigen Bürgerausschuß zu bestimmen, der wiederum unter Vorsitz des Kreishauptmannes die vier Magistratsmitglieder für eine vierjährige Amtsdauer wählte. Auch der Syndikus wurde vom Bürgerausschuß gewählt, eigentlich nur aus einer Anzahl von Bewerbern ausgewählt, denn diese Stelle konnte nur jener erhalten, der die Rechtsstudien absolviert und bei der niederösterreichischen Regierung aus dem politischen, beim Appellationsgericht aus dem Judicialfach eine Prüfung zur Ausübung des Richteramtes abgelegt hatte. Deshalb war er auch meist kein Einheimischer. Seine Bestellung war zeitlich nicht beschränkt. Seit 1802 wurden die Bürgermeister der landesfürstlichen Städte auf Lebenszeit bestellt, seit 1806 auch die der untertänigen.

Mit dem Aufhören der früheren Ratsverfassungen, bei denen die Bürgerschaft wenigstens den äußeren Rat hatte wählen können, der dann den inneren Rat bestellte, ist der Einfluß der Stadt- und Marktbürger auf die Gestaltung ihrer Obrigkeit neuerlich geringer geworden. Kaiser Joseph II. hat zwar ebenso wie seine Vorgänger die Privilegien der Städte nochmals bestätigt, aber ihrer wesentlichen Vorrechte, soweit solche bestanden, waren sie meist schon unter Maria Theresia beraubt worden. Nur die Wochen- und Jahrmärkte blieben als einziges Sonderrecht der einzelnen Orte, andere Angelegenheiten wurden nun für das ganze Land einheitlich durch Gesetze geregelt. Die Gemeindeverwaltung wurde bis zum Inkrafttreten des Gemeindegesetzes von 1849 nicht mehr verändert.

Auch im Gerichtswesen der Städte erfolgte eine Umgestaltung. In den regulierten Magistraten war der Stadtrichter hinfort überflüssig, seine Arbeit hatte der Syndikus zu leisten. Als Oberbehörde für zivilrechtliche Angelegenheiten galt das niederösterreichische Appellationsgericht. Bei den organisierten Magistraten von Wien und Wiener Neustadt wurden eigene Kriminal- und Zivilsenate gebildet und die Leitung je einem Vizebürgermeister übertragen.

Nicht erfaßt wurden die Grundherrschaften als Gesamterscheinung, obwohl der Kaiser auch in sie, aber nicht in die öffentlichen Aufgaben, sondern in privatrechtliche Bereiche eingriff.

Eine neue Zivilgerichtsprozeßordnung, die Joseph II. im Jahre 1787 einführte, hat die Trennung von Justiz und Verwaltung bis hinunter in die ersten Instanzen ausgesprochen, die Rechtsfindung durfte, auch bei den Stadt-, Markt-, Dorf- und Dominikalgerichten, nur mehr durch geschulte Richter erfolgen. Über den schon vorhin erwähnten Appellationsgerichtshof ging nun der Instanzenzug auch in Zivilrechtsangelegenheiten, während die Oberste Justizstelle letzte und höchste Berufungsinstanz wurde. Das Landrecht blieb nur mehr Zivilgericht für Adelige.

Besonders einschneidend war in den ersten Jahren der Alleinregierung die Verbesserung der rechtlichen Situation der einfachen Menschen. Den Anfang machten zwei für die Rechtsstellung der bäuerlichen Untertanen wichtige Patente, die beide mit 1. September 1781 erlassen wurden. Das eine ist das Untertanenstrafpatent, das zweite das Untertanenbeschwerde-Verhaltenspatent, in dem das Beschwerderecht eines Bauern oder einer ganzen Gruppe festgelegt wurde. Hingegen blieb das am 1. November 1781 erlassene Patent über die Aufhebung der Leibeigenschaft für Niederösterreich ohne Bedeutung, da eine solche hier nicht mehr bestand, und die Untertänigkeit, wie sie in Niederösterreich bestand, nun auch anderswo, insbesondere in den böhmischen Ländern, zur Norm gemacht wurde. Die Freizügigkeit jüngerer Bauernkinder wurde aber trotzdem größer, um sie im Dorfe zu halten, wurde die Errichtung von Kleinhäusern gefördert. Als Landhandwerker, die daneben noch eine kleine Landwirtschaft betrieben, sollten sie ihr bescheidenes Auskommen finden. Bis in die sechziger Jahre unseres Jahrhunderts gab es in jedem Dorf eine derartige Häusergruppe, in manchen ganze Zeilen solcher Kleinhäuser. Deren Bewohner, die Inleute und Knechte, bildeten mehr als die Hälfte der Dorfbewohner. Parallel zu diesen Verordnungen der Neuordnung des gesellschaftlichen Lebens in den Dörfern ergingen eine Fülle von Patenten, die das geistige Leben und das Verhältnis zu den Religionen, insbesondere auch die innere Situation der katholischen Kirche betrafen. Eingeleitet wurden sie durch das Toleranzpatent für Protestanten des augsburgischen und helvetischen Bekenntnisses sowie für griechisch-orthodoxe Christen vom 13. Oktober 1781. Diese erhielten nun alle bürgerlichen Rechte, insbesondere auch die Möglichkeit, Gemeinden zu bilden und Kirchen zu errichten. Solche durften aber keinen Eingang von der Straße und keinen Turm haben. Solche Gemeinden entstanden in Wien, wohin auch das evangelische Konsistorium aus Teschen übersiedelte, und in Mitterbach bei Mariazell. Aus dem Gebiet von Gosau und dem oberen Ennstal eingewanderte Holzknechte des Ötschergebietes hatten sich bei einer Kommission in der Pfarre Annaberg in großer Zahl als Evangelische bekannt und bewiesen, daß selbst im Gebiet des Stiftes Lilienfeld ein Protestantismus weiterbestanden hatte. Die Kirche St. Johann in der Wüste unter dem Ötscher wurde überflüssig und mußte aufgelassen werden.

Am 2. Jänner 1782 erschien auch ein Toleranzpatent für die Juden, das diesen wesentlich weniger Rechte einräumte. Sie durften vorläufig in Wien auch keine Synagoge errichten. Erst fünfzig Jahre später wirkte sich diese Toleranz aus, es entstanden allmählich mehrere jüdische Gemeinden, die Bethäuser erbauten.

Durch weitere Patente und Mandate hat Joseph II. tief in verschiedene Lebensbereiche eingegriffen und so bei einem Teil seiner Untertanen große Bestürzung und Unzufriedenheit wachgerufen. Vor allem im Bereiche der katholischen Kirche hat er Änderungen durchgeführt, wodurch die in der Gegenreformationszeit aufgebauten Einrichtungen in ihren Grundfesten erschüttert worden sind. Die große Zahl der Klostergeistlichen war der Regierung auch schon zu Zeiten der Kaiserin Maria Theresia ein Dorn im Auge gewesen, denn im Sinne der Aufklärung wurde argumentiert, daß dadurch ein wesentlicher Teil der geistig hochstehenden Landeskinder bevölkerungspolitisch dem Staate, der Wirtschaft und dem Fortschritt in Kunst und Wissenschaft entzogen würde. Tatsächlich hatte die Zahl der Klostergeistlichen im 17. und 18. Jahrhundert so zugenommen, daß man im Jahre 1765 7200 Mönche in Niederösterreich zählte, davon 1500 allein in Wien. Die neuzeitlichen Gründungen waren überdies in der Regel schwach dotiert und fielen der Bevölkerung zur Last, da sich viele Mönche durch Betteln ihren Lebensunterhalt besorgten. Der Zufall kam dem Kaiser bei seinen ohne Zweifel schon vorher geplanten Schritten zu Hilfe. Am Beginn des Jahres 1782 entwichen aus dem Kloster Mauerbach zwei Mönche, die schon lange Führer der Opposition gegen den Prälaten gewesen waren, wandten sich mit Beschwerden an die Regierung und veranlaßten so eine Untersuchung des Klosters, die verschiedene Mängel in der Verwaltung zutage förderte. Dies nahm der Kaiser zum Anlaß, mit Reskript vom 12. Jänner 1782 die Aufhebung aller Kartäuser, Camaldulenser, Eremiten und der Frauenklöster der Karmeliterinnen, Franziskanerinnen, Clarissinnen und Kapuzinerinnen anzuordnen, wobei die Landesstelle mit der Durchführung beauftragt wurde. So sind noch im gleichen Jahr die Klöster Mauerbach, Gaming, Aggsbach und das Benediktinerstift Kleinmariazell im Wienerwald, wo ähnliche Zustände wie in Mauerbach herrschten, aufgehoben worden. Im Laufe der zehnjährigen Regierungszeit Josephs wurden in Niederösterreich 50 Männerklöster und elf Frauenkonvente für immer geschlossen, wobei in erster Linie solche Orden betroffen wurden, die weder Schulen noch Spitäler unterhielten oder sich auf wissenschaftlichem und kulturellem Gebiet nicht betätigten. Vorwiegend handelte es sich um Gründungen der Gegenreformation, doch waren auch sehr alte Klöster darunter, wie die Chorherrenstifte in St. Pölten, St. Andrä an der Traisen und Dürnstein, die Propstei Ardagger und die Dominikaner in Krems. In Wien ist die Hälfte der Klöster aufgehoben worden. Aus dem Besitz der aufgehobenen Stifte wurde noch im gleichen Jahr der Religionsfonds geschaffen, die Einkünfte sollten zur Versorgung der obdachlos gewordenen Mönche und zur Förderung der Kirche verwendet werden. Viele Kulturgüter aber wurden rücksichtslos verschleudert, meist tief unter ihrem wahren Wert, die Bücher und Archivalien dem Staatsarchiv und der Hofbibliothek eingegliedert, wobei ohne besondere Sorgfalt vorgegangen wurde. Als im Jahre 1789 auch das Stift Lilienfeld wegen zerrütteter Verhältnisse aufgehoben wurde, hat man beim Transport der Archivalien und Bücher nach Wien stärkere Codices gelegentlich bei schlechtem Straßenzustand in die Schlaglöcher geworfen, um mit den schwerbeladenen Fuhrwerken leichter vorwärts kommen zu können. Die Einrichtungen der Klosterkirchen, Altäre, Bilder und Glocken, wurden auf andere Pfarrkirchen verteilt, die Gebäude selbst zu verschiedenen Verwendungszwecken, etwa als Kasernen, Fabriken, Wohngebäude, Spitäler und Versorgungshäuser, herangezogen.

Den tiefsten Einschnitt in die Verfassung der Klöster bildete aber die Einsetzung von Kommendataräbten seit dem Jahre 1786. In allen Klöstern, deren Äbte starben oder zur Ausübung ihres Amtes unfähig wurden, bestellte die Regierung solche Äbte, deren Aufgabe die Wirtschaftsführung war, während für die geistliche Leitung Prioren gewählt wurden. Solche Äbte konnten Welt- oder Stiftsgeistliche werden, doch sollten sie nicht aus dem gleichen Kloster stammen. Nur Melk erhielt einen Kommendatarabt aus dem eigenen Haus, der auch 1790 von seinen Mitbrüdern zum Abt gewählt wurde. Denn diese Einrichtung wurde sofort nach des Kaisers Tod abgeschafft.

Kaiser Joseph II. hatte durch die Aufhebung der Hälfte aller Klöster den durch die Gegenreformation überspitzten Zustand in ein für den Staat und den sozialen Aufbau des Volkes tragbares Ausmaß zurückgeführt. Durch die Schaffung einer neuen Bistums- und Pfarrorganisation hat er der Kirche einen großen Dienst erwiesen. Sein Ziel war, daß kein im Ausland residierender Bischof in seinen Ländern wirken sollte. So mußte schon 1782 der Erzbischof von Salzburg den niederösterreichischen Anteil seiner Diözese im Wechselgebiet an das Bistum Wiener Neustadt abtreten. Nach dem Tode des Fürstbischofs Firmian von Passau hat er, ohne das Passauer Kapitel oder den Heiligen Stuhl zu fragen, den östlichen Teil der Diözese Passau, also in erster Linie das Viertel unter dem Manhartsberg, der Erzdiözese Wien zugewiesen und den Wiener Neustädter Bischof nach St. Pölten versetzt, wo er hinfort die beiden westlichen Landesviertel zu betreuen hatte, während die Neustädter Diözese dem Wiener Erzbistum eingegliedert wurde. Als Bischofssitz wurde dem bisher in Wiener Neustadt residierenden Oberhirten Johann Heinrich von Kerens das zu diesem Zweck aufgehobene Chorherrenstift in St. Pölten zugewiesen.

Daneben wurde seit 1783 von Staats wegen, allerdings unter Mitwirkung der Bischöfe, die Pfarrorganisation einer Revision unterzogen. Nicht nur in der Stadt Wien wurden neun neue Pfarren errichtet, auch auf dem Lande sollte kein Bewohner mehr als zwei Meilen zu seiner Pfarrkirche zu gehen haben. Dadurch wurden 263 neue Seelsorgestationen nötig, die nur sehr schwer mit Priestern besetzt werden konnten, obwohl viele Klostergeistliche nun Weltpriester wurden. Jeder Seelsorger bezog nun ein festes Einkommen, die Kongrua, die für Pfarrer 400, für Kapläne 300 und für Hilfspriester 150 Gulden jährlich betrug. Die Kongrua sollte wie die Baukosten für neue Kirchen der Religionsfonds zahlen, doch reichten seine Mittel dafür bald nicht aus, so daß der Staat Zuschüsse gewähren mußte. Die bestehenden Klöster mußten den Ausbau der Pfarrorganisation tragen, insbesondere auch die Errichtung neuer Kirchen und Pfarrhöfe selbst finanzieren. Die Pfarren erhielten auch neue Funktionen, sie mußten nun für den Staat die Matriken führen und in der Armenversorgung tätig werden. Diese Pfarrorganisation hat sich vortrefflich bewährt, bis in unser Jahrhundert wurden nur dort Korrekturen notwendig, wo neue Bevölkerungsballungen im Zuge der Industrialisierung entstanden. Bei den ihnen zugedachten Aufgaben waren die Priester aber überfordert. Um ihnen die dafür notwendige Ausbildung und Einstellung zu geben, sollten die Geistlichen hinfort in staatlichen Generalseminarien und nicht mehr in bischöflichen und klösterlichen Schulen erzogen werden. Das staatliche Generalseminar für Niederösterreich wurde im Jahre 1783 im ehemaligen Jesuitenkollegium in Wien errichtet. Direktor, Vizedirektor und Spiritual wurden von der Regierung ernannt, arme Zöglinge erhielten ihr Kostgeld vom Religionsfonds. Doch wollten sich die Bischöfe nicht einverstanden erklären, daß die jungen Theologen im josephinischen Geist erzogen wurden, zumal die Generalseminarien nicht mustergültig geführt wurden, wenn auch die Regierung keine Ausfälle gegen Dogmen und Klerus duldete und disziplinäre Ausschreitungen ahndete. Viele Geistliche, die in diesen Seminarien erzogen worden waren, bezeichneten sie andererseits wieder als würdige Stätten theologischer Bildung, wenn auch ein anderer Geist als früher herrschte.

Der Kaiser griff aber auch in die Seelsorge selbst ein, gab 1783 eine Gottesdienstordnung heraus, in der selbst Dauer der Messen und die Zahl der beim Gottesdienst verwendeten Kerzen festgelegt wurde, verbannte die Ablaßbilder, Statuen und unnötigen Zierat aus den Kirchen. In weiten Kreisen böses Blut machte die Begräbnisordnung von 1784, welche die Friedhöfe vor die Städte verlegte, den Schreinern befahl, nur mehr Särge aus weichem Holz mit flachen Deckeln anzufertigen, oder gar verfügte, die Leichen nackt in Säcke zu stecken und auf den Friedhöfen zu bestatten. Zur Abwicklung der Begräbniszeremonie wurden in jeder Pfarre Särge angeschafft, deren Boden sich nach Versenkung im Grab öffnen ließ und die immer wieder verwendet werden konnten. Schon nach fünf Monaten mußte diese Verfügung zurückgenommen werden, da sie allerorten größten Unwillen erregt hatte.

Die kirchlichen Reformen wurden von einem Teil der Geistlichen begrüßt, von vielen aber abgelehnt. Führender Gegner war der Erzbischof von Wien, Kardinal Christoph Anton Graf von Migazzi, ein gebürtiger Tiroler und seit 1757 Erzbischof von Wien. Seine Kontroverse mit dem Kaiser nahm sogar persönliche Formen an.

Initiator und geistiger Lenker der staatlichen Maßnahmen im kirchlichen Bereich war der aus dem nunmehr preußischen Niederschlesien stammende Hofrat Franz Joseph Ritter von Henke, ein großartiger Jurist, dem schon durch Maria Theresia die Leitung der geistlichen Angelegenheiten übertragen worden war. Dagegen ist unter Joseph die Bindung von Kirche und Schule wieder enger geworden. Einmal sollte nach einem Mandat von 1783 bei jeder Pfarre und Lokalkaplanei, wo das Pfarrbuch gehalten wurde, auch ein Lehrer angestellt werden, wodurch die Zahl der Schulen im Verhältnis zur Vermehrung der Pfarren eine Vergrößerung erfuhr, dann aber wurde 1787 festgelegt, daß alle Kirchenpatrone zugleich auch das Schulpatronat zu besorgen hätten. Die Pflicht, Beiträge zur Erhaltung der Schulgebäude zu leisten, wurde mit dem Recht, die Pfarren zu besetzen, gekoppelt. Auch der Religionsfonds wurde bei allen Orten, wo er Kirchenpatron war, zum Schulpatron gemacht.

Alle diese Maßnahmen wurden von einer Flut von Schriften und Broschüren erläutert und begleitet. Seit im Jahre 1781 die Zensur gelockert worden war, blühte der Weizen der Schriftsteller und derer, die sich für solche hielten. Wenn auch keine Zensurfreiheit herrschte, so wurde doch sehr liberal vorgegangen und Broschüren zugelassen, die selbst den Kaiser auf derbe Art verunglimpften. Die Ausschaltung der Kirche aus der Zensur, dafür aber die Einschaltung der Polizei, war charakteristisch. Die Zensur war nun als Kontrollorgan im Dienst des Allgemeinwohls gedacht und sollte mithelfen, die Untertanen zu vernünftigem Leben zu erziehen. Demnach wurden auch die Lehrbücher streng überwacht, man bekämpfte nicht nur den Aberglauben, sondern auch den Unglauben, denn die Toleranz galt nur für die anerkannten Religionen. Die Zensur sollte also mithelfen, die Kultur zu säkularisieren.

Im Zuge der beginnenden Kirchenreformen kam auch Papst Pius VI. im März 1782 nach Österreich. Er wurde von Joseph bei Neunkirchen auf offener Straße empfangen und nach Wien geleitet, wo er fünf Wochen blieb. Die Feier des Osterfestes im Stephansdom, die Spendung des Segens von der Altane der Kirche am Hof waren Höhepunkte, sachlich kam es aber zu keinen Ergebnissen. Über St. Pölten, wo er die Kirche der Englischen Fräulein besuchte, während wenige Meter entfernt das Kloster der Karmeliterinnen aufgehoben wurde, und Melk, wo er übernachtete, verließ er das Land in Richtung München.

Bleibende Bedeutung erlangte Josephs Regierungszeit auch auf dem Gebiet der Gesundheitspflege. Das Allgemeine Krankenhaus in Wien, mit der stolzen Aufschrift »Saluti et solatio aegrorum« versehen, wurde im August 1784 unter der Leitung des kaiserlichen Leibarztes Dr. Quarin eröffnet und war aus dem unter Kaiser Leopold gegründeten Großarmenhaus hervorgegangen. Diese Anstalt umfaßte ein Krankenhaus, ein Gebärhaus, ein Irrenhaus (Narrenturm), ein Siechenhaus und ein Findelhaus und verfügte über 2000 Betten, war also damals eine der größten Krankenanstalten der Welt. Die Errichtung des »Narrenturmes« bedeutete einen großen Fortschritt, denn bisher hatte man die Geisteskranken im Gefängnis am Salzgries an Ketten gelegt und gleich Tieren gefüttert. Neben dem Allgemeinen Krankenhaus, dieser unvergleichlich großartigen Einrichtung, entstanden 1785 in Wien ein neues Militärspital und die Josephinische medizinisch-chirurgische Akademie zur Heranbildung von Militärärzten. Daneben hat man auf dem Lande das Kurpfuscherunwesen bekämpft und jene Ortsobrigkeiten mit einem Pönale bedroht, die ungeprüfte Ärzte duldeten. Doch konnte man der Kurpfuscher lange nicht Herr werden.

Das öffentliche Gesundheitswesen war bisher vorwiegend eine von den nunmehr ausgeschalteten Ständen gepflegte Aufgabe gewesen. Nun schaltete sich die landesfürstliche Verwaltung in den Gesundheitsdienst ein und verfügte verschiedene bis heute übliche Maßnahmen. Die Totenbeschauen durch Ärzte wurden vorgeschrieben, um epidemische Krankheiten frühzeitig erkennen und kriminelle Todesarten erfassen zu können. Auch wollte man eine Statistik der Todesursachen erstellen. Neben der Seelenkonskription wurde die Totenbeschau zu einer wichtigen Grundlage für die künftige Bevölkerungspolitik des absolutistischen Staates.

Deshalb mußten die aus ständischer Zeit vorhandenen Gesundheitsbehörden umgestaltet werden. Aus der Institution der landständischen Ärzte wurden die Kreis- und Bezirksärzte geschaffen, denen später die Kreis- und Bezirkswundärzte zur Seite gestellt wurden. Wohl war für diese Physici noch keine besondere Prüfung vorgeschrieben, das System der Bezirksärzte wurde aber gerade in Niederösterreich rasch aufgebaut. Manche dieser Ärzte legten statistische Aufzeichnungen an, aus denen wir die Gesundheitsverhältnisse der Bevölkerung ersehen können. In der Stadt St. Pölten sind im letzten Jahrzehnt des 18. Jahrhunderts nach den Tabellen des Stadtphysikus Franz Strohmayr von 100 Neugeborenen 33 bis 40 im ersten Jahr gestorben, mehr als 30 Prozent aller Todesursachen waren »Lungensucht und andere verschiedene Arten von Auszehrungskrankheiten«. Obwohl man erkannte, daß die Ursache vieler Krankheiten das schlechte und, vorwiegend in den Städten, völlig verseuchte Wasser war, sind doch erst im letzten Dezennium des Jahrhunderts die ersten Wasserleitungen erbaut worden. Für Wien, vor allem für die stark besiedelten westlichen Vororte, hat ein Legat der Erzherzogin Maria Christine, mit dem ihr Gemahl Albert von Sachsen-Teschen eine Wasserleitung von den Quellen des Halterbaches an den Hängen der Sophienalpe erbaute, erste Abhilfe geschaffen. Dieses Werk wurde 1804 vollendet.

Zu den sozialen Maßnahmen unter Kaiser Josephs Regierung gehörte auch die Regelung der Armenversorgung, die nun bis 1870 in dem von ihm 1783 eingerichteten Maßstab erhalten blieb. Nach dem Muster des Grafen Buquoy, der auf seinen Gütern in Böhmen ein Armeninstitut errichtet hatte, wurde nun das ganze Armenwesen organisiert. Im Jahre 1783 wurde das Armeninstitut von Wien begründet, das Gebiet in Bezirke eingeteilt, Armenväter bestimmt und Listen der Armen angelegt. Die Pfarre wurde zum Eckstein der Armenversorgung gemacht, als Oberbehörde die Dekanate bestimmt, die Kreisämter erhielten ein Aufsichtsrecht. Das Vermögen der aufgelösten Bruderschaften bildete das Stammvermögen dieser Institute, gewisse öffentliche Einnahmen, wie Strafgelder für polizeiliche Vergehen und die Musiklizenzgebühren, wurden den Instituten zugewiesen. Ein Armer mußte sich mindestens zehn Jahre in einem Ort aufgehalten haben, um befürsorgt zu werden.

Die Verteilung der Almosen geschah wöchentlich durch die zuständigen Pfarrer. Allerdings wurde streng darauf geachtet, daß keine arbeitsfähigen und arbeitsscheuen Personen unterstützt wurden, für diese waren nach einer Anweisung des Kaisers an Graf Pergen Stock- und Karbatschhiebe vorgesehen. In Wien wurden weitere Anstalten errichtet, die dem Menschenfreund Joseph in seiner Zeit ein Denkmal setzten, wenn sie auch heute, weil überholt, fast vergessen sind: eine Taubstummenanstalt, ein Findelinstitut, ein Inokulationshaus, wo die Kinder gegen Blattern geimpft wurden. Dazu kam auch die Verschickung der Findelkinder und Waisen aus Wien zu Pflegeeltern aufs Land, die Überwachung der Kinderarbeit in den Fabriken und die Betreuung der Soldatenkinder.

Mit dem Vordringen der Naturschwärmerei in der zweiten Jahrhunderthälfte stieg auch das Ansehen der »naturhaften« Berufe, vor allem des Bauernstandes. »Hat der Bauer Geld, hat's die ganze Welt«, wurde zum Wahlspruch der volkswirtschaftlichen Anschauungen der Aufklärungszeit. Im Gegensatz zur Bevorzugung von Handel und Gewerbe in früheren Jahrzehnten betrachtete man nun den Bauernstand als wichtigste produktive Klasse, von dem die hauptsächliche Vermehrung des Gesamtkapitals ausgehen konnte. Das waren die Lehren der Physiokraten, denen schon Maria Theresia, wenn auch mit großer Zurückhaltung, ihren Tribut gezollt hatte. Hatte die Kaiserin die Umwandlung der Frondienste in Geldleistungen behutsam möglich gemacht, so ging hier der Sohn mit dem ihm eigenen Sturmesschritt weiter. Er machte überdies die Ablösung aller Dienste obligatorisch. Das war der Grundgedanke seiner großzügigen Robot- und Steuerregulierung. Am 20. April 1785 wurden die Vorarbeiten für eine Steuerregulierung angeordnet. Alle fruchtbaren Gründe wurden teils durch Beamte, teils unter Mithilfe der Bauern vermessen, von jeder Gemeinde, die nun Katastralgemeinde genannt wurde, wurde ein Lagebuch angelegt. In diesem wurden Häuser und Grundstücke genau beschrieben. Diese Operation, die in erstaunlich kurzer Zeit abgeschlossen war, bildete die Grundlage für das Steuerregulierungspatent vom 10. Februar 1789. Vom Jahresbruttoertrag seines Gutes sollten dem Bauern 70 Prozent zur eigenen Verwertung gelassen werden, von dem übrigen Ertrag mußte etwas über zwölf Prozent für die landesfürstlichen Steuern bezahlt, etwas über 17 Prozent konnte als höchste Grenze für alle Untertansschuldigkeit gefordert werden. Natürlich waren die Adeligen und Prälaten, also die alten Träger des Ständegedankens, über diese Maßnahme entsetzt.

Die letzten Lebensjahre Josephs II. hatten zu seiner Vereinsamung geführt. Die bevorstehende Steuerregulierung ließ auch viele der engsten Mitarbeiter aus dem hohen Adel immer mehr abrücken, kirchliche Kreise befürchteten, die Aufhebungen würden weitergehen und der unglückliche Türkenkrieg, den Joseph als Bundesgenosse der russischen Kaiserin Katharina II. begann, führte zu Steuererhöhungen und großer Teuerung. Der Kaiser, der 1788 den Feldzug von Semlin/Zemun aus geleitet hatte, erkrankte im Frühjahr 1789 so stark, daß er in Wien bleiben mußte. Im Herbst 1789 verschlechterte sich die Tuberkulose, am 20. Februar 1790 starb er einsam. Von den Verwandten befand sich nur sein Neffe Franz, den er als Thronfolger aufbaute, in Wien. Sein Bruder Leopold, Großherzog der Toskana und sein Nachfolger als Kaiser und Landesherr, kam erst von Florenz angereist, als Joseph schon gestorben war.

25. KAPITEL

Die Franzosenzeit

Kaum war der Sargdeckel über Kaiser Josephs II. Leichnam geschlossen, schritten die niederösterreichischen Stände zur Bekämpfung der Urbarial- und Steuerregulierung. Am 26. Februar 1790 waren die Trauerfeierlichkeiten zu Ende, und schon am folgenden Tag versammelten sich die Stände im Landhaus, ohne von der Regierung dazu die damals vorgeschriebene Bewilligung einzuholen. Graf Karl Zinzendorf, einst ein bevorzugter Helfer des verstorbenen Kaisers, führte das große Wort und arbeitete auch eine Denkschrift aus, die Josephs Bruder und Nachfolger Leopold vier Tage nach seiner Ankunft in Wien – er hatte früher das Großfürstentum Toskana regiert – überreicht wurde. Dieser bezeichnete, wohl selbst zur Verblüffung der Ständedeputation, auch sofort die Regulierung als schädliche Maßnahme und sagte ihre Aufhebung zu. Diese erfolgte am 6. April für Österreich unter der Enns und in den folgenden Monaten auch für die anderen Kronländer. Leopold griff weniger, als die Josephiner befürchteten, in das Reformwerk seines Bruders ein. Denn die politische Klugheit gebot ihm, in Zeiten, in denen sich der Staat nicht nur von außen in Gefahr befand, sondern auch von innen umgewandelt hätte werden können, falls die Französische Revolution, die seit 1789 den Westen des Kontinentes aufwühlte, auch auf Österreich übergegriffen hätte, Konzessionen zu machen. Er erkannte, daß sich im neuen Frankreich ein Vorbild aufbaute, das freiwillig oder unfreiwillig nachzuahmen alle Souveräne und Regierungen Europas durch die Völker gezwungen werden könnten. Es war aber übertrieben, daß er den Wünschen der Stände, also jener Schichten, die in der Französischen Revolution gemeinsam mit dem Königshaus untergegangen waren, über Gebühr Gehör schenkte. Viele Forderungen des Adels, die zu einer Aufreizung der unteren Volksschichten hätten führen müssen, wurden energisch zurückgewiesen.

Weit stärker hielt Leopold dagegen auf kirchlichem Gebiet an den Maßnahmen seines Bruders fest. Zwar hob er die Generalseminarien auf und übertrug die Heranbildung der Geistlichen wieder den Klöstern und Bischöfen, worauf der St. Pöltner Bischof Johann Kerens ein Alumnat und eine Lehranstalt im freigewordenen Franziskanerkloster einrichtete. Den Bischöfen wurde auch wieder ein größerer Einfluß auf die Gestaltung des Gottesdienstes eingeräumt, religionsfeindliche Broschüren hat die Zensur hinfort unterbunden. Die Klosteraufhebungen blieben aber bestehen und wurden in den nächsten Jahren durch Beseitigung einiger kleinerer Konvente, wie der Franziskaner in Hainburg, Langenlois, Feldsberg und Zistersdorf, der Minoriten in Stein und Tulln, der Kapuziner in Und sowie in Schwechat, der Augustiner in Baden, der Hieronymiten in Schönbach und Kirnberg, sogar fortgesetzt. Nur das altehrwürdige Zisterzienserstift Lilienfeld wurde wieder aufgerichtet. So bedeutete denn die Regierungszeit Kaiser Leopolds II. nur die Konsolidierung des seiner überspannten Formen entkleideten Staatskirchentums.

Ohne daß sie bei ihrer ersten Audienz ausdrücklich dies verlangt hätten, erklärte Leopold ferner, es sei auch ein dem Lande schädliches Übel, daß den Ständen ihre Verfassung genommen wurde. Nachdem die Stände des Landes in üblicher Weise am 6. April 1790 gehuldigt hatten, wurden die Verordneten wieder bestellt und den Ständen jene Rechte eingeräumt, die sie vor Joseph besessen hatten. »Tränen des über allen Ausdruckes erhabenen Dankgefühles« rollten »über die Wangen der ständischen Versammlung«, heißt es in ihrer Dankschrift. Die Regierungsbehörden räumten das Landhaus, wo wieder die ständischen Beamten ihre Tätigkeit entfalten konnten. Auch in der Zusammensetzung des Ständekörpers waren keine großen Änderungen durch die Zäsur erfolgt. Wohl war der Prälatenstand durch die Klosteraufhebungen etwas schwächer geworden, doch wurden ihm nun der Rektor der Wiener Universität und der Staatsgüter-Administrator beigegeben. Die Bürgerschaft erhielt weiterhin keinen größeren Einfluß als bisher, obwohl ihre steigende wirtschaftliche Kraft dies gerechtfertigt hätte. Den Städten war eben durch die lange Ausschaltung schon jeder politische Sinn abhanden gekommen. Andererseits durften die Städte ihr Vermögen wieder selbst verwalten und Gewerbe verleihen.

Als Leopold II. schon 1792 starb und sein Sohn Franz II. die Regierung antrat, erfolgten keine großen Änderungen im Verwaltungsaufbau mehr, denn das Beharren auf dem Althergebrachten wurde nun zum Regierungsprinzip erhoben. Wohl wurde der Länderstelle ihre Amtswirksamkeit etwas erweitert, indem ihr auf dem Gebiete des Lehenwesens, der Beaufsichtigung von Kirchen und Klöstern, der Beamtenernennung und im Armenwesen und Straßenbau Befugnisse zugesprochen wurden, dafür ist ihr schon 1793 die bisherige Zentralleitung der politisch-polizeilichen Maßnahmen abgenommen und der neu geschaffenen Polizei-Hofstelle übertragen worden.

Die Polizei war in Wien 1782 ins Leben gerufen und dem Landmarschall und Regierungspräsidenten Graf Pergen, der sie aufgebaut hatte, direkt unterstellt worden. Sie hatte ungefähr die Agenden unserer Sicherheitswache übertragen bekommen und konnte allmählich ihren Arm über das ganze Land ausdehnen. Gleichzeitig wurde auch eine Geheime Polizei organisiert, die ebenfalls Graf Pergen, der niederösterreichische Regierungspräsident, leitete. Hatte sie unter Leopold an Bedeutung verloren, so wurde sie unter Franz II. 1793 zu einem Staatsapparat gemacht und Pergen zum Polizeiminister in allen Erblanden ernannt. Als wichtigste Aufgabe erhielt sie nun die Überwachung der Bevölkerung zur Verhütung revolutionärer Umtriebe zugewiesen. Denn die Furcht der Regierung vor einem Übergreifen der Französischen Revolution auf den Kaiserstaat nahm immer ärgere Formen an, je mehr sich in Frankreich die Zustände radikalisierten. Auf dem Lande wurden vermehrte Streifungen angeordnet, um den Übertritt verdächtiger Personen schon an der Grenze zu verhindern, in Wien wurden Verdächtige ausgewiesen, einige Personen, die sich nach reichlichem Weingenuß an Freiheitsideen entzündet hatten, eingesperrt, aber von einer revolutionären Bewegung war weit und breit nichts zu entdecken. Da gelang es der Polizei plötzlich, eine Gruppe Jakobiner auszuheben, die mit einer ungarischen Verschwörerschar unter Führung des Abbés Ignaz Joseph Martinovics, des Hofchemikers Leopolds II., in Verbindung stand. Obwohl sich Polizei und Gerichte die größte Mühe gaben, daraus eine riesige Staatsaffäre zu konstruieren, und es sich in Wien um Träger bekannter Namen handelte, wie einen Magistratsrat, einen Oberleutnant, den Direktor der tierärztlichen Hochschule, einen kaiserlichen Rat und einen ehemaligen Lehrer des Kaisers, ja sogar um einen Verwandten des Erzbischofes, waren die Taten, die man ihnen zur Last legte und derer man sie überführte, recht harmlos.

Nur die Pflanzung eines Freiheitsbäumchens in der Brühl bei Mödling, eine im engsten Kreis gehaltene Feier, zu der einer der Verhafteten, der Oberleutnant Hebenstreit, ein Eipeldauergedicht beigesteuert hatte, das mit einer Aufforderung zur Ausrottung des Adels ausklang, konnte den Verschwörern nachgewiesen werden. Trotzdem waren die verhängten Strafen ungeheuer hart: Hebenstreit wurde zum Tode durch den Strang, die anderen zu vieljährigen Gefängnisstrafen verurteilt, wobei die 30jährige Kerkerstrafe des biederen Bürgers Johann Hackel besonders auffiel.

Die Beschuldigungen, die Verschwörer hätten durch Aufkauf von Getreide eine Hungersnot in Österreich und damit die Revolution provozieren, sie hätten die Schlagbrücke über den Donaukanal sprengen wollen und eine Kriegsmaschine, eine Art Tank, an Frankreich ausgeliefert, klingen phantastisch und wurden auch niemals näher begründet. Einen Zweck erreichte man aber gründlich: Jedermann mußte sich fürchten, ebenfalls als Jakobiner hingestellt und verurteilt zu werden, seinen Besitz und sein Familienglück zu verlieren. Mißtrauen entstand selbst zwischen alten Bekannten, die Geselligkeit wurde gesprengt, jede Erörterung der Ereignisse in Frankreich verstummte sofort. Hart lastete die Hand der Zensur, die nun auch von der Polizeihofstelle betreut wurde, auf dem geistigen Leben, die Einfuhr aller ausländischer Zeitungen wurde nach Möglichkeit unterbunden, wenn dies auch nicht ganz gelang; selbst Privatbibliotheken waren vor polizeilicher Durchsuchung nicht sicher.

Da eine Reihe von Angeklagten der Jakobinerverschwörung Freimaurer waren, wurde deren Gefährlichkeit in ein grelleres Licht gerückt und in einer im Auftrag der Regierung 1795 veröffentlichten »Geheimen Geschichte des Verschwörersystems der Jakobiner in den österreichischen Staaten«, sogar Mozarts Zauberflöte als Verherrlichung der französischen Freiheitsidee verdammt, denn Pamina bedeutete die Freiheit, Papageno die Aristokratie, die Priester des Sarastro die Nationalversammlung, die Schlange das finanzielle Defizit. Obwohl viele seiner engsten Mitarbeiter Freimaurerlogen angehörten, hatte schon Joseph II. die Freimaurer unter Kontrolle des Staates gestellt. In Wien durften nur zwei Logen weiterbestehen, ihre Mitgliederlisten waren dem Kaiser vorzulegen.

Freimaurer war aber auch jener Mann, der den Prozeß gegen die Jakobiner als Adlatus des Polizeipräsidenten geführt hatte: Franz Josef Graf von Saurau, nun zum Dank für die »Errettung des Vaterlandes« zum Regierungspräsidenten von Niederösterreich ernannt. Hier hatte er alsbald die Aufgabe, jene Volksschichten, vor deren Erwachen die Regierung bisher gezittert hatte, zur Rettung des Vaterlandes aufzurufen, als sich die französischen Revolutionsarmeen dem Zentrum der habsburgischen Erblande näherten.

Am 20. April 1792 hatte die französische Nationalversammlung die Kriegserklärung an Österreich und Preußen beschlossen. Nach anfänglichen Teilerfolgen gestaltete sich schon das erste Kriegsjahr für die schlecht geführten verbündeten Heere nachteilig, und die Franzosen konnten Belgien erobern und zum Rhein vordringen. Noch jahrelang wechselten die Erfolge auf beiden Seiten, ohne daß es einer Partei gelang, eine Entscheidung herbeizuführen. Unterdessen war die frankreichfeindliche Koalition durch England und Savoyen verstärkt worden, während Preußen, durch die dritte Teilung Polens verstimmt, Frieden geschlossen hatte. Im Jahre 1796 kam es nun zur Entscheidung. Während der junge österreichische Feldherr Erzherzog Karl die französischen Armeen über den Rhein zurückdrängen konnte, gelang es in Italien dem französischen General Napoleon Bonaparte, die Österreicher in Savoyen zu besiegen und dieses Land zum Frieden zu nötigen. Er nahm Mailand und schloß ein österreichisches Heer in der Festung Mantua ein. Als die Franzosen schon an den Grenzen von Tirol und Kärnten standen, entschloß sich die Wiener Regierung, zu jenem Mittel zu greifen, das den französischen Heeren solche Schlagkraft verliehen hatte, nämlich das Volk für die Verteidigung der Heimat zu begeistern und aufzubieten. Als dann im Sommer 1796 die Lage auf dem italienischen Kriegsschauplatz bedrohlich wurde, haben sich drei Wiener, W. Fr. Meynern, Altgraf Franz Hugo Salm und Wenzel Graf Paar, zur Verwirklichung der Volksbewaffnung entschlossen. Sie sammelten Unterschriften, und bald waren 11.000 Meldungen für ein Wiener Freikorps vorhanden, zahlreiche andere Wiener Bürger verpflichteten sich, für den Unterhalt der bedürftigen Freiwilligen aufzukommen. Der Staat mußte lediglich die Waffen beistellen. Studenten und Bürgerssöhne, Edelleute und Grafen hatten sich für dieses Korps gemeldet, denn die patriotische Welle ging in diesen Tagen hoch, in allen Theatern wurden zeitnahe Stücke gespielt. Der Dichter Johann Rautenstrauch schrieb eine Kantate zugunsten des Freikorps, die vor 3000 Besuchern im großen Redoutensaal aufgeführt und auch im Wiener Neustädter Stadttheater wiederholt wurde, wo es anschließend sogar zu einer patriotischen Kundgebung unter freiem Himmel kam. Im Oktober erfolgte in Stockerau die Fahnenweihe des Freikorps, das nunmehr auf den italienischen Kriegsschauplatz abrückte, dort aber kaum zum Einsatz kam.

Im März des Jahres 1797 setzte Bonaparte zum Marsch gegen Wien an. Erzherzog Karl, der neue österreichische Feldherr in Italien, war seinem Ansturm nicht gewachsen und mußte die Alpenländer preisgeben. Unter dem Eindruck der ungünstigen Nachrichten vom Kriegsschauplatz wurde in Wien eine fieberhafte Tätigkeit entfaltet, die Bevölkerung der Steiermark und Niederösterreichs zu bewaffnen, um so durch Freiwilligenverbände die reguläre Armee zu verstärken. Die geistigen Vorbereitungen dazu waren schon geschehen. Im Winter hatte Regierungspräsident Graf Saurau den ihm nahestehenden Literaten Lorenz Leopold Haschka beauftragt, die Volkshymne zu dichten, die der weltweit bekannt gewordene Komponist Joseph Haydn vertonte. Am 12. Februar 1797 im Hof- und Nationaltheater zum ersten Male aufgeführt, sorgte die Regierung für ihre rasche Verbreitung. Am 4. April nun, als der militärische Notstand schon fast unerträglich geworden war, trat Graf Saurau mit einem Manifest vor die Bevölkerung, welches die Bewohner Wiens zur Verteidigung ihrer Stadt aufforderte, wobei allerdings versichert wurde, die Regierung bemühe sich unablässig, so bald wie möglich den Frieden herbeizuführen. Schon in den nächsten Tagen wurde nicht nur in Wien, sondern auch in den südlich der Donau gelegenen Landesteilen die Volksbewaffnung nach dem Grundsatz der Freiwilligkeit verkündet. Die Bauern sollten von den Grundherrschaften, die Arbeiter von den Fabriksleitungen organisatorisch erfaßt, mit Gewehren, aber auch mit Hacken, Sensen und Kolben bewaffnet und sogleich an die Landesgrenze gebracht werden. Eine allgemeine Bewaffnung der Staatsbürger wurde nicht verfügt, da zu wenig Gewehre vorhanden waren. Auch als bereits über Waffenstillstand und Frieden verhandelt wurde, dauerten die Vorbereitungen zur Aufstellung des »Volkssturmes« an, viele Einheiten wurden allerdings ohne ausreichende Bewaffnung zur Verschanzung der steirischen Pässe herangezogen, andere schnell ausgebildet und im Alpenvorland in Lagern bereitgestellt. Als am 18. April ein Vorfriede im Schloß Eckenwald bei Leoben geschlossen und die Feindseligkeiten eingestellt wurden, hat die Regierung die Freiwilligenformationen rasch wieder aufgelöst; den Demobilisierten wurde eine Erinnerungsmedaille verliehen. Der Friedensschluß von Campoformido bei Udine vom 17. Oktober 1797 beendete diesen ersten glücklos geführten Koalitionskrieg.

Aber schon ein Jahr später schlossen Österreich und Rußland ein neues Bündnis zur Bekämpfung der Französischen Republik, als sich diese gewaltsam weitere Länder einverleibte. In Österreich war die Volksmeinung weiter gegen Frankreich, im April 1798 wurden dem französischen Gesandten Bernadotte die Fenster eingeschlagen, als er auf seinem Hause die Tricolore hißte. Am Rhein und in Italien brachen neuerlich Kämpfe aus, diesmal gelang es den Franzosen vorerst nicht, bis ins Herz Österreichs vorzustoßen. Dafür rückten russische Hilfstruppen, die nach Italien und Süddeutschland zogen, in den ersten Jännertagen des Jahres 1799 durch unser Land und brachten ebenfalls für die Bevölkerung mancherlei Beschwernisse. Sie weilten hier durch einige Monate und verübten vor allem in den offenen Landgemeinden Gewalttaten. Aber auch dieser Krieg konnte nicht mit einem Sieg beendet werden, denn in Süddeutschland errangen die Franzosen größere Erfolge. Nach der für sie siegreichen Schlacht bei Hohenlinden (3. Dezember 1800) rückten sie in raschen Märschen gegen Österreich vor, überschritten Inn, Traun und Enns und kamen bis zur Erlaufmündung. Die Stadt Waidhofen an der Ybbs ließ auf einigen Gemälden den Einmarsch der feindlichen Truppen festhalten. Hier blieben sie stehen, da der Waffenstillstand von Steyr, am 25. Dezember 1800 fixiert, diesen Fluß als Demarkationslinie festlegte. Die feindlichen Truppen blieben auch nach dem Friedensschluß von Luneville (9. Februar 1801) im Lande und verließen es erst, als die Ratifikationen ausgetauscht waren. Während dieser Zeit mußten sie von der Bevölkerung der Landesteile westlich der Erlauf erhalten werden.

Nun wandelte sich die österreichische Politik. Eine mächtige Partei mit Erzherzog Karl an der Spitze trat für friedliche Entwicklung und Verständigung mit Frankreich ein, im Volke herrschte Sehnsucht nach Ruhe. Die Versorgung war schlecht, es gab Arbeitslose, im Juli 1805 kam es in Wiens Vorstädten zu Aufständen. Bald aber gewannen die Gegner Frankreichs am Wiener Hof wieder die Oberhand, Erzherzog Karl wurde seines Postens enthoben, ein neues Bündnis mit England und Rußland wurde im August 1805 geschlossen, das den Angriffskrieg gegen Frankreich vorsah. Zum österreichischen Befehlshaber der Rheinarmee wurde im 3. Koalitionskrieg des Jahres 1805 General Karl Mack von Leiberich ernannt, der sich bisher keinesfalls mit Lorbeeren hatte bedecken können. Hier versagte er neuerlich vollkommen, wurde mit der gesamten Armee bei Ulm von Napoleon eingeschlossen und mußte sich am 17. Oktober ergeben. Zu diesem Zeitpunkt passierten die russischen Hilfstruppen erst Niederösterreich. Sie waren in fünf Kolonnen ab 1. Oktober in unser Land eingerückt, bedrängten die Bevölkerung durch ihre Wildheit und ständigen Schnapsforderungen hart und marschierten bis zum Inn vor. Hier wagte der russische Feldherr Kutusow aber keine Schlacht gegen Napoleons siegreiches Heer, zumal ihm die österreichischen Verbündeten keine Truppen zur Hilfe senden konnten. Die geringen, bei Ulm geretteten Reste der Armee waren nämlich nach Böhmen ausgewichen. Vor dem ostwärts marschierenden napoleonischen Heer zogen sich nun die Russen zurück, wagten am 5. November bei Amstetten das erste Gefecht, überschritten dann, unbemerkt von den Franzosen, bei Mautern die Donau und brachen die Brücke hinter sich ab. Als ein französisches Korps bei Loiben den Strom überschritt und eine andere Abteilung, die schon bei Mauthausen das linke Ufer gewonnen hatte, ebenfalls durch die Wachau vordrang, lieferte der russische Feldherr Kutusow bei Dürnstein eine Schlacht und konnte gegen General Mortier siegreich bleiben. Dort fiel der österreichische General Heinrich Schmidt. Dann aber zogen sich die Russen über Znaim nach Mähren zurück.

Verwundert darüber, daß die Österreicher keine Schlacht mehr wagten, obwohl eine am Schildberg vorbereitet worden war, marschierte Napoleon über Melk und St. Pölten nach Wien, fand am 14. November die Hauptstadt unbefestigt, die Brücken unbeschädigt vor und konnte so ebenfalls auf das nördliche Donauufer übersetzen. Ein Teil der Armee unter Murat nahm über Stockerau und Hollabrunn die Verfolgung der Russen auf und wurde von diesen bei Schöngrabern in ein Gefecht verwickelt, eine andere Kolonne marschierte über die Brünner Straße gegen Mähren, wo die verbündeten Österreicher und Russen voreilig, ohne weiteren Zuzug abzuwarten, sich den Franzosen am 2. Dezember 1805 bei Austerlitz/Slavkov u Brne zur Schlacht stellten. Napoleons Feldherrngenie konnte diese Auseinandersetzung zu einem entscheidenden Sieg gestalten, so daß die Verbündeten Waffenstillstand erbitten mußten, an den sich Friedensverhandlungen anschlossen. Am 26. Dezember 1805 wurde in Preßburg der Friede unterzeichnet, der Österreich empfindliche Gebietsverluste (Venetien, Dalmatien, Tirol und Vorderösterreich) auferlegte. Das Verhalten der französischen Invasionstruppen war in vielen Orten, wo sie unter dem Kommando energischer und anständiger Offiziere standen, korrekt, wenn auch Pferde, Proviant, Wein und Vorspanndienste in großer Menge gefordert wurden. An den großen Heerstraßen aber, auch in der Gegend von Mariazell und dort, wo Wein wuchs und sich die Soldaten betrinken konnten, ging mancherlei Drangsal über die Bewohner nieder, wurde geraubt und geplündert. Der kleine Markt Türnitz erlitt beim Durchmarsch eines einzigen Armeekorps einen Schaden von 30.000 Gulden, das war soviel, wie Wiener Neustadt während der ganzen Besatzungszeit zu leisten hatte. Schweres hatten auch die Stifte Lilienfeld, Melk, Göttweig und Herzogenburg zu ertragen, die ihres Vermögens entblößt wurden, indem jede neu einrückende Truppe horrende Geldzahlungen und Brandsteuer verlangte. Die Dörfer wieder wurden durch Marodeure unsicher gemacht, gegen die sich manchmal die Bürger und Bauern zur Wehr setzten. Im Gebiet von Haag kam es zu einer Zusammenrottung von Bauern, gegen die mit Schußwaffen vorgegangen wurde, in Weitra haben die Einwohner nach dem Friedensschluß einen plündernden Offizier vom Pferde geholt und tüchtig versohlt. Wegen des raschen Vordringens der Feinde hatten nicht viele Wertgegenstände in Sicherheit gebracht werden können. In Wiener Neustadt hatte man das Kirchensilber, im Bergwerk Annaberg die Münzvorräte rasch nach Ungarn geschafft und dadurch gerettet. Auch nach dem Preßburger Friedensschluß, als Napoleon schon Österreich verlassen hatte, blieben die Besatzungstruppen und zogen erst allmählich im Laufe des Monats Jänner und in der ersten Februarwoche des Jahres 1806 ab. Nun ließ die Regierung zwar die Schäden aufnehmen, Ersatz wurde aber nicht geleistet. Der Türnitzer Marktschreiber meint resignierend in einem Bericht, am raschesten hätten sich die Bauern wieder erholt, denn sofort stiegen alle ihre Produkte außerordentlich im Preis, manche um das Zehnfache. »Deshalb waren die Bauern in diesen Zeiten immer im Wirtshaus toll und voll, und wie hoch sich der Luxus bei allen gemeinen Ständen erhoben hat, kann ich hier nicht genugsam beschreiben«, schloß er seine Aufzeichnungen.

Unterdessen war aber auch in der rechtlichen Stellung des Staates eine große Änderung erfolgt. Als Napoleon am 18. Mai 1804 Frankreich in ein erbliches Kaiserreich umgewandelt und sich selbst mit der Krone geschmückt hatte, entschloß sich Franz II. am 10. August 1804 in einer außerordentlichen Staatskonferenz, Titel und Würde eines erblichen Kaisers von Österreich anzunehmen, damit die »vollkommene Gleichheit des Titels und der erblichen Würde mit den vorzüglichsten europäischen Regenten und Mächten aufrechterhalten und behauptet werde«. In der Bekanntmachung dieses Entschlusses durch ein kaiserliches Patent hieß es aber, daß sämtliche Provinzen, Fürstentümer und Königreiche ihre bisherigen Titel, Verfassungen, Vorrechte und Verhältnisse weiterhin unverändert beibehalten sollen.

War die Schaffung des Kaisertums Österreich aus der Angst geboren worden, die römisch-deutsche Kaiserkrone, die dem habsburgischen Erzhaus wie ein erblicher Besitztitel schien, könnte durch einen neuen Gewaltstreich des Korsen verlorengehen, zeigte sich auch bald die Richtigkeit dieser Überlegung. Die Säkularisation fast des ganzen geistlichen Kurfürsten- und Fürstenstandes im Reichsdeputationshauptschluß von 1803, die Mediatisierung der Grafen, Freiherren, Reichsritter und der meisten Reichsstädte löste weitere Stützen des alten Reichsgebildes, das immer mehr zur reinen Fassade wurde. Es siechte völlig dahin, als eine Konföderation von vier Kurfürsten und zwölf Fürsten, der Rheinbund, unter Napoleons Protektorat seine Vollsouveränität erklärte und das Reich verließ. Unter dem Druck eines französischen Ultimatums und härtester militärischer Drohungen legte am 6. August 1806 Kaiser Franz II. die römisch-deutsche Kaiserkrone nieder, erklärte das Heilige Römische Reich Deutscher Nation für erloschen und löste gleichzeitig seine deutschen Provinzen aus den Reichspflichten. Nunmehr war er als Franz I. Kaiser von Österreich.

Diese neuerliche Niederlage gegen Frankreich überzeugte selbst den stockkonservativen und neuerungsfeindlichen Kaiser Franz, daß staatliche Reformen unumgänglich notwendig waren. Graf Stadion wurde mit der Leitung der auswärtigen Angelegenheiten betraut, die Umorganisierung des Heeres aber Erzherzog Karl übertragen, der schon immer die schwerfällige Militärbürokratie des Hofkriegsrates als schädlich bezeichnet hatte. Die wichtigsten militärischen Reformen waren die Einführung von zwei Reservebataillonen bei jedem der sechs Infanterieregimenter der deutschen Erbländer, deren Mannschaft im ersten Jahr durch vier, im zweiten durch drei Wochen ausgebildet und dann wieder beurlaubt wurde. Weiters wurde im Jahre 1808 in Niederösterreich unter der Leitung von Erzherzog Maximilian die Landwehr errichtet, deren Bataillone aus zeitlich Befreiten innerhalb der Kreise formiert und jeden Sonn- und Feiertag pfarrweise in den Waffen unter der Führung pensionierter Offiziere, Gutsbesitzer, Beamter und Lehrer eingeübt wurden.

Auf außenpolitischem Gebiet mußte Österreich im Interesse seiner Staatserhaltung trachten, keine neuen Gegensätze zu Napoleon zu schaffen, der sich nach der Niederwerfung Preußens mit Rußland verständigte und auf der Höhe seiner Macht stand. Da er nun sein Augenmerk der Niederringung Englands zuwandte, zwang er den isolierten Kaiserstaat, mit dem Inselreich zu brechen und sich der Kontinentalsperre anzuschließen. Als er auch Spanien besetzte und die angestammte Dynastie absetzte, entbrannte dort ein wilder Freiheitskrieg, in dem die Franzosen manche Niederlage einstecken mußten. Die allgemeine Lage schien Graf Stadion so günstig, daß er zum Präventivkrieg riet, da er befürchtete, Österreich werde von Napoleon angegriffen werden, falls seine Heere in Spanien nicht mehr gebunden seien. Auch in der Bevölkerung gewann die Kriegsstimmung wieder an Oberhand, zumal die Regierung eine geschickte Werbetätigkeit entfaltete. Die Fahnenweihen und Aufmärsche der Landwehr, durch die Österreichs militärische Macht auf 800.000 Mann erweitert worden war, die Wehrmannslieder des Dichters Heinrich von Collin, lösten Jubel und Begeisterung aus. Wer wie Erzherzog Karl warnte, die Schlagkraft des in Umbildung begriffenen Heeres nicht zu überschätzen, wurde nicht mehr gehört. Man wollte den Krieg, der Napoleons Fesseln endgültig sprengen sollte. Auch von anderen Teilen Deutschlands kam Zustimmung, so daß die Hoffnung bestand, es werde dort zu Erhebungen gegen die Franzosen kommen, wodurch die ohne Verbündeten kämpfenden österreichischen Armeen entlastet worden wären. Darin täuschte man sich aber gründlich. Als am 10. April 1809, einige Wochen nach dem ursprünglich vorgesehenen Termin, die Napoleon natürlich auch nicht ungenützt verstreichen ließ, der Krieg begann, blieb in Deutschland alles ruhig. Wenn sich auch die Augen aller Deutschen auf den Donaustaat richteten, zu tatkräftiger Mithilfe waren nur wenige bereit. Österreich war gezwungen, den Krieg ohne Bundesgenossen zu führen.

Die österreichische Offensive, die von Erzherzog Karl im April 1809 gegen Bayern vorgetragen wurde, kam bald zum Stehen. Die Österreicher wurden bei Abensberg, Landshut, Eggmühl und Regensburg geschlagen und mußten den Rückzug antreten. Schnell wurden neue Versuche unternommen, die Landesverteidigung der Heimatprovinzen zu organisieren, und am 5. Mai erließ Erzherzog Maximilian als Kommandant von Wien ein allgemeines Aufgebot, nach dem sich die Untertanen mit allen ihnen zur Verfügung stehenden Mitteln bewaffnen und sich den Obrigkeiten stellen sollten. Das schnelle Vorrücken der Franzosen machte aber diese Bestrebungen, die in der Praxis auch keinen Erfolg gehabt, sondern nur unnötige Blutopfer gefordert hätten, illusorisch. Die österreichische Hauptarmee zog sich über den Böhmerwald in Richtung Budweis/Česke Budejovice zurück und wollte von dort aus über Horn und Stockerau Wien erreichen. Nur ein kleiner Teil der Armee unter Feldmarschalleutnant Hiller marschierte am rechten Donauufer nach Osten. Napoleon kümmerte sich wenig um die Hauptarmee, sondern verfolgte Hiller, der sich am 3. Mai bei Ebelsberg zum Kampf stellte, aber unterlag. Wieder war Niederösterreich von einer feindlichen Invasion bedroht. Am 7. Mai überschritten die Franzosen denn auch die Enns, Hiller wich vor ihnen nach St. Pölten zurück und ging bei Mautern über die Donau. Nur eine Division verstärkte die Besatzung von Wien. Schon am

10. Mai standen die Franzosen, nachdem sie von den Österreichern bei Sieghartskirchen und am Riederberg in kleinere Gefechte verwickelt worden waren, vor der Stadt, beschossen sie am 11. Mai durch sechs Stunden, da es schien, als wollten die Österreicher sie verteidigen. Als die Franzosen aber bei Simmering in den Prater eindrangen und den Rückweg bedrohten, wurde Wien aufgegeben. In der Lobau überschritten die Franzosen den Donaustrom, wurden aber von Erzherzog Karl bei Aspern und Eßling am 21. und 22. Mai geschlagen und mußten sich auf die Donauinsel zurückziehen. Da aber der auf dem Schlachtfeld errungene Erfolg vom österreichischen Feldherrn nicht ausgenützt wurde, erhielt Napoleon Zeit, alle verfügbaren Truppen heranzuziehen und Vorbereitungen für einen zweiten Donauübergang zu treffen. Anfang Juli hat die Invasionsarmee, die unterdessen die Lobau festungsmäßig ausgebaut hatte, zum zweiten Male den Donauübergang gewagt. Am 5. und 6. Juli kam es zur Entscheidungsschlacht bei Deutsch Wagram, in der Napoleon Sieger blieb. Die Österreicher zogen sich auf der Znaimer Straße gegen Mähren zurück, nun den nördlichen Landesteil Niederösterreichs ebenfalls den Feinden überlassend. Durch den Waffenstillstand, der am 12. Juli in Znaim abgeschlossen wurde, blieb ganz Niederösterreich innerhalb der französischen Besatzungszone. Am 19. Mai hatte die niederösterreichische Regierung wieder die Geschäfte übernommen, nachdem eine landesfürstliche Hofkommission von den Franzosen aufgelöst worden war. Neben der Regierung spielte in dieser Zeit das ständische Verordnetenkollegium eine wichtige Rolle. Französischer Generalgouverneur für Niederösterreich wurde der frühere französische Gesandte in Wien, Divisionsgeneral Graf Andreossy. Für die Verpflegung der Truppen hatten die Hauseigentümer, bei denen sie einquartiert waren, aufzukommen. Manchmal waren mehr als 80 Mann einem Haus zugewiesen, wenn besondere Truppenkonzentrationen stattfanden.

Die Zufuhren nach der Hauptstadt stockten bald, da die Bauern nicht wagten, den Wiener Markt aufzusuchen. Als nun die Teuerung immer ärger wurde, kam es in Wien zu Tumulten, die Brotläden mußten durch französisches Militär geschützt werden, weil die hungernde Menge mit dem Stürmen drohte. Daneben haben natürlich, wie immer in solchen Zeiten, manche Kaufleute blendende Geschäfte gemacht.

Der Druck der Franzosen war wesentlich härter als im Jahre 1805, die Forderungen ihrer Behörden größer, die Zügellosigkeit der Soldaten wesentlich ärger. Nach den Erhebungen der vier Kreisämter hat die französische Besatzung bis zu ihrem Abzug im November 1809 in Niederösterreich einen Schaden von 138 Millionen Gulden angerichtet, von denen später nur ein verschwindender Bruchteil ersetzt wurde.

Vermutlich hat der Aufruf zur Volksbewaffnung die Stimmung der Franzosen stärker gegen die Bevölkerung eingenommen, und sie haben daher auch eine allgemeine Entwaffnung bei Androhung strenger Strafen angeordnet. Auf der Wieden wurde ein Sattlermeister erschossen, weil er drei Kanonenrohre versteckt hatte, Personen, die man der Spionage verdächtigte, wurden dem französischen Kommando in Wien überstellt. Am 17. Juni fand im Sitzungssaal des St. Pöltner Rathauses eine Gerichtsverhandlung gegen 13 Untertanen, darunter neun Bauern, statt, die des Aufruhres und Mordes an französischen Soldaten beschuldigt wurden. Vier von ihnen wurden zum Tode verurteilt und binnen 24 Stunden hingerichtet.

Das Dorf Untertiefenbach bei Böheimkirchen wurde fast ganz eingeäschert, weil dort ein Franzose umgebracht worden sein soll, was sich aber als Irrtum herausstellte, Pulkau wurde schwer geplündert, als zwei französische Soldaten erschossen wurden, Türnitz entging nur durch die Bitten des späteren Erzbischofes von Erlau/Eger, Ladislaus Pyrker, der damals dort Pfarrer war, einem ähnlichen Schicksal, als einige verwegene Burschen zwei Diener eines französischen Magazineurs ermordeten, und der Waldviertler Ort Brand wurde eingeäschert.

Während sich die französischen Besatzungstruppen in Wien im allgemeinen anständig benahmen und die Übergriffe dort weniger schwer waren, hatte die Bevölkerung der Landgebiete wieder besonders stark durch Marodeure, Deserteure, aber auch durch Angehörige des Trosses zu leiden. Aus vielen Orten wurden Plünderungen, Mißhandlungen, Erschießungen und Vergewaltigungen gemeldet. Nicht immer ist dabei von den Offizieren der Bevölkerung Hilfe geleistet worden.

Um die zahlreichen Ausschreitungen einzelner Soldaten zu steuern, wurde die Errichtung einer Gendarmerie angeordnet, deren Aufgabe es war, die Sicherheit der Straßen zu garantieren, die hinter der Armee einzeln nachziehenden Soldaten zu sammeln, alle Zusammenrottungen zu zerstreuen und auf den öffentlichen Marktplätzen die Ordnung aufrechtzuerhalten. Neben dieser aus Einheimischen gebildeten Truppe stellte auch die französische Armee Militärkommissionen und colonnes mobiles auf, die alle Deserteure und Marodeure arretieren mußten, aber auch gegen die Bevölkerung eingesetzt werden konnten. Wer sich gegen diese Militärpolizei stellte, hatte mit standrechtlicher Behandlung zu rechnen.

Der Friede wurde am 15. Oktober in Schönbrunn geschlossen und machte dem neuerlich erfolglosen Krieg ein Ende, der zu allem Unglück noch eine verheerende Ruhr in Verbindung mit einer Nerven- und Faulfieberepidemie zur Folge hatte. Die schon früher erwähnten Tabellen des St. Pöltner Stadtarztes Dr. Strohmayr weisen für dieses Unglücksjahr eine Säuglingssterblichkeit von 73 Prozent aus. Nun wurde die österreichische Armee wieder auf den Friedensstand gesetzt, die Landwehr aufgelöst und ihre Mannschaften in die Heimat entlassen, die überzähligen Militärpferde den Bauern verkauft. Diese Maßnahmen waren dringend notwendig, denn die wirtschaftliche Lage des Staates näherte sich der Katastrophe. Infolge der andauernden Kriege des vergangenen Jahrzehnts lagen Handel und Gewerbe darnieder, die Staatsschuldenlast nebst Verzinsung hatte unheimliche Formen angenommen. Nachdem man sich vorher mit einer weitgehenden Papiergeldemission beholfen hatte, wurde nun die Ablieferung alles verarbeiteten und unverarbeiteten Silbers angeordnet. Auch die weniger wertvollen Kirchengeräte wurden eingeschmolzen, nur besonders bedeutende, wie das Melker Kreuz, erhielten eine Freigabepunze. Eine weitere Absicht war, das Papiergeld, dessen Wert gesunken war, auf die zum Umlauf notwendige Summe zu beschränken.

Dieses Papiergeld war erstmals 1762 während des Siebenjährigen Krieges von der Wiener Stadtbank ausgegeben worden und hieß dementsprechend Bancozettel. Als nun die Napoleonischen Kriege eine Anspannung aller Kräfte erforderten, mußte die Ausgabe der Banknoten gesteigert werden, und seit 1797 wurde Annahmezwang für Private dekretiert. Namentlich 1800 und 1806 wurden große Papiergeldmassen emittiert, so daß 1810 der Umlauf eine Milliarde Gulden überschritt, zumal neue Massen an Bancozetteln aus den abgetretenen Provinzen einströmten und die große Kriegsentschädigung das bare Geld außer Landes brachte. Der Wert des Papiergeldes sank immer tiefer. Als verschiedene Finanzmaßnahmen erfolglos geblieben waren, mußte sich die Regierung zu einem drastischen Schritt entschließen. Am 20. Februar 1811 wurde ein Finanzpatent publiziert, das den Staatsbankrott verkündete. Die Bancozettel wurden auf ein Fünftel ihres Nennwertes herabgesetzt und gegen Einlösungsscheine umgetauscht, die zwar ebenfalls keine Metalldeckung besaßen, aber das einzig gültige Papiergeld, die (Wiener) Währung, waren.

Wie bei allen staatlichen Finanzoperationen großen Stils, ist auch jetzt wieder einer beträchtlichen Anzahl von Bewohnern schwerer Schaden zugefügt worden. Da für alle Schulden eine Wertskala aufgestellt wurde, derart, daß beispielsweise eine Schuld von 1000 Gulden, 1799 aufgenommen, mit 909 Gulden, aus dem Jahre 1807 aber nur mehr mit 480 Gulden honoriert werden mußte, entwickelten sich im Gefolge des Staatsbankrotts zahlreiche Privatprozesse. Wer sein Vermögen in Bargeld oder großen Forderungen besaß, war über Nacht arm geworden, er hatte eine 80prozentige Vermögensabgabe zu leisten. Die Hauptlast hatte die damals schon recht breite bürgerliche Mittelschicht zu tragen, die kleinen Handwerker und Händler, Beamten und Offiziere, die ihre Spargroschen verloren und oftmals in bittere Not gerieten. Es ist für die damalige Zeit bezeichnend, daß man den Lehrern in manchen Orten durch öffentliche Sammlungen den Lebensunterhalt sicherte, denn ein Hauptschuldirektor erhielt nun 80 Gulden, ein gewöhnlicher Lehrer 60 Gulden, der Schuldiener gar nur mehr 15 Gulden Jahresgehalt. Die Industriearbeiter, in manchen Orten schon recht zahlreich, waren vielleicht deshalb weniger betroffen, weil sie kein Barvermögen hatten, das abgewertet hätte werden können, die Arbeitskraft aber doch einigermaßen den Lebenshaltungskosten gemäß entlohnt wurde. Diese waren im Unglücksjahr 1811, einem »Kometenjahr«, durch Trockenheit und Mißernte besonders angestiegen. Ein Pfund Rindfleisch, für das man 1793 noch sechseinhalb Kreuzer, 1810 30 Kreuzer bezahlt hatte, kostete ein Jahr später 64 Kreuzer, ein Pfund Butter war von 16 auf 345 Kreuzer, ein Klafter Holz von vier auf 25 Gulden gestiegen.

Die Franzosenkriege vermehrten auch den Steuerdruck wesentlich. Die

1789 eingeführte Kriegssteuer wurde 1794 und 1799 erhöht und betrug 1803 schon 126 Prozent. 1799 kam eine Klassensteuer, 1806 eine Vermögenssteuer, 1809 ein Landwehrbeitrag hinzu, und 1812 wurde eine allgemeine Erwerbssteuer eingeführt, der bald darauf eine Zinssteuer folgte, die alle Mieter zu bezahlen hatten.

Die erste Folge dieser staatlichen Sanierungsversuche war eine Wirtschaftskrise, die manche hoffnungsvolle Entwicklungen der letzten Jahre wieder in Frage stellte. Denn trotz der politischen Mißerfolge und ihrer Rückwirkung auf das Wirtschaftsleben war die Expansion der Industrie in diesem Jahr nicht zum Stillstand gekommen.

Die beiden Jahrzehnte von Kaiser Josephs II. Tod bis zum Wiener Kongreß leiteten nämlich in der Industrialisierung unseres Landes eine neue Epoche ein. Da die Wirtschaftspolitik der Regierung zwiespältig und energielos war, kam der Umschwung, der sich allerdings erst nach einigen Jahrzehnten fühlbar bemerkbar machte, durch die Tatkraft einzelner Unternehmer zustande, die sich nun erstmalig in größerem Ausmaß die Maschine nutzbar machten und damit die erste industrielle Revolution einleiteten. Die kapitalkräftige Baumwollindustrie ging hier voran und führte in größerem Ausmaß Maschinen ein, die vorwiegend in England erfunden und erzeugt wurden. Diese haben der Industrie neue Möglichkeiten erschlossen, gewaltige Kapazität vermittelt und ihr so ermöglicht, sich von der staatlichen Bevormundung zu lösen und ihre Programme auch gegebenenfalls gegen den Willen des Staates durchzuführen. Die erste dieser bahnbrechenden Gründungen war die 1801/02 errichtete Maschinspinnfabrik in Pottendorf, die durch den Engländer John Thornton im Auftrag der k. k. priv. Garnmanufakturgesellschaft erbaut wurde. Die nötigen Maschinen wurden hier nicht eingeführt, sondern durch die Arbeiter der Fabrik selbst gebaut. Dieser Betrieb, von der Initiative des Unternehmers und seiner Arbeiterschaft getragen, konnte bald zu einem der größten seiner Art auf dem Kontinent werden und beschäftigte 1811 schon 1800 Menschen an 38.000 Spindeln. Weitere Maschinspinnfabriken entstanden 1802 in Schwadorf, Bruck und Klosterneuburg, 1803 in Teesdorf, 1805 in Liesing, 1810 in Schönau, Sollenau und Neusteinhof, 1813 in Neunkirchen und Ebergassing, 1814 in Steinabrückl.

Im Jahre 1808 wurde in Kettenhof eine Cottonfabrik gebaut, die im Betrieb 11.000 und auswärts 14.000 Menschen beschäftigte. Insbesondere wurde dort mazedonische Baumwolle verarbeitet. Eine weitere Cottonfabrik gab es in Ebreichsdorf. Steingutfabriken wurden in St. Pölten, Wilhelmsburg und Sommerein gegründet.

In Neunkirchen war überdies 1803 eine neue Kattunfabrik errichtet worden. Die Einführung der Spinnmaschinen bedeutete eine große Strukturwandlung in der Beschäftigung der Bewohner, denn nun wurde die noch vor einigen Jahrzehnten mit großem Aufwand aufgezogene Handspinnerorganisation überflüssig. In allen Vierteln ging das Handspinnen bald zurück, nur im Waldviertel hielt es sich länger. Insgesamt sank zwischen 1807 und 1812 die Zahl der Spinner von 8000 auf 5300. Im Jahre 1815 besaßen die

18 Spinnfabriken Niederösterreichs schon 879 Mule- und 110 Watermaschinen.

Die Not an manchen Rohmaterialien, vor allem an Baumwolle, deren Einfuhr wegen der Kontinentalsperre beschwerlich und mengenmäßig ungenügend war, regte zu mancherlei Erfindungen an. Der aus Bayern eingewanderte Arzt Jakob Angelo hat einen Baumwollersatz erfunden, der aus Wasserdost, Windlingen und anderen heimischen Unkräutern hergestellt wurde und sich als recht brauchbar erwies. Im Jahre 1809 wurde denn auch im Gebäude des aufgehobenen Minoritenklosters in Tulln die Erzeugung mit staatlichem Vorschuß aufgenommen, doch kam der Erfinder und Erzeuger aus finanziellen Schwierigkeiten nicht heraus. Im Oktober 1811 hat er plötzlich seinen Betrieb im Stich gelassen, zwei Jahre später tauchte er in der Steiermark wieder auf.

Von der Kontinentalsperre war auch die Zuckerproduktion betroffen, die vorwiegend Rohrzucker verarbeitete und ihren Hauptsitz in Fiume/Rijeka hatte. In Niederösterreich bestanden Zuckerraffinerien in Klosterneuburg (seit 1784), Wiener Neustadt, Stockerau und Wien. Inländische Rohstoffe fanden noch kaum Verwendung, wenn auch schon bekannt war, daß man aus Zuckerahorn, Mais, Birken und der weißen Runkelrübe Süßstoffe gewinnen konnte. So waren 1799 von den Professoren Jaquin und Jordan Anbauversuche der Zuckerrübe in Österreich durchgeführt worden. Auch im Botanischen Garten in Wien wurde Rübenzucker erzeugt. Die erste fabrikmäßige Produktion von Zucker aus Rüben nahm 1802 Dr. Ries in St. Pölten auf, doch ging sein Betrieb während der ersten Franzoseninvasion ein, bevor die Zuckerkonjunktur einsetzte. Auch in Wien erzeugte ein Fabrikant chemischer Produkte, Konrad Adam, in größerem Maße Rübenzucker. Als nun die Kontinentalsperre den Zuckerpreis in die Höhe schnellen ließ, wurde von Hofrat Johann Waickardt in Inzersdorf bei Wien eine Zuckerfabrik gegründet. Auch aus anderen inländischen Rohstoffen wurde Zucker erzeugt. Die fürstliche Herrschaft Eisgrub legte eine Plantage von 30.000 Ahornbäumen an und erbaute 1809 eine Raffinerie, doch verschwand diese Produktion nach Aufhebung der Kontinentalsperre wieder. Auch die Rübenzuckerproduktion konnte sich vorerst nicht halten.

Die Maschine hat auch in andere Fabrikationszweige Eingang gefunden, so in die Papiermühlen, die nun zu Papierfabriken umgestaltet wurden, und in die seit der Aufhebung der Widmung durch Kaiser Joseph II. in Umwandlung begriffene Eisenverarbeitung. Die Fischersche Fabrik in St. Aegyd hat vor den Franzosenkriegen vorwiegend Ausrüstungsgegenstände für die Kavallerie erzeugt, das Traisental um Lilienfeld wurde zu einem Zentrum der Gewehrfabrikation. In Freiland hat der Büchsenmacher Josef Fruhwirth, in Marktl Nikolaus Oesterlein und später Johann Waenzel eine umfangreiche Gewehrerzeugung aufgebaut und über die Franzosenkriege hinweg nicht nur halten, sondern sogar weiter ausgestalten können. Daneben bestanden im gleichen Gebiet noch andere Produktionszweige oder traten neue hinzu, wie die Erzeugung von Sensen und Sicheln, Wagenachsen und anderen Werkzeugen, sowie von Draht und Seilen.

In Neuhaus wurden Spiegel erzeugt, auf der Nadelburg Fingerhüte, im Gebiet von Lilienfeld sowie bei Annaberg wurde Gips gewonnen und im Gstettenhof bei Türnitz bestand eine bedeutende Glasfabrik. Auch die industrielle Erzeugung von Töpferei- und Steingutwaren, aus der sich die jetzige Porzellan- und Keramikfabrik in Wilhelmsburg entwickelte, ist damals aus bescheidenen und nicht ganz klar ersichtlichen Anfängen erwachsen. Der für die Landgebiete charakteristische, mehr zum patriarchalischen Zug neigende Fabriksherr ist aus dem alten Eisenhändler- und -verarbeitertyp hervorgegangen. Wir kennen mehrere bedeutende Männer aus diesen und den folgenden Jahrzehnten. Als besonders typische Persönlichkeit sei der Lunzer Hammerherr Johann Franz von Amon genannt, aus Waidhofen an der Ybbs gebürtig. Durch Heirat und Erbschaft hat er Großzerennhämmer und ausgedehnte Anwesen erworben und war seiner Umgebung nicht nur das Beispiel eines erfolgreichen Unternehmers, sondern erwies sich auch als großer Patriot, als er im Franzosenjahr 1805 zwei versprengte österreichische Kompanien unter Lebensgefahr vor der Gefangenschaft rettete. Kaiser Franz hat ihn mehrmals in seinem stattlichen Haus in Lunz besucht.

Die Kommerztabellen, zuletzt im Jahre 1811 zusammengestellt, ergeben tatsächlich das Bild einer für ihre Zeit gut entwickelten Industrie. Unter den Ländern der Monarchie wurde Niederösterreich nur noch von Böhmen überboten. Man schätzte damals die Zahl der in Fabriken und bei Kommerzialgewerben Beschäftigten auf 65.000, in Polizeigewerben in Wien auf 56.000, auf dem Lande auf 22.700 Personen. Im ganzen Land wurden 284 privilegierte Fabriken, fast 3000 kleine Fabriken und über 4000 Meister in Kommerzialgewerben gezählt. Schon jetzt hatte das Viertel unter dem Wienerwald, wo der Boden in der Neustädter Heide und im Steinfeld für den Ackerbau ungünstig war, dafür aber zahlreiche und gute Wasserkraft vorhanden war, einen industriellen Vorsprung erlangt, während das Weinviertel noch reines Bauernland geblieben war.

Dem Bergbau, vor allem auf Stein- und Braunkohle, wurde nun größere Bedeutung beigemessen, und es wurden auch einige Vorkommen entdeckt, die sich aber als nicht sehr bedeutend erwiesen. Eine Kohlengrube bei Kaltenleutgeben wurde bald wieder eingestellt, ein anderes Steinkohlevorkommen am Schoberberg bei der Mündung des Sattelbaches in die Schwechat, schon seit 1777 vom Stift Heiligenkreuz betrieben, wurde 1809 reaktiviert, aber nach achtjähriger Arbeit wegen der zu hohen Kosten wieder aufgegeben. Bei Klingenfurt wurde ein Braunkohlenflöz erschlossen, in der benachbarten Schauerleiten fand man schon um 1780 Braunkohle, bei Edlitz wieder schürfte eine Bergwerksgesellschaft nach Glanzkohle. In Thallern, wo man schon um 1750 beim Graben eines Brunnens auf Kohle gestoßen war, in Brunnkirchen bei Furth, bei Obritzberg und Lilienfeld lagen weitere Vorkommen. Das Braunkohlenlager von Obritzberg-Statzendorf war 1791 ebenfalls bei einem Brunnenbau entdeckt worden, eine Privatgesellschaft, die um die Jahrhundertwende die Ausbeute übernahm, entdeckte dort auch

Steinkohle. Seit 1806 wurde Torfkohle in Velm und Moosbrunn gewonnen, eine bei Gutenbrunn errichtete Torfverkohlungsanstalt ging dagegen bald wieder ein. Das bedeutendste Steinkohlenbergwerk Niederösterreichs am Rastkogel bei Grünbach wurde erst 1827 eröffnet. An weiteren Bodenschätzen fanden sich Gips bei Heiligenkreuz, Pernitz, Schottwien und Annaberg, Quarz bei Schiltern, Spitz und Neunkirchen. Tonlager wurden bei Droß im Kremser Gebiet, Alaun zu Zillingdorf, Thallern und Brunnkirchen erschlossen.

Das Kupferbergwerk am Michaelerberg bei Spitz wurde zu Beginn des 19. Jahrhunderts aufgelassen, bei Pitten wurde 1787 ein Eisenbergwerk eröffnet, das größte dieser Art befand sich aber bei Reichenau und wurde von der Innerberger Hauptgewerkschaft betrieben, die auch einen Hochofen unterhielt. Auch die Herrschaft Weitra baute Eisen ab.

Die Handwerksbetriebe hatten ihren Sitz meist in der Residenzstadt Wien, vor allem der Export- und Importhandel. Noch immer waren die Hauptkommerzialstraßen die führenden Handelswege neben der Donau, die vor allem von Wien ostwärts sehr stark befahren waren. Gering war die Schiffahrt auf der March und Enns, wobei die March einige Getreideschiffe und Flöße, die Enns ab Reifling nur Flöße befuhren. Am Ende des Jahrhunderts wurde der Plan geboren, die Donau bei Wien mit dem Adriatischen Meer zu verbinden. Mit dem Bau dieses Kanales wurde 1797 begonnen, doch konnte er nur bis über Wiener Neustadt hinaus nach Pöttsching im heutigen Burgenland fertiggestellt werden. Seit 1804 wurde dieser Wiener Neustädter Kanal von der Schiffahrt benützt, vor allem um Brennholz, Kohle und Ziegel nach Wien zu bringen. Der Handelsverkehr mit den anderen Provinzen, vor allem mit den böhmischen Ländern, war recht bedeutend, man schickte Wein nach Oberösterreich, Böhmen, Mähren und in die Steiermark, Weizen nach Böhmen und Mähren, Eisen und Eisenwaren nach Ungarn und natürlich alle Arten von Industrieprodukten in die verschiedenen Länder. Noch immer hatten die Jahrmärkte erhebliche Bedeutung für den lokalen Handelsverkehr. Die Wiener Märkte, auf vier bis fünf Wochen ausgedehnt, wurden von Händlern aus Siebenbürgen und Ungarn besucht, natürlich auch von den Kleinhändlern Niederösterreichs, die sich dort mit Waren eindeckten. Die beiden 14tägigen Kremser Jahrmärkte waren das zweite Handelszentrum. Obwohl bei weitem nicht alle Orte, welche Marktrechte besaßen – es waren dies 35 Städte und 341 Märkte –, von ihren Rechten Gebrauch machen konnten, hielten doch manche Ortschaften recht ansehnliche Märkte ab, wie Pottendorf sechs, Laa, Feldsberg, Poysdorf, Pulkau, Ravelsbach und Großgerungs fünf, Drosendorf, Eggenburg, Gföhl, Horn, Korneuburg, Mautern, Mistelbach, Raabs, Großsiegharts, Zistersdorf vier.

Die Landbevölkerung bestand zu dieser Zeit aus 68.000 Bauern, 10.600 Häuslern und 150.000 Dienstboten, und es war unverkennbar, daß die Landwirtschaft gegenüber der Produktionskraft von Industrie und Gewerbe ins Hintertreffen gelangt war, obwohl ihr die Kriegsjahre reicheren Gewinn

als den Städtern gebracht hatten und sie unter Maria Theresia und Joseph II.
sehr gefördert worden war. Denn die rationelle Düngerwirtschaft war den
meisten Bauern noch unbekannt, Kunstdünger in Form von Gips und ge-
branntem Ton wurde nur sporadisch verwendet, auch die Viehhaltung war
relativ gering. Es herrschte in der Landwirtschaft noch immer die in der
theoretischen Literatur so viel getadelte Dreifelderwirtschaft vor, die ein
Drittel der Felder der Produktion entzog. Die Bestellung der Brache hatte geringere Fortschritte gemacht, als man sich nach den verschiedenen Förderungsmaßnahmen der letzten Jahrzehnte erwart hatte. Im Weinviertel und
im westlichen Alpenvorland setzte sich der Anbau von Klee, Wicken, Kartoffeln und Rüben allmählich durch, im Marchfeld dagegen überwog die
Brache noch immer, sogar im fruchtbaren Tullnerfeld. An Körnerfrüchten
baute man vorwiegend Hafer und Roggen, nur ein Fünftel der Wintersaat
bestand aus Weizen, im Weinviertel ein Drittel. Der Gerstenanbau war am
bedeutendsten im Viertel unter dem Wienerwald und besonders um Wien,
wo die Brauereien großen Bedarf hatten. Mais fand man vorwiegend in der
Neustädter Heide. Bedeutend war der Ertrag der Weingärten, wenn auch im
Viertel ob dem Wienerwald, vor allem im Alpenvorland, immer mehr Weingärten in Äcker umgewandelt wurden und der Weinbau sich nur mehr nördlich und östlich der Linie Melk – Hafnerbach – Böheimkirchen – Sieghartts-
kirchen hielt. Im Laufe des Jahrhunderts wich hier die Weinkultur völlig in
die Donaulandschaften zurück. In der Viehzucht war das Viertel ob dem
Wienerwald, wo in den Jahren nach 1790 Fortschritte erzielt worden waren,
führend. Die Stallfütterung des Viehs setzte sich nur dort durch, wo der
Futterpflanzenbau intensiviert worden war, in weiten Landesteilen herrschte der Weidebetrieb noch immer vor. Seit der Einführung der Beschälstationen hatte sich die Pferdezucht verbessert, das kleine, unansehnliche Pferd
war im Verschwinden. Zwei vorzügliche Gestüte, eines 1806 in Hohenau,
das andere in Kirchschlag errichtet, waren vorbildlich. Bedeutenden Umfang hatte noch die Schafzucht, vor allem im Voralpengebiet und im Waldviertel. Man zählte 1805 noch 371.000 Schafe in Niederösterreich, die nicht
nur von den Bauern, sondern auch in herrschaftlichen Schäfereien gehalten
wurden. Dagegen kannte man die intensive Schweinezucht erst in einigen
Gegenden.

Seit die ökonomische Gesellschaft im Jahre 1783 aufgelöst worden war,
gab es keine Organisation mehr, welche dem Fortschritt der Landwirtschaft
in Niederösterreich dienstbar gewesen wäre. Unterdessen hatte die rationelle
Ökonomie in Norddeutschland, vorwiegend in Sachsen, einen für uns unerhörten Aufschwung erlebt. Peter Jordan, ein gebürtiger Tiroler, hat als erster die rationellen Grundsätze der landwirtschaftlichen Produktion nach
Niederösterreich verpflanzt, durch Vorlesungen zu verbreiten gesucht und
als Verwalter der Patrimonialgüter Vösendorf und Laxenburg auch praktisch demonstriert. Er wurde zum Gründer der Viehveredelung in Niederösterreich. Da gleichzeitig in verschiedenen Ländern, in Tirol, Kärnten und
in Mähren, Landwirtschaftsgesellschaften entstanden waren, erkannte man

auch in Niederösterreich die Notwendigkeit, eine ähnliche Organisation zu gründen. Dank der Initiative des Dr. Franz von Heintl wurden Statuten zu einem Verein ausgearbeitet, die 1807 vom Kaiser genehmigt worden sind, und 1808 konstituierte sich die k. k. Landwirtschaftsgesellschaft in Wien als Vereinigung am landwirtschaftlichen Fortschritt interessierter Gutsbesitzer und Feudalherren. In den ersten Jahren ihres Bestandes hat sie wenig praktische Arbeit geleistet und stand knapp vor der Auflösung, wurde aber 1811 erneuert und entfaltete in späteren Jahrzehnten noch eine rege und segensreiche Tätigkeit.

Wir dürfen nicht vergessen, daß der Prozeß der Umgestaltung im grundherrschaftlichen Besitz unaufhörlich weiterging. Einerseits hielt die schon im 17. Jahrhundert einsetzende Tendenz zur Zusammenlegung mehrerer Herrschaften und zur Schaffung großräumiger Gebilde an, wie es etwa Johann Grechtler um die Mitte des 18. Jahrhunderts im Pielachtal durch Ankauf der Herrschaften Fridau, Weißenburg, Rabenstein und dazwischenliegender kleinerer Güter getan hatte, andererseits erwuchsen zahlreiche kleine Herrschaften durch Erbteilungen oder Abverkauf einzelner Orte. Im Waldviertel zählte man 1822 129 Herrschaften, von denen 52, also fast die Hälfte, seit Beginn des 17. Jahrhunderts neu entstanden waren. 1590 waren es insgesamt 166 gewesen.

Die Bindung der Grundherren an ihre Herrschaften war auch recht gering geworden. Viele hatten ihren ständigen Wohnsitz in Wien oder anderen Städten, wohin sie als Beamte, Diplomaten oder Offiziere versetzt worden waren, eine beträchtliche Anzahl gehörte auch schon reich gewordenen Bürgerlichen, wie Großhändlern, Apothekern, Juristen und Professoren, die keine Beziehung zu ihrem Besitz hatten und die Herrschaften als sichere Geldanlage betrachteten, aus denen sie eine ansehnliche Rente bezogen. So hat am Beginn des 19. Jahrhunderts die alte Herrschaft weitgehend ihren Gehalt eingebüßt gehabt.

Im Verhältnis zu den Untertanen war in diesen Jahrzehnten wenig Änderung eingetreten. Nach der Aufhebung der josephinischen Steuer- und Urbarialregulierung waren über Betreiben der Regierung von den meisten Herrschaften Robotablösungsverträge mit. den Untertanen abgeschlossen worden, doch wollten oft die Bauern zur Naturalrobot zurückkehren, da ihnen diese leichter fiel als die Bezahlung von Bargeld. Man überließ die Regelung aber durchwegs den Herrschaften, und nur in besonders schwierigen Fällen waren die Kreisämter zum Einschreiten genötigt. Die Kriegsjahre waren auch für innere Reformen wenig geeignet, nach dem endgültigen Friedensschluß aber war man in Österreich jeder Änderung bestehender Verhältnisse abhold.

Das Volksbildungswesen machte nach Josephs II. Tod lange keine Fortschritte, ja es war ein Erlahmen zu bemerken. Eine Studienrevisionskommission, 1795 bestellt und ganz unter konservativen Einfluß gestellt, hat als Ergebnis jahrelanger Beratungen im Jahre 1804 einen »Plan zur künftigen Verfassung und Organisation des ganzen deutschen Schulwesens« fertiggestellt, dem als Resultat im folgenden Jahr die bis zum Reichsvolksschulgesetz gültige »Politische Verfassung der deutschen Volksschule« folgte. Die Schulaufsicht wurde in geistliche Hände gelegt und den Erzbischöfen und Bischöfen nicht nur die Leitung des Religionsunterrichts, sondern auch die Beaufsichtigung des gesamten Unterrichtes anvertraut. Das Dekanat wurde somit zum Schulbezirk, die Dechanten oder dafür geeignete Geistliche Schulinspektoren. Die Schullehrer, die sich übrigens in den Jahren der schleichenden und später der offenen Inflation in größter Not befanden, wurden nun wieder in fast allen Orten gleichzeitig Mesner, ja die Regierung drängte sogar darauf. Es gab schon mehr als 2000 Volksschullehrer in Niederösterreich, die an den Hauptschulen der einzelnen Kreise in Präparandenkursen ausgebildet wurden. Auch die Zahl der Schulen, vornehmlich der Trivialschulen, nahm bis 1830 ständig zu, um dann auf dem gleichen Stand zu beharren. In der Hand der Kirche befanden sich auch alle acht Gymnasien des Landes.

Die Lage der österreichischen Wissenschaft war in dieser Epoche nicht rosig. Die allgemeine Abschließung und das Mißtrauen hinderten das Aufblühen reger Forscherarbeit. Nur einzelne Zweige, die vom Standpunkt des Staates von Bedeutung waren, konnten sich freier entfalten. Im Gefolge der Aufklärung waren die sogenannten politischen und ökonomischen Wissenschaften sehr gefördert worden, wobei vor allem Geographie und Statistik auf namhafte Leistungen hinweisen konnten. Der Göttinger Professor Anton Friedrich Büsching hat mit Hilfe der politisch-statistischen Methode im 15. Band seiner Erdbeschreibung auch Niederösterreich behandelt, und knapp nach dem Tod Kaiser Josephs II. erschienen die geographischen Handbücher des Erzherzogtums unter der Enns von Ignaz de Luca und Josef Max Freiherr von Liechtenstern. Diese Arbeiten fanden dann im Jahre 1816 in der ersten Auflage der »Landeskunde von Österreich unter der Enns« des Liechtenstern-Schülers Wenzel Karl Wolfgang Wabruschek, der sich Blumenbach nannte, eine erste Krönung. Auch die niederösterreichischen Stände haben sich jahrelang bemüht, eine Topographie Niederösterreichs herausbringen zu lassen, nach fast vierzigjähriger, immer wieder unterbrochener Arbeit entstanden aber nur bescheidene vierbändige »Beiträge zur Landeskunde Österreichs unter der Enns«. Die damals eingeforderten Berichte und Vorarbeiten benutzte Franz Schweikhardt, der sich unberechtigterweise das Adelsprädikat »von Sickingen« zulegte, für die umfangreiche, in 37 Bänden zwischen 1831 und 1840 gedruckte »Darstellung des Erzherzogtumes Österreich unter der Enns«, die wohl im historischen Teil meist recht flüchtig und fehlerhaft, im topographischen aber unterdessen selbst zur Geschichtsquelle geworden ist. Die Ortsbeschreibungen der beiden östlichen Viertel sind alphabetisch, der beiden westlichen nach Herrschaften geordnet, wobei allerdings das Waldviertel nicht ganz fertiggeworden ist. Diese Topographie fand weiteste Verbreitung und wird auch heute noch von Ortsgeschichtsforschern gerne herangezogen und mit übergroßem Vertrauen bedacht.

Wichtig für die landeskundliche Forschung war, daß man sich jetzt nicht nur in den Klöstern bemühte, die eigene lokale Vergangenheit klarzustellen, sondern daß auch in einzelnen Orten schon Geschichtsforschung versucht wurde. Es waren nicht nur kirchliche Stellen, die sich damit befaßten, wenn auch die Vorarbeiten des Wiener Professors Vinzenz Darnaut, die schließlich in dem seit 1818 erschienenen vielbändigen Werk »Kirchliche Topographie des Erzherzogtums Österreich« gipfelten, umfangmäßig am bedeutendsten gewesen sein mögen. Daneben haben sich in manchen Orten, in Baden, Mödling und St. Pölten und auch in Wien, Ärzte mit der Erforschung von Gegenwart und Vergangenheit ihrer Wirkungsstätten beschäftigt und einen neuen Typus der Topographie, die physisch-medizinische, geschaffen, die auf Vorbilder in deutschen Städten zurückging, wie Berlin, Hamburg und Würzburg. Die bedeutendsten Werke dieser Art in Niederösterreich waren die Wiener Topographie des Zacharias Wertheim und die des St. Pöltner Stadtphysikus Franz Strohmayr, während über das berühmte Baden im gleichen Zeitraum vier Bücher erschienen, in denen auch bereits die Kunstwerke der Umgebung erklärt wurden. Auch die seit 1808 erschienenen »Vaterländischen Blätter für den österreichischen Kaiserstaat« enthielten oft Ortstopographien oder Reisebeschreibungen, die meist von Blumenbach verfaßt wurden.

Der Schauspieler Johann Friedrich Anton Reil, aus Koblenz am Rhein gebürtig, ist zum Topographen des südlichen Waldviertels geworden. Sein Wandertagebuch »Der Wanderer im Waldviertel«, 1823 in Brünn erschienen, und das erste Heimatbuch des ehemaligen Bezirkes Pöggstall, das er unter dem Titel »Das Donauländchen der kaiserlich königlichen Patrimonialherrschaft im Viertel ober dem Manhartsberg« 1835 veröffentlichte, machten ihn zum literarischen Entdecker des Waldviertels.

Bedeutsam war, daß in den letzten Jahrzehnten des 18. und am Beginn des 19. Jahrhunderts eine völlige Wandlung des Wiener Volksschauspieles eintrat. Jetzt entstanden die privilegierten Vorstadtbühnen sowie einige Provinzbühnen, in denen die neue Form der Wiener Komödie entwickelt wurde. Die erste Vorstadtbühne war 1781 in der Leopoldstadt entstanden, ihr folgte eine auf der Wieden im Starhembergschen Freihaus, die 1801 ins neuerrichtete Theater an der Wien übersiedelte. Kürzer lebten die Bühnen in Neubau und auf der Landstraße. In einigen Provinzorten, wie Krems, Baden, St. Pölten und Wiener Neustadt, traten schon während des ganzen 18. Jahrhunderts Wandertruppen unter der Leitung von Prinzipalen auf und spielten in Gasthaussälen Theater von meist niedrigem Niveau. Im Jahre 1788 beschäftigte man sich in Krems ernstlich mit der Errichtung eines festen und ständigen Bühnenhauses, seit 1791 wurde auch in der ehemaligen Dominikanerkirche gespielt. In Wiener Neustadt wieder wurde 1793 die Kirche des ehemaligen Karmelitinnenklosters zum Theater umgebaut und von rasch wechselnden Prinzipalen bespielt. Das älteste niederösterreichische Provinztheater ist aber das von Baden, das schon 1785 anstelle eines Theaterstadels errichtet wurde und in dem durch fünf Jahre Karl Marinelli, der Gründer des ersten Wiener Vorstadttheaters, die Direktion innehatte. Durch 38 Jahre leitete dann Johann Georg Wilhelm diesen Musentempel, der um 1815 neu erbaut und bedeutend vergrößert wurde. Es war dank der gutsituierten Badegäste, die sich in der Kurstadt aufhielten und den Hauptstock des Publikums bildeten, mit weitem Abstand das beste Provinztheater und stand den Wiener Vorstadtbühnen in keiner Weise nach. Auch in St. Pölten bestand schon in den ersten Jahrzehnten des 19. Jahrhunderts eine kleine Bühne, die dann im Jahre 1821 durch ein neues Gebäude ersetzt wurde. Während das Burgtheater das große Kunstdrama pflegte, wurden auf diesen kleinen Bühnen meist Volksstücke aufgeführt. Die Zahl der benötigten Stücke war groß, und unter den Verfassern wurde manch bedeutendes dichterisches Talent entdeckt. Als Autoren der damals beliebten Kunstdramen sei Hermann von Ayrenhoff genannt, ein Offizier und typischer Vertreter des josephinischen Rationalismus, oder Heinrich Josef von Collin, der Dichter der staatsbürgerlichen Tugend, des Heroismus der bewußten Bürgerpflicht. In der Vorstadt aber erlebten die Ritter- und Räuberdramatik, die Zauberoper und das Feenmärchen ihren Höhepunkt. Emanuel Schikaneder war vielfach der Schöpfer solch derber, aber brettertüchtiger, mit grellen Effekten und wirksamer Ausstattung gekennzeichneten Theaterstücke. Unter diesen waren aber auch höchste Kunstwerke, wie denn 1791 Mozarts »Zauberflöte« zum ersten Mal im Theater auf der Wieden in Szene ging. Dafür hatte Schikaneder den Text geliefert. Die Werke der deutschen Klassik aber fanden nur spärlich den Weg nach Österreich, am ehesten noch während der französischen Besatzung, als die Zensur gefallen war. Gerade in der Literaturentwicklung dieser Epoche zeigt sich die unheilvolle Engherzigkeit des Systems, das Österreichs geistige Kräfte von der großen Entwicklung abschloß, bis erst wieder durch Grillparzer der Anschluß gefunden wurde.

Der eigentliche Dichter der Wiener Volksbühne war Adolf Bäuerle, der an die 80 Stücke schrieb, meist Lustspiele und Volkspossen. Eine Broschüre »Spanien und Tirol tragen keine fremden Fesseln« brachte seinen Namen zur Zeit der französischen Besetzung von 1809 auf die Proskriptionsliste. In der niederösterreichischen Provinz huldigte in diesen Jahren der Zisterzienser Ladislaus Pyrker, ein gebürtiger Burgenländer, seit 1792 Mönch des Stiftes Lilienfeld und später Bischof der Zips/Spišska in der Slowakei und Erzbischof von Erlau/Eger, jenen patriotischen Bestrebungen, die seit der Jahrhundertwende in Österreich mächtig aufgeblüht waren. Er strebte zum patriotischen Epos und erhob die österreichischen Fürsten zu den Helden seiner Dichtungen. Er vergaß aber auch nicht die Verherrlichung von Lilienfeld, für das er sich als Abt (seit 1812) große Verdienste erworben hatte. Das innere Traisental hat auch die Dichterin und Schriftstellerin Karoline Pichler, deren Salon später zum Inbegriff der Wiener Biedermeierkultur werden sollte, in ihrem 1805 erschienenen historischen Roman »Die Herren von Hohenberg« besungen. In ihrem Memoirenwerk »Denkwürdigkeiten aus meinem Leben« beschrieb sie die ganze Epoche von den letzten Lebensjahren Maria Theresias bis tief hinein in den Vormärz.

Seit etwa 1780 hat die niederösterreichische Provinz auf den künstlerischen Gebieten Architektur, Kunsthandwerk und Malerei ihre bis ins Spätbarock bewahrte Eigenständigkeit völlig eingebüßt und wurde von Wien abhängig. Die prachtvolle Kaiserstadt nahm alle Talente auf, die Kunstwerke des Landes wurden überwiegend von Wienern ausgeführt. In Wien konzentrierte sich auch das Kunsthandwerk, das ein überaus hohes Niveau erreichte. Wenn wir also in den folgenden Jahrzehnten des 19. Jahrhunderts von niederösterreichischer Kunst sprechen, so meinen wir Wiener Kunst, die nach Niederösterreich ausstrahlte. Entscheidend war, daß die Klöster durch Aufhebungen und Änderung der geistigen Voraussetzungen in der Aufklärung als Auftraggeber fast völlig ausschieden, und daß die führenden Mäzene nun die Hochadeligen waren, zu denen sich vorwiegend bei Malerei und Kunsthandwerk auch schon Bürger gesellten. In der Architektur stellten nun Schloß- und Palastbauten die wichtigsten Denkmäler, in denen schon Elemente des Frühklassizismus anklangen, wie bei den Schlössern von Groß-Schweinbarth und Rodaun, den Wasserschlössern Enzesfeld und Rohrau, aber auch bei Neubauten, wie den Jagdschlössern Karlslust bei Niederfladnitz und Litschau. Der Hochklassizismus, durch den Bau des Rasumovsky-Palais in Wien durch Louis Montoyer eingeleitet, ist durch den Umbau der Schlösser Ernstbrunn und Feistritz am Wechsel sowie durch den Neubau des Geymüllerschlosses in Hollenburg typisiert. Den Spätklassizismus vertrat bei uns in erster Linie Joseph Kornhäusel, der wahrscheinlich das Schloß Jeutendorf errichtete und als Liechtensteinscher Baudirektor eine Reihe von Gebäuden aufführte, die Fürst Johann von Liechtenstein als Notstandsbauten nach den Napoleonischen Kriegen auf seinen Gütern errichten ließ, wie das Jagdschloß Pohanska und den Zubau des Schlosses von Eisgrub/Lednice in Südmähren.

Kornhäusel hat vorwiegend in der Kurstadt Baden eine Reihe von Badeanstalten in Tempelform, wie das Josefsbad und das Leopoldsbad, später das an ein Landschlößchen anklingende Engelsbad und das kleine Franzensbad errichtet, Villen für Adelige und 1812 nach einem Brand das Rathaus erbaut; Neu- oder Umbauten von Rathäusern entstanden in diesen Jahren noch in Stein, Retz und Eggenburg.

Nachdem er sich durch den Neubau des Schottenhofes in Wien auch als Klosterbaumeister betätigt hatte, wurde Kornhäusel 1834 von Stift Klosterneuburg die Gestaltung der Front zwischen Klosterkirche und Stiftsgarten mit Einfahrtshalle und darüber liegendem Bibliothekssaal übertragen. Bis 1842 war dieses Werk vollendet.

Auch den Malern fehlte die hochadelige Protektion nicht. Die Grafen Lamberg, Sinzendorf, Fries, Rudolf Czernin, die Fürsten Kaunitz, Schwarzenberg, Esterházy, Czartorysky, auch der kaiserliche Hof, gewährten Stipendien für Studienaufenthalte in Rom. Der bedeutendste Maler Wiens in dieser Epoche war Heinrich Füger (1751–1818), aus Heilbronn gebürtig und in Rom im klassizistischen Kreis von Mengs und David ausgebildet. 1783 kam er nach Wien, wo er als Leiter der Kunstakademie und seit 1806 als Di-

rektor der kaiserlichen Gemäldegalerie im Belvedere wirkte. Seine Historien-
bilder und Porträts sind vom Klassizismus beeinflußt, in vielen Gemälden
stand er aber noch unter starker Nachwirkung der Barockkunst. Aus Niederösterreich stammen drei Maler, die unter dem gleichen Einfluß standen:
der aus Krems gebürtige Michael Wutky (1739–1823), Lorenz Schönberger
(1768–1847) aus Vöslau und Johann Josef Schindler (1777–1836), ein Lakai-
ensohn aus St. Pölten. Wutkys Kunst »hält die Mitte zwischen barocker Be-
wegtheit und idealisierter Strenge im Sinne der deutschen Romantik«,
Schönberger malte meist effektvolle Landschaften, Schindler pflegte mehr
eine volkstümliche, persönliche Auffassung, war ungemein vielseitig und
schuf Altarbilder, Lithographien, Miniaturporträts ebenso wie große Pro-
spekte. So stammten die Vorhangentwürfe für das Theater an der Wien und
das Stadttheater St. Pölten sowie das Panorama der Stadt Salzburg von seiner Hand.

Die großen Kriege Österreichs im ersten Jahrzehnt des 19. Jahrhunderts
fanden in der Kunst Johann Peter Kraffts ihren Niederschlag. Nicht nur in
seinen Schlachtenbildern »Aspern« und »Leipzig«, in den »Einzügen des Kaisers Franz« 1809 und 1814 hat er geschichtliche Ereignisse festgehalten, er
nahm auch den einfachen Soldaten, ja den Bürgersoldaten, historisch, wie in
den so populär gewordenen Bildern »Abschied des Landwehrmanns« und
»Rückkehr des Landwehrmanns«.

Auf dem Gebiete der Bildhauerkunst war Franz Zauner (1746–1822), der
das Reiterstandbild Joseph II. vor der Nationalbibliothek errichtete, die
überragende Erscheinung. Johann Martin Fischer wieder hat die Brunnen
am Franziskanerplatz in Wien (Mosesbrunnen) und am Graben (Leopolds-
und Josephsbrunnen) geschaffen. Wenn wir aber Vergleiche mit der Barockzeit anstellen, müssen wir feststellen, daß die bildende Kunst in Werken
und Persönlichkeiten an die Bedeutung der barocken Vergangenheit nicht
anknüpfen konnte. Umso höher war aber der musikalische Ruhm der Kaiserstadt gestiegen, in der Haydn nach drei Jahrzehnte während dem Dienst als
fürstlich-esterházyscher Kapellmeister bis zu seinem Tode (1809) seinen
Wohnsitz nahm und sein reiches Schaffen mit den beiden großen Oratorien
»Die Schöpfung« und »Die Jahreszeiten« krönte. Seit 1792 lebte auch Ludwig van Beethoven in Wien, von Maria Theresias jüngstem Sohn, dem Kurfürsten Max Franz von Köln, hierher geschickt, um Unterricht zu nehmen.
Von seinem Gönner nicht zurückberufen, wirkte er ein Jahrzehnt als Pianist
und schuf während dieser Zeit die ersten acht Symphonien, von denen die
dritte (Eroica) 1804 Napoleon, dem »Helden«, gewidmet, dem Kaiser aber
wieder aberkannt wurde. In der Pastorale, 1808 entstanden, verewigte er
»den Zauber der Wiener Landschaft in Tönen«.

Die Niederlage von 1809 bewirkte einen neuerlichen außenpolitischen
Kurswechsel Österreichs. Der 37 Jahre alte bisherige Botschafter in Paris,
Clemens Lothar Metternich, übernahm die Außenpolitik und suchte den
Staat, dessen Schwäche zwischen den beiden verbündeten europäischen
Randmächten Frankreich und Rußland offensichtlich war, ohne Gefähr-

dung durchzusteuern. Die wichtigste Rolle spielte dabei die Heirat der Kaisertochter Maria Luise mit Napoleon, wenn sich auch im Augenblick keine sichtbaren Vorteile ergaben. Noch vor kurzem hätten viele eine solche Wendung für ausgeschlossen gehalten. »Dieselben Stimmen, deren Aufruf zum Kampf kaum erst verhallt, sollten jetzt Hochzeitshymnen ertönen lassen und den Mann preisen, dem sie jüngst noch geflucht«. Die kirchlich Gesinnten waren ergrimmt ob der »ehebrecherischen« Verbindung, die Patrioten über die »Blutschande«. Jedenfalls gestaltete sich das Verhältnis zu Frankreich günstiger, das nun allmählich immer stärker in Gegensatz zu Rußland geriet. Im März 1812 schlossen Frankreich und Österreich ein Bündnis, das unseren Staat verpflichtete, im Kriege des Korsen gegen Rußland ein Hilfskorps zu stellen. Dieses führte den Feldzug aber ohne Kraft und Leidenschaft und wurde dadurch von Napoleons Debakel verschont. Fürst Schwarzenberg konnte das österreichische Kontingent ohne größere Verluste zurückführen, während von der stolzen Armee Frankreichs kaum 10.000 Mann dem russischen Winter entrinnen konnten. Als nun auch Preußen gegen Frankreich antrat, die Verbündeten in den ersten Monaten des Jahres 1813 aber keine Erfolge erringen konnten, begann das große Werben um Österreich, dessen Entschluß, einer der beiden Gruppen beizutreten, den Kampf entscheiden mußte. Unterdessen rüstete Österreich, konzentrierte Truppen in Böhmen, während die diplomatischen Verhandlungen weitergingen. Da aber Napoleon nicht zum Nachgeben zu bewegen war, schloß es sich der Koalition Rußlands und Preußens an und erklärte am 11. August Frankreich den Krieg. Bei Leipzig fiel im Oktober die Entscheidung, die verbündeten Heere unter Schwarzenbergs Oberkommando konnten die Franzosen entscheidend schlagen. Dezimiert durch die schwere Niederlage, von Hunger, Krankheit und Verzweiflung zermürbt, fluteten die Reste der einst von ganz Europa gefürchteten Armee des Korsen über den Rhein zurück. Jetzt fielen auch die Rheinbundstaaten ab, Frankreich, noch vor einem Jahr der Zwingherr Europas, sah feindliche Heere auf eigenem Boden. Napoleon mußte abdanken und erhielt die Insel Elba mit dem Kaisertitel zugewiesen. Frankreich wurde im ersten Pariser Frieden von 1814 auf die Grenzen von 1792 zurückgedrängt, hatte aber nicht einmal Kriegsentschädigung zu zahlen und blieb so als Großmacht erhalten.

Zur Neuordnung Europas wurde ein Kongreß der Mächte nach Wien einberufen. Mitte September 1814 trafen die ersten Gäste ein, bald war ein glänzendes Ensemble von Fürsten und Staatsmännern in der Kaiserstadt versammelt. Die gastliche Aufnahme, der ununterbrochene Strom von Vergnügungen, aber auch der polizeiliche Überwachungsdienst verursachten große Kosten, die von der Regierung neuerlich durch Betätigung der Notenpresse gedeckt wurden. Besonders einschneidend wirkten sich die notwendig gewordenen Rüstungen nach der Rückkehr Napoleons aus Elba im April 1815 aus. Sie brachten die österreichischen Finanzen neuerlich in Gefahr. Der moralische Erfolg für Österreich und besonders für Wien war aber groß, hier wurde offiziell die Periode der Napoleonischen Kriege beendet.

26. KAPITEL

Biedermeier und Vormärz

Die Neuordnung Europas, die der Wiener Kongreß nach neunmonatigen, durch viele Gegensätze gehemmten Verhandlungen im Juni 1815 beschloß, hat weitgehend dem Konzept des österreichischen Staatskanzlers, des auf dem Schlachtfeld von Leipzig in den Fürstenstand erhobenen Lothar Clemens Metternich, Rechnung getragen. Österreich hat die in den Franzosenkriegen verlorengegangenen deutschen Erblande zurückerhalten. Dazu kamen noch Salzburg und die reichsten Provinzen Italiens, die als lombardovenezianisches Königreich zusammengefaßt wurden. Es hat ebenso einen Teil der bei den früheren Teilungen Polens besetzten galizischen Bezirke, die Napoleon dem Großherzogtum Warschau zugeschlagen hatte, wieder annektieren können. Nur vom Rhein zog sich der Kaiserstaat endgültig zurück und beschränkte sich auf die Rolle als Ordnungsmacht des Donauraumes und Italiens.

In Deutschland, wo während der Befreiungskriege bei weiten Kreisen der Wunsch nach einem einigen und freien deutschen Gesamtstaat laut geworden war, löste Metternichs Konzept die größte und bitterste Enttäuschung der Patrioten aus. Nach wochenlangen ergebnislosen Verhandlungen schuf man einen losen Staatenbund, dem 39 souveräne Fürsten und freie Städte angehörten. Der Kaiser von Österreich trat nur mit seinen ehemals zum Reich gehörenden Besitzungen, also nicht mit Galizien, Ungarn und dem lombardo-venezianischen Königreich, bei, Preußen blieb mit seinen polnischen Erwerbungen und Ostpreußen dem Bunde fern. Als Bundesorgan wurde die Bundesversammlung, bald Bundestag genannt, eingesetzt, die in Frankfurt am Main unter dem Vorsitz Österreichs tagte. Noch ärger zerstückelt aber wurde Italien, wo die meisten der habsburgischen Sekundogenituren, wie auch der Papst im Kirchenstaat, wieder unter österreichischer Hegemonie in ihre Rechte eingesetzt worden waren. Die Diplomaten hatten also bei Deutschland und Italien völlig das Selbstbestimmungsrecht der Völker mißachtet, das während der Französischen Revolution und der Befreiungskriege gewachsen und zu einer unzerstörbaren geistigen Macht geworden war. Dieser Idee zuliebe waren Tausende freiwillig in den Kampf gezogen, war vor allem in der deutschen Studentenschaft eine mächtige Bewegung entstanden, die viele der besten Geister der Nation erfaßt hatte. In Italien wieder, wo Napoleon zum ersten Male nach vielen Jahrhunderten die Einheit hergestellt hatte und die junge Generation in nationalen Ideen

schwelgte, mußten die Österreicher bald zu verhaßten Fremden und Zwing-
herren werden.

Nach Metternichs gewiß nicht unberechtigtem Standpunkt hatte er das
Kaisertum Österreich territorial abgerundet, ihm eine Gestalt gegeben, die es
zur Hegemonie nicht nur in Deutschland, sondern auch in Italien befähigte.
Da sein System aber dem Zeitgeist nachhaltig widersprach, ergaben sich
bald viele Probleme. Hinfort mußte Österreich seine militärische Kraft und
sein außenpolitisches Prestige ganz zur Erhaltung der Ordnung, die 1815
aufgerichtet worden war, gegen viele Anfeindungen von außen und innen
einsetzen.

Den ersten Anlaß zum Einschreiten bot die deutsche Bewegung. Hatte
Metternich noch 1816 verächtlich gemeint, »die deutschen Konspirationen
machen ihre Krisis zumeist mit der Feder durch«, so ist er nach dem Wart-
burgfest von 1817 doch anderen Sinnes geworden, als zum Gedenken an
Reformation und Leipziger Völkerschlacht Studenten von zwölf deutschen
Universitäten nicht nur ein Bekenntnis zur Einheit und Freiheit Deutschlands ablegten, sondern abends beim Freudenfeuer auch Schriften reaktionärer Autoren und Attribute einer verhaßten Vergangenheit, wie Korporal-
stock und Zopf, öffentlich den Flammen übergaben. Nun setzte er sich, besonders als am 23. März 1819 der Dichter August von Kotzebue durch den
Jenaer Theologiestudenten Karl Ludwig Sand in Mannheim ermordet worden war, in den »Karlsbader Beschlüssen«, die vom Bundestag mit großer
Hast angenommen wurden, energisch für die Verfolgung der »Demagogen«
ein. Die Burschenschaft wurde verboten, Zeitschriften und Bücher der Zensur unterworfen, harte Maßnahmen gegen Professoren und Universitäten
ergriffen. Hatte so Metternich auf friedlichem Wege und durch Polizeimaß-
nahmen den Sieg über die »deutschen Jakobiner« errungen, so mußten die
freiheitlichen und nationalen Strömungen in Italien mit Waffengewalt unterdrückt werden. Österreichische Truppen besetzten Neapel und Sizilien,
um die von einer Volksbewegung erzwungene Verfassung rückgängig zu
machen, sie intervenierten in Piemont, während im lombardo-venezianischen Königreich italienische Patrioten und Liberale von Polizei und Gerichten verfolgt wurden.

Die Durchführung der Karlsbader Beschlüsse in Österreich brachte auch
der Wiener Universität schwere Tage. Der Vertreter der Religionswissen-
schaft an der philosophischen Fakultät, Vinzenz Weintritt, wurde als überführter Jugendverderber von seiner Lehrkanzel entfernt, der Jurist Leopold
Rembold pensioniert, weil man in Kollegienheften seiner Hörer revolutionäre Sätze fand. Denn die Zensur war auch mit der strengen Überwachung des
Unterrichtes betraut. An allen Universitäten und Lyzeen wurde über den
Vortrag der Professoren sorgfältig gewacht, jede Rede, die ein Lehrer öffentlich hielt, mußte vier Wochen vorher dem Studienkommissär im Manu-
skript vorgelegt, selbst alle Predigten mußten schriftlich aufgesetzt und zur
Kontrolle aufbewahrt werden. Es war auch keinem österreichischen Untertan gestattet, ein Doktordiplom einer ausländischen Universität anzuneh-

men. Professorenstellen sollten in der Regel nur Inländern verliehen werden, kein »von verderblichen Grundsätzen angesteckter studierender Jüngling aus einem fremden Staat« durfte zum Studium zugelassen werden, Studenten sollten in der Regel keinen Auslandspaß erhalten. Es war aber auch den Universitäten nicht erlaubt, sich zum Austausch der im Druck erschienenen akademischen Schriften mit einer ausländischen Anstalt in Verbindung zu setzen, selbst eine unmittelbare Korrespondenz sollte mit ausländischen Lehranstalten nicht geführt werden. Unter diesen Voraussetzungen war es verständlich, daß an der Wiener Universität die wissenschaftlichen Ambitionen und auch die großen Lehrer, vor allem bei den Theologen und Philosophen, fehlten, daß die wissenschaftliche Tätigkeit auf diesen Gebieten meist außerhalb der Universitäten lag. Besser war es schon bei den Juristen, die im Strafrechtslehrer und Redaktor des 1810 erschienenen Allgemeinen bürgerlichen Gesetzbuches, Franz Alois von Zeiller (gest. 1828), dem Kanonisten Joseph Rieger oder dem Volkswirtschaftslehrer Josef Kudler (gest. 1853) mehrere bedeutende Männer aufzuweisen hatten.

Dem Mißtrauen der Polizei fielen auch die »Wildensteiner Ritter auf blauer Erde« zum Opfer, die der romantisch veranlagte Verwalter der Wiener Neustädter Akademie, Anton Steiger, ins Leben gerufen hatte und die im Wesen eine trinkfröhliche Gesellschaft von ehrenwerten Männern waren. In altdeutscher Tracht als Knappen und Ritter gekleidet, versammelten sie sich auf der Burg Seebenstein und beachteten eigene Ordensstatuten und ein bei der Aufnahme neuer Mitglieder genau vorgeschriebenes Zeremoniell. Obwohl Kaiser Franz im Jahre 1811 selbst die Burg besucht und Erzherzog Johann die Würde eines Großmeisters übernommen hatte, wurden sie doch von der Polizei emsig überwacht. Gerade das Interesse Johanns erweckte Verdacht, denn man glaubte, er sei ein Freimaurer geworden. Der Freimaurerei verdächtigte man auch den ganzen, zu Zwecken der Geselligkeit begründeten Kreis. Da Blau die Farbe einer Freimaurerloge war und die Rittertracht der Wildensteiner ebenfalls himmelblaue Farbe hatte, da verschiedene harmlose Zeichen an die Freimaurer, andere Symbole wiederum an die deutschen Burschenschaften erinnerten, nahm die Polizei einen harmlosen Vorfall zum Anlaß, um im Jahre 1820 die Rittergesellschaft der Wildensteiner aufzulösen.

Es ging aber auch der Kirche keineswegs besser, auch sie bekam die Überwachung zu spüren, und die Auflösung der Wildensteiner war durch den Pfarrer von Seebenstein verursacht worden, der in Weinlaune erklärt hatte, er habe vor dem Landesherrn keinen Respekt, da dieser vom Regieren nichts verstehe und die Geistlichen schlecht bezahle. Selbst Clemens Maria Hofbauer, der »Apostel von Wien«, der eine Erneuerung des kirchlichen Lebens in Österreich anstrebte, wurde verfolgt. Der Polizei war er verdächtig geworden, als diese erfuhr, er sei Rektor der Liguorianer-Kongregation, eines Ordens, der in Österreich verboten war. Er hatte im Jahre 1808 die Verbindung mit den im Ausland lebenden Ordensbrüdern aufgeben müssen. Als aber nun bekannt wurde, daß er insgeheim immer noch diesem Orden als

Oberer angehörte, wurde er einer strengen Überprüfung unterzogen und sollte schon das Land verlassen. Doch konnte er dann bleiben, weil sich neben dem Erzbischof Hohenwarth auch ein Geistlicher für ihn einsetzte, der zu den einflußreichsten Männern in der Umgebung des Kaisers gehörte. Es war dies der Burgpfarrer Jakob Frint (gest. 1834), ein schlichter Bürgersohn aus dem böhmischen Städtchen Kamnitz, der das Ohr des Monarchen in ungewöhnlicher Weise besaß und vor allem die Untersuchungen leitete, die gegen den Prager Theologieprofessor Bolzano und seinen Kreis angestellt wurden. Was Wunder, daß er stark angefeindet wurde und man ihn schließlich 1827 zum Bischof von St. Pölten ernannte, was mehr ein Abschieben als eine Rangerhöhung war.

Der zweite einflußreiche Berater des Kaisers war sein Leibarzt Andreas Joseph Stifft, ein gebürtiger Röschitzer, der vor allem auf medizinischem Gebiet manches erreicht hat. Seine Reform des medizinischen Studiums war die Grundlage für das Aufblühen dieser Wissenschaft in den nächsten Jahrzehnten. Er machte sich ferner um die Einführung der Pockenschutzimpfung verdient und bewirkte die Aufstellung eines eigenen Militärsanitätskorps. Da er aber andererseits vielfach willkürlich und mit Voranstellung seiner persönlichen Interessen vorging, Streber, Schmeichler und Lobredner förderte, manche Talente aber unterdrückte, war er weiten Kreisen bitter verhaßt. Der ausführende Arm des Systems war jedoch der Präsident der obersten Polizei- und Zensurhofstelle, Josef Graf Sedlnitzky von Choltic, einem alten polnischen Adelsgeschlecht entsprossen, nach dem Urteile des Dichters Bauernfeld »ein bornierter Kopf, mit viel Routine, ohne literarische Bildung«. Er hat das Überwachungssystem zwar nicht geschaffen, aber gründlich überspannt. Bald wurde er eine Macht für sich und führte das Späher- und Denuntiantenwesen sowie die Zensur auf einen traurigen Höhepunkt. Ein großer Kreis geheimer Polizeiagenten aus allen Teilen der Bevölkerung, das Öffnen von Briefen und Postsendungen im Chiffrenkabinett sorgten für die ständige Unterrichtung des Ministers wie des Kaisers, der nie versäumte, die Polizeirapporte genau zu studieren. Die Polizei mißtraute nicht einzelnen, den notorisch Unzufriedenen, sondern dem ganzen Volke.

Die polizeiliche Überwachung des reisenden Ausländers war streng geregelt, und überall, wo sich auf der Reiseroute eine Polizeidirektion, ein Kreisamt oder ein organisierter Magistrat befand, mußten von ausländischen Reisenden die Pässe vorgelegt werden, wie es ihnen auch verboten war, von dem vorgeschriebenen Weg abzuweichen. Zur Reise nach Wien bedurfte es überdies der besonderen Genehmigung des Landespräsidiums. Im Inneren war die Aufmerksamkeit der Polizeibehörden in erster Linie auf »unberufene Reformatoren« gerichtet, die Staatsverwaltung und Kirche kritisierten. »Wenn solche Redner in Gasthäusern oder anderen Versammlungen bemerkt werden, ist ihrem Betragen genau nachzuforschen, und wenn sie sich ein anhaltendes Geschäft daraus machen, Meinungen zu verbreiten, sind sie vom Kreisvorsteher dem Landeschef anzuzeigen«, heißt es in einer Instruktion für die Kreishauptleute schon aus der ersten Regierungszeit des

Kaisers Franz. Besondere Bedeutung wurde der Zensur beigemessen, die sich gegen Bücher und periodische Schriften richtete, aber auch auf Leih- und Lesebibliotheken, auf Theater und Lehrvorträge und selbst auf Bilder, Landkarten und Gemälde erstreckte. Kein Werk war von der Zensur befreit, kein Buchdrucker durfte eine Zeile setzen, bevor sie nicht von der Zensurbehörde genehmigt worden war, wobei allerdings bestimmt war, daß gelehrte Werke, die sich durch neue Entdeckungen, durch bündige und lichtvolle Darstellung, durch die Auffindung neuer Ansichten auszeichneten, nur dann verboten werden sollten, wenn äußerst wichtige Gründe vorlagen. Einer besonderen Aufmerksamkeit wurden Lehrbücher, Kritiken, Kalender, hebräische Bücher und Übersetzungen gewürdigt, ja selbst die neuen Kirchenlieder mußten der Zensur vorgelegt werden. Das Theater war ein wichtiges »Objekt der Zensur, da durch dasselbe wesentlich auf die Stimmung der Nation und auf ihre Anhänglichkeit an Monarch und Staat gewirkt wird«. Kein Theaterstück, das nicht die Zensur passiert hatte, durfte in einer Zeitung angekündigt, geschweige denn ins Repertoire aufgenommen werden. Die Zensur verhinderte die Aufführung vieler Dramen, andere wieder mußten, damit sie auf österreichischen Bühnen gespielt werden konnten, geändert werden. So wurde in Schillers »Räuber« der Vater Mohr in seinen Oheim verwandelt, der Präsident in »Kabale und Liebe« hieß Vizedom, der Kapuziner in »Wallensteins Lager« Magistratsperson. »Don Carlos« durfte erst dann über die Bühne gehen, bis man das Stück so änderte, daß der Prinz nicht mehr in seine Stiefmutter verliebt war. Diese Zensur hatte großen Anteil am geistigen Zurückbleiben Wiens gegenüber Berlin und München, an der Erstickung des freien geistigen Lebens. Die Zeitungen dieser Zeit waren leer, neben Hofnachrichten und Börsennotizen enthielten sie nur wenige interessante Dinge, es war, als ob Trägheit und Gleichgültigkeit die Vertreter des geistigen Lebens erfaßt hätten. Nur wenigen Personen wurde gestattet, sonst nicht allgemein zugelassene Bücher zu erwerben. Man bedurfte dazu eines Erlaubnisscheines, einer »Schede«, die von der Zensurhofstelle ausgestellt wurde.

Während die Polizei mit der Überwachung aller geistigen Regungen, die dem Staate hätten gefährlich werden können, voll beschäftigt war, ist die innere Sicherheit ziemlich vernachlässigt worden und gehörte zu den unerquicklichsten Erscheinungen der Verwaltung jener Zeit. Vor allem in den Vororten Wiens, wo in den Elendsquartieren Verbrecher vor polizeilichem Zugriff ziemlich sicher waren, hielten sich ganze Banden auf, die Morde und Erpressungen nebst Einbrüchen am laufenden Band begingen. So wurden im Jahre 1843 in Niederösterreich 20 Morde, im Jahre 1845 15 registriert. Die bekannteste und in der Volksmeinung mit einem gewissen Nimbus umgebene Bande führte der verwegene Johann Grasel, ein desertierter Soldat aus Südmähren, der mit seinen Genossen jahrelang das nördliche Land unsicher machte und auch einige Morde beging, bis man ihn im Spätherbst 1815 in Mörtersdorf bei Horn durch die List eines Polizeiagenten fangen und zur Aburteilung nach Wien bringen konnte, wo er 1818 hingerichtet worden ist.

Seine Taten wurden bald durch die Sage entstellt, die ihn einesteils als gefährlicher, stärker und geschickter hinstellte, als er wirklich war, ihn andererseits zu einem Helden machte, der die Reichen bestahl, um den Armen zu geben. In Wirklichkeit wagte er sich nie an die Mächtigen und Reichen, an Grundherren oder Klöster heran. Auch wurde die Beute in der Regel ziemlich sinnlos verpraßt. Aber auch in den Jahren nach Grasels Hinrichtung war die Unsicherheit nicht geringer, immer wieder bildeten sich Banden, die dann wieder weiterzogen oder sich auflösten. In der Zeit der Mißernten 1845 bis 1847 ereigneten sich nicht nur in Wien, sondern auch in Provinzorten Aufläufe, bei denen es in Stockerau sogar Tote gegeben haben soll. So ist es verständlich, daß nicht nur die Bevölkerung, sondern auch die Kreisämter die Organisierung einer vom Staat unterhaltenen Sicherheitswache nach dem Muster der französischen Gendarmerie forderten. Seit 1843 beschäftigte sich die Regierung angesichts der trüben Sicherheitsverhältnisse auch eingehender mit dieser Frage und holte Berichte aus allen Ländern ein. Sämtliche niederösterreichischen Kreisämter hatten sich bei einer Rundfrage im Frühjahr 1846 für die Einführung der Gendarmerie ausgesprochen, ihnen schlossen sich die Wiener Polizeioberdirektion, die in dieser Hinsicht schon mehrmals vorstellig geworden war, und die Landesregierung an, doch war das Militärgeneralkommando dagegen, das die nötigen Leute dazu hätte abgeben müssen. Die Regierung kam daher zu keinem Entschluß und ließ die althergebrachte unzulängliche Landpolizeipflege bestehen, war also auch auf diesem Gebiet untätig.

Besorgniserregend waren in diesen Jahrzehnten die vielen mutwilligen oder bösartigen Brandlegungen. Die Handlung in Wilhelm Kienzls Oper »Der Evangelimann« hat als Vorlage eine solche Brandstiftung auf einem der Güter des Stiftes Göttweig. Aber auch an ungewollten Feuersbrünsten waren jene Jahrzehnte nicht arm. Die Stadt Tulln mußte in den Jahren 1819 und 1838 große Brandkatastrophen verzeichnen, Baden 1812, St. Pölten im Jahre 1833. Das bedeutendste Elementarereignis dieser Art war aber der große Brand von Wiener Neustadt vom 8. September 1834, den ein Kutscher, der in einer Scheune rauchte, verursacht hat. Das Feuer zerstörte nicht nur alle Scheunen vor den Mauern der Stadt, sondern auch der Großteil der inneren Stadt und der Wienervorstadt wurde vernichtet. 47 Menschen kamen bei dieser Katastrophe ums Leben, die nicht nur in Österreich und Ungarn, sondern auch in Deutschland großes Echo hervorrief und Anlaß zu Sammelaktionen wurde. Selbst aus Hamburg und Posen/Poznan trafen Spenden in der Stadt ein. Ungeheures Unglück traf also Jahr für Jahr viele Menschen, vernichtete das Werk mehrerer Generationen. Man hatte bisher noch keinen Weg gefunden, dagegen anzukämpfen. Nun sah man aber ein, daß es auch andere Schutzvorrichtungen geben müsse, den durch Katastrophen Geschädigten zu helfen, als allgemeine Spendenaufrufe oder die Autorisierung des »Brandbettels«, wofür sogenannte Brandbriefe ausgegeben wurden. Im 18. Jahrhundert waren in Oberösterreich bereits die ersten Bauernassekuranzen gegründet worden, also Feuerversicherungsvereine, deren Mitglieder sich im Unglücksfall gegenseitig unterstützten. Dieses Beispiel wurde auch nach Niederösterreich übernommen. Im Jahre 1796 war der erste niederösterreichische Feuerschadenversicherungsverein in Wald entstanden, 1799 ein ähnlicher in Wiener Neustadt und 1816 ein dritter in den Ämtern Pyhra, Fahrafeld, Perersdorf und Schönegg gegründet worden. Da ihre Wirkung aber nicht sehr groß sein konnte, schuf im Jahre 1819 Georg von Högelmüller die erste Brandschadenversicherungsanstalt für Niederösterreich auf privater Basis. Diese Vereinigung von Gebäudebesitzern leistete bis zum Jahre 1870 nicht nur 13,9 Millionen Gulden Entschädigung, sondern wirkte indirekt für die Hebung der Landeskultur. Wurden doch im gleichen Zeitraum in Niederösterreich 32.000 Strohdächer durch Ziegeldächer ersetzt, weil für solche niedrigere Prämien zu bezahlen waren.

Wir haben gesehen, daß die österreichische Regierung im ersten Jahrzehnt in ständiger Furcht lebte, im Volk könnten Strömungen gegen die Regierungsform, für die Einführung einer Verfassung entstehen. Solche Bestrebungen gibt es, wenn weite Kreise mit ihrer Lage unzufrieden sind, aber auch, wenn wirtschaftlich kräftig gewordene Schichten nach politischer Mitsprache verlangen. Beide Gründe waren vorhanden, denn die schlechte wirtschaftliche Lage Österreichs nach dem Ende der Napoleonischen Kriege gab zu berechtigter Unzufriedenheit bei vielen Bevölkerungskreisen Anlaß. Das Finanzpatent von 1811 hatte sich schon nach kurzer Zeit als unwirksam erwiesen, es gestattete nur die Abrechnung mit der Vergangenheit, brachte aber keine Hilfe für die gesteigerten Bedürfnisse der Gegenwart. Österreich bezahlte seine Teilnahme am Befreiungskriege mit einem neuerlichen Staatsbankrott und erlebte eine zweite Überschwemmung mit wertlosem Papiergeld, selbst der Sieg der alliierten Mächte konnte die Entwicklung nicht hemmen. Merkwürdigerweise hatte das österreichische Geld im Ausland mehr Vertrauen als bei den Einheimischen. Kein Sieg auf dem Schlachtfeld konnte daran etwas ändern. Nicht nur die Regierung war also an dieser Entwicklung schuld, sondern alle Kreise der Bevölkerung, vom kleinen Mann bis zum reichen Händler. Im Jahre 1816 war demnach eine neue Währungsreform unerläßlich. Diesmal wollte man den Schock des Jahres 1811 vermeiden und bemühte sich, auf dem Wege der freiwilligen Einlösung über ein unabhängiges Institut vorzugehen. Die Österreichische Nationalbank wurde als Zettel-, Escompte- und Wechselbank gegründet und mit der Einziehung des Papiergelds beauftragt. In zweifacher Weise sollte sie dieses schwierige Problem lösen: Einmal wurden 50.000 Aktien ausgegeben, von denen jedes Stück um 2000 Gulden Papiergeld und 200 Gulden Konventionsmünze gekauft werden konnte, dann konnte man Papiergeld gegen Staatsobligationen, die mit einem Prozent verzinst wurden, und gegen neue Banknoten umtauschen, wobei man für fünf Siebentel des Betrages Obligationen, für zwei Siebentel Bargeld erhielt. Es wurden also für 140 Gulden Papiergeld 100 Gulden Obligationen und 40 Gulden Bargeld ausgezahlt. Die neuen Banknoten waren bei den Kassen der Bank gegen Konventionsmünze, also Hartgeld, umtauschbar, wofür der Staat der Nationalbank einen größeren Betrag in Silber zur Verfügung stellte. Diese Maßnahme erwies sich bald als völliger Fehlschlag, denn abermals fehlte das Vertrauen in das Vorgehen der Regierung. So wurden von der Bevölkerung große Mengen Papiergeldes zur Umwechslung vorgelegt, aber die ausgegebenen Banknoten sofort wieder gegen Konventionsmünze eingelöst, so daß nach einigen Tagen die Umwechslung eingeschränkt und wenig später ganz eingestellt werden mußte. Es kam zu Unruhen vor dem Bankgebäude, Militär mußte zur Aufrechterhaltung der Ordnung herangezogen werden. Als der Fehlschlag nicht mehr zu verbergen war, hat die Regierung einen neuen Schritt vorbereitet, der Erfolg hatte.

Es wurde eine sogenannte Arrosierungsanleihe aufgelegt, das heißt, wer eine alte Staatsobligation besaß, mußte den gleichen Betrag in Papiergeld einzahlen und bekam dafür eine neue Obligation mit demselben Nennwert wie die alte. Auf diese Weise konnten 128 Millionen Gulden Papiergeld eingezogen und öffentlich vernichtet werden. Um die Einlösung fortsetzen zu können, wurden bei verschiedenen Geldinstituten große Beträge aufgenommen, so beim Wiener Bankhaus Geymüller, bei der holländischen Firma Hope und beim Frankfurter Bankhaus S. M. Rothschild, das 1820 eine Niederlassung in Wien errichtete, die von einem der fünf Brüder Rothschild, Salomon, geleitet wurde und bald ungeheuren Einfluß auf dem österreichischen Kapitalmarkt erhielt. Der große Geldumlauf und die Anforderungen der immer stärker durchdringenden industriellen Wirtschaftsform führten auch zur Gründung der ersten niederösterreichischen Sparkassen. An der Spitze stand die Erste österreichische Spar-Casse, die 1819 in der Leopoldstadt zu Wien errichtet wurde und kurze Zeit Filialen in Krems und Wiener Neustadt unterhielt. Das erste Geldinstitut der Provinz war die 1824 errichtete Sparkasse in Hollabrunn. Der Mut, den die Gründer dieser Anstalt, der Pfarrer Josef Strauß, der Apotheker Ignaz Babo und der Kreisarzt Franz Gassner, hatten, war bewundernswert, denn der Markt Hollabrunn besaß damals erst 228 Häuser. Dem Sparkassenverein traten aber schon in den nächsten Jahren 49 Mitglieder bei, der Einlagenstand überstieg 1842 bereits eine Million, 1851 drei Millionen Gulden. Dieses Institut erhielt vor der Revolution des Jahres 1848 nur mehr einen einzigen Partner in der 1841 gegründeten Sparkasse von Waidhofen an der Thaya, die vom Gastwirt Karl Gratschmayer angeregt wurde und am 1. März 1842 den Betrieb aufnahm. Ihr Einlagenstand betrug 1850 eine halbe Million Gulden und verdreifachte sich im folgenden Jahrzehnt.

Als sich die staatliche Finanzlage um 1820 erholt hatte, kam auch die darbende Wirtschaft wieder zu ihrem Recht. Die Gründung von Betrieben aller Art setzte neuerlich ein, von denen einige bis zum heutigen Tage fortbestehen und beachtliches Format angenommen haben. Begünstigt wurde diese Entwicklung durch das 1820 durchgesetzte Privilegienrecht, das den Inhabern ausschließender Privilegien das Recht gab, überall in der Monarchie Erzeugungsstätten und Verkaufsorganisationen für ihre Produkte zu errichten, das 1821 geschaffene Aktienrecht, das die Bildung von kapitalskräftigen Aktiengesellschaften förderte, sowie die drastische Bekämpfung der unerlaubten Einfuhr ausländischer Waren. Bei den einzelnen Produktionszweigen hat die Textilindustrie weitere Ausbreitung erfahren, indem 1820 die Brüder Coith in Fahrafeld und die Brüder Gradner in Oberwaltersdorf, 1822 Karl Hornbostel in Leobersdorf und Josef Wechtl in Bruck an der Leitha, 1823 E. v. Thornton in Münchendorf, Josef Hepelhofer in Wiener Neustadt und Isenghi und Zanetti in Hoheneich bei Gmünd Baumwollspinnereien errichteten. In den folgenden Jahren entstanden weitere Betriebe in Klosterneuburg, Teesdorf, Felixdorf, Möllersdorf, Fischau, Tattenhof, Ebenfurth, Wienersdorf und Fischamend, die aber alle zusammen nicht die Kapazität der Pottendorfer Spinnerei erreichten. Die Baumwollfabriken und -druckereien sind vor allem in der näheren Umgebung von Wien, in Atzgersdorf und Fischamend, zu beachtlicher Größe angewachsen, wenn auch hier noch immer die Neunkirchner Fabrik, die 1820 von dem Schweizer Vaucher du Pasquier übernommen und zu neuer Blüte gebracht worden war, die führende Rolle innehatte. Die bedeutendsten Neugründungen auf dem Gebiete der Eisenindustrie waren die Unternehmen von Andreas Töpper bei Scheibbs, Georg und Berthold Fischer im Traisental und Wilhelm von Brevillier in Neunkirchen. Andreas Töpper stammte aus der heute jugoslawischen Untersteiermark, war mit Erzherzog Johann befreundet und erwarb 1819 ein Hammerwerk im Jeßnitztale im Gebiet der Eisenwurzen, wo die Eisenverarbeitung durch gewisse Spezialisierung auf einzelnen Gebieten einem neuen Aufschwung entgegenging. Töpper errichtete im Jeßnitztale zwei Walzwerke und zwei Flammöfen mit Holzfeuerung, staute trotz des Widerstandes seiner Nachbarn und des Marktes Scheibbs die Erlauf, um Energie zu gewinnen, konnte dadurch seinen Betrieb neuerlich um zwei Walzwerke und zwei Streckwerke erweitern und erzeugte vorwiegend Walzenblech und Walzeneisen, für das er ein Landesprivileg erhielt. Um seine Erzeugnisse, jährlich 14.000 bis 16.000 Zentner, die in alle Teile der Monarchie versandt wurden, besser transportieren zu können, errichtete er oberhalb von Scheibbs am Ausgang des Jeßnitztals eine steinerne Brücke über die Erlauf. Hier siedelten sich seine Arbeiter an und gründeten den Ort Neubruck. Töppers Betrieb wurde allmählich zum größten Privatunternehmen der Monarchie. Er legte Triftanlagen zur Holzbeförderung an, betrieb in der Gegend von Gresten Kohlenbergwerke und schloß auch neue Vorhaben auf, um den gewaltigen Brennstoffbedarf seiner Betriebe zu decken. Zur Zeit seiner größten Expansion um 1840 beschäftigte er 800 Personen, war der angesehenste Herr des Erlauftales, aber gleichzeitig auch der letzte große Hammerherr alten Stils in Niederösterreich. Denn trotz aller technischen Neuerungen wurzelte sein Betrieb noch immer in bereits absterbenden Wirtschaftsvorstellungen. Nach seinem Tode zerfiel auch bald sein Lebenswerk, das er zu sehr an seine eigene kraftvolle Person gebunden hatte. Ganz auf dem Boden des nunmehr überall durchdringenden Kapitalismus mit rücksichtsloser Ausnützung der Arbeitskraft ihrer Beschäftigten standen dagegen die anderen Gründer eisenverarbeitender Betriebe. Der bedeutendste unter ihnen war Johann Conrad Fischer, ein gelernter Kupferschmied aus Schaffhausen in der Schweiz.

Er erfand ein neues Verfahren zur Erzeugung von Gußstahl, das sich besonders zur Herstellung feiner Stahlarten eignete, und im Jahre 1829 einen anderen Formgußwerkstoff des technischen Eisens, den Temperguß, ein hämmerbares Gußeisen. Das österreichische Privilegiengesetz von 1820, das dem Erfinder und Produzenten günstigere Vorteile gewährte als die noch recht rückständige Patentgesetzgebung der Schweiz, bewog Fischer, im Jahre 1827 in Hainfeld im Gölsentale eine Gußstahl- und Feilenfabrik einzurichten, die sein Sohn Georg leitete. Ein anderer Sohn, Berthold Fischer, baute einen alten, verfallenen Hammer zu Traisen bei Lilienfeld nach kurzer Ausnützung als Spindelfabrik unter Verwendung der bei Schrambach im inneren Traisental gefundenen Steinkohle zu einer Weicheisengießerei solchen Formates aus, daß sie um die Jahrhundertmitte die berühmteste des ganzen Kontinentes wurde. Im Jahre 1829 verkaufte Fischer sein Patent zur Herstellung von hämmerbarem Gußeisen an Karl Wilhelm von Brevillier, der in Neunkirchen eine Holzschrauben- und Metallwarenfabrik betrieb und jetzt mit Hilfe des Weichgusses sein bescheidenes Unternehmen zu einem Riesenbetrieb ausweitete. Auch in der Papiererzeugung entstanden neue Fabriken, wie jene in Guntramsdorf und Wiener Neustadt, die Gabriel Uffenheimer gehörten, weitere in Stattersdorf, wo Franz Salzer eine Papiermühle zur Fabrik ausweitete und in Pitten, wo auf Maschinen Papier von beliebiger Länge erzeugt werden konnte. Die Rosthornsche Metallwarenfabrik übersiedelte 1816 von Fahrafeld nach Oed im Piestingtale und besaß nach dem Urteile der Zeitgenossen vielleicht die größten Maschinenwerke Deutschlands. Sie hatte ständig fast tausend Zentner Kupfer in Verarbeitung, erzeugte Messingblech und Draht und beschäftigte 130 Arbeiter. Im Jahre 1817 war in Neuhirtenberg die Metallwaren- und Maschinenfabrik des Sartori entstanden, die ebenfalls binnen kurzer Zeit ein bedeutender Industriebetrieb wurde und als erstes niederösterreiches Werk im Jahre 1826 eine Dampfmaschine mit einer Leistung von 50 bis 60 PS zum Antrieb des Blechwalzwerkes aufstellte. Der Schneidermeister Johann Nepomuk Reithoffer, aus Feldsberg gebürtig, der Chemie studiert hatte und sich lange in Deutschland und Frankreich aufhielt, hatte die Idee, den damals in Laienkreisen noch unbekannten Werkstoff Kautschuk zur Herstellung elastischer Gewebe zu verwenden und gründete 1824 in Wimpassing die erste Gummifabrik Europas, die er bald zu einem für damalige Verhältnisse stattlichen Werk ausbaute. Er erzeugte Hosenträger, Schuhe, Überschuhe und wasserdichte Mäntel und beschäftigte um 1845 schon 200 Arbeiter.

Wenn wir die Industriegründungen des dritten Jahrzehnts aufzählen, dürfen wir aber doch nicht vergessen, daß die wirtschaftliche Lage nicht übermäßig gut war, daß ständige Arbeitslosigkeit herrschte und daß andere Betriebe geschlossen wurden, wie die Zitz- und Kattunfabrik von St. Pölten oder die einst ansehnliche Glasfabrik in der Steinbachrotte bei Türnitz, die seit 1816 vom Stifte Lilienfeld betrieben worden war. Auch in manchen anderen Wirtschaftszweigen mußte die Produktion eingeschränkt und Arbeiter entlassen werden. Die Wiener Seidenzeugmacher, die niederösterreichischen Spinnfabriken, die Webermeister und Wollspinner entlang der böhmischen Grenze sandten Klagen und Beschwerden an die Regierung, und manch großer Fabrikant, der im Gegensatz zum Zunftsystem hochgekommen war, trat plötzlich gegen die Gründungsfreiheit auf und stellte die freie Konkurrenz als schädlich hin.

Der Vormarsch der Technik machte auch die Errichtung von Schulen unerläßlich, in denen die Ingenieure, die nun auf allen Gebieten notwendig gebraucht wurden, herangebildet werden konnten. Die Realakademie, eine technische Schule, bestand ja schon in Wien, und in Prag wurde ein polytechnisches Institut gegründet. Im Jahre 1810 beauftragte die Hofkammer den Realakademieprofessor Johann Joseph Prechtl, einen der hervorragendsten und vielseitigsten Techniker Österreichs, mit der Ausarbeitung eines Organisationsplanes für ein polytechnisches Institut in Wien. Nach einiger Verzögerung, die der Staatsbankrott verursachte, nahmen 1813 diese Pläne reale Gestalt an, es fanden sich Gönner, die beachtliche Stiftungen widmeten, wie der Großhändler Simon Sina, und am 16. November 1815 konnte das neue Institut feierlich eröffnet werden, das nach Prechtls Worten »eine technische Lehranstalt, ein technisches Museum und eine Akademie der technischen Wissenschaften« war. Es wurde aber auch eine Musterlehranstalt und war der Vorgänger der Wiener Technischen Hochschule, die 1872 ihre lange Zeit gültige Organisationsform erhielt.

Im polytechnischen Institut hat Prechtl gemeinsam mit dem Mechanikprofessor Arzberger 1816 den Versuch unternommen, die Werkstätten mit Steinkohlengas zu beleuchten, und ein Jahr später wurde die Straßenbeleuchtung mit Gas in der Kruger- und der Walfischgasse in Wien eingeführt. In einigen größeren niederösterreichischen Orten, in denen um 1800 die Straßenbeleuchtung mit Öl- oder Petroleumlampen üblich geworden war, wobei man das Beleuchtungswesen meist verpachtete, ist erst nach vielen Jahrzehnten die Gasbeleuchtung installiert worden, in St. Pölten 1865, in Korneuburg 1888. Manche Städte haben in der Biedermeierzeit Kanäle gebaut, Straßen gepflastert oder zumindest regelmäßig gereinigt.

Um 1830 können wir in der Entwicklung Niederösterreichs eine deutliche Zäsur beobachten. Sie wurde durch zwei säkulare Katastrophen und durch eine neuerliche Umstellung des Wirtschaftsgefüges erzwungen. Die erste Katastrophe war eine bisher in solcher Stärke unbekannte Überschwemmung der Donau, die nach einem strengen, schon im November einsetzenden Winter, der überaus schneereich war und zum Einfrieren vieler Seen und selbst schneller Gebirgsflüsse geführt hatte, in der Nacht vom 28. Februar auf den 1. März des Jahres 1830 über Wien und Teile Niederösterreichs hereinbrach. Bei den primitiven Möglichkeiten des Stromdienstes wurden die ungeheuren Wassermassen der oberen Donau nicht rechtzeitig gemeldet, die sich nicht nur über die heutigen Wiener Bezirke Brigittenau, Alsergrund, Leopoldstadt, Landstraße, ja sogar über den Salzgries und Teile der Inneren Stadt ergossen, sondern bei Floridsdorf-Jedlesee ins Marchfeld ausbrachen, so daß es schien, als wolle der Strom seinen Lauf über Jedlersdorf, Leopoldau, Kagran und Breitensee ändern. Bis Markgrafneusiedl und Leopoldsdorf drangen die Wassermassen vor, von orkanartigen Nordweststürmen zwei Tage lang durch das Marchfeld gepeitscht. Rußbach und Stempfelbach wurden zu Seitenarmen der Donau, der Ort Kimmerleinsdorf versank bis zu den Hausdächern in den Fluten. 14 Menschen und der gesamte Viehbestand des Ortes gingen zugrunde. Vom ganzen Dorf blieben nur Kirche, Pfarrhof, Schule, ein Gasthaus und ein Bauernhaus stehen. Der Ort wurde an höherer Stelle neu aufgebaut und erhielt den Namen Franzensdorf. Die Eis- und Schottermassen hatten nicht nur weite Teile des Marchfeldes verwüstet, sondern auch im Kremser Becken, im Tullnerfeld und in der Korneuburger Bucht schwere Schäden verursacht. Auch hier wurden manche Orte arg verheert, in Neustift bei Krems sind ebenfalls alle 24 Häuser eingestürzt.

Die zweite Katastrophe war der Einbruch der Cholera (morgenländische Brechruhr), die Niederösterreich 1831 und 1832 heimsuchte. Eine Choleraepidemie war 1817 an den Ufern des Ganges ausgebrochen, hatte ganz Südasien verheert und erreichte 1829 und 1830 bei Astrachan und Orenburg europäischen Boden, wo sie sich ebenfalls rasch ausbreiten konnte. Als sie in Galizien immer stärker auftrat, wurden in Niederösterreich die meisten Fabriken geschlossen, die Handwerker entließen ihre Gesellen, die Arbeitslosigkeit und in ihrem Gefolge die allgemeine Not nahmen ungeheure Formen an. Die Epidemie verschonte unser Land nicht, obwohl Kordone errichtet wurden, Dörfer und Städte sich absperrten und der Zugang nach Wien erschwert wurde. Nachdem schon im Sommer 1831 einige Krankheitsfälle beobachtet werden konnten, brach sie im folgenden Jahr mit ganzer Wucht aus. In Wien erkrankten 4362 Personen, von denen 2188 gestorben sind.

Zur Aufklärung der Bevölkerung verfaßte der Dichter Ignaz Franz Castelli, von bürgerlichem Beruf niederösterreichischer ständischer Regierungsrat, eine Broschüre unter dem Titel: »Wohlgemeinte Worte an Österreichs Landvolk über die jetzt allgemein herrschende Seuche Cholera moribus«, die in einer Auflage von 10.000 Stück an die einzelnen Herrschaften verteilt wurde und als Vorbeugungsmittel das Vermeiden von Verkühlungen, den Verzicht auf kalte Getränke, schwer verdauliche Speisen und unreifes Obst anriet und merkwürdigerweise viele Ratschläge enthielt, die man schon im 17. und 18. Jahrhundert gegen die Pest gegeben hatte. Die Wirkung des Choleraeinbruches auf das Wirtschaftsleben war vernichtend. In Wien waren von 40.000 Arbeitern ein Viertel ohne Beschäftigung, und Kaiser Franz, der furchtlos von Baden nach Schönbrunn zurückkehrte und weiterhin Audienzen erteilte, bewilligte Notstandsarbeiten, wie den Bau eines Hauptunratkanales am rechten Ufer des Wienflusses, Dammbauten an der Donau und Regulierungsarbeiten an der Thaya bei Laa. Man wollte dadurch einen Teil des Proletariates binden, da man nicht mit Unrecht revolutionäre Bewegungen fürchtete. Die Unzufriedenheit der armen Schichten der Wiener Bevölkerung war deshalb besonders groß, weil 1829 die Regulierung der Verzehrungssteuer eine Verteuerung der Lebenshaltung gebracht hatte. Als nun auch Waren unter einem Wert von drei Kreuzern versteuert werden mußten, war die soziale Unzufriedenheit auf dem Siedepunkt angelangt, auf der Lerchenfelderlinie kam es zu einem großen Krawall. Es war dies keine politische Unzufriedenheit, Pressefreiheit und Konstitution interessierten die größtenteils noch analphabetische Menge nicht, schon mehr die ständig an Zahl zunehmenden Maschinen, denn weite Schichten befürchteten den Verlust ihrer Arbeitsplätze. Deshalb wurden auch gelegentlich solche neuen Maschinen gestürmt und zerstört.

Denn nun entstanden unter dem Eindruck des Sieges der Maschine neue Großindustrien mit einer bisher unbekannten Produktionskapazität, doch konnten nur reiche Unternehmer oder durch Banken gestützte Aktiengesellschaften mithalten, die kleinen Handwerker und Industriellen sahen sich einem immer härter werdenden Existenzkampf gegenüber. Viele Neugründungen hatten aber nur kurze Lebensdauer. Mag der Vormärz in politischer Hinsicht als Epoche des Stillstandes, der allgemeinen Ruhe angesehen werden, auf sozialem Gebiet war die Entwicklung unerhört dramatisch, wenn diese auch erst durch viele und mühsame Einzelstudien eingehend erschlossen werden kann. Das vierte Jahrzehnt brachte zudem eine völlige Umstellung der Verkehrsbedingungen durch Einführung der Dampfkraft im Wasser- und Landverkehr. Als der amerikanische Ingenieur Robert Fulton im Oktober 1807 mit dem Dampfschiff »Claremont« die erste Fahrt auf dem Hudson unternahm, brach für die Flußschiffahrt eine neue Zeit an. In Schottland befuhr erstmals 1811 ein Dampfschiff einen europäischen Fluß, und die österreichische Regierung, technischen Neuerungen ungemein aufgeschlossen, bemühte sich, den Dampfschiffverkehr auch auf dem Donaustrom einzuführen, indem sie den Interessenten ausschließende Privilegien zusicherte. Doch hatte sie damit lange keinen Erfolg, und ein 1818 ausgegebenes Privileg mußte wegen Nichtbenützung wieder eingezogen werden. Erst zehn Jahre später, im April 1828, erwarben die beiden Engländer John Andrews und Josef Prichard ein Privileg für eine verbesserte Art von Flußdampfschiffen und gründeten im folgenden Jahr die Donaudampfschifffahrtsgesellschaft, deren erstes Schiff im September 1831 die Strecke Wien–Budapest befuhr. Erst nach weiteren sechs Jahren hat die »Maria Anna« die Fahrt von Wien stromaufwärts nach Linz gewagt. Damit war der Donaustrom von einer Gesellschaft erschlossen, die allmählich zum größten Flußschiffahrtsunternehmen des Kontinents wurde, seit 1838 den Personenverkehr vom Gütertransport trennen konnte und für diesen eigens konstruierte Schlepper verwendete. Trotzdem büßte der Strom in den folgenden Jahrzehnten seinen Charakter als Hauptverkehrsweg ein, er wurde von den Eisenbahnen abgelöst, die Güter schneller transportieren konnten. Zudem verlagerte sich der Hauptwirtschaftsverkehr durch die Aufschließung der gewaltigen Bodenschätze im böhmisch-mährischen Raum immer stärker von Norden nach Süden. Pläne für den Bau der ersten durch Niederösterreich führenden Eisenbahn hatte Franz Xaver Riepl, Professor am Polytechnischen Institut in Wien, schon 1829 fertiggestellt. Sie sollte ursprünglich Galizien mit Triest verbinden, doch begnügte man sich schließlich mit der Verbindung Mährens und Galiziens mit Wien. Riepl verstand es, Salomon Rothschild, den Besitzer des neu gegründeten Eisenwerkes von Witkowitz bei Mährisch-Ostrau/Ostrava, für das Projekt zu interessieren und wurde von diesem zum Studium des Eisenbahnwesens nach England gesandt. Obwohl nicht nur Vertreter verschiedener Handwerkszünfte, wie Wagner, Schmiede und Sattler, aber auch die Wirte an den Poststraßen, die Kutscher und Fuhrwerker, das Eisenbahnwesen bekämpften, sondern auch die sonst technischen Neuerungen mit großem Verständnis gegenüberstehende Staatsführung nicht an die Beständigkeit des »Eisenbahnrummels« glaubte, konnte die von Rothschild gegründete Gesellschaft im Jahre 1835 doch ein ausschließendes Privileg für die Errichtung einer Linie von Wien nach Bochnia in Galizien mit den dazugehörigen Seitenbahnen erreichen.

Unter Heranziehung von 10.000 Arbeitern, die von englischen Ingenieuren und Fachleuten angelernt wurden, begann der Bau, und im November 1837 konnte die Kaiser-Ferdinand-Nordbahn zwischen Floridsdorf und Deutsch Wagram die erste Probefahrt unternehmen. Am Dreikönigstag des folgenden Jahres rollte der erste Zug über die fertiggestellte Holzbrücke der Donau nach Wien. Obwohl es dem Publikum noch immer zu langsam ging, wurde doch schon im Juni 1839 die niederösterreichische Grenze bei Lundenburg/Břeclav erreicht, und wenige Monate später war die Verbindung nach Brünn/Brno hergestellt. Die Bahn erlangte ungeheure Bedeutung, als Rothschild im gleichen Jahre mit der Erschließung der Karolinenzeche die systematische Ausbeutung des bis dahin noch wenig genützten Ostrau-Karwiner-Kohlenreviers (Ostrava-Karviná) begann.

Als die Nordbahn gebaut wurde, hat eine andere Gesellschaft, die unter Führung des Bankhauses Sina stand, die Konzession zum Bau einer Eisenbahn von Wien nach Raab, sowohl über Bruck als auch über Wiener Neustadt – Ödenburg/Sopron, erworben. Da die Ungarn Schwierigkeiten machten, gelangte zuerst die Linie nach Wiener Neustadt, die im April 1841 eröffnet und nach Gloggnitz weitergebaut wurde, zur Ausführung. Die eigentliche Ostbahn nach Bruck konnte erst 1846 benützt werden. Die Verbindung nach Ungarn stellte bis dahin ein Flügel der Nordbahn von Gänserndorf nach Preßburg her, ein anderer Flügel führte von Floridsdorf nach Stockerau und wurde schon 1841 eröffnet. Die Krönung des vormärzlichen Eisenbahnbaues war aber die bis dahin für unmöglich gehaltene Übersetzung des Semmerings durch einen Schienenstrang. Carl Ritter von Ghega (1802–1860) hatte schon 1842 mit der Ausarbeitung des Projektes begonnen und 1844 den ersten Plan vorgelegt, der in weiteren dreijährigen Studien ausreifte. Unter dem Eindruck der großen Arbeitslosigkeit des Jahres 1848 wurde sein Werk begonnen und 1854 vollendet, das Österreich die Priorität im Bau von durchgehenden, lange Steilrampen aufweisenden Gebirgsbahnen mit reinem Adhäsionsantrieb sicherte.

Das Eisenbahnnetz des Vormärzes erschloß nur die östlichen Teile Niederösterreichs dem Schienenverkehr, der Westen war noch ausschließlich
auf Straßen angewiesen. Auch im Straßenbau wurde in diesen Jahrzehnten
Beachtliches geleistet, so durch die Errichtung der neuen Semmeringstraße,
die 1842 eröffnet wurde, den Bau der Straße über den Annaberg und Josefsberg nach Mariazell, die 1822 vom Stifte Lilienfeld fertiggestellt wurde.
Auch manche andere, uns heute unerläßliche Straßenzüge verloren damals
erst ihren Feldwegcharakter, wie die Verbindung Zwettl–Krems, die Straße
von Mitterndorf nach Tulln, wo sie durch eine 1842 fertiggestellte fliegende
Brücke über die Donau eine weitere Verlängerung nach Norden erhielt, die
Hauptverkehrsader des westlichen Wienerwaldes von Hainfeld über die
Klammhöhe, St. Christophen und Neulengbach zur Reichsstraße bei Sieg-
hartskirchen oder die Straße durch das Helenental von Heiligenkreuz nach
Baden. Es ist natürlich unmöglich, alle damals gebauten oder neu ausgebau-
ten Wegstrecken zu nennen, wir können aber diese Epoche doch als die erste
Periode des lokalen Straßenbaues bezeichnen. Sie löste die Periode der
Reichs- und Kommerzialstraßen ab, die unter Karl VI. eingesetzt hatte. Jetzt
erhielten schon manche kleinere Orte, die bisher nur durch schlecht befahr-
bare Feldwege miteinander verbunden waren, bessere Fahrmöglichkeiten.
Diese neuen Wirtschaftswege bahnten eine Schwerpunktverlagerung an,
die allerdings erst nach Jahrzehnten fühlbar werden sollte.

In der industriellen Entwicklung um 1830 eine Zäsur zu setzen, ist deshalb
berechtigt, weil die Einführung neuer, bisher unbekannter Antriebs- und
Produktionsmaschinen einen deutlichen Einschnitt bildete. »Es gab eine
Zeit, da die vaterländische Industrie beim Flügelschlag des britischen Erfin-
dungsgeistes die glotzenden Kinderaugen weit auftat und staunte, sich dann
seufzend in ihren Winkel verkroch und ihr sicheres Brot verzehrte, auf
nichts bedacht, als eben auf die Sicherung des Brotes. Nun sind auch an den
Ufern der Donau die Geister der Erfindung und des Geschmackes heimisch
geworden wie an den Ufern der Seine und Themse«, schrieb 1837 das
»Österreichische Morgenblatt«.

Die hervorstechendsten Gründungen des Maschinenzeitalters waren natürlich die Maschinenfabriken, die sich vorwiegend in Wiener Neustadt
konzentrierten. Im Jahre 1838 errichtete dort Philipp Schmitt eine Maschi-
nenbau- und Nägelfabrik, die sich auf die Erzeugung von Spinnmaschinen
spezialisierte. Schon vier Jahre später entstand im gleichen Ort die Dampf-
maschinenfabrik Günther und Armbruster, die in den ersten fünf Jahren
bereits 45 Lokomotiven baute und besonders von der Nordbahngesellschaft
mit beachtlichen Aufträgen bedacht wurde. Die größte Bedeutung für die
Stadt hatte aber die Gründung der Maschinenfabrik des Georg Sigl, dessen
Unternehmen in der zweiten Jahrhunderthälfte die Lokomotivfabrik auf-
saugte und zur größten Maschinenfabrik Österreichs wurde. Ferdinand Do-
lainsky errichtete 1831 in Wien eine Maschinenfabrik, die vornehmlich Geräte für die Zuckerindustrie, Brauereien und Brennereien erzeugte. Er war
auch maßgeblich an der Errichtung der ersten Rübenzuckerfabrik Nieder-

österreichs in Dürnkrut beteiligt, die er gemeinsam mit Johann Ghirardello im Jahre 1844 eröffnete. Dieses Unternehmen verarbeitete die im Marchgebiet produzierten Zuckerrüben, beschäftigte schon im ersten Jahr seines Bestandes 160 Arbeiter und bestand im Rahmen der Leipnik-Lundenburger AG bis zum Jahre 1975. Auf dem Gebiet der Metallverarbeitung war das für die Zukunft bedeutendste Werk die Gründung der Berndorfer Fabrik, die im Jahre 1843 Alexander Schöller in Gemeinschaft mit Hermann Krupp aus Essen in einem alten Hammer errichtete, zu dem Zweck, die Erfindung der Kruppschen Löffelwalze auch für Österreich praktisch zu verwerten und Eßbestecke aus Alpacca, einer Legierung aus Kupfer, Nickel und Zink, herzustellen. Nachdem das Unternehmen lange nicht gedeihen wollte, gelang die gewaltige Ausweitung um 1860, als die Fabrik einerseits das Rohmaterial für Münzen herstellte, andererseits die Waffenproduktion aufnahm. Das Schicksal des Ortes Berndorf, der 1855 erst 678 Einwohner, 1890 aber schon 3431 und 1911, ein Jahr, nachdem er zur Stadt erhoben worden war, bereits 6965 besaß, ist mehr als anderswo an das Blühen und Gedeihen dieses Werkes gebunden gewesen. Unter Arthur Krupps Leitung entstanden Arbeiterwohnhäuser, ein Theater, die Kirche in neubarockem Stil und zwei Schulen, in denen je elf Klassen in verschiedenen Baustilen, von der Pharaonenzeit bis in die Epoche des Wiener Kongresses, gestaltet waren. Die Maschinenfabrik des benachbarten Leobersdorf ist dagegen erst im Jahre 1853 von Josef Berger errichtet worden und war ebenfalls ein weit über Österreichs Grenzen hinaus bekanntes Unternehmen.

Nachdem in unserem Lande die Schafwollspinnerei bisher nicht besonders stark vertreten gewesen war, änderte sich dies, als 1833 Johann Heinrich von Geymüller in Vöslau eine Kammgarnspinnerei aufbaute und nach siebenjährigem Bestande schon 700 Arbeiter beschäftigen konnte, nachdem er mit 250 Mitarbeitern begonnen hatte. Es besteht übrigens ein enger Zusammenhang zwischen Metall- und Textilindustrie, denn die Frauen der Metallarbeiter waren vorwiegend in den Textilfabriken beschäftigt, so daß wir immer wieder solche Betriebe nahe beisammen liegend vorfinden. Die Aufzählung der Gründungen, von denen sich übrigens die meisten bei einem Beschäftigtenstand zwischen 100 und 200 Personen bewegten, wollen wir abschließen mit der Erwähnung der umfassendsten Maschinenpapierfabrik des Kontinentes, die 1837 G. Borckenstein in Kleinneusiedl aus einer schon im Jahre 1793 gegründeten holländischen Papierfabrik gestaltete. Schon dieser Vorläufer hatte um 1820 als größtes Unternehmen dieser Art in Niederösterreich gegolten. In Wien dagegen war vor allem der Aufschwung der Musikinstrumentenerzeuger, eine Folge der Kulturentwicklung der Biedermeierzeit, eindrucksvoll. Firmen mit solch klangvollen Namen wie Streicher, Graf oder Bösendorfer sind damals entstanden oder fabriksmäßig ausgebaut worden.

Der stolze Aufschwung der industriellen Produktion auf kapitalistischer Basis hob das Selbstgefühl der Unternehmer und Produzenten, die sich zu Interessenvertretungen zusammenschlossen, führte aber auch zu Ballungen entwurzelter Proletarier, denen jedes Heimatgefühl fehlte. Die erste industrielle Interessenvertretung hatten schon 1817 die niederösterreichischen Zitz- und Kattunfabriken geschaffen, als sie, ohne einen förmlichen Verein zu gründen, fünf ihrer Standesgenossen mit ihrer Vertretung beauftragten. Als im Jahre 1835 zum ersten Male in der Hofreitschule in Wien mit einer großen Gewerbeausstellung, dem Vorläufer der Wiener Messe, ein Überblick des gewerblichen und industriellen Schaffens der Monarchie geboten wurde, entstand auch der Gedanke, einen niederösterreichischen Gewerbeverein zu errichten. 1838 wurde der Plan in die Tat umgesetzt, und schon 1840 hatte er 600, fünf Jahre später mehr als 1000 Mitglieder. Er setzte sich zum Ziele, »die für Industrie und Gewerbe wichtigen Künste und Wissenschaften zu fördern, bei den arbeitenden Klassen Liebe zur Arbeit, Sparsamkeit sowie das Bestreben nach Belehrung und erhöhter Geschicklichkeit zu unterstützen«. Er richtete auch eine Bibliothek ein und prüfte neue Erfindungen. Ihm gehörten nicht nur Industrielle, Gewerbetreibende und Kaufleute an, sondern auch viele Mitglieder des Adels, der Armee und der Beamtenschaft.

Die Gewerbeausstellung wurde im Vormärz mit stets wachsendem Erfolg wiederholt. Hatten sich im Jahre 1835 549 Firmen beteiligt, so zeigte die nächste Ausstellung im Mai 1839 nicht nur deutlich die Fortschritte der Industrie in den vergangenen vier Jahren, sondern auch die wachsende Beliebtheit des Ausstellungsgedankens. Mit 1868 beteiligten Firmen wurde aber im Jahre 1845 ein Rekord aller österreichischen Ausstellungen der ersten Jahrhunderthälfte erreicht. Die Kataloge dieser Ausstellungen geben einen Überblick der industriellen Produkte, viele Erzeugnisse, die damals gezeigt wurden, sind noch im Technischen Museum in Wien erhalten.

Um die Arbeitsverhältnisse in den Fabriken sowie um die Unterbringung und soziale Lage der Arbeiterschaft kümmerte sich die Staatsverwaltung kaum. Selbst die Kinderarbeit war noch gang und gäbe, die physische und moralische Vernachlässigung dieser Fabrikskinder ungeheuer groß. Die übermäßige Anstrengung verursachte körperliche Schäden in großer Zahl. Aber selbst eine von der niederösterreichischen Regierung im Jahre 1839 ausgearbeitete Verordnung, wonach Kinder vor dem zwölften Lebensjahr in Fabriken nicht beschäftigt werden durften, trat nicht in Kraft, weil solche Bestimmungen in den Wirkungskreis der Hofkammer fielen und diese erst in den Kronländern Umfragen veranstalten wollte. Hier leisteten nun die Gewerbevereine mächtigen Widerstand, vor allem gegen die Beschränkung der Arbeitszeit auf zwölf Stunden für die Zwölf- bis Sechzehnjährigen und gegen das Verbot der Nachtarbeit für Kinder. Die Fürsorgetätigkeit einiger menschenfreundlicher Fabrikanten, die für ihre Arbeiter durch Errichtung von Krankenunterstützungs- oder Pensionskassen sorgten, eventuell auch einen eigenen Fabriksarzt hielten, hatte auf die allgemeine schlechte Lage der Fabriksarbeiter keinen Einfluß und machte einen gesetzlichen Arbeitsschutz nicht entbehrlich.

Obwohl man mancherorts die Notwendigkeit einer sozialen Besserstellung des in große Armut geratenen Volkes erkannte, war niemand bereit, die dafür notwendige Umverteilung des Sozialproduktes einzuleiten. Dies führte einerseits zum moralischen und sittlichen Abgleiten großer Bevölkerungsteile, andererseits zu zunehmender Entfremdung von führenden und aufgestiegenen Kreisen zu den breiten Volksmassen in den Städten wie auf dem Lande. Bürgertum und Kirche bekamen die sich aufbauenden sozialen Spannungen zu spüren, als sich der soziale Gegensatz in einen politischen umsetzte.

Doch kam es im Vormärz zu keiner Organisation der Arbeiterschaft in Niederösterreich, wohl aber zu gelegentlichen Streiks und Unruhen. Die Regierung half sich damit, daß sie die Unzufriedenen gewaltsam in ihre Heimatgemeinden abschob. Wohl weilte Wilhelm Weitling, der oft der erste deutsche Kommunist genannt wird, 1834 und 1836 in Wien, doch hat er nur zwei Arbeiter für seine Ideen gewonnen, die denn auch gefangengesetzt und verurteilt wurden. Die wenigen bestehenden Vereine hatten rein wirtschaftlichen oder sozialen Zweck. An der Spitze der humanitären Vereine steht wohl der schon 1799 von der Stadtgemeinde Zwettl errichtete »Krankenverein für Handwerksgesellen und weibliche Dienstboten«, dem sich 1821 der »Verein zur Pflege kranker Handwerksgesellen im Markt Großgerungs«, vom Lederermeister Anton Gatringer gegründet, zugesellte und der 40 Mitglieder, meist Unternehmer, und 650 Gulden Vermögen besaß. Nach 1840 entstanden Krankenunterstützungsvereine in mehreren Wiener Vororten, wie in der Leopoldstadt, in Matzleinsdorf und in Erdberg; den ersten beruflich organisierten Krankenunterstützungsverein gründeten 1842 die Wiener Buchdrucker und Schriftsetzer.

Wir wollen nun eine kurze Übersicht der topographischen Gliederung Niederösterreichs geben, bevor sie durch die industrielle Revolution wesentlich umgestaltet wurde. Zwischen 1790 und 1830 blieb die Einwohnerzahl mit 1,2 Millionen Menschen ziemlich konstant, war sogar um 1810 auf knapp eine Million gesunken. Der überwiegende Teil der Landesbewohner waren Deutsche, nur in den östlichen Gebieten, vor allem im Marchfeld, lebten in einigen Dörfern Kroaten und Slowaken, die sich noch ziemlich unvermischt erhalten hatten, auch noch ihre eigene Tracht besaßen, so die Männer Mäntel aus weißem Tuch, blaue Hosen und Dolmane nach ungarischem Schnitt. Dagegen hatte der deutsche Bauer Niederösterreichs den schwarzen haarigen Hut, das buntsamtene oder -seidene »Leibl«, die kurze Jacke oder den langen »Haftelrock« aus dunkelblauem Tuch, enganliegende schwarze Lederhosen und hohe Stiefel als Tracht. Bei den Frauen waren der schillernde »Seidenspenzer« mit den Schinkenärmeln, die vielfache Halsschnur und vor allem die Haube charakteristisch. Die Goldhaube und »reiche Haube« war die Festtracht, sonst trug man die mit schwarzen Spitzen aufgeputzte Blendenhaube. Der Bau der Eisenbahn durch das Marchfeld und die Erschließung der Dörfer durch bessere Verkehrswege hat aber um 1830 zum Aufsaugen der slawischen Restbestände in Niederösterreich geführt, die sich ihrer Umgebung anpaßten und ihre Eigenständigkeit aufgaben.

Die einsetzende Industrialisierung hatte noch nicht zur erkennbaren Ausdehnung der Städte geführt, wohl aber zu neuen Bevölkerungsballungen. Neben Wien, das 326.000 Einwohner hatte, war Wiener Neustadt die einzige Stadt, die sich bereits jetzt ausdehnte und an Bevölkerung zunahm. Sie hatte im Jahre 1769 erst 4600 Bewohner, 1805 dagegen schon 7400 und stieg bis 1835 auf 9800, um bis 1843 mit 10.706 Bewohnern einen deutlichen Vorsprung zu den anderen Landstädten zu gewinnen. Denn Krems hatte um 1830 erst 4300, Hainburg 3400, Klosterneuburg 2900, Baden 2700, Waidhofen an der Ybbs 3600 und Amstetten gar erst 727 Einwohner. Die neue Zeit kündigte sich bei manchen Städten aber schon dadurch an, daß sie begannen, Mauern und Türme niederzureißen, um dem Verkehr Raum zu geben. In Mödling wurden 1817 das Wiener Tor und das Ungarntor abgetragen, in Klosterneuburg war die Hundskehle schon 1804 abgebrochen worden, in Korneuburg parzellierte man 1829 den Stadtgraben und zerstörte 1842 den Laaer Turm. In St. Pölten war das wehrhafte Wiener Tor schon 1787 beseitigt und durch ein einfaches »Nachtwächtertor« ersetzt worden, nun folgte 1835 das Linzer Tor. Auch in anderen Städten wurden die Mauern vielfach durchbrochen, um den anrainenden Besitzern bequemere Wege zu ihren Feldern zu ermöglichen. Die Vorwerke der Tore waren meist schon abgetragen, die Zwinger als Ställe oder Speicher vermietet, die Mauern und Türme dem Verfall preisgegeben. Auch mancher nicht mehr bewohnten Burg hatte um die Jahrhundertwende die Schicksalsstunde geschlagen, als man sie der Dächer beraubte, die Ziegel verkaufte und die Gewölbe einschlug, um dadurch die Gebäudesteuer zu ersparen. Die Dachziegel der jetzigen Ruine Hohenegg im Dunkelsteinerwald erwarb das Stift Melk, die von Lichtenfels im Kamptal das Stift Zwettl, die mächtige Burg Kollmitz wurde auf ähnliche Weise zerstört, ebenso Aggstein in der Wachau, Weitenegg im Nibelungengau, die Araburg bei Kaumberg oder Thernberg im Schlattental. Die Franzosenkriege zerstörten manch andere stolze Burg, die dann nicht mehr aufgebaut wurde, wie Gleiß bei Waidhofen an der Ybbs, Klamm bei Schottwien oder Gars im Kamptal, die angeblich von den österreichischen Truppen vorsätzlich in Brand gesetzt wurde. Auch die Burg von Eggenburg ist nach einem Brand im Jahre 1808 nicht mehr neu erstanden, und die Goldburg bei Murstetten ist im Jahre 1809 von den Franzosen zerstört worden, die auch in St. Pölten die bürgerliche Schießstätte niederbrannten.

Während in den Städten und Märkten doch schon ein größerer Teil der Gebäude mit Ziegeln oder Schindeln gedeckt war, bestand das niederösterreichische Dorf noch in allen Landesteilen überwiegend aus strohgedeckten Häusern. Auch sonst hatte das Bauerndorf ein noch wesentlich anderes Aussehen. Die Wirtschaftsgebäude waren kleiner, die Häuser selbst schlecht eingerichtet. Fast überall war noch die Rauchküche, die gleichzeitig Selche war, vorhanden.

Der Rindviehbestand betrug im Alpenvorland kaum ein Drittel von heute, der Schweinebestand kaum ein Fünftel, der Hühnerbestand ein Viertel. Dagegen gab es überall noch zahlreiche Schafe. Um den bäuerlichen Besitz gerecht zu besteuern, hatte die Regierung 1817 ein neues Grundsteuergesetz erlassen, das die Steuer nach dem Reinertrag bestimmte. Dazu war die Anlage eines stabilen Katasters und die Erstellung von Katastralmappen im Maßstab 1:2880 für jede Gemeinde nebst dazugehörigem Parzellenprotokoll nötig. Die Vermessungsarbeit wurde in Niederösterreich in den Jahren 1819 bis 1824 durchgeführt.

Die Aufnahmen des franzizäischen Katasters wurden nicht von Laien, sondern von Geometern durchgeführt und zeigen den Bauzustand der Dörfer, gegliedert in Holzbauten und feste Gebäude, ebenso wie die Aufteilung der Feldfluren, das Verhältnis von Feld, Weide und Wald, den Verlauf von Straßen und Feldwegen.

Die Bauernschaft erhoffte sich von der Regulierung, die 1834 in Kraft trat, die Aufhebung verschiedener Untertanslasten. Als sie darin enttäuscht wurde, kam es in Gegenden des Waldviertels, vor allem im Gebiet der Herrschaft Rastenberg, zu Unruhen. Die Bauern von Sperkenthal und Marbach vertrieben die herrschaftlichen Schafherden von ihren Feldern und gaben ihren Widerstand auch dann nicht auf, als die Rädelsführer unter Militäreinsatz verhaftet wurden; auch in den Dörfern Zierings und Heinreichs wurde der zuständigen Herrschaft Ottenstein der Schafbetrieb verwehrt. In allen Fällen zeigte sich, daß die staatlichen Behörden nur unentschlossen für die Rechte der Herrschaftsbesitzer eintraten. Energisch wurden sie erst, als der Herrschaft Schiltern vier Gemeinden geschlossen die Robot verwehrten, worauf sich die Kerker der umliegenden Herrschaften mit Arrestanten füllten. Diese Bauern ließen sich 14 Wochen von einem Arrest zum anderen schleppen und mit Schlägen traktieren, ohne von ihrem Trotze abzulassen, und es wurde Herbst, bis sie endlich ihre Robotschuldigkeit erfüllten, mit welcher Freude, kann leicht ermessen werden. Nun war man aber doch wegen einer möglichen Ausbreitung der Unruhen besorgt, zumal ähnliche Vorfälle auch im oberösterreichischen Mühlviertel vorgekommen waren, doch konnte die Bewegung lokalisiert werden.

Die wirtschaftliche Entwicklung und die Fortschritte der materiellen Kultur in der Epoche zwischen Napoleons Abgang und dem Ausbruch der Märzrevolution von 1848 waren in vieler Hinsicht imponierend, in mancher jedoch nicht ohne tiefen Schatten. Hingegen waren die Fortschritte der geistigen Kultur, der Dichtung, der bildenden Kunst und der Musik in vielen Belangen großartig. Mit Recht kann man behaupten, daß in dieser Epoche die große Zeit des Wiener Kulturlebens auf allen Gebieten zum Durchbruch kam. Die Ausschließung vom politischen Leben lenkte die Interessen der nun zu Vermögen und Ansehen aufgestiegenen bürgerlichen Bevölkerungskreise den kulturellen Leistungen zu, wo doch noch die größte Freiheit bestand. Vor allem im Dichtertrio Grillparzer, Raimund und Nestroy erhielt die österreichische Dichtkunst einen neuen Höhepunkt, der zugleich einen Gipfel der Theaterkunst bedeutete. Franz Grillparzer (1791–1872), der Sohn eines dem Josephinismus mit tiefer Begeisterung ergebenen Juristen, von Beruf Beamter der Hofbibliothek, dann im Gebühren- und Finanzdienst tätig und schließlich Direktor des Hofkammerarchives, war im Jahre 1817 mit seiner »Ahnfrau«, die im Theater an der Wien aufgeführt wurde, mit der Bühne in Verbindung gekommen und erhielt vom Burgtheaterdirektor Joseph Schreyvogel einen Vertrag, der ihn verpflichtete, jährlich ein Stück für dieses Haus zu schreiben. Neben Themen aus der Mythologie, wie »Sappho« und der Vließ-Trilogie, verarbeitete er mit Vorliebe Stoffe aus der vaterländischen Geschichte. So wurde 1825 »König Ottokars Glück und Ende« aufgeführt, entstand »Ein treuer Diener seines Herrn«, dessen Schlußworte »Sei du ein treuer Herr erst deinen Dienern« den Autor ganz auf dem Boden josephinischen Gedankengutes zeigen. Nach Schreyvogels Abgang vom Burgtheater erkalteten die Beziehungen des Hauses zum Dichter, der sich nach dem Mißerfolg von »Weh dem, der lügt« vollständig zurückzog. So wurden seine späteren Dramen, vor allem »Ein Bruderzwist in Habsburg«, erst viel später bekannt.

Selbstverständlich hat auch die politische Lage die Dichtkunst beeinflußt. Der Vorläufer der politischen Dichtung war Christian Freiherr von Zedlitz, in der Adelskultur des 18. Jahrhunderts wurzelnd, politisch liberal und als Dichter auf dem Boden der Romantik stehend, der aber in späteren Jahren, ohne die Gesinnung zu ändern, in den Dienst der Staatskanzlei trat und als Officiosus der österreichischen Regierung bei der Augsburger Allgemeinen Zeitung wirkte. Das typische Werk der politischen Dichtung des Vormärzes waren aber die im Jahre 1831 anonym in Hamburg erschienenen »Spaziergänge eines Wiener Poeten« von Anastasius Grün (Anton Alexander Graf Auersperg), eigentlich eine Fortsetzung der josephinischen Broschürenliteratur. Bald widmete sich auch ein anderer Wiener Dichter der politischen Satire, Eduard von Bauernfeld (1802–1890), der das Lustspiel des Burgtheaters zu klassischer Höhe hob, in seinen jungen Jahren juridischer Beamter bei der niederösterreichischen Regierung war und in seinen Konversationsstücken Spiegel des gesellschaftlichen Lebens seiner Zeit verfaßte. Vor allem jene Stücke, die zwischen 1830 und 1845 entstanden, wie etwa »Bürgerlich und Romantisch« oder »Der literarische Salon«, spiegeln die stille Behaglichkeit der Biedermeierzeit wider. Später wandte er sich immer nachhaltiger gegen Zensur und Geistesdruck, verfaßte und überreichte 1842 die »Pia desideria eines österreichischen Schriftstellers« und formulierte in seinen Dramen immer häufiger politische Wünsche und Beschwerden, wie im »Deutschen Krieger« oder in »Großjährig«, einem Triumph der Satire, wo in einem scheinbar harmlosen Lustspiel der Zensur zum Trotz die politischen Ideen der Zeit von der Bühne herunter verkündet wurden.

Aus Bauernfelds Jugendfreundschaft mit dem Maler Moritz von Schwind entwickelte sich ein Künstlerkreis, der ganz im Banne der Romantik stand. Ihm gehörten neben Franz Schubert verschiedene Musiker und Dichter, wie Johann Gabriel Seidl, Ernst von Feuchtersleben, Ludwig Halirsch, aber auch Maler, Bildhauer und begabte Dilettanten an. Charakteristisch für diesen Kreis war vielleicht Franz von Schober, ein eigentümliches Gemisch von Weltmann und Schöngeist, der sich in verschiedenen Künsten, wie Zeichnen, Malen, Musik und Dichtkunst, versuchte. Das anerkannte Haupt in diesem Kreise war aber unzweifelhaft der aus der Wiener Vorstadtpfarre Lichtenthal gebürtige Franz Schubert (1797–1828). In Wien und einigen niederösterreichischen Orten, wie Atzenbrugg, Ochsenburg und St. Pölten, komponierte er, durch viele Mißerfolge auf dem Theater und durch Ärger mit den Verlegern belastet, stets in finanziellen Sorgen, trotz seines kurzen Lebens doch acht Symphonien, elf Ouvertüren, über 30 Werke der Kammermusik, sieben Messen, 24 andere Kirchenmusikwerke, an die 450 Klavierstücke, 17 Bühnenwerke und über 600 Lieder, wobei er nicht allein von den bedeutendsten deutschen Dichtern seine Liedertexte nahm, von Goethe und Schiller, von Herder, Klopstock, Hölty, Claudius, Schlegel, Novalis, sondern auch die Weltliteratur in sein Schaffen einbezog und Texte nach Äschylos, Shakespeare, Dante, Petrarca und Anakreon in Musik setzte.

Hat Grillparzer auch in seinen Werken Motive des Wiener Volkstheaters verwendet, wenngleich in abgewandelter und veredelter Form, wie etwa das Thema der überlegenen Frau und des primitiven Mannes in »Libussa«, so war der wahre Fortsetzer des Wiener Volksstückes doch Ferdinand Raimund. Dieser stammte väterlicherseits aus dem von ihm so geliebten Gutenstein im Schneeberggebiet, begann als kleiner Schauspieler beim Sommertheater im Theresienbad in Meidling, in Ödenburg, Raab und Steinamanger, kam dann an das Theater in der Josefstadt in Wien, um später am Carltheater in der Leopoldstadt zu wirken. Hier gingen seine Zaubermärchen »Der Barometermacher auf der Zauberinsel«, »Der Diamant des Geisterkönigs«, »Das Mädchen aus der Feenwelt oder Der Bauer als Millionär«, sein erstes Meisterwerk, das ewig blühen sollte, über die Bretter. Die reifen Werke »Der Alpenkönig und der Menschenfeind« oder »Der Verschwender« stehen am Ende seiner kurzen Karriere, die 1836 in Gutenstein durch Selbstmord endete. Eine ähnliche Entwicklung, vom Schauspieler zum Dichter, ging auch Johann Nestroy (1801–1862), aus bürgerlichem Milieu stammend, der vor allem die Wiener Volksposse pflegte und bald souverän das volkstümliche Theater beherrschte, seit er 1833 mit dem »Bösen Geist Lumpazivagabundus« seinen ersten durchschlagenden Erfolg errungen hatte. Neben diesen dreien gab es natürlich eine ganze Reihe weiterer Dichter und Schriftsteller von Format, die vorwiegend in Wien wirkten. Wir wollen aber in erster Linie jene Namen nennen, die mit dem heutigen Niederösterreich in Beziehung standen. In Stockerau verlebte Nikolaus Lenau (1802–1850) einige seiner Jugendjahre, und manche Motive seiner »Schilflieder« sind ohne Zweifel der Landschaft dieses niederösterreichischen Ortes entnommen. Der 1815 in Rudmanns geborene Paul Renk, Sängerknabe in Zwettl und später Geistlicher in St. Pölten, hat in seiner Sammlung »Sursum corda, Lieder und Reime eines alten Pilgers« (1846) sowie im Gedichtband »Heimwärts aus der Fremde« (1856) geistliche Lieder voll starken Glaubensgehaltes veröffentlicht. Ästhetisch-kritische Bücher, wie »Melpomene oder Über das tragische Interesse«, »Briefe über Goethes Faust«, Studien über Lope de Vega sowie pessimistische Dichtungen schrieb der in Melk als Benediktiner lebende

Dichter Michael Enk von der Burg (1788–1843), der durch Freitod in der Donau sein durch verfehlte Berufswahl innerlich zerrissenes Leben beendete. In der Mundartdichtung hat der Piarist Josef Misson, der als Lehrer an den Ordensgymnasien in Krems und Horn wirkte, aber aus Mühlbach im Gebiet des Manhartsberges stammte, in seinem 1850 erschienenen Epos »Da Naz, a niederösterreichischer Bauernbua, geht in d' Fremd« ein geradezu klassisch gewordenes Werk geschaffen und zugleich der Landschaft des Straßertales wie der Horner Bucht ein literarisches Denkmal gesetzt. Er zeichnete darin die Alltagsfiguren, wie man ihnen auf dem Lande überall begegnete, und imponierte durch die Echtheit des bäuerlichen Redebrauches. Mehr als 100 Jugendbücher, von denen viele zu ihrer Zeit sehr gelesen waren, schrieb der lange Zeit in Korneuburg wirkende Hauptschuldirektor Leopold Chimani.

Die Malerei jener Epoche wies viele Talente auf und war vorwiegend der Romantik ergeben. Die führenden Geister in der Kulturmetropole waren Josef von Führich, der aber noch einer der Hauptmaler der Franz-Josephs-Zeit war, dann Eduard von Steinle, der schon 1837 Wien verließ und sich in Frankfurt ansiedelte, und Moritz von Schwind, der 1839 im Bayernkönig Ludwig und später im Großherzog Karl Alexander von Weimar seine Mäzene fand. Ein anderer Schubertfreund, Leopold Kupelwieser (1796–1862), aus Triesting in Niederösterreich gebürtig, dessen Vater Ingenieur beim Bau des Wiener Neustädter Kanals war, in Rom zum Nazarener geworden, malte in Wien vorwiegend Kirchenbilder, aber auch viele Werke im Auftrag des kaiserlichen Hofes. Josef Danhauser (1805–1845), in vieler Hinsicht von der englischen Malerei der Zeit beeinflußt, wurde zum unerreichten Darsteller des Wiener Mittelstandes in seiner Wohlhabenheit und bürgerlichen Eleganz. Dagegen kümmerte sich Peter Fendi (1793–1866), der selbst aus armen Verhältnissen stammte, mehr um den kleinen Mann und wurde zu einem der Hauptrepräsentanten der Altwiener Genremalerei. Anstelle starker und packender Akzente wirkte er durch besondere Wärme und Schlichtheit des Ausdruckes. Das größte Talent dieser Zeit war aber unbestreitbar Ferdinand Georg Waldmüller (1793–1865), der in Schrift und Beispiel Rückkehr zur Natur predigte. Er verlangte beim Kunstwerk nicht nur die Wiedergabe, sondern auch die Interpretation eines sittlichen Gedankens oder einer edlen Empfindung. Die klassizistische Malerei gab ihm die glatte und feste Form, die romantische Kunst wies ihn zur Landschaft hin. Er ging aber mit seltener Folgerichtigkeit seine eigenen Wege und erreichte so einen Umfang von Darstellungskraft und persönlicher Unabhängigkeit wie kein anderer Maler seiner Zeit. Der Wiener Gastwirtssohn Josef Kriehuber (1800–1876) wieder war der berühmteste Porträtmaler Wiens in der Biedermeierzeit und schuf Bildnisse namhafter Persönlichkeiten des Hochadels, von Musikern, Malern, Schriftstellern und Gelehrten. An bedeutenden, aus Niederösterreich gebürtigen Malern wäre neben Kupelwieser noch Johann Fischbach (1797–1871), in Schloß Grafenegg bei Krems als Sohn eines Hofmeisters geboren, zu nennen. Als Porträt- und Landschaftsmaler brachte er es zu beachtlichen Leistungen und widmete sich mit Vorliebe der Alpenwelt Salzburgs. Dagegen hat sich Friedrich Gauermann (1807–1862), der wohl bedeutendste in der niederösterreichischen Provinz lebende Maler dieser Zeit, enge Bindungen zu seiner Heimat Gutenstein bewahrt. Die Landschaft des Schneeberggebietes, prachtvolle Tierstücke, Baum-, Fels- und Wolkenstudien erreichten beim Wiener Publikum große Erfolge, und jahrelang waren seine Bilder beliebt wie kaum ihresgleichen, bis die Revolution des Jahres 1848 den Künstler um sein Publikum brachte.

Auch in der Baukunst setzten sich vor allem im Schloßbau romantische Ideen durch, die Gotik wurde wieder modern. Das Hauptwerk dieser klassizistischen Gotik, die vom kaiserlichen Hof errichtete Franzensburg im romantischen Park von Laxenburg, übernahm ganze Bauteile und Einrichtungen von Klöstern und Schlössern. Klassizistisch-gotisch umgebaut wurden aber auch das Schloß Merkenstein, die Burg Greifenstein oder das Schloß Matzen. Eine künstliche Ruine, die wehmütige Erinnerungen an das Vergängliche wachrufen sollte, wurde 1819 im Park des Schlosses Erlaa errichtet, wie auch die Liechtensteinischen Schlösser besonders reich mit künstlichen Ruinenbauten ausgestattet worden sind. Die künstlerischen Hauptleistungen der Biedermeierzeit liegen aber eindeutig in der Ausbildung eines hochentwickelten Kunsthandwerkes, das die Möglichkeiten eines kultivierten und geschmackvollen Hauswesens schuf. Kleinplastiken, auch die des Wiener Porzellans, waren in bürgerlichen Kreisen ebenso stark verbreitet wie die handwerklich gediegenen, zweckmäßigen und formschönen Möbel aus edlen Hölzern. Wenn vorher der bürgerliche Hausrat eine Nachahmung der nicht immer zweckmäßigen Palastmöbel gewesen war, so entwickelte die bürgerliche Wohnkultur zum ersten Male eine eigene Formensprache. Ein Denkmal jener für den besitzenden Bürger so beschaulichen Zeit regen Geisteslebens und hoher Gesellschaftskultur ist der Romantikerfriedhof in Maria Enzersdorf bei Wien, wo viele der geistigen Träger jener Epoche begraben sind: Josef von Penkler, der als erster eine einheitliche Erforschung Niederösterreichs plante und damit zum geistigen Ahnen des Vereines für Landeskunde geworden ist, dessen Haus aber auch die erste Heimstätte der Wiener Romantik war, Clemens Maria Hofbauer, weiters Metternichs Geheimsekretär und Vertrauter Josef Anton von Pilat, der Dichter Zacharias Werner, der streitbare Geistliche Sebastian Brunner. Sie gehörten dem für diese Zeit so typischen Romantikerkreis von Maria Enzersdorf an.

Die ersten Anzeichen einer bürgerlichen Kulturpflege auf dem Lande, einer Verbreiterung der kulturellen Basis, die bisher nur von Adel und Geistlichkeit getragen war, waren die damals in verschiedenen niederösterreichischen Städten entstehenden Musikvereine: 1825 wurde ein solcher in Wiener Neustadt gegründet, 1837 ein zweiter in St. Pölten, der schon zwischen 1815 und 1819 einen Vorgänger gehabt hatte, nach behördlicher Auflösung 1859 neu belebt werden mußte, aber seine Tradition bis zum heutigen Tag weiterführen konnte. In Tulln wurde 1847 ebenfalls ein Musikverein gegründet, der aber nur bis 1854 bestand. Damit war die ländliche Musikpflege nicht mehr das ausschließliche Monopol der Turnermeister, welche die Kirchenmusik besorgten, Konzerte gaben, aber auch die Faschingsunterhaltungen und Bälle auf dem Lande organisierten.

Die außenpolitische Situation Österreichs war wesentlich schlechter geworden, seit andere europäische Mächte die Griechen in ihrem Freiheitskampf gegen die Türkei unterstützten und 1830 auf einer Konferenz in London die Unabhängigkeit dieses Landes anerkannten, im gleichen Jahr die Julirevolution in Frankreich das konservative und absolute Regime der Bourbonen stürzte und den Bürgerkönig Louis Philipp von Orleans auf den Thron hob sowie Belgien sich endgültig von den Niederlanden trennte. Denn nun war Metternichs außenpolitisches Konzept, die Aufrechterhaltung des gegebenen Zustandes auch auf Kosten historischer Ungerechtigkeiten, wie es die Unterdrückung der Balkanvölker durch die Türken war, gründlich durchlöchert, und der Kongreß von London hatte Österreich, die europäische Vormacht des letzten Jahrzehnts, in einer gefährlichen Isolierung gezeigt. Bald kamen auch in anderen Ländern die Flammen des Aufruhres zum Ausbruch, in Polen, im Kirchenstaat, in Neapel und in einigen deutschen Fürstentümern. Auch in Österreich verfolgten viele Gebildete den polnischen Freiheitskampf, den die Russen alsbald im Blute erstickten, mit deutlich zum Ausdruck gebrachten Sympathien. Zu allem Unglück war Kaiser Franz in seinen letzten Lebensjahren völlig unbeweglich geworden, und Metternich hatte im Staats- und Konferenzminister Franz Anton Graf Kolowrat einen Gegenspieler gefunden, der völlig andere Wege einzuschlagen suchte und den Kampf gegen den Staatskanzler vorwiegend mit allerlei Intrigen führte. Als Kaiser Franz I. am 2. März 1835 starb und sein geistesschwacher Sohn Ferdinand die Regierung antrat, während die Geschäfte eine Staatskonferenz, bestehend aus Metternich, Kolowrat sowie den Erzherzögen Ludwig und Franz Karl, führte, wurde in Österreich nicht mehr regiert, sondern nur mehr verwaltet. Das Prinzip der Legitimität war einer schweren Belastungsprobe ausgesetzt, die Rivalität der beiden Staatsmänner kam immer stärker zur Geltung und führte bald zur offenen Feindschaft, zumal Kolowrat mit dem Liberalismus sympathisierte.

Unterdessen hatte sich die Zahl jener Menschen Österreichs, die eine Änderung der herrschenden Zustände durch Einführung einer Verfassung wünschten, vor allem in der Hauptstadt wesentlich vergrößert, waren aus den Nachbarländern trotz der geistigen Absperrung manche neuen Ideen eingedrungen, die immer weitere Kreise des Bürgertums und der Intelligenzschichten ergriffen. Wer gegen das »System« und für Reformen war, sammelte sich in dem 1841 gegründeten juridisch-politischen Leseverein. Es waren dies vorwiegend hohe Beamte, Militärs, Schriftsteller, Professoren, Rechtsanwälte, Ärzte und Theologen. Dem Verein gehörten die künftigen Minister des Revolutionsjahres, Bach, Schmerling, Lasser, Pratobevera, Doblhoff, Hornbostel, Sommaruga und Thun, an, also die führende Schicht der aufsteigenden liberalen Ära. Juristen waren die Führer des Vereines, die rege Teilnahme am politischen Geschehen und nicht nur gesellschaftliche und schöngeistige Erbauung waren immer deutlicher seine Ziele. Dabei vereinigten sich jene drei Richtungen des Vormärzliberalismus, die auf ganz verschiedene Wurzeln zurückgehen. Die hohe Bürokratie, Offiziere und Geistliche knüpften an die Traditionen des Josephinismus, also an die Ideale des Aufklärungsstaates an, die ständisch-konservative Richtung hatte in Graf Stadion und seinem staatlichen Reformwerk ihren Fixpunkt, während die bürgerliche Richtung die eigentliche politisch-liberale im modernen Sinne war und sich an westliche Vorbilder anlehnte, den Verfassungsstaat mit geschriebener Konstitution nach französischem Vorbilde forderte und überwiegend in den Industrie- und Finanzmännern, Advokaten und Literaten ihre Stützen hatte. Zur Untermauerung dieser verschiedenen Ideen dienten Broschüren und Schriften, die meist in Deutschland gedruckt und verlegt, illegal über die Grenze gebracht und unter Umgehung der Zensur von gebildeten Kreisen erworben wurden. Manche enthielten übelste Polemik, dienten oft nur dem Rachesinn Geschädigter oder Vergrämter oder waren dem Geschäftsgeist hellhöriger Verleger entsprungen.

In vielen fehlte aber auch nicht die ernste Sorge um den Fortbestand des Staates, wie etwa in der 1841 anonym veröffentlichten Flugschrift »Österreich und seine Zukunft« des aus Tirol stammenden Staatsbeamten Viktor von Andrian-Werburg. Dieser wollte den Neubau des Staates durch freisinnige Ausbildung des historischen Ständewesens erreichen und forderte deshalb neben einer Reichsvertretung auch die Erweiterung der provinzialständischen Rechte sowie die Selbstverwaltung der Gemeinden. Nachdem diese Schrift durch ihr ungewöhnliches Aufsehen den weiteren Verbleib des Verfassers im Staatsdienst unmöglich gemacht hatte, übersiedelte er nach Wien, wo er im Verein mit der Fortschrittspartei im Schoße der niederösterreichischen Stände seinen Reformgedanken praktische Verwirklichung verleihen wollte. Der zweite Teil seiner Reformschrift erschien 1847 und war geradezu das Aktionsprogramm der niederösterreichischen Ständebewegung.

Denn auch die Landstände hatten sich zu regen begonnen. Vor allem bereiteten ihnen die Halbheiten auf dem Gebiet des Patrimonialwesens, die von der Regierung keiner Lösung zugeführt wurden, starkes Unbehagen. Die alten Landstände waren überdies in Auflösung begriffen, denn der Besitz einer Grundherrschaft war nicht mehr die Voraussetzung für die Landstandschaft, da grundbesitzlose hohe Beamte, Industrielle und Bankiers in den Herren- und Ritterstand aufgenommen worden waren. Das Stimmrecht dieser »unbegüterten Landesmitglieder« löste viele Diskussionen im Schoß der Stände aus, zumal der Ritterstand in immer größerem Maße aus solchen Personen zusammengesetzt war und sich seine Rechte nicht beschneiden lassen wollte. Auf dem Landtag von 1835 war überdies das Verlangen des Adels nach einer Reform der Kriminalgerichtsbarkeit zum Ausdruck gekommen, ebenso nach einer staatlichen Sicherung seiner Rechte gegenüber säumigen und bockigen Bauern. Später haben sich die Stände eine eigene Geschäftsordung entworfen, um ihre nur mehr schemenhaft vorhandenen politischen Rechte zu sichern und straffer zu formulieren. Die Regierung war aber bei allen diesen Wünschen äußerst hellhörig und vermutete dahinter Bestrebungen auf Erweiterung der ständischen Macht mit dem Ziele einer konstitutionellen Verfassung. Deshalb wurde aus dem Geschäftsordnungsentwurf alles entfernt, was irgendwie in diese Richtung deutete und nach dem Wüten des Rotstiftes den Ständen erklärt, mit dem verbliebenen Torso wäre ihnen nun auch nicht mehr viel geholfen. Nicht einmal die Vervielfältigung der Landtagsprotokolle wurde genehmigt, und die Schließung ihres Lesezimmers sollte weitere nichtoffizielle Zusammenkünfte der Stände verhindern. Selbst als sie, aufbauend auf die Leopoldinische Landesverfassung, eine neue Wahlordnung für ihre Funktionäre aufrichten wollten, leisteten die Zentralstellen heftigen Widerstand, und die jahrelangen Verhandlungen endeten wie das Hornberger Schießen. Die Regierung hatte in all diesen Jahren eben panische Angst, die niederösterreichischen Landstände könnten eine »wesentliche Abänderung der Landesverfassung« herbeiführen, die nicht ohne Rückwirkung auf die Stände anderer Provinzen geblieben wäre. Das erklärt die vielen kleinen Nadelstiche, die sich auch beim Bau des neuen Landhauses zeigten. Dieser Neubau, 1827 beschlossen, wurde in drei Etappen durchgeführt, wobei 1839 die Front gegen die Herrengasse, 1843 jene zur Landhausgasse und zum Minoritenplatz, aber erst 1848 die Fassade gegen die Herrengasse fertiggestellt wurde. Die historischen Räume des alten Landhauses wurden aber nicht abgetragen, sondern blieben im Neubau eingeschachtelt, der sich über ihnen erhob. Dieses Landhaus wurde in mehr als einer Hinsicht zum weithin sichtbaren Symbol des Erwachens der Stände, in seinem Hofe zündete ja auch der Funke, der zur Revolution des Jahres 1848 führte.

27. KAPITEL

Die Umwandlung von Staat und Land durch Revolution und Neoabsolutismus

Das Jahr 1846 brachte nicht nur Österreich, sondern den meisten europäischen Ländern schwere wirtschaftliche Rückschläge, die von einer geradezu säkularen Mißernte in weiten Teilen des Kontinentes im vorhergehenden Jahr ausgelöst wurden. Die Fabriken setzten Tausende Menschen auf die Straße, die nun vollkommen unversorgt einem ungewissen Schicksal und sicherem Elend entgegensahen. Allein in Wien sollen im Jahre 1847 10.000 Arbeiter brotlos gewesen sein, vor allem in den Vorstädten Schottenfeld und Mariahilf. Schon im Frühjahr 1847 kam die Verzweiflung der Bewohner mancher Wiener Vororte zum Ausdruck, als Brotkrawalle mit Plünderung von Bäckerläden in Gaudenzdorf stattfanden. Eine zweite Mißernte im Jahre 1847 verschärfte die allgemeine Not wesentlich. Wer neun Gulden Wochenlohn hatte, mußte schon Altgeselle sein, ein Pfund Rindfleisch kostete aber 24 Kreuzer. Vor allem die Webergesellen in den Wiener Vororten lebten unter den elendsten Verhältnissen, von den vielen Arbeitslosen ganz zu schweigen, die als einzige Unterstützung die sogenannte »Rumfordsche Armensuppe« erhielten, eine aus Knochen, Blut und anderen billigen Nährstoffen hergestellte Suppe, die manche Gemeinden verteilen ließen. In den Märztagen des Jahres 1848 kam es wegen neuerlicher Teuerung zu Arbeiterversammlungen in Gumpendorf und Gaudenzdorf, die Verbitterung bei den ärmsten Volksschichten über ihre schlechte wirtschaftliche Lage war ungeheuer.

Auch auf dem Lande, bei den ärmeren Bauern, bei den kleinen Handwerkern und Taglöhnern war die Not groß. In den Orten der Herrschaft Raabs wurden 1847 neuerlich Truppeneinlagerungen nötig, weil die Bauern Robot und Zehent mit dem Hinweis auf die schlechten Ernten verweigerten. Die freiheitlich denkenden Bürgerschichten in den Städten wieder haben durch den Ausbruch einer Revolution in Frankreich in der letzten Februarwoche des Jahres 1848 neue Hoffnungen auf eine Lockerung der erstarrten politischen und geistigen Fesseln gesetzt. Die Ständebewegung der letzten Jahre hatte sie in den Glauben versetzt, von dort werde die Initiative ausgehen.

Deshalb erwartete man in Wien mit großer Spannung den Zusammentritt der niederösterreichischen Landstände am 13. März 1848. Vor allem die Studenten der Universität waren mächtig erregt und verfaßten am Vortage eine Petition an den Kaiser, die von den Ständen überreicht werden sollte. Auch der Polizei war die allgemeine Nervosität der letzten Tage und Wochen nicht verborgen geblieben, es wurde deshalb die Wiener Garnison in Alarmzustand versetzt. Am Morgen des 13. März zog eine Schar Studenten zum Landhaus, wo sich bereits eine größere Gruppe von Zuschauern versammelt hatte. Noch bevor die Stände zusammentraten, war der Hof mit Menschen gefüllt, zu denen ein junger Sekundararzt des allgemeinen Krankenhauses, Dr. Adolf Fischhof, von vier Männern auf die Schultern gehoben, spontan eine zündende Ansprache hielt, in der Pressefreiheit, Volksvertretung, Lehr- und Lernfreiheit, Glaubensfreiheit und Ministerverantwortlichkeit gefordert wurden. Unterdessen waren die Landstände zusammengetreten. Die Menge, die vergebens gehofft hatte, die populären Ständemitglieder würden sich zeigen, drängte die Stufen zum Sitzungssaal hoch, um die Stände zu entschlossenerem Vorgehen zu bewegen. Unter solchem Druck beschlossen diese, eine Deputation in die Hofburg zu entsenden und dem Kaiser eine Petition, in der auch die Wünsche des Volkes enthalten waren, vorzutragen. Die Menschenmassen zerstreuten sich aber um die Mittagsstunde nicht, sondern wurden noch durch Arbeiter, die aus den Vorstädten ins Zentrum strömten, verstärkt. Nun befahl die Regierung den in Bereitschaft stehenden Truppen, die Menschenansammlungen zu zerstreuen. Unter dem Hohne der dichtgedrängten Menge besetzte das Militär die wichtigsten Punkte und schritt dann an die Räumung der Straßen, wurde aber abgedrängt. Am Nachmittag feuerte eine Pionierabteilung in die Menge, und fünf Tote lagen vor dem Landhaus in ihrem Blute. Dies radikalisierte aber das Volk so, daß bald weitere Zusammenstöße mit dem Militär erfolgten. Im Laufe der folgenden Nacht hat das Proletariat der Vorstädte in die Revolution eingegriffen. Die kaiserlichen Stallungen wurden regelrecht belagert, Maschinen zerstört, Fabriken in Brand gesetzt, Läden erbrochen und geplündert. Die Bürgergarde setzte sich zur Wehr, und es gab in den Vorstädten in dieser Nacht weit mehr Tote als am Tag zuvor in der Stadt. Insgesamt fielen in den ersten drei Tagen 50 Personen. Noch viele Tage lang wurden zahlreiche Verhaftungen von Arbeitern von der Nationalgarde durchgeführt, so daß bald alle Gefängnisse überfüllt waren.

Noch in den Abendstunden des 13. März trat der Staatskanzler Fürst Metternich zurück und verließ fluchtartig die Hauptstadt. Die Bewaffnung der Studentenschaft und die Bildung einer Nationalgarde, der alle Staatsbürger vom 19. bis zum 50. Lebensjahr anzugehören hatten, wenn sie nicht Handwerksgesellen, Dienstboten oder Wochen- und Taglöhner waren, wurden in allen Orten mit über 1000 Einwohnern angeordnet.

Die nächsten Tage brachten die Aufhebung der Zensur, die Bewilligung der Pressefreiheit und die Umwandlung Österreichs in einen konstitutionellen Staat. Abgeordnete aus allen Provinzständen sollten eine neue Verfassung ausarbeiten, die Regierungsgewalt aber von einem Ministerium ausgeübt werden, das Graf Kolowrat leitete und in das mehrere als liberal bekannte Männer als Minister eintraten.

Die Pressefreiheit brachte über Nacht zahllose neue Blätter. Auch die bisher erschienene »Wiener Zeitung« stellte sich rasch um, sie schwenkte bald

auf den gemäßigt-liberalen Kurs des juridisch-politischen Lesevereines ein;
dem zweiten Hauptblatt des Vormärzes, dem »Österreichischen Beobachter«,
gelang dies schlechter. Aber schon nach einer Woche erschien in der »Con-
stitution« ein radikales Blatt, voll von Schlagworten und Hetzartikeln, das
bald im »Freimütigen« ein Gegenstück erhielt.

Der April brachte weitere 23 Blätter, darunter die bald als reaktionär ver-
schriene »Kirchenzeitung« des streitbaren Priesters Sebastian Brunner. Was
in den nächsten Monaten neu erschien, war nur zu oft noch weniger seriös
als die radikalen Blätter und führte auch absonderliche Titel, wie »Der Oh-
nehose«,, »Wiener Flegel«, »Politischer Esel«. Die größte Bedeutung für die
Zukunft hatte aber das Erscheinen der von August Zang herausgegebenen
»Presse«, die das erste moderne politische Blatt Österreichs war. Alle diese
Produkte strömten auch hinaus aufs Land, wurden dort eifrig gelesen, haben aber doch keine revolutionären Akte hervorrufen können. Denn die Revolution wurde nur in Wien gemacht, in den Landstädten und Bauerndörfern waren nur Ausläufer der Bewegung zu bemerken. Wohl harrte man
täglich mit Ungeduld der Post, um die neuesten Nachrichten und Zeitungen
zu erhalten, wohl gab es auch Heißsporne, die heftige Reden führten, die
Volksbewegung verlief hier aber überall in geordnetem Rahmen und ohne
Verluste an Menschen oder Gütern. In Krems haben die Gymnasiasten ein
eigenes Zeichen, das ihnen in Form einer rotweißen Armbinde und einer rotweißen Kokarde bewilligt wurde, ferner ein gemeinsames Gasthaus und die
Befreiung vom Besuch des Gottesdienstes an Wochentagen verlangt. Sie
verrichteten aber, zu einer »Studentenlegion« zusammengeschlossen, gemeinsam mit der Bürgerschaft nächtliche Patrouillendienste. Auch in anderen Orten, besonders in der Umgebung der Hauptstadt, wurden örtliche Si-
cherheitsdienste aufgestellt, als man von den Ausschreitungen in den Wiener Vorstädten erfuhr. Wohl gab es in allen Orten Anhänger der Freiheitsideen, es wurden auch Proklamationen und Petitionen entworfen, doch hat
man sie meist gar nicht abgesandt. Die landesfürstlichen Behörden, vor allem die Kreisämter, kamen oft in eine schwierige Lage. Jahrzehntelang an
strikte Unterordnung, an Weisungen der Landesregierung gewöhnt, sollten
sie nun eigene Entschlüsse fassen und die Ruhe in ihren Gebieten durch Zu-
reden und Beschwichtigungen aufrechterhalten. Das Inkrafttreten der Verfassung wurde in den größeren Orten durch kleine Freudendemonstratio-
nen, durch feierliche Hochämter und durch Reden prominenter Mitbürger
begrüßt. Nationalgardeverbände bildeten sich, wurden bewaffnet und mit
der Aufrechterhaltung der Ruhe und Ordnung betraut. Im Monat April gab
die Lage in der Provinz aber doch zu einiger Sorge Anlaß. Denn es hatten
sich Gruppen zusammengefunden, die unter dem Namen »Nationalgarde«
das Land durchzogen, um vor allem die Klöster heimzusuchen. Das Stift
Melk fürchtete einen Überfall von 200 Mann aus Wien und bat um militärischen Schutz, die gleiche Sorge hatte Göttweig. Die zwischen Krems und
Stein angesiedelten Redemptoristinnen mußten am 10. April flüchten. In
den Fabriksorten kam es dagegen zu keinen so wilden Ausschreitungen wie

in Wien, wenn sie auch mancherorten befürchtet worden sind. Dagegen blieb oft die Arbeit liegen, denn Handwerker und Fabriksarbeiter ergaben sich nur zu gerne politischen Diskussionen.

Ende April wurde die von Minister Pillersdorf ausgearbeitete Verfassung verkündet. Zugleich wurden durch Wahlmänner die Deputierten für die deutsche Nationalversammlung in Frankfurt gewählt. Niederösterreich wurde zu diesem Zwecke in 22 Wahlkreise eingeteilt, auf die 33 Vertreter entfielen. Aus dieser Wahl gingen verhältnismäßig junge Abgeordnete hervor, nur drei Männer waren vor 1800 geboren. Die Mehrzahl der Vertreter waren Juristen, doch befanden sich auch einige Gutsbesitzer, Offiziere, Beamte und Gelehrte unter ihnen. Die markantesten Persönlichkeiten waren der spätere Minister Schmerling, der Tulln vertrat, der Germanist Theodor von Karajan, den Guntersdorf wählte, der damals wegen Zensurschwierigkeiten noch im Ausland weilende Franz Schuselka als Vertreter von Klosterneuburg, der spätere Landtagsabgeordnete Dr. Riehl aus Krems als Abgeordneter von Zwettl, die Historiker Melly und Arneth, von Horn und Neunkirchen entsandt, sowie der uns schon bekannte Viktor von Andrian-Werburg, den Wiener Neustadt gewählt hatte. Eine Anzahl dieser Abgeordneten ist bereits im Herbst durch andere Vertreter abgelöst worden. Dem sogenannten Stuttgarter Rumpfparlament gehörten nur mehr zwei Niederösterreicher an.

Minister Pillersdorf hatte diese »Verfassungsurkunde des österreichischen Kaiserstaates« nach dem Muster der belgischen Charte ausgearbeitet, aber die Länder berücksichtigt. Sämtliche zum Kaiserstaat gehörenden Länder bilden eine untrennbare konstitutionelle Monarchie, in der Träger der Staatsgewalt der Kaiser ist. Allerdings ist er auf die Gegenzeichnung eines Ministers angewiesen. Die Gesetzgebung erfolgte gemeinsam von Kaiser und Reichstag. Die Landstände blieben zur Wahrung der provinziellen Interessen ohne Gesetzgebungsrecht bestehen.

Die historische Sitzung der niederösterreichischen Stände am 13. März 1848, welche die Revolution ausgelöst hatte, war zugleich ihre letzte. Zwar war den Ständen bei der Verkündung der Konstitution eine Schlüsselposition zugedacht gewesen, und die Aprilverfassung hielt an ihnen noch grundsätzlich fest. Ein Ausschuß der Stände beschloß aber alsbald, die Zusammensetzung der Provinzialstände Niederösterreichs den geänderten Verhältnissen anzupassen und diese für Mai einzuberufen. Dem neuen Landtag sollten von den bisher nicht vertretenen Ständen vier Abgeordnete der Universität und einer des Polytechnikums, zwölf Abgeordnete von Wien, je zwei der mitleidenden Städte und Märkte, ein Vertreter der landesfürstlichen Städte Wiener Neustadt und St. Pölten, acht Vertreter der nichtständischen Gutsbesitzer sowie 22 Abgeordnete des Bauernstandes, die dekanatsweise von Wahlmännern zu bestimmen waren, angehören. Die drei alten Kurien der Prälaten, Herren und Ritter sollten weiterbestehen wie bisher. Für die Bauernvertreter war als Wahlmodus vorgesehen, daß alle Hausbesitzer jeder Pfarrgemeinde einen Wahlmann und die Vertreter von zwei Dekanaten je einen Abgeordneten zu wählen hätten. Die so erkorenen Abgeordneten konnten aber nie ihre Sitze im Landhaus einnehmen, denn die Maiereignisse verzögerten den Zusammentritt, und in der Folgezeit hat vor allem Wien Einwände gegen die Zusammensetzung der Landesvertretung erhoben. Ferner wollte man vermeiden, daß Landtag und Reichstag zur selben Zeit Sessionen abhielten. Während also in den anderen Provinzen die Landtage zusammentraten, hat am 15. Juni Graf Franz von Beroldingen als stellvertretender Landmarschall den Landtag abgesagt, auch der im März gebildete provisorische niederösterreichisch-ständische Ausschuß wurde aufgelöst, die Geschäftsführung der Stände wurde von den beiden ständischen Verwaltungskollegien, dem Ausschuß und den Verordneten, weiterbesorgt.

In den ersten Maitagen kam es in Wien neuerlich zu Unruhen, die sich vor allem gegen den unpopulären Minister Franz Ficquelmont richteten, in dem man einen Fortsetzer Metternichschen Geistes sah. Durch fortgesetzte »Katzenmusiken« und Demonstrationen wurde er gezwungen, zurückzutreten, und mit ihm fiel ein weiterer Vertreter des Metternichschen Systems in Niederösterreich, der bisherige Regierungspräsident und Chef der politischen Landesverwaltung, Johann Adam Talatzko von Gestieticz, Mitglied eines alten böhmischen Rittergeschlechtes und seit 1830 im Amte. Er hatte den Neubau des Regierungsgebäudes zwischen der Herrengasse und dem Minoritenplatz geleitet, doch kam er nicht mehr dazu, dieses neue Haus zu beziehen. Als nämlich in den ersten Maitagen die Pflasterergesellen einen Straßenauflauf vor dem Regierungsgebäude verursachten, verließ er in fluchtartiger Eile Büro und Haus und kehrte nicht mehr zurück. Am 6. Mai wurde er in den Ruhestand versetzt und Landmarschall Graf Albert Montecuccoli mit der Verwaltung des Regierungspräsidiums betraut.

Die Demonstrationen richteten sich aber auch gegen verschiedene Mitglieder des Hofes und schließlich auch gegen die neue Verfassung, weil sie oktroyiert worden war. Als die Regierung ein Zentralkomitee der Nationalgarden aufhob, kam am 15. Mai der Sturm zum Ausbruch. Die Nationalgarden versammelten sich, die Arbeiter der Vorstädte rückten neuerlich gegen die Stadttore vor, und so wurden die Einberufung eines konstituierenden Reichstages und das Einkammersystem erzwungen, also die Grundlage für einen parlamentarischen Staat geschaffen. Infolge dieser neuerlichen Revolution verließ der Hof mit dem Kaiser Ferdinand fluchtartig die Hauptstadt und reiste durch das westliche Niederösterreich nach Innsbruck. Dies verursachte eine Spaltung der revolutionären Bewegung, und die Regierung glaubte, sich diese zunutze machen zu können: Die Universität wurde geschlossen, die akademische Legion aufgelöst und das Standrecht verkündet. Die Studentenschaft verweigerte aber die Auflösung, am 26. Mai wurden Barrikaden errichtet, Arbeiter der Vororte stürmten die Stadttore, und die Regierung sah sich neuerlich zum Zurückweichen gezwungen, ja mußte sogar auf die freie Verfügung über den Einsatz des Militärs verzichten.

Die Regierungsgewalt ging in Wien nunmehr auf den vorerst zwölfgliedrigen, später verstärkten Sicherheitsausschuß über, dem nicht nur die Nationalgarde unterstellt, sondern auch die Sorge für Ruhe und Ordnung anvertraut wurde. Unter der Leitung von Dr. Fischhof dehnte er seine Befugnisse über den Wiener Bereich hinaus nach Niederösterreich aus und beschäftigte sich bald auch mit sozialen Problemen. Nach der Eröffnung des Reichstages verlor er an Bedeutung und wurde im August aufgelöst. Seine Agenden übernahm das Innenministerium.

Dieser Sicherheitsausschuß wollte durch Ausschreibung von Notstandsarbeiten in der Umgebung Wiens die herrschende Arbeitslosigkeit mildern und die darbende Arbeiterschaft zufriedenstellen. Diese hat nun zum ersten Mal aus eigenem Antrieb organisatorische Formen gefunden. Im Juni wurde in Wien der »Erste allgemeine Arbeiterverein« gegründet, der als politisches Ziel die Erwählung von Arbeitern zu Wahlmännern hatte, kurze Zeit eine »Arbeiter-Zeitung« herausgegeben und auch auf sozialem Gebiet eine rege Tätigkeit entfaltet hat. Ein Zusammenstoß von demonstrierenden Notstandsarbeitern und Nationalgarde in der Nähe des Pratersterns am 23. August, der 22 Tote und 338 Verletzte forderte, beendete das bisherige Bündnis von Arbeitern und Bürgertum.

Während die Wahlen ins Frankfurter Parlament ohne wesentliche Aufregung vor sich gingen, war dies bei den Reichstagswahlen im Juni schon etwas anders. Für je 50.000 Einwohner war ein Abgeordneter vorgesehen, der in indirekter Wahl erkoren wurde, indem man in Urwahlen Wahlmänner bestimmte, die wieder einen Abgeordneten zu wählen hatten. Arbeiter und Dienstpersonal waren aber nicht wahlberechtigt. Diese Urwahlen gingen nicht ohne persönliche Angriffe und Gehässigkeiten vor sich, besonders in St. Pölten, wo ein biederer Bauer aus Eschenau die städtischen Kandidaten überrunden konnte. Die Urwahlen zeigten übrigens eine äußerst geringe Wahlbeteiligung, denn für die Masse des Volkes war dies alles unverständlich. Während sie in manchen Orten doch 50 Prozent betrug, gingen in anderen Wahlkreisen kaum 20 Prozent der Bevölkerung zur Urne. Die Abgeordneten des Landes unter der Enns schlossen sich in einem unter Vorsitz des Kremser Vertreters Heinrich Fürnkranz tagenden »Klub der nieder- und oberösterreichischen Reichstagsabgeordneten« zusammen, entfalteten aber in Wien keine besondere Tätigkeit. Hier waren die bedeutendsten Persönlichkeiten der radikale Dr. Violand als Vertreter von Korneuburg und Franz Schuselka als Abgeordneter von Perchtoldsdorf. Die Arbeit der Provinzabgeordneten wurde in den beiden Lokalzeitungen, die nun erstmals in Niederösterreichs Landbezirken herausgegeben wurden, im »Unabhängigen«, der in der Mayerschen Buchhandlung in Krems erschien, aber nur vom Mai bis zum Herbst sein Leben fristen konnte, und dem in St. Pölten vom Buchdrucker Franz Lorenz herausgegebenen »Traisenblatt« kritisch beleuchtet. Beide Zeitungen waren Wochenblätter, aber doch nicht dem Lokalratsch ergeben, sondern eminent politisch. In ihnen wurden die Auseinandersetzungen, vor allem die Fehden zwischen der alten Bürgerwehr, den Grünen, und der Nationalgarde, den Blauen, ausgekämpft. Die Tätigkeit der Nationalgarde beschränkte sich in allen niederösterreichischen Orten meist darauf,

Wachdienst zu versehen und gelegentliche Aufmärsche zu veranstalten, deren Ziel aber stets ein Gasthaus war. In Waidhofen an der Ybbs warf man ihr vor, sie beanspruche für ihre Uniformwünsche und Paraden das ganze Gemeindebudget. Ein solcher Vorwurf konnte nur von »reaktionärer« Seite kommen, denn in der Nationalgarde waren die jüngeren und revolutionär gesinnten Bürger versammelt, im Bürgerkorps dagegen die konservativen Elemente. Obwohl das Bürgerkorps der Städte ein Bestandteil der Nationalgarde sein sollte, war dies doch nicht überall der Fall, es gab Zwistigkeiten genug, wie sie eben in kleinen Orten üblich sind. Nur in Wiener Neustadt ist es zu einer klaglosen Vereinigung der vier Bürgerkompanien mit den zwei Nationalgardekompanien gekommen.

Am 10. Juli 1848 trat der Reichstag in der Stallburg auf dem Josefsplatz zur ersten beratenden Sitzung zusammen. Die äußerst schwerfällige, ungefüge und nicht leicht lenkbare Versammlung von 383 Abgeordneten, darunter 70 Bauern, von denen manche die deutsche Sprache kaum verstanden, litt darunter, daß kein einziger Mann parlamentarische Vorpraxis besaß. Am 22. Juli wurde der Reichstag durch Erzherzog Johann feierlich eröffnet, und schon drei Tage später warf der jüngste Abgeordnete, Hans Kudlich, ein 25jähriger Bauernsohn aus Schlesien und Jusstudent an der Wiener Universität, einen Feuerbrand in die Versammlung, die in Geschäftsordnungsfragen zu ersticken drohte. Am 25. Juli schrieb er einen Antrag auf einen Zettel, der am folgenden Tag vom Sekretär verlesen wurde: »Die hohe Versammlung möge erklären: Von nun an ist das Untertänigkeitsverhältnis samt allen daraus entsprungenen Rechten und Pflichten aufgehoben, vorbehaltlich der Bestimmungen, ob und wie eine Entschädigung zu leisten sei.« Knapper konnte man wohl einen Antrag von solcher sozialen und politischen Tragweite nicht mehr formulieren. Die Versammlung reagierte – nach Kudlichs eigenem Zeugnis das ganze Haus, nach dem Bericht der Protokolle nur die Linke – mit stürmischem Beifall. Hatte der Antragsteller geglaubt, einen leichten Sieg erringen und im Sturmesschritt dem Bauernstand die Freiheit bringen zu können, wurde er bitter enttäuscht. Erst nach zehn Tagen wurden die Verhandlungen aufgenommen, drei Tage später, als es nach der Geschäftsordnung zulässig war. Unterdessen wurden die vielfältigsten Bedenken laut: einmal jener Kreise, die durch die Grundentlastung zu verlieren hatten, wie Adel und Kirche; aber auch die politisch rechts und in der Mitte Stehenden, die befürchteten, daß sich die Linke dadurch großen Anhang bei der Bauernschaft und ein politisches Übergewicht verschaffen könnte, waren nicht sehr begeistert. In feuriger Rede hat Kudlich wohl seinen Antrag begründet und mit Recht bemerkt, daß es unwürdig für den Reichstag selbst sei, von zwei Arten von Menschen, von Untertanen und von freien Staatsbürgern, gewählt zu werden. Weiters betonte er, daß die zu beschließende Verfassung doch nur freie Bürger kennen könne, wenn sie auf demokratischer Grundlage entstehen solle. Nun aber gingen die Einwände los. Die Kardinalfrage wurde alsbald, ob eine Entschädigung an die Grundherren zu leisten sei. Im Grunde seines Herzens war Kudlich gegen jede Entschädigung, er konnte sich aber bald überzeugen, daß ein solcher Antrag nicht durchzubringen war. Eine Flut von 73 Gegenanträgen und Verbesserungen wurde eingebracht, insgesamt 141 längere oder kürzere Reden gehalten, viele oft gar nicht zum Thema gehörende Fragen zur Debatte gestellt. Aus dem kurzen, nur wenige Zeilen umfassenden Antrag wurde schließlich ein Folioheft von 20 Kapiteln und 159 Fragen. Kudlich selbst hat auf Grund des neu vorgebrachten Materials seinen Antrag erweitert und präzisiert. Die Neufassung gipfelte vor allem darin, daß zur Klärung der Entschädigungsfrage Kommissionen eingesetzt werden sollten.

Auch die Presse war nicht untätig. Im Nu war Kudlichs Name in allen Ländern der Monarchie ein Begriff. Für und Wider wurden heftig erörtert. »Die meisten entdeckten jetzt plötzlich darin eine sozialistische, andere sogar eine kommunistische Maßregel, worüber sich einige freuten, andere aber den Kopf schüttelten«, schreibt er selbst. Manche Herrschaftsbesitzer verlegten in Erwartung von Unruhen ihre Wohnsitze vom Land in die Städte. Kudlich erhielt öfters Drohbriefe und wurde einige Male von herrschaftlichen Kutschern in die Enge getrieben, so daß er es nicht wagen konnte, abends allein auszugehen. Schließlich wurden alle Zusatzanträge von Josef Ritter von Lasser zusammengefaßt, gemeinsam vorgelegt und am 30. August auch vom Reichsrat angenommen, während Kudlichs endgültige Fassung mit vier Stimmen Majorität abgelehnt wurde, obwohl die meisten Punkte in Lassers Antrag enthalten waren.

Hatte man also offiziell den jüngsten Abgeordneten um den Ruhm, den Antrag zur endgültigen Befreiung des Bauernstandes formuliert zu haben, gebracht, so ist er doch von der Mehrheit der Bauern als ihr Befreier angesehen worden. Am 7. September erhielt der Reichstagsbeschluß die kaiserliche Sanktion und war damit gültig, die jahrhundertelange Untertänigkeit der österreichischen Bauern war beendet. Ein großer Fackelzug in Wien, von 60.000 Bauern aus allen Teilen der Monarchie dem jungen Jusstudenten Kudlich dargebracht, war der Dank dieses großen Berufsstandes an seinen Befreier.

Im August war der kaiserliche Hof nach Wien zurückgekehrt, die Herzlichkeit, mit der Kaiser Ferdinand bisher von allen Schichten der Bevölkerung behandelt worden war, ist aber endgültig verschwunden gewesen. Die großen Erfolge der kaiserlichen Armee in Oberitalien unter der Führung des Feldmarschalls Radetzky, die militärischen Maßnahmen der Regierung gegen die ungarische Revolution, die der kroatische Banus Joseph Jellacic einleitete, ließen auf ein wesentliches Erstarken der Reaktion schließen. Die Stimmung gegen die Armee wurde in den nächsten Wochen in Wien immer feindseliger, man beschuldigte vor allem den Kriegsminister Graf Latour, dunkle Pläne gegen die Errungenschaften der Revolution zu hegen. Als nun am 6. Oktober das Bataillon Rietberg, das großteils aus niederösterreichischen Soldaten bestand, von der Gumpendorfer Kaserne zum Nordbahnhof marschierte, um auf den ungarischen Kriegsschauplatz abzugehen, trat ihm eine Volksmenge entgegen. Bei der Taborbrücke kam es zu Kämpfen, an die sich bald eine Reihe weiterer Zusammenstöße an mehreren Punkten der Stadt anschloß. Das Kriegsministerium, in dem mehrere Minister versammelt waren, wurde regelrecht belagert und der Kriegsminister Latour auf bestialische Weise ermordet, selbst der Leichnam noch geschändet. Der kaiserliche Hof verließ heimlich die Hauptstadt und begab sich über Krems, wo radikale Mitglieder der Nationalgarde einen Angriff planten, unter dem Schutz mehrerer Regimenter über Znaim und Brünn/Brno nach Olmütz/Olomouc, wo das erzbischöfliche Palais als provisorische Residenz zur Verfügung stand. Viele Reichstagsabgeordnete kehrten nach Hause zurück, die Regierung folgte dem Hof, ein Ausschuß des Reichstages übernahm die Regierung der Hauptstadt.

Der Hof lehnte hinfort jede Vermittlung ab, der Reichstag wurde in das mährische Städtchen Kremsier/Kroměříž verlegt und Ferdinand Fürst zu Windischgrätz, der führende Vertreter der Reaktion, zum Oberbefehlshaber der kaiserlichen Truppen in den Erblanden ernannt. Gemeinsam mit den Kroaten und Jellacic rückte er gegen die Hauptstadt vor, die sich zur Verteidigung rüstete. Wohl wußte man in Wien, wo der ehemalige Offizier Wenzel Messenhauser zum Kommandanten der Stadt gemacht wurde, daß man sich ohne fremde Hilfe nicht lange gegen die Armee halten können würde. Hilfe erwartete man einerseits von den Ungarn, andererseits von der Bauernschaft, die bisher als einziger Stand praktische Vorteile aus der Revolution gezogen hatte. Kudlich wurde ausersehen, die Bauernschaft Nieder- und Oberösterreichs zur Unterstützung der Wiener aufzurufen. Mit zwei Gefährten zog er durch das Tullnerfeld, wäre bei Krems von Truppen, die den Brückenkopf besetzt hielten, beinahe gefangengenommen worden und fuhr dann mit dem Schiff nach Melk, um nach Oberösterreich weiterzureisen. Dort mußte er sich aber überzeugen, daß die Bauernschaft wohl die Freiheit freudig begrüßte, von der Landsturmidee aber nicht begeistert war. Durch das Fiasko tief gedemütigt, kehrte der Feuerkopf nach Niederösterreich zurück, wäre in Amstetten bald neuerlich verhaftet worden, konnte aber unter Umgehung St. Pöltens glücklich nach Wilhelmsburg gelangen, wo er von Gesinnungsfreunden im Gasthaus »Zum Krebsen« versteckt gehalten wurde.

Unterdessen hatte sich nämlich das Schicksal Wiens erfüllt. Die kaiserliche Armee hatte den Ring um die Hauptstadt immer enger gezogen und sie am 31. Oktober zu Fall gebracht. Nach den blutigen Kämpfen, die mehr als 2000 Opfer gefordert hatten, ging ein schweres Strafgericht nieder. Hunderte von Verhaftungen wurden vorgenommen, zahlreiche führende Persönlichkeiten hingerichtet, so der Stadtkommandant Messenhauser, ebenso der Abgeordnete Robert Blum, der eine Deputation der Frankfurter Nationalversammlung nach Wien geführt hatte. Relativ milde ging man gegen die Mitglieder der nun aufgelösten akademischen Legion und des Studentenkomitees vor. Die beiden über Studenten verhängten Todesurteile wurden nicht vollstreckt. Die wirklich Schuldigen, die das Volk in den rasenden Taumel des Oktoberaufstandes geführt hatten, waren aber meist geflüchtet.

In Olmütz war unterdessen Fürst Felix Schwarzenberg mit der Bildung eines neuen Ministeriums betraut worden. Am 2. Dezember trat Kaiser Ferdinand zurück und machte seinem Neffen Franz Joseph Platz. Während der Reichstag in Kremsier eine neue Verfassung beriet, bereitete die Regierung ihrerseits ebenfalls einen neuen Entwurf vor, der am 4. März 1849 oktroyiert wurde. Gleichzeitig wurde der Reichstag aufgelöst, die radikalen Abgeordneten ergriffen die Flucht. Die Regierung wollte also zu dieser Zeit noch an der konstitutionellen Regierungsform festhalten, der Entwurf von Kremsier wurde weitgehend beibehalten, der Kaiser erhielt aber bei Gesetzen das absolute Veto und war allein für die Vollziehung zuständig. Der Landesföderalismus blieb ebenso bestehen, doch wurde die Unterteilung der Länder in Kreise beseitigt und den neuen Gemeinden Selbstverwaltung zuerkannt.

Die Ereignisse des Jahres 1848 erforderten nämlich eine völlige Neuordnung der unteren Verwaltungs- und Gerichtsinstanzen, die bisher vom Patrimonialsystem getragen worden waren. Am 17. März 1849 wurde deshalb das provisorische Gemeindegesetz verkündet, provisorisch deshalb, weil man sich nicht getraute, in einer ganz neuen Materie ohne jede Erfahrung definitive Zustände zu schaffen. Als neue unterste Verwaltungseinheit wurde die seit der Konskription von 1770, dem josefinischen Steuerkataster und dem franziszäischen Kataster geschaffene Katastralgemeinde anerkannt. Eine oder mehrere Katastralgemeinden sollten eine Ortsgemeinde bilden, wobei Katastralgemeinden nicht geteilt werden durften. Der niederösterreichische Statthalter hat weiters verfügt, daß nach Möglichkeit Katastralgemeinden, die gemeinsam eine Pfarre bilden, auch eine Ortsgemeinde darstellen sollen, weil die Erhaltung von Kirche und Schule, von Wegen, Brücken und Stegen dadurch wesentlich erleichtert werde. Die Kreisämter hatten die Konstituierung der einzelnen Gemeinden vorzunehmen, wobei drei von ihnen große Ortsgemeinden, eines nur kleine bildete. Im Viertel unter dem Wienerwald wurden aus den 430 Steuergemeinden 96 Ortsgemeinden geschaffen, von denen keine unter 1000 Einwohner hatte, aus den 1117 Steuergemeinden des Viertels ob dem Wienerwald wurden 122 selbständige Ortsgemeinden errichtet, die später sogar auf 98 vermindert worden sind, im Weinviertel wurden aus 576 Steuergemeinden 124 Ortsgemeinden gebildet. Nur im Waldviertel sah der Entwurf des Kreisamtes wesentlich mehr Gemeinden vor als es Pfarren gab. Über Einspruch der Statthalterei entschloß man sich dort ebenfalls zur Bildung größerer Gemeinden, und so sah der Entwurf für das Waldviertel schließlich 114 Ortsgemeinden vor. Insgesamt sollte es also im Erzherzogtum Österreich unter der Enns 432 Ortsgemeinden geben.

Kaum war die Einteilung der neuen Gemeinden einigermaßen abgeschlossen, als die Kreisbehörden den Befehl erhielten, die Konstituierung zu sistieren und die Arbeit den neu errichteten Bezirkshauptmannschaften zu übergeben. Am 26. Juni 1849 war nämlich als oberstes Organ der Landesverwaltung eine dem Ministerium des Innern unterstellte »Statthalterei und Kreisregierung«, von einem Regierungspräsidenten geleitet, geschaffen worden, die Kreisämter wurden aufgelöst. Der Statthalter wurde vom Kaiser ernannt. Die Statthalterei hatte die Durchführung der Reichs- und Landesgesetze zu überwachen und war demnach ein Organ der vollziehenden Gewalt.

Für diese Landesbehörde war nun nach Fertigstellung des Neubaues in der Herrengasse Nr. 11 in Wien ein bleibendes Domizil gefunden. Die seit 1523 in Wien tätige Regierung war bis ins 17. Jahrhundert im Hofkammerhaus nächst der Burg untergebracht gewesen, war dann in das Hubhaus auf der Tuchlauben, später in das Haus Herrengasse 23, den »Hof«, und unter Joseph II. in das aufgehobene Minoritenkloster übersiedelt. Das Haus in der Herrengasse war vorher der Familie Trautson als Erbhofmeistern verliehen gewesen.

Das Land sollte durch neue untere Behörden, die Bezirkshauptmannschaften, verwaltet werden. Davon waren 17 mit neuen Exposituren vorgesehen, die Stadt Wien sollte ein eigenes Statut erhalten und direkt dem Statthalter unterstehen. Eine »Politische Landes-Einführungskommission« hatten die Bezirksbehörden räumlich und personell zu installieren. Mit Beamten der Landesstelle, der ehemaligen Kreisämter, aber auch mit früheren Patrimonialbeamten wurden diese Ämter besetzt. Neu war, daß in jedem Bezirk ein Techniker die Bautätigkeit und ein Arzt das Gesundheitswesen überwachen sollten.

Die Bezirkshauptmannschaften hatten nun die Neuorganisierung der Gemeinden vorzunehmen, die Entwürfe der Kreisämter wurden ins Archiv gelegt, man errichtete jetzt zahlreiche kleine Gemeinden, indem alle Wünsche der einzelnen Dörfer, die oft die bisher gewohnte Ortsautonomie nicht aufgeben wollten, berücksichtigt wurden. Insgesamt entstanden in Niederösterreich jetzt 1545 Ortsgemeinden, davon allein im Bezirk Krems 228, in St. Pölten 131, in Waidhofen an der Thaya 143, in Zwettl 150. Niederösterreich war zu einem Kleingemeindeland geworden.

Die Aufhebung der Patrimonialgerichte machte aber auch die Neueinführung von staatlichen Gerichten notwendig. Dazu wurden die Gerichtsbezirke geschaffen. Die niederösterreichische Gerichtshierarchie bestand aus einem Oberlandesgericht, vier Landesgerichten in Wien, Wiener Neustadt, St. Pölten und Krems, elf Bezirkskollegialgerichten (für Vergehen) am Sitz der Bezirkshauptmannschaften sowie in Mistelbach und 62 Bezirksgerichten als Einzelgerichte. Bis zur Einführung der Bezirksgerichte mußten die Patrimonialgerichte weiter amtieren, dann übergaben sie die Urkunden und Bücherbestände, vor allem die Grund-, Satz- und Waisenbücher der früheren Grundherrschaften den Gerichten. Bis 1848 war im Lande unter der Enns den Ständen auch die Einhebung der Haus- und Grundsteuer übertragen, landständische Kassen in den einzelnen Kreisen waren damit betraut gewesen. Nun mußten neue staatliche Finanzbehörden geschaffen werden. Eine Finanzlandesdirektion, die dem Finanzminister unterstand, wurde in Wien errichtet. Für Wien hatte eine Steueradministration, in den Orten mit Bezirksgerichten neu geschaffene Steuerämter die Abgaben zu verwalten. Ihnen wurde auch die Verwaltung der Waisenvermögen übertragen.

Als die ungarische Revolutionsarmee vor den österreichischen und russischen Truppen am 13. August 1849 auf dem Felde von Vilagos kapituliert hatte, kehrte man zur absolutistischen Regierungsform zurück. Das Silvesterpatent vom 31. Dezember 1851 hob die Verfassung und die Grundrechte auf, nur die Gleichheit aller Staatsbürger vor dem Gesetz und die vollständige Beseitigung aller Untertanslasten blieben als Errungenschaft der Revolution bestehen.

Kaum war die politische Verwaltungsorganisierung zusammen mit der gerichtlichen in Kraft getreten, erfolgte am 1. Jänner 1850 eine wesentliche Änderung im Sinne der Zentralisation des Staates. Die Kompetenzen der Statthalterei wurden durch Unterrichts-, Gewerbe-, Landeskultur- und Polizeiagenden erweitert. Die Bezirkshauptmannschaften wurden aufgehoben und dafür neuerlich vier Kreisämter an den früheren Orten im alten Umfang errichtet. Politische Behörde erster Instanz wurden 70 Bezirksämter, in denen Verwaltung und Justizpflege vereinigt wurden. Ihre Sprengel deckten sich mit den bisherigen Gerichtsbezirken. Sie wurden von einem Bezirksvorsteher geleitet. Nur dort, wo sich die neuen Kreisgerichte befanden, blieb die Trennung aufrecht. Dort gab es politische Bezirksämter und städtischdelegierte Bezirksgerichte. Sonst erhielten die neuen Ämter den Namen »gemischte Bezirksämter«. Die Schwurgerichte wurden beseitigt, die vier Landesgerichte in Krems, Korneuburg, St. Pölten und Wiener Neustadt zu Kreisgerichten, die auch die Agenden der Bezirks-Kollegialgerichte zu übernehmen hatten, umgewandelt. Mit dem Silvesterpatent fiel auch der Grundgedanke des Gemeindegesetzes. Die Gemeinden wurden sowohl im Wirkungskreis als auch in der Selbstverwaltung empfindlich beschnitten, indem seit 1854 die Bürgermeister ernannt und als kaiserliche Beamte unter Eid genommen wurden. Das Aufsichtsrecht der Bezirksämter wurde erheblich verstärkt.

Mit Beginn des Jahres 1852 war Österreich zum Absolutismus zurückgekehrt, man nennt die folgende Zeit Neoabsolutismus. Man stützte sich auf das Heer, die Gendarmerie und die Beamten, Länder und Gemeinden waren keine autonomen Bezirke mehr, sondern staatliche Verwaltungssprengel. Das öffentliche Leben bestimmten bis 1860 die Gesetze des Gesamtstaates, Statthalterei, Kreisbehörden und Bezirksämter hatten sie zu vollziehen. Unter Landesverwaltung verstand man nur mehr staatliche und keinerlei autonome Tätigkeit.

Im Jahre 1859 begann die Auflösung dieses Systems auf der unteren Ebene durch ein neues Gemeindegesetz. Damit wurde ein Übergangsstadium eingeleitet, in welchem man durch Reform der einzelnen Behörden den komplizierten Verwaltungsorganismus vereinfachen wollte. Zuerst wurden die Kreisbehörden endgültig aufgelöst. Sie stellten 1860 ihre Tätigkeit ein und übergaben die meisten Agenden den Bezirksämtern. Im Jahre 1862 stellte das neue Reichsgemeindegesetz den Zustand von 1849 wieder her, die autonome Position wurde verstärkt, die Landtage mußten Landesordnungen beschließen. Der Abschluß des Verwaltungsaufbaues erfolgte mit der Neuerrichtung der Bezirkshauptmannschaften im Jahre 1868.

Zur Unterstützung der Verwaltungs- und Gerichtsorgane und zur Aufrechterhaltung der Sicherheit auf dem Lande ist 1849 die Aufstellung eines Gendarmeriekorps beschlossen worden, für das die besten Unteroffiziere der Armee abkommandiert wurden. Ursprünglich in 16 Regimenter gegliedert, von denen das erste Niederösterreich, Oberösterreich und Salzburg zugewiesen erhielt, durch einzelne Posten über das ganze Land verstreut, konnte es die Sicherheit besser aufrechterhalten, als es den Grundherrschaften jemals gelungen war. Da sich aber der absolute Staat der Einrichtung zur Bespitzelung der Beamten, Lehrer und Geistlichen bediente, entstand in den ersten Jahren eine tiefe Kluft zu den anderen Verwaltungsbehörden und zur Bevölkerung, die erst in der folgenden liberalen Epoche überwunden werden konnte.

Auf dem Gebiete des Schulwesens war die Revolution ebenfalls von einschneidender Bedeutung gewesen. Im Volksschulunterricht trat allerdings eher eine Verschlechterung ein, weil die Grundherren, die bisher zum überwiegenden Teil die Schulen erhalten hatten, nach Aufhebung der Grunduntertänigkeit meist ihre Zahlungen einstellten. Die Kirche erhielt durch das Konkordat von 1855 noch größeren Einfluß auf das Schulwesen, sie nahm fast alle Lehrerernennungen an den Trivialschulen vor, nur an den Hauptschulen waren diese dem Staate vorbehalten. Dagegen wurden Mittelschule und Universität grundlegend reformiert. An die Stelle des sechsklassigen Gymnasiums trat ein achtklassiges mit Unter- und Oberstufe, der zweijährige Vorbereitungskurs für die Universität fiel dagegen weg. Die Führung von Mittelschulen blieb aber weiterhin meist der Kirche vorbehalten, die Neugründungen dieses Jahrzehntes waren mit Ausnahme einiger Unterrealschulen durchwegs geistliche: 1856 entstanden eine Lehr- und Erziehungsanstalt der Jesuiten in Kalksburg und das erzbischöfliche Knabenseminar in Hollabrunn. Nur in Wien wurden einige weltliche Mittelschulen eingerichtet, 1852 das akademische Gymnasium endgültig vom Staate übernommen und in den Vorstädten drei Realschulen als Kommunalanstalten errichtet.

Vollständig umgestaltet wurde die Universität in Wien, die völlige Selbstverwaltung erhielt, mit dem Recht, Professoren vorzuschlagen, Rektor und Senat zu wählen. Der Seminarbetrieb wurde eingerichtet, die Universität mit Ausnahme der theologischen Fakultät dem kirchlichen Einfluß entzogen und durch Berufung bedeutender Gelehrter aus dem Auslande in ihrem Niveau wesentlich gehoben. Die Lern- und Lehrfreiheit sicherte einen erfolgreichen Wissenschaftsbetrieb. Hat Graf Leo Thun als Unterrichtsminister sich durch seine Studienreform einen unvergänglichen Namen geschaffen, so war die Nachgiebigkeit der gleichen Regierung gegenüber der Kirche beim Abschluß des Konkordates von 1855 vielen unverständlich, denn nun wurden staatliche Rechte aufgegeben, die teilweise vor die Zeit Maria Theresias zurückreichten. Das josephinische Kirchensystem wurde durch dieses Konkordat endgültig begraben. Dies löste alsbald den heftigsten Widerstand der liberalen Kreise aus. Doch ist durch die neuere Forschung erwiesen, daß Kaiser Franz Joseph großen Einfluß auf den Gang der Besprechungen und auf die Beschlußfassungen genommen hat, zumal er die Meinung vertrat, beim geplanten absolutistischen Regenerierungsprozeß Österreichs auf die Mithilfe der kirchlichen Autorität nicht verzichten zu können.

Das Patent vom 7. September 1848, das die größte Eigentumsverschiebung auslöste, die Österreich jemals erlebte, und somit eine soziale Revolution darstellt, bedurfte noch der praktischen Durchführung. Viele Bauern stellten sofort alle Leistungen ein, andere wieder bezahlten sie weiter, die meisten glaubten aber, auch der Rückstände entledigt zu sein. Ein Patent vom 4. März 1849 schuf Klarheit. Eine Landeskommission unter der Leitung des früheren Kreishauptmannes von Korneuburg, Wenzel Turba, errichtete am Sitz der Bezirkshauptmannschaften Bezirkskommissionen, die meist unter der Leitung der politischen Bezirkskommissäre standen. 1850 und im folgenden Jahr nahmen sie ihre Tätigkeit auf, luden alle Betroffenen – es waren im ganzen Lande 285.146 Verpflichtete und 2645 Berechtigte, also ehemalige Grundherren – ein und verlangten den Nachweis ihrer Besitzobjekte, die dann von den Gemeindeämtern überprüft wurden. Obwohl man mit einer Arbeitszeit von fünf bis zehn Jahren rechnete, konnten die meisten Bezirkskommissionen schon Ende Mai 1853 aufgelöst werden, das große Werk war vollendet. Als Ablösungsmodus war im Grundentlastungsgesetz vorgesehen, daß manche Leistungen unentgeltlich aufzuheben, andere wieder zu zwei Dritteln abzulösen seien. Von der festgestellten Entschädigungssumme war ein Drittel für weggefallene Verpflichtungen der Herrschaft abzuziehen, von den verbliebenen zwei Dritteln hatte eines der Bauer, das restliche das Kronland den früheren Herrschaftsbesitzern zu bezahlen. Wie sich in der Folge zeigen sollte, war die Grundentlastung für die meisten großen Herrschaften kein schlechtes Geschäft, denn sie behielten das ehemalige Herrenland und bekamen Kapital zur Ausgestaltung und Modernisierung ihrer Betriebe. Die kleinen und mittleren Herrschaften schlossen allerdings weniger günstig ab, vor allem wenn sie keine Eigengüter hatten, sondern nur Gülten und Renten. Für die Bauern gestaltete sich die Ablöse in der Folgezeit weniger rosig, als man anzunehmen geneigt wäre. Wohl waren sie nun freie Eigentümer, konnten ihre ganze Arbeitskraft nur der Bewirtschaftung ihres Hofes widmen, allzu viele waren aber nicht in der Lage, sich im hemmungslosen freien Spiel der Kräfte, das nun einsetzte, zurechtzufinden. Denn an die Stelle der grundherrlichen Lasten traten Steuern des Staates, der Länder und der Gemeinden.

Die Epoche des Neoabsolutismus brachte auch das Ende der Zünfte. Die teilweise trostlosen gewerblichen Zustände während des Vormärzes im Gegensatz zum Aufschwung der nichtzünftischen freien Gewerbe und der Industrie ließen damals schon den Gedanken einer völligen Aufhebung des Zunftsystems aufkommen. Die kleinen Handwerker waren aber mehr denn je für eine Verstärkung der Zunftschranken. Im Jahre 1848 war als größter Fortschritt die Gründung der Wiener Handelskammer zu verzeichnen, die der Großhändler Rudolf von Arthaber anregte. Da in dieser ersten niederösterreichischen Handelskammer, die sich im Jänner 1849 konstituierte, nur die beim niederösterreichischen Merkantil- und Wechselgericht protokollierten Gewerbe- und Handelsleute aktiv wahlberechtigt waren, stellte sie nun eine Vertretung der sogenannten »Handels- und Fabriksherren« dar, vertrat aber nicht alle Gewerbetreibenden, obwohl in den Märztagen 1848 auch alle Zünfte aufgehoben worden waren. Schon ein Jahr später wurde das Wahlrecht an die Erwerbssteuerleistung gebunden, also eine Verbreiterung erreicht. In den Jahren nach der Revolution wurde mehrfach versucht, das Gewerbewesen neu zu organisieren, auch die Zünfte entstanden neu, definitive Zustände wurden aber jahrelang nicht erreicht. Erst im Jahre 1859 hat Finanzminister Bruck das ganze Gewerberecht im liberalen Sinne neu geordnet, indem die allgemeine Gewerbefreiheit verkündet wurde. An die Stelle der Zünfte traten Gewerbegenossenschaften, die aber nur dem Vereinsgesetz unterworfen waren und auf freiwilligem Beitritt beruhen sollten.

Die Zeit des Neoabsolutismus war die Epoche der beginnenden Gründerzeit. Bezeichnend dafür ist die Schaffung zahlreicher Geldinstitute, besonders Banken in Wien und Sparkassen in den Landstädten. Der steigende Kreditbedarf der Industrie und die Einführung des Aktienwesens führten zur Gründung neuer Banken. Im Jahre 1853 schufen zwei Bankhäuser die »Nö. Escomtegesellschaft« als erste österreichische Gewerbebank. Ihre Organisation war auf die Bedürfnisse eines Kreditvereines, aber nicht auf die Industrie zugeschnitten. Daher wurde nach dem Vorbild des »Credit Mobilier« in Paris, die in Österreich einen großen Teil der Staatsbahnen aufgekauft hatte, im Jahre 1855 die »Österreichische Creditanstalt für Handel und Gewerbe« gegründet. Auf Initiative des größten Rivalen der französischen Finanzgruppe, des Hauses Rothschild, gründeten Industrieunternehmer und Privatbankiers diese Bank, unterstützt von Handelsminister Bruck. Hier legte der Hochadel das Entschädigungsgeld aus der Grundentlastung an, von ihr wurde das lombardo-venezianische Eisenbahnnetz als patriotische Tat erworben und als erstes Industrieunternehmen die Sigelsche Lokomotivfabrik in Wiener Neustadt betrieben. Die Gründung der Bodencreditanstalt im Jahre 1863 erfolgte auch nach französischem Vorbild und mit Beteiligung von Pariser Banken. Sie wurde bald zur Bank des Kaiserhauses. Von London ging die Initiative zur Gründung der Anglo-Österreichischen Bank aus, die 1864 eröffnet wurde und Ausdruck des neu erwachenden Interesses der englischen Politik an Österreich war. Diese großen Bankengründungen wurden durch Vorschußvereine im kleinen nachgeahmt, wie durch den »Wiener Kreuzerverein zur Unterstützung von Gewerbsleuten« oder die Lambertlade in Waidhofen an der Ybbs, die Darlehen zu niedrigem Zinsfuß an die Mitglieder vergaben. Der Sparkassengedanke wurde in diesem Jahrzehnt weiter ausgebreitet durch die Errichtung neuer Anstalten in Waidhofen an der Ybbs (1853), St. Pölten (1854), Krems (1855), Zwettl (1856), Scheibbs (1859), Zistersdorf, Wiener Neustadt, Retz, Poysdorf und Horn (1860). Als neue Feuerversicherungsanstalt erstand die Phönix. Als im Jahre 1850 der deutsch-österreichische Postverein gegründet, die Postgebühren herabgesetzt und die Briefmarken eingeführt wurden, war dies ein wesentlicher Fortschritt. Die Errichtung von Telegraphenlinien zu den Staatsfilialämtern Baden, Wiener Neustadt und St. Pölten, zu denen 1858 noch die Vorstadtfilialämter und 1859 Verbindungen mit Stockerau und Krems kamen, hat den Nachrichtenverkehr der wichtigsten Provinzstädte mit der Hauptstadt beschleunigt. Die Erweiterung des Eisenbahnnetzes, die vor allem durch die Errichtung der Kaiserin-Elisabeth-Westbahn 1856 bis 1859 die Verbindung mit Linz, Salzburg und den bayerischen Eisenbahnen schuf, schloß endlich auch das westliche Niederösterreich dem Schienenverkehr auf. Dagegen sind in dieser Epoche relativ wenige Industrieunternehmen entstanden, die bis in unsere Tage Bedeutung behalten haben. Die meisten waren kurzlebige Gründungen. Ausnahmen waren die 1859 gegründete Zwirnfabrik des Matthias Salcher in Harland oder die Maschinenfabrik Hartung in Lichtenwörth.

Eine der bedeutendsten Maßnahmen war die Stadterweiterung von Wien im Jahre 1857, womit ein Plan verwirklicht wurde, dessen Anfänge schon in das letzte Viertel des 18. Jahrhunderts zurückreichten. Die Sprengung eines Teiles der Vorwerke durch die napoleonischen Truppen im Jahre 1809 hatte zur Erweiterung des Burgplatzes und zur Anlage des Volks- und Kaisergartens geführt. Das Jahr 1848 hatte zwar die Militärs überzeugt, daß eine Beherrschung der Stadt notwendig sei, doch waren für solche Zwecke die alten Basteien wertlos. Deshalb wurde das Arsenal als Artillerie-Hauptstützpunkt hinter dem Belvedere errichtet. Von dort konnte man alle Wege, die nach Süden und Osten führten, beherrschen. Festungsartige Kasernen sollten einen weiteren Sicherungsgürtel schaffen.

Im Laufe der folgenden Jahre ging aber der Einfluß der Militärs zurück, und ohne deren Willen ist am 20. Dezember 1857 das kaiserliche Handschreiben ergangen, das die Niederlegung der Wälle und die Schaffung der repräsentativen Ringstraße vorsah.

Während Österreichs innere Lage durch Wiederherstellung des Absolutismus und die gewaltsame Pazifizierung Ungarns einigermaßen stabil schien, wenn auch die Finanzlage des Staates besorgniserregend schlecht war, haben seine außenpolitischen Manöver zur völligen Isolierung geführt, aus der schließlich die Wurzeln zum endgültigen Zusammenbruch des Staates erwuchsen.

Im Jahre 1850 war es nochmals gelungen, in der Deutschen Frage einen Erfolg zu erringen. Im Krimkrieg stellte sich die Monarchie aber auf die Seite der Westmächte, vergrämte dadurch Rußland, dem es für die Unterstützung in Ungarn dankbar hätte sein sollen, gewann aber in Westeuropa keine neuen Freunde. Der Gegensatz zu Sardinien-Piemont, das von Frankreich gestützt wurde, führte im Jahre 1859 zu einem neuerlichen unglücklichen Krieg. Auf den Schlachtfeldern der Lombardei, bei Magenta und bei Solferino, wurden die schlecht geführten österreichischen Truppen geschlagen, der Friedensschluß von Zürich beendete Österreichs Vorherrschaft über Italien, das damit den Weg der Einigung beschreiten konnte.

28. KAPITEL

Die Blütezeit der Liberalen

Die Niederlagen auf den Schlachtfeldern von Magenta und Solferino waren das Ende des österreichischen Absolutismus. Der Neoabsolutismus hatte sich unfähig gezeigt, die Machtpositionen Österreichs in Italien zu halten und Ungarn zu versöhnen. Als die Staatsfinanzen vor dem totalen Zusammenbruch standen, entschloß sich Kaiser Franz Joseph, einen verstärkten Reichsrat einzuberufen, der zum Teil aus vom Kaiser auf Lebenszeit ernannten Mitgliedern, zum Teil aus Personen, die von den Landtagen zu entsenden waren, zusammengesetzt sein sollte. Da es aber noch keine Landtage gab, mußte der nächste Schritt der Regierung sein, den Ländern wieder Vertretungsorgane zuzubilligen und somit das Gebäude des zentral und absolut verwalteten Staates im föderalistischen Sinne aufzulockern. Die Frage war nur, wie diese neuen Landtage zusammengesetzt sein sollten, denn das alte feudale System der Stände war 1848 endgültig zu Grabe getragen worden, seit die Ständemitglieder ihre Funktionen in der untersten Staatsverwaltung verloren hatten. Der erste Schritt war das kaiserliche Diplom vom 20. Oktober 1860 über die inneren staatsrechtlichen Verhältnisse der Monarchie. Es legte fest, daß die Krone das Recht, Gesetze zu geben und abzuändern, nur unter Mitwirkung der gesetzlich versammelten Landtage beziehungsweise des Reichsrates ausüben werde. Zum Reichsrat hätten die Landtage eine von der Krone festzusetzende Zahl von Mitgliedern zu entsenden. Jedes Land erhielt ein »Statut über die Landesvertretung«, wobei die bereits 1854 erarbeiteten, aber nicht publizierten Gesetze verwendet wurden. Das Oktoberdiplom wurde aber sowohl von den Ungarn als auch von den Deutschen abgelehnt. Es wurde aber nicht zurückgezogen, sondern nach einem Regierungswechsel – statt des polnischen Grafen Agenor Goluchowsky wurde der Führer der deutschen Liberalen, Anton Ritter von Schmerling, Staatsminister – im zentralistischen Sinne umgearbeitet. Am 26. Februar 1861 wurde diese neue Reichsverfassung, das »Februarpatent«, publiziert. Sie ging von anderen Grundsätzen aus als das Oktoberdiplom, war tatsächlich eine Verfassung und gab der zentralen Reichsvertretung, dem Reichsrat, größere Rechte. Das Zweikammersystem wurde eingeführt und die erblichen und vom Kaiser berufenen Mitglieder im Herrenhaus vereinigt. Die 343 Abgeordneten, davon 46 Niederösterreicher, wurden von den Landtagen entsandt und bildeten die zweite Kammer. Der Reichsrat war nun ein Parlament mit einem echten Anteil an der Gesetzgebung.

Im Anschluß an das Februarpatent wurde im Reichsgesetzblatt auch die Landesordnung und Landtagswahlordnung des Erzherzogtums Österreich unter der Enns publiziert. Der Paragraph 1 stellte fest, daß nunmehr das Land in Landesangelegenheiten vom Landtag vertreten werde, der aus 66 Mitgliedern bestand, nämlich aus drei Virilisten, dem Erzbischof von Wien, dem Bischof von St. Pölten und dem Rektor der Wiener Universität, aus 15 Abgeordneten des Großgrundbesitzes, 28 Deputierten der Städte, Märkte und Handelskammern sowie 20 Abgeordneten der übrigen Landgemeinden. Die Funktionsdauer des Landtages, der jährlich einmal einberufen werden sollte, wurde mit sechs Jahren festgelegt; er tagte unter dem Vorsitz des vom Kaiser ernannten Landmarschalles. Als Landesangelegenheiten wurden erklärt: die Landeskultur, die öffentlichen Bauten, die aus Landesmitteln bestritten wurden, die aus Landesmitteln dotierten Wohltätigkeitsanstalten, die Verwaltung des Landesvermögens, die Gemeinde-, Kirchen- und Schulangelegenheiten sowie Vorspanndienste, Verpflegung und Einquartierung des Heeres im Rahmen der bestehenden Gesetze. Die Zahl der Mitglieder des Landtages wurde 1867, 1884 und 1888 auf 78 erhöht. Seit 1861 genossen sie ebenso wie die Abgeordneten des Reichstages Immunität. Ausführendes Organ der Landesvertretung wurde der Landesausschuß. Von seinen sechs Mitgliedern war einer dem Großgrundbesitz, einer der Städtekurie, einer den Landgemeinden zu entnehmen, während die restlichen drei frei gewählt werden mußten.

Der Landesausschuß hatte überdies alle Geschäfte des früheren ständischen Verordnetenkollegiums zu besorgen, soweit sie nicht an andere Organe übergingen. Der Statthalter als Vertreter der landesfürstlichen Verwaltung hatte das Recht, jederzeit im Landtag zu erscheinen und dort zu sprechen. Das Land wurde für die Städtekurie sowie für die Landgemeindenkurie in Wahlkreise geteilt, von denen die fünf inneren Wiener Wahlkreise zwei, die anderen je einen Abgeordneten erkoren, der Handelskammer waren vier Sitze vorbehalten. Auch die Vertreter der Städte und Märkte wurden durch direkte Wahl bestimmt, wobei nur solche Männer wahlberechtigt waren, die in Wien 20 Gulden, auf dem Lande zehn Gulden direkte Steuer zahlten. Die Landgemeinden wählten für je 500 Personen einen Wahlmann, die Wahlmänner eines Kreises wieder einen Abgeordneten. Durch diese Maßnahme waren die ärmsten Volksschichten völlig vom Landtagswahlrecht ausgeschlossen, ein Mandat kostete auch auf dem Lande wesentlich mehr Stimmen als in den Städten, von der Kurie der Großgrundbesitzer völlig abgesehen. Dem Landtag oblag ferner die Entsendung der Reichsratsabgeordneten in das neue Parlament.

Auf Grund dieser Wahlordnung trat in Niederösterreich die liberale Partei, die sich später Verfassungspartei nennen sollte, die unbeschränkte Herrschaft für einige Jahrzehnte an. Die führenden Mitglieder der ersten Epoche waren Dr. Eugen Megerle Edler von Mühlfeld, wegen seiner napoleonischen Gesichtszüge von der Fama als unehelicher Sohn Napoleons bezeichnet, und der Wiener Advokat Johann Nepomuk Berger, ausgezeichnet durch große Bildung und seltene Beredsamkeit. Schon im Frankfurter Parlament war er einer der besten Redner der Linken gewesen. Die zweite politische Gruppe – von politischen Parteien im heutigen Sinne kann man in dieser Zeit noch nicht sprechen – war die »ministerielle Partei«, der vor allem Mitglieder des Großgrundbesitzes unter der Führung des Barones Tinti, des Inhabers der Schallaburg, angehörten. Im allgemeinen war dieser erste Landtag, in dem eine Reihe bedeutender Gelehrter saß, ruhig und sachlich. Dies konnte man nach der Neuwahl von 1867 nicht mehr so ganz behaupten, denn als Folge der staatlichen Umwälzung waren die Lager radikalisiert worden, der Großgrundbesitz wählte fast nur mehr Klerikale, aber auch im liberalen Lager hatte als Folge der Sistierungspolitik manch gemäßigter einem radikalen Kandidaten weichen müssen.

Dieser erste Landtag beschloß die Gemeindeordnung des Jahres 1864. Der Gemeindeausschuß wird durch Zensus- oder Honoratiorenwahl direkt gewählt.

Der im Jahre 1861 einberufene Reichsrat hatte nämlich nie richtig funktioniert. Schon bei seinem ersten Zusammentreten erschienen von den 343 Abgeordneten nur 96, die Ungarn, Siebenbürger, die Kroaten und Italiener waren ferngeblieben, die Polen und wenig später die Tschechen schieden ebenfalls aus. Die Beratungen der drei Sessionen dieses Reichsrates bis 1865 waren vorwiegend finanziellen Problemen gewidmet gewesen, die Liberalen griffen auch bald das Konkordat von 1855 an, und als 1861 das Protestantenpatent die Evangelischen von den bisherigen Beschränkungen in Kirchenbau und Seelsorge befreite, erregten sich die Feudalen und die Geistlichkeit. Ansonsten durfte sich der Reichsrat nur mit inneren Angelegenheiten beschäftigen, von der Außenpolitik hatte ihn das Februarpatent ausgeschlossen. Da der Reichsrat aber nie vollständig war und vor allem Ungarn weiterhin abseits stand, hat im Jahre 1865 der neue Ministerpräsident Belcredi das Oktoberdiplom und das Februarpatent und damit die Verfassung mit der Begründung sistiert, der ungarische Landtag müsse erst darüber beschließen. Man wollte Zeit gewinnen, weil ein Ausgleich mit Ungarn nicht mehr zu umgehen war. Dieser wurde aber durch außenpolitische Ereignisse, durch den Endkampf mit Preußen um die Vorherrschaft in Deutschland, verzögert. War Österreich im Jahre 1859 als Ordnungsmacht der italienischen Halbinsel ausgeschaltet worden, so mußte es jetzt zum Kampf um seine Machtstellung in Deutschland gegen Preußen antreten. Denn dieses strebte unter der Führung Ottos von Bismarck nach der Gleichstellung mit Österreich im Deutschen Bund, auch um den Preis einer kriegerischen Auseinandersetzung. Nachdem beide deutschen Mächte im Jahre 1864 nochmals gemeinsam Krieg gegen Dänemark geführt hatten, brach 1866 der Konflikt aus, wobei die Verwaltung der damals gewonnenen Länder Schleswig und Holstein der eigentliche Anlaß war, der tiefere Grund aber die Rivalität beider Staaten im Deutschen Bunde. Preußen verbündete sich mit dem neuerstandenen italienischen Nationalstaat, der Venetien erwerben wollte. Während es den österreichischen Truppen unter dem Kommando von Erzherzog Albrecht gelang, die Italiener am 24. Juni bei Custozza zu besiegen, und Admiral Tegethoff die italienische Flotte bei der Insel Lissa/Vis zersprengte, wurde die österreichische Nordarmee am 3. Juli bei Königgrätz von den Preußen nicht nur schwer geschlagen, sondern völlig aufgerieben und war zu jedem weiteren Widerstand unfähig. 14 Tage später rückten die preußischen Truppen bereits ins nördliche Niederösterreich ein und besetzten mehrere Landstriche, so Retz. Ins Waldviertel drangen sie nicht vor, sondern kamen nur bis zur mährischen Grenze, dagegen marschierten sie durch das Weinviertel in Richtung Wien. Bei Harras, Jetzelsdorf und Guntersdorf kam es am 15. Juli zu Gefechten, am folgenden Tage beim Dorfe Grund in der Nähe von Hollabrunn und bei Gaweinsthal zu Reiterscharmützeln, während am 19. Juli preußische Patrouillen bereits bis Stockerau, Wolkersdorf und ins Marchfeld vorstießen. Das österreichische Militär zog sich größtenteils kampflos auf das südliche Donauufer zurück und brannte die Brücke zwischen Stein und Mautern ab. Die Südarmee wurde mit Hilfe der Eisenbahn eiligst an die Donau geworfen. Am 22. Juli wurde aber ein Waffenstillstand abgeschlossen, der eine Demarkationslinie festlegte, die der Donau von Krems bis Stockerau, dann dem Göllersbach bis Schönborn folgte und von hier eine Linie über Bruderndorf und Wetzleinsdorf bis zum Rußbach beschrieb, wo sie bei Leopoldsdorf endete. Auf den Höhen des Bisamberges errichtete österreichisches Militär Schanzen zur Verteidigung der Hauptstadt, ebenso im Marchfeld. Bei Stadlau wurde eine neue Donaubrücke errichtet. Im Wiener Becken konzentrierte man die aus Italien herangeholten Verbände.

Im Gefolge des preußischen Heeres war auch die Cholera wieder nach Niederösterreich gekommen. Nicht nur das preußische Militär, für das Spitäler in Znaim und Horn errichtet wurden, hatte ziemliche Verluste zu beklagen, sondern auch die Zivilbevölkerung, besonders im Pulkautal und im östlichen Weinviertel sowie in einigen Orten des Bezirkes Horn.

Die politischen Folgen des Krieges von 1866 waren gewaltig. Österreich verlor nicht nur Venetien, seine letzte italienische Provinz, es schied auch aus dem Deutschen Bunde aus und mußte die Führerrolle Preußens in Deutschland anerkennen. Aber auch innenpolitisch hatte der Krieg schicksalshafte Nachwirkungen, denn nun wurde mit Ungarn der »Ausgleich« geschlossen, der die Monarchie in eine Realunion umwandelte. Die Führerrolle in der westlichen Reichshälfte, deren offizieller Name »die im Reichsrat vertretenen Königreiche und Länder« war, fiel den Deutschen, in der östlichen Reichshälfte den Magyaren zu. Die Tschechen als dritte bedeutende Nationalität wurden nicht berücksichtigt, und sie begannen alsbald mit der Obstruktion, verweigerten jede Mitarbeit im Reichsrat und in den Landtagen. Unter den Deutschen, besonders in Niederösterreich, herrschten zwei Geistesrichtungen vor, die Liberalen und die Katholisch-Konservativen.

Es ist nicht leicht, den politischen Liberalismus um 1866 zu umschreiben, denn er besaß kein Parteikonzept, sondern war eine lose Vereinigung Gleichgesinnter, denen die »Neue Freie Presse« als geistiges Leitblatt diente.

Er war eine Denkform des politisch mündig gewordenen Bürgertums, in religiöser Beziehung antikirchlich bis reserviert, in wirtschaftlicher für die freie Entfaltung, in Fragen der Landeskultur für den »Fortschritt«. Die Zahl seiner Anhänger war nie besonders groß. Durch die herrschenden Wahlsysteme vom Staat begünstigt, stellte er aber doch die führenden Gruppen im Reichsrat, im Landtag und in vielen Gemeindevertretungen, so in der Großstadt Wien sowie in den meisten Mittel- und Kleinstädten. Vor allem in den kleineren Orten gehörte es zum guten Ton der gesellschaftlich führenden Schicht, liberal zu sein. Industrielle, Ärzte, Advokaten, Professoren und Großhändler waren dort in der Regel Anhänger des Liberalismus, in das Dorf dagegen vermochte er kaum vorzudringen, bestenfalls durch den Lehrerstand. Bis 1870 einigte die Liberalen die Bekämpfung des Konkordates von 1855; als dieses zuerst durchlöchert und später gefallen war, ist die Sorge um die im Jahre 1869 geschaffene »Neuschule« und um die Erhaltung der Dezemberverfassung von 1867 das einigende Band gewesen, bis zehn Jahre später die große Aufspaltung einsetzte.

Die andere große Gruppe, von den Liberalen die Klerikalen genannt, aber besser als Katholisch-Konservative bezeichnet, obwohl auch dieser Begriff falsch schematisiert, war für die Aufrechterhaltung des Konkordates, später gegen die konfessionslose Schule von 1869 und vielfach für die Erhaltung überkommener Lebensformen. Bei ihnen vereinigten sich Konservative und kirchlich Gesinnte mit solchen, denen die neuen Wirtschaftsformen nicht behagten. Diese Richtung hatte vielfach ihre Stütze in der Geistlichkeit, die damals begann, aktiv politisch zu arbeiten. Vor allem der aus Vorarlberg stammende St. Pöltner Bischof Josef Feßler trat in den politischen Kampf ein, verfaßte selbst Broschüren und trug die politischen Gegensätze durch Hirtenbriefe auf die Kanzel. Er widmete sich auch der Lokalpresse, um alle Volksschichten beeinflussen zu können. Zu diesem Zwecke kaufte er eine seit 1861 in St. Pölten unter dem Titel »St. Pöltner Bote« erscheinende Wochenzeitung und gab ihr eine katholisch konservative Richtung. In Krems, einer weiteren Hochburg der Liberalen, gründete der Pfarrer Joseph Kinzl im Jahre 1869 das »Kremser Volksblatt« und errichtete 1873 zur Führung des Agitationskampfes den »Katholisch-patriotischen Volks- und Preßverein für Niederösterreich«. Unterdessen war es nämlich den Liberalen gelungen, das Konkordat in entscheidenden Punkten zu durchlöchern, indem eine Reihe von Fragen, auf die es sich bezog, durch die Maigesetze von 1868 geregelt wurde. Durch das Ehegesetz wurden auch für die Katholiken wieder die Vorschriften des Allgemeinen Bürgerlichen Gesetzbuches maßgebend, auch die bedingte Zulassung von Ehen vor Zivilbehörden ermöglicht. Der Staat nahm auch die Aufsicht über das Schulwesen in Anspruch, ebenso Religionswechsel und Erziehung der Kinder bei Mischehen wurden staatlichen Normen unterworfen.

Im Dezember 1867 war die neue Verfassung endgültig beschlossen worden, der Wirkungskreis des Reichsrates genau abgegrenzt, die staatsbürgerlichen Rechte, die Gleichheit vor dem Gesetz, die gleiche Ämterfähigkeit, die

Freizügigkeit innerhalb des Staatsgebietes, die Unverletzlichkeit des Eigentums, die Glaubens-, Gewissens-, Lern- und Lehrfreiheit sowie das Koalitionsrecht, also das Recht, Vereine zu bilden, festgelegt. Von geradezu entscheidender Bedeutung wurde aber die Reform des unteren Schulwesens, die der liberale Unterrichtsminister Leopold von Hasner einleitete. Dieses Reichsvolksschulgesetz vom 14. Mai 1869 brachte die achtjährige Schulpflicht, die Interkonfessionalität der Schule bei konfessionellem Religionsunterricht. Ein Hagel von Angriffen aus konservativen und kirchlichen Kreisen begleitete die Geburt dieses Gesetzwerkes, das man als Schädigung der Religion, als einen Eingriff in das Elternrecht, als eine Vergewaltigung der arbeitenden Bevölkerung, besonders der Bauern, bezeichnete. Obwohl auch in späteren Jahren diese Angriffe nicht abebbten und besonders in der Landespolitik tiefe Spuren hinterließen, kam ihm der Großteil der Bevölkerung freundlich entgegen, und es konnte sich bald einleben.

Auf Grund des neuen Vereinsrechtes waren alle Richtungen bemüht, ihre Anhänger organisatorisch zu sammeln und durch politische Lokalzeitungen über das Geschehen auf dem laufenden zu halten. Die Liberalen gründeten schon 1868 einen Fortschrittsverein in Baden, der zehn Jahre bestand, einen »Verein zur Wahrung der Volksrechte in Wiener Neustadt«, dem aber nur eine vierjährige Lebensdauer beschieden war, den »Liberalen Bürgerverein« in Klosterneuburg, einen »Konstitutionellen Fortschrittsverein« in Krems. 1870 folgten der »Liberale Fortschrittsverein« in Waidhofen an der Ybbs und politische Vereine der Verfassungsfreunde in St. Pölten und Retz.

Aber auch die Katholisch-Konservativen waren eifrige Vereinsgründer. Seit 1869 wurden nicht nur katholisch-patriotische Volksvereine, etwa in Wr. Neustadt, St. Pölten und Krems, sondern auch katholische Casinos in großer Zahl errichtet. Schon 1873 zählte man deren neun in Wien und 59 im übrigen Niederösterreich. Sie wurden vom Episkopat unterstützt, auf dem Lande meist vom Klerus geleitet und verrichteten viel Kleinarbeit für die katholische Sache. An der Spitze war das katholische Lager aber gespalten, denn eine unter Kardinal Rauschers Führung stehende Gruppe war für Verfassung und Zentralismus, der Großteil dagegen war föderalistisch eingestellt und bildete später eine »Rechtspartei«. Als Rauscher 1875 starb, trat eine Wendung ein. Jetzt begannen allmählich die christlichen Sozialreformer unter der Führung von Karl Freiherrn von Vogelsang Einfluß zu gewinnen.

Diese politischen Richtungen machten sich die neu gegründeten Provinzwochenblätter dienstbar und sorgten für ihre finanzielle Fundierung. So hat 1872 der Wiener Neustädter Fortschrittsverein die Herausgabe des »Wiener Neustädter Wochenblattes« übernommen, 1871 gründete der Verein der Verfassungsfreunde das »St. Pöltner Wochenblatt«, die Konservativen wieder schufen sich 1873 in der »Wiener Neustädter Zeitung« ein drittes Lokalorgan und gründeten 1876 die »Mödlinger Zeitung«, der sich natürlich sofort der »Mödlinger Bezirksbote« entgegenstellte. Vor allem die Zeit zwischen 1880 und 1885 war reich an Zeitungsgründungen, die jetzt manchmal auch nur privaten Interessen von Druckereien entstammten und keine politischen Hintergründe hatten. Wir finden solche Blätter in Baden, Bruck, Klosterneuburg, Korneuburg, Pottendorf und Mistelbach.

Bald nach 1866 konnte man auch die ersten Organisationsbestrebungen der industriellen Arbeiterschaft beobachten, die vor allem von den Ideen Ferdinand Lassalles beeindruckt war und den Weg zum Sozialismus ging. Neben Wien entstand in Wiener Neustadt ein bedeutendes Zentrum der frühsozialistischen Bewegung in Niederösterreich. Noch 1862 hatte die Regierung die Gründung eines Arbeiterbildungsvereines in Wien verhindert, die erst 1867 durchgesetzt werden konnte und nun zum Vorbild für die kleinen niederösterreichischen Orte wurde. Der erste niederösterreichische Arbeiterbildungsverein dürfte – allerdings vorerst ohne sozialistischen Einschlag – im Jahre 1867 in Baden unter dem Titel »Industrieller Bildungsverein in Baden« entstanden sein. Im folgenden Jahre nannte er sich bereits Arbeiterbildungsverein, und seit 1868 wurden auch in einigen Orten Niederösterreichs, vorwiegend in der Südbahngegend, solche Vereine errichtet: in Wiener Neustadt, Trumau, Korneuburg, Neunkirchen, Krems, Unterwaltersdorf und Gloggnitz. 1869 folgten Ebergassing, St. Pölten, Teesdorf, 1870 wurde in Wiener Neustadt ein zweiter Arbeiterbildungsverein angemeldet, 1871 folgten Perchtoldsdorf, Schwechat, Sollenau, Hainburg, 1872 Bruck an der Leitha und Stockerau, 1873 wurde in St. Pölten eine neuerliche Gründung vorgenommen; zugleich entstanden Arbeiterbildungsvereine in St. Aegyd am Neuwalde und Traismauer. Die meisten dieser Organisationen bestanden nicht lange, und es wird auch noch vieler lokaler Forschung bedürfen, um ihre Tätigkeit einigermaßen festlegen zu können; in vielen Fällen wird dies mangels erhaltenen Quellenmaterials überhaupt unmöglich sein. Der Wiener Neustädter Verein, der 1870 schon 791 Mitglieder besaß, wurde 1872 aufgelöst, der von Trumau 1869, Neunkirchen 1880, Penzing 1872, Gloggnitz 1875, Perchtoldsdorf noch im Gründungsjahre, Hainburg 1877, viele wieder lösten sich freiwillig auf, vor allem 1877, wie die Arbeiterbildungsvereine Krems, Unterwaltersdorf, Sollenau und Traismauer. Ebergassing hatte sich schon 1871 aufgelöst, Teesdorf folgte 1878. Andere wieder, wie Korneuburg und Bruck, stellten ihre Tätigkeit ein und wurden aus dem Vereinsregister gelöscht. Diese Arbeiterbildungsvereine huldigten anscheinend ohne Ausnahme den sozialdemokratischen Prinzipien Lassalles und wurden deshalb von den Behörden scharf überwacht, wurden aber weiterhin als Bildungsvereine und nicht als politische Vereine geführt, obwohl das manche gewesen sein mögen. Beachtenswert ist aber trotzdem, daß die meisten Arbeiterbildungsvereine Niederösterreichs die Auflösung des großen Wiener Vereines nach dem Hochverratsprozeß von 1870 überlebten. Später sind der Spaltung der österreichischen Sozialdemokratie die meisten Bildungsvereine zum Opfer gefallen. Seit 1869 besaß die sozialdemokratische Arbeiterschaft unseres Landes in der »Volksstimme« ein Organ, das aber keine besondere Verbreitung finden konnte. Die 1870 in Wiener Neustadt erscheinende »Gleichheit« erfreute sich wesentlich größerer Beliebtheit und wurde später das Organ der Radikalen, während die Gemäßigten ihren Standpunkt in dem von Heinrich Oberwinder redigierten »Volkswillen« kundtun konnten. Im Herbst 1869 hatte eine große Arbeiterdemonstration vor dem Parlament gezeigt, daß die österreichische Arbeiterbewegung nach bescheidenen Anfängen eine Massenbewegung werden konnte. Noch wurden allerdings die Wortführer verhaftet und als Hochverräter vor Gericht gestellt.

Die zweite Funktionsperiode des niederösterreichischen Landtages war sehr kurz, denn 1870 wurde er zusammen mit dem Reichsrat vom Ministerpräsidenten Potocky aufgelöst. Man erhoffte sich bei den Neuwahlen eine Schwächung der Liberalen, doch ging dieser Wunsch nicht in Erfüllung. Auch als schon ein Jahr später, 1871, der niederösterreichische Landtag vom Ministerium Hohenwarth neuerlich aufgelöst worden ist, wurde er auch diesmal in seiner Mehrheit nicht föderalistisch, sondern blieb »verfassungstreu«, wie sich nach einigen Wochen zeigen sollte. Denn als das Ministerium auf einen Ausgleich mit Böhmen hinarbeitete, beschritt der niederösterreichische Landtag den Weg der großen Politik, die nun in steigendem Maße in die Verhandlungen hineingetragen wurde. Die Frage des Böhmischen Ausgleiches, der Fundamentalartikel, führte am 10. Oktober 1871 zu einer stürmischen Debatte, wobei sich der Hauptredner Dr. Granitsch schwere Ausfälle gegen den Ministerpräsidenten und den Minister Schäffle erlaubte und sich vom Statthalter, der mehrmals einzugreifen versuchte, nicht unterbrechen ließ. Mit großer Mehrheit wurde der Beschluß gefaßt, nur einen Reichsrat im Sinne der bestehenden Verfassung beschicken zu wollen. Auch in Wien breitete sich Unruhe aus, und es kam bei jeder sich bietenden Gelegenheit zu regierungsfeindlichen Demonstrationen, so daß Kaiser Franz Joseph gezwungen war, das Ministerium Hohenwarth zu entlassen.

Im Jahre 1873 brachte die Wahlrechtsreform die Einführung der direkten Wahlen für den Reichsrat, der nun vom Landtag getrennte Wege ging. Auch das neue Abgeordnetenhaus wurde durch das Zensur- und Kurienwahlrecht von vier Wählerklassen gewählt. In den Wählerklassen I–IV waren 20 Gulden Steuer die Untergrenze, Frauen durften nur im Großgrundbesitz wählen, so daß nur zwölf Prozent der Einwohner im Wahlalter zur Wahl gehen durften. Pro Wahlkreis wurde nur ein Abgeordneter entsendet, in der vierten Klasse wurde durch Wahlmänner gewählt. Dadurch wurde der Einfluß des Landtages auf die Reichspolitik beseitigt, das Interesse der jeweiligen Regierung an der Zusammensetzung des Landtages aber ebenso.

Nicht nur der Landtag, auch die meisten größeren Gemeindestuben wurden nach 1870 in die Tagespolitik einbezogen, denn auch hier herrschte nach der neuen Gemeindewahlordnung meist die liberale Richtung vor, der sich die Konservativen entgegenstellten. Die Verfassung von 1861 hatte die Gemeindeangelegenheiten der Landesgesetzgebung im Rahmen der bestehenden Reichsgesetze vorbehalten. Die endgültige Regelung des österreichischen Gemeindewesens erfolgte durch das Reichsgemeindegesetz von 1862, das in seinem Grundgedanken auf das provisorische Gemeindegesetze von

1849 zurückging. Auf dieses Gesetz aufbauend, hat im Jahre 1864 der Landtag die Gemeindeordnung für Niederösterreich erlassen, die, später mehrmals modernisiert und mit Änderungen und Zusätzen versehen, bis zum Jahre 1965 die Grundlage der Gemeindeverfassung bildete. Die Gemeindewahlordnung blieb bis zum Ersten Weltkrieg bestehen. Nun wurde die niederösterreichische Gemeinde durch einen Gemeindeausschuß und einen Gemeindevorstand vertreten, wobei der Gemeindeausschuß beschließendes und überwachendes, der Gemeindevorstand ausführendes Organ war. Der Gemeindeausschuß bestand in Gemeinden mit weniger als 500 Einwohnern aus acht oder neun Mitgliedern, bei Gemeinden mit 6000 Einwohnern aus 30 Mitgliedern. In der Regel waren drei Wahlkörper zu bilden, wobei je ein Drittel der Steuerleistung der Gesamtgemeinde einen Wahlkörper bildete. Zum ersten Wahlkörper zählten aber auch die Geistlichen, die höheren Beamten, die pensionierten Offiziere, Advokaten, Notare und Doktoren. In den zweiten Wahlkörper gehörten die niedrigen Geistlichen, die niedrigen Beamten und Lehrer, niedrige Offiziere und Militärbeamte. Da die Einteilung der Wahlkörper nach dem Besitz erfolgte, waren für den ersten Wahlkörper weniger Stimmen für ein Mandat notwendig als im zweiten oder gar im dritten. In Waidhofen an der Ybbs wählten 32 bis 34 Mitglieder des ersten Wahlkörpers, 160 bis 170 des zweiten und 660 bis 670 Wähler des dritten je acht Gemeindevertreter. Dem Höchstbesteuerten einer Gemeinde, der mehr als 25 Prozent der Steuern des Ortes zahlte, wurde überdies eine Virilstimme zuerkannt, wodurch in vielen Bauerndörfern der Gutsbesitzer und ehemalige Herrschaftsinhaber automatisch Mitglied der Gemeindevertretung wurde. Der Gemeindevorstand bestand aus dem Bürgermeister und mindestens zwei Gemeinderäten, in größeren Orten waren es entsprechend mehr Mitglieder.

In der Rangordnung der Orte trat nun eine weitere Gliederung ein, bedingt durch die Bevölkerungsverschiebungen des industriellen Zeitalters. Hatte die Stadt Wien schon 1850 ein eigenes Statut erhalten, das sie landesunmittelbar machte und aus dem Kreis der anderen Gemeinden heraushob, so wurde die gleiche Auszeichnung auch den beiden Städten Wiener Neustadt und Waidhofen an der Ybbs zuteil. Wiener Neustadt, das 1870 bereits nahezu 18.000 Einwohner zählte, erhielt auf Grund seiner Größe, Waidhofen, weil die Bezirkshauptmannschaft nach Amstetten verlegt wurde, erhöhte Autonomie. Durch mehr als drei Jahrhunderte hatte kein niederösterreichischer Ort den Titel Stadt erhalten, nun wurden wieder Stadterhebungen vorgenommen, die sich gegen Ende des Jahrhunderts häuften: Mistelbach (1874), Mödling (1875), Stockerau (1893), Amstetten (1897), Melk (1898), Berndorf (1900), Liesing (1905) und Hollabrunn (1908) waren diese neuen Städte. Starke Bevölkerungszunahme hatten in der zweiten Hälfte des 19. Jahrhunderts viele Orte in der Umgebung Wiens und vorwiegend auch des Wiener Beckens zu verzeichnen, wo die Industrialisierung rasche Fortschritte machte. Wiens Vororte wuchsen in raschem Tempo, wie Hernals, Ottakring, Gaudenzdorf, Fünfhaus, Währing, Meidling oder Simmering. Die

Stadt Wien erhielt schon 1850 die 34 ehemaligen Vorstädte, die durch das Burgfriedensprivileg Kaiser Leopolds I. 1698 zu Wien gekommen waren, ihrer Verwaltung unterstellt und bildete daraus die acht alten Bezirke. Favoriten kam im Jahre 1874 zu Wien. Im Jahre 1890 wurden dank der Initiative des Statthalters Graf Kielmansegg die südlichen Vororte des Linienwalles (Simmering, Hietzing, Rudolfsheim, Neu-Lerchenfeld, Ottakring, Hernals und Währing) eingegliedert und 1905 vor allem am nördlichen Donauufer ein weiterer Ortschaftenkreis mit Floridsdorf und Jedlesee zur Hauptstadt gezogen.

Im Wiener Becken waren neben Wiener Neustadt vorwiegend Baden, Mödling, Neunkirchen, Gloggnitz, Vöslau und manche kleine Industriedörfer in raschem Wachstum begriffen, im Viertel ob dem Wienerwald verlagerten sich die Schwerpunkte an die Westbahn, wo Amstetten bald das an den Rand des Wirtschaftsverkehres gerückte Waidhofen an der Ybbs, St. Pölten die Donaustadt Krems einholen konnte. Die große Zeit der Donaustädte war im Jahrhundert der Eisenbahn vorbei, ihr Wachstum dementsprechend langsamer, zumal die Industrie an den Ufern des Stromes nur langsam Fuß fassen wollte.

Das Aussehen vieler Städte änderte sich stärker als jemals zuvor, nicht nur durch die Erweiterungen. Die Stillosigkeit der zweiten Hälfte des 19. Jahrhunderts zerstörte durch Neubauten manch schönes Ortsbild, Mauern und Türme wurden in raschem Tempo in vielen Orten beseitigt, die neu erstellten Regulierungspläne zogen oft in Altstädten Straßenverbreiterungen vor, die nicht nur ein Zerstückeln manch alten geschlossenen Gassenzuges, sondern auch eine Hemmung der Baulust bedeuteten. Zweifellos ist für die zivilisatorischen Fortschritte auch in Kleinstädten viel geschehen, oft verkehrte sich aber doch guter Wille ins Gegenteil. Die Zuwanderung neuer Menschenmassen, aus allen Teilen der Monarchie stammend, bildete ein Element der Stadtbevölkerung, das mit seinem neuen Wohnsitz kein Heimatgefühl verband.

Denn Niederösterreichs Bevölkerung wuchs in raschem Tempo. Nicht so sehr die hohen Geburtenzahlen waren maßgebend, sondern die Zuwanderung aus anderen Kronländern nach Wien. Zwischen 1754 und 1857 hatte sich Niederösterreichs Bevölkerung auf 1,6 Millionen fast verdoppelt, bis zum Ende des Jahrhunderts wiederholte sich dies, denn im Jahre 1900 betrug die Einwohnerzahl 3,1 Millionen Menschen. Der Anteil der Stadt Wien stieg dabei beträchtlich. Im Jahre 1820 lebten 18 Prozent der Landesbevölkerung in Wien, 1869 31 Prozent und 1900 55 Prozent. Wie groß der Zuzug aus anderen Kronländern war, ist daraus zu ersehen, daß schon im Jahre 1869 mehr als die Hälfte der Wiener Bevölkerung, 82 Prozent von Hernals, 86 Prozent von Sechshaus, aber auch 60 Prozent der Einwohner von Wiener Neustadt nicht in ihrem Wohnort heimatberechtigt waren. Von der Gesamtbevölkerung des Landes waren bei dieser Volkszählung 451.000 in anderen Ländern zuständig, davon fast die Hälfte in Böhmen, ein Viertel in Mähren, erhebliche Prozentsätze in Schlesien und Ungarn.

Wurden einesteils die alten Städte modernisiert und ihres historischen Kleides beraubt, waren auf der anderen Seite romantische Tendenzen unverkennbar. Es sei auf die Regotisierung vieler Kircheneinrichtungen, besonders im Gebiet von Amstetten, verwiesen, wo die barocken Altäre durch neugotische ersetzt wurden, auf die Gotisierung barocker Häuser, wie in St. Pölten, aber auch auf die Wiener Ringstraße, wo verschiedene Baustile nachempfunden wurden.

Dem neuromantischen Zeitgeist gemäß wurden auch zwei bedeutende, in Trümmern liegende Ritterburgen Niederösterreichs wiederaufgebaut. Fürst Johann von Liechtenstein ließ die Ruine Liechtenstein bei Mödling durch die Architekten Gangolf Kayser und Walcher von Moltheim von dem Schutte und den Zutaten späterer Zeiten befreien und ein Bauwerk im romanischen Stile in der ursprünglichen Form des 12. Jahrhunderts errichten, wie es seinesgleichen in Österreich nicht gab und nur in der Wartburg ein Gegenstück hatte. Graf Hans Wilczek wieder hat in 33 Jahren Arbeit die Burg Kreuzenstein als vorwiegend gotisches Bauwerk wiederhergestellt, aber nicht durch Nachbildung, sondern durch Verwendung echter Bauteile, die aus aller Herren Länder zusammengetragen wurden. Wo dies nicht gelang, ließ er anerkannt gute Bauteile kopieren. Wilczek war ein leidenschaftlicher Sammler mittelalterlicher Kunst- und Kulturwerke und hat solch reiche Sammlungen kunsthistorisch wertvoller Objekte in Kreuzenstein zusammengetragen, daß nur wenige Museen gleich große Bestände aufzuweisen hatten.

Die Macht der Presse als vorwiegendes Organ der Willensbildung des Volkes setzte einen verantwortungsbewußten Journalistenstand voraus, der aber deshalb schwer gefunden werden konnte, weil die Arbeitsbedingungen anfangs außerordentlich schlecht, die Entlohnung kärglich war und viele, die aus ihrem Beruf oder Studium gerissen wurden, sich dem Zeitungsfach zuwandten. Bald gewannen auf die Presse, vor allem auf das wissenschaftliche und kunstkritische Feuilleton, Männer von hohem sittlichem Verantwortungsbewußtsein steigenden Einfluß, wie etwa Eduard Hanslick, seit 1865 Musikreferent der »Neuen Freien Presse« und erklärter Feind Richard Wagners und Anton Bruckners, oder Ferdinand Kürnberger, der bedeutende Schriftsteller, dessen Roman »Amerikamüde« weltbekannt wurde. Die »Neue Freie Presse« vornehmlich, später auch andere Zeitungen, pflegten in Beilagen und im Feuilleton populärwissenschaftliche Artikel aus der Feder bekannter Forscher zu bringen und so die gewaltigen Fortschritte auf allen Gebieten, vornehmlich der Naturwissenschaften und der Technik, einem breiten Leserpublikum zugänglich zu machen. Hatte die Presse im Vormärz billige Romane mit möglichst sensationellen Themen gebracht, war sie so zum Tummelplatz mittelmäßiger Vielschreiber geworden, so schöpfte die »Neue Freie Presse« auch erstmalig aus dem Reservoir der angesehenen Schriftsteller und brachte Romane von Spielhagen, Auerbach oder Rodenberg. Auch die Satire und der Witz, oft von beißender Schärfe, fanden in eigenen Blättern Ausdruck, wie im »Figaro«, der seit 1857 in Wien erschien und wohl das bedeutendste Witzblatt war, das Österreich je besessen hat. Von 1884 bis zu seinem Tode 1889 führte Ludwig Anzengruber die Redaktion und hielt das Blatt weiterhin unabhängig, keiner Parteiströmung untertan. Die 1861 gegründete Witzzeitung »Kikeriki« sprach durch ihre derbere Weise die mittleren und unteren Volksschichten an, führte einen heftigen Kampf gegen Geistlichkeit und Klerikalismus und behandelte politische Fragen vom demokratischen Standpunkt aus, oft ausgesprochen demagogisch. Die dritte Zeitung dieser Art, der »Floh«, vertrat jene Richtung, die später von den Gegnern »judenliberal« genannt wurde.

In Zeitungen und Zeitschriften veröffentlichten auch die bedeutendsten Sittenschilderer des neuen Wien, Eduard Pölzl und Vinzenz Chiavacci, ihre Stimmungsbilder, wo sie die Wiener Volksseele der kleinbürgerlichen Kreise, das bunte und laute Tagesleben, schilderten. Der bedeutendste niederösterreichische Volksschriftsteller jener Epoche war wohl Josef Wichner, ein gebürtiger Vorarlberger, seit 1880 als Mittelschullehrer in Krems tätig und lange Zeit die Seele des niederösterreichischen Volksbildungsvereines, dessen Publikationen er redigierte. Er sang das Lob der goldenen Wachau, setzte dem bedeutendsten Bürger der Stadt Krems während des Mittelalters in seinem Roman »Bürger Gozzo« ein literarisches Denkmal und konnte auf ein ungemein reiches literarisches Schaffen zurückblicken. Seit 1864 lebte Joseph Pollhammer als Notar in Gföhl, aus dem Ausseerland gebürtig. Hier und in Krems schuf er Gedichte, epische Werke und besang in einfachen Weisen das Donautal mit seinen Rebgeländen und die große Geschichte der Nibelungenstraße. Auch Franz Keim, der viele Jahre als Mittelschullehrer in St. Pölten wirkte, stammte aus Oberösterreich. Er war vorwiegend Dramatiker, einige seiner Stücke wurden auch am Burgtheater aufgeführt, wie etwa »Sulamith« oder »Die Spinnerin am Kreuz«; er stand aber völlig im Banne des Liberalismus. Der bedeutendste Niederösterreicher dieses Zeitalters war jedoch ohne Zweifel Robert Hamerling, als Sohn eines Webers in Kirchberg am Walde geboren. Als Sängerknabe des Stiftes Zwettl erhielt er den ersten Unterricht, als Universitätsstudent war er Mitglied der akademischen Legion und wirkte dann als Gymnasialprofessor in Triest und in Graz. Sein lyrisches Dichten stand im Dienste der großen politischen Zeitereignisse, unentwegt focht er für den Gedanken der deutschen Einheit. Der Gipfelpunkt seiner völkischen Dichtung, das dramatische Scherzspiel »Teut«, schrieb er zur Feier der deutschen Reichsgründung 1871. Daneben hat aber das Bild vom klassischen Athen seine Dichterseele beflügelt: Im Roman »Aspasia« setzte er Alt-Hellas ein literarisches Denkmal, in »Ahasver in Rom« behandelte er das Problem des ewigen Juden, im »König von Sion« das Schicksal der Wiedertäufer in Münster. Im Zuge der politischen Bestrebungen der katholischen Kirche ging auch eine katholische Literaturbewegung einher. Ein bedeutender Vertreter, aus Niederösterreich gebürtig, war Ludwig Donin (1810–1876), Sohn eines Papierfabrikanten in Kautzen, lange Jahre in verschiedenen Orten Katechet, Seelsorger, Studentenfreund und Wohltäter. Mehr als 300 Bücher, zum Teil in gewaltigen Auflagen – man bezifferte die

Zahl der in Umlauf befindlichen Bände bei seinem Tod auf sechs Millionen
– hat er verfaßt, meist so einfach wie möglich geschrieben. Karl Landsteiner,
aus Stoitzendorf bei Eggenburg gebürtig, Piarist in Krems, wo er auch als
Gymnasialprofessor wirkte, hat ebenfalls ein umfangreiches literarisches
Werk hinterlassen, Prosa, Epik, Dramen und Lyrik. Er schrieb meist über literarische und geschichtliche Themen, konnte aber nur einen bescheidenen
Platz in der Öffentlichkeit erringen. Die katholische Kulturarbeit fand ja
eine schwierige politische Situation vor, denn die Liberalen besaßen in Wissenschaft und Kunst, vor allem aber in der Presse und im Zeitschriftenwe-
sen, aber auch in der Schule, alle Macht. Es ist daher beachtenswert, daß es
ihr bald gelang, Schriftsteller von hohem Format hervorzubringen, wie Richard von Kralik und Enrica von Handel-Mazzetti, die das Barock, die größte Zeit des österreichischen Katholizismus, wieder breiteren Schichten bekannt machten. Die führenden österreichischen Dichter der liberalen Epoche, der Dramatiker Ludwig Anzengruber, die beiden großen realistischen
Erzähler Ferdinand von Saar und Marie von Ebner-Eschenbach, lebten vorwiegend in Wien. Anzengrubers Bauerngestalten entstammten überdies den
Alpenländern, Maria Ebner-Eschenbach wurzelte im mährischen Raum, dagegen hat Saar in den »Steinklopfern« die erste soziale Novelle Österreichs
verfaßt und die Kaiserstadt der Makartzeit oft als Schauplatz seiner Erzäh-
lungen gewählt.

Eingeleitet durch eine ungewöhnlich gute Ernte mit gewaltigen Agrar-
überschüssen, die ins Ausland verkauft werden konnten, begannen 1867
sieben fette Jahre der österreichischen Wirtschaft. Jetzt entstanden neue
wichtige Bahnlinien, wie die Franz-Josefs-Bahn, die bis 1870 eine neue direkte Verbindung von Wien nach Prag schuf und auch das Waldviertel dem
Schienenverkehr erschloß, im Jahre 1866 war die Kronprinz-Rudolf-Bahn
begonnen worden, die von Amstetten durch das Ennstal nach Süden führte,
und ein Jahr später wurde die Konzession zur Errichtung der Nordwestbahn
erteilt, die eine weitere Bahnverbindung nach Prag und in den mährischen
Raum brachte. Im Weinviertel wurde auch um 1870 eine zweite Linie von
Wien über Mistelbach und Brünn errichtet, durch den Bau der Ostbahn von
Stadlau nach Marchegg die Verbindung nach Preßburg verkürzt und bald
darauf einige minder wichtige Nebenlinien geschaffen, wie die Leobersdor-
fer Bahn durch die Traisen-Gölsen-Furche, die Pottendorfer Linie der Südbahn, ein Flügel der Franz-Josefs-Bahn nach Krems, einer der Westbahn
von Pöchlarn nach Kienberg-Gaming. Um 1880 setzte eine neue Staats-
bahnperiode ein, die vor allem die Aspangbahn, verschiedene Abzweigun-
gen der Franz-Josefs-Bahn von Tulln bzw. Krems nach St. Pölten, durch das
Kamptal, von Schwarzenau nach Norden und Süden brachte. Diese neuen
Schienenwege waren vom intensiven Ausbau der Landstraßen begleitet, die
jetzt durchwegs festen Untergrund erhielten, ihren Feldwegcharakter verloren und den damaligen Anforderungen des Straßenverkehrs durchwegs entsprachen. Das Straßengesetz von 1863 hatte die Herstellung und Erhaltung
der öffentlichen nicht ärarischen Straßen und Wege geregelt, Niederöster-

reich in Straßenbezirke eingeteilt und die Organisation der Bezirksstraßen-
ausschüsse gebracht. Auf dieser gesetzlichen Grundlage aufbauend, wurde
zielbewußte und erfolgreiche Arbeit geleistet, und es verging fast keine
Sitzung des Landtages, wo nicht der Bau mindestens einer neuen Straße
genehmigt wurde. Neben den Bezirksstraßen bauten auch Gemeinden
neue Verkehrswege und trugen dadurch zur Hebung der Verkehrssituation
wesentlich bei.

Das Anschwellen Wiens wurde nicht zum geringsten Teil durch die rapide
Ausdehnung der Großindustrie bewirkt. Im Jahre 1880 zählte der Bericht der
Wiener Handelskammer in der Hauptstadt allein 1515, in den Vororten 214, also
zusammen 1729 industrielle Großbetriebe auf. Auch an Umfang haben die einzelnen Industrien bedeutend zugenommen, zum Großteil entsprachen sie dem
heutigen Typ des Mittelbetriebes. In diesen Fabriken waren 1880 bereits 70.000
Menschen beschäftigt, die mit ihren Familienangehörigen zirka 200.000 Personen der Stadtbevölkerung stellten. Diese haben in ihrem Gefolge wieder einem
Heer von Gewerbetreibenden, wie Bäckern, Fleischern, Gastwirten und Krämern, Brot und Unterhalt gegeben. Um Transportwege zu ersparen, rückten
voneinander abhängige Unternehmen auch räumlich zusammen und prägten so
ganzen Stadtteilen, auf dem Lande ganzen Landstrichen und Tälern, ihren Stempel auf. Denn auch die Industrialisierung der Landbezirke machte neuerdings
Fortschritte, vor allem um und südlich von Wien zu beiden Seiten der Südbahn.

Die Erforschung der Geschichte und Landeskunde setzte sich der Verein für
Landeskunde von Niederösterreich zum Ziele, der im Jahre 1864 auf Anregung
des populären Schulmannes Moritz Alois Becker, des Verfassers eines weitver-
breiteten Ötscherbuches, erfolgte. Dieser Verein hat nicht nur durch seine Publikationen, die seit 1865 erscheinenden Blätter, die später in ein Monatsblatt und
ein Jahrbuch aufgeteilt wurden, durch die seit 1868 erschienene Administrativ-
karte und die seit 1877 herausgegebene Topographie von Niederösterreich, die
aber zu keinem Abschluß kam, gewaltiges Quellen- und Literaturmaterial auf allen Gebieten der Landeskunde angehäuft, sondern wurde auch zum Sammelbek-
ken aller an landeskundlicher Forschung Interessierter. In Wien bestand ein
Verein mit ähnlicher Zielsetzung schon seit zehn Jahren, der den Titel »Altertumsverein für Wien« führte, in Baden gründete man später den »Verein der niederösterreichischen Landesfreunde«. Eine Anzahl fleißiger Männer war an der Erforschung der Landesgeschichte tätig, so der Kremser Propst und Stadtpfarrer
Anton Kerschbaumer, der nicht nur in seiner »Geschichte der Diözese St. Pölten« eine Kirchengeschichte des westlichen Niederösterreichs lieferte, sondern
auch die Geschichte der Donaustädte Krems und Tulln schrieb. In Seitenstetten
wirkte Gottfried Frieß, die Äbte verschiedener Klöster bearbeiteten die Urkun-
denbestände selbst, wie etwa Honorius Burger in Altenburg oder Adalbert Dun-
gel in Göttweig. In Melk schrieb Ignaz Keiblinger eine umfangreiche Stiftsgeschichte. Durch alle diese Arbeiten wurden die reichen Klosterarchive erschlossen und den wissenschaftlichen Forschungen zugänglich gemacht. Anton
Mayer, der Sekretär des Vereins für Landeskunde, hat 1878 eine Geschichte
der geistigen Kultur Niederösterreichs fertiggestellt.

Auch die Erwachsenenbildung ist in Niederösterreich ein Kind des Liberalismus. Im Jahre 1879 gab es in Wien bereits 19 Volksbibliotheken, in Krems entstand im Jahre 1872, in Vöslau 1880 und in St. Pölten zwei Jahre später Volksbüchereien, die von Vereinen erhalten wurden. Angeregt durch den ersten oberösterreichischen Volksbildungstag, der im Jahre 1884 in Bad Aussee stattfand, gründete der Kremser Bürgerschullehrer Hans Hütter, der zugleich Redakteur des liberalen Kremser Wochenblattes war, trotz schwerster Anfeindungen von kirchlicher Seite 1885 den »Allgemeinen Niederösterreichischen Volksbildungsverein«, der in Krems seinen Sitz hatte, aber im ganzen Lande seine Tätigkeit entfaltete, indem er Vorträge und Fortbildungskurse organisierte, eine eigene Zeitschrift herausgab, zur Errichtung zahlreicher Zweigstellen schritt und Bibliotheken unterhielt. Wie der Verein für Landeskunde hat auch der Volksbildungsverein seine Jahresversammlungen stets in größere Orte verlegt und dadurch für seine Ziele geworben.

Ihre stärkste Verbreitung fand die Volksbildung naturgemäß in der Hauptstadt Wien, wo schon viel früher, im Jahre 1860, ein »Verein zur Verbreitung naturwissenschaftlicher Kenntnisse« geschaffen worden war. Der Zweigverein Wien des Allgemeinen Niederösterreichischen Volksbildungsvereines machte sich 1893 selbständig, zur gleichen Zeit begannen die epochemachenden volkstümlichen Universitätskurse, 1897 wurde die Wiener Urania und 1901 ein katholischer Volksbildungsverein gegründet. Den Abschluß machte der Verein »Volksheim«, der 1905 das Ottakringer Volksbildungshaus errichtete. Auch die in Wien geschaffenen Büchereivereine »Zentralbücherei« und »Volkslesehalle« bestimmten die Entwicklung des Büchereiwesens für einige Jahrzehnte.

Ein mächtiges Organ der Volksbildung wurde in diesen Jahrzehnten auch die Presse. Es ist schon erwähnt worden, daß in allen Landesvierteln und auch in einigen Bezirksstädten lokale Wochenblätter herausgegeben wurden, die sich wohl auch mit allgemeinen Problemen beschäftigten, aber doch die lokalen Ereignisse in den Vordergrund stellten. Die großen Tagesblätter erschienen ausnahmslos in Wien und versorgten die niederösterreichischen Landbezirke mit. Die »Neue Freie Presse«, seit 1864 durch Abspaltung aus der alten »Presse« entstanden, war das Organ des liberalen, gebildeten deutschen Bürgertums und wurde bald zum einflußreichsten Organ Österreichs, neben dem die anderen Tageszeitungen, wie das offiziöse »Fremdenblatt«, das in erster Linie Hofnachrichten brachte und den Personalsektor pflegte, oder die amtliche »Wiener Zeitung«, noch sehr amtlich und trocken geschrieben, nicht konkurrieren konnten. An Verbreitung kam ihr höchstens das »Neue Wiener Tagblatt« nahe, das 1867 erschien und die laufenden politischen und volkswirtschaftlichen Fragen einem zahlreichen Publikum aus den unteren Volksschichten nahebrachte. Die katholisch-konservative Richtung besaß kein Blatt, das mit der »Neuen Freien Presse« auch nur annähernd Schritt halten konnte.

Sebastian Brunners »Wiener Kirchenzeitung« war wohl geistreich und ehrlich geschrieben, bereitete aber selbst dem josephinisch gesinnten Teil des Klerus manchen Verdruß. Das 1859 von Graf Leo Thun geschaffene »Vaterland« konnte nie volkstümlich werden, denn es war das Blatt des hohen Klerus und des

Adels. Dagegen hat die katholische Richtung durch die Herausgabe vieler Kalender, die zu Hunderttausenden Verbreitung fanden, den Weg zum einfachen Volke und vor allem zum Bauernstand gefunden. Anton Kerschbaumer aus Krems war der Herausgeber des »Pilgers« und des »Neuen Pilgerkalenders«, durch dreißig Jahre erschien ein »illustrierter katholischer Volkskalender«, den Anton Hieronymus Jarisch redigierte. Die Kalender wurden nun zum führenden Volksbuch und zur Anthologie der Provinzliteratur, besonders der Dorfgeschichte.

Der stürmische Aufschwung der Wirtschaft lenkte aber bald in Bahnen ein, die besorgniserregend waren. Wenn zwischen 1867 und 1873 in Wien mehr als tausend Aktiengesellschaften gegründet wurden, in die breiteste Kreise der Bevölkerung nicht nur ihre Spargroschen, sondern auch ihr Vermögen investierten, mußte klar sein, daß eine beachtliche Anzahl davon keine seriösen Unternehmungen sein konnten. Vor allem die zahlreichen Eisenbahngesellschaften, die in den entlegensten Teilen des Staates Zweigbahnen errichten wollten, und die vielen Baubanken, die als wichtigste Aufgabe eine großzügige Förderung des Wohnhausbaues vorgaben, in Wirklichkeit aber durch maßlose Käufe die Grundstückpreise in die Höhe trieben und eine sinnwidrige und ungesunde Bodenspekulation heraufbeschworen, haben an dieser Entwicklung, die letzten Endes zum Zusammenbruch führen mußte, den wesentlichsten Anteil gehabt. Dieser Krach brach am 9. Mai 1873 herein, als an der Börse zahlreiche Papiere völlig entwertet wurden und auch zu niedrigsten Kursen keine Käufer mehr fanden. Zahllose Vermögen gingen an diesem Tage verloren, viele Menschen wurden in traurigstes Elend gebracht, selbst industrielle Betriebe schwerstens bedroht. Über Österreichs Wirtschaft legte sich eine Lähmung, die erst nach einigen Jahren wieder überwunden werden konnte.

Eine Reihe heute noch bestehender Unternehmungen wurde errichtet, als sich die Wirtschaftslage nach 1877 wieder erholt hatte und neuerlich der Gründungsdrang einsetzte. Im Waldviertel wurden bedeutende Textilfabriken in Heidenreichstein und Groß-Siegharts errichtet, in Krems und in Stockerau entstanden Maschinenfabriken, im Traisental eisenverarbeitende Betriebe in Rohrbach, Wilhelmsburg, St. Pölten und Herzogenburg. Zwischen 1880 und 1900 hat sich die Zahl der Industriearbeiter neuerlich verdoppelt. Im Gefolge dieser Fabriken entstanden Arbeiterkolonien, in denen der soziale Schutz fehlte und das Elend weit verbreitet war.

Auf dem Gebiet des Gewerbes war ein merkwürdiger Gegensatz zwischen Großstadt und Provinz zu bemerken. Während viele Zweige des Wiener Handwerkes durch die immense Bautätigkeit hervorragend beschäftigt und bis dahin schlummernde künstlerische Kräfte entfaltet wurden, das immer schon gut ausgebildete Wiener Kunstgewerbe durch das reich gewordene Bürgertum einen neuen Abnehmer seiner Erzeugnisse fand, sind andere Gewerbzweige wieder durch die Umgestaltung des einsetzenden technischen Zeitalters zusammengebrochen und stellten ihre Träger über Nacht vor wirtschaftliches Elend. Vor allem zwei Landesteile waren von solchen Katastrophen heimgesucht, die »Eisenwurzen« mit dem Kleineisengewerbe und das Waldviertel mit seinen Leinen- und Barchentwebern. Die alten Hammerwerke hatten meist nach dem Herdfrischverfahren Eisen und Stahl hergestellt. Unbekümmert um den mächtigen Fortschritt der Eisenindustrie und die Einführung des Bessemer- und Thomasprozesses arbeiten sie in der althergebrachten Weise weiter. Kein Wunder, daß diese einst so blühenden Betriebe verschwinden mußten. Lebensfähig blieben selbst kaum jene kleinen Gewerksanlagen, die sich seit Jahrhunderten mit der Herstellung von Werkzeugen und Gebrauchsartikeln aus Eisen und Stahl befaßten. Um ihnen zu helfen, wurde 1888 die Kaiser-Franz-Joseph-Stiftung zur Hebung der niederösterreichischen Kleineisenindustrie geschaffen, Werks- und Verkaufsgenossenschaften gegründet, die den Rohstoff gemeinsam einkauften und auch durch die Errichtung einer Fachschule für Eisenverarbeitung zur Verbesserung des Ausbildungsgrades der Arbeiter und Handwerker beigetragen haben. Fachschulen zu errichten haben ja auch andere Sparten des Wirtschaftslebens für notwendig befunden, wie beispielsweise der Handel, der jetzt steigende Bedeutung erlangte und zu seinen das moderne Wirtschaftsleben weitgehend bestimmenden Funktionen aufrückte. So entstanden neben den ersten gewerblichen Fortbildungsschulen auch Handelsschulen, wie 1865 in Wiener Neustadt eine Gremial-Handelsschule, 1873 in Krems eine dreiklassige Landes-Handelsmittelschule. 1894 wurde eine kaufmännische Fortbildungsschule in Baden gegründet. Ein Jahr später gründete die Genossenschaft der Kaufleute auch in St. Pölten eine Fortbildungsschule. In Karlstein, einem alten Zentrum des Uhrmacherhandwerkes, wurde 1874 eine Fachschule errichtet.

Die Gewerbeordnung von 1859 ist bald stark bekämpft worden und erhielt im Jahre 1883 ihre erste Novelle. Das sogenannte handwerksmäßige Gewerbe wurde an den Befähigungsnachweis gebunden, der durch ein Lehrzeugnis und ein Arbeitszeugnis über mehrjährige Tätigkeit als Gehilfe zu erreichen war, die Dauer der Lehrzeit auf zwei bis vier Jahre begrenzt und der Aufgabenbereich der Gewerbegenossenschaften wesentlich erweitert.

Die zweite Hälfte des 19. Jahrhunderts war die große Zeit der Vereine. Die oft noch aus dem Mittelalter oder den ersten Jahrhunderten der Neuzeit stammenden Schützenvereine erhielten neues Leben, allerdings in gewandelter Form als Pflegestätten des geselligen Lebens. Sie schlossen sich zu einem Landesverband zusammen und veranstalteten große Landesschießen, zu denen besonders gern Erzherzog Rainer, manchmal selbst Kaiser Franz Joseph, erschienen. Somit waren die überlokalen Schießen stets für die veranstaltenden Orte Volksfeste ersten Ranges.

Die neugegründeten Vereine hatten die verschiedensten Ziele, manche entwickelten auch bedeutende karitative oder kulturelle Tätigkeit. Um einen Einblick in die große Zahl dieser Gründungen zu gewinnen, sei darauf hingewiesen, daß in der zweiten Jahrhunderthälfte in der Stadt Klosterneuburg 48, in Korneuburg 50 Vereine entstanden. Die größte kulturelle Bedeutung hatten die Gesangsvereine, die auch untereinander Kontakt hielten und sich zu einem Niederösterreichischen Sängerbund zusammenschlossen, der seine großen Sängerbundfeste in regelmäßigen Abständen veranstaltete, so 1892 in Krems, 1899 in St. Pölten. Die wichtigsten Vereine im Dienste des allgemeinen Wohles waren die freiwilligen Feuerwehren, die seit 1860 in Krems und seit 1862 in Wiener Neustadt bestanden. Seit 1865 finden wir zahlreiche Neugründungen, so 1865 in Gloggnitz, 1867 in St. Pölten, Hadersdorf am Kamp, Korneuburg und Klosterneuburg, 1869 in Großenzersdorf, Pottenstein, Gföhl, Bruck und Leobersdorf, 1870 in Schrems, Wilhelmsburg, Pöggstall, Sooß, Schönberg, Obergrafendorf und Schwechat. Seit sie sich 1871 im »Niederösterreichischen Feuerwehrverband« zusammenschlossen, begann man auch in den Dörfern Gründungen anzuregen, so daß sich bald ein Netz freiwilliger Ortsfeuerwehren über das Land ausbreitete. Ein Pionier auf diesem Gebiet war der St. Pöltner Turnprofessor Karl Schneck, der Anreger und Förderer zahlreicher Wehren des Alpenvorlandes wurde. In den Städten standen die Feuerwehren nämlich meist mit den Turnvereinen in enger Verbindung und sind oft aus deren Mitgliedern hervorgegangen.

Diese »Deutschen Turnvereine«, die seit 1860 immer zahlreicher wurden, waren oft betont national eingestellt und nannten sich gerne nach »Turnvater Jahn«. Sie knüpften aber gelegentlich an die Tradition der Nationalgarde von 1848 an. Auch sie schlossen sich zu einem Landesverband, dem Niederösterreichischen Turnergau, zusammen und veranstalteten regelmäßig ihre Gauturnfeste. Von solchen Vereinen wurde auch die Aufstellung von Denkmälern organisiert und finanziert, so vor allem die gußeisernen Standbilder Kaiser Josephs II., die in der Salmschen Eisengießerei im mährischen Blansko serienweise hergestellt wurden und nun manche Orte zierten.

Die bedeutendste Gedenkstätte dieser Art, im gußeisernen »Nordwestbahnstil« ausgeführt, ist wohl der Heldenberg in Kleinwetzdorf, der vom Kriegslieferanten Gottfried Johann Pargfrieder in seinem unbändigen Streben nach öffentlicher und allerhöchster Anerkennung als Begräbnisstätte der Marschälle Wimpfen und Radetzky errichtet und Kaiser Franz Joseph zum Geschenk gemacht wurde. Dieser gab ihn 1909 dem Militärärar weiter. Die Vereine haben aber auch künstlerisch einwandfreie Denkmäler aufstellen lassen, wie das Schillerdenkmal in St. Pölten, das der Männergesangsverein dieser Stadt stiftete, das Hamerlingdenkmal in Waidhofen an der Thaya oder das dem Zweiten Weltkrieg zum Opfer gefallene Straußdenkmal in Hollabrunn. Es war dies der gleiche Zeitgeist, der in Wien im Anschluß an den Ausbau der Neuen Hofburg die mächtigen Bronzedenkmäler des Prinzen Eugen und des Erzherzogs Karl auf dem Heldenplatz oder das Maria-Theresien-Denkmal zwischen den beiden neuen Hofmuseen entstehen ließ, der patriotische und nationale Historismus.

Die Verschönerungsvereine wiederum, deren ältester der schon 1847 errichtete von Oberdöbling war, haben sich vorwiegend der Verunstaltung der Ortsbilder in der Zeit des Gründungsfiebers und des Bauens von häßlichen Zinshäusern entgegengestellt. Wohl haben sie manch nützliches Werk durch Anlage von Parks und Promenaden geleistet und viele schwere Wunden des Landschafts- und Kulturbildes zu verhindern gewußt, doch im allgemeinen waren sie zu schwach, sich der herrschenden Zeittendenz mit Erfolg entgegenzustellen.

Das Bauschaffen der Franz-Joseph-Zeit hat zumindest in seinen repräsentativen Objekten, aber auch in vielen Zweckbauten in der Provinz, Amtsgebäuden, Schulen, Bahnhöfen, Kasernen und Spitälern, manche architektonische Perle hervorgebracht. Bei der großen Bautätigkeit dieser Jahrzehnte wurden aber auch viele billige Bauwerke rasch errichtet. Die Landstädte erhielten jetzt auch neue Zentralfunktionen, da sie anstelle der Herrschaftsmittelpunkte Sitz der unteren politischen Verwaltung und der Gerichte geworden waren und mit dem sozialen Wandel ihrer Bevölkerung auch eine Metamorphose in baulicher Hinsicht durchzumachen hatten.

Zur Vollziehung des liberalen Reichsvolksschulgesetzes von 1869 wurden durch einige Landesgesetze die Errichtung, Erhaltung und der Besuch öffentlicher Schulen, die Rechtsverhältnisse der Lehrer und die Schulgeldfrage geregelt. Stadt und Land wurden in Schulbezirke geteilt, diese wieder in Schulsprengel gegliedert. Staatlich bestellte Inspektoren hatten das Schulwesen anstelle der vorher üblichen kirchlichen Aufsichtsorgane zu überwachen. Der Ausbau des Volksschulwesens verschlang große Summen, viele Städte und Dörfer errichteten neue Gebäude, die Landesverwaltung gab gewaltige Mittel für den Ausbau des höheren Schulwesens aus, gründete in mehreren Landstädten Oberrealschulen, Gymnasien oder Lehrerseminare. Von kirchlicher und konservativer Seite wurde aber die »gottlose Neuschule«, wie man sie in populären Schriften und Zeitungen nannte, heftig bekämpft. Die Bauern und ihre Vertreter waren überwiegend gegen die achtjährige Schulpflicht, weil die Kinder dadurch zu lange der Arbeit entzogen wurden. Diesem Drängen entsprang auch die Schulgesetznovelle von 1883, die eine erste Durchlöcherung des Reichsvolksschulgesetzes brachte, indem nunmehr in den beiden letzten Jahren Schulbesuchserleichterungen gewährt werden konnten. In der Schulpolitik waren ansonsten die Liberalen im Landesausschuß nicht kompromißbereit. Mochten auch die christlichen Lokalblätter über die achtjährige Schulpflicht wettern, die wenigen Bauernabgeordneten im Landtag über die Schulpaläste losziehen und der konservative Abgeordnete Johann Oberndorfer feststellen, im ersten Jahrzehnt habe das Reichsvolksschulgesetz dem Lande 12 Millionen Gulden gekostet, ihre Schulreferenten gingen unbeirrt ihre Wege.

Das Reichsvolksschulgesetz sah auch die Errichtung von Lehrerbildungsanstalten vor, da die bisherige Lehrerbildungsschule an der Hauptschule von St. Pölten den modernen Anforderungen in keiner Weise mehr entsprach. Deshalb wurde sie 1869 in eine Lehrerbildungsanstalt umgewandelt, aber 1871 nach Krems transferiert, da sich diese Stadt bereit erklärte, für die Unterbringung zu sorgen. In St. Pölten dagegen ist 1875 ein Landeslehrerproseminar geschaffen worden, das im folgenden Jahr in eine vollständige Lehrerbildungsanstalt umgewandelt und in einem modernen Gebäude untergebracht worden ist. Schon 1873 war in Wiener Neustadt ebenfalls eine Lehrerbildungsanstalt geschaffen worden, so daß es nunmehr außerhalb von Wien drei Anstalten gab. Zu diesen gesellte sich später noch ein viertes Pädagogium in Hollabrunn, das aber nur kurze Zeit bestand. In diesen Lehrerbildungsanstalten, die natürlich in erster Linie von liberal eingestellten Professoren geleitet wurden, ist die erste Generation von Pflichtschullehrern ausgebildet worden, deren Aufgabe es war, die im Reichsvolksschulgesetz theoretisch niedergelegten Grundsätze in der Praxis auszuführen.

In Niederösterreich hat die meisten Mittelschulgründungen der Landesausschuß vorgenommen, wobei die Gemeinden in der Regel zur Erstellung der Gebäude verpflichtet wurden. So erhielt Baden im Jahre 1863 eine Unterrealschule, die im folgenden Jahre in ein Landesrealgymnasium und 1881 in ein Oberrealgymnasium umgewandelt wurde. Im Jahre 1865 wurde in Hollabrunn ein Realgymnasium errichtet, das 1870 der Staat übernahm, in St. Pölten 1863 eine Unterrealschule zu einer vollständigen Landesrealschule ausgestaltet und 1879 in ein Obergymnasium umgewandelt, in Stockerau 1864 eine Landesunterrealschule, in Waidhofen an der Thaya 1869 ein Untergymnasium und in Wiener Neustadt 1863 eine Realschule gegründet. Die Piaristengymnasien von Horn, Wiener Neustadt und Krems wurden nach 1870 verstaatlicht, private Mittelschulen in Mauer, Berndorf und Kalksburg errichtet.

Die Stadt Wien hat in erster Linie in den Vororten neue Mittelschulen errichtet, so 1861 eine Realschule in der Vorstadt Roßau, 1864 Realgymnasien in der Leopoldstadt und in Mariahilf, 1883 ein Gymnasium in Meidling und 1885 eines in Döbling. Staatsmittelschulen erstanden 1871 in der Wasagasse und 1872 in Hernals, das Piaristengymnasium in der Josefstadt wurde 1872 verstaatlicht. So wurde diese Periode zu einer zweiten großen Schulbauperiode nach der Zeit Maria Theresias und Josephs II.

Auf dem Gebiete der Baukunst war der Neubau der Kaiserstadt, nach dem Fallen der Festungswälle im Jahre 1858 einsetzend, von entscheidender Bedeutung. An der Stelle von Mauern, Wällen und Glacis entstanden die Prunkbauten der 1865 eröffneten Ringstraße. Als erstes großes Gebäude wurde 1869 die Oper fertiggestellt, von van der Nüll und Siccardsburg errichtet. An diese schlossen sich bald weitere Bauten, wie das Musikvereinsgebäude, die Akademie der bildenden Künste, die Börse, das Parlament, das Rathaus und endlich die Universität, an. Abgeschlossen wurde diese gewaltige Bauperiode durch das Burgtheater, die beiden Hofmuseen und die Neue Hofburg. An diese Vorbilder hielten sich auch zahlreiche Privatbauten der inneren Stadt, während in den Vorstädten Zinshäuser und Mietskasernen emporschossen und der gewaltige Kontrast entstand, den Wiens Vorstädte gegenüber der monumentalen Innenstadt bieten. Die niederösterreichischen Landbezirke standen auch hier in voller Abhängigkeit von Wien. Die zahlreichen Nutzbauten der kleinen Städte, wie Schulen, Krankenhäuser, Amtsgebäude, Sparkassen und Kasernen, gewährten der Entwicklung höherer Architektur in der Regel wenig Spielraum, der Wiener Zinshausstil mit seinen langen Fensterfronten und Mansardendächern zog auch in die Provinzstädte ein, das ewige Einerlei der Massenbauten, überall gleich aussehend, wurde besonders bei der Errichtung von Bahnhöfen und Fabriken in größtem Stile gepflegt. Bemerkenswert waren dagegen einige neue Schloßbauten, wie das von Theophil Hansen, dem Erbauer des Parlamentes, im neugotischen Stile errichtete Schloß Hernstein, der gleichfalls im gotischen Stile ausgeführte Neubau des Schlosses Grafenegg, die von Hasenauer errichtete kaiserliche Hermes-Villa im Lainzer Tiergarten oder das vom Dombaumeister Friedrich Schmidt gestaltete Schloß in Waidhofen an der Ybbs.

Im Umkreis der Hauptstadt, jetzt durch die Eisenbahn rasch und bequem zu erreichen, entstanden Villenkolonien, die sich von der Donaulände bei Klosterneuburg bis zum Semmering sich am Ostabfall des Wienerwaldes hinzogen und nicht nur von Mitgliedern des Kaiserhauses und der Aristokratie, sondern auch in zunehmendem Maße vom großstädtischen Bürgertum errichtet wurden.

Die bedeutsame Bautätigkeit auf allen Gebieten des Lebens regte auch das Kunstgewerbe, wo die spezielle wienerische Note neuerlich zum Durchbruch kam, an. Seit 1862 in Wien ein Museum für Kunst und Industrie geschaffen worden war, das bald stilverbessernd wirkte, waren die Fortschritte unverkennbar, und in der Teppichweberei, im Metallgewerbe, in der Ledergalanterie und bei den Holzmöbeln war die neue Richtung grundlegend für den »Wiener Geschmack«.

Nicht nur die Malerei jener Zeit, sondern die ganze Kulturrichtung erhielt ihren Namen von Hans Makart (1840–1884), dessen ausgesprochen auf das Dekorative ausgerichtete Begabung breite, weit über die Tätigkeit des Malers hinausgehende Wirkung gewann und Bühnenausstattung, Ausstellungswesen, Wohnungseinrichtung, Tracht und Mode sowie viele Zweige des Kunsthandwerkes durch zwei Jahrzehnte maßgeblich beeinflußte. Von den Zeitgenossen unendlich bewundert wurde der von ihm gestaltete Huldigungsfestzug der Stadt Wien anläßlich der silbernen Hochzeit des Kaiserpaares im Jahre 1879, wo Makart unter deutlicher Inspiration der Holzschnittfolge Hans Burgkmairs »Triumphwagen Kaiser Maximilians« charakteristische Typen verschiedener Stände in Kostüme der Renaissancezeit kleidete und so ein unwahrscheinlich farbenprächtiges Bild schuf.

Nicht so sehr für seine Zeit bedeutend, wohl aber für die Fortentwicklung der österreichischen Malerei wichtiger als Makart war Jakob Emil Schindler (1842–1892), der viele Motive aus der Umgebung des Schlosses Plankenberg bei Neulengbach nahm. Ihm verwandt war Theodor von Hörmann, Zeichenlehrer an der St. Pöltner Militärunterrealschule, der ebenfalls einer der Mitbegründer der österreichischen Moderne wurde. Dagegen hat Rudolf von Alt, Schüler seines Vaters Jakob Alt, auf zahlreichen Reisen Blätter mit Ansichten fast aller bedeutenden niederösterreichischen Städte geschaffen, während Josef Kriehuber (1801–1867) der unübertroffene Meister der Porträtlithographie war und alles abkonterfeite, was zu seiner Zeit Rang und Namen hatte: den ganzen Hof und Adel, Armee und Klerus, Wissenschaft und Kunst. Die Tiermalerei wieder fand in Rudolf Huber, aus Schleinz bei Wiener Neustadt gebürtig, einen bedeutenden Vertreter.

Allmählich begann aber die Fotografie nicht nur das Porträt zu ersetzen, sie bot auch die Möglichkeit, Ereignisse und Zustände besser und realistischer festzuhalten, als es früheren Techniken möglich war.

Die zweite Hälfte des 19. Jahrhunderts brachte auch eine neue Blütezeit der Wiener Bühnenkunst. Das Burgtheater, das bis 1888 im alten Haus auf dem Michaelerplatz, seither im neubarocken Gebäude am Ring spielte, erlebte unter der Direktion Heinrich Laubes (seit 1849) seine Glanzzeit. Das klassische deutsche Drama von Lessing bis Grillparzer, aber auch die großen Dichter anderer Völker wurden ins Repertoire des Hauses aufgenommen, ohne den Zeitgenossen, wie Bauernfeld, Ludwig, Gutzkow oder Freytag, den Platz an der Sonne zu nehmen. Während die Wiener Vorstadttheater und die Provinzbühnen wenig Lorbeeren auf dem Gebiet des Sprechstückes ernten konnten, erwuchs hier die Blütezeit der Wiener Operette. Franz von Suppé, Kapellmeister am Carltheater in der Leopoldstadt und am Theater an der Wien, trat 1876 mit der ersten abendfüllenden Operette »Fatinitza« auf den Plan, der drei Jahre später sein Meisterwerk »Boccaccio« folgte. Die beiden Großmeister der Wiener Operette wurden aber Karl Millöcker (1842–1899), ebenfalls Kapellmeister an verschiedenen Theatern, und Johann Strauß (1825–1899), der hochbegabte Erbe seines als Walzerkomponist bekannten gleichnamigen Vaters. Als Millöckers »Bettelstudent«, der 1882 über die Bühne ging, und sein Lieblingswerk »Gasparone« erschienen, hatte Strauß mit der »Fledermaus« bereits Weltruhm erlangt. In rascher Folge ließ er nun »Das Spitzentuch der Königin«, »Eine Nacht in Venedig« und den »Zigeunerbaron« aufführen.

Das gewaltige Anwachsen der Stadt Wien war auch von großer wirtschaftlicher Bedeutung. Denn für die Ernährung der Hauptstadt reichte die Produktion der niederösterreichischen Landwirtschaft, vor allem bei Brotgetreide und Fleisch, bei weitem nicht aus. Mit Hilfe der Eisenbahn lieferten die Kornkammern der östlichen Provinzen das Getreide, das in der Hauptstadt verbraucht wurde. Rings um die Stadt und an der Donau entstanden zahlreiche Großmühlen zur Verarbeitung der eingeführten Frucht. Neue Marktgelände, meist zentralisiert, wie seit 1883 der Viehmarkt in St. Marx, sorgten für die Verteilung. Lediglich die Milchversorgung Wiens wurde fast zur Gänze von Niederösterreich gedeckt, zumal die Konservierungsmethoden dieses Nahrungsmittels noch in den Kinderschuhen steckten und eine lange Zufuhr nicht möglich war. Trotz dieser guten Absatzmöglichkeiten war die Lage der niederösterreichischen Landwirtschaft in dieser zweiten Jahrhunderthälfte nicht rosig. Der Liberalismus verlangte auch vom Bauern unbedingte Einordnung unter die Gesetze von Angebot und Nachfrage. Dies ist in der Landwirtschaft schon deswegen schwer möglich, weil die Produktion von verschiedenen, durch die Natur gesetzten Bedingungen, vor allem von der Witterung, abhängig ist. Waren nun gute Ernten zu verzeichnen, so war dies in der Regel auch in Ungarn der Fall, wo der Boden viel fruchtbarer als in weiten Teilen Niederösterreichs ist, selbst amerikanische Rekordernten wirkten auf die Preisbildung in Österreich ein. Um 1870 war aus diesem Grunde der erste tiefe Sturz der Getreidepreise zu verzeichnen, der binnen einem Jahrzehnt bei Weizen bis zu 80 Prozent, bei Roggen 65 bis 75 Prozent, bei Gerste und Hafer nicht viel weniger betrug. Außerdem hatte die Bauernbefreiung einen Stand vor die wirtschaftliche Selbstbestimmung gestellt, der seiner allgemeinen Vorbildung nach noch nicht dazu fähig war, der kaum die einfachsten Rechenoperationen beherrschte und nun kalkulieren sollte. Erst die allgemeine Volksschulbildung, die gerade von der Bauernschaft heftigst bekämpft wurde, ermöglichte Männern der nächsten Generation, aus eigener Kraft dem Bauernstand den Weg aus seiner wirtschaftlichen Not zu weisen.

Der tiefste Eingriff in die ländliche Agrarverfassung während der liberalen Epoche war die Aufhebung des Stiftungszwanges im Jahre 1868. Dadurch wurden die Bauerngüter frei teilbar und konnten nun nach Belieben vergrößert, verkleinert oder zerstückelt werden. In dieser Periode geriet die Landwirtschaft in jeder Beziehung ins Hintertreffen, da sich der Staat vorwiegend für Handel und Industrie interessierte. Die starke ausländische Konkurrenz fand völlig ungeschützte Grenzen vor. Am anfälligsten erwiesen sich die Bergbauern, die in vielen Fällen ihren Besitz nicht mehr halten konnten. Im Piestingtale sind beispielsweise zwischen 1820 und 1933 von 205 Höfen 64 aufgegeben worden, davon 16 zwischen 1869 und 1880, 40 aber zwischen 1880 und dem Ausbruch des Ersten Weltkrieges. Diese abgewirtschafteten Bauern waren meist zu sozialem Abstieg verurteilt, sie wurden Kleinhäusler, landwirtschaftliche Arbeiter oder industrielle Hilfsarbeiter. Nicht nur einzelne Spekulanten, sondern eigens zu diesem Zwecke gebildete Gesellschaften kauften Bauerngüter auf, zerstückelten sie und gaben sie parzellenweise weiter. Im Gebirge suchten Jagdherren, meist reich gewordene Industrielle, Anwesen an sich zu bringen, ließen sie veröden und bauten so große Reviere auf.

Die stark wechselnden wirtschaftlichen Voraussetzungen ausgesetzte bäuerliche Bevölkerung bedurfte eines billigen Kredites, um über wirtschaftliche Notlagen besser hinwegkommen zu können. Nur zu oft kamen in diesen Jahrzehnten Bauernwirtschaften, deren Inhaber sich Wucherern verschrieben hatten, unter den Hammer, und die Zahl der zwangsversteigerten Höfe war niemals mehr so groß wie damals. Nachdem bereits 1868 in St. Pölten ein Landwirtschaftlicher Vorschußverein nach dem System Schulze-Delitsch gegründet worden war, wurden seit 1886 auch die Raiffeisenkassen in Niederösterreich eingeführt.

Friedrich Wilhelm Raiffeisen, Bürgermeister mehrerer Orte im Rheinland, hatte sie begründet, damit sie ausschließlich der bäuerlichen Bevölkerung Kredite unter Bedingungen gewähren, die für das Unternehmen höhere Gewinne ausschließen. Selbsthilfe, Selbstverwaltung und Selbstverantwortung dominierten. Diesen Ideen hat in Niederösterreich Dr. Josef Ritter von Mitscha zum Durchbruch verholfen, indem er sich im Landtag im Jahre 1885 für die Errichtung von landwirtschaftlichen Darlehenskassen nach dem System Raiffeisens einsetzte. Ein Jahr später gründeten Einwohner von

Mühldorf bei Spitz die erste derartige Einrichtung des Kronlandes, und 1898 gab es in Niederösterreich schon 433 solcher Genossenschaften.

Die Ideen Raiffeisens führten auch zum Aufbau zahlreicher Warenverwertungs- und Nutzungsgenossenschaften, und dem ersten österreichischen Raiffeisentag im Jahre 1897 folgte ein Jahr später die Gründung einer zentralen Organisation, des »Allgemeinen Verbandes landwirtschaftlicher Genossenschaften« in Österreich. 1887 hat der Landesausschuß überdies die Landeshypothekenbank gegründet, nachdem bereits 20 Jahre über ihre Notwendigkeit beraten worden war. Die weiteren Selbsthilfemaßnahmen für die Landwirtschaft, die Tätigkeit der seit 1850 bestehenden Zweigvereine der Landwirtschaftsgesellschaft und die Errichtung landwirtschaftlicher Casinos seit 1870 als Unterorganisationen der Zweigvereine waren weniger für den kleineren Wirtschaftsbesitzer als für die Gutsbetriebe wertvoll, nur von den nun üblich gewordenen landwirtschaftlichen Ausstellungen konnten alle Bauern lernen. Der Staat griff nicht ein, er gründete nur 1867 ein Ackerbauministerium, die geplante Gründung von Ackerbaukammern unterblieb.

Die wirtschaftliche Bedrängnis des niederösterreichischen Bauernstandes wurde noch verschärft, als der am weitesten verbreitete Wirtschaftszweig, der Weinbau, durch eine Naturkatastrophe großen Ausmaßes in eine schwierige Lage geriet. Aus Amerika war nämlich die Reblaus nach Südfrankreich eingeschleppt worden und verheerte dort die Weingärten. Die französische Regierung schrieb nun einen Preis von 300.000 Francs für ein Mittel aus, das die Philloxera vastatrix unschädlich machen sollte, und die önochemische Versuchsanstalt in Klosterneuburg züchtete in ihren Versuchsgärten die Reblaus, um wissenschaftliche Forschungen anzustellen. Von dort verbreitete sie sich aber über Niederösterreich und richtete in den heimischen Weingärten großen Schaden an. Wohl hat die gleiche Versuchsanstalt von Klosterneuburg den Weg zur Wiederherstellung des niederösterreichischen Weinbaues gewiesen, ihre mißglückten Versuche kosteten dem Staat und dem Lande aber durch Jahrzehnte viele Millionen. Auf die drohende Gefahr hat ein Mann aufmerksam gemacht, der sich um die Geschicke Niederösterreichs die größten Verdienste erworben hat und als Landespolitiker in einem Maße populär wurde wie niemand mehr nach ihm: Joseph Schöffel. Als der ehemalige Offizier im Jahre 1870 einen Pressefeldzug gegen die Ausschlachtung des Wienerwaldes einleitete, war er binnen kurzer Zeit eine bekannte und vieldiskutierte Persönlichkeit.

Die Staatsverwaltung hatte nämlich nach 1860 zur Sanierung der zerrütteten Finanzen alle unbeweglichen Staatsgüter, Domänen, Forste, Bergwerke und Eisenbahnen, zu verkaufen begonnen. So hat im Jahre 1864 Hermann Maier Löwy aus Fürth die riesigen Staatsdomänen Waidhofen an der Ybbs und Gaming, aus den einstigen Besitzungen des Hochstiftes Freising und des Klosters Gaming bestehend, um 750.000 Gulden erworben und sie ein Jahr später mit riesigem Gewinn an ein französisches Konsortium aus Straßburg weiterverkauft. Dieses ließ die Wälder ausholzen und devastieren, verkaufte die Güter aber trotzdem 1869 um den dreifachen Kaufschilling an eine Aktiengesellschaft für Holzindustrie. Im Jahre 1875 kaufte dann Baron Rothschild diese Besitzungen.

Als nun die gleiche Gefahr dem Wienerwald drohte, eröffnete Schöffel einen heftigen Pressefeldzug, der mehrere Minister und einige hohe Beamte schwerstens kompromittierte und nach drei Jahren mit dem vollen Siege des mutigen Kämpfers endete. Von mehreren Wienerwaldgemeinden zum Ehrenbürger erhoben, in den Landtag und Reichsrat entsandt und dem Landesausschuß angehörend, hat er viele Taten gesetzt, die bis zum heutigen Tage fortleben. Er wurde nicht nur zum eigentlichen Organisator des niederösterreichischen Landstraßennetzes, sondern hat auch auf sozialem Gebiet Großes geleistet. Eines der Hauptprobleme war das Landstreicherunwesen, das besonders hart auf der Landbevölkerung lastete. Dieses hing allerdings nur zum Teil mit der wirtschaftlichen Umwälzung zusammen, es war ein altüberkommenes Erbübel Niederösterreichs, das nun, als zahlreiche Handwerksburschen keine Arbeit finden konnten, in besonderer Stärke auftrat. Es wurden nun durch Schöffels Initiative in Korneuburg eine Landes-Zwangsarbeitsanstalt und eine Besserungsanstalt für Jugendliche erbaut, ferner 140 Natural-Verpflegsstationen errichtet, in denen wandernde Handwerksburschen essen und nächtigen konnten. Diese beiden Maßnahmen brachten auch die Vagabondage mit einem Schlage zum Verschwinden. Das Armenwesen wurde 1884 durch ein Landesgesetz allerdings nur unvollkommen geregelt, denn obwohl der neugeschaffene Landesarmenfonds den Gemeinden manche Lasten abnahm und überdies bei jeder Bezirkshauptmannschaft ein Armenrat geschaffen wurde, blieben doch noch viele Fragen ungelöst. Die Armenfrage war vor allem durch die harten Bestimmungen des österreichischen Heimatgesetzes sehr verschärft worden. Starb ein in einem entlegenen Dorfe zuständiger Mann in jungen Jahren, wurden Witwe und Kinder zur Versorgung der Heimatgemeinde überstellt, wo sie völlig unbekannt und ungern gesehen waren. Aus dieser Bestimmung erwuchsen oft unerträgliche Situationen, auf die besonders Eduard Sueß in seinen Lebenserinnerungen hingewiesen hat.

Dieser große Geologe und Gelehrte war nämlich ebenfalls Landespolitiker, und ihm verdankt namentlich Wien eine der bedeutendsten und vorbildlichsten Schöpfungen jener Epoche, die erste Hochquellenwasserleitung. Aus dem Gebiet von Schneeberg und Rax wurde gesundes Gebirgswasser in einer fast 100 Kilometer langen Leitung in die Hauptstadt geführt und diese im April 1870 eröffnet. Zur gleichen Zeit war ein anderes gigantisches Werk der Landeskultur in Arbeit, die Regulierung der Donau, die bei einem Hochwasser im Jahre 1862 neuerlich ihre Wildheit bewiesen hatte. Zwischen 1869 und 1875 wurde der Donau in Wien ein neues, fast geradliniges Bett gegraben, das die Stadt nun aller Hochwassersorgen entheben sollte. Auch der niederösterreichische Teil des Stromes wurde an vielen Stellen reguliert, wenn hier auch kein totaler Hochwasserschutz erreicht werden konnte. Daneben gingen Regulierungsarbeiten an Leitha und March sowie am Wienfluß vor sich. Nach der Vollendung der Regulierung wurden neue Brücken nötig, vor allem im Bereich von Wien: 1872 wurde die Nordwestbahnbrücke eröffnet, 1874 die Floridsdorfer Brücke, im gleichen Jahr die Nordbahnbrücke, 1876 konnte die Reichsbrücke dem Verkehr übergeben werden. Die Ostbahnbrücke war schon während der Regulierungsarbeiten erbaut und 1870 eröffnet worden. Die eiserne Straßenbrücke zwischen Stein und Mautern entstand 1895, die Tullner Straßenbrücke im Jahre 1872, zwei Jahre nach der Fertigstellung der Eisenbahnbrücke. Neben diesen Brücken entstanden in den nächsten Jahrzehnten noch einige Rollfähren.

Eine weitere wichtige Maßnahme der Landeskultur, die Bodenmeliorationen, setzten ebenfalls in diesem Zeitraum in größerem Stile ein. Von größter Bedeutung dafür war die Erfindung der Röhrendrainage um 1840 in England. Durch den österreichischen Diplomaten Anton von Doblhoff-Dier wurde sie auf dem Kontinent bekannt gemacht. In Niederösterreich, wie überhaupt in Österreich, hat sie zuerst der Ingenieur Franz Kreuter praktisch verwirklicht, seine erste Arbeit war in den Jahren 1856 bis 1858 die Drainage von 66 Hektar auf dem Gute des Landmarschalls Graf Christian Kinsky in Angern. Wenige Jahre später wurde in Leesdorf die erste große Anlage der k. k. Landwirtschaftsgesellschaft geschaffen. Nachdem seit 1870 die erforderlichen gesetzlichen Grundlagen erstellt worden waren, begannen die großen Genossenschaftsdrainagen, so im Gebiet Dunkelstein-Kehrbach im Bezirk Neunkirchen. Im Weinviertel wurde nach 1887 ein 913 Hektar umfassendes Drainagesystem in den Gemeinden Wultendorf, Hagendorf, Ungerdorf und Altenmarkt gebaut und vom Lande subventioniert. Pläne für eine Bewässerung des Marchfeldes entstanden seit dem Jahre 1871.

So hat die zweite Hälfte des 19. Jahrhunderts auf allen Gebieten des geistigen und materiellen Kulturlebens beachtliche Leistungen aufzuweisen gehabt, die aber von einem geradezu hemmungslosen Fortschrittsglauben des einsetzenden technischen Zeitalters diktiert wurden und über viele überkommene Verhältnisse ohne Pietät hinweggingen. Sie erzeugten dadurch auf vielen Gebieten, wo sie vorzeitig abgebrochen wurden oder dann durch den Ausbruch des Weltkrieges nicht vollendet werden konnten, ziemliches Chaos, eben jenen Zustand des Unfertigen und Unausgereiften, der diesem Jahrhundert in vielen Belangen eigen ist. Nicht nur auf dem kulturellen Sektor, auch auf politischem Gebiet kann man dies bemerken.

29. KAPITEL

Das Erwachen des Volkes

Im Jahre 1879 ging in der Reichspolitik die liberale Ära zu Ende. Es folgte die Periode des Eisernen Ringes (1879–1893). Darunter verstand man das Bündnis der Feudal-Konservativen, der Polen und Tschechen im Reichsrat, von dem die Regierung des Grafen Eduard Taaffe gestützt wurde. Im Landtag hatten die Liberalen weiterhin die Mehrheit, obwohl im Jahre 1882 die Herabsetzung des Wahlzensus von 20 auf 10 Gulden Steuerleistung eine wesentliche Erhöhung der Zahl der Wahlberechtigten brachte.

Der Liberalismus war die Herrschaft einer relativ dünnen Schicht von Großbürgern, schloß aber die breiten Volksmassen, die kleinen Handwerker, die immer zahlreicher werdenden Arbeiter und viele Bauern vom Wahlrecht aus. Seit 1882 der Zensus verringert wurde, konnte wohl eine größere Anzahl von Personen aus diesen Kreisen an Wahlen teilnehmen, diese hatten aber wegen des ungleichen Wertes der Stimmen im Kurienwahlrecht auch weiterhin kein Mitbestimmungsrecht. Durch den stärker werdenden Einfluß der Presse, nicht zuletzt auch der lokalen Zeitungen, über das Geschehen informiert, interessierten sich diese Volksschichten immer mehr für das politische Leben. Sie hatten allen Grund, mit ihrer wirtschaftlichen und sozialen Lage unzufrieden zu sein. Die damals noch stärkste Gruppe, die Bauernschaft, begann ebenso früh wie die städtischen Arbeiter mit Organisationsversuchen. Im März 1868 war von Josef Steininger aus Gobelsburg die erste Bauernversammlung Österreichs in der Kremser Turnhalle organisiert worden. Die Liberalen, die zu merken begannen, daß ihre Wählerschicht immer schmäler wurde, dachten als erste an die Organisierung des Bauernstandes. Dabei wurde der Name des Bauernbefreiers Hans Kudlich immer wieder als Schlagwort verwendet. Als der nunmehr in Hoboken bei New York als Arzt lebende ehemalige Abgeordnete des Reichstages von 1848 im Jahre 1872 eine Reise nach Österreich unternahm, versuchte man diese durch Veranstaltung rauschender Empfänge propagandistisch auszunützen. Der erste politische Bauernverein in Niederösterreich war der 1875 in Stössing gegründete »Verfassungstreue Bauernverein«, der drei Jahre bestand. Im Jahre 1880 entstand ein ähnlicher für den Bezirk Wolkersdorf. Zur gleichen Zeit hat der Advokat Plenker aus Waidhofen in Kematen, Hollenstein und Gaming Bauernversammlungen abgehalten, der liberale Arzt Fuchs im Gebiet von Stockerau. Diese liberale Agitation nahm ihr Vorbild aus Oberösterreich, wo der Redakteur Hans Kirchmair, der ein bewegtes Leben als Student, Lastträger, Beamter und Journalist hinter sich gebracht hatte, als Organisator der liberalen Bauernschaft tätig war. Er wurde auch nach Niederösterreich geholt, und im Jänner 1881 fand in Wilhelmsburg ein »Freier Bauerntag« statt, dessen Beratungen aber sehr gemäßigt verliefen. Zur gleichen Zeit waren nämlich andere Bestrebungen im Gange, die auf eine Organisierung der Bauernschaft ohne Bindung an eine der führenden politischen Richtungen hinzielten. Während die beiden einzigen Bauernabgeordneten im Landtag, Johann Oberndorfer aus St. Peter in der Au, und Anton Ruf aus Horn, die katholisch-konservative Richtung vertraten, versuchte eine andere Gruppe, die Bauernschaft unter dem Motto »weder liberal noch klerikal« zu erfassen. Im April 1881 fand in Schwenders Colosseum in Wien der erste niederösterreichische Bauerntag statt, von Franz Riegler, Bürgermeister in Ziersdorf, Franz Heimerl aus Zeiselberg, Alois Kern aus Guntramsdorf, Josef Sattler aus Ernstbrunn und dem emsigen Redakteur der seit 1877 erscheinenden Bauernzeitung »Mittelstraße«, Josef Steininger, einberufen. Man setzte sich zum Ziele, eine Mittelpartei zu gründen, die weder liberal noch klerikal war. Der 1884 organisierte Bauernbund »Mittelstraße« konnte aber keine größere Breitenwirkung erlangen. Um diese Zeit versuchten auch die übrigen politischen Richtungen, Bauernvereine zu gründen. Unter Georg von Schönerers Patronanz entstand ein »Bauernbund«, der jedoch 1894 behördlich aufgelöst wurde. Kirchmair warb neulich für einen liberalen Bauernverein, und auch die Konservativen schufen sich im »Agrarverein« eine Bauernvereinigung. Diese Bestrebungen konnten aber ausnahmslos nur geringe Erfolge verzeichnen. Richtig durchgedrungen sind erst um 1895 die Bestrebungen der Christlichsozialen Partei, die zur Gründung von Bauernvereinen der einzelnen Landesviertel führten, aus denen später der niederösterreichische Bauernbund hervorging.

Auch die Organisationsbestrebungen der Arbeiterschaft hatten vorerst nicht viel mehr Erfolg. Der 1864 geschaffene Fortbildungsverein, der 1866 entstandene Wiener Neustädter Arbeiterbildungsverein und der ein Jahr später gegründete Wiener Arbeiterbildungsverein waren die ersten Wurzeln. Aus Vertretern dieser Vereine erwuchsen auch die Organisatoren des ersten Arbeitertages, der am 12. April 1868 über 2000 Personen aus Niederösterreich und der Steiermark in Wiener Neustadt vereinigte. Wenige Monate später bildete sich ein sozialdemokratisches Komitee unter der Leitung des jungen Historikers Hippolyt Tauschinsky, das aber bald polizeilich aufgelöst wurde. Als am 13. Dezember 1869 die von den Wiener Arbeitervereinen und Fachvereinen organisierte große Demonstration der Wiener Arbeiter vor dem Parlament stattfand, war Österreichs Arbeiterschaft zum ersten Male politisch vor die Öffentlichkeit getreten und hatte für sich Koalitionsfreiheit gefordert. Im Juli 1870 wurde den Anführern der Prozeß gemacht, zur gleichen Zeit der Großteil der Arbeitervereine, aber auch viele Fachvereine, die Vorläufer der Gewerkschaften, aufgelöst. Auch als der behördliche Druck wieder schwächer wurde, konnten sich die sozialistischen Organisationen nicht finden, sie spalteten sich vielmehr in zwei Gruppen, die Gemäßigten, auf dem Boden der Lehren Lasalles stehend und vom Journalisten Heinrich Oberwinder geführt, und die Radikalen, die der bereits durch die Schule des Marxismus gegangene Andreas Scheu leitete. Beide Richtungen befehdeten sich heftig. Ein Einigungsversuch auf dem Neudörfler Parteitag des Jahres 1874, als 74 Delegierte 25.000 Personen vertraten, hatte nur für einige Zeit Erfolg. Um 1880 begannen die Radikalen, die immer stärker unter anarchistischen Einfluß gerieten, mit Terrorakten hervorzutreten. Eine Anzahl von Schreckenstaten, darunter einige Morde, seit dem Jahre 1882 verübt, gaben der Regierung Anlaß, im Jänner 1884 den Ausnahmezustand über die Gerichtssprengel Wien, Korneuburg und Wiener Neustadt zu verhängen. Die Regierung Taaffe und auch der Großteil der Abgeordneten waren aber doch überzeugt, daß die soziale Frage auf diese Weise nicht zu lösen sei und Schutzmaßnahmen für die industrielle Arbeiterschaft ein dringendes Gebot der Stunde waren. Deshalb wurden vor allem drei wichtige Gesetze beschlossen, wie 1883 die Einführung der Gewerbeinspektoren, 1887 das Gesetz über die Errichtung der Unfallversicherungen und ein Jahr später die Voraussetzung für die Schaffung der Krankenkassen auf der Grundlage der Selbstverwaltung. Jetzt wurden in den meisten Gerichtsbezirken diese Kassen errichtet, die wohl bald ihre Arbeit aufnahmen, aber wegen der zu großen Zersplitterung nicht sehr leistungsfähig waren. Sie lösten aber doch die in vielen Industrieorten bereits bestehenden Arbeiter-Kranken- und Unterstützungskassen ab, die auf Vereinsbasis seit 1867 geschaffen worden waren.

Die Durchführung des Arbeiterkrankenversicherungsgesetzes wurde teilweise durch die Unternehmer sabotiert, die ihre Arbeiter nicht anmeldeten, die Ärzte- und Apothekervereinigungen traten an die Kassen mit Forderungen heran, die ihre Leistungskraft überstiegen, so daß sich kleinere Bezirkskassen bald auflösen mußten und ihre Geschäfte größeren übertrugen, was sich allerdings in der Folge als segensreich für die Versicherten erwies. Gab es im Jahre 1889 in Niederösterreich fünfzig Bezirkskassen, so hat sich ihre Zahl bis 1914 auf 24 vermindert. So hat beispielsweise die Bezirkskrankenkasse St. Pölten in den Jahren 1892, 1900 und 1901 den Versicherungsbereich der ehemaligen Bezirkskassen Persenbeug, Ybbs, Lilienfeld, Scheibbs, Amstetten, Waidhofen an der Ybbs, St. Peter in der Au und Haag übernommen, wodurch sich der Mitgliederstand von nur 3500 auf 26.000 bis zum Beginn des Weltkrieges erhöhte.

Um 1886 begann eine neue Aktivität der sozialistischen Gruppen, vor allem veranlaßt durch den Wiener Arzt Dr. Viktor Adler, der sich der Arbeiterbewegung anschloß und ihr in der »Gleichheit« eine neue, beiden Richtungen dienende Zeitung gab. Als im gleichen Jahre die Regierung einen Gesetzentwurf über die Errichtung von Arbeiterkammern vorlegte, fand in Niederösterreich eine Welle von Arbeiterversammlungen statt, die meist der Bildhauergehilfe Ludwig Bretschneider als Redner bestritt. Neuerlich entstanden in einigen Orten Arbeitervereine und Bildungsvereine, vorwiegend im Traisen- und im Gölsental. Dort, im Markte Hainfeld, fand auch an der

Jahreswende von 1888 zu 1889 jener Parteitag statt, bei dem Viktor Adler die verschiedenen Strömungen auf ein gemeinsames Programm einigen und somit die Sozialdemokratische Partei Österreichs schaffen konnte. Die Feier des 1. Mai als Tag der Arbeit, vom Pariser Sozialistenkongreß für 1890 beschlossen, führte nicht nur in der Hauptstadt Wien, sondern auch in vielen Provinzorten zu Demonstrationen, die aber ohne Zwischenfälle verliefen. Die Befürchtungen bürgerlicher Kreise, es werde an diesem Tage zu Ausschreitungen kommen, waren grundlos, das überall bereitgestellte Militär fand keinen Grund zum Einschreiten. Der mächtige Aufschwung der Arbeiterorganisationen, die sich nun nicht mehr auf großindustrielle Betriebe beschränkten, sondern sich auch in den kleinen Fabriken und Handwerksbetrieben festzusetzen vermochten, erschreckte die kleinbürgerlichen Kreise, die einen mächtig werdenden Gegner heranwachsen sahen. Die Deutschliberalen hegten anfangs für die Bestrebungen der Arbeiterschaft eine gewisse Sympathie, da ihnen die Sozialdemokratie als Gegengewicht zu den neuen christlichen Organisationen willkommen war.

Die alten Katholisch-Konservativen hatten wohl einen tapferen Kampf gegen den Liberalismus geführt und auch manche Erfolge erzielen können. So war die Reform der Gewerbegesetzgebung ihr Werk, sie hatten die Durchlöcherung des Reichsvolksschulgesetzes erzwungen und die Liberalen davon abgehalten, aktiv gegen Institutionen der katholischen Kirche vorzugehen. Im allgemeinen waren aber die Männer, die sie in den Landtag entsandten, nicht sehr draufgängerisch. Ihr Pressewesen führte zwar einen zähen, aber doch wenig geistvollen Kampf gegen die liberalen Gegner und hatte es dabei nicht immer leicht, denn die Landbevölkerung, die den Hauptteil der konservativen Anhänger stellte, stand den Zeitungen eher ablehnend gegenüber und war für dieses moderne Propagandamittel nur sehr schwer zu gewinnen.

Zur selben Zeit, als sich der Liberalismus aufzulösen begann, kam auch das konservative Lager in Bewegung, wenn auch nur langsam und anfangs wenig beachtet. Die neuchristliche politische Strömung ging eben auf zahlreiche Flüßchen und Bäche zurück, aus deren Zusammenströmen die große Bewegung des katholischen Volkes entstand. Die durch das Anwachsen Wiens und das Steigen der Mietzinse in die Hinterhöfe verbannten Handwerker, die nur mehr über die liberalen Großhändler mit der Kundschaft verkehren konnten, verloren den Glauben an das freie Spiel der Kräfte und sehnten sich nach einer politischen Richtung, die ihre Interessen vertrat. Mit ihnen vereinigte sich ein Teil der unteren Beamten, der jüngeren Lehrer, während der junge Klerus, hier in oft krassem Gegensatz zum Episkopat stehend, ebenfalls zielbewußt und tatkräftig für neues politisches Leben auf christlicher Grundlage eintrat. Die Führer dieser Bewegung wurden im Kreis um Carl von Vogelsang geschult, der das konservative Blatt »Vaterland« zur Tribüne der christlichen Sozialreform gemacht hatte, und entstammten verschiedenen sozialen Schichten. Neben Prinz Alois von und zu Liechtenstein standen der Mechaniker Ernst Schneider, der Bibliotheksbeamte Dr. Albert

Geßmann, der Advokat Dr. Karl Lueger, der jugendliche Arbeiter Leopold Kunschak. Auch auf dem Lande arbeiteten junge und begeisterte Männer in diesem Sinne, wie Josef Scheicher als Kooperator in Waidhofen an der Ybbs, später als Theologieprofessor in St. Pölten. Aus verschiedenen Vereinen, wie dem im Jahre 1882 in Wien von Ernst Schneider und Dr. Robert Pattai gegründeten »Reformverein zur Betreibung der gewerblichen Interessen«, der im »Österreichischen Volksfreund« eine kleine Wochenschrift besaß, und aus dem 1886 von Dr. Psenner gegründeten »Christlichsozialen Verein«, der 1890 in St. Pölten, 1891 in Neunkirchen und Laa sowie 1893 in Krems Zweigvereine gleichen Namens errichtete, entstand unter der Führerschaft Dr. Karl Luegers eine mächtige Bewegung. Er und seine politischen Freunde führten anfangs Agitation und Werbung in Gasthäusern und kleinen Zirkeln durch, rückten aber bald zielbewußt dem Problem der Massenbewegung in der Politik an den Leib und führten so ihre Organisationen aus kleinen militanten Gruppen des aufbegehrenden Kleinbürgertums zu einer Massenpartei. Die antiliberalen und demokratischen Gruppen schlossen sich zu einer losen Arbeitsgemeinschaft zusammen, vereinigten sich mit den gewerblichen und katholischen Reformern, die gemäßigten Deutschnationalen schlossen sich an. Das waren die »Vereinigten Christen«, wie sie sich angeblich nach einer Begriffsprägung Dr. Scheichers nannten.

Das einigende Band für diese manchmal ziemlich widerstrebenden Gruppen war der politische Antisemitismus, der nach 1880 als Reaktion auf den unwahrscheinlichen Aufstieg der österreichischen Judenschaft in Erscheinung trat. Nachdem sich die Lage der Juden nach 1848 systematisch verbessert hatte, brachten ihnen die Staatsgrundgesetze von 1867 völlige Gleichstellung mit der übrigen Bevölkerung. Im Zentrum des Reiches nützten sie nun die neu gewonnene Freiheit voll, indem sie sich in allen Berufen, besonders bei Ärzten, Rechtsanwälten, im Geldwesen, in der Industrie, in Presse und Handel festsetzten und erhielten von den östlichen Provinzen der Monarchie ständig neuen Nachschub. Selbst auf dem Lande und in den Landstädten nahm die Zahl der Juden rasch zu, und um die Jahrhundertwende lebten 157.000 Juden in Niederösterreich, das nach Galizien weitaus die größte Zahl aller Juden der Monarchie aufwies. Nun war aus der Zeit des engherzigen Judenrechtes in gewissen Kreisen der Bevölkerung stets eine Abneigung gegen das Judentum erhalten geblieben. Zu diesem gesellschaftlichen Antisemitismus kam nun ein politischer, als durch den großen Krach von 1873 viele kleine Leute ruiniert wurden und nun Schuldige für ihr Unglück suchten. Damals tauchten in einzelnen konservativen Organen, in der »Wiener Kirchenzeitung« und im »Vaterland« antisemitische Glossen auf, doch wurde der Antisemitismus erst zum politischen Faktor, als geschickte Agitatoren die judenfeindliche Strömung in die Reihen der unzufriedenen Kleingewerbetreibenden trugen, denen die Juden für ihren wirtschaftlichen Verfall verantwortlich schienen. Es war der 1882 gegründete Reformverein Schneiders, der ganz bewußt erstmals den Antisemitismus als politische Parole ausgab. Doktor Lueger als Führer der neuen christlichen Volksbewegung hat diesen wirtschaftlichen Antisemitismus für Einigungsbestrebungen genützt, und seine Partei nannte sich in den ersten Jahren in den Vertretungskörpern nicht so oft »Vereinigte Christen« als »Antisemitische Vereinigung«, bis dann der Name »Christlichsoziale Partei« zum Durchbruch kam.

Ganz anders geartet war dagegen der Rassenantisemitismus, wie ihn Georg von Schönerer seit etwa 1885 vertrat. Dessen Ziel war die völlige Ausschaltung des Judentums in Wirtschaft, Kultur und Wissenschaft. Die von Schönerer geführte deutschnationale Richtung, die sich später »Alldeutsche Partei« nannte, war ebenfalls aus dem Liberalismus abgesplittert wie ein Teil der Christlichsozialen. Schönerers antisemitische Note gefiel den Kleinbürgern der Provinzstädte, welche die jüdische Konkurrenz besonders stark spürten, den Bauern an der Sprachgrenze, besonders im Waldviertel, aber auch einem Teil der Studentenschaft und der jüngeren Intelligenz, obwohl er gerade auf diese Schichten durch sein oftmals gewalttätiges Auftreten abstoßend hätte wirken müssen. So verprügelte er mit einigen Gesinnungsfreunden Redakteure des »Neuen Wiener Tagblattes«, als sie den Tod des Kaisers Wilhelm im Jahre 1888 einige Stunden zu früh meldeten, was ihm eine Kerkerstrafe und den Verlust des Adelstitels einbrachte. Er entfesselte eine wüste antislawische Kampagne, legte durch Obstruktion das Abgeordnetenhaus lahm, gewann aber durch diese lärmenden Demonstrationen ständig an Popularität, bis sich die alldeutsche Bewegung durch interne Auseinandersetzungen selbst zerfleischte. Durch seine Los-von-Rom-Bewegung zog sich Schönerer den Haß der Geistlichkeit und eines Teiles des katholischen Volkes zu, so daß er schließlich nur mehr über eine kleine Zahl von Anhängern gebot.

Als politische Bewegung hat sich der Liberalismus in erstaunenswert kurzer Zeit abgenutzt. Nicht nur die doktrinäre Haltung der führenden Männer, die wohl hervorragende Politiker, aber keine Volkstribunen waren, die Starrheit der Anschauungen und die Tatsache, daß sie, wenn man ihren Meinungen widersprach, alle liberale Handlungsweise aufgaben und sich intolerant zeigten, war ihnen zum Verhängnis geworden, mit Geist allein konnte man im Zeitalter der Massen nicht mehr Politik betreiben. Als im Jahre 1873 die Wahlbewegung in den Reichsrat noch unter dem Eindruck des großen Kraches einsetzte, wurden deutlich die ersten Sprünge sichtbar. Viele Abgeordnete hatten Verwaltungsratsstellen bei mehr oder weniger erschütterten Unternehmen bekleidet, dies führte nun zu einem allgemeinen Verleumdungsfeldzug gegen die ganze Richtung. Die Radikalisierung der Deutschen in Böhmen führte zu weiteren Spannungen, und auch in Wien haben jüngere Abgeordnete aus ihren Reihen und Demokraten immer stärker die Haltung der offiziellen Parteiführung bekämpft. Vor allem deutschnationale Programme und Ideen fanden bei den Studenten und der Turnerschaft Anhänger. Seit 1873 vertrat Georg von Schönerer deutschnationale Ideen im Parlament und 1882 gründete er einen »Deutschnationalen Verein«. Im Linzer Programm des gleichen Jahres wurden die Zusammenfassung aller Länder des ehemaligen Reiches und die Einführung des Deutschen als Amts- und Unterrichtssprache gefordert. Das berührte zwar die Bevölkerung des Kronlandes unter der Enns wenig, hat aber doch die Gemüter erregt. Im Jahre 1885 kam es dann zur Spaltung der liberalen Partei. Die Altliberalen, damals noch in der Mehrzahl, bildeten den »Deutsch-österreichischen Klub«, die jüngeren Mitglieder, die zwar deutschnational eingestellt waren, aber doch eine Grenze zu Schönerers Radikalismus gezogen wissen wollten, den »Deutschen Klub«. Von diesem spaltete sich aber schon 1887 eine radikalere »Deutschnationale Vereinigung« ab, während sich der Rest mit dem »Deutsch-österreichischen Klub« zur »Vereinigten deutschen Linken« zusammenfand, die sich auf den Boden des österreichischen Staates und der habsburgischen Monarchie stellte. Daraus ging dann 1891 die »Deutsche Nationalpartei« hervor, die sich im Jahre 1896 zur »Deutschen Volkspartei« wandelte. Diese bezeichnete sich als streng national, fortschrittlich und sozialreformatorisch. Die Festigung des Bündnisses mit dem Deutschen Reich, Versammlungsfreiheit und Erhaltung der freien Schule waren weitere Programmpunkte.

Die deutschliberalen Richtungen sahen sich nicht nur von den neuen Volksparteien hart bedrängt, es spielten sich auch innerhalb der Parteien oft harte Kämpfe ab. Die jüngeren Akademiker, meist durch die Schule der Burschenschaften gegangen, übten auf die altliberalen Funktionäre harten Druck aus und zwangen diese zu radikalerem Verhalten als ihnen lieb war. Als seit 1897 die radikalen Strömungen unter dem Eindruck der Badenischen Sprachverordnungen an Boden gewannen, bildeten die Reste der Altliberalen die »Deutsche Fortschritts-Partei«, die national dachte und sich von Schönerer durch Ablehnung des Antisemitismus und durch Bekenntnis zum österreichischen Staat unterschied. Die Liberalen und Deutschnationalen wurden außerparlamentarisch durch den 1880 gegründeten »Deutschen Schulverein« unterstützt.

Die liberalen Landespolitiker waren wohl beachtenswerte Köpfe, es fehlte ihnen aber doch das zündende Feuer mitreißender Persönlichkeiten. Professor Eduard Sueß war ihre erste Größe, bot aber den Antisemiten ein dauerndes Angriffsziel, der Advokat Dr. Josef Kopp, scharfsinnig und beredt, war ein Philosemit und im übrigen ganz in den Anschauungen der liberalen Nationalökonomie verhaftet. Der Schulreferent Dr. Wenzel Lustkandl, ein hochgelehrter Mann mit gewaltigem Arbeitseifer und zäher Ausdauer, war im Landtag als breitspuriger und langweiliger Redner bekannt. Dr. Moritz Weitlof, Präsident des Deutschen Schulvereines und von Beruf Advokat, hat als Referent für Wohltätigkeitsanstalten eine Reihe von segensreichen Einrichtungen geschaffen oder gefördert.

Die Volkstribunen jener Tage, welche die neuen Richtungen emporführten, waren bei den Christlichsozialen Lueger und Scheicher, bei den Sozialdemokraten Adler, bei den Altdeutschen Schönerer, während die neueren liberalen Bewegungen keine markanten Persönlichkeiten ähnlichen Formates mehr hervorbrachten. Dabei waren mit Ausnahme Scheichers alle in ihren jungen Jahren Liberale und Angehörige der Gruppe Intellektueller, die mit der alten Parteiführung unzufrieden war. Dr. Karl Lueger war schon im Gemeinderat von Wien, dem er seit 1873 angehörte, der Wortführer der oppositionellen Gruppe und liebäugelte lange Zeit mit dem demokratischen Flügel in der Gemeindevertretung. Georg Ritter von Schönerer, der 1873 in den Reichsrat gewählt wurde, stellte sich ebenfalls bald in Gegensatz zu seinen Gesinnungsfreunden, da er zu den radikalsten Mitgliedern des »Deutschen Klubs« gehörte. Damals war er noch nicht Antisemit, der junge Dr. Viktor Adler und Gustav Mahler zählten zu seinen Freunden. Adler, Pernerstorfer und Lueger gehörten auch zu jenen Männern, die gemeinsam mit Schönerer ein großes politisches Konzept formulierten und im Jahre 1882 als »Linzer Programm« veröffentlichten. Der im gleichen Jahr gegründete »Deutschnationale Verein«, dessen Organ Engelbert Pernerstorfer redigierte, sollte es verwirklichen. Das rechthaberische Wesen Schönerers, sein neu auftretender Antisemitismus, ließ aber dieses Bündnis zerbrechen; Adler wurde Sozialdemokrat, Lueger wandte sich immer stärker den neuen christlichen Bewegungen zu, nur Pernerstorfer brauchte länger, bis er sich endgültig für die Sozialdemokraten entschied, doch trennten sich auch seine Wege bald vom ungestümen Waldviertler »Ritter Georg«.

Schönerer war durch seine Frau, die, wie sich zu seinem Schrecken herausstellte, jüdische Ahnen hatte, zu Reichtum gelangt, erwarb das Schloß Rosenau im oberen Waldviertel und wußte sich dort auch unter den Bauern einen großen Anhängerkreis zu schaffen. Als er 1888 zu längerer Haft verurteilt wurde, gestaltete er die Eisenbahnfahrt von Zwettl zum Strafantritt in Wien zu einem Triumphzug: Gendarmerie mußte auf den Bahnhöfen die Volksmenge zerstreuen, in Wien wurde ein Bataillon Militär in Bereitschaft gehalten. Dr. Viktor Adler, in Prag geboren, entstammte einer gutsituierten jüdischen Familie, wurde Arzt, war aber stets für politische Verhältnisse aufgeschlossen. Als er sich von Schönerers Wesen immer mehr abgestoßen fühlte, begann er sich für die zerklüftete Sozialdemokratie zu interessieren und wollte ihr durch seine Berufsqualifikation als Fabriksinspektor helfen. Dieser Plan schlug aber fehl, und so wurde er doch zum politischen Agitator, seit er sich 1886 offen an die Sozialdemokraten angeschlossen hatte. Hier entwickelte er glänzende Führertalente und gehörte bald zu den bekanntesten Politikern des Landes. Seine große Zeit begann nach der Beseitigung des Kurienwahlrechtes, als die sozialdemokratische Fraktion als eine der stärksten in den Reichsrat einzog. Dr. Lueger, in Wien als Sohn eines Hausmeisters geboren, mit den väterlichen Ahnen aber im westlichen Niederösterreich wurzelnd, wurde Rechtsanwalt und bald, von einer liberalen Gruppe gefördert, in den Wiener Gemeinderat gewählt. 1885 konnte er nach einer stürmischen Wahl mit knapper Mehrheit ein Reichsratsmandat erringen. Er näherte sich nun immer stärker jenen Gruppen, die sich später »Vereinigte Christen« nannten, und errang etwa 1889 die Führung und Einigung dieser Strömungen. Der nun heftig einsetzende politische Kampf, den vor allem die Christlichsozialen gegen die Liberalen und Sozialdemokraten führten, machte Lueger zum Herold des kleinen Mannes in Wien.

Daß die Christlichsoziale Partei Niederösterreichs sich auch auf das Land ausdehnen und hier dauerhafte Erfolge erringen konnte, daß sie vor allem die Bauernschaft geschlossen gewann, ist das Verdienst Dr. Josef Scheichers. Ein Kleinhäuslerssohn aus der Steiermark, der keinen regulären Studiengang genoß, von Jugend auf ein Brausekopf, aber furchtlos gegen jedermann, begann er schon als Kooperator in Waidhofen mit solchem Erfolg zu agitieren, daß 1871 aus dem westlichen Niederösterreich ein christlicher Bauer statt eines Liberalen in den Landtag entsandt wurde. Seit 1875 Redakteur des »St. Pöltner Boten« und Sekretär des Preßvereins, besaß er nun ein Organ, seine Ideen ins Volk zu bringen. In zahllosen Versammlungen, oft vier an einem Abend, verbreitete er mit hinreißender Kraft und unwahrscheinlicher Vitalität die Idee des politischen Katholizismus. Er war als Demokrat unter den Bauern und Kleinbürgern auf dem Lande sehr beliebt und nützte gleichzeitig seine Stellung als Professor der Moraltheologie an der St. Pöltner Diözesanlehranstalt, die junge Priestergeneration für den politischen Kampf zu interessieren. Tatsächlich hatten Kapläne und junge Geistliche einen wesentlichen Anteil an der Ausbreitung der christlichsozialen Bewegung, wenn auch für die Kirche selbst dadurch die große Kluft zur Arbeiterschaft entstand, die bis zum heutigen Tag noch nicht völlig überwunden ist.

Alle diese Männer waren hervorragende Redner mit demagogischer Begabung, die auch vor persönlichen Dingen nicht haltmachten. Sie und ihre Anhänger brachten auch einen derben Zug in die politischen Auseinandersetzungen, dem die alten Liberalen, denen persönlicher Takt und gewählter Ausdruck auch im politischen Tageskampf ein Bedürfnis waren, einfach nicht mehr gewachsen waren. Die politischen Gegensätze wurden in Niederösterreich seit etwa 1890 mit nicht geringerer Leidenschaft ausgefochten als in jenen Ländern, wo der Nationalitätenkampf die Lager radikalisiert hatte. Damals ist auch jene tiefe politische Kluft im niederösterreichischen Volk geschaffen worden, die das politische Leben der Jahrzehnte nach dem Ersten Weltkrieg so sehr kennzeichnete und das Klima vergiftete.

Im niederösterreichischen Landtag selbst war davon allerdings noch recht wenig zu merken. Denn hier behielten die Liberalen dank dem Kurienwahlrecht weiterhin die Mehrheit, wenn ihnen auch bald klar geworden sein muß, daß diese mit den überkommenen Mitteln auf die Dauer nicht mehr zu halten war. Bei den Wahlen des Jahres 1884, als in den Städten, Industrieorten und Landgemeinden zum ersten Male auch die »Fünfguldenmänner« – Personen, die fünf Gulden direkte Steuer zahlten – zur Urne gingen, konnten sie gerade noch ihre Positionen halten. Wohl hatten sie in Amstetten ein Mandat an die Konservativen verloren, im Horner Landwahlbezirk hat aber ein Schönerianer den konservativen Bauernführer Anton Ruf verdrängen können. Auch alle Mandate der Städtewahlbezirke blieben ihnen erhalten, die Landbezirke entsandten jetzt aber bereits in der Mehrheit Konservative, zweifellos ein Erfolg der politischen Kleinarbeit Scheichers und seiner Freunde; das Waldviertel dagegen war dank der Arbeit Schönerers stärker denn je in liberaler Hand. Dies mußte den Liberalen aber deutlich zeigen, daß ihr Einfluß auf die Landbevölkerung im Schwinden begriffen war. Auch in den Städtewahlkreisen war ihre Kandidatenauswahl nicht sehr glücklich, denn alle sieben Wiener Wahlbezirke wurden durch sieben Advokaten und zwei Professoren, aber durch keinen einzigen Gewerbetreibenden vertreten. Als im Jahre 1890 in den Landtag gewählt wurde – diesmal konnten die Landgemeinden noch nicht direkt zur Urne gehen und wählten ihre Abgeordneten zum letzten Male durch Wahlmänner –, zeigte sich bereits deutlich der nahende Erdrutsch. Wohl blieb die liberale Mehrheit dank der Einstellung des Großgrundbesitzes und der Handelskammern mit 41 Mandaten erhalten, da ihnen die Antiliberalen nur 22 (14 Christlichsoziale und acht Konservative) gegenüberstellen konnten, in die Städtewahlbezirke konnte die allerdings etwas bunt zusammengewürfelte antiliberale Opposition aber schon tief eindringen, besonders in den Wiener Vorstädten. Nur die Innere Stadt, die Leopoldstadt, die Wieden und der Alsergrund blieben den Liberalen erhalten, während die Städtewahlbezirke Waidhofen an der Ybbs, Klosterneuburg und Neunkirchen bereits von den Antiliberalen erobert wurden, die auch Schöffel und den Vertreter von Mistelbach zu den ihren rechneten. Damit waren die Wortführer der »Antisemiten«, Lueger, den der Wiener Bezirk Margareten gewählt hatte, und Schneider, Mitglieder des Landtages geworden. Die Wahlagitation hatte vor allem den Christlichsozialen Gelegenheit geboten, ihr Ideengut auch auf dem Lande zu verbreiten, so daß es ihnen gelang, bei den nächsten Landtagswahlen die liberale Mehrheit endgültig zu brechen.

Je mehr die autonome Landesverwaltung erstarkte und selbstbewußt wurde, dabei immer neue Agenden erschloß, mußte die landesfürstliche, die Statthalterei, zurücktreten und kam vielfach ins Zwielicht der Anonymität, obwohl sie nach Errichtung der Bezirkshauptmannschaften im Jahre 1868 festen Boden nach unten gewonnen hatte. Der erste Statthalter der konstitutionellen Epoche, Anton Freiherr Halbhuber, mit dem Adelsprädikat »von Festwill« bedacht, hatte die typische Karriere des hohen österreichischen Beamten hinter sich gebracht, für ihn war die Statthalterei nur ein Durchgangsposten. Für seinen Nachfolger Gustav Ignaz Graf Chorinsky (1862–1868) bedeutete sie jedoch das Ende seiner reichbewegten Beamtenlaufbahn, die mit 34 Jahren als Kreishauptmann in Salzburg begonnen und über die Leitung der Landesregierungen in Laibach, Troppau und Brünn nach Wien geführt hatte. Er veranlaßte die Herausgabe des Niederösterreichischen Amtskalenders, der bis heute, auf den ganzen Staat ausgedehnt, zum unentbehrlichen Nachschlagwerk jeder Behörde geworden ist. Relativ kurz, doch von zahlreichen Neuerungen erfüllt war die Amtszeit des Statthalters Philipp Weber von Ebenhof, denn er hatte die Durchführung des Reichsvolksschulgesetzes, die Konstituierung der Bezirkshauptmannschaften und die Organisation des Sanitätsdienstes zu überwachen. Der spätere Unterrichtsminister Sigmund Conrad von Eybesfeld wurde von 1872 bis 1880 sein Nachfolger, dieser wieder von Ludwig Pominger von Choborsky abgelöst, der aus Galizien stammte und dort in verschiedenen Ämtern tätig

gewesen war. Auch er kam über die Brünner Statthalterei nach Niederösterreich. Der bedeutendste Statthalter der ganzen Periode war aber Erich Graf
Kielmansegg, einem hannoveranischen Adelsgeschlecht entstammend, der
vorerst als Offizier und später als Beamter in österreichische Dienste trat
und hier rasch Karriere machte. 1889 wurde er niederösterreichischer Statthalter, zu jener Zeit, als im Landtag die parteipolitischen Kämpfe mit großer
Heftigkeit einsetzten. Da der Statthalter bei Sitzungen des Landtages anwesend sein mußte und jederzeit das Wort ergreifen konnte, wurde er vor allem von den Christlichsozialen in Konflikte verwickelt, die sich zur Zeit der
Bürgermeisterkrise um die Wahlen Luegers zu schwersten Angriffen und
persönlichen Beleidigungen durch verschiedene Abgeordnete steigerten.
Erst als er sich nach Luegers Bestätigung nach außen hin gefügig erwies,
hörten die Angriffe auf. Kielmansegg war ein großartiger Organisator. Das
bewies er nicht nur bei der Schaffung von Groß-Wien, die ungezählte Ver-
waltungsprobleme aufwarf, sondern vor allem durch seine Kanzleireform,
wo er mit veralteten Traditionen in der landesfürstlichen Verwaltung auf-
räumte und, ohne erprobte Einrichtungen über Bord zu werfen, der Amtsführung und dem Aktenlauf ein völlig modernes Gesicht gab. Nach niederösterreichischem Vorbild sind dann in fast allen Kronländern Teilreformen
durchgeführt worden, ebenso im Finanz- und Eisenbahnministerium. Im
Zuge dieser Maßnahmen wurde auch das Statthaltereiarchiv eingerichtet
und geordnet. Die Bevölkerungszunahme im Raume Wien führte auch zu
einem bedeutenden Anwachsen der Vororte jenseits des Linienwalles, zumal
sie nicht der Verzehrungssteuer unterworfen waren. Schon 1874 hatte die
starke Bautätigkeit vor der Favoritener Linie zur Schaffung des zehnten Bezirkes geführt. Nun gewannen die Anhänger einer großzügigen Eingemein-
dung immer mehr an Boden. Nach zahlreichen Verhandlungen und Diskussionen, besonders aber dank der zielstrebigen Arbeit des Statthalters Graf
Kielmansegg, beschloß der Landtag am 9. Dezember 1890 eine neue Gemeindeordnung für Wien, in der auch die Einbeziehung der südlich der Donau gelegenen Gemeinden enthalten war. Diese bildeten nun die Bezirke 11
bis 19. Die Fläche der Stadt stieg von 38 auf 63 Quadratkilometer, die Einwohnerzahl von 817.000 auf 1,364.000. Im Sommer 1891 erfolgte die Übernahme der Verwaltung durch die Stadt Wien.

In der Folge konzentrierte sich die politische Auseinandersetzung der Parteien auf die Gemeindestuben. In Wien setzten die Christlichsozialen unter
der Führung Dr. Karl Luegers zum Sturm auf das Rathaus an. Während die
Liberalen in den meisten bedeutenderen Landstädten weiterhin die Bürgermeister stellen konnten, gelang es Luegers Partei im Frühjahr 1895, mehr als
die Hälfte des zweiten Wahlkörpers der Reichshauptstadt zu erringen, der
dritte war bereits ihr sicherer Besitz. Lueger wurde wohl zum Bürgermeister
gewählt, nahm aber nicht an, so daß im Herbst Neuwahlen durchgeführt
werden mußten. Da nun die Hausbesitzer geschlossen zu den Christlichsozialen übergingen, errangen diese einen überlegenen Sieg. Kaiser Franz Joseph verweigerte aber die Bestätigung Luegers als Bürgermeister. Als der

Gemeinderat auf seiner Wahl bestand, erfolgte seine neuerliche Auflösung, doch machte die Neuwahl die Christlichsozialen wieder stärker. Lueger verzichtete nach einer Audienz beim Kaiser auf die Wahl, für ein Jahr wurde Dr. Strobach Bürgermeister, nach seiner fünften Wahl erlangte er im Jahre 1897 aber die kaiserliche Bestätigung. Zu dieser Zeit beherrschte seine Partei auch bereits das niederösterreichische Landhaus.

Im Reichsrat war hingegen der Kampf der Nationen auf dem Höhepunkt angelangt. Nachdem Graf Badeni im November 1893 am Widerstand der liberalen und konservativen Gruppen gegen seine Wahlrechtsreform gescheitert war, brachten Probleme des Nationalitätenkampfes in rascher Folge mehrere Ministerien zum Sturz. So erging es auch dem niederösterreichischen Statthalter Graf Kielmansegg, dessen Ministerium kaum ein halbes Jahr lang am Ruder blieb. Es war als Leiter eines Beamtenministeriums nur als Übergangslösung gedacht. Immer öfter wurden nun nationale und soziale Gegensätze vermengt. Diese Probleme waren auch für den polnischen Grafen Kasimir Badeni unlösbar, obwohl er die Wahlrechtsreform durchbrachte. Zu den vier bestehenden Wählerkurien trat für den Reichsrat eine fünfte allgemeine Kurie, zu der alle über 24 Jahre alten männlichen Staatsbürger wahlberechtigt waren. Dadurch konnten im Jahre 1897 Vertreter der Massenparteien in größerer Zahl in den Reichsrat gewählt werden. Dort aber kulminierten die Gegensätze, die Obstruktion wurde immer mehr zum Mittel der politischen Auseinandersetzung, der innere Zerfall der Monarchie setzte ein.

Gerade in diesen Jahren der beginnenden politischen Krisen wurde die Person Kaiser Franz Josephs immer mehr zur Legende. Die schweren Schicksalsschläge, wie es der Selbstmord des Kronprinzen Rudolf im Jagdschloß Mayerling bei Baden am 30. Jänner 1889 und die Ermordung der Kaiserin Elisabeth am 10. September 1898 in Genf waren, banden den rasch gealterten Monarchen besonders stark an das Volk. Er besuchte auch oft niederösterreichische Orte, etwa beim großen Korpsmanöver im September 1891 das obere Waldviertel, eröffnete Krankenhäuser wie im Oktober 1895 in St. Pölten, fuhr auf neueröffneten Eisenbahnen und besichtigte Bauten der Landeskultur. Besonders eindrucksvoll war die Huldigung aller Bürgermeister des Landes zum 60jährigen Regierungsjubiläum des Kaisers.

30. KAPITEL

Fin de siècle

Badenis Wahlrechtsreform führte im Sommer 1896 auch zu einer Änderung der Landesordnung und Landtagswahlordnung des Erzherzogtums Österreich unter der Enns. Zwar blieben die bisherigen Kurien bestehen, die Zahl der Abgeordneten wurde jedoch auf 78 erhöht und die Landgemeinden wählten künftig ihre Vertreter direkt.

Die Landtagswahlen vom Oktober 1896 brachten eine Wende in der politischen Geschichte Niederösterreichs. Was nach den Ergebnissen der Wiener Gemeinderatswahlen schon fühlbar geworden war, trat nun ein: Die Christlichsozialen, die unter Führung Luegers einen kometenhaften Aufstieg erlebt hatten, wurden nun Mehrheitspartei im Lande, waren in der Verwaltung der autonomen Landesangelegenheiten gleichberechtigt mit den Liberalen, nahmen aber dank der Durchschlagskraft ihrer Vertreter ganz entschieden die Geschicke des Landes in die Hand. Mit besonderer Sorgfalt haben sie und die mit ihnen sympathisierenden Gruppen – von einer geschlossenen Partei im heutigen Sinn konnte man damals noch nicht sprechen – sich für die Wahl vorbereitet. Dank der Organisationskraft Dr. Scheichers und seiner Freunde, dank der Arbeit der in Scheichers Schule erzogenen Kapläne, die sich mit Feuereifer der politischen Arbeit widmeten und keine Versammlung unbesucht ließen, konnten sie auf dem flachen Lande große Fortschritte erzielen, besonders bei der Bauernschaft. Bereits seit fünf Jahren bestand ein Waldviertler Bauernverein, den der Pfarrer Franz Xaver Döller aus Puch bei Waidhofen an der Thaya organisiert hatte und der in Schönerers Heimat, im Waldviertel, beachtliche Erfolge errang. Beim Diözesankatholikentag des Jahres 1895 in St. Pölten hatte der Stadtpfarrer von Pöchlarn, Mathäus Bauchinger, die Gründung weiterer Bauernvereine gefordert, und im Dezember 1895 in Purgstall an der Erlauf den »Bauernverein für das Viertel ob dem Wienerwald« ins Leben gerufen, der im März 1896, bei seiner konstituierenden Versammlung in Amstetten, bereits auf zweitausend Mitglieder hinweisen konnte. Eine dichte und gut organisierte Versammlungswelle, die Verpflichtung der »St. Pöltner Zeitung« als Organ, machte diesen Verband bald zu einer der schlagkräftigsten Wählerorganisationen der Landbezirke.

Unter Scheichers Anleitung waren überdies seit 1890 christliche Arbeitervereine und Arbeiterbildungsvereine entstanden, die von den Liberalen vernachlässigten kleinen Handwerksmeister wurden angesprochen und so in

Abb. 58 Brand der Stadt St. Pölten im Jahre 1833

Abb. 59 Brand der Stadt Wiener Neustadt im Jahre 1834

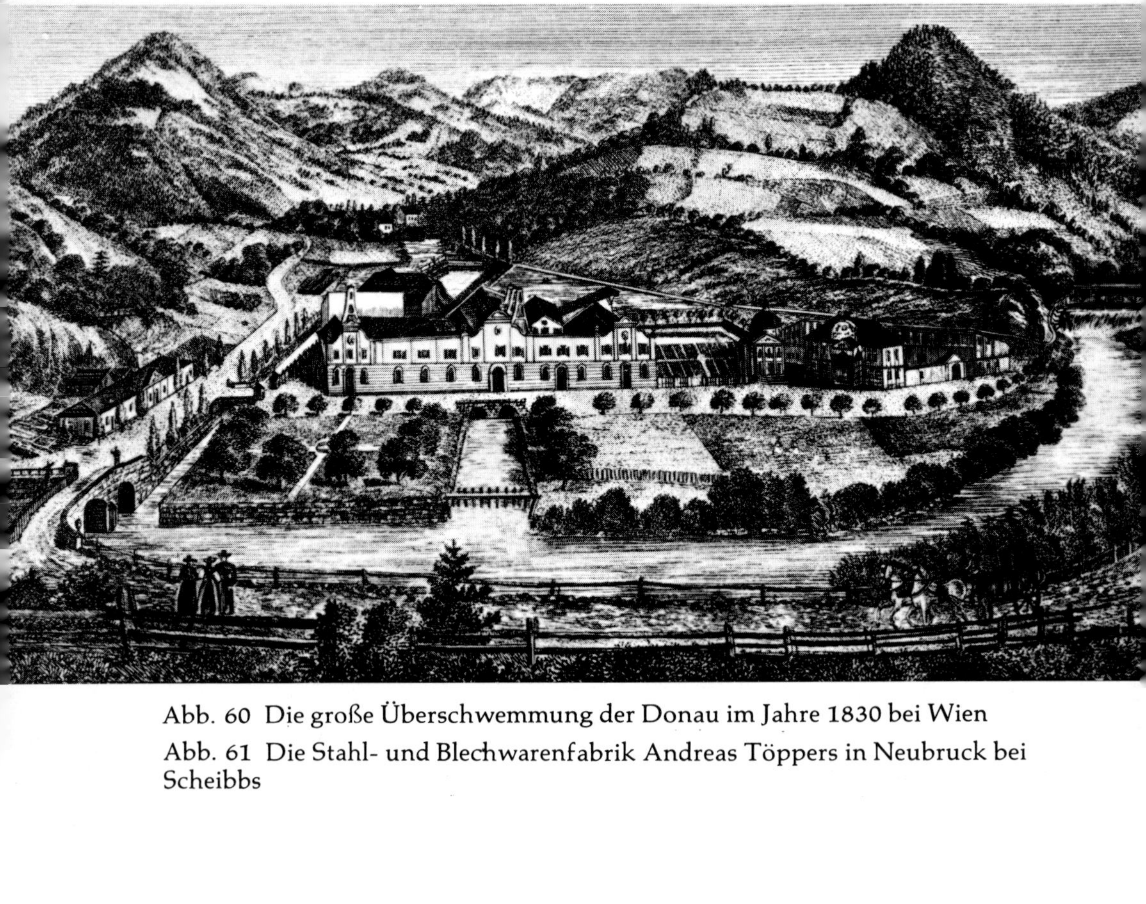

Abb. 60 Die große Überschwemmung der Donau im Jahre 1830 bei Wien

Abb. 61 Die Stahl- und Blechwarenfabrik Andreas Töppers in Neubruck bei Scheibbs

Abb. 62 Karl Ritter von Ghega,
der die Semmeringbahn
projektierte und erbaute

Abb. 63
Bau der Semmeringbahn
(Tunnel bei Klamm)

Abb. 64
Der Reichstagsabgeordnete
und Student Hans Kudlich,
der die Aufhebung des
Untertanenverbandes
beantragte

Abb. 65 Kampfszene
in Wien im März 1848

Abb. 66 Das 1876 erbaute Landeslehrerseminar in St. Pölten

Abb. 67 Eine als »NÖ Landes-Real- und -Obergymnasium« gegründete
Höhere Schule

Abb. 68
Georg Ritter von Schönerer

Abb. 69
Pfarrer Matthäus Bauchinger
von Pöchlarn als bäuerlicher
Abgeordneter im Jahre 1896

Organ des Bauernvereines für das V. O. W. W.

Motto: Mit Gott, für Volk, Wahrheit und Recht.

St. Pöltner Zeitung

(Gegründet als „St. Pöltner Bote".)

Erscheint jeden Donnerstag Vormittag.

Pränumerationen und Inserate

Pränumeration
Per Post:
Ganzjährig 5 fl. 60 kr.
Halbjährig 2 fl. 80 kr.
Vierteljährig 1 fl. 40 kr.
Monatlich — fl. 50 kr.

Einzelne Nummern 6 kr.

Beilagegebühren
nach Uebereinkommen.

wollen unter die Adresse: Administration der St. Pöltner Zeitung eingesendet werden. — Unverschlossene Nachfrageschreiben wegen nicht erhaltener Nummern sind portofrei. Anfragen über Inserate sind eine Retourmarke beizufügen. Inserate sind portorein zu beziehen. Die dreimal gespaltene Petitzeile kostet bei erstmaligem Erscheinen 6 kr., jedoch weiterhin 4 kr. bei Wiederholungen Rabatt. Anonyme Mittheilungen finden keine Aufnahme. — Pränumeran werden nicht zurückgegeben.

Pränumeration
für St. Pölten:
Ganzjährig 5 fl. — kr.
Halbjährig 2 fl. 50 kr.
Vierteljährig 1 fl. 25 kr.
Monatlich — fl. 45 kr.

Mit Zustellung:
Ganzjährig 5 fl. 60 kr.
Halbjährig 2 fl. 80 kr.
Vierteljährig 1 fl. 40 kr.
Monatlich — fl. 50 kr.

Nr. 42.   **Donnerstag den 15. October 1896.**   **36. Jahrg.**

Der Landtags-Candidat des Bauernvereines V. O. W. W.

Einer der besten Redner in unserem öffentlichen Leben ist unstreitig der hochw. Herr Stadtpfarrer von Pöchlarn, so spricht gewiß jeder, der je ihn zu hören Gelegenheit hatte und jeden Diesbeglückten beseelt der stille Wunsch, auch dessen vielversprechendes Lebensbild enrollt zu wissen, welche Gewährung allen ehrlichen Lesern in nachstehenden Zeilen zutheil wird.

Matthäus Bauchinger wurde am 3. September 1851 zu Frankenburg in Oberösterreich als der Sohn eines Hausbesitzers und Zimmermanns geboren. Im Jahre 1863 begann er die Gymnasialstudien am Staatsgymnasium in Linz. Im Herbste des Jahres 1869 trat er in die Congregation der Redemptoristen, legte bis zum Herbste des Jahres 1870 sein Noviziat in Kapeldorf zurück, studierte von da an bis zum Jahre 1875 Theologie in der theologischen Lehranstalt zu Mautern in Steiermark, kam im Jänner 1876 nach Eggenburg als Katechet der dortigen Bürgerschule und wurde von dort im October des Jahres 1879 nach Wien als Prediger versetzt. Im Jahre 1880 wurde Matthäus Bauchinger als Professor nach Mautern in Steiermark berufen, allwo er bis October 1889 Philosophie und Dogmatik vorzutragen hatte. Darnach machte er eine Studienreise nach Italien und hielt sich bis Monat Mai des Jahres 1890 in Rom und Neapel auf. Vom Monate Mai 1890 bis 1893 war Matthäus Bauchinger Rector des Redemptoristenklosters in Eggenburg; gründete in Mautern und Eggenburg katholische Gesellenvereine und hat sich bei der dortigen Bevölkerung, besonders der arbeitenden Classe, durch seine angebore Liebenswürdigkeit, Frohsinn und Güte derart verdient gemacht, daß ihm von vielen,

Pfarrer Matthäus Bauchinger.

seinerzeit dort weilenden Arbeitern noch jetzt das größte Lob und Dank nachgerufen, sein edler Name im bleibenden Andenken sich erhalten wird.

Im Jahre 1894 trat er aus politischer Differenzen wegen aus der Congregation und kam am 30. Juni des Jahres 1894 als Aushilfspriester nach Pöchlarn an der Donau, wurde am 5. Februar 1895 Beneficiat und am 18. Juni 1895 als Pfarrer auf die Stadtpfarre Pöchlarn investiert. Als Redemptorist schrieb Matthäus Bauchinger mehrere Broschüren und „Das Leben des seligen P. Maria Hofbauer", ein Buch, das bekanntlich an Reichhaltigkeit, Sinn und Geschmack seinesgleichen wenige findet und von dem Geist und Wissen des hochverdienten, würdigen Schriftstellers das glänzendste Zeugnis gibt. Der hochwürdige Herr Matthäus Bauchinger hielt seinerzeit viele Missionen in Nieder- und Oberösterreich, Böhmen, Mähren, Steiermark, Salzburg und Tirol. Auf dem zweiten allgemeinen Katholikentage setzte er die Gründung der Leo-Gesellschaft durch und auf dem dritten Katholikentage in Linz gab er den Anstoß zur Gründung der „Reichspost", dieser schönsten und empfehlenswertesten aller katholischen Zeitungen.

Im Eggenburg baute Matthäus Bauchinger ein großes, schönes Vereinshaus für den Gesellenverein. Auch der katholische Bauernverein Viertel ober dem Wienerwalde kann sich glücklich fühlen, diesen um das christliche Volk so verdienten Mann als Obmann der Preß-Section und zweiten Obmann-Stellvertreter zur Förderung des Vereines zu besitzen.

Nach den uns vorliegenden Stimmungsberichten hat Herr Pfarrer Bauchinger als Candidat für den Bezirk Scheibbs-Mank-Kirchberg an der Pielach die besten Aussichten, da Herr Wimmer von seinen Freunden bereits ersucht wurde, nicht zu candidieren. In Kirchberg an der Pielach dürfte kein anderer als Pfarrer Bauchinger gewählt werden. Die am 14. d.

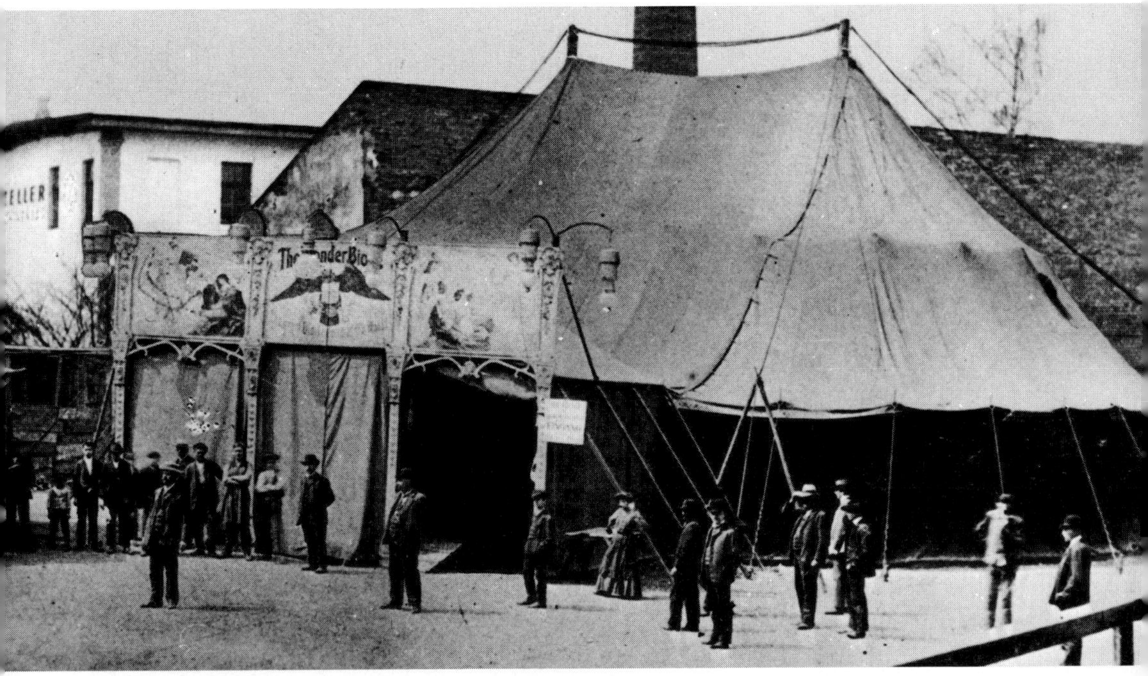

Abb. 70 „The wonder Bio", die Anfänge des Kinos

Abb. 71 Feuerwehrveranstaltung um 1900

Abb. 72 Kaiser Franz Joseph
bei einem Besuch in einer
niederösterreichischen Stadt
im Jahre 1910

Abb. 73 Dr. Karl Lueger bei
seinem letzten Besuch in Melk
im Jahre 1910

Abb. 74 Das Linzer Regiment Nr. 14 passiert auf der Fahrt nach Galizien den Bahnhof Melk (August 1914)

Abb. 75 Landwehreinheiten auf dem Rathausplatz in St. Pölten vor dem Abmarsch an die Front im Jahre 1915

Abb. 76
Landeshauptmann
Eduard Buresch

Abb. 77
Landeshauptmann
Josef Reither mit dem
Landwirtschaftsminister
Dr. Engelbert Dollfuß im
Jahre 1932 in Amstetten

Abb. 78 Kundgebung der
Vaterländischen Front
im Jahre 1934

Abb. 79 Kundgebung der
Sozialdemokratischen Partei
im Jahre 1932

Abb. 80
Der nationalsozialistische
Gauleiter Dr. Hugo Jury

Abb. 81 Aufmarsch der
Hitlerjugend im Jahre 1939

Abb. 82 Wiener Neustadt 1945: Blick gegen die Domtürme

Abb. 83 In den Lunzer See abgestürztes amerikanisches Jagdflugzeug vom Typ Lightning

Abb. 84 Bundeskanzler Ing. Figl unterhandelt mit russischen Offizieren

Abb. 85 Die letzte Einheit der russischen Besatzungstruppen verläßt im
September 1955 die Stadt Baden

Abb. 86
Die niederösterreichische
Landesregierung des
Jahres 1955

Abb. 87
Landeshauptmann
Johann Steinböck

Abb. 88 Landeshauptmann
Andreas Maurer und
Landeshauptmann-
stellvertreter Hans Czettel
bei einem ORF-Interview

Abb. 89
Die niederösterreichische
Landesregierung im
Jahre 1983

langer Arbeit der Boden für einen Erdrutsch vorbereitet. Die Agitation der Liberalen war demgegenüber ausgesprochen lustlos und ohne zündende Gedanken. Es gab auch keine für sie neu zu erschließenden Volksschichten, und mit jeder Verbreiterung des Wahlrechtes mußte zwangsläufig ihr Einfluß geringer werden. So war es verständlich, daß sie im neuen Landtag nur mehr 25 Vertreter hatten, daß ihnen Wien mit Ausnahme der Inneren Stadt verlorengegangen war, daß nun die Christlichsozialen die meisten Mandate der Landkurie und selbst einige der Städtekurie des flachen Landes gewannen. Diese beherrschten mit 31 Abgeordneten unter dem von Lueger geprägten Sammelnamen »Antisemitische Vereinigung« den Landtag, da sie sich mit den zwölf Vertretern der Deutschen Volkspartei eng verbündeten. Vom alten Landesausschuß war nur mehr Schöffel geblieben. Mit Dr. Kupka, den bald Scheicher ersetzte, Geßmann und Steiner hatten sie drei Kämpfer in der neuen autonomen Landesverwaltung; die beiden anderen Mitglieder waren mehr oder weniger liberal. Der milde und nobel handelnde Baron Gudenus hatte als Landmarschall wahrlich kein leichtes Leben. Als sich im Jahre 1902 bei den in manchen Orten recht stürmischen Wahlen die Erfolge der Christlichsozialen vergrößerten, diese nun 45 Mandate auf sich vereinigten und die verbündeten Gegner – Liberale, Deutschvölkische und Sozialdemokraten – überwinden konnten, gewannen sie im Landesausschuß alle Macht. In Wien hatten sie alle 21 Mandate, in den Landbezirken 24 gewonnen. Der große Verlierer war Schönerer, der keinen einzigen Anhänger seines Alldeutschtums in den Landtag bringen konnte. Aber selbst der populäre Schöffel, Ehrenbürger von mehr als hundert Gemeinden, war im Bezirk Hollabrunn einem christlichsozialen Gegenkandidaten erlegen. Über Vorschlag des Statthalters Kielmansegg ernannte der Kaiser den Abt von Herzogenburg, Frigdian Schmolk, Vertreter des Großgrundbesitzes, zum Landmarschall. Mit diesem waren die Christlichsozialen nicht einverstanden, da sie lieber Prinz Alois Liechtenstein an seiner Stelle gesehen hätten. Schmolk betrachtete aber bald Dr. Geßmann, den eigentlichen Leiter der Landespolitik, als »seine Nymphe Egeria« und tat, was die Christlichsozialen wollten. Seit 1906 war dann Liechtenstein bis zu seinem Rücktritt im Jahre 1918 Landmarschall. Auf dem Höhepunkt ihrer Macht, als sie dem freien Ermessen weiten Spielraum ließen, auch den Konflikt mit der Statthalterei nicht scheuten, wurde durch einige Mandatare ein rauher Ton ins politische Leben gebracht. Besonders der Wiener Abgeordnete Bielohlawek tat sich durch ungestümes Wesen hervor.

Vor dem Ablauf der Legislaturperiode haben sie die Landtagswahlordnung neuerlich geändert. Die Zahl der Sitze wurde von 78 auf 127 erhöht und als neue Kurie eine allgemeine Wählerklasse angeschlossen, in Wien alle anderen Kurien gestrichen. Dort wurden nur mehr nach dem allgemeinen und gleichen Wahlrecht 48 Abgeordnete gewählt, während den Landbezirken nur zehn Mandate dieser Klasse zugebilligt wurden. In Wien konnten daher 12.000 Wähler, auf dem Lande nur 60.000 einen Abgeordneten stellen. Dafür haben die Landstädte ihre Städtekurie und die Bauerngemein-

den ihre Landgemeindekurie beibehalten. Man betrachtete auch die deutschbürgerlichen Gruppen nicht mehr als ernst zu nehmende Gegner, sondern
rechnete nur mehr mit der Konkurrenz der unterdessen mächtig erstarkten
Sozialdemokraten.

Diese haben im Jahre 1896 den Ausbau ihrer Organsisationen auf dem
Lande intensiviert. Zur besonderen Hochburg wurde das Viertel unter dem
Wienerwald ausgestaltet. Ein sechswöchiger Streik aller Neunkirchner Fabriksarbeiter endete zwar 1896 mit einer Niederlage der organisierten Arbeiter, bewirkte aber eine gute organisatorische Schulung der sozialdemokra-
tisch gesinnten Arbeiterschaft des Industrieviertels. Mit dem »Neunkirchner
Volksblatt« und der in Wiener Neustadt neuerlich erscheinenden »Gleichheit« hatte dort die Arbeiterbewegung bereits zwei lokale Presseorgane. Da
im Jahre 1897 erstmals bei den Reichsratswahlen eine allgemeine (fünfte)
Wählerkurie bestand, bei der sich die Sozialdemokraten die Möglichkeit er-
rechneten, Mandate zu gewinnen, gründeten sie in vielen größeren Orten,
wie in Stockerau, Krems, St. Pölten, Wiener Neustadt, Ulmerfeld und Wilhelmsburg Wählervereine, die Vorläufer der späteren Lokalorganisationen
wurden. Sie errangen auch in Wien 88.000 und in den Landgebieten 44.000
Stimmen. Zwar fielen ihnen in Niederösterreich keine Mandate zu, die Organisation, nun einmal aufgebaut, blieb aber bestehen und wurde durch
Vorfeldvereine, wie Radfahrklubs, Gesangsvereine, vor allem aber durch die
Gründung der »Naturfreunde«, immer mehr erweitert. Die Feiern zum
1. Mai konnten auch in niederösterreichischen Orten bereits mit Erfolg
durchgeführt werden. Einen mächtigen Aufstieg nahm die Gewerkschaftsbewegung, die in zahlreiche Lohnkämpfe verwickelt wurde. Allein im Jahre
1903 haben die niederösterreichischen Metallarbeiter 39 Streiks durchgeführt. Besonders weiter Wellen schlug der große Streik in der Fischer'schen
Weicheisengießerei in Traisen im Jahre 1905, an dem 400 Arbeiter durch
drei Monate teilnahmen. Er wurde von beiden Seiten mit solchem Terror geführt, daß tausend Mann Militär in diesem Industriedorf stationiert werden
mußten. Eine nun einsetzende Wirtschaftskrise lähmte den weiteren Aufstieg
der Gewerkschaften, die bis 1912 in Niederösterreich nur mehr 17.000 Mitglieder gewinnen konnten. Für den Landtag konnten die Sozialdemokraten
erstmals 1902 im Bezirk Floridsdorf ein Mandat erringen. Da sie aber im
Jahre 1907 bei den Reichsratswahlen, die erstmals mittels des allgemeinen
Wahlrechtes durchgeführt wurden, in Wien und Niederösterreich 16 Abgeordnete durchbrachten, gab man ihnen bei den Landtagswahlen des Jahres
1908 von liberaler Seite reelle Chancen. Die Hoffnungen wurden aber enttäuscht, denn sie konnten nur sechs Mandate erobern, davon fünf in Wiener Bezirken und eines in Niederösterreich. In Wien war Luegers Partei neuerlich als überlegener Sieger hervorgegangen, auf dem flachen Lande gewannen die Christlichsozialen die restlichen neun Mandate der allgemeinen
Wählerklasse. Selbst Spannungen innerhalb der Partei wirkten sich noch
nicht aus. Die vereinigten deutschbürgerlichen Gruppen waren im Landtag
zu einer unbedeutenden Splittergruppe abgesunken. Nur mehr einige Land-

städte wie St. Pölten, Krems, Waidhofen an der Thaya, Wiener Neustadt und Neunkirchen wählten in der Städtekurie deutschbürgerlich, die anderen ebenfalls schon christlichsozial. Dies führte zu einer letzten großen Einigung der liberalen Richtungen. Schönerers »alldeutsche« Partei, die um 1900 durch Propagierung der »Los von Rom-Bewegung« mit der katholischen Kirche in schweren Konflikt geraten war, hatte sich 1907 neuerlich gespalten, als Karl Hermann Wolf in den Sudetenländern eine »deutschradikale Partei« schuf. Ab 1904 waren auch kleinere, auf klassenmäßiger Basis stehende Parteien entstanden, wie die konservative »Deutsche Agrarpartei« und die sozialradikale »Deutsche Arbeiterpartei«. Die Österreich bejahenden Gruppen schlossen sich nun zusammen und bildeten 1910 den »Deutschen Nationalverband«, um sich bei kommenden Wahlen gegenseitig zu unterstützen. Bei den Reichsratswahlen des Jahres 1911 errang er auch einen großen Erfolg, die Christlichsozialen verloren, nach Luegers Tod in eine Krise geraten, in Wien 16 und in den Landbezirken drei Reichsmandate, wobei die Mehrzahl den Deutschbürgerlichen, einige auch den Sozialdemokraten zufielen. Diese Vereinigung konnte sich im Land nicht mehr bewähren, denn wegen des Kriegsausbruches fanden im Jahre 1914 keine Landtagswahlen mehr statt.

Bei den Wahlen des Jahres 1908 hatte das Nationalitätenproblem eine große Rolle gespielt. Das mag in Niederösterreich überraschen, doch verstehen wir dies, wenn wir die tschechische Unterwanderung der letzten Jahrzehnte genauer verfolgen. Die Christlichsozialen waren auf nationalem Gebiet bisher sehr zurückhaltend gewesen, wurden aber durch die Aufputschung der Gemüter wegen des sogenannten Komensky-Erlasses zur Stellungnahme gezwungen. Bis 1908 mußten nämlich die Schüler der Komensky-Schule im zehnten Wiener Gemeindebezirk nach Lundenburg fahren und dort die Prüfungen vor tschechischen Lehrern ablegen, um staatsgültige Zeugnisse zu erhalten. Am 24. Juni 1908 gab das Unterrichtsministerium einen Erlaß heraus, demzufolge Lundenburger Lehrer in Wien die Prüfungen abhalten durften. Die deutsche Presse Wiens begann daraufhin zu toben, man sah in dieser Maßnahme den Beginn neuer tschechischer Schulgründungen in Niederösterreich, wohin in den letzten Jahrzehnten eine beachtliche slawische Minderheit eingewandert war.

Im Zuge der großen Bahnbauten, der Nordbahn wie der Franz-Josefs-Bahn, und der Industrialisierung Niederösterreichs, vor allem des Wiener Beckens, sind viele Tschechen und Slowaken nach Niederösterreich eingewandert. Sie ließen sich in den Bezirken um die Grenzbahnhöfe, aber auch in Wien und in den südlich davon liegenden Industriegemeinden nieder, wo sie oft unter den menschenunwürdigsten Verhältnissen lebten. Im Jahre 1880 wohnten in Niederösterreich unter 2,1 Millionen Menschen 61.000 Tschechen, davon 25.000 in Wien, 1890 schon 63.800 in Wien und 30.000 auf dem flachen Lande, 1900 aber 133.000 in unserem Heimatland, davon 103.000 in der Reichshauptstadt. Damit stellten sie bereits 5,3 Prozent der gesamten Bevölkerung Niederösterreichs. Die zahlenmäßig stärkste Minderheit nördlich der Donau hatte der Gerichtsbezirk Mistelbach mit 8.250 Tschechen, dann folgten Gmünd, Schrems, Feldsberg, Laa, Matzen und Stockerau. Die Mehrheit hatten sie in den Grenzorten Bischofswarth und Themenau.

Aber auch im Wiener Becken waren sie in manchen Orten in der Überzahl oder bildeten starke Minderheiten. Man fand sie vor allem in den Industriegebieten der Ebene, während sie in den Landdistrikten oder im Gebirge fast gänzlich fehlten. Vor allem zwischen 1880 und 1890 nahmen sie hier sehr rasch zu, besonders im Triestingtal und im Pernitzer Talkessel. So lebten 1890 in Wiener Neudorf 1574 Deutsche neben 1120 Tschechen, in Vösendorf war das Verhältnis 1281 Deutsche zu 1157 Tschechen, in Hennersdorf besaßen 691 Tschechen gegenüber 639 Deutschen die Mehrheit, in Leopoldsdorf lebten 309 Slawen neben 426 Deutschsprechenden. Auch westlich des Wienerwaldes bestanden kleine Kolonien im Gebiet von Lilienfeld, um St. Pölten sowie eine Anzahl tschechischer Bauern zwischen Neulengbach und Böheimkirchen, bei Hürm-Inning und in Reiten in der Nähe der Schallaburg.

Die tschechischen Kolonien waren ein ständiger Begleiter der wirtschaftlich emporstrebenden Gebiete, besonders im Einzugsbereich von Wien. Die Tschechen waren anspruchsloser als die deutschsprachigen Arbeiter und setzten sich daher in der Industrie besonders leicht durch. Hier siedelten sie Bauern auch vielfach schwerpunktmäßig in großer Zahl. Dagegen wanderten tschechische einzeln ein. Das Marchfeld und das Donautal waren mit Tschechen übersät, die Höfe aufgekauft hatten. Bald wurde der Erwerb bäuerlicher Besitzungen durch Banken und Sparkassen regelrecht organisiert, wobei die Živnostenska Banka, die Gewerbebank in Prag, eine überragende Rolle spielte. Die Volkszählung von 1900 erbrachte den höchsten Stand an tschechischer Bevölkerung in Niederösterreich, bis 1910 war ihre Zahl schon beträchtlich gesunken. Bei der Volkszählung dieses Jahres bekannten sich nur mehr 98.461 Einwohner Wiens zur tschechischen oder slowakischen Umgangssprache. Auch in den Grenzorten war die Zahl derer, die tschechische Umgangssprache anführten, stark gesunken. In Unterthemenau/Hlahovec war die Zahl der Deutschen von 6,6 Prozent auf 31,8 Prozent, in Oberthemenau von sechs Prozent auf 14 Prozent, in Bischofswarth von 0,5 Prozent auf 10,6 Prozent und in Bernhardsthal von 83,1 Prozent auf 88,2 Prozent gestiegen. Nur in den Gerichtsbezirken Matzen-Gänserndorf ist der deutsche Anteil von 86,6 Prozent auf 81,6 Prozent gefallen. Man sieht daraus, daß vielen Zuwanderern daran gelegen war, sich möglichst schnell ihrer Umgebung anzupassen, denn die Einwanderung war nach 1900 keineswegs zum Stillstand gekommen, und der tschechische Nationalrat gab die Zahl der Wiener Tschechen mit 200.000 an.

Die Tschechen fanden eine Stütze in nationalen Arbeitervereinen im Industriegebiet, in dem 1872 gegründeten Schulverein Komensky, der 1883 im zehnten Wiener Gemeindebezirk eine Volksschule errichtet hatte, in zehn tschechischen Sparkassen in Niederösterreich, die alle der tschechische Nationalrat für Niederösterreich als Dachorganisation leitete. Die überragende Mehrzahl hatte aber wenig Interesse an nationalen Belangen, sondern suchte Arbeit, Brot und besseres Leben, als es die Heimat bieten konnte. Sie gaben rasch ihre Muttersprache auf und gewöhnten sich an die deutsche Umgangssprache, die viele von der Heimat her kannten. Doch beunruhigte die stille, unaufhörliche Einwanderung slawischer Arbeiter und die beharrliche Siedlungsarbeit tschechischer Banken die deutschsprachigen Niederösterreicher, die befürchteten, daß der deutsche Charakter weiterer Gebiete des Landes im Laufe einiger Jahrzehnte gefährdet werden könnte.

Im ersten Jahrzehnt des 20. Jahrhunderts hat sich daher die sprachpolitische Situation in Niederösterreich verschärft. Dem tschechischen Nationalrat für Niederösterreich und dem Komensky-Verein stellten sich ein »Bund der Deutschen in Niederösterreich« und der Verein »Südmark«, die beide deutschnational eingestellt waren, sowie der christlichsoziale Verein »Ostmark« entgegen. Die Arbeit dieser Schutzvereine war durch gegenseitige schwere Anwürfe gehemmt, da sie den politischen Tageskampf ihrer Parteien höher stellten als die gemeinsamen Ziele. Obwohl einflußreiche Männer, wie der Dichter Peter Rosegger, zur Einigkeit aufriefen, hatte dies keinen Erfolg. Die »Ostmark« beschuldigte den »Bund der Deutschen« nicht zu Unrecht der Radaupolitik, durch die die Tschechen Wiens und Niederösterreichs erst erwacht seien und ihre Vereine erst recht aufblühten. Auch die Gegenseite sparte natürlich nicht mit Vorwürfen. Daher konnte keiner dieser Schutzvereine in Niederösterreich auf besondere Leistungen hinweisen.

Der niederösterreichische Landtag hat sich zum erstenmal im Jahre 1896 mit dem Nationalitätenproblem des eigenen Landes beschäftigen müssen. Der Abgeordnete Dr. Rudolf Kolisko brachte den Antrag ein, die deutsche Sprache als ausschließliche Unterrichtssprache an allen Volks- und Bürgerschulen, soweit sie öffentlich waren, festzulegen. Das Gesetz wurde aber dem Kaiser nicht zur Sanktion vorgelegt. Von den Christlichsozialen wurde es damals nicht ernst genommen. Durch dauernde Wiederholung dieses Gesetzantrages wurde der Inhalt der Lex Kolisko, auf Postkarten mit dem Bild des Abgeordneten versandt und in den Zeitungen immer wieder diskutiert, über die Parteigrenzen hinweg zum Allgemeingut der Bevölkerung. Viele Bevölkerungskreise sahen in den Slawen eine Gefährdung ihrer Existenz, da sie, wie eine 1909 erschienene Studie nachwies, vor allem das Kleingewerbe, den niederen Staatsdienst und das Gesinde der Gutsbetriebe stark unterwanderten. Es gab nämlich in Wien bereits mehr als tausend tschechische Gemeindeangestellte.

Unter dem Druck der Volksmeinung, aber auch der Erkenntnis, daß die slawische Zuwanderung in erster Linie die Reihen der Sozialdemokraten stärkte, haben die Christlichsozialen nach Erscheinen des Komensky-Erlasses ihre Ansichten revidieren und im Wahlkampf entschieden gegen die niederösterreichischen Tschechen Stellung nehmen müssen. Bei der ersten Sitzung des neuen Landtages, am 9. Jänner 1909, brachte der Abgeordnete Julius Axmann neuerlich einen Gesetzentwurf ein, der inhaltlich mit der ehemaligen Lex Kolisko übereinstimmte und mit überwältigender Mehrheit angenommen wurde. Dadurch sollte festgelegt werden, daß in Niederösterreich Schule und Gottesdienst für ewige Zeiten deutsch bleiben sollten. Dieses Gesetz wurde aber im Ministerrat vom Unterrichtsminister Graf Stürgkh zu Fall gebracht und hierauf vom Kabinett Bienerth nicht zur kaiserlichen Sanktionierung vorgelegt.

Dr. Geßmann wollte aber damit die Angelegenheit nicht versanden lassen und bereitete zwei neue Gesetzentwürfe vor, die bestimmten, daß an niederösterreichischen Lehrerbildungsanstalten nur die deutsche Unterrichtssprache zu gelten habe, und daß nur solche Absolventen einheimischer Lehrerbildungsanstalten in Niederösterreich angestellt werden durften, die im Lande das Heimatrecht besaßen. Damit ist auf Umwegen der Zweck der Lex Kolisko erreicht worden, denn diese beiden Gesetze erhielten auch die kaiserliche Sanktion. Im Jahre 1912 wurde übrigens die Lex Kolisko zum zwölften Male eingebracht, aber schon während der Landtagssitzung ließ der Statthalter Bienerth keinen Zweifel offen, daß es neuerlich zu keiner Vorlage kommen werde. Mit dieser genauen Darstellung des Nationalitätenproblemes in Niederösterreich soll gezeigt werden, wie ernst man damals solche Fragen nahm. Unleugbar spielte aber der Einfluß deutsch-böhmischer Kreise, die im liberalen Lager stimmführend waren und sich in den Wiener Vertretungskörpern Geltung zu verschaffen wußten, auch in die niederösterreichischen Verhältnisse hinein.

Die tschechische Zuwanderung nach Niederösterreich war aber nicht einseitig. Die aufstrebende Industrie des Landes und die Pracht der Kaiserstadt mit ihren vielen Möglichkeiten übte auf alle Völker der Monarchie große Anziehungskraft aus, besonders auch auf die deutschen Bewohner der böhmischen Randgebiete. Im Jahre 1910 hatte die Bevölkerung der Hauptstadt die Zwei-Millionen-Grenze schon überschritten; Niederösterreich besaß nun insgesamt 3,5 Millionen Bewohner. Das bedeutete eine Steigerung von 14 Prozent gegenüber dem Jahre 1900, für Wien sogar von 17,6 Prozent. Seit 1870 hatte sich die Einwohnerzahl Niederösterreichs verdoppelt. Die sprunghafte Schaffung wirtschaftlicher Zentren brachte manch neue Bevölkerungsballung. So hat das zur Industriestadt aufgestiegene St. Pölten seine Bevölkerung um 50 Prozent vermehren können. Andererseits machte sich bereits eine starke Abwanderung aus rein landwirtschaftlichen Gebieten, besonders aus den Bezirken Zwettl, Waidhofen an der Thaya oder Hollabrunn bemerkbar, deren Einwohnerzahl in diesem Jahrzehnt gesunken ist.

Die neue politische Entwicklung war für zwei eigentlich ganz verschiedenen Sphären angehörende Schichten günstig: einmal für die kleinbürgerliche Bevölkerung Wiens, dann aber für die Bauernschaft, denn auf diesen beiden Säulen beruhte die Herrschaft der Christlichsozialen. Vernachlässigt wurden dagegen die Kleinstädte, die noch immer deutschbürgerliche Hochburgen geblieben waren. Eine neue Gemeindewahlordnung für diese Städte, die 1914 wirksam geworden wäre, hätte aber auch hier Wandel geschaffen; dazu sollte es aber wegen des Kriegsausbruches nicht mehr kommen, denn nun fanden keine Wahlen mehr statt, und auch die Landtage wurden nicht mehr einberufen.

Die Bauern Niederösterreichs, die um die Jahrhundertwende nur lose politisch erfaßt waren, haben jetzt große Unterstützung bei ihren politischen Organisationsversuchen, aber auch beim Aufbau ihrer genossenschaftlichen Einrichtungen erfahren. Die Tätigkeit der Viertelsvereine der Bauernschaft war nach 1897 wieder eingeteilt worden, lediglich der des Viertels ob dem Wienerwald, der nun in Josef Stöckler aus St. Valentin einen jungen und tatkräftigen Leiter fand, lebte kräftig weiter. Die Bauernvertreter aller vier Landesviertel beschlossen nun, einen das ganze Land umfassenden Bauernverein zu gründen. Am 24. Juni 1906 fand in Wien die Konstituierung statt. Stöckler, der seinen Bauernverein überführte, wurde erster Obmann, Karl List, der Bürgermeister von Groß-Weikersdorf, sein Stellvertreter. Seit dem Jahre 1906 erscheint als Standeszeitung der Bauernschaft der »Bauernbündler« und neben ihm der Bauernbundkalender, denn bis in unser Jahrhundert war der Kalender die eigentliche und meist alleinige geistige Nahrung des Landvolkes. Jedenfalls begann nach 1900 der entscheidende Gesundungsprozeß des Bauernstandes, bei dem der fachlichen Weiterbildung erhöhte Aufmerksamkeit gewidmet wurde. In der hier besprochenen kurzen Friedensepoche sind in Niederösterreich 117 landwirtschaftliche Schulen, meist Winterschulen, errichtet worden. Der im Jahre 1905 geschaffene Landeskulturrat hatte die landwirtschaftlichen Förderungsmaßnahmen zu koordinieren und durchzuführen. Die Zahl der zwangsversteigerten Höfe wurde kleiner, das Selbstbewußtsein der Bauern stieg beträchtlich. Der Weltkrieg brachte dann die endgültige wirtschaftliche Sanierung der niederösterreichischen Landwirtschaft.

Das Erwachen des Bauernstandes, der nun mit eigener Kraft seine wirtschaftliche Lage verbesserte, führte zum weiteren Ausbau des Genossenschaftswesens. Die Raiffeisenkassen waren schon in der vorher besprochenen Übergangsepoche aufgerichtet worden. Nun wurden, um den Einfluß des meist in jüdischen Händen befindlichen Produktenhandels auszuschalten, die landwirtschaftlichen Lagerhausgenossenschaften gegründet. Den Vortritt wagte wieder der Stadtpfarrer Mathäus Bauchinger, der 1898 in Pöchlarn das erste niederösterreichische Lagerhaus errichtete. Bis zur Jahrhundertwende folgten weitere Genossenschaften dieser Art in St. Pölten, Herzogenburg, Vitis, Horn, Gänserndorf, Dürnkrut, Ebreichsdorf, Schwadorf, Hollabrunn, Kilb, Stockerau, Zistersdorf, Ziersdorf, Mistelbach und Tulln. Bis 1903 wurden vier weitere Lagerhausgenossenschaften errichtet, dann war die erste Gründungswelle beendet. Die 22 Genossenschaften hatten 8555 Mitglieder. Sie waren meist finanziell recht schwach fundiert, doch hat der Landesausschuß die Deckung ihrer Defizite übernommen und damit das offizielle Interesse am Ausbau dieser Einrichtungen bekundet. Die Landesbrandschaden-Versicherungsanstalt, eine Hagelversicherungsanstalt, eine Viehversicherungsanstalt, für die das Land bedeutende unverzinsliche Gründungsfonds bereitstellte, die umorganisierte Landeshypothekenanstalt,

Subventionen für die Weinbauern zur Wiederherstellung der reblausverseuchten Weingärten, die Schaffung eines direkten Absatzmarktes in den Städten durch Errichtung der Niederösterreichischen Molkerei in Wien unter Ausschluß des Zwischenhandels waren die bedeutendsten Gründungen.

Den Landgebieten diente auch die Sorge um den Ausbau eines lokalen Eisenbahnnetzes. Es gab wohl eine Reihe von Hauptstrecken in Niederösterreich, viele entlegene Landschaften waren aber noch immer nicht durch den Eisenbahnverkehr erschlossen. Vor allem im Waldviertel wies die Eisenbahnkarte noch große weiße Flecken auf. In dieser zweiten Lokalbahnperiode wurden die Schmalspurbahnen, die Gmünd nach Norden und Süden verlassen, errichtet, die anderen Flügel der Franz-Josefs-Bahn von Zwettl bis Gutenbrunn, von Waidhofen nach Zlabings, von Groß-Siegharts nach Raabs verlängert. Das Gebiet von Drosendorf wurde durch einen Zweig der Nordwestbahn erschlossen, die Wachau erhielt ihre Uferbahn, und das Bahnnetz des östlichen Weinviertels wurde durch Errichtung der Linien Korneuburg – Mistelbach – Hohenau, Gänserndorf – Mistelbach, Stammersdorf – Groß-Schweinbarth – Pirawarth – Dobermannsdorf und Enzersdorf – Dobermannsdorf ausgebaut. Das Marchfeld erhielt eine neue Lokalbahnlinie über Leopoldsdorf nach Engelhartstetten, die Bahnlinie Wien – Preßburg wurde ausgebaut, die Wechselbahn ab Aspang, die Traisentalbahn nach Türnitz und die Mariazeller Bahn von Kirchberg bis Gußwerk verlängert. Ein Teil dieser Linien wurde durch die Staatsbahn, andere durch die Landesbahnverwaltung errichtet. Nach der Schaffung des großen Landeselektrizitätswerkes bei Wienerbruck im Jahre 1911 konnte die Mariazeller Bahn als erste österreichische Bahnlinie elektrisch betrieben werden. Zur Verbesserung der Verkehrssituation trug auch die Errichtung von Autobuslinien durch die Post seit dem Jahre 1907 bei.

Um die Jahrhundertwende fand die Elektrizität auch schon in einigen Orten Verwendung, nachdem teilweise die Industrie vorausgegangen war. Im Jahre 1873 hatte die Berndorfer Metallwarenfabrik eine Grammesche Dynamomaschine von zehn Kilowatt aufgestellt und 1881 die elektrische Beleuchtung der Fabrikshallen eingeführt. Andere Firmen bedienten sich der neuen Energie, die sie aus ihren Werksbächen erzeugten. Einen bedeutenden Fortschritt brachte die »Internationale elektrische Ausstellung«, die 1883 in der Rotunde in Wien von Kronprinz Rudolf eröffnet wurde. Im gleichen Jahr wurde die erste für den Dauerbetrieb bestimmte elektrische Straßenbahn von Mödling nach Hinterbrühl fertiggestellt. Im Jahre 1902 wurde als erste mit Hochspannung betriebene Eisenbahn der Welt die Werksbahn von Wöllersdorf eröffnet. Neben der 1911 elektrifizierten Mariazeller Bahn begann vor Kriegsausbruch auch der elektrische Betrieb auf der Bahnlinie Wien-Schwechat – Berg/Wolfsthal. In Wien war das erste Elektrizitätswerk im Jahre 1890 in der Kaunitzgasse im sechsten Bezirk eröffnet worden. Unter dem Druck von Industrie und Gewerbe stehend, mußten sich auch einige Landstädte sehr bald zur Errichtung von Elektrizitätswerken entschließen. Scheibbs hatte schon 1886 als erster Ort der Monarchie eine elektrische

Straßenbeleuchtung erhalten. Im Jahre 1899 errichtete die Stadt Klosterneuburg ein Kraftwerk, 1901 folgten Waidhofen an der Ybbs, Amstetten und Hollabrunn, 1902 Wiener Neustadt, 1903 St. Pölten, 1909 Horn, Puchberg am Schneeberg und Preßbaum. Alle diese Werke waren selbständig, hatten untereinander keine Verbindung und reichten mit ihrem Abnehmerkreis kaum über den Burgfried hinaus. Manche bedeutende Orte, wie Korneuburg, verharrten bis 1918 bei den Gaslampen, die Landbezirke betrachteten die Petroleumlampe schon als wesentlichen Fortschritt. Dabei begann sich auch in der Landwirtschaft das Maschinenzeitalter bereits abzuzeichnen: Einfache Landmaschinen für Pferdebetrieb, Dreschmaschinen mit Göpelantrieb wurden gebräuchlich. Der Dreschflegel verschwand allmählich aus den größeren Bauernwirtschaften, mit ihnen auch die Drescherpartien aus der Steiermark und dem Burgenland. In den Gutsbetrieben wurde der Felddrusch mit großen Maschinen und Lokomobilen üblich.

Innerhalb der industriellen Entwicklung Niederösterreichs setzte um die Jahrhundertwende der Übergang zum Großbetrieb mit vielen Hunderten Arbeitern ein. Das charakteristische Beispiel dafür sind die beiden Städte Wiener Neustadt und St. Pölten, in denen Produktionsstätten für bisher unbekannte Artikel entstanden. Seit 1899 wurden in Wiener Neustadt in Zusammenarbeit mit Daimler in Cannstatt Motoren und Automobile erzeugt, die im Jahre 1900 bei der Ersten Wiener Automobilausstellung gezeigt wurden. Diese Fabrik erzeugte seit 1902 Lastkraftwagen, machte sich vier Jahre später selbständig, kam aber dann in engere Verbindung zu den Skoda-Werken in Pilsen. Eine andere Automobilfabrik, die in engerem Kontakt mit der ersten altösterreichischen Erzeugungsstätte im mährischen Nesselsdorf/Kopřivnice stand, war noch im ausgehenden 19. Jahrhundert von Ludwig Lohner in Wien gegründet worden. Somit hatte eine Erfindung praktische Verwertung erfahren, an der Siegfried Marcus aus Wien maßgebenden Anteil hatte. Schon um die Mitte der sechziger Jahre hatte er einen Handwagen mit Hilfe eines von ihm konstruierten atmosphärischen Motors angetrieben. Von diesem Fahrzeug bestehen nur Bilder. In den Jahren 1875/77 konstruierte er einen Benzinmotor, mit dem ein Fahrzeug betrieben werden konnte.

Auch die ersten Flugversuche fanden im ersten Jahrzehnt des 20. Jahrhunderts in Niederösterreich statt. Hatte noch Wilhelm Kress mit seinem 1898 bis 1900 erbauten Drachenflugzeug kein Glück gehabt, so konnten Igo Etrich und Franz Wels in Wien und später in Wiener Neustadt ein Gleitflugzeug bauen. Im Jahre 1910 konnte die mit einem Daimlermotor ausgestattete Etrichtaube einen 42 Minuten dauernden Überlandflug von Wiener Neustadt nach Wien und zurück wagen. Neben Etrich benützten auch andere Konstrukteure das Flugfeld von Wiener Neustadt. Ing. Adolf Warchalowsky benötigte für seinen »Kaiser-Franz-Joseph-Huldigungsflug« am 18. August 1910 nur drei Minuten mehr als Etrich. Im Oktober des gleichen Jahres war ein Überlandflug von Karl Illner von Wien nach Horn und zurück, der gleichzeitig ein Wettflug mit dem im Auto die gleiche Strecke fahrenden Ing. Ferdinand Porsche war, eine große Sensation. Später gewann das Flugfeld Aspern bei Wien größere Bedeutung als Wiener Neustadt.

In der traditionsreichen Industriestadt Wiener Neustadt entstanden 1912 die großen Anlagen der Radiatorenfabrik, 1903 wurden die Voithwerke in St. Pölten, die mit der Erzeugung von Wasserturbinen und Papiermaschinenfabriken begannen, gegründet und 1906 die Erste Österreichische Glanzstoff-Fabrik errichtet, die Kunstseide nach einem Verfahren erzeugte, das der Österreicher Ing. Urban erfunden hatte.

Eine um 1907 einsetzende, vom amerikanischen Markt ausgehende Wirtschaftskrise, hatte zwar in Niederösterreich keine tiefgreifende Wirkung auf die industrielle Entwicklung und Produktion, führte aber doch zu Arbeitslosigkeit und zu einer fühlbaren Preissteigerung der wichtigsten Bedarfsartikel. Die Folge davon waren neue Lohnkämpfe, das Anwachsen der Gewerkschaftsbewegung und Demonstrationen in den Städten, die im September 1911 einen Höhepunkt erreichten.

Die neue niederösterreichische Landesverwaltung wollte naturlich auch dem Gewerbestand helfen, denn dieser stellte den ältesten Kern der Christlichsozialen Partei. Vor allem zur Gründung von gewerblichen Genossenschaften zur Rettung und Erhaltung des Kleingewerbes wurde viel Geld und Mühe aufgewandt. Den in größter Not befindlichen und im jammervollen Elend dahinlebenden Waldviertler Webern hat eine Verkaufsgenossenschaft doch einige Hilfe gebracht, wenn sie sich auch nicht selbst erhalten konnte. Man versprach sich von den Genossenschaften, allerdings meist zu Unrecht, eine solche Hebung vieler Gewerbe, daß sie sich mit Erfolg an der Ausfuhr beteiligen sollten. Der Abgeordnete Biehlohlawek wollte sogar ein österreichisches Handelsschiff mit gewerblichen Produkten als eine Art ständige Messe in levantinischen Gewässern kreuzen lassen. Diese Idee wurde deshalb unterbunden, weil die Türkei nach der Annexion Bosniens im Jahre 1908 einen Boykott gegen österreichische Produkte durchführte, was teilweise zur Verschärfung der wirtschaftlichen Situation beitrug.

Die Fürsorge- und Wohlfahrtseinrichtungen, zu deren Aufbau Josef Schöffel so viel beigetragen hatte, erhielten eine wesentliche Ausgestaltung. Die Neuregelung des Armenwesens war bereits 1895 in großzügiger Weise nach deutschem Muster erfolgt, und das niederösterreichische Fürsorgewesen eilte den Verhältnissen der anderen Kronländer weit voraus. Zur Ausübung der Fürsorgetätigkeit wurden die Bezirksfürsorgeräte, meist am Sitz eines Bezirksgerichtes, geschaffen. Auf Grund dieses Gesetzes wurden in Niederösterreich 36 Bezirksaltersheime neu errichtet, die nahezu 5000 Personen Platz schufen. Natürlich stiegen dadurch die Ausgaben der Gemeinden und des Landesausschusses für das Wohlfahrtswesen beträchtlich. Ebenso wurden neue Anstalten für die geschlossene Fürsorge errichtet, so 1897 die Landessiechenanstalt in Mauer-Öhling bei Amstetten. Im Jahre 1907 konnte die Pflegeanstalt für Geistes- und Nervenkranke, die an Stelle des alten Hauses im neunten Wiener Gemeindebezirk auf dem Steinhof erbaut worden war, der Benützung übergeben werden. Auch die Findelfürsorge erfuhr einen zweckmäßigen Ausbau, indem ein Netz von Pflegekolonien der Landesfindelanstalt geschaffen wurde. Behinderte Kinder brachte man in den Anstalten des Katholischen Waisenhilfsvereines auf Landeskosten unter, der Gemeindesanitätsdienst wurde verbessert und eine Anzahl von Krankenanstalten neu gegründet oder durch Neubauten wesentlich verbessert, wobei diese Kosten meist die Gemeinden trugen. Seit zirka 1900 erhielten auch die Krankenhäuser auf dem Lande ein Niveau, das modernen Anforderungen entsprach.

Ihre größten Auswirkungen hatte aber die Verwaltungsarbeit der Christlichsozialen in Wien, wo Lueger sein kühnes »munizipalsozialistisches« Programm durchführen konnte. Die Errichtung eines eigenen Gaswerkes, durch das er die Macht der Continental-Gas-Association brach, der Bau eines stadteigenen Elektrizitätswerkes in Simmering (1900–1902), die Übernahme der Straßenbahn, die durch glückliche Manipulationen gelang, die Schaffung des »Wald- und Wiesengürtels« rund um die ständig wachsende Großstadt, die Werke der Fürsorge, wie der Bau des Lainzer Altersheimes, vor allem aber die Schaffung der zweiten Hochquellenwasserleitung, die täglich zwei Millionen Hektoliter Gebirgswasser vom Hochschwab in einer 180 Kilometer langen Leitung quer durch das Voralpengebiet in den großen Sammelbehälter auf dem Wilhelminenberg brachte, sind wichtige Taten für die Hauptstadt gewesen. Im Jahre 1905 beschloß der Gemeinderat auch die Schaffung der »Zentralsparkasse der Gemeinde Wien«, die sich rasch durchsetzen konnte.

Im Jahre 1905 kam es neuerlich zu einer Erweiterung des Stadtgebietes von Wien. Nach langen Verhandlungen wurden am linken Donauufer acht Gemeinden ganz und fünf weitere teilweise zum 21. Gemeindebezirk Floridsdorf zusammengefaßt und mit Wien verbunden. Dieses erhielt damit die Möglichkeit, einen Donauhafen am geplanten Donau-Oder-Kanal und eine Industriestadt aufzubauen. Diese Gebietsteile hatten 60.000 Einwohner, die gesamte Stadt war nunmehr mit 1,877.000 Menschen bewohnt.

Trotz ihrer vielfach sozialen Kommunalpolitik gelang es der Christlichsozialen Partei nicht, die große Masse der Arbeiter zu gewinnen, die in diesen Jahren von den Sozialdemokraten organisatorisch erfaßt wurden und bald jene Einrichtungen als ihr Recht forderten, die ihnen Lueger nur zögernd gewähren wollte. Die starke Bindung der Christlichsozialen an Bürgertum und Kirche versperrte ihnen den Weg zur Arbeiterschaft.

Vom ersten Tag ihrer Machtübernahme an brachten die Christlichsozialen zum Ausdruck, daß sie dem Schulwesen besonderes Augenmerk zuwenden würden. Hat doch dieses Referat im Landesausschuß Dr. Geßmann selbst übernommen, der als Politiker nach Scheichers Ausspruch »jenseits von Gut und Böse stand« und der vor allem über ausgezeichnete Beziehung zum Klerus verfügte. Man sagte von ihm, er habe in Niederösterreich jeden Pfarrer persönlich gekannt. Die politische Partnerschaft zwischen den Klerikalen und den Bauern hatte in den Anfängen der neuen Bewegung weitgehend auf der gemeinsamen Ablehnung des Reichsvolksschulgesetzes beruht. Es mochte also interessant sein zu sehen, wie sich die Christlichsozialen, nun an der Macht, gegenüber dem Schulwesen verhalten würden, zumal allgemein bekannt war, daß Liberalismus und Freisinn ihre stärksten, auf dem Lande zumeist die alleinigen Stützen in der Lehrerschaft hatten. Der Gegensatz zwischen Schule und Pfarrhof war niemals so groß wie um die Jahrhundertwende. Natürlich konnte niemand daran denken, an der bestehenden Schulorganisation etwas zu ändern, die Grundzüge des Schulwesens waren durch Reichsgesetze festgelegt. Die Änderungen konnten sich also nur auf Gebiete erstrecken, die der autonomen Landesverwaltung vorbehalten waren. Man führte bald den Halbtagsunterricht ein, den die Bauern wünschten. Aber auch diese hatten unterdessen den Wert der achtjährigen Schulpflicht erkannt. Geßmanns Hand zeigte sich in erster Linie im rücksichtslosen Anwenden des freien Ermessens bei Anstellungen, Beförderungen oder Versetzungen.

Diese Maßnahmen riefen zwar gewaltige Erbitterung hervor, brachen aber bald den Widerstand der liberalen Mittelschullehrer gründlich. Schwieriger war die Situation bei den Pflichtschullehrern, von denen vor allem die jüngeren große Standhaftigkeit bewiesen und, da sie bei den Deutschbürgerlichen keine Stütze mehr fanden, zu den Sozialdemokraten übergingen. Schon im Jahre 1900 und später nochmals wurden einige Junglehrer, die als Sozialdemokraten oder Schönerianer bekannt waren, aus dem Schuldienst entlassen. Die Mehrheit gab aber nach den neuerlichen Wahlsiegen der Christlichsozialen den Widerstand auf. Um einen neuen Lehrerstand heranzuziehen, wurde die Umgestaltung der Lehrerbildungsanstalten mit besonderer Sorgfalt und Energie betrieben. Hier fand Geßmann in Dr. Richard Muth, einem früheren Anhänger der Liberalen – man munkelte sogar, er sei einst Freimaurer gewesen – und bekannten Germanisten, der wegen seines harten Vorgehens gefürchtet war, einen wuchtigen Helfer.

Um den Einfluß des Landesausschusses auf die Lehrerschaft und das Schulwesen zu sichern, wurden im Jahre 1904 neue Gesetze über die Schulaufsicht beschlossen und nach heftigen Gegenbemühungen – die Sozialdemokraten veranstalteten Straßendemonstrationen – auch vom Kaiser sanktioniert. Dem Landesausschuß wurde nun das Ernennungsrecht der Lehrer, das bisher die Bezirksschulräte ausgeübt hatten, vorbehalten, die Pfarrer wurden zu den Ortsschulräten beigezogen.

Ansonsten haben die Gemeinden, viele Stadtverwaltungen und der Landesausschuß für das Schulwesen auch in dieser Epoche große Leistungen erbracht. Die eigentliche Schulbauperiode war aber doch die Jahre von 1885 bis 1900. In den Bezirken St. Pölten und Lilienfeld wurden in dieser Zeit 27 Schulgebäude neu errichtet und sieben erweitert, von 1900 bis zum Ausbruch des Weltkrieges aber nur 17 Gebäude erbaut und ebenfalls sieben erweitert, davon manche, die kaum länger als zwei Jahrzehnte standen. Insgesamt sind in dieser Epoche in Niederösterreich 34 Elementarschulen, acht gewerbliche Fortbildungsschulen, zwei Realgymnasien, eine Realschule und eine Lehrerbildungsanstalt neu gegründet worden.

Das Land Niederösterreich besaß immer noch kein Landesmuseum, obwohl schon 1886 die Anregung dafür gegeben worden war. Deshalb haben sich 1902 die wissenschaftlichen Vereine Wiens unter Führung des Vereines für Landeskunde zu einem Musealausschuß zusammengeschlossen, dessen Bemühungen es gelang, bis 1911 das Museum in bescheidenem Rahmen aufzustellen. Nachdem die reichen Sammlungen, die Johann Krahuletz (gestorben 1928) in Eggenburg zusammengetragen hatte, im Jahre 1902 durch die Krahuletz-Gesellschaft und die Stadtgemeinde Eggenburg in einem eigens dafür erbauten Haus untergebracht worden waren, begann eine neue Gründungsepoche von Heimatmuseen. Bedeutende Institute entstanden in diesen Jahren, wie die Museen von Wiener Neustadt, Waidhofen an der Ybbs, Mistelbach und das Bezirksmuseum Mödling (1898), das Museum der Landesfreunde in Baden, vor allem aber wurde das Gebäude des Museums Carnuntinum 1904 errichtet und dort die aus den Ausgrabungen der ehemaligen Römerstadt stammenden Funde zusammengetragen. Alle diese Einrichtungen wurden vorwiegend von wissenschaftlichen oder heimatkundlichen Vereinen erbaut, die damals ihre Blütezeit erlebten und sich zu großen Leistungen aufschwingen konnten.

Nicht unerwähnt bleiben darf aber auch die niederösterreichische Geschichtsschreibung jener Epoche. Der Landesarchivar Dr. Max Vancsa konnte 1905 den ersten Band einer Geschichte Niederösterreichs herausbringen, seit 1902 teilte der Verein für Landeskunde seine Publikationen in ein Jahrbuch und ein Monatsblatt, in Städten und Klöstern wurde die Heimatgeschichte eifrig erforscht, meist durch exakt ausgebildete Fachleute. Der Mittelschullehrer August Herrmann schrieb eine Geschichte der Stadt St. Pölten, die erst nach seinem Tode erscheinen konnte, Adalbert Starzer, der Organisator und erste Direktor des Statthaltereiarchives, veröffentlichte die Geschichte der Städte Korneuburg, Klosterneuburg und Stockerau, Karl Giannoni gab eine repräsentative Geschichte der Stadt Mödling heraus, der Staatsarchivdirektor Gustav Winter konnte 1912 die Sammlung der niederösterreichischen Weistümer abschließen, und Adalbert Fuchs hat mit der Erschließung der Urkunden und Urbare des Stiftes Göttweig den Quellenbestand zur niederösterreichischen Geschichte wesentlich verbessert. Ansonsten war die Kulturpflege auf dem Lande eher dürftig, die glanzvolle Kaiserstadt zog alle Talente an sich, die niederösterreichischen Städte verblieben im ödesten Provinzialismus. Auf dem Gebiet der Literatur kam dies besonders zum Ausdruck. Im Jahrzehnt vor dem Weltkrieg hat keine der Literaturbewegungen, die Wien beherrschten, sei es der katholische Kreis um Richard Kralik, die Kulturbewegung der Sozialdemokraten, der jungösterreichische Dichterkreis um Hermann Bahr, der Naturalismus um Arthur Schnitzler, Mitglieder mit einigermaßen bekannten Namen im Lande gehabt. Ein gewisser Gegensatz zu Wien machte sich in der niederösterreichischen Provinz geltend: Die liberalen und völkischen Kreise haßten die »national geschlechtslose« Stadt, die christliche Bürgerschaft die »jüdisch-freimaurerischen« Intelligenzkreise der Hauptstadt. Besser war das Verhältnis

in der bildenden Kunst, hatte doch Niederösterreich einige Künstler aufzuweisen, die bei der Gründung der Sezession ein Wort mitzureden gehabt
hatten, wie Ernst Stöhr, der mutig den Weg zur Moderne ging, oder Ferdinand Andri, der zum Maler des niederösterreichischen Bauerntumes wurde.

Haben die niederösterreichischen Landstädte sich als Bezirksvororte be-
achtlich entwickelt, so hat sich kulturell und gesellschaftlich doch ein Ort
neben Wien beträchtlich herausgehoben, nämlich Baden. Diese Stadt war
um die Jahrhundertwende nach jahrzehntelangem Schlaf plötzlich zum Mo-
dekurort der Monarchie geworden. Neue Bäder, das Kurhaus, ein Theater,
eine Sommerarena, dazu zahlreiche Hotels und Villen wurden gebaut und
1907 eine eigene Bahnlinie nach Wien geschaffen. Die Meister der Wiener
Operette, Karl Zeller und Karl Millöcker, blieben bis zu ihrem Lebensende
treue Freunde der Kurstadt, das Kurorchester hatte Qualität und war weithin berühmt. Aber auch andere Provinzbühnen, wie Krems und St. Pölten,
entwickelten sich vor dem Ersten Weltkrieg zu guten Provinztheatern, wenn
auch ihre Direktionen rasch wechselten und ihr Spielplan, der meist aus
Stücken bestand, die in Wiener Theatern Erfolg hatten, ungemein vielfältig
war. Zum ersten Mal wagte man an niederösterreichischen Provinzbühnen
auch Opernaufführungen, wenn auch die Operette den Spielplan beherrschte.

Die politischen Auseinandersetzungen in Niederösterreich waren nur ein
schwacher Abklatsch der heftigen und oftmals stürmischen Kämpfe im Abgeordnetenhaus, durch die Österreichs Kraft fast völlig verzehrt wurde.
Auch Ernest von Koerber, der im Jänner 1900 eine neue Regierung bildete,
bemühte sich erfolglos um die Milderung des Nationalitätenstreites. Ministerpräsident Graf Kasimir Badeni stürzte bereits im November 1897 über
die Sprachenverordnungen in Böhmen, die beinahe zu einer Revolution geführt hätten und die Verpöbelungsperiode des Parlamentes einleiteten. Als
sein Nachfolger Baron Paul Gautsch von Frankenthurn den Deutschen entgegenkommen wollte, stürzten ihn die Tschechen. Auch seinem Nachfolger
Graf Franz Thun-Hohenstein gelang die Milderung der deutsch-tschechi-
schen Spannungen nicht. Die Frage des böhmischen Ausgleiches wurde immer mehr zum Angelpunkt der österreichischen Innenpolitik. Besonders im
Jahre 1904 kam es deshalb allerorten zu Spektakeln: In Prag wurden deutsche Studenten verfolgt, in Wien tschechische, in Innsbruck demonstrierten
die Italiener, und als man ihnen eine juridische Fakultät mit italienischer Unterrichtssprache gewährte, die Deutschen. Daneben kam auch die Frage der
Einführung des allgemeinen Wahlrechtes nicht mehr zur Ruhe. Insbesondere die Sozialdemokraten sahen darin das nächste Ziel ihrer Politik. Im Oktober und November 1905 kam es deshalb zu großen Massendemonstratio-
nen. Bis zum Jahre 1906 hat der neue Ministerpräsident Max Wladimir Freiherr von Beck die Reform zustandegebracht. Von den 516 Abgeordneten
stellte Niederösterreich 64. Jeder 24jährige Mann war wahlberechtigt, wenn
er ein Jahr im Wahlbezirk wohnte, wählbar war jeder 30jährige. Aber auch
das neue, 1907 mittels des allgemeinen Wahlrechtes gewählte Parlament be-

währte sich nicht und führte zur neuerlichen Obstruktion. Während im Jahre 1908 ein Weltkrieg wegen der Annexion Bosniens und der Herzegowina drohte, stürzte man in Österreich die Regierung Beck wegen des böhmischen Ausgleiches. Die Perioden, in denen mit dem Notparagraphen ohne Parlament regiert wurde, dehnten sich immer mehr.

Der innenpolitische Zwiespalt beeinträchtigte auch die Stellung der Monarchie nach außen, zumal sich Rußland und Frankreich in einem Bündnisvertrag fanden. Die Anlehnung an Deutschland gab Österreich seit 1882 die stärkste Stütze, während Italien sich bereits 1902 im geheimen an Frankreich band. Seit 1905 nahmen auch die Spannungen mit Serbien zu, mit dem ein Wirtschaftskrieg entbrannte, da die Monarchie unter ungarischem Druck Serbien seine Agrarüberschüsse nicht abnahm, dafür Fleisch aus Argentinien einführte. Noch einmal konnte 1908 die Kriegsgefahr gebannt werden, weil Rußland noch immer die Folgen der Niederlage gegen Japan und der Revolution nicht überwunden hatte. Als sich aber 1912 die Balkanvölker gegen die Türkei erhoben und diese fast ganz aus Europa verdrängten, als Serbien gestärkt und mit neuen Ambitionen aus dem Konflikt hervorging, wurde das südslawische Problem zur Lebensfrage Österreich-Ungarns. Am 28. Juni 1914 wurden der Thronfolger Erzherzog Franz Ferdinand und seine Gemahlin in Sarajewo von serbischen Extremisten ermordet, und einige Wochen später brach der Erste Weltkrieg aus, zumal es der österreichischen Diplomatie nicht gelang, den Konflikt zu lokalisieren, andererseits auch die Gegensätze der europäischen Mächte zu Deutschland zum Zerreißen angespannt waren.

Als in den letzten Julitagen des Jahres 1914 die allgemeine Mobilmachung verkündet und die Männer von den Erntearbeiten weggeholt wurden, war die Kriegsbegeisterung allgemein. Man erwartete einen kurzen Krieg. Tagelang waren alle Verkehrslinien verstopft, als die Reservisten zu ihren Einheiten, die Regimenter mit klingendem Spiel ins Feld auszogen. Noch war Galizien Hauptkriegsschauplatz Österreichs, wo die Armee eine Offensive gegen Russisch-Polen vortrug. Als aber der Gegenstoß der Russen kam, mußte die Front unter ungeheuren Verlusten zurückgenommen werden. Im September drangen die feindlichen Heere durch Galizien vor und erreichten in den ersten Oktobertagen die Festung Przemysl und die Karpatenberge. Die anfängliche Begeisterung wich Sorge und Bedrückung, zumal die Verlustlisten immer länger wurden, Schwierigkeiten in der Versorgung auftraten und nirgends Erfolge zu verzeichnen waren, nicht einmal gegen Serbien. Da man fürchtete, den Ansturm der Russen nicht stoppen zu können, wurden im Spätherbst Verschanzungen des Brückenkopfes Wien im Marchfeld, in der Ostbahngegend und im Wienerwald aufgeworfen, Drahtverhaue und betonierte Artilleriestände aufgerichtet. Zum Teil benützte man die alten Preußenschanzen von 1866, doch wurde der Schanzengürtel nach Süden über Straßhof, Markgrafneusiedl, Raasdorf und Großenzersdorf zur Donau erweitert. Diese Vorsichtsmaßnahmen erwiesen sich aber als unnötig, da in den Winterschlachten die Karpatenfront dem russischen Ansturm, der sich gegen die Ungarische Tiefebene und nicht gegen Mähren richtete, standhalten konnte. Im April 1915 wurde beim Durchbruch der russischen Front zwischen Gorlice und Tarnow die Angriffskraft dieses Feindes gebrochen und der größte Teil Galiziens zurückerobert. Unterdessen war aber eine neue Front entstanden. Im Mai 1915 trat Italien gegen Österreich-Ungarn an, wohin ein erheblicher Teil der Armee, vor allem die meisten deutschösterreichischen Regimenter, verlegt wurde. Hier richtete sich die schwer getroffene Zuversicht der Truppen wieder auf, als es ihnen gelang, in schwersten Abwehrschlachten den Italienern den Zutritt nach Triest und Kroatien zu verwehren.

Der Krieg brachte auch dem größten Teil der niederösterreichischen Industrie starke Änderungen, sie mußte sich einerseits in der Produktion auf den Kriegsbedarf umstellen, andererseits aber trachten, einen Stock von Arbeitskräften zu behalten. Wer eine Drehbank hatte, erzeugte Geschoßhülsen, die Textilwerke wurden durch Militäraufträge gut beschäftigt, die Lederfabriken in Krems und Wilhelmsburg weiteten ihre Produktion gewaltig aus, vor allem die metallverarbeitenden Betriebe wurden betroffen. In den Bezirken Neunkirchen und Baden sowie um Wiener Neustadt wuchsen riesige Munitionsfabriken aus dem Boden, für die aus allen Teilen der Monarchie Arbeitskräfte herangebracht wurden. Wiener Neustadts Bevölkerung stieg auf 70.000 Menschen an, mit geradezu amerikanischem Tempo wurden Werkshallen und Unterkünfte errichtet. Die Daimlerwerke hatten die Motorisierung der Skoda-Mörser zu besorgen und schufen Motorzüge, Lastwagen und andere motorische Betriebsmittel, die Munitionsfabrik in Wöllersdorf breitete sich mit unheimlicher Schnelligkeit aus und beschäftigte bald 50.000 Menschen, die in fünf Barackenlagern unter militärischer Befehlsgewalt untergebracht waren. Unter ihnen befanden sich viele Frauen und Mädchen. Im Jahre 1915 wurde in Wiener Neustadt eine Flugzeugfabrik gegründet, die im Jahre 1917 monatlich 170 Maschinen herstellte. Ähnlich vergrößert wie Wöllersdorf wurden auch andere kriegswichtige Betriebe des Wiener Neustädter Raumes, wie die Patronen- und Munitionsfabriken in Felixdorf und Hirtenberg, das Metallwerk in Enzesfeld, das Artilleriemunition erzeugte, die Tempergußfabrik und ein neues Kruppsches Werk in Traisen. In Berndorf und St. Veit im Triestingtal wurden Stahlhelme und Feldküchen hergestellt. In der 1891 erbauten Pulverfabrik der Dynamit-Nobel-AG in Blumau wurde die Schießpulverproduktion vertausendfacht, von der Heeresverwaltung 20.000 Menschen in die Fabrik kommandiert und wie von Geisterhänden gleichsam über Nacht Werksanlagen, Baracken und Wohnhäuser errichtet. In St. Pölten entstand eine Torpedofabrik, in Wien wurden das Arsenal und das Gebiet von Floridsdorf zur Waffenschmiede. In den Munitionsfabriken gab es zahlreiche Unfälle und Explosionen, von denen die größten sich am 17. Juli 1917 in Blumau und am 18. September 1918 in Wöllersdorf ereigneten. In Blumau war das Munitionsdepot von Großmittel in die Luft geflogen und hatte das Steinfeld wie ein Vulkanausbruch verheert, in Wöllersdorf begann eine Baracke, in der Munition hergestellt wurde, zu brennen. Bei diesem Unglück fanden 500 Personen, meist Frauen und Mädchen, binnen wenigen Augenblicken den Tod.

Diese Fabriken waren in militärische Verwaltung übernommen worden, was den Unternehmern die nötigen Arbeitskräfte sicherte, die Arbeiterschaft aber unter Kriegsrecht stellte. Offiziere, meist invalide oder frontdienstuntaugliche, die selten von der Industrie etwas verstanden, wurden mit der Aufsicht betraut. Manchmal war dies für die Arbeiter günstig, denn sie stellten Mißstände ab, um die Produktion, für die sie verantwortlich waren, nicht zu gefährden.

In vielen Orten mußten Lager für Kriegsgefangene oder Flüchtlinge erbaut werden. Große Russenlager für viele 1000 Mann entstanden in Sigmundsherberg, Gneixendorf, Wieselburg und Spratzern, die sich namentlich seit 1915 mit Kriegsgefangenen füllten. Diese wurden teilweise der Landwirtschaft als Hilfskräfte zugewiesen, aber auch zum Bau von Hochwasserdämmen, Meliorationsanlagen, Gebirgsstraßen oder Brücken verwendet. In Gmünd wurde ein Flüchtlingslager errichtet, das im Mai 1916, zur Zeit seines höchsten Belages, 28.000 Ukrainer beherbergte. Aber auch Italiener, deren Zuverlässigkeit nicht zu trauen war, wurden aus dem Frontbereich umquartiert und dem Traisental zur Unterbringung zugewiesen, wo sie in den Fabriken beschäftigt worden sind. Dadurch entstanden auch ausgedehnte Lagerfriedhöfe, die meist nur mehr als Gedenkstätten bestehen, aber die Gräber von Zehntausenden Menschen bargen. Allein im Flüchtlingslager Gmünd sind 30.000 Personen gestorben, im Kriegsgefangenenlager Spratzern über 10.000. In das große Kriegsgefangenenlager von Wieselburg wurden in der letzten Phase des Krieges Rußlandheimkehrer eingeliefert, die aus nationalen oder politischen Gründen als unverläßlich galten, während in Sigmundsherberg vorwiegend Italiener stationiert waren. Ebenso wurden in vielen Orten Rote-Kreuz-Spitäler untergebracht, wofür man die schönsten Schulen in Anspruch nahm, in kleineren Orten auch Rekonvaleszentenheime. Nach Wien sind schon 1914 120.000 galizische Flüchtlinge gekommen, darunter ein großer Prozentsatz armer polnischer Juden, die nicht mehr in ihre Heimat zurückkehrten und dem jüdischen Element der Hauptstadt neuen kräftigen Zuzug brachten.

Im Verlauf des Ersten Weltkrieges wurden die äußeren politischen Strukturen und die Verwaltungspraxis kaum gewandelt, doch haben sich die tatsächlichen Schwerpunkte der politischen Macht verlagert, und auch die Topographie weiter Teile des Landes hat sich nachhaltig verändert. Die politische Verwaltung wurde einerseits vom Statthalter sowie den landesfürstlichen Beamten der Statthalterei und der Bezirkshauptmannschaften, andererseits vom Landesausschuß, dessen Beamten und den Bürgermeistern der Gemeinden ausgeübt. Seit 1915 war Oktavian Freiherr Regner von Bleyleben (1866–1945) Statthalter in Niederösterreich. Vorher hatte er bereits von 1904–1911 die Verwaltung der Bukowina und von 1911–1915 die Mährens geleitet. Mit der Zunahme der Kriegswirtschaftsverwaltung erfolgte eine Verlagerung der Exekutive auf die Militärverwaltung, der bedeutende Betriebe unterstellt worden waren. Der Aufgabenkreis der Bezirkshauptmannschaften hatte sich ebenso gewandelt. Sie hatten nun wirtschaftliche Aufgaben zu erfüllen, sowohl die Aufbringung der Lebensmittel wie die Versorgung der Konsumenten zu garantieren. Manche haben diese Probleme gut gelöst, wie in Baden, andere versuchten sich mit weniger Glück. Zu den militärischen Agenden der Bezirkshauptmannschaften gehörten die Musterung der jüngeren und älteren Jahrgänge, die Enthebungen von Militärpflichtigen, der Einsatz der Gendarmerie, die für die Ablieferung sorgte, Deserteure aufspüren mußte und alles zu überwachen hatte. In Wien stand die gleiche Rolle der Polizei zu, auch in Wiener Neustadt wurde wegen der Bedeutung dieser Stadt als Industriestandort die Polizei eingesetzt. Da besonders in den ländlichen Gebieten die meisten jüngeren eingerückt waren, wurde die Verwaltung von alten Männern geführt, die nur schwer mit den Problemen dieser Zeit fertig wurden. Diese waren auch ungewöhnlich und ohne Beispiel. In den Industriegemeinden und Städten spielten seit 1916 Probleme der Ernährung und Versorgung der Zivilbevölkerung eine zentrale Rolle. Damit wuchs aber auch die Bedeutung von Nebenverwaltungen. Während der im Jahre 1908 zum letzten Mal gewählte Landtag nicht einberufen wurde und immer mehr Mitglieder starben, auch in den nach dem Kurienwahlrecht zusammengesetzten Gemeinderäten keine Wahlen stattfanden, wußte man, daß die politische Mehrheit sich schon verlagert hatte. In die Ernährungskommissionen wurden auch Vertreter der Arbeiterschaft beigezogen, so daß diese nun doch in manchen bedeutenden lokalen Fragen nicht ohne Einfluß blieb. Wie sich die politischen Mehrheiten verschoben hatten, war aber nicht feststellbar.

Die Versorgung der Heimatgebiete mit den notwendigsten Gütern und Lebensmitteln wurde immer schwieriger. Nicht nur die militärische Aufrüstung erwies sich als unzulänglich, sondern auch die Versorgung mit Rohstoffen. Vor allem aber wurde die gerechte Verteilung der Mangelwaren und Lebensmittel lange unterlassen. Als deshalb die Preise unentwegt stiegen, mußten schon im Dezember 1914 Höchstpreise für Getreide und Mehl, bald auch für Kartoffeln, festgelegt werden. Daneben wurden Erhebungen über vorhandene Vorräte eingeleitet, die sich aber als nicht zuverlässig erwiesen. Obwohl schon die Ernte des Jahres 1915 wesentlich geringer war als vorgesehen, wurde doch nicht mit der erforderlichen Strenge die Rationierung durchgeführt. Wohl gab man im April 1915 Brot- und Mehlkarten aus, 1916 wurden Milch, Kaffee, Zucker, Fett und Kartoffeln, Kleider, Schuhe und Rauchwaren bewirtschaftet. Da aber diese Maßnahmen immer erst dann erfolgten, wenn die Vorräte fast erschöpft waren, hatten sie keine vorsorgende Wirkung. Die Bauern erhielten Mahlbescheinigungen, die auf ein bestimmtes Quantum lauteten, und mußten vorgeschriebene Mühlen benützen, die Hausmühlen, selbst die Schrotmühlen, wurden versiegelt. Die überschüssigen Lebensmittel sollten restlos abgeliefert werden, um die Ernährung der Stadt- und Industriebevölkerung zu sichern. Da es dem Lande wesentlich besser ging als der Stadt, trat bald ein erheblicher Gegensatz auf.

Man warf den Bauern Sabotage der Ernährung und rücksichtslosen Eigennutz vor. Dies war aber nicht immer gerecht, denn es waren wohl für die landwirtschaftlichen Produkte Höchstpreise festgelegt worden, nicht aber für Gewerbe und Industrie. Dadurch entstand bald eine mächtige Preisschere, die Bauern geradezu zwang, unter Umgehung der Vorschriften im Schleichhandel die Produkte bei Nacht und Nebel zu verkaufen. Damit war aber der Anfang einer Preissteigerung gemacht, die bald ins Uferlose ging. Im Jahre 1916 wurden von den einzelnen Produktionszweigen sogenannte Zentralen errichtet, das waren Dachorganisationen, Aktiengesellschaften mit staatlicher Beteiligung, welche Rohstoffe und Aufträge zentral vergaben und die Bewirtschaftung lenken sollten. Sie erwiesen sich aber vielfach als ihrer Aufgabe nicht gewachsen und wurden von der Bevölkerung für die Not verantwortlich gemacht, die bald überall zu spüren war.

Als Kaiser Franz Joseph am 21. November 1916 im Alter von 86 Jahren starb und Erzherzog Karl, 30 Jahre alt, den Thron der Habsburger bestieg, war die militärische Lage der Mittelmächte nicht ungünstig. Serbien und Montenegro hatten mit deutscher Hilfe besetzt werden können, die Italienfront hielt stand, wenn auch ein Angriff der Österreicher, im Gebirge vorgetragen, zu keinem Erfolg führte. Eine mächtige Krise im Juni 1916 infolge der Brussilow-Offensive, welche die galizische Front zertrümmerte und zum Kriegseintritt Rumäniens führte, konnte überwunden werden. Im Gegenstoß wurde der verlorene galizische Boden zurückgewonnen und ganz Rumänien besetzt. Beide kriegsführenden Parteien konnten aber keine Entscheidung herbeiführen. Das deutsche Heer verblutete bei Verdun, ohne daß ein Erfolg sichtbar geworden wäre. Auch den Italienern war nach sieben Isonzoschlachten lediglich die Einnahme von Görz geglückt.

Damals machten sich in der Heimat bereits die ersten Zersetzungserscheinungen bemerkbar. Bei der russischen Brussilow-Offensive des Jahres 1916 waren 200.000 Tschechen und Ruthenen übergegangen. Am 21. Oktober 1916 hatte Fritz Adler, Sohn des Arbeiterführers, den Ministerpräsidenten Graf Karl Stürgkh, der seit 1911 die Regierung geleitet hatte, erschossen, weil er trotz Drängens der Sozialdemokraten das Parlament nicht einberufen wollte. Es war dies die Manifestation der tiefgreifenden Unzufriedenheit der Arbeiterschaft mit den wirtschaftlichen und politischen Verhältnissen. Hatte im Jahre 1914 die überwiegende Mehrheit der sozialdemokratischen Führer sich bedingungslos entschlossen gezeigt, alle Kräfte für die Erringung des Sieges der Mittelmächte einzusetzen und Viktor Adler das starke Wort geprägt: „Wer sich besiegen lassen will, steht tiefer als das Tier", gab es doch immer eine kleine Gruppe, die an der bei Kriegsausbruch in Trümmer gegangenen Internationale festhielt. Ende 1916 und vor allem 1917 schwenkten immer weitere Kreise der Arbeiterschaft, auf der der Hunger am stärksten lastete, in das von Friedrich Adler repräsentierte radikale Lager ein und wollten Frieden um jeden Preis. Vor 1200 Versammlungsteilnehmern hat Dr. Viktor Adler zu Weihnachten 1916 erstmals einen raschen Friedensschluß gefordert und in einem Telegramm an den amerikanischen Präsidenten Wilson die Hoffnung auf ein baldiges Kriegsende ausgesprochen. Zur gleichen Zeit kam es in den Industrieorten Traisen, Ternitz und Neunkirchen zu ernsten Unruhen wegen der schlechten Versorgungslage. Im Jänner 1917 wurden die Friedensversammlungen zahlreicher, zumal die Nachrichten vom Ausbruch der Russischen Revolution zeigten, daß auch auf der Feindseite die Kriegsmüdigkeit immer weitere Kreise ergriff. Diese Wendung in den deutschen Kronländern war für den Staat deshalb so gefährlich, weil in den slawischen Provinzen die Stimmung äußerst schlecht geworden war. Aber auch die Opfer wurden immer größer. Insbesondere die Hotels der Kurstadt Baden wurden für die Reservelazarette verwendet. Im Jahre 1917 erfolgte auch die Verlegung des Armeeoberkommandos von Teschen nach Baden in ein Schulgebäude am Pfarrplatz, die zum Zuzug vieler hoher Offiziere in die Kurstadt führte.

Im Herbst 1916 hatte der Erschöpfungsprozeß Österreich-Ungarns begonnen. Nachdem bisher durch Sammlungen die nötigsten Rohstoffe aufgebracht werden sollten, mußte man jetzt zu schärferen Maßnahmen greifen. Alle Gegenstände aus Kupfer, Messing, Zinn und Bronze, mit Ausnahme der künstlerisch wertvollen Stücke, wurden abverlangt. Aus den Häusern verschwanden Kessel, Mörser, Bügeleisen, Teppichstangen, Tür- und Fensterschnallen aus Buntmetall, in den Betrieben wurden alle Kriegsmetalle der Maschinen und Einrichtungen durch Eisen ersetzt, von den Kirchen Leuchter, Tassen und Pauken abverlangt, die Türme ihrer Kupferdächer entkleidet. Natürlich wurden auch die meisten Kirchenglocken abgenommen und eingeschmolzen, was die Landbevölkerung hart berührte, und im Herbst 1917 auch die Orgelpfeifen abmontiert. Das Metallgeld verschwand und wurde durch Papierscheine oder Eisenmünzen ersetzt. In den Städten und bei den Industriearbeitern nahm der Hunger immer mehr zu, auf den Straßen brachen Menschen vor Erschöpfung zusammen, die Schuljugend war durchwegs unterernährt. Auch an Kleidungsstoffen herrschte bald größter Mangel, man mußte zu schlechtem, aus Brennesseln hergestelltem Ersatz greifen; es gab kein Petroleum, damals auf dem Lande das einzige Beleuchtungsmittel, die Not war überall sichtbar.

Trotzdem konnten die Mittelmächte im Jahre 1917 nicht nur ihre Fronten halten, sondern sogar beachtliche Erfolge erzielen. Rußland wurde durch die Revolution erschüttert und brach militärisch zusammen, im Herbst konnte sogar in der zwölften Isonzoschlacht die italienische Front bei Karfreit/Kobarid und Tolmein/Tolmin durchstoßen und der Vormarsch bis zum Piave getragen werden, was Italien an den Rand des Zusammenbruchs brachte. Nur durch französische und englische Divisionen konnte eine neue Front aufgebaut werden. Diese Erfolge hoben die Stimmung etwas, und es schien, als sei am Jahresende 1917 die militärische Situation günstiger als in den Jahren zuvor, zumal man die Bedeutung des Kriegseintrittes Amerikas nicht voll erkannte.

Unterdessen tagte in Brest-Litowsk die Friedenskonferenz mit Rußland, in dem die Bolschewiki durch die Oktoberrevolution die Herrschaft übernommen hatten. Sie erließ einen Appell an alle kriegführenden Mächte, sich den Verhandlungen anzuschließen und das Morden einzustellen. Als Antwort gab der amerikanische Präsident Woodrow Wilson am 8. Jänner 1918 sein aus 14 Punkten bestehendes Weltfriedensprogramm bekannt, welches die autonome Entwicklung der Völker Österreich-Ungarns forderte. Zur gleichen Zeit bewies ein Ereignis, wie sehr die Widerstandskraft der Bevölkerung schon geschwunden und die Sehnsucht nach Frieden gestiegen war. Die Brotration mußte nach Jahreswechsel um die Hälfte, täglich 18 Dekagramm Brot, 5 Dekagramm Mehl, 7 Dekagramm Kartoffeln, 1,5 Dekagramm Fleisch, 0,5 Dekagramm Fett, gekürzt werden. Als am gleichen Morgen – es war der 13. Jänner 1918 – neben dieser Nachricht in den Zeitungen eine aggressive Rede des deutschen Generals Hoffmann bei den Friedensverhandlungen in Brest-Litowsk zu lesen war, die deren Abbruch hätte bedeuten können, versammelten sich die Arbeiter der Daimlerwerke in Wiener Neustadt und beschlossen, in den Streik zu treten. Obwohl die Zeitungen nichts berichten durften, breitete sich der Streik über Wiener Neustadt, Ternitz, Wimpassing, Neunkirchen, das ganze Industriebecken und das Triesting- und Traisental aus, ergriff am Mittwoch auch Wien, wo Floridsdorf und das Arsenal mitwirkten, dann auch die Steiermark und Oberösterreich. In Wien bildete sich ein Arbeiterrat, und die sozialdemokratische Führung, die am Beginn des Streikes nicht beteiligt gewesen war, konnte durch eine organisatorische Meisterleistung Viktor Adlers letzten Endes Herr der Lage werden und durch die Zusagen der Regierung, daß der Friede von Brest-Litowsk an Gebietsforderungen nicht scheitern werde, daß aus Ungarn größere Lebensmittelsendungen herangeführt, das Gemeindewahlrecht reformiert und die Militarisierung der Kriegsbetriebe aufhören werde, am 19. Jänner den Streik einem Ende zuführen, doch dauerte es noch einige Tage, bis überall die Arbeit wieder aufgenommen wurde. Der Wiener Arbeiterrat aber blieb bestehen und hat in den Novembertagen eine große Rolle gespielt.

War die Krise noch einmal gebannt und die Weiterführung der Kriegsproduktion gesichert, so konnte doch die Kapazität mancher Betriebe nicht mehr ausgenützt werden, weil es an Rohstoffen fehlte. Um die Hungersnot etwas zu steuern, wurden die Kriegsküchen, die man für jene errichtet hatte, die öffentliche Hilfe in Anspruch nehmen mußten, auch auf den Mittelstand ausgedehnt und in Wien 68, in der niederösterreichischen Provinz 63 solche Küchen geführt, die täglich mehrere zehntausend Personen verpflegten. Bald aber konnten die kargen Rationen der Lebensmittelkarten nicht mehr honoriert werden, denn die Zufuhren aus Rumänien, Ungarn und der Ukraine blieben hinter den Erwartungen weit zurück. Die Bevölkerung verlor alles Vertrauen in das herrschende System, zumal sich im Juni, einige Wochen vor der neuen Ernte, die Ernährungskrise bis zur Ausweglosigkeit steigerte. Zur gleichen Zeit mißlang eine neue Offensive der ausgebluteten österreichischen Armeen am Piave, die deutsche Westfront wurde zurückgedrängt und die militärische Situation der Mittelmächte ausweglos. Die Totenverluste Niederösterreichs erreichten bis zum Herbst 59.143 Soldaten,

davon entfielen 25.000 auf Wien. Im Verhältnis zu anderen deutschen Kronländern waren sie mit 22,5 pro 1000 Einwohnern noch gering, da in den Industriegebieten viele Männer unentbehrlich und deshalb enthoben waren.
So hatte auch der Bezirk Baden die prozentuell geringsten Verluste, während
sie in den ländlichen Gebieten Scheibbs und Mank doppelt so hoch waren.

Von einer Front, der man bisher wenig Beachtung geschenkt hatte, vom
Balkan, kam schließlich die Entscheidung. Im September 1918 durchbrachen alliierte Armeen die bulgarische Front, was diesen Verbündeten zwang,
einen Sonderfrieden abzuschließen. Die ganze Südgrenze der Monarchie,
vor allem die Ungarische Tiefebene, lag dem Zugriff der Franzosen und Ser-
ben offen, denn Albanien und Serbien waren mit den schwachen Besat-
zungsverbänden nicht zu halten. Deshalb wurden die ungarischen Truppen
von ihrer Regierung zum Schutz der Heimat von Italien abberufen und so
den Italienern und Engländern am 29. Oktober 1918 der Durchbruch bei
Vittorio Veneto ermöglicht, der zum Zusammenbruch der letzten österreichisch-ungarischen Front in Friaul führte.

31. KAPITEL

Bundesland Niederösterreich

Seit den letzten Septemberwochen des Jahres 1918, als eine alliierte Offensive in Mazedonien zum Zusammenbruch der bulgarischen Front geführt hatte, begann sich die Niederlage der Mittelmächte als unvermeidbar abzuzeichnen. Vergeblich waren die riesigen Blutopfer der Truppen, vergeblich auch die Not und Entbehrungen der Heimat gewesen. Denn mit dem Nahen des Kriegsendes wurde allen klar, daß es den Zerfall der österreichisch-ungarischen Monarchie zur Folge haben werde.

Am 16. Oktober hat ein kaiserliches Manifest, das die Verfassung von 1867 aufhob und die Umwandlung der Monarchie in einen Bundesstaat verkündete, die Auflösung des alten Gesamtstaates eingeleitet. Schon am 21. Oktober versammelten sich die deutschen Abgeordneten im niederösterreichischen Landhaussaal und konstituierten sich als provisorische Nationalversammlung Deutschösterreichs, und neun Tage später gaben sie dem neuen Staat eine Verfassung, obwohl weder sein künftiger Status noch seine Grenzen feststanden. Damals kämpfte noch die Front in Italien, doch war stündlich das Kriegsende zu erwarten. Am 3. November 1918 wurde in Italien Waffenstillstand geschlossen, Hunderttausende Soldaten mußten noch auf Grund von Mißverständnissen den Weg in die Gefangenschaft antreten und konnten meist erst im August 1919 heimkehren.

In der Heimat hatten sich schon Tage vorher die meisten Garnisonen, vorwiegend solche mit fremden Nationalitäten, aufgelöst. Anderssprachige Einheiten, wie die tschechischen Soldaten des in Tulln stationierten Schützenregimentes Nr. 30, verließen geschlossen ihren Standort, manche andere plünderten die Magazine der Kasernen und wollten, mit allerlei Ausrüstungsgegenständen bepackt, die Heimfahrt antreten. In Wiener Neustadt stürmten tschechische Soldaten die Hangars des Flugplatzes, zerstörten die Maschinen, die Gewehre und machten die vorhandene Munition unbrauchbar, während sozialdemokratische Arbeiter die Artilleriekaserne besetzten. Auf den Bahnhöfen trafen sich Soldaten aller Nationen, die heimwärts strebten. Unter sie mischten sich Kriegsgefangene, da sich auch manche Wachabteilungen verlaufen und die Lager ihrem Schicksal überlassen hatten. Unter die Meldungen von zahllosen Überfällen und Plünderungen mischten sich unsinnigste Gerüchte. Eines davon durcheilte mit Windeseile das Land und lautete: 12.000 in Sigmundsherberg festgehaltene Italiener hätten die Stadt Horn gestürmt und eingeäschert. Tatsächlich hatten dort kriegsgefangene Offiziere nach dem Abströmen der Wachmannschaften das Kommando übernommen. Zum Schutz von Hab und Gut wurden in vielen Orten aus heimkehrenden Soldaten Volks- oder Bürgerwehren gebildet. Ungefähr drei Wochen dauerten die Stauungen auf den Bahnlinien und Straßen, dann verliefen sich die Heimkehrer, die meisten waren froh, heil dem Kriege entronnen zu sein. Verpflegungsstationen auf den Wiener Hauptbahnhöfen sowie in Wiener Neustadt und St. Pölten hatten Ausschreitungen verringern geholfen.

Hinter dieser trüben Szenerie vollzog sich die Auflösung des alten Staates und die Neubildung von Deutschösterreich, wobei der Hauptstadt Wien die Führungsrolle zufiel.

Was aber bestehen blieb, waren die Länder. Die im niederösterreichischen Landhaus versammelten Vertreter aus Niederösterreich, der Steiermark, Tirol, Kärnten, Salzburg und Vorarlberg hielten es für wichtig, »daß die Sicherung des Bestandes der autonomen Landesverwaltungen als eingelebter, in der Bevölkerung wurzelnder Institutionen betont werde«. Daher ist auch die Landesverwaltung Niederösterreichs der neuen Situation entsprechend umorganisiert worden, denn es war klar, daß mit dem Ende der Monarchie auch das Erzherzogtum Österreich unter der Enns ohne Landesfürsten sein werde und sein wolle. Am Dienstag, dem 5. November, einen Tag, nachdem die Waffen endgültig zum Schweigen gekommen waren, versammelte sich im Sitzungssaal des niederösterreichischen Landtages in der Herrengasse die provisorische Landesversammlung. Sie bestand aus 120 Personen: den noch lebenden 88 Abgeordneten des letzten 1908 gewählten Landtages ohne Großgrundbesitzer, Vertretern der Handelskammern und Virilisten (Erzbischof von Wien, Bischof von St. Pölten, Rektor der Universität Wien) und den 1911 in Niederösterreich gewählten 32 Reichsratsabgeordneten. Nachdem der 72jährige Landmarschall Prinz Alois von und zu Liechtenstein am Tage zuvor sein Amt zurückgelegt hatte, wählte die Versammlung aus ihrer Mitte an dessen Stelle einen Landeshauptmann. Dies war der Christlichsoziale Leopold Steiner, Oberkurator der Landeshypothekenanstalt. Ihm wurden drei Stellvertreter, je einer aus den führenden Parteien, der Christlichsoziale Johann Mayer, der Sozialdemokrat Albert Sever und der Großdeutsche Karl Kittinger, beigegeben. Ihnen sollte die landesfürstliche Verwaltung anstatt des bisherigen Statthalters zukommen. Weiters wurden als Verwalter der autonomen Agenden sieben »Landesausschüsse« gewählt, die gemeinsam mit den vier Landeshauptmännern eine elfgliedrige »Landeskommission« bildeten. Diese Landesregierung sollte auch die deutschen Gebiete Südmährens verwalten. Als am Donnerstag, dem 7. November, der Landeshauptmann und seine Stellvertreter die Agenden der landesfürstlichen Verwaltung vom Statthalter Oktavian von Bleyleben übernommen hatten und sich am folgenden Tag der neue Landesausschuß konstituierte, war die bisherige landesfürstliche Verwaltung de facto beseitigt und die neue Zeit eingeleitet worden. Die neue Landesregierung bestätigte die bisherigen politischen Behörden der Statthalterei und der Bezirkshauptmannschaften in ihren Ämtern. Diese sollten künftig nur mehr von der provisorischen Landesregierung Aufträge entgegennehmen.

Das Gesetz vom 14. November 1918, das die Übernahme der Staatsgewalt in den Ländern regelte, führte für die vier Landeshauptmänner die Bezeichnung »Landesregierung«, für die sieben gewählten Ausschüsse den Titel »Landesrat« ein; die ehemaligen Landesbeamten wurden Beamte des »Landesrates«. Die Amtsperiode dieser ersten Landesregierung endete nach den Wahlen vom 4. Mai 1919.

Gleichzeitig wurden auch die Gemeindeausschüsse der Städte und Industrieorte durch Beiziehung von Vertretern der sozialdemokratischen Arbeiterschaft erweitert. Neben diesen legalen Behörden bildeten sich an manchen Orten weitere Gewalten, so in einigen Bezirken »Nationalräte«, welche »die Vollziehung der Verfügungen des Staatsrates sichern« wollten. Diese Nationalräte waren es auch, die zur Organisierung einer Volkswehr aufriefen. Am 12. November 1918, als in Wien die Republik verkündet wurde, fanden auch in einigen großen Städten und Märkten Niederösterreichs Versammlungen statt.

Das entscheidende Jahr für die politische Zukunft des Landes war aber 1919. In drei Wahlgängen nach dem allgemeinen, gleichen und geheimen Wahlrecht, das auch die Frauen berücksichtigte, wurden die innenpolitischen Positionen abgesteckt. Am 16. Februar hatten die Wahlen in die konstituierende Nationalversammlung den Sozialdemokraten in Niederösterreich eine Stimmenmehrheit und 47 Abgeordnete gebracht, von denen 32 auf Wien entfielen. Die Christlichsozialen brachten es auf 29 niederösterreichische Mandatare, davon stammten elf Abgeordnete aus Wiener Wahlkreisen. Zehn Wochen später, am 4. Mai, beendete die Landtagswahl die bisherige Vorherrschaft der Christlichsozialen im Landhaus und in den Rathäusern der Statutarstädte Wien und Wiener Neustadt. Von den 120 Abgeordneten des Landtages stellten 64 die Sozialdemokraten, 45 die Christlichsozialen, acht die Deutsche Vereinigung (bestehend aus fünf Deutschnationalen, zwei Nationaldemokraten und einem Nationalsozialisten) und drei die tschechischen Sozialisten. Landeshauptmann und gleichzeitig Vorsitzender des Landtages wurde der Sozialdemokrat Albert Sever. Er war 1908 als Vertreter Ottakrings in den Landtag gewählt worden, 1911 war er auch Mitglied des Reichsrates geworden. Von Beruf war er Angestellter der allgemeinen Krankenkasse, politisch gehörte er in seiner Jugend zum Kreis von Franz Schuhmeier. Stellvertreter wurden der Christlichsoziale Johann Mayer, der Sozialdemokrat Laurenz Widholz und der Christlichsoziale Leopold Steiner. Auch sieben Landesräte wurden gewählt, wobei einige führende Politiker, wie Leopold Kunschak oder Wilhelm Miklas, nicht mehr aufscheinen, da sie nun in der Bundespolitik tätig waren. Den Abschluß des Wahljahres brachten die Gemeinderatswahlen vom 22. Juni 1919, mit denen das neue Wahlrecht auch in die Gemeindestuben Einzug hielt.

In diesen Wochen wurden auch die neuen Grenzen des Landes im Norden festgelegt. Nachdem bereits seit einigen Monaten klar geworden war, daß

Südmähren nicht zu halten sei und die Tschechen ihre Ansprüche auf die historischen Grenzen der böhmischen Länder durchsetzen würden, wurde im ersten Entwurf des Staatsvertrages von St-Germain, der im Juni 1919 den österreichischen Vertretern übergeben wurde, auch den tschechischen Ansprüchen auf Teile des Bezirkes Gmünd, auf Litschau und Schrems sowie auf Feldsberg, Bernhardsthal und Hohenau stattgegeben. Zwar konnten im endgültigen Vertrag Schrems, Litschau und Hohenau erhalten werden; doch fielen sieben Gemeinden bei Gmünd mit dem Bahnhof und der Eisenbahnwerkstätte dieser Stadt sowie die Stadt Feldsberg an die Tschechoslowakei. Am 30. Juli 1920 besetzten die tschechischen Behörden die Grenzgebiete.

Die drei Wahlen der ersten Jahreshälfte von 1919 hatten gezeigt, daß die Sozialdemokraten in Wien und in den Industriezentren an der Südbahn und im Traisental eine klare Mehrheit hatten, während die Christlichsozialen in den meisten Landgebieten eindeutig dominierten. Als sich nun die politische Diskussion auf eine neue Bundesverfassung konzentrierte, stand Niederösterreichs Einheit im Zentrum des Interesses. Im Lande selbst hatten sich zwei Lager gebildet, die quer durch die Parteien gingen. Der agrarische Flügel der Christlichsozialen war für eine Trennung der Landbezirke von Wien, während die Christlichsozialen der Millionenstadt sich dagegen stellten. Bei den Sozialdemokraten war es umgekehrt. Nachdem man eingesehen hatte, daß die Länder erhalten bleiben würden, wollte man sich auf Wien konzentrieren. Zwar gab es auch Vorschläge, die eine Verbindung Wiens mit den Industriebezirken an der Südbahn bis zum Semmering zu einem »Wiener Land« vorsahen, doch war dies recht unrealistisch. Bald strebte man die Umwandlung der Stadt Wien in ein eigenes Bundesland und damit die Teilung des bisherigen Erzherzogtums in zwei Bundesländer an. Gefördert wurde diese Stimmung aber auch durch die Meinung der anderen Bundesländer. Die Bundesverfassung, die am 1. Oktober 1920 beschlossen wurde und am 10. November in Kraft trat, enthielt eine halbe Lösung. Im Artikel zwei kannte sie zwar noch ein einheitliches Bundesland Niederösterreich, in den Artikeln 108 bis 114 waren aber Bestimmungen über eine Unterteilung in die Landesteile Wien und Niederösterreich-Land enthalten. Der Landtag habe sich in zwei Kurien zu gliedern. Jeder Landesteil sollte in nicht gemeinsamen Angelegenheiten die Stellung eines eigenen Landes haben und als Bundesland anzusehen sein, in gemeinsamen Angelegenheiten sollte es aber als Einheit aufzufassen sein. Der 1919 gewählte Landtag wurde in die Kurien Stadt und Land geteilt, wobei die Abgeordneten gemäß ihren Wahlkreisen einer der beiden Kurien zugeteilt wurden. Die Kurie Land, bestehend aus 26 Christlichsozialen, 20 Sozialdemokraten und sechs Vertretern der Deutschnationalen, hatte für Niederösterreich-Land Gesetzgebungsbefugnis, der Gemeinderat der Stadt für Wien.

Für Niederösterreich-Land wurde eine eigene Regierung, bestehend aus Johann Mayer (dem gemeinsamen Stellvertreter) als Landeshauptmann, sowie den Landesräten Karl Juckel, Karl Müller und Josef Zwetzbacher gebildet. Die gemeinsamen Angelegenheiten besorgte eine Verwaltungskommission, die aus dem Landeshauptmann von Niederösterreich-Land, dem Bürgermeister von Wien, drei Vertretern Wiens und zwei Vertretern Niederösterreichs bestand.

Die Kurie Land des Landtages hielt bereits am 10. November 1920 ihre konstituierende Sitzung ab und mußte sich am gleichen Tage mit einer Rechtsverwahrung der Großdeutschen Vereinigung gegen die Trennung beschäftigen. Am 30. November 1920 beschloß sie eine Verfassung des Landes, die bis 1979 bei Berücksichtigung zweier Novellen vom 27. November 1925 und 30. Juli 1930 mit Ausnahme des Zeitraumes vom 1. Mai 1934 bis 27. April 1945 in Kraft war. In dieser wurde auch das Landeswappen geregelt. Anstelle des Erzherzoghutes wurde der Schild nun von einer Mauerkrone überhöht. Als gemeinsame Angelegenheiten waren verblieben: die Irren-, Siechen- und Findelanstalten, das Hyrtl'sche Waisenhaus in Mödling, die Erziehungs- und Besserungsanstalten, die Landesversicherung, die Landeshypothekenanstalt, die Landeseisenbahnen und die Landeslehrerseminare sowie die Gymnasien. Weiters waren die Pensionen der früheren Landesbeamten zu bezahlen. Gemeinsam sollte auch das bisherige Landesvermögen verwaltet werden. Für 1921 hatte Wien 70 und Niederösterreich 30 Prozent zu den Ausgaben zu leisten.

Da die gemeinsame Landesverfassung, die am 28. Dezember 1920 beschlossen worden war, in ihrem Artikel 31 feststellte, daß die Bildung eines selbständigen Bundeslandes Wien durch übereinstimmende Gesetze des Wiener Gemeinderates und des Landtages von Niederösterreich-Land möglich sei, schritt man alsbald zur völligen Trennung, wobei die Vermögensauseinandersetzungen noch viel Zeit in Anspruch nahmen. Nicht nur um das Landhaus in der Herrengasse wurde gefeilscht, sondern um jedes einzelne Gebäude, um die Landesbibliothek ebenso wie um die Bestände an Bildern und Kunstgegenständen. In letzter Minute kam es schließlich zur Einigung. Die Anstalten in Steinhof, Ybbs und Eggenburg sowie das Zentralkinderheim blieben bei Wien, während Korneuburg, Gugging und Mauer-Öhling an Niederösterreich fielen. Das Landhaus wurde Niederösterreich übertragen. Sollte die Landesregierung ihren Sitz dauernd von Wien wegverlegen, wird es wieder gemeinsames Eigentum, und Wien kann den niederösterreichischen Anteil käuflich erwerben.

Nachdem am 29. Dezember 1921 durch übereinstimmende Beschlüsse des Wiener Gemeinderates und des Landtages von Niederösterreich-Land das »Trennungsgesetz« beschlossen und die gemeinsame Verfassung außer Kraft gesetzt worden war, war die Teilung des ehemaligen Erzherzogtums in zwei Bundesländer vollzogen. Der Name Niederösterreich stand nunmehr nur mehr dem Landgebiet zu, Sitz des Landtages und der Landesverwaltung blieb aber weiterhin Wien. Niederösterreich wurde ein Land ohne Hauptstadt. Am 1. Jänner 1922 trat das Teilungsgesetz in Kraft, vier Tage später fand die letzte gemeinsame Landtagssitzung statt.

Daneben hatte man im Jahre 1921 auch die inneren Angelegenheiten geordnet. Am 9. März war eine Landtagswahlordnung beschlossen worden, die für Niederösterreich-Land vier Wahlkreise im Umfang der historischen Viertel vorsah und die Zahl der Abgeordneten von 52 auf 60 erhöhte. Es wurde auf Grund des gleichen, geheimen und unmittelbaren Wahlrechtes aller im Lande wohnhaften Männer und Frauen, die das 20. Lebensjahr überschritten hatten, gewählt. Wählbar war man nach der Überschreitung des 24. Lebensjahres. Die Periode des Landtages wurde auf fünf Jahre festgelegt, doch war eine frühere Auflösung durch Mehrheitsbeschluß oder durch den Bundespräsidenten über Antrag der Bundesregierung und mit Zustimmung des Bundesrates möglich. Die Landesregierung bestand nun aus dem Landeshauptmann, zwei Stellvertretern und vier Mitgliedern, die Landesräte hießen. Gewählt wurden sie vom Landtag nach dem politischen Proporz. Am 24. April 1921 war ein neuer Landtag gewählt worden. Künftig waren nur mehr drei Parteien im Landtag vertreten. Die Christlichsozialen hatten mit 32 Abgeordneten gegenüber 22 Sozialdemokraten und sechs Großdeutschen die absolute Mehrheit erhalten.

Für die meisten Menschen im Lande hatten aber doch die privaten Sorgen Vorrang vor der Politik. Für viele Bewohner der Grenzgebiete war die Option der Staatsangehörigkeit Österreichs oder der Tschechoslowakei nicht einfach zu lösen, zu starke Bindungen persönlicher und heimatrechtlicher Natur hatten sich im Laufe der Jahrhunderte ergeben. Besonders hart traf das Schicksal jene Beschäftigten der Eisenbahnwerkstätte Gmünd, die sich für Österreich entschieden und ihren Arbeitsplatz verloren. 1500 Personen mußten eine neue Heimat suchen. Viele zogen nach St. Pölten, wo sie im ehemaligen Kriegsgefangenenlager Spratzern Unterkunft fanden. Ansonsten galt als Staatsangehöriger, wer vor dem 1. August 1914 seinen Wohnsitz im Gebiet Deutschösterreichs gehabt hatte. Wer aus anderen Kronländern außer Galizien, Dalmatien oder Istrien später zugewandert war, konnte ebenfalls für Österreich optieren. Berufsoffiziere und Beamte, die in anderen Kronländern tätig gewesen waren, kehrten zurück und suchten Beschäftigung. Für die Bewohner der Städte und Industriegebiete war die schlechte Versorgungslage Grund zu ständigen Klagen und führte auch zur Entfremdung der Stadt- und Landbevölkerung. Man beschuldigte die Bauern, ihre Produkte zu überhöhten Preisen abzugeben, wobei Hamsterer und Schieber den Vorrang hätten. Die Ballung der Bevölkerung in Wien und im Wiener Becken führte zu großen Ernährungsproblemen, die anfangs unlösbar schienen, da die Kohlennot zeitweise auch die Einstellung des Eisenbahnverkehrs erzwang. Die im April 1919 einsetzende Ausspeisung durch amerikanische und schweizerische Organisationen bewahrte viele Kinder vor dem Verhungern.

Das Jahr 1920 brachte eine merkliche Entspannung. Bis zum Jahre 1922 konnte die Bewirtschaftung vieler Lebensmittel aufgehoben werden. Hingegen nahm die Teuerung und Geldentwertung Formen an, die nicht mehr unter Kontrolle zu bringen waren. Selbst das eiserne Kleingeld der letzten Kriegsjahre verschwand, das Land und die Gemeinden mußten 1920 Notgeld drucken lassen, um den Zahlungsverkehr sicherzustellen. Die Preise erreichten astronomische Höhen. Im Jahre 1921 kostete in St. Pölten ein Kilo Rindfleisch 24.000 bis 36.000 Kronen, ein Kilo Würfelzucker 15.000 Kronen, ein Ei 1000 bis 1400 Kronen, ein Kilo Kartoffeln 800 bis 900 Kronen, Roggenmehl 6200, Weizenmehl 7200 Kronen. Dies führte zur Verarmung weiter Kreise des ehemals wohlhabenden Bürgertums und zu gigantischen Vermögensumschichtungen. Seit 1922 begann auch in vielen größeren Orten die Arbeitslosigkeit spürbar zu werden. Alteingesessene Industrien konnten wegen fehlender Rohstoffe ihre Kapazität nicht auslasten. Manche Betriebe, wie die Harlander Zwirnfabrik, gingen in ausländischen Besitz über. Die Einbindung der Kriegsindustrie in die Friedensproduktion machte größte Schwierigkeiten, zumal auch die Bestimmungen des Friedensvertrages dies verhinderten. Die während des Krieges geschaffenen Anlagen mußten nämlich zerstört werden. So demolierte man 1921 auf dem Wiener Neustädter Flugfeld nicht nur die noch vorhandenen Flugzeuge und deren Bestandteile, sondern auch die Hangars und Baracken. Die in der Wöllersdorfer Munitionsfabrik verbliebenen 7000 einheimischen Arbeitskräfte fanden keine rechte Beschäftigung mehr, denn die Versuche, neue Betriebe auf dem Gelände zu gründen, schlugen fehl. Im Jahre 1922 ging das ganze Areal in ausländischen Besitz über, der Betrieb wurde im Dezember 1922 stillgelegt. Auch die Daimler-Werke in Wiener Neustadt, die unter der Leitung von Ferdinand Porsche neue Konstruktionen entwickeln wollten, hatten nur geringen wirtschaftlichen Erfolg. Im Jahre 1923 verließ Porsche Wiener Neustadt. Ähnlich war die Situation auch auf dem Gelände der Militäräronautischen Anstalt in Fischamend. Luftschiffhallen und Hangars wurden abmontiert, nur Kasernen und Werksanlagen blieben stehen. Auch dort mißlang die Überführung in ein Gemeinschaftswerk. Die Werksanlagen der ehemaligen Torpedofabrik in St. Pölten übernahm nach der mißlungenen Weiterführung des eigenen Betriebes die Erste Österreichische Glanzstoffabrik.

Viele Barackenlager wurden für Wohnzwecke benützt und blieben noch lange in diesem Zustand, wie etwa in Gmünd, St. Pölten und Hollabrunn. Vielfach entstanden erst nach dem Zweiten Weltkrieg ordentliche Wohnsiedlungen an ihrer Stelle. Denn die Wohnungsnot war groß, die Bautätigkeit aber gering.

Die wirtschaftliche Not bedrohte auch die Existenz der lokalen Zeitungen. Denn weiterhin wurde Niederösterreich von Tageszeitungen aus Wien versorgt, der Versuch, 1919 in St. Pölten eine eigene Tageszeitung herauszugeben, scheiterte bald. Das »St. Pöltner Tagblatt« mußte schon im Jahre 1922 wieder eingestellt werden. Hingegen blühten die bestehenden Wochenblätter, die nun meist den politischen Parteien dienstbar waren, wie die Blätter des katholisch-patriotischen Volks- und Preßvereins für die Diözese St. Pölten, der Wochenzeitungen in St. Pölten, Krems und Eggenburg herausgab, den Christlichsozialen. Ähnliche lokale Wochenzeitungen gab es in jedem Bezirk. Straff organisierten die Sozialdemokraten ihr regionales Pressewesen. Neben der in Wiener Neustadt erscheinenden »Gleichheit« und dem in Floridsdorf gedruckten »Volksboten« gab es bei Kriegsende noch die

»Volkstribüne«, die 1919 eingestellt wurde. An ihre Stelle traten die »Volks-wacht« in St. Pölten, die »Volksstimme« in Mödling, die »Volkspost« in Schwechat und der »Volkswille« in Krems. Insgesamt erreichten diese Zei-tungen eine wöchentliche Auflage von 30.000 Exemplaren.

Mit Hilfe dieser Blätter, die für die lokale Kommunikation sorgten, konn-te wieder ein reges Gesellschafts- und Kulturleben entfaltet werden. Mit neuen Vereinsgründungen auf verschiedensten Gebieten, mit lokalen Ver-anstaltungen, Glockenweihen und der Errichtung von Kriegerdenkmälern begann auch der Friede einzukehren.

Diese Zeitungen waren aber auch Austragungsort der politischen Kämpfe im Landesbereich und auf lokaler Ebene. Es fehlte nicht an Härte und verba-len Haßausbrüchen, zumal sich neue politische Randorganisationen gebildet hatten, ebenfalls nach Gehör suchten. So waren im Jahr 1920 auch Lokal-organisationen der Kommunistischen Partei gegründet worden, die 1921 erstmals für den Landtag kandidierte, aber nur 5477 Wähler fand. Auch die nationalsozialistische Richtung war wohl vorhanden, doch wählten sie 1921 nur 1909 Niederösterreicher. Hier wirkten ausländische Entwicklungen ein, etwa die Herrschaft Bela Kuns und die Kämpfe um das Burgenland, die Frei-korpsbewegung in Deutschland und das Auftreten Hitlers. Dieser sprach im Jahre 1920 bei einer nationalsozialistischen Versammlung in St. Pölten.

Bei den Teilungsverhandlungen war besonders deutlich zum Ausdruck ge-kommen, daß die führenden aus Niederösterreich stammenden Politiker we-niger in Landessachen, sondern viel mehr in der Bundespolitik engagiert wa-ren. Die einflußreichsten niederösterreichischen Politiker waren zu dieser Zeit Dr. Wilhelm Miklas bei den Christlichsozialen und Dr. Karl Renner bei den Sozialdemokraten. Miklas (1872–1956), Gymnasialdirektor in Horn, war seit 1907 Abgeordneter des Reichsrates gewesen und wurde nun in den Nationalrat gewählt. Er wurde 1918 Mitglied des Staatsrates und war 1919/ 20 Unterstaatssekretär für Kultus in der Regierung Renner. Von 1923 bis 1928 wirkte er als Präsident des Nationalrates, bis er 1928 zum Bundespräsi-denten gewählt wurde. Sein sozialdemokratisches Gegenstück Dr. Karl Renner (1870–1950), aus der Gegend von Nikolsburg in Südmähren stam-mend, war Bibliotheksdirektor des Parlamentes und war 1907 als Abgeord-neter des Städtewahlbezirkes Neunkirchen in den Reichsrat gewählt wor-den. Von 1918 bis 1920 war er Staatskanzler der Republik. Er gehörte aber auch bis zum 14. September 1922 dem niederösterreichischen Landtag an.

Nach der Trennung Niederösterreichs und Wiens entwickelte sich im Lande ein einheimischer Politikertyp, der vorerst keine überregionale Bedeu-tung hatte. Bei den Christlichsozialen wurde, als Johann Mayer am 9. Juni 1922 zurücktrat, der bisher im Nationalrat tätige Rechtsanwalt Dr. Karl Bu-resch zum Landeshauptmann gewählt. Er stammte aus Großenzersdorf, galt als Bauernbündler und als ein zu Kompromissen bereiter Mann, wenn ihm der Weg dazu nicht schwer gemacht wurde. Zu dieser Zeit war der Mühlen-besitzer Josef Zwetzbacher aus Wagram bei St. Pölten Landeshauptmann-stellvertreter. Nach seinem Rücktritt im Februar 1925 – er war über den Zusammenbruch der Bauernbank gefallen – wurde der aus Langenrohr bei Tulln stammende Bauer Josef Reither sein Nachfolger. Seit 1912 Bürgermeister seiner Heimatgemeinde, wurde er 1928 Obmann des NÖ Bauernbundes und 1931 zum Landeshauptmann gewählt. In diesem Amt blieb er bis 1938, doch war er 1934/35 Landwirtschaftsminister. Bei den Sozialdemokraten, die keine Regierungsfunktionen im Bund ausübten, kam bis 1934 kein weiterer Niederösterreicher in einen Spitzenrang. Oskar Helmer, seit 1919 Mitglied des Landtages und seit 1921 Mitglied der Landesregierung, wurde 1927 Landeshauptmannstellvertreter, seine große Zeit kam aber erst nach 1945. Der in der Umsturzzeit im Viertel ob dem Wienerwald mächtige Abgeordnete Heinrich Schneidmadl war bis 1927 Mitglied des Nationalrates, wurde dann in den Landtag entsandt und wurde als Mitglied der NÖ Landesregierung Hauptsprecher seiner Partei. In der Landtagsfraktion hatten auch die Bürgermeister der großen Städte eine wichtige Rolle: Anton Ofenböck aus Wiener Neustadt und Hubert Schnofl aus St. Pölten waren Vizepräsidenten des Landtages. Um die Mitte der zwanziger Jahre traten jüngere Abgeordnete und Vertreter einer harten Linie in den Vordergrund, wie der Bürgermeister von Hohenau und Sekretär der Landtagsfraktion, der Lehrer Franz Popp, und seit 1927 Vertreter des Schutzbundes, wie der aus Wiener Neustadt stammende Josef Püchler. Eine Sonderstellung besaß der aus Klosterneuburg stammende Lehrer und spätere Hauptschuldirektor von Mödling Leopold Petznek (1881–1956), der von 1921–1934 dem Landtag angehörte und seit 1927 dessen Vizepräsident war.

Vergleicht man die Herkunft der Landtagsabgeordneten der einzelnen Parteien während der Ersten Republik, fällt ein Unterschied auf. Bei den Christlichsozialen überwogen die Selbständigen, wobei vorwiegend mittlere und kleinere Bauern, aber auch einige Gewerbetreibende in den Landtag entsandt wurden. Während jeder Periode gehörten auch einige Akademiker ihrer Fraktion an, etwa ein Drittel der Abgeordneten hatte eine Mittel- oder Hochschule besucht. Die Sozialdemokraten hingegen stellten meist keine Akademiker, wohl aber einige Lehrer als Abgeordnete. Ihre Vertreter, die vielfach einen manuellen Beruf erlernt hatten, waren vorwiegend Krankenkassenbeamte, Partei- oder Gewerkschaftsangestellte, manche auch Eisenbahner. Die Wanderbewegung während der letzten Jahrzehnte der Monarchie spiegelte sich stark bei ihren Abgeordneten wider, denn eine größere Anzahl war nicht im Lande geboren.

Durch die Ausgliederung Wiens war Niederösterreich ein typisches Kleingemeindeland geworden. Von den 1,480.449 Einwohnern, die im Jahre 1923 gezählt wurden, lebten 88% in Gemeinden mit weniger als 10.000 Einwohnern. Nur neun Orte lagen über dieser Schwelle: Wiener Neustadt hatte 35.002, das 1922 mit eigenem Statut versehene und durch Eingemeindungen vergrößerte St. Pölten 31.576, Baden 22.217, Mödling 18.677, Klosterneuburg 14.066, Krems 13.940, Berndorf 12.504, Neunkirchen 11.547 und Stockerau 10.798 Einwohner. Die meisten Bezirksstädte lagen unter dieser Marke, denn 42 Orte hatten zwischen 3000 und 10.000 Bewohner und 39 zwischen 2000 und 3000 Bewohner. Die Zahl der Kleingemeinden wurde immer noch vermehrt, denn anstelle von oft notwendig scheinenden Eingemeindungen oder Zusammenlegungen hat der Landtag nach 1920 in verstärktem Maße Gemeinden getrennt und damit neue Bürgermeister geschaffen. Versuche, Großgemeinden zu errichten, gab es wenige. Eine Ausnahme war Ternitz, das 1923 durch den Zusammenschluß mehrerer Industriedörfer entstand.

Hingegen wurde der Rang mancher Orte erhöht. Zu Städten wurden Neunkirchen (1920), Schwechat (1922), Poysdorf (1923), Gloggnitz (1926), Traiskirchen (1927), Haag (1933), wobei in diesen Fällen das Wachstum maßgebend war, oder Orte mit maßgebender historischer Tradition, wie Langenlois (1925), Scheibbs (1926), Raabs (1926), Herzogenburg (1927), Hainfeld (1927), Groß-Siegharts (1928), Heidenreichstein (1932) und Schrems (1936) erhoben. Mit Geras erhielt 1926 neuerlich ein Ort mit weniger als 1000 Einwohnern den Stadtrang. Auch zahlreiche Markterhebungen wurden nach 1926 durchgeführt. Von den Gemeinden, deren Zahl schließlich auf 1711 angewachsen war, hatte die Mehrzahl christlichsoziale Bürgermeister. 173 Städte und Industriegemeinden wurden von Sozialdemokraten verwaltet.

Die Bevölkerung des Landes hatte sich gegenüber 1910 kaum verändert. Allerdings bestand nun ein beträchtlicher Frauenüberschuß. 816.000 Personen standen im Berufsleben, davon waren 665.239 unselbständig und 151.041 selbständig tätig. Noch immer beschäftigte die Land- und Forstwirtschaft die größte Zahl, nämlich insgesamt 410.660 Personen, von denen 315.270 unselbständig und 95.390 selbständige Bauern und Forstwirte waren. Daraus ersieht man die Bedeutung, die Berufszweige wie Knecht und Magd noch hatten.

In Industrie und Gewerbe waren 1923 260.923 Personen beschäftigt, natürlich der größte Teil unselbständig. Es gab nur 34.560 Gewerbetreibende und Industrielle. In Handel und Verkehr wurden 80.571 Personen gezählt, im öffentlichen Dienst und bei den freien Berufen insgesamt 35.913 Personen, darunter 2830 Freiberufler. In Prozenten ausgedrückt gehörten 51,4 Prozent der arbeitenden Bevölkerung der Land- und Forstwirtschaft und 32,6 Prozent Gewerbe und Industrie an.

Der Bedeutung des Bauernstandes und der Landwirtschaft entsprechend stand in der neuen Landesverwaltung Bauernpolitik im Zentrum. Der Gründer des niederösterreichischen Bauernbundes, Josef Stöckler, aus St. Valentin stammend, war als Staatssekretär in der Bundespolitik tätig, im Lande war vorerst Josef Zwetzbacher der führende Funktionär. Auf diese beiden Männer geht die 1922 gegründete Landwirtschaftskammer zurück, die am Sitz eines jeden Bezirksgerichtes eine Bezirkskammer errichtete. Diese anstelle des seit 1905 bestehenden Landeskulturrates geschaffene Interessenvertretung der Bauernschaft erhielt weitgehende Selbstverwaltung. Kammersekretär wurde Dr. Engelbert Dollfuß, der bereits 1927 zum Kammeramtsdirektor ernannt wurde. Präsident war seit 1925 Josef Reither.

Der Landwirtschaftskammer wurden von der Landesregierung eine Fülle von Förderungsmaßnahmen für die Landwirtschaft übertragen und dazu auch entsprechende öffentliche Mittel gegeben. So entwickelte sich allmählich eine vielfach verbundene Organisation mit gegenseitiger Abstützung, wobei aber viel für die Fortbildung des Berufsstandes geleistet wurde.

Für die Bauernschaft waren die Genossenschaften besonders wichtig. Das Rückgrat bildeten die über das ganze Land verteilten 564 Raiffeisenkassen, die Getreidelagerhäuser, die zahlreich entstehenden Milchverwertungsgenossenschaften, darunter 21 Großmolkereien und die Viehzuchtgenossenschaften. Wurde im Jahre 1920 die Gesamtzahl der Genossenschaften mit 828 angegeben, so wuchs sie bis 1930 auf 1665. Im Getreidebau nahm der Roggen eine führende Rolle ein, gefolgt von Weizen und Gerste. Hafer wurde vor allem als Viehfutter verwendet. Einen besonderen Aufstieg erlebte der Anbau von Kartoffeln und Hackfrüchten, besonders von Zuckerrüben. Da Österreich das traditionelle mährische Zuckerrübengebiet verloren hatte, erwuchs hier der Landwirtschaft ein wichtiger neuer Produktionszweig, der auch genützt wurde. Ab dem Jahre 1934 konnte der gesamte heimische Zuckerbedarf aus der eigenen Produktion gedeckt werden. Die allmähliche Verwendung des Kunstdüngers verbesserte die Ernteerträge wesentlich, die Einführung von Sä-, Ernte- und Dreschmaschinen führte zu einer Rationalisierung der Arbeit und zwang zur allmählichen Abwanderung von Bevölkerung aus der Landwirtschaft. Doch mußten in den Gutsbetrieben noch immer viele Saisonarbeiter beschäftigt werden, die zum Teil aus der Slowakei kamen.

In Niederösterreich war auch der Weinbau von großer Bedeutung, besonders in der Wachau, im Gebiet um Retz und an der Brünner Straße, im Bereich der Südbahn und der Thermenlinie. Die Weinanbaufläche von 25.000 Hektar schwankte beträchtlich, doch spielte der Weinbau immer eine große Rolle.

Nach beträchtlicher Konjunktur nach Kriegsende, als Nahrungsmittelnot herrschte und die Produkte vielfach zu überhöhtem Preis verkauft werden konnten, geriet die Landwirtschaft seit 1928 in eine schwierige Situation. Ein erheblicher Preisverfall bei Getreide und Obst setzte ein und brachte viele Bauern in Schulden und Not. Betroffen waren auch viele Weinhauer des Kremser Gebietes und die Bergbauern.

Noch wesentlich schwieriger war die Situation im industriellen Bereich. Nachdem die meisten Kriegsbetriebe den Übergang zur Friedensindustrie nicht bewältigen hatten können, war auch die traditionelle Industriekapazität im Schwinden begriffen. Die Metallwarenindustrie hatte vor allem für die Sudetenländer produziert und nun ihre Absatzmärkte verloren, in der Textilindustrie trat ein Mißverhältnis von Spindeln zu Webstühlen zutage, der Maschinenbau hatte schwer zu kämpfen. Die meisten Betriebe waren auf die Erhaltung der Substanz bedacht, Neugründungen von Industrien waren selten. 1927 entstand eine Glasfabrik in Brunn am Gebirge, bis 1938 eine Zuckerfabrik in Tulln. Das ehemalige Zweigwerk des Wiener Arsenals in St. Georgen am Steinfeld wurde 1922 von den Bundesbahnen erworben und dort Materialien für den Oberbau hergestellt. Das Industriesterben führte 1925 die große Lederfabrik in Wilhelmsburg in den Konkurs. Auch viele kleine Bergwerke, die man im Zeichen der Kohlennot nach 1919 wieder eröffnet und ausgebaut hatte, konnten der nun einsetzenden ausländischen Konkurrenz nicht standhalten und mußten eines nach dem anderen geschlossen werden. Behaupten konnte sich nur das Steinkohlenbergwerk in Grünbach, das Braunkohlenbergwerk in Statzendorf und einige kleinere Betriebe.

Das für die Zukunft bedeutendste wirtschaftliche Ereignis dieser Jahre war die Erschließung von Erdölquellen in Niederösterreichs Boden. Nachdem bereits 1925/26 die geologische Kartierung durch Prof. Dr. Karl Friedl erfolgt war und sich kein österreichisches Unternehmen über die Auswertung wagte, konnte die ausländische Firma Raky-Danubia am 30. August 1930 das erste Öl bei Windisch-Baumgarten aus 729 m Tiefe fördern. Die Quelle versiegte zwar nach fünf Tonnen, doch gelang einer mit schweizerischem Kapital arbeitenden Gesellschaft am 21. August 1934 die Erschließung der ersten wirtschaftlich nutzbaren Sonde Göstling 2 in 926 m Tiefe. Nach diesem Erfolg gründeten die beiden Ölgesellschaften Vacuum Oil und Shell die RAG, die im Mai 1937 eine weitere ergiebige Quelle erbohrte. Da auch andere Bohrungen um diese Zeit Erfolg hatten, erreichte die Ölförderung im Jahre 1937 mit 32.923 Tonnen fast die fünffache Menge des Vorjahres. Damit setzte ein steiler Anstieg ein, denn 1942 wurden 1,213.000 Tonnen gefördert.

Auf dem Energiesektor begann sich nun die Elektrizität durchzusetzen. Durch Zusammenfassung der landeseigenen E-Werke zu Wienerbruck und St. Pölten mit den Anlagen der Stadt Wiener Neustadt und den Werken der Traisentaler Elektrizitätsgenossenschaft TEGA entstand 1922 die Landesgesellschaft NEWAG, deren Aufgabe die Zusammenschließung der vereinzelten E-Werke war. Im Erlaufboden erbaute sie 1924 ihr größtes Kraftwerk. Weiters hat die Stadt Wien in den Jahren 1922–24 bei Opponitz und 1923–26 bei Gaming große Kraftwerke gebaut und Teile Niederösterreichs in Richtung Baden und Bruck elektrifiziert. Im Lande waren weitere 13 größere Werke vorhanden, die etwa gleichviel Strom wie die NEWAG erzeugten (55 Mio. kWh), während etwa 100 Kleinanlagen zum erheblichen Teil ihre Produktion von 15 kWh für den Eigenbedarf von Betrieben brauchten. Die Nutzung der Donau für die Energiegewinnung war aber umstritten. In den Jahren 1928/29 gab es bei Ybbs Protestversammlungen der Anrainer, als das Projekt des Ing. Oskar Höhn aus Zürich zur Errichtung eines Donaukraftwerkes bekannt wurde. Die elektrische Energie wurde für den Bedarf von Gewerbe, Industrie, Landwirtschaft und Haushalt benötigt, als Fernziel wurde die Elektrifizierung der Westbahn angestrebt.

Der Eisenbahnverkehr mußte sich auf die Bedürfnisse des neuen Staates einstellen. Während Südbahn und Westbahn an Bedeutung gewannen, wurden die nach Norden führenden Linien weniger frequentiert und daher auch das zweite Geleise der Nordwestbahn von Stockerau bis Retz abmontiert. Am 15. Juni 1922 wurden die Landesbahnen von der Bundesbahn übernommen, 1924 auch die Linien der Südbahngesellschaft und der Pottendorfer Linie, und 1930 einige Nebenbahnen. Eine neue Linie zwischen Ruprechtshofen und Gresten wurde 1927 fertiggestellt.

Während die Eisenbahn ihre Bedeutung behielt, die Donauschiffahrt sich nicht wesentlich steigern konnte und der Traum vom Ausbau des Hafens von Krems nicht verwirklicht wurde, stieg dank der zunehmenden Motorisierung die Bedeutung der Straßen. Nun wurden die Bundesstraßen, von denen es 629 km in Niederösterreich gab, ihrer Bedeutung entsprechend instandgesetzt. Besonders die Triester Straße, aber auch Teilstücke der Linzer und Ödenburger, Brünner, Horner, Preßburger und Brucker Bundesstraße erhielten einen staubfreien Belag. Auch einige Brücken wurden errichtet, so etwa jene über die Pielach bei Prinzersdorf. Weit weniger gepflegt waren die von den 66 Bezirksstraßenausschüssen betrauten Landstraßen, von denen es in Niederösterreich über 13.000 km gab. Es waren meist Schotterstraßen, nur kleine Teile, besonders die Ortsdurchfahrten, waren gepflastert.

Bessere Straßen waren nämlich für den Aufbau eines Nahverkehrs mit Autobussen erforderlich. Meist geschah dies durch die Post, in einigen Gegenden auch durch kommunale oder private Betriebe. Im Jahre 1930 gab es bereits 220 Überlandstrecken, wobei die Linien meist von zentralen Orten oder Bahnknotenpunkten ausstrahlten. Die private Motorisierung befand sich noch in Anfangsstadien. Im Jahre 1920 wurden im ganzen Land 575 Personenkraftwagen, 446 Lastkraftwagen und 468 Motorräder gezählt, 1929 waren es schon 3419 Pkw und 11.665 Motorräder. Beliebtestes Fahrzeug blieb aber das Fahrrad.

Eisenbahn und Autobusse waren für die Hebung des Fremdenverkehrs wichtig, zumal dieser für manche Orte besondere Bedeutung gewann. Sommerfrischen wurden nun immer begehrter, manche Gegenden, wie der Semmering, hatten auch internationales Publikum. Die verbesserten Verkehrsverhältnisse dienten auch dem Ausbau der Touristik, für die Niederösterreich als Umland Wiens besonders geeignet war. Touristenvereine erbauten Aussichtswarten, markierten Wege, erschlossen Klammen und Höhlen, errichteten Schutzhäuser. Die modernste Aufstiegshilfe war seit 1926 eine Schwebebahn auf die Rax. Auf dem Semmering, um Rax und Schneeberg und in den Voralpen gewann der Schisport immer mehr Anhänger. Der Lilienfelder Mathias Zdarsky, der eine neue Technik einführte, wurde zur internationalen Berühmtheit.

Als Freizeitgestaltung gewann der Sport an Bedeutung. Im Jahre 1930 nahmen 33 Fußballvereine am Meisterschaftsbewerb teil. Leichtathletik, Radfahren, Rudern, Eishockey und Kraftsport wurden in größeren Orten gepflegt, wo dafür auch Sportplätze geschaffen wurden. In den Sommerfrischen entstanden Tennisanlagen.

Denn die erhöhte Freizeit der Menschen, deren Arbeitszeit vielfach auf acht Stunden verringert wurde, hob das Interesse an der Heimat und ihrer geschichtlichen Entwicklung. Die Jahrzehnte nach dem 1. Weltkrieg sind zur großen Zeit der Heimatforschung geworden. Das Landesmuseum wurde ausgebaut, Max Vancsa konnte einen zweiten Band seiner Geschichte Niederösterreichs, der bis 1522 reicht, herausgeben, der Verein für Landeskunde veröffentlichte 1925 eine »Heimatkunde von Niederösterreich« und änderte den Titel seines Monatsblattes 1928 in »Unsere Heimat«.

Auch im Lande waren emsige Heimatforscher tätig, vor allem Alois Plesser in Pöchlarn, der die Pfarrarchive durchforschte, Hans Plöckinger in Krems, der ein Weinmuseum errichtete, Karl Hübner in St. Pölten und Ludwig Koller in Göttweig. Manche Städte veröffentlichten Ortsgeschichten, wie Wiener Neustadt, Eggenburg, Schwechat und Retz, Lehrerarbeitsgemeinschaften gaben Zeitschriften heraus, wie »Die Arbeitsgemeinschaft in St. Pölten«, »Das Waldviertel« in Krems, »Der Tullnergau« in Tulln. Manche Bezirke erhielten Bezirkskunden, die meist von Arbeitsgemeinschaften geschrieben wurden, wie Waidhofen an der Thaya oder Horn. Besonders das Waldviertel wurde dank eines siebenbändigen Sammelwerkes, das Eduard Stepan von 1925 bis 1937 vorlegte, zu einem der bestdurchforschten Gebiete Mitteleuropas. Heimatmuseen entstanden oder wurden zeitgemäß aufgestellt. Der Postbeamte Josef Höbarth sammelte in der Gegend von Horn umfangreiches urgeschichtliches Material, das im Jahre 1930 zum neugegründeten Höbarthmuseum der Stadt Horn aufgestellt wurde. Das Volksbildungswesen wurde überwiegend von Vereinen getragen, aber auch durch Zweigstellen der Wiener Urania wurde die Vortrags- und Kurstätigkeit aufgenommen. Einige Städte, wie Wiener Neustadt, errichteten Volksbüchereien, und ein Bundesstaatlicher Volksbildungsreferent sollte alle diese Bestrebungen zusammenfassen und die Verbindung zum Unterrichtsministerium herstellen. Dieses errichtete im Jahre 1929 im starhembergischen Schloß Hubertendorf bei Blindenmarkt nach skandinavischem Vorbild ein bäuerliches Volksbildungsheim.

Im Rahmen dieser heimatkundlichen Bestrebungen kam dem Denkmalschutz, der 1923 gesetzlich untermauert wurde, erhöhte Bedeutung zu, zumal die Wertung der Kunstwerke der Barockzeit, an denen Niederösterreich so reich ist, erheblich stieg. Der Benediktiner Martin Riesenhuber aus Seitenstetten hat als erster ein zusammenfassendes Werk über die niederösterreichischen Denkmäler dieser Periode geschrieben und anschließend die kirchlichen Denkmäler der Diözese St. Pölten erfaßt. Zum führenden Kunsthistoriker Niederösterreichs wurde der Landesbeamte Richard Kurt Donin, auf dessen Arbeiten der 1935 erscheinende Band Niederösterreich des »Handbuchs der deutschen Kunstdenkmäler« hauptsächlich basierte. Seit 1924 besaß das Land als erstes Österreichs ein Naturschutzgebiet und hatte damit für die Erhaltung der heimischen Tier- und Pflanzenwelt Vorsorge getroffen. Die systematische Erfassung aller urgeschichlichen Bodenfunde machte große Fortschritte. In kostspieligen Ausgrabungen wurde das zweite Amphitheater von Carnuntum freigelegt; die noch bekannten Volkslieder wurden gesammelt und aufgezeichnet.

Auch die bildende Kunst hat nun weitere Kreise erfaßt, wenn auch ihre Lage nicht rosig war. Denn die bisherigen Mäzene, Adelige und Großbürger, hatten meist ihr Vermögen eingebüßt, die Kirche war schon seit Jahrzehnten ausgeschieden, die öffentlichen Organe, vor allem Land und Gemeinden, waren sich ihrer Aufgabe, die Gegenwartskunst zu fördern, noch nicht bewußt. Wir finden in diesen Jahren Künstlerkreise in Klosterneuburg, Krems, St. Pölten, Mödling, Baden, in Wiener Neustadt und im Marchfeld. Unter ihnen lebte manch hervorragender Meister, wie Max Suppantschitsch, Leopold Blauensteiner, die Tiermaler Viktor Ekhard und Otto Ebner. Die plastische Kunst hätte einen großen Auftrieb durch die vielen Kriegerdenkmale erhalten können, die in diesen Jahrzehnten in fast allen größeren Orten entstanden. Nur wenige haben sich aber berufener Künstler, wie Wilhelm Fraß, beauftragt.

In der Dichtkunst dieser Zeit sind Hugo von Hofmannsthal (gestorben 1929), der in Rodaun lebte, Anton Wildgans, der in Mödling und Mönichkirchen arbeitete, und Hermann Broch, der eine Fabrik in Teesdorf leitete, an erster Stelle zu nennen. Lyriker wie Friedrich Sacher aus Wieselburg, der aus Haag stammende und in St. Pölten wirkende Josef Wagner, die Dialektdichter Karl Pschorn (1885–1945) und Theodor Maria Vogel (1881–1957) waren am weitesten bekannt. Motive aus Niederösterreichs Landschaft und Geschichte verarbeiteten Ottokar Janetschek (Der Raxkönig), Hans Sterneder (Der Bauernstudent), Imma von Bodmershof (Der zweite Sommer) in ihren Romanen. Von sechs Theatern, die 1918 im Lande noch spielten, behaupteten sich nur die Bühnen von Baden und St. Pölten mit größter Mühe. Die Theater wurden durch den Film verdrängt. In fast allen größeren Städten und Märkten entstanden im Laufe dieser Jahre Kinos, die auch schon während der Stummfilmzeit ein breites Publikum anlockten. Im Jahre 1929 gab es 311 Kinos, in denen bald der Tonfilm Einzug hielt. In den Städten wurde das Radio bekannt. Wohl ist durch diese beiden Einrichtungen das selbständige Kulturschaffen beeinträchtigt worden, doch wurden erst durch sie viele Kulturgüter dem Volke bekannt.

Gemäß den Bestimmungen der Bundesverfassung wurden die Landesgymnasien und die Lehrerseminare in St. Pölten, Wiener Neustadt, Krems und Hollabrunn vom Bund übernommen. Hollabrunn wurde 1925 im Zuge des Lehrerüberschusses aufgelassen. Denn im Jahre 1923 wurden 20 Prozent aller Lehrer entlassen und 12 Prozent der Klassen eingespart. 70 bis 80 Schüler in einer Schulklasse waren keine Seltenheit. Für Junglehrer bestanden schlechte Berufsaussichten.

Das Schulwesen stand bis zum Jahre 1926 unter dem Eindruck des Meinungsstreites um die Glöckelsche Schulreform. Als im Jahre 1927 neue Lehrpläne für die Volksschulen erarbeitet, die Hilfsschulen geschaffen und die Bürgerschulen in vierklassige Hauptschulen umgestaltet wurden, begann eine neue Periode. Der Lehrplan dieser Schulen wurde an die Unterstufe der Mittelschulen, bei denen die Gymnasien, Realgymnasien, Realschulen und Frauenoberschulen bestehen blieben, angeglichen. Eine bedeutende

Neueinführung war die 1928 in Horn eröffnete »Aufbauschule«, die älteren Schülern in fünf Jahren den Bildungsgang einer Mittelschule ermöglichte. Seit 1919 bestanden in der ehemaligen Theresianischen Militärakademie in Wiener Neustadt und in der Artilleriekadettenschule von Traiskirchen »Bundeserziehungsanstalten«, Ausleseschulen, in denen tüchtige Kinder aus allen Volksschichten zur Hochschulreife gebracht werden sollten. In der ehemaligen Technischen Militärakademie in Mödling wurde 1919 eine technisch-gewerbliche Bundeslehranstalt gegründet, zumal das Verlangen der Wirtschaft nach dem Techniker mit Mittelschulbildung immer größer wurde. Ein neues Gymnasium wurde 1931 in Tulln errichtet. Als Folge des Krieges sank die Schülerzahl stark ab, sie erreichte im Schuljahr 1927/28 in den Pflichtschulen den Tiefstand von 166.140 Kindern. Deshalb sind in dieser Epoche auch recht wenige Schulgebäude neu errichtet worden, insgesamt im Zeitraum von zwanzig Jahren nur achtzehn. Die bedeutendsten Neubauten waren die Hauptschulen in Matzen und Pottendorf. Dank einem neuen Gesetz aus dem Jahre 1923 erlebten die gewerblichen Fortbildungsschulen einen großen Aufschwung. Das Land bildete nur mehr einen einzigen statt bisher 42 Schulsprengeln, die Schule wurde von einer Wiederholungsschule zu einer Berufsschule für den gewerblichen Nachwuchs. Auch einige neue Berufsschulgebäude wurden errichtet. Der vorschulischen Jugenderziehung diente ein Netz von Kindergärten. Das Land trug die Personalkosten, die Gemeinden mußten für die Gebäude und das Hilfspersonal sorgen.

Während in der Landesverwaltung die Christlichsozialen dominierten, standen die größeren Städte unter der Führung der Sozialdemokraten. Nach dem Beispiel der Stadt Wien, die gegenüber dem Land Niederösterreich und seinen Städten und Gemeinden beim Finanzausgleich stark bevorzugt war, versuchten sie eine fortschrittliche Kommunalpolitik zu machen. Dazu gehörte die Errichtung von Gemeinschaftsanlagen, wie etwa die Verbesserung der Wasserversorgung. Von der Landesverwaltung unterstützt, konnten zwischen 1920 und 1925 zehn Anlagen, bis 1930 in mehr als 100 Gemeinden Wasserleitungen gebaut werden. Darunter waren Großprojekte, wie die Wasserleitungen der Städte St. Pölten, Klosterneuburg und Mistelbach (1927), Schwechat und Hainburg (1928). Eine enge Zusammenarbeit zwischen Land und Gemeinden bestand auch beim Ausbau von Krankenhäusern.

Von den 24 Anstalten gehörten nämlich die meisten den Gemeinden, Lilienfeld und Mödling dem Bezirk, Mistelbach einem Verein und Allentsteig einer Stiftung. Innerhalb eines Jahrzehntes konnten 1000 neue Krankenbetten geschaffen werden, denn seit 1925 wurden manche Spitäler beträchtlich ausgebaut. In Gmünd wurde aus der Krankenstation des Flüchtlingslagers ein neues Krankenhaus gestaltet. Einen Ausbau erfuhren auch die Einrichtungen der Fürsorge, insbesondere der Tuberkulosenfürsorge. Diese Krankheit war nicht nur in den Städten, sondern auch in den Dörfern weit verbreitet. An der Spitze standen Landbezirke, wie Ybbs, Melk, Mank und Amstetten. Darin kam auch die Wohnsituation der ländlichen Gegenden zum Ausdruck, wo die meisten alten Häuser aus Stein gebaut und feucht waren.

Die Wohnungsnot grassierte aber auch in den Städten und Industrieorten, hervorgerufen durch deren rasches Wachstum und den Stillstand der Wohnbautätigkeit während des Ersten Weltkrieges. Nach Kriegsende wurde die Wohnungsanforderung verschärft, doch entschloß man sich allmählich zur Förderung von Wohnungsneubauten, wobei auch bereits Wohnungsgenossenschaften tätig wurden. Daneben waren unzählige Notwohnungen besiedelt worden, ehemalige Lazarette und Kriegsgefangenenbaracken, Flüchtlingslager und alte Kasernen. Doch war nicht zu verkennen, daß nach oft trüben Anfängen mit hüttenähnlichen Häuschen allmählich eine beachtliche Siedlungsbewegung einsetzte, die zur Schaffung von »Stadtrand-Siedlungen« führte. Dazu gehörten auch die Kleingartenanlagen. Sie und die groß geplanten Hausgärten wurden in der Zeit um 1930 zu einem volkswirtschaftlichen Faktor, weil sie die Not der Arbeitslosen lindern halfen, die einen Teil ihres Lebensunterhaltes aus ihren Gärten gewinnen konnten.

Denn die Arbeitslosigkeit wurde zu einem Dauerproblem und konnte niemals bewältigt werden. Von allen Bundesländern hatte Niederösterreich die meisten Arbeitslosen. Man zählte bereits im Jahre 1923 33.481 arbeitsuchende Personen. Besonders betroffen waren ungelernte Hilfsarbeiter und Angestellte. Zur Arbeitslosigkeit trugen aber auch die Abbaumaßnahmen des Staates und der Länder bei.

Im Zuge einer solchen wirtschaftlichen Situation war aber auch die Sozialpolitik besonders wichtig. So wurde auf dem Gebiet der Arbeiterkrankenversicherung eine Zentralisierung durchgeführt, an die Stelle von etwa 200 Krankenkassen traten bis 1929 elf Gebietskrankenkassen. Daneben gab es noch vier Betriebskrankenkassen, die gewerbliche Krankenkasse für Niederösterreich in Baden und die Genossenschaftskrankenkasse in Gloggnitz. Die bäuerliche Bevölkerung hatte keinen Krankenschutz. Geregelt wurde die Versicherung der Landarbeiter, für die 1922 eine eigene Landwirtschaftskrankenkasse in Wien geschaffen wurde. Die Unfallversicherung der Arbeiter und die Angestelltenversicherung wurden ebenfalls neu geregelt. Ein wesentlicher Faktor, weil für viele Menschen notwendig, war die Arbeitslosenversicherung. Zur Leistung der Arbeitslosenunterstützung wurde ein eigener Verwaltungsapparat geschaffen, der aus den industriellen Bezirkskommissionen als Landesarbeitsbehörden und den Arbeitsämtern bestand. Industrielle Bezirkskommissionen bestanden in Wien, St. Pölten, Wiener Neustadt und Gmünd.

Diese vielfachen öffentlichen Aufgaben konnten durch die Einnahmen des Landes und der Gemeinden nur mit Mühe gedeckt werden. Bis zum Jahre 1924 war unter dem Eindruck der allgemeinen Sanierung durch das Finanzverfassungsgesetz und das Abgabenteilungsgesetz der Anteil der Länder und Gemeinden geregelt worden. Die Steuerquellen deckten aber die Bedürfnisse nicht, man mußte weiterhin Umlagen einheben.

Unter dem Eindruck der Sanierung war es 1925 zu einer Verwaltungsreform gekommen, die eine Änderung der Landesverfassung notwendig machte. Die im Jahre 1918 angestrebte gemeinsame Landesverwaltung war nämlich nicht durchgeführt worden, die alte Zweiteilung bestand weiter. Nun wurde für den übertragenen Wirkungskreis der Landeshauptmann zuständig, die Zahl der Landesregierungsmitglieder wurde auf insgesamt sieben beschränkt. Die Bezirkshauptmannschaften wurden Landesbehörden und dem Landeshauptmann unterstellt, die Verwaltung wurde vom Amt der Landesregierung durchgeführt. Zur Leitung des inneren Dienstes war ein rechtskundiger Beamter mit Zustimmung der Bundesregierung als Landesamtsdirektor zu bestellen.

Die politischen Funktionen waren 1925 so verteilt, daß die Christlichsozialen den Landeshauptmann, einen Stellvertreter und zwei Landesräte, die Sozialdemokraten einen Landeshauptmannstellvertreter und einen Landesrat, die Großdeutschen einen Landesrat stellten. Auch nach 1927 blieb dieses Verhältnis bestehen.

Die Situation zwischen den beiden großen Parteien war weiterhin unerfreulich und wurde von radikalen Personen geprägt, zu denen sich bald bewaffnete Organisationen gesellten. Schon 1918 war eine Art Heimwehrbewegung entstanden, als Ortswehren, Kameradschaftsverbände oder Bürgergarden gegründet wurden, die vorwiegend von jungen Frontoffizieren geleitet und sich aus Mitgliedern und Anhängern der bürgerlichen Parteien rekrutierten. Diese haben sich aber kaum entwickelt, und Mitte des Jahres 1927 soll es nur vier intakte Ortsgruppen in Niederösterreich gegeben haben. Dies führte in den ersten Nachkriegsjahren zu einem Übergewicht der Sozialdemokraten, die mit den »Freien Gewerkschaften« und mit ihrer Ordnerorganisation über straffe Gruppierungen verfügten. Es kam zu Konflikten in Betrieben, wo man nur Mitglieder der Freien Gewerkschaften dulden wollte und beim Versuch, »geschlossene Betriebe« zu erzwingen, im Jahre 1924 schwere Auseinandersetzungen in Hilm-Kematen und in der Preßvereinsdruckerei St. Pölten herbeiführte. Als Antwort auf diesen Druck entstanden die christlichen Gewerkschaften, die aber nur eine Minderheit der Arbeiter erfaßten. Im Jahre 1930 war ihr Stärkeverhältnis zu den Freien Gewerkschaften 1:7.

Im Jahre 1924 haben die Sozialdemokraten auch ihre Ordnerorganisationen zum »Republikanischen Schutzbund« umgestaltet und im Jahre 1925 in einzelnen Kreisen, vor allem in Wiener Neustadt und St. Pölten, mächtige Aufmärsche mit Fahnenübergaben veranstaltet. Auch im Landtag hatte sich die Situation verhärtet. Im Oktober 1926 war es erstmals zu Radauszenen gekommen, die am 10. November so ausarteten, daß die Sitzung unterbrochen werden mußte. Nachdem die am 10. Mai 1926 auslaufende Wahlperiode des Landtages bis 1927 erstreckt worden war, damit die Wahlen gemeinsam mit denen zum Nationalrat und zu den Gemeinderäten der Statutarstädte Wiener Neustadt und St. Pölten stattfinden konnten, kamen am 24. April 1927 eine Reihe neuer Politiker in den Landtag. Die Einheitsliste der Christ-

lichsozialen und Großdeutschen hatte 38 Abgeordnete erhalten, die Sozialdemokraten 21, der Landbund einen. Kommunisten und Völkisch-sozialer
Block (Nationalsozialisten) gingen neuerlich leer aus.

Sieben Tage nach dem Ende der ersten Session haben sozialdemokratische
Demonstranten am 15. Juli 1927 in Wien den Justizpalast in Brand gesteckt,
die zweite Session stand daher bereits im Schatten dieser dunklen Tage.
Die Ereignisse des Juli 1927 hinterließen eine tiefe Kluft zwischen der Arbeiterschaft, den Bürgern und der ländlichen Bevölkerung und leiteten eine
neue Phase der politischen Entwicklung ein. Seit August 1927 begannen
sich im Westen Niederösterreichs Gruppen des Heimatschutzes neu zu for-
mieren. Es verging kaum ein Tag, an dem nicht über die Gründung einer
Ortsgruppe dieses »Selbstschutzverbandes« berichtet wurde. Er sollte nicht
nur die staatlichen Organe bei der Aufrechterhaltung der Ordnung unterstützen, sondern auch die Übermacht der Sozialdemokraten in den Betrieben
brechen helfen. An der Spitze dieser Bewegung standen meist Offiziere, Unteroffiziere oder Soldaten des Weltkrieges. In kleineren Orten hatten diese
Vereine meist großen Zuspruch, zumal man dort die Devise vertrat, wer
kein Mitglied werden wolle, sei ein Gegner. Landesführer und wichtigster
Organisator wurde Nationalrat Ing. Julius Raab aus St. Pölten.

In den Reihen der sozialdemokratischen Partei hatten die Juliereignisse
Zwiespalt ausgelöst. Anfang Oktober machte Dr. Renner in einer Rede ein
klares Koalitionsangebot. Die von ihm vertretene Richtung wurde vor
allem durch ältere niederösterreichische Funktionäre unterstützt, führte
aber zum Gegensatz zur Wiener Organisation unter der Führung Dr. Otto
Bauers. Allerdings hatte diese Haltung auch in Niederösterreich zur Folge,
daß in manchen lokalen Organisationen die jungen, aus den Reihen des
Schutzbundes kommenden Vertreter nach Ablöse der alteingesessenen und
pragmatisch gewordenen Funktionäre drängten und dies auch erreichten.

Heimwehren und Schutzbundverbände veranstalteten Sonntag für Sonntag Aufmärsche, die selten ohne Plänkeleien endeten. Die erste große Kraft-
probe fand in Wiener Neustadt am 7. Oktober 1928 statt. Zur gleichen Zeit
und am gleichen Ort wurden Aufmärsche des steirischen Heimatschutzes
und des Republikanischen Schutzbundes angesagt, die nur durch ein Aufgebot von 8000 Polizisten, Gendarmen und Soldaten auseinandergehalten
werden konnten. Am 5. Mai 1929 folgte ein regionaler Aufmarsch in St.
Pölten, und ein Jahr später kam es in dieser Stadt neuerlich zu zwei Aufmär-
schen am gleichen Tag und zu Ausschreitungen in den folgenden Tagen.
Dies war eine Generalprobe und gleichzeitig ein Kraftakt des Landesführers
Julius Raab, der in den ersten Monaten des Jahres 1930 zunehmend in Gegensatz zur Bundesführung gekommen war, da er engen Kontakt zur christlichsozialen Partei hielt. Der kollektive Beitritt des niederösterreichischen
Bauernbundes zum Selbstschutzverband sollte seine Position stärken. Am
18. Mai 1930 wurde bei der Generalversammlung der Heimwehren in Korneuburg den Mitgliedern ein Gelöbnis abverlangt, das ein Bekenntnis zum
Faschismus enthielt, Demokratie und Parlamentarismus ablehnte und für

eine ständestaatliche Gliederung eintrat. Während die Mitglieder des Selbstschutzverbandes den Eid leisteten, taten dies die beiden Vertreter des Freiheitsbundes nicht.

In diesem hatten sich 1928 die christlichsozialen Arbeitnehmer eine eigene, vorerst noch im Rahmen des Selbstschutzverbandes stehende Wehrformation geschaffen, die von Josef Dengler geführt wurde. Sie stand stets mit der christlichsozialen Partei in engem Kontakt.

Um die Wende zu den dreißiger Jahren traten auch aus Niederösterreich stammende oder hier wirkende Politiker wieder stärker in der Bundespolitik in den Vordergrund. Im Jahre 1929 war Dr. Ernst Streeruwitz, Oberkurator der Landeshypothekenanstalt, durch sechs Monate Bundeskanzler gewesen, und ab 20. Juni 1931 leitete Landeshauptmann Dr. Buresch durch elf Monate ein Kabinett, dem Dr. Engelbert Dollfuß als Landwirtschaftsminister angehörte. Als dieser nach Buresch' Rücktritt im Mai 1932 selbst Bundeskanzler wurde – Buresch wirkte durch einige Zeit als Finanzminister seiner Regierung –, war der Weg zur Politik in den Ständestaat frei.

Die Sozialdemokraten gerieten in diesen Jahren deutlich in die Defensive, zumal ihnen die Verschlechterung der wirtschaftlichen Lage, insbesondere die Zunahme der Arbeitslosigkeit, auch politische Probleme bescherte. Im Jahre 1930 organisierten die Kommunisten Demonstrationen von Arbeitslosen. So ist die straff organisierte Partei ebenso wie die freien Gewerkschaften immer stärker ausgehöhlt worden und verlor an Widerstandskraft.

Seit dem Spätsommer des Jahres 1929 erschütterte die Weltwirtschaftskrise die österreichische Industrie. Vor allem die für Niederösterreich so wichtige eisenverarbeitende Industrie sowie die Metall- und Textilindustrie gerieten in Schwierigkeiten. Die Industrieproduktion ging von Monat zu Monat zurück und erreichte 1933 nur mehr 63 Prozent des Standes von 1929, obwohl damals keinesfalls Vollbeschäftigung geherrscht hatte. Denn schon im Oktober des Jahres 1929 hatte es 32.000 Arbeitslose gegeben, und bis Dezember war deren Zahl auf 56.000 angestiegen. In Hohenau gab es bei 4000 Einwohnern 600 Arbeitslose, ähnlich war die Lage in Neunkirchen, Ternitz und Wilhelmsburg.

Im Jahre 1932 waren dann in Niederösterreich 71.000 Arbeitssuchende vorgemerkt, wobei noch die große Zahl jener nicht eingerechnet ist, die von der Statistik nicht erfaßt wurden. Bis zum Jahre 1932 wurden in Niederösterreich zwei Zementfabriken, eine keramische Fabrik, vier holzverarbeitende Werke, vier Walzwerke, zwei Maschinenfabriken und eine Waffenfabrik mit 4100 Beschäftigten geschlossen, viele andere drosselten die Produktion stark und gingen zur Kurzarbeit über. Die einst blühenden Industriegebiete des Wiener Beckens und des Traisentales wurden zu Stätten bitterster Not. In Wiener Neustadt wurden die Lokomotivfabrik und die Daimlerwerke geschlossen, in St. Pölten sind drei Großbetriebe, in Wilhelmsburg zwei der Krise zum Opfer gefallen. Viele Arbeitslose versuchten durch intensive Bearbeitung von kleinen Feldern – auf dem Lande besaß zu dieser Zeit ein erheblicher Prozentsatz der Arbeiter noch kleine Landwirtschaften –, in den

Städten von Schrebergärten, selbst durch Rodung von Holzschlägen, Nahrung zu finden. Durch den Rückgang des Fleischkonsums litten wieder besonders die Gebirgsbauern, von denen manche sich nun kein Brot mehr leisten konnten. Im Jahre 1931 wurde die »Winterhilfe« organisiert, um den Ausgesteuerten in der drückendsten Not beizustehen.

Durch das Absinken der Steuereingänge kamen auch die öffentlichen Körperschaften in Schwierigkeiten, sie mußten alle Investitionen einstellen und waren oftmals nicht mehr in der Lage, ihre Beamten und Angestellten zu bezahlen. Die Gehälter mußten zeitweise in Raten bezahlt werden und wurden gekürzt, außerordentliche Sparmaßnahmen sollten den Personalaufwand, der im Jahre 1933 75 Prozent des Landesbudgets erreichte, vermindern. Schulen wurden geschlossen, an anderen Klassen abgebaut. Seit Dezember 1932 gab es im Lande 40 Schulklassen mit 60 bis 100 Schülern.

Die Auseinandersetzungen im Landhaus nahmen immer gereiztere Formen an. Man bedauerte nun allseits die Trennung von Wien, die sich als schädlich erwies. Auch der »Bürgerkrieg in Permanenz« ging weiter und wurde noch komplizierter, als in der Hitlerbewegung der Nationalsozialisten eine neue politische Kraft auftrat. Die »Deutsche Nationalsozialistische Partei« war im Jahre 1923 in zwei Gruppen zersplittert, die Schulzgruppe und den »Deutschsozialen Block« unter Dr. Walter Riehl. Im Jahre 1926 wurde die »Nationalsozialistische Hitlerbewegung« gegründet, die zwar nur 200 Personen stark war, aber doch schon eine Gauleitung für Niederösterreich einsetzte. Im Jahre 1927 wählten sie nur 4800 Niederösterreicher. Nach diesen kargen Anfängen erhielt sie seit 1930 starken Zulauf, und bei den Nationalratswahlen dieses Jahres erreichte sie 34.329 Stimmen. Sie veranstaltete Aufmärsche und Filmschauen und machte sich einige lokale Wochenblätter dienstbar, die in Krems erschienen. Turnvereine, seit altersher Sammlungen der nationalen Kampftrupps, schlossen sich den Nationalsozialisten an, zumal sich diese als alleinige Träger des Anschlußgedankens hinstellten und darin Glauben fanden. Auch die Heimwehr des Raumes Amstetten hielt seit 1928 Kontakte zu ihnen.

Bei den Wahlen des Jahres 1932 erzielten die Nationalsozialisten in Niederösterreich Fortschritte. In Krems, das immer mehr zum Mittelpunkt der Hitlerbewegung wurde, erhielten sie bei den Gemeinderatswahlen 13 Mandate und waren nun so stark wie die Sozialdemokraten als führende Partei; selbst in der Industriestadt St. Pölten konnten sie sechs Sitze erringen. Bei den Landtagswahlen bekamen sie 110.000 Stimmen und entsandten damit acht Abgeordnete in das Landhaus. Ihre Anhängerschaft hatten sie vor allem aus den Reihen der früheren Großdeutschen gewonnen, die aus der Landespolitik verschwanden. Aber auch die anderen Parteien erlitten Einbußen. Von den 56 Mandaten des neuen Landtages, die in acht Wahlkreisen gewählt wurden, erhielten die Christlichsozialen 28, die Sozialdemokraten 20 und die Nationalsozialisten acht Abgeordnete. In der Landesregierung, an deren Spitze vorerst Dr. Buresch, später Josef Reither stand, wurde »Gauleiter« Josef Leopold Landesrat.

Die Folge war ein Kampf aller drei Gruppen gegeneinander. Jede Partei mußte sich nach zwei Richtungen verteidigen. In Angriff waren vorläufig die Nationalsozialisten, bis die Regierung unter Dr. Engelbert Dollfuß auf die Errichtung eines totalitären Ständestaates hinarbeitete. Im März 1933 wurde das Parlament ausgeschaltet, am Ende des gleichen Monates der Republikanische Schutzbund aufgelöst, nachdem die Exekutive in verschiedenen Orten Waffen gefunden hatte. Die Zeitungen wurden unter Vorzensur gestellt und die politische Tätigkeit eingeschränkt. Die Sozialdemokraten durften in diesem Jahr keine Maiaufmärsche durchführen. Der niederösterreichische Landtag war nun das Forum, wo die Artikel der Arbeiterzeitung immunisiert werden konnten.

Im Sommer 1933 starteten die Nationalsozialisten eine neue politische Offensive mit Terrorakten. Schüler der Traiskirchner Bundeserziehungsanstalt unternahmen einen Anschlag auf die Badener Bahn. Am 19. Juni wurde bei Krems in eine Kolonne christlich-deutscher Wehrturner, die als Hilfspolizisten von einer Schießübung heimkehrten, Handgranaten geworfen; dies forderte einen Toten und 30 Verletzte. Am gleichen Tag noch wurde die NSDAP in Österreich verboten, im Landtag kam es zu schweren Auseinandersetzungen mit Tätlichkeiten, wobei Christlichsoziale und Sozialdemokraten einig waren und sämtliche nationalsozialistische Mandate im Landtag, bei den Bezirksausschüssen, in Gemeinderäten und Fürsorgeräten für erloschen erklärten. Landesrat Josef Leopold verlor seinen Regierungssitz, die beiden nationalsozialistischen Zeitungen »Landzeitung« und »St. Pöltner Nachrichten«, die in Krems erschienen, mußten sich tarnen, das Beschmieren von Bäumen, Hauswänden und Felsen mit Hakenkreuzen setzte ein, so daß allein vom 20. bis 31. Juli 1933 368 Nationalsozialisten in Niederösterreich wegen politischer Delikte abgestraft wurden. In Wöllersdorf wurde ein Anhaltelager für politische Vergehen geschaffen.

Um der Regierung im geplanten Ständestaat, für den ihr das Italien Mussolinis in mancher Beziehung das Vorbild lieferte, einen neuen, von den bisherigen Parteien unabhängigen Rückhalt zu geben, hat Bundeskanzler Dollfuß im Herbst 1933 die »Vaterländische Front« gegründet. Sie war keine politische Staatspartei oder Gesinnungspartei, sondern sollte zum Sammelbecken der regierungsfreundlichen Organisationen werden, um später zur Volksbewegung ausgestaltet zu werden. Sie forderte demnach von ihren Mitgliedern kein bedingungsloses Bekenntnis zu einem Parteidogma, sondern zu einem unabhängigen, deutschen, christlichen und berufsständisch organisierten Österreich. Nach der Auflösung der politischen Parteien wurde sie wohl zum alleinigen Träger der politischen Willensbildung, doch befahl sie nicht dem Staat, wie die herrschenden Parteien in Deutschland und Italien. Sie hatte ja auch den Staat nicht geschaffen, sondern sollte eine Dachorganisation sein, bei der aber den Christlichsozialen die führende Rolle zugedacht war. Tatsächlich wurde sie niemals zur Volksbewegung, sondern stützte sich in erster Linie auf die zum Beitritt verpflichteten öffentlichen Bediensteten. Weiters entstand ein freiwilliger Arbeitsdienst, den aber bald die Nationalsozialisten mit großem Erfolg unterwanderten, und ein Schutzkorps, dem die Rolle der Hilfspolizei zugedacht war.

Unterdessen schlug ein Teil des niederösterreichischen Heimatschutzes offen einen faschistischen Weg ein. Als am 12. Jänner 1934 der Landesführer des niederösterreichischen Heimatschutzes, Graf Alberti, in der Wohnung des nationalsozialistischen Gauleiters Frauenfeld verhaftet wurde und damit die Vermutung entstand, daß Teile des Heimatschutzes auch in Niederösterreich wie in der Steiermark mit den Nationalsozialisten zusammenarbeiten wollten, loderte im Jänner der Kampf zwischen der Regierung und dieser Partei, die nun in Deutschland immer stärkeren Rückhalt fand, wieder auf, während die Sozialdemokraten beiseite standen. Unter italienischem Einfluß ging die Regierung aber plötzlich gegen diese Partei vor, so daß am 12. Februar Kämpfe zwischen Regierungstruppen und den mit ihnen verbündeten Wehrorganisationen gegen den weiterbestehenden Schutzbund ausbrachen. In einigen Orten Niederösterreichs, wie in St. Pölten, im Traisen- und Gölsental und im Neunkirchner Gebiet, wurde gekämpft, doch konnte der Schutzbund gegen die Staatsgewalt, die von Formationen des Heimatschutzes unterstützt wurde, keine Erfolge erzielen. Im Gebiet von Wiener Neustadt, das als besonderes Bollwerk der Sozialdemokratie galt, war der Schutzbund nicht aufgeboten worden. Am gleichen Tag wurde über ganz Niederösterreich das Standrecht verhängt, alle sozialdemokratischen Mandate im Landtag und in den Gemeinderäten aberkannt, die 169 sozialdemokratischen Bürgermeister und die Mitglieder der Landesregierung enthoben und durch Regierungskommissare ersetzt. Anstelle der beiden sozialdemokratischen Regierungsmitglieder kam mit Major Baar von Baarenfels ein Vertreter des Heimatschutzes und mit Johann Heitzinger ein Vertreter der christlichen Arbeiter in die Landesregierung. Auch manche Gemeindevertretungen wurden arbeitsunfähig und mußten aufgelöst werden.

Während bei den niederösterreichischen Kreisgerichten die Prozesse gegen eine Anzahl ehemaliger Schutzbündler abgewickelt wurden, kam die Regierung neuerlich in starken Gegensatz zur nationalsozialistischen Bewegung, die am 25. Juli 1934 mit Waffengewalt die Staatsführung erringen wollte. Bei der Erstürmung des Bundeskanzleramtes wurde Dollfuß ermordet. In manchen Bundesländern entbrannte daraufhin ein heftiger Aufstand, während Niederösterreich ruhig blieb, weil hier die örtlichen Führer der SA von ihren auf die SS-Organisation eifersüchtigen Zentralstellen keine Befehle erhalten hatten.

Zu Lebzeiten von Dr. Dollfuß war wohl der ständische Umbau des Staates erfolgt, jener im Lande dauerte aber bis Ende Oktober. Am 30. Oktober beschloß der Rumpflandtag in seiner letzten Sitzung die neue ständische Landesverfassung, die mit 1. November 1934 in Kraft trat. Nach der Anrufung des »Hl. Leopold, Schutzpatrons« enthalten die 69 Artikel eine konsequente Durchführung des autoritären Systems. Der Landeshauptmann wurde vom Bundespräsidenten aus einem Dreiervorschlag des Landtages ernannt, die Mitglieder des Landtages wurden nicht gewählt, sondern nach den Bestimmungen der Bundesverfassung vom Landeshauptmann ernannt. Die Zusammensetzung hatte nach ständischen Hauptgruppen zu erfolgen, die Funktionsdauer war auf sechs Jahre festgelegt. Die 36 Abgeordneten gehörten diesen Hauptgruppen gemäß ihrer Stärke an. 18 stammten aus der Land- und Forstwirtschaft, je vier aus Bergbau und Industrie und aus dem Gewerbestand, zwei aus Handel und Verkehr, je einer aus dem Geld- und Versicherungswesen, den freien Berufen und den öffentlichen Beamten. Zwei Abgeordnete waren Vertreter der Kirchen, zwei des Schul- und Volksbildungswesens, einer von Wissenschaft und Kunst. Bei der praktischen Zusammensetzung gab es allerdings Probleme. Nur mehr neun Mitglieder der alten christlichsozialen Fraktion saßen weiterhin im Landtag, fünf weitere gehörten der neuen Landesregierung an. Diese bestand aus dem Landeshauptmann, zwei Stellvertretern, von denen einer Landesstatthalter hieß, und vier Landesräten. Landeshauptmann Josef Reither war bis Oktober 1936 gleichzeitig Bundesminister für Land- und Forstwirtschaft, zu dieser Zeit vertrat ihn Major a. D. Baar von Baarenfels, Vertrauensmann des Heimatschutzes. Dieser wurde 1935/36 Bundesminister des Inneren, 1936 Vizekanzler und dann Gesandter in Budapest. Nachfolger wurde der Vizepräsident des österreichischen Gewerbebundes, Julius Kampitsch. Der Landesregierung gehörten auch Politiker an, die nach 1945 große Bedeutung in der Landespolitik erhielten, wie Johann Steinböck und ab 1937 Ing. August Kargl.

Während die Landwirtschaft gut vertreten war – allerdings gab es nur zwei landwirtschaftliche Arbeiter –, war die Stellung der Arbeitnehmer sehr schwach. Sie hatten nur drei Vertreter, was auch dem Gewerkschaftsbund Anlaß zu Kritik gab. Die Landesbauernkammer hatte den ständischen Aufbau schon vorgezeichnet, während die Arbeiterkammern völlig umgestaltet worden waren. Bei den Wahlen der Jahre 1921 und 1926 hatte es eine sozialdemokratische Mehrheit gegeben, die 1931 fälligen Wahlen waren von der Regierung bis Ende 1933 verschoben worden, dann war mittels Notverordnung die Zusammensetzung der Vertretung erfolgt. Nur christliche und nationale Gewerkschaften entsandten Vertreter, die Freien Gewerkschaften lehnten dies ab. So war auch dort bereits vor 1934 eine Ausschaltung der Sozialdemokraten erfolgt.

Nun wurde ein gemeinsamer Gewerkschaftsbund gegründet, dessen niederösterreichisches Landeskartell Josef Dengler aufbaute und leitete. Er wollte die Arbeiterschaft mit dem neuen Staat versöhnen helfen und erlangte großen Einfluß auf die Postenvergabe. Ende 1937 hatte der Bund 80.000 Mitglieder in Niederösterreich, mehr als 1933 alle Richtungsgewerkschaften gemeinsam besessen hatten.

Auch die Gemeindevertretungen, die nun »Gemeindetag« hießen, wurden nach den Vorschlägen der Vaterländischen Front vom Landeshauptmann ernannt, konnten aber dann die Bürgermeister wählen.

Im neuen Staat spielte auch die durch das Konkordat von 1934 abgesicherte katholische Kirche eine wichtige Rolle. Zwei Geistliche, Propst Ubald

Steiner von Herzogenburg und Prälat Dr. Franz Hlawati aus Wien, gehörten dem Landtag an, auch der St. Pöltner Bischof Michael Memelauer nahm oft an offiziellen Veranstaltungen teil. Er baute aber den Katholischen Volksbund weiter aus: Katholische Aktion, Caritas und Katholische Jugend wurden mächtige Organisationen. Als 1935 das »Österreichische Jungvolk« als Staatsjugendorganisation gegründet wurde, gab es mancherlei Spannung, bis sich die »Konkordatsjugend« in das Jungvolk eingliederte.

Von hohen kirchlichen Würdenträgern wurde immer wieder die Weihe neuer Denkmäler und Bauten erbeten. Denkmäler errichtete man vorwiegend für den »Heldenkanzler« Dr. Dollfuß, monumentale wie kleine, Neubauten gab es hingegen nicht allzu viele.

In St. Pölten erbaute die Gemeinde im Zuge der Übernahme der Gemeindepolizei durch den Bund ein neues Polizeigebäude, eine Schule und ein großes Wohnhaus, Kirchenbauten wurden in St. Pölten-Wagram, Sigmundsherberg und Kierling errichtet. Auch größere Straßenbauten wurden durchgeführt, etwa der Ausbau der Bundesstraße über die Strengberge, wo 2000 Personen Beschäftigung fanden. Um den Straßenbau zu finanzieren, führte das Land 1937 eine Fahrradsteuer – fünf Schilling pro Jahr und Rad – ein.

Trotz aller Bemühungen gelang es aber nur sehr langsam, die Beschäftigtenzahlen anzuheben, etwa 1937 um 21.000 Menschen mehr als im Vorjahr Arbeit zu geben. Auch die Spareinlagen stiegen wieder und erreichten 1936 die Höhe von 1931. Immer noch waren aber viele arbeitslos und hatten keine Hoffnung, bei Fortbestand des »Systems« Beschäftigung zu finden.

Das wirkte auf die politische Situation zurück, wo die Basis der Vaterländischen Front immer schmäler, die illegalen Organisationen immer größer und zahlreicher wurden.

Vorsichtig hatten verschiedene öffentliche Stellen versucht, Vorfeldorganisationen der Sozialdemokraten wieder in das gesellschaftliche Leben einzugliedern. Die ehemaligen VAFÖ-Vereine wurden in die Fußballmeisterschaft integriert, die Arbeitersänger konnten wieder proben und öffentlich auftreten. Hingegen wurde politische Tätigkeit, etwa die Verteilung der aus Brünn eingeschmuggelten Arbeiterzeitung, nachhaltig verfolgt. Ende 1934 kam es zu einigen Prozessen, während ab 1935 die Verfolgung der Revolutionären Sozialisten, die im Umland von Wien ziemlich stark waren, im Zentrum stand. Dazu gesellten sich Prozesse gegen illegale Nationalsozialisten, die immer zahlreicher und verwegener wurden. Gegen das Beschmieren von Häusern, Bäumen und Straßen mit Hakenkreuzen setzte man Putzscharen aus prominenten Nationalsozialisten ein. Gegen die vielen illegalen Flugschriften führte man trotz vieler Verhaftungen einen aussichtslosen Kampf.

Eine rege Tätigkeit entwickelte in diesen Jahren nach der Aufhebung der Habsburggesetze der »Reichsbund der Österreicher«, der die Ehrenbürgerschaft für Otto von Habsburg, den Sohn des letzten Kaisers, propagierte. 546 meist kleinere Gemeinden Niederösterreichs, aber auch größere Städte wie Wiener Neustadt und Schwechat, ernannten ihn zum Ehrenbürger. Im Jahre 1937 erlangte diese Bewegung ihren Höhepunkt.

Im September 1937 erlebte die autoritäre Periode in Niederösterreich einen letzten positiven Höhepunkt. Die Landesausstellung in Amstetten bot Gelegenheit, die erzielten Fortschritte den 70.000 Besuchern zu demonstrieren. Zahlreiche Fachtagungen und patriotische Veranstaltungen wurden als Begleitprogramm durchgeführt.

Dann geriet die seit Juli 1934 unter Leitung von Dr. Kurt Schuschnigg stehende Regierung immer mehr unter außen- sowie innenpolitischen Druck. Denn im Herbst 1937 haben die Nationalsozialisten, bei denen es zwei Richtungen gab, eine radikale, die den Kampf mit Sprengstoff, Handgranaten und Revolvern führte, und eine gemäßigte, die den politischen Kampf mit zivilisierten Methoden durchfechten wollte, einen neuen Putschversuch vorbereitet, der aber rechtzeitig aufgedeckt wurde. Nach der Unterredung Hitlers mit Bundeskanzler Dr. Schuschnigg auf dem Obersalzberg am 12. Februar 1938 sollten den Nationalsozialisten weitere Zugeständnisse gemacht, vor allem die Beteiligung in den Land- und Gemeindetagen ermöglicht werden. Auch ein Landeshauptmannstellvertreter sollte Nationalsozialist sein. Als Reaktion dazu nahmen Vertreter der »Vaterländischen Front« nicht nur in Wien, sondern auch in größeren niederösterreichischen Städten mit Vertrauensmännern der sozialdemokratischen Arbeiter Besprechungen auf. Seit in den Augusttagen 1934 Bundeskanzler Dr. Schuschnigg mit dem ehemaligen Landesrat Heinrich Schneidmadl verhandelt hatte, war jeder Kontakt abgerissen. Nun sollte den Arbeitern auf kulturellem und sportlichem Gebiet größere Bewegungsfreiheit und Selbstverwaltung im Rahmen der »Sozialen Arbeitsgemeinschaft« der »Vaterländischen« Front« gewährt werden. Die beabsichtigte Erweiterung nach links als Gegengewicht zu den erzwungenen Zugeständnissen nach der nationalen Seite hat aber keine Bedeutung mehr erlangt, weil die Nationalsozialisten mit Erfolg die Entwicklung zu einem für sie günstigen Ende zu treiben verstanden.

Sie waren, kräftigst von Deutschland unterstützt, wo die Fäden zusammenliefen, mit den Zugeständnissen nicht zufrieden. Bundeskanzler Dr. Schuschnigg, schlecht beraten, entschloß sich nun, Österreichs Volk über seine Unabhängigkeit abstimmen zu lassen. Am 9. März wurde dieser Plan veröffentlicht, schon am 13. sollte die Abstimmung stattfinden. Die Nationalsozialisten, die von Deutschland unterstützt und gelenkt wurden, wollten nun die Entscheidung herbeiführen. Unter dem Druck von innen und außen trat Bundeskanzler Dr. Schuschnigg am Abend des 11. März zurück, das Bundesheer erhielt Befehl, den einmarschierenden deutschen Truppen keinen Widerstand zu leisten. Noch in der Nacht vom 11. zum 12. März 1938 erfolgte in den meisten Gemeinden die inoffizielle Machtübernahme durch die Nationalsozialisten und der Zusammenbruch des alten Systems. Am 12. März erließ die unter nationalsozialistischer Führung stehende Regierung ein Verfassungsgesetz, das Österreich zu einem Land des Deutschen Reiches machte.

32. KAPITEL

Reichsgau Niederdonau

Die Umsturztage im März 1938 waren in allen Orten, bis in die letzten Bauerndörfer, von einmaliger Turbulenz. Während die bisherigen Fahnen, Abzeichen und Uniformen verschwanden, tauchten über Nacht Hakenkreuzfahnen auf, bildeten sich Gruppen von SA und Hitlerjugend, die mit großem Stimmenaufwand die Straßen durchzogen, Ämter, Betriebe und lebenswichtige Gebäude besetzten und so tatsächlich die örtliche Macht ergriffen. Noch vor der allgemeinen Absetzung der bisherigen Bürgermeister entstanden in der Nacht zum 12. Mai und an diesem Tage neue lokale Gewalten, die nur zu oft private Fehden mit politischen Gegensätzen mischten. Die gute Organisation der Umzüge, Fackelzüge, Versammlungen und Märsche erweckte den Eindruck, als seien alle Österreicher Nationalsozialisten geworden. Die nächsten Wochen wurden zu einem permanenten politischen Fest umfunktioniert.

Wer unter dem früheren Regime eine Funktion bekleidet hatte, mied nach Möglichkeit die Straße. Es war aber unverkennbar, daß nun auch Menschen, die früher als gute Österreicher und Anhänger der »Vaterländischen Front« gegolten hatten, plötzlich ihr braunes Herz entdeckten und oftmals durch besonders radikales Vorgehen ihre Vergangenheit überdecken wollten. Gewiß hat der Nationalsozialismus, wie jede Revolution, viel Schaum an die Oberfläche geworfen, doch war die Vereinigung mit Deutschland für viele Menschen, vor allem für weite Schichten des kleinstädtischen Bürgertums, seit drei Generationen ein festumrissenes Ziel, eine Sehnsucht, der einst schon Robert Hamerling in beredten Versen Ausdruck verliehen hatte.

Am Sonntag, dem 13. März, durchquerten die vorrückenden deutschen Truppen auf der Linzer Bundesstraße Niederösterreich und marschierten gegen Wien vor, ihnen folgte am nächsten Tage Hitler selbst mit großem Gefolge. Ununterbrochen rasselten die Panzerwagen und Transportkolonnen des deutschen Heeres ostwärts, begleitet von Polizeiverbänden, deren Uniformen bald das Straßenbild der Städte beherrschten.

Die Fahrt Adolf Hitlers durch Niederösterreich am 14. März wurde zu einem Triumphzug, vom Hotel Pittner in St. Pölten aus wurde Dr. Goebbels in Berlin über die beabsichtigte Abstimmung vom 10. April durch den Reichskommissar Dr. Bürckel informiert. Auf der Fahrt zwischen Linz und St. Pölten waren also die wesentlichen Entscheidungen über die Zukunft des

Landes gefallen, dessen Gauleiter Hitler »auf dem Boden der alten Ostmark, des Gaues seiner Ahnen« begrüßte.

Abgeschlossen wurde der Umsturz offiziell durch die Volksabstimmung vom 10. April, bei der nur Propaganda für den Anschluß möglich war. Selbst auf dem Stimmzettel war nur ein kleiner Raum für Neinstimmen freigelassen. Unter diesen Umständen war das Abstimmungsergebnis von 989.196 Ja, denen nur 1453 Nein gegenüberstanden, verständlich. In diesem Zusammenhang muß festgestellt werden, daß Führer ehemaliger Parteien und Verbände, wie etwa Dr. Karl Renner und Ernst Rüdiger von Starhemberg, ihren Anhängern öffentlich rieten, für den Anschluß zu stimmen, in der Meinung, sie könnten diese vor Verfolgung schützen. Ebenso bekannten sich die österreichischen Bischöfe in den Märztagen zum Anschluß und veröffentlichten einen Aufruf, dafür zu stimmen.

Schon in den Umsturztagen begann der verwaltungsmäßige Umbau Österreichs. Die Bundesregierung hatte im Bundesverfassungsgesetz über die Wiedervereinigung Österreichs mit dem Deutschen Reich die Hoheitsrechte an das Reich abgetreten, dessen Interessen der Reichsstatthalter vertrat, der wieder dem Innenminister untergeordnet war. Österreich war bis 1. April 1940 ein Land des Deutschen Reiches, dann wurde es als Einheit aufgelöst. Die NÖ Landesregierung wurde formell noch auf dem Boden der Verfassung von 1934 umgebildet. Im Landhaus wurde am frühen Morgen des 12. März der bisherige Landesstatthalter und Heimwehrfunktionär Julius Kampitsch mit der Leitung der Landesverwaltung durch den Bundeskanzler betraut. Noch am gleichen Tag wurde aber eine neue Landesregierung gebildet, an deren Spitze der 38jährige Rechtsanwalt Dr. Roman Jäger aus Spitz trat. Er war zu dieser Zeit Gauleiter der NSDAP. Kampitsch blieb Landesstatthalter. Die Spitzenbeamten wurden ebenfalls ausgewechselt. Die personellen Veränderungen gingen über die Bezirkshauptmannschaften und die Gemeindestuben bis in die einzelnen Kammern, Genossenschaften, Lagerhäuser und Ortsschulräte. Die Landeslandwirtschaftskammer wurde überhaupt aufgelöst. Bei der Landeshauptmannschaft wurden 395 Angestellte entlassen, davon 194 leitende Beamte. Die Landesregierung hat sofort die Auflösung sämtlicher Gemeindetage und die Absetzung aller Bürgermeister verfügt, die Kreisleiter der NSDAP, die zu unbeschränkten Herren ihrer Bezirke wurden, sind mit der Auswahl der neuen Bürgermeister betraut worden.

Nach dieser Übergangsphase traten ab Mai 1938 allmählich auf verschiedenen Ebenen neue Systeme auf.

Die Grenzen des Landes, dessen Name in „Niederdonau" umgeändert worden ist, wurden in der Periode der nationalsozialistischen Herrschaft mehr verändert als jemals zuvor seit dem 13. Jahrhundert. Am 20. Mai 1938 erschien im »Völkischen Beobachter«, der als Amtsblatt die »Wiener Zeitung« ablöste, die Meldung, daß der neue Gau Groß-Wien so erweitert werden solle, daß die Städte Korneuburg, Stockerau und Klosterneuburg sowie Teile des Bezirkes Baden eingemeindet, die Bezirke Neunkirchen, Wiener

Neustadt und Bruck mit dem gesamten Burgenland an die Steiermark angeschlossen werden sollen, so daß nun die Steiermark an Wien gegrenzt hätte. Tatsächlich wurde aber diese unrealistische Grenzziehung nach Intervention niederösterreichischer Funktionäre wieder fallen gelassen. Am 15. Oktober 1938 wurde Wien um 97 Gemeinden vergrößert, von denen manche damals noch überwiegend von Bauern bewohnt waren. Sie sollten aber für die vorgesehene Ausdehnung der Stadt das notwendige Siedlungsland beistellen. In diesen zusammen 937 Quadratkilometer zählenden Gemeinden lebten 182.000 Menschen. Die Bezirke Neusiedl, Eisenstadt, Oberpullendorf und Mattersburg des Burgenlandes, das als Verwaltungseinheit aufgelöst wurde, sind zu Niederdonau geschlagen worden. Nach dem Einmarsch der deutschen Truppen in die Randgebiete der Tschechoslowakei wurde Niederdonau am 8. Jänner 1939 im Norden durch Eingliederung der südmährischen Bezirke Znaim/Znojmo, Nikolsburg/Mikulov, Auspitz/Hustopeče, Mährisch-Krumau/Moravský Krumlov und Neubistritz/Nová Bistřiče, um das Gebiet von Gmünd und um Theben/Devin vergrößert, dagegen wurde ein Teil der Gemeinde Behamberg zu Oberösterreich umgegliedert. Im südmährischen Raum, der gegen die Tschechoslowakei durch eine bizarre Grenzführung abgegrenzt war, lebten 370.000 Bewohner, so daß Niederdonau nun 1,700.640 Einwohner hatte.

Die Umgestaltung der Landesverwaltung erfolgte am 1. Mai 1939. An die Stelle des Bundeslandes trat der Reichsgau, ein staatlicher Verwaltungsbezirk und Selbstverwaltungskörperschaft. Es wurde also jene Doppelsituation eingeführt, wie sie im Kronland 1861–1918 bestanden hatte, doch war die Einheit der Verwaltung durch den Landeshauptmann seit 1. April 1940 durch den Reichsstatthalter wahrgenommen. Ihm unterstand die gesamte staatliche Verwaltung als unmittelbare Reichsverwaltung, weiters oblag ihm die Selbstverwaltung des Reichsgaues. In Personalunion war er auch Gauleiter der NSDAP, also oberster politischer Funktionär der Partei. Mit dieser Funktion war seit Juni 1938 der Lungenfacharzt Dr. Hugo Jury aus St. Pölten betraut. Er war Mitglied der nationalen Heimwehr gewesen, bis er 1931 zur NSDAP überwechselte. Dann gehörte er zu deren gemäßigtem Flügel und wurde in der Anschlußregierung Seyß-Inquart Minister für soziale Verwaltung. Gauleiter und Reichsstatthalter blieb er bis zum Jahre 1945. Am 1. Oktober 1938 wurde das bisherige Gemeinderecht durch die Deutsche Gemeindeordnung ersetzt. Auch in der Gemeinde, die nun »Zelle des Staates« war, war die NSDAP einziger politischer Willensträger, der Bürgermeister hatte eine Führerstellung, nur in bestimmten Angelegenheiten mußte er die Gemeinderäte um ihre Meinung fragen. Dies waren in den Städten die Ratsherren oder die ihm zur fachlichen Unterstützung zugeteilten Beigeordneten.

Auch die Grenzen vieler Gemeinden wurden verändert. Waidhofen an der Ybbs verlor seine Landesunmittelbarkeit, erhielt aber die Gemeinde Zell einverleibt; andere Orte, wie Scheibbs, Melk, Pöchlarn, Eisenstadt, Herzogenburg, Wilhelmsburg, vor allem aber St. Pölten und Krems, wurden durch Eingemeindungen beträchtlich vergrößert. Krems, das den Titel einer Gauhauptstadt zugesprochen erhielt, bekam die Städte Stein und Mautern und den Markt Rehberg, insgesamt 17 Gemeinden, einverleibt und wurde gauunmittelbare Stadt. Im Jahre 1939 ging auch das Stift Göttweig in das Eigentum der Stadt Krems über. Der politische Bezirk, der seit 1934 Verwaltungsbezirk hieß, wurde nun zum Landkreis, an dessen Spitze der beamtete Landrat stand. An weiteren Verwaltungsänderungen während der späteren Jahre sind die Gemeindezusammenlegungen beachtenswert, wobei vor allem im Bezirk Horn aus 134 Gemeinden 24 Bürgermeistereien gebildet worden sind. Manche Orte haben in dieser Zeit auch ihren Namen geändert, wie Qualkowitz in Südmähren in Kalkwiesen, Hlawathen in Mittelfeld, und die Gemeinde Judenhof bei Melk ersetzte ihren nunmehr anrüchigen Namen durch das wohlklingende Berghof.

Denn eine der ersten Maßnahmen war die Ausschaltung der Juden aus dem Wirtschafts- und Kulturleben, die Enteignung ihres Besitzes. Im November 1938 wurden auch in Niederösterreich die jüdischen Synagogen zerstört. Ein Teil der jüdischen Bevölkerung ist vor Kriegsausbruch emigriert, viele aber wurden in späteren Jahren in Konzentrationslager gebracht, aus denen nur wenige zurückkehrten. Wer ein Amt anstrebte oder auch nur eine Mittelschule besuchen wollte, mußte arische Ahnen nachweisen.

Ebenso wurde die katholische Kirche immer stärker bedrängt und die Kirchenaustrittsbewegung offiziell gefördert. Schon 1938 wurden in Niederdonau 14.394 Kirchenaustritte registriert, 1939 sogar 30.140. Mit Beginn des Krieges sanken sie rasch ab (1940 5213, 1943 1345). In der Mehrzahl betrafen sie die katholische Kirche und waren teilweise auch eine Folge der Einführung der Kirchensteuer. Die Stifte Göttweig, Klosterneuburg und Altenburg wurden in späteren Jahren aufgehoben, ebenso die kirchlichen Konvikte in Melk und Hollabrunn und die geistlichen Privatschulen geschlossen. Auch der Religionsunterricht wurde weitgehend aus den Schulen verdrängt. Damit war der Einfluß kirchlicher Stellen auf die Jugenderziehung ausgeschaltet, die ebenso wie die Gestaltung des gesamten politischen Lebens, für das immer mehr ein festgefügtes Zeremoniell ausgeprägt wurde, die NSDAP mit ihren vielen Gliederungen übernahm. Nach kurzer Zeit war die österreichische Eigenart völlig überdeckt, Verwaltung und Wirtschaft mit Reichsdeutschen durchsetzt, die besonders auch durch die starken, nach Niederösterreich verlegten Garnisonen verstärkt wurden. Hatte das kleine österreichische Bundesheer nur wenige Kasernen beansprucht und sich auf die Garnisonen Wiener Neustadt, Hainburg, Krems, St. Pölten, Stockerau und Melk beschränkt, wo die dritte und Teile der ersten Brigade stationiert gewesen waren, wurde jetzt der Bedarf an militärischen Anlagen bedeutend größer. Denn die allgemeine Wehrpflicht und die Arbeitsdienstpflicht hielten den jungen Mann fast drei Jahre unter Waffen. Neue Militärlager entstanden in Städten, wo es früher keine Garnisonen gegeben hatte, wie in Hollabrunn, die traditionellen Garnisonsstädte erhielten neue Barackenlager; in Markersdorf, Langenlebarn bei Tulln, Schwechat, Deutsch Wagram,

Kottingbrunn und anderen Orten wurden Flugplätze der Luftwaffe angelegt. Besonders einschneidend für Landschaftsgestaltung und Besiedlung war die Anlegung von Truppenübungsplätzen.

Im Waldviertel wurde aus fünfundvierzig Gemeinden und sieben Gutshöfen der Truppenübungsplatz Döllersheim geschaffen. Seit Juni 1938 mußten 1228 dort ansässige Bauernfamilien und 200 Gewerbetreibende ihre Heimat verlassen. Ihre Dörfer wurden nun bei militärischen Übungen zerstört, und ihre Felder dienten nur mehr als Schafweiden. Die Vergrößerung des Truppenübungsplatzes Kaisersteinbruch wieder hat 275 Häuser in Sommerein gekostet. Die ersten Aussiedler konnten sich meist anderswo schönere Wirtschaften kaufen, die während des Krieges Ausgesiedelten aber haben meist den Großteil ihres Vermögens verloren. Zu deren Ansiedlungen wurden Gutshöfe in Bauernwirtschaften aufgeteilt.

Die gewaltigen Bauten, die durch die militärische Organisation notwendig waren, Aufträge an Fabriken, von denen viele in deutschen Konzernen aufgingen, aber auch Bauvorhaben anderer Art haben die Arbeitslosigkeit bald wesentlich vermindert, die mit dem Kriegsausbruch im September 1939 völlig verschwunden ist. Noch im April 1938 waren bei den drei Landesarbeitsämtern Wiener Neustadt, St. Pölten und Gmünd 56.675 Arbeitslose gemeldet gewesen, bis Oktober hatten 86 Prozent davon bereits Beschäftigung gefunden. Straßenbauten im Gebiet der Strengberge, im Waldviertel und in der Wachau sowie der Baubeginn an der Autobahn im Raume St. Pölten hatten viele Arbeitskräfte gebunden. Die Entschuldung der Landwirtschaft und der Gemeinden, deren Schuldenlasten im Jahre 1938 135 Millionen Schilling betrugen, haben auch die allgemeine Bautätigkeit angekurbelt.

1939 wurde für das ehemalige Land Niederösterreich in St. Pölten eine Handwerkskammer errichtet, die aber stets ihren Sitz in Wien hatte. Auch als 1941 eine Industrie- und Handelskammer mit dem formalen Sitz St. Pölten geschaffen wurde, übte sie noch von Wien aus ihre Tätigkeit aus. Beide Kammern gingen 1943 in die Gauwirtschaftskammer Niederdonau über, die sich beim Zusammenbruch des Jahres 1945 auflöste. Ebenso wurde für die Bauern eine neue ständische Organisation, eine Landesbauernschaft Donauland im Rahmen des Reichsnährstandes zuständig. In diesen wurde auch die Lagerhausorganisation eingegliedert. Im Zusammenhang mit der »Erzeugungsschlacht« wurde diese ausgebaut und mit wichtigen Aufgaben im Rahmen der Marktordnung betraut. Unter Beteiligung von Genossenschaften wurde 1940–1942 eine Kartoffelverwertungsges. m.b.H. in Gmünd errichtet. Die anderen Organisationen der freien Berufe (Notare, Rechtsanwälte) blieben bestehen, doch wurden auch sie dem nationalsozialistischen Selbstverwaltungsgrundsatz unterworfen.

Noch während des Krieges ist die industrielle Produktion des Landes stark gesteigert worden, wobei allerdings die reinen Rüstungsbetriebe den absoluten Vorrang erhielten. Fragen der Rentabilität, der Gewinn- und Verlustrechnung, der dauernden Absatzsicherung und andere privatwirtschaftliche Überlegungen spielten bei ihnen keine Rolle mehr.

So ist die Erdölförderung und Raffinerie in Zistersdorf, Korneuburg und der Umgebung Wiens großzügig ausgestaltet worden. Im Weinviertel wurde eine Erdölpipeline in die Raffinerie Korneuburg geschaffen. Die Wiener Neustädter Flugzeugwerke wurden mit 23.000 Beschäftigten zum größten Industriebetrieb des Landes, die Stahlwerke in Enzesfeld, die ebenso wie die Werke St. Aegyd und Waidhofen an der Ybbs dem Böhlerkonzern eingegliedert wurden, vervielfachten ihre Produktion, in Traismauer, Ternitz, Traisen und Berndorf, in der St. Pöltner Glanzstoffabrik und bei den Anlagen der Donauchemie in Moosbierbaum wurden großzügige Ausbauten vorgenommen. Bei St. Valentin entstand das Panzerwerk Nibelungenwerke, in Fischamend wurden Flugzeugwerke erbaut, in Wiener Neudorf ein Flugmotorenwerk aus dem Boden gestampft, und auf dem Gelände der 1931 gesperrten Lokomotivfabrik Sigl in Wiener Neustadt entstand in den Jahren 1942 das Raxwerk, eine gewaltige Lokomotiv-Tenderfabrik für die Reichsbahn.

Auf ältere Pläne ging der Bau der Schmidhütte in Krems zurück, die eigentlich nur eine Übersiedlung der Rottenmanner Eisenwerke war, die an ihrem alten Standort Platzmangel hatten. Einige Großprojekte, wie ein Aluminiumwerk in Berg bei der Hainburger Pforte, kamen trotz erheblichen Arbeits- und Kapitalaufwandes nicht weit, das Leichtmetallwerk der IG-Farben in Moosbierbaum, für 20.000 Arbeiter berechnet, gedieh nur bis ins Planungsstadium.

Viele dieser Betriebe mußten sich eigene Kraftzentralen errichten, wie die Ostmarkwerke in Wiener Neudorf oder die Donauchemie in Moosbierbaum, so daß die Stromerzeugung der Industrie größer war als die der ausgebauten öffentlichen Landesgesellschaft. Die NEWAG war nämlich durch die Eingliederung von 31 gemeindeeigenen Kraftwerken, vier privaten und zwölf genossenschaftlichen Anlagen sowie mehreren hundert Kleinverteilungsanlagen fast zum Monopolbetrieb für öffentliche Stromversorgung geworden, neben der die privaten Kraftwerke nur mehr eine geringe Rolle spielten. Alle Stromverbraucher des Landes erhielten einheitliche Tarife, Überlandleitungen sollten die einzelnen Kleinkraftwerke miteinander verbinden. Ein großes Umspannwerk wurde in Ernsthofen errichtet, und mit dem mährischen Thayakraftwerk Frain/Vranov erhielt Niederdonau einen leistungsfähigen Großproduzenten. Durch das 1943 fertiggestellte Erdgaskraftwerk Neusiedl an der Zaya mit 6,5 Megawatt Leistung wurde auch diese neue Energiequelle für die Stromversorgung genützt. An Niederösterreichs Westgrenze wurde zwischen 1939 und 1941 eine Kraftwerkskette an der Enns mit Baustellen in Mühlrading, Staning, Ternberg und Großraming begonnen, ebenso ist mit den Arbeiten beim Donaukraftwerk Ybbs-Persenbeug begonnen worden, doch wurden keine großen Fortschritte erzielt.

An Kultureinrichtungen, die auch für die Zukunft richtungsweisend wurden, muß die Schaffung des Gausymphonieorchesters an erster Stelle erwähnt werden; es ist aus dem Wiener Tonkünstlerorchester hervorgegangen. Das fortschrittliche deutsche Büchereiwesen wurde nach Österreich verpflanzt und nun von vielen Gemeinden durch Übernahme bestehender Bibliotheken oder durch Neugründungen Volksbüchereien geschaffen. Dagegen hat die Gaubühne, die mit einem Ensemble von Baden aus alle Theater des Landes bespielte, keine besondere Beliebtheit erlangt. Zur finanziellen Sicherung kultureller Einrichtungen in kleineren Orten wurde im Jahre 1940 der »Zweckverband für Kulturpflege in Niederdonau« geschaffen, als Körperschaft öffentlich-rechtlichen Charakters. Aus praktischen Notwendigkeiten erhielt ein Zweig der Heimatkunde, nämlich die Ahnenforschung, großen Auftrieb. Dagegen hat der Nationalsozialismus, der sich jede kulturelle Betätigung dienstbar machen wollte, durch Auflösung zahlreicher Vereine viele Stätten kulturellen Wirkens zerstört, besonders auf musikalischem Gebiet. Auf dem Schulsektor wurden die Mittelschulen in »Oberschulen« umgewandelt, die etwa den österreichischen Realgymnasien entsprachen, die Zahl der humanistischen Gymnasien wurde auf vier beschränkt. Die Besucher der Lehrerbildungsanstalten wurden nach besonders strengen politischen Maßstäben ausgesucht, und einige mittlere technische Lehranstalten sowie neue Oberschulen im Waldviertel geschaffen. Den Nachwuchs an politischen Leitern sollten zwei »Nationalpolitische Erziehungsanstalten« (NAPOLAS) heranbilden. Für alle diese neuen Schulgründungen wurden aber keine Gebäude errichtet, sondern bestehende herangezogen.

Das Ende der Arbeitslosigkeit und die verbesserte wirtschaftliche Lage, aber auch die Gewährung von Ehestandsdarlehen und Kinderbeihilfen hat eine beträchtliche Zunahme der Geburten bewirkt. In den Jahren 1939 und 1940 kamen mehr Kinder zur Welt als jemals zuvor in der Ersten Republik, im Laufe des Krieges sank deren Zahl aber wieder ab, besonders seit 1944.

Die aggressive Außenpolitik des Deutschen Reiches hat bereits im September 1938 die Gefahr eines Krieges mit der Tschechoslowakei heraufbeschworen. Damit wäre Niederösterreich, an dessen Nordgrenze von den Tschechen starke Feldbefestigungen angelegt worden waren, zum Kriegsschauplatz geworden. Im September wurden in den Grenzbezirken auch erhebliche Truppenmassen konzentriert, doch verhinderte das »Münchner Abkommen« nochmals den Kriegsausbruch. Als im März 1939 die Tschechoslowakei als »Protektorat Böhmen und Mähren« unter deutsche Verwaltung kam, hatte Niederdonau keine Staatsgrenze im Norden mehr. Im Osten entstand in der Slowakei ein deutscher Satellitenstaat, auch Ungarn geriet immer stärker in den Bann deutscher Hegemoniebestrebungen.

Am 1. September 1939 brach aber der Zweite Weltkrieg aus, als Hitler auch den Polen das Schicksal der Tschechoslowakei bereiten wollte. Der Schwerpunkt der Kämpfe verlagerte sich 1940 nach Norwegen und Frankreich, 1941 nach Jugoslawien und ab Juni 1941 nach Rußland. Der Kriegseintritt der Vereinigten Staaten von Amerika und die Durchhaltekraft der Sowjetunion brachten 1943 den Umschwung des Kriegsgeschehens. Die Kraftreserven Deutschlands an Menschen und Material erschöpften sich zusehends, zumal die Luftüberlegenheit Englands und der USA die Heimatgebiete und Rüstungszentren bedrohte.

Am Tage des Kriegsausbruches begann auch die Rationierung der Lebensmittel und anderer Bedarfsartikel. Sie war besser organisiert als jene während des Ersten Weltkrieges, und in den ersten Jahren wurde das Land von Kriegseinwirkungen verschont, wenn auch ein Großteil der männlichen Bevölkerung zu den Waffen gerufen war und ihre Stellen in Ämtern, Betrieben, bei der Bahn und in der Landwirtschaft vielfach von Frauen eingenommen werden mußten. Für die Landwirtschaft sind in erhöhtem Maße Kriegsgefangene, vorwiegend Franzosen, herangezogen worden, in die Rüstungsbetriebe wurden Arbeitskräfte aus Polen und der Ukraine in großer Zahl dienstverpflichtet. Diese Überlagerung der Heimat mit Fremden war bei Kriegsende für die einheimische Bevölkerung sehr unangenehm. Im weiteren Verlauf des Krieges, der schließlich »total« wurde, steigerten sich auch die Versorgungsschwierigkeiten, denn die Produktion der Landwirtschaft verminderte sich, Schwarzmarktpreise und Schleichhandel blieben aber doch in bestimmten Grenzen, da die Härte der Strafen viele abschreckte. Auch in der zivilen Wirtschaftsstruktur brachte dieser Krieg viele Änderungen. Ganze Gewerbezweige wurden vernachlässigt, andere in ihrer Tätigkeit gehemmt, so daß sie praktisch lahmgelegt waren. Im Handel wurde der Kaufmann zum Verteiler. In den späteren Kriegsjahren sind alle Arbeitsreserven in den Dienst der Rüstung gestellt worden, um die Lücken, die durch weitere Einberufungen in der Produktion gerissen wurden, zu schließen. Die Mittelschüler der Oberklassen wurden den Luftverteidigungseinheiten zum Schutze der Industriegebiete von Wien, Linz und Pilsen eingegliedert, auch Mädchen als Flakhelferinnen herangezogen.

Im letzten Kriegsjahr, als die Heimat bereits durch den Luftkrieg bedroht war, als sich die Ostfront in Ungarn den Reichsgrenzen näherte und die Erschöpfung schon weit fortgeschritten war, wurde im Burgenland eine provisorische Feldbefestigung errichtet, die den hochtrabenden Namen »Reichsschutzstellung« oder »Südostwall« erhielt, im Wesen aber nur aus Schützenständen und einem Panzergraben bestand. In den Orten wurden Panzersperren errichtet, Halbwüchsige und ältere Männer seit Herbst 1944 in Volkssturmeinheiten zusammengefaßt. Notdürftig ausgebildet, schlecht ausgerüstet, sollten sie die Heimat verteidigen. Wo sie später zum Einsatz kamen, erlitten sie riesige Verluste, wie im Raume von Wilhelmsburg.

Seit dem Jahre 1943 wurde auch niederösterreichisches Gebiet durch amerikanische Bombengeschwader, die aus Tunis einflogen, bedroht. Am 13. August 1943 wurde als erstes österreichisches Industriezentrum Wiener Neustadt, wo die Hälfte der deutschen Jagdflugzeuge produziert wurde, angegriffen, und bis Kriegsende fielen bei 29 Angriffen 52.000 Bomben auf diese Stadt. Auch die Industrieorte in der Umgebung Wiens, Liesing, Atzgersdorf, Schwechat, Fischamend, Moosbierbaum und Korneuburg, die Erdölfelder von Zistersdorf und die Bahnknotenpunkte St. Pölten, Krems und Amstetten erlitten durch Bombenangriffe schwere Zerstörungen.

Um die Produktion der Kriegsbetriebe aufrecht erhalten zu können, waren umfangreiche Verlagerungen angeordnet worden, denn neu aufgebaute

Werke wurden bald nach Fertigstellung der Arbeiten wieder bombardiert. Nun wurden Betriebe in kleine Orte, in Keller und Bergstollen verteilt. Eine der größten unterirdischen Anlagen entstand zwischen Loosdorf und Melk an der Westbahn, eine weitere bei Mödling.

Seit dem Herbst 1944 gab es kaum einen Tag ohne Fliegeralarm, in den letzten Kriegsmonaten gar, als die Fronten allerorten zusammenbrachen, Flüchtlingskolonnen aus dem Osten einströmten und der Luftraum fast pausenlos von amerikanischen Bombern und Jagdflugzeugen kontrolliert wurde, die selbst kleine Orte, Bahnlinien und Brücken sich zum Ziele erkoren, senkte sich dumpfe Untergangsstimmung über das Land.

Als der Zusammenbruch unaufhaltsam wurde, bildeten sich in manchen Orten Gruppen von Patrioten, die aktiv an der Wiederaufrichtung Österreichs arbeiten wollten. Sie hatten wenig Zusammenhang und keine Führer mit bekannten Namen. Denn schon im Jahre 1938 waren viele Vertreter der früheren Führungsschichten und die Männer, die den Kampf gegen den illegalen Nationalsozialismus geführt hatten, verhaftet und ins Konzentrationslager Dachau gebracht worden. Als am 20. Juli 1944 ein Putschversuch gegen Hitler scheiterte, wurden wieder alle prominenten Politiker der Christlichsozialen und Sozialdemokraten verhaftet. Als sich die Begeisterung der Märztage von 1938 gelegt hatte und die Nationalsozialisten auf die Gefühle der Bevölkerung keine Rücksicht mehr nahmen, als sich die Parteidienststellen immer mehr Übergriffe leisteten und während des Krieges die physische und psychische Not immer größer wurde, steigerte sich der innere Widerstand. Vereinzelt kam es auch in Niederösterreich zu Gruppenbildungen, die aber ausnahmslos von der Gestapo aufgedeckt wurden. So ist die »Österreichische Freiheitsbewegung«, die zirka 300 Mitglieder umfaßte und vom Klosterneuburger Augustiner Roman Scholz geleitet war, bereits 1940 ausgehoben worden, im Jahre 1941 wurde eine Gruppe der »Roten Hilfe« in Wilhelmsburg und St. Pölten entdeckt und die illegale kommunistische Organisation im westlichen Niederösterreich zerschlagen. Die größte niederösterreichische Widerstandsgruppe entstand im Raum Moosbierbaum. Zu ihrer Zerschlagung wurde im Jahre 1944 sogar Militär eingesetzt. Noch einige Tage vor dem Einrücken der russischen Truppen wurde in Reichenau an der Rax eine Gruppe von Widerstandskämpfern entdeckt und ihre Mitglieder von der SS erschossen. In St. Pölten bildete sich im März 1945 eine Widerstandsgruppe aus verschiedenen Schichten, die beim Herannahen der russischen Front die deutschen Verbände, vor allem die Waffen-SS, entwaffnen und die Stadt vor Zerstörungen bewahren wollte. Auch sie wurde noch entdeckt. Zwei Tage vor dem Einmarsch der Russen in St. Pölten, am 13. April 1945, wurden zwölf Mitglieder dieser Widerstandsgruppe erschossen.

Die bedeutendste Bewegung, aus Zivilisten und Soldaten bestehend, organisierte sich in Wien. Sie konnte mit den vorrückenden russischen Truppen Verbindung aufnehmen und ermöglichte dadurch eine Verkürzung des Kampfes um die Stadt. Die von dieser Organisation mit Namen »O 5« geplante Meuterei der in Wien garnisonierten Truppen wurde aber entdeckt und einige Offiziere hingerichtet. Dies alles spielte sich ab, als unser Land bereits Kriegsschauplatz geworden war.

Während Fliegerverbände der westlichen Alliierten noch Bahnknotenpunkte und Städte Ostösterreichs bombardierten, setzten am 16. März 1945 die russischen Armeen im Raum von Stuhlweißenburg zum Stoß gegen Niederösterreich an. Vor den zurückgehenden deutschen Truppen zogen Flüchtlinge aus den deutsch besiedelten Gebieten Südosteuropas nach Westen. Die aus den rheinischen Bombengebieten umgesiedelten Reichsdeutschen schlossen sich ihnen an, der letzte Zerfallsprozeß der Landes- und Gemeindeverwaltungen begann. Ämter, Versorgungsstellen, Fabriken und Betriebe schlossen ihre Pforten, die Nationalsozialisten verließen ihre Posten, das Landschaftsbild verschwand im Rauch und Qualm brennender Häuser, und in den Städten verlagerte sich das Leben von den Wohnungen in die Keller. Diese Auflösungserscheinungen des totalitären Regimes vollzogen sich nicht ohne Racheakte der abziehenden Einheiten, vor allem der im niederösterreichischen Raum zurückweichenden SS-Truppen. Als am 6. April der Direktor der Steiner Strafanstalt über Weisung eines Staatsanwaltes die politischen Häftlinge entlassen wollte, kam es in der Anstalt zu einem Gemetzel. Auf Häftlinge, die Krems hatten verlassen können, wurde eine Jagd veranstaltet. Ebenso wurden Soldaten, die ihre Einheiten verließen und nach Hause strebten, rücksichtslos aufgehängt. Von den zurückweichenden deutschen Truppen wurden Brücken und viele lebenswichtige Anlagen gesprengt, doch konnten sie damit die nachdrängenden Russen nicht aufhalten. Diese überwanden die unfertige »Reichsschutzstellung« an der ungarischen Grenze und betraten am 30. März in der Buckligen Welt bei Kirchschlag, Hollenthon und Schwarzenbach unser Land.

In den folgenden Tagen zeichnete sich deutlich eine beabsichtigte Einschließung von Wien ab. Eine Armee ging in Richtung Wiener Neustadt vor, eine zweite über Eisenstadt und das Leithagebirge in Richtung Wien, eine dritte kam von der Slowakei ins Marchfeld. Bis zum 1. April war ein Großteil der Buckligen Welt eingenommen. Von Süden her wurde Wiener Neustadt, das die Zivilbevölkerung fast völlig verlassen hatte, erobert, und am 3. April hatten die Russen bereits einen Bogen Pottenstein, Heiligenkreuz und Mödling bis zur Leitha bei Trautmannsdorf erreicht. Um Bruck tobten schwere Kämpfe, und am 5. April begann die Einkreisung von Wien. Ein Panzervorstoß durch den Wienerwald bis zur Westbahn und Bundesstraße, der am nächsten Tage bis zur Donau führte, machte auch das Viertel ob dem Wienerwald zum Kampfgebiet. In den folgenden Tagen drangen die Russen über die March ins Weinviertel ein, während sie bei Neulengbach den Westrand des Wienerwaldes erreichten. Am 13. April, als Wien bereits völlig in russische Hand überging, bildete im Westen die Linie Kasten – Jeutendorf – Kapelln – Reidling die Front. Die Russen drangen überall weiter vor, brachen im Norden bei Hohenau durch, überrannten am 15. April Korneuburg und St. Pölten und kamen im Westen bis an den Rand des Dunkelsteinerwaldes. Die Wienerwaldfront schwenkte jetzt nach Süden ins Gölsental ab und führte in Traisen wiederum zu einem Höhepunkt an Kampftätigkeit. Obwohl ab 23. April die Front nur mehr wenige Veränderungen erlebte, kam es doch an einigen Stellen zu schweren Kämpfen, wie im Dunkelsteinerwald und im Gebiet der Triesting, wo eingeschlossene deutsche Verbände ausbrachen. Nach Unterzeichnung des Waffenstillstandes am 8. Mai besetzten die Russen das übrige Land, von Westen her kamen amerikanische Verbände bis zur Erlauf, die sich aber bald wieder an die Ennslinie zurückzogen. Die Leiden, die Niederösterreichs Bevölkerung von seiten der siegreichen Truppen und der Fremdarbeiter auszustehen hatte, grenzen an das Ärgste, das unser Land jemals erlebte. Plünderung, Vergewaltigung und Mord waren an der Tagesordnung. Viele Menschen gaben sich selbst den Tod, darunter der Dichter Josef Weinheber in Kirchstetten. In der Gemeinde Pottendorf wurden elf, in Traiskirchen 56 Selbstmorde gezählt. In St. Pölten haben sich 2400 vergewaltigte Frauen und Mädchen bei den Gesundheitsbehörden gemeldet. In manchen Orten gab es bald kein Pferd, keine Kuh und kein Huhn mehr. Viele Untaten gehen auf Fremdarbeiter zurück, die sich als Sieger fühlten und sich aller Fesseln ledig gebärdeten. Wie schon in der Türkenzeit, standen auch jetzt wieder dunkle Elemente in der eigenen Bevölkerung auf, die den allgemeinen Schrecken vermehrten. In Chaos, Not, Tränen und Entsetzen endete das Großdeutsche Reich und mit ihm der »Reichsgau Niederdonau«.

Über die Pläne der Alliierten hinsichtlich der künftigen Gestaltung des österreichischen Schicksals war nur jenen wenigen Personen Näheres bekannt, die es gewagt hatten, ausländische Rundfunksender zu hören. Erstmals war nämlich im Jahre 1941 die Wiederaufrichtung Österreichs erwogen worden, später dachte man an einen bayerisch-österreichischen Staat. Am 1. November 1943 wurde jedoch nach einer Außenministerkonferenz in Moskau die Annexion Österreichs für null und nichtig und die Wiedererrichtung eines unabhängigen österreichischen Staates zum alliierten Kriegsziel erklärt. Eine Kommission bereitete später das Besatzungsregime vor, beschloß im Jänner 1945 im Prinzip die Vierteilung des Landes und besiegelte also damals schon das künftige Schicksal Niederösterreichs als russische Besatzungszone.

33. KAPITEL

Russische Besatzungszone

Als am 8. Mai 1945 der Zweite Weltkrieg zu Ende ging, waren weite Gebiete Niederösterreichs zerstört. Man zählte 678 gesprengte Brücken, darunter die Donaubrücken in Tulln und Krems, 7500 total und 13.500 schwer beschädigte Wohnungen, die doppelte Zahl davon war leicht beschädigt; manche Orte, wie Wiener Neustadt oder Hainfeld, glichen Trümmerfeldern. Im östlichen Weinviertel und im Traisental waren viele Bauernhöfe in Flammen aufgegangen, im Wiener Neustädter Raum und im Triestingtal der Großteil der Industrie zerstört. Mit dem Kriegsende waren aber der Schrecken und die Not für Niederösterreichs Bevölkerung noch keineswegs erloschen, denn das gesamte Land wurde russische Besatzungszone, nach der Aufteilung Österreichs unter den Besatzungsmächten von den übrigen Bundesländern hermetisch abgeschlossen und auf sich allein gestellt. Man hat für die Vorkommnisse des Jahres 1945 den Terminus »Nachkriegsereignisse« geprägt und versteht darunter die Bedrückung der Bevölkerung, die in vieler Hinsicht vogelfrei war, die Plünderung von Wohnungen und öffentlichen Anlagen, die Beschlagnahme von Versorgungsgütern aller Art sowie die Demontage von Industrieeinrichtungen. Selbst in manchen Gegenden, über welche die Front hinweggegangen war, waren die Nachkriegsschäden größer als die Kriegszerstörungen. Während die Fremdarbeiter das Land bald verlassen hatten, sind ab dem Sommer 1945 aus Südmähren, der deutschen Sprachinsel Iglau und Ungarn ausgewiesene Volksdeutsche in großer Zahl eingeströmt und suchten hier eine Bleibe, bevor sie großteils nach Deutschland weitertransportiert wurden. Ungefähr 40.000 blieben aber und wurden in späteren Jahren eingebürgert. In manchen Grenzorten war monatelang die Zahl der Vertriebenen größer als die der einheimischen Bevölkerung.

Während nach dem Ersten Weltkrieg die Verwaltungskontinuität von den Ländern ausgehen konnte, war dies jetzt nicht möglich, weil eben auch die Landesverwaltung völlig zusammengebrochen war, weil viele Beamte, die Nationalsozialisten gewesen waren, nicht mehr zum Dienst erschienen und weil vor allem die neuen zentralen Verwaltungsorgane keinerlei Kontakt mit den einzelnen Landesteilen und den Gemeinden hatten, die auf Befehle der Besatzungskommandanturen angewiesen waren. Nachdem schon am 17. April im Niederösterreichischen Landhaus unter der Führung von Ing. Leopold Figl, Oskar Helmer und Ing. Otto Mödlagl der Grundstein zum

Neuaufbau der Landesverwaltung gelegt und Dr. Hans Vanura als Landesamtsdirektor mit der Neugestaltung des Beamtenkörpers betraut worden war, war die wichtigste Aufgabe, die Verfügungsgewalt des neuen provisorischen Landesausschusses überall durchzusetzen. Die Gemeindeverwaltungen haben den Zusammenbruch in der Regel überlebt, wenn auch die bisherigen Funktionäre geflüchtet oder zurückgetreten waren. Vielfach haben die russischen Kommandanturen Bürgermeister bestellt, in vielen Orten ernannten sich solche selbst. Sie hatten durchwegs ein schweres Leben. Oftmals unter Lebensgefahr, hatten sie die Bevölkerung gegenüber den Forderungen der Besatzungstruppen und später der örtlichen Kommandanten zu vertreten, und viele Bürgermeister haben sich damals nicht nur voll bewährt, sondern oft als wahre Helden erwiesen und ihrer Gemeinde große Dienste geleistet, die nicht immer bedankt wurden. In manchen Orten waren die behördlichen Befugnisse aber an Personen übergegangen, denen sowohl die sachlichen Voraussetzungen für die Führung der Amtsgeschäfte als auch das nötige Verantwortungsbewußtsein gegenüber der nur provisorischen Charakter tragenden zentralen Verwaltungsstelle des Landes fehlten. Dazu war die Exekutive völlig auseinandergefallen und unzureichend bewaffnet sowie von Elementen durchsetzt, die in keiner Weise den Anforderungen eines Sicherheitsdienstes entsprachen. Die Unsicherheit in den Dörfern und auf den Landstraßen war deshalb nicht nur in den ersten Nachkriegsmonaten, sondern noch jahrelang ein großes Problem, zumal die Besatzungsmacht den Gendarmen ausreichende Bewaffnung verweigerte.

In mehr als dreißig Bürgermeisterversammlungen haben die drei Landeshauptmänner mit den lokalen Stellen Kontakt aufgenommen, die Bezirkshauptmannschaften neu eingerichtet und so den Instanzenzug wieder gestaltet. Vor allem in die lokalen Sicherheitskräfte wurde Ordnung gebracht, die verschiedenen Polizeichefs, Polizeipräfekten, »Geheime Stadtpolizeien« und ähnliche aus eigener Machtvollkommenheit gebildeten Exekutiven aufgelöst und abgesetzt. Als in den einzelnen Orten die drei damals zugelassenen politischen Parteien, die Österreichische Volkspartei, die Sozialistische Partei Österreichs und die Kommunistische Partei, ihre Organisationen aufgebaut und Männer ihres Vertrauens in die neu gebildeten provisorischen Gemeindeausschüsse entsendet hatten, die nun Bürgermeister wählten, wurden die Verhältnisse rasch besser.

Die Mitglieder der NSDAP und ihrer Gliederungen wurden, soweit sie nicht in die westlichen Bundesländer geflohen waren, ihrer Ämter entkleidet, in manchen Orten auch zu Arbeitsleistungen herangezogen, vor allem zu solchen für die Besatzungsmacht oder zur Schuttbeseitigung; gelegentlich wurden provisorisch Anhaltelager eingerichtet, wo es auch zu Ausschreitungen gekommen ist, wie in Wilhelmsburg. Auf Befehl der Besatzungsmacht wurden 2000 Lehrer aus dem Schuldienst entlassen, was im Schulbereich zu schwierigen Situationen führte. Eine Reihe von Nationalsozialisten verhaftet und abgeurteilt, wobei die Zahl der von den Besatzungsbehörden konfinierten Personen nicht bekannt geworden ist. Die Registrierung der Nationalsozialisten, denen im Jahre 1945 auch das Wahlrecht entzogen war, wurde später erleichtert und die Minderbelasteten schon 1948 amnestiert. Die Registrierung der belasteten Nationalsozialisten wurde erst 1957 aufgehoben.

Landeshauptmann Ing. Leopold Figl hat im Oktober 1945, kurz vor den Wahlen in den Landtag, sein Amt zurückgelegt und sich hinfort ganz seinen Aufgaben in der Staatsregierung gewidmet. Landeshauptmann wurde wieder Josef Reither, der im Jahre 1944 neuerlich von der Geheimen Staatspolizei verhaftet und nach Deutschland gebracht worden war, von wo er erst im Juli 1945 zurückkehrte. Er hat sich sogleich dem Aufbau der Landes-Landwirtschaftskammer gewidmet. Als am 25. November 1945 nach 13 Jahren die ersten Wahlen in den Landtag stattfanden, war die Überraschung auf vielen Seiten groß, am stärksten wohl bei der Kommunistischen Partei, die sich auf Grund ihrer Mitgliedszahlen eine erhebliche Position erwartet hatte. Mit 36.000 Wählern und zwei Mandaten blieb sie eine Splittergruppe. Bei den beiden folgenden Wahlen in den Jahren 1949 und 1954 konnte die KPÖ in Niederösterreich wohl ein drittes Mandat gewinnen, verlor aber 1954 ihren Sitz in der Landesregierung, der ihr bisher zugestanden worden war.

Die Sozialistische Partei konnte im November 1945 22 Mandate gewinnen, das waren mehr, als sie bei den letzten Wahlen des Jahres 1932 erhalten hatte. 40,4 Prozent der Wähler hatten ihr das Vertrauen geschenkt. Bei den folgenden Wahlen sank ihr Anteil auf 37,9 Prozent, stieg aber bis 1954 auf 40,9 Prozent. Sie konnte in diesem Jahr ein weiteres Mandat gewinnen und hielt nun bei 22 Abgeordneten. Die Österreichische Volkspartei, wie sich die ehemalige Christlichsoziale Partei nun nannte, wurde mit 32 Mandaten und 54,5 Prozent der Wählerstimmen wieder zur stärksten Fraktion im Landhaus. Bei den folgenden Wahlen der Jahre 1949 und 1954 büßte sie zwar jeweils ein Mandat und einen geringen Stimmenanteil ein, behielt aber mit 30 Mandaten die absolute Mehrheit im Landtag.

Es hatte sich also trotz der jahrelangen Zäsur, trotz dem Heranwachsen neuer Wählerschichten, in der politischen Einstellung der Bevölkerung wenig geändert. Aufgerieben war lediglich das ehemals nationale Lager, das 1938 und früher zu den Nationalsozialisten übergeschwenkt hatte und nun ausgeschaltet war. Jetzt schlossen sich die ehemaligen Anhänger der nationalen Gruppen meist den Großparteien an. Als im Jahre 1949 im »Verband der Unabhängigen« eine national-liberale Partei gegründet wurde, konnte sie sich in Niederösterreich nicht durchsetzen. Sie errang nur 4,4 Prozent der Stimmen und sank bis 1954 auf 2,6 Prozent ab, so daß es ihr nicht gelang, im Landtag ein Mandat zu erringen.

Bei den beiden großen Gruppen war aber ebenfalls eine Veränderung vor sich gegangen. Die Gegensätze waren nicht mehr so stark wie vor dem Jahre 1934, zumal auf beiden Seiten keine Wehrformationen mehr bestanden. Der ÖVP war es gelungen, ihre Position in den Industriegebieten und bei den Angestellten zu stärken, die Sozialisten fanden von nun an mehr Wähler in den Dörfern.

War der Neuaufbau der Landesverwaltung weitgehend von Männern getragen worden, die schon vor 1934 oder 1938 Funktionen innegehabt hatten, so erfolgte bald eine Wachablöse. Oskar Helmer und Ing. Leopold Figl waren fortan Mitglieder der Bundesregierung, Landesrat Haller starb, Heinrich Schneidmadl zog sich von der aktiven Politik zurück, und am 3. Mai 1949 demissionierte auch Landeshauptmann Reither aus gesundheitlichen Gründen. Knapp ein Jahr später, am 30. April 1950, schloß dieser aufrechte und allseits geschätzte Bauernführer, der eine der markantesten Persönlichkeiten des politischen Lebens Niederösterreichs gewesen war, für immer die Augen.

Zu seinem Nachfolger wurde am 5. Mai 1949 der bisherige Landesrat Johann Steinböck gewählt, ein 55jähriger Bauer aus Frauenhofen bei Horn, der seit 1932 dem Niederösterreichischen Landtag angehörte. Der Bauernbund konnte in der Landesverwaltung weiterhin wichtige Positionen besetzen. Die führenden Landespolitiker der ÖVP wurden in den nächsten Jahren aber der aus Langenlois stammende Baumeister August Kargl, der dem Wirtschaftsbund angehörte, und seit 1945 Landeshauptmannstellvertreter war, und Landesrat Viktor Müllner. Beide waren in der Periode 1934–1938 politisch tätig gewesen.

Kargls Hauptaufgabe war, die nun immer stärker in Erscheinung tretende Bautätigkeit der Bundes- und Landesbehörden, zu koordinieren. Der Hauptschullehrer Viktor Müllner wurde als Vertreter des Arbeiter- und Angestelltenbundes Finanzreferent und baute sich in der Landesgesellschaft NEWAG eine starke Position auf. Dem Arbeiter- und Angestelltenbund der ÖVP wurde nun eine entscheidende Funktion bei der Besetzung von Posten zuerkannt. Ihm gehörte nun die Mehrzahl der Landesbediensteten sowie der Volks- und Hauptschullehrer an.

Nach Helmers Übertritt in die Bundespolitik wurde Franz Popp, Hauptschuldirektor und langjähriger Bürgermeister von Hohenau, der führende Landespolitiker der Sozialisten. Er war 1921 zum ersten Mal in den Landtag gewählt worden. Die beiden anderen sozialistischen Mitglieder der Landesregierung waren der Kommunalreferent Felix Stika, der schon 1918 beim Jännerstreik im Wiener Neustädter Industriegebiet politisch hervorgetreten war, und der Lehrer Hans Brachmann, ein besonnener Mandatar, der das Sozialreferat leitete.

Die Zusammenarbeit der führenden Parteien war in diesem Jahrzehnt im Landhaus oftmals schwieriger als auf Bundesebene, und die Auseinandersetzung im Landtag härter als im Parlament. Nach den Wahlen des Jahres 1954 kam es zu einer schweren Krise, die erst nach wochenlangen Verhandlungen beendet werden konnte. Angesichts des fortdauernden Besatzungsdruckes hat dies manche auf die Einheit Österreichs bedachte Männer besorgt gemacht.

Die Verhältnisse zur russischen Besatzungsmacht hatten sich nämlich im Laufe der Jahre verschlechtert. Auf österreichischer Seite wurden nun Dinge beim Namen genannt, über die man jahrelang geschwiegen hatte. Man zeigte sich trotz aller Erleichterungen des Wirtschaftsverkehrs, der Aufhebung der Demarkationslinie an den Landesgrenzen (1953) und des Verzichtes auf Besatzungskosten wegen der fortdauernden Eingriffe in Verwaltung, Rechtsprechung und Wirtschaftsleben um so mehr verstimmt, als dem Staate die volle Freiheit vorenthalten blieb.

Die Grenzen des Landes wurden jetzt neuerlich geändert. Die Tschechoslowakei nahm natürlich sofort nach Kriegsende ihr 1938 verlorenes Gebiet in Anspruch, zu dem nach der Austreibung der Südmährer und Sudetendeutschen alle persönlichen Bindungen abrissen, zumal in den späteren Jahren die Grenze hermetisch abgeschlossen wurde und der Grenzverkehr fast völlig zum Erliegen kam. Das Burgenland wurde bereits im August 1945 wiederum als eigenes Bundesland errichtet und löste sich von Niederösterreich und der Steiermark. Ungeklärt blieb aber lange Jahre der Status der im Jahre 1938 der Stadt Wien eingegliederten niederösterreichischen Gemeinden. Im Jahre 1946 kamen gleichlautende Gesetzesbeschlüsse des Nationalrates sowie der Wiener und niederösterreichischen Landtage zustande, nach denen 14 Gemeinden bei Wien verbleiben, der Rest aber zu Niederösterreich zurückkehren sollte. Aber im alliierten Kontrollrat genehmigten die Russen diese Regelung nicht, so daß sie nicht vollzogen werden konnte. So wurden die Wiener Randgemeinden zum Niemandsland und zum Verwaltungsproblem. Sie wählten wohl Vertreter in den Niederösterreichischen Landtag und gehörten zur russischen Besatzungszone, wurden aber weiterhin von der Stadt Wien verwaltet. Lange Jahre wurden sie recht stiefmütterlich bedacht, erst nach 1950 begann die Stadt Wien, größere Investitionen durchzuführen und sich mehr um die wirtschaftliche und kulturelle Hebung zu kümmern. Da genehmigte der Alliierte Rat plötzlich im Juni 1954 die Änderungsgesetze, die nun von einem Teil der Bevölkerung mit recht gemischten Gefühlen aufgenommen wurden. Der Niederösterreichische Landtag hat einige Gemeinden zusammengelegt, so daß die gesamten Randgebiete in 66 Gemeinden organisiert und in den beiden Bezirkshauptmannschaften Mödling und Wien-Umgebung zusammengefaßt wurden. Vor allem die Stadt Klosterneuburg wurde durch Eingemeindungen so vergrößert, daß sie nach St. Pölten und Wiener Neustadt an die dritte Stelle aufrückte und Krems sowie Baden überflügelte. Auch Mödling und Schwechat gehörten fortan wieder zum Land Niederösterreich.

Die Gemeindenzusammenlegungen der nationalsozialistischen Epoche wurden meist aufgehoben, die Eingemeindungen aber großteils nicht rückgängig gemacht. Nur Groß-Krems wurde wieder wesentlich verkleinert, da Mautern und zwölf weitere Gemeinden am 1. Jänner 1948 selbständig geworden sind. Bei Krems blieben Stein, Rehberg und Landersdorf. Im Jahre 1955 wurden auch einige Orte wieder aus der Stadt St. Pölten ausgeschieden. Da die Aufteilung der Finanzen nach deutschem Vorbild vorerst weitgehend beibehalten wurde und die Gemeinden Steuerträger blieben, waren sie meist gut situiert, falls sie Industriebetriebe besaßen. Nur wenn sie USIA-Betriebe hatten, die keine Gewerbesteuer bezahlten, war ihre finanzielle Lage schwierig. Daraus erklärten sich auch die unterschiedlichen Leistungen vieler Gemeinden während der Besatzungszeit.

Man kann das Nachkriegsjahrzehnt Niederösterreichs in zwei große Abschnitte teilen: Bis zum Jahre 1948 währte die Zeit des Überlebens und Reparierens der ärgsten Schäden, dann setzte der geplante Wiederaufbau ein. Diese ersten Jahre waren der Schuttbeseitigung und der Sicherung der primitivsten Lebenserfordernisse gewidmet. Die Versorgung mit Baustoffen aller Art war in dieser Zeit so unzureichend, daß nur jene Bauwerke wiederhergestellt werden konnten, die im dringendsten öffentlichen Interesse lagen. Die Arbeiter waren schlecht ernährt, die Maschinen veraltet und nur notdürftig repariert, wenn überhaupt nach Zerstörung und Demontage noch vorhanden, die Verkehrseinrichtungen unzureichend und die Energieversorgung mangelhaft. Nach dem schrecklichen Hungerwinter des Jahres 1946, der in den Industriegebieten zu allerärgster Not führte, spitzte sich die Ernährungslage bis 1948 alljährlich in den Frühjahrsmonaten besonders zu, als stets die geringen Rationen nicht mehr bereitgestellt werden konnten. Für die Schulkinder waren in diesen Jahren die Hilfeleistungen aus Schweden, Dänemark und der Schweiz von großer Bedeutung. Die Verkehrslinien, allen voran die Eisenbahn, waren so arg zerstört, daß sie mangels einsatzfähiger Lokomotiven, denen meist auch die nötige Kohle fehlte, den Betrieb zeitweilig ganz einstellen mußten. Wieder standen Schleichhandel und Schwarzmarktwirtschaft in hoher Blüte.

Der Besatzungsdruck und die Absperrung Niederösterreichs, nicht nur gegen das Ausland, sondern auch gegen die anderen Bundesländer, bewogen manche Industrielle, ihre Betriebe in den westlichen Besatzungszonen wieder aufzubauen. Viele Facharbeiter, denen nun daheim die Lebensmöglichkeit genommen war, folgten ihnen nach. So ist die niederösterreichische Bevölkerung gegenüber der Vorkriegszeit abgesunken, und im Vergleich zu 1923 haben fast alle Städte und Dörfer Niederösterreichs bis 1951 Einwohner eingebüßt. Vor allem im Wiener Becken hat diese Erscheinung arge Formen angenommen. Die Stadt Wiener Neustadt sank auf 30.000 Einwohner ab und wurde von St. Pölten überholt, das nun zur größten Stadt des Landes wurde. Aber auch in anderer Beziehung war die Bevölkerungsentwicklung der Nachkriegszeit in vieler Hinsicht besorgniserregend; 1954, als die Ernährungskrise schon längst überwunden war, mußte noch immer ein leichtes Geburtendefizit festgestellt werden. Die Kriegsverluste, die mindestens doppelt so groß als im Ersten Weltkrieg gewesen sind, haben ebenfalls schwere Lücken gerissen. Besonders groß war die Zahl der vermißten Soldaten. Von den 30.000, deren Schicksal im Jahre 1947 unbekannt war, kehrten nur 1500 wieder zurück, das Schicksal von 11.000 Menschen blieb für immer ungeklärt. Über 100.000 Soldatengräber bestanden in Niederösterreich, die später in einigen Friedhöfen konzentriert wurden.

In den Jahren 1948 und 1949 konnte die Rationierung auf vielen Gebieten, zuerst bei Schuhen und Textilien, abgeschafft werden. Dank der Marshallplanhilfe, die 1948 anlief, konnte sich die Wirtschaft in kurzer Zeit so weit erholen, daß die Zeit der ärgsten Not überwunden wurde, wenn auch die Wirtschaftslage Niederösterreichs niemals so gut wurde wie die anderer Bundesländer. Die Verschiebung der Struktur während des Krieges, vor allem die Industrialisierung Oberösterreichs, das nun Niederösterreich den Rang des ersten Industrielandes ablief, machte sich einschneidend neben den vielen anderen Gründen bemerkbar. Während in den ersten Nachkriegsjahren Arbeitermangel herrschte, da bis zum Beginn des Jahres 1946 von den 180.000 Soldaten erst 25.000 heimgekehrt waren und weitere 30.000 erst in diesem Jahre aus den westlichen Siegerländern die Heimfahrt antreten durften – aus Rußland und Jugoslawien kamen erst im Jahre 1948 größere Transporte –, hatte das Land seit der Normalisierung des Arbeitsmarktes im Jahre 1949 überhöhte Arbeitslosigkeit, die nach 1950 durch einige Jahre niemals den monatlichen Jahresdurchschnitt von 20.000 Menschen unterschritt und in den Rückschlagsjahren 1952 bis 1954 nahe oder über 30.000 lag. Im Februar 1954 wurde sogar kurzfristig der Katastrophenstand von 61.000 Arbeitslosen erreicht.

Am 2. August 1945 hatten die Großmächte die Beschlüsse der Konferenz von Potsdam veröffentlicht, die unter anderem auch besagten, daß alles Eigentum reichsdeutscher Personen oder Körperschaften in Österreich den jeweiligen Besatzungsmächten zufallen sollte. Darauf gestützt, haben die Russen im Juni 1946 eine große Zahl von Betrieben ihrer Zone beschlagnahmt und selbst zu führen begonnen. Die Zentralverwaltung dieses Wirtschaftskörpers hieß USIA. Insgesamt unterstanden ihr in der ganzen sowjetischen Zone, die auch Teile Wiens, das Burgenland und das Mühlviertel mitumfaßte, 419 Betriebe, darunter 272 Industriebetriebe aller Größenklassen und Gattungen. In Niederösterreich waren zahlreiche Großbetriebe darunter, wie die Stahl- und Temperguß-AG in Traisen, die Berndorfer Metallwarenfabrik, die Schmidhütte in Krems, die Raxwerke in Wiener Neustadt, der Kohlenbergbau in Grünbach, die Böhlerwerke im Ybbstal, die Enzesfelder Metallwerke, die Maschinenfabrik Voith und die Glanzstoff-Fabrik in St. Pölten, insgesamt ein Drittel der niederösterreichischen Industrie. Vor allem aber hat sie die gesamte Erdölwirtschaft mit Beschlag belegt, die während des Krieges kräftig ausgebaut worden war. Nachdem in den Ölfeldern anfangs Demontagen durchgeführt worden sind, ist auf den während des Krieges erschlossenen Feldern Maustrenk und Mühlberg die Produktion bald wieder aufgenommen worden. Die 13 Unternehmungen der Erdölwirtschaft wurden zur Sowjetischen Mineralölverwaltung zusammengefaßt, die auch ein Tankstellennetz (OROP) aufbaute. 1949 wurde in Bockfließ und Matzen das damals größte europäische Ölfeld erbohrt, 1952 Aderklaa und das Gasfeld Zwerndorf erschlossen. Nachdem schon 1949 die Förderung die Eine-Million-Tonnen-Grenze überschritten hatte, erreichte sie 1955 mit 3,66 Millionen den Höhepunkt, wobei 78 Prozent in Matzen erbohrt wurden. Überdies beanspruchte die Besatzungsmacht die Donaudampfschifffahrtsgesellschaft und die Truppenübungsplätze Döllersheim mit 240 Quadratkilometern und Sommerein, die nun erst so richtig dem Verfall anheimfielen, die Baustellen der Autobahn und des Kraftwerkes Ybbs-Persenbeug, viele Schlösser und Güter. Sie unterhielt in vielen Städten große Garnisonen, später vor allem in Baden und St. Pölten. Dafür wurden Kasernen, öffentliche Güter, Gebäude und Wohnungen beansprucht. In den späteren Jahren baute sie Informationszentren auf und griff durch Errichtung von Konsumgeschäften in den Kleinhandel ein.

Die USIA-Betriebe nahmen eine Art exterritoriale Stellung ein, bezahlten keine Zölle und nur wenige Steuern brachten ihre Gewinne außer Landes. USIA und Sowjetische Mineralölverwaltung beschäftigten im Jahre 1955 30.000 Personen, das war ein Viertel der in der Industrie tätigen Niederösterreicher.

Das Wirtschaftsleben berührte der Zustand der Straßen in besonderer Weise, zumal sich immer mehr Güterverkehr von der Schiene auf die Straße verlagerte. Das Straßennetz, meist zu Zeiten angelegt, als es noch keinen motorisierten Verkehr gab, hat den Belastungen des Autoverkehrs nicht standhalten können, und 1955 entsprachen nur zwölf Prozent der niederösterreichischen Straßen modernen Anforderungen. Die Belastung dieser Verkehrswege aber hat ungeahnten Umfang angenommen. Von 1936 bis 1955 hat sich der Bestand an Personenwagen vervielfacht, obwohl damals die Motorisierungswelle erst richtig einzusetzen begann. Im Jahre 1955 wurden in Niederösterreich nahezu 150.000 Kraftfahrzeuge gezählt, eine unwahrscheinliche Aufwärtsentwicklung, wenn man bedenkt, daß es 1945 nur 2581 im ganzen Lande gab.

Einen besonderen Aufschwung erlebte im Gegensatz zu der Zeit der Ersten Republik das Baugewerbe und seine Nebengewerbe. Die vielen Kriegsschäden bedingten eine rege Bautätigkeit. Zahlreiche Bauten entstanden neu, wie Bezirkshauptmannschaften in Wiener Neustadt, Horn, Scheibbs, Gymnasien in St. Pölten, Tulln und Horn, Fachschulen in Krems, Langenlois, Karlstein, Waidhofen an der Ybbs, Warth, Korneuburg, die Landes-Feuerwehrschule in Tulln, ein neues Rathaus in Amstetten, Gebäude der Kammern und Gewerkschaften, vor allem aber viele Pflichtschulen. Das Jahrzehnt nach 1949 kann als markante Schulbauperiode Niederösterreichs bezeichnet werden. Im Jahre 1949 hat die Landesregierung den Schulbaufonds errichtet, der Gemeinden, die neue Schulbauten planten, Unterstützung gewährte. Mit seiner Hilfe haben die Ortsgemeinden bis zum Jahre 1968 455 neue Schulgebäude errichtet, eine Serie von Kulturdenkmälern in nie gekannter Zahl und Dichte. Aber auch auf dem Wohnungssektor war der Bedarf ungeheuer groß, denn neben den kriegszerstörten Bauten gab es immer schon eine beachtliche Wohnungsnot. Im Jahre 1956 gab es in den Gemeinden mit mehr als tausend Einwohnern 21.655 wohnungssuchende Familien, davon lebten 2486 in Baracken, vor allem in St. Pölten, Amstetten, Gmünd und Gänserndorf. Trotz zahlreicher Neubauten, die durch den Wiederaufbaufonds, den Bundes-, Wohn- und Siedlungsfonds und die Wohnbauhilfe des Landes ermöglicht wurden und sich in einem Kranz neuer Siedlungsbauten rund um die meisten Städte und Märkte äußerten, blieb die Wohnungsnot gewaltig.

Aber nicht nur in den Städten und Industrieorten war die Strukturwandlung groß, die moderne Zeit hat das Bauerndorf fast noch stärker verändert als die Städte. Wohl war ungefähr ein Drittel der Betriebe kriegsbeschädigt, und die Bauern hatten 18 Prozent der Pferde, 31 Prozent der Rinder, 56 Prozent der Schweine und 57 Prozent des Geflügels gegenüber dem schon reduzierten Bestand von 1944 bei Kriegsende verloren, die Not der ersten Nachkriegsjahre brachte aber viele Konsumgüter im Tausch gegen Lebensmittel von den Städten aufs Land. Die stabilen Preise und der gesicherte Absatz durch staatliche Subventionen ermöglichten der Landwirtschaft, den Mangel an Arbeitskräften durch Mechanisierung wettzumachen. Im Jahre 1937 gab es in ganz Österreich 234 Traktoren, 1955 aber schon 25.000. Daneben wurden aber auf allen Gebieten der Landwirtschaft, auch in Haus und Stall, neue Maschinen eingestellt. Die Konjunktur, welche Niederösterreichs Bauernschaft nach dem Kriegsende erlebte, ermöglichte den Bauerndörfern des Waldviertels und den Gehöften des Streusiedelgebietes die Elektrifizierung. Die Übernahme technischer Einrichtungen erleichterte nicht nur die bäuerliche Arbeit und ermöglichte einen höheren Lebensstandard, sie rüttelte auch am Fundament des Dorfes, machte in manchen Gebieten den Bauern zum Farmer, der weit weniger Bindung an die väterliche Scholle aufweist, erforderte aber auch eine gewisse technische Ausbildung. Durch Schaffung eines gut ausgebauten bäuerlichen Fachschulwesens und Gründung der ländlichen Fortbildungskurse hat die Landesregierung mit Erfolg der bäuerlichen Jugend den Übergang ins technische Zeitalter ermöglicht. Viele Maßnahmen der Landeskultur haben das materielle Niveau der Landwirtschaft gehoben. Im Zuge dieser Entwicklung wurde aber der Unterschied zwischen Flachland- und Gebirgsbauern immer größer. Ein Viertel der niederösterreichischen Bauernwirtschaften liegt im Gebirge, wo die Anwendung technischer Errungenschaften wesentlich schwieriger ist. Daneben ging in den Dörfern die Zahl der kleinen Bauernwirtschaften, die neben einem Handwerk betrieben wurden, immer stärker zurück. Die bisherigen Nebenerwerbslandwirte gaben ihre Wirtschaften auf und wandten sich anderen Berufen zu. Künftig gab es keine Kleinhäusler mehr.

Der Einzug der Technik in Stadt und Dorf hat den Energiebedarf Niederösterreichs erheblich gesteigert, und der Großteil des benötigten Stromes konnte nicht mehr im Lande erzeugt werden. Deshalb hat die NEWAG im Jahre 1949 mit dem Bau einer Kraftwerkskette am Oberlauf des Kampes begonnen, und im Jahre 1952 konnte bereits das Ausgleichskraftwerk Thurnberg-Wegscheid fertiggestellt werden. Ein Jahr später wurde das Kraftwerk Dobra-Krumau in Betrieb genommen und am 6. Juli 1957 auch das größte der drei Kraftwerke in Ottenstein fertiggestellt. Diese drei Kraftwerke können jährlich 135,5 Millionen Kilowatt erzeugen, haben aber auch mitten im Waldviertel einen neuen Anziehungspunkt für den Fremdenverkehr geschaffen. Im Jahre 1953 konnte auch mit dem weiteren Ausbau des Donaukraftwerkes Ybbs-Persenbeug begonnen werden, das im Jahre 1957 den ersten Strom lieferte und der Anfang einer umfassenden Nutzung des Donauwassers für die Stromerzeugung war.

Die neuen Anforderungen der Wirtschaft verlangten neue Schultypen. In den Nachkriegsjahren entstanden technische Mittelschulen in St. Pölten, Wiener Neustadt, in Krems und Waidhofen an der Ybbs, daneben Handelsakademien und Handelsschulen. Sie hatten größeren Zulauf als die allgemeinbildenden Gymnasien und Realgymnasien. Der regen Tätigkeit auf dem Pflichtschulsektor wurde schon gedacht, doch muß noch der Ausbau des gewerblichen Unterrichtes gewürdigt werden. Waren in den Anfängen des Berufsschulwesens die allgemein gewerblichen Klassen üblich, so machte sich schon zur Zeit der Ersten Republik die Tendenz zur Verfachlichung der Schulen geltend. Sie wurde nun weiter vorangetrieben und in Theresienfeld, Stockerau, Pöchlarn und Krems große Landesberufsschulen ausgebaut, in denen die Lehrlinge einige Wochen bei Internatsunterbringung unterrichtet wurden. Daneben gab es aber noch eine große Anzahl von Gebietsberufsschulen, die größten in St. Pölten, Baden, Wiener Neustadt, Neunkirchen und Amstetten, doch nahm deren Zahl ständig ab.

Die Tätigkeit der öffentlichen Hand auf dem Gebiete der materiellen Kultur wurde ergänzt durch den Ausbau der Kulturpflege. Das private Mäzenatentum war in den letzten Jahrzehnten völlig verschwunden, der Staat, die Länder und die Gemeinden mußten sein Erbe antreten. So hat die Landesregierung das Gausymphonieorchester als Niederösterreichisches Tonkünstlerorchester weiter unterstützt und zur Säule der Musikpflege im Lande gemacht. Die Ausgrabungen in Carnuntum wurden 1947 fortgesetzt und brachten neue Ergebnisse, das Museum Carnuntinum im Jahre 1950 eröffnet und auch das niederösterreichische Landesmuseum konnte nach Behebung der Bombenschäden im Palais Clary-Aldringen modern aufgestellt und 1951 wieder zugänglich gemacht werden. Die Heimatmuseen vieler Orte wurden seit 1947 nach und nach wieder eröffnet.

Der Schmuck vieler Neubauten mit Mosaiken und Sgraffiti, die Ankäufe der Landesregierung und der Gemeinden bei den Ausstellungen der heimischen Künstlerverbände förderten die bildende Kunst. Theaterensembles gab es weiterhin in St. Pölten und Baden, den Grundstock des Volksbildungswesens bildete ein Netz meist kommunaler Büchereien, das über das ganze Land gestreut ist. So sind die Anfänge für kulturelles Schaffen und wirtschaftlichen Aufstieg noch angesichts der Besatzungstruppen nicht selten diesen zum Trotze gesetzt worden.

Jahrelang schon war die Bevölkerung Niederösterreichs der Besatzung überdrüssig gewesen und hatten die diplomatischen Bemühungen, die volle Unabhängigkeit des Staates zu erreichen, keine Erfolge gezeigt. Als niemand mehr so richtig wußte, was weiter geschehen solle, begann sich bei Unterhandlungen einer österreichischen Regierungsdelegation in Moskau im April 1955 die Möglichkeit abzuzeichnen, den Staatsvertrag abzuschließen. Tatsächlich unterzeichneten am 15. Mai die Außenminister der vier Besatzungsmächte im Belvedere zu Wien dieses Vertragswerk, das Österreichs Souveränität wiederherstellte und die dauernde Neutralität des Staates festlegte. Am 13. August wurden die USIA-Betriebe in österreichische Verwaltung übergeben, und am 19. September 1955 verließ der letzte russische Besatzungssoldat niederösterreichischen Boden. Damit war jene Epoche abgeschlossen, die trotz ihrer Härte die Bevölkerung Niederösterreichs zu hohen Leistungen angespornt hatte.

34. KAPITEL

Die Zeit des Aufholens

Als am 26. Oktober 1955 endgültig das Besatzungsstatut aufgehoben wurde und Österreich sich als immerwährend neutraler Staat erklärte, nachdem der letzte fremde Soldat das Land verlassen hatte, konnte man an die Lösung jener Probleme schreiten, die im vorigen Jahrzehnt immer wieder verschoben werden mußten. Niederösterreich hatte durch Demontagen und Übersiedlungen nach Westösterreich eine Anzahl wertvoller Fabriken verloren. Große Betriebe, die während des Krieges erbaut worden waren, wie die Wiener Neustädter Flugzeugwerke und die Flugmotorenwerke Ostmark in Wiener Neudorf, waren gänzlich verschwunden, der Verlust an industrieller Substanz wurde 1954 mit 12 Milliarden Schilling berechnet. Während in den westlichen Bundesländern der Fremdenverkehr zur Säule der Wirtschaftsentwicklung geworden, eine rege Gründungstätigkeit in Gang gekommen und viele neue Betriebsstätten geschaffen worden waren, stagnierte Niederösterreichs Wirtschaft, die auch bei den Hilfskrediten aus dem ERP-Fonds karger beteilt worden war. Besonders internationale Firmen hatten im Land keine Investitionen vorgenommen.

So stand Niederösterreich im Jahre 1955 vor zwei gigantischen Aufgaben: der Eingliederung der ehemaligen USIA-Betriebe in die österreichische Wirtschaft und der Angleichung des Wirtschaftsstandards an den der westlichen Bundesländer. Die Eingliederung der USIA-Betriebe gelang dort, wo solche Werke zu bestehenden Konzernen gehörten. So übernahm die Linzer VOEST die Schmidhütte in Krems, die Böhlerwerke ihre Betriebe im Ybbstal, in St. Aegyd am Neuwalde und in Enzesfeld, die Alpine-Montan-Gesellschaft die Feinstahlwerke in Traisen, die holländische AKU-Gesellschaft die Glanzstoff-Fabrik in St. Pölten. Die traditionsreiche ehemalige Kruppsche Fabrik in Berndorf wurde später gemeinsam mit einem Betrieb in Amstetten mit dem Aluminiumwerk von Ranshofen vereinigt.

Besonders in der Textilbranche, in der eisenverarbeitenden, der holzverarbeitenden, der chemischen und der lederverarbeitenden Industrie gab es Betriebe, die bis zur Übergabe an Österreich ganz auf die Belieferung der USIA-Verkaufsläden in Ostösterreich und den Export in die Sowjetunion und die Oststaaten eingestellt waren. Diese konnten vorerst nur durch die Ablöselieferungen an Rußland den Übergang finden und hatten es schwer, sich in die aufgeteilten europäischen Märkte einzuschalten.

Eine drückende Last waren weiters die bis zum August 1955 nicht getilgten Kredite der russischen Militärbank an USIA-Betriebe in der Höhe von 762 Millionen Schilling. In Niederösterreich waren in diesen Betrieben rund 30.000 Personen, fast ein Viertel aller in der Industrie tätigen Menschen, beschäftigt, die Sicherung ihrer Arbeitsplätze war daher ein besonderes Anliegen der Wirtschafts- und Sozialpolitik.

Bis Ende 1959 konnte die Eingliederung als gelöst angesehen werden. Im Bereich der verstaatlichten Industrie ging dies nicht immer reibungslos, wie die Krise der Schmidhütte im Jahre 1962 und des Raxwerkes Wiener Neustadt ab dem Jahre 1966 zeigte. Obwohl beide Werke zu verstaatlichten Industriekonzernen gehörten, wurde über ihre Schließung verhandelt. Während die Kremser Fabrik ihre Krise überwinden und erhalten werden konnte, gelang die Rettung des Raxwerkes nicht mehr. Das gleiche Schicksal ereilte den größten nach 1945 aufgebauten Betrieb, das Stahlwerk von St. Andrä-Wördern, das 1958 zusammenbrach und kurze Zeit stark verkleinert vom Alpine-Konzern weitergeführt wurde.

Die Hoffnung, nach dem Abzug der Besatzungstruppen werde eine rege Gründungstätigkeit von Industriebetrieben einsetzen, erfüllte sich nicht ganz. In den sechziger Jahren war nach der Vollendung des Wiederaufbaues das Bemühen um Verbesserung der Konkurrenzfähigkeit sowie die Schaffung neuer Produktionen vorherrschend. Die Jahre 1956 bis 1961 waren durch eine Konsolidierung der eisen- und metallverarbeitenden Industrie gekennzeichnet. In diesen Jahren reduzierte die Textilindustrie im Waldviertel ihre auf Heimarbeit basierenden Betriebe und errichtete neue, mit Maschinen arbeitende Fabriken. Nach 1960 konnte sich vor allem die Investitionsgüterindustrie aus einer herrschenden Stagnation lösen, die Zahl der in der Industrie Beschäftigten, die 1952 103.000, 1960 114.000 und 1963 120.000 betragen hatte, erreichte 1965 mit 121.000 Personen den Höchststand, um dann 1967 auf 115.000 Personen abzusinken. Die wirtschaftliche Situation verschlechterte sich dann so, daß von Anfang 1966 bis Ende 1967 mehr als 60 niederösterreichische Industrieunternehmen ihre Betriebe stillegen mußten. In diesen Jahren sind auch manche der seit 1955 neu gegründeten Betriebe wieder eingestellt worden.

Das Ausbleiben einer Lösung mit den EWG-Staaten und die ungünstige Lage Niederösterreichs zu den großen Märkten verhinderten eine weitere Expansion der Wirtschaft. Der größte Betrieb des Landes blieb die Semperit AG in Traiskirchen und Wimpassing mit etwa 7000 Beschäftigten, gefolgt von der Österreichischen Mineralölverwaltung.

Die Nutzung des Erdöls hat sich im abgelaufenen Jahrzehnt ebenfalls gewandelt. Die von der russischen Verwaltung vorangetriebene Förderung, die 1955 etwa 3,66 Millionen Tonnen erreicht hatte, sank später Jahr für Jahr und kam im Jahre 1960 mit 2,44 Millionen Tonnen auf ihren vorläufig tiefsten Stand. Seit 1961 wies die Ölförderung eine geringfügig steigende Tendenz auf, wobei neben dem Hauptlieferanten Matzen-Auersthal das neu erschlossene Feld Schönkirchen-Tief trat. Insgesamt wurden von 1930 bis

Ende 1968 aus dem Boden des niederösterreichischen Weinviertels mehr als 55 Millionen Tonnen Erdöl gewonnen. Eine moderne Raffinerie, die in den letzten Jahren an die Stelle stillgelegter Anlagen in Moosbierbaum, Korneuburg und in der Lobau in Schwechat erbaut und in der Folge stark ausgestaltet wurde, ermöglichte seit ihrer Fertigstellung im Jahre 1963 die Verarbeitung von jährlich 4 Millionen Tonnen Rohöl und wurde bis 1970 auf eine Kapazität von 7,5 Millionen Tonnen ausgebaut. Dies bedeutete, daß ein erheblicher Teil des Rohöls eingeführt werden mußte. Deshalb wurde die Adria-Wien-Pipeline gebaut. In Zusammenhang mit der Erdölförderung trat auch die Verwendung des anfallenden oder erbohrten Erdgases in den Vordergrund. Im Jahre 1954 wurde die Landesgesellschaft NIOGAS gegründet, deren Geschäftsanteile zur Hälfte im Besitz des Landes und zur anderen Hälfte in dem der NEWAG liegen und deren Aufgabe die Verwertung des Erdgases in Niederösterreich ist. Erdgas wurde schon im 19. Jahrhundert auf dem Gelände des Wiener Ostbahnhofes erschlossen. Während des Ersten Weltkrieges traten weitere Fundstätten im Gebiet von Hohenau, Rabensburg und St. Ulrich hinzu. Auf dem slowakischen Gebiet jenseits der March war schon im Jahre 1913 anläßlich einer Feldbestellung eine Gasquelle entdeckt worden. Im Jahre 1930 erschloß man ein kleines Gasfeld bei Oberlaa, 1943 eines bei Aderklaa, und 1952 wurde ein bis in die Slowakei reichendes Vorkommen bei Zwerndorf erbohrt. Nach 1955 wurde die Nutzung dieser Gasfelder im größeren Maßstab in Angriff genommen und Fernleitungen errichtet. Die erste transportiert das Gas von Zwerndorf durch das Wiener Becken über den Semmering und das Mürztal bis Donawitz. Stichleitungen dieser 1958 fertiggestellten Ferngasleitung versorgen die Industrie des Wiener Beckens und die benachbarten Täler. Die zweite Ferngasleitung wurde von Auersthal über Korneuburg und Stockerau bis Tulln geführt und teilt sich in Traismauer in drei Stränge. Der nördliche versorgt die Stadt Krems, der südliche das Industriegebiet an der Traisen bis St. Aegyd am Neuwalde. Die dritte Leitung war ursprünglich zur Erschließung des Ybbstales gedacht, wurde aber im Jahre 1964 bis Linz weitergeführt. Die NIOGAS übernahm auch die bestehenden kommunalen Gasversorgungsanlagen in Baden, Stockerau, Krems, St. Pölten und Wiener Neustadt.

Neben der Erschließung des Erdgases gewann auch die Nutzung der Donau als Energieproduzent große Bedeutung. Das 1959 fertiggestellte Kraftwerk Ybbs-Persenbeug erzeugte soviel Strom, wie Niederösterreich damals benötigte. In den Jahren 1964 bis 1968 wurde das Kraftwerk Wallsee gebaut und nach dessen Fertigstellung ein neues Werk bei Grafenwörth begonnen. Aber auch an der unteren Enns wurde bei St. Pantaleon ein großes Wasserkraftwerk fertiggestellt und 1962 in Korneuburg ein mit Erdgas gespeistes Dampfkraftwerk in Betrieb genommen. Auch in Peisching bei Neunkirchen, an der Hohen Wand und später in Theiß wurden Dampfkraftwerke errichtet. Obwohl der Stromverbrauch des Landes in diesen Jahrzehnten stark gestiegen ist, wurde in Niederösterreich mehr Strom erzeugt, als das Land benötigte. An diesem Stromverbrauch hatte die Industrie mit über

50 Prozent den Hauptanteil, dann folgten die Haushalte mit zwölf Prozent, das Gewerbe mit neun Prozent und die Landwirtschaft mit sieben Prozent. Im Jahre 1962 wurde in Harmanschlag im Waldviertel die letzte geschlossene Siedlung des Landes mit einem Stromanschluß versorgt. Die Zahl der Anschlüsse der NEWAG stieg von 208.000 Anlagen im Jahre 1945 auf 400.000 bis 1955 und auf 500.000 im Jahre 1969. Ein Teil des südlichen Niederösterreichs wird von den Wiener Stadtwerken mit elektrischer Energie versorgt. Die Energieversorgungsgesellschaften des Landes Niederösterreich haben seit dem Jahre 1963 in der Südstadt bei Mödling ein neues Zentrum erhalten.

Die Umstellung der Energieversorgung wurde durch die 1958 einsetzende Krise des Kohlenbergbaues beschleunigt. Die kleinen Steinkohlenbergbaue in Gaming, 1965 auch das größte österreichische Steinkohlenbergwerk in Grünbach am Schneeberg, wurden eingestellt, auch die 1947 erschlossenen Braunkohlenlager in Langau, unmittelbar an der tschechoslowakischen Grenze, wurden 1964 aufgelassen. Im Jahre 1967 kam es auch zur Schließung der Kohlenbergbaue Tauchen und Höflein, so daß künftighin Niederösterreich in der Kohleversorgung keine Rolle mehr spielte.

Die Hochkonjunktur anderer Wirtschaftszweige, besonders der Bauindustrie, zog die freiwerdenden Arbeitskräfte an sich. Auch die wachsende Wirtschaftskraft der Bundeshauptstadt Wien und der oberösterreichischen Industriezentren Steyr und Linz führte zur Abwanderung vieler Arbeitskräfte. Besonders nahm in den sechziger Jahren die Pendlerbewegung in Niederösterreich stark zu. Da sowohl Bauwirtschaft als auch Industrie zu wenige Arbeitskräfte besaßen, wurden auch in Niederösterreich Fremdarbeiter, vorwiegend Türken und Jugoslawen, eingesetzt.

Ein bedeutendes Charakteristikum des gesellschaftlichen und wirtschaftlichen Aufschwunges unseres Landes war die stürmische Motorisierung, in der die Dynamik dieser Zeit ihren Ausdruck fand. Am Ende des Jahres 1955 wurden in Niederösterreich 20.471 Personenkraftwagen gezählt, Ende 1964 123.791 und 1968 185.000. Einen weiteren Siegeszug erlebte das Moped, von dem 1955 etwa 10.000, dagegen 1964 122.500 in Betrieb waren. Aber auch 26.000 Lkw, 800 Autobusse, 88.000 Zugmaschinen und 22.000 Krafträder, insgesamt 538.000 Kraftfahrzeuge, waren im Jahre 1970 in Niederösterreich gemeldet. Im Gefolge dieser Strömung entstanden neue Gewerbezweige für den Servicedienst sowie ein enges Tankstellennetz, das infolge der Konjunktur viele Fehlinvestitionen erlebte und einen heftigen Konkurrenzkampf auslöste. 1968 bestanden 1500 Tankstellen im Lande, 45 Fahrschulen unterrichteten die Führerscheinbewerber, und der Autohandel gewann immer größere Bedeutung. Auf dem Lande wurde der Servicedienst für die landwirtschaftlichen Maschinen bedeutsam, während Schmiede und Wagner verschwanden. Ebenso bahnte sich auf dem Sektor des Eisenbahnverkehrs eine Umschichtung an. Nicht nur entlegene und unbedeutende Zweigbahnen verödeten, sondern selbst ehemalige Hauptlinien, wie die Franz-Josefs-Bahn, die Nordwestbahn oder die Ostbahn, hatten wesentlich

geringeres Verkehrsaufkommen. Hingegen stieg die Bedeutung der Westbahn und der Südbahn. Die Elektrifizierung der Südbahnstrecke bis Gloggnitz erfolgte schon 1956, über den Semmering wurden die Arbeiten 1959
fertiggestellt. In nächster Umgebung Wiens erfuhr das Eisenbahnwesen eine
Modernisierung durch den Ausbau der Schnellbahn, die seit 1962 Gänserndorf und Stockerau enger mit Wien verbindet, während über die Stillegung
von Nebenlinien verhandelt wurde. Nur mehr vereinzelt verkehrten Dampf-
lokomotiven, auch auf Nebenlinien erfolgte die Umstellung auf Dieselbe-
trieb.

Auch die Bedeutung des Flugverkehrs stieg in diesem Jahrzehnt beträchtlich, wobei der ehemalige Fliegerhorst und spätere Versuchsflugplatz der
Heinkelwerke in Schwechat zum Flughafen Wien ausgestaltet wurde. Seit
1947 wurde dieses nach Kriegsende der britischen Besatzungsmacht zugeteilte Flugfeld von der britischen Fluggesellschaft British European Airways
angeflogen und dann von einer Gesellschaft übernommen, an der auch das
Land Niederösterreich beteiligt ist. Sie hat das Flughafengebäude neu gest-
gestaltet sowie die Start- und Landebahnen ausgebaut. In dieser Epoche hatte der Flugverkehr auch eine erhebliche Steigerung zu verzeichnen. Im Jahre
1956 fanden 4500 Abflüge statt, 1964 dagegen 11.412 und 1968 16.523, die
Zahl der Fluggäste stieg von 90.000 auf 310.000 und 546.000. Von den übrigen Flughäfen, die sich im Lande befanden, wurde nur der Betrieb für
Sportflugzeuge in Asparn und jener in Langenlebarn, wo das Bundesheer
einen Stützpunkt erhielt, aufrechterhalten.

Da die landwirtschaftliche Produktion auf dem Sektor des Anbaues von
Feldfrüchten und der Viehwirtschaft, der Milchproduktion und der Hack-
früchteerzeugung den Bedarf deckte und keine besonderen Ertragschancen
bot, verlegten sich in günstigen Gebieten viele Betriebe immer stärker auf
den Weinbau, wo durch die Umstellung auf Hochkultur eine mechanisierte
Bearbeitung und eine erhebliche Ertragssteigerung erreicht wurden. Die Folge war ein Anwachsen der Weinkulturen von 22.500 Hektar im Jahre 1959
auf über 25.300 Hektar im Jahre 1964. Die Rekordernte dieses Jahres brachte mehr Wein, als im ganzen Staatsgebiet in diesem Jahr verbraucht werden
konnte. Deshalb mußte ein gesetzliches Verbot für das Aussetzen neuer
Weingärten ausgesprochen werden. Doch verursachten auch in den Folgejahren gute Ernten einen beträchtlichen Überschuß. Die Umstrukturierung
der Landwirtschaft führte zu einem weiteren Ansteigen der Bedeutung der
Genossenschaften in allen Produktionssparten. Die Umstellung der Getreideernte vom Bindemäher zum Mähdrescher machte bei den 66 Lagerhausgenossenschaften mächtige Silobauten notwendig, die Konzentration der
Milchverarbeitung führte in Prinzersdorf zum Bau eines großen Butterwer-
kes, und auch die Winzergenossenschaften stellten sich auf neue Methoden
ein, denn der Betonbehälter verdrängte die Holzfässer.

Ein wesentlicher Faktor der wirtschaftlichen Entwicklung des Landes war
die Ausgestaltung des Straßennetzes, besonders der Bau der Autobahnen,
der Ausbau von Bundesstraßen und wichtigen Landesstraßen sowie die

Übernahme einiger Straßenzüge in die Verwaltung des Bundes. Innerhalb eines Jahrzehntes konnte Niederösterreich besonders auf dem Sektor des Autobahnbaues große Fortschritte erzielen. Nachdem im Dezember 1958 das erste Autobahnteilstück im niederösterreichischen Bereich zwischen St. Christophen und Pöchlarn eröffnet worden war, wurden allmählich die Westautobahn im Bereich des gesamten Bundeslandes fertiggestellt sowie der Bau der Südautobahn von Wien bis südlich von Wiener Neustadt begonnen. Die Ausgestaltung wichtiger Straßen erfolgte zur gleichen Zeit.

Die steigenden Beschäftigtenzahlen der Industrie- und der Dienstleistungsbetriebe wurden bis Mitte der sechziger Jahre vorwiegend durch Abwanderung aus der Landwirtschaft erreicht. In dieser Wirtschaftssparte mußten viele Kleinbetriebe aufgelassen werden. Die Mechanisierung der Landwirtschaft, wo 1969 85.000 Traktoren und über 15.000 Mähdrescher im Betrieb waren, während es nur mehr 8700 Pferde gab, nahm weiter zu. Das Zurückbleiben der Einkommen der Bauern gegenüber Arbeitern und Angestellten zog immer mehr Menschen von der Landwirtschaft ab. Nach der Volkszählung von 1961 war die landwirtschaftliche Bevölkerung im vorigen Jahrzehnt um ein Drittel geschrumpft und zählte nur mehr 310.000 Menschen oder 22,6 Prozent. In den sechziger Jahren ging dieser Prozeß weiter, wenn auch nun weniger die landwirtschaftlichen Arbeitskräfte als vielmehr die Bauernkinder aus dem landwirtschaftlichen Bereich abwanderten. Demnach ging in diesen Jahrzehnten die Bevölkerung der vorwiegend agrarischen Bezirke Hollabrunn, Mistelbach sowie anderer im Norden der Donau gelegenen Landstriche stärker zurück, während neben den vier Statutarstädten St. Pölten, Wiener Neustadt, Krems und Waidhofen nur sechs der 21 Bezirke eine Bevölkerungszunahme verzeichnen konnten. Die gesamte Wohnbevölkerung ist im Jahrzehnt vor 1961 um 30.000 Personen gesunken, wobei sich gleichzeitig eine Verschiebung zu den älteren Jahrgängen bemerkbar machte. Auch in den sechziger Jahren sank die Bevölkerung Niederösterreichs geringfügig um 8700 Personen oder ein Prozent. Dies ist deshalb bemerkenswert, weil der Geburtenüberschuß des Landes am Beginn der sechziger Jahre beträchtlich war. An dieser Verschlechterung der Bevölkerungsbilanz hatte vorwiegend der Wanderungsverlust Schuld.

Um die Abwanderung zu bremsen, konzentrierte die Landesregierung ihre Hauptförderungsmaßnahmen auf die Landgebiete, wo für die Hebung der Landeskultur viel getan wurde. In vielen Orten entstanden Wasserleitungen und Kanalisierungen, mit deren Hilfe 70 Prozent der Bevölkerung versorgt werden konnten. In den frühen sechziger Jahren begann die neue Landesgesellschaft NÖSIWAG mit dem Bau regionaler Wasserversorgungsanlagen. Die Kommassierung wurde von den Agrarbezirksbehörden vorangetrieben und von 1945 bis 1969 185.000 Hektar Ackerland saniert. Seit dem Beginn der sechziger Jahre wurden auch Weingartenkommassierungen im Pulkautal versucht. Mehr als 3000 Kilometer neue Güterwege erschlossen Einzelgehöfte und Weiler. Trotzdem wurde das Aussehen der Dörfer im Gegensatz zu den Städten in baulicher Hinsicht schlechter. Leerstehende

Häuser, in denen früher Kleinhäusler oder Bauern gewohnt hatten, gab es in vielen Orten.

Die wirtschaftliche Situation und die Zusammensetzung der Bevölkerung waren die Ursache, daß auch die Wohnbautätigkeit in Niederösterreich, mit Ausnahme des Burgenlandes, im Schnitt geringer war als in den anderen Bundesländern. Innerhalb des Landes ist aber weiters ein erhebliches Kulturgefälle zwischen Stadt und Land feststellbar. In den letzten Jahrzehnten entstanden anfangs jährlich 6000, später bis zu 11.000 neue Wohnungen; insgesamt stieg die Zahl der vorhandenen Wohnungen zwischen 1961 und 1971 von 450.000 auf 518.000. Auf dem Lande hingegen wurden trotz der gewaltigen Kriegsschäden in manchen Gegenden wesentlich weniger Bauernhäuser errichtet als Siedlungshäuser in Städten, Märkten und Dörfern. So sind in den vorwiegend agrarisch betonten Bezirken Horn, Hollabrunn, Waidhofen an der Thaya, Zwettl und Krems-Land mehr als 70 Prozent der Häuser vor 1919 erbaut worden, während in St. Pölten nur 28 Prozent, in der Stadt Wr. Neustadt 35 Prozent vor 1919 entstanden sind.

Die Verwaltungsstruktur Niederösterreichs, wie sie im Jahre 1868 in Form der Bezirkshauptmannschaften oder 1850 in Form der Ortsgemeinden geschaffen worden war, erwies sich als immer ungünstiger. Am Beginn der sechziger Jahre bestanden 1652 Ortsgemeinden, darunter hatten etwa 300 den Rang eines Marktes und 59 den einer Stadt. Von diesen Gemeinden hatten 1300 weniger als 1000 Einwohner, 830 sogar weniger als 500. Während einerseits weiterhin größere Siedlungen den Stadtrang erhielten, etwa Wilhelmsburg, Traismauer, Purkersdorf, Wolkersdorf, und andere zu Märkten erhoben wurden, ging man ab 1966 daran, den Zusammenschluß von Kleingemeinden zu größeren Einheiten zu fördern. Bis zum Ende des Jahres 1969 sank die Zahl der Ortsgemeinden aber nur auf 1182.

Mit der Gemeindestruktur hing auch die Gliederung des Pflichtschulwesens eng zusammen. In Niederösterreich gab es um 1960 noch 446 einklassige und eine hohe Anzahl zweiklassiger Volksschulen. Obwohl in der Nachkriegszeit eine rege Schulbautätigkeit eingesetzt hatte und ein Drittel der 1969 bestehenden 6167 Schulklassen nach dem Jahre 1945 errichtet worden war, bestand doch weiterhin auf dem Schulbausektor ein großer Nachholbedarf. Dazu kam etwa seit 1960 ein Mangel an Lehrkräften, während vorher in Niederösterreich ein Überschuß an ausgebildeten Lehrern bestanden hatte. Dies und die Umgestaltung des österreichischen Schulwesens im Jahre 1962 führte zu einer Reorganisation des Pflichtschulsektors, zur Errichtung neuer Hauptschulen, zur Gestaltung von Sprengelschulen und zur Schließung vieler ein- und zweiklassiger Volksschulen.

Das regionale Denken setzte sich auch im gewerblichen Berufsschulwesen durch, wo im Jahre 1950 ein umfassender Umbau eingesetzt hatte. Anstelle von Gebietsberufsschulen wurden systematisch Landesberufsschulen für die einzelnen Gewerbe errichtet und die Umgestaltung des Berufsschulwesens 1971 abgeschlossen. Zwischen Hauptschulen und Berufsschulen wurde nun seit dem Jahre 1965 der »Polytechnische Lehrgang« eingeschoben, der zumeist an Hauptschulen angeschlossen wurde. In größeren Orten wurden auch eigene polytechnische Schulen errichtet, der erste Neubau für diesen Polytechnischen Lehrgang wurde im September 1969 in Amstetten eröffnet.

Eine weitere Folge der Ausgestaltung des Schulwesens war die Errichtung von neuen Allgemeinbildenden Höheren Schulen mit dem Ziel, in jedem Bezirk mindestens eine derartige Schule zu haben. Lilienfeld war der letzte Bezirk, der 1967 eine höhere Schule erhielt. Die bisherigen Lehrerbildungsanstalten wurden nämlich in Musisch-pädagogische Realgymnasien umgestaltet und 1968 solche Schulen auch in den Städten Scheibbs und Mistelbach errichtet. Die Lehrerbildung war fortan Lehrerakademien anvertraut, von denen die des Bundes in Baden, die der Diözese St. Pölten in Krems und die der Erzdiözese Wien in Strebersdorf errichtet wurde.

Der größte Aufschwung erfolgte aber auf dem Sektor des Berufsbildenden Höheren Schulwesens. Während die Höheren Technischen Lehranstalten in Mödling, Wiener Neustadt, St. Pölten, Krems, Waidhofen an der Ybbs und (seit 1974) Hollabrunn zu den stärkstbesuchten Anstalten des Landes wurden, entstand bald auch ein Netz von Handelsakademien (in Amstetten, Baden, Bruck, Gänserndorf, Hollabrunn, Horn, Korneuburg, Krems, Laa, Mistelbach, Mödling, St. Pölten, Tulln, Waidhofen an der Thaya, Waidhofen an der Ybbs und Zwettl) und von Höheren Lehranstalten für wirtschaftliche Frauenberufe (in Amstetten, Baden, Hollabrunn, St. Pölten, Tulln und Wiener Neustadt). Neben dem Unterrichtsministerium waren vielfach auch Gemeinden oder Vereine Schulgründer und Schulerhalter. Zur Unterbringung dieser vielen neuen Schulen mußte ein umfangreiches Bauprogramm verwirklicht werden. Besonders für die neuen Höheren Technischen Lehranstalten waren wegen der notwendigen Werkstättenanlagen oft umfangreiche Baukomplexe notwendig. Manche Gemeinden, wie Gmünd, Gänserndorf, Amstetten, konnten nun mit Stolz auf ihre neuen höheren Schulen verweisen.

Auf dem Kultursektor, wo sich das Fehlen eines großstädtischen Zentrums und einer Landeshauptstadt in vieler Hinsicht nachteilig bemerkbar machte, hat die Nähe der Bundeshauptstadt Wien viele Möglichkeiten eröffnet, die in anderen Ländern nicht bestanden. Die sechziger Jahre waren die erste Periode der kulturellen Großausstellungen mit Massenbesuch in Niederösterreich. Seit der 1959 durchgeführten Ausstellung »Gotik in Niederösterreich« in Krems, die 150.000 Besucher verzeichnete, gab es fast alljährlich eine kulturelle Großausstellung, etwa »Jakob Prandtauer und sein Kunstkreis« 1960 in Melk mit 384.000 Besuchern, die »Biedermeierzeit« 1962 in Gutenstein mit 162.000 Besuchern, »Paul Troger« 1963 im Stift Altenburg mit 170.000 Besuchern, »Romanische Kunst« 1964 in Krems mit 175.000 Besuchern, während zur gleichzeitig in Herzogenburg durchgeführten Ausstellung 100.000 Besucher kamen. In den folgenden Jahren nahm das Interesse etwas ab, und die 1966 in Wiener Neustadt durchgeführte Ausstellung »Friedrich III., Kaiserresidenz Wiener Neustadt« sowie spätere

Ausstellungen in Laxenburg hatten Besucherrückgänge zu verzeichnen.

Gleichzeitig wurden die neuen Filialmuseen des Landes, wie das Donaumuseum, vorwiegend von Wiener Ausflüglern, die lieber auswärts Museen aufsuchten als in der Hauptstadt, besucht. Die Periode der Gründung von Filialmuseen wurde bis zum Jahre 1970 fortgesetzt und erreichte mit der Errichtung des Urgeschichtlichen Museums in Asparn an der Zaya einen letzten Höhepunkt.

Während und nach dem Zweiten Weltkrieg sind viele Kulturdenkmäler Niederösterreichs schwer beschädigt worden, bei anderen waren die Besitzer nicht imstande oder nicht willens, für die Erhaltung aufzukommen. An den Stätten der großen Ausstellungen mußten umfangreiche Restaurierungen vorgenommen werden, doch harrten noch viele Objekte ihrer endgültigen Restaurierung und Verwendung.

Nach 25jähriger Aufbauarbeit hatte das Niederösterreichische Tonkünstlerorchester, das vorwiegend vom Lande erhalten wird, aber seinen Sitz in Wien hat, einen Leistungsgrad erreicht, der es mit großen hauptstädtischen Klangkörpern in Konkurrenz treten ließ. Es bestritt einen guten Teil des gehobenen Musiklebens im Lande, doch bestanden daneben noch mehrere Vereinsorchester in größeren Städten, die Theaterorchester in Baden und St. Pölten, 285 Blasmusikkapellen und 220 verschiedene Gesangsvereine. Für den musikalischen Nachwuchs sorgten mehr als 60 Musikschulen, die in den sechziger Jahren meist kommunalisiert wurden, also von den Gemeinden erhalten werden.

Der Kulturpflege und der Sozialpolitik der Gemeinden, vorwiegend der Städte, kam in diesem Jahrzehnt erhöhte Bedeutung zu. Sie waren die Rechtsträger und Miterhalter der beiden im Lande bestehenden Theater in Baden und St. Pölten, führten die Sommerspiele in Melk und Stockerau, Festwochen in Berndorf und St. Pölten und in anderen Orten ein, erhielten das immer weitere Kreise erfassende öffentliche Büchereiwesen und sind in vielen Fällen die Träger oder Förderer der Volkshochschulen, deren es seit 1957 über 60 im Lande gab. Mitgestalter des kulturellen Bildes Niederösterreichs waren auch Vereinigungen und Verbände. So haben etwa die in örtlichen Vereinen zusammengeschlossenen bildenden Künstler einen Landesverband geschaffen und erhielten dadurch die Möglichkeit, neben ihren lokalen Ausstellungen auch regionale Expositionen zu gestalten. Vorwiegend im Bereich der ländlichen Volksbildung arbeitete das »Bildungs- und Heimatwerk«, im konfessionellen Raum das seit 1954 bestehende Katholische Bildungswerk, das 1961 mit dem Bildungshaus St. Hippolyt in St. Pölten ein modernes Heimvolkshochschulgebäude im städtischen Bereich erhielt. Im Verein für Landeskunde konzentrierte sich weiterhin ein erheblicher Teil der Wissenschaftspflege. Als er im Jahre 1964 seinen hundertjährigen Bestand feiern konnte, trat er mit neuen Publikationen an die Öffentlichkeit, so mit einem historischen Ortsnamenbuch des Landes, das unterdessen abgeschlossen wurde. Der Atlas von Niederösterreich war eine weitere große Publikation des Vereines im Lauf dieser Jahrzehnte. Ein erheblicher Teil des

Aufwandes der Landesverwaltung für die Kulturpflege wurde bis zum Jahre 1964 durch den Kulturgroschen bestritten, eine Abgabe, die Kinobesucher zu leisten hatten. Seit dem Jahre 1960 gerieten aber die Kinos in wirtschaftliche Schwierigkeiten. Immer mehr Lichtspieltheater mußten gesperrt werden. Bestanden im Jahre 1958 etwa 350 Kinos im Lande, so ging ihre Zahl im Laufe des folgenden Jahrzehnts stark zurück, die Zahl der Kinobesucher sank von 17,1 Millionen im Jahre 1960 auf 7,4 Millionen im Jahre 1968. Im Jahrzehnt zwischen 1960 und 1970 wurden 133 Kinobetriebe geschlossen.

An die Stelle der Kinos trat weitgehend das Fernsehen, das 1958 seinen Siegeszug eröffnete und auf die gesamte Entwicklung des Kulturlebens, die Publizistik und die Freizeitgestaltung einen großen Einfluß gewann. Bis 1958 wurden in Niederösterreich noch wenige Empfangsgeräte gezählt, 1964 waren es 99.827 und Ende 1969 schon 225.000 Apparate. Im Jahre 1965 hat der Landtag den Fernsehschilling beschlossen, eine Abgabe, die der Kulturpflege im Lande zugute kam.

Niederösterreich besitzt keine Tageszeitung, und die Wiener Presse, für die unser Land zweitwichtigstes Absatzgebiet wurde, brachte ihm nur geringes Interesse entgegen. Das Land hat auch keinen eigenen Rundfunksender, das niederösterreichische Landesstudio hat seinen Sitz in Wien und mußte seine Sendezeit mit Wien und dem Burgenland teilen. So hat sich das Bedürfnis nach Lokalzeitungen stärker entwickelt. Um 1960 gab es 48 Bezirkszeitungen, von denen die meisten Gruppen angehörten, die eine gemeinsame Zentralredaktion, ein gemeinsamer Verlag oder eine gemeinsame Druckerei führte. Im Lauf des folgenden Jahrzehntes kam es aber zu einer beachtlichen Konzentration in der Lokalpresse. Die Sozialistische Partei war bereits 1968 gezwungen, ihre Lokalblätter einzustellen, hingegen gelang es den im Landtag nicht mehr und in einigen Gemeinden und Betrieben nur schwach vertretenen Kommunisten, im Gebiet von St. Pölten, Schwechat, Baden, Wiener Neustadt und im Schwarzatal eine lokale Presse zu halten. Die übrigen Zeitungen wurden immer stärker im Niederösterreichischen Pressehaus in St. Pölten und in den Blättern des Faber-Verlages in Krems konzentriert. Daneben gab es aber noch elf weitere Lokalblätter. Die Gesamtauflage dieser Zeitungen betrug rund 260.000 Exemplare wöchentlich.

Aber auch in der Versorgung mit Tageszeitungen aus Wien ereigneten sich starke Verschiebungen. Die Parteizeitungen wurden immer mehr von neuen Blättern verdrängt, und in Niederösterreich wurde die »Kronen-Zeitung«, mit Abstand gefolgt vom »Kurier« und dem 1971 eingestellten »Express«, zu den meistgelesenen Massenmedien.

Wie im kulturellen Bereich ist auch auf sozialem Gebiet die Bedeutung der öffentlichen Hand immer größer geworden. Die Erhaltung der 27 Spitäler oblag zu einem großen Teil den Gemeinden und der Landesverwaltung. Seit im Jahre 1957 eine neue Regelung der Spitalserhaltung erfolgte, sind nicht nur die Besitzer dieser Spitäler, sondern auch die in einem Krankenanstaltensprengel zusammengefaßten übrigen Ortsgemeinden mit der Spitalserhaltung belastet. Obwohl dieses Gesetz auch einen Zuschuß der Bundesregierung vorsah, wurden die Klagen der spitalserhaltenden Gemeinden nicht geringer, weil die Betriebsabgänge ständig weiter zunahmen. Deshalb waren die Investitionen in den Krankenanstalten nicht immer so zahlreich und ausgiebig, wie es der Fortschritt der modernen Medizin notwendig gemacht hätte. Zwar wurden nicht nur die Landeskrankenanstalten Mödling und Tulln großzügig ausgestaltet und modernst eingerichtet, sondern auch in den Gemeindespitälern von Neunkirchen, Krems, Allentsteig, Horn und Amstetten Erweiterungsbauten errichtet, sowie in St. Pölten der Neubau des Krankenhauses begonnen, zu einer generellen Planung des Krankenanstaltswesens in Niederösterreich kam es aber vorerst nicht.

Die vielen alten Menschen, deren Pflege die Krankenanstalten überlastete, machten die Schaffung besonderer Fürsorgeheime notwendig. Neben den schon aus dem vorigen Jahrhundert stammenden Altersheimen, von denen manche Erweiterungen und Neugestaltungen erfuhren, wurden Landesfürsorgeheime errichtet. Mit den früher bestehenden in Mistelbach und St. Andrä vor dem Hagenthale und den 1962 fertiggestellten Neubauten in Wiener Neustadt sowie in Tulln und Melk standen weitere Pflegeheime zur Verfügung. Neben der Altersfürsorge ist auch die Obhut der Jugend im besonderen Maße zum Anliegen der öffentlichen Verwaltung geworden. Der Bau von Landeskindergärten, von denen es um 1968 in Niederösterreich 440 gab, und die Errichtung von Horten zur Beaufsichtigung der Schuljugend seien in erster Linie genannt.

Es zeigte sich immer deutlicher, daß neben die bisherige kommunale Struktur neue regionale Formen zur Verbesserung der Infrastruktur treten. Nach zehnjährigen Vorarbeiten wurde daher das Niederösterreichische Raumordnungsgesetz beschlossen, das mit 1. Jänner 1969 in Kraft trat. Es wurde mit 1. Jänner 1970 durch eine neue Bauordnung ergänzt. Damit wurde die örtliche wie auch die regionale Raumplanung auf eine gesetzliche Grundlage gestellt.

Auch die politischen Parteien beschäftigten sich in zunehmendem Maße mit regionalen Entwicklungsfragen. Die Sozialistische Partei gab 1968 einen »Niederösterreichplan« heraus, die Österreichische Volkspartei folgte, anknüpfend an die Studien der Landesverwaltung, mit »Leitbildern« für die künftige Gestaltung des Landes.

In der politischen Entwicklung Niederösterreichs vollzog sich die totale Umgestaltung zum Zweiparteiensystem. Während die Kommunistische Partei seit dem Jahre 1959 im Landtag nicht mehr vertreten war und auch die Stimmenanzahl der Freiheitlichen Partei nicht für ein Landtagsmandat ausreichte, haben sich die beiden Großparteien die politische Macht im Lande geteilt. Bei den Wahlen des Jahres 1959, als die Kommunisten ihre drei Landtagssitze verloren, errang die ÖVP 31 Mandate, die Sozialisten hingegen 25 Sitze im Landtag. Im Jahre 1964 konnten beide Parteien ihren Besitzstand wahren. Nach wie vor war die Österreichische Volkspartei die führende politische Fraktion in der Landesverwaltung, wenn sich auch als Folge der Bevölkerungsverschiebungen eine innere Strukturänderung abzuzeichnen begann. Die Übermacht, die der Bauernbund innerhalb dieser Partei gehabt hatte, trat zurück, während der Arbeiter- und Angestelltenbund an Gewicht und Einfluß gewann. Innerhalb der ÖVP Niederösterreichs kam die Generationsablöse stark zur Geltung. Bis zu seinem Tode am 14. Jänner 1961 war Johann Steinböck Landeshauptmann von Niederösterreich. Er pflegte einen patriarchalischen Stil und konnte einen kontinuierlichen Aufstieg in harter Zeit einleiten. Sein Nachfolger wurde Ing. Dr. h. c. Leopold Figl. Er hatte schon im Jahre 1945 die Landesverwaltung geleitet, war dann von 1945 bis 1953 Bundeskanzler, bis 1959 Außenminister und zuletzt Präsident des Nationalrates gewesen. Vier Jahre lang stand er an der Spitze des Landes, starb aber am 8. Mai 1965. Er regierte noch nach überkommener Art, war aber allseits beliebt und als Mann der ersten Stunde geachtet. Zu seinem Nachfolger wurde der frühere Landwirtschaftsminister Dipl.-Ing. Eduard Hartmann gewählt, Direktor des nö. Bauernbundes und Obmann der Raiffeisen-Zentralkasse für Niederösterreich und Wien. Er versuchte, neuen Methoden in der Landesverwaltung zum Durchbruch zu verhelfen, starb aber plötzlich im Oktober 1966 im Alter von 62 Jahren an einem Herzinfarkt. Damals war die Krise um Viktor Müllner auf dem Höhepunkt angelangt. Am 24. November 1966 wählte der Landtag den bisherigen Landesrat Andreas Maurer zum neuen Landeshauptmann, einen Bauern aus Trautmannsdorf. Er war Obmannstellvertreter des nö. Bauernbundes, Obmann der Bezirksbauernkammer in Bruck an der Leitha, aber auch im ländlichen Genossenschaftswesen an führender Stelle tätig. Denn noch immer war der Bauernbund die stärkste Gruppe innerhalb der Österreichischen Volkspartei. Sie stellte von 30 Mandaten im Landtag 15, der Österreichische Arbeiter- und Angestelltenbund neun und der Wirtschaftsbund sechs. Die ÖVP Niederösterreichs war die stärkste Landesorganisation, denn 43 Prozent aller Bauernbundmitglieder (177.595), 32 Prozent aller Angehörigen des Arbeiter- und Angestelltenbundes (86.981) und 25 Prozent aller Mitglieder des Österreichischen Wirtschaftsbundes (21.272) stammten aus Niederösterreich. Auch das Volksblatt als Zeitung dieser Partei wurde bis zu seiner Einstellung in Niederösterreich am meisten gelesen.

Innerhalb der Österreichischen Volkspartei und der Landesregierung nahm der frühere Landesrat und Landeshauptmannstellvertreter Viktor Müllner einen besonderen Platz ein. Er war langjähriger Finanzreferent und mächtigster Mann in den Landesgesellschaften NEWAG und NIOGAS. Nach dem Tode von Landeshauptmannstellvertreter August Kargl hatte er im Jahre 1960 dessen Funktion übernommen. Im Jahre 1963 legte er seine Position in der Landesverwaltung zurück und wurde Generaldirektor der NEWAG. Im Landhaus wurde Rudolf Hirsch aus Stockerau sein Nachfolger. Seit dem Jahre 1966 standen Vorgänge in den Landesgesellschaften im Landtag zur Diskussion. Als der Rechnungshofbericht über die NEWAG veröffentlicht und Korruptionen offenbar wurden, die Müllner schwerstens belasteten, mußte er im Herbst 1966 seine Funktion zurücklegen. Der im Jahre 1968 durchgeführte Prozeß deckte eine Reihe von komplizierten Finanzoperationen auf, die teilweise zum Nutzen seiner Partei, größtenteils aber zugunsten seiner Familie getätigt worden waren. Im Zuge der Untersuchungen mußte 1967 auch der Finanzreferent Niederösterreichs, Landesrat Roman Resch, NEWAG-Bediensteter aus Krems, der 1963 den Bezirksschulinspektor Josef Hilgarth abgelöst hatte, zurücktreten. Sein Nachfolger wurde der Landesbeamte im juristischen Dienst Siegfried Ludwig, der 1969 auch Landeshauptmannstellvertreter für den ausscheidenden Rudolf Hirsch wurde. Die beiden Landesräte der ÖVP waren seit 1966 Matthias Bierbaum und seit 1969 Karl Schneider.

Im Rahmen der Sozialistischen Partei vollzog sich nach dem Jahre 1955 ebenfalls ein tiefgreifender personeller Wandel. Zuerst schied 1957 Hans Brachmann aus dem Landhaus, seine Stellung nahm Emmerich Wenger ein, dann folgte im Jahre 1960 der Rücktritt des langjährigen Schul- und Kulturreferenten Landeshauptmannstellvertreter Franz Popp (gestorben 1981) und des Gemeindereferenten Felix Stika (gestorben 1971). Deren Funktionen als Landeshauptmannstellvertreter und Gemeindereferent wurden von 1960 bis 1969 vom früheren Justizminister Dr. Otto Tschadek, einem Rechtsanwalt aus Wiener Neustadt, bekleidet. Das Kulturreferat des Landes leitete von 1960 bis 1969 Emil Kuntner, Hauptschuldirektor und Bürgermeister in Hohenau. Dr. Tschadek und Emil Kuntner blieben bis 1969 Mitglieder der Landesregierung. Emmerich Wenger war als Sozialreferent schon im Juli 1966 durch Otto Rösch abgelöst worden. 1969 kam es, ausgelöst durch Dr. Tschadeks Tod, zu einer Reihe von Änderungen. Nun wurde der frühere Innenminister Hans Czettel, Betriebsratsobmann der Schöller-Bleckmann-Werke in Ternitz, zum Landeshauptmannstellvertreter gewählt. Im Oktober 1969 wurde der bisherige Vizepräsident des Landesschulrates und Hauptschuldirektor in Sieghartskirchen, Leopold Grünzweig, Landesrat für Schul- und Kulturwesen.

Die Sozialistische Partei Niederösterreichs führte nach dem Rücktritt von Franz Popp der Gewerkschaftspräsident und Innenminister Franz Olah. Nach dessen innerparteilichem Sturz im November 1964 wurde diese Funktion dem Außenminister Dr. Bruno Kreisky übertragen, der 1967 Bundesobmann seiner Partei wurde. Ihm folgte Dr. Otto Tschadek, diesem wieder 1969 Hans Czettel. Die Kommunistische Partei verschwand immer stärker aus dem Blickfeld der Öffentlichkeit. Größere Publizität erhielt sie durch die Einschaltung in den Konflikt um die Schließung des Rax-Werkes in Wiener Neustadt. Dieses war ein Konzernbetrieb der Simmering-Graz-Pauker AG geworden und am Versuch, kleine Passagierflugzeuge zu produzieren, gescheitert. Als 1965 der Betrieb geschlossen werden sollte, erhielt die KP-Betriebsorganisation einen starken Auftrieb und wollte noch im Jahre 1966 eine Besetzung des Werkes organisieren. Aber auch bei Treffen des Kameradschaftsbundes in Berndorf 1962 und Wiener Neustadt 1965 trat sie in Aktion.

Unterdessen hatte sich auch die politische Großlandschaft verändert. Die während der Besatzungszeit bewährte Koalition der beiden großen politischen Parteien war in den beginnenden sechziger Jahren immer größeren Belastungsproben ausgesetzt. Im Herbst 1965 konnte die Koalitionsregierung sich nicht mehr über den Bundesvoranschlag einigen und trat zurück. Bei den folgenden Wahlen erhielt im März 1966 die ÖVP die absolute Mehrheit und bildete eine Alleinregierung.

Auch im Präsidium des Landtages war ein rascher Wechsel erfolgt. Nach dem Abtreten des langjährigen Präsidenten Hans Saßmann aus St. Pölten (1962) folgte der Bürgermeister Johann Tesar aus Annaberg auf dem Posten des Landtagspräsidenten. Er wurde 1964 durch Johann Weiß aus Lassee abgelöst; 1969 wurde der Bauernbunddirektor Dipl.-Ing. Josef Robl Präsident des Niederösterreichischen Landtages. Dessen Zusammensetzung war in den sechziger Jahren dadurch gekennzeichnet, daß bei der Österreichischen Volkspartei die Landwirte, die Selbständigen und die öffentlich Bediensteten das Übergewicht hatten, während sich die sozialistische Fraktion vorwiegend aus öffentlich Bediensteten und Angestellten zusammensetzte. Mehr als die Hälfte der Abgeordneten der SPÖ war auch in der Kommunalpolitik tätig, bei der Österreichischen Volkspartei spielte die Mitarbeit in den Berufs- und Standesvertretungen eine erhebliche Rolle.

Drei dieser Vertretungen sind zu besonderer Bedeutung gelangt: die Landeslandwirtschaftskammer, die Kammer der gewerblichen Wirtschaft und die Arbeiterkammer. Die Landwirtschaftskammer hatte durch ihre Fachleute erheblichen Anteil an der Modernisierung der bäuerlichen Betriebswirtschaft, die Arbeiterkammern bemühten sich neben der Standesvertretung auch um die Berufsfortbildung, und die Handelskammer errichtete im Wirtschaftsförderungsinstitut ein schlagkräftiges Instrument für die Weiterbildung der Wirtschaftstreibenden. Handelskammer und Arbeiterkammer gaben Jahrbücher heraus, in denen die wirtschaftliche Entwicklung des Landes dargestellt wurde.

Das Abtreten jener Generationen, die den Staat und das Land nach 1945 geformt und ausgebaut hatten, blieb nicht nur auf die führenden Politiker beschränkt, sondern setzte sich auch bei der Beamtenschaft des Landhauses, in den Gemeindestuben und in den immer bedeutsamer werdenden Verbänden jeder Art und Richtung fort.

Von 1945 bis zum Jahre 1965 war Hofrat Dr. Hans Vanura Landesamtsdirektor, dann folgte in dieser Funktion Dr. Franz Baumgartner. In den Städten St. Pölten, Wiener Neustadt, Amstetten, Schwechat und Stockerau sowie in den Industriegemeinden stellte die SPÖ die Bürgermeister, in Baden, Klosterneuburg und Mödling sowie in einigen Bezirksstädten und vielen kleineren Gemeinden die ÖVP, in Krems hatte eine aus ÖVP und FPÖ gebildete Wahlgemeinschaft die Mehrheit. Die Landwirtschaftskammer wurde vom Bauernbund, die Handelskammer vom Wirtschaftsbund der ÖVP, die Arbeiterkammer von der SPÖ mehrheitlich beherrscht.

Niederösterreichs Situation innerhalb der Republik Österreich hat sich seit der Mitte der sechziger Jahre zusehends verbessert. Blickte man lange Zeit mit Neid auf die dynamische Entwicklung der westlichen Bundesländer, so konnte nun das Land deutlich aufholen. Dies betraf sowohl den allgemeinen Zustand der Landschaft, der Städte und Dörfer, die Ausgestaltung öffentlicher Einrichtungen, besonders von Schulen, den Wohnungsstandard, die Wirtschaftslage und die durchschnittlichen Einkommensverhältnisse der Bevölkerung. Damit hörte auch die Westwanderung der Bevölkerung auf, die aus dem Land abwandernden Menschen zogen vorwiegend nach Wien.

35. KAPITEL

Der Weg in die Gegenwart

Die sechziger Jahre waren durch ein beachtliches Wirtschaftswachstum, eine Hebung des Lebensstandards breiter Volksschichten und optimistische Prognosen für die Zukunft gekennzeichnet. Planungen fielen nicht selten zu groß aus, man glaubte an weitere Zuwachsraten des Sozialproduktes, an einen unbegrenzten Siegeszug technischer Neuerungen. Die Hilfsquellen des Landes, etwa die kleinen Wasserkräfte oder Vorkommen an Rohstoffen, wurden vielfach vernachlässigt und als unrentabel bezeichnet, die Werke verfielen oder wurden geschlossen. Man setzte auf die importierte Energie Rohöl und Erdgas, deren Vorkommen im Lande selbst nur mehr 23 Prozent des Inlandbedarfes decken konnten, baute energieaufwendige Häuser und ließ oft auch die Maßstäbe für entsprechende Größenordnungen vermissen. Dies bahnte einer anfangs gering geschätzten, aber immer mehr ins Zentrum rückenden Bewegung den Weg, die sich dem Umweltschutz verschrieb. Wie jede junge Bewegung schoß sie vielfach übers Ziel und wurde lange nicht ernst genommen. Ihren ersten Erfolg verzeichnete diese damals vom Naturschutzbund getragene Bewegung am Ende der siebziger Jahre, als es ihr gelang, die Nutzung der Tormäuer für ein Speicherkraftwerk zu verhindern. Da dieser Kampf sich gegen die damals noch von Viktor Müllner geführte NEWAG gerichtet hatte und in die Zeit von dessen Abstieg fiel, war dieser Sieg möglich gewesen. Nächstes Angriffsziel wurde die Kraftwerkskette an der Donau, insbesondere die geplanten Staustufen bei Rossatz in der Wachau und bei Hainburg. Unterdessen war nämlich der Ausbau des Stromes zügig vorangeschritten. Das Kraftwerk Altenwörth im Gebiet von Traismauer wurde 1976 vollendet, die Staustufe Melk lieferte seit 1982 elektrischen Strom, und mit dem Bau von Greifenstein war begonnen worden. Die beiden noch fehlenden Kraftwerke Hainburg und Rossatz sorgten aber für Diskussionen, zumal ein Grund für die Bauten, die vermehrte Nutzung der Wasserstraße durch die Binnenschiffahrt mit Hilfe des größeren »Europakahnes«, wegen Bestrebungen in der Bundesrepublik Deutschland, den Rhein-Main-Donau-Kanal nicht zu vollenden, wegzufallen schien. Große Investitionen, wie die Vertiefung der Fahrrinne und der Ausbau des Hafens bei Enns, wurden dadurch in Frage gestellt. Ähnliche Angriffe von »Bürgerinitiativen« richteten sich aber auch gegen den Ausbau eines Kraftwerkes im mittleren Kamptal bei Rosenburg und gegen die Fertigstellung des Kohlekraftwerkes Dürnrohr bei Zwentendorf.

Unterdessen wurden nämlich alle großen Energiebauten bekämpft. Mitte der sechziger Jahre war mit der Errichtung des ersten österreichischen Atomkraftwerkes bei Zwentendorf in Niederösterreich begonnen worden. Knapp vor Vollendung des Werkes richteten sich Angriffe der Umweltschützer gegen dieses Kraftwerk. Die Bundesregierung unter Dr. Bruno Kreisky entschloß sich 1978, die Nutzung der Kernenergie einer Volksabstimmung zu unterwerfen. Die Verquickung des Problems der Lagerung des Atommülls mit einer indirekten Vertrauensfrage des Bundeskanzlers führte zu einem negativen Votum, so daß ein mit einem Aufwand von sieben Milliarden Schilling erbautes und viele Jahre als besonderer technischer Fortschritt gepriesenes Werk ungenützt blieb. Gleichzeitig mußte Österreich Strom aus dem Ausland, insbesondere aus Polen, importieren. Um die fertigen Anlagen und Leitungen zu nutzen, begann man in der Nähe von Zwentendorf auf dem Gelände der stillgelegten Raffinerie mit dem Bau eines Wärmekraftwerkes, das mit polnischer Kohle betrieben werden soll. Aber auch dagegen sprachen sich Gruppen der Umweltschutzbewegung, eine Zeitlang auch die Wiener Stadtverwaltung aus. Die Zeiten, in denen man wie 1974 unbeachtet von der Öffentlichkeit neue Wärmekraftwerke in Korneuburg und Theiß bei Krems errichten konnte, waren vorbei.

Da die Energieversorgung nun weitgehend vom Ausland abhängig war, bei Erdöl von den arabischen Staaten und bei Erdgas von der Sowjetunion, traf auch der internationale Preisanstieg der Energieträger von 1974 bis 1978 alle Bereiche der Wirtschaft und der privaten Haushalte. Denn die meisten Betriebe waren ebenso wie ein Großteil der privaten Heizanlagen auf diese Brennstoffe umgestellt worden. Der »Energieschock« traf die öffentlichen Haushalte ebenso stark, da viele neue Schulen, Krankenhäuser, Hallenbäder und Amtshäuser mit geringen Energiekosten konzipiert worden waren. Man begann zwar nach neuen Energieträgern zu suchen und manche einheimische Hilfsquellen wieder zu erschließen, doch waren die Erfolge vorerst bescheiden.

Diese wirtschaftlichen Erschütterungen bewiesen, daß die Struktur der Industrie Niederösterreichs vielfach reformbedürftig geworden war. Seit 1972 war die Stahlproduktion in Österreich konzentriert worden, wobei auch niederösterreichische Betriebe, wie das Werk von Traisen und die Hütte Krems, von der Stahlfusion VOEST und Alpine betroffen waren. Die Werke von Ternitz, St. Aegyd und Böhler-Ybbstal wurden 1975 Teile der Vereinigten Edelstahlwerke (VEW). Besonders im Bereich der Edelstahlproduktion gab es aber bald Überkapazitäten. Ein weiterer Schwachpunkt war die Textilerzeugung, wo traditionsreiche Betriebe wie die Vöslauer Kammgarnfabrik ebenso wie Betriebe in Heidenreichstein im Waldviertel geschlossen werden mußten, als sich die angestrebte Textillösung-Ost als Fehlschlag erwies. Im Jahre 1970 waren in der Textilindustrie Niederösterreichs noch 18.500 Personen, 1980 nur mehr 9200 Personen beschäftigt. Aber auch andere, nach Meinung von Fachleuten mit modernster Technologie arbeitende Werke brachen zusammen, wie die im Industriepark Süd in Wiener Neu-

dorf angesiedelte Fabrik Eumig, der in Grünbach aufgebaute Betrieb Klima-
technik oder der mit viel Vorschußlorbeeren erst wenige Jahre zuvor eröffnete Betrieb Eisert im Waldviertel. Selbst das bisher als größter Betrieb Niederösterreichs geltende Werk Semperit in Wimpassing und Traiskirchen
kam im Jahre 1982 in eine kritische Phase, ebenso wie die Erste Österreichische Glanzstoffabrik (ENKA Austria) in St. Pölten. Es wurden aber auch in
dieser Epoche neue Industriebetriebe gegründet oder Werksanlagen gebaut
wie die Glasfabrik in Pöchlarn.

So wurden seit Beginn der achtziger Jahre die Sorgen um die wirtschaftliche Zukunft größer. Im Jahre 1981 wurden 49 Industriebetriebe mit 1566
Arbeitsplätzen stillgelegt, hingegen nur 39 Betriebe mit 985 Arbeitsplätzen
gegründet. Die Arbeitslosigkeit stieg besonders in Grenzregionen wie im Bezirk Zwettl, in den Bezirken Scheibbs und Melk, aber auch im Gebiet von
Neunkirchen beträchtlich an. Viele Arbeitnehmer mußten nun oft weit zu
ihren Arbeitsplätzen pendeln. Seit dem Höhepunkt der Vollbeschäftigung
im Jahre 1973, als 126.000 Menschen in Niederösterreichs Industrie beschäftigt gewesen waren, sank die Zahl bis 1981 auf 112.000. Bisher waren
8000 Ausländer als Gastarbeiter, insbesondere Türken in Industriebetrieben
und Jugoslawen im Baugewerbe, eingesetzt gewesen. Nun aber machte man
sich zunehmend Sorgen um die Beschäftigung der eigenen Bevölkerung,
insbesondere der Jugend.

Betroffen von dieser starken Rezession waren aber auch viele Nebenerwerbsbauern, die nun immer schwerer Beschäftigung fanden. Das Absinken
der bäuerlichen Einkommen nötigte nämlich viele Mittelbauern, ihre Betriebe nur mehr als Nebenerwerbslandwirte zu führen und in Gewerbe oder
Industrie Arbeit zu suchen. Im Jahre 1980 waren von 80.000 Landwirten
32.000 Nebenerwerbsbauern. Die verbliebenen Vollerwerbsbauern speziali-
sierten ihre Betriebe durch Forcierung von Rindermast oder Schweinezucht
und durch den Anbau von Spezialprodukten. In den Getreidegebieten der
östlichen Landesteile und des Alpenvorlandes wurde der viehlose Bauernhof
immer häufiger. Dies hatte aber auch eine weitere Technisierung zur Folge,
man verstärkte den Einsatz von Maschinen, Futtersilos, Kunstdünger und
Landtechnologien.

Durch diese Intensivierung der landwirtschaftlichen Produktion entstanden in einigen Bereichen beträchtliche Agrarüberschüsse. Um 1980 wurden
drei Viertel des in Österreich benötigten Qualitätsweizens, drei Viertel der
Zuckerrüben und zwei Drittel der Kartoffeln, aber auch ein erheblicher Teil
von Frisch- und Lagergemüse, Schweinefleisch und Rindfleisch von Niederösterreichs Bauern produziert. Es gab aber auch große Rückschläge, wie
etwa die Ausbreitung der Maul- und Klauenseuche im Jahre 1973. Ein 1973
erstelltes land- und forstwirtschaftliches Raumordnungsprogramm sowie
das 1976 erlassene Landwirtschaftsgesetz verfolgen das Ziel, eine leistungs-
fähige Landwirtschaft zu erhalten. Dem diente auch die verbesserte Ausbildung der Jungbauern zu Facharbeitern in den landwirtschaftlichen Fachschulen, von denen Edelhof bei Zwettl und Hollabrunn im Jahre 1982 Neu-

bauten erhielten. Breiten Raum nahmen auch der Güterwegebau, die Besitz-
aufstockung landwirtschaftlicher Betriebe und der Ausbau des Telefonnet-
zes im ländlichen Raum ein.

Auch das bisher als krisenfest angesehene Gewerbe, insbesondere der
Bausektor, kam dadurch mancherorten in Schwierigkeiten. Durch einen ge-
zielten Ausbau der Berufsschulen mit Internaten hatte man für die Nach-
wuchspflege gesorgt. Die neue Gewerbeordnung des Jahres 1974 brachte
auch manche Änderung, insbesondere wurden im Bereich des Handels Privilegien der Genossenschaften beseitigt.

Im Bereich der landwirtschaftlichen Vermarktung hatte sich nämlich der
Raiffeisenverband weiter entfaltet und war zu einer mächtigen Organisation
gewachsen, die von der Produktion mancher Objekte über die Verarbeitung
und den Handel bis ins Geldwesen ein lückenloses System aufbaute. In ähnlicher Weise wurden auch die Konsumgenossenschaften immer stärker zentralisiert; sie bauten Erzeugungsstätten aus und kooperierten mit Geldinstituten.

Denn in keinem wirtschaftlichen Bereich gab es eine ähnliche Konkur-
renzsituation wie auf dem Geldsektor. Seit 1977 errichteten Wiener Großbanken in vielen Orten Filialen, gleiches taten die Sparkassen. So fusionier-
ten Waldviertler Sparkassen mit der Zentralsparkasse der Stadt Wien. Auch
die Raiffeisenkassen und die Volksbanken wurden immer zahlreicher und
konzentrierten schließlich ihre Betriebe. Zur Bankenexplosion hatten die
bargeldlosen Gehaltszahlungen ebenso beigetragen wie die vielfach begün-
stigten Banksparformen. Dies hatte eine Vermehrung der Geldinstitute und
einen ungesunden Konkurrenzkampf zur Folge. Am Ende des Jahres 1981
bestanden im Lande 96 Bankfilialen, davon neun der Landeshypothekenanstalt, 45 Sparkassen mit 248 Filialen, 41 Volksbanken mit 120 Filialen und
169 Raiffeisenkassen mit 458 Filialen.

Kapitalgesellschaften waren vielfach auch die Träger von Handelsketten,
etwa auf dem Sportartikelsektor, und von Großmärkten, die meist am Rand
der Städte und in größeren Orten erbaut wurden. Eine besondere Konzentration dieser Märkte erfolgte in Vösendorf am südlichen Stadtrand von
Wien. Die »Shopping City Süd« war für die Großstadt ebenso wie für den
benachbarten niederösterreichischen Ballungsraum berechnet.

Durch die Großmärkte wurden viele Kaufleute gezwungen, ihre unrentabel gewordenen Läden zu schließen, vielfach fanden sie auch keine Nachfolger mehr. Zentrumsnahe Orte und Vorstädte größerer Siedlungen hatten
ebenso wie viele Dörfer nun Probleme mit der Nahversorgung der Bevölkerung.

Die veränderte Wirtschaftsstruktur erforderte eine zunehmende Mobili-
tät der Arbeitskräfte, immer mehr Menschen pendelten nach Wien oder in
regionale Ballungszentren. Dies erforderte eine Verbesserung der Verkehrssituation. Die Eisenbahn modernisierte den Betrieb auf den Hauptstrecken,
insbesondere auf der Westbahn und der Südbahn, wo Taktfahrpläne eingeführt wurden. Im Einzugsbereich von Wien wurde das Schnellbahnnetz

ausgebaut, viele Lokalstrecken wurden aber zunehmend unattraktiver. Das Netz der Autobuslinien wurde durch die Einführung der Schülerfreifahrten dichter, aber auch private Busunternehmer standen für Schülertransporte, für organisierte Fahrten von Pendlern und für Reisen von Bildungseinrichtungen oder Seniorenverbänden zur Verfügung. Am Ende der siebziger Jahre wurde in Niederösterreich die Vollmotorisierung erreicht. Es gab 1981 im Lande 778.000 Kraftfahrzeuge, davon 446.000 Pkw, 39.500 Lkw, 121.000 Zugmaschinen, 130.000 Mopeds und 30.000 Motorräder.

Da auch der Autoverkehr von und nach Wien über Niederösterreichs Straßen rollte, war der Ausbau des Straßennetzes ein wesentliches Erfordernis des letzten Jahrzehntes. Die Hauptstraßen wurden ebenso erweitert und verbessert wie das Regionalstraßennetz. Niederösterreich verfügte 1982 über 234 km Autobahn, 38 km Schnellstraßen, 2896 km Bundesstraßen und 10.807 km Landesstraßen; 68 Prozent der Landesstraßen waren staubfrei gemacht. Ergänzt wird dieses Netz durch entsprechend viele Gemeindestraßen und Güterwege. Die wichtigsten Bauten waren die Vollendung des Wiener Außenringes durch den Wienerwald, die Fortsetzung der Südautobahn bis Grimmenstein, der Bau einer Autobahn von Wien bis Stockerau, einer anderen zum Flughafen Schwechat, sowie die Errichtung von Schnellstraßen nach Krems und von dort zur Westautobahn. Der Bau von Straßenbrücken bei Krems (1971), bei Hainburg und Melk (1973) sowie bei Grein war ein wesentlicher Schritt für die Erschließung der nördlichen Regionen und verbesserte die Überfahrtsmöglichkeiten beträchtlich. Am Ende dieser Periode war fast jedes Dorf auf einer staubfreien Straße erreichbar. Einen kräftigen Aufschwung nahm auch der Flugverkehr. Wiens internationaler Flughafen Schwechat liegt in Niederösterreich, das Land ist sowohl an der Fluggesellschaft »Austrian Airlines« als auch an der Flughafenbetriebsgesellschaft beteiligt. Das Fluggastaufkommen überschritt 1973 erstmals die Zweimillionengrenze, im Jahre 1981 wurden 3,1 Millionen gezählt. Der Bau einer zweiten Start- und Landebahn wurde notwendig, die Betriebsgesellschaft wurde zu einem der größten Arbeitgeber im Lande.

In den siebziger Jahren wurden auch die Nachrichtenverbindungen ausgebaut, insbesondere wurde das Telefonnetz automatisiert. Karlstein im Waldviertel wurde am 14. Dezember 1972 als letztes Postamt Österreichs in den Selbstwählverkehr einbezogen. Auch die Zahl der Fernsehgeräte nahm ständig zu. Man konnte nicht nur überall zwei österreichische Programme empfangen, in manchen Ballungsräumen entstanden daneben Kabelfernseh-Gesellschaften, die auch ausländische Programme liefern. Das Landesstudio des ORF widmete im Hörfunk regionalen Fragen viel Sendezeit und erlangte zunehmende Bedeutung im Kulturleben. Denn nun war die Terminplanung von Konzerten, Vorträgen, auch der Aktivitäten von Gesangs- und Musikvereinen, Volkshochschulen und Bildungswerken in zunehmendem Maße von der Programmstruktur des Fernsehens abhängig geworden. Das brachte manche Vereine in unverdiente Schwierigkeiten, doch ergaben sich aus der Kooperation mit dem Rundfunk neue kulturelle Aktivitäten und Möglichkeiten. Guten Zuspruch hatten weiterhin die Blasmusikkapellen, in denen 15.000 meist junge Menschen mitwirkten, die Musikschulen, in denen 1982 33.000 Jugendliche unterrichtet wurden, aber auch die bildenden Künstler. In den siebziger Jahren entstand in Niederösterreich eine größere Anzahl von Galerien, die sich der Präsentation zeitgenössischer bildender Kunst widmeten. In St. Pölten gründete der Landesverband der nö. Kunstvereine ein Dokumentationszentrum zeitgenössischer Kunst. Ähnliche Bestrebungen waren auch bei den Literaten vorhanden, zumal die kulturell Schaffenden nun durch Landespreise für Kunst und Wissenschaft ausgezeichnet wurden. Die Landesregierung schuf sich zur Beratung in kulturellen Fragen einen Kultursenat.

Hauptsäulen der professionellen Kulturpflege waren weiterhin das NÖ Tonkünstlerorchester und die beiden Theater in St. Pölten und Baden, die auch Sommertheater boten. Der Theatersommer erhielt weitere Veranstaltungsorte in Neulengbach, Reichenau, Petronell, Perchtoldsdorf, gelegentlich auch in Krems. Darüber hinaus entstanden spezielle Veranstaltungsformen, wie die »Musiktage Breiteneich«, die »Internationalen Kirchenmusiktage« in St. Pölten, Lilienfeld und Herzogenburg, Pfingstkonzerte in Melk und musikalische Veranstaltungszyklen in Schlössern oder Städten. Einen breiten Raum nahm das kulturelle Ausstellungswesen ein. Landesausstellungen über historische Themen wurden vorwiegend in Klöstern veranstaltet, wie 1976 in Lilienfeld »Tausend Jahre Babenberger in Österreich«, 1980 in Melk »Zeitalter Josephs II.« und 1981 in Zwettl »Zeit der Kuenringer«. Immer mehr wurden revitalisierte historische Bauten zu Kulturstätten ersten Ranges. An der Spitze stand die während der Besatzungszeit devastierte Schallaburg bei Melk, die vom Land erworben, instandgesetzt und 1974 mit einer Renaissanceausstellung eröffnet wurde. Alljährlich werden dort größere Ausstellungen gezeigt. Ähnliche Aktivitäten verfolgen in kleinerem Maße Pottenbrunn, Grafenegg, Mailberg, Gaming und Artstetten. Die Verbindung musealer Präsentation und Revitalisierung von Denkmälern führte zum Ausbau großer Regionalmuseen in der Dominikanerkirche in Krems, im Karmeliterhof in St. Pölten, im Bürgerspital zu Horn und in der Hofmühle von Hollabrunn.

Denkmalpflege und stärkeres Bewußtsein für Stadt- und Ortsbildpflege führten zur Verschönerung vieler Städte und Dörfer. Dazu trugen Publikationen, Vorträge der Bildungsorganisationen und Maßnahmen der Landesregierung bei. Nach jahrelanger Vernachlässigung wurde der Ortsbildpflege und der Gestaltung der Dörfer wieder mehr Interesse gewidmet. Größere Orte organisierten Fassadenaktionen und versuchten durch Schaffung von Fußgängerzonen die Altstadtbereiche zu beleben. In Krems und Mauerbach veranstaltete man Kurse, um Handwerker in denkmalgerechten Instandsetzungen zu unterweisen.

Eine besondere Funktion in Fragen der Denkmalpflege fiel der katholischen Kirche zu, denn sie besitzt die meisten denkmalgeschützten Bauwerke in Niederösterreich. Nicht nur Kirchen und Kapellen, sondern auch Pfarrhöfe mit kultureller oder historischer Bedeutung wurden restauriert. Die großen Renovierungen erstreckten sich auch auf Klöster, denen die Erhaltung der großräumigen Bauwerke oft große Probleme schuf. In Melk, Zwettl und Göttweig, Seitenstetten oder Altenburg wurden große öffentliche Zuschüsse für Restaurierungsarbeiten gewährt.

Die katholische Kirche hatte darüber hinaus in der nachkonziliaren Zeit viele Probleme. Durch den Priestermangel konnten kleine Pfarren nicht mehr mit Geistlichen besetzt werden, sondern wurden von benachbarten Pfarren mitbetreut. Das Fehlen der Kapläne machte oftmals die früher weit verbreitete Jugendarbeit zunichte. Hingegen wurde das katholische Schulwesen durch die Übernahme des Personalaufwandes durch den Staat in seinem Bestand gesichert, manche Schulen wurden auch ausgebaut, wie in Hollabrunn oder Melk, in die meisten wurden nun auch Mädchen aufgenommen.

Der Ausbau des Allgemeinbildenden Höheren Schulwesens war nun weitgehend abgeschlossen. Die Musisch-pädagogischen Realgymnasien wurden in Oberstufenrealgymnasien umgewandelt. Hingegen gründete man aber weiterhin Berufsbildende Höhere Schulen, wie Handelsakademien in Hollabrunn, Gänserndorf, Laa, Waidhofen an der Thaya, Neunkirchen und Ybbs, eine Höhere Technische Lehranstalt in Hollabrunn, eine Lehranstalt für Fremdenverkehrsberufe in Krems sowie mittlere Anstalten für Erzieher oder Kindergärtnerinnen. Durch das Pflichtschulorganisationsgesetz des Landes aus dem Jahre 1973 erfolgten tiefgehende Veränderungen im unteren Schulbereich. Die ein- und zweiklassigen Volksschulen wurden größtenteils stillgelegt, insbesondere aber die Volksschuloberstufe beseitigt. Künftig mußten Kinder mit Schulbussen in zentrale Volks-, Haupt- oder Sonderschulen transportiert werden. Dadurch wurden viele kleine Schulen, auch so manches erst vor wenigen Jahren erbaute Schulhaus, überflüssig. Sie wurden geschlossen, als Kindergärten verwendet oder verkauft. Diese Veränderung der Schulorganisation nahm vielen kleinen Orten den geistigen Zentralisationspunkt und führte zur weiteren Abwanderung von Lehrkräften in die Städte und zentralen Orte.

Die Schulbautätigkeit wurde fortgesetzt; am 7. Dezember 1980 konnte das tausendste seit 1949 erbaute oder generalüberholte Schul- und Kindergartengebäude in Lassee eröffnet werden. Insgesamt wurden bis Ende 1982 325 Volks- und Sonderschulen, 74 Volks- und Hauptschulen, 187 Hauptschulen und sieben Schulen für den Polytechnischen Lehrgang errichtet oder erneuert. Der rasche Rückgang der Geburten seit dem Jahre 1971 begann sich bald in vermindertem Bedarf von Kindergartenplätzen und Volksschulklassen auszuwirken. Im Jahre 1978 als dem Tiefpunkt der Entwicklung wurden in Niederösterreich weniger als 20.000 Kinder geboren.

Nun wurde der Schulbau verzögert, meist nur mehr in zentralen Orten neue Schulgebäude errichtet, hingegen die Renovierung alter Bauten in verstärktem Maße begonnen. Nachdem jahrelang großer Lehrermangel geherrscht hatte, verließen nun zu viele ausgebildete Lehrer die Pädagogischen Akademien in Krems, Baden und Strebersdorf.

Im Schulbau des Bundes für höhere und mittlere Lehranstalten wurden in den siebziger Jahren gewaltige Leistungen vollbracht und zahlreiche Neubauten errichtet. Neben neuen Gymnasialgebäuden in Mistelbach und Scheibbs entstanden aufwendige Bauten für Höhere Technische Lehranstalten in St. Pölten, Wiener Neustadt und Hollabrunn und für Handelsakademien, aber auch für mittlere Lehranstalten.

Manche Bundesschulen wurden von den Gemeinden im Leasingverfahren erstellt, wie etwa eine Kindergärtnerinnenschule in St. Pölten. Denn auch der Bedarf an Kindergärten wurde weitgehend befriedigt, vor allem durch die Verwendung aufgelassener Schulen. In manchen Orten konnte nun jedes Kind seinen Kindergartenplatz bekommen. Im Jahre 1982 gab es 830 öffentliche und private Kindergärten im Land, von denen 450 in den letzten Jahrzehnten neue Gebäude erhalten hatten.

Ein neues Problem tauchte mit den Kindern der Gastarbeiter auf. Während die jugoslawischen sich leicht integrieren ließen, war dies bei türkischen schwieriger. Es gab aber bereits Schulklassen mit zehn Prozent Gastarbeiterkindern. Diese sind weitgehend ihrem heimatlichen Kulturkreis entfremdet, in den neuen aber nur schwer zu integrieren.

Der Rückgang der Geburten in den meisten Bezirken führte zu einem großen Bevölkerungsdefizit, doch nahm die Gesamtbevölkerung zu. 1971 zählte man 1,414.000 Einwohner, 1981 1,427.849. Dies war eine Folge der Abwanderung aus Wien in die Umlandgemeinden der Großstadt und hatte eine Beschwerde der Stadt Wien beim Verfassungsgerichtshof zur Folge. Die meisten Zuwanderer ließen sich im Bezirk Mödling nieder. Die Überalterung der Bevölkerung nahm rasch zu. In vielen Grenzorten waren alte Menschen schon in der Mehrzahl, da die jungen abgewandert waren. Deshalb wurde die Seniorenbetreuung immer wichtiger. Diese erfolgte in mehreren Ebenen. Die laufende Betreuung besorgten Verbände der politischen Parteien, der Seniorenbund der ÖVP und der Pensionistenverband der SPÖ, in größeren Orten wurde »Essen auf Rädern« zugestellt, aber auch die Betreuung in Seniorenheimen und Anstalten wurde immer wichtiger. Wohl wurden einige neue Altenheime errichtet, die Pflege chronisch kranker Senioren wurde aber nicht völlig gelöst, viele mußten in Krankenhäuser eingewiesen werden. In dieser Periode war der Neubau von Krankenanstalten ein besonderer Schwerpunkt der Landes- und Kommunalpolitik. In St. Pölten, Wiener Neustadt, Krems und Zwettl entstanden aufwendige neue Krankenhäuser, die zu einer Überversorgung des Landes mit Krankenbetten und zu einer gewaltigen Steigerung der Kosten führten. Man unterschied nun zwei Typen von Anstalten: Kleinere Spitäler hatten die Grundversorgung durchzuführen und verfügten über Spezialabteilungen für Chirurgie, Innere Medizin, Frauenheilkunde und Geburtshilfe, Schwerpunktkrankenhäuser führten weitere Spezialabteilungen. Nicht zur vollen Zufriedenheit konnte die Versorgung entlegener Landgebiete mit Ärzten und Zahnärzten gelöst werden, obwohl das Gemeindearztgesetz von 1972 für die Niederlassung von Medizinern bedeutende Anreize bot.

Auch die allgemeine Fürsorgebetreuung wurde durch das Sozialhilfegesetz von 1974 neu geregelt und aus der bezirksweisen Versorgung auf die Landesebene angehoben. Sozialhilfe sollte jedem Menschen zustehen, der zum Lebensunterhalt, wegen besonderer Lebensumstände oder wegen Behinderung der Hilfe der Öffentlichkeit bedurfte. So gab es deutliche Fortschritte bei der Betreuung behinderter Menschen durch die Errichtung von beschützten Werkstätten. Die Hälfte der erforderlichen Zuschüsse trug das Land, die andere Hälfte die Gemeinden.

Zu den großen politischen Maßnahmen dieser Periode gehörte auch die Änderung der Gemeindestruktur. Durch Zusammenlegungen und Eingemeindungen, die oft unfreiwillig waren und durch Landesgesetze verfügt wurden, kam es mit dem Kommunalstrukturversetzungsgesetz vom 3. November 1971 zur Schaffung von Großgemeinden. Nunmehr hatte St. Pölten mehr als 50.000 Einwohner, auch Amstetten und Hollabrunn, insbesondere aber Zwettl, wurden zu großräumigen Gebietsgemeinden. Ab 1972 gab es nur mehr 568 Gemeinden in Niederösterreich. Die Gemeinden Alberndorf im Weinviertel und Gerersdorf bei St. Pölten erzwangen aber durch Gerichtsentscheide die neuerliche Wiedererrichtung. Die Gemeindeordnung des Jahres 1973 brachte eine Neufassung der kommunalen Rechtsbasis. Die Gemeinden wurden darin als Gebietskörperschaften und selbständige Wirtschaftskörper definiert.

Viele dieser Neuordnungsmaßnahmen wurden durch das seit 1. Jänner 1969 gültige Raumordnungsgesetz eingeleitet, in dem zentrale Orte in fünf Stufen vorgesehen wurden, denen jeweils bedeutende Pflichten zufielen. Jede Gemeinde mußte im Rahmen eines örtlichen Raumordnungsprogrammes einen Flächenwidmungsplan erstellen, in dem für die Verbauung bestimmte Zonen ebenso festzulegen waren wie Grünland und landwirtschaftliche Nutzfläche.

Die Bauordnung aus dem Jahre 1969 regelte die Bebauungsvorschriften neu und trat an die Stelle der Bauordnung von 1883. Doch waren die Bürgermeister als Baubehörde erster Instanz oft überfordert. Raumordnungsgesetz und Bauordnung mußten auch sehr bald einschneidend novelliert werden. Das Naturschutzgesetz des Jahres 1977 bot die Grundlage für großräumigen regionalen Landschaftsschutz. Nun wurden Naturparks im Ötscherland, an der Hohen Wand, in den Leiserbergen, im Wienerwald und bei Geras geschaffen und insgesamt 37 Naturschutzgebiete festgelegt. Weiters gab es nun 20 Landschaftsschutzgebiete. Durch die neue Ordnung des Bauwesens war auch die Zunahme der Bautätigkeit im Rahmen der Zweitwohnungsbewegung notwendig geworden. Vielfach wurden Häuser auf dem Lande, wie nicht mehr verwendete Bauernhöfe, zu Ferienhäusern von Städtern umgewandelt. Es entstanden aber auch ganz neue Siedlungen in landschaftlich bevorzugten Gegenden. Obwohl manche Gemeinden gegen Zweitwohnungsbesitzer Vorbehalte hatten, wurde durch diese das Baugewerbe ebenso beschäftigt, wie viele verwahrloste Altbauten dadurch wieder neuer Verwendung zugeführt werden konnten.

Nach den Bestimmungen des Landeswohnbauförderungsgesetzes von 1977 wurde der Bau neuer Wohnanlagen in den größeren Orten meist von Genossenschaften getragen, doch erlebte der Wohnbau einen deutlichen Rückgang. In manchen Gebieten war bereits ein Überangebot an Neubauwohnungen vorhanden, auch wurden sie so teuer, daß sie für viele Menschen unerschwinglich geworden waren. Die Sanierung von Altwohnungen für diesen Personenkreis begann erst allmählich. In den ländlichen Gebieten blieb das Einfamilienhaus weiterhin die bevorzugte Wohnform.

Neben den vielfachen Problemen der Raumordnung gehörte auch die Versorgung und Entsorgung der städtischen wie der ländlichen Gebiete zu den besonderen Aufgaben der Landes- und Kommunalpolitik dieser Epoche. Seit dem Jahre 1973 besteht eine NÖ Umweltschutzanstalt, die zentrale Deponien in 13 Bezirken errichtete und 312 Gemeinden entsorgen konnte. Großgemeinden lösten diese Probleme allein oder im Verband mit anderen. So wurde im mittleren und unteren Traisental ein Sammelkanal mit einer Großkläranlage gebaut. Im Jahre 1982 gab es 2110 Wasserversorgungsanlagen im Lande, davon wurden 985 durch Gemeinden oder Verbände betrieben. Wasserarme Gebiete mußten oft von weither versorgt werden. Der Schutz der Grundwasserreservoire, insbesondere der Mitterndorfer Senke nördlich von Wiener Neustadt, vor chemischen Verunreinigungen wurde daher immer wichtiger. 219 Wasserversorgungen besaßen daher schon Entkeimungsanlagen.

Zu den wichtigsten Gemeinschaftseinrichtungen gehören auch die Feuerwehren, die meist mit Tanklöschfahrzeugen versehen und in zentralen Orten für technische Einsätze besonders ausgerüstet wurden. Denn die Brandeinsätze gingen zurück, hingegen nahmen die Hilfeleistungen, insbesondere bei Verkehrsunfällen, immer mehr zu. 60.000 aktive Feuerwehrmänner wirkten in diesen Freiwilligen Feuerwehren des Landes. Die Hälfte waren Arbeiter, ein Viertel Landwirte. Das Feuerwehrwesen war 1970 durch ein Landesgesetz geregelt und den Erfordernissen der Zeit angepaßt worden.

Große Bedeutung wurde auch den Freizeiteinrichtungen beigemessen, wobei die Neufassung des Veranstaltungsgesetzes im Jahre 1972 die Basis bot. Aber auch für die Sportförderung wurden große Beträge aufgewendet. Selbst in kleineren Orten entstanden Hallenbäder, so daß man 1982 55 gemeindeeigene und 53 Bäder in Hotels zählte. In anderen Orten wurden Tennishallen errichtet und viele Sporthallen für Schulen und Erwachsenensport gebaut. Ebenso wurde in Verbindung von Sport und Fremdenverkehr der Ausbau von Schigebieten am Hochkar, im Ötscherland und am Semmering vorangetrieben, wobei manches Projekt, wie der Ausbau des Gamssteingebietes in Hollenstein an der Ybbs, mißlang.

Diese gewaltigen Investitionen auf allen Gebieten führten oftmals zur Überziehung der Finanzkraft und zu Überschuldungen der Gemeinden, bei privaten Unternehmungen zu Zusammenbrüchen. Insbesondere war dies dann der Fall, wenn die Investitionen nach 1978 am Ende der Konjunkturphase in einer Zeit gewaltig steigender Zinsen getätigt wurden. Seit 1981 wuchsen auch die öffentlichen Einnahmen nicht mehr, und die Haushalte aller Gebietskörperschaften waren immer schwieriger zu erstellen. Denn der Budgetrahmen des Landes hatte sich von 3,5 Milliarden Schilling im Jahre 1968 bis 1973 auf 7 Milliarden verdoppelt und war bis 1980 auf 20 Milliarden angewachsen, dann aber nur mehr unwesentlich gestiegen. Dies machte Einschränkungen auf vielen Gebieten, insbesondere bei den Investitionen und Subventionen, erforderlich. Diese neue Sparpolitik wurde von den beiden nahezu gleich starken politischen Kräften der Landesverwaltung gemeinsam getragen.

Die politische Situation war dadurch gekennzeichnet, daß dem Bunde die Österreichische Volkspartei von 1966 bis 1970 eine Einparteienregierung gebildet hatte, der seit 1970 eine solche der SPÖ folgte.

Bei den Nationalratswahlen der siebziger Jahre erreichte die Sozialistische Partei nahezu gleich viele Stimmen wie die bisher eindeutig führende Österreichische Volkspartei und konnte im Jahre 1979 diese sogar überflügeln. 35 Nationalräte der SPÖ, der ÖVP und der FPÖ stammten aus Niederösterreich. Im Landtag behielt aber die ÖVP die Mehrheit der Stimmen, doch veränderte sich der Mandatsstand, der 1969 30:26 und 1974 31:25 gewesen war, im Jahre 1979 auf 29:27. Präsident des Landtages war bis zum Jahre 1981 Bauernbunddirektor Dipl.-Ing. Josef Robl, der 1981 von Ferdinand Reiter, Bürgermeister in Zistersdorf, abgelöst wurde.

Landeshauptmann war seit 1966 der aus Trautmannsdorf stammende Bauernbundfunktionär Andreas Maurer, der im Jänner 1981 zurücktrat. Während seiner Zeit wurden viele Strukturen der Landesverwaltung erneuert und Niederösterreich wieder zum ersten Industrieland des Staates.

Sein bisheriger Stellvertreter und Finanzreferent Siegfried Ludwig folgte Maurer im Jahre 1981 als Landeshauptmann nach. Seine Funktionen übernahm Dipl.-Ing. Dr. Erwin Pröll, der 1980 als 33jähriger Agrarexperte anstelle von Matthias Bierbaum, dem Präsidenten der Landeslandwirtschaftskammer, in die Landesregierung gewählt worden war. Hans Czettel, seit 1969 der von der SPÖ gestellte zweite Landeshauptmannstellvertreter, betreute das Gemeindereferat. Neben Gemeindefragen widmete er sich besonders Problemen des Naturschutzes. Nach seinem Tode im Jahre 1980 übernahm Leopold Grünzweig seine Funktion, der seit 1969 in der Landesregierung das Schul- und Kulturreferat leitete. Nach einer Erweiterung der Landesregierung auf neun Personen wurden im April 1981 die bekannte Sportlerin Liese Prokop von der ÖVP und Traude Votruba von der SPÖ zu Mitgliedern der Landesregierung gewählt. Bisher war von Mai 1970 bis zum Jahre 1979 die Sozialreferentin Anna Körner als erste Frau Mitglied der Landesregierung gewesen. Sie wurde 1979 von Dr. Ernest Brezovszky abgelöst, während damals das Wirtschaftsressort anstelle von Karl Schneider der bisherige Handelskammerpräsident Erwin Schauer übernahm. Das Gemeindereferat übernahm 1980 nach Czettels Tod der 35jährige Abgeordnete Ernst Höger. Nach dem Scheiden von Andreas Maurer aus der Landesregierung wurde Franz Blochberger zum Landesrat gewählt, der fortan das Ressort

Landwirtschaft leitete. Seit dem Jahre 1965 war Dr. Franz Baumgartner Landesamtsdirektor gewesen, im Jahre 1974 wurde er von Dr. Georg Schneider abgelöst. Dieser hatte insbesondere die Schul- und Gemeindereform konzipiert, war aber auch im Sängerbund und später als Präsident des Tonkünstlerorchesters kulturell tätig. Im Jahre 1980 folgte ihm Dr. Leopold Speiser in der Funktion des Landesamtsdirektors.

Die noch während dieser Periode gültige Landesverfassung aus dem Jahre 1920 verpflichtete die politischen Parteien zur Zusammenarbeit bei der Aufteilung der Kompetenzen gemäß ihrer Stärke im Landtag. Diese Kooperation war während der längsten Zeit ungestört und ermöglichte die großen Leistungen der letzten Jahrzehnte, insbesondere aber auch die umfassenden gesetzlichen Erneuerungen in dieser Zeit. Seit 1969 wurde auch über eine neue Landesverfassung verhandelt und darüber im Jahre 1978 Einigkeit erzielt. Sie wurde am 5. Oktober 1978 in feierlicher Sitzung des Landtages beschlossen und trat am 1. Jänner 1979 in Kraft. Österreichische Staatsbürger, die in einer Gemeinde des Landes ihren Wohnsitz haben, werden als Landesbürger bezeichnet. Unbeschadet der großen Diskussion am Beginn der siebziger Jahre wegen der Errichtung einer eigenen Landeshauptstadt wird als »Sitz des Landtages und der Landesregierung, so lange das Land keine Landeshauptstadt hat, Wien erklärt«. Die Errichtung einer Landeshauptstadt bedarf eines Landesverfassungsgesetzes. Ein solches zu erlassen, beabsichtigt aber keine Partei. Repräsentiert wird das Volk durch die 56 Mitglieder des Landtages, die für fünf Jahre gewählt werden. Der Landtag wählt die Mitglieder der Regierung, »diese ist oberste Vollzugsgewalt des Landes und oberstes Organ als Träger von Privatrechten«. Landtag, Landesregierung und Landesverwaltung haben »dafür zu sorgen, daß die Lebensbedingungen der niederösterreichischen Bevölkerung unter Berücksichtigung der abschätzbaren wirtschaftlichen, sozialen und kulturellen Bedürfnisse gewährleistet sind«.

Die Landesbürger haben ein Initiativ- und Einspruchsrecht im Bereich der Gesetzgebung, Landesbürger und Gemeinden ein Initiativrecht im Vollziehungsbereich und ein Beschwerderecht. Am Anfang der neuen Verfassung steht aber die Definition der Landeshoheit: »Niederösterreich ist ein selbständiges Bundesland der demokratischen Republik Österreich. Es übt alle Staatsbefugnisse aus, die nicht ausdrücklich dem Bund übertragen sind.«

Listen der Landesfürsten, Statthalter und Landeshauptmänner in Niederösterreich

A   MARKGRAFEN, HERZÖGE UND ERZHERZÖGE

Karolingerzeit:

Präfekten Bayerns und des Ostlandes:

Gerold I.	788–799
Audolf	799–802

Präfekten des Ostlandes:

Werner	802–806
Gotram	806–808
Gerold II.	811–832
Ratbod	833–854
Karlmann	856–863, 864–876
Gundackar	863–864

Markgraf an der Donau: Aribo   876–907

Markgrafen in Karantanien:

Arnulf	876–887
Ruodpert	887–893
Luitpold	893–907

Herrscher während der Ungarnzeit: Rüdiger von Bechelaren/Üllo, Sohn Arpads

Markgrafen nach 955:   Burkhard, Burggraf von Regensburg

Leopold I.	976– 994	
Heinrich I.	994–1018	
Adalbert	1018–1055	
Ernst	1055–1075	
Leopold II.	1075–1095	
Leopold III.	1095–1136	
Leopold IV.	1136–1141	ab 1139 Hg. v. Bayern

Herzöge ab 1156:

Heinrich II.	1141–1177	
Leopold V.	1177–1194	ab 1192 Hg. d. Steiermark
Friedrich I.	1195–1198	
Leopold VI.	1198–1230	ab 1195 Hg. d. Steiermark
Friedrich II.	1230–1246	

(Babenberger)

Herrscher der Übergangszeit:

Hermann von Baden	1248–1250
Otakar von Böhmen	1251–1276
Rudolf von Habsburg als König	1276–1282

Habsburger als Herzöge:

Albrecht I. und Rudolf II. gemeinsam 1282/83

Albrecht I.   1283–1298

Rudolf III. 1298–1307   Friedrich III. 1308–1330   Albrecht II. gemeinsam mit Otto
1330–1358   1330–1339

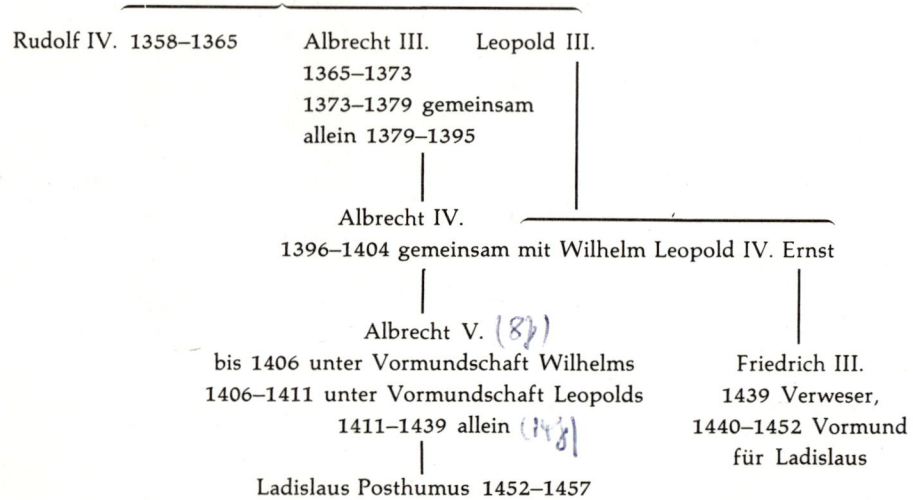

Albrecht II.

Rudolf IV. 1358–1365   Albrecht III.   Leopold III.
                              1365–1373
                              1373–1379 gemeinsam
                              allein 1379–1395

                              Albrecht IV.
                    1396–1404 gemeinsam mit Wilhelm Leopold IV. Ernst

                    Albrecht V. *(8?)*
            bis 1406 unter Vormundschaft Wilhelms   Friedrich III.
            1406–1411 unter Vormundschaft Leopolds   1439 Verweser,
                 1411–1439 allein *(14?)*   1440–1452 Vormund
                                                           für Ladislaus
            Ladislaus Posthumus 1452–1457

Habsburger als Erzherzöge:
Friedrich III.
1458–1463 gemeinsam mit Albrecht VI. *(Brüder)*
1463–1493 allein

Maximilian I.
1493–1519

Ständische Verweser
1519–1521

Ferdinand I. 1521–1564 (Enkel Maximilian I.)
1531 König, 1558 Kaiser

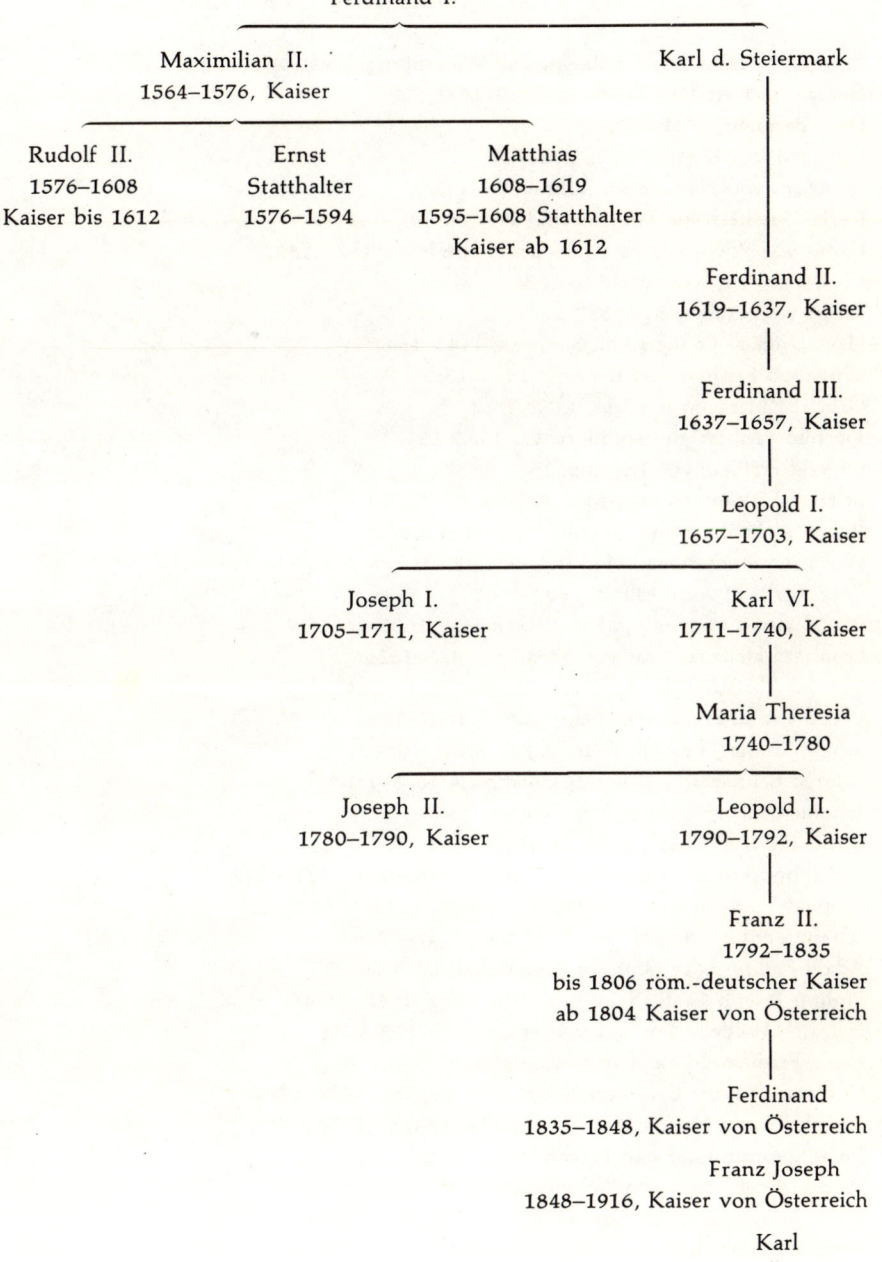

Ferdinand I.

Maximilian II.
1564–1576, Kaiser

Karl d. Steiermark

Rudolf II.
1576–1608
Kaiser bis 1612

Ernst
Statthalter
1576–1594

Matthias
1608–1619
1595–1608 Statthalter
Kaiser ab 1612

Ferdinand II.
1619–1637, Kaiser

Ferdinand III.
1637–1657, Kaiser

Leopold I.
1657–1703, Kaiser

Joseph I.
1705–1711, Kaiser

Karl VI.
1711–1740, Kaiser

Maria Theresia
1740–1780

Joseph II.
1780–1790, Kaiser

Leopold II.
1790–1792, Kaiser

Franz II.
1792–1835
bis 1806 röm.-deutscher Kaiser
ab 1804 Kaiser von Österreich

Ferdinand
1835–1848, Kaiser von Österreich

Franz Joseph
1848–1916, Kaiser von Österreich

Karl
1916–1918, Kaiser von Österreich

B STATTHALTER (REGIERUNGSPRÄSIDENTEN)

Wolfgang Freiherr von Polheim und Wartenburg, 1501–1512

Georg von Rottal zu Thalberg, 1513–1521

Peter Bonomo, 1521–1523

Sigmund von Dietrichstein, 1523/24

Leonhard von Harrach zu Rohrau, 1524/25

Cyriak Freiherr von Polheim und Wartenburg, 1526/27

Georg von Puchheim zu Raabs und Krumbach, 1528–1531

Christoph von Rauber, 1532–1536

Trojan von Auersperg, 1537–1541

Hans Ungnad Freiherr von Sonneck, 1542–1544

Christoph Freiherr von Eyczing, 1544–1551

Gabriel Ritter von Kreuzer, 1552–1564

Joachim Freiherr zu Schönkirchen, 1565–1572

Oswald Freiherr von Eyczing, 1572–1587

Seifried Freiherr von Breuner, 1587–1591

Ruprecht Freiherr von Stotzingen, 1592–1600

Wolfgang Freiherr von Hofkirchen, 1600/01

Ernst Freiherr von Mollart, 1602–1608

Paul Sixtus Trautson Graf zu Falkenstein, 1608–1621

Leonhard Helfried Graf von Meggau, 1621–1626

Seifried Christoph Freiherr von Breuner, 1626–1640

Georg Teufel Freiherr zu Guntersdorf, 1640–1642

Johann Franz Trautson Graf zu Falkenstein, 1642–1663

Konrad Balthasar Graf von Starhemberg, 1663–1687

Johann Quirin Reichsgraf von Jörger, 1687–1705

Ferdinand Karl Graf von Welz, 1705–1711

Sigismund Friedrich Reichsgraf von Khevenhüller, 1711–1742

Leopold Viktorin Graf von Windischgrätz, 1742–1746

Johann Ferdinand Graf von Kuefstein, 1747–1749

Adam Philipp Losy Graf von Losymthal, 1749/50

Philipp Joseph Graf Orsini und Rosenberg, 1750–1753

Heinrich Wilhelm Freiherr von Haugwitz, 1753–1758

Franz Ferdinand Graf von Schrattenbach, 1759–1770

Christian August Graf von Seilern und Aspang, 1770–1779

Joseph Johann Nepomuk Graf von Herberstein, 1779–1782

Johann Anton Graf von Pergen, 1782–1790

Wenzel Graf Sauer von Ankenstein, 1791–1795

Franz Joseph Graf von Saurau, 1795–1797, 1809–1814

Jacob Reichsfreiherr von Wöber zu Hagenberg, 1797–1802

Joseph Thaddäus Vogt Freiherr von Sumerau, 1802–1804

Joseph Karl Graf von Dietrichstein, 1804/05

Ignaz Karl Graf Chorinsky Freiherr von Ledske, 1805–1807, 1815/16

Ferdinand Graf von Bissingen, 1807–1809

Augustin Freiherr Reichmann von Hochkirchen, 1816–1828
Alois Graf von und zu Ugarte, 1828/29
Franz Graf von Klebelsberg, Freiherr von Thumburg, 1829/30
Johann Adam Talatzko Freiherr von Gestieticz, 1830–1848
Anton Raimund Graf von Lamberg, 1848
Gustav Ignaz Graf Chorinsky Freiherr von Ledske, 1848/49, 1862–1868
Dr. Joseph Wilhelm Freiherr von Eminger, 1849–1858
Karl Prinz von Lobkowitz, 1858–1860
Anton Freiherr Halbhuber von Festwill, 1860–1862
Philipp Freiherr Weber von Ebenhof, 1868–1872
Dr. Sigismund Freiherr Conrad von Eybesfeld, 1872–1880
Ludwig Freiherr Possinger von Choborsky, 1880–1889
Erich Graf von Kielmannsegg, 1889–1895, 1895–1905, 1905–1911
Friedrich Freiherr Bourguigon von Baumberg, 1895
Dr. Richard Graf Bienerth-Schmerling, 1911–1915
Oktavian Freiherr Regner von Bleyleben, 1915–1918

C LANDESHAUPTMÄNNER VON NIEDERÖSTERREICH

Leopold Steiner, 1918/19
Albert Sever, 1919/20
Johann Mayer, 1920–1922
Dr. Karl Buresch, 1922–1931, 1932/33
Josef Reither, 1931/32, 1933/34
Eduard Baar von Baarenfels, 1934/35 (geschäftsführend)
Josef Reither, 1935–1938
Dr. Roman Jäger, 1938
Dr. Hugo Jury, Gauleiter und Reichsstatthalter, 1938–1945
Dipl.-Ing. Leopold Figl, 1945
Josef Reither, 1945–1949
Johann Steinböck, 1949–1962
Dipl.-Ing. Leopold Figl, 1962–1965
Dipl.-Ing. Eduard Hartmann, 1965/66
Andreas Maurer, 1966–1981
Siegfried Ludwig, ab 1981

Verzeichnis der wichtigsten Literatur zur Geschichte Niederösterreichs

In diesem Verzeichnis werden folgende Abkürzungen verwendet:

Arch. Austr. = Archäologia Austriaca; AÖG = Archiv f. österreichische Geschichte; Bl. TG = Blätter für Technikgeschichte; Diss. = ungedruckte Dissertation; JB = Jahrbuch; Jb. f. Lkde = Jahrbuch des Vereines für Landeskunde v. NÖ; MIÖG = Mitteilungen des Institutes für österreichische Geschichtsforschung; Mitt. = Mitteilungen; Mitt. St.A. = Mitteilungen d. österreichischen Staatsarchivs; Mon. Bl. = Monatsblatt des Vereines f. Landeskunde von NÖ; NF = Neue Folge; ÖGL = Österreich in Geschichte und Literatur; UH = Unsere Heimat, Monatsblatt d. Vereines f. Landeskunde v. NÖ; Vjschr. = Vierteljahrschrift; Wr. Ges. Bl. = Wiener Geschichtsblätter; Jb. Wien = Jahrbuch des Vereines f. Geschichte der Stadt Wien; WS = wissenschaftliche Schriftenreihe NÖ; WSB = Sitzungsberichte der Wiener Akademie d. Wissenschaften, Phil.-hist. Klasse; WVNF = Das Waldviertel, Neue Folge; Zs. = Zeitschrift.

Allgemein

A. Huber, Geschichte Österreichs, Bd. 1–5 (1885/96); Bd. 6–7 v. O. Redlich, 4. Aufl. (1961/2); F. M. Mayer – R. Kaindl – H. Pirchegger – A. Klein, Geschichte und Kulturleben Österreichs, 3 Bde., 5./6. Aufl. (1967–1974); K. u. M. Uhlirz, Handbuch der Geschichte Österreichs und seiner Nachbarländer, 4 Bde. (1927–1944), Bd. I, 2. Aufl. (1964); H. Hantsch, Die Geschichte Österreichs, 2 Bde., 5./4. Aufl. (1972); E. Zöllner, Geschichte Österreichs, 6. Aufl. (1981); M. Vancsa, Geschichte Nieder- und Oberösterreichs, 2 Bde. (1905–1927); K. Lechner, Bibliographie zur Landeskunde der nördlichen Hälfte der Gaue Niederdonau und Wien (1940); H. Feigl, Schrifttum zur mittleren und neueren Geschichte NÖs 1945–1965, MIÖG 74 (1966); Geschichtliche Beilagen zu den St. Pöltner Diözesanblättern, 15 Bde. (1878ff.); S. Petrin – F. Eheim, Das NÖ Landesarchiv, WS 22 (1977); Mitteilungen aus dem NÖ Landesarchiv (seit 1977); Topographie von Niederösterreich, hrsg. v. Verein f. Lkde. von NÖ, 8 Bde. (1877ff.); Österreichische Kunsttopographie, Bd. 1 (Bez. Krems), Bd. 3 (Bez. Melk), Bd. 4 (Bez. Pöggstall), Bd. 5 (Bez. Horn), Bd. 6 (Bez. Waidhofen/Th.), Bd. 8 (Bez. Zwettl), Bd. 18 (Bez. Baden), Bd. 19 (Stift Heiligenkreuz) und Bd. 29 (Stift Zwettl); Handbuch der hist. Stätten Österreichs, Bd. I (1970); Geschichte der deutschen Länder, »Territorien-Ploetz«, 2 Bde. (1964–1971); Atlas von Niederösterreich, hrsg. v. d. Komm. f. Raumforschung und Wiederaufbau der Österr. Akad. d. Wissenschaften u. d. Ver. f. Lkde. v. NÖ (1951–1959); Historisches Ortsnamenbuch v. NÖ, 8 Bde. (1964ff.); Österr. Biogr. Lexikon, Bd. 1–7 (1957ff.); J. Nagl – J. Zeidler – E. Castle, Deutschösterreichische Literaturgeschichte, 4 Bde. (1899–1937); A. Schmidt, Dichtung und Dichter Österreichs im 19. und 20. Jh., 2 Bde. (1964); G. Stenzel, NÖ Geschichte und Kultur in Bildern und Dokumenten (1983).

Einzelne Landschaften, Orte und Sachgebiete:

K. Lechner, Besiedlungs- und Herrschaftsgeschichte (des Waldviertels), im Sammelwerk „Das Waldviertel", Bd. 7 (1937); F. Eppel, Die Wachau (1964); ders., Das Waldviertel (1963); ders., Die Eisenwurzen (1968); R. Hauer, Heimatkunde des Bezirkes Gmünd, 2. Aufl. (1951); Heimatbuch des Bezirkes Horn, Bd. I (1933); L. Koller, Heimatbuch des Bezirkes Hollabrunn, Bd. I (1950); R. Resch, Retzer Heimatbuch, 2 Bde. (1936–1951); J. Grubmüller, Heimatbuch des Bezirkes Bruck a. d. Leitha (1951); A. Schachinger, Der Wienerwald (1934); W. Häusler, Land zwischen Donau und Schöpfl (1980); E. Stepan, Das Ybbstal, 2 Bde. (1948–1951); Heimatbuch des politischen Bezirkes Korneuburg, hrsg. von einer Arbeitsgemeinschaft. Leitung K. Keck, 2 Bde. (1957–1961); Heimatbuch für den Bezirk Mödling, 4 Bde. (1956ff.); Heimatkunde für den Verwaltungsbezirk Wiener Neustadt, 2 Bde. (1957ff.); L. Koller, Kulturkunde des Verwaltungsbezirkes Krems (1956); A. Grund, Die Veränderung der Topographie im Wienerwald und Wiener Becken (1901); H. Schützner, Dunkelsteiner Heimatbuch (1948); W. Häusler, Stift Melk und der Dunkelsteinerwald (1978); H. H. Hottenroth, Der Bezirk Scheibbs, Ansichten aus vier Jahrhunderten (1977); F. Trischler, Zwischen Weinsberg, Wild und Nebelstein, Bausteine zur Heimatkunde des hohen Waldviertels (1974); W. Häusler – W. v. d. Kallen, Das Kamptal

(1980); B. Polleroß, Kamptal-Studien, 2 Bde. (1982); W. Häusler, Land zwischen Donau und Schöpfl (1980); E. Arnberger, Ein Buch vom Wienerwald (1952); F. Trischler, Zwischen Hiesberg und Schöpfl (1963); E. Werner, Österreichs Wiege – der Amstettner Raum 4 Teile (1966–1981); Heimatkunde des Bez. Lilienfeld, 4 Bde. (1960–1971); O. Schilder, Der pol. Bezirk Gänserndorf (1970); A. Plesser – W. Groß, Heimatkunde des pol. Bezirkes Pöggstall (1928); Beiträge zur Heimatkunde des Bezirkes Waidhofen an der Thaya (1970); Österr. Städtebuch, Band NÖ (1976ff.); Festschrift „Krems und Stein" (1948); G. Gerhartl, Wiener Neustadt, Geschichte, Kunst, Kultur, Wirtschaft (1978); H. Feigl, Geschichte des Marktes und der Herrschaft Trautmannsdorf/Leitha (1974); J. Ressel, Kirchen und Kapellen, religiöse Gedenksäulen und Wegzeichen in Baden bei Wien (1982); K. Stingl, Mödling, Landschaft, Kultur, Wirtschaft (1975); F. Hink – F. Schlögl, Die Stadt Traiskirchen (1977); E. Schilder, Berndorf, Vergangenheit und Gegenwart (1975); F. Hanauska, Heimatbuch der Marktgemeinde Hirtenberg (1980); A. Schabes, Enzesfeld-Lindabrunn, Von der ältesten Zeit bis zur Gegenwart (1981); J. Mayer, Geschichte von Wiener Neustadt, 4 Bde. (1924); L. Brunner, Eggenburg, Geschichte einer nö. Stadt, 2 Bde. (1933); Geschichte der Stadt Wien, hrsg. v. Altertumsverein, 7 Bde. (1897–1907); F. Czeike, Geschichte der Stadt Wien (1981); P. Czendes, Geschichte von Wien (1981); H. Bobek – E. Lichtenberger, Wien, Bauliche Gestalt und Entwicklung seit der Mitte des 19. Jh.s (1966); K. Gutkas, St. Pölten, Werden u. Wesen einer österr. Stadt, 4. Aufl. (1980); A. Herrmann – K. Hübner, Geschichte der lf. Stadt St. Pölten, 2 Bde. (1917/30); O. Biack – A. Kerschbaumer, Geschichte der Stadt Tulln, 2. Aufl. (1982); O. Schilder, Geschichte der Marktgemeinde Deutsch Wagram (1959); F. Trischler, Beiträge zur Geschichte der Marktgemeinde Obergrafendorf (1959); F. Eheim, Heimatbuch der Stadt Pöchlarn (1967); G. Smekal, Neuhofen in Regione Ostarrichi (1980); Wilhelmsburg, Stadt unter dem Herzogshut (1979); Heimatbuch der Marktgemeinde Schweiggers, Red. von Willibald Pöll (1978); F. Lettner, Heimatbuch der Marktgemeinde Traisen (1974); K. Sternberger, Windigsteig 700 Jahre, 600 Jahre Marktgemeinde (1981); F. X. Wenedetter, Wilhelmsburg, Seine Geschichte u. denkwürdigen Merkmale (1957); 800 Jahre Thaya 1175–1975 (1975); K. Barta, Heimatbuch der Stadt Raabs (1965); S. Petrin, Perchtoldsdorf im Mittelalter (1964); G. Smekal, Die Chronik v. Ulmerfeld-Hausmening (1969); E. u. W. Burger, Rabenstein, gestern – heute (1969); A. Schabes, Geschichte der Stadt Amstetten (1964); Blindenmarkt 1569–1969 (1969); H. Palt, Heimatbuch d. Marktgemeinde Kirchberg a. d. Pielach (1976); E. Molfenter, Fischamend, ein Heimatbuch (o. J.); A. Schultes – F. Zelesnik, Heimatbuch der Marktgemeinde Hohenau (1966); 150 Jahre Felixdorf (1972); K. Janetschek, Trumau im Wandel der Zeiten (1972); J. R. Pop, Heimatbuch der Gemeinde Reichenau (1958); W. Pongratz – H. Hakala (Hg.), Zwettl, NÖ, 2 Bde. (1980/2); E. Ruß, Heimatbuch Marktgemeinde Schweiggers (1978); F. Winna, 850 Jahre Purkersdorf 1130–1980 (1980); E. Rabl, Festschrift Sieghartskirchen (1978); Die Gemeinde Schönau an der Triesting in Vergangenheit und Gegenwart (1979); L. Wirtner, Jubiläums-Heimatbuch der Marktgemeinde Kaumberg (1980); F. Klingler, 650 Jahre Hohenberg (1975); Haag, NÖ, 50 Jahre Stadtgemeinde, 950 Jahre Pfarrgemeinde (1982); J. Fuchshuber, Behamberg und seine Geschichte 1082–1982 (1982); G. Gartner, Geschichte von Weistrach (1973); J. Knoll, Chronik der Marktgemeinde und Pfarre Guntramsdorf (1968); G. Holzmann, Dürnkrut (1968); Stadt Großenzersdorf, Beiträge zu ihrer Geschichte (1965); J. Baumgartner, Heimatbuch Großweikersdorf (1968); F. Binder, Beiträge zur Geschichte der Stadt Zistersdorf, 2. Aufl. (1966); A. Starzer, Geschichte der lf. Stadt Korneuburg (1899); ders., Geschichte der Stadt Klosterneuburg (1900); H. Krehan, Geschichte von Stockerau (1979); H. Mitscha-Märheim, Mistelbach, Geschichte (1974); E. Frieß – E. Werner, Von der Ennswaldsiedlung zur nö. Stadt Haag (1956); J. Ableidinger, Geschichte von Schwechat (1929); H. Pemmer, Geschichte des Marktes Rehberg (1952); F. Müllner, Bad Deutsch Altenburg, Von der Frühzeit bis zur Gegenwart (1973); O. Schilder, 950 Jahre Pfarrkirche St. Stephan in Probstdorf 1021–1971 (1971); Festschrift 600 Jahre Stadt Maissau 1380–1980 (1980); G. Sesztak, Studien zur Ortsgeschichte von Bad Deutsch Altenburg, Diss. Wien (1973); Ch. Kladischofsky, Studien zur Ortsgeschichte von Hollabrunn, Diss. Wien (1971); R. H. Ježek, Die Stadt Waidhofen an der Thaya von ihrer Gründung bis zum Jahre 1746, Diss. Wien (1976); F. Eiselt, Beiträge zur Geschichte des Marktes Kirchberg am Wagram, Unter bes. Berücks. des Zeitraumes 1650–1806, Diss. Wien (1973); I. Pich, Aus der Vergangenheit des Marktes Hadersdorf am Kamp (1947); R. Schierer, Zur Geschichte von Hofstetten-Grünau u. Mainburg im Pielachtal (1979); E. Schöner, Geschichte des Marktes Spitz an der Donau, Bd. I (1975); C. Schachinger, Geschichte des Marktes Purgstall an der Erlauf in NÖ (1913); H. Rauscher, Heimatbuch der Pfarre Kautzen (1955); J. Filsmaier, Schönberger Heimatbuch (1966); Josef Wodka, Das Bistum St. Pölten (1950); Erläuterungen zum historischen Atlas der österr. Alpenländer; Kirchen- und Grafschaftskarte, Teil VI: NÖ, bearbeitet von Hans Wolf (1955); H. v. Srbik, Die Beziehungen von Staat und Kirche in Österreich während des Mittelalters (1904, Neudruck 1972); E. Tomek, Kirchengeschichte Österreichs, 3 Bde. (1936–1959); Th. Wiedemann, Geschichte der Reformation und Gegenreformation im Lande unter der Enns, 5 Bde. (1879–1886); Katalog: 900 Jahre Stift Göttweig (1983); P. Ortmayr – A. Decker, Das Benediktinerstift Seitenstetten (1955); H. Rossmann, Die Geschichte der Kartause Aggsbach bei Melk in NÖ, 2 Bde. (1976); Stift Melk, Geschichte und Gegenwart (1980ff.); Stift Melk und seine Kunstschätze (1976); Stift Göttweig und seine Kunstschätze (1977); Stift Altenburg und seine Kunstschätze (1981); Das Stift Herzogenburg und seine Kunstschätze (1982); A. Deutschmann-Wohlgemut, Das Augustiner Chorherrenstift St. Dorothea in Wien. Seine kulturgeschichtliche Bedeutung für den nö. Raum, Diss. Wien (1975); H. Watzl, Das Stift Heiligenkreuz (1967); N. Mussbacher, Das Stift Lilienfeld (1965); O. Eigner, Geschichte des aufgehobenen Benediktinerstiftes Mariazell in Österreich (1900); O. Niederberger-Jelinek, Die Kartause Gaming (1981); M. Dolezal, Die Geschichte des Dominikanerinnenklosters in Tulln, Diss. Wien (1970); F. Röhrig, Alte Stifte in Österreich, 2 Bde. (1966f.); G. Winner, Die Urkunden des Zisterzienserstiftes Lilienfeld, FRA II/81 (1974); O. Brunner, Land und Herrschaft, 5. Aufl. (1965); H. Rupprich, Das Wiener Schrifttum im Mittelalter, WSB, Bd. 228 (1954); E. Hellbling, Österreichische Verfassungs- und Verwaltungsgeschichte (1956); W. Brauneder – F. Lachmayer, Österr. Verfassungsgeschichte, 2. Aufl. (1980); Karl Graf Kuefstein, Studien zur Familiengeschichte, 4 Teile (1908 bis 1928); L. Siebmachers „Großes und Allgemeines Wappenbuch", Bd. IV/4NÖ, 2 Bde. (1909/18); O. Dungern, Genealog. Handbuch d. österr. Geschichte (1931); H. Zatschek, Handwerk und Gewerbe in Wien (1949); J. Buchinger, Der Bauer in der Kultur- und Wirtschaftsgeschichte Österreichs (1952); E. Neweklowsky, Die Schiffahrt und Flößerei im Raume der oberen Donau, 2 Bde. (1952–1954); H. Feigl, Die Grundherrschaft in NÖ (1967); P. Slezak, Geschichte der österr. Sanitätsverwaltung (1956); A. Lhotsky, Geschichte der Sammlungen, in: Festschrift des Kunsthistorischen Museums in Wien, 2. Teil, 2 Bde. (1941–1945); R. Büttner, Burgen an der Donau (1964); ders., Burgen und Schlösser zwischen Greifenstein und St. Pölten, 2. Aufl. (1982); ders., Burgen und Schlösser zwischen Wienerwald und Leitha (1965); ders. Burgen und Schlösser in NÖ; ders., Zwischen Ybbs und Enns (1979); F. Halmer, Burgen und Schlösser zwischen Baden, Gutenstein und Wiener Neustadt (1968); ders., Burgen und Schlösser im Raum Bucklige Welt-Semmering, Rax (1969); W. Pongratz, Burgen und Schlösser Litschau, Zwettl, Ottenschlag, Weitra (1971); O. Bockhorn – H. Steininger, Museen und Sammlungen in NÖ, 1. Viertel unter dem Wienerwald (1981); G. Huemer, NÖs Heimatmuseen (1982); Wiss. Mitt. a. d. NÖ Landesmuseum (seit 1979); Mitt. a. d. NÖ Landesarchiv (seit 1977).

1. Kapitel

R. Pittioni, Urgeschichte des österr. Raumes (1954); ders., Geschichte Österreichs 1/1 (1981); J. W. Neugebauer, Urgeschichte in NÖ, WS 39/40 (1979); G. Dobesch, Die Kelten in Österreich nach den ältesten Berichten der Antike (1980); Katalog: Hallstattzeit in Österreich, Steyr (1980); Katalog: Die Kelten in Mitteleuropa, Hallein (1980); G. Alfoldy, Noricum (1974); Katalog: Die Römer an der Donau, Noricum und Pannonien, Petronell (1973); A. Schober, Die Römerzeit in Österreich und in den angrenzenden Gebieten von Slowenien, 2. Aufl. (1953); A. Betz, Aus Österreichs römischer Vergangenheit (1956); H. Windl, NÖ nördlich der Donau in der römischen Periode, WS 52 (1981); M. Schimanofsky, Die germanischen Bodenfunde des 1.–4. Jh.s im nördlichen NÖ, Diss. Wien (1976); H. Zabehlicky, Die spätantiken und völkerwanderungszeitlichen Körpergräber aus dem norischen Teil NÖs, Diss. Wien (1976); G. Winkler, Die Reichsbeamten von Noricum und ihr Personal bis zum Ende der römischen Herrschaft, WSB 261 (1969); G. Langmann, Die Markomannenkriege 166/7–180, Mil. hist. Schr. 43 (1981); E. Swoboda, Carnuntum, seine Geschichte und seine Denkmäler, 4. Aufl. (1964); H. Stiglitz, Das römische Donaukastell Zwentendorf, UH 47 (1976); G. Pascher, Röm. Siedlungen und Straßen im Limesgebiet (1949); A. Neumann, Vindobona, Die römische Vergangenheit Wiens (1971); R. Noll, Eugippius, Das Leben des heiligen Severin (1963); R. Zinnhobler – E. Widder, Der hl.Severin (1982); F. Lotter, Severinus von Noricum, Legende u. histor. Wirklichkeit (1976); J. Haberl, Favianis, Vindobona, Wien (1976); Katalog: Severin zwischen Römerzeit und Völkerwanderung, Enns (1982); I. Zibermayr, Noricum, Bayern und Österreich,

2. Aufl. (1965); H. Mitscha-Märheim, Dunkler Jahrhunderte goldene Spuren (1963); B. Eberl, Die Bajuwaren (1966); H. Friesinger, H. Adler, Die Zeit der Völkerwanderung in NÖ, WS 41/42 (1979); P. Barton, Die Frühzeit des Christentums in Österreich und Südostmitteleuropa bis 788 (1975); K. Reindl, Das Zeitalter der Agilolfinger, in: A. Spindler, Geschichte Bayerns I, 3. Aufl. (1975); H. Wolfram, Geschichte der Goten von den Anfängen bis zur Mitte des 6. Jh.s, (1979); H. Friesinger, Die Slawen in NÖ, WS 15 (1980); K. Lechner, Grundzüge einer Siedlungsgeschichte NÖs vom 7. bis zum 12. Jh., Arch. Austr. 50 (1971); W. Steinhauser, Der Name der Leitha und die Hunnenschlacht am Nedao, Jb. f. Lkde. 36 (1964); E. Boedecker, Studien über das Weiterleben und die Weiterverwendung von antiken Orts- und Provinznamen im österr. MA bis um 1250, Diss. Wien (1970); Katalog: Germanen, Awaren und Slawen in NÖ (1977); H. Wolfram – F. Daim, Die Völker an der mittleren und unteren Donau im 5. u. 6. Jh. (1980).

2. Kapitel

K. Reindel, Bayern im Karolingerreich, in: Karl der Große, Lebenswerk und Nachleben, Band I (1968); ders., Politische Geschichte Bayerns im Karolingerreich, in: M. Spindler, Geschichte Bayerns I, 3. Aufl. (1975); J. Deer, Karl der Große und der Untergang des Awarenreiches, in: Karl der Große I (1968); A. Kollautz, Bibliographie der historischen und archäologischen Veröffentlichungen zur Awarenzeit Mitteleuropas, Kärntner Museumsschriften 38 (1965); F. Daim, Die Awaren in NÖ, WS 28 (1977); A. Lippert, Das awarenzeitliche Gräberfeld von Zwölfaxing in NÖ (1969); H. Zöllner, Awarisches Namengut in Bayern und Österreich, MIÖG 58 (1966); F. J. Marhold, Anthropologische Untersuchungen der Skelette des awarenzeitlichen Gräberfeldes in Mödling, Diss. Wien (1977); E. Klebel, Die Ostgrenze des Karolingerreiches, Jb. f. Lkde. 21 (1928); ders., Siedlungsgeschichte des deutschen Südostens (1940); H. Löwe, Die karolingische Reichsgründung und der Südosten (1937); H. Wolfram, Die Karolingerzeit in NÖ; WS 46 (1980); M. Heuwieser, Geschichte des Bistums Passau, I (1939); K. Lechner, Siedlungsnamen und Siedlungsformen im Bezirk Tulln als Zeugen geschichtlichen Lebens, Heimatkal. Tulln (1954); ders., Der pagus Grunzwiti und seine Besitzverhältnisse, Jb. f. Lkde. 34 (1960); G. Huber, Der Begriff Pannonia in den Quellen der Karolingerzeit. Diss. Salzburg (1972); R. Büttner, Die Supane der österr. Alpenländer, Arch. Austr. 17 (1955); H. Werneck, Grundlagen z. Frühgeschichte zwischen Dunkelsteinerwald und Unterlauf der Großen Tulln (1955); Festschrift Cremifanum, Mitteilungen der OÖ Landesarchivs, 2. Erg.-Bd. (1978); H. Dopsch, Salzburg und der Südosten, Südostdt. Archiv 21 (1978); A. Mosser, Ein Jahrtausend kirchl. Leben in Traismauer (1977); H. Mitscha-Märheim, Archäologie und Geschichte zur Slawensiedlung in Österreich, Akten des Congressus Slavicus (1964); H. Koller, Enns und Wien in der Karolingerzeit, Jb. f. Lkde. 36 (1964); H. Friesinger, Beitrage zur Besiedlung NÖs vom 9. bis 11. Jh. n. Chr. (Slawische Archäologie des frühen Mittelalters in NÖ), Diss. Wien (1968); Katalog: Karl der Große – Werk und Wirkung, Aachen (1965); Katalog: Großmähren, Wien (1966); Cyrillo-Methodiana, Zur Frühgeschichte des Christentums bei den Slawen (1964); K. Bosl, Kyrill und Method. Ihre Stellung und Aufgabe in der römischen Kirchenorganisation, Zs. f. bayer. Lg. 27 (1964); F. Zagiba, Tulln als Missionszentrum für Mähren vor Cyrill und Method, Arch. Austr. 38 (1965); H. Friesinger, Frühmittelalterliche Körpergräber aus Pottenbrunn, Arch. Austr. 51 (1972); M. Mitterauer, Karolingische Markgrafen im Südosten, AÖG 123 (1963); ders., Wirtschaft und Verfassung in der Raffelstätter Zollordnung, Mitt. d. OÖ Landesarch., Bd. 8 (1964); K. Oettinger, Das Werden Wiens (1951); H. Ladenbauer-Orel, Der Berghof, Wiener Geschichtsbücher 15 (1974); A. Mosser, Salzburg und das Königsgut an der Traisen, MIÖG 77 (1964); R. Karpellus, Siedlungsgeschichte der ehemaligen Grafschaft Pitten auf namenkundlicher Grundlage, Die Namen der Flüsse, Siedlungen und Einzelhöfe, Diss. Wien (1959); H. Kessler-Schirg, Die Siedlungsnamen des nördlichen Viertels unter dem Wienerwald, eine namenkundliche und siedlungsgeschichtliche Untersuchung, Diss. Wien (1960); H. Schinner, Die Siedlungsnamen des nö. Weinviertels und angrenzender Gebiete, Diss. Wien (1958); P. Csendes, Die Straßen NÖs im Früh- und Hochmittelalter (1969); W. Prosl, Besiedlungs- und Besitzgeschichte westlich von St. Pölten, Diss. Wien (1967); W. Häusler, Siedlungs- und Bevölkerungsgeschichte zwischen Traisen und Tulln, Inst.-Arbeit Wien (1968); D. Plametzberger, Besiedlung und Besitzentwicklung am Südostrand des Dunkelsteinerwaldes, Diss. Wien (1963); R. Reiter, Die Siedlungsnamen des Mostviertels und des Ybbstales in NÖ, Diss. Wien (1955); Ch. Zaussinger, Die Siedlungsnamen des Tullnerfeldes und des Traisentales mit Einschluß des Gerichtsbezirkes Neulengbach, Diss. Wien (1961); W. Ctyroky, Die Herkunft der Siedlungsnamen auf dem Boden

Wiens, Diss. Wien (1952); F. Zarl, Die Besiedlung und Christianisierung des Viertels ober dem Wienerwald von NÖ im Lichte der Volkskunde, Patrozinienforschung und Ortsnamenskunde, Diss. Wien (1963).

3. Kapitel

M. Büdinger, Österreichische Geschichte bis zum Ausgang des 13. Jh.s (1858); A. v. Meiller, Das Breve Cronicon Austriae Mellicense, in Denkschriften d. Wiener Ak. d. Wissenschaften 18 (1852); F. Lüttich, Ungarnzüge in Europa im 10. Jh. (1910); Sz. De Vajay, Der Eintritt des ungarischen Stämmebundes in die europäische Geschichte, Studia hungarica 4 (1968); J. Deer, Aachen und die Herrschersitze der Arpaden, MIÖG 79 (1971); R. Holtzmann, Geschichte der sächsischen Kaiserzeit 900–1024 (1964⁴); B. Homan, Geschichte des ungarischen Mittelalters, Bd. 1; Von den ältesten Zeiten bis zum Ende des 12. Jh.s (1940); K. Zatloukal, Das Nibelungenlied und NÖ, WS 33 (1978); Th. v. Bogyay, Lechfeld, Ende und Anfang (1955); H. Appelt, Die Schlacht auf dem Lechfeld, Bl. f. Heimatkunde 29 (1955); O. Frass, Vor tausend Jahren Markgraf Burkhard, UH 44 (1973); F. Tyroller, Die Ahnen der Wittelsbacher, Jahresber. d. Wittelsbachergymn. München (1951); O. Dungern, Allerneuestes vom Ursprung der Babenberger, Adler II (1952); K. Lechner, Beiträge zur Geschichte der österr. Markgrafen, Zur Genealogie der österreichischen Markgrafen, MIÖG 71 (1963); H. Ladenbauer-Orel, Der Kirchenberg in Wieselburg a. d. Erlauf, Jb. f. Lkde. 37 (1967); R. Zinnhobler, St. Wolfgang, Leben – Legende – Kult (1975); L. Auer, Frühe Babenbergerpfalzen in Österreich, UH 44 (1973).

4. Kapitel

Urkundenbuch zur Geschichte der Babenberger in Österreich, 4 Bde., 1950ff.; O. Mitis, Studien zum älteren österreichischen Urkundenwesen (1912); H. Fichtenau, Das Urkundenwesen in Österreich vom 8. bis zum frühen 13. Jh., MIÖG, Erg. 23 (1971); H. Dienst, Babenbergerstudien, Nö. Traditionsnotizen als Quellen für die Zeit Markgraf Leopolds II., Wiener Diss. 7 (1966); K. Lechner, Die Babenberger, Markgrafen und Herzöge von Österreich 976–1246 (1976); K. Gutkas, Die Babenberger in Österreich, WS 13/14 (1977); Katalog: 1000 Jahre Babenberger in Österreich, Lilienfeld, 4. Aufl. (1976); E. Zöllner, Das babenbergische Österreich (1980); K. Lechner, Die territoriale Entwicklung von Mark und Herzogtum Österreich, UH 24 (1953); P. Czendes, König Heinrich II. und Markgraf Heinrich I. von Babenberg, UH 47 (1976); J. Jungwirth, Die Babenberger-Skelette im Stift Melk und ihre Identifizierung in Annalen, Naturhist. Museum Wien, 75/1971; A. Zauner, Oberösterreich zur Babenbergerzeit, Mitt. d. OÖ Landesarchivs 7 (1960); E. Klebel, Zur Rechts- und Verfassungsgeschichte des alten NÖs, Jb. f. Lkde. 28 (1943); M. Mitterauer, Zur räumlichen Gliederung Österreichs in der frühen Babenbergerzeit, MIÖG 78 (1970); ders., Zollfreiheit und Marktbereich (1969); F. Prinz, Bayerns Adel im Hochmittelalter, Zs. f. bayer. Landesgeschichte 30 (1967); A. Diry, Hochadelsgeschlechter zwischen Tulln und Traisen. Mit ihren verschwägerten Sippen bis zum Ausgang des Hochmittelalters, Manus (1979); V. Flieder, Die Frühgeschichte der Zisterzienserabtei Heiligenkreuz im Wienerwald, Diss. Wien (1975); R. Perger, Die Grundherren im mittelalterlichen Wien, Jb. Wien 19–22 (1964–1966); Katalog: Wien im Mittelalter (1975); K. Lechner, Die Gründung von Kleinmariazell im Wienerwald und die Besitzgeschichte seiner Stifterfamilie, in: Ausgewählte Schriften (1947); R. Härtel, Die Grafschaft Pitten und das Land »ultra vallem Guaricum«, UH 46 (1975); K. Gutkas, Der Besitz der steirischen Ottokare im oberen Traisen- und im Gölsental, UH 23 (1952); K. Bosl, Die Markengründungen Kaiser Heinrichs III. auf bayerisch-österreichischem Boden, Zs. f. bayer. Landesgeschichte 14 (1944); L. Auer, Die Schlacht bei Mailberg am 12. Mai 1082. Mil.his.Schr. 31 (1976); Ch. Fleck, Die Vita Altmanni, Diss. Wien (1978); Der hl. Altmann, Bischof von Passau, sein Leben und sein Werk, Festschrift zur 900-Jahr-Feier (1965); F. Unterkircher, Die Leopold-Kapelle in Gars, MIÖG 71 (1963); K. Oettinger, Die Babenbergerpfalz in Klosterneuburg, MIÖG 55 (1944); G. Maschek, Legende und Verehrung des hl. Leopold, Jb. d. Leo-Gesellschaft (1936); G. Wacha, Leopold der Heilige und Klosterneuburg vom 12. bis zum 20. Jh., Diss. Wien (1949); ders., Leopold III., der Heilige, WS 12 (1975); ders., Reliquien und Reliquiare d. hl. Leopold, Jb. Klosterneuburg 3 (1963); H. Fichtenau, Probleme des Klosterneuburger Traditionskodex, Jb. f. Lkde. 36 (1964); P. E. Neuser, Zum sogenannten »Heinrich von Melk«, Überlieferung, Forschungsgeschichte und Verfasserfrage der Dichtungen »Vom Priesterleben« und »von des todes gehugde« (Kölner Germ. Stud.), XVI (1975); G. Wesenik, Frühmittelhochdeutsche Dichtung des 12. Jh.s aus der Wachau, Frau Avas Gedichte, Diss. Wien (1963).

5. Kapitel

K. J. Heilig, Ostrom und das Deutsche Reich um die Mitte des 11. Jh.s. Die Erhebung Österreichs zum Herzogtum 1156 und das Bündnis zwischen Byzanz und dem Westreich (1944); H. Fichtenau, Von der Mark zum Herzogtum (1958); ders., Zur Überlieferung des Privilegium minus für Österreich, MIÖG 73 (1965); H. Appelt, Privilegium minus, 2. Aufl. (1980); W. Kleindel, Österreich, ein Herzogtum. Das Privilegium minus (1981); Babenberger-Studien, Jb. f. Lkde. 42 (1976); M. Weltin, Die »tres comitatus«, Otto von Freising und die Grafschaften der Mark Österreich, MIÖG 74 (1976); O. Holzer, Die Grenzen Österreichs und Südmährens, UH 37 (1966); K. Rauch, Die Erwerbung des Herzogtums Steiermark durch die Babenberger, Zs. f. Rechtsgeschichte, German. Abt. 38 (1917); K. Lechner, Wappen und Farben des Gaues Niederdonau in ihrer historischen Entwicklung (1942); H. Fichtenau, Die Kanzlei der letzten Babenberger, MIÖG 56 (1948); ders., Akkon, Zypern und das Lösegeld für Richard Löwenherz, AÖG 125 (1966); H. Buschhausen, Der Verduner Altar (1980); K. Helleiner, Österreichs ältestes Stadtrechtsprivileg, Beiträge zur Stadtgeschichtsforschung (1959); K. Gutkas, Die mittelalterlichen Stadtrechte NÖs, ebenda; E. Zöllner, Das Projekt einer Babenbergischen Heirat König Heinrichs III., AÖG 125 (1966); H. Krabbo, Die Versuche der Babenberger zur Gründung einer Landeskirche in Österreich, AÖG 93 (1905); H. Hageneder, Die Beziehungen der Babenberger zur Kurie in der ersten Hälfte des 13. Jh.s, MIÖG 75 (1967); O. Hageneder, Die geistliche Gerichtsbarkeit in OÖ und NÖ, Forsch. z. Gesch. OÖ 10 (1967); F. Felgenhauer, Der Hausberg von Gaiselberg und seine Stellung im hochmittelalterlichen Burgenbau (1981); A. Dopsch, Die staatsrechtliche Stellung der Ministerialen in Österreich, MIÖG 39 (1923); E. Oberhammer, Untersuchungen zum Konnubium der österreichischen und steirischen Landherren 1200–1500, Diss. Wien (1973); H. Knittler, Eine Markt- und Zollordnung Herzog Leopolds VI., MIÖG 85 (1977); Katalog: Die Kuenringer, Zwettl (1981); J. Rössl, Studien zur Frühgeschichte und Historiographie Zwettls im 12. Jh., Diss. Wien (1975); Kuenringer-Forschungen, Jb. f. Lkde. 46/7 (1981); ders., Die Herkunft der Kuenringer, MIÖG 86 (1978); K. Brunner, Die Kuenringer, WS 53 (1981); K. Oettinger, Die Entstehung von Lilienfeld, in Festschrift zum 800. Jahresgedächtnis Bernhards von Clairvaux (1953); D. Wojtecki, Die Babenberger und der Deutsche Orden, MIÖG 87 (1979); W. Sandner, Das Augustiner-Chorherrenstift Herzogenburg 1244–1513, Diss. Wien (1967); F. Gall, Die Herzöge von Mödling, AÖG 119 (1952); O. Redlich, Die Pläne einer Erhebung Österreichs zum Königreich, Zs. d. histor. Ver. d. Steiermark 23 (1927); K. Brunner, Zum Prozeß gegen Herzog Friedrich II. von 1236, MIÖG 78 (1970); H. Meier, Gertrud, Herzogin von Österreich und Steiermark, Zs. d. hist. Ver. f. Steiermark 23 (1927); H. Dienst, Die Schlacht an der Leitha 1246, Mil. hist. Schriftenr. 19, 2. Aufl. (1978); K. Rumpler, Die Privilegierungen der österr. Klöster in den Jahren 1236/37. Ein Beitrag zur Geschichte des Streites zwischen Kaiser Friedrich II. und Herzog Friedrich II., Diss. Salzburg (1977); Österr. Literatur zur Zeit der Babenberger, Wiener Arbeiten zur germanischen Altertumskunde und Philologie 10 (1977); Katalog: Romanische Kunst in Österreich, Krems (1964); K. Kubes, Romanische Kirchenbauten in Österreich, Inst. f. österr. Geschichtsforschung, Wien (1977); M. Schwarz, Romanische Architektur in NÖ, WS 17/18 (1977); E. Frodl-Kraft, Die mittelalterlichen Glasgemälde in NÖ, 1. Teil (1972); E. Czermak, Geschichte Hermanns, Markgrafen von Baden und Herzogs von Österreich, Diss. Wien (1907); P. Niemetz, Die Grablege der Babenberger in der Abtei Heiligenkreuz (1974); W. Holger, Das angebl. Grabmal Heinrichs des Grausamen in Heiligenkreuz, Wr. Jb. f. Kunstgeschichte 29 (1976).

6. Kapitel

A. Kusternig, Die Zeit König Ottokars in Österreich 1251–1276/78, WS 34 (1978); Ch. Dolézal, Die Geschichte des Dominikanerinnen-Klosters in Tulln, Diss. Wien (1970); J. Sebanek, Zum österr. Urkundenwesen Ottokars II. in den Jahren 1251–1253, MIÖG 72 (1964); A. Huber, Der steirische Reimchronist und das österr. Interregnum, MIÖG 4 (1883); J. Lampel, Die Landesgrenze von 1254 und das steirische Ennstal, AÖG 71 (1887); K. Burdak, König Przemysl. Otokars österreichische Kirchen- und Adelspolitik, Diss. Wien (1939); G. Wolf, Die steirisch-niederösterreichische Grenze im Mittelalter, Diss.

Wien (1940); O. Pickl, Der Streit der Kronländer Österreich unter der Enns und Steiermark um die Semmeringgrenze. Festschrift Hermann Baltl (1978); Ottokar Forschungen, Jb. f. Lkde. 44/45 (1979); M. Weltin, Ottokar II. Přemysl, Die Steiermark und Österreich, UH 48 (1977); A. Dopsch, Beiträge zur Geschichte der Finanzverwaltung Österreichs im 13. Jh., MIÖG 14 (1893); O. Brunner, Das Wiener Bürgertum in Jans Enikels Fürstenbuch, MIÖG 58 (1950); K. Lechner, Die Haimonen, Jb. Wien 15/16 (1960); K. Peball, Die Schlacht bei Dürnkrut am 26. August 1278 (1968); R. Büttner, Der Landrichter Otto II. von Haslau, Jb. f. Lkde. 37 (1967); F. Graus, Premysl Otakar II. Sein Ruhm und sein Nachleben, MIÖG 79 (1971); F. Seibt, König Ottokars Glück und Ende, Dichtung und Wirklichkeit, Veröff. d. Collegium Carolinum 16 (1964); S. Benatzky, Österr. Kultur- und Gesellschaftsbilder des 13. Jh.s aufgrund zeitgebundener Dichtungen (Seifried Helbling und Meier Helmbrecht), Diss. Wien (1963); A. Gerlich, Landfriede und Landrecht in Österreich 1276–1281, Bl. f. d. Lg. 99 (1962); E. Englisch, Ein Beitrag zur Geschichte d. Bettelorden in Österreich von den Anfängen bis in die Mitte des 14. Jh.s unter bes. Berücksichtigung ihrer Beziehungen zu den Habsburgern, Diss. Wien (1969); ders., Nachrichten zum Kremser Dominikanerkloster im 13. und 14. Jh., Mitt. St. A. Krems 11 (1972); M. Weltin, Zur nö. Stadtministerialität im 13. Jh., UH 44 (1973);ders., Die Laaer Briefsammlung, Veröff. d. Inst. f. österr. Geschichtsforschung 21 (1975); A. Kusternig, Erzählende Quellen des Mittelalters; Die Problematik mittelalterlicher Historiographie am Beispiel der Schlacht bei Dürnkrut und Jedenspeigen 1278 (1982). Liber fundationis Zwetlensis, Faksimileausgabe der Bärenhaut (1981).

7. Kapitel

A. Lhotsky, Geschichte Österreichs seit der Mitte d. 13. Jh.s (1967); G. E. Frieß, Herzog Albrecht I. und die Landherren in Österreich, Bl. f. Lkde. 16 (1882); A. Dopsch, Albrechts I. von Habsburg Bedeutung für die Ausbildung der Landeshoheit in Österreich, Bl. f. Lkde. 27 (1893); A. Hessel, Jahrbücher des Deutschen Reiches unter König Albrecht von Habsburg (1931); Rudolf Geyer, Die mittelalterlichen Stadtrechte Wiens, MIÖG 58 (1950); J. Pölzl, Die Herren von Maissau, Bl. f. Lkde. 14–15 (1880f.); Laurenz Pröll, Herren von Sonnberg, Progr. Gymn. Hollabrunn (1884f.); Max Doblinger, Die Herren von Wallsee, AÖG 95 (1900); J. Falke, Gesch. d. fürstl. Hauses Liechtenstein, 3 Bde. (1868ff.); Ch. Haider, Die Herren von Pottendorf, Diss. Wien (1970); O. Stowasser, Der Erbvertrag Herzog Friedrichs des Schönen von Österreich mit Isabella von Aragonien, Mitt. f. Gesch. Wien 2 (1921); A. Dopsch, Die Ständemacht in Österreich zur Zeit Friedrichs des Schönen, MIÖG 52 (1938); W. Erben, Die Berichte der erzählenden Quellen über die Schlacht bei Mühldorf, AÖG 105 (1917); F. Titz, Die Beziehungen zwischen Österreich und Mähren in der ersten Hälfte des 14. Jh.s, Diss. Wien (1939); Katalog: Die Zeit der frühen Habsburger, Dome und Klöster 1279–1379, Wr. Neustadt (1979); Katalog: Die Zeit der frühen Herzöge von Otto I. zu Ludwig d. Bayern; Beitrag bayer. Gesch. u. Kunst 1180–1350, Burg Trauniz bei Landshut (1980); G. Hödl, Friedrich der Schöne und die Residenz Wien, Jb. Wien 26 (1970); R. Ettmann, Die karitative Tätigkeit des Zisterzienserklosters Zwettl von dessen Gründung bis zum »Schwarzen Tod«, Diss. Wien (1968); J. Richter, Das Spitalwesen NÖs und Wiens im Mittelalter, 2 Bde., Diss. Wien (1964); A. Lechner, Das Wr. Neustädter Bürgerspital während des Mittelalters und der frühen Neuzeit (14., 15. u. 16. Jh.), Diss. Wien (1965); H. Pfeifer, Leinein-Haiden, Maurer und Vierdung, Die bedeutendsten Patriziergeschlechter von Wr. Neustadt im 14. Jh., Diss. Wien (1964); J. Lenzenweger, Acta Pataviensia Austriaca Vat., Akten z. Gesch. d. Bistums Passau u. d. Herzöge v. Österreich 1342–1352 (1974); E. Schön, Die Geschichte des Deutschritterordens in Wr. Neustadt, Diss. Wien (1963); E. Drexler, Beiträge zum Bruderschaftswesen, mit besonderer Berücksichtigung der Fronleichnamsbruderschaft zu Wr. Neustadt, Diss. Wien (1955); E. Holzfeind, Die wirtschaftlichen und sozialen Verhältnisse bei den Cistercen in Österreich von deren Gründung bis zum „Schwarzen Tod'', Diss. Wien (1957); E. Köck, Das Schlüsselamt Krems von den Anfängen bis zum Jahre 1700, Diss. Wien (1965); E. Illichmann, Die soziale Gliederung und die Leiheformen des Stiftes Göttweig im Mittelalter, Diss. Wien (1957); I. Zündel, Die Weinwirtschaft Göttweigs von der Gründung des Stiftes (1083) bis 1800. Ein Beitrag zur Wirtschaftsgeschichte von NÖ, Diss. Wien (1966); E. Rauscher, Die Verwaltung des Göttweiger Grundbesitzes im Viertel unter dem Manhartsberg durch das Amt Stein (12.–18. Jh.). Ein Beitrag zur Wirtschaftsgeschichte von NÖ, Diss. Wien (1964); E. Walter, Besitzgeschichte des Stiftes Klosterneuburg nördlich der

Donau (1258–1512), Diss. Wien (1951); V. Nowatschek, Die Wirtschaft der Grundherrschaft des Stiftes Klosterneuburg im Mittelalter, Diss. Wien (1963); G. Herzog, Die Weinwirtschaft der geistlichen Herrschaften im mittelalterlichen Krems, Diss. Wien (1964); J. Kaufmann, Die Politik der Landesfürsten und die lf. Städte im spätmittelalterlichen Österreich, Diss. Wien (1962); R. Broinger, Die hochstiftl. passauischen Lehen im Lande unter der Enns, Inst.-Arbeit Wien (1950); G. Kubasta, Die passauische Herrschaft an der Ybbs. (Ein Beitrag zur Geschichte des westlichen NÖs), Diss. Wien (1963); A. Riegler, die Herrschaft Hollenburg bis zur Wende des 18. zum 19. Jh., Diss. Wien (1963); L. Toman, Die Wirtschaftsstruktur und die wirtschaftliche Entwicklung der freisingischen Herrschaft Ulmerfeld nach Urbaren des 12. bis 18. Jh.s, Diss. Wien (1969); R. Mies, Die Entwicklung der wirtschaftlichen Struktur des südöstlichen Tullnerfeldes vom Hochmittelalter bis zum Beginn des 19. Jh.s, Diss. Wien (1968); G. Flossmann, Die Urbare des Stiftes Seitenstetten, Österr. Urbare III/1, 3 (1977); K. Gutkas, Ein österr. Staatsmann des 14. Jh.s, Jb. f. Lkde. 32 (1957); Ch. Tepperberg, Die Herren von Puchheim im Mittelalter. Beiträge zur Geschichte des landsässigen Adels von NÖ, Diss. Wien (1978); A. Benna, Eine Wiener Ratsliste und das Wiener Stadtrecht von 1340, Mitt. ST. A. 16 (1965).

8. Kapitel

F. Röhrig, Zum Ursprung des 5-Adler-Wappens, Jb. Klosterneuburg 3 (1963); ders., Das nö. Landeswappen, WS 57 (1981); A. Huber, Geschichte des Herzogs Rudolf IV. (1865); Ernst K. Winter, Rudolf IV. von Österreich, 2 Bde. (1934–1936); Katalog: Kaiser Karl IV., Nürnberg (1978); A. Lhotsky, Privilegium Maius, Geschichte einer Urkunde (1957); ders., Die Problematik der geschichtlichen Erscheinung Rudolfs IV., Aufsätze und Vorträge V (1976); U. Begrich, Die fürstliche »Majestät« Herzog Rudolf IV. von Österreich, ein Beitrag zur Geschichte d. fürstl. Herrschaftszeichens im späten Mittelalter (1965); A. Strnad, Libertas ecclesiae und fürstliche Bistumspolitik, zur Lage der Kirche in Österreich unter Rudolf IV., Röm. Studien 6/7 (1964); J. Aschbach, Geschichte der Wiener Universität, 3 Bde. (1865–1893); A. Lhotsky, Studia Neuburgensia, Beiträge zur Grundlegung der Wissenschaftspflege im spätmittelalterlichen NÖ, Jb. Klosterneuburg 1 (1961); ders. Die Wiener Artistenfakultät 1365–1497 (1965); Acta facultatis artium universitatis Vindobonensis 1385–1416. Nach der Originalhandschrift hg. von Paul Uiblein (1965); M. Baumgart-Hovorka, Die Wiener als Studenten an der Universität im Spätmittelalter, Wiener Diss. 154 (1982); E. Obermayr-Marnach, Zur Gründungsgeschichte der Universität Wien, MIÖG 68 (1960); F. Kürschner, Die Urkunden Rudolfs IV., AÖG 49 (1872); Otto Stowasser, Zur inneren Politik Herzog Albrechts III. von Österreich, MIÖG 41 (1926); S. Gebhart, Bayerisch-österreichische Beziehungen von 1335–1439, Diss. Wien (1970); K. J. Heilig, Leopold Stainreuter, der Verfasser der sog. Chronik von den 95 Herrschaften, MIÖG 47 (1933); H. Zatschek, Handwerk und Gewerbe in Wien (1949); ders., Die Handwerksordnungen der Stadt Wien aus den Jahren 1346–1430, MIÖG 63 (1955); C. Tepperberg, Das Lehenbuch Herzog Albrechts III. v. 1380–1394, UH 48 (1977); A. Strnad, Herzog Albrecht III. von Österreich, Diss. Wien (1961); ders., Ein habsburgisch-viscontisches Eheprojekt aus dem Jahre 1374, MIÖG 72 (1964); W. Schwarz, Gotische Architektur in NÖ, WS 49/50 (1980).

9. Kapitel

F. Kurz, Österreich unter Albrecht IV., 2 Bde. (1830); H. Zeißberg, Zur Geschichte der Minderjährigkeit Herzog Albrechts V., AÖG 86 (1899); Th. Mayer, Die Stellung der Städte Krems und Stein im mittelalterlichen Handel Österreichs, Jb. f. Lkde. 13 (1914); H. Lentze, Die Erblaststiftung im mittelalterlichen Wien, MIÖG 68 (1960); ders., Das Seelgerät im mittelalterlichen Wien, Zs. f. R. G., Kan.-Abt. 44 (1958); H. Vangerow, Die Isarflößer und die Fernverbindungen nach Österreich zwischen 1318 und 1568, Jb. Linz (1959); W. Küchler, Das Ungeld im Herzogtum Österreich von seinen Anfängen bis zum Ausgang des Mittelalters, Diss. Frankfurt (1953); E. Pausch, Elementarereignisse in den erzählenden österr. Geschichtsquellen des 14. und 15. Jh.s, Diss. Wien (1953); H. Steininger, Die münzdatierte Keramik des Mittelalters und der frühen Neuzeit in Österreich, Diss. Wien (1963); E. Englisch–G. Jaritz, Das tägliche Leben im spätmittelalterl. NÖ, WS 19–21 (1976); Adelige Sachkultur des Spätmittelalters, WSB 400 (1980); Das Leben in der Stadt des Spätmittelalters, WSB 325 (1982); G. Jaritz, Zur Lebenshaltung in nö. Kleinstädten des Spätmittelalters, Festschr. F. Hausmann (1980); K. Gutkas, Das österr. Städtewesen im MA, in: Die mittelalterl. Städtebildung im südöstl. Europa (1977); H. Knittler,

Städte und Märkte; P. Feldbauer, Herren und Ritter; E. Bruckmüller, Täler und Gerichte; H. Stradal, Die Prälaten, in: Herrschaftsstruktur und Ständebildung, hrsg. v. M. Mitterauer, 3 Bde. (1973); Katalog: Gotik in NÖ, Krems (1959); F. Dworschak, Gotik in NÖ (1963).

10. Kapitel

W. Wostry, König Albrecht II. (1906); G. Hödl, Albrecht II., Königtum, Reichsregierung und Reichsreform 1438–1439 (1978); J. Ziegelwagner, König Albrecht II. als oberster Richter im Reich, Diss. Salzburg (1969); A. Benna, Herzog Albrecht V. und die Wahl des Leonhard Layminger zum Bischof von Passau, Mitt. St. A. 3 (1950); H. Peters, Passau, Wien und Aquileia, Forschungen z. Lkde. (1976); P. Uiblein, Ein Kopialbuch der Wiener Universität als Quelle zur österr. Kirchengesch. unter Herzog Albrecht V. (1973); G. Koller, Princeps in ecclesia (1964); W. Erben, Das Aufgebot Herzog Albrechts V. von Österreich gegen die Hussiten, MIÖG 23 (1902); F. Stöller, Österreich im Kriege gegen die Hussiten, Jb. f. Lkde. 22 (1929); S. Petrin, Die Hussitenkriege in NÖ, Mil. hist. Schr. 44 (1982); O. Stowasser, Zur Frage der Besitzfähigkeit der Juden in Österreich während des Mittelalters, Mitt. f. Gesch. der Stadt Wien 4 (1923); F. Wintermayr, Andreas Plank, ein österreichischer Kanzler, Jb. f. Lkde. 31 (1954); A. Schwab, Oswald von Wolkenstein (1977); W. Lorenz, Ulrich von Eyczing, Diss. Wien (1952); H. Koller, Regesten Albrechts II., Regesten Friedrichs III., Bd. 1 (1982); K. Schalk, Aus der Zeit des österr. Faustrechtes 1440–1463, Abh. z. Gesch. u. Quellenkunde Wiens 3 (1919); K. Gutkas, Der Mailberger Bund von 1451, MIÖG 74 (1965); ders., Landesfürst u. Stände im 15. Jh., Mitt. OÖ. L. A. 8 (1964); V. Novotny, Über den Tod des Königs Ladislaus Posthumus, Sitzungsber. d. böhm. Ges. d. Wissenschaften (1906); H. Buchal, Söldnerbanden und Grenzfehden im Bereich des heutigen Burgenlandes im Verlauf des 15. Jh., Diss. Wien (1968); K. Großmann, Die Frühzeit des Humanismus in Wien bis zu Celtis Berufung, Jb. f. Lkde. 22 (1929); A. Lhotsky, Thomas Ebendorfer, ein österr. Geschichtsschreiber, Theologe und Diplomat des 15. Jh.s (1957); Katalog: „Friedrich III. – Kaiserresidenz Wiener Neustadt" (1966); H. Fasching, Die Chorherrenstifte von Wiener Neustadt. Eine rechtsgeschichtl. Untersuchung (1966); U. Halbwachs, Kaiser Friedrich III. und seine Klöster- und Ordensgründungen in Wiener Neustadt, Diss. Wien (1969); A. Schmidgruber, Beiträge zur Geschichte Klosterneuburgs in der ersten Hälfte des 15. Jh.s, Diss. Wien (1951); H. Paulhart, Die Kartause Gaming zur Zeit des Schismas und der Reformkonzilien, Diss. Wien (1950); M. Uhlig, Wien, Stadtbeschreibung und Stadtbild im spätmittelalterlichen Schriftum, Diss. Wien (1958); G. Turba, Der Ritterstand in Österreich um die Mitte des 15. Jh.s, Diss. Wien (1970); E. Zernatto, Die Zusammensetzung des Herrenstandes in Österreich unter der Enns 1406–1519, Diss. Wien (1960); E. Hagemoser, Beitrag zur Wüstungsproblematik des ausgehenden Mittelalters im Zusammenhang mit dem Lande NÖ, Diss. Wien (1960); H. Krenn, Die Bedeutung der Wüstungen für das Siedlungs- und Flurbild des nordöstlichen Weinviertels, Diss. Wien (1967); F. Steinkellner, Das Urbar des Kollegiatstiftes Ardagger aus der zweiten Hälfte des 15. Jh.s (1981).

11. Kapitel

H. Zeißberg, Der österr. Erbfolgestreit nach dem Tode König Ladislaus Posthumus', AÖG 58 (1879); P. Czendes, Wien in den Fehden der Jahre 1461–63, Mil. hist. Schr. 28 (1974); O. Rychlik, Der Grabstein der Kaiserin Eleonore in Wiener Neustadt, UH 52 (1981); K. Gutkas, Ulrich Eyczingers letzte Lebensjahre, Jb. f. Lkde. 37 (1967); K. Schober, Die Eroberung NÖs durch Matthias Corvinus in den Jahren 1482–1490, B. d. Ver. f. Lkde. v. NÖ 13–14 (1879–1880); E. Schaffran, Beiträge zum zweiten und dritten Einfall der Ungarn in NÖ 1477 und 1481–1490, Jb. f. Lkde. 25 (1932); G. Razso, Die Feldzüge des Königs Matthias Corvinus in NÖ 1477–1490 (1973); B. Haller, Kaiser Friedrich III. und die Stephanskrone, Mitt. d. St. A. 26 (1973); K. Gutkas, Friedrich III. und Matthias Corvinus, WS 65 (1982); Katalog: Matthias Corvinus und die Renaissance in Ungarn, Schallaburg (1982); F. Maschek und V. O. Ludwig, König Matthias Corvinus und Barbara Edelpöck, Jb. f. Lkde. 32 (1956); K. Nehring, Matthias Corvinus, Kaiser Friedrich III. und das Reich (1975); M. Titze, Das Gästebuch zum Pittner Corvinusbecher, Jb. der Herald. Genealog. Gesellschaft »Adler« (1978); P. Ziegler, Die Städtepolitik Kaiser Friedrichs III. in Österreich und Steiermark, Diss. Wien (1978); G. Wacha, Konrad Celtis und die Heiligsprechung des Markgrafen Leopold, UH 47 (1976); F. Röhrig, Der Babenberger-Stammbaum im Stift Klosterneuburg (1975); H. P. Zelfel, Ableben und Begräbnis Friedrichs III.,

Wiener Diss. 103 (1974); ders., Wappenschilder und Helme vom Begräbnis Kaiser Friedrichs III., UH 45 (1974).

12. Kapitel

H. Fichtenau, Der junge Maximilian (1959); R. Buchner, Max I., Kaiser an der Zeitenwende (1959); H. Wiesflecker, Kaiser Maximilian, 4 Bde. (1971–1982); L. Schmidt-Heinzl, König Maximilian I., Europa, das Reich und die habsburgischen Erblande 1490–1493, Diss. Graz (1971); W. Kögl, Studien über das nö. Regiment unter Max I., mit bes. Berücksichtigung der Finanzverwaltung, MIÖG 83 (1975); S. Simon, König Maximilian I., die Erbländer, das Reich und Europa im Jahre 1494, Diss. Graz (1970); J. Skriwan, Kaiser Maximilian I., die Erbländer, das Reich und Europa im Jahre 1508, Diss. Graz (1971); C. M. Horn, Doctor Conrad Peutingers Beziehungen zu Kaiser Maximilian I., Diss. Graz (1977); E. Hönig, geb. Gröllmann, Kaiser Maximilian I. als politischer Publizist, Diss. Graz (1970); Katalog der Maximilianausstellung, Innsbruck (1969); Katalog: »Die Kunst der Donauschule St. Florian« (1965); Th. Mayer, Die Verwaltungsorganisation Maximilians I., ihr Ursprung und ihre Bedeutung (1920); Th. Fellner, Die österr. Zentralverwaltung, Abt. I, Bd. 1 (1907); A. Nagl, Der Innsbrucker Generallandtag vom Jahre 1518, Jb. f. Lkde. 17/18 (1919); G. Bauch, Die Rezeption des Humanismus in Wien (1903); K. Preiß, Konrad Celtis und der italienische Humanismus, Diss. Wien (1951); ders., Konrad Celtis und Kaiser Max I., UH 30 (1959); H. Grössing, Johannes Stabius, Ein Beitrag zur Kulturgeschichte der Zeit Max' I., Diss. Wien (1964); F. Eheim, Ladislaus Sunthaym, MIÖG 67 (1959); C. Biener, Entstehungsgeschichte des Weißkunig, MIÖG 44 (1930); E. Chmelarz, Die Ehrenpforte des Kaisers Maximilian, Jb. d. kunsthist. Sammlungen 4 (1886); F. Schestag, Kaiser Maximilians Triumph, Jb. d. kunsthist. Sammlungen 1 (1883); E. Halper, Die Charakteristik Kaiser Maximilians I. in den zeitgenössischen und späteren Geschichtsquellen, Diss. Graz (1970); S. Pein, Ferdinand I. und die Übernahme des maximilianischen Erbes, Diss. Graz (1971); W. Bauer, Die Anfänge Ferdinands I. (1907); A. Lhotsky, Das Zeitalter des Hauses Österreich. Die ersten Jahre der Regierung Ferdinands I. (1971); H. Lahoda, Der Ständekampf in den nö. Erbländern nach dem Tod Max' I. bis zu seiner Beendigung im Blutgericht von Wr. Neustadt, Diss. Wien (1949); A. Novotny, Ein Ringen um ständische Autonomie 1519–1522, MIÖG 71 (1965).

13. Kapitel

F. B. von Bucholtz, Geschichte der Regierung Ferdinands I., 9 Bde. (1831–1838); P. Sutter-Fichtner, Ferdinand I. of Austria (1982); M. Lebensaft, Die Wahl Ferdinands I. zum Deutschen König, Diss. Wien (1937); W. Hilger, Ikonographie Kaiser Ferdinands I. (1969); G. Heiss, Königin Maria von Ungarn und Böhmen (1505–1558). Ihr Leben und ihre wirtschaftlichen Interessen in Österreich, Ungarn und Böhmen, Diss. Wien (1971); R. A. Kann, Geschichte des Habsburgerreiches 1526–1918, Forsch. zur Gesch. d. Donauraumes (1978); F. Stundner, Die Kanzlei des Regimentes der nö. Lande zur Zeit Ferdinands I., Jb. f. Lkde. 31 (1954); Ch. Möschl, Doktor Markus Beck von Leopoldsdorf, ein Staatsmann Ferdinands I., Diss. Wien (1969); M. Vancsa, Die Anfänge des ständischen Beamtentums in Österreich unter der Enns, Mon.-Bl. f. Lkde. 9 (1918); Ch. Radey, Dr. Johann Fabri, Bischof von Wien (1530–1541), Wegbereiter der katholischen Reform, Rat König Ferdinands, Diss. Wien (1976); A. Mais, Gefängnis und Tod der in Wien hingerichteten Wiedertäufer in ihren Briefen und Liedern, Jb. Wien 19/20 (1964); G. Mecenseffy, Geschichte des Protestantismus in Österreich (1956); G. Reingrabner, Protestantismus in Österreich (1981); ders., Protestantismus in Niederösterreich, WS. 27 (1977); ders., Über die Anfänge der reformatorischen Bewegung und das evangelische Kirchenwesen in NÖ, UH 47 (1976); A. Scheiblin, Reformation und Gegenreformation in St. Pölten, Jb. d. Prot. 62, 64 (1941/6); J. P. Franzl, Studien zur Geschichte des Protestantismus in Wiener Neustadt, Diss. Wien (1974); P. Blickle, Die Revolution von 1525 (1975); K. Eder, Bernhard Raupach (1682–1745), Festschr. d. St. A. I (1950); ders., Ein Reformationshistoriker Valentin Prevenhuber, Jb. f. Deutsche Geistesgeschichte 3 (1937); G. Maroll, Das Reformationszeitalter in der Pfarre Hollenburg und ihrer Umgebung, Diss. Wien (1976); S. Bergmann, Die Religionspolitik und die kirchlichen Reformversuche Ferdinands I., Diss. Wien (1964); G. Kress, Die kirchlichen Pfründenverleihungen Ferdinands I. innerhalb der Grenzen des gegenwärtigen österr. Staates, Diss. Wien (1953); E. G. Gutsch (= Schimka), Die Zusammensetzung des nö. Herrenstandes von 1520–1620, Diss. Wien (1967); A. Hametner, Die nö. Landtage von 1530–1564, Diss. Wien (1969); M. Vancsa, Die ältesten Steuerbekenntnisse der Stände in Österreich unter der Enns, MIÖG, Erg.-Bd. VI (1901); F. Walter, Die Steuer des vierten Teiles geistlicher Güter in NÖ 1529, Abhandlungen zur Geschichte und Quellenkunde von Wien 4 (1932); F. Stöller, Soliman vor Wien, Mitt. d. Vereins für Geschichte der Stadt Wien 9/10 (1930); Ch. Turetschek, Die Türkenpolitik Ferdinands I. von 1529–1532 (1968); Katalog: Wien 1529, Die erste Türkenbelagerung (1979); W. Hummelberger, Wiens 1. Belagerung durch die Türken 1529, Mil. hist. Schr. 33 (1976); H. Pfandl, Die Berichterstattung über die erste Wiener Türkenbelagerung, Diss. Wien (1957); G. Gerhartl, Die Niederlage der Türken am Steinfeld 1532, Mil. hist. Schr. 26 (1974); A. Wyner, Michael Osterdorfer, Diss. Freiburg (1961); A. Schachinger, Die Türkeneinfälle 1529 und 1532 und ihre Auswirkungen auf die Topographie des Wienerwaldes, Jb. f. Lkde. 22 (1929); M. A. Becker, Eine Kriegsepisode aus Waidhofen a. d. Ybbs und ihr Zusammenhang mit den Grundlagen der städtischen Bürgergemeinde (1932); A. Scheiblin, Die siedlungsgeschichtliche Bedeutung der Türkenkriege für unsere Heimat, AG 9 (1933); O. Pickl, Das älteste Geschäftsbuch Österreichs. Die Gewölberegister der Wiener Neustädter Firma Alexius Funk (1966); A. Treiber, Die wirtschaftliche Situation der Stiftsherrschaft Göttweig in der ersten Hälfte des 16. Jh.s (1501–1564). Ein Beitrag zur Wirtschaftsgeschichte von NÖ, Diss. Wien (1971); E. Ritter, Abt Mathias II. von Göttweig (1516–1532), UH 32 (1961); E. Bernleithner, Das Türkenjahr 1529 und die Marchfeldkroaten, UH 20 (1949); F. Baumhackl, Die Kroaten im Marchfeld, UH 13 (1940); J. Breu, Die Kroatensiedlung im Burgenland und in den anschließenden Gebieten (1970).

14. Kapitel

F. Weber, NÖs Weinhandel im 16. Jh., Diss. Wien (1947); ders., Die Finanz- und Zollpolitik im 16. Jh. und der Rückgang des nö. Weinhandels, Jb. f. Lkde. 31 (1954); F. Baltzarek, Das Steueramt der Stadt Wien 1526–1760 (1971); ders., Ein wiederentdeckter Ratsbefehl aus dem Jahre 1534, Wr. Ges. Bl. 25 (1970); E. Rankl, Der Finanzhaushalt der Stadt Wien im Zeitalter 1540–1570, Diss. Wien (1954); E. Hillbrand, Das Ungeld in NÖ und OÖ mit bes. Berücksichtigung der Zeit 1500–1700, Diss. Wien (1953); G. Görg, Die Bürgermeister der Doppelstadt Krems-Stein im 16. Jh., Diss. Wien (1963); J. Kallbrunner, Der oberdeutsche Kaufmann in Österreich vom Ausgang des Mittelalters bis zum Dreißigjährigen Krieg, Nachr. Bl. 1/2 (1939/40); A. Scheiblin, Das Schuldbuch des St. Pöltner Tuchhändlers Leinpämb, A. G. 7/8 (1930/2); H. v. Srbik, Studien zur Geschichte des österr. Salzwesens (1917); J. Kallbrunner, Das Wiener Hofquartierwesen und die Maßnahmen gegen die Quartiersnot im 17. und 18. Jh., Mitt. f. Gesch. Wien 5 (1925); G. Winner, Der Vertrag über die Wiener Freihäuser vom Jahre 1552, UH 28 (1957); J. Kallbrunner, Zur Geschichte der Waldviertler Märkte im 16. Jh., UH 7 (1934); M. Weltin, Das Dorfgericht und seine Bedeutung für die Entstehung der patrimonialen Märkte in NÖ, Mitt. NÖ Landesarchiv 1 (1978); K. Gutkas, Die Bedeutung der Grundherrschaften für die Stadt- und Marktwerdung nö. Orte, Jb. f. Lkde. 33 (1957); ders., Stadt und Herrschaft in NÖ im 16. und 17. Jh., Ber. über d. 8. österr. Historikertag (1964); ders., Landesfürst, Landtag und Städte Österreichs im 16. Jh., Jb. f. Lkde. 36 (1964); O. Brunner, Städtische Selbstregierung und neuzeitlicher Verwaltungsstaat in Österreich, Österr. Zs. f. öffentl. Recht 6 (1954); H. Hassinger, Die Landstände der österr. Länder, Jb. f. Lkde. 36/2 (1964); J. Oman, Die Reform der Wiener Universität durch Ferdinand I., Diss. Wien (1959); E. Novotny, Die Grundung der Hofspitäler durch Ferdinand I. im 16. Jh. mit bes. Berücksichtigung des Wiener Hofspitals, UH 41 (1970); P. Csendes, Die Wiener Salzhändler im 15. und 16. Jh., Jb. Wien 27 (1971); J. Nast, Die Stellung der nö. Regierungsbaumeister unter Ferdinand I., Diss. Wien (1948); M. Schieri, Die Umwallung Wiens von 1529–1683, Diss. Wien (1968); A. Scheiblin, St. Pöltens Schulen und Lehrer in der Reformationszeit, Traisengau 1 (1935); O. Braunsperger, Petrus Canisius, 3. Aufl. (1921); F. Schragl, Glaubensspaltung in NÖ (1973); R. Feuchtmüller, Die Schallaburg (1974); R. Waissenberger, Die hauptsächlichen Visitationen in Österreich ob und unter der Enns (1529–1580), Diss. Wien (1949); H. F. Röhrig, Protestantismus und Gegenreformation im Chorherrenstift Klosterneuburg und seinen Pfarren, Jb. Klosterneuburg, NF 1 (1961); G. Nikodim, Die Geschichte des Augustiner-Chorherrenstiftes Herzogenburg von 1513–1602, Diss. Wien (1968); H. Lechner, Die Gründung des Minoritenkonvents in Neunkirchen. Ein Beitrag z. Gesch. d. Pfarre Neunkirchen v. d. Reformationszeit bis zum Jahre 1631, Diss. Wien (1969); W. Katzenschlager, Die Pfarre Weitra von ihren Anfängen bis zu den josefinischen Reformen, Diss. Wien (1965); M. Bauer, Geschichte der Pfarre Mistelbach von den Anfängen bis zur Übernahme durch die Barnabiten im Jahre 1661, Diss. Wien (1966); R.

Feuchtmüller, Renaissance in Österreich (1974); Katalog: Renaissance in Österreich (1974); M. Forster, Die Landschaftsradierungen des Augustin Hirschvogel, Diss. Wien (1973); L. Senfelder, Die Geschichte des Wiener Stadtphysikates, Mitt. d. k.k. Archivs f. NÖ (1908).

15. Kapitel

V. Bibl, Maximilian II., der rätselhafte Kaiser (1929); G. Mecenseffy, Maximilian II. in neuer Sicht, Jb. d. Gesellschaft f. Gesch. d. Prot. in Österr. 92 (1976); R. Vocelka, Die Begräbnisfeierlichkeiten für Max II. 1576/7, MIÖG 84 (1976); H. Herold, Die Hauptprobleme der Landtagshandlungen des Erzherzogtums Österreich unter der Enns zur Zeit der Regierung Kaiser Maximilians II. (1564–1576), Diss. Wien (1970); A. Schneider, Die Mitwirkung der nö. Stände bei der Türkenabwehr unter Ferdinand I. und Maximilian II., Diss. Wien (1939); F. Pertl, Die Grenzabwehr gegen die Türken im westlichen Ungarn und die nö. Stände 1564–1601, Diss. Wien (1939); L. Bittner, Das Eisenwesen in Innerberg-Eisenerz bis zur Gründung der Innerberger Hauptgewerkschaft im Jahre 1625, AÖG 89 (1901); J. Mayr, Beiträge zur Geschichte des Scheibbser Eisen- und Provianthandels, Jb. f. Lkde. 9 (1910); E. Schröckenfuchs, Das Eisenwesen in Waidhofen an der Ybbs bis zur Gegenreformation und die Gottleichnamzeche, Diss. Wien (1966); R. Sandgruber, Der Scheibbser Eisen- und Provianthandel vom 16. bis ins 18. Jh. mit bes. Berücks. preis- und konjunkturgeschichtl. Probleme, Diss. Wien (1971); R. Kristen, Die Dreimärkte-Eisenstraße, Diss. Wien (1937); E. Frieß, Geschichte des Hammer- und Sensengewerbes in Waidhofen a. d. Ybbs bis zur Mitte des 17. Jh.s, Jb. f. Lkde. 10 (1912); E. Lindeck-Pozza, Wiener Neustadts Streben nach der Vorherrschaft im Eisenhandel des südöstlichen NÖs, Jb. f. Lkde. 31 (1954); W. Rohrbach, Die Hämmer des nördlichen und des mittleren Waldviertels. Eine Untersuchung der Eisenindustrie des Waldviertels, Diss. Wien (1971); Ch. Russ, Ein Beitrag zur Geschichte nö. Städte, anhand der Ratsprotokolle von Bruck an der Leitha 1550–1618, Diss. Wien (1962); K. Hecht, Der Finanzhaushalt der Stadt Wien 1570–1600, Diss. Wien (1958); G. Reingrabner, Hans Wilhelm von Losenstein auf Schallaburg, UH 40 (1969); M. Studener, Die Herrschaft Falkenstein im 16. Jh. Eine Auswertung der Urbare, Diss. Wien (1965); V. Bibl, Die Organisation des evangelischen Kirchenwesens im Ehgt. Österreich unter der Enns, AÖG 87 (1899); ders., Die Vorgeschichte der Religionskonzession Kaiser Maximilians II., Jb. f. Lkde. 13/14 (1914/15); K. Helleiner, Eine religionspolitische Denkschrift an Max. II. aus der Feder des Caspar Hirsch, MIÖG 46 (1932); G. Reingrabner, Adel und Reformation, Forsch. z. Lkde. v. NÖ (1966); M. Altfahrt, Die politische Propaganda für Maximilian II., MIÖG 88 (1980); R. Feuchtmüller, Das Neugebäude (1976).

16. Kapitel

W. Sturminger, Der Milchkrieg in Wien am Fronleichnamstag 1578, MIÖG 58 (1950); V. Bibl, Die Einführung der katholischen Gegenreformation in NÖ durch Rudolf II. (1900); ders., Erzherzog Ernst und die Gegenreformation in NÖ 1576–1590, MIÖG Erg.-Bd. 6 (1901); M. Strachwitz, Die letzten Jahre des Erzherzogs Ernst von Österreich, Diss. Wien (1969); V. Bibl, Das österr. Reformationsedikt vom Jahre 1578, Jb. d. Prot. 23 (1902); Th. Brückler, Studien zur Geschichte der katholischen Reform als Voraussetzung der Gegenreformation in NÖ in der zweiten Hälfte des 16. Jh.s, Diss. Wien (1974); G. Erdmann, Melchior Khlesl und die nö. Stände, Diss. Wien (1948); M. Lohn, Melchior Khlesl und die Gegenreformation in NÖ, Diss. Wien (1949); E. Schimka, Die Bibliothek Melchior Khlesls, Diss. Wien (1967); L. Buschmann, Die Pfarren des Stiftes Schotten im Zeitalter der Glaubenswirren, der Glaubenserneuerung und des Dreißigjährigen Krieges, Diss. Wien (1958); W. Jöchlinger, Andreas Weissenstein, erwählter Propst von Klosterneuburg, und sein Kampf gegen das Staatskirchentum, Jb. Klosterneuburg 6 (1966); R. Geyer, Dr. Johann Caspar Neubeck, Bischof von Wien 1574–1594, Diss. Wien (1956); P. Platzer, Dr. David Gregor Corner, Katholischer Reformator und Abt d. Stiftes Göttweig 1585–1648, Diss. Wien (1964); Th. Brückler, Der Brand des Stiftes Göttweig im Jahre 1580, UH 53 (1982); F. Stangler, Neue Ergebnisse d. Ständeforschung, UH 44 (1973); ders., Die nö. Landtage 1593–1607, Diss. Wien (1973); K. Völker, Die Stände augsb. Bekenntnisses auf den nö. Landtagen, Jb. d. Prot. 58 (1937); L. Pröll, Die Gegenreformation in der lf. Stadt Bruck a. d. Leitha (1889); R. Hübl, Die Gegenreformation in St. Pölten (1966); K. Scholz, Die innerstädtischen Verhältnisse der Freisingischen Stadt Waidhofen a. d. Ybbs im 16. Jh., Diss. Wien (1971); R. Streihammer, Studien zur Geschichte der Stadt Zistersdorf,

Diss. Wien (1970); F. Schragl, Die Ausweisung d. Protestanten aus d. Markt Melk im Zuge der Gegenreformation, UH 39 (1968); G. Floßmann, Abt Caspar Hofmann v. Melk (1587–1623), Diss. Wien (1964); ders., Die Loosdorfer Schulordnung, Facs. Ausg. 1974; V. Reingrabner, Horner Schulmeister der Reformationszeit, WV 14 (1965); I. Hübel, Das Schulwesen NÖs im Reformationszeitalter, Jb. d. Prot. 51–54 (1930–1933); H. Wurm, Die Jörger von Tollet (1955); M. Glatzl, Die Freiherren von Teufel in ihrer staats- und kirchenpolitischen Stellung zur Zeit der Reformation und Restauration, Diss. Wien (1950); Ch. Russ, Ein Beitrag zur Geschichte der Stadt Bruck 1550–1618, Diss. Wien (1962); K. Hecht, Der Finanzhaushalt der Stadt Wien 1570–1600, Diss. Wien (1958); O. Pokorny, Johann Rasch, sein Leben, seine Persönlichkeit, sein Werk, Diss. Wien (1932); V. Marckhgott, Die Landschaftsapotheken in NÖ, Diss. Wien (1943); H. M. Ivo, Die Schürung des Hexen- und Teufelwahns in der zeitgen. Berichterstattung des 16. und 17. Jh.s, Diss. Wien (1963); P. Obermayer, Der Wiener Hexenprozeß des Jahres 1584, Diss. Wien (1963); F. Maschek, Beiträge zur Buchdruckergeschichte NÖs, UH 26 (1955); G. Jekal, Alte Drucke aus NÖ 1500–1700 mit Ausnahme von Krems und Wien, Diss. Wien (1966); A. Coreth, Job Hartmann v. Enenkel, MIÖG 55 (1944); K. Großmann, Reichard Streun von Schwarzenau, Jb. f. Lkde. 20 (1926); ders., Der Historiker Reichard Streun von Schwarzenau und die österr. Freiheitsbriefe, Inst. Arbeit (1948); K. J. Mac Hardy, Der Einfluß von Status, Konfession und Besitz auf d. pol. Verhalten d. nö. Ritterstandes 1586–1620, Wiener Beiträge 8 (1981); H. Nader, Das Viertel unter dem Wienerwald im Spiegel des Bereitungsbuches von 1590/1, Diss. Wien (1970); F. Graf, Das Viertel unter dem Manhartsberg im Spiegel des Bereitungsbuches 1590, Diss. Wien (1972); L. Hansen, Das Viertel ober dem Wienerwald im Spiegel des Bereitungsbuches von 1591, Diss. Wien (1974); A. Eggendorfer, Das Viertel ober dem Manhartsberg im Spiegel des Bereitungsbuches von 1590/91, Diss. Wien (1974); ders., Das Bereitungsbuch von 1590/91, UH 47 (1976); K. Klein, Der Häuserbestand NÖs um 1590, UH 47 (1976); H. Feigl, Die Pernegger Bauernunruhen 1614/15, UH 52 (1981); E. Bruckmüller, Herr und Herrschaft, Diss. Wien (1968); W. Strauß, Der kleine Merkensteiner Bauernkrieg, UH 27 (1956); G. E. Frieß, Der Aufstand der Bauern in NÖ am Schlusse des 16. Jh.s, Bl. f. Lkde. 31 (1897); H. Feigl, Der nö. Bauernaufstand 1596/7 (1978²); R. Neck, Österreichs Türkenpolitik unter Melchior Khlesl, Diss. Wien (1948); M. Koehbach, Die Feldzüge nach Neuhäusel und Kanisza in den Jahren 1599 und 1600 nach der osmanischen Chronik des Abdu'l-Qādir Efendi, Diss. Wien (1976); A. H. Löbl, Zur Geschichte des Türkenkrieges von 1593–1606, 2 Bde. (1899, 1904); E. Pietsch, Die zeitgenössische Publizistik über die Türken im 16. Jh., Diss. Wien (1968); K. Vocelka, Die politische Propaganda Rudolfs II. (1981); J. Kallbrunner, Lazarus Henckel von Donnersmarck, Vierteljahrsschrift f. Sozial- und Wirtschaftsgeschichte 24 (1931); O. F. Winter, NÖ und die Türkenkriege 1593–1606, Jb. f. Lkde. 34 (1960); Katalog der Ausstellung: Die Bauernkriege in Österreich, Pottenbrunn (1974).

17. Kapitel

F. v. Hurter, Geschichte Kaiser Ferdinands II., Bde. VI–VIII (1853–1857); J. Franzl, Ferdinand II. (1978); K. Vocelka, Habsburgische Hochzeiten 1550–1600, kulturgeschichtl. Studien z. manieristischen Repräsentationsfest (Veröff. d. Komm. f. Neuere Gesch. Österr.); R. Bauer-H. Haupt, Das Kunstkammerinventar Kaiser Rudolfs II., Jb. d. Kunsthist. Sammlg. 72 (1977); V. Bibl, Die katholischen und protestantischen Stände in NÖ im 17. Jh., Jb. f. Lkde. 2 (1903); G. Stanke, Die Geschichte des Kremser Jesuitenkollegs (1616–1773), Diss. Wien (1964); H. Zimmermann, Der österr. Protestantismus im Spiegel landesherrlicher Erlässe von 1520 bis 1610, Diss. Wien (1950); J. Müller, Die Vermittlungspolitik Khlesls von 1613–1616, MIÖG, Erg. 5 (1903); H. Sturmberger, Georg Erasmus Tschernembl (1953); ders., Die Anfänge des Bruderzwistes in Habsburg, Mitt. d. OÖ LA 5 (1957); ders., Aufstand in Böhmen. Der Beginn des Dreißigjährigen Krieges (1959); G. Reingrabner, Reformation und Gegenreformation im Waldviertel, WV 16 (1968); ders., Ständische Libertät und kirchliche Ordnung, ÖGL 14 (1970); H. Kretschmer, Sturmpetition und Blockade Wiens im Jahre 1619, Mil. hist. Schr. 35 (1979); K. Völker, Die Sturmpetition der evangelischen Stände am Wiener Hofburg am 5. Juli 1619, Jb. d. Prot. 57 (1936); K. Janacek, Andreas Thonradl, Wr. Ges. Bl. 11 (1956); E. Krakowitzer, Die Verhandlungen zwischen Ferdinand II. und den Ständen d. Ehgt. Österreich wegen der Erbhuldigung, Diss. Wien (1907); R. Wolkan, Die Ächtung der Horner Konföderiaten, Diss. Wien (1913); L. Westmüller, Helmhard Jörger und die prot. Gemeinde zu Hernals, Jb. d. Protest. 81 (1965); L. Hübel, Die Ächtung von Evangelischen und die Konfiskation des protestantischen Besitzes im Jahre 1620 in Ober- und Niederösterreich, Jb. d. Prot. 58–60 (1938–1940).

18. Kapitel

D. Schopf, Die im Zeitraum von 1620–1740 erfolgten Neuaufnahmen in den nö. Herrenstand, Diss. Wien (1966); F. Stundner, Die Verteidigung des Landes unter der Enns im Dreißigjährigen Krieg, Diss. Wien (1949); J. Schwerdfeger, Das kaiserliche Münzhaus St. Pölten, Mitt. d. Österr. Ges. f. Münz- und Medaillenkunde 7 (1911); H. Wertitsch, Die Kipperzeit in den österr. Ländern, Diss. Graz (1967); G. Ortner, Die nö. Landtage von 1635–1648, Diss. Wien (1974); H. Zatschek, Aus der Geschichte des Wiener Handwerkes während des Dreißigjährigen Krieges, Jb. Wien 9 (1951); E. Kusin, Die Anfänge des Kapuzinerordens im Erzherzogtum Österreich unter der Enns, Diss. Wien (1951); G. Alscher, Die Finanzen der Stadt Wien während des Dreißigjährigen Krieges, Diss. Wien (1949); G. Fliedl, Die Lage Wiens im Dreißigjährigen Krieg, Diss. Wien (1948); H. Hauke, Die Bürgermeister der Doppelstadt Krems-Stein um die Zeit des Dreißigjährigen Krieges, Diss. Wien (1964); K. Wurmbrand, Das Wiener Neustädter Bürgerspital im 17. und 18. Jh., Diss. Wien (1972); J. Pradel, Die Wiener Ratsbürger im ersten Drittel des 17. Jh.s, Diss. Wien (1972); Katalog: Der oö. Bauernkrieg 1626, Linz (1976); O. Sternberg, Die Periode des Dreißigjährigen Krieges im Waldviertel, Diss. Wien (1935); A. Rothbauer, Der Dreißigjährige Krieg im Spiegel der ältesten Langenloiser Matrik, Jb. f. Lkde. 36 (1964); A. M. Scheiber, Aus der Schwedenzeit in und um Krems, UH 9 (1936); F. Riedl, Die Stadt Eggenburg zur Zeit des Dreißigjährigen Krieges, Diss. Wien (1949); E. Barta, Stift Zwettl im Dreißigjährigen Krieg, WV 11 (1938); K. Teply, Die kaiserliche Großbotschaft an Sultan Murad IV. 1628. Des Freiherrn Hans Ludwig von Kufsteins Fahrt zur Hohen Pforte (1976); ders., Türkische Gesandtschaften nach Wien (1488–1792), ÖGL 20 (1976); P. Broucek, Zu den Kämpfen um Korneuburg 1645/6, UH 44 (1973); ders., Der Schwedenfeldzug nach NÖ, Mil. hist. Schr. 7 (1982); ders., Die Bedrängung Wiens durch die Schweden im Jahre 1645, Jb. Wien 26 (1970); F. Fritz, Die Kriegsrüstungen des Stiftes Klosterneuburg, Jb. Klosterneuburg 5 (1965); A. Räuschl, Die Schweden in der Wachau 1645/46, Diss. Wien (1942); Ch. Lindlar, Der Feldzug der Schweden in NÖ in der zeitgenössischen Berichterstattung. Ein Bericht zur Flugschriftenliteratur des Dreißigjährigen Krieges, Diss. Wien (1959); J. H. Homma, Abriß der Herrschaftsgeschichte in den Grenzkreisen Bruck a. d. Leitha, Eisenstadt und Oberpullendorf, Eisenstädter Jahrbuch 1939–42; P. Broucek, Zu den Kämpfen um Korneuburg 1645/6, UH 44 (1973).

19. Kapitel

K. Piringer, Ferdinands III. katholische Restauration, Diss. Wien (1950); H. Wagner, Die kaiserlichen Diplomaten auf dem Westfälischen Friedenskongreß. Diplomatie und Außenpolitik Österreichs, Ph. Hoyos, Ernst von Traun, Generalkriegskommissar, und die Abdankung der kaiserlichen Armee nach dem Dreißigjährigen Krieg, Diss. Wien (1970); W. Häusler, Geschichte d. Servitenklosters Schönbühel, Diss. Wien (1969); J. Nix, Die Gerichtsbezirke Großgerungs und Zwettl zur Zeit der Gegenreformation, mit bes. Berücks. der wirtschaftlichen Verhältnisse nach dem Dreißigjährigen Krieg, Diss. Wien (1973); M. Wohlfahrt, Studien zur Geschichte des Dekanates an der Krems 1650–1780, Diss. Wien (1973); N. Mussbacher, Abt Matthäus Kolweiß v. Lilienfeld (1975); G. Gugitz, Österreichs Gnadenstätten in Kult und Brauchtum, Bd. 1–2 (1955); H. Aurenhammer, Die marianischen Gnadenbilder Wiens und NÖs in der Barockzeit (1956); E. Frieß und G. Gugitz, Zur gegenreformatorischen Bilderkunst in Wien, Jb. Wien I (1939); G. Gugitz, Das Türkenmotiv in den Gnadenstätten der Ostmark, Jb. f. Lkde. 28 (1943); A. Hoppe, Des Österreichers Wallfahrtsorte (1913); F. Zeißl, Das Heilbrünnl zu Ernstbrunn, UH 10 (1937); Maria Taferl, das Landesheiligtum NÖs (1956); F. Endl, Die Wallfahrtskirche zu Dreieichen bei Horn, Bl. f. Lkde. 26 (1892); E. K. Winter, Die Heilige Straße (1926); F. Überlacker, Sonntagberg, Vom Zeichenstein zur Basilika (1968); ders., Die Geschichte der Wallfahrt auf dem Sonntagberg, Diss. Wien (1963); W. Redl, Wallfahrtsvolkskunde von Annaberg in NÖ, Diss. Wien (1953); P. M. Plechl, Wallfahrtsstätten in NÖ (1978); H. Peters, Passau, Wien und Aquileja. Ein Beitrag zur Kirchengeschichte von Wien und NÖ im 17. Jh., Forsch. z. Lkde. v. NÖ 22 (1976); O. Plettenbacher, Geschichte der Steinmetzen von Wien im 17. Jh. Eine wirtschafts- und kulturhist. als auch soziolog. Untersuchung, Diss. Wien (1960); A. Becker, der Gföhler Wald, Jb. f. Lkde. 24 (1936); F. Posch, Die niederlandische Armaturmeisterschaft in Wiener Neustadt, UH 21 (1950); M. Klein, Beitrage zur Geschichte des Tuchmacherhandwerkes in Horn in der Mitte des 17. Jh.s, Diss. Wien (1956); E. Silva-Tarouca, Graf Ferdinand Sigmund Kurz von Senfftenau, ein österr. Staatsmann, in: 300 J. Gymn. Horn (1957); Schola Hornana (1961); O. Biba, Der Piaristenorden in Österreich (1975); F. Olbort, Die Pestepidemie von 1653–57 in NÖ, UH 45 (1974).

20. Kapitel

G. Otruba, Die Kreudenfeuersicherung der Stadt Wien im 16. und 17. Jh., UH 27 (1956); K. Peball, Die Schlacht bei St. Gotthard-Mogersdorf 1664. Mil. hist. Schr. 1 (1978); Katalog: Raimund Montecuccoli, Hafnerbach (1980); G. Wagner, Das Türkenjahr 1664. Eine europäische Bewährung. Raimund Montecuccoli, Die Schlacht v. St. Gotthard-Mogersdorf u. d. Friede von Eisenburg (Vasvár) (1964); ders., Der Wiener Hof, Ludwig XIV. und die Anfänge der Magnatenverschwörung 1664/65, Mitt. d. St. A. 16 (1963); O. Pickl, Die wirtschaftlichen Auswirkungen der Türkenkriege, Vorträge des 1. Internat. Grazer Symposions zur Wirtschafts- und Sozialgeschichte Südosteuropas (1971); M. Welsersheimb, Hans Ludwig von Kuefstein (1582–1656), Diss. Wien (1970); K. Püchl, Die Erbhuldigungen d. nö. Stände im 17. und 18. Jh., Diss. Wien (1954); H. Hassinger, Johann Joachim Becher (1952); H. v. Srbik, Wilhelm von Schröder, WSB 164 (1910); F. Posch, Philipp Wilhelm von Hörnigk, MIÖG 61 (1953); H. v. Srbik, Abenteurer am Hofe Leopolds I., Archiv f. Kulturgesch. 8 (1940); G. Otruba, Die Anfänge und die Entwicklung der Industrie in NÖ, UH 24 (1953); H. v. Srbik, Der staatliche Exporthandel Österreichs von Leopold I. bis Maria Theresia (1907); H. Stekl, Österreichs Zucht- und Arbeitshäuser 1671–1920. Institutionen zwischen Fürsorge und Strafvollzug (1978); K. Semellechner, Sensenerzeugung und Sensenhandel in Waidhofen an der Ybbs von der Gegenformation bis zu den josephinischen Reformen, Diss. Wien (1972); K. Fajkmajer, Zur Geschichte der ersten orientalischen Kompagnie, MIÖG 30 (1909); H. Hassinger, Die erste Wiener orientalische Handelskompagnie, Vjschr. f. Soz.- u. Wirtschaftsgesch. 35 (1942); H. Deutsch, Die Entwicklung der Seidenindustrie in Österreich von 1660–1840 (1909); L. Moses, Die Juden in NÖ (1935); W. Messing, Beiträge zur Geschichte der Juden in Wien und NÖ im 17. Jh., Jb. Wien 2 (1939); ders., Die Kontributionen der Wiener Judenschaft im 17. Jh., Jb. Wien 3/4 (1942); R. Hauer, Die Anfänge der Weberei im Waldviertel, WVNF 1 (1952); A. Schachinger, Die Entwicklung der Maulbeerbaum- und Seidenkultur in Wien und NÖ, Jb. f. Lkde. 33 (1953); H. Birklbauer, Die Stadt Weitra von ihrer Gründung bis zu den theresianisch-josephinischen Reformen, Diss. Wien (1965); R. Hausteiner-Burger, Beiträge zur Wirtschafts- und Sozialgeschichte der lf. Stadt Eggenburg 1620–1750, Diss. Wien (1974); J. P. Lehners, Bevölkerungsentwicklung und Familienstrukturen am Beispiel nö. Ortschaften im 17. und 18. Jh., Diss. Wien (1973); H. Knittler, Beiträge zur Geschichte der Herrschaft Weitra von 1581–1755, Diss. Wien (1965); A. Troll, Ein Beitrag zur Geschichte der lf. Stadt Bruck a. d. Leitha (von 1618 bis zum Beginn des 18. Jh.s), Diss. Wien (1964); K. Schwinghammer, Der lf. Markt Langenlois im XVII. und XVIII. Jh. unter Berücks. d. bürgerl. Vermögensverhältnisse, Diss. Wien (1957); J. Brückner, Sozial- und Wirtschaftsgeschichte des Marktes Stockerau vom 15. bis zum 18. Jh., Diss. Wien (1953); J. Laschek, Geschichte des Marktes Perchtoldsdorf zwischen den beiden Türkenbelagerungen 1529–1683, Diss. Wien (1963); F. Mathis, Zur Bevölkerungsstruktur österreichischer Städte im 17. Jh., Sozial- und wirtschaftshistorische Studien 11 (1977); F. Wisnicki, Die Geschichte der Abfassung des Tractatus de juribus incorporabilibus, Jb. f. Lkde. 20 (1926/7); H. Feigl, Die Dorfgemeinde von Langenlebarn im 17. und 18. Jh., Jb. f. Lkde. 33 (1957); K. Helleiner, Das Bild der Wirtschaft und Gesellschaft bei Abraham a Sancta Clara, MIÖG 60 (1952); O. Brunner, Adeliges Landleben und europäischer Geist (1949); ders., Wolf Helmhart von Hohberg, Jb. d. Prot. 65/6 (1945); K. Jekl, Die Italiener in Wien in der ersten Hälfte des 18. Jh.s, Diss. Wien (1953); E. Schaffran, Die venezianische Barockoper am Wiener Hof des 17. Jh.s, UH 2 (1919); N. Hiltl, Die Oper am Hofe Kaiser Leopolds I., Diss. Wien (1973); L. Schmidt, Ein St. Pöltner Paradesspiel von 1647, Jb. f. Lkde. 27 (1938); ders., Paradeisspiele in Wien um 1700, Nach.-Bl. 5 (1943); ders., Volkstümliches Geistesleben der Stadt Krems im Zeitalter der Reformation und Gegenreformation, in Krems und Stein (1949); F. Eheim, 300 Jahre Topographia Windhagiana, Historisches Jb. d. Stadt Linz (1957); G. König, Peter Lambeck, Bibliothekar Kaiser Leopolds I., MIÖG 87 (1979).

21. Kapitel

F. Olbort, Die Pest in NÖ von 1653–1683, Diss. Wien (1973); ders., Pestbild und Pestbekämpfung im NÖ des 17. Jh.s, UH 48 (1977); L. Schmidt, Der liebe Augustin, sein Lied und seine Legende, Wr. Ges. Bl. 2 (1947); R. Lorenz, Das Türkenjahr 1683 (1933); F. v. Stubenvoll, Das Pestjahr 1680 in Poysdorf, in: Heimat im Weinland; M. Hummer, Die nö. Landtage von 1683–1705, Diss. Wien (1977); Th. M. Barker-A. u. G. Broucek, Doppeladler und Halbmond, Entscheidungsjahr 1683 (1982); R. Waissenberger (Hrsg.), Die Türken vor Wien. Europa und die Entscheidung an der Donau (1982); K. Gutkas, NÖ im Türkenjahr 1683, WS 61 (1983); W. Sturminger, Bibliographie und Ikonographie der Türkenbelagerung Wiens 1529 und 1683 (1955); ders., Die Türken vor Wien in Augenzeugenberichten (1968); W. Hummelberger-K. Peball, Die Befestigungen Wiens (1974); W. Lamm, Leopold Graf Kollonitsch, Katalog: Mailberg 1981; L. Maier, Die Berichterstattung während der 2. Türkenbelagerung, Diss. Wien (1957); W. Sturminger, Der Minorit Georg König und die Belagerung Wiens durch die Türken im Jahre 1683, Jb. f. Lkde. 38 (1970); P. Watzl, Flucht und Zuflucht (1957); Ostmark in Flammen, Berichte über die Türkeneinfälle von 1529 und 1683 im Viertel ober dem Wienerwald, St. Pöltner Zeitung, Jg. 73 (1933); A. Schachinger, Das kaiserliche Waldamt und die Herrschaft Purkersdorf im letzten Viertel des 17. Jh.s, Bl. f. Lkde. 29 (1948); R. Kreutel, Kara Mustapha vor Wien, 4. Aufl. (1982); ders., Kara Mustaphas Feldzug gegen Wien, Jb. Wien 27 (1971); G. Gugitz, 1683 und die Bürger Wiens. Legende und Geschichte, UH 25 (1954); E. D. Petritsch, Die tatarisch-osmanischen Begleitoperationen in NÖ, Stud. Austro Polonium (1983); G. Mödlhammer, Mödlings Ruin im Jahre 1683 (1982); A. Schachinger, Die Neubesiedlung Mödlings nach der Katastrophe des Türkenjahres 1683, UH 2 (1929); ders., Der Türkeneinfall von 1683 in Maria Enzersdorf und seine Auswirkungen, Jb. f. Lkde. 36 (1964); Katalog: DasTürkenjahr 1683 in NÖ, Pottenbrunn (1983); Katalog: Was von den Türken blieb, Perchtoldsdorf (1983); Katalog: Die Türken vor Wien, Hist. Museum, Wien (1983); K. Lechner, Türkenschäden in NÖ, UH 6 (1933); E. J. Görlich, Bischof Kollonitsch und der türkische Leibeigene, Wr. Ges. Bl. 13 (1958); J. Kallbrunner, Zwischen Wien (1683) und Belgrad (1717), Jb. f. Lkde. 26 (1936); M. Braubach, Prinz Eugen, 5 Bde. (1963/5); J. P. Spielman, Leopold I., Zur Macht nicht geboren (1981); S. Petrin, Stukkateur und Maler der Perchtoldsdorfer Rathausstuben, UH 45 (1974); F. Bauer, Studien zur Herrschafts- und Familiengeschichte der Lamberg zu Ottenstein, Diss. Wien (1980); P. Feldbauer, Rangprobleme und Konnubium österr. Landherrenfamilien, Zs. f. bayer. Lg. 35 (1972); M. Hammer, Die nö. Landtage von 1683–1705, Diss. Wien (1976).

22. Kapitel

O. Redlich, Das Werden einer Großmacht, 3. Aufl. Neudr. (1962); A. Stöckele-Mayr, Über Geburten und Taufen der Habsburger am Kaiserhof in Wien von Leopold I. bis Maria Theresia, Diss. Wien (1971); H. C. Ehalt, Ausdrucksformen absolutistischer Herrschaft. Dargestellt vor allem am Beispiel des Wiener Hofes unter Leopold I., Joseph I. und Karl VI., Diss. Wien (1978); F. Ružička, Studien zur Geschichte der Kuruzzeneinfälle in NÖ in den Jahren 1703–1709, Diss. Wien (1976); G. Koerper, Studien zur Biographie Elisabeth Christines von Braunschweig-Lüneburg-Wolfenbüttel (Gemahlin Kaiser Karls VI. und Mutter Maria Theresias), Diss. Wien (1975); B. M. Buchmann, Der Wiener Linienwall. Geschichte und Bedeutung, Diss. Wien (1974); H. Güttenberger, Die Begründung des nö. Straßenwesens unter Karl VI., Jb. f. Lkde. 21 (1928); H. Reuter, Geschichte der Straßen im Wiener Becken, Jb. f. Lkde. 8 (1909); V. Ergert, Die gedruckten periodischen Zeitungen Wiens im 17. Jh., Diss. Wien (1948); M. Berger, Wienerisches Diarium 1703–1780, Diss. Wien (1953); F. Stamprech, Die älteste Tageszeitung der Welt (1977); E. Katzer, Die Damasciner-Fabrikation in Wr. Neustadt, UH 38 (1967); F. Oberlehner, Die Anfänge des Manufakturwesens in NÖ, Diss. Wien (1965); H. Matis, Die Manufaktur und frühe Fabrik im Viertel unter dem Wienerwald. Eine Untersuchung der großbetrieblichen Anfänge vom Zeitalter des Merkantilismus bis 1848, Diss. Wien (1964); H. Pemmer, Die Rehberger Papiermühle, UH 21 (1950); H. v. Srbik, Die kaiserliche Spiegelfabrik zu Neuhaus, MIÖG 32 (1911); V. Hofmann, Beiträge zur neueren österr. Wirtschaftsgeschichte, AÖG 108 (1918); H. Kühnel, Das Handwerk NÖs von seinem Ursprung bis zur Gegenwart, in: Chronik des Handwerks in Österreich (1956); P. Mahringer, Österreichischer Wirtschaftsadel von 1701 bis 1740, Diss. Wien (1968); B. Holl, Gundaker Thomas Graf Starhemberg als Hofkammerpräsident (1703–1715). Eine Studie zur Finanzgeschichte Österreichs in der Barockzeit, Diss. Wien (1971); E. Skoda, Die Wiener Ratsbürger zwischen 1671 und 1705, Diss. Wien (1974); J. Kunze-Rapp, Die Wiener Ratsbürger 1706–1740, Diss. Wien (1974); H. Aumüller, Der Finanzhaushalt der Stadt Wien im Zeitalter Karls VI., Diss. Wien (1950); Chr. Deutsch, Beiträge zur Wirtschafts- un d Sozialgeschichte der ehemaligen Wiener Vorstadt Margareten (1680–1819), Diss. Wien (1968); W. Stadler, Die kulturellen Ausgaben der Stadt Wien von 1680 bis 1740, Diss. Wien (1968); H. Schlegel, Aus der Geschichte des Bäckergewerbes in Wien. Von der Blüte des Zechenwesens in der Neuzeit bis zu seinem Niedergange (16. bis 18. Jh.), Diss. Wien (1964); P. Broucek, Geschichte des Wiener Riemergewerbes bis 1748, Diss. Wien (1961); R. Schierer, Großsieghartser Pfarrgeschichte, 3. Teil (1957); O. Redlich, Über Kunst und Kultur des Barocks in Österreich, AÖG 115 (1943); H. Aurenhammer, Der gegenständliche Wandel des Andachtsbildes in der Zeit von 1683 bis 1780 in NÖ, Diss. Wien (1957); H. Sedlmayr, Johann Bernhard Fischer von Erlach (1956); Katalog der J.-Prandtauer-Ausstellung 1960; Katalog der Johann-Bernhard-Fischer-von-Erlach-Ausstellung (1957); H. Hantsch, Jakob Prandtauer (1926); G. Wagner, Joseph Munggenast 1680–1741, Diss. Wien (1940); H. Polensky, Studien zur Ortsgeschichte von Melk mit bes. Berücksichtigung der Zeit des Stiftsumbaues 1700–1740, Diss. Wien (1968); W. Petrasch, Das Wiener Schottenstift unter Abt Karl Fetzer, Diss. Wien (1969); F. Olbort, Barocktheater in NÖ, UH 46 (1975); J. Haider, Die Geschichte des Theaterwesens im Benediktinerstift Seitenstetten in Barock und Aufklärung, Diss. Wien (1972); F. W. Riedel, Kirchenmusik am Hofe Karls VI. (1711–1740). Untersuchungen zum Verhältnis von Zeremoniell und musikalischem Stil im Barockzeitalter. Studien zur Landes- und Sozialgeschichte der Musik (1977); I. Holzer, Franz Christoph von Scheyb, 1704–1774. Leben und Werk, Diss. Wien (1976); E. Schenk, Die Anfänge des Wiener Kärntnertortheaters, 1700–1748, Diss. Wien (1969); Katalog der Daniel-Gran-Gedächtnis-Ausstellung in der Albertina (1957); W. Rizzi, Die Kuppelkirchenbauten Johann Lucas von Hildebrandts, Wiener Jb. f. Kunstgesch. (1976); M. Koller, Peter Strudel (1660–1714), Diss. Wien (1972); E. Knab, Daniel Gran (1977); P. Preiss, Katalog: Österreichische Barockmaler aus der Nationalgalerie in Prag (1977); K. Blauensteiner, Georg Raphael Donner (1944); B. Heinzl, Paul Troger (1965); K. Hübner, Der Adel in Alt-St. Pölten, Jb. f. Lkde. 27 (1938); K. Müller, Habsburgischer Adel um 1700. Die Familie Lamberg, Mitt. St. A. 32 (1979); K. Sandner, Franz Anton Graf von Puchheim, Bischof von Wr. Neustadt (1695–1718), Diss. Wien (1963); Chr. Kitzler, Die Errichtung des Erzbistums Wien 1718–1729, Diss. Wien (1968); Katalog: Franz A. Maulpertsch (1974); W. Aschenbrenner, Paul Troger (1972); F. Miksch, Der Augustinerhistoriker Xystus Schier (1727–1772). Sein Leben und Wirken, Diss. Wien (1965); M. M. Linzer, Chrysostomus Hanthaler und seine Stellung in der österr. Barockhistoriographie, Diss. Wien (1976); J. P. Ortner, Marquard Herrgott (1694–1762). Sein Leben und Wirken als Historiker und Diplomat, Diss. Wien (1968); A. Coreth, Österr. Geschichtsschreibung in der Barockzeit (1950); G. König, Die Aichen-Schenkung in den nö. Landessammlungen, Jb. f. Lkde. 43 (1977); S. Sochor, Der nö. Ritterstand 1711–1780, Diss. Wien (1980).

23. Kapitel

G. Turba, Die Pragmatische Sanktion (1913); A. V. Arneth, Geschichte Maria Theresias, Bd. 1–4 (1863–1870); W. Koschatzky (Hrsg.), Maria Theresia und ihre Zeit (1979); Katalog: Maria Theresia und ihre Zeit, Schönbrunn (1980); Katalog: Maria Theresia als Königin von Ungarn, Halbturn (1980); Katalog: Joseph Haydn und seine Zeit, Eisenstadt (1982); E. Kummer, Abt Adrian Pliemel von Melk und Maria Theresia, 110. Jb. d. Gymn. Melk (1967); J. Schwerdfeger, Der bayerisch-französische Einfall in Ober- und Niederösterreich und die Stände der Erzherzogtümer, AÖG 87 und 91 (1899–1902); ders., Die Aufzeichnungen des St. Pöltner Chorherren Aquilin Hacker über den Einfall Karls VII. in Österreich 1741–1742, Jb. f. Lkde. 1 (1902); St. Blumauer, Die Bayern und Franzosen in St. Pölten im Jahre 1741, 25. Jahresbericht d. nö. Lehrerseminars St. Pölten (1900); K. Helleiner, Eine neue Quelle zur Geschichte der französischen Besetzung St. Pöltens im Jahre 1741, AG 8 (1932); F. Baltzarek, Beiträge zur Geschichte des 4. Standes in NÖ. Eine vergleichende Stadtgeschichtsuntersuchung mit bes. Auswertung der Gaisruckschen Städteordnungen von 1745/7, Mitt. d. St. A. 23 (1970); A. Starzer, Die freien Orte, Mitt. d. k. k. Archivs f. NÖ 1 (1908); S. Binder, Carl Graf Batthyany, nachmals Fürst, Feldmarschall, Minister der Niederlande und Erzieher Josephs II., Diss. Wien (1977); H. Steiner, Die Mitglieder der »Hohen Schule«. Zur Sozialgeschichte der Wiener Akademiker im 18. Jh., Diss. Wien (1972); H. Strakosch, Privatrechtskodifikation und Staatsbildung in Österreich von 1753 bis 1811 (1976); F. Lackner, Die Jesuitenprofessoren an der philosophischen Fakultät der Wiener Universität (1712–1773), Wien (1973); F. Slezak, Johann Jakob Marinoni

(1676–1755), Der Donauraum 21 (1976); F. Czeike, Die Herkunft der Schüler der Akademie der bildenden Künste 1726–1753, Wiener Geschichtsblätter 31 (1976); M. J. Knofler, Das theresianische Wien. Der Alltag in den Bildern Canalettos (1979).

24. Kapitel

A. Arneth, Geschichte Maria Theresias, Bd. 4–10 (1870ff.); F. Walter, Die theresianische Staatsreform von 1749 (1958); K. Lechner, Zur Geschichte und Bedeutung der Brandenburgischen Lehen in Österreich, Jb. f. Lkde. 24 (1931); A. Gürtler, Die Volkszählungen unter Maria Theresia und Joseph II. (1909); A. Hoffmann, Beiträge zur neuesten Wirtschaftsgeschichte, AÖG 110 (1926); C. Czapodi, Die Wirtschaftspolitik des österr. Staatsrates im Zeitalter Josephs II., MIOG 67 (1959); H. Cloeter, Johann Trattner, Ein Großunternehmer im theresianischen Wien (1952); U. Giese, Johann Thomas Edler von Trattner. Seine Bedeutung als Buchdrucker, Buchhändler und Herausgeber, Diss. Wien (1959); G. Heiss, Erziehung der Waisen zur Manufakturarbeit. Pädagogische Zielvorstellungen und ökonomische Interessen der maria-theresianischen Verwaltung, MIÖG 85 (1977); R. Kreitmeyer, Die Entwicklung des Verkehrswesens in NÖ unter Maria Theresia und Joseph II., Diss. Wien (1949); A. Machatschek, Verkehrsbauten des 18. Jh.s zwischen Wien und Linz, Diss. Wien: Technik (1962); M. Bucek, Geschichte der Seidenfabrikanten Wiens im 18. Jh. (1710–1792), Diss. Wien (1968); B. Andel, Adelsverleihungen für Wirtschaftreibende während der Regierungszeit Maria Theresias, Diss. Wien (1969); W. Kurz, Der nö. Eisenhandel unter Maria Theresia und Joseph II., Diss. Wien (1939); R. Sandgruber, Von der Widmung zum Wettbewerb, UH 48 (1977); W. Pirker, Die Hämmer und metallverarbeitenden Fabriken des Triestingtales von 1750 bis 1850, Diss. Wien (1970); G. Otruba, Der Manufakturenbestand Österreichs u. d. Enns zur Zeit Maria Theresias und Josephs II., Jb. f. Lkde. 36 (1964); H. Feigl-A. Kusternig, Die Anfänge der Industrialisierung Niederösterreichs, Stud. u. Forsch. a. d. NÖ Inst. f. Lkde. 4 (1982); L. Brauneis, Zur Geschichte des Kleeanbaues in NÖ, UH 24 (1953); F. Rauscher, Die Bauernrevolte im Gföhlerwald anno 1776, WVNF 5 (1956); Chr. Steiner, Die Bader und Barbiere (Wundärzte) in Wien zur Zeit Maria Theresias (1740–1780), Diss. Wien (1967); J. Kumpfmüller, Die Hungersnot von 1770 bis 1772 in Österreich, Diss. Wien (1969); Die Auswirkungen der theresianisch-josephischen Reformen auf die Landwirtschaft und die ländliche Sozialstruktur NÖs, Stud. u. Forsch. a. d. NÖ Institut f. Landeskunde 3 (1982); K. R. Klement, Die Schulwirklichkeit zur Zeit der Theresianischen Schulreform, Diss. Wien (1976); H. Engelbrecht, Geschichte des österr. Bildungswesens, Bd. I (1982); I. Schwendenwein, Joseph Benedikt Heyrenbach, Diss. Wien (1953); W. Kammerer, Die Wiener Gymnasien von 1740–1848, Diss. Wien (1951); H. Kröll, Die Auswirkungen der Aufhebung des Jesuitenordens in Wien und NÖ, Zs. f. bayer. Landesgesch. 34 (1971); H. Haberzettl, Die Stellung der Exjesuiten in Politik und Kulturleben Österreichs zu Ende des 18. Jh.s, Diss. Wien (1971); E. Rosenstrauch, Aloys Blumauers Leben und Wirken, Diss. Wien (1970); L. Bodi, Tauwetter in Wien. Zur Prosa der österr. Aufklärung (1977); H. Zeman (Hg.), Die österreichische Literatur. Ihr Profil an der Wende vom 18. zum 19. Jh., 2 Bde. (1979); H. Schläger, Tobias Philipp Freiherr von Gebler. Sein Leben und Wirken in Österreich, Diss. Wien (1971); Ch. Halusa, Metastasio und sein Freundeskreis in Wien, Diss. Wien (1972); R. Weichesmüller, P. Joseph Schaukegl. Priester, Künstler und Gelehrter (1721–1798), UH 51 (1980); P. Hersche, Der Spätjansemismus in Österreich. Veröffentlichungen der Kommission für Geschichte Österreichs 7 (1977); K. Radlecker, Gottfried van Swieten. Eine Biographie, Diss. Wien (1950); E. Schenk, Die Anfänge des Wiener Kärntnertortheaters (1710–1748), Diss. Wien (1968); Katalog: 200 Jahre Burgtheater (1976); O. Michtner, Das alte Burgtheater als Opernbühne (1970); H. Schuster, Theatergeschichte von Wiener Neustadt. Von den Anfängen bis zum Jahre 1794, Diss. Wien (1959); O. G. Schindler, Theatergeschichte von Baden bei Wien im 18. Jh., Diss. Wien (1971); V. W. Jerger, Das Wandertruppentheater in Krems 1722–1803, Mitt. St. A. Krems 7 (1967); K. Schütz, Der Wiener Orgelbau in der zweiten Hälfte des 18. Jh.s, Diss. Wien (1964); L. Novak, Joseph Haydn, Leben, Bedeutung und Werk (1959); A. U. Welzel, Das Theater im Spiegel und Urteil der Mozartbriefe, Diss. Wien (1978); Dvorak-Feuchtmüller-Zykan, Martin Johann Schmidt (1956); U. König-Brunmayr, Balthasar Ferdinand Moll. Ein Bildhauer des Wiener Spätbarock, Diss. Wien (1976); P. v. Mitrofanow, Joseph II., 2. Aufl. (1946); V. Bibl, Kaiser Joseph II. (1943); H. Magenschab, Joseph II. (1979); L. Mikoletzky, Kaiser Joseph II., Herrscher zwischen den Zeiten (1979); Katalog: Österreich zur Zeit Kaiser Josephs II., Melk (1980); G. Winner, Die Klosteraufhebungen in NÖ und Wien (1967); F. Enne, Die Aufhebung der Kartause Aggsbach, Diss. Wien (1977); H.

Krückel, Studien zur Geschichte der Pfarrerrichtung Kaiser Josephs II. im Gebiet der Diözese St. Pölten, Diss. Wien (1969); S. Fuchs, Die in NÖ unter Joseph II. aufgehobenen Klöster im Hinblick auf ihre Weiterverwendung, Diss. Wien (1967); K. Gottschall, Der Wandel im religiösen Leben Wiens während des Josephinismus, Diss. Wien (1974); M. Hasitschka-Köck, Das Augustiner Chorherrenstift Herzogenburg während der Zeit des Propstes Michael Teufel von 1781–1809, Diss. Wien (1973); B. F. Koy, Das Augustiner Chorherrenstift Klosterneuburg vom Beginn der Alleinregierung Kaiser Josephs II. bis zur Jahrhundertwende (1780–1800), Diss. Wien (1977); H. Winkler, Geschichte des ehemaligen Franziskanerklosters in Langenlois, Diss. Wien (1950); E. Holzer, Die soziale Stellung des nö. Klerus von 1780–1850, Diss. Wien (1952); H. Krückel, Zur Einkommenssituation auf den josephinischen Seelsorgeposten in Westniederösterreich, UH 53 (1982); H. E. Strakosch, Privatrechtskodifikation und Staatsbildung in Österreich 1753–1811, Österr. Archiv (1976); H. Hollerweger, Die Reform des Gottesdienstes zur Zeit des Josephinismus (1976); E. Kovacs, Katholische Aufklärung und Josephinismus (1979); M. Windhagen, Ferdinand Graf von Hallwell, Bischof von Wiener Neustadt (1706–1773), Wiener Diss. 92 (1973); L. Raber, Das Schicksal der österr. Franziskanerprovinz zur Zeit Josephs II., Diss. Wien (1953); E. Gatscha, Die Wiener Magistratsreform Josephs II., Diss. Wien (1945); E. Kleedorfer, Die Wiener Ratsbürger zur Zeit Maria Theresias 1740–1780, Diss. Wien (1972); R. Göbel, Die Finanzen der Stadt Wien von 1781 bis 1800, Diss. Wien (1973); M. Loscheder, Die österr. Allgemeine Gerichtsordnung von 1781 (1978); L. Mikoletzky, Der Versuch einer Steuer- und Urbarialregulierung unter Kaiser Joseph II., Mitt. St. A. 24 (1971); F. Maaß, Der Josephinismus, 5 Bde. (1951–1961); E. Winter, Der Josephinismus und seine Geschichte (1962²); H. Winkler, Die Reformen Josephs II. im Urteil der Broschüren. Ein Beitrag zur nichtperiodischen Publizistik des 18. Jh.s, Diss. Wien (1970); E. Zöllner, Bemerkungen zum Problem der Beziehungen zwischen Aufklärung und Josephinismus in Österreich und Europa, Festschrift für H. Hantsch (1965); E. Lesky, Österr. Gesundheitswesen im Zeitalter des aufgeklärten Absolutismus, AÖG 122 (1959); G. Xaver, Konrad Ludwig Graf von und zu Lehrbach 1911 (1744–1805). Leben und Wirken eines österr. Staatsmannes, Diss. Wien (1975); P. Muzik, Egid Valentin Felix Freiherr von Borié (1719–1793). Leben und Werk eines österr. Staatsmannes, Diss. Wien (1972).

25. Kapitel

A. Wandruszka, Leopold II., 2 Bde. (1963); V. Bibl, Die Restauration der nö. Landesverfassung unter Kaiser Leopold II. (1902); ders., Das Robotprovisorium für NÖ vom 20. Juni 1796, Jb. f. Lkde. 7 (1908); D. Szilagi, Die Jakobiner in der Habsburgermonarchie (1964); F. Haderer, Martin Joseph Prandstetter (1760–1798), Magistratsrat, Freimaurer, Dichter und Jakobiner, Diss. Wien (1967); H. Reinalter, Jakobiner in Mitteleuropa (1977); ders., Aufgeklärter Absolutismus und Revolution. Zur Geschichte des Jakobinertums und der frühdemokratischen Bestrebungen der Habsburgermonarchie (1980); W. Gredinger, Kant und die österr. Jakobiner, Beitrag zur neueren Gesch. Österreichs (1974); M. Schubert, Die politische und gesellschaftliche Auseinandersetzung Wiens mit der Französischen Revolution, Diss. Wien (1968); K. Hafner, Franz Joseph Graf von Saurau, Zs. d. hist. Ver. f. Steiermark 7 (1909); R. Lorenz, Volksbewaffnung und Staatsidee in Österreich (1926); Katalog: »Napoleon in Österreich« (1973); O. Regele, Karl Freiherr von Mack und Johann Ludwig Graf Cobenzl, ihre Rolle im Kriegsjahr 1805, Mitt. d. St. A. 21 (1968); K. Puntschert, Russische Durchzüge durch NÖ 1805, Mon. Bl. I (1902–1903); Th. Wassilko, Rudolf Graf Wrbna als lf. Hofkommissär für NÖ während der Besetzung des Jahres 1805, Festschrift d. St. A. II (1951); K. Altmann, Die Franzosen in Türnitz 1805, Bl. f. Lkde. 35 (1901); ders., Zur Geschichte von Annaberg in den Jahren 1805 und 1809, ebenda 35 (1901); R. Egger, Das Gefecht bei Dürnstein-Loiben 1805, Mil. hist. Schr. (1978²); G. Baumgartner, Die Franzosen in Herzogenburg im Jahre 1805, Mon. Bl. II (1904–1905); V. Bibl, Erzherzog Karl (1942); Ch. Sapper, General der Kavallerie Maximilian Graf Merveldt (1764–1815), Diss. Wien (1973); B. Cernik, Tagebücher des Stiftes Klosterneuburg über die Invasion der Franzosen in Österreich in den Jahren 1805 und 1809, Jb. d. Stiftes Klosterneuburg II (1907); J. Grippel und A. Müller, Zeitgenössische Berichte aus der Umgebung Oberhollabrunns über die Kriegsjahre 1805 und 1809, 32. Jahresbericht d. Gymn. Hollabrunn (1902); W. Boguth, Die Okkupation Wiens und NÖs durch die Franzosen im Jahre 1809 und ihre Folgen für das Land, Jb. f. Lkde. 7 (1908); H. Hertenberger, Die Schlacht bei Wagram, Diss. Wien (1950); M. Rauchensteiner, Die Schlacht von Aspern am 21. und 22. Mai 1809 (1969); ders., Die Schlacht bei Deutsch

Wagram, Mil. hist. Schr. 36 (1977); ders., Feldzeugmeister Johann Freiherr von Hiller, Diss. Wien (1965); ders., Kaiser Franz und Erzherzog Carl, Dynastie und Heerwesen in Österreich 1796–1809 (1972); Katalog: Erzherzog Johann von Österreich, Beiträge zur Geschichte seiner Zeit, Stainz (1982); E. Redl, Flugblätter und Flugschriften gegen Napoleon. Ein Beitrag zur österr. Propaganda 1805–1809, Diss. Wien (1971); G. Schlientz, Das Wiener Theater während der napoleonischen Besetzung im Jahre 1809, Diss. Wien (1964); A. Schmutzer, Stephan Edler von Wohlleben, der Bürgermeister des von den Franzosen besetzten Wien, Diss. Wien (1955); G. Graf, Das Volksschulwesen in der Zeit der kirchlichen Schulaufsicht 1805–1869 am Beispiel des Dekanates Scheibbs, Diss. Wien (1976); F. Raimann, Die landeskundlichen Bestrebungen der nö. Stände 1791–1833, Diss. Wien (1948); K. Gutkas, Nö. Stadttopographien an der Wende vom 18. zum 19. Jh., Jb. f. Lkde. 31 (1954); E. Bernleithner, Die Entwicklung der österr. Landeskunde an der Wende vom 18. zum 19. Jh., Diss. Wien (1949); K. Föttinger, Franz Sartori und Franz Xaver Schweickhardt, Österr. Topographen im Vormärz, Diss. Wien (1951); A. Grünberger, Ignaz de Luca. Sein Leben und Werk, Diss. Wien (1953); H. Hubacek, Adolf A. Schmidl – sein Leben und Werk, Diss. Wien (1950); H. Herzmansky, Joseph Kornhäusel. Eine Künstlermonographie, Diss. Wien (1964); V. Wallner, Die Bauten J. Kornhäusels in Baden, Festschrift (1982); R. Göbel, Die Finanzen der Stadt Wien von 1781 bis 1800, Diss. Wien (1974).

26. Kapitel

H. v. Srbik, Metternich. Der Staatsmann und der Mensch, 3 Bde. (1925–1954); E. Winter, Der Bolzanoprozeß (1944); R. Hofmann, Vinzenz Weintridt (1778–1849), UH 50 (1979); O. Weiss, Klemens Maria Hofbauer, Repräsentant des konservativen Katholizismus, Zs. f. bayer. Landesgesch. 34 (1971); R. Till, Hofbauer und sein Kreis (1951); E. Hosp, Zwischen Aufklärung und katholischer Reform (1962); B. Spiller, Joseph Freiherr von Penkler 1751–1830, Diss. Wien (1966); A. H. Benna, Die Polizeihofstelle, Diss. Wien (1942); dies., Organisation und Personalstand der Polizeihofstelle 1793–1848, Mitt. d. St. A. 6 (1953); H. Oberhummer, Die Wiener Polizei, 2 Bde. (1938); J. Marx, Die österr. Zensur im Vormärz (1959); J. Weyrich, Die Zensur als Mittel zur Unterdrückung von liberalen Bestrebungen im österr. Vormärz 1830–1848, Diss. Wien (1976); ders., J. Marx, Die öffentliche Sicherheit in den österr. Ländern 1840 bis 1848, MIÖG 65 (1957); ders., Vormärzliches Schedenwesen, Mitt. d. St. A. 16 (1963); H. Metzler-Andelberg, Österreichs schwarze Legende, Mitt. d. St. A. 16 (1963); M. Leindorfer, Entwicklung und Organisation der Brandschadenversicherung in Österreich 1700–1848 (1905); S. Pressburger, Österreichische Notenbank 1816–1966 (1966); Ch. Sapper, Josef Graf O'Donnell, Hofkammerpräsident 1808–1816, Mitt. St. A. 33 (1980); F. Mühleder, Die Schottenfelder Seidenindustrie 1820–1850, Diss. Wien (1952); J. Slokar, Geschichte der österr. Industrie und ihrer Förderung unter Kaiser Franz I. (1914); F. Wawrik, Hammerherr Andreas Töpper, UH 23 (1952); K. Schib-R. Gnade, Johann Conrad Fischer (1954); H. Vogler, Die Eisenverarbeitung an der oberen Traisen und Gölsen 1790–1870, Diss. Wien (1970); G. Holzmann, Unternehmer aus NÖ, Handwerker, Kaufleute und Industrielle aus fünf Jahrhunderten (1967); K. Bachinger, Der Niedergang der Kleineisenindustrie in der nö. Eisenwurzen (von der Mitte des 19. Jh.s bis zum Beginn des Ersten Weltkrieges), Diss. Wien (1967); O. Rankl, Entwicklung und Problematik der Kleineisenindustrie in Österreich, Diss. Wien (1957); N. Neuwirth, Die Technische Hochschule in Wien 1815–1925 (1925); H. Güttenberger, Eisgang und Hochwasserkatastrophe 1830, UH 3 (1930); E. Hartmann, Die Hofreisen Kaiser Franz' I., Diss. Wien (1968); H. Trimmel, Abt Wilhelm Eder von Melk (1838–1866), Diss. Wien (1969); W. Simek, Das Chorherrenstift Klosterneuburg unter dem Propste Laurenz Dunkler, Diss. Wien (1960); F. Engel-Janosi, Der Wiener juridisch-politische Leseverein, Mitt. d. Vereines f. Gesch. d. Stadt Wien 4 (1923); A. Hympan, Die Entwicklung der Zuckerfabrikation in NÖ, UH 4 (1930); G. Martin, Das silberne Vlies, Die österr. Krupp in Berndorf (1971); E. Wisshaupt, Die wirtschaftliche und soziale Lage in Österreich von 1830 bis 1839 (nach amtlichen Berichten), Diss. Wien (1952); G. Otruba, Wirtschaft und soziale Lage Österreichs im Vormärz, ÖGL 10 (1966); W. Brenner, Die Arbeiterfrage im Vormärz, Ideelle Grundlagen und geschichtliche Folgen, Diss. Wien (1955); J. Marx, Österreichs Kampf gegen die liberalen, radikalen und kommunistischen Schriften 1835–1848, AÖG 128 (1970); M. Kropf, Die Wohlfahrtspolitik des österr. Herrscherhauses im Vormärz, Diss. Wien (1966); B. Frieben, Die Sozialstruktur Wiens am Anfang des Vormärz, Diss. Wien (1966); F. Endler, Wien im Biedermeier (1978); R. Krüger, Biedermeier. Eine Lebenshaltung zwischen 1815 und 1840 (1982); H. R. Ortner, Das Eindringen des Wiener Bürgertums und Geldadels in den landtäflichen Grundbesitz NÖs

1815–1895, Diss. Wien (1968); H. Stekl, Österreichs Aristokratie im Vormärz. Die Fürstenhäuser Liechtenstein und Schwarzenberg (1973); E. Herzog, Graf Franz Anton Kolowrat-Liebsteinsky, Diss. Wien (1968); P. Mechtler, John Baillie, Bl. TG 28 (1966); M. Hoffmann, Die Frauenarbeit in der nö. Textilindustrie bis 1848, Diss. Wien (1946); E. Bandion, Das Wiener Gewerbe und die Wiener Industrie in der ersten Hälfte des 19. Jh.s, Diss. Wien (1949); W. Häusler, Von der Massenarmut zur Arbeiterbewegung (1979); Katalog der Biedermeierausstellung: F. Gauermann und seine Zeit (1962); Katalog: Biedermeier und Vormärz in Österreich, Pottenbrunn (1982); Katalog: Th. Ender, NÖ in der Biedermeierzeit, NÖ LM (1981); B. Höller, Die Wachau im Spiegel der Historisch-Topographischen Literatur und Landschaftsmalerei 1815–1848, Diss. Wien (1981); R. Feuchtmüller, F. Gauermann (1962); ders., Leopold Kupelwieser und die Kunst der österr. Spätromantik (1970); S. David, Laxenburg, seine kulturelle Funktion, Diss. Wien (1963); W. Häusler, Die Franzensburg (1979); B. Grimschitz, F. G. Waldmüller (1957); B. Kuhn, Der Landschaftsmaler Michael Wutky, Diss. Innsbruck (1980); P. Weninger, NÖ in alten Ansichten (1975); M. Schwarz, Architektur des Klassizismus und der Romantik in NÖ, WS 62, 63 (1982); P. Pötschner, Genesis der Wiener Biedermeierlandschaft (1964); V. Bibl, Die nö. Stände im Vormärz (1911); E. S. Knoll, Der nö. Herrenstand von 1740 bis 1848, Diss. Wien (1966); F. Glanner, Viktor Franz von Andrian-Werburg, Ein Lebensbild, Diss. Wien (1961); S. E. Koukolik, Studien zur Geschichte der Wiener aus den Ländern der Böhmischen Krone in der ersten Hälfte des 19. Jh.s (1971); M. Himmel, Die Italiener in Wien 1815–1848, Studien zu ihrer Sozialstruktur, Diss. Wien (1972); P. Martinz-Turek, Untersuchungen über den englischen Kultureinfluß in Österreich um 1800, Diss. Wien (1971).

27. Kapitel

W. Pollak, 1848 – Revolution auf halbem Weg (1976); R. J. Ratz, The Viennese Revolution of 1848 (1958); J. Marx, Die wirtschaftlichen Ursachen der Revolution von 1848 in Österreich (1965); G. Weis, Die Arbeiterfrage des Jahres 1848 in Österreich, Diss. Wien (1960); H. Belovari, Christlicher Demokratismus und christlicher Sozialismus im Jahre 1848 in Wien, Diss. Wien (1959); R. Charmatz, Adolf Fischhof (1910); J. Marx, Polizei und Studenten, Jb. Wien 19/20 (1964); ders., Die Anfänge der Wiener akademischen Legion und Offizierskorps im 1848, Mitt. d. St. A. 21 (1968); ders., Polizei und Studenten. Ein Beitrag zur Vorgeschichte des 13. März 1848 in Wien, Jb. Wien 19/20 (1963/64); A. Hollaender, Zur Wiener Revolution 1848, Jb. Wien 23–25 (1969); R. Till, Der Sicherheitsausschuß d. J. 1848, Festschr. d. St. A. II (1951); F. Prinz, Hans Kudlich, Versuch einer historisch-politischen Biographie (1962); ders., Hans Kudlichs Bedeutung für die österr. Geschichte und sein historisches Verdienst (1969); ders., Das Jahr 1848 in Oberösterreich und Hans Kudlich (1976); R. Ullik, Das Ministerium für Öffentliche Arbeiten im Jahre 1848. Ein Beitrag zur staatlichen Wirtschafts- und Sozialpolitik Österreichs im Jahre 1848, Diss. Wien (1975); K. Flanner, Die Revolution von 1848 in Wiener Neustadt (1978); H. Kudlich, Rückblicke und Erinnerungen, 3 Bde. (1873); W. Seifert, Hans Kudlich, der Bauernbefreier, Diss. Wien (1939); H. May, Das Jahr 1848 in St. Pölten, Diss. Wien (1949); Z. Sponner, Krems im Jahre 1848 (1938); J. Bola, Das Revolutionsjahr 1848 in Dürnkraut, UH 28 (1957); P. Molisch, Die Wiener akademische Legion und ihr Anteil an den Verfassungskämpfen des Jahres 1848 (1922); Das Jahr 1848 und das Haus der nö. Stände (1948); K. Hugelmann, Die Landtagsbewegung des Jahres 1848 in Österreich unter der Enns, Jb. f. Lkde. 13/14 (1915); H. Niebour, Die Abgeordneten NÖs bei der deutschen Nationalversammlung in Frankfurt am Main, Jb. f. Lkde. 12 (1913); R. Rosdolsky, Die Bauernabgeordneten im konstituierenden Reichstag von 1948–1949 (1976); K. Skalnik, An der Wiege der österr. Journalistik (1958); R. Enoeckl, Der Einfluß der revolutionären Wiener Journalistik auf die Politik des Jahres 1848, Diss. Wien (1967); P. Kuderer, Die »Wiener Zeitung« im Revolutionsjahr 1848, Diss. Wien (1957); L. Mikoletzky, Die nö. Stände und das Landhaus im Sturmjahr 1848, UH 50 (1979); G. Otruba, Wiener Flugschriften zur sozialen Frage 1848 (1976); W. Häusler, Die Petition der Spinnereiarbeiter im Viertel unter dem Wienerwald an den österr. Reichstag 1848. Ein Beitrag zur Frühgeschichte der nö. Arbeiterbewegung, UH 49 (1978); ders., Das Gefecht bei Schwechat am 30. Oktober 1848 Mil. hist. Schr. 34 (1977); S. Zeidler, Wirtschaftliche und soziale Probleme der Wiener Revolution von 1848 im Spiegel der Wiener Flugschriften, Diss. Wien (1976); D. Weiss, Der publizistische Kampf der Wiener Juden um ihre Emanzipation in den Flugschriften und Zeitungen des Jahres 1848, Diss. Wien (1971); P. Müller, Feldmarschall Fürst Windischgrätz (1934); J. Redlich, Kaiser Franz Joseph von Österreich (1928); E. C. Conte Corti, Vom

Kind zum Kaiser (1950); W. Löhnert, Die unmittelbaren Auswirkungen der Revolution 1848 in NÖ, Diss. Wien (1949); M. Kovarik, Das Attentat Johann Libényis auf Kaiser Franz Joseph 1853 und die Gründung der Votivkirche, Diss. Wien (1976); R. Allmayer, Die administrative Gebietseinteilung mit Ausschluß der Stadt Wien seit 1868 (1905); A. Starzer, Die Konstituierung der Ortsgemeinden NÖs (1904); 100 Jahre Bezirkshauptmannschaften in Österreich (1970); S. Koppensteiner, Die Regelung des bäuerlichen Verhältnisses in NÖ, Diss. Wien (1949); G. Haag, Die Bauernbefreiung in Österreich, ihre entwicklungshistorische, ökonomische und soziale Bedeutung (1961); A. Mayer, Zur nö. ständischen Verfassungs- und Verwaltungsfrage in den Jahren 1848 bis 1861, Mon. Bl. III (1907); G. Friedrich, Die Wiener Studenten als Publizisten im Revolutionsjahr 1848, Diss. Wien (1971); K. Hugelmann, Der Übergang von den ständischen Landesverfassungen in den österr. Ländern zu den Landesordnungen der konstitutionellen Zeit (1848–1861), Mon. Bl. I (1926) und Jb. f. Lkde. 26 (1927); B. Pesl, Die Verfassung und Verwaltung NÖs von 1848 bis 1951, Diss. Wien (1951); P. Friedrich, Geschichte der Gemeindegesetzgebung 1849–1854, Diss. Wien (1926); F. Neubauer, Die Gendarmerie in Österreich 1849–1924 (1924); F. Arnold, Der Inhalt des Konkordates von 1855 in Religion, Wissenschaft, Kultur, Diss. Wien (1956); K. Vocelka, Verfassung oder Konkordat 1868 (1978); M. Wehdorn, Die Bautechnik der Wiener Ringstraße (1979); E. Springer, Geschichte und Kulturleben der Wiener Ringstraße (1979); F. Baltzarek-A. Hofmann-H. Stelzl, Wirtschaft und Gesellschaft der Wiener Stadterweiterung (1975); J. Baxa, Die Leipnik-Lundenburger Zuckerfabriken AG, Bl. TG 17 (1955); F. Geißler, Die Entstehung und die Entwicklungsgang der Handelskammern in Österreich (1949); 125 Jahre Sparkasse in der Stadt St. Pölten (1979); J. Urban, 100 Jahre Sparkasse der Stadt Zistersdorf (1959); Ein Jahrhundert Creditanstalt-Bankverein (1957); K. Geravek, Geschichte der Melioration in Österreich, Bl. TG 23 (1961); G. Lobentanz, Die Anfänge der Telegraphie in Österreich, Diss. Wien (1967).

28. Kapitel

J. Latkoczy, Der Weg zur Verfassung des Jahres 1861, Diss. Wien (1966); E. Kolb, Das Oktoberdiplom, Donauraum 6 (1961); G. Kolmer, Parlament und Verfassung in Österreich, 8 Bde. (1902ff.); F. Böck, Die nö. Abgeordneten im Parlament von 1861 bis 1879, Diss. Wien (1948); H. Hartmeyer, Die führenden Abgeordneten des Liberalismus in Österreich, 1861–1874, Diss. Wien (1965); W. Steindl, Die Hochbürokratie. Ihre Funktion im Herrschaftssystem und ihre Zusammensetzung mit bes. Berücks. der Verhältnisse in der österr. Reichshälfte der Donaumonarchie zwischen 1840 und 1870, Diss. Wien (1974); A. Wandruszka, Schicksalsjahr 1866 (1966); J. J. Holzer, Erzherzog Albrecht 1867–1895. Politisch-militärische Konzeptionen und Tätigkeit als Generalinspektor des Heeres, Diss. Wien (1974); I. Klebl, Fürst Adolph Auersperg 1821–1885, Diss. Wien (1976); W. Rudolf, Karl Fürst Auersperg als Ministerpräsident, MIÖG 85 (1977); K. Eder, Der Liberalismus in Altösterreich (1955); G. Franz, Liberalismus (1955); K. Jeschko, Eugen von Mühlfeld, ein großösterr. Politiker, Diss. Wien (1961); F. Czeike, Liberale, christlichsoziale und sozialdemokratische Kommunalpolitik 1861–1934 (1962); A. Meixner-Urban, Der Wiener Gemeinderat in den Jahren 1864–1868, Diss. Wien (1975); G. Mayer, Josef Feßler und sein Kreis. Ultramontanismus bis 1861. Diss. Wien (1980); E. Unterberger, Der Liberalismus in St. Pölten (1870–1918), Diss. Wien (1968); P. Vrobovsky, Die Wahlen der Wiener Bürgermeister 1861–1878, Diss. Wien (1968); S. Nerath, Alfred Ritter von Arneth, Lebensbild eines österr. Historikers, Diss. Graz (1968); Der Wiener Hochverratsprozeß (1911); F. Klenner, Die österr. Gewerkschaften, 2 Bde. (1951ff.); A. Tampier, Anton Erdinger, Dompropst zu St. Pölten. Ein Beitrag zur Geschichte der Diözese St. Pölten, Diss. Wien (1955); Landhaus und Villa in NÖ (1840–1914) (1982); F. Skribany, Feste Liechtenstein, 3. Aufl. (1924); K. Eggert, Hans Graf Wilcek und sein Werk. Alte und mod. Kunst, Jg. 23 (1978); K. Krisch, Burg Kreuzenstein (1950); J. Schwerdfeger, Die historischen Vereine Wiens 1848–1908 (1908); K. Lechner, Hundert Jahre Verein für Landeskunde von NÖ im Rahmen der wissenschaftl.-landeskundl. Bestrebungen seit Ende des 18. Jh.s (1964); F. Hennings, Ringstraßensymphonie, 3 Bde. (1963); R. Wagner-Rieger, Die Wiener Ringstraße (1969); F. Czeike, Carl Frh. v. Hasenauer, Jb. Wien 19/20 (1964); H. Engelbrecht, Anton Kerschbaumer, Mitt. St. A. Krems 2 (1962); A. Mayer, Gottfried Frieß, Mon. Bl. II (1905); ders., Karl Landsteiner, Mon. Bl. IV (1909); Ph. Krejs, Die Volksbildung in Krems, Mitt. St. A. Krems 5 (1965); E. Gerstenmayer, Die Volksbildung in NÖ mit bes. Berücks. d. allgem. nö. VB-Vereines, Diss. Wien (1962); I. Pusch, Über die Strömungen des Wiener Volksbildungswesens von den Anfängen bis 1914, Diss. Wien (1943); P. Ladinger, Die soziale Stellung des Volksschullehrers vor und nach dem Reichsvolkschulgesetz, Diss. Wien (1975); A. Wandruszka, Geschichte einer Zeitung (1958); O. Wiktera, Die politische Haltung der »Neuen freien Presse« in der liberalen Ära, Diss. Wien (1948); F. Dragon, Die Wiener Presse kirchlicher Tendenz vom Revolutionsjahr 1848 bis zur Gründung der Reichspost, Diss. Wien (1953); O. Auer, Beginn der Parteienpresse in Österreich, mit bes. Berücksichtigung der Parteienentwicklung, Diss. Wien (1951); A. Bayer, Die Photographie und ihre Entwicklung in Wien 1839–1914. Ein Beitrag zur Kulturgeschichte der Stadt Wien, Diss. Wien (1965); M. Schönherr, Carl Michael Ziehrer, Sein Werk, sein Leben, seine Zeit, Diss. Wien (1973); J. Günther, Das nö. Pressewesen von 1848 bis 1918 mit Ausnahme Wiens, Diss. Wien (1973); R. Mayerhofer, Die Entwicklung der Lokalberichterstattung in der Wiener Tagespresse von 1848 bis 1900, Diss. Wien (1975); D. G. Graf, Die lokalen Wochenzeitungen NÖs 1848–1914, Diss. Wien (1970); H. Zeman (Hg.), Die österreichische Literatur. Ihr Profil im 19. Jahrhundert, 1830 bis 1880 (1982); Th. Braunegger, Theodor v. Hörmann (1974); C. Moll, Emil Jakob Schindler (1930); B. Stopfer, Hubert Sattler, 1817–1904, Mat. zur Monographie eines Reisemalers, Diss. Wien (1976); E. Pirchan, Hans Makart (1954); H. Benedikt, Die wirtschaftliche Entwicklung der Franz-Joseph-Zeit (1959); H. Desoye, Vorortbildung im Südwesten Wiens, Diss. Wien (1964); J. Grundtner, Die industrielle Entwicklung von Stockerau, Diss. Wien (1965); K. Sablik, Die Wirtschaftsgeschichte Korneuburgs ab 1740, Diss. Wien (1964); H. Zündel, Die wirtschaftliche Entwicklung Wiener Neustadts 1841–1918, Diss. Wien (1951); H. Bobek und E. Lichtenberger, Wien. Bauliche Gestalt und Entwicklung seit der Mitte des 19. Jh.s (1966); P. Feldbauer, Die Wohnverhältnisse der Unterschichten im franzisko-josephinischen Wien. Thesen und Probleme, Jb. d. Vereines für Geschichte der Stadt Wien 34 (1978); R. Büttner, St. Pölten als Standort industrieller und großgewerblicher Produktion (1972); J. Lauß, Wachstum und Krise der österr. Leinenindustrie im 19. Jh., Diss. Wien (1977); S. Oster, Die nö. Südwestbahnen, Diss. Wien (1967); 100 Jahre Badner Bahn (1973); P. Promintzer, Die Reisen Kaiser Franz Josephs (1848–1867), Diss. Wien (1967); J. Mentschl, Österr. Wirtschaftspioniere (1959); G. Otruba, Industrietopographie NÖs vom Zeitalter des Merkantilismus bis zum Ersten Weltkrieg (1956); B. Leuchtenmüller, Die Investitions- und Industriepolitik d. österr. Großbanken bis 1914, Diss. Wien (1973).

29. Kapitel

E. Bruckmüller, Landwirtschaftliche Organisationen und gesellschaftliche Modernisierung. Vereine, Genossenschaften und politische Mobilisierung der Landwirtschaft Österreichs (1977); H. Riepl, Die propagandistische Tätigkeit des Bauernorganisators J. Steininger, Diss. Wien (1962); H. Steiner, Die Arbeiterbewegung Österreichs 1867–1889 (1964); H. Mommsen, Die Sozialdemokratie und die Nationalitätenfrage im habsburgischen Vielvölkerstaat (1963); W. Göring, Die politische Bedeutung des Neudörfler Parteitages f. d. österr. Arbeiterbewegung (1974); L. Dichter, Die Strömungen in der österr. Sozialdemokratie bis zum Hainfelder Parteitag, Diss. Wien (1952); W. Hoffer, Die Stellung der österr. Sozialdemokratie zum Klassenkampf. Von Hainfeld bis Linz, Diss. Graz (1967); W. Stehno, Die Bedeutung der sozialdemokratischen Zeitungen als Träger und Vermittler der proletarischen Bildungstheorie. Ein Beitrag zur Wiener Arbeiterpresse im 19. Jh., Diss. Wien (1972); F. Fliszar, Der Reichstagsabgeordnete Engelbert Pernerstorfer, Diss. Graz (1966); J. Richter, Die sozialen Verhältnisse der Wiener Arbeiter 1867–1889, Diss. Wien (1965); H. Raschhofer, Die österr. Heimatrechtsgesetzgebung von 1863, Festschrift Hugelmann (1963); E. Nowak, Die Entwicklung der österr. Krankenversicherung, Diss. Wien (1957); K. Ebert, Die Anfänge der modernen Sozialpolitik in Österreich, Diss. Wien (1975); H. Artner, Allgemeine öffentl. Krankenhäuser im heutigen NÖ in der zweiten Hälfte des 19. Jh.s, Diss. Wien (1973); G. Schmitz, Die Entwicklungsgeschichte der christlichen Volksbewegung in Österreich, Diss. Wien (1938); B. Ninkov, Die politischen Anfänge Dr. Karl Luegers im Lichte der Wiener Presse, Diss. Wien (1946); N. Miko, Die Vereinigung der Konservativen mit der christlich-sozialen Partei, Diss. Wien (1949); F. Fertiko, Die aristokratischen Wegbereiter der christlich-sozialen Partei, Diss. Wien (1962); P. Ghelardoni, Die feudalen Elemente in der österreichisch-bürgerlichen Gesellschaft von 1803 bis 1914, Diss. Wien (1961); R. Knoll, Zur Früh- und Entwicklungsgeschichte der christlich-sozialen Bewegung in Österreich bis 1907, Diss. Wien (1971); M. Kunze, Dr. Karl Lueger als Gemeinderat von 1875 bis 1896, Diss. Wien (1968); J. Chr. Allmayer-Beck,

Vogelsang. Vom Feudalismus zur Volksbewegung (1952); F. Funder, Aufbruch zur christlichen Sozialreform (1953); J. Kendl, Josef Scheicher, Priester und Politiker an der Schwelle einer neuen Zeit, Diss. Salzburg (1967); J. Prammer, Konservative und christlich-soziale Politik im Viertel ob dem Wienerwald 1848–1914, Diss. Wien (1973); J. Moser, Von der Emanzipation zur antisemitischen Bewegung, Diss. Wien (1962); O. Schulmeister-Baudisch, Der Antisemitismus der Christlichsozialen im Spiegel der parteinahen Presse 1890 bis April 1897, Diss. Wien (1967); J. Moritz, Dr. Ludwig Psenner – von der antisemitischen Volksbewegung zur christlich-sozialen Reform, Diss. Wien (1962); G. Schultes, Der »Reichsbund der katholischen deutschen Jugend Österreichs«. Seine Enstehung und Geschichte, Diss. Wien (1965); A. Celerin, Die österr. Katholikentage des 19. Jh.s, Diss. Wien (1955); Th. Mayr, Erinnerungen des Bürgermeisters Th. Fr. v. Plenker v. Waidhofen (1963); A. Etz, Eduard Sueß als liberaler Wissenschaftler und Parlamentarier, Diss. Wien (1939); J. Zelenka, Die Entstehung und Entwicklung der pol. Parteien in Wiener Neustadt unter bes. Berücksichtigung der Deutschnationalen, UH 46 (1975); H. Kretschmer, Dr. Julius Newald, Bürgermeister von Wien, 1878–1882, Diss. Wien (1971); U. Mossler, Joseph Schöffel (1832–1910). Eine politische Biographie, Diss. Wien (1972); B. Fiala, Der Wiener Gemeinderat in den Jahren 1879 bis 1883. Mit bes. Berücks. der in diesen Jahren neu eingetretenen Gemeinderäte, Diss. Wien (1974); E. Hausner, Die Tätigkeit des Wiener Gemeinderates in den Jahren 1884–1888, Diss. Wien (1974); K. Skalnik, Dr. Karl Lueger, Der Mann zwischen den Zeiten (1954); E. Pichl, Georg Ritter von Schönerer, 6 Bde. (1902ff.); F. Höchtl, Georg Ritter von Schönerer als Bauernführer, Diss. Wien (1940); H. Valentin, Der Prozeß Schönerer, Ein Beitrag zur österr. Innenpolitik in der franzisko-josephinischen Epoche, Diss. Wien (1971); J. Winkler, Die deutschnationalen Bestrebungen und der Gedanke des Anschlusses der Deutschösterreicher an das Deutsche Reich von 1870/71 bis 1907, Diss. Wien (1974); K. Fertl, Die Deutschnationalen in Wien im Gegensatz zu den Christlichsozialen bis 1914, Diss. Wien (1973); W. Mayer, Gebietsänderungen im Raum Wien 1850–1910, Diss. Wien (1972); Kaiserhaus, Staatsmänner und Politiker, Aufzeichnungen des k. k. Statthalters Erich Graf Kielmannsegg (1966); G. Hammerschmied, Der nö. Landtag in der Wahlperiode 1890–1896, Diss. Wien (1976); B. Hamann, Rudolf, Kronprinz und Rebell (1978); F. Hluvac, Die Armeeorganisation der Jahre 1881–1883 der Donaumonarchie, Diss. Wien (1973).

30. Kapitel

M. Schulcz, Der nö. Landtag von 1896–1902, Diss. Wien (1980); F. Kant, Der nö. Landtag von 1902 bis 1908, Diss. Wien (1949); E. Burger, Die Frage der Bestätigung der Wahl Dr. Karl Luegers zum Bürgermeister von Wien, Diss. Wien (1952); E. Binder, Dr. Albert Gessmann, Diss. Wien (1950); G. Balzer, Die Lex Kolisko, Diss. Wien (1942); E. Brix, Die Erhebungen der Umgangssprache im zisleithanischen Österreich 1880–1910. Nationale und sozial-ökonomische Ursachen der Sprachenkonflikte, MIÖG 87 (1979); ders., Die Umgangssprachen in Altösterreich zwischen Agitation und Assimilation (1982); M. Glettler, »Sokol« und die Arbeiterturnvereine der Wiener Tschechen bis 1914 (1970); ders., Die Wiener Tschechen um 1900 (1972); G. Otruba-L. Ruschka, Die Herkunft der Wiener Bevölkerung in den letzten 150 Jahren, Jb. d. Ver. f. Gesch. d. Stadt Wien 13 (1957); W. Maderthaner, Die Metallarbeiter des Traisen- und Ybbstales von d. Jahrhundertwende bis zum 1. Weltkrieg, Diss. Wien (1980); J. Hagenhofer, Die soziale Lage der Wiener Arbeiter um die Jahrhundertwende (1889–1907), Diss. Wien (1966); J. Freiler, Die soziale Lage der Wiener Arbeiter in den Jahren 1907 bis 1918, Diss. Wien (1966); B. Sutter, Die Badenische Sprachenverordnung von 1897, 2 Bde. (1960–1964); O. Hofmann, Die Organisation der deutsch-österreichischen Sozialdemokratie bis zum Beginn des Ersten Weltkrieges, Diss. Wien (1948); R. Glock, Die österr. Sozialdemokraten und der Weltkrieg, Diss. Wien (1952); G. Anger, Friedrich Adler als Propagandist der österr. Sozialdemokratischen Partei in den Jahren 1900–1918, Diss. Wien (1972); H. Meier, Die österr. Christlichsozialen während des Ersten Weltkrieges, Diss. Wien (1966); Katalog: Wien um 1900 (1964); E. Danzinger, Die Anfänge des österr. Flugzeugbaues, Bl. TG 22 (1960); G. Stangler, Die Luftfahrt in NÖ, 38 (1979); Chr. Bauer, Die Anfänge der österr. Zivilluftfahrt, Diss. Wien (1976); F. Stegmüller, 50 Jahre elektr. Betrieb auf der Mariazellerbahn, Bl. TG 23 (1961); Die nö. Waldviertelbahn (1973); 75 Jahre Verband ländlicher Genossenschaften in NÖ (1973); E. Rabl, Matthäus Bauchinger (1851–1934). Vom Redemptoristenpater zum christlich-sozialen Agrarpolitiker, Diss. Wien (1974); ders., Die Gründung der ersten Lagerhausgenossenschaft NÖs im Jahre 1898 in Pöchlarn, UH 47 (1976); H. Breisach, Grundzüge der wirtschaftlichen Entwicklung Österreich-Ungarns, 1904–1914, Diss. Wien (1950); E. Hillbrand, Der Brückenkopf Wien im Ersten Weltkrieg, Mitt. St. A. 14 (1961); R. Riedl, Die Industrie Österreichs während des Krieges (1932); H. Meelich, Die Kriegswirtschaft Österreich-Ungarns 1914–1918. Wirtschaftsorganisation und Versorgungspolitik im Ersten Weltkrieg, Diss. W. U. Wien (1976); H. Mejzlik, Die Eisenbewirtschaftung im Ersten Weltkrieg. Die Planwirtschaft des k. k. Kriegsministeriums (1977); W. Dietschy, Wiener Neustadt –, ein Zentrum der Rüstungsindustrie während des Ersten Weltkrieges, Dipl. Arbeit Univ. Wien (1976); G. Meißl, Der Wandel der sozialen Beziehungen in der österr. Kriegsindustrie 1914–1918 am Beispiel der k. k. Munitionsfabrik Wöllersdorf, Diss. Wien (1974); L. Huber, Die Universität Wien 1914–1918, Diss. Wien (1977); R. Koch, Das Kriegsgefangenenlager Sigmundsherberg 1915–1919, Diss. Wien 151 (1981); G. Grutz – R. Schüller, Der wirtschaftliche Zusammenbruch Österreich-Ungarns, Die Tragödie der Erschöpfung (1930); O. Landwehr, Hunger, Die Erschöpfungsjahre der Mittelmächte 1917–1918 (1931); W. Winkler, Die Totenverluste der österr.-ungarischen Monarchie nach Nationalitäten (1919); F. Fellner, Schicksalsjahre Österreichs 1908–1919, 2 Bde. (1954ff.); R. Lorenz, Kaiser Karl und der Untergang der Donaumonarchie (1959); R. Neck, Arbeiterschaft und Staat im Ersten Weltkrieg, 2 Bde. (1964/68); K. Harrer, Dr. Richard Weiskirchner, Diss. Wien (1950); H. Rumpler, Max Hussarek, Nationalitäten und Nationalitätenpolitik in Österreich im Sommer des Jahres 1918 (1965); ders., Das Völkermanifest Kaiser Karls vom 16. Oktober 1918 (1966); U. Freise, Die Tätigkeit der alliierten Kommission in Wien nach dem Ersten Weltkrieg, Diss. Wien (1964); R. Lorenz, Die Kurstadt Baden vor dem und im Ersten Weltkrieg, Jb. f. Lkde. 36 (1964); F. Bodo, Wiener Neustadt, Jb. f. Lkde. 36 (1964); U. Ditsche, Die österr. Revolution von 1918 in sozialgeschichtl. Sicht, Diss. Graz (1967).

31. Kapitel

Geschichte der Republik Österreich, hrsg. v. H. Benedikt (1954); Zehn Jahre Bundesland NÖ (1930); Ch. A. Gulick, Österreich von Habsburg zu Hitler, 5 Bde. (1950); R. Lorenz, Der Staat wider Willen (1940); W. Goldinger, Geschichte der Republik Österreich (1962); E. Weinzierl, K. Skalnik (Hgg.), Österreich 1918–1938. 2 Bde. (1983); J. Hawlik, Die politischen Parteien Deutschösterreichs bei der Wahl zur konstituierenden Nationalversammlung 1919, Diss. Wien (1971); Katalog: Wiener Neustadt und die Landnahme des Burgenlandes, Mitt. Wr. Neustadt (1981); F. Patzer, Der Wiener Gemeinderat 1918–1934 (1961); U. Reitmeier, Die Jugendfürsorger in Wien als kommunale Aufgabe unter bes. Berücks. des Gesundheitswesens 1896–1923, Diss. Wien (1973); R. Bauböck, Zur sozialdemokratischen Wohnungspolitik 1919–1934. Mieterschutz, Wohnungsanforderungen und kommunaler Wohnbau, unter bes. Berücks. Wiens, Diss. Wien (1976); B. Ott, Die Kulturpolitik der Gemeinde Wien 1919–1934, Diss. Wien (1968); A. Weisgram, Das Problem der Versorgung Wiens mit Lebensmitteln von der Zeit nach dem Zerfall der österr.-ungar. Monarchie bis zur Trennung Wiens von NÖ, Diss. Wien (1969); R. Gerlich, Sozialisierung in der Ersten Republik, 2 Bde., Diss. Wien (1975); P. Sever, Albert Sever (1867–1942). Leben und Werk eines österr. Politikers, Diss. Wien (1969); H. H. Hottenroth, Notgeld in NÖ (1980); Chr. Suppanz, Die österr. Inflation, 1918–1922, Diss. Wien (1976); J. Gerdenitsch, Das Wiener Arsenal in der Ersten Republik, Die politische, wirtschaftliche und militärische Bedeutung in den Jahren 1918–1927, Diss. Wien (1967); R. Till, Das Werden des jüngsten Bundeslandes, Wr. Ges. Bl. 16 (1961); ders., Wien–NÖ. Die politische Stellung der Stadt Wien im und zum Land NÖ, Jb. f. Lkde. 36 (1964); G. König, NÖ und Wien in den Jahren 1918/19, UH 52 (1981); H. Riepl, Die Trennung Wiens von NÖ vor 50 Jahren, UH 43 (1972); H. Maukner, Der nö. Landtag in der Ersten Republik. Verfassungsentwicklung, personelle Zusammensetzung, soziale Struktur, Diss. Wien (1966); M. Gstettner, Der NÖ Landtag von 1920–1927, Diss. Wien (1966); H. Riepl, 50 Jahre Landtag von NÖ, Bd. 1 (1972); ders., Der Landtag in NÖ, WS 60 (1981); F. Wagner, Der österr. Legitimismus 1918–1938, seine Politik und Publizistik, Diss. Wien (1956); A. Diamant, Die österr. Katholiken in der Ersten Republik (1964); O. Achs, Das Schulwesen in der Ersten österr. Republik, Diss. Wien (1968); F. Kohlbauer, Die sozialpolitischen, pädagogischen und psychologischen Grundlagen der Neugestaltung des österr. Pflichtschulwesens in den Jahren 1919–1929, Diss. Wien (1972); A. Pfoser, Literatur und sozialdemokratische Öffentlichkeit in der Ersten Republik, Diss. Univ. Salzburg (1978); Katalog: Die Zwischenkriegszeit, Pottenbrunn (1976); P. Malina, NÖ Zeitungen und Zeitschriften seit 1918, UH 53 (1982); W. Fritz, Geschichte des österr. Films. Aus Anlaß des Jubiläums 75 Jahre Film (1969); F. Funder, Wie Österreich den Sturm bestand (1958);

Chr. Vlček-Jacot, Der republikanische Schutzbund in Österreich. Geschichte, Aufbau und Organisation, 2 Bde., Diss. Wien (1971); H. Pfarrhofer, Dr. Friedrich Funder. Sein Leben und sein Werk, Diss. Salzburg (1976); F. Weissensteiner, Michael Hainisch, 75 Jahre aus bewegter Zeit (1978); S. Nasko, Karl Renner in Dokumenten und Erinnerungen (1982); E. Fischer, Der nö. Bauernbund von seiner Gründung 1906 bis 1938, Diss. Wien (1979); Die Ereignisse des 15. Juli 1927, Protokoll des Symposiums in Wien am 15. Juni 1977 (1979); H. Gieler, Die Wehrverbände in der Ersten Republik Österreich, Diss. Wien (1965); F. Schweiger, Geschichte der nö. Heimwehr von 1928 bis 1930 mit bes. Berücks. des sogenannten »Korneuburger Eides«, Diss. Wien (1960); M. Frischauer, Auseinandersetzungen und Kontakte zwischen Sozialdemokraten und Kommunisten vom 15. Juli 1927 bis zum 12. Februar 1934, Diss. Wien (1976); R. Hubert, Johannes Schober und seine Bedeutung für die österr. Politik in den Jahren 1929 und 1930. Eine Unters. der politischen Basis des parteiunabhängigen Bundeskanzlers und deren Bezug zur innerpolitischen Krisensituation, Diss. Wien (1974); R. Kondert, Schober und die Heimwehr. Der Niedergang des Austrofaschismus 1929–1930. Zeitgeschichte 3 (1976); A. Harasek, Bundespräsident Wilhelm Miklas, Diss. Wien (1967); H. V. Lang-Reitter, Bundespräsident Miklas und das autoritäre Regime 1933–1938, Diss. Wien (1972); Chr. Muckenhuber, Johann Staud. Vom christlichen Gewerkschaftssekretär zum Präsidenten des Gewerkschaftsbundes der österr. Arbeiter und Angestellten (1966); R. Brandstötter, Dr. Walter Riehl und die Geschichte der nationalsozialistischen Bewegung in Österreich, Diss. Wien (1969); H. J. Neumann, Arthur Seyss-Inquart (1970); R. G. Ardelt, Inhalte und Strukturen des deutschnationalen Gedankengutes in Österreich (1918–1930); 2 Bde., Diss. Salzburg (1969); F. Tremel, Die wirtschaftliche Situation der Ersten Republik, ÖGL 2 (1959); L. Wimmer, Die Weltkrisenjahre 1929–1933 (1966); K. Haas, Industrielle Interessenpolitik in Österreich zur Zeit der Weltwirtschaftskrise, Jb. f. Zeitgeschichte (1978); F. Höhsl, Die Entwicklung der österr. Industrie 1925–1933, dargestellt anhand einer historischen Bilanzanalyse, Diss. W. U. (1976); J. Schmid, Die Textilindustrie Österreichs in der Zwischenkriegszeit, Dipl. Arbeit W. U., Wien (1978); A. Czipin, Die Entwicklung der Wasserkraftwirtschaft in der Ersten Republik, Dipl. Arbeit W. U., Wien (1978); D. A. Binder, Dollfuß und Hitler. Die Frage nach einer selbständigen Außenpolitik des autoritären Ständestaates in den Jahren 1933 und 1934 anhand des deutsch-österreichischen Konfliktes, Diss. Graz (1976); G. Jagschitz, Der Putsch. Die Nationalsozialisten 1934 in Österreich (1976); O. Reich von Rohrwig, Der Freiheitskampf der Ostmarkdeutschen (1942); G. Rühle, Das Großdeutsche Reich: Die österr. Kampfjahre 1918–1938 (1940); U. Eichstädt, Von Dollfuß zu Hitler (1955); H. Arnberger, Die politische Situation im Raum Schwechat von 1930 bis 1945, Diss. Wien (1977); J. Dengler, Der nö. Freiheitsbund 1927–1935 (1935); U. Krammer, Religion und Politik in der Zeit der autoritären Regierung Österreichs, Diss. Wien (1966); J. Messerer, Die Frontkämpfervereinigung Deutschösterreichs, Diss. Wien (1963); F. West, Die Linke im Ständestaat Österreich. Revolutionäre Sozialisten und Kommunisten, 1934–1938 (1978); R. Schurawitzki, Die illegalen Freien Gewerkschaften in Österreich, 1934–1938, Diss. Wien (1976); J. Buttinger, Am Beispiel Österreichs (1953); L. Reichhold, Opposition gegen den autoritären Staat (1964); I. Bärnthaler, Die Vaterländische Front, Geschichte und Organisation (1971); G. Jagschitz, Die Jugend des Bundeskanzlers Dr. Engelbert Dollfuß. Ein Beitrag zur geistig-politischen Situation der sogenannten »Kriegsgeneration« des Ersten Weltkrieges, Diss. Wien (1967); L. Jedlicka, Zur Vorgeschichte des Korneuburger Eides, ÖGL 7 (1963); ders., E. Rüdiger von Starhemberg und die politische Entwicklung in Österreich 1938, in: Österreich und Europa (1965); B. Berger, Ernst Rüdiger Fürst Starhemberg. Versuch einer Biographie, Diss. Wien (1967); L. Jedlicka, Die österr. Bischöfe und die Verhandlungen im März 1938, ÖGL 6 (1962); Chr. Fessl, Die innenpolitische Entwicklung in Österreich in den Jahren 1934–1938, Diss. Wien (1967); R. Schubert, Das Vaterländische Frontwerk »Neues Leben«. Ein Beitrag zur Geschichte der Kulturpolitik der Vaterländischen Front, Diss. Wien (1978); F. Gall, Zur Geschichte des österr. Jungvolkes 1935–1938. Festschrift L. Jedlicka (1976); Das Juliabkommen von 1936, Vorgeschichte, Hintergründe und Folgen. Protokoll des Symposiums in Wien am 10. und 11. Juni 1976 (1977).

32. Kapitel

G. Botz, Die Eingliederung Österreichs in das Deutsche Reich (1976); ders., Wien vom »Anschluß« zum Krieg (1978); H. Schopper, Niederdonau seit der Machtergreifung (1940); S. Mayer, Kulturpflege in Niederdonau, Reihe ND-Ahnengau, Heft 72; Niederdonau, eine kulturelle Leistungsschau (1940); J. Kampas, Das Unterrichtswesen der Ostmarkreichsgaue vor und nach der Wiedervereinigung mit dem Deutschen Reich (1942); A. Persche, Elektrizitätswirtschaft in Niederdonau, ND-Heft 54; N. Schausberger, Gesch. d. österr. Elektrizitätswirtschaft, ÖGL 14 (1970); L. Wittek-Saltzberg, Die wirtschaftspolitischen Auswirkungen der Okkupation Österreichs, Diss. Wien (1970); K. Flanner, Widerstand im Gebiet Wr. Neustadt (1973); J. Fried, Nationalsozialismus und Katholische Kirche in Österreich (1947); K. Bohatsch, Kirchenfeindliche Politik und Propaganda im 3. Reich (Kulturkampf des Nationalsozialismus gegen die kath. Kirche), Diss. Wien (1964); W. Weinert, Grundlagen und Praxis des Widerstandskampfes der österr. Arbeiterklasse gegen den Nationalsozialismus (1938–1945), Diss. Wien (1976); H. Rosenkranz, Verfolgung und Selbstbehauptung. Die Juden in Österreich 1938 bis 1945 (1978); I. Brauneis, Widerstand von Frauen in Österreich gegen den Nationalsozialismus 1938–1945, Diss. Wien (1974); E. Pfeiffer, Beiträge z. Gesch. d. österr. Widerstandsbewegung d. kom. Lagers, 1938–1940, Diss. Wien (1963); V. Feurstein, Irrwege der Pflicht (1963); O. Tuider, Die Wehrkreise XVII und XVIII, 1938–1945, Mil. hist. Schr. 30 (1975); G. Tippelskirch, Geschichte des Zweiten Weltkrieges, 2 Bde. (1960); Th. Rossiwall, Die letzten Tage (1970); F. Käs, Wien im Schicksalsjahr 1945 (1965); P. Gosztony, Endkampf an der Donau 1944/45 (1969); F. M. Rebhann, Finale in Wien, Eine Gaustadt im Aschenregen (1969); J. Ulrich, Der Luftkrieg über Österreich 1939–1945 (1967); G. Holzmann, Der Einsatz der Flak-Batterien im Wiener Raum 1940–1945 (1970); N. Schausberger, Rüstung in Österreich (1970); M. Rauchensteiner, Krieg in Österreich 1945 (1971); J. Buchinger, Das Ende des Tausendjährigen Reiches (1972); R. Bardy, Die österr. Wirtschaft während des Zweiten Weltkrieges, ÖGL 10 (1966); K. Merinsky, Das Kriegsende 1945 und seine Auswirkungen im Raum von Zwettl, Diss. Wien (1972); ders., Das Kriegsende 1945 und seine Auswirkungen im Raum von Zwettl, UH 46 (1975); Katalog: Die Stunde Null, NÖ LM (1975); Katalog: Das Jahr 1945 in Österreich, Pottenbrunn (1975); F. Fellner, Österreich in der Nachkriegsplanung d. Alliierten 1943–1945, in: Österreich und Europa (1965); W. Aichinger, Sowjetische Österreichpolitik 1943–1945, Diss. Wien (1977); W. Hafner, Die verfassungsrechtliche Entwicklung des Amtes des Reichsstatthalters, Diss. Wien (1963).

33. Kapitel

Protokolle des NÖ Landtages (seit 1945); 30 Jahre Bundesland Niederösterreich (1950); A. Schärf, Österreichs Erneuerung 1945–1955; Österreichisches Jahrbuch, hrsg. v. Bundespressedienst ab Folge 18 (1947); R. Hiscocks, Österreichs Wiedergeburt (1954); Die Stimme Österreichs, Sonderheft Wiener Neustadt (1950) und St. Pölten (1951); Pioniere des Fortschrittes, Zehn Jahre Wiederaufbau in Österreichs Städten, Bd. 1 (1955); 10 Jahre Kammer der Arbeiter und Angestellten in Niederösterreich (1957); Jahrbuch der Kammer für Arbeiter und Angestellte in Niederösterreich (seit 1952); Die Gewerbliche Wirtschaft Niederösterreichs, Jahrbücher der Handelskammer Niederösterreichs (seit 1947); Tätigkeitsbericht der Landwirtschaftskammer für Niederösterreich und Wien (seit 1950); Die NEWAG im Dienste des Landes, Zeitschr. f. Elektrizitätswirtschaft 11 (1958); J. Raab, Selbstporträt eines Politikers (1960); S. Seltenreich, Leopold Figl (1963); H. Pflügel, Ein großes Werk für die Jugend (1964); H. Siegler, Österreichs Weg zur Souveränität, Neutralität und Prosperität (1959); A. Brusatti/K. Gutkas/E. Weinzierl, Österreich 1945–1970 (1970); E. Weinzierl/K. Skalnik (Hrsg.), Die 2. Republik, 2 Bde. (1972); F. J. Feichtenberger, Die Länderkonferenzen 1945 – Die Wiedererrichtung der Republik Österreich, Diss. Wien (1966); R. Pfeffer, Die Industrie des Waldviertels, Diss. Wien (1962); H. Wurz, Die Erdgaswirtschaft in Österreich, Diss. Graz (1963); F. Kirnbauer, Geschichte der Bitumengewinnung in Österreich, Bl. TG 18 (1963); O. P. Hausmann, Die Entwicklungsmöglichkeiten der Landwirtschaft im Raum von Zwettl, 3 Bde. (1961); Veröffentlichung des Österr. Institutes für Raumplanung, Bd. 3 (Donaubrücke Klosterneuburg), 5 (Raumordnung Marchfeld), 9 (Entwicklungsplan Hohe Wand), 11 (Haupt- und nebenberufliche Landwirte in NÖ), 12 (Der Wienerwald), 13 und 19 (Fremdenverkehrsplan Waldviertel), 15 (Wohnbautätigkeit 1956–1959 in NÖ), 17 (Neue Donaubrücke Krems), 18 (Bevölkerungsbewegung 1951–1961 in NÖ), 21 (Regionale Beschäftigungsentwicklung in NÖ 1955–1960), 22 (Fremdenverkehrsplanung südöstl. NÖ), 23 (Regionale Standortvoraussetzungen f. Industriegründungen in NÖ), 1957ff,; R. Büttner/E. Klee, St. Pölten als Industriestandort, Wiener geogr. Schriften 8 (1959); J. Dorner, Wiener Neustadt, Wiederaufbau einer Industriestadt, Wiener geogr. Schriften 4 (1959).

34. Kapitel

E. Besenböck, Krems als zentraler Ort und sein Einzugsbereich, Diss. Wien (1966); E. Kunze, Das Städtedreieck Krems – Stein – Mautern, seine Strukturentwicklung seit 1750, mit bes. Berücks. d. sozialgeographischen Entwicklung, 3 Bde., Diss. Wien (1966); K. Kargl, Der Siedlungskomplex Waidhofen an der Ybbs – Zell. Eine stadtgeographische Betrachtung, Diss. Graz (1967); E. Seger (Heinze), St. Pölten. Eine sozial- und wirtschaftsgeographische Analyse, Diss. Wien (1966); E. H. Luitz, Die Städte des nordöstlichen Weinviertels (Laa, Mistelbach, Poysdorf und Zistersdorf) als Marktzentren und zentrale Orte, Diss. Wien (1964); M. A. Fesl, Die Städte um Wien und ihre Rolle im Wandel der Zeit (1966); L. Halasz, Ybbs-Persenbeug und Kaprun. Die Prägung von Landschaft, Wirtschaft und Bevölkerung durch Wasserkraftwerke, Diss. Wien (1966); W. Fafl, Wirtschaft und Sozialstruktur des oberen Traisentales. Eine kulturgeographische Untersuchung, Diss. Wien (1966); Der österr. Bergbau 1945–1955 (1955); J. Zehetner, Die regionalen und lokalen Wochenzeitungen Niederösterreichs 1945–1965, Diss. Wien (1966); F. Neuwirth/H. Strasser, Das Baurecht in Niederösterreich (1969).

W. Stearman, Die Sowjetunion und Österreich 1945–1955 (1956); M. Rauchensteiner, Der Sonderfall, Sowjetische Besatzungszeit in Österreich 1945–1955 (1979); O. Klambauer, Die USIA-Betriebe, Diss. Wien (1978); Die USIA-Betriebe in Niederösterreich. Geschichte, Organisation, Dokumentation, Stud. u. Forsch. d. Nö. Inst. f. Lkde. 5 (1983); M. Genner, Mein Vater Laurenz Genner (1979).

35. Kapitel

Protokolle des NÖ Landtages, Landesgesetzblatt für NÖ; Veröffentlichungen des Landespresseamtes; Kulturberichte aus Niederösterreich; Nö. Regionalzeitungen (NÖ NACHRICHTEN des Pressehauses St. Pölten, Zeitungen des Faber Verlages Krems, Zeitungen des Ringes nö. Wochenzeitungen); H. Riepl, Der Landtag in der 2. Republik, 50 Jahre Landtag, Bd. 2, Wien (1973); ders., Der Landtag in NÖ, WS 60 (1981); W. Wiltschegg, Industrie in Niederösterreich WS 7 (1974); H. Ströbitzer/H. P. Schmidtbauer, Wer regiert Niederösterreich, 9. Aufl., seit 1972; K. Hürbe, Die Bezirkshauptmannschaften in NÖ, Kompetenzen, Funktionen, Arbeitsweise, WS 3/4 (1974); H. Helczmanovsky, Die Entwicklung der Bevölkerung in NÖ, WS 47 (1980); E. Brosig/V. Seidl, Die NÖ Landesverfassung, WS 23 (1977); NÖ Landesverfassung 1979, mit Erläuterungen nach dem Stand vom 1. Mai 1979, hrsg. v. d. NÖ Studiengesellschaft für Verfassungs- und Verwaltungsrechtsfragen (1979); J. P. Hollensteiner, Die jüngste Entwicklung der Land- und Forstwirtschaft im Bezirk Zwettl, Dipl. Arb. W. U. Wien (1979); 125 Jahre Sparkasse in der Stadt St. Pölten (1979); M. Drobil, Katalog der Wien und NÖ betreffenden Probleme (der Raumordnung), 9 Bde. (1970/71); Planungs- und Entscheidungsgrundlagen, hrsg. v. Amt der NÖ Landesregierung, Abt. R/2 Raumordnung, 17 Bde. (bis Mai 1983); R. F. Nessl, Die Entwicklung der Industrie in Wiener Neustadt 1945–1973 unter bes. Ber. d. Industriegebiete Nord, Süd und Ost, Dipl. Arb. W. U. Wien, 1977; R. Kriechbaumer, Österreichs Innenpolitik 1970–1975 (1981); F. Popp, Um ein besseres Niederösterreich, 40 Jahre Politik im Kernland (1976); O. Tschadek, Jahre der Freiheit, Österreich seit dem Staatsvertrag (1967); Agenden, Aktivitäten, hrsg. vom Amt der NÖ Landesregierung ab 1974, Ergebnisse der Häuser- und Wohnungszählung vom 12. Mai 1971, Beiträge zur österr. Statistik 315/9 (1974); SPÖ Landesorganisation NÖ, Jahresberichte an die Landesparteitage; H. Czettel, Der NÖ-Plan, Konzept der SPÖ zur Erneuerung der Heimat (1968); Leitbild für Niederösterreich (der ÖVP) 1968; Sonderbeilage Niederösterreich von »Die Presse« vom 16. April 1971; Neuerscheinungen über Niederösterreich, zusammengestellt von der NÖ Landesbibliothek, veröffentlicht in Kulturberichte aus NÖ ab 1972; K. Gutkas, Kulturelle Organisationen und Einrichtungen in NÖ. Zielsetzungen, Konzepte, Aktivitäten (1981); F. Kaindl, 5 Jahre nö. Dokumentationszentrum für moderne Kunst (1983).

Register

Bildernachweis:

Bildstelle der NÖ Landesregierung: 2, 3, 4, 5, 6, 7, 8, 9, 10, 11, 19, 22, 28, 47, 50, 82, 83, 84, 85, 87, 88, 89

Bildarchiv der Österr. Nationalbibliothek: 23, 43, 53, 55, 59, 63, 64, 67

Bilddokumentation im Stadtarchiv St. Pölten: 1, 12, 13, 14, 20, 24, 27, 29, 30, 32, 33, 34, 35, 39, 40, 41, 44, 45, 49, 52, 54, 56, 57, 60, 61, 62, 65, 66, 68, 69, 70, 71, 72, 73, 74, 75, 76, 77, 78, 79, 80, 86

Institut für ma. Realienkunde, Krems: 25

Kunsthistorisches Museum, Wien: 21

Foto Ritter, Wien: 31, 38, 48

Galerie Wolfrum, Wien: 26

Stadtmuseum Waidhofen an der Ybbs: 51

Staatliches Museum Schwerin: 46